AFRIKA

DIE KUNST EINES KONTINENTS

Herausgegeben von
Tom Phillips

Zeitgeist-Gesellschaft e.V.
Berlin

Prestel
München · New York

Ausstellung

Die Ausstellung wurde gefördert aus Hauptstadtkulturmitteln des Bundes und durch eine großzügige Zuwendung der Stiftung Deutsche Klassenlotterie Berlin

Die Ausstellung wurde von Tom Phillips, Mitglied der Royal Academy of Arts in London, zusammengestellt

Die Ausstellung in Berlin:

Veranstalter
Zeitgeist-Gesellschaft zur Förderung der Künste in Berlin e.V.
Vorstand
Friedrich Weber, Peter Pohl
Beirat
Georg Böckmann, Hans-Hermann Stober
Generalsekretär
Christos M. Joachimides

Gesamtleitung
Christos M. Joachimides
Wissenschaftliche Beratung
Christine Stelzig
Organisation
Tina Aujesky
Projektmitarbeiter
Brigitte Crockett, Christoph Lademann, Emeline Max, Sam Oakley, Karin Osbahr, Isabel Schulz, Florence Sohn, Christine Stelzig, Christine Traber
Sekretariat
Marita Frei
Renate Bornemann
Presse
Katja Maurer
Technische Betreuung
Michael Kapinos
Projekt-Controlling
Otto Letze
Verwaltung
Silke Taupe
Konservatorische Betreuung
Taylor Pearce Restoration Services Ltd., London; Friederike Beseler, Berlin; Susanne von der Groeben, Heikendorf
Ausstellungsarchitektur
Jürg Steiner, Berlin
Mitarbeit
Sybille Fanelsa, Karin Sander, Mauro Hein, Ortwin Reichold, Thomas Büsch

Ausstellungsbau
Museumstechnik GmbH, Berlin: Beleuchtung, Dekoration, Vitrinen
Symex GmbH, Hilden: Vitrinen
Ho Be GmbH, Berlin: Wasserbecken
Plowden & Smith Ltd., London: Objekteinrichtung
Transporte
Hasenkamp, Berlin
MOMART, London
Versicherung
Kuhn & Bülow, Berlin

Katalog

Dieses Katalogbuch erscheint anläßlich der Ausstellung *Afrika – Die Kunst eines Kontinents* im Martin-Gropius-Bau, Berlin (1. März – 1. Mai 1996)

Die englische Originalausgabe erschien anläßlich der Ausstellung *Africa: The Art of a Continent* in der Royal Academy of Arts, London (4. Oktober 1995 – 21. Januar 1996)
In London wurde die Ausstellung durch die Anglo American Corporation of South Africa, De Beers und Minorco unterstützt

Wissenschaftliche Bearbeitung des Katalogs in der deutschen Ausgabe:
Sylvia Schoske-Wildung (Altes Ägypten und Nubien), Christine Stelzig, Peter Stepan

Aus dem Englischen übertragen von:
Wolfgang Himmelberg (S. 11-116), Paul Podjed (S. 117-178), Alexander Kluy (S. 179-230, 535-595), Bram Opstelten (S. 231-326), Nikolaus G. Schneider und Kerstin Pinther (S. 327-399), Wolf Kinast (S. 400-478) und Christiane Court (S. 479-534)

Kataloggestaltung: Petra Lüer in Zusammenarbeit mit Hansjörg Mayer und Tom Phillips

Karten: ML Design, London
Satz: Max Vornehm GmbH, München
Lithographie: ReproLine, München
Druck und Bindung: Passavia Druckerei GmbH, Passau

Die Deutsche Bibliothek – CIP-Einheitsaufnahme
Afrika: Die Kunst eines Kontinents; [anläßlich der Ausstellung ›Afrika – Die Kunst eines Kontinents‹ im Martin-Gropius-Bau, Berlin (1. März – 1. Mai 1996)] / [Zeitgeist-Gesellschaft e.V.]. Hrsg. von Tom Phillips. [Wiss. Mitarb.: Christine Stelzig. Aus dem Engl. übertr. von: Wolfgang Himmelberg ...]. - München; New York: Prestel, 1996
Engl. Ausg. u. d. T.: Africa – The Art of a Continent
ISBN 3-7913-1692-3
NE: Phillips, Tom [Hrsg.]; Ausstellung Afrika – die Kunst eines Kontinents ‹1996, Berlin›; Zeitgeist ‹Berlin›

Prestel-Verlag, Mandlstraße 26
80802 München
Telephon (089) 38 17 09-0
Telefax (089) 38 17 09-35

Printed in Germany

3-7913-1692-3 (Deutsche Ausgabe)
3-7913-1603-6 (Englische Ausgabe)

Auf dem Umschlag, Vorderseite: **Frau mit erhobenen Armen** (Detail), Benin, Nigeria, 17.–18. Jahrhundert (Kat. 5.60 h)
Rückseite: **Gesichtsmaske** (*ndimu*), Makonde, Südliches Tansania (Kat. 2.67)
Frontispiz: **Grabrelief**, Ägypten, um 1200 v. Chr. (Kat. 1.59)

INHALT

LEIHGEBER

ALGERIEN
Le Bardo, Musée National de Préhistoire et d'Anthropologie Culturelle, Algier

ÄGYPTEN
Museum of Coptic Art, Kairo
Museum of Egyptian Antiquities, Kairo
Museum of Islamic Art, Kairo
Museum of Ancient Egyptian Art, Luxor

AUSTRALIEN
Dr. Laurence R. Goldman, Brisbane

BELGIEN
Etnografisch Museum, Antwerpen
Musées Royaux d'Art et d'Histoire, Brüssel
Sammlung Felix
Sammlung Pierre Loos
J. W. und M. Mestach
Sammlung De Meulder
Koninklijk Museum voor Midden-Afrika, Tervuren
Lucien van de Velde, Antwerpen

BOTSWANA
National Museum, Monuments and Art Gallery, Gaborone

DEUTSCHLAND
Sammlung Familie Bareiss
Humboldt-Universität zu Berlin, Institut für Sudanarchäologie und Ägyptologie
Staatliche Museen zu Berlin, Preußischer Kulturbesitz:
Ägyptisches Museum und Papyrussammlung
Museum für Islamische Kunst
Museum für Spätantike und Byzantinische Kunst
Museum für Völkerkunde
Galerie Michael Werner, Köln und New York
Museum für Völkerkunde, Frankfurt am Main
Museum für Völkerkunde, Hamburg
Pelizaeus Museum, Hildesheim
Galerie Fred Jahn
Sammlung Fritz Koenig
Dr. Klaus-Jochen Krüger
Museum für Völkerkunde, Leipzig
Nachlaß Dr. Bernd Mittelsten-Scheid
Staatliches Museum für Völkerkunde, München
Staatliche Sammlung Ägyptischer Kunst, München
Linden-Museum, Stuttgart
Württembergisches Landesmuseum, Stuttgart
Sammlung Dr. E. Wachendorff

ELFENBEINKÜSTE
Musée National de la Côte d'Ivoire, Abidjan

FRANKREICH
Musée Guimet, Lyon
Musée des Arts Africains, Océaniques et Amérindiens Vieille Charité, Marseilles
Musée Dapper, Paris
Musée de l'Homme, Paris
Musée du Louvre, Paris
Musée National des Arts d'Afrique et d'Océanie, Paris

GROSSBRITANNIEN
Sammlung Peter Adler
Sammlung Ian Auld
The Berggruen Collection, London
Powell-Cotton Museum, Birchington
The Syndics of the Fitzwilliam Museum, Cambridge
Cambridge University Museum of Archaeology and Anthropology
Kevin und Anna Conru
Trustees of the National Museums of Scotland, Edinburgh
The Provost and Fellows of Eton College, The Myers Museum
Egee Art, London
Royal Albert Memorial Museum and Art Gallery, Exeter City Museums
Her Majesty The Queen
Sammlung Herman
Mimi Lipton
The Board of Trustees of the National Museums and Galleries on Merseyside (Liverpool Museum)
The British Library, Oriental and India Office Collections
The Trustees of the British Museum, London
Commonwealth Institute, London
Horniman Public Museum and Public Park Trust, London
Petrie Museum of Egyptian Archaeology, University College, London
The Science Museum (mit freundlicher Unterstützung des Board of Trustees), London
The Board of Trustees of The Victoria and Albert Museum, London
Lords of the Admiralty
Sammlung Jonathan Lowen
Manchester City Art Galleries
Manchester Museum, University of Manchester
The Visitors of The Ashmolean Museum, Oxford
Pitt Rivers Museum, Oxford
Yvette Wiener
Sammlung Patricia Withofs

ITALIEN
Sammlung L. Lanfranchi, Mailand
Vittorio Mangiò
Museo Preistorico Etnografico 'L. Pigorini', Rom
Tesoro della Basilica di San Marco, Venedig

KUWAIT
The al-Sabah Collection, Dar al-Athar al-Islamiyyah

MAROKKO
Bert Flint
Musée Dar al-Batha, Fez
Musée Dar Si Said, Marrakesh
Musée Majorelle d'Art Islamique, Marrakesh
Musée d'Archéologie, Rabat

NAMIBIA
State Museum of Namibia, Windhoek

NIEDERLANDE
Tropenmuseum, Amsterdam
Afrika Museum, Berg en Dal
Sammlung Loed und Mia van Bussel, Amsterdam
Rijksmuseum voor Volkenkunde, Leiden
Kathy van der Pas und Steven van de Raadt
Museum voor Volkenkunde, Rotterdam

NIGERIA
Department of Archaeology and Anthropology, University of Ibadan
The National Commission for Museums and Monuments

ÖSTERREICH
Kunsthistorisches Museum, Wien
Museum für Völkerkunde, Wien
Österreichisches Museum für Angewandte Kunst, Wien

PORTUGAL
Museu Etnográfico (Sociedade de Geografia de Lisboa), Lissabon
Museu Nacional de Etnologia, Lissabon

SIMBABWE
Queen Victoria Museum, Harare

SÜDAFRIKA
Sammlung Bowmint
Sammlung Groote Schuur, Kapstadt
South African Museum, Kapstadt
South African National Gallery, Kapstadt
East London Museum
Local History Museum, Durban
Johannesburg Art Gallery
University of the Witwatersrand, Johannesburg
McGregor Museum, Kimberley
Karel Nel
Paarl Museum, Paarl
Natal Museum, Pietermaritzburg
The National Cultural History Museum, Pretoria

SCHWEIZ
Musée Barbier-Mueller, Genf
Museum für Völkerkunde, Basel
Sammlung Beyeler, Basel
Sammlung W. und U. Horstmann
Sammlung Carlo Monzino
George Ortiz Sammlung
Museum Rietberg, Zürich

SUDAN
Sudan National Museum, Khartoum

TUNESIEN
Musée de Carthage
Musée National du Bardo, Le Bardo

VEREINIGTE STAATEN VON AMERIKA
Museum of Fine Arts, Boston
The Brooklyn Museum
Peabody Museum of Archaeology and Ethnology, Harvard University, Cambridge
Charles and Kent Davis
The Detroit Institute of Arts
Dr. Nicole und Dr. John Dintenfass
Jean und Noble Endicott
Marc und Denyse Ginzberg
The Menil Collection, Houston
The Museum of Fine Arts, Houston
Sammlung Rosemary und George Lois
The Walt Disney-Tishman African Art Collection, Los Angeles
The Institute of Arts, Minneapolis
New Orleans Museum of Art
American Museum of Natural History, New York
The Metropolitan Museum of Art, New York
Philadelphia Museum of Art
University of Pennsylvania Museum of Archaeology and Anthropology, Philadelphia
Robert B. Richardson
National Museum of African Art, Smithsonian Institution, Washington DC
Maureen und Harold Zarember

und andere Leihgeber, die ungenannt bleiben wollen

Die Ausstellung steht unter der Schirmherrschaft des Bundeskanzlers der Bundesrepublik Deutschland Dr. Helmut Kohl

GRUSSWORT

Die Suche nach den Wurzeln der Menschheit, ihrer Zivilisation und ihrer Kultur führt nach Afrika, zu diesem Kontinent, der uns Europäern bis heute rätselhaft geblieben ist. Die Ausstellung ›Afrika – Die Kunst eines Kontinents‹ vermittelt einen eindrucksvollen Einblick in die Jahrtausende alte Kulturgeschichte des afrikanischen Kontinents und ist eine faszinierende Laudatio auf die Kreativität der Menschen Afrikas.

Zum ersten Mal werden in einer Ausstellung hervorragende künstlerische Leistungen des gesamten Kontinents mit bedeutenden Werken aus Museen und Sammlungen aus aller Welt gewürdigt. Hier wird dem Besucher eine spannende Reise durch die vielfältigen Kulturlandschaften Afrikas präsentiert und auf anschauliche Weise erschlossen.

›Afrika – Die Kunst eines Kontinents‹ ist durch die hervorragende Zusammenarbeit vor allem mit afrikanischen Museen und Wissenschaftlern möglich geworden. Ihr Zustandekommen belegt die wachsende Entfaltung der kulturellen Beziehungen zwischen Europa und Afrika.

Ich wünsche dieser Ausstellung einen großen Erfolg. Sie wird dazu beitragen, unser Verständnis der Kulturen Afrikas zu vertiefen.

Dr. Helmut Kohl

Bundeskanzler der Bundesrepublik Deutschland

DANK

Friedrich Weber
Vorsitzender
Christos M. Joachimides
Generalsekretär

Zeitgeist-Gesellschaft e. V.

Die Ausstellung ›Afrika – Die Kunst eines Kontinents‹ wurde von der Royal Academy of Arts in London – dem ersten Ort ihrer Präsentation – geplant und von Tom Phillips, Mitglied der Royal Academy of Arts, konzipiert und zusammengestellt. Dem Präsidenten der Royal Academy, Sir Philip Dowson, sowie Tom Phillips, Piers Rodgers, Norman Rosenthal, Annette Bradshaw und Simonetta Fraquelli gebühren unser Dank und Anerkennung.

Wir sind überaus geehrt, daß der Bundeskanzler der Bundesrepublik Deutschland, Herr Dr. Helmut Kohl, die Schirmherrschaft für diese Ausstellung in Berlin übernommen hat.

Unser besonderer Dank gehört den Mitgliedern des Kuratoriums zur Hauptstadtkulturförderung, insbesondere seinem Vorsitzenden, dem Regierenden Bürgermeister von Berlin, Herrn Eberhard Diepgen, das eine Förderung der Ausstellung aus Bundesmitteln gebilligt hat. Dem Bundesminister des Inneren, Herrn Manfred Kanther, der sich maßgeblich für die Präsentation der Ausstellung in Berlin eingesetzt hat, möchten wir unseren tiefempfundenen Dank aussprechen. Nachdrücklich möchten wir der Stiftung Deutsche Klassenlotterie Berlin und ihrem Vorsitzenden, Herrn Dankward Buwitt, für die großzügige Zuwendung danken, die sie trotz der kurzen Zeit möglich gemacht hat.

Große Ermunterung und Hilfe haben wir von vielen Mitgliedern des Berliner Abgeordnetenhauses erfahren. Hier ist vor allem Herrn Klaus-Rüdiger Landowsky, Herrn Klaus Böger und Herrn Eckhardt Barthel zu danken. Ohne die aktive Unterstützung von Herrn Ministerialdirektor Prof. Dr. Wolfgang Bergsdorf, Leiter der Kulturabteilung des Bundesministeriums des Inneren, sowie Herrn Ministerialdirigent Dr. Gerhard Köhler und Herrn Regierungsdirektor Michael Tetzlaff wäre die Ausstellung nicht zustandegekommen. Herr Prof. Dr. Christoph Stölzl, Generaldirektor des Deutschen Historischen Museums, hat von Anfang an mit weitsichtigem Engagement und großer Tatkraft die Übernahme dieser Ausstellung nach Berlin unterstützt.

In der Senatsverwaltung für Kulturelle Angelegenheiten fanden wir aufgeschlossene und hilfreiche Partner. Herr Leitender Senatsrat Joachim Sartorius, Herr Senatsrat Jörg-Ingo Weber, Herr Referatsleiter Wolfgang Abramowski und Herr Oberamtsrat Siegfried Langbehn haben uns bei der überaus komplexen Realisierung dieser Ausstellung infolge der extrem kurzen Vorbereitungszeit entscheidend unterstützt.

Wir sind Herrn Prof. Jörn Merkert, Direktor der Berlinischen Galerie, und Herrn Prof. Matthias Koeppel, Vorsitzender des Künstlersonderbundes in Deutschland, für die vorbildliche Kooperation bei der Unterbringung der Ausstellung in den Räumen des Martin-Gropius-Baus äußerst dankbar. In jeder Hinsicht erfreulich gestaltete sich die Zusammenarbeit mit dem Haus der Kulturen der Welt, insbesondere mit Herrn Alfons Hug, der mit großem Enthusiasmus und Sachkenntnis ein facettenreiches Begleitprogramm zu unserer Ausstellung organisierte.

Unser größter Dank aber gebührt den Leihgebern, die durch großzügige Bereitschaft, bedeutendste Kunstwerke auch für die Ausstellung in Berlin zur Verfügung zu stellen, ihr Gelingen gesichert haben. Hier gilt es besonders, die Staatlichen Museen zu Berlin, Preußischer Kulturbesitz hervorzuheben. Sie haben in großer Zahl herausragende Kunstwerke für die Präsentation in Berlin ausgeliehen. Unser besonderer Dank gilt dem Generaldirektor Herrn Prof. Dr. Wolf-Dieter Dube sowie Herrn Prof. Dr. Klaus Helfrich, Direktor des Völkerkundemuseums, Herrn Dr. Hans-Joachim Koloß, Leiter der Afrika-Abteilung, Frau Dr. Gisela Dombrowski, Frau Dr. Angelika Tunis, beide Abteilung Islamischer Orient; Herrn Prof. Dr. Dietrich Wildung, Direktor des Ägyptischen Museums und der Papyrussammlung; Herrn Prof. Dr. Arne Effenberger, Direktor des Museums für Spätantike und Byzantinische Kunst, Herrn Dr. Volkmar Enderlein, Direktor des Museums für Islamische Kunst, und Dr. Jens Kröger. Weiterhin gilt Frau Dr. Sylvia Schoske, Direktorin der Staatlichen Sammlung Ägyptischer Kunst, München, und Herrn Prof. Dr. Steffen Wenig, Direktor des Instituts für Sudanarchäologie und Ägyptologie der Humboldt-Universität zu Berlin, unser besonderer Dank.

Bei den vielfältigen Schwierigkeiten wäre die Präsentation dieser Ausstellung hier ohne den unermüdlichen Einsatz der Mitarbeiter in Berlin und London nicht möglich gewesen. Dafür danken wir herzlichst. In diesen Dank möchten wir auch die Mitarbeiter des Prestel-Verlages einschließen, die eine deutsche Ausgabe des englischen Kataloges in kürzester Zeit realisiert haben.

VORWORT

Christos M. Joachimides

Die Ausstellung ›Afrika – Die Kunst eines Kontinents‹ nimmt uns auf eine spannende Reise durch die vielfältigen Kulturlandschaften Afrikas mit. Sie zeigt eine Übersicht über 5000 Jahre Kunst des gesamten Kontinents und unternimmt den bislang einmaligen Versuch, die Kulturen Afrikas gleichrangig zu würdigen. So werden Meisterwerke aus Schwarzafrika erstmals gemeinsam mit herausragenden Kunstwerken des Alten Ägypten und Nubiens sowie des islamisch geprägten Nordens präsentiert. Der Begriff ›Kunst‹ wird bewußt verwendet. Denn es geht nicht um völkerkundliche Details, sondern darum, der Kunst Afrikas endlich jenen Respekt zu zollen, mit dem wir sonst nur den Hochkulturen begegnen.

›Afrika – die Kunst eines Kontinents‹ erinnert aber auch daran, was in der Nachrichtenflut der Gegenwart unterzugehen droht: daß sich nämlich in Afrika die Wiege der Menschheit befindet. Die fossilen Fußspuren, die in der Nähe der tansanischen Olduvai-Schlucht erhalten blieben, sind dreieinhalb Millionen Jahre alt. Es gibt keinen früher datierten Beweis für die Existenz menschlichen Lebens. Davon künden auch die ersten Stücke der Ausstellung wie das 1,6 Millionen Jahre alte Quarzit-Werkzeug aus Tansania. Der Faustkeil aus Südafrika, der über 600 000 Jahre zählt, symbolisiert mit seiner symmetrisch gearbeiteten Oberfläche und seiner Eleganz die Geburt der Kunst.

Die Ausstellung teilt den Kontinent in sieben geographische Zonen. Nach dem prähistorischen Beginn führt sie den Besucher im Uhrzeigersinn durch Afrika. Skulpturen und kleine Figuren aus dem Alten Ägypten und Nubien stehen am Anfang dieser Reise. Sie verkörpern die klassischen Ideale unseres Schönheitssinnes. In Ostafrika begegnet der Besucher zum ersten Mal einer auf dem ganzen Kontinent verbreiteten Tradition, nämlich Holzobjekte nur aus einem Stück zu arbeiten. Diese besondere Herausforderung verleiht Skulpturen die gewünschte Ganzheitlichkeit. Das südliche Afrika wurde im Zusammenhang mit afrikanischer Kunst bislang wenig beachtet. Dabei vermittelt sich gerade hier die Tiefe und Kontinuität afrikanischer Geschichte; fast 5000 Jahre liegen zwischen den frühesten und spätesten Felsmalereien der San, die in der Ausstellung gezeigt werden.

Die Kunst Schwarzafrikas hat über ihre gesamte Geschichte hinweg zwei zentrale Themen: Tod und Fruchtbarkeit. In Zentralafrika beschreiben die Ahnenfiguren der Hemba aus Zaire die Beziehung des Menschen zum Tod am anschaulichsten. Dieselben Grundhaltungen verbinden die Künstler der Afo in Westafrika in einer Skulptur. Eine weibliche Figur in der Ausstellung trägt drei Kinder, zugleich aber stellt sie eine Ahnin dar. Sie steht für die besondere Bedeutung der Frau in vielen schwarzafrikanischen Kulturen und für die Verbindung zwischen Vergangenheit und Zukunft.

Die Ife- und Benin-Bronzen aus dem 12. bis 16. Jahrhundert zeugen von einem so hohen Stand technischer und künstlerischer Fertigkeiten, daß sie mit parallel entstandenen Werken der Renaissance vergleichbar sind. Die Reise durch Afrika kommt im Sahel an ihre vorletzte Station. Hier, in den südlichen Randgebieten der Sahara treffen die verschiedensten Kulturen Schwarzafrikas aufeinander. In der gesamten Region ist der Einfluß des Islam spürbar, der den regionalen Traditionen angepaßt wurde. Auch die Kunst der Dogon aus Mali ist ohne die islamische Mystik der Kabbe-Texte nicht zu verstehen.

In Nordafrika kehrt die Reise an ihren Ausgangspunkt zurück. Hier beginnt die Geschichte mit der Besiedlung Nordafrikas durch die Phönizier, deren Terrakotta-Masken aus dem 6. Jahrhundert v. Chr. einen Kontext zu Schwarzafrika herstellen.

Ihre tiefe Verwurzelung in der ägyptischen Geschichte zeigen die Kunstwerke der Kopten, in denen frühchristliche Motive und Symbole aus pharaonischer Zeit eng miteinander verwoben sind. Die prägende Kraft des Islam, der im 7. Jahrhundert n. Chr. seinen Einzug hält, kulminiert in Kairo, das sich im Mittelalter zum religiösen Zentrum des islamischen Nordens entwickelt.

Innerhalb jeder geographischen Zone zeigt ›Afrika – Die Kunst eines Kontinents‹ Werke aus verschiedenen Epochen und Kulturen. Verblüffend ist die Vielfältigkeit des verwendeten Materials, und es erstaunen die Gemeinsamkeiten der Formensprachen, die von den unterschiedlichsten Kulturen herstammen. Straußeneier, die mit ihrer individuellen Bemalung oder Gravur den Besitzer bezeichnen, kommen im Alten Ägypten ebenso vor wie in der Tausende von Kilometern entfernten San-Kultur Südafrikas. Daß die Kunst Schwarzafrikas eine universelle Sprache spricht, haben bereits die großen Künstler der klassischen Moderne verstanden. Die Expressionisten hat die elementare Kraft des Ursprünglichen sehr beeindruckt; die Kubisten wurden von den erstaunlich neuen formalen Qualitaten dieser Skulpturen angeregt.

In der Kunst Afrikas berühren sich ein uns gemeinsamer Schönheitssinn und ein ähnliches Verständnis für das Wesen der Dinge. Diese Ausstellung und die aus ihr hervorgegangene Publikation breiten eine afrikanische Kunstgeschichte aus, die dem europäisch geprägten Verständnis von Kunst einen neuen Raum offenbart.

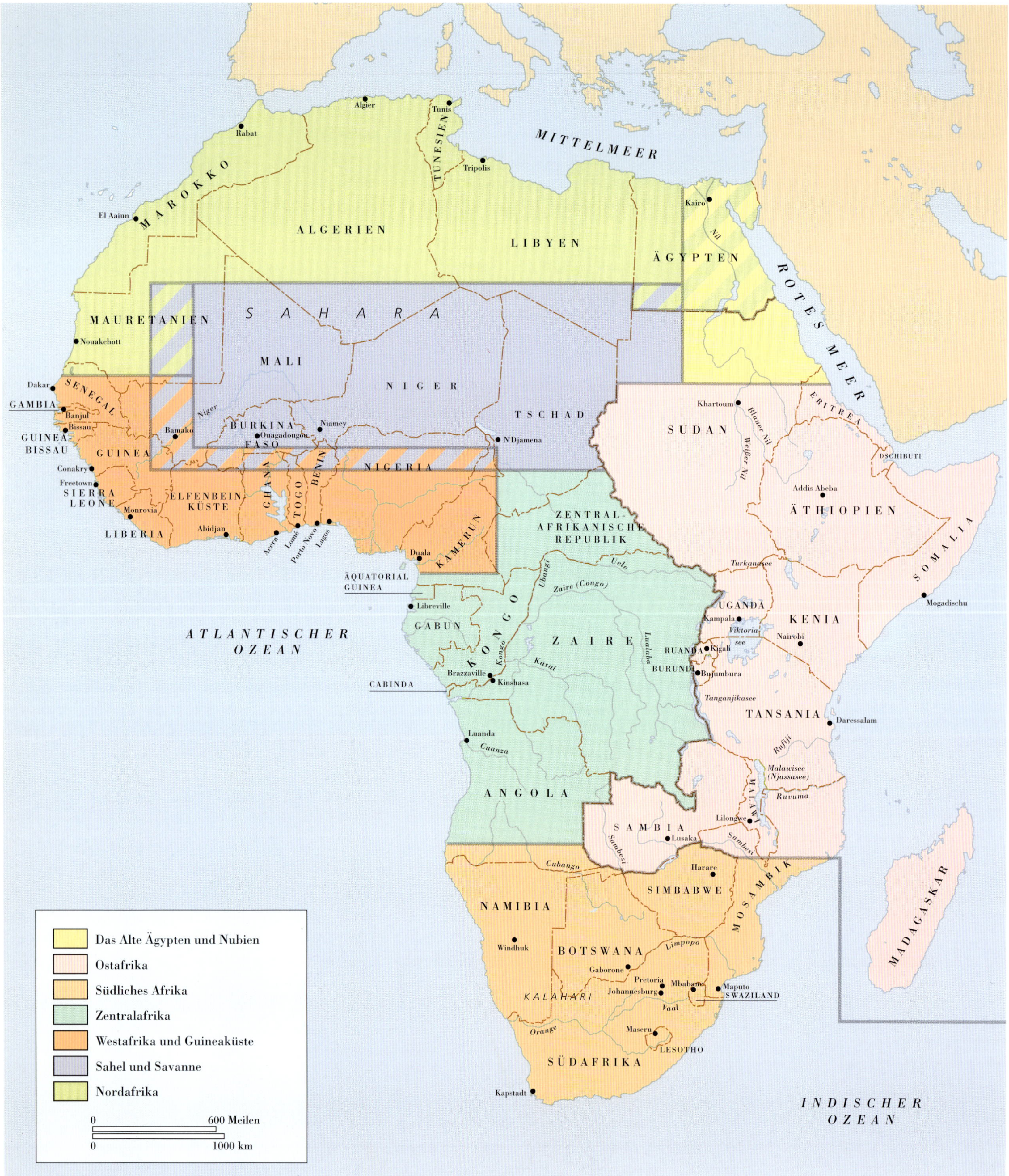
MITTELMEER
ROTES MEER
ATLANTISCHER OZEAN
INDISCHER OZEAN
MAROKKO
Rabat
El Aaiun
Algier
ALGERIEN
Tunis
TUNESIEN
Tripolis
LIBYEN
Kairo
Nil
ÄGYPTEN
MAURETANIEN
Nouakchott
S A H A R A
MALI
NIGER
TSCHAD
SUDAN
Khartoum
Blauer Nil
Weißer Nil
ERITREA
DSCHIBUTI
Addis Abeba
ÄTHIOPIEN
SOMALIA
Mogadischu
Dakar
SENEGAL
GAMBIA
Banjul
Bissau
GUINEA-BISSAU
GUINEA
Conakry
Freetown
SIERRA LEONE
Monrovia
LIBERIA
Bamako
Niger
BURKINA FASO
Ouagadougou
Niamey
N'Djamena
NIGERIA
ELFENBEINKÜSTE
Abidjan
GHANA
TOGO
BENIN
Accra
Lomé
Porto Novo
Lagos
Duala
KAMERUN
ZENTRALAFRIKANISCHE REPUBLIK
ÄQUATORIAL GUINEA
Libreville
GABUN
KONGO
Ubangi
Uele
Zaire (Congo)
ZAIRE
Lualaba
Kasai
Kongo
Brazzaville
Kinshasa
CABINDA
Turkanasee
UGANDA
Kampala
Viktoriasee
KENIA
Nairobi
RUANDA
Kigali
BURUNDI
Bujumbura
Tanganjikasee
TANSANIA
Daressalam
Rufiji
Luanda
Cuanza
ANGOLA
Malawisee (Njassasee)
MALAWI
Ruvuma
Lilongwe
SAMBIA
Lusaka
Sambesi
Cubango
Harare
SIMBABWE
MOSAMBIK
NAMIBIA
Windhuk
BOTSWANA
Limpopo
Gaborone
Pretoria
Johannesburg
Mbabane
Maputo
SWAZILAND
KALAHARI
Vaal
Orange
Maseru
LESOTHO
SÜDAFRIKA
Kapstadt
MADAGASKAR
Das Alte Ägypten und Nubien
Ostafrika
Südliches Afrika
Zentralafrika
Westafrika und Guineaküste
Sahel und Savanne
Nordafrika
0
600 Meilen
0
1000 km

EINFÜHRUNG

Tom Phillips

»Vellinger nahm den Fetisch wieder aus Rimas Hand und sagte: „Welchen Weg unsere Kunst auch nimmt, was immer sie zu tun beschließt, sie kann ins schöpferische Afrika zurückblicken und dort Bestätigung finden, denn die afrikanische Vergangenheit ist der europäischen Gegenwart immer um einen Schritt voraus."«

W.K. Collam, *Unhaunted Comma*, 1937

I

Mit kühnen und mitreißenden Worten hat Nelson Mandela, der das britische Projekt ›africa 95‹ mit seiner Schirmherrschaft ehrte, 1994 in seiner Rede vor der Organisation für afrikanische Einheit die Konzeption der Ausstellung umrissen, die dieses Buch dokumentiert. Er, der so viele leidvolle Jahre im südlichsten Teil des Kontinents verbrachte, beschwor das weit zurückreichende Gedächtnis Afrikas und verwies auf die nördlichste Ecke, auf das einst prachtvolle Karthago, mit dessen Zerstörung durch die römischen Kolonisatoren »eine lange Herrschaft der Demütigung für den Kontinent« begonnen habe, die sich erst jetzt ihrem Ende nähere. Mit ihrer räumlichen und zeitlichen Ausdehnung und der künstlerischen Vielfalt der Exponate versucht diese Ausstellung, die Idee einer neuen Ära für Afrika und einer neuen Einheit für den Kontinent lebendig werden zu lassen.

Wir sind vielleicht endlich so weit, daß wir kein politisches oder ethnographisches Alibi mehr brauchen, wenn vom künstlerischen Reichtum Afrikas die Rede ist, keine soziologische Schublade, keine neue Ehrfurchtshaltung. Wir können vielleicht sogar auf Begriffe verzichten, die mit falschem Pathos (Blut, Macht, Throne usw.) die Kunst in ein falsches Licht rücken. Und was besonders wünschenswert wäre: wir brauchen vielleicht endlich nicht mehr auf die europäische Kunstgeschichte zurückzugreifen, um die afrikanische mit irreführenden und anachronistischen Begriffen wie ›kubistisch‹ oder ›gotisch‹ zu definieren. Wie Henry Louis Gates in seinem Aufsatz zeigt, bedarf es einer solchen Vermittlung heute nicht mehr.

Unter einer schlichten Überschrift und im Geiste eines aufgeklärten, kühnen Zupackens, das in der Royal Academy eine so lange Tradition hat, wird hier eine Übersicht über die Kunst des gesamten Kontinents präsentiert. Nie zuvor ist in einer Ausstellung oder einem Buch der Versuch unternommen worden, die visuelle Kultur der ganzen afrikanischen Landmasse mit weitgehend gleicher Aufmerksamkeit zusammenzufassen. Es erübrigt sich der Hinweis, daß die hier präsentierte Auswahl in die Fallen ihrer eigenen Zeit geht: Sie kann nur eine vorläufige Aussage darstellen, die von späteren Unternehmungen korrigiert werden wird. Es sollte jedoch als ein ermutigendes Zeichen betrachtet werden, daß die vielen Stimmen

Abb. 1 Kohlezeichnung einer Tier-/Menschengestalt, Namibia, Alter um 27 500–25 500 Jahre (Kat. 3.3 b)

aus Afrika, Europa und Amerika, die in den Essays und Katalogbeiträgen zu Wort kommen, gar nicht erst den Versuch machten, miteinander übereinzustimmen, daß sie jedoch alle einmütig bereit waren, sich an diesem Forum zu beteiligen.

Die beiden wichtigsten Auswahlkriterien schließen sich an Mandelas geographische und historische Vision an. Kein anderer Kontinent ist durch Eroberungen, Feldzüge, Annexion und Unterwerfung so häufig und so willkürlich zerlegt und aufgeteilt worden wie Afrika. Die heutigen Staatsgrenzen haben keinen Bezug zu den alten Königreichen und Territorien. Selbst die große natürliche Trennlinie, die Sahara, ist relativ jungen Datums: Die Kunst dieser Region (in den Tassili-Fresken) dokumentiert, daß die Wüste einmal Weideland war. Um eine kohärente Ausstellung präsentieren und dem Besucher Orientierungshilfen bieten zu können, kamen auch wir um eine Aufteilung des Kontinents nicht umhin. Die ›Reise‹ führt im Uhrzeigersinn durch Afrika. Sie beginnt und endet in Ägypten. Nationale Grenzen wurden ignoriert; mit Hilfe neutraler Linien, die den Breiten- und Längengraden folgen, wird Afrika in sieben ausgedehnte Bereiche unterteilt.

Alle diese Bereiche wurden von kompetenten Fachleuten betreut, die die Einführungen verfaßten und die Kommentare zu den einzelnen Exponaten koordinierten. Die Experten werden sich über die genauen Abgrenzungen dieser Bereiche streiten, und sie haben es auch schon getan. Es kann jedoch keine völlig befriedigenden Festlegungen geben, da der ganze Kontinent ein Kontinuum von Menschen, ihren Migrationen, ihrem Handel und ihren wechselseitigen Einflüssen ist. Die Zweifel über die Einteilung unterstreichen tatsächlich nur die Existenz der größeren afrikanischen Zusammenhänge, die auch Thema dieses Buches und der Ausstellung sind.

Es gibt ein Afrika unter der afrikanischen Erdoberfläche, das nur lückenhaft bekannt ist, da außerhalb Ägyptens die Archäologie noch in den Kinderschuhen steckt. Und sogar im Niltal beginnt man die Geschichte neu zu deuten. Neue archäologische Forschungen verschaffen uns ein völlig neues Bild vom alten Nubien und seinem Verhältnis zu Ägypten; noch vor zehn Jahren wäre Nubien in einer Ausstellung wie dieser sehr viel weniger Bedeutung eingeräumt worden, und die Darstellung im Buch hätte völlig anders ausgesehen.

Abb. 2 Mit einer Jagdszene dekorierte Vase, Ägypten, prädynastisch, um 3800–3600 v. Chr. (Kat. 1.9)

Abb. 3 Schildkrötenköpfiger Gott, Ägypten, 18. Dynastie, um 1320 v. Chr., wohl aus dem Grab des Haremhab, Tal der Könige, Theben; Holz, schwarzes Harz, Höhe ca. 40 cm. The Trustees of the British Museum, London, EA. 50704

II

Die Zivilisationen am Nil (Abteilung 1) stehen am Anfang dieser Reise durch die Welt der afrikanischen Kunst. Im prädynastischen Ägypten, einem der frühesten Laboratorien der Menschheit für formale Experimente, insbesondere in der Darstellung der menschlichen Gestalt, fand eine wahre Explosion künstlerischer Erfindungen statt. Wir befinden uns hier im Kambrium der Kunst, das in seinen Ablagerungen ein figuratives und abstraktes Repertoire zu bieten hat, das in neuerer Zeit kaum mehr erweitert zu werden brauchte (Abb. 2). Gegen Ende dieser Epoche sind Werke von großer Komplexität entstanden, die in ihrer Emblematik wie auch ihrer künstlerischen Vollkommenheit auch heute noch nichts von ihrer Aussagekraft eingebüßt haben. Die fünftausend Jahre alte ›Schlachtfeldpalette‹ (Kat. 1.18), deren zwei wesentliche Teilstücke hier zum ersten Mal zusammengebracht werden, schildert auf einer Seite das kriegerische Afrika, das wir aus den Nachrichten kennen; die andere zeigt ein Naturidyll, das Afrika der Reisebroschüren. Fünfhundert Jahre später demonstriert der ägyptische Bildhauer der Mykerinos-Triade (Kat. 1.30), bis heute ein unübertroffenes Dokument menschlichen Selbstvertrauens, daß er seine Kunst technisch wie stilistisch aufs vollkommenste beherrscht.

Abb. 4 Häuptlingsstuhl mit hoher Rückenlehne, Nyamwezi, Tansania, spätes 19. Jahrhundert (Kat. 2.49)

Inmitten der gigantischen protofaschistischen Statuen, die die Museumshallen in aller Welt beherrschen, fällt es schwer, die humanistischeren Qualitäten der ägyptischen Kunstwerke zu würdigen, von denen einige – wie etwa die Schmuckgegenstände – für das Licht der Öffentlichkeit bestimmt waren und andere – wie die hölzernen Figuren aus dem Grab Haremhabs (Abb. 3) und die Bündel mumifizierter Katzen (Kat. 1.69) – von keinem menschlichen Auge mehr erblickt werden sollten, gleichwohl jedoch mit aller künstlerischen Sorgfalt ausgeführt wurden. Die koptischen und islamischen Blütezeiten Ägyptens werden in Abteilung 7 behandelt. Das alte Nubien schließt die erste Abteilung ab; nach einer Einführung in die weniger bekannte Vorgeschichte dieses Landes werden die Königreiche besprochen, die allmählich auch über den Expertenkreis hinaus bekannter werden: Meroe und Kusch.

In Abteilung 2 geht die Reise nach Süden und führt in das lange vernachlässigte Ostafrika. In den meisten allgemeinen Darstellungen zur afrikanischen Kunst findet sich eine Karte, auf der abgebildete oder im Text erwähnte Werke gerne durch Punkte angegeben sind. Mit schönster Regelmäßigkeit ähnelt die Anhäufung der Punkte in Zentral- und Westafrika einem Bienenschwarm, während nach Osten und Süden hin die wenigen versprengten Punkte auf riesige Gebiete schließen lassen, die kaum über visuelle kulturelle Zeugnisse verfügen, wobei der Norden völlig leer bleibt. Der Grund für dieses Ungleichgewicht ist in der kolonialen Geschichte zu finden; der ›Bienenschwarm‹ deckt sich mit den frankophonen Exkolonien und ihren unmittelbaren Nachbarn. Im 20. Jahrhundert wurde die Literatur über afrikanische Kunst hauptsächlich von Kennern, Sammlern und Gelehrten aus Frankreich und Belgien verfaßt, und sie schrieben über das Material, das ihre Landsleute zusammengetragen hatten. Auch deutsche Ethnographen suchten die afrikanischen Völker auf (während die Engländer sich eher auf Orte konzentrierten). Eine Ausstellung, die in Großbritannien konzipiert wurde, ist vielleicht ein guter Anlaß dafür, diesem Mißverhältnis endlich abzuhelfen.

Tatsächlich hat diese östliche Region, vom modernen Sudan und den prachtvollen Zeugnissen des christlichen Äthiopien im Norden bis hin zu den Architekturkomplexen von Groß-Simbabwe im Süden (mit denen die dritte Abteilung einsetzt), eine Folge von Kulturen zu bieten, die disparateren Einflüssen unterworfen waren als die in den anderen Teilen des Kontinents. Zu diesen Einflüssen gehören auch die künstlerischen Übergriffe aus dem Osten, die der Kultur der Küstenregion ihre spezifische Würze und der Insel Madagaskar ihren einzigartigen Charakter geben.

Ebenfalls in Ostafrika begegnen wir erstmals auch dem wichtigsten gemeinsamen Wesensmerkmal aller Holzschnitzkunst südlich der Sahara: die Praxis, praktisch alle Objekte (vom Löffel bis zum meterhohen Grabpfosten) aus einem einzigen Stück Holz zu fertigen. Diese monoxyle Tradition führt, um Beispiele aus Ostafrika heranzuziehen, von der geschickten Anpassung an die vorgefundene Form eines Astes in einer Kopfstütze der Dinka (Kat. 2.17 a) bis hin zur Virtuosität eines Throns der Nyamwezi (Abb. 4) oder dem vielfach durchbrochenen architektonischen Gebilde eines Pfostens der Mahafaly (Kat. 2.30).
Indem er das Holz jeweils am Stück bearbeitet, setzt sich der Schnitzer Schwierigkeiten aus, verschafft sich jedoch hinsichtlich der Einheitlichkeit des Kunstwerks große potentielle Vorteile. Er hat eine dreifache Macht: durch das, was er entfernt, die Macht über die Abstraktion, durch das, was er beläßt, die Macht

Abb. 5 Vogel, gefunden in Groß-Simbabwe, 13.–15. Jahrhundert, Steatit, National Museums and Monuments of Zimbabwe

über die Figuration und durch die ununterbrochene Präsenz der ursprünglichen Form des Baums die Macht über die Natur. Was die figurative Skulptur anbelangt, ist auch noch das in der vertikalen Maserung des Holzes in Erscheinung tretende Moment des In-die-Höhe-Wachsens zu erwähnen. Alle diese Phänomene führt ein anderer, nüchterner gehaltener Zeremonialthron der Nyamwezi vor Augen (Kat. 2.50).

Das schlagendste Beispiel für die zusätzliche Dimension des negativen Raumes (wo das Weggenommene genauso zur Skulptur gehört wie das, was geblieben ist) ist jedoch vielleicht der bemerkenswerte Schemel der Songye-Sungu (Kat. 4.54); obgleich die Form des Baumes im vollendeten Werk vital gegenwärtig ist, wurde das Holz fast vollständig entfernt. Das Ergebnis ist ein Objekt von nahezu perfider Fragilität, dessen geistvolle Virtuosität ein anspruchsvoller Auftraggeber zweifellos zu würdigen wußte.

Ostafrika nötigt uns heute besonderen Respekt ab, wurde doch erst in den letzten Jahren sowohl von der Archäologie und der Anthropologie als auch von der genetischen Forschung bestätigt, daß im Grenzbereich von Kenia und Tansania das ganze Abenteuer der Menschheit begann.

Fast alle Publikationen über die Kunst Afrikas schlagen geographisch eine Richtung ein, die der unsrigen mehr oder weniger entgegengesetzt ist; Ostafrika wird im Anhang abgehandelt, und das südliche Afrika, der Gegenstand unserer dritten Abteilung, wird beiläufig mit einer Schale und ein paar Löffeln abgehakt. Ein Grund für diese Unterbewertung ist darin zu suchen, daß die Kunst des südlichen Afrika nur selten die Erscheinungsformen annimmt, die das europäische Bild von der afrikanischen Kunst beherrschen: die Figur und die Maske. Mit der politischen Rehabilitation Südafrikas beginnt sich diese Perspektive allmählich zu ändern, und wir möchten diese Entwicklung unterstützen, indem wir das südliche Afrika ins Zentrum unserer Reise stellen. Wie die herausragende Arbeit von David Lewis-Williams und seinen Kollegen an der Universität von Witwatersrand belegt, hat die Forschung selbst in den dunklen Jahren große Fortschritte machen können. Ihnen ist es zu verdanken, daß die Geheimnisse der Felsmalerei der San weitgehend gelöst worden sind. Es handelt sich dabei um die älteste ununterbrochene künstlerische

Abb. 6 Ahnenfigur, Hemba, Zaire (Kat. 4.66 c)

Abb. 7 Schreinfigur mit Kind, Yoruba, Nigeria, spätes 19. Jahrhundert (Kat. 5.84)

Abb. 8 Stab, Zulu, KwaZulu-Natal, Südafrika, 19. Jahrhundert (Kat. 3.27 c)

Tradition in Afrika, deren Anfänge in den frühesten transportablen Gemälden der Welt zu finden sind, die, wie man mit einiger Gewißheit weiß, ca. 25 000 Jahre v. Chr. im heutigen Namibia entstanden (Kat. 3.3 a und Abb. 1).

Die monumentale Architektur Groß-Simbabwes mit ihren großartigen Steinvögeln (Kat. 3.12 und Abb. 5) ist nicht die einzige Spur einer alten Zivilisation im südlichen Afrika. Die sieben Lydenburg-Köpfe, von denen der imposanteste (Kat. 3.10) dem Vergleich mit den später entstandenen Terrakotten aus Djenné (Kat. 6.4) standhalten kann, bezeugen die Existenz einer hochentwickelten Kultur im 1. Jahrtausend.

Aus der jüngeren Vergangenheit stammen die vielen Variationen über den Gegenstand der Kopfstütze mit seinem Spiel von Symmetrie und Asymmetrie, der Schnupftabakflaschen, deren Zartheit und Eleganz an die japanische Kunst erinnern, und die abstrakten Meisterwerke der Stäbe oder der Fleischteller der Zulu (Kat. 3.27 und Abb. 8, Kat. 3.41 b).

In der vierten Abteilung werden die Erwartungen erfüllt, die der Begriff ›afrikanische Kunst‹ gewöhnlich auslöst; hier sind die Statuen und Masken aus der Region des Zaire/Kongo zu finden, die bereits kanonisch geworden sind. Um einen kanonischen Film zu zitieren (einen Film, der trotz seines Titels, *Casablanca*, so gut wie nichts mit Afrika zu tun hat, wurde er doch ausschließlich in Hollywood gedreht): Die Versuchung ist groß, in dieser und in der folgenden Abteilung einfach nur »die üblichen Verdächtigen« zusammenzutreiben, die Werke, die in praktisch jedem Buch (und immer wieder aus derselben Perspektive aufgenommen) zu sehen sind. In gewisser Weise ist das hier auch geschehen: Ein Meisterwerk ist immerhin ein Meisterwerk, und da sich Ausstellung und Buch nicht nur an Experten wenden, wird die große Mehrheit des Publikums diesen Werken hier zum ersten Mal begegnen. Die Chokwe-Figuren mit ihrer kompakten Kraft, die ernsten Hemba-Statuen, die aus einer anderen Welt zu kommen scheinen (Abb. 6), und die gebieterischen Reliquiarstatuetten der Fang stellen nach wie vor Paradigmen einer skulpturalen Qualität dar, die jener der großen Epochen der europäischen Kunst in nichts nachstehen. Weniger häufig gefeierte Skulpturen sowie Textilkunst und Keramik runden das Bild ab. Selbst für diejenigen, die mit dem hier versammelten Material bereits vertraut sind, dürften die verschiedenen in den Abbildungen zutage tretenden Aspekte manche Überraschung bereithalten. Fast alle diese Photographien wurden speziell für dieses Buch in Auftrag gegeben (z. B. Abb. 4, 6, 7).

Abteilung 5 umfaßt die größte Anzahl der Objekte, weil der südliche Teil des Gebietes, der verallgemeinernd als ›Guineaküste‹ bezeichnet wird, von vielen stilistischen Gruppen bewohnt wird (aus guten, postkolonialen Gründen verbietet sich das Wort ›Stamm‹, so nobel es sich auch anhören mag). Daß ihr künstlerisches Erbe der Öffentlichkeit präsentiert wird, wäre für die Fürsten von Kamerun nur selbstverständlich. Ihre Schatzkammern sind Museen, die spektakuläre, von Hofkünstlern geschaffene (oft mit Perlen geschmückte) Skulpturen beherbergen, die oft im Freien ausgestellt werden. Nigeria ist nur schwer in wenigen Worten zusammenzufassen, da sich hier besonders viele Kulturen überlagern. Die Stadt Benin, die dem allgemeinen Bewußtsein stellvertretend für die älteren afrikanischen Zivilisationen erscheint, war tatsächlich nur für die späte mittlere Periode der nigerianischen Geschichte von zentraler Bedeutung. Dennoch stellt die großartige Serie von Bronzeplaketten, die einst den Palast bedeckten, eine geniale technische wie organisatorische Leistung dar, die über mehrere Jahrhunderte erbracht wurde (Abb. 9).

Abb. 9 Reliefplatte, Benin, Nigeria, 16. Jahrhundert, Gelbguß
Obere Hälfte: Höhe 38 cm, Staatliche Museen zu Berlin, Preußischer Kulturbesitz, Museum für Völkerkunde, III C. 10879
Untere Hälfte: Höhe 40 cm, Museum für Völkerkunde, Hamburg, C. 2434

Weiter westlich findet man bei den Asante eine endlose Vielfalt von Beschwörungen (nicht bloß Nachahmungen) des menschlichen Gesichts. Insbesondere in dieser und der vorangehenden Abteilung ist eine große Ansammlung von Masken zu erwarten: Als Bestandteil der Mythologie der Moderne übertreffen sie in vielen Büchern an Zahl alle anderen Werke. Es stimmt zwar, daß die afrikanische Maskentradition die reichste in der Welt ist, doch ohne den Tänzer, dessen Bewegungen und ohne die anderen Kostümutensilien ist die Maske selbst ein denkbar unvollständiges Objekt und muß als Fragment betrachtet werden. Obwohl derart aus dem Zusammenhang gerissen, vermögen viele afrikanische Masken in den Sammlungen in aller Welt dennoch die Betrachter in ihren Bann zu schlagen, und einige, wie etwa das Beispiel der Songye (Kat. 4.53), vermitteln die Faszination, die einem bei einer Maskerade mit Trommeln und stampfenden Füßen im Feuerschein fast das Herz stillstehen läßt.

Eine Erscheinungsform der Maske ist jedoch sich selbst genug: Die mehr als zwanzig Miniaturmasken der Dan und ihrer Nachbarvölker (Kat. 5.128) vermitteln zusammengefaßt eine Vorstellung von den vielfältigen Ausdrucks- und Interpretationsmöglichkeiten der afrikanischen Maske. Wie die Kopfstütze ist auch die Maske praktisch in allen Teilen Afrikas zu finden, und unsere frühesten Beispiele für die Kopfstütze wie für die Maske stammen aus dem dynastischen Ägypten. Die Anubis-Maske (Kat. 1.64) ist das einzige erhalten gebliebene Exemplar einer möglicherweise einst blühenden Tradition; sie scheint die herkömmliche Interpretation der Bilddarstellungen der ägyptischen Rituale in Frage zu stellen.

Abteilung 6 wirft insofern besondere Probleme auf, als hier Gebiete zusammengefaßt sind – die nördlichen Regionen von Nigeria, Ghana usw. –, die gemeinhin nicht als Einheit behandelt werden. Die tatsächliche Kontinuität und Diskontinuität zwischen den verschiedenen alten Kulturen dieses geographischen Bereichs und ihren neueren Entsprechungen ist strittig. Systematische archäologische Untersuchungen sind selten, während inoffizielle Grabungen und Grabräubereien an der Tagesordnung sind (wie in Afrika immer wieder der Fall, seitdem die Grabräuber späterer ägyptischer Dynastien die Gräber der früheren plünderten). Ästhetische Fragen spielen dabei erst bei denen eine Rolle, die John Picton in seinem Essay mit treffender Ironie als »kunsthungrige Wilde« bezeichnet, bei denen, die die illegal zu Tage geförderten Bronzen und Terrakotten besitzen wollen, um sich – auf Kosten der wissenschaftlichen Erkenntnis – an ihnen zu erfreuen. Letzten Endes geht es ums Geld, auch wenn in Verträgen und Resolutionen moralische Grundsätze noch so sehr beschworen werden.

Das Ironische daran ist, daß der Archäologie die ästhetische Qualität der ausgegrabenen Objekte erklärtermaßen gleichgültig ist, da es nach ihrem Selbstverständnis ihre Aufgabe ist, ein Gelände wissenschaftlich zu dokumentieren und die einzelnen Kulturhorizonte zu ermitteln. Diese wissenschaftliche Arbeit muß nicht unbedingt mit den Interessen von Museen und Sammlern kollidieren, insbesondere nicht an Grabungsstätten wie denen von Djenné, wo die Artefakte zu Tausenden ans Tageslicht kommen. Daß die Archäologie in Afrika an Geldmangel leidet, trägt zu dieser Ironie noch bei, denn solange sie an dieser Haltung festhält, kann sie nicht von den großen Summen profitieren, die der Kunstmarkt zu zahlen bereit ist. Solange kein Dialog in Gang kommt und ein Kompromiß gefunden ist, wird sich der Status quo nicht ändern. Dem breiteren Publikum bleibt selbst der kleinste Blick auf die vorhandenen Schätze verwehrt, da aus Furcht vor Repressalien der Sammler, so sehr er es auch möchte, nicht als Leihgeber auftritt und das Museum nichts zeigen darf. In vielen Fällen interveniert die zuständige staatliche Behörde, sobald der Kunstmarkt den fraglichen Objekten Wert beigemessen hat. In mehrfachem Sinne hat die Archäologie einen ihrer Köpfe in den Sand gesteckt. Auf lange Sicht zumindest sollte darauf hingearbeitet werden, daß derartige Werke in Ausstellungen und Publikationen wie dieser präsentiert werden können. Die Royal Academy ist der Überzeugung, daß damit nicht nur der künstlerischen Reputation von Ländern wie Mali und Nigeria gedient wäre, sondern auch der Archäologie in Afrika neue Finanzierungsquellen erschlossen werden können. Sie sieht jedoch davon ab, aus dieser kontraproduktiven Sackgasse auszubrechen, da sie damit zur Zeit unweigerlich zwischen alle Stühle geraten würde.

Abb. 10 Minbar für die Sultan-Qa'itbay-Moschee, Ägypten, Mamluken, spätes 15. Jahrhundert (Kat. 7.67)

Die letzte Abteilung befaßt sich mit der Region, die am seltensten unter der Rubrik ›Afrikanische Kunst‹ zu finden ist. Zwingend ergibt sich damit das umfassende Bild eines Afrika nördlich der Sahara, dem in einigen europäischen Museen nach wie vor eine gesonderte Abteilung – ›L'Afrique Blanche‹ – gewidmet ist, als wäre das Mittelmeer der positive, anziehende Pol eines Magneten und die Sahara der abstoßende, negative. Diese Region ist durchgängig von mindestens zwei Kulturschichten durchzogen, derjenigen, die dem Islam vorangeht oder unabhängig vom und parallel zum Islam verläuft – etwa die Kultur nomadischer Gruppen und der Berber in Marokko –, sowie derjenigen der weitgehend islamisierten Welt selbst. Die Kolonisierung hat hier eine lange Geschichte. Der Maghreb ist voller gut erhaltener römischer Ruinen, oft mit schönen Mosaiken in einem individuellen Stil (Kat. 7.10). Hier treffen wir auch auf die Ruinen des phönizischen Karthago, die Nelson Mandela ins Gedächtnis der afrikanischen Nationen zurückgerufen hatte. Da diese Ausstellung jedoch der tatsächlich in Afrika entstandenen Kunst gewidmet ist, wurde auf die Einbeziehung solcher Werke verzichtet, die mit einiger Wahrscheinlichkeit von Kolonisatoren nach Afrika importiert wurden (auch wenn der tatsächliche Entstehungsort oft fraglich bleibt). Die in Afrika gefundenen römischen Werke von oft großer Qualität sind letzten Endes nichts anderes als Pendants zu den Statuen der Königin Viktoria, die noch immer in den Hauptstädten ehemaliger britischer Kolonien zu finden sind.

Der moslemische Einfluß reicht zwar bis tief ins Afrika südlich der Sahara hinein, wo er sich, wie der des Christentums, nicht immer nur segensreich auf die Künste auswirkt, doch in ihrer reinen Ausprägung erreicht die islamische Kunst ihren afrikanischen Gipfel im mittelalterlichen Kairo, das Rachel Ward in ihrem Essay als ein Märchen aus Tausendundeiner Nacht heraufbeschwört und dessen Genius im massiven Minbar aus dem 15. Jahrhundert zum Ausdruck kommt (Abb. 10), dem letzten Exponat, das der Ausstellung als imposanter und möglicherweise in die Zukunft weisender Abschluß dient.

III

Wenn dieses letzte Exponat für die unmittelbar bevorstehende Zukunft Symbolcharakter haben könnte, dann führt das allererste (um in jedem Sinne zum Anfang zurückzukehren) in ein wichtiges Thema der Ausstellung ein: das Alter Afrikas und die einzigartige zeitliche Ausdehnung seiner Kulturgeschichte. Der mehr als eineinhalb Millionen Jahre alte Faustkeil aus der Olduvai-Schlucht (Kat. 2.1), eines der ersten von Menschenhand geschaffenen Gegenstände, nimmt die ganze Welt des Machens und Gestaltens vorweg. Kein früheres Artefakt ist auf der Erde bekannt, und alle Kunst und Technologie setzt hier ein (so wie wir mit jenen wie durch ein Wunder festgehaltenen urmenschlichen Fußstapfen auf tansanischem Boden am Anfang aller Geschichte stehen; Abb. 11). Da hier keine ästhetischen Kriterien greifen, fungiert der Faustkeil als ein allgemeiner Prolog zur Ausstellung; begleitet wird er von anderen Faustkeilen, von denen der erste, südafrikanischer Herkunft und halb so alt (bei diesen Zeitspannen kommt es auf zehntausend Jahre mehr oder weniger freilich nicht an), vom Einzug des künstlerischen Imperativs kündet (Kat. 3.1). Von fast schon zeremonialer Größe, führt dieser Faustkeil vor Augen, daß in einer Welt, in der man keine anderen Objekte als Werkzeuge hervorgebracht hat, die inhärenten Eigenschaften dieser Objekte manchmal zu einer visuellen und taktilen Perfektion führten, die über die praktischen Bedürfnisse weit hinausgeht. Aus der Symmetrie und haptischen Eleganz spricht der Schaffensdrang, die Freude an der Kontemplation und der Besitzerstolz, die auf ewig die Antriebskräfte der Kunst sein werden.

Mit diesem Präludium bearbeiteter Steine wird der Aspekt der Zeit eingeführt, der in allen Abteilungen eine entscheidende Rolle spielt. In allen Regionen gibt es Übergänge von einer Kultur zu einer anderen, jede Region hat also ihre eigene Chronologie bzw. Chronologien. In den frühen künstlerischen Bestrebungen des Menschen stößt man auf viele Gemeinsamkeiten, die von später entstandenen kulturellen Differenzen überlagert werden. Unterhalb der örtlich begrenzten Glaubens- und Herrschaftsstrukturen, die sich im Laufe der Zeit entwickelten, gibt es Universalien: Der Mensch braucht Behälter oder möchte seinen Kopf zur Ruhe legen. Gleichartige Objekte zur Befriedigung solcher Bedürfnisse können unabhängig voneinander in verschiedenen Regionen entstehen: Geschmückte Straußeneier als Flüssigkeitsbehälter treten zum Beispiel sowohl im prädynastischen Ägypten als auch bei den San im Süden des Kontinents auf (Kat. 1.11, 3.9). Was Zufall ist, kann nach Einfluß aussehen, doch es bedurfte keines Eilboten vom Nil, um einem Buschmann mitzuteilen, daß ein Straußenei als Topf verwendet oder mit eingravierten Linien individualisiert werden kann. Wenn sich in der Ausstellung ein Objekt mit dem anderen ›reimt‹, wird damit nicht zwingend ein direkter Zusammenhang angenommen; vielmehr werden Affinitäten vor Augen geführt.

In einigen Fällen können natürlich unerwartete kulturelle Zusammenhänge zutage treten. In einer Felsritzung aus der Westsahara zum Beispiel (Kat. 7.7a) scheint die Zeichnung des Rumpfes der Tiere, straff und ökonomisch wie ein Bild von Matisse, im Widerspruch zur Streckung der Läufe zu stehen. Daß dieses Phänomen zu den zentralen Beobachtungen über die Felsmalereien der San in Lewis-Williams' Arbeiten über Trance und Ritual gehört, ruft ebenso Spekulationen hervor wie die Ähnlichkeit zwischen den spiralförmigen Markierungen, die in Felsritzungen aus Marokko (Kat. 7.8) wie aus Südafrika (Kat. 3.8) zu sehen sind und die derselbe Autor auf entoptische Phänomene bezieht (die Abstraktionen, die man bei Eintritt in den Trancezustand mit Augen sieht, die die äußere Realität nicht mehr wahrnehmen). Die Linton-Tafel (Kat. 3.4), das großartigste losgelöste Felsenkunstfragment in Afrika, hat anläßlich dieser Ausstellung Kapstadt verlassen dürfen, so daß sie zusammen mit den anderen hier versammelten Fragmenten eine große narrative Maltradition vor Augen führt.

Abb. 11 Fußspuren aus ›Site G‹, Laetoli, in der Nähe der Olduvai-Schlucht, Tansania, Alter ca. 3500000 Jahre

Die für alle Regionen zusammengestellten früheren Arbeiten zeigen deutlich, daß in allen Jahrhunderten, in denen die Kunst in Europa und anderswo blühte, Afrika keinen Vergleich zu scheuen brauchte. Um nur Beispiele aus dem Gebiet des heutigen Nigeria zu nennen: die Artefakte der Nok-Kultur (Kat. 6.45-6.54 und Abb. 12) lassen auf eine durchorganisierte städtische Gesellschaft in vorchristlicher Zeit schließen, während die bisher in Igbo-Ukwu ausgegrabenen, bis ins 10. Jahrhundert zurückreichenden Terrakotten und Bronzen deutlich eine komplexe, hoch entwickelte Gesellschaft, technologische Brillanz und subtile spirituelle Werte vor Augen führen (Kat. 5.45-5.53). Zur Zeit der europäischen Renaissance finden sich in Afrika sowohl die hohe Eleganz der Ife-Kultur als auch die Anfänge der Virtuosität von Benin. Diese reichen bis weit in die Zeit hinein, aus der der Großteil unseres Materials von Pionieren der Ethnographie zusammengetragen wurde (Torday, Frobenius usw.), deren Ausbeute die Depots europäischer Museen füllt (vgl. den bemerkenswerten Leoparden aus Elfenbein, dessen selten photographiertes Profil eine verblüffende formale Meisterschaft demonstriert, Kat. 5.60 q). Was von diesen größtenteils hölzernen Schätzen erhalten geblieben wäre, wenn man sie nicht um die Jahrhundertwende nach Europa gebracht hätte, ist im Lichte der jüngeren Debatten über Kulturgüter eine durchaus berechtigte Frage. Abgesehen von den Missionaren gibt es keine tatkräftigeren Vandalen und Zerstörer als die Termiten. Nur gelegentlich ist durch Zufall ein Fragment wie der aus dem 9. Jahrhundert stammende Tierkopf aus Angola auf uns gekommen (Kat. 4.1), der uns eine Ahnung davon geben kann, was alles unwiederbringlich verloren gegangen ist.

Der Aspekt der Entstehungszeit, die am einen Ende der Skala bis in die Vorgeschichte zurückreicht, wirft am anderen Ende Probleme auf. Eine feste zeitliche Grenzziehung hätte den Schluß nahelegen können, die Kunst in Afrika sei zum Stillstand gekommen. Das Gegenteil ist der Fall, denn in den letzten Jahrzehnten sind die Talente geradezu aus dem Boden geschossen. Das Festival ›africa 95‹, in dessen Rahmen diese Ausstellung in London zuerst gezeigt wurde, stellt eine breite Arena dar, in der die neue Kunst Afrikas aus anderen Blickwinkeln angemessen präsentiert werden konnte. Die Werke der ältesten zeitgenössischen Künstler dürften ungefähr in die Zeit fallen, aus der die wahrscheinlich jüngsten Exponate dieser Ausstellung stammen, Ohrklipps der Zulu (Kat. 3.36 b, d), die aufgrund des verwendeten Vinylasbests in die fünfziger Jahre datiert werden können.

Von der Steinaxt bis zum Ohrklipp aus Vinylasbest – der räumlichen und zeitlichen Ausdehnung entspricht die gewaltige Vielfalt an Materialien. Hierarchisch betrachtet reicht sie vom Dung bis zum Gold, und Teppichstifte sind ebenso zu finden wie Tierdärme. Die Wiederverwertung hat eine lange Tradition in Afrika, wo kaum etwas als Abfall endet. Die Überreste von Soba, der Hauptstadt des christlichen Königreichs Alwa im Sudan, dienten als Baumaterial für Khartoum, und die Messing-Wasserhähne aus kolonialen Badezimmern an der Goldküste den Akan als Goldgewichte (Kat. 5.103-5.107). Die Abermillionen von Glasperlen, die von oft zynischen Europäern als Tauschobjekte nach Afrika gebracht wurden, verwandelten sich in die Pracht eines Königsthrons aus Kamerun, in ein Prestigeobjekt für einen Yoruba-Häuptling (Kat. 5.85) oder in die spektakuläre Hochzeitsschleppe einer Ndebele-Braut in Südafrika (Kat. 3.35). Länder wie Böhmen, wo diese Perlen hergestellt wurden, geraten somit in den Dunstkreis der Geschichte der afrikanischen Kunst. Ausrangierte Seidenkleider aus England wurden aufgetrennt, um für die Würdenträger der Akan zu *kente*-Stoffen verarbeitet zu werden. Als Hutbänder für Rastafaris kehren sie heute nach England zurück.

Abb. 12 Mensch-/Vogelgestalt, Nok, Nigeria (Kat. 6.52)

Die allermeisten Arbeiten sind jedoch aus traditionelleren Materialien gefertigt, insbesondere aus Holz, dem bei weitem häufigsten Material. Das Frontispiz (Kat. 1.59) zeigt einen mit einem Querbeil arbeitenden Ägypter, dem Werkzeug, mit dem fast ausnahmslos alle hier präsentierten hölzernen Objekte gefertigt wurden. Er allerdings ist ein Zimmermann, und südlich der Sahara ist das Zimmerhandwerk kaum zu finden. Selbst wenn wie beim Stuhl des Zulu-Königs Cetshwayo darauf angespielt wird (Kat. 3.26), ist das Objekt aus einem einzigen Stück Holz gefertigt.

Allein schon dieser Stuhl macht die Sinnlosigkeit deutlich, die kulturelle Apartheid, die in Europa und Amerika die Kunst vom Kunsthandwerk trennt, in die afrikanische Kunst einführen zu wollen. Diese Abgrenzung hat zum Beispiel zur Vernachlässigung der Kunst nomadischer Völker geführt, die sich in leicht transportablen Objekten wie Schmuckgegenständen manifestiert. Nomadenkulturen können jedoch auch spektakuläre Objekte hervorbringen, wie das Tuareg-Bett mit seinen reich verzierten Pfosten belegt (Kat. 7.1 d). Es sind genau solche Objekte des täglichen Bedarfs – wie etwa auch die Schnupftabakflaschen der Zulu (Kat. 3.31) –, die vom Prestige und vom Kunstverstand ihrer Besitzer künden. Die Korbflechterei scheint eine der unscheinbarsten Gattungen zu sein, doch die Tutsi legen ihren ganzen künstlerischen Ehrgeiz in höchst raffinierte Miniaturkörbe (Kat. 2.44). Privaterer Natur sind die Lendentücher der Waldpygmäen, schlichte Baumrindentücher, die den Frauen sozusagen als Leinwände für Zeichnungen von atemberaubender Komplexität und einer ungemein freien linearen Formsprache dienen (Kat. 4.74). Das äußerste Extrem stellen die von Jeremy Coote dokumentierten Gruppen dar: Um deren Kunst zu zeigen, müßten die Ausstellungsräume um Stallungen erweitert werden, da sie sich in der auf die Fellzeichnung abgestimmten Farbe und der Anordnung der Markierungen auf ihrem Vieh manifestiert.

Da keine Namen afrikanischer Künstler überliefert sind (obschon manche von ihnen zu ihrer Zeit so bekannt waren, daß oft weite Reisen unternommen wurden, um sie aufzusuchen), sind vielen stilistisch identifizierbaren Meistern in Anlehnung an die europäische Kunstgeschichte ›Dechsel-Namen‹ gegeben worden. Diese Praxis, der hier nicht gefolgt wird, ufert schnell in Zuweisungen wie ›Schule von‹ und ›Schüler von‹ usw. aus. Ein Name wie der ›Buli-Meister‹ (Abb. 13) ist bereits für periphere und angezweifelte Arbeiten und möglicherweise sogar für ein paar Fälschungen in Anspruch genommen worden.

Aufgrund dieser Namenlosigkeit werden gewisse Epochen und Kulturen als ›primitiv‹ bezeichnet. Immer noch wird gelegentlich auf die Künstler, die vor Giotto und bis in dessen Zeit hinein arbeiteten, der Begriff ›italienische Primitive‹ angewandt. Immer ist dieses schlaue und hinterhältige Wort ein Alibi für Ignoranz gewesen, nie wurde es auf Kunst angewandt, der es an Kultiviertheit gefehlt hätte, sondern immer nur auf solche Kunst, deren Kultiviertheit zu erkennen die Welt noch nicht imstande war. Die Kunst anderer Gesellschaften erhält erst dann das Gütesiegel, wenn unsere eigene Kunst sie eingeholt hat. Wir halten uns am Geländer der westlichen Kunst fest, um Schritt für Schritt durch ihre Vermittlung das Abstrakte, das Minimalistische, die Assemblage usw. zu entdecken (deren Entsprechungen in unserer eigenen Vergangenheit dann ebenfalls gefunden werden): Auf diese Art und Weise halten wir dann das vermeintlich Entdeckte für die Idee. Unabsichtlich – aber verhängnisvoll – erhielt diese Haltung vor einigen Jahren durch die New Yorker ›Primitivismus‹-Ausstellung neue Nahrung. Sie verleitete manchen Sammler erst recht dazu, ein verblichenes Meisterwerk der Dogon (das durchaus zur Zeit des europäischen Mittelalters entstanden sein mag) als ›meinen Giacometti‹ zu bezeichnen oder alles, was scharfe Kanten hat, stamme es aus dem 9. oder 19. Jahrhundert, ›kubistisch‹ zu nennen.

Henry Louis Gates stellt in seinem Essay dar, daß man in früheren Zeiten der Meinung war, die Afrikaner hätten keine Kunst. Und wenn man zufällig doch bei ihnen auf Kunst gestoßen war, dann sprach man ihnen ein ästhetisches Interesse daran ab: Die meisten ›Stämme‹, so wurde behauptet, hätten kein Wort für Kunst. Genausogut könnte man freilich sagen, daß sie nicht wußten, ob sie reich oder arm waren, weil sie kein Wort für Ökonomie hatten. Derartiges Gerede setzte sich bis weit in die Nachkriegszeit hinein fort. Mit der Erfindung einer als ›afrikanische Ästhetik‹ bezeichneten rätselhaften Größe (mit der sich hauptsächlich Europäer und Amerikaner beschäftigen), einem Mittel der Aneignung, das sich genauso spaltend auswirken kann wie das, das ihm voranging, hat sich in jüngerer Zeit das Blatt gewendet. Die Kunst geht den ästhetischen Theorien voran, und keine Gruppe von Menschen hat einen privilegierten Zugang zu ihr (gerade das zeichnet die Kunst ja aus). »Dem Künstler bedeutet die Ästhetik genausoviel wie den Vögeln die Ornithologie.« Mit diesem Aphorismus hat Barnett Newman die Sache auf den Punkt gebracht. Wie Kate Ezra berichtet, bezeichnen die Bamana in Mali herausragende Artefakte als »Dinge, die man ohne Ende betrachten kann«, und dieser ästhetischen Definition schließen wir uns an.

Im Grunde geht es in diesen Debatten um das Kontextproblem, und die Werke, die erst in jüngster Zeit der Ethnographie entrissen wurden, sind immer noch als ›ethnographisch‹ abgestempelt, noch immer nicht wirklich als ›Kunst‹ anerkannt: Das Problem der ›Dekontextualisierung‹ scheint für sie brennender zu sein als für die Venus von Milo oder die Mona Lisa, die beide einen ebenso absoluten Kontextverlust erlitten haben wie die aus Afrika stammenden Objekte. In eben dem Museum, das die beiden genannten Meisterwerke beherbergt, dürfen sich Arbeiten aus dem Alten Ägypten und dem islamischen Nordafrika eines ehrenwerten Ruhestands erfreuen (wobei anzumerken ist, daß das Museum dem übrigen Afrika noch immer den Zugang verwehrt). Wie Théophile Gautier sagt, »nur die Kunst widersteht der Zeit … die Büste überlebt den Kaiser«, und der Prüfstein für das, was wir Kunst nennen, ist die Fähigkeit, unabhängig von einem Kontext zu überleben, der nie mehr wiederzuerlangen ist.

Abb. 13 Hocker, Hemba, Zaire, spätes 19. Jahrhundert (Kat. 4.64), der ›Buli‹-Schule zugeschrieben

Im wesentlichen steht der Besucher dieser Ausstellung vor keinem anderen Problem als der, der z. B. die National Gallery in London besucht, wo der europäische Kontinent in einer ähnlichen stilistischen und kontextuellen Vielfalt präsentiert wird, in Länder unterteilt, deren Kunst sich in jeweils radikal verschiedene Richtungen entwickelt hatte. Wem es keine Schwierigkeiten macht, sich vom einen Augenblick zum nächsten von einem Duccio auf einen Rembrandt oder von einem van Dyck auf einen Picasso umzustellen, der wird auch vor dieser Übersicht nicht zurückschrecken. Hier wie dort sollte der Besucher das beherzigen, was Patricia Davison in ihrem Essay für dieses Buch zu bedenken gibt: »Alle für diese Ausstellung ausgesuchten Arbeiten besaßen einst an anderen Orten für andere Menschen andere Bedeutung … Rücksicht auf den historischen und gesellschaftlichen Kontext bereichert das Verstehen von Kunstwerken, zugleich aber kann die sinnliche Gegenwart eines Kunstwerkes den geschichtlichen Hintergrund verändern und tiefe Reaktionen beim Betrachter hervorrufen, auch wenn nicht alle Details und Konnotationen zu verstehen sind.«

Diese Worte, die dazu ermutigen, das hier Gezeigte zu genießen, zu respektieren und sich darauf einzulassen, bieten sich als Epilog zu *Afrika: Die Kunst eines Kontinents* an. Jede Ausstellung verlangt vom Betrachter zunächst einmal das eine: sich der Kunst selbst zu öffnen. Er wird dafür reichlich belohnt werden, wie auch die vielen Menschen belohnt worden sind – nicht zuletzt der Verfasser dieser Einführung –, die an der Auswahl und Zusammenstellung dieser Ausstellung beteiligt waren. Allen Beteiligten sind die hier gezeigten Exponate mehr und mehr ans Herz gewachsen, und bei allen ist die Bewunderung für ihre Schöpfer immer tiefer geworden. Es ist ein Privileg, zum ersten Mal den fruchtbaren Beitrag des ganzen gewaltigen und unendlich vielfältigen Kontinents zur Bildkultur der Welt preisen, einen Lobgesang auf Afrika anstimmen zu können.

WARUM AFRIKA? WARUM KUNST?

Kwame Anthony Appiah

Tenabea nyinaa nse
(Alle Wohnorte sind anders)
Sprichwort der Asante

Ich kam mit der Kunst schon als Kind in meiner Heimatstadt Kumasi in Berührung, der Hauptstadt des alten Königreichs Asante im Herzen der heutigen Republik Ghana. An den Wänden unseres Hauses hingen Gemälde und Zeichnungen, es gab Skulpturen und Töpfe aus Holz, Elfenbein, Ton und Messing, und in den Schränken standen Kunstbücher. Vor allem jedoch sammelte meine Mutter Goldgewichte: kleine Figuren oder geometrische Formen, nach Wachsmodellen in Messing gegossen, die zum Wiegen des Goldstaubes verwendet wurden, als dieser noch (bis weit in unser Jahrhundert hinein) unser Zahlungsmittel war. Die figurativen Goldgewichte sind von einer wunderbaren Expressivität: Sie zeigen Menschen und Tiere, Pflanzen und Werkzeuge, Waffen und Hausrat, oft in Arrangements, die einen Asante an ein vertrautes Sprichwort erinnern.

Recht häufig findet man zum Beispiel ein Gewicht, das zwei Krokodile mit einem gemeinsamen Bauch zeigt (Abb. 1) und an das folgende Sprichwort denken läßt: »Funtumfunafu ne Denkyemfunafu baanu yafunu ye yafunkoro; nanso woredidi a na woreko no, na firi atwimenemude ntira.« Es bedeutet ungefähr: »Zwei teilen sich einen Bauch, ein Bauch für zwei Krokodile, beide teilen sich einen Bauch, doch wenn sie fressen, dann läßt die Süße des Schluckens sie gegeneinander kämpfen.« Die Bedeutung des Sprichworts – es bringt ein Dilemma des familiären Zusammenlebens zum Ausdruck – ist, daß das, was das einzelne Familienmitglied erwirbt, zwar der ganzen Familie zugute kommt (es gibt nur einen Bauch), die Freude am Genuß jedoch etwas Individuelles ist (durch einen bestimmten Mund muß die Nahrung in den Magen gelangen).

Sogar die abstrakten geometrischen Gewichte, deren Oberflächen mit Mustern dekoriert sind, zeigen oft die *adinkra*-Symbole, die auch auf Hockern und Bestattungsgewändern der Akan-Völker erscheinen und die alle einen Namen – zum Beispiel *Gye Nyame* – und eine Bedeutung haben – in diesem Fall die Macht Gottes. Nicht selten wird man jedoch auch die Entdeckung machen, daß bei einem dieser eleganten, ganz offenkundig mit großer Kunstfertigkeit und Sorgfalt gestalteten Gewichte ein unbearbeitetes Metallstück in einer Spalte steckt, so daß die ästhetische Einheit völlig zerstört wird, oder auch gelegentlich, daß einer gut gestalteten Figur ein Glied grob abgehackt worden ist. Diese Amputationen und Auswüchse treten auf, weil ein Gewicht schließlich ein Gewicht ist, und wenn es nicht die präzise Schwere

Abb. 1 Goldgewicht, Asante, 18.–19. Jahrhundert, Privatsammlung

hat, kann es seine Funktion nicht erfüllen. Ist ein Goldgewicht – und sei es noch so schön gearbeitet – zu leicht oder zu schwer, muß es auf das richtige Maß gebracht werden. In diesen Miniaturskulpturen kommt also ein ausgeklügelter kultureller Code zum Ausdruck, und die Patina, die die Zeit und die Abnutzung hinterlassen, sowie die exquisite Detailarbeit, die auf das Wachsausschmelzverfahren zurückgeht, verschaffen vielen eine große ästhetische Anziehungskraft. Man erkennt sehr bald, daß sich die Goldgewichte der Asante von denen anderer Akan-Gesellschaften – zum Beispiel der Fante oder Baule – unterscheiden. Auch stilistische Wandlungen im Laufe der Jahrhunderte sind unschwer zu erkennen.

Aus diesen Objekten ließen sich historische Geschmacksentwicklungen herauslesen, wenn wir sie nur richtig deuten könnten. Mit einem Wort: Goldgewichte weisen viele der Merkmale auf, die wir von einem Kunstwerk erwarten. Im Asante-Reich selbst wurden sie geschätzt, weil sie das Auge erfreuten und weil sie für die Sprichwörtertradition eine große Rolle spielten. Letzten Endes jedoch waren sie aber Gewichte, und ihre Aufgabe bestand darin, den Wert des Goldstaubs in der Waagschale anzugeben.

Die besten Goldgewichte der Asante zählen zu den Glanzstücken afrikanischer Kreativität. Sie wurden jedoch nicht von einer Kultur hervorgebracht, die diese Objekte als Kunst einschätzte. Ihre dekorative Eleganz war etwas, was natürlich geschätzt und angestrebt wurde, doch es war eine Verzierung, eine Verschönerung eines Objekts, das eine praktische Funktion erfüllte. Natürlich gab es Menschen – Fürsten zählten dazu, aber auch besonders reiche Bürgerliche –, die Sammlungen besonders schöner Goldgewichte anlegten und mit der erlesenen Qualität ihrer als solche auch benutzten Stücke ihren Wohlstand zur Schau stellten. In früherer Zeit, als die Gewichte noch verwendet wurden, waren die Namen derjenigen, die besonders schöne Exemplare schufen, möglicherweise bekannt; heute jedoch kennt niemand die Namen der großen Gießer der Vergangenheit. Und es kann nicht deutlich genug hervorgehoben werden: wenn wir diese Gewichte heute als Kunstwerke würdigen und sammeln, dann verleihen wir ihnen eine neue Dimension, die denjenigen, die sie herstellten, und den einstigen Käufern unbekannt war.

Die Goldgewichttradition ist außerdem ganz typisch für eine bestimmte Region. Figurative und abstrakte, nach dem Ausschmelzverfahren aus Messing hergestellte Gewichte sind in Westafrika nicht weit verbreitet, geschweige denn in Afrika insgesamt. Außerhalb der Akan-Regionen in Ghana und der Elfenbeinküste gibt es meines Wissens keine Traditionen, die Objekte hervorgebracht hätten, die mit Akan-Goldgewichten verwechselt werden könnten. Akan-Goldgewichte sind afrikanische Objekte, weil die Akan-Kulturen in Westafrika angesiedelt sind: Es sind jedoch lokale Traditionen, die zwar den komplexen kulturellen und wirtschaftlichen Austausch etwa zwischen den Asante und den islamischen Händlern der Sahelzone oder zwischen der Baule-Kultur und den europäischen Händlern an der Küste reflektieren (und somit mehr als nur die Gesellschaften, in denen sie entstanden), keinesfalls jedoch verkörpern sie die breite Skala afrikanischen Schaffens.

Jeder, der Sammlungen von Masken aus West- und Zentralafrika kennt, weiß nach kurzer Zeit die meisten Typen ungefähr zuzuordnen: Die Maskentraditionen aller Gesellschaften, auch die derjenigen, die benachbarte Traditionen beeinflußt haben und von ihnen beeinflußt worden sind, behalten ihre charakteristischen Züge, und das gilt auch für die Rollen der einzelnen Masken in den verschiedenen Tanzformen, in denen sie erst eigentlich zum Leben erweckt werden. Auch hier wird deutlich: die Traditionen Afrikas sind vielfältig und immer charakteristisch für eine Region. Das Wesen der Künste Afrikas läßt sich genausowenig in einer einzigen Tradition erfassen wie die Bedeutung der europäischen Kunst durch eine Untersuchung der toskanischen Malerei des 15. Jahrhunderts. Und was für die Kunst gilt, gilt in noch höherem Maße für das Leben. Die Lebensformen Afrikas sind viel zu vielfältig, als daß sie in einem einzigen Idealtyp erfaßt werden könnten. Um unsere Goldgewichte verstehen zu können, braucht es kein Wissen über Afrika, sondern über das Leben der Akan-Völker. Was sich generell über das Leben in Afrika sagen läßt, ist im großen und ganzen das, was für die ganze Menschheit gilt.

Es führt also kein Weg drum herum: Weder Afrika noch die Kunst – die beiden begrifflichen Säulen dieser Ausstellung – spielten als Ideen eine Rolle, als die hier zusammengetragenen Objekte geschaffen wurden.

Afrika

›Afrika‹: seitdem es menschliches Leben auf diesem Kontinent gibt, seitdem, um etwas konkreter zu werden, vor ungefähr 6000 Jahren die ersten großen architektonischen Monumente des Niltals entstanden, haben die meisten Bewohner dieses Kontinents in Gesellschaften gelebt, die sowohl sich selbst als auch andere durch Blutsverwandtschaft oder Herrschaftsverbindungen definierten. In diesen Tausenden von Jahren wäre es den meisten Afrikanern nie eingefallen, sich selbst einer umfassenden, durch eine gemeinsame Beziehung zum afrikanischen Kontinent definierten menschlichen Gruppe zuzurechnen – noch vor hundert Jahren wäre in meiner Heimatstadt kein Mensch darauf gekommen. Erst in jüngerer Zeit spielt der Begriff ›Afrika‹ im Denken vieler Afrikaner eine wichtigere Rolle, und diejenigen, die ihn aufgegriffen haben, übernahmen ihn im großen und ganzen aus der europäischen Kultur.

Die Europäer, die Afrika kolonisierten, stellten sich das Afrika südlich der Sahara als eine große Einheit vor, hauptsächlich deshalb, weil sie es als die Heimat einer einzigen Rasse – der ›Neger‹ – betrachteten. (Deshalb denken wir an schwarze Menschen, wenn von Afrika die Rede ist, trotz der Tatsache, daß die hellhäutigeren Nordafrikaner – Araber, Berber, Mauren – ohne jeden Zweifel Bewohner des afrikanischen Kontinents sind.) In der Vorstellung der Europäer bildeten die afrikanischen Kulturen und Gesellschaften südlich der Sahara ein einziges Kontinuum, dem eine rassische Einheit zugrunde lag, die in den ›wilden Rhythmen‹ der afrikanischen Musik, der ›Sinnlichkeit‹ afrikanischer Tänze und der ›primitiven Kraft‹ der Skulpturen und Masken des ›Schwarzen Kontinents‹ zum Ausdruck kam.

Als die ersten afrikanischen Intellektuellen begannen, sich als Angehörige einer Negerrasse – und als Afrikaner – zu betrachten, bezogen sie sich nicht nur auf diese allgemeine westliche Formel, sondern auch auf die Gedanken afroamerikanischer Intellektueller – Alexander Crummell, E. W. Blyden, W. E. B. Du Bois –, die sich im Kontext des von rassischer Vorherrschaft geprägten Systems der Neuen Welt, des von der Sklaverei hinterlassenen Rahmens als ›Neger‹ zu verstehen gelernt hatten. In der Neuen Welt, wo so viele dunkelhäutige Menschen aus Afrika zusammengebracht und der spezifischen kulturellen Kenntnisse und Traditionen ihrer Vorfahren beraubt worden waren, war die gemeinsame Erfahrung der Verschiffung und Versklavung das Band, das Menschen miteinander vereinte, deren Vorfahren in den verschiedensten Teilen Afrikas nach ganz verschiedenen Mustern gelebt hatten. In der Neuen Welt – in Brasilien, Kuba, den Vereinigten Staaten – konnten Menschen verschiedenster Herkunft, durch eine gemeinsame Sprache aneinander gebunden, sich nach geraumer Zeit als eine Einheit erfahren.

In Afrika selbst jedoch war die große Vielfalt an Gesellschaften und kulturellen Formen durch den Sklavenhandel nicht homogenisiert worden. Im letzten Jahrtausend, als der Islam sich über Nordafrika, nach Westafrika hinein und die afrikanische Ostküste hinunter verbreitete, in den letzten Jahrhunderten, als im Gefolge der europäischen Händler und Kolonisatoren das Christentum (in seinen vielen Erscheinungsformen) Einzug hielt, in den letzten hundert Jahren, als die Kolonialreiche die afrikanischen Gesellschaften immer fester in das neue globale Wirtschaftssystem und die moderne Nationalstaatenordnung einbanden, in den letzten Jahrzehnten, als die globalen Radio- und Fernsehnetze und die Schallplatten- und Filmindustrie ihre Fühler bis in die abgelegensten Dörfer Afrikas hinein ausstreckten, hat es natürlich gewaltige Kräfte gegeben, die die afrikanischen Gesellschaften näher zusammengerückt haben. Und dennoch bleibt meines Erachtens das entscheidende kulturelle Faktum Afrikas nicht die Einheit der afrikanischen Kulturen, sondern ihre enorme Vielfalt. Und da viele der hier zusammengetragenen Objekte in Zeiten und Gegenden entstanden, die von diesen integrierenden Kräften unbeeinflußt waren, sind sie erst recht verschiedenartigsten Ursprungs.

Daran ist eigentlich nichts erstaunlich. Immerhin ist hier von einem Kontinent die Rede, von Abermillionen von Menschen. Tatsache ist jedoch, daß die alte europäische Denkweise – Afrika als einheitliche Heimat des ›Negers‹ – uns im Westen immer noch so bestimmt, daß wir wie selbstverständlich eine allen Schwarzafrikanern gemeinsame afrikanische Essenz voraussetzen. Und diese Tradition läßt uns auch erwarten, daß diese Essenz in der Einheit der afrikanischen Kunst zum Ausdruck kommt. Schließlich trat dieser alten Denkweise zufolge in aller Kunst der Welt der gemeinsame Genius eines Volkes zutage. (Das ist ein Grund dafür, weshalb so viele der Objekte, die in den letzten zwei Jahrhunderten von Europäern in Afrika gesammelt wurden, nicht mit dem Namen des Urhebers versehen sind, sondern mit dem Namen eines ›Stammes‹, einer ethnischen Gruppe, deren von allen ihren Angehörigen geteilte Vorstellungen in diesen

Masken, Bronzen oder Schreinfiguren zum Ausdruck kämen, wie man glaubte.) Wie jedoch jeder sehen wird, der diese Ausstellung besucht, müßte man schon völlig blind für das Individuelle sein, wollte man diese großartige Vielfalt auf den Ausdruck des Geistes einer einzigen kohärenten afrikanischen Wesensart reduzieren.

Was diese Objekte als ›afrikanisch‹ vereint, ist mit anderen Worten keine gemeinsame Wesensart, kein gemeinsamer Charakter der Kulturen, denen sie entstammen, sondern unsere Vorstellungen von Afrika, Vorstellungen, die, wie bereits gesagt, inzwischen auch für viele Afrikaner wichtig und somit auch zu afrikanischen Vorstellungen geworden sind.

Kunst

Es ist nun an der Zeit, die zweite Seite der von mir skizzierten Schwierigkeit kurz zu beleuchten: die Tatsache, daß die ›Kunst‹, der zweite Begriff, unter dem diese Objekte zusammengefaßt sind, ebenfalls ein westliches Konzept ist. In den meisten der etwa tausend alten Sprachen, die heute noch in Afrika gesprochen werden, gibt es kein altes Wort, das das Wort ›Kunst‹ adäquat wiedergeben könnte. Auch das ist bei Licht besehen nicht weiter erstaunlich: Schließlich gab es auch etwa im Englischen des 17. Jahrhunderts kein Wort, das der heutigen Bedeutung dieses Wortes genau entsprochen hätte (und zweifellos gab es auch kein solches Wort im Mandarin oder Sanskrit jener Zeit). Die Vorstellungen von ›Kunst‹, mit denen wir heute im Westen leben (und überall dort in der Welt, wo die Menschen sich diese Vorstellungen zu eigen gemacht haben), nahmen ihre ersten ›modernen‹ Formen in der europäischen Aufklärung an. Und mittlerweile macht es keinen Sinn mehr, mit Hilfe einer Definition erklären zu wollen, was Kunst heute für uns bedeutet; in einer Zeit, in der wir, wie John Wisdom zu sagen pflegte, »tagtäglich und in jeder Hinsicht meta und meta werden«, sind in der Welt der Kunst Menschen zu Hause, deren Aufgabe es ist, jede Definition von Kunst in Frage zu stellen, uns über alle Grenzen hinaus zu drängen, jeden Versuch, die Bedeutung von Kunst festzulegen, hinter sich zu lassen. Jede Definition von Kunst ist heute eine Provokation und dürfte auf die Antwort stoßen: Sieh mal, ich habe dieses Ding, das deiner Definition nicht entspricht, gemacht (oder entdeckt), und wage du nur nicht zu sagen, es sei keine Kunst.

Dennoch haben wir Vorstellungen von der Kunst und von Künstlern. Dabei kommt es mir auf die Feststellung an, daß den Menschen, die die Objekte in dieser Ausstellung schufen, diese Vorstellungen fremd waren. Insbesondere seit dem 19. Jahrhundert gibt es in der westlichen Welt eine wichtige Unterscheidung zwischen der bildenden Kunst und dem Kunstgewerbe, und unter der bildenden Kunst wurde in zunehmendem Maße eine ›Kunst um der Kunst willen‹ verstanden. Wir sind mit anderen Worten dahin gekommen, Kunst als etwas anzusehen, was nach sogenannten ästhetischen Standards bewertet werden muß, nach Kriterien, die den Künsten immanent sind. Wir wissen, daß die Kunst politischen, moralischen und sogar merkantilen Zwecken dienen kann, doch etwas als Kunst zu betrachten heißt, Wertmaßstäbe anzulegen, die über diese von außen herangetragenen Aspekte hinausgehen. Viele der Objekte in dieser Ausstellung erfüllten dagegen wichtige Funktionen, die nach unseren Maßstäben keine ästhetischen Funktionen waren, und sie wurden zuallererst danach bewertet, wie gut sie ihre Funktion erfüllten. Etwas von unserer Einstellung zur Kunst kommt in dem Unverständnis zutage, das wir für jemanden empfinden, der sich ein Bild anschaut und sagt: »Es ist ungemein ausdrucksvoll, aber wozu ist es gut?«

Eine Antwort

Wenn die afrikanische Kunst nicht von Menschen hervorgebracht wurde, die sich selbst als Afrikaner betrachteten, wenn sie nicht als Kunst hervorgebracht wurde, wenn sie keine einheitliche ästhetische Vision Afrikas vermittelt, kann uns dann nicht trotzdem diese Zusammenstellung bemerkenswerter Objekte einen Gewinn verschaffen?

Was macht es schließlich schon aus, daß dieses Begriffspaar – Afrika/Kunst – nicht von denen verwendet wurde, die diese Objekte schufen? Sie stammen dennoch aus Afrika, sie stellen dennoch Kunstwerke dar. Vielleicht ist es ja unsere Entscheidung, sie als Hervorbringungen eines einzelnen Kontinents zu betrachten, der sie unter dem Begriff ›afrikanisch‹ vereint. Vielleicht sind wir es ja und nicht ihre Schöpfer, die den Entschluß gefaßt haben, diese verschiedenartigen Objekte als Kunst zu behandeln. Es ist jedoch auch unsere

Ausstellung – sie ist für uns zusammengestellt worden, die wir heute in der westlichen Welt leben. Wir können nur spekulieren, was die Schöpfer der hier gepriesenen Objekte von unserer Zusammenstellung halten würden. Vielleicht hätten sie nur ein mildes Lächeln übrig, vielleicht würde es ihnen aber auch wie Schuppen von den Augen fallen. (Es sei daran erinnert: einige dieser Werke hatten religiöse Bedeutungen für ihre Schöpfer, wurden als Träger unsichtbarer Mächte begriffen, andere dagegen waren profane Alltagsgegenstände.) Uns, als verantwortungsbewußten Ausstellungsbesuchern, kommt jedoch die wichtige Aufgabe zu, zu entscheiden, was wir mit diesen Dingen anfangen wollen, wie wir darüber denken wollen.

Indem sie diese Objekte als Kunstobjekte präsentieren, fordern die Organisatoren dieser Ausstellung Sie auf, sie auf eine bestimmte Art und Weise zu betrachten, sie nach ›ästhetischen‹ Kriterien zu bewerten. Das bedeutet, wie Sie wissen, daß Ihr Interesse ihrer Form, ihrer Ausarbeitung, den Vorstellungen, die sie hervorrufen, gelten soll, daß Sie sie so betrachten, wie Sie Kunstobjekte in Kunstmuseen zu betrachten gelernt haben. (Es ist – zumindest in der hier gebotenen Kürze – schwer, genauer zu sagen, was damit gemeint ist; die meisten Erwachsenen, die regelmäßig Ausstellungen von Malerei oder Plastik besuchen, dürften jedoch ihre Aufmerksamkeit auf bestimmte Aspekte lenken, die sie für wichtig halten – wenn es anders wäre, würden sie wohl kaum immer wieder ein Museum besuchen.) Es kommt also nicht darauf an, ob es sich bei diesen Objekten um Kunst handelt oder ob ihre Schöpfer sie als Kunst betrachteten: Wichtig ist nur, daß wir aufgefordert sind, sie als Kunst zu behandeln, und daß die Organisatoren uns versichern, es lohne sich, ihnen unsere ästhetische Aufmerksamkeit zuzuwenden.

Wir können auch akzeptieren, daß sie auf einer kontinentalen Basis ausgewählt wurden, die keine Gemeinsamkeiten garantiert, nicht vorhersehen läßt, wie diese Objekte aufeinander reagieren werden. Selbst wenn man nicht erwartet, aus diesen Schöpfungen eine ihnen zugrundeliegende künstlerische Einheit Afrikas herauslesen zu können, wird eine Auseinandersetzung mit der Ausstellung als Ganzer mehr sein als die Summe der unzusammenhängenden Begegnungen mit jedem einzelnen Objekt oder mit einzelnen Objektgruppen, die einer bestimmten Kultur entstammen. Das Ergebnis dieser Auseinandersetzung hängt natürlich vom Betrachter ab, und so sollte es ja auch sein. Es gibt jedoch Fragen, die dem Besucher für einige Aspekte dieser Ausstellung die Augen öffnen können – und daß sie so viele Aspekte hat, macht diese Ausstellung ja gerade so spannend. Lassen Sie mich Ihnen zum Schluß einige meiner Fragen mit auf den Weg geben.

Zunächst eine Feststellung: Jeder, der mit halbwegs offenen Augen durch diese Ausstellung geht, wird der afrikanischen Kunst seine Hochachtung nicht versagen können – dem künstlerischen Erbe eines Kontinents, dessen Kreativität von einigen verunglimpft und von anderen ins Sentimentale gezogen, selten jedoch ernst genommen worden ist. Um diese afrikanischen Kunstwerke ernst zu nehmen, brauchen wir sie nicht, wie ich ausgeführt habe, so zu verstehen, wie ihre Schöpfer sie verstanden. (Die westeuropäische Kunst des Hochmittelalters bewerten wir schließlich auch nicht nach religiösen Kriterien.) Und eine andere Möglichkeit, sie ernst zu nehmen, wäre es, darüber nachzudenken, wie es möglich war, daß die in dieser Ausstellung beispielhaft vor Augen geführte Kreativität eines ganzen Kontinents und großen Zeitraums in unserer Kultur in den letzten Jahrhunderten zu einer Deutung Afrikas als Heimat unzivilisierter Menschen geführt hat.

Was lehrt es uns über die Vergangenheit der westlichen Kultur, daß es ihr so ungemein schwer gefallen ist, viele der hier versammelten Kunstwerke respektieren zu lernen, weil sie aus Afrika kamen? Viele dieser Objekte stammen aus europäischen Sammlungen und wurden als Kuriositäten, als rätselhafte oder als Forschungsobjekte zusammengetragen: Zweifellos wurden sie von den Sammlern geschätzt – und sogar geliebt. Doch nur selten sind sie bewußt ästhetisch wahrgenommen worden, und wenn, dann oft mit erstaunlicher Herablassung: Ladislas Szesci ließ die Leser von Nancy Cunards *Negro* (einer 1934 veröffentlichten Würdigung schwarzen Schaffens; siehe Cunard 1970) wissen:

> »Ihrer angeborenen Reinheit und Primitivität wegen haben die Neger Kunstwerke zu schaffen vermocht. Sie können wie ein Prisma sein, ohne jede absichtliche Voreingenommenheit, und es gelingt ihnen, ihre Vision mit Sicherheit und ohne jeden Antrieb von außen wiederzugeben.«

Es gehört zur Geschichte unserer Kultur – und gibt uns inmitten dieser afrikanischen Artefakte zu denken –, daß man sich noch vor fünfzig Jahren mit solchen Worten ohne Bedenken zum Fürsprecher der afrikanischen Kunst machen konnte.

Was sagt es uns über unsere kulturelle Gegenwart (und stimmt uns vielleicht hoffnungsvoller), daß wir jetzt zum ersten Mal so viele, so wunderbare afrikanische Artefakte nicht als ethnographisches Dokumentationsmaterial zusammengetragen sehen, nicht als bloße Kuriositäten, sondern ausdrücklich als in ihrer Eigenschaft als Kunstwerke respektierte Objekte, die dem Betrachter die entsprechende Aufmerksamkeit abverlangen? Wie, mit einem Wort, können wir diese Ausstellung selbst als Teil der Geschichte unserer westlichen Kultur verstehen? Als einen Augenblick in der komplexen Begegnung der europäischen mit den afrikanischen Kulturen? Jeder, der diese Ausstellung besucht, ist befähigt, über diese Frage nachzudenken: Wir alle können einen Allgemeinplatz aus dem Gedächtnis kramen, den wir über Afrika aufgeschnappt haben, und wir alle können diesen Allgemeinplatz an diesen außergewöhnlichen Objekten prüfen.

Das wären also einige der Fragen, die ich in diese Ausstellung mitbringe. Aber wie jeder von Ihnen habe ich viele weitere Fragen, von denen einige mit meiner eigenen Geschichte zu tun haben, andere allgemeinerer Natur sind.

Diese Artefakte werden zu Ihnen sprechen, und was sie zu sagen haben, hängt sowohl von ihnen als auch von Ihnen ab. Die Tatsache jedoch, daß sie zu uns sprechen – wie die Goldgewichte der Asante zu meiner aus England stammenden Mutter sprachen –, sollte uns eine nachhaltige Mahnung sein, daß wir und die Männer und Frauen, die sie schufen, der einen Menschheit angehören. Indem sie zu uns sprechen, ziehen sie uns in die Welten derjenigen hinein, die sie schufen (immer eine unserer wesentlichsten Reaktionen auf Kunst). Was wir dort entdecken, ist nicht *ein* Afrika, sondern Afrika in seiner Vielfalt: eine reiche Vielfalt, die in den wunderbaren Werken dieser außergewöhnlichen Ausstellung zum Ausdruck kommt, sich darin jedoch nicht erschöpft.

EUROPA, AFRIKANISCHE KUNST UND DAS UNHEIMLICHE

Henry Louis Gates jr.

Charles de Gaulle hat sich oft öffentlich gefragt, ob es ohne Schwarzafrika, von wo aus er den Widerstand gegen das Naziregime organisierte, das moderne Frankreich überhaupt gäbe. Man könnte sich auch fragen, ob in den ersten drei Jahrzehnten des 20. Jahrhunderts die Moderne in ihren verschiedenen Erscheinungsformen in der europäischen und amerikanischen Kunst, Literatur, Musik und im Tanz ohne die schwarzafrikanische Kunst überhaupt möglich gewesen wäre. Insbesondere muß diese Frage mit Blick auf die bildende Kunst gestellt werden, da die dramatischen Perspektivenwechsel, vor allem in der Darstellung der menschlichen Gestalt, unmittelbar auf den Einfluß der südlich der Sahara entstandenen afrikanischen Kunst zurückgehen dürften. In diesem Sinne kann die europäische Moderne als ein Spiegelbild der Maske der Schwarzen betrachtet werden.

Jahrhundertelang sind die europäischen Begegnungen mit der Kunst Afrikas von einer gewissen Angst beladen gewesen, die oft an Freuds Darstellung der Ängste erinnert, die für die »schreckhaften, angst- und grauenerregenden« Begegnungen mit dem Unheimlichen charakteristisch sind. In der Mitte des 18. Jahrhunderts, auf der Höhe der europäischen Aufklärung, behauptete David Hume in der zweiten Ausgabe eines Essays mit dem Titel *Of National Characters*, daß im gesamten Afrika südlich der Sahara kein einziges Werk der bildenden Kunst oder der Literatur zu finden sei, das diesen Namen verdiene. In der ersten Ausgabe hatte Hume Afrika und die Afrikaner in einer Übersicht über die wichtigsten Kulturen, Zivilisationen und Rassen der Welt überhaupt nicht erwähnt. Die zweite Ausgabe erweiterte er um eine Fußnote mit dem Hinweis, daß ganz Schwarzafrika »keine Künste, keine Wissenschaften« aufzuweisen habe. Schönheit, wie sie zumindest seit der Zeit der alten Griechen in all ihrer Verfeinerung in den europäischen Kulturen zutage trete, sei in den menschlichen oder plastischen Formen der Schwarzen nicht zu finden.

Nur ein Jahrzehnt später griff Immanuel Kant in seinen *Beobachtungen über das Gefühl des Schönen und Erhabenen* (1764) auf Humes Äußerungen über Afrika zurück und übernahm und erweiterte sie vorbehaltlos. Im vierten Abschnitt seiner Abhandlung – ›Von den Nationalcharakteren‹ – zitiert und billigt Kant Humes Ansichten, um dann die bestürzende Behauptung aufzustellen, »das Schwarze« stehe nicht nur für Häßlichkeit, sondern auch für Dummheit:

> »In den Ländern der Schwarzen was kann man da Besseres erwarten, als was durchgängig daselbst angetroffen wird, nämlich das weibliche Geschlecht in der tiefsten Sklaverei? Ein Verzagter ist allemal ein strenger Herr über den Schwächeren, so wie auch bei uns derjenige Mann jederzeit ein Tyrann in der Küche ist, welcher außer seinem Hause sich kaum erkühnet, jemandem unter die Augen zu treten. Der Pater Labat meldet zwar, daß ein Negerzimmermann, dem er das hochmütige Verfahren gegen seine Weiber vorgeworfen, geantwortet habe: Ihr Weiße seid rechte Narren, denn zuerst räumet ihr euren Weibern so viel ein, und hernach klagt ihr, wenn sie euch den Kopf toll machen; es ist auch, als wenn hierin so etwas wäre, was vielleicht verdiente, in Überlegung gezogen zu werden, allein kurz um, dieser Kerl war vom Kopf bis auf die Füße ganz schwarz, ein deutlicher Beweis, daß das, was er sagte, dumm war.«

Was wir hier beobachten, ist die kühne Vermengung von ›Nationalcharakter‹ – dem grundlegenden ›Wesen‹ einer Kultur – und den wahrnehmbaren – sowohl physischen als auch ›metaphysischen‹ – ›Charakteristiken‹ der Menschen, in denen sich dieser ›Nationalcharakter‹ manifestiert.

Drei Jahrzehnte später sollte ein liberaler oder kosmopolitischer gewordener Kant in der *Kritik der Urteilskraft* (1790) zugestehen, daß die Schwarzafrikaner zweifellos ihre eigenen Schönheitsmaßstäbe hätten, auch wenn sie nicht den europäischen entsprächen – angesichts der revolutionären Umwälzungen, die die Baumwollentkörnungsmaschine für die Sklaverei in der Neuen Welt und den gestiegenen Handel mit Menschen aus Afrika mit sich brachte, eine kühne Theorie.

Hegel teilte Kants neuen Großmut allerdings nicht; in den etwa zur selben Zeit verfaßten *Vorlesungen über die Philosophie der Geschichte* bekräftigte er implizit Humes Behauptung, es gäbe in Schwarzafrika keine Zivilisation, und fügte hinzu, die Afrikaner hätten auch keine Geschichte, da sie keine eigenständige Schriftkultur entwickelt hätten.

»Am stärksten künstlerisch berührt war ich immer dann, wenn ich plötzlich mit der erhabenen Schönheit der Skulpturen der anonymen Künstler Afrikas konfrontiert war. Diese Werke einer religiösen, leidenschaftlichen und rigoros logischen Kunst stellen die überwältigendsten und schönsten Dinge dar, die die menschliche Phantasie je hervorgebracht hat. Ich muß jedoch hinzufügen, daß ich die Exotik verabscheue.«

Pablo Picasso

»Afrikanische Kunst? Nie davon gehört!«

Pablo Picasso

Wenn der Handel der Europäer mit schwarzen Menschen einer philosophischen Rechtfertigung bedurfte, dann trug die Philosophie der Aufklärung im großen und ganzen das ihre dazu bei. Das ästhetische Urteil der Europäer über die afrikanische Kunst und Kultur war in die Rechtfertigung einer Wirtschaftsordnung eingebunden, die weitgehend auf der Ausbeutung billiger Arbeitskräfte basierte, für die die afrikanische Westküste – von Senegambien bis zum Kongo und Angola – ein unerschöpfliches Reservoir bot. Nie konnte der Europäer dem afrikanischen Erhabenen begegnen, ohne sich der Sklaverei und ihrer ökonomischen Bedeutung bewußt zu sein. Weder die Völker Afrikas noch deren kulturelle Artefakte konnten unbefangen betrachtet werden.

Diese merkwürdig gequälte Wechselbeziehung zwischen Ethik und Ästhetik, zwischen einer Wirtschaftsordnung und ihrem philosophischen Unterbau hatte bis um 1900 weitgehend Bestand. Aus vielen verschiedenen Gründen, die hier nicht näher untersucht werden können, setzte um die Jahrhundertwende dann ein Umschwung in der Bewertung der afrikanischen Kunst ein. Daß Dvořák die afroamerikanische geistliche Musik bewunderte und auf ihrer Grundlage einen kühnen, neuartigen Zugang zur symphonischen Musik fand, war nur der hochkulturelle Ausdruck der begeisterten Aufnahme, die das Spiritual in den europäischen und amerikanischen Varietétheatern fand. Die Fisk Jubilee Singers, die in diesen Jahrzehnten in aller Welt gastierten, spielten in diesem Neubewertungsprozeß eine nicht zu unterschätzende Rolle. Beispiellos in der Geschichte der europäischen Ästhetik war in dieser Zeit jedoch der Einfluß afrikanischer Sichtweisen im Bereich der bildenden Kunst. Die Begegnung mit der afrikanischen Kunst war von größter Bedeutung für die Formen der Moderne im frühen 20. Jahrhundert.

Oft wird davon gesprochen, daß die moderne Kunst einen entscheidenden Anstoß an jenem Tag im Jahre 1907 erhielt, als Pablo Picasso das Musée d'Ethnographie im Palais du Trocadéro in Paris besuchte. Sieglinde Lemke vertritt sogar die Ansicht, ohne den ›Primitivismus‹ – ein Begriff, den ich verabscheue – hätte es keine Moderne geben können und ohne die Moderne keinen ›Primitivismus‹. Sie stellen das Ich und das Es der modernen Kunst dar. Wie unheimlich diese Begegnung für Picasso war – und in der Folge für die europäische Kunst, ihre Kritiker und Chronisten –, läßt sich nicht nur aus seiner eigenen Schilderung seines Unbehagens bei dieser Begegnung herauslesen, sondern auch aus dem merkwürdigen Geflecht aus Verleugnung und Bestätigung, das sowohl von Picasso selbst als auch von späteren Kritikern in bezug auf den großen Übergangsmoment in der Geschichte europäischer und afrikanischer Ästhetik verbreitet wurde: *Les Demoiselles d'Avignon*.

Picassos Unbehagen über die transformierende Gegenwart der afrikanischen Kunst in der Malerei – ein Unbehagen, das manche Kritiker auch heute noch teilen – unterstreicht die Ironie einer Begegnung, die am Anfang vom Ende der jahrhundertelangen europäischen Geringschätzung der afrikanischen Kunst stand – einer Kunst, die heute weder als ›primitiv‹ noch als ›häßlich‹, sondern als Manifestation des Erhabenen betrachtet wird. Bald nachdem die Kritiker ihre Bedeutung erklärt hatten, brachte Picasso seine ambivalente Haltung gegenüber der Relevanz seiner Zufallsbegegnung mit den Gesichtern Afrikas an jenem Tag im Trocadéro zum Ausdruck. Bereits 1920 wurde Picasso in Florent Fels' *Action* mit den Worten zitiert: »Afrikanische Kunst? Nie davon gehört!« Die Literatur ist angefüllt mit Picassos Ableugnungen, die oft so energisch vorgebracht sind, daß sie seine Ängste vor den afrikanischen Einflüssen um so deutlicher hervorzuheben scheinen. In einem erst 1974 veröffentlichten Gespräch mit André Malraux gestand Picasso 1937 endlich die Präsenz Afrikas in seinem Werk ein:

> »Alle reden immer über die Einflüsse, die die Neger auf mich hatten. Was soll ich machen? Wir alle liebten die Fetische. Van Gogh hat einmal gesagt: "Japanische Kunst – das war uns allen gemeinsam." Für uns sind es die Neger... Es war widerlich, als ich das alte Trocadéro besuchte. Der Flohmarkt. Der Geruch. Ich war allein. Ich wollte weg von dort. Aber ich bin nicht gegangen. Ich blieb und blieb. Ich verstand, daß es sehr wichtig war: Etwas geschah mit mir, nicht wahr? Die Masken waren nicht nur irgendwelche Skulpturen. Überhaupt nicht. Es waren magische Objekte... Die Objekte der Neger waren *intercesseurs*, Mittler... Überall sah ich Fetische. Ich verstand; auch ich bin gegen alles. Auch ich glaube, daß alles unbekannt ist, daß alles ein Feind ist! Alles! Nicht die Details – Frauen, Kinder, Babys, Tabak, das Spielen – alles! Ich verstand, wozu die Neger ihre Skulpturen gebrauchen. Warum haben sie sie so gestaltet und nicht irgendwie anders? Sie waren ja schließlich keine Kubisten! Weil es den Kubismus gar nicht gab. Es war klar, daß irgendwelche Kerle die Vorbilder erfunden hatten, und andere hatten sie nachgeahmt, nicht wahr? Das ist es doch, was wir Tradition nennen! Aber alle diese Feti-

sche dienten demselben Zweck. Es waren Waffen. Sie sollten die Menschen davor bewahren, unter den Einfluß der Geister zu geraten, ihnen helfen, unabhängig zu werden. Geister, das Unbewußte (davon war damals noch nicht so viel die Rede), Gefühl – das ist alles dasselbe. Mir wurde klar, warum ich Maler war. Ganz allein in diesem schrecklichen Museum mit Masken, mit Puppen, die die Rothäute gemacht hatten, verstaubten Gliederpuppen. An jenem Tag muß mir der Gedanke zu *Les Demoiselles d'Avignon* gekommen sein. Mit den Formen hatte das gar nichts zu tun; es war mein erstes Exorzismusbild – ja, absolut.«

Ein volles Jahrzehnt zuvor hatte Françoise Gilot ähnliche Sätze veröffentlicht. In ihnen tritt noch dramatischer zutage, wie bewußt sich Picasso des afrikanischen Einflusses auf sein Werk war:

»Als ich mich vor vierzig Jahren für die Kunst der Neger zu interessieren begann und das entstand, was man als die Negerperiode in meiner Malerei bezeichnet, war ich gegen das, was man damals im Museum als Schönheit bezeichnete. Das war der Grund. Für die meisten Leute war eine Negermaske damals ein ethnographisches Objekt. Als ich damals auf Derains Drängen zum ersten Mal das Trocadéro-Museum besuchte, steckte mir der Geruch von Feuchtigkeit und Fäulnis in der Kehle. Ich empfand ihn als so deprimierend, daß ich schnell hinausgehen wollte, doch ich blieb und studierte die Objekte. Menschen hatten diese Masken und andere Objekte zu einem heiligen Zweck geschaffen, zu einem magischen Zweck, als eine Art Mittler zwischen ihnen und den unbekannten feindlichen Kräften, die sie umgeben, um ihre Ängste und Schrecken zu überwinden, indem sie ihnen eine Form und ein Abbild gaben. In diesem Moment wurde mir klar, was es mit der Malerei auf sich hat. Die Malerei ist kein ästhetisches Unterfangen; sie ist eine Form von Magie, die zwischen dieser seltsamen, feindlichen Welt und uns vermitteln soll, eine Möglichkeit, die Macht an sich zu reißen, indem wir unseren Schrecken wie auch unseren Begehren Form geben. Als mir das klar wurde, wußte ich, daß ich meinen Weg gefunden hatte. Dann fingen die Leute an, diese Objekte aus einem ästhetischen Blickwinkel zu betrachten.«

In diesen idiosynkratischen und kryptischen Äußerungen enthüllt Picasso, daß seine Begegnung mit der afrikanischen Kunst für ihn eine folgenreiche Begegnung war. Er leugnet jedoch den wichtigsten Einfluß der afrikanischen Kunst auf sein Werk, ihren *formalen Einfluß*, eine neue Sichtweise, eine neue Darstellungsweise. Warum aber identifizierte sich Picasso unvermittelt mit Darstellungsweisen, die der afrikanischen Kunst eigentümlich waren, und brach damit mit der althergebrachten Tradition, eben diese schwarzen Traditionen als ›häßlich‹ oder ›minderwertig‹ abzutun?

Was diese Aussagen enthüllen, ist Picassos ästhetisches Ringen mit seiner eigenen Abscheu vor den Formen der afrikanischen Kunst und darüber hinaus mit der traditionellen Abscheu des Westens vor den ästhetischen Konventionen Afrikas im allgemeinen. Picasso liefert eine lebendige Beschreibung seiner Begegnung in Begriffen, derer Freud sich bediente, um das Unheimliche zu beschreiben. Seine Beschreibung des Geruchs, gefolgt von der Vergegenwärtigung, daß er allein war, und seinem Wunsch, »schnell hinauszugehen«, dem er widerstand – dies alles ist symbolisch. Die Beschreibung ist eine Metapher für eine aus dem Bauch kommende Abscheu des Künstlers und im weiteren Sinne für eine ebensolche Abscheu der westlichen Ästhetik überhaupt. Was darüber hinaus an Picassos Erinnerungen ins Auge fällt, ist seine Leugnung des formalen Einflusses der afrikanischen Kunst – der offenkundig vorliegt – sowie die Tatsache, daß ihn noch dreißig Jahre später (in seinem Gespräch mit Malraux) die Erinnerung an einen quälenden Geruch verfolgte. Die unangenehmen Empfindungen sind Metaphern für Picassos Angst und für die verfeinerte Art dieser Begegnung mit dem schwarzen Unheimlichen.

Was vielleicht noch bizarrer ist: An die Stelle der offensichtlichen formalen Affinitäten zur afrikanischen Kunst setzte Picasso den kryptischen und offensichtlich falschen Anspruch, es sei ihm um den *Affekt* der afrikanischen Kunst zu tun gewesen, um ihre angebliche Funktionalität, ihre angeblich ›exorzistischen‹ Zwecke, von denen er keine Ahnung hatte. Tatsächlich hatten die Formen der afrikanischen Kunst für ihn nur die eine exorzistische Funktion: die Dämonen seiner künstlerischen Vorläufer zu verbannen.

Auch wenn Picassos Ängste in bezug auf seine prägenden Einflüsse auch mit dem Wunsch erklärt werden können, als Künstler sui generis wahrgenommen zu werden, so lassen sich diese Ängste doch nicht von der generellen Angst des Europäers vor der ›schwarzen Maske‹ trennen, vor einer ästhetischen Beziehung zu praktisch einem ganzen Kontinent, der für ihn die Stätte alles dessen war, was Europa – zumindest seit der Spätrenaissance und der Aufklärung – nicht war und nicht sein wollte. Selbst in den seltenen Fällen zu Anfang des 20. Jahrhunderts, in denen die afrikanische Kunst ohne einen eurozentrischen Filter bewertet werden konnte, wurden diejenigen, die diese Kunst hervorgebracht hatten, noch immer mit tiefster Ambivalenz betrachtet. Irgendwann zwischen 1910 und 1912 zum Beispiel traf Frobenius auf ein klassisches

Werk der Yoruba-Kunst: »Vor uns stand ein wundervoll gegossener alter Bronzekopf von ausnehmender Schönheit und Lebenswahrheit, überzogen von einer dunkelgrünen, schönen Patina. – Dies also war Olokun, der Poseidon des atlantischen Afrika!«

»Doch hört«, so der nigerianische Schriftsteller Wole Soyinka 1986 in seiner Nobelpreisrede, »was er über eben die Menschen zu sagen hatte, deren Werk ihn in diese Sphären universaler Erhabenheit emporgehoben hatte«:

> »Meinen Gefährten erging es wie mir. Unwillkürlich waren wir wie auf Verabredung still. Dann sah ich mich im Kreise um, meine Blicke streiften die Neger, die herumstehenden Söhne des ›ehrwürdigen Priesters‹, Verwandte seiner Heiligkeit, des Oni, und seine intelligenten Beamten. Und es befiel mich wie eine stille Traurigkeit bei dem Gedanken, daß diese Versammlung stumpfsinniger Proleten heute die Wahrer und Erben dieser klassischen Schönheit sein sollten.«

Zutiefst ambivalente Haltungen waren nicht auf Europäer und Amerikaner beschränkt; die Afroamerikaner standen ihrerseits der Schönheit der afrikanischen Kunst mindestens genauso zwiespältig gegenüber wie die Europäer. Wie Alain Locke, der als erster schwarzamerikanischer Rhodes Scholar in Oxford studierte, der in Harvard in Philosophie promovierte und zum ersten schwarzen Kunstkritiker avancierte, in seinem richtungweisenden Essay *The Legacy of the Ancestral Arts* (1925) schrieb, »teilten sie, was das ihnen unmittelbar zur Verfügung stehende rassische Material betraf, die angestammte Blindheit des kaukasischen Auges«. Der – ästhetische und allgemeine – Rassismus führte, wie Locke wehmütig konstatiert, zu einem »furchtsamen, dem amerikanischen Neger durch die rassistische Herabsetzung aufgezwungenen Festhalten an Konventionen«, so daß den afroamerikanischen Künstlern allein schon der *Gedanke*, auf die afrikanische Kunst zurückzugreifen, völlig abwegig erscheinen mußte.

Lockes Ausweg aus diesem Dilemma ist, wie Lemke argumentiert, genauso merkwürdig wie Picassos Gerede über das, was ihn beeinflußt hatte: Indem sie sich an die Vertreter der europäischen Moderne anlehnten, die so offensichtlich von der afrikanischen Kunst beeinflußt waren (auf Lockes Liste stehen Matisse, Picasso, Derain, Modigliani, Utrillo und zehn weitere Namen), sollten die Afroamerikaner afrikanisch werden, indem sie modern wurden. Der Weg nach Afrika führte mit anderen Worten sowohl für schwarze wie für weiße Amerikaner und Europäer über den Trocadéro. Locke verweist sogar auf Winold Reiss, den er sein klassisches Manifest der afroamerikanischen Moderne, *The New Negro*, illustrieren ließ »als einen Wegbereiter und eine Ermutigung für die jüngeren Negerkünstler«.

Angesichts des von Locke vorgezeichneten Umwegs, der ›zurück‹ nach Afrika führen sollte, ist es für uns vielleicht nicht überraschend, daß Experimente wie die ›von Afrika beeinflußten‹ Arbeiten von Künstlern wie Aaron Douglas nicht – wie bei Picassos Besuch im Trocadéro – zu einem »kühnen ikonoklastischen Bruch« oder einem »Ferment in der modernen Kunst« führten, sondern vielmehr zu einer Art Afro-Kitsch, der Verwendung dekorativer Motive wie Kaurischnecken, Kente-Stoffmustern und zweidimensionalen Reproduktionen ›afrikanischer Masken‹, wobei ›Afrika‹ nie mehr ist als ein Sujet, ein Dekor, kein Strukturprinzip, sondern ein Reiseziel für naive Touristen. Sehweisen – das zeigen diese Experimente – sind nicht biologisch bedingt. Vielmehr resultieren sie aus einem hart erkämpften Sieg über hergebrachte Darstellungskonventionen. Sie sind ein geheimnisvolles Gemisch aus Innovation und Konvention, Improvisation und Tradition. Und wenn die Auferstehung der afrikanischen Kunst vor der Instanz der westlichen Kunst eine Folge der modernistischen Variationen in Europa war, dann beweist diese Ausstellung – wenn es denn bewiesen werden muß –, daß die afrikanische Kunst gegen Ende des 20. Jahrhunderts keiner solchen Vermittlung bedarf. Höchst beredt artikuliert sie ihre eigene stille Potenz. Und das hat sie seit Jahrhunderten getan.

Bibliographischer Hinweis

Die Picasso-Zitate stammen aus *Les Demoiselles d'Avignon*, hrsg. von William Rubin, Studies in Modern Art, 3, The Museum of Modern Art, New York 1994; Immanuel Kant wird zitiert nach *Beobachtungen über das Gefühl des Schönen und Erhabenen*, in *Werke in zwölf Bänden*, hrsg. von Wilhelm Weischedel, Band II, Frankfurt am Main (Suhrkamp) 1968, S. 882, und Leo Frobenius nach *Und Afrika sprach…*, wissenschaftlich erweiterte Ausgabe, erster Band, *Auf den Trümmern des klassischen Atlantis*, Berlin-Charlottenburg (Vita, Deutsches Verlagshaus) 1912, S. 96 f. Sieglinde Lemkes Gedanken beruhen auf ihrem in Kürze bei Oxford University Press erscheinenden Buch *Was Modernism Passing?*

DIE AFRIKANISCHE VERGANGENHEIT

Peter Garlake

Um von der afrikanischen Vergangenheit der letzten 12 000 Jahre eine Vorstellung gewinnen zu können, ist zunächst eine Einschätzung der Art und der Qualität der Zeugnisse erforderlich, auf denen die Interpretationen der afrikanischen Geschichte beruhen. Darüber hinaus sind auch jeweils die Interessen, Vorurteile und Grenzen der beteiligten Disziplinen zu berücksichtigen. Mündliche Überlieferungen, Traditionen, Genealogien und Folklore geben allenfalls für die letzten paar Jahrhunderte eine halbwegs sichere Auskunft, und diese Quellen müssen genauso sachkundig analysiert und interpretiert werden wie alle anderen. Außerhalb der schriftkundigen Welt Ägyptens und des Islam existieren kaum indigene historische Aufzeichnungen. Was es gibt, sind Reiseberichte, verfaßt von Außenstehenden mit beschränkten Erfahrungen, deren Wahrnehmungen jener Welt verhaftet blieben, aus der sie kamen – für sie war Afrika das exotische Andere.

Auch wenn auf diesem Gebiet noch viel zu wünschen übrig ist: die wichtigsten Beiträge zum Verständnis der afrikanischen Vergangenheit stammen aus der Archäologie. Die Frühgeschichte dieses Kontinents ist mit der Geschichte dieser Wissenschaft eng verknüpft. Es begann in Ägypten mit den Offenbarungen der Monumente und Schätze der Pharaonen und der Aufzeichnung und Entschlüsselung hieroglyphischer Texte. Die Philologie hat unser Verständnis dieser Zivilisation derart verzerrt, daß Ägyptens Stellung in der Geschichte Afrikas mißverstanden und die reichen wechselseitigen Einflüsse zwischen diesem Land und dem Inneren des Kontinents unterschlagen werden, solange die Siedlungsarchäologie nicht die Beachtung erhält, die sie verdient. Nicht nur in Ägypten sind aufsehenerregende Monumente und Kunstschätze zu finden. Ife und Benin in Westafrika, Kilwa an der ostafrikanischen Küste oder schließlich Groß-

Abb. 1 Der ›Konische Turm‹ in der ›Großen Umfriedung‹ von Groß-Simbabwe, photographiert während der ersten flüchtigen Ausgrabungen im Jahre 1891

Simbabwe (Abb. 1) im südafrikanischen Binnenland sind Themen von Diskussionen, seitdem die Außenwelt auf diese Stätten aufmerksam wurde.

Erst vor etwa vierzig Jahren, in der Abenddämmerung des Kolonialismus, begann dem Reichtum und der Bedeutung der indigenen afrikanischen Geschichte die gebührende Aufmerksamkeit zuteil zu werden. Die ersten archäologischen Untersuchungen befaßten sich mit der Bewertung der Anfänge – den vieldeutigen Details der frühesten Kulturpflanzen, Nutztiere, keramischen oder metallurgischen Techniken. Immer wurden einzelne Ursprungsorte – meistens außerhalb des Kontinents – vorausgesetzt, von denen aus dann diese frühen Errungenschaften durch aufeinanderfolgende Migrationen innerhalb eines linear überzeichneten Evolutionsschemas verbreitet wurden. Der Fernhandel und die Handelsrouten wurden als die wichtigsten Impulsgeber für die als passiv hingestellten Empfängerkulturen erachtet. Wandel wurde mit Wanderzügen, Invasionen und Eroberungen gleichgesetzt, ohne sich dessen bewußt zu sein, daß unser Bild von vielen dieser Invasoren und Eroberer ebensolche kolonialen Konzeptionen waren wie die diesen Stämmen auferlegten Grenzen. Die einigen Stämmen – wie den Bacwezi in Uganda oder den Shirazi an der ostafrikanischen Küste – einst zugeschriebene historische Bedeutung hat sich im nachhinein weitgehend als Legende erwiesen.

Ob erklärtermaßen oder nicht: die Archäologie legt ihren Untersuchungen bestimmte Konzepte, Theorien, Techniken und Voreingenommenheiten zugrunde, die bis auf den heutigen Tag fast ausnahmslos ursprünglich auf die Erforschung anderer Kontinente und Epochen zurückgehen und nach Afrika importiert werden. Theoretische Grundlagen, die für eine afrikaspezifische Forschung erforderlich wären, sind bisher nur in Ansätzen vorhanden. Das traditionelle Rüstzeug der Archäologen waren keramische Klassifikationen. Das Interesse an Keramiktypologien ließ jedoch nach, als ihr Verhältnis zur gesellschaftlichen Identität als komplex und problematisch erkannt wurde. Zwar stellen sie nach wie vor chronologische Indikatoren dar, doch selbst in dieser Hinsicht hat ihnen die Radiokarbondatierung inzwischen den Rang abgelaufen.

Die meisten Forscher befassen sich heute mehr und mehr mit der tatsächlichen Realität der afrikanischen Gesellschaften. Nur selten haben die Archäologen die potentiellen Beiträge anderer Wissenschaften zur Kenntnis genommen. Kommt es einmal dazu, können die Ergebnisse dramatisch sein. In den letzten zwanzig Jahren hat die vorsichtige und einfühlsame Einbeziehung der im 19. und 20. Jahrhundert entstandenen ethnographischen Arbeiten über die religiösen Überzeugungen und Praktiken der San zu einem neuen Verständnis der Kunst der Drakensberg-San geführt, die zu den letzten Steinzeitjägern und -sammlern des südlichen Afrika gehören. Mit Hilfe vergleichender ikonographischer Analysen, einer traditionellen Methode der Kunsthistoriker, konnten diese Einsichten auf die viel ältere Kunst und die umfassenderen Belange der vor langer Zeit untergegangenen San von Simbabwe übertragen werden. Später werden wir noch sehen, wie Kunsthistoriker und Anthropologen zu einem besseren Verständnis jüngerer Epochen beitragen konnten.

An die Stelle der großen, umfassenden Theorie sind in der Archäologie fast ausnahmslos Untersuchungen von definierten ökologischen Regionen getreten. Heute untersuchen die Archäologen Menschen, Ressourcen und Siedlungen im regionalen Zusammenhang, statt sich ausschließlich auf noch so wichtige einzelne Stätten zu konzentrieren. Das hat zur Anerkennung der Autonomie, Kreativität und innovativen Dynamik indigener Gesellschaften auf jeder technologischen, ökonomischen und gesellschaftlichen Ebene geführt. Es wurde erkannt, daß diese durch bewußte Entscheidungen den Herausforderungen und Möglichkeiten neuer Länder, Ressourcen, Produkte und Technologien begegnet sind und auf die neuen Gegebenheiten des Niederschlags, der Vegetation und der Fauna reagiert haben. Die Archäologen sind sich heute auch dessen weit stärker bewußt, wie wichtig für das Verständnis der Vergangenheit Studien über die den Prozessen zugrundeliegenden inneren Kräfteverhältnisse, Strukturen, Institutionen und Glaubensvorstellungen sind, aufgrund derer sich Reichtum und Macht in den Händen von wenigen konzentrierten, Studien über die Kontrollmechanismen oder Zwangsmittel, mit deren Hilfe der Bestand der Staatswesen und ihrer wirtschaftlichen, politischen und institutionellen Verwaltung gewahrt wurde.

In dem Maße, wie detaillierte Kenntnisse über immer mehr Regionen vorliegen und wir die schöpferischen Antworten der Gemeinschaften auf ihre jeweilige Situation besser kennen, verblassen und verwischen sich viele der alten scharfen Unterscheidungen. Kategorien wie die Jungsteinzeit, ältere und jüngere

Eisenzeit verlieren ihr Eigenleben und viel von ihrer Bedeutung. Sie erweisen sich als restriktive Konzepte, auch wenn sie weiterhin der groben Orientierung dienen mögen. Keramische Gruppen haben ihre frühere scharfe Definition verloren – viele von ihnen scheinen auf archäologische Willkür zurückzugehen. Auch die Unterscheidungen zwischen Jägern, Hirten, Bauern und Handwerkern sind oft nur noch bedingt aufrechtzuerhalten. Der Jäger wird zu einem Fischer, baut halbpermanente Dörfer an Seen und Flüssen und sammelt gewohnheitsmäßig und intensiv wilde Getreidefrüchte. Nach ergiebigen Regenfällen baut der Hirte Getreide an und fängt an zu jagen, wenn seine Herde durch Seuchen oder Dürre dezimiert wird. Bauern verlegen ihren Schwerpunkt vom Kulturpflanzenanbau auf die Viehzucht, wenn sie ihre Umgebung wechseln. Innovative Antworten auf neue Bedingungen und neue Herausforderungen, die Ausnutzung der neuen Möglichkeiten und neuer ökologischer Nischen: das ist der Stoff der afrikanischen Vergangenheit.

All dies läßt sich zuerst in der Region beobachten, die heute so gut wie unbewohnbar ist, die Zentralsahara. Seit etwa 10000 v. Chr. war diese Region jedoch für mindestens 4000 Jahre lang ein Land der Seen und Flüsse, von Menschen bewohnt, die sich von Fisch und Flußsäugetieren ernährten, die wildwachsendes Sorghum und Hirse sammelten und mahlten und in einigen Gebieten das wilde Berberschaf jagten. Um 7000 v. Chr. hatten die Menschen in allen Teilen dieser Region die Töpferei entwickelt, um Koch- und Vorratsgefäße zu fertigen, auch wenn alle ihre Werkzeuge und Waffen nach wie vor aus Stein und Holz bestanden.

Als die Region trockener wurde, nahmen viele Menschen ein Hirtenleben an, weideten Schafe im Atlas und andernorts Rinder und zogen verstärkt nach Süden und nach Osten in Richtung Nil. Im Niltal selbst konnten die Menschen weiterhin jagen, fischen und knollentragende Pflanzen sammeln, doch in den Dörfern am Wüstenrand begannen sie auch Weizen und Gerste zu kultivieren, um über möglichst sichere Nahrungsquellen zu verfügen, wenn die Ebene überflutet war. Aufgrund des Getreideanbaus und der Viehhaltung waren um 4000 v. Chr. die Dörfer im Faijum, in Merimda am Nildelta und anderswo so gut wie autark.

In Kintampo, am Rande des Regenwaldes im heutigen Ghana, ist die Kontinuität zwischen jungsteinzeitlichen und den ersten Feldbau treibenden Gruppen nachgewiesen. Domestizierte Viehherden und Feldfrüchte sind hier zwar nicht mit Sicherheit belegt, doch läßt sich eindeutig zeigen, daß die Menschen seit 1600 v. Chr. ihre Lebensweise den Möglichkeiten der Landwirtschaft anpaßten. Wie die neuen Tierarten dokumentieren, die von den Lichtungen angezogen wurden, wurde der Wald allmählich gerodet. Die Menschen ließen sich nieder, sie häuften größeren und differenzierteren Besitz an – insbesondere Keramik –, ein örtlicher Warenaustausch nahm seinen Anfang, und die Siedlungen wurden auf größere Dauer angelegt.

Im zweiten und ersten Jahrtausend v. Chr. ließ die ökologische Vielfalt im mittleren Rift Valley in Ostafrika Völker mit sehr verschiedenen Lebensweisen und Wirtschaftsformen viele Jahrhunderte lang in enger Nachbarschaft koexistieren. Die Wechselbeziehungen zwischen ihnen nahmen unterschiedlichste Formen an, die teilweise traditionellen archäologischen Konzepten wie Migration, Diffusion, Assimilation und wirtschaftlicher Transformation entsprachen. Menschen, die überwiegend Jäger und Sammler waren, ließen sich im trockenen, leicht bewaldeten Talgrund nieder und paßten ihr Jägerleben verschiedenen Umgebungen an. Ziegenhirten lebten in Felshöhlen an den bewaldeten Hängen der Täler und in großen Siedlungen auf dem Hochland. Auf dem offenen Grasland ließen mindestens fünf verschiedene Viehzüchtergruppen ihr Vieh weiden; ihre Vorfahren, die ursprünglich aus dem äthiopischen Hochland stammten, hatten im zweiten Jahrtausend v. Chr. im nördlichen Kenia gelebt. Einige führten ein Nomadenleben, andere ließen sich an ganzjährigen Wasserstellen nieder. Ihr Hirtenwesen kann sogar als ein weltanschauliches System betrachtet werden, worin eine kulturelle Neigung zum Hirtenleben den Nutzen und Ertrag dieser Lebensform übersteigt und identitätsstiftend wirkt.

Am südlichen Rand der Sahara sind eindeutige Belege für eine sehr frühe Metallverarbeitung gefunden worden, insbesondere in der Gegend um Agadez im heutigen Niger. Schon vor 2000 v. Chr. wurde hier gediegenes Kupfer in geringem Umfang (und wahrscheinlich nur zu bestimmten Jahreszeiten) von Handwerkern geschmolzen, die mit den Hirtenvölkern der Sahara Handel trieben. Erst mehr als tausend Jahre später war man in der Lage, Kupfererze erfolgreich zu schmelzen, was einer rapiden Entwicklung Auftrieb verlieh. Zwischen 700 und 500 v. Chr. beherrschte man das schwierige Verfahren, Eisenerze zu verhütten, und auf einer Strecke von einhundert Meilen wurden in vielen kleinen Metallgießersiedlungen Zierat und Waffen aus Eisen als Statussymbole hergestellt. Innerhalb eines Jahrhunderts waren Eisenschmelzöfen schon bis auf das nigerianische Zentralplateau vorgedrungen.

Im ostafrikanischen Binnenland, an den westlichen Buhaya-Ufern des Viktoriasees, läßt sich seit 600 v. Chr. eine intensiv betriebene Eisenverarbeitung nachweisen. Hier befanden sich hochentwickelte und fast schon industriell angelegte Gewerbebetriebe, zu deren technischen Innovationen Schmelzöfen gehörten, deren hohe Temperaturen außerhalb Afrikas erst Jahrhunderte später erreicht wurden. Die zerstörerischen Auswirkungen einer derart umfangreichen Metallproduktion auf die Umwelt – ganze Wälder mußten abgeholzt werden, um die Holzkohle für die Öfen zu produzieren – sind in der Literatur hervorgehoben worden. Diese Abholzung mag insofern ihre Vorteile gehabt haben, als damit Weideland für Viehherden gewonnen wurde, andererseits zwang sie jedoch die Menschen dazu, häufig ihre Siedlungsgebiete zu wechseln.

Die weitreichendsten gesellschaftlichen – institutionellen, ökonomischen und kulturellen – Umwälzungen brachte die Konzentration von Menschen in kleineren und größeren Städten mit sich. Die städtische Entwicklung im Afrika südlich der Sahara läßt sich am besten im Binnendelta des mittleren Niger verfolgen, dort, wo der Fluß sich in ein schlammiges Netz aus unzähligen Flußarmen, Seen und Sümpfen aufteilt, das ständigen Änderungen unterworfen ist. Die Stadt Djenné liegt am Beginn dieses Binnendeltas, Timbuktu an seinem Ende, und Gao liegt weiter stromabwärts, dort, wo der Niger sich nach Süden wendet. In der flachen und ansonsten eintönigen Ebene um Djenné, die alljährlich in beträchtlichem Maße überflutet wird, sind mit Hilfe von Luftaufnahmen mehr als 400 vorgeschichtliche Siedlungshügel identifiziert worden, die auf eine Bevölkerungsdichte schließen lassen, die zehnmal höher als die heutige war. Um 300 v. Chr. trocknete das Binnendelta langsam aus, die Überflutungen gingen zurück, und damit verschwanden auch die Krankheitserreger, die das Wasser mit sich trug. Die ersten dauerhaft angelegten Siedlungen traten um 250 v. Chr. auf, kleine Weiler, deren Bewohner Fischer, Jäger und Sammler waren, aber auch Reis, Sorghum und Hirse anbauten und Ziegen und Rinder züchteten. Von Anfang an führten sie auch Schleifsteine, Steinperlen und Eisenerz aus der näheren Umgebung ein. Im Laufe der nächsten fünf oder sechs Jahrhunderte blieben die – wenigen – Siedlungen klein und überwiegend ländlich geprägt. Um 400 n. Chr. wurde, wahrscheinlich aus der Sahara, Kupfer eingeführt und um 800 n. Chr. Gold, wahrscheinlich aus dem Süden. Das Handwerk diversifizierte sich, und offensichtlich entstand damit zumindest ansatzweise eine arbeitsteilige Gesellschaft. Gegen 500 n. Chr. waren mehrere Siedlungen zu einer Stadt im engeren Sinne zusammengewachsen. In seiner Blütezeit, um das Jahr 800, bedeckte Djenné eine Fläche von mehr als 40 Hektar, besaß viele Backsteingebäude und war von einer massiven Stadtmauer umgeben. Eine herrschende Gruppe oder ein straff organisiertes politisches System läßt sich jedoch nicht belegen; es gab keine Paläste, Tempel oder Zitadellen, kaum Luxusimporte oder Reichtum, der in den Händen einiger weniger konzentriert gewesen wäre. Charakteristisch war vielmehr die Organisationsstruktur der Handwerker: Die einzelnen Sparten waren zu festen Verbänden zusammengeschlossen, die voneinander getrennt auf ihren jeweils eigenen, in Abständen von etwa 400 Metern um die Stadt herum angelegten Siedlungshügeln lebten. Drei bis fünfzehn Dörfer bildeten jeweils eine gewerbliche und gesellschaftliche – und vielleicht auch ethnische – Einheit. Dennoch stellten Stadt, Handwerkerdörfer und Land ein geschlossenes gesellschaftliches und wirtschaftliches System dar. Die Komplexität individuellen und kollektiven Lebens könnte durchaus in der reichen Kunstproduktion Ausdruck gefunden haben. Insbesondere die für Djenné charakteristischen Terrakotten lassen sich als Symbole für das Zusammenleben verschiedenster Gruppen unterschiedlicher Herkunft mit jeweils anderer ethnischer Zugehörigkeit, anderen Berufen, Glaubens- und Wertvorstellungen betrachten.

Die Homogenität der materiellen Kultur läßt auf einen regen Handel im Binnendelta schließen. Insbesondere die weite Verbreitung der für Djenné charakteristischen Töpferei bezeugt, daß diese Objekte entweder aus den städtischen Produktionszentren in großem Umfang exportiert oder aber überall von örtlichen Handwerkern kopiert wurden. Stromabwärts gelegene, große und mit immer größerem Aufwand über hölzernen Grabkammern errichtete Grabhügel oder Tumuli enthalten reiche Grabbeigaben und Keramik aus Djenné. Sie werden heute auf die Zeit zwischen dem 8. und dem 11. Jahrhundert datiert, der Blütezeit Djennés. Sie lassen darauf schließen, daß es Menschen gab, die den Fluß der Handelsgüter durch das Binnendelta kontrollierten und damit Reichtum und Macht erlangten. Nordafrikanische, arabische und islamische Einflüsse erreichten Djenné erst nach dem ersten Jahrtausend, als die Stadt schon mehr als 500 Jahre alt war. In dieser Zeit wurde das Klima feuchter, die Überflutungen dauerten länger und erreichten höhere Pegelstände; auch mußte der Reisanbau weitgehend aufgegeben werden. Die Bevölkerungszahl sank, und bis auf einige Dörfer in der unmittelbaren Umgebung Djennés wurden alle Siedlungen verlassen. Um 1400 ereilte dieses Schicksal schließlich auch die Stadt selbst.

Abb. 2 Das Minarett der Freitagsmoschee in Mogadischu, eine der ältesten Hafenstädte Ostafrikas. Der Eingang zum Minarett trägt eine auf das Jahr 1238 (636 der islamischen Zeitrechnung) datierte Widmungsinschrift. Aufnahme von 1963

In den östlichen Randgebieten der Kalahari Südafrikas – mit Dornbüschen und Gras bedeckten, von vereinzelten flachen Sandsteinhügeln unterbrochenen monotonen Landschaften – finden sich die frühesten Belege für wachsenden Wohlstand, gesellschaftliche Differenzierung mit Herrschergruppen und dauerhafte politische Kontrolle über ausgedehnte Territorien. Einer beträchtlichen Bevölkerungszahl entsprachen reiche Herden. Dieses Land ist von allen Handelswegen weit entfernt, verfügt über kein Gold wie das weiter östlich gelegene Simbabwe, hier regnet es noch weniger, und infolgedessen ist auch die Vegetation noch spärlicher als dort. Selbst die Kultivierung der an trockene Böden gewöhnten und schnell reifenden einheimischen Getreidepflanzen ist kaum erfolgversprechend. Heute ist es das Herzland der traditionellen Tswana-Viehbesitzer und ihrer fast schon feudalen Wirtschaftsordnung: Sie lassen ihr Vieh von Hirten hüten, die einen großen Teil des Jahres weit draußen auf Viehstationen verbringen, während die Besitzer in den groß angelegten traditionellen Ortschaften wohnen. Noch vor wenigen Jahren war so wenig von der Vorgeschichte dieses Teils des südlichen Afrika bekannt, daß hier lediglich die Jagdgründe der als Sammler und Jäger lebenden San-Nomaden vermutet wurden. Im Zuge einer einzigen Forschungskampagne sind mehr als 250 eisenzeitliche Siedlungen entdeckt worden, die zwischen 600 und 1300 n. Chr. bewohnt waren. Die Siedlungen waren um Viehpferche herum angelegt. Der im Laufe der Jahrhunderte hart gewordene und verbrannte Schutt begünstigt einen derart charakteristischen Grasbewuchs, daß diese Stätten anhand von Luftaufnahmen identifiziert werden können. Die einzelnen Siedlungen, unter denen man einige Grundtypen ausmachen konnte, sind von sehr unterschiedlicher Größe, Tiefe der Ablagerungen und Dauer der Nutzung. Die größten stellten regelrechte Hügelstädte mit bis zu 10 Hektar großen Viehpferchen dar. Sie waren auf Verteidigung ausgerichtet; die Nähe zu Wasserläufen oder landwirtschaftlich nutzbarem Land spielte keine größere Rolle. Große Dörfer, die jedoch kaum mehr als ein Zehntel der Größe der Städte erreichten, wurden auf kleineren Hügeln um die Stadt herum angelegt. In den Ebenen gab es kleine Weiler und Gehöfte, kaum größer als die heutigen Tswana-Viehstationen und allenfalls zwei Generationen lang bewohnt. Im Gegensatz zu den Dörfern und Städten befanden sie sich in der Nähe von Wasserläufen und schweren wie leichten Böden: Die dort gepflanzten Feldfrüchte waren nicht unbedingt auf Regen angewiesen.

Im 9. Jahrhundert gab es drei Hügelstädte in einem Abstand von etwa hundert Kilometern. Große Dörfer umgaben in einiger Entfernung die Städte, und die Dörfer waren wiederum von Weilern und Gehöften umgeben: ein charakteristisches und hierarchisch gegliedertes Siedlungsmuster, das auf drei unabhängige, autarke und miteinander konkurrierende Stadtstaaten schließen läßt, die jeweils ihr Umland kontrollierten und ihre eigene aus Bauerndörfern und Viehstationen bestehende Infrastruktur hatten. Die Landbevölkerung versorgte – vermutlich in Form von Tributzahlungen –, die Machthaber in den Städten mit Vieh. Wie aus Knochenfunden ersichtlich wird, ernährte sich die Stadtbevölkerung vom Fleisch ausgewachsener Tiere, während in den untergeordneten Siedlungen nur junge Bullen und nicht mehr fortpflanzungsfähige Tiere geschlachtet wurden: das typische Verhalten von Viehzüchtern, die ihre Herden erhalten und mehren wollen. Auch wenn es zweifellos externe Kontakte gab – Glasperlen und Seemuscheln sind in den Siedlungen der Toutswe zu finden –, so herrschte doch der Binnenhandel vor: Vieh und Getreide wurden unter den Siedlungen ausgetauscht und Felle, Häute, Elfenbein und wahrscheinlich auch Salz mit den außerhalb der Toutswe-Territorien lebenden San-Jägergruppen.

Diese Kultur im heutigen Botswana war kein Einzelfall. Viele hundert Kilometer weiter östlich liegt ein gewaltiges Monument, dessen Erforschung leider eher Spekulationen als seriöse wissenschaftliche Arbeit zuteil wurde. Groß-Simbabwe ist die größte und früheste von etwa 200 von Einfriedungsmauern aus Granit umgebenen Herrscherhöfen, die zwischen dem 12. und dem 18. Jahrhundert auf dem südafrikanischen Binnenplateau entstanden (Abb. 1). Es stellt den Höhepunkt der Bevölkerungszunahme und Machtakkumulation im südlichen Afrika dar. Es erübrigt sich, unmittelbare ethnische oder kulturelle Zusammenhänge zwischen so ausgesprochen verschiedenen Zentren wie Toutswe, Mapungubwe im Tal des Limpopo und Groß-Simbabwe zu postulieren oder gar Migrationen der Bevölkerungen oder herrschenden Schichten dieser Zentren zu vermuten. Vielmehr stellen sie alle auf ihre jeweils eigene Weise Höhepunkte zwar ähnlicher, jedoch autonom vollzogener Prozesse dar, die zu einer Zentralisierung und Differenzierung der Machtstrukturen geführt haben. Immer ging es darum, wie der Viehbesitz für das menschliche Streben nach Reichtum und Macht instrumentalisiert werden konnte. Es konnte nachgewiesen werden, daß dort mindestens ein *simbabwe* (Shona: Palast) am Schnittpunkt der saisonalen Herdenzüge lag und daß wie auch in Groß-Simbabwe Tiere in beträchtlichen Mengen ausschließlich für die Bewohner des Hofes geschlachtet wurden. Das Grundmuster der über das Plateau verteilten großen Höfe, die mit einiger Sicherheit politisch und ökonomisch unabhängig waren, jedoch einer Kultur angehörten, läßt darauf schließen, daß sich ähnliches überall vollzog. Hier muß die Archäologie anderen Disziplinen das Wort geben. Das Vieh war nicht einfach nur ein Wirtschaftsgut, sondern ein vermittelndes Symbol für verwandtschaftliche Beziehungen, für jene zwischen Oberhäuptern und ihren Untertanen und für das Verhältnis zwischen den Menschen und ihren Vorfahren und Göttern. Und auch die großen Granitbauten sind nicht so sehr Befestigungsanlagen als vielmehr ein symbolischer Ausdruck politischer, kultureller und religiöser Verhältnisse. Sie verkörpern Glaubensvorstellungen über die Beziehungen zwischen dem Land und den Menschen, zwischen dem Herrscher als dem den Vorfahren gegenüber verantwortlichem Wächter des Landes und seines Reichtums und seinen Untertanen sowie zwischen dem Herrscher und dem geistigen Medium.

Abb. 3 Im 14. Jahrhundert in Ife vergrabene und 1972 ausgegrabene Tontorsi und -köpfe, darunter naturalistische ebenso wie auf einfache konische Formen reduzierte Darstellungen. Neben zerbrochenen Keramikstatuen sind in dieser Fundstätte auch auf ähnliche Weise zergliederte menschliche Körper zu finden

Alle diese Aspekte erfordern Untersuchungen, die viel tiefer gehen als oberflächliche und unerwiesene ethnographische Analogien, auf welche die Archäologie viel zu oft zurückgreift, um ihrem Material Substanz zu verleihen. Ihr anmaßender Mißbrauch und die krasse Fehldeutung des Materials läßt den Anthropologen oft genug verzweifeln. Erwähnt sei nur die pauschale Zurückweisung der Interpretationen von Groß-Simbabwe, die auf südafrikanischen Venda-Bräuchen der jüngeren Vergangenheit beruhen.

Groß-Simbabwe war einer der Endpunkte eines Kommunikationssystems, das sich vom tiefsten Inneren Afrikas bis zu den fernsten Gegenden Asiens und des Mittelmeerraums erstreckte. Sein Knotenpunkt waren die Suaheli-Städte am Indischen Ozean. Auf traditionellen indigenen Küstenhandelsschiffen mit zusammengebundenen Rümpfen aus Holz und Trapezsegeln, die schwierigen Riffen, Winden und Strömungen zu trotzen wußten, verbreitete sich eine gemeinsame Suaheli-Kultur auf einer Küstenstrecke von fast 5000 Kilometern – von Somalia bis nach Mosambik. Die ersten Dörfer im 8. Jahrhundert bestanden, um einen zentralen Viehpferch angeordnet, aus traditionellen afrikanischen Rundhäusern aus Lehm. Die Bewohner gingen immer noch auf die Jagd, entwickelten jedoch auch Speerwurf- und Reusentechniken für den Fischfang in den Küstenriffs. Kleine Lehmziegelmoscheen, die nur einen Bruchteil der wachsenden Bevölkerung aufnehmen konnten, markieren im 10. Jahrhundert den Beginn der Konversion der Suaheli zum Islam. Damit setzte wiederum die Integration von Produkten aus dem Inneren Afrikas in ein ausgedehntes Netzwerk ein, das bis nach Mesopotamien und ins China der Tang-Dynastie reichte. Als sich die Lage dort ungünstiger gestaltete, wurden afrikanisches Gold, Elfenbein und Bergkristall in solchen Mengen ins Mittelmeergebiet exportiert, daß mit einigem Recht jene künstlerische Wiederbelebung, die zwischen 960 und 1050 in Byzanz, im maurischen Spanien und moslemischen Sizilien sowie im Heiligen Römischen Reich zu beobachten ist, auch auf diese neuen Importe zurückgeführt werden darf.

Abb. 4 Ein 1972 ausgegrabenes Tongefäß, das bis zu seinem Hals in der Mitte eines im 14. Jahrhundert angelegten, mit Tonscherben und Quarz in geometrischen Mustern gepflasterten Hofes in Ife eingegraben war. Die Reliefs zeigen unter anderem einen kleinen Schrein, der drei Keramikköpfe enthält, und einen Korb, aus dem die Beine eines geopferten Menschen ragen

Die Einwohnerzahl der größeren Küstenstädte wuchs bis auf 10 000 an (vgl. Abb. 2). In mehreren dieser Städte wurden örtliche Münzen geprägt; die Form der Inschriften ging auf das Sizilien der Fatimiden zurück. Die Architektur aus Korallenkalkstein erreichte ihren Höhepunkt im 14. Jahrhundert mit dem Komplex von Husuni außerhalb der Stadt Kilwa, der aus Palast, Lagerhäusern, Karawanserei und Markt bestand. Die Geometrie der Kuppeln, Gewölbe, Becken und Höfe war islamisch, doch die Gliederung der Wohnviertel war typisch für die Suaheli-Kultur und wurde später in allen Küstenstädten wieder aufgegriffen. Sie bezeugen den großen Reichtum, den der Handel mit sich brachte.

Die Auswirkungen des Handels auf das Innere des Kontinents waren komplexer und problematischer. Ihren Weg nahmen die neuen Importe über zahlreiche innerafrikanische Austauschsysteme, die sich seit langem herausgebildet hatten, und ihr Wert und ihre Bedeutung veränderten sich mit jeder neuen Gesellschaft, die sie auf diesen Wegen erreichten. Welchen Eindruck sie auf die Menschen in den Herrscherhöfen im tiefsten Innern Afrikas machten, bleibt eine offene Frage. Kulturelle oder politische Einflüsse erreichten diese Menschen über diese Handelswege zweifellos nicht. Der Handel war in althergebrachte, autochthone Produktions-, Herrschafts- und Wirtschaftssysteme eingebunden. Die Zusammenhänge zwischen Fernhandel und Veränderungen innerhalb der Gesellschaften müssen gleichwohl erst noch näher untersucht werden.

Parallel zu den Entwicklungen in Groß-Simbabwe und den Suaheli-Städten verlief auch der Aufstieg und Niedergang der Stadt Ife oder Ile-Ife, für die westafrikanischen Yoruba der heilige Ort, wo die Welt und die Menschheit erschaffen wurden. Hier entstanden einige der großartigsten Skulpturen Afrikas. Die Ursprünge dieser Stadt sind Gegenstand zahlreicher Spekulationen. Leider sind die Ergebnisse der vor 1970 unternommenen Ausgrabungen noch nicht vollständig veröffentlicht. Dokumentiert sind einzig die Fundorte einiger der berühmten Skulpturen (Abb. 3). Am Rande der heutigen Stadt und unmittelbar jenseits der alten Stadtmauer wurden hier (nach einer ersten Besiedlung im späten 12. Jahrhundert) im 13. Jahrhundert ansehnliche Familiensiedlungen erbaut, deren Lehmwände ein knappes Jahrhundert später zerfielen. Diese Häuser waren um rechtwinklige, genau von Norden nach Süden orientierte Höfe angeordnet. Die den Höfen zugewandten Wände und Pfeiler waren mit Mosaiken aus Tonscheiben verziert, und das Pflaster der Höfe wies geometrische Muster auf, die den Blick auf halbkreisförmige Altäre und den Hals eines in der Mitte des Hofes vergrabenen Gefäßes lenkten. Ein Kunsthistoriker hat die Altäre als *ijoko orisa*, den Sitz des Gottes, und das Gefäß als *ojubu*, das Antlitz der Anbetung, interpretiert. Der Reliefschmuck auf einem dieser Gefäße (Abb. 4) zeigt die Utensilien und Insignien der Oro und Osugbo, zweier noch heute existierender Yoruba-Geheimbünde, die in früherer Zeit für Recht und Ordnung zuständig waren und Hinrichtungen wie die auf diesem Gefäß dargestellte vollzogen. Auf demselben Gefäß ist auch ein kleiner Schrein abgebildet, der sowohl stilisierte als auch realistische Kopfdarstellungen enthält: ein erster sicherer Beleg dafür, daß das Gefäß im Kontext einer heute untergegangenen religiösen Praxis der Yoruba zu sehen ist. Ein außerhalb der Ansiedlungen gefundener kleiner Holzschrein enthielt sowohl abgetrennte Menschenköpfe als auch von Skulpturen abgeschlagene Köpfe, die von Krankheit und Zorn entstellte Gesichter zeigen: ein deutlicher Beweis dafür, daß Skulptur und Realität als gleichwertig erachtet wurden. Kleineren archäologischen Ausgrabungen und den damit einhergehenden kunsthistorischen Analysen ist es zu verdanken, daß das Alter der Skulpturen ermittelt werden konnte, daß darüber etwas ausgesagt werden kann, wie sie wahrgenommen wurden und welchem Zweck sie dienten. Ein Einblick in die uralten Institutionen der Yoruba wurde auf diese Weise möglich. Die – noch nicht erforschten – Strukturen von Groß-Simbabwe lassen sich am besten als beherrschte Formen und Räume verstehen, die tiefe und alte Gemeinschaftsbeziehungen symbolisieren.

Technologische, ökologische oder wirtschaftliche Studien werden schließlich um Überlegungen zu den vielfältigen gesellschaftlichen Strukturen und Organisationsformen erweitert werden müssen, um ein deutlicheres Bild von den Wesenszügen der afrikanischen Vergangenheit zu erhalten. Diese Aspekte sind es, die die Archäologie bislang zu wenig beachtet hat. Wenn es ihr gelingt, solche Versäumnisse aufzuholen, dann können wir ein neues und besseres Verständnis der reichen und vielgestaltigen Vergangenheit Afrikas erwarten.

Bibliographischer Hinweis

Den besten Zugang zu Berichten zu archäologischen Forschungen in Afrika bieten Fachzeitschriften wie *African Archaeological Review* (Cambridge University Press), *Journal of African History* (Cambridge University Press), *Azania* (British Institute in Eastern Africa), *South African Archaeological Bulletin* und *West African Journal of Archaeology*. Wichtige Arbeiten über die frühe Besiedlung Ägyptens sind von O'Connor vorgelegt worden, über die Neubewertung der Kintampo-Kultur in Ghana von Stahl, über frühe Siedlungen in Ostafrika von Robert Shaw und über Eisenverarbeitung von Schmidt, über Djenné von den McIntosh, über die Toutswe-Kultur von Denbow und über die Suaheli-Küste von Horton. Aufsätze von allen hier genannten Autoren (außer von Schmidt und Denbow), wenn auch nicht immer die neuesten oder umfassendsten, sind in einer Sammlung von Konferenzbeiträgen erschienen: Shaw u.a., (Hrsg.), *The Archaeology of Africa*, London 1993. Dieses Buch enthält auch eine Synopse von Muzzolini über seine Forschungen zur frühen Erzeugung von Nahrungsmitteln in der Sahara. Zu den hier erörterten Kontroversen über Groß-Simbabwe siehe Garlake, 1978[2] und 1982; zur Zurückweisung der ›initiation school hypothesis‹ durch Archäologen und durch die Anthropologen, deren Material die Grundlage für diese Hypothese bildete, siehe Collett u.a. 1992 bzw. Blacking, 1985. Die archäologischen Forschungen in Ife sind beschrieben bei Garlake, 1974 und 1977. Interpretiert werden die Funde von dem Kunsthistoriker Drewel, siehe Drewel und Pemberton, 1989. Zur Interpretation der Felsmalereien in Südafrika siehe Lewis-Williams und Dowson, zu Simbabwe siehe Garlake, 1995.

DIE AUTOREN DER KATALOGTEXTE

AA	Alden Almquist
BA	Barbara Adams
CARA	Carol Andrews
CJA	C. Joseph Adande
DA	David Attenborough
JA	James Anquandah
MA	Monni Adams
APB	Arthur Bourgeois
EB	Ezio Bassani
HvB	H. van Braeckel
JB	Jean Brown
JDB	J. D. Bourriau
JRB	John Baines
MCB	Marla Berns
MLB	Marie-Louise Bastin
NB	Nigel Barley
PB	Peter Beaumont
RAB	René A. Bravmann
RB	Rayda Becker
AC	Anna Contadini
CC	Christopher Chippindale
ELC	Elisabeth Cameron
HMC	Herbert Cole
JC	Joseph Cornet
JXC	Jeremy Coote
KC	Kevin Conru
LHC	L. H. Corcoran
MC	Margret Carey
MWC	Michael Conner
HJD	Henry Drewal
JD	Janet Deacon
PD	Patricia Davison
PJD	Patricia Darish
WD	William J. Dewey
WVD	Vivian Davies
EE	Ekpo Eyo
ME-K	Marianne Eaton-Krauss
NE	Nadia Erzini
AF	Angela Fagg-Rackham
EF	Etienne Féau
JMF	Joyce Filer
REF	Rita Freed
RFF	Renée Friedmann
TFG	Timothy Garrard
BH	Barry Hecht
LH	Lorenz Homberger
LdeH	Luc de Heusch
RH	Rachel Hoffmann
SH	Stanley Hendrickx
TNH	Thomas Huffmann
WH	William Hart
RI	Robert Irwin
TAI	Timothy Insoll
FJ	Frank Jolles
CK	Curtis Keim
CMK	Christine Kreamer
FK	F. Klenkler
JK	John Kinahan
SK	Sandra Klopper
TK	Timothy Kendall
ZK	Zachary Kingdon
BL	Babatunde Lawal
FL	Frederick Lamp
JDL-W	David Lewis-Williams
LL	Luc Limme
NL	Nessa Liebhammer
RL	Raoul Lehuard
CM	Carla Marchini
DM	David Morris
JM	John Mack
MRM	Rachel MacLean
PdeM	Pierre de Maret
PMcN	Patrick McNaughton
PRSM	Roger Moorey
SJMM	Stanley J. Maina
WM	Wyatt MacGaffey
AN	Anitra Nettleton
FN	François Neyt
KN	Keith Nicklin
KNe	Karel Nel
NIN	Nancy Nooter
DO	David O'Conner
JP	Judith Pirani
JP III	John Pemberton III
JWP	John Picton
LP	Louis Perrois
MP	Merrick Posnansky
RP	Robert Papini
TP	Tom Phillips
SGQ	S. G. Quirke
AFR	Alan F. Roberts
CDR	Christopher Roy
CHR	Catherine Roehrig
DHR	Doran Ross
ERR	Edna R. Russmann
JFR	J. F. Romano
MNR	Mary Nooter-Roberts
PR	Patricia Rigault
PLR	Philip Ravenhill
AS	Abdul Sheriff
BS	Bettina Schmitz
CS	Christopher Spring
EMS	E. Margaret Shaw
ES	Enid Schildkrout
HS	Hamo Sassoon
HSa	Helmut Satsinger
HSo	Hourig Sourouzian
JvS	Jan van Schalkwyk
RS	Roy Sieber
TS	Thurstan Shaw
WS	William Siegmann
ZSS	Zoe Strother
JHT	John Taylor
NT	Natalie Tobert
RFT	Robert Farris-Thompson
TT	Tanya Tribe
EV	Eleni Vassilika
MFV	Marie-France Vivier
DAW	Derek Welsby
DW	Dietrich Wildung
FW	Frank Willett
HW	Helen Whitehouse
JW	Justin Willis
RAW	Rosalind Walker
RJAW	Roger Wilson
RW	Rachel Ward
AY	Abd'el-Rauf Youssouf
KY	Kenji Yoshida
CZ	Christiane Ziegler

Hinweise für den Leser

Abgekürzt zitierte Literatur in den Essays und jeweils am Schluß der Katalogtexte siehe die Bibliographie am Ende des Buches.

Maße sind in Zentimetern angegeben: Höhe, dann Breite und Tiefe.

Die phonetischen Zeichen /, !, /', ≠ sind die standardisierte Wiedergabe der Schnalzlaute in den verschiedenen Khoisan-Sprachen. /Xam ist der Name einer südlichen San-Gruppe, Ju/'hoan und !Kung beziehen sich auf nördliche Gruppen der San.

MITTELMEER
ISRAEL
JORDANIEN
SAUDI-ARABIEN
ÄGYPTEN
SUDAN
ERITREA
ROTES MEER
Königreiche
Berge
Archäologische Stätten
0
200 Meilen
0
300 km
ALEXANDRIA
TANIS
QANTIR
UNTERÄGYPTEN
MERIMDE
HELIOPOLIS
GIZA
KAIRO
SAQQARA
MEMPHIS
DAHSCHUR
LISCHT
FAIYUM (CROCODILOPOLIS)
Nil
HERMOPOLIS
AMARNA
DEIR EL-GEBRAWI
EL-BADARI
QAW
AKHMIM
MESAEED
Qift
ABYDOS
KOPTOS
NAQADA
Qus
DEIR EL-MEDINE
LUXOR/THEBEN
OBERÄGYPTEN
HIERAKONPOLIS
1. Katarakt
KOM OMBO
ELEPHANTINE
Aswan
PHILAE
UNTERNUBIEN
Nassersee
KARANOG
ABU SIMBEL
KOROSKO
BALLANA
FARAS
QUSTUL
NELLUAH
2. Katarakt
HALFA DEGHEIM
Wadi Allaqi
Wadi Qabqaba
OBERNUBIEN
3. Katarakt
KERMA
KAWA
KADRUKA
4. Katarakt
NAPATA
5. Katarakt
GEBEL BARKAL
NURI
EL-KURRU
MEROË
MEROE
KADADA
6. Katarakt
MUSAWWARAT ES-SUFRA
KHARTOUM
Weißer Nil
Blauer Nil
AKSUM

1 DAS ALTE ÄGYPTEN UND NUBIEN

DAS ALTE ÄGYPTEN

Edna R. Russmann

Die Kunst des Alten Ägypten ist die Kunst eines Volkes, das gerne in konkreten, graphischen Bildern dachte. Im ganzen Verlauf seiner Geschichte hielt es an den ursprünglichen bildlichen Formen der hieroglyphischen Schrift fest und meißelte oder malte sie oft mit großer Detailfreude, obwohl Schreiber schon vor langer Zeit abstraktere, viel einfacher und schneller zu schreibende Schriftzeichen entwickelt hatten. Die hieroglyphischen Formen wurden zwar auch deshalb beibehalten, weil sie durch die religiöse Tradition geheiligt waren; darüber hinaus jedoch befriedigten sie eine tief verwurzelte Vorliebe für bildliche Darstellungen. So war die ägyptische Kunst in stärkerem Maße als in den meisten anderen Gesellschaften ein lebendiger Ausdruck der Kultur des Landes.

Es war eine religiöse Kunst, der sichtbare Brennpunkt für ein komplexes System aus Glaubensüberzeugungen und -praktiken, von denen viele auf Magie beruhten: Besonders vorherrschend war dieses magische Element in den frühesten Perioden. Man glaubte, die in ein Grab gestellten Objekte stünden dem Verstorbenen im Jenseits auf magische Weise zur Verfügung; Abbilder von Menschen und Tieren in der Grabstätte würden ihn oder sie als Diener begleiten. Tempelbilder besaßen dasselbe magische Leben; der auf einer Pfanne einer Tempeltür gemeißelte gefesselte Gefangene erlitt, so glaubte man, echte, unerträgliche Qualen, sooft der in seinen Rücken eingesetzte Türpfosten sich drehte (Kat. 1.24).

Ein großer Teil der ägyptischen Kunst wurde für Grabkammern geschaffen und sollte den Lebenden für immer entzogen sein. In den Tempeln waren die kostbarsten Kunstwerke in den innersten Kammern verborgen und nur wenigen hochrangigen Priestern zugänglich. Nichtsdestoweniger weist die Kunst des Alten Ägypten ein unverkennbar öffentliches Element auf. Die Standorte vieler der spektakulärsten Schöpfungen wurden so gewählt, daß sie weithin sichtbar waren – und offensichtlich beeindrucken sollten. Derartige Erwägungen dürften die Größe und die Lage der Pyramiden von Giza und der Großen Sphinx beeinflußt haben (Abb. 1). Zweifellos spielten sie eine Rolle bei der Verwendung monumentaler

Abb. 1 Die Sphinx und die Pyramiden von Giza

Abb. 2 Abu Simbel: Fassade des Großen Tempels

Formate und reicher Dekorationen an Tempelfassaden, bei den hoch emporragenden Obelisken und den Kolossalstatuen, die die Eingänge flankierten. In Monumenten wie dem berühmten Tempel von Abu Simbel mit seinen gigantischen Statuen von Ramses II. kommen Erwägungen dieser Art modernen Propagandakonzepten sehr nahe. In einiger Entfernung vor der – alten – südlichen Grenze Ägyptens am Nil gelegen, war dieses Monument auch dazu gedacht, die Reisenden einzuschüchtern, die sich dem Land dieses mächtigen Königs näherten (Abb. 2).

Die künstlerische Produktion war so gänzlich in einen religiösen Kontext integriert, daß die Ägypter ein spezifisches Wort für ›Kunst‹ nie brauchten. Aus einer vergleichbaren Haltung heraus signierten ägyptische Künstler fast nie ihre Werke, weil sie nicht wirklich ›ihre‹ waren. Auch wenn sie deshalb für uns namenlos geblieben sind: Ihren Zeitgenossen waren die Baumeister, Bildhauer, Maler und Kunsthandwerker durchaus bekannt. Künstler wurden nach der Qualität ihrer Arbeit beurteilt, und die besten von ihnen arbeiteten für den König und an den großen Tempeln.

Kaum eine andere Gesellschaft hat sich Änderungen so sehr widersetzt wie die des Alten Ägypten. Dieser erklärte Konservativismus tritt in der Kunst sehr deutlich zutage. Wenn irgend möglich, reagierten die Ägypter auf Neues, indem sie es ignorierten oder durch Rückgriff auf Beispiele aus der Vergangenheit ›korrigierten‹. Ein eindrucksvolles Beispiel für eine solche Korrektur findet sich in der Politik des Neuen Reiches (1550–1069 v. Chr.) nach dem Ende der Armanazeit. Nicht nur wurde die Erinnerung an den häretischen König Echnaton aus den offiziellen Dokumenten getilgt, auch die sichtbaren Zeugnisse seiner Herrschaft wurden zerstört: Seine Tempel und Statuen wurden niedergerissen und die Überreste versteckt; ihr ausgeprägt neuer Stil wurde verworfen. Aus dem Stil der Tempel, Wanddekorationen und Statuen, die in den Jahren nach der Armanazeit entstanden, spricht der bewußte Versuch, zur Zeit der großen Vorgänger Echnatons, Amenophis III. und Thutmosis III., zurückzukehren. Zeugnisse für Archaismus – die bewußte Imitation oder Beschwörung früherer Stilrichtungen – lassen sich in jeder wichtigen Epoche der ägyptischen Kunst finden, insbesondere in der Spätzeit (664–332 v. Chr.).

Daß die ägyptische Kunst hauptsächlich für Grabkammern und Tempel bestimmt war, hinderte die Künstler nicht daran, Humor auszudrücken, meist auf Kosten der Arbeiter und angelernten Handwerker, die in der gesellschaftlichen Hierarchie unter ihnen standen (Kat. 1.58 f.). Für diejenigen, die es sich leisten konnten, war Kunstgenuß ein wichtiger Teil des Lebens. Die vielen persönlichen Gegenstände, die die Menschen horteten und in ihren Grabkammern unterbringen ließen – Schmuck und hübsche Gefäße, Möbel und Kleidung, die sie im täglichen Leben benutzt hatten –, zeigen ihre Freude an eleganten und seltenen Objekten. Es darf jedoch nicht übersehen werden, daß – wie aus ihren symbolischen Formen und Dekorationen hervorgeht – diese Dinge oft auch zusätzlich eine magische Schutzfunktion für ihre Besitzer erfüllen sollten, sowohl in dieser Welt als auch in der nächsten (Kat. 1.31, 1.33 f., 1.53).

Die Kultur des Alten Ägypten war eine einzige, mehr als fünf Jahrtausende umspannende Einheit. Ihr Aufstieg und ihre Entwicklung waren eng mit der geographischen Lage des Landes verbunden: Ägypten liegt in der nordöstlichen Ecke Afrikas, dort, wo der Nil von den Katarakten bei Assuan aus ungehindert nach Norden zum Mittelmeer fließt. Ägypten war und ist auch heute noch ein subtropisches Land mit wenig Niederschlägen, doch mit seinen jährlichen Überschwemmungen bot der Nil schon zu Beginn der landwirtschaftlichen Entwicklung eine fast beispiellose Gewähr für regelmäßige Ernten. Dieser gewaltige natürliche Vorteil trug ganz erheblich dazu bei, daß in Ägypten eine der frühesten komplexen Gesellschaften entstehen konnte. Der Nil bot auch ein effizientes und recht schnelles Transport- und Kommunikationssystem, das für die Verwaltung dieses langgestreckten, schmalen Landes unentbehrlich war. Die natürlichen Grenzen Ägyptens – die Katarakte, die den Lauf des Flusses bei Assuan im Süden unterbrechen, das Meer im Norden und die Wüsten im Osten und Westen – schützten das Land vor Invasionen und sicherten eine geradlinige, von äußeren Einwirkungen nahezu unbeeinflußte Entwicklung während der meisten Zeit seiner antiken Geschichte.

Von Anfang bis Ende war das Alte Ägypten im wesentlichen eine eigenständige Kultur. Es ist nicht bekannt, wann das Land zuerst besiedelt wurde oder woher die Menschen kamen, doch schon für die frühesten prädynastischen Zeiten lassen sich Siedlungen am Nil nachweisen. Wie in den meisten frühen Gesellschaften war auch hier die Töpferei ein wichtiges Handwerk, und die wichtigsten Stadien der prädynastischen Entwicklung sind hauptsächlich anhand der immer anspruchsvoller werdenden Keramikproduktion definiert worden: die qualitätvollen, fein geriffelten Tongefäße der Badari-Kultur (ca. 4500 bis 4000 v. Chr.; Kat. 1.7), die attraktiven, oft erfindungsreich weiß bemalten roten Tongefäße der Naqada-I-Epoche (ca. 4000–3600 v. Chr.; Kat. 1.8), die rotbemalten lederfarbenen Tongefäße der Naqada-II-Epoche (ca. 3600–3200 v. Chr.), die oft mit ausführlicheren allerdings auch standardisierteren Motiven dekoriert sind als ihre Vorläufer. Erst im letzten Stadium, in der Naqada-III-Epoche (3200–3000 v. Chr.), kommen allmählich Steinskulptur und Relief auf (Kat. 1.18), doch während der ganzen prädynastischen Zeit – wie in der ägyptischen Kunst aller späteren Epochen – sind einige der besten Objekte Statuen der menschlichen Gestalt, in Elfenbein (Kat. 1.1 f., 1.20 c), Ton (Kat. 1.3 f.), Holz und Stein (Kat. 1.6, 1.19). Die meisten dieser frühen Figuren sind extrem stilisiert, einige sind jedoch recht naturalistisch in ihrer Darstellung mütterlicher Posen (Kat. 1.2) und sogar körperlicher Mißbildungen (Kat. 1.20 c).

Obwohl sie ursprünglich unabhängige Siedlungen waren, gab es einen regen Austausch unter den prädynastischen Gemeinschaften, wie aus der Ähnlichkeit der Keramik, Statuetten und anderer Objekte geschlossen werden kann, die an verschiedenen Orten gefunden wurden. Mit der Zeit brachten einige der mächtigeren Zentren ihre Nachbarn unter Kontrolle, ein Prozeß, der sich gegen Ende dieser Epoche beschleunigte. Die Kampfdarstellungen auf vielen der gegen Ende der prädynastischen Epoche entstandenen Objekte deuten darauf hin, daß die Expansionen zumindest teilweise durch militärische Eroberungen erreicht wurden (Kat. 1.18), obwohl die rasante Entwicklung der Künste und die Anfänge der hieroglyphischen Schrift für eben diese Zeit eine intensive kulturelle Aktivität bezeugen. Selbst wenn die Schlachtszenen übertrieben sind, die Kriege in spätvorgeschichtlicher Zeit unter den Ägyptern und vielleicht auch gegen äußere Feinde trugen zur Definition der Rolle des Königs als Schutzherr seines Landes gegen alles Böse bei, das während der gesamten späteren ägyptischen Geschichte durch die Darstellung gefesselter und hilfloser Gefangener symbolisiert werden sollte (Kat. 1.24, 1.35).

Die dynastische Epoche begann um 3100 v. Chr. mit der Vereinigung des ganzen Landes und der Begründung der 1. Dynastie unter dem legendären König Menes. Menes gilt auch als Gründer von Memphis, der prachtvollen Hauptstadt Ägyptens am strategisch wichtigen Übergang vom Nildelta zum Niltal (in unmittelbarer Nähe zum heutigen Kairo). Die Kunst der ersten beiden Dynastien führte die Formen und Traditionen der spätvorgeschichtlichen Zeit fort, war jedoch beträchtlich ehrgeiziger und schuf großformatige Steinskulpturen und massive Grabbauten, für die zum ersten Mal Stein als Bauelement verwendet wurde.

Ein gewaltiger kreativer Schub zu Beginn des Alten Reiches führte die grundlegenden künstlerischen Konventionen ein, die die ägyptische Kunst für den Rest ihrer Geschichte beherrschen sollten. Zu Beginn der 3. Dynastie (ca. 2700 v. Chr.) wurde in Sakkara, der Nekropole von Memphis, für König Djoser die Stufenpyramide erbaut, das erste monumentale Gebäude aus Stein. Darstellungen des Djoser in Rundplastik und Relief, auch wenn ihr Stil etwas steif und archaisch wirkt, zeigen die Anfänge des individuellen Porträts. Diese Errungenschaften wurden in der 4. Dynastie (ca. 2613–2494 v. Chr.) gefestigt und übertroffen.

Es ist die Zeit der gewaltigen steinernen Königspyramiden und der Großen Sphinx in Giza in der Nähe von Memphis (Abb. 1). Die Große Sphinx, eines der ersten für die ägyptische Kunst so charakteristischen Mischwesen aus Mensch und Tier, begründete eine Tradition der Kolossalskulptur, während mit der zunehmenden Vollendung der Porträtdarstellung in den Statuen der Könige und ihrer Höflinge (Kat. 1.25, 1.30) die Entwicklung einer überzeugenden, wenn auch hoch idealisierten Darstellungsweise der menschlichen Form einherging. Diese Traditionen setzten sich durch das Alte Reich hindurch fort; die Pyramiden wurden kleiner, die zunehmende Verwendung von Relief als Wanddekoration ermutigte die Bildhauer, komplizierte Szenen in lebendiger Weise zu schildern. Mit der 6. Dynastie (ca. 2345–2181 v. Chr.) wurden die plastischen Formen sehr viel weniger naturalistisch und dafür expressiver: Die Muskulatur des Körpers wurde zugunsten der Hervorhebung eines von riesigen Augen beherrschten, unnatürlich großen Kopfes vernachlässigt. Dieser Stil wurde bis in die ersten Jahre des Mittleren Reiches beibehalten (Kat. 1.28).

Unter dem Gewicht politischer und wirtschaftlicher Probleme, die zu Bürgerkriegen und Hungersnöten ausarteten, brach das Alte Reich zusammen. Das Mittlere Reich (ca. 2055–1795 v. Chr.) begann mit der Wiedervereinigung Ägyptens durch Mentuhotep II., einem Fürsten der oberägyptischen Stadt Theben (dem heutigen Luxor). Seine Dynastie, die 11., war nur von kurzer Dauer; der erste König der 12. Dynastie (1985–1955 v. Chr.) verlegte die Hauptstadt nach Norden, wahrscheinlich, um in der Nähe von Memphis zu sein. Hier hatten die im königlichen Auftrag arbeitenden Künstler Zugang zu den beeindruckenden Denkmälern des Alten Reiches, und unter ihrem Einfluß bauten sie wieder Pyramiden als Grabstätten für ihre Könige und schufen Skulpturen und Reliefs in einem akademischen Stil. In der späteren 12. Dynastie, unter Sesostris III. (ca. 1874–1855 v. Chr.), wurde die Porträthaftigkeit in der Königsplastik wieder eingeführt (Abb. 3), ebenso bei seinem Nachfolger Amenemhet III. (ca. 1854–1808 v. Chr.). Im Gegensatz zu denen des Alten Reiches tragen diese Porträts aus dem Mittleren Reich jedoch unverkennbar die Züge von Müdigkeit oder die Spuren des Alters.

Dem Mittleren Reich wurde durch fremde Eroberer aus dem Osten, den Hyksos, ein Ende gesetzt, die jedoch durch eine Militärrevolte der thebanischen Fürsten wieder vertrieben wurden. Diese bemerkenswerte Familie dominierte in der 18. Dynastie (ca. 1550–1295 v. Chr.) die erste Epoche des Neuen Reiches (ca. 1550–1069 v. Chr.). Zu den Angehörigen dieser Dynastie zählen die Königin Hatschepsut, das militärische Genie Thutmosis III., dessen ausgedehnte Eroberungen im Osten und im Süden Ägypten als damalige Großmacht etablierten, und der prachtliebende, sich selbst verherrlichende Amenophis III. Ein großer Teil des enormen Reichtums, der während des Neuen Reiches nach Ägypten floß, ging in die Errichtung und Ausstattung der großen Tempel wie Karnak und in die königlichen Grabanlagen, die in dieser Epoche aus riesigen unterirdischen Gräbern im Tal der Könige und getrennt davon gelegenen Totentempeln bestanden, die in ihrer Pracht mit den Tempeln der Götter wetteiferten. Auch die oberen Ränge der Priester, Beamten und des Militärs verfügten über großen Reichtum, den sie für ihre eigenen eindrucksvollen Grabanlagen, für extravagante Mode und für einige der luxuriösesten und einnehmendsten Objekte der Kleinkunst verwendeten, die je geschaffen wurden (Kat. 1.43).

Die beunruhigenden neuen Ideen, die sich – vielleicht auch unter dem Einfluß der vielen jetzt in Ägypten lebenden Ausländer – am kultivierten und mußevollen Hof Amenophis' III. herausbildeten, nahmen unter der Herrschaft seines Sohnes, Amenophis IV., eine merkwürdige Wendung. Bald nachdem er den Thron bestiegen hatte, nahm der neue Herrscher den Namen Echnaton an und verlegte seine Residenz in eine neue Stadt, Achet-Aton. Mit dem modernen Namen dieser Stadt, Amarna, wird die gesamte Epoche seiner Herrschaft bezeichnet (ca. 1352–1336 v. Chr.). Echnatons Veränderungen waren Teil seines Versuchs, eine neue, auf die Verehrung der Sonnenscheibe (›Aton‹) konzentrierte Religion einzuführen, die an die Stelle der vielen Kulte der traditionellen Götter treten sollte. Es ist durch und durch charakteristisch für das Alte Ägypten, daß mit diesen radikalen religiösen Vorstellungen nahezu gleichermaßen revolutionäre Änderungen in der Kunst einhergingen. Es war eine Kunst der Übertreibung, in deren Zentrum Echnatons eigenes Bildnis stand, das ihn mit grotesk verlängertem Kopf und Kinn und einer nahezu weiblichen Weichheit des Körpers zeigt. Diese Merkmale galten auch für die Darstellung seiner Gemahlin Nofretete und für die sechs Töchter des Königspaars. In Amarna allerdings wurden sie zu attraktiveren, naturalistischeren Formen gemildert (Kat. 1.44 f.), wahrscheinlich unter dem Einfluß des einzigen großen ägyptischen Künstlers, dessen Name bekannt ist, des Bildhauers Thutmosis.

Abb. 3 Statue Sesostris' III., Granodiorit, Höhe 122 cm; The British Museum, London, EA 686

Nach Echnatons Tod wurde seine Religion und mit ihr sein künstlerischer Kanon verworfen. Der bedeutendste König der zweiten Hälfte des Neuen Reiches, Ramses II. (ca. 1279–1213 v. Chr.), überzog das ganze Land mit gewaltigen Tempeln, ausgestattet mit zahlreichen Statuen des Königs, oft in kolossalem Maßstab. Ägypten war immer noch eine Großmacht, doch unter Ramses' Nachfolgern in der 19. und 20. Dynastie (ca. 1213–1069 v. Chr.) begann seine Macht zu schwinden. Ständige Auseinandersetzungen innerhalb der königlichen Familie waren dafür ebenso verantwortlich wie der Aufstieg benachbarter Staaten.

Erneut brach Ägypten politisch und wirtschaftlich zusammen. Die nächste Wiedervereinigung erfolgte zu Beginn der Spätzeit unter den Kuschiten, die das Land von Süden aus erobert hatten und die 25. Dynastie bildeten (ca. 747–656 v. Chr.). Die restliche dynastische Geschichte Ägyptens ist eine Abfolge einheimischer Dynastien, unterbrochen von Eroberungen der Perser und Assyrer. Nach der Eroberung durch Alexander den Großen (332 v. Chr.) – der von den Ägyptern willkommen geheißen wurde, weil er die verhaßten Perser vertrieb – geriet Ägypten schließlich unter die Herrschaft einer Dynastie, die von Ptolemaios, einem General Alexanders, gegründet wurde. Die lange Epoche der ptolemäischen Herrschaft (305–30 v. Chr.) ging zu Ende, als Kleopatra VII. und Mark Anton von Oktavian, dem späteren Kaiser Augustus, besiegt wurden, der Ägypten nicht als Provinz, sondern als kaiserliches Territorium ins Römische Reich eingliederte. In all diesen Jahrhunderten bewahrte die ägyptische Kunst ihre Vitalität, die kulturelle Tradition blieb ungebrochen und wurde durch ständigen Rückgriff auf die Kunst des Alten, Mittleren und Neuen Reiches gestärkt. Der Archaismus ist ein wichtiger Faktor in der Kunst der Spätzeit; in einigen Fällen wurden frühere Denkmäler regelrecht kopiert (Kat. 1.60).

In dieser kurzen Darstellung der Geschichte und der Kunst des Alten Ägypten waren viele Verweise auf andere Völker unumgänglich. Die natürlichen Grenzen des Landes waren nie so unüberwindlich, daß sie den Kontakt mit Nachbarvölkern verhindert hätten; die Ägypter selbst zogen oft gegen ihre Nachbarn zu Felde, und ihr Wohlstand war ein starker Magnet für Menschen aus der näheren und ferneren Umgebung. Einige Ausländer kamen, um zu handeln, andere, um zu bleiben. Sie alle übten einen gewissen Einfluß auf die Kultur aus, auch wenn ihre im großen und ganzen kaum greifbaren Beiträge äußerst schwer zu bewerten sind.

Der beständigste – und alles in allem wahrscheinlich wichtigste – Beitrag zur ägyptischen Kultur kam aus dem Süden, insbesondere aus dem benachbarten Gebiet, das heute als Nubien bekannt ist. In prädynastischer Zeit dürften die am Nil gelegenen Siedlungen nördlich und südlich von Assuan sogar einen geschlossenen Kulturraum gebildet haben. In dynastischer Zeit kamen ständig Nubier nach Ägypten, einige als Kriegsgefangene, viele jedoch auch als Einwanderer aus freien Stücken, die sich als Soldaten, Landarbeiter und Hausdiener verdingten (Kat. 1.43). Einige von ihnen stiegen bis zur Spitze der ägyptischen Gesellschaft auf. Im frühen Mittleren Reich zählten zu den Frauen Mentuhoteps II. mindestens drei Nubierinnen, und der Gründer der nächsten Dynastie, Amenemhet I., soll eine nubische Mutter gehabt haben. Aus den ›afrikanischen‹ Zügen einer königlichen Schwiegertochter im Alten Reich (Kat. 1.25) ist zu schließen, daß dies keine Einzelfälle waren. Zuverlässige Quellen sind jedoch so gut wie nicht vorhanden, und Theorien über die nubische Abstammung einzelner anderer ägyptischer Könige und Königinnen sind kaum mehr als Spekulation. Der Kontakt zwischen Nubiern und Ägyptern nahm zu im Mittleren und Neuen Reich, und schließlich verstärkte sich die ägyptische Kontrolle über Nubien zu einer nahezu kolonialen Form der Herrschaft. In ganz Nubien wurden ägyptische Tempel errichtet, und einige Nubier wurden in ägyptischen Praktiken unterrichtet. Im 8. Jahrhundert v. Chr., lange nachdem das Neue Reich zusammengebrochen war und Ägypten sich aus Nubien zurückgezogen hatte, drang eine ägyptisierte Herrscherfamilie aus dem nubischen Kusch in das geschwächte Ägypten ein, um als 25. Dynastie zu herrschen. Die Kuschitenkönige gaben nicht vor, Ägypter zu sein, doch sie nahmen für sich die uneingeschränkte pharaonische Legitimation in Anspruch, indem sie sich auf die ägyptischen Götter beriefen, insbesondere auf Amun, dessen Verehrung überall in ihrem Heimatland weit verbreitet war. Ihr Herrschaftsanspruch scheint von vielen Ägyptern akzeptiert worden zu sein, insbesondere im Süden.

Die Ägypter lieferten sich viele Scharmützel mit den Völkern der libyschen Wüste an ihrer Westgrenze. Wie die Beduinen der östlichen Wüste suchten auch die Libyer in Zeiten der Hungersnot manchmal Zuflucht in Ägypten; in einigen Königsgräbern des Alten Reiches sind solche halb verhungerten

Flüchtlinge dargestellt. Libyer ließen sich auch von der ägyptischen Armee anwerben, und viele von ihnen siedelten sich schließlich im westlichen Nildelta an, von wo aus ihre Nachfahren als 26. Dynastie (664–525 v. Chr.) zunächst Teile Ägyptens und schließlich das ganze Land beherrschten.

Einige der augenfälligsten Beiträge zur Kultur des Alten Ägypten stammen aus den Ländern im Osten. In der für die kulturelle Entwicklung Ägyptens entscheidenden spätvorgeschichtlichen Zeit scheinen Kontakte mit den aufstrebenden Zivilisationen von Sumer und Elam (im heutigen Irak und Iran) Anregungen zur Entwicklung der Schrift und der Kunst geliefert zu haben. In dynastischer Zeit wurde Ägypten regelmäßig von Händlern aus dem Osten besucht. Gegen Ende des Mittleren Reiches gelang es Kriegern aus dem Osten, den Hyksos, Ägypten unter ihre Gewalt zu bringen. Die mächtigen Könige des Neuen Reiches eroberten einen großen Teil des zivilisierten Ostens. In der Spätzeit sollte sich das Blatt wieder wenden, und Ägypten wurde von den achämenidischen Persern, dann von den Assyrern und dann wieder von den Persern erobert und beherrscht oder geplündert. Sie alle hinterließen ihre Spuren in der ägyptischen Kunst: Bestimmte Vorstellungen und Dekorationsmotive wurden aus dem Osten übernommen und wahrscheinlich auch technologische Kenntnisse über den Umgang mit Bronze und Glas.

Minoer und Mykener aus dem Norden wurden in ägyptischen Malereien des Neuen Reiches dargestellt; ihre Keramik und sogar Fragmente ihrer Wandmalereien sind in Ägypten gefunden worden; ihre Spiral- und Mäandermuster wurden in die ägyptische Kunst übernommen. Sehr viel später, im 6. Jahrhundert v. Chr., beeinflußte der ägyptische Kanon die griechische Kunst. Am Ende seiner Geschichte, unter den Ptolemäern und insbesondere unter den römischen Kaisern, wurde Ägypten allmählich, aber unerbittlich in eine im Entstehen begriffene neue Weltordnung hineingezogen.

NUBIEN

Lásló Török

»Nubien liegt in Afrika, gehört zu Afrika, und seine Kultur war und ist im wesentlichen eine afrikanische Kultur. Deshalb ist es erstaunlich, wie Kunsthistoriker in weit stärkerem Maße als Anthropologen oder Historiker dieses reiche Feld der Malerei und Plastik ignoriert haben. Wenn sie sich überhaupt damit beschäftigten, haben sie die Verbindungen mit Ägypten hervorgehoben, den ägyptischen Einfluß, die ägyptisierenden Ableitungen, die in Nubien und im nördlichen Sudan in Hülle und Fülle zu finden sind. Heute kommt es jedoch darauf an, unter der Oberfläche der archäologischen Befunde, die eine enge Beziehung zu Ägypten aufweisen, das einheimische Element ausfindig zu machen, das mit Recht als ›nubisch‹ bezeichnet werden kann, und anhand dieses Materials ein neues Kapitel der Kunstgeschichte, der afrikanischen Kunstgeschichte, zu schreiben.«

In diesen Sätzen brachte Bernard V. Bothmer, der 1978 die erste große Ausstellung nubischer Kunst organisierte, klar zum Ausdruck, was die Historiker und Archäologen, die sich mit den alten Kulturen der mittleren Nilregion – d. h. Unternubien zwischen dem Ersten und dem Zweiten Katarakt, Obernubien zwischen dem Zweiten und dem Sechsten Katarakt und dem nördlichen Sudan – beschäftigten, wahrzunehmen begonnen hatten und was sie zu erklären versuchten, seitdem im Zuge der ›Nubian Salvage Campaign‹ der UNESCO in den frühen sechziger Jahren das nubische Niltal ins Blickfeld der Archäologie getreten war. Diese Forschergeneration war an der größten Rettungsaktion in der Geschichte der modernen Archäologie beteiligt: der Erforschung des unternubischen Niltals von Assuan bis zum zweiten Nilkatarakt, bevor es unter den Wassern des neuen Assuan-Hochdamms versank, und der Bergung der Monumente dieses Gebiets – darunter der Tempel von Abu Simbel und Philae. Schon in einem frühen Stadium dieser Arbeiten wurde klar, daß es sich bei der nubischen Kultur um den unverfälschten Ausdruck eigenständiger kultureller Identität handelte, auch wenn sie vom mächtigen nördlichen Nachbarn stark beeinflußt war.

Dreißig Jahre sieht die Wissenschaft das Alte Nubien eher als einen Rivalen denn als ›Anhängsel‹ Ägyptens und betrachtet die Übernahme des Vokabulars der ägyptischen Zivilisation durch die nubischen Kulturen als einen Vorgang, der der nubischen Religion und Staatsideologie zu präziseren formalen Ausdrucksformen verhalf. Von der Präsenz Ägyptens als Kolonialmacht in Nubien hat sich das wissenschaftliche Interesse auf die Erforschung der Spuren verlagert, die die Sozialstrukturen, Institutionen und intellektuellen Leistungen des Alten Nubien in den historischen und archäologischen Zeugnissen hinterlassen haben. Mit einem neuen Selbstbewußtsein geht die Forschung daran, aus fragmentarischen Quellen ein neuartiges Bild der nubischen Geschichte zu entwickeln, das eine Jahrtausende währende ethnische und kulturelle Kontinuität in einander abwechselnden Perioden von Unabhängigkeit und Kolonialismus vor Augen führt, statt wie bislang üblich einander abwechselnde Zyklen der Ägyptisierung und des kulturellen Niedergangs in Zeiten des fehlenden ägyptischen Einflusses zu konstruieren. Während einerseits die alten Klischees von der Zweitrangigkeit der nubischen Kulturen und vom imitativen Charakter der nubischen Kunst fallengelassen worden sind, ist andererseits auch deutlich geworden, daß die Eigenständigkeit der nubischen Kultur ohne eine angemessene Würdigung der Beziehungen zu Ägypten und zu dessen Gedankenwelt und der Einflüsse und Importe aus Ägypten nicht verstanden werden kann. Die Erforschung und Erfassung der Kunst Nubiens als Teilbereich der afrikanischen Kunstgeschichte bedeuten nicht, daß der Einfluß des nördlichen Nachbarn geleugnet werden müßte; vielmehr setzen sie die Analyse der Wechselbeziehungen zwischen den kulturellen Errungenschaften Ägyptens und Nubiens voraus.

Die Geschichte der nubisch-ägyptischen Begegnungen ist durch die geographische Lage beider Länder bestimmt, die sowohl die Gemeinsamkeiten in der historischen Entwicklung als auch die Konflikte erklärt. Sowohl in Nubien als auch in Ägypten hing das Leben völlig von den Wassern des Nils ab. Beide Länder benötigten auch das Gold und die anderen natürlichen Ressourcen des östlich von Oberägypten und Nubien gelegenen Wüstengebiets wie auch die exotischen Importe aus dem Inneren Afrikas. Als Durchgangsland und Rohstofflieferant war Nubien für Ägypten von lebenswichtiger Bedeutung; die Organisation des Handels zwischen Ägypten und der mediterranen Welt einer- und dem Inneren Afrikas andererseits bestimmte [von Anfang an] die Beziehungen zwischen den beiden Ländern und erklärt ihren ständigen Kampf um die politische Kontrolle über Abschnitte dieses Korridors. Ein weiterer wichtiger Faktor in diesen Beziehungen war seit dem Alten Reich der expansionistische Grundzug des ägyptischen Staatswesens, der hauptsächlich auf der Ideologie eines universellen Herrschaftsanspruchs gründete und nicht, wie es der Rationalismus des 19. Jahrhunderts sehen wollte, auf ökonomischen Interessen.

Die Bewohner des prähistorischen Obernubiens waren nomadische Viehhirten, die nicht in festen Siedlungen lebten. Seit etwa 3500 v. Chr. entwickelten die Bewohner Unternubiens eine der ägyptischen ähnliche, auf Bewässerung durch Überschwemmungen des Nils beruhende dörfliche Landwirtschaft. Allmählich entstanden immer komplexer werdende und auf Expansion bedachte Fürstentümer bzw. Stammesgemeinschaften. Um 3100 v. Chr., in der Zeit, in der sich in Ägypten die politische Einigung des Landes vollzog, scheint sich Unternubien zu einem mächtigen Fürstentum entwickelt zu haben. Über mehrere Generationen wurden die Herrscher dieses Fürstentums auf einem gemeinsamen großen Friedhof in Qustol bestattet. Sie standen in Kontakt zu Ägypten, übernahmen ägyptische Symbole königlicher Macht (z. B. Keulen) und dekorierten sie mit symbolischen Tierfiguren. Ihre Töpfer schufen unter anderem qualitätvolle Keramik mit äußerst dünner Wandung und geometrischer Bemalung (Kat. 1.76); sicherlich nicht Gegenstände des täglichen Gebrauchs, sondern Prestigeobjekte. Schon die Könige der frühen 1. Dynastie vertrieben die Unternubier aus deren eigenem Land, um den Handelskorridor zu den Quellen von Gold, Mineralien, Edelsteinen und afrikanischen Importwaren unter ihre Kontrolle zu bringen. Die von den ägyptischen Eroberern erbauten Städte wurden zu Keimzellen der Ägyptisierung der materiellen Kultur, als die Nubier um die Mitte des 3. Jahrtausends v. Chr. nach Unternubien zurückzukehren begannen.

Im Laufe der zweiten Hälfte dieses Jahrtausends entwickelte sich in Obernubien ein mächtiges Fürstentum mit Kerma als Zentrum. Parallel zum Mittleren Reich und zur Zweiten Zwischenzeit in Ägypten (ca. 2055–1550 v. Chr.) entwickelte sich das Reich von Kerma von einer Stammesgesellschaft zu einem echten Staatswesen mit einer dem pharaonischen Ägypten vergleichbaren gesellschaftlichen Schichtung. Es handelte sich um ein zentralistisches Staatsgebilde, das sich auf immer größere Bereiche Obernubiens ausdehnte und seit etwa 1650 v. Chr. auch Unternubien beherrschte. Die Hauptstadt Kerma war die früheste Ansiedlung in Afrika südlich von Ägypten, die als Stadt bezeichnet werden kann. In der klassischen Phase von Kerma (ca. 1750–1580 v. Chr.) war der Stadtkern von etwa 10 Meter hohen befestigten Mauern mit vier Toren umgeben und wurde von monumentalen Gebäuden dominiert, die kultischen und poli-

Abb. 4 Überreste der Palastanlage in Kerma mit einem großen Tempel (West-Deffufa) im Hintergrund

tisch-repräsentativen Zwecken sowie der zentralen Wirtschaftsverwaltung dienten (Abb. 4). Im Zentrum standen die königliche Residenz, ein großer Tempel und ein kreisförmiges, aus Holz und Lehmziegeln errichtetes Gebäude mit einem Durchmesser von ca. 16 Metern: die Monumentalversion eines afrikanischen Haustyps und zweifellos eine königliche Audienzhalle. Auch im Tempel mit einer Grundfläche von 1.400 Quadratmetern kommen autochthone, von ägyptischen Einflüssen unabhängige Architekturformen zum Ausdruck. Es war ein massiver Ziegelbau mit einer Treppe, die zu einem langen, passagenartigen Altarraum mit einem steinernen Altar und zu einer weiteren Treppe zum Tempeldach führte. Der große, östlich der Stadt gelegene Friedhof umfaßte königliche Gräber von enormer Größe (mit einem durchschnittlichen Durchmesser von mehr als 80 Metern); ein Erdhügel bedeckte eine Grabkammer, Lagerräume und die Grabstätten Hunderter geopferter Diener. Die Könige und die Angehörigen der Führungsschicht wurden auf hölzernen Betten bestattet; die Grabbeigaben waren teilweise ägyptischer Herkunft. Das erdhügelbedeckte Königsgrab stellt eine monumentale Variante eines alten Grabtyps der mittleren Nilregion dar und darf ideologisch wie architektonisch als Gegenstück zur ägyptischen Königspyramide betrachtet werden. Zwei Totenkulttempel auf dem Friedhof zeigen den Einfluß der ägyptischen Architektur und belegen neben anderen Merkmalen der Kultur der Stadt die Präsenz der Ägypter. Ihr ritueller Zweck unterschied sich jedoch beträchtlich von dem der ägyptischen Vorbilder.

Während Techniken wie die Fertigung von Fayenceobjekten aus Ägypten übernommen wurden, hatten andere, wie etwa Elfenbeinschnitztechniken, ihren Ursprung in Nubien selbst. Die kleinen etwa 5–10 Zentimeter hohen Elfenbeineinlagen für die Stirnseiten der Bestattungsbetten stellen Tiere und mythische Wesen dar. Einige der Motive zeigen den Einfluß des ägyptischen Volksglaubens, nicht aber des offiziellen Götterkultes; die Tiere und Vögel sind alle der afrikanischen Fauna entnommen, auch wenn ihre Darstellungsweise ägyptische Einflüsse zeigt. Unverkennbar nubischen Ursprungs sind die Formen der Dolche, Messer und Spiegel aus Kupfer; Tiere und Menschen darstellende Tonfiguren und tiergestaltige Keramikgefäße führen Formen vor Augen, die von der zeitgenössischen ägyptischen Kunst völlig unberührt sind und die für eine ungebrochene Tradition prähistorischer Figuren zu stehen scheinen, die wahrscheinlich eine religiöse Bedeutung hatten (Kat. 1.72 f.).

Die besten Leistungen der Kunst von Kerma stellen zweifellos die unverwechselbaren Keramikgefäße dar (Kat. 1.77). Das Raffinement der Fertigungstechnik der extrem dünnwandigen, rot polierten, oben schwarz geschmauchten Gefäße, die Eleganz der tulpenförmigen, ovalen oder kugelförmigen Gefäße mit langen Ausgußtüllen, die Verspieltheit der verschiedenen Bechertypen mit gerippten oder gewellten Wänden: alles deutet darauf hin, daß diese Gefäße in königlichen Werkstätten entstanden. Dennoch wurden sie als Prestigeobjekte in beträchtlichen Mengen hergestellt und waren weit verbreitet. Die qualitätvollen Töpfereiprodukte aus Kerma belegen damit einen allgemein hohen technologischen Standard und den kulturellen Einfluß der königlichen Manufaktur durch Gegenstände des Alltagslebens.

Mit der Restauration der Zentralmacht nach den Wirren der Zweiten Zwischenzeit machte Ägypten sich daran, seinen reichen Rivalen in Kerma zu zerschlagen und die Ressourcen Nubiens wieder unter seine Kontrolle zu bringen. Bis zur Mitte des 15. Jahrhunderts v. Chr. hatte Ägypten Nubien erobert und seinen südlichen Herrschaftsbereich bis zum vierten Nilkatarakt ausgedehnt, nachdem die Nubier fast ein Jahrhundert lang heftigen Widerstand geleistet hatten. Im Laufe der nächsten vier Jahrhunderte wurde die nubische Kultur im wesentlichen ägyptisiert, wenn auch wichtige Elemente der einheimischen Sozialstruktur und Kultur überlebten. Im Schatten der während des Neuen Reiches (1550–1069 v. Chr.) in Nubien errichteten monumentalen ägyptischen Kulttempel überdauerte die einheimische Totenreligion, und die nubischen Götter verschmolzen mit ägyptischen Gottheiten.

Die ägyptische Herrschaft brach im frühen 11. Jahrhundert v. Chr. zusammen, und aus ihren Ruinen erwuchs im frühen 10. Jahrhundert v. Chr. ein einheimisches Königreich. Die Bindungen des neuen autochthonen Staatswesens sowohl an die einheimischen Traditionen, die unter der ägyptischen Herrschaft überlebt hatten, als auch an die ägyptisierten Regierungsstrukturen und kulturellen Ausdrucksformen der vorhergehenden Jahrhunderte sind offensichtlich. Im 8. Jahrhundert v. Chr. waren die nubischen Herrscher Oberherren eines riesigen Königreichs geworden, das sich vom ersten Nilkatarakt bis zur Region des sechsten erstreckte. Sie beherrschten es mit Hilfe einer Ideologie, in der das pharaonische Königtumsdogma und ägyptische Religion mit einheimischen Traditionen verflochten waren. In einer Zeit des politischen Zerfalls Ägyptens eroberten die nubischen Herrscher – ermutigt durch die mächtige Priesterschaft des thebanischen Amun – den geschwächten nördlichen Nachbarn und gaben ihm für fast ein ganzes Jahrhundert (ca. 747–656 v. Chr.) seine politische Einheit unter nubischen Vorzeichen zurück.

Abb. 5 Sphinx des Königs Taharka, 25. Dynastie, Granit, Höhe 40 cm; The British Museum, London, EA 1770

Die nubische Kultur war ägyptisiert, und ihr Vokabular war ägyptisch – buchstäblich in den Inschriften auf königlichen Monumenten und in anderen Texten, stilistisch in der Architektur, der Skulptur, den Reliefs und der Kleinkunst. In verschiedenen Zentren wurden neue Tempel im Stil der Gebäude des Neuen Reiches errichtet; die wichtigsten waren dem nubischen Pendant zum thebanischen Gott Amun geweiht und standen in den um königliche Residenz-Tempel-Komplexe herum zentrierten Tempelstädten. Eine hieroglyphische Inschrift berichtet sogar von der Tätigkeit ägyptischer Bildhauer aus Memphis in einem der spektakulärsten Tempel (Kawa, Amun-Tempel des Königs Taharka). In ihrer Königsideologie verbanden die nubischen Herrscher das der imperialen Vergangenheit Ägyptens verpflichtete Konzept vom König als Bewahrer der kosmischen und weltlichen Ordnung mit neueren Vorstellungen von der Abhängigkeit des Königs von der Gunst der Götter. Ihr neues, eklektizistisches Königsdogma beeinflußte auch die Übernahme von Themen und Stil früherer Perioden der ägyptischen Kunst.

Die Periode der nubischen Herrschaft über Ägypten und die darauffolgende ›Napatarische Periode‹ (ca. 664 v. Chr. – Mitte des 4. Jahrhunderts v. Chr.) stellen die am stärksten ägyptisierten Jahrhunderte der nubischen Kultur dar: Die intensivste Ägyptisierung Nubiens erfolgte also wohlgemerkt in dem Jahrhundert, in dem die nubischen Könige Ägypten beherrschten, und nicht etwa in Zeiten, in denen Nubien unter der Vorherrschaft Ägyptens stand. Nur wenn man das erkannt hat, kann man die Art der Interaktion zwischen den beiden Kulturen verstehen; hervorgehoben werden muß auch, daß die Übernahme des kulturellen Vokabulars Ägyptens der Selbstäußerung einer Kultur diente, die aus nubischen und ägyptischen Traditionen und Erfahrungen eine organische Einheit machte.

Werke der Architektur, monumentale Skulpturen und Reliefs wurden weiterhin unter dem Einfluß des eklektischen Stils ausgeführt, der im 7.–6. Jahrhundert v. Chr. in Erscheinung getreten war (Kat. 1.77, 1.79, Abb. 5). Im thematischen Repertoire traten jedoch nubische Götter und die bildlichen Aspekte des nubischen Königtums in den Vordergrund. In der frühen Ptolemäerzeit (3. Jahrhundert v. Chr.) und danach zu Beginn der römischen Herrschaft (vom späten 1. Jahrhundert v. Chr. bis zum späten 1. Jahrhundert n. Chr.) – zwei Perioden intensiver Kontakte mit Ägypten, denen größere militärische Auseinandersetzungen vorangingen – kamen neue stilistische Einflüsse und ein Zustrom von Architekten, Bildhauern und Kunsthandwerkern nach Nubien. Der Einfluß der hellenistischen Bildhauerei aus Alexandria kann jedoch die Entstehung eines Wasserheiligtums in der Stadt Meroë nur teilweise erklären. Hier wurden nubische Umformungen klassisch-antiker Skulpturen Seite an Seite mit ägyptisierenden und nubischen Götterfiguren aufgestellt. Das ikonographische Programm der Skulpturen in dem Wasserheiligtum war von der Darstellung des ptolemäischen Königs als Dionysos mit seinem Gefolge und von der Darstellung der Vorfahren der nubischen Königsfamilie als Fruchtbarkeitsgötter abgeleitet. Das scheinbar heterogene Ensemble wurde durch die religiöse und politische Bedeutung der einzelnen Elemente vereint.

Zwischen dem 3. und dem 1. Jahrhundert v. Chr. ist eine beträchtliche urbane Entwicklung zu verzeichnen. Innerhalb der Stadtmauern von Meroë im südlichen Teil des gleichnamigen Königreichs wurden Paläste für die Aristokratie und die hohe Priesterschaft erbaut. Sie hatten einen Grundriß ostgriechischer Herkunft, der in Ägypten (außer in Alexandria) unbekannt war, und waren mit vielfarbigen Fayencefliesen und hellenistischen Architekturelementen dekoriert. Zuerst im 2. Jahrhundert v. Chr. und später im 1.–2. Jahrhundert n. Chr. wurden monumentale Straßen angelegt, die die königliche Residenz mit den Tempeln verbanden. An der später angelegten Straße lagen kleinere Heiligtümer teils traditionell nubischen, teil ptolemäisch-ägyptischen Typs. Andere, vermutlich ähnlich planmäßig angelegte städtische Ansiedlungen sind noch nicht systematisch ausgegraben worden.

Abb. 6 Überreste eines königlichen Gebäudes in der ›Großen Anlage‹ in Musawwarat es Sufra mit einem Elefanten als Mauerabschluß im Vordergrund

Ein Wüstenpalast der Könige von Meroë in Musawwarat es Sufra, dessen Ursprünge ins 5. Jahrhundert v. Chr. zurückreichen, war mit einzigartiger Architekturplastik dekoriert, die den Höhepunkt der künstlerischen Kreativität Nubiens vor Augen führt: von Löwen- und Elefantenfiguren getragene Säulen mit Reliefszenen, von monumentalen Elefantenfiguren abgeschlossene Wände (Abb. 6); die Türen waren von Götterfiguren im Hochrelief flankiert und die Architrave mit Protomen göttlicher Triaden geschmückt (Kat. 1.80). Die Audienzsäle und Kultkapellen in dem gewaltigen Palast waren auf hohen Podesten errichtet und durch Rampen und lange Korridore miteinander verbunden. Während der architektonische Plan und einige der Details einen deutlichen ägyptischen Einfluß erkennen lassen, führt das Ensemble als Ganzes einen der bemerkenswerten Momente in der Entwicklung der nubischen Kunst vor Augen, in denen eine besondere Funktion – in diesem Falle der Wüstenpalast des Herrschers, der mit den nubischen Jagd- und Kriegsgöttern identifiziert wurde – in überzeugender Weise neue strukturale und formale Lösungen hervorbrachte.

Auch die meroïtische Vasenmalerei trat in dieser Epoche als Kunstform hervor. In der frühen Phase (2.–1. Jahrhundert v. Chr.) arbeiteten die nubischen Töpfer unter dem Einfluß oberägyptischer Werkstätten, die wiederum von alexandrinischen Luxuserzeugnissen im hellenistischen Stil inspiriert waren. Im Laufe des 1. Jahrhunderts vor und des 1. Jahrhunderts nach Christus entwickelten die nubischen Künstler jedoch eine Vielfalt von Malstilen, die auf einer kühnen Interpretation traditioneller nubischer Motive – meistens religiöser Symbole – und hellenistischer Muster beruhten. Die kunstvoll ausgeführte Dekoration bedeckt für gewöhnlich die ganze Oberfläche des meisterlich auf der Töpferscheibe geformten Gefäßes, und die Polychromie der Bemalung zeigt eine genuine, von jeglichen ägyptischen Einflüssen unabhängige Entwicklung. Werkstattstile und selbst individuelle ›Handschriften‹ sind in der umfangreichen erhalten gebliebenen Keramikproduktion deutlich auszumachen. Wie die Töpferwaren aus Kerma zeigen auch die in allen Teilen Nubiens verbreiteten Gefäße aus Meroë den Einfluß der Hofkunst auf den Geschmack der ganzen Bevölkerung.

Der Beitrag der römisch-ägyptischen Kunst manifestiert sich in der schönen Keramik, die seit dem späten 1. Jahrhundert v. Chr. hauptsächlich in den königlichen Manufakturen in Meroë hergestellt wurde. Nubische Technologie und Gefäßformen und -dekorationen aus dem östlichen und westlichen Mittelmeerraum vereinten sich hier, um eine homogene und unverkennbar nubische Keramikkunst hervorzubringen. Wie schon in früheren Begegnungen mit der ägyptischen Kunst entlehnte Nubien auch jetzt Formen und Stile, um daraus eigenständige Ausdrucksformen zu schaffen. Vergleichbare kulturelle Interaktionen setzten sich im Laufe der folgenden Jahrhunderte fort, als Nubien das ferne Echo der spätantiken Kunst vernahm, und auch, als nach der Christianisierung des Landes im 6. Jahrhundert n. Chr. in ganz Nubien Kirchen errichtet wurden. Diese reich mit Fresken dekorierten Kirchen zeigen einmal mehr die Ergebnisse einer fruchtbaren Vermischung koptisch-ägyptischer und byzantinischer Modelle mit nubischer Ikonographie und den funktionalen Ansprüchen der nubischen Kirchenliturgie.

1.1

Weibliche Figur

Ägypten
Prädynastisch, Badari-Kultur,
um 4500 – 4000 v. Chr.
Nilpferdbein
14,3 x 4 cm
The Trustees of the British Museum,
London, EA. 59648

Das bemerkenswerte Gesicht mit seinen großen, mandelförmigen Augen, der riesigen, dreieckigen Nase und dem kleinen Mundschlitz gehört zu einer der ältesten rundplastischen Menschenfiguren, die aus Ägypten bekannt sind. Die große Beachtung, die den Details geschenkt wurde, und die auffällige, wenn auch etwas robuste Modellierung zeigen, daß die Badari-Leute, die ersten seßhaften Bewohner des Niltals, bereits äußerst geschickte, im Schnitzen, Kerben, Bohren und Polieren bewanderte Handwerker waren.

Im unverhältnismäßig großen, kahlen und leicht aus der Körperachse versetzten Kopf sind die Details des Gesichts sorgfältig angegeben: Die eingekerbten Augen haben gebohrte Pupillen, die großen Nasenlöcher der modellierten Nase sind gebohrt, die dünnen Lippen und das kleine Kinn sorgfältig ausgeführt. Der Körper ist gut geglättet und poliert. Von den gebeugten und leicht geneigten Schultern gehen die vom Körper getrennt gearbeiteten Arme aus und unmittelbar in die Hüften über, ohne daß die Hände angegeben wären. Jedes Bein ist separat geschnitzt und endet in einem kleinen, nach außen gewendeten Fuß.

Lange, ungleichmäßige Hängebrüste, durch eine grob eingekerbte Linie voneinander getrennt, und das großflächige eingeritzte Schamdreieck mit Kreuzschraffur und einem tiefen vertikalen Einschnitt für die Vulva geben das Geschlecht an. Im Gegensatz zu vielen anderen weiblichen Statuetten der prädynastischen Epoche sind diese Elemente nicht von anderen Attributen der idealisierten weiblichen Anatomie begleitet. Das etwas abgeflachte Gesäß tritt – vielleicht materialbedingt – nur leicht hervor, die nur beim weiblichen Geschlecht zu findenden Lendengrübchen sind jedoch sorgfältig am Rückenansatz plaziert und fein gebohrt. Möglicherweise waren die gebohrten Brustwarzen wie die Augen und die Pupillen ursprünglich mit Farbpaste oder Muschelschale eingelegt.

Die Statuette wurde in einem nahezu ausgeraubten Grab gefunden, das außerdem nur noch einen Polierkieselstein und einige Perlen enthielt, jedoch keine Überreste des Körpers des Verstorbenen. Der Zweck oder die Funktion der Figur – ob sie den Toten selbst darstellt oder eine Dienerin oder Göttin repräsentiert – bleibt deshalb ungewiß. *RFF*

Provenienz: 1924-25, Badari, Grab 5107, ausgegraben von Guy Brunton

Ausstellung: London 1962

Literatur: Brunton und Caton-Thompson 1928, S. 7, 29, Tafel XXIV.2, XXV; Petrie 1939, Tafel IV.46; Vandier 1952, S. 221 f., Abb. 141; Ucko 1968, S. 70, Abb. 2; Spencer 1993, S. 25, Abb. 9

1.2

Mutter und Kind

Ägypten
Spätvorgeschichtlich, Naqada III,
um 3100–3000 v. Chr.
Elfenbein
Höhe 7,5 cm
Staatliche Museen zu Berlin, Preußischer Kulturbesitz, Ägyptisches Museum und Papyrussammlung, 14441

Kleinformatige Figuren unbekleideter Frauen, sogenannte ›Totenkonkubinen‹, finden sich als Beigaben in ägyptischen Gräbern verschiedener Epochen. Sicherlich sollten sie über den Tod hinaus Fruchtbarkeit garantieren, da sie meist Kinder bei sich haben.

Diese Elfenbeinfigur einer stehenden Frau gehört zu den ältesten Beispielen dieses Typus. Die nackte Frau hält mit ihrem linken Arm auf der Hüfte ein Kind, das seine Beinchen um den Leib der Mutter legt. Lange Haarsträhnen fallen ihr auf Schultern und Nacken, während die Stirn und der Oberkopf kahl sind – eine in Altägypten typische Haartracht für Schwangere und Frauen im Kindbett.

Trotz ihrer ungezwungen und lebendig wirkenden Haltung läßt die Figur bereits formale und stilistische Prinzipien der klassischen ägyptischen Kunst erkennen: Frontalität, Achsensymmetrie, expressionistische Überbetonung funktional wichtiger Bildteile. Ein wesentlicher Bestandteil des plastischen Volumens der kleinen Figur verdient besonders hervorgehoben zu werden: die rechteckige Basisplatte, die in ihrem hinteren Teil erhalten geblieben ist. Sie schafft einen imaginären, virtuellen Raum um die Statuette, gibt ihr ihre Orientierung in einer geordneten Welt. *DW*

Provenienz: 1900 erworben

Ausstellung: Berlin 1990, Nr. 5 b

Literatur: Smith 1949, S. 3, Abb. 4; Wolf 1957, S. 53, Abb. 18

1.3
Weibliche Figur
Ägypten
Prädynastisch, Badari-Kultur,
um 4500–4000 v. Chr.
Gebrannter Ton, Ockerüberzug
11 x 4,6 cm
The Trustees of the British Museum,
London, EA. 5964

Diese bezaubernde Figur ist nicht nur ein außergewöhnlich gutes Beispiel für das ägyptische Ideal weiblicher Schönheit, sondern auch eines der ältesten. Die Statuette, der nur der Kopf und die Unterschenkel fehlen, wurde zusammen mit einigen qualitätvollen Tongefäßen mit Wellendekor in der Grubenfüllung eines geplünderten Grabes in Badari gefunden. Obwohl der Grabinhalt wie auch die Umgebung gründlich untersucht wurden, konnten keinerlei Spuren des Kopfes gefunden werden.

Die frei modellierten Arme, im Ellbogen rechtwinklig abgeknickt, kreuzen sich in der Taillenregion, die rechte Hand ruht auf dem Handteller der linken. Das große Schamdreieck wird durch flach eingeschnittene Linien auf dem Bauch und am Ansatz der Beine angedeutet. Die Beine selbst sind durch eine vertiefte Linie voneinander getrennt, und auf der Rückseite trennt auch ein Schnitt das vortretende Gesäß. Die Vermutung, die übertriebene Wiedergabe des Hinterteils und der Schenkel sei eine Darstellung der Steatopygie, einer übermäßig starken Fettansammlung am Gesäß, scheint unbegründet zu sein; eine bessere Erklärung für die Betonung dieses Bereiches ist die Ausgewogenheit der Balance zwischen dem oberen und unteren Teil des Körpers.

Die fünf menschlichen Figuren, die in die Epoche der Badari-Kultur datiert werden können, sind die frühesten dreidimensionalen Menschendarstellungen im ägyptischen Niltal. Bei allen handelt es sich um weibliche Figuren, diese und die Elfenbeinstatuette (Kat. 1.1) sind zwei der herausragendsten Beispiele. Obwohl sich die Künstler der weiblichen Form jeweils auf andere Weise nähern, führen ihre Versuche schließlich zur ganzen Bandbreite der Prototypen weiblicher Rundplastik in der späten Vorgeschichte und Frühzeit. Den Interessen ihrer Zeit entsprechend, wollten frühere Wissenschaftler jeden einzelnen Typus als ein genaues Abbild der verschiedenen Menschenrassen im prähistorischen Ägypten identifizieren. Petrie zum Beispiel unterschied (Kat. 1.1) einen fortschrittlichen tatkräftigen Typus in der Elfenbeinfigur, der ihm zufolge das progressive Element in der prädynastischen Gesellschaft repräsentierte, einen sehr abstoßenden Typus, und in dieser Figur einen steatopygen Typus, der für die frühere, weniger entwickelte einheimische Bevölkerung Ägyptens stehen sollte. Die offensichtliche Darstellung der Steatopygie in dieser und den anderen Figuren wird heute zurückgewiesen. *RFF*

Provenienz: 1924-25, Badari, Grab 5227, ausgegraben von Guy Brunton

Literatur: Brunton und Caton-Thompson 1928, S. 9, 29, Tafeln XXIV.1, XXV.6–7; Petrie 1939, Tafel IV.47; Vandier 1952, S. 222, Abb. 142; Ucko 1968, S. 69, Abb. 1; Spencer 1993, S. 25, Abb. 10

1.4

Weiblicher Torso

Ägypten
Prädynastisch, Naqada II,
um 3500–3300 v. Chr.
Gebrannter Nilschlamm
6,6 x 4,4 x 2 cm
Petrie Museum of Egyptian Archaeology, University College, London, UC. 9601

Dieser Torso aus braunrot geflecktem, gebranntem Nilschlamm ist das Fragment einer weiblichen Figur aus dem prädynastischen Friedhof von Qua in Mittelägypten. Bis 1974 wurde seine Authentizität angezweifelt. Obwohl das Ergebnis der damals vorgenommenen Thermolumineszenzuntersuchung nicht von der erhofften Genauigkeit war, konnte mit dem ermittelten Zeitraum (5020–2835 v. Chr.) zumindest die antike Datierung bestätigt werden.

Der obere Teil des Torsos schließt ab mit einem gesichtslosen Kopf, einfach aus dem Lehm hervorgezogen und seitlich eingedrückt; die bei diesem Vorgang entstandenen Fingerabdrücke sind immer noch zu sehen. Arme sind nicht vorhanden, und wie bei manchen anderen prädynastischen Figuren sind die Schultern scharf abgeschnitten, hier jedoch ist die linke Schulter angehoben. Der übrige Körper ist schlank und wohlgeformt, die Neigung nach rechts verleiht ihm eine ungewöhnliche Haltung, die die schmale Taille noch betont. Die Schulterpartie geht harmonisch in die sorgfältig modellierten Brüste über, die im Verhältnis zum Ganzen gutproportioniert sind. Der Körper ist unterhalb des kleinen Nabels gebrochen, wo die horizontal eingeritzten Linien, die das Schamdreieck bezeichnen, gerade noch zu sehen sind.

Gerade die Unvollständigkeit trägt zum Charme dieser Figur bei; mit ihren für diese Zeit üblichen blockhaften, abgerundeten Beinen wäre sie für moderne Augen wahrscheinlich weniger attraktiv. In der Mitte des Rückens ist ein fächerartiges Muster eingeritzt, dessen Bedeutung unbekannt ist; es handelt sich um eine der damals üblichen Tatauierungen. Es ist nicht auszumachen, ob es das Zeichen für einen Besitzer oder eine Ortsangabe war oder ob eine der bei den Archäologen so beliebten religiösen Interpretationen darauf angewendet werden kann. Es ist durchaus möglich, daß die Figur zu Beginn der Naqada-II-Zeit von einer Töpferin geschaffen wurde, die ihr Handwerk und ihr Geschlecht genausogut kannte wie die Sitten ihrer Zeit. *BA*

Provenienz: 1922-25 gefunden von Guy Brunton auf dem Friedhof 23/100 in Qua und Badari

Ausstellung: Marseille 1990

Literatur: Brunton 1927, Taf. XXXIV, 6, LIII, 48; Ucko und Hodges 1963, S. 219 f.; Ucko 1968, S. 106; Adams 1988, Abb. 38, S. 56

1.5

Schweinegöttin

Ägypten
Spätvorgeschichtlich,
Ende 4. Jahrtausend v. Chr.
Gebrannter Ton
Höhe 56 cm
Staatliche Museen zu Berlin, Preußischer Kulturbesitz, Ägyptisches Museum und Papyrussammlung, 1/69

Ton als Material für rundplastische Werke ist in der ägyptischen Kunst nur in vorgeschichtlicher Zeit, in der zweiten Hälfte des 4. Jahrtausends v. Chr., häufiger belegt. Diese Figur mit Schweinekopf zeigt große Ähnlichkeit mit einer Gruppe von Tonfiguren der späten Vorgeschichte um 3200–3000 v. Chr., ähnelt jedoch in ihrem konisch geformten unteren Teil auch einem im Mittleren Reich (2050–1750 v. Chr.) üblichen Typus von Opferständern. Thermolumineszenz-Tests haben jedoch ein frühes Entstehungsdatum der Figur bestätigt.

Der Tierkopf ist auf die charakteristischen Formen von Schnauze und Augen reduziert; die Gestaltung des weiblichen Körpers beschränkt sich auf die Angabe der Brüste. Die in Hochrelief modellierten Arme sind in den Ellbogen angewinkelt, so daß die Unterarme waagerecht vor dem Körper liegen – eine typische Armhaltung archaischer ägyptischer Figuren.

Mit der Verbindung von menschlichem Körper und Tierkopf schafft sich die religiöse Ikonographie Ägyptens ein überzeugendes Bildschema zur Darstellung des Göttlichen; ein real nicht existierendes Wesen ist der adäquate Ausdruck der unsichtbaren Präsenz Gottes.

In historischer Zeit fehlt das Schwein in religiösen Darstellungen fast völlig. Meist ist das Motiv negativ besetzt; das Schwein ist eine Erscheinungsform des Götterfeindes Seth. Nur selten tritt das Schwein in positiver Bedeutung als Gestalt der Himmelsgöttin Nut auf. Im täglichen Leben wird das Schwein zu allen Zeiten der altägyptischen Geschichte – wenn auch nur selten – als Haustier gehalten.

Das große Format dieser Keramikfigur läßt darauf schließen, daß das Schwein in den religiösen Vorstellungen der Vor- und Frühzeit eine Rolle spielte und erst später zur Bedeutungslosigkeit herabsank. *DW*

Ausstellung: Berlin 1989, Nr. 3

1.6 a

Bärtige männliche Figur

Ägypten
Prädynastisch, Naqada I–II b,
um 3800–3400 v. Chr.
Brekzie
50 x 20 x 20 cm
Musée Guimet, Lyon, 90000171

1.6 b

Bärtige männliche Figur

Ägypten
Prädynastisch, Naqada I–II b
um 3800–3400 v. Chr.
Schiefer
32 x 7 x 5 cm
Musée Guimet, Lyon, 90000172

Diese beiden Steinstatuetten, deren Material ebenso außergewöhnlich ist wie ihre Größe und ihre sparsame Form, gehen offensichtlich auf eine rätselhafte, als ›Stoßzähne‹ bekannte Objektkategorie zurück. Diese nach der Form des Eck- oder Schneidezahns des Nilpferds geschnitzten schlanken, zylindrischen ›Stoßzähne‹ weisen oft keine weiteren Bearbeitungen auf als eine Aushöhlung oder Durchbohrung, um sicher an einem Lederriemen befestigt werden zu können. Nur gelegentlich zeigt der obere Teil die Darstellung eines Mannes mit einem Spitzbart, entweder schematisch mit tiefen Schnitten herausgearbeitet, wie in der dramatischen dunklen Schieferstatuette (Kat. 1.6 b), oder wie in der weißen Figur (Kat. 1.6 a) realistischer kunstvoll modelliert. Der lange zylindrische Körper bleibt immer unbearbeitet und ohne eine Andeutung der Gliedmaßen.

Derartige Figuren werden fast immer paarweise gefunden; eine von beiden ist massiv, die andere hohl. Es ist vermutet worden, daß sie eine magische oder fruchtbarkeitsbeschwörende Funktion erfüllten. Ihre Lage in unversehrten prädynastischen Gräbern deutet darauf hin, daß sie nicht als persönlicher Schmuck getragen, sondern möglicherweise als Schutz für ein Haus, ein Boot oder einen anderen persönlichen Besitz einschließlich des Grabes aufgehängt wurden. Abgeleitet von diesen ›Stoßzähnen‹ ist eine andere, als ›Anhänger‹ bezeichnete Kategorie von Objekten, die offensichtlich einem ähnlichen Zweck dienten. Diese kleinen, aus Elfenbein, Knochen, Schiefer, Kalkstein oder Alabaster gefertigten Amulette ahmen die Form von zylindrischen oder flachen ›Stoßzähnen‹ nach oder nehmen die Gestalt rechteckiger Plaketten an, die von einem bärtigen Kopf bekrönt sind; sie scheinen von denselben Überzeugungen inspiriert worden zu sein, die zu der langen Tradition der bärtigen Figuren führte.

Es ist nicht bekannt, ob diese beiden Statuetten ursprünglich ein stark kontrastierendes Paar bildeten. Die breiten Schultern von Kat. 1.6 a lassen den Schluß zu, daß die Form der zeitgenössischen Amulettanhänger bei der einzigartigen Konzeption dieser Figur ebenfalls eine Rolle spielte. Wie bei vielen menschenköpfigen Amuletten ist auch hier der Kopf kahl, die Ohren sind deutlich betont, und der Körper ist dekoriert, wobei seine vollständige Durchbohrung ein einzigartiges Motiv bildet. Die charakteristische Bohrung bzw. der Knauf zur Aufhängung der ›Stoßzähne‹ fehlt, und wie es scheint, sollten beide Statuetten von vornherein auf ihrer Basisfläche stehen; es könnte sich bei ihnen also um frühe Vorläufer des ›MacGregor Man‹ handeln (Kat. 1.22). *RFF*

Provenienz: Angeblich aus Gebelein

Ausstellung: Marseille 1990, Nr. 358 f.

Literatur: Vandier 1952, S. 416 – 421; Baumgartel 1960; Needler 1984, S. 346 f.; Pierini, in: Marseille 1990

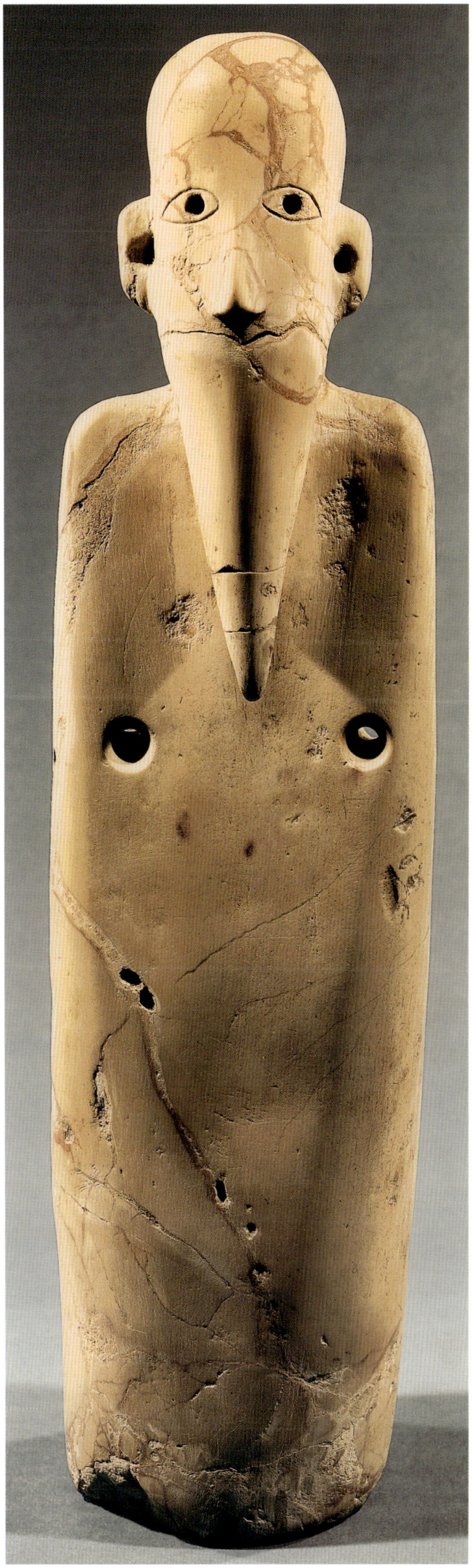

ein Kamm – in diesem Fall vielleicht eine Fischgräte – diagonal über die feuchte Oberfläche des ungebrannten Gefäßes geführt wurde. Wie in den meisten Fällen verläuft der Kammstrich von rechts oben nach links unten, während die Bearbeitungsspuren des Poliersteines senkrecht dazu verlaufen, um die Rillen zu verwischen und zu glätten sowie eine gefällige, umlaufend geriefelte Wirkung zu erreichen. Der Rand und das Innere wurden geschwärzt, indem das Gefäß während oder nach dem Brennen kopfüber auf eine Rauch erzeugende Schicht aus Dung, Stroh oder Asche gestellt wurde. Der Kohlenstoff im Rauch und der Mangel an Sauerstoff bewirkten zusammen die Veränderung der Eisenoxyde im Ton und der ockerhaltigen Beschichtung in ein fast metallisches Schwarz.

Gefäße von dieser Größe sind äußerst selten. Die dünnen Wände machten sie sehr fragil, und nur wenige haben den Einsturz der flachen Gräber, in die sie als Opfergaben gelegt wurden, überstanden. Dieser Topf, zusammengesetzt aus in situ gefundenen Bruchstücken, muß ein hochgeschätzter Besitz gewesen sein. Dafür spricht auch die antike Reparatur, die am Boden zu sehen ist. Viele qualitätvolle Badari-Gefäße weisen Spuren von Beschädigung und Reparatur auf, bevor sie ins Grab gelegt wurden. Der zerbrochene Boden dieses Gefäßes wurde repariert, indem beiderseits der Bruchlinie eine Reihe von Löchern gebohrt wurde. Ein Lederriemen war dann durch diese Löcher gefädelt worden, um die Stücke zusammenzuhalten. *RFF*

Provenienz: 1924–25, Badari, Grab 5104, ausgegraben von Guy Brunton

Literatur: Brunton und Caton-Thompson 1928, S. 7, Tafel XIV.10F

1.7

Gefäß mit Riefel-Dekoration

Ägypten
Prädynastisch, Badari–Kultur,
um 4500–4000 v. Chr.
Gebrannter Nilschlamm
Höhe 39 cm, Durchmesser 24 cm
The Trustees of the British Museum,
London, EA. 59634

Eine der ältesten der gut belegten prädynastischen Kulturen im ägyptischen Niltal wird nach dem mittelägyptischen Dorf el-Badâri, in dessen Umgebung die meisten Zeugnisse gefunden wurden, als die Badari-Kultur bezeichnet. Das herausragendste Produkt dieser frühen Kultur ist ihre Keramik. Charakteristisch sind einfache, aber elegante Schalen und Vorratsgefäße mit einer außergewöhnlich dünnen Wandung und mit gekämmter oder ›geriffelter‹ Oberfläche. Es war diese einzigartige Besonderheit, die 1923 zur Entdeckung der Badari-Kultur führte. Was die Dünnheit der Gefäßwand betrifft, die Veredelung des Lehms und die Verfeinerung der Oberfläche, wurden die schönsten Erzeugnisse der Badari-Töpfer in keiner folgenden Epoche Ägyptens mehr übertroffen, und dieses Gefäß ist ein ausgezeichnetes Beispiel für ihr Können.

Wie alle prädynastische Keramik war auch die Badari-Ware ohne Töpferscheibe, einzig und allein mit den Händen gefertigt. Durch sorgfältiges Polieren sind alle Spuren getilgt worden, die auf die Art der Fertigung verweisen könnten. Im Falle eines derart großen Gefäßes ist es wahrscheinlich, daß Wülste eines sehr feinen Tons auf eine handgeformte Grundfläche aufgesetzt und die so entstandenen Wände durch Klopfen zu ihrer bemerkenswerten Dünne und Härte gebracht wurden. Die kennzeichnende Oberflächendekoration wurde erzielt, indem ein gezacktes Werkzeug oder

1.8

Schale mit Nilpferden

Ägypten
Prädynastisch, Naqada I,
um 4000–3600 v. Chr.
Gebrannter Nilschlamm
Höhe 6,8 cm, Durchmesser 19,4 cm
Museum of Fine Arts, Boston
Harvard-Boston Expedition, 11.312

Die älteste ägyptische Keramik gehört zu den qualitätvollsten des Landes, und diese Schale stellt ein prachtvolles Beispiel dar. In Wulsttechnik aus lokalem Nilschlamm geformt, wurde sie anschließend mit einer dünnen (als ›Slip‹ bezeichneten) Tonschicht überzogen und nur auf der Innenseite mit einem weißen Liniendekor bemalt. Dieser Typ von Keramikdekoration ist für eine frühe Phase der prädynastischen Geschichte charakteristisch, die als die ›Amratian‹ oder ›Naqada I‹-Epoche bekannt ist. Obwohl diesen

Gefäßen ein geometrischer Dekorationsstil eigen ist, sind die meisten individuell gestaltet in Entwurf und Ausführung.

Diese Schale ist nicht nur dekorativ, sondern auch ›zu lesen‹. Sie zeigt eine abstrakte Landschaft in Oberägypten, wo sie gefunden wurde. Die Rosette in der Mitte steht für den Nil und die von Nilpferden bewohnten Marschen an seinen Ufern. Hohe Wüstenberge, durch fortlaufende Linien angegeben, markieren die Grenze der sichtbaren Welt. An- und Aufsicht wurden so in einer ausgewogenen Komposition miteinander kombiniert. Wenn auch die ägyptische Kunst noch in den Kinderschuhen steckte, als diese Schale entstand, sind doch einige ihrer Grundzüge hier bereits zu finden. Die Nilpferde zum Beispiel sind im Profil umrissen, und ihre herausragenden Merkmale – die gewaltigen Mäuler und mächtigen Leiber – sind hervorgehoben. Vier Beulen auf den Köpfen stehen für zwei Augen und zwei Ohren. Auch wenn in Wirklichkeit nur jeweils eines sichtbar gewesen ist, wurde es offensichtlich für notwendig gehalten, beide darzustellen.

Das Nilpferd war bis zu Beginn des 19. Jahrhunderts in Ägypten beheimatet. Aufgrund seiner rundlichen Formen wurde es als Toëris vergöttlicht, einer Schutzgottheit der Geburt, und aufgrund seiner rohen Kraft wurde es mit den Mächten des Bösen und des Chaos identifiziert, die überwunden werden mußten, damit die Ordnung (*ma'at*) obsiegen konnte. *REF*

Provenienz: 1911 ausgegraben in Mesaeed
Literatur: Bothmer 1948; Berlin 1974; Finkenstaedt 1980

1.9

Vase mit Jagdszene

Ägypten
Prädynastisch, Naqada Ic – IIa, um 3800 – 3600 v. Chr.
Gebrannter Nilschlamm
Höhe 33,1 cm, Durchmesser 15 cm
Musées Royaux d'Art et d'Histoire, Brüssel, E. 2631

Unter den spätneolithischen Kulturen des prädynastischen Ägypten ist die oberägyptische Naqada-Kultur (4. Jahrtausend v. Chr.) die am besten dokumentierte. Schwarz geschmauchte Keramik ist das Charakteristikum der Epoche von Naqada I bis zur frühen Naqada II-Zeit. Diese Gefäße wurden vor dem Brand poliert. Die Verzierung dieser Vase wurde nach dem Brennen eingeritzt. Eingeritzte Dekorationen sind die Ausnahme, und diese Vase ist das einzige publizierte Beispiel für eine sich über die ganze Oberfläche erstreckende Dekoration. Ritzungen sind jedoch für die prädynastische Zeit gut belegt. Anhand der vereinfachten, aber naturalistischen Umrisse können die Tiere identifiziert werden, doch sind die Körper mit Mustern gefüllt, die keinen Bezug zur Realität zeigen. Diese Motive wurden auch für Tierdarstellungen auf Gefäßen mit weißem Gitter-Dekor verwendet, ebenso in zahlreichen Felszeichnungen aus dieser Zeit.

Drei übereinander liegende Reihen von Tieren sind zu erkennen. Sie lassen sich vor allem anhand der Form ihrer Hörner identifizieren. Das untere Register zeigt vier Gazellen. Das mittlere enthält vier große Tiere und ein viel kleineres, das zwischen die Hörner eines der großen plaziert ist. Sie alle können entweder als Oryxantilopen oder als nubische Steinböcke identifiziert werden, wobei der kleine Schwanz eher für den Steinbock spricht. Das obere Register zeigt eine größere Vielfalt: Eine Gazelle, ein Hase und zwei Hunde sind auszumachen. Die beiden Hunde sind besonders interessant. Sie tragen Halsbänder, sind also offensichtlich domestiziert. Ähnliche Hunde – mit dem Profil eines Windhunds, einem langen Kopf mit spitzen Ohren und einem kurzen, nach oben gerichteten Schwanz – sind unter pharaonischen Hundedarstellungen häufig zu finden. Im Gegensatz zu denen in den beiden unteren Registern sind die Tiere im oberen Register laufend dargestellt. Möglicherweise jagen die Hunde den Hasen und die Gazelle und darüber hinaus auch alle anderen Tiere auf der Vase. Wie der Steinbock sind auch der Hase und die Gazelle Wüstentiere. Zwischen den Beinen einer der Gazellen im unteren Register sind drei Dreiecke zu sehen; sie finden sich häufig auf dekorierten prädynastischen Vasen. Nach allgemeiner Ansicht symbolisieren sie Berge und die ägyptische Wüste. Das Ganze kann als eine Jagdszene in der Wüste ohne menschliche Jäger interpretiert werden.

Schließlich bleibt noch die Frage, warum sich diese Szene auf einem prädynastischen Gefäß findet. Szenen der Wüstenjagd sind häufig in Mastaben des Alten Reiches anzutreffen – als eine der Tätigkeiten, denen der Verstorbene auch im Jenseits nachgehen möchte. Eine ähnliche Bedeutung könnte auch für die prädynastische Epoche vermutet werden, doch leider ist die Herkunft des Gefäßes unbekannt. Eine komplexere sozio-religiöse Erklärung könnte ebenfalls zutreffen. Danach wären die Hunde als Symbole der Macht oder sogar des Königtums anzusehen, während die Tierreihen für die Wahrung der gesellschaftlichen Ordnung durch diese Macht stünden. *SH*

Provenienz: 1908 in Kairo erworben
Ausstellung: Marseille 1990, Nr. 289
Literatur: Capart 1909; Balty u. a. 1988, S. 12; Hendrickx 1992; 1994, S. 18–191.9

1.10

Vase mit Siegesszene

Ägypten
Prädynastisch, Naqada Ic–IIa,
um 3800–3600 v. Chr.
Gebrannter Nilschlamm
Höhe 28,6 cm, Durchmesser 11,8 cm
Musées Royaux d'Art et d'Histoire,
Brüssel, E. 2631

Rotpolierte Keramik mit aufgemaltem weißen Dekor ist für die frühe Naqada-Kultur charakteristisch. Nur wenige solcher Gefäße zeigen ausführliche figürliche Dekorationen, und diese Vase ist eines der wichtigsten Beispiele für diesen Typ. Acht Figuren können ausgemacht werden, wohl alle männlichen Geschlechts. Der Hals der Vase ist mit sieben horizontalen Streifen verziert. Von einem achten Streifen hängen eine Reihe von Tropfen und zwei andere rätselhafte Objekte herunter. Die beiden größten Figuren heben die Arme über die Köpfe, wobei die Handflächen nach innen gerichtet sind. Diese Geste ist in der Naqada II-Epoche nicht ungewöhnlich, aber meistens bei weiblichen Figuren zu finden – ob es sich um Fruchtbarkeitsgöttinnen, Konkubinen für den Toten, Klagefrauen oder Darstellungen des *ka*, der Lebenskraft handelt, auf ihren Köpfen befinden sich Zweige und kleine Wülste, die wahrscheinlich die Haartracht andeuten. Die beiden Figuren tragen große Penisfutterale aus Kürbisflaschen, ein aus der zeitgleichen Skulptur bekanntes Merkmal (vgl. Kat. 1.20, 1.22), das auch ein Machtsymbol sein könnte.

Von den sechs übrigen Figuren sind vier paarweise am Hals aneinandergebunden, der Strick wird von einer der größeren Figuren gehalten. Die beiden anderen stehen unter dem kleineren der beiden rätselhaften Objekte. Bei den ersten vier Figuren scheint es sich um Gefangene zu handeln; ihre Arme sind nicht dargestellt – vielleicht ein Hinweis darauf, daß sie hinter ihrem Rücken zusammengebunden sind. Sie scheinen recht langes, zerzaustes Haar zu haben (vielleicht strömt auch Blut aus ihren Köpfen) und keine Penisfutterale.

Das größere der rätselhaften Objekte könnte eine Palme darstellen. Beim kleineren Objekt könnte es sich um ein Tierfell handeln, das als Standarte oder Symbol für einen Gott oder eine geographische Region steht. Das Seil, das die Figuren miteinander verbindet, läßt kaum daran zweifeln, daß hier eine einzige Szene dargestellt ist und daß die ›Palme‹ gleichberechtigt neben den großen Figuren steht: Alle drei sind jeweils durch zwei kleinere Figuren voneinander getrennt. Auch formal ist eine Ähnlichkeit zwischen den Figuren mit erhobenen Armen und der ›Palme‹ festzustellen. Sehr wahrscheinlich ist hier eine Siegesszene dargestellt, in der militärische, politische und religiöse Symbole miteinander kombiniert sind. *SH*

Provenienz: 1909 in Luxor erworben

Ausstellung: Marseille 1990, Nr. 302

Literatur: Scharff 1929; Kantor 1944, Abb. 6 F; Baumgartel 1955, Abb. 14; Asselberghs 1961, S. 302; Williams 1988, S. 47 f.; Balty u. a. 1988, S. 12; Hendrickx 1994, S. 22 f.

1.11

Verziertes Straußenei

Ägypten
Prädynastisch, Naqada IIa,
um 3600–3400 v. Chr.
Straußenei
Höhe 15 cm, Durchmesser 13,4 cm
The Visitors of the Ashmolean Museum,
Oxford, 1895.990

Der Strauß ist die erste Vogelart, die physisch und bildlich in Ägypten belegt ist. Die charakteristische Form dieses Vogels ist in Felszeichnungen der prädynastischen Jäger in den das Niltal säumenden Bergen und in den Wüsten Oberägyptens und Unternubiens auszumachen. Da der Strauß oft neben oder als Teil einer lebendigen Wüstenjagdszene dargestellt ist, ist es nicht weiter verwunderlich, Wüstentiere – vielleicht in einer verkürzt geschilderten Jagdszene – als Dekoration auf einem Straußenei zu finden. Die einfachen Linien sind mit einem schwarzen Pigment gefüllt und stellen zwei elegante Vierfüßer mit gewundenen oder lyraförmigen Hörnern und kurzen Schwänzen – vielleicht Gazellen oder Kuhantilopen – dar. Die diagonale Orientierung und die verkürzten Vorderbeine deuten an, daß die Tiere auf der Flucht sind. Die auf die Körper eingeritzten Zickzackstreifen sind dekorative Elemente, die für frühe prädynastische Tierdarstellungen typisch sind. Sie finden sich auf Gefäßen mit weißem Gitterdekor aufgemalt oder in Töpfe und andere Straußeneier geritzt. Wahrscheinlich stellen sie keine Bänder dar.

Zu allen Zeiten wurde der Strauß seiner Federn und seiner Eier wegen geschätzt. Sie sind so groß, daß ein einziges für eine Mahlzeit von acht Menschen reicht. In prädynastischer Zeit wurden geleerte oder ausgeblasene Eierschalen zu Perlen oder Intarsien verarbeitet. Seltener wurden intakte Schalen als leichte und dauerhafte Behälter benutzt. Ausgrabungen haben nur wenige Straußeneier oder Tonmodelle solcher Eier in Gräbern der prädynastischen Epoche in Oberägypten zutage gefördert. Viele von ihnen sind unbearbeitet, einige mit weißen Tupfen oder schwarzen Zickzackstreifen als Imitationen geflochtener Griffe bemalt, nur sehr wenige der ausgegrabenen Stücke weisen Ritzzeichnungen auf. In den Gräbern und Siedlungen der A-Gruppe in Nubien sind Straußeneier häufiger zu finden, am häufigsten in Kindergräbern. In Ägypten scheint dieser Brauch nicht geläufig gewesen zu sein; dort sind Straußeneier nur in den am reichsten ausgestatteten prädynastischen Gräbern zu finden. *RFF*

Provenienz: 1895, Naqada-Grab 1480, ausgegraben von W. M. Flinders Petrie

Literatur: Petrie und Quibell 1896, S. 28; Capart 1905, S. 39, Abb. 16; Kantor 1948, S. 46–51; Houlihan und Goodman 1986, S. 1–5; Payne 1993, S. 253, Abb. 85, Nr. 2104

1.12 a

Retuschiertes Messer

Ägypten
Prädynastisch, Naqada IIc – IIIa,
um 3400 – 3200 v. Chr.
Feuerstein
Länge 23,2 cm
The Trustees of the British Museum,
London, EA. 59235

1.12 b

Retuschiertes Messer

Ägypten
Prädynastisch, Naqada IIc – IIIa,
um 3400 – 3200 v. Chr.
Feuerstein
Länge 26,8 cm
The Trustees of the British Museum,
London, EA. 29286

Zu den am meisten bewunderten prähistorischen Steinwerkzeugen gehören die flächenretuschierten Messer. Ihre herausragenden Kennzeichen sind die beiden unter Druckeinwirkung herbeigeführten, langen, parallel verlaufenden Schliffreihen, die an einer sorgfältig zentrierten Mittellinie aufeinandertreffen, die sorgfältige Retusche der Ränder sowie der äußerst feine Sägezahnschnitt der Schneidekante.

Die Fertigung dieser Klingen erforderte eine hohe Präzision, äußerste Gleichmäßigkeit und die richtige Kombination einer Reihe einfacher, aber heikler Schritte in der Bearbeitung. Es gab sechs solcher grundlegenden Arbeitsschritte, die alle eine jeweils andere Technik erforderten, was darauf schließen läßt, daß mehrere Handwerker (jeder mit seinen eigenen speziellen Fähigkeiten) am Fertigungsprozeß beteiligt waren. Die Anzahl der erforderlichen Werkzeuge war jedoch überraschend gering: ein Satz Druckabschlagmeißel mit Kupferspitze, einige Schleifsteine und ein gekerbter Block als Arbeitsunterlage.

Gerippte Messer wurden aus vorzüglichem Feuerstein gefertigt, der oft glänzt und praktisch keine sichtbare Maserung aufweist. Man griff auf mehrere Steinbrüche zurück, und jede Feuersteinplatte mußte sorgfältig geprüft werden, bevor sie zur Form des Messers abgeschlagen und dann glattgeschliffen wurde. Auf diese Arbeitsschritte folgte der Druckabschlag, wobei das Überlappen der einzelnen Schläge für den gerippten Effekt verantwortlich war. Der Druckabschlag begann am oberen gerundeten Ende und wurde mit großer Disziplin und unter Berücksichtigung einer ästhetischen Wirkung visueller Schönheit entgegen dem Uhrzeigersinn fortgesetzt. Die Kombination aus der korrekten Tiefe, dem Abstand des Druckpunkts und dem richtigen Winkel ergab genau die richtige Abfolge in der Überlappung der Abschläge. Die Kanten des Messers wurden dann mit äußerst feinen Druckabschlägen retuschiert, und im letzten Arbeitsgang wurde die Schneidkante geschliffen und schließlich vorsichtig mit etwa 10 – 13 mikroskopischen Zähnen pro Zentimeter versehen.

Nur eine Fläche wurde bearbeitet, die andere wurde glattgeschliffen. Die glatte Fläche ist die Rückseite des Messers; die Schnittkante liegt in der Hand eines Rechtshänders immer zur Linken. Das abgerundete oder dickere Ende des Messers war wahrscheinlich in Leder gehüllt, mit Schnur umwickelt oder mit Blattgold verkleidet, um einen Griff zu bilden. Wenn das Messer mit einem stärker ausgebildeten Griff aus Elfenbein oder Holz versehen werden sollte, wurde aus dem abgerundeten Ende ein kurzer Schaft herausgeschlagen. Jedes perfekte Exemplar hat 60 makellose Riffelabschläge in Reihe, 200 gelungene Mikroabschläge und 250 Auszähnungen. Diesen Messern muß eine Bedeutung zugemessen worden sein, die sich nicht allein durch ihre Funktion erklären läßt. Die Dualität der beiden Druckabschlagsreihen und der beiden Seiten – eine unbearbeitete und eine bearbeitete – ist wohl symbolisch zu verstehen. Obwohl diese Messer in Museumsbeständen recht häufig sind, werden sie nur selten im Kontext entdeckt. Eine beschränkte Anzahl ist in relativ reich ausgestatteten Gräbern gefunden worden, manchmal absichtlich zerbrochen oder rituell ›getötet‹. Bruchstücke solcher Messer und Abschläge sind im Hof eines frühen Tempels in Hierakonpolis gefunden worden und müssen im Zusammenhang mit rituellen Opfern gestanden haben. Obwohl die Form noch im Alten Reich verbreitet war, wurden Messer mit Flächenretusche von hoher Qualität nur etwa 200 Jahre lang hergestellt. *RFF*

Provenienz: Kat. 1.12 a: 1929 angekauft vom Museum; Kat. 1.12 b: 1897 angekauft vom Museum (Herkunftsort angeblich Abydos)

Literatur: Kelterborn 1984; Midant-Reynes 1987; Holmes 1992; Spencer 1993, Abb. 27; Payne 1993, S. 172–173

1.13

Anthropomorphe (?) Palette

Ägypten
Prädynastisch, ca. 5. Jahrtausend v. Chr.
Sandstein
19 x 7 x 2,7 cm
Musée Barbier-Mueller, Genf, 203–38

Wie spektakuläre Beispiele aus späteren Epochen (Kat. 1.18) belegen, hat die Schminkpalette zum Zerreiben von Pigmenten in der frühen ägyptischen Kultur eine Bedeutung, die weit über ihre praktische Funktion hinausgeht. Wie der Fliegenwedel in einigen westafrikanischen Kulturen kann sie eine große symbolische, rituelle und zeremonielle Rolle spielen. Dieses sorgfältig gearbeitete neolithische Beispiel hat hohe künstlerische Qualität. Die Einbindung des Kopfes in eine ansonsten abstrakte Form ruft Assoziationen an einen Körper mit Beinen, einen Torso und sogar eine Frisur hervor. Die Zurückhaltung in der Form ist typisch für die prädynastische Beherrschung der plastischen Sprache. Auch wenn die Palette als anthropomorph beschrieben wird, erinnert sie mit ihren beiden Augenbohrungen und mit dem winzigen Gesicht an spätere Darstellungen anderer Primaten aus dynastischer Zeit, zum Beispiel an den Pavian Kat. Nr. 1.38. Der Vergleich würde dieses Objekt mit den zahlreichen anderen Paletten verbinden, die mit ähnlicher virtuoser Einfachheit Tiere darstellen, und würde auch die Bartlosigkeit eines vermeintlich männlichen Gesichts aus dieser Epoche erklären. *TP*

Literatur: Butor und Valloggia 1990

1.14

Walzenförmige Figur

Ägypten
Prädynastisch, ca. 5. Jahrtausend v. Chr.
Stein
Höhe 26 cm
Privatsammlung

In diesem Stück ist die ganze Fruchtbarkeit der weiblichen Figur mit höchster Erfindungsgabe und minimalem formalen Aufwand angedeutet. Auch wenn es sich um ein massives Stück handelt, liegt offensichtlich eine Anspielung auf die Frau als Behältnis vor, das Gefäß der Zukunft. Dieses Motiv taucht unabhängig überall in Afrika auf, wo so viele Kulturen fest auf Abstammung begründet sind. Es ist im entfernten Zaire zu finden und in einer fast schon unheimlichen Ähnlichkeit in einem Holzgefäß der Zulu (Kat. Nr. 3.44). In dieser kleinen Statuette (einem Idol?) verleiht die Position der Brüste genau der Ausbauchung an der Stelle einer mehrdeutigen Form eine eindeutige Bedeutung. *TP*

1.15

Bootsförmiger Mörser

Ägypten
Prädynastisch, Naqada II, um 3600 – 3300 v. Chr.
Brekzie
7 x 16,5 cm
Musée Guimet, Lyon, 90000091

Von den frühesten Zeiten bis heute war und ist der Nil die Hauptverkehrsader für Handel und Kommunikation in Ägypten. Die auf dem Nil verkehrenden Boote trugen Getreide, Wein und Vieh von den Bauern zu den Märkten, beförderten Steine und Baumaterialien zu Städten und Tempeln und brachten Luxuswaren von weither. Sie trugen Beamte auf ihren Inspektionsreisen und Armeen auf dem Vormarsch. Schiffe beförderten als Unterkunft auch Götterbilder von Tempel zu Tempel und dienten den Göttern als Unterkunft in ihren Tempeln. Sie transportierten die Toten von dieser Welt in die nächste und bewegten die Götter quer über den Himmel. Es kann also nicht überraschen, daß Schiffe von großer Bedeutung im Leben der alten Ägypter waren und in ihrem Denken und ihren religiösen Vorstellungen eine wichtige Rolle spielten.

Bei den frühesten Bootsdarstellungen handelt es sich um einfache Tonmodelle. In prädynastischer Zeit waren Schiffe geläufige Motive auf dekorierten Tongefäßen und in Felsmalereien, sie liehen ihre Umrisse auch den Schminkpaletten aus grauem Schiefer. In bezug auf Form und Funktion kommt dieser einzigartige Steinmörser den bootsförmigen Schieferpaletten sehr nahe. Wie bei den flachen, zweidimensionalen Paletten ist das eine Ende einwärts gebogen, vielleicht in Nachahmung des Schiffbugs, der aus gebündelten Papyrusstengeln bestand, dem Material der Boote. Der dazugehörige Reibstein könnte für die Kabine in der Mitte der Boote stehen, die auch auf den Paletten dargestellt wird.

Schieferpaletten, welcher Form auch immer, dienten dazu, als kosmetische Farbstoffe verwendete Mineralien wie Malachit oder Galena zu zerreiben. Die Größe und die Qualität dieses Mörsers lassen darauf schließen, daß auch er nicht für die Nahrungsmittelzubereitung, sondern für kosmetische Zwecke verwendet wurde. Grob gearbeitete, annähernd bootsförmige Mörser aus Sandstein, einige doppelt so groß wie dieses Beispiel, sind häufig in prädynastischen Siedlungen und gelegentlich in Friedhöfen gefunden worden. In einigen Fällen zeigen Spuren von Malachit und Ocker, daß sie gelegentlich für die Herstellung der Farben verwendet wurden, hauptsächlich dienten sie jedoch zum Mahlen von Getreide. Die sorgfältige Modellierung und Politur der hochgeschätzten roten Breccie deuten darauf hin, daß dieser Mörser nicht für solch harte Arbeit bestimmt war. Möglicherweise können der Mörser und der Reibstein als eine dreidimensionale Wiedergabe der bootsförmigen Schminkpalette betrachtet werden. *RFF*

Provenienz: Angeblich aus Rizakhat
Ausstellung: Marseille 1990, Nr. 386
Literatur: Landstrom 1970; Needler 1984, S. 298; Vinson 1994

1.16 a

Stierkopf

Prädynastisch, Naqada IIa, um 3500 v. Chr.
Nilpferdbein
3,2 x 3,3 x 1 cm
Petrie Museum of Egyptian Archaeology, University College London, UC.6005

1.16 b

Stierkopf

prädynastisch, Naqada IIa, um 3500 v. Chr.
Elfenbein
4,9 x 4,3 x 1,9 cm
The Visitors of the Ashmolean Museum, Oxford, 1895.908

Der stark abstrahierende Stil dieser Amulette versinnbildlicht ein Rind, das für gewöhnlich als Stier angesehen wird, obwohl es auch eine Kuh darstellen könnte. Die Hörner sind halbkreisförmig nach unten ins Gesicht hinein gebogen und frei gearbeitet; der stämmige Hals wird bei Kat. 1.16 a knapp oberhalb der abgeflachten Standfläche von einer dünnen Ritzlinie umzogen. Bei diesem Stück sind die Augen nicht für Einlagen aus einem anderen Material ausgehöhlt, wie es bei anderen Beispielen dieser Objektgruppe oft der Fall ist, sondern durch zwei konzentrisch eingeritzte Kreise angedeutet. Die Rückseite ist horizontal durchbohrt, damit es aufgefädelt getragen werden konnte, und unterhalb der Bohrung sind die vertikalen Oberflächenfurchen des gekrümmten Nilpferdzahns noch deutlich zu sehen.

Das Grab, in dem Kat. 1.16 a gefunden wurde, enthielt ein weiteres Amulett desselben Typs (Kat. 1.16 b) aus Elfenbein, das dem ersten sehr ähnlich ist, jedoch keine Ritzung um die Basis aufzuweisen hat. Die Augen sind als kleine Löcher angedeutet, die immer noch Spuren wahrscheinlich von Harz enthalten. Die Vorderseite weist eine grünliche Verfärbung auf, die auf eine frühere Verbindung mit Kupfer zurückzuführen ist. Der Zustand des Amuletts aus Elfenbein ist schlechter als der des Gegenstücks aus Nilpferdzahn, da sich ersteres schneller zersetzt. Der charakteristische Querschnitt des Elefantenstoßzahns ist auf der Rückseite des Kopfes zu erkennen.

Dieser Typ ist in prädynastischer Zeit gut belegt und tritt wahrscheinlich spätestens in der frühen Naqada-II-Zeit auf. Die Größe reicht von kleinen Exemplaren in Bein und Elfenbein, die auf Halsketten gefädelt wurden, bis zu größeren steinernen Beispielen aus Votivgruben in Tempeln. Aus einer gedrungenen, gerundeten Version der mittleren prädynastischen Zeit scheint es sich in frühdynastischer Zeit zu einer gestreckten, flüchtigeren Version entwickelt zu haben. Obwohl die übernatürliche Kraft, die es repräsentierte, unbekannt ist, sollte es den Träger zweifellos schützen und stärken; in späterer Zeit wurde die Kraft des Stiers mit dem König in Verbindung gebracht. In prädynastischer Zeit gab es auch Kuhgöttinnen, die allerdings für gewöhnlich mit aufwärtsgebogenen Hörnern dargestellt werden.

Price, ein Assistent bei der Grabung in Naqada, beschrieb das Grab als das eines Kindes, dessen Körper gekrümmt auf der linken Seite lag, mit dem Kopf in südlicher Richtung nach Westen blickend. Drei Haarnadeln aus Bein lagen hinter dem Kopf, und vor dem Gesicht und über den Händen war eine Anzahl von Objekten verstreut. Dazu gehörten Achat- und Karneolperlen, die Tonperücke einer Figur und ein Lot aus Hämatit mit einem kleinen Knauf zur Befestigung. Direkt neben dem Lot und einem Anhänger aus Elfenbein wurde eine kleinere Metallschale gefunden, die die grüne Verfärbung erklärt. Eine ähnliche Färbung, die auf die ursprüngliche Anwesenheit von Kupferschmuck verweist, wurde auch auf den Unterarmen und einem Knie des Skeletts beobachtet. Metall- und Elfenbeinobjekte wie diese betonen die Bedeutung des Grabinhabers. Obwohl keine Keramik mehr zu finden war, ordnete Petrie dem Grab eine relative Datierung zu, die in der modernen Terminologie Naqada Ic – IIb entspricht. In dieser Epoche der prädynastischen Zeit gab es noch Nilpferde im ägyptischen Niltal; das Elfenbein mußte jedoch aus dem südlicheren Afrika importiert werden, was auf ein weit gespanntes Handelsnetz schließen läßt. *BA*

Provenienz: Kat. 1.16 a: 1895 ausgegraben von W. M. Flinders Petrie und J. E. Quibell aus dem Naqada-Grab 1788

Ausstellung: Kat. 1.16 a: Erbach 1986

Literatur: Petrie o.J., Nr. 137; Petrie und Quibell 1896, Taf. LXI, IV, S. 46; Baumgartel 1970[1], Tafel LVIII; Drenkhahn 1986, S. 46, Nr. 49; Adams 1988, Abb. 31, S. 51; Payne 1993, S. 207, Nr. 1693

1.17

Stierkopf

Spätvorgeschichtlich, Naqada III, um 3100 v. Chr.
Kalkstein, Fayence
3,6 x 3,7 x 2,2 cm
Leihgeber: The Syndics of the Fitzwilliam Museum, Cambridge, E.G.A. 3205.1943

Obwohl stilisiert und frontal dargestellt, fängt dieser Kopf die sichtbaren Merkmale eines Stierkopfes ein. Eingelegte Augen geben dem ansonsten flachen, fast abstrakten Gesicht, dessen unterer Teil mit einer kreisförmigen Verdickung am Ende der Nase nahezu zylindrisch ist, einen Ausdruck von Tiefe und Lebendigkeit. Der obere Teil des Kopfes ist zur Unterseite hin gewölbt und seitlich durchbohrt.

Die Domestizierung von Rindern scheint in Ägypten um 4500 v. Chr. begonnen zu haben, unter dem Einfluß nomadischer Sahara-Gruppen, die ins Niltal zogen. Der wilde Vorfahr des domestizierten Rindes, der an den Rändern der Wüstengebiete der Sahara und vielleicht in den Sumpfregionen Ägyptens lebte, muß bereits einen starken Einfluß auf die Vorstellungskraft ausgeübt haben. Der in späteren Texten wegen seiner physischen Stärke und sexuellen Potenz gepriesene Stier wurde als ›Starker Stier‹ oder ›Stier seiner Mutter‹ mit dem ägyptischen König identifiziert. Aus vor- und frühdynastischer Zeit gibt es bereits Belege für wichtige Stierkulte in ganz Ägypten, die allmählich in das Kaleidoskop ägyptischer Glaubensvorstellungen eingingen. Das frühdynastische Bild des wilden Stiers, der einen hingeworfenen Feind niedertrampelt und aufspießt, ist das eindrucksvollste Bild des frühen Königtums und überdauerte möglicherweise im Königsornat als auf der Rückseite des Schuhes getragener Stierschwanz.

Der Stierkopf könnte als ein Amulett getragen worden sein, das Glück und Schutz bei einer rituellen Wildstierjagd oder seinem Träger Kraft und Fruchtbarkeit bringen sollte. Als Grabbeigaben wurden die Amulette zusammen mit ihren Besitzern bestattet (Kat. 1.16 a), vielleicht als hochgeschätzter Besitz oder um den Toten im Jenseits magisch mit der starken Lebenskraft des Stiers auszustatten. Derartige Amulette wurden vielleicht auch als Votivgaben in Tempel gebracht, wie zum Beispiel in Hierakonpolis, so daß der göttliche Aspekt des Stieres sich zugunsten der Opfernden

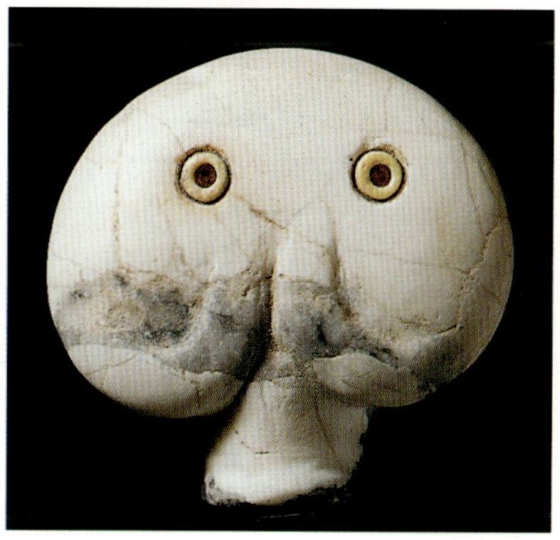

auswirken konnte (Kat. 1.16 b). Diese frühen Votivgaben zeigen, daß die Anfänge des komplexen Systems von Tempel und Staatswirtschaft schon in der Naqada-II-Zeit weit vorangeschritten waren. Der Stierkopf ist eine Möglichkeit, die Herrschaft über die der Natur innewohnenden Kräfte auszudrücken, sowohl in einer übernatürlichen als auch in einer ökonomischen Sphäre. Diejenigen, die die Viehherden und die Fleischversorgung kontrollierten, werden zweifellos ihre Verbindung mit den Tieren betont haben, um ihren eigenen Status und ihr eigenes Ansehen zu steigern. *EV*

Provenienz: aus der Sammlung Major R. G. Gayer-Anderson

Literatur: Adams 1974, S. 22, Nr. 110/15, 17; Störk 1984, S. 257–263

1.18

Dekorierte Palette (›Schlachtfeldpalette‹)

Ägypten
Spätvorgeschichtlich Naqada III, um 3100 v. Chr.
Schiefer
16,5 x 17 x 0,9 cm (oberer Teil); 32,5 x 31 x 1 cm (unterer Teil)
The Visitors of the Ashmolean Museum, Oxford, 1892.1171, und The Trustees of the British Museum, London, EA. 20791

Das Verständnis der Entwicklung der pharaonischen Kunst und Zivilisation hängt in hohem Maße von der Deutung der Vorläufer ihrer charakteristischen Bildwerke ab. Die großartigen, am unmittelbaren Beginn der historischen Zeit entstandenen dekorierten Paletten liefern wichtige Erklärungen zur Entwicklung der Bildsprache und der Ikonographie, die zur Herausbildung des typisch ägyptischen Stils in dynastischer Zeit führten.

Zum ersten Mal zusammen ausgestellt, sind hier die untere Hälfte einer als ›Schlachtfeldpalette‹ bekannten grauen Schieferplatte aus dem British Museum und das dazugehörige Fragment aus dem Ashmolean Museum in Oxford. Die Palette ist auf beiden Seiten in flach erhabenem Relief dekoriert, das ein beträchtliches Maß an Binnenzeichnung aufweist. Jede Figur ist mit vielen minutiös ausgeführten anatomischen Details ausgearbeitet: Eingeritzte Linien geben Federn, Haare, Augenbrauen, Krallen, Beinmuskeln, Kniescheiben usw. wieder. Der Untergrund wurde mit Werkzeugen aus Kupfer und Feuerstein bearbeitet, und auf der Oberfläche sind viele feine Kratzer zu sehen, die dabei entstanden sind. In der ursprünglichen Mitte der Palette befindet sich eine undekorierte, von einem Wulst umgebene, ursprünglich kreisförmige Fläche. Dieser Bereich war für das Zerreiben von Mineralien wie Malachit oder Ocker für kosmetische Zwecke bestimmt, und deshalb werden diese Objekte als Schminkpaletten bezeichnet. Zwar sind beide Seiten dekoriert, doch die Seite mit dem Schminknapf war die wichtigere, weshalb sie auf dieser und auf anderen Paletten die komplexeren Szenen trägt. Die Rückseite war – wofür diese Palette ein gutes Beispiel ist – oft großen zentralen Figuren in einfacheren Kompositionen vorbehalten.

Auf der Rückseite grasen zwei langhalsige Giraffenantilopen zwischen den Wedeln einer Dattelpalme. Das besser erhaltene Tier scheint mit aufgeblasenen Nüstern den appetitlichen Duft der Früchtetraube an der Baumspitze einzuatmen. Die Maserung der Zweige und des Stammes der Palme wirken auf dieser eher zurückhaltenden Seite der Palette sehr anmutig. Die von Giraffen flankierte Palme ist ein auch in der nubischen Kunst anzutreffendes Motiv und könnte dort seinen Ursprung haben. Es ist die Vermutung geäußert worden, daß es sich bei diesem Bildmotiv um eine Metapher für den König in seiner irdischen Funktion als Mittler zwischen gegensätzlichen Elementen handle – ein Königsdogma, an dem in dynastischer Zeit festgehalten wurde.

Hinter dem Kopf des einen Tieres befindet sich ein Vogel mit Krummschnabel, der als ein Helm-Perlhuhn (*Numida melegris*) identifiziert worden ist. In der späteren ägyptischen Kunst begegnet uns dieser Vogel nur als eine in dem Wort ›Ewigkeit‹ verwendete Hieroglyphe. In dieser seiner frühesten Darstellung ist das Perlhuhn, das in Nubien eine sehr viel größere Rolle spielte als in Ägypten, durch die beiden Auswüchse auf dem Kopf charakterisiert, die auch bei dem Hieroglyphenzeichen zu finden sind, obwohl der Vogel in Wirklichkeit nur einen hat. Auf einem weiteren Fragment dieser Palette in einer Privatsammlung befindet sich ein identisches Perlhuhn, das der Komposition Gleichgewicht verleiht. Bruchstücke der über den Köpfen der Tiere ansetzenden oberen Szene sind unklar, könnten jedoch einen Schiffsrumpf darstellen.

Die andere, berühmtere Seite der Palette zeigt die grauenhaften Nachwirkungen einer Schlacht. Ein Schwarm von Geiern und Krähen fällt über die Leichen gefallener Männer her. Beherrscht wird das Schlachtfeld von einem stilisierten Löwen, der eine der Leichen am Unterleib gepackt hat und sie in Stücke zu reißen versucht.

Die anderen geschlagenen Soldaten auf dem Schlachtfeld sind in völlig verdrehten Haltungen dargestellt, wie sie in späteren Darstellungen für Gefallene üblich sind, die jedoch nie derart dramatisch ins Detail gehen. Die Besiegten sind bärtig, haben krauses Haar und sind beschnitten. Es ist nicht auszumachen, ob es sich um Ägypter oder um Ausländer handelt, wie sie auf der berühmten Palette des Narmer dargestellt sind (Ägyptisches Museum, Kairo).

Darüber, beiderseits des Schminknapfes, führen Männer mit von Vögeln gekrönten Standarten (links) und ein in einen langen, fransenbesetzten Mantel gekleideter Mann (rechts) gefesselte Gefangene ab. Vor einem der Gefangenen befindet sich ein rätselhaftes ovales Objekt, das sowohl als ein um seinen Hals hängender Stein wie auch als ein sein Herkunftsland bezeichnendes Ideogramm identifiziert worden ist. Die gängige ägyptische Konvention, unbelebte Objekte mit menschlichen Zügen auszustatten, tritt in der anthropomorphen Darstellung der mit einem Ibis bzw. einem Falken gekrönten Standarten zutage, von denen menschliche Arme ausgehen, die Gefangene ergreifen.

Der obere Teil der Palette scheint weiteren Darstellungen der Besiegten gewidmet gewesen zu sein. Das Ashmolean-Fragment zeigt einen toten Soldaten und einen leichenfleddernden Schakal. Da nicht mehr als die Hälfte der Palette erhalten geblieben ist, ist die Szene schwer zu interpretieren. Sollte sie als eine Vignette betrachtet werden, die eine Darstellung des Königs auf dem heute verlorenen oberen Teil begleitete? Oder sollte ihr Hauptaugenmerk dem Ruhm der Macht des Königs und der Niederlage des Feindes gelten?

Der große Löwe steht wahrscheinlich für den König, der seine Feinde besiegt, doch wie die Geier und Krähen macht er sich an den Körpern der Toten zu schaffen, erniedrigt den Feind, anstatt ihn anzugreifen. Auch der an seinem Opfer zerrende Geier war in der prädynastischen Ikonographie ein Symbol für den siegreichen König. In dieser formativen Zeit wird der König mit verschiedenen wilden Tieren assoziiert, seine Macht ist selbstverständlich und unanfechtbar. Es ist deshalb vorgeschlagen worden, diese Schlachtfeldszene als eine Art erweiterte Litanei zu interpretieren, die den siegreichen König in seinen verschiedenen Erscheinungsformen vor Augen führt.

Die Gestalt dieser und anderer bedeutender Prunkpaletten geht offensichtlich auf die damals gebräuchliche Schminkpalette zurück, die in prädynastischer Zeit manchmal verziert war. Daß diese Prunkpalette als Schminkpalette konzipiert war, geht aus dem in die Dekoration integrierten Napf für Augenschminke hervor. In bezug auf Qualität, Größe und Funktion unterscheiden sich jedoch die kunstvoll dekorierten Paletten, die wahrscheinlich alle aus Tempeln stammen, beträchtlich von den alltäglichen Schminkpaletten. Nur von zweien, die bei archäologischen Ausgrabungen im Tempel von Hierakonpolis gefunden wurden, ist der Kontext bekannt; doch es ist sehr wahrscheinlich, daß diese Prunkpalette neben anderen aus einem frühen Tempel in Abydos stammt. Ihre traditionelle Funktion könnte mit dem Ritual des Kultbildes in Zusammenhang gestanden haben, doch die offenkundige Symbolik der Reliefs macht deutlich, daß es sich bei ihnen vor allem um Votivgaben der Herrscher handelte, die damit wichtige Ereignisse und große, wenn auch vielleicht nur symbolische, Siege feiern wollten.

RFF

Provenienz: nicht dokumentiert (angeblich aus Abydos); der untere Teil wurde 1888 vom British Museum erworben, der obere 1892 vom Ashmolean Museum

Ausstellung: unterer Teil: London 1962, Nr. 12

Literatur: Capart 1905, S. 238–242, Abb. 177–180; Vandier 1952, S. 584 f., Abb. 384–387; Petrie 1953, S. 14, Taf. D-E; Spencer 1980, S. 79 f., Tafel 64; 1993, S. 57 f., Abb. 34; Seipel 1983, S. 28, Abb. 13 a, b; Houlihan und Goodman 1986, S. 41, 82 f., 132, Abb. 117

1.19

Weibliche Figur

Hierakonpolis, Ägypten
1.–2. Dynastie, um 3000–2700 v. Chr.
Lapislazuli
8,9 x 2,5 x 1,8 cm
The Visitors of the Ashmolean Museum, Oxford, 1896–1908 E.1057 und 1057a
Geschenk des Egyptian Research Account und Harold Jones

Der Körper dieser nackten weiblichen Figur einschließlich eines Holzstifts, der im Halsansatz steckengeblieben war, wurde 1898 bei Ausgrabungen im Tempelbezirk von Hierakonpolis unter einer Ziegelmauer südlich des Hauptdepots gefunden. Acht Jahre später brachten erneute Ausgrabungen im selben Areal den abgetrennten Kopf zutage, der genau auf den Stift paßte. Füße hatte die Figur wahrscheinlich nie; sie dürfte – möglicherweise als Löffelgriff – unmittelbar an einem anderen Objekt befestigt gewesen sein. In der späteren ägyptischen Kunst übernahmen Figuren nackter Dienerinnen diese Funktion.

Das Material – der Lapislazuli war der am höchsten geschätzte Schmuckstein im Alten Ägypten – hebt dieses Objekt auf den ersten Blick hervor. Der Ägypten am nächsten gelegene Fundort von Lapislazuli, der nach heutigem Wissensstand im Altertum ausgebeutet wurde, lag in Afghanistan, von wo aus er vielleicht auf dem Seeweg über Syrien schon vor der Entstehungszeit dieser Figur nach Ägypten gelangte. Weder in Ägypten noch im Nahen Osten wäre ein Objekt wie dieses normalerweise aus mehreren Steinstücken gefertigt worden. Der für den Kopf verwendete Lapislazuli gehört zu der selteneren, tiefblauen Sorte, die am meisten bewundert wurde, während für den Körper die häufigere, gefleckte Gesteinsvarietät genommen wurde. Wahrscheinlich wollte man in diesem Fall entweder mit dem wertvolleren Material bewußt besonders sparsam umgehen oder mußte den Körper mit einem neuen Kopf versehen, weil der ursprüngliche bei der Herstellung (oder später) beschädigt worden war.

Es ist die Vermutung geäußert worden, diese Figur sei außerhalb Ägyptens entstanden, in größerer Nähe zu den Lapislazuliminen. Die charakteristische Geste der Hände und die Stilisierung des Haares in festen, eng am Kopf anliegenden kleinen Locken sprechen jedoch eher gegen diese These. Tatsächlich legen diese Parallelen den Schluß nahe, daß die dargestellte Frau zu einem der Völker an der Peripherie des ältesten ägyptischen Zentralstaatswesens gehört haben könnte, die im späten 4. Jahrtausend v. Chr. durch die militärischen Aktivitäten der ersten Pharaonen in das Reich einbezogen wurden.
PRSM

Provenienz: Hierakonpolis, Tempelbezirk: Der Körper wurde 1897–98 von Garstang und Jones ausgegraben, der Kopf 1905–06 von Quibell und Green

Literatur: Quibell 1900, S. 7, Tafel XVIII.3; Quibell und Green 1902, S. 38; Garstang 1907, S. 135, Taf. II.2–3; Porada 1980

Elfenbeinfiguren aus Hierakonpolis

Die Fundstätte von Kom el-Ahmar (›Der rote Hügel‹) in Oberägypten, das alte Nechen, spielt bei der Entstehung des Königtums und der Bildung eines geeinten ägyptischen Staates (im späten 4. Jahrtausend v. Chr.) eine wichtige Rolle. Die Stadt war der wichtigste Kultort des Gottes Horus, der sich in jedem ägyptischen König inkarnierte und dessen heiliger Vogel im späteren griechischen Namen der Stadt – Hierakonpolis, ›Stadt des Falken‹ – erscheint.

Von prädynastischer Zeit bis ins Neue Reich (1550–1069 v. Chr.) war ›Der rote Hügel‹ Standort mehrerer aufeinanderfolgender Schreine des Falkengottes. In den 1890er Jahren legten Ausgrabungen innerhalb der Umfassungsmauer auf dem Hügel das sogenannte Hauptdepot frei, wo offenbar in der frühdynastischen Epoche aus dem Tempel entfernte Ausstattungsgegenstände und Votivgaben innerhalb des heiligen Bezirks vergraben worden waren. Darunter befanden sich Hunderte von Elfenbeinfiguren und -beschlägen, die wahllos zusammengeworfen in einem von Pflanzenwurzeln durchzogenen schlammigen Graben lagen. Als sie sortiert und konserviert wurden, bemerkte man, daß die Elfenbeine verschiedenen Kategorien in bezug auf Größe und Gestalt zugeordnet werden können: Modelle von Schiffen und Tieren, dekorierte Zylinder, die möglicherweise die Griffe von Zeremonialkeulen waren, Frauenfiguren mit langem Haar, Männerfiguren mit Penisfutteralen und gefesselte Gefangene. Viele Figuren verfügen über Zapfen oder Dübel – ein Hinweis darauf, daß sie Teile von Möbeln waren oder in Sockel aus anderen Materialen eingesetzt waren. Obwohl es keine eindeutigen archäologischen Indizien für ihre Datierung gibt, deutet der charakteristische Stil dieser Elfenbeinobjekte darauf hin, daß sie der frühesten Epoche des vereinten Ägyptens zuzurechnen sind, die heute allgemein als Dynastie O bezeichnet wird.

Von etwaigen Bemalungen der Oberfläche sind keine Spuren übriggeblieben. Einige weisen jedoch eingeritzte Dekorationen auf oder waren mit anderen Materialien eingelegt. Möglicherweise waren sie außerdem noch leuchtend gefärbt. *JW, HW*

1.20 a

Männlicher Torso

Ägypten
Spätvorgeschichtlich, Naqada III, um 3100–3000 v. Chr.
Nilpferdbein
23 x 4,8 x 4,7 cm
The Visitors of the Ashmolean Museum, Oxford, 1896–1908 E.180 E.174 (00)

1.20 b

Männliche Statuette

Ägypten
Spätvorgeschichtlich, Naqada III, um 3100–3000 v. Chr.
Nilpferdbein
20,8 x 6,8 x 3,7 cm
The Visitors of the Ashmolean Museum, Oxford, 1896–1908 E.174

1.20 c

Weibliche Statuette

Ägypten
Spätvorgeschichtlich, Naqada III, um 3100–3000 v. Chr.
Nilpferdbein
11,9 x 6,1 x 3,5 cm
The Visitors of the Ashmolean Museum, Oxford, 1896–1908 E.299

Kat. 1.20 c zeigt die physischen Merkmale des Zwergwuchses mit körperlichen Mißbildungen – eine ausgeprägte Schrägstellung des Beckens und gekrümmte Beine – wie er zum Beispiel durch Achondroplasie verursacht wird. Die Frau trägt ein knielanges Gewand und eine schwere, weit ausladende Perücke, die das Gesicht mit langen, gelockten Strähnen umrahmt und auf dem Rücken in einer einzigen gelockten oder geflochtenen Masse bis zur Taille hinunterfällt. Die Stirnlocken wurden in der späteren ägyptischen Ikonographie mit der Göttin Hathor in Verbindung gebracht. Im Alten Reich (2600–2150 v. Chr.) dienten Zwerge der ägyptischen Oberschicht häufig als Diener, Tierführer, Unterhalter und Schmuckhersteller. Nach der Anwesenheit von Zwergen unter den Gefolgsleuten bei Hof zu urteilen, könnte ihre Aufgabe in der frühdynastischen Epoche darin bestanden haben, das Königtum zu erhalten. Ihre Gräber und Stelen in den Grabkomplexen der Könige der 1. Dynastie zeigen, daß sie ihre Herren ins nächste Leben begleiteten. Diese und ähnliche Figuren aus einem Statuendepot könnten mit den ranghohen Personen königlicher Zwerge in Verbindung gestanden haben, doch ihre Kleidung läßt auf einen spezifischeren Zusammenhang schließen. Die Ikonographie des Zwergwuchses war später mit Fruchtbarkeit und dem Schutz des Kindes bei der Geburt verbunden und wurde besonders durch den Zwergengott Bes verkörpert, der wiederum in enger Verbindung mit Hathor stand.

Viele Figuren aus dem Hauptdepot zeigen Männer mit sorgfältig ausgearbeiteten Penisfutteralen, geschlossenen Beinen oder vorgestrecktem linken Bein. Größe, Technik und Ikonographie variieren, doch alle sind vorzüglich gearbeitet. Die kleinere der beiden hier gezeigten Statuetten (Kat. 1.20 b) setzt sich aus mehreren Teilen zusammen. Die Arme (heute verloren) waren separat angefügt, die Hände sind jedoch immer noch an den Beinen erhalten. Es gibt keine Spur von einer Verbindung zwischen Arm und Hand. Vom Knie abwärts fehlen die Beine. Der Kopf, der in zwei Teile zerbrochen war, ist wieder auf den Körper aufgesetzt worden.

Das Gesicht mit den detailliert wiedergegebenen Augenbrauen und Lippen sowie den charakteristischen, nach unten gezogenen Mundwinkeln ist kunstvoll geschnitzt. Die Augen, die wie schlichte Öffnungen aussehen, waren wahrscheinlich eingelegt; es sind jedoch keine Materialspuren zu finden. Die Wangen sind voll und rund, der Kopf und das Gesicht glattrasiert. Die leider beschädigten Ohren standen etwas vom Kopf ab und waren mit beträchtlicher Detailfreude modelliert. Der Körper ist schlank und gestreckt; unter der sorgfältig gearbeiteten Eintiefung zwischen den beiden Hälften der Brust ist der Nabel angedeutet. Auch die Arme waren lang und reichten bis weit auf die Oberschenkel herab. Der Rücken ist einfach modelliert, wiederum mit einer vertikalen Trennlinie; das Gesäß ist sehr tief angesetzt. Das einzige Kleidungsstück ist ein Penisfutteral, das von einem breiten, um die Hüften gelegten Gürtel gehalten wird. Oberhalb des Gürtels endet das Futteral in einem runden Knauf. Er ist in zwei Hälften geteilt, hinter deren Verbindungslinie der Hodensack zu sehen ist. Der obere Teil des Futterals, der gleich am Gürtel Details eines Knotens aufzuweisen scheint, ist abgerundet und zeigt diagonal eingekerbte Linien, die an eine Umwicklung oder Verschnürung denken lassen. Der untere, beschädigte Teil ist viel dünner und von unbestimmter Gestalt. Das größere Fragment (Kat. 1.20 a) stellt einen Teil einer ähnlichen Figur dar, die sich jedoch in technischer und ikonographischer Hinsicht unterscheidet. Der Kopf ist verloren, und die Beine sind nur bis zum Knie erhalten. Der Körper ist eher flach, und im Verhältnis zu den Hüften und Schenkeln ist der Rumpf klein und dünn. Andere Arbeiten dieser Epoche zeigen ähnliche Körperproportionen und mögen die physische Kraft der Figuren unterstrichen haben. Der Torso scheint nicht dekoriert gewesen zu sein. Ein schmaler Gürtel an den Hüften hält ein von einem runden Knauf gekröntes Penisfutteral, das fast bis zu den Knien hinunterreicht und in einer Schlaufe mit einer zentralen Vertiefung endet. Auf der Rückseite der Figur ist oberhalb der rechten Gesäßhälfte ein unidentifizierbares, flaches und langgestrecktes Objekt in den Gürtel hineingesteckt, das oben bis zur Mitte des Körpers reicht.

Es ist schwer zu sagen, wer in dieser Gruppe von Figuren dargestellt wird. Das Penisfutteral war in der spätvorgeschichtlichen Zeit ein weitverbreitetes Utensil, das jedoch in spätdynastischer Zeit weitgehend durch den Schurz oder den Gürtel mit die Genitalien bedeckenden Bändern verdrängt wurde. Einige wenige spätere Beispiele für Penisfutterale sind bei Figuren von Göttern, Königen und Angehörigen des Militärs zu finden.

Sowohl diese Elfenbeinstatuetten als auch die späteren Parallelen lassen darauf schließen, daß das Penisfutteral ein Statussymbol war; diese Figuren zeigen somit hochrangige Personen, die möglicherweise dem Militär angehörten. Formal ähnelt das Futteral in Kat. 1.20 b der in dynastischer Zeit gebräuchlichen Hieroglyphe für ›Leben‹ oder *ankh*; die Hieroglyphe könnte durchaus auf ein Futteral zurückgehen, oder sowohl das Zeichen als auch das Futteral könnten an ein Tuch erinnern, das zu einem bestimmten Amulettknoten zusammengebunden war. Im dynastischen Ägypten war das ›Leben(szeichen)‹ ein Geschenk der Götter an den König und durch ihn an andere, so daß diese Assoziation das Ansehen des Penisfutterals unterstreichen würde. In dynastischer Zeit gab es auch eine klare Verbindung zwischen Penisfutteralen und den in den Gürteln der Könige steckenden Dolchscheiden. Außer der

Parallele zur Statue des Gottes Min (Kat. 1.21) und der Folgerungen aus der Bedeutung des Penisfutterals trägt keine der Elfenbeinstatuetten Merkmale, die ausschließlich Königen oder Göttern vorbehalten wären. Objekte, die eindeutig Götter darstellen, sind in den Votivgabendepots dieser Epoche nicht zu finden, und es ist anzunehmen, daß die später gültigen Regeln, nach denen Götter nur in bestimmten Kontexten dargestellt werden konnten, schon in dieser Zeit zur Anwendung kamen. Die Elfenbeinstatuetten stellen deshalb eher Menschen als göttliche Wesen dar. Die hier vorgestellten Beispiele könnten Mitglieder der Königsfamilie oder – wie die Zwergenstatuette (Kat. 1.20 c) nahelegt – der königlichen Gefolgschaft als Verehrer des Falkengottes wiedergeben. Sie gehören damit wahrscheinlich zu den ältesten rundplastischen Darstellungen der Oberschicht in einer frühen Zivilisation. *JRB, HW*

Provenienz: 1897–98 ausgegraben von Quibell und Green in Hierakonpolis, Tempelumfassung, Hauptdepot

Literatur: Kat. 1.20 c: Dasen 1993, S. 39, 108, 275, Nr. 107; Kat. 1.20 a, b: Quibell 1900, S. 6, Taf. VIII.1, X.2; Quibell und Green 1902, S. 29 f.; Capart 1905, S. 157, Abb. 120; Baines und Málek 1980, S. 78. Zu Penisfutteralen siehe Ucko 1969; Baines 1975

1.21

Männlicher Kopf

Ägypten
Spätvorgeschichtlich, Naqada III, um 3100–3000 v. Chr.
Nilpferdbein
5,1 x 2,3 x 1,8 cm
The Visitors of the Ashmolean Museum, Oxford, 1896–1908 E.342
Geschenk des Egyptian Research Account

Dieser Kopf, dessen Rückseite verschollen ist, ist nahezu vertikal von dem Objekt abgetrennt, dessen Bestandteil er war. Die Ausarbeitung ist sehr detailliert und von höchster Qualität. Der Kopf trägt eine sorgfältig gearbeitete Perücke oder vielleicht auch die natürliche Haartracht, deren parallel verlaufende Strähnen von der Stirn aus nach hinten geführt sind. Die Perücke oder Haartracht geht in einen Bart über, der einen großen Teil des Gesichts bedeckt und sich weiter unten nahezu zuspitzt. Das Gesicht springt innerhalb des von Perücke und Bart gebildeten Rahmens vor. Das Kinn weicht unter dem Bart zurück und verleiht dem Gesicht als Ganzem einen charakteristisch abwärtsführenden Zug. Die Augenbrauenbögen sind plastisch markiert, und über ihnen ist eine Linie für die Augenbrauen eingetieft, die mit einem anderen Material eingelegt gewesen sein könnte. Unterhalb der Augenbrauen sind die Augenlider sorgfältig angegeben und die Pupillen der Augen in erhabenem Relief ausgearbeitet. Zusammen mit dem schmalen Mund bildet die beschädigte Nase eine Einheit, die aus der Oberfläche des Gesichts hervortritt.

Dieser Kopf könnte zu einer Figur mit einem Penisfutteral gehört haben (vgl. Kat. 1.20 a, b). Die endgültige Ausarbeitung hinter dem Bart wäre allerdings bei einer Statuette schwierig auszuführen gewesen, und es ist möglich, daß der Kopf zu einem anderen Objekt gehörte, vielleicht als Knauf oder Endstück. Stilistisch unterscheidet sich der Kopf von denen der Statuetten. Die Ausführung von Bart und Perücke zeigt Parallelen zum Kolossalkopf des Gottes Min aus Koptos (Ashmolean Museum, Oxford) und zu anderen Stücken, die etwa aus derselben Zeit wie das Hauptdepot stammen. Die Statue, zu der der Kopf des Min gehörte, ist ithyphallisch, gleicht jedoch ansonsten in mehrfacher Hinsicht der Ikonographie der Figuren aus Hierakonpolis. Außerdem besteht eine sehr enge Parallele zwischen der Ausführung dieses Elfenbeinkopfes und der Basaltstatue (Kat. 1.22) vor. *JRB, HW*

Provenienz: 1897–98 ausgegraben von Quibell und Green in Hierakonpolis, Tempelbezirk, Hauptdepot

1.22

Statuette eines Mannes

Ägypten
Spätvorgeschichtlich, Naqada III, um 3100 v. Chr.
Basalt
39,5 x 10,8 x 7,5 cm
The Visitors of the Ashmolean Museum, Oxford, 1922.70

Diese Figur eines Mannes mit Gürtel und Penisfutteral gehörte zu den bemerkenswertesten Objekten in der von Reverent William MacGregor (1848–1937) zusammengetragenen Sammlung ägyptischer Altertümer. Der ›MacGregor Man‹ – unter diesem Namen wurde die Figur bekannt – scheint zwischen 1898 und 1900 erworben worden zu sein, zusammen mit einer Gruppe von Elfenbeinfiguren, die angeblich in Naqada in Oberägypten gefunden worden waren, wo Flinders Petrie 1894–95 einen riesigen prädynastischen Friedhof ausgegraben hatte (Kat. 1.16–17).

Die Statuette ist heute aus drei Fragmenten zusammengesetzt, die Beine fehlen von den Knien abwärts. Sie hat eine ausgeprägt zylindrische Form, die an den Schultern abflacht und sich bis unter die Taille fortsetzt, um das kräftig geformte Gesäß und das große Futteral an der Vorderseite zu umgreifen. Ein um die Taille und das Futteral gebundener Gürtel gibt ihm Halt. Der obere Teil des Futterals ist abgebrochen; unterhalb des Gürtels ist es in zwei Teile unterteilt, und hinter der Trennlinie ist der Hodensack sichtbar. Die langen, an den Körper angelegten Arme sind wenig ausgearbeitet und enden auf halber Höhe der Schenkel in sehr detaillierten Händen.

Das Gesicht ist schematisch wiedergegeben, die Augenbrauen und die heute beschädigte Nase bilden eine Einheit. Durch ihre stark betonten Umrißlinien erhalten die Augen eine unnatürliche Größe, und der Mund zeigt eine hervorstehende Ober- und eine zurücktretende Unterlippe. Die runden, ebenfalls beschädigten Ohren haben gebohrte Ohrlöcher und ragten ursprünglich weit über den Kopf hinaus. Auf dem Kopf findet sich eine Kappe oder eine stilisierte Darstellung der Haare, die in einen langen, spitz zulaufenden Bart übergeht, der praktisch die Brust bedeckt.

Seitdem die Fachwelt auf diese Figur aufmerksam wurde, ist ihre Echtheit in Frage gestellt worden, nicht zuletzt weil keine weitere Statuette aus Hartgestein bekannt war, mit der sie hätte verglichen werden können (erst vor kurzem ist eine ähnliche Figur auf dem amerikanischen Kunstmarkt aufgetaucht). Ihrer technischen Vollendung in den scharfen Kanten und der Politur der Oberflächen wurde die eher flüchtige Ausführung anderer früher Steinskulpturen wie der Min-Kolosse aus Koptos oder dem Hierakonpolis-Torso (Kat. 1.19) gegenübergestellt. Auch viele ikonographische und stilistische Merkmale wurden als Argumente gegen ihre Echtheit angeführt.

Aufschlußreiche Vergleiche lassen jedoch die kleinformatigeren Elfenbeinfiguren zu, die dieselbe Ikonographie aufweisen; sie wurden 1897 gefunden und einer breiteren Öffentlichkeit erst 1900 bekannt, als einige von ihnen veröffentlicht wurden – auch ein Meisterfälscher hätte kaum die Gelegenheit gehabt, ihre Ikonographie zu übernehmen und den ›MacGregor Man‹ zu erschaffen. Die Details des Kopfes – wie die hervortretenden Lippen und der Spitzbart –, die wuchtigen Schultern, die langen Arme und das mehrteilige, mit einem Knauf versehene Futteral an einem Gürtel, alle diese Merkmale weisen auch die Elfenbeinfiguren auf (Kat. 1. 20 a, b); eine ähnliche Figur (heute im Birmingham Museum and Art Gallery) befand sich auch unter den Elfenbeinobjekten, die zusammen mit dem ›MacGregor Man‹ erworben wurden. Die abstehenden Ohren sind auch von Elfenbeinfiguren bekannt, die enganliegende Kappen tragen (vgl. Kat. 1.20 b). Selbst das einzige Detail, das keine Parallele in den Elfenbeinfiguren hat, ist in anderen frühen Arbeiten zu finden – der reliefartige Schnitt der Augen ist identisch mit der Ausführung der Augen auf den Prunkpaletten aus harter Grauwacke (Kat. 1.18). Allein schon die zylindrische Gestalt läßt auf einen Übergang von Elfenbein, das der Form gewisse Zwänge auferlegt, zu Stein schließen, was auch bei den Min-Statuen zu beobachten ist.

Bart, Gürtel und Futteral sind mit Darstellungen dieser Details als ethnische Attribute der westlich des Nildeltas lebenden Libyer verglichen worden, wie sie sich in Unterwerfungsszenen auf Prunkpaletten finden (z. B. Kat. 1.18). Die Elfenbeinfiguren zeigen, daß auch die einheimischen Ägypter mit solchen Merkmalen versehen wurden, während der Kopf des Min aus Koptos deutlich macht, daß der Bart das Attribut einer Gottheit sein kann. Auch die bärtigen Köpfe auf früheren ›Anhängern‹ aus Stein und Elfenbein sind hier von Bedeutung. Die Parallelen zu den Libyern lassen darauf schließen, daß Ägyptern und Libyern, die ähnliche ethnische Ursprünge gehabt haben könnten, Trachtdetails gemeinsam waren, die später sowohl als ethnische Kennzeichen als auch als Statussymbole betrachtet wurden.

Da zuverlässige Informationen zur Provenienz der Statue fehlen, bleibt sie mit Fragezeichen behaftet und ihre Identität unsicher, obwohl eine Datierung in die prädynastische Epoche oder die Dynastie 0 jedoch plausibel zu sein scheint. Es ist unwahrscheinlich, daß sie mit den Elfenbeinfiguren, die zusammen mit ihr auf dem Antiquitätenmarkt auftauchten, eine zusammenhängende Gruppe bildete. Es gibt keine Parallelen für Grabplastik bis zu den fragmentarischen Beispielen aus Holz in den größeren Gräbern der 1. Dynastie, und es ist daher sehr wahrscheinlich, daß sie aus einem Tempel stammt. Es ist denkbar, daß sie in Hierakonpolis gefunden wurde, da der dortige Tempelbereich zu der Zeit ausgegraben wurde, als der ›MacGregor Man‹ auftauchte. *JRB, HW*

Provenienz: 1965 angeblich in Naqada gefunden; aus der MacGregor-Sammlung

Ausstellung: Wien 1992

Literatur: Ucko 1968, S. 151, Nr. 196; 1970, S. 47; Baumgartel 1970, S. 10; Malek 1986, S. 24 f.; Davis 1989, S. 173 f., 177, 179; Bianchi 1990, S. 35; Seipel, in: Wien 1992, S. 78 f., Nr. 6; Payne 1993, S. 13 f., Nr. 5

1.23

Hierakonpolis-Torso

Ägypten
Prädynastisch, Naqada III, um 3150 v. Chr.
Kalkstein
Höhe 1,37 m (geschätzte Gesamthöhe ca. 2 m)
The Visitors of the Ashmolean Museum, Oxford, E 3925

Rundplastische Darstellungen des Menschen in Stein stellten die wichtigste Denkmälergruppe der altägyptischen Kunst dar. Auch wenn die Bildhauer im Laufe der drei Jahrtausende pharaonischer Geschichte eine Vielfalt von Statuentypen schufen, gab es nur zwei Grundhaltungen: die sitzende und die schreitende Figur. Diese nach ihrem Fundort benannte kopflose Skulptur ist das älteste erhalten gebliebene Beispiel für den schreitenden Typus. Sie entstand vor Gründung der 1. Dynastie.

Das linke Bein schreitet voran und trägt das Gewicht des Torsos. In dynastischer Zeit wurde ein zusammen mit der Figur gearbeiteter Rückenpfeiler in die Komposition der Schreitfigur eingeführt, um ein Höchstmaß an Standfestigkeit zu erreichen. Wie beim Hierakonpolis-Torso war das linke Bein vorgestellt, aber in der späteren kanonischen Rundplastik wurde das Gewicht der Figur nach hinten auf das rechte Bein verlegt; diese Verlagerung hatte eine weniger überzeugende Wiedergabe der Bewegung zur Folge.

Die Beine des Torsos sind nur bis zu den Knien erhalten geblieben. Ihre massive Form steht in deutlichem Kontrast zur Flachheit des Torsos, offensichtlich hatte der Bildhauer damit die Standfestigkeit der Figur sichern wollen. Der heute fehlende Sockel war wahrscheinlich ziemlich hoch, um ihn tief in den Boden einlassen zu können – eine weitere Vorsichtsmaßnahme, das Umkippen der Figur zu verhindern.

Der linke Arm ist im Ellbogen gebeugt, und die Hand liegt unter einem Gewand, das die rechte Schulter frei läßt und knapp über den Knien endet, flach auf der Brust auf. Der rechte Arm ist an den Körper gepreßt, und wie bei einigen anderen frühen Statuen war die rechte Hand durchbohrt, um ein Zepter oder etwas derartiges aus einem anderen Material aufnehmen zu können.

Eine leicht erhöhte Bruchfläche auf dem oberen Teil der Brust belegt, daß ursprünglich ein Vollbart vorhanden war; mit Sicherheit stellt die Statue somit eine männliche Figur dar.

Im Gegensatz zu den Kalksteinstatuen aus dynastischer Zeit, die mit einem Meißel gearbeitet wurden, entstand dieser Torso durch Hämmern. In derselben Technik wurden auch drei etwa zeitgleiche Kalksteinstatuen, die in Koptos gefunden wurden, gearbeitet. Diese zu Recht als Kolosse bezeichneten Statuen (sie waren ursprünglich mehr als 4 m hoch) stellen eine ithyphallische Figur mit geschlossenen Beinen dar, eine Haltung, die für Min kennzeichnend war, dem Gott des Tempels, vor dem sie einst standen. Ihre monumentale Größe läßt darauf schließen, daß sie ungeachtet möglicher anderer Funktionen im Kult die Anwesenheit der Gottheit signalisierten.

Hierakonpolis mit seinem Tempelhügel war in der Zeit, die um 3100 v. Chr. zur Begründung der 1. Dynastie führte, ein überaus wichtiges Zentrum für die Entwicklung des ägyptischen Staates. Der Torso stammt aus einem sekundären Kontext außerhalb der Lehmziegelstadtmauer. Ob er ursprünglich zu einem Tempel innerhalb der Stadt gehörte oder in der Nähe des Tores, wo er gefunden wurde, aufgestellt war, bleibt Gegenstand von Mutmaßungen.

Die Reihe halbrunder Vertiefungen längs einer Seite der Figur ist ein weiteres Merkmal, das der Torso mit den Koptos-Kolossen teilt. Offenbar sind sie entstanden, nachdem die Statuen nicht mehr an ihrem ursprünglichen Standort standen, sondern auf dem Boden lagen. Es ist die Vermutung geäußert worden, daß diese Vertiefungen in der Antike von Menschenhand in die Figuren eingeschliffen wurden, »um magisch wirksamen Staub zu erhalten« (Kemp 1989, S. 82). Diese Vertiefungen würden demzufolge die Kraft dokumentieren, die allen diesen Statuen noch zugemessen wurde, nachdem sie die Funktion, für die sie geschaffen worden waren, schon lange nicht mehr erfüllten. *ME-K*

Provenienz: 1898–99, Hierakonpolis, Ausgrabungen des Egyptian Research Account

Literatur: Quibell und Green 1902, S. 15 f., 47, Tafel LVII; Williams 1988; Kemp 1989, S. 80 – 82

1.24

Drehpfanne einer Tür

Ägypten
Um 3100 v. Chr.
Dolerit (Diabas)
19 x 45 x 78 cm
University of Pennsylvania Museum of Archaeology and Anthropology, Philadelphia, Geschenk des Egyptian Research Account 1898, E. 3959

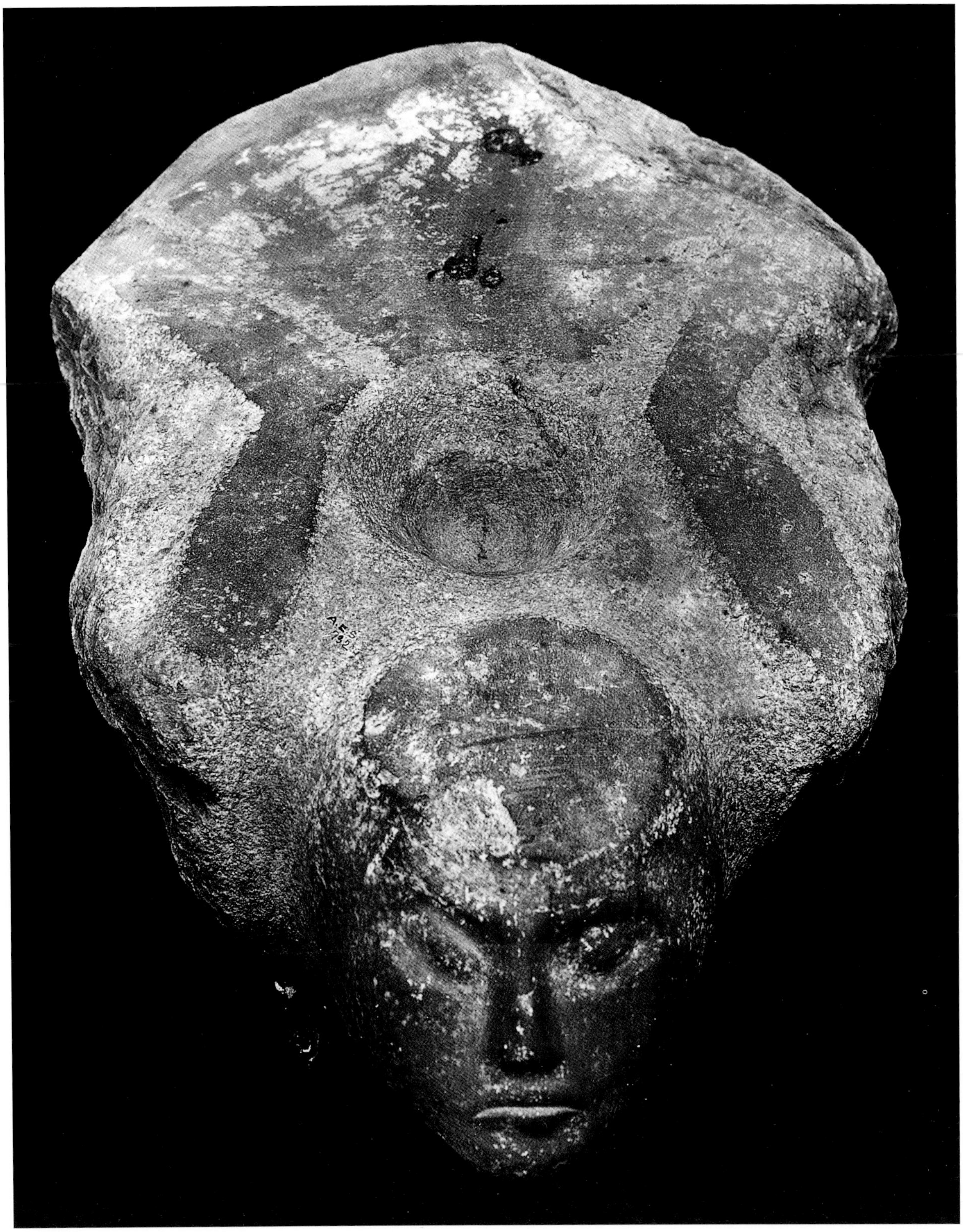

Die aus einem einzigen Steinblock herausgemeißelte Drehpfanne einer Tür deutet einen gefesselten, hingestreckten oder kniend zusammengekrümmten Gefangenen an. Der Kopf ragt an einem Ende hervor, und die Blickrichtung geht deutlich nach oben; die Arme, nach innen gebeugt, um zusammengebundene Ellbogen anzudeuten, sind auf der Oberseite des Blocks schematischer umrissen. Eine tiefe Aushöhlung zwischen den Armen ist gleichmäßig geriefelt und diente als Drehpfanne für die – metallene oder metallverkleidete – Angel einer hölzernen Tür.

Die Drehpfanne wurde (was von einigen bezweifelt wird) in situ in Hierakonpolis in einem Kontext gefunden, der den Schluß zuläßt, daß sie zu einem heute weitgehend verschwundenen frühen Tempel gehörte. Ihre Unterseite ist ebenso unbearbeitet belassen wie die anderen drei Seiten, da das benachbarte Mauerwerk sie verbarg: Eine Ecke wurde behauen, wahrscheinlich um sie an einen angrenzenden, unregelmäßig geformten Stein anzupassen. Dabei dürfte es sich um die Türschwelle des Durchgangs gehandelt haben, der den Eingang zum Tempel oder zum Tempelbezirk bildete. In eben diesem Tempel wurde möglicherweise einst auch die berühmte Narmer-Palette bewahrt.

Der Kopf blickte nach außen, und die Türpfanne als Ganzes ist das früheste Beispiel für ein in späteren Tempeln häufig zu findendes symbolisches Element: Darstellungen gefesselter, vom König unterjochter (fast immer ausländischer) Gefangener. Einschlägig sind in diesem Zusammenhang ähnliche Köpfe zeigende Blöcke, die für Türöffnungen und Fenster verwendet wurden, in denen der Pharao in eigener Person erschien und auf den niedergeworfenen Körpern der Gefangenen einzuschreiten schien. Ausländer (oder ägyptische Aufständische) standen symbolisch für die kosmische Unordnung oder das Chaos, das sich auf Erden manifestierte. Die Türpfanne aus Hierakonpolis ist jedoch insofern eine einzigartige Variante, als sich hier dem symbolischen Gefangenen ständig die Angel der für den Kult täglich geöffneten und geschlossenen Tempeltür unbarmherzig in den Rücken hineinbohrt: Nicht der Pharao, sondern der Tempel selbst verkörpert hier die triumphierende Ordnung.

Die Wiedergabe des Kopfes ist ausdrucksvoll, jedoch zu fest umrissenen Flächen vereinfacht; die sorgfältigeren Details späterer, jedoch noch immer relativ früher Beispiele fehlen hier. Er dürfte sich in die Naqada III-Zeit, ungefähr 3100 v. Chr., oder noch früher datieren lassen. Ob hier ein Ausländer oder ein Ägypter dargestellt sein soll, ist nicht zu entscheiden. *DO*

Provenienz: 1898, Hierakonpolis (Kom el Ahmar), Ägypten

Literatur: Quibell 1900, S. 6, Taf. 3; Quibell und Green 1902, S. 34–36, Taf. 62; Vandier 1952, Kap. 5; Adams 1974, S. 2, 52; Page 1976, S. 2 f.; Helck 1977, Spalten 315–321; Ranke 1980, S. 26, 30; Bothmer 1982, S. 30–37; Williams 1988, S. 57 f.; Dorf, in Vorbereitung

1.25

Ersatzkopf einer Frau

Ägypten
Altes Reich, 4. Dynastie,
um 2630–2524 v. Chr.
Kalkstein
29 x 19 x 25 cm
Museum of Fine Arts, Boston
Harvard-Boston Expedition 14.719

Im allgemeinen schufen die ägyptischen Künstler idealisierte Bildnisse statt wirklichkeitsgetreuer Porträts, doch in einigen wenigen Fällen sind Ausnahmen von dieser Regel möglich. Dazu gehört dieser lebensgroße Kopf, der in die Kategorie ähnlicher, als ›Ersatzköpfe‹ bekannte Werke fällt, von denen die meisten aus Giza stammen und in die 4. Dynastie zu datieren sind. In sich vollständig, besteht die Skulptur aus einem Kopf mit enganliegender Perücke, angedeutet durch eine Linie über der Stirn. Die Züge sind naturalistisch, aber zurückhaltend wiedergegeben; sie zeigen schwach modellierte Brauen über weit auseinanderliegenden, hoch gewölbten Augen und hohe Wangenknochen. Angedeutete Nasolabialfalten und das Philtrum verbinden eine kurze, gerade Nase mit gebohrten Nasenlöchern mit dem vollen Mund, der kein Lächeln zeigt. George Reisner, der Ausgräber, bezeichnete sie aufgrund ihrer auffallenden nicht-ägyptischen Gesichtszüge als Darstellung einer negroiden Prinzessin. Das runde Gesicht mit seinen prononcierten Wangenknochen und den vollen, sinnlichen Lippen ist vergleichbar mit den viel späteren Darstellungen nubischer Könige aus Kusch, dem südlichen Nachbarn Ägyptens. Gleichgültig, ob es sich um ein wirklichkeitsgetreues Porträt oder um eine allgemeinere Darstellung handelt: es ist eine beeindruckende, schöne Darstellung, die die Ideale des Alten Reiches – Zurückhaltung und Beherrschung – verkörpert.

Was genau die Funktion dieser ›Ersatzköpfe‹ war, ist nie befriedigend erklärt worden. Neuere Forschungen lassen vermuten, daß sie den Einbalsamierern als Modelle dienten, die in einer der letzten Stufen des Mumifikationsprozesses das Gesicht (und manchmal auch den Körper) des Verstorbenen in Gips über der Mumie rekonstruierten. Die meisten Exemplare, so auch dieses, wurden weder in der oberirdischen Kapelle noch in der Grabkammer gefunden, sondern als scheinbar ausrangierte Objekte in dem zur Grabkammer führenden vertikalen Schacht. Die meisten sind entweder beschädigt oder auf irgendeine Weise unfertig belassen, als habe man ihre magische Potenz zerstören wollen. *REF*

Provenienz: Giza, Grab G 4440, ausgegraben von George Reisner

Literatur: Reisner 1915, S. 32, 34; Smith 1949, S. 23, 25, 29; Vandersleyen 1975, S. 223

1.26

Salbgefäß in Form eines Affen mit Jungem

Ägypten
6. Dynastie, Regierungszeit Pepis I.,
um 2320–2280 v. Chr.
Kalzit (ägyptischer ›Alabaster‹)
14,4 x 6 x 6,5 cm
Kunsthistorisches Museum, Wien, ÄS 3886

Der Affe hockt auf dem Boden und drückt sein Junges an die Brust. Um den Hals der Mutter läuft eine Furche mit weniger Patina als auf der übrigen Oberfläche. Aus ähnlichen Stücken kann geschlossen werden, daß sie ursprünglich mit einer Paste oder Steineinlage gefüllt war, die für eine Halskette oder ein Halsband stand.

Es handelt sich um einen Gebrauchsgegenstand; er ist sorgfältig ausgehöhlt, und das aus einem anderen schwarzen Stein gearbeitete Oberteil des Kopfes dient als Deckel. Im Alten Ägypten wurden für Salben und kosmetische Öle Gefäße aus Stein Tongefäßen vorgezogen, weil das Material den Inhalt nicht absorbiert und ihn wahrscheinlich besser konserviert. Der bevorzugte Stein für diesen Zweck war das Material, das für gewöhnlich als ›Alabaster‹ bezeichnet wird; die genauere wissenschaftliche Bezeichnung ist ›Kalzit‹. Die meisten dieser Salbgefäße haben eine zylindrische oder leicht konische Form. Kosmetikbehälter sind oft phantasievoll gestaltet und haben eine symbolische Bedeutung. Die Figur einer liebevollen Affenmutter könnte als ein Hinweis auf die Pflege verstanden werden, die sie ihrem Jungen zukommen läßt, und somit daran erinnern, daß Salben für die Pflege des Körpers, insbesondere der Haut, bestimmt sind.

Das Gefäß trägt auf dem rechten Oberarm eine von einer Kartusche umgebene Inschrift in Form des königlichen Namens ›Merire‹. Dies ist der Vorname des Königs Pepi I. aus der 6. Dynastie. Man darf annehmen, daß das – mit kostbarer Kosmetik gefüllte – Gefäß von diesem König einer hochverdienten Persönlichkeit geschenkt wurde. *HSa*

Provenienz: Berichten zufolge von der Insel Elephantine (Assuan)

Ausstellungen: Wien 1961, Nr. 50; Speyer, Mexiko Stadt und Zürich 1993–94, Nr. 58

Literatur: Demel 1932; 1947, S. 8, Abb. 16; Leibovitch 1959, S. 118–120; Valloggia 1980; Satzinger 1987, S. 78; 1994, S. 52, Abb. 34; Wiener Museumsführer 1988, S. 43

1.27

Statue der Königin Anchnesmerire II. und des Königs Pepi II.

Ägypten
Altes Reich, 6. Dynastie, um 2269–2181 v. Chr.
Kalzit (ägyptischer ›Alabaster‹)
38,9 x 17,8 x 25,2 cm
The Brooklyn Museum
Charles Edwin Wilbour Fund, 39.119

Eine der vollendetsten kleineren königlichen Bildnisse zeigt Anchnesmerire II., eine Königin der 6. Dynastie, die ihren jungen Sohn, König Pepi II., auf dem Schoß hält. Die sitzende Königin stützt mit ihrer linken Hand den Rücken des Jungen, während ihre rechte Hand auf seinen Schenkeln liegt. Sie trägt eine Geierhaube über der dreiteiligen Strähnenperücke; das kreisrunde Loch auf ihrer Stirn diente ursprünglich zur Befestigung eines heute abgebrochenen Geierkopfes. Die Betonung des Geiers – der ägyptischen Hieroglyphe für ›Mutter‹ und des Symbols der Göttin Nechbet – unterstreicht die Rolle der Königin als göttliche Mutter. Pepi II., viel kleiner als seine Mutter dargestellt, zeigt auf seinem Kopf zwei traditionelle Elemente der königlichen Ikonographie: das *nemes*-Kopftuch und den Uräus, eine Kobra, die die ägyptischen Könige beschützte.

Pepi II. erfreute sich einer der längsten Regierungszeiten in der ägyptischen Geschichte. Als er nach dem Tod seines Bruders den Thron bestieg, war Pepi II. ein ›Kindkönig‹, er dürfte nicht älter als sechs Jahre gewesen sein. Er herrschte mindestens 64 Jahre. Bald nach seinem Tod brach das Alte Reich zusammen.

Die Statue läßt verschiedene Deutungen zu. Einige Wissenschaftler sehen darin eine Verkörperung der Rolle Anchnesmerires II. als Königinmutter oder Regentin, die während der Minderjährigkeit ihres Sohnes herrschte. Andere betrachten die Statue aus einem religiösen Blickwinkel. In den Pyramidentexten wird bildhaft der Aufstieg des Königs zum Himmel nach seinem Tod erzählt: Er erklimmt den Schoß einer Göttin: »Der König steigt auf die Schenkel der Isis; der König ersteigt die Schenkel der Nephthys.«

Die Statue stammt aus dem noch nicht entdeckten Grab Anchnesmerires II. oder aus einem ihrem Andenken gewidmeten Schrein. Ein mit großer Sicherheit von Pepi II. erlasse-

nes königliches Edikt erwähnt, daß eine Statue der Königin im Tempel des Gottes Chontamenti in Abydos aufgestellt wurde.

Schon in der prädynastischen Epoche und in der Frühzeit entstanden Mutter-Kind-Figuren aus Bein, Stein und Fayence, die Sterbliche oder Götter dargestellt haben könnten. Später, insbesondere in der Spätzeit, stellt dieses Motiv die Göttin Isis dar, wie sie den Kindgott Horus stillt. *JFR*

Ausstellungen: San Francisco 1975, Nr. 19; Berlin 1976, Nr. 17; Brüssel 1976–77, Nr. 17; San Juan 1979, Nr. 9; Tokio 1983-84, Nr. 15; Hildesheim 1985, Nr. 105; Wien 1992, S. 102 f., Nr. 16

Literatur: Cooney 1949, S. 75; Wolf 1957, S. 175, 187; Vandier 1958, S. 38; James 1974, S. 28; Seidel und Wildung 1975, S. 228; Aldred 1979, S. 205; 1980, S. 95; Bianchi, in: San Juan 1979, Nr. 9; Smith 1981, S. 144 f.; Ferber u. a. 1988, S. 28; Fazzini u. a. 1989, Nr. 15

1.28

Grabstatue des Hetep

Ägypten
Mittleres Reich, 12. Dynastie, Regierungszeit Amenemhets I. (1985–1955 v. Chr.)
Granodiorit
Höhe 73,7 cm
Ägyptisches Museum, Kairo, JE 48858

Zu den Pflichten des Hetep gehörte auch die Aufgabe als Priester im Totenkult des Königs Teti (um 2345 bis 2322 v. Chr.), der im späten Alten Reich regierte. Heteps Grab, das er in der Nähe von Tetis Pyramide bauen ließ, war mit zwei großen Statuen ausgestattet, die einander in fast jeder Hinsicht ähnlich sind – bis auf die Tatsache, daß die hier gezeigte, besser erhaltene aus einem harten, dunklen Stein gearbeitet ist, die andere dagegen aus weißem Kalkstein. Die Verwendung kontrastierender Materialien hatte wahrscheinlich eine Bedeutung, die wir jedoch nicht kennen.

Hetep sitzt bzw. hockt mit auf den angezogenen Knien überkreuzten Armen. Bis auf sein Gesicht, seine Unterarme und Hände, seine kräftigen Unterschenkel und seine großen, plumpen Füße ist kaum etwas von ihm zu sehen. Alles andere ist eingebunden in eine rechtwinklige Konstruktion mit hohen Seiten, einer oben abgerundeten Rückplatte und einem Sitz, der auch als Fußplatte dient. Die Komposition besitzt eine geometrische Festigkeit, die durch die Flächigkeit der Arme betont wird.

Abgesehen von ihrem Gegenstück und einem zweiten Paar in einem benachbarten Grab aus derselben Zeit scheint es für diese Statue keine Parallelen zu geben. Ihre merkwürdige Form hat zu manchen Kommentaren Anlaß gegeben, insbesondere wegen ihrer Ähnlichkeit mit Würfelfiguren, die etwa in dieser Zeit zum ersten Mal auftraten und zu einer der wichtigsten ägyptischen Statuentypen werden sollten. Würfelstatuen zeigen Männer in derselben hockenden Haltung wie Hetep; ihre Körper sind jedoch nur von einem Mantel oder einem langen Schurz bedeckt. Hetep dagegen scheint in ein unhandlich gestaltetes Möbelstück eingekapselt zu sein, dessen Form an eine Sänfte, ein Transportmittel mit hohem Prestigewert, erinnert.

Auf den Grabreliefs einiger Beamter des späten Alten Reiches spielen Sänften eine wichtige Rolle. Auch der Stil der Statue des Hetep – der weit ausladende Bogen der Perücke, die großen, starrenden Augen und das angespannte Lächeln – ist von der Kunst des späten Alten Reiches abgeleitet. Sowohl der formale Aufbau als auch der Stil dieser Statue spiegeln also die Kunst aus der Zeit des Teti, dessen Kult Hetep weiterführte. Es könnte sich hier um ein Beispiel von Archaismus handeln, wahrscheinlicher jedoch kommt hier die außerordentliche Langlebigkeit von Traditionen zum Ausdruck, die für die ägyptische Kultur charakteristisch ist. *ERR*

Literatur: Russmann 1989, Nr. 19, S. 52–54, 215; Schulz 1992, I, Nr. 173, S. 310 f., II, S. 753 f., Abb. 96

1.29

Zwei Modellzepter

Ägypten
Mittleres Reich, 11. Dynastie, um 2030 v. Chr.
Fayence
Höhe (des größeren Zepters) 29 cm
Luxor-Museum, Luxor, J 224

Wenn die Alten Ägypter ein Gebäude – insbesondere einen Tempel – bauten, deponierten sie in Gründungsgruben Gruppen verschiedenartiger Objekte. Diese beiden Stücke stammen aus einem solchen ›Gründungsdepot‹ unter der zentralen Anlage (möglicherweise einer Pyramide) des Totentempels Mentuhoteps II. in Deir el-Bahri.

Die Spitze des größeren Zepters gleicht einer Mohnkapsel; die darunterliegende Abbindung läßt darauf schließen, daß das Stück eine bestimmte architektonische Säule darstellen könnte. Ein derartiger Säulentyp ist jedoch unbekannt. Auch dem anderen Objekt scheint ein pflanzlicher Prototyp zugrunde zu liegen.

Nach einer weiteren Vermutung handelt es sich bei beiden Stücken um Zepter, die jene symbolisieren, die vom König bei den Abschlußriten der Gründungszeremonie für den Tempel getragen wurden. Diese beiden Stücke sind einzigartig unter den Objekten, die in Gründungsgruben des Alten Ägypten gefunden wurden. *CARA*

Provenienz: 1970, Dt. Archäol. Institut, Kairo
Literatur: Arnold 1971, S. 128; Luxor-Katalog 1979, Nr. 16

1.30

Mykerinos-Triade

Ägypten
Altes Reich, 4. Dynastie, Regierungszeit des Mykerinos, um 2529 – 2501 v. Chr.
Grauwacke
92,5 x 46,4 cm
Ägyptisches Museum, Kairo, JE 40679

Die Pyramide des Mykerinos in Giza ist viel kleiner als die seiner Vorläufer, Cheops und Chephren, doch die Skulpturen in seinen beiden Pyramidentempeln sind viel besser erhalten. Unter den im Taltempel gefundenen Statuen befand sich eine Serie von Triaden, die Mykerinos mit der Göttin Hathor und einer Personifikation einer der ägyptischen Gaue darstellt.

Mykerinos steht in der Mitte, er trägt die hohe Weiße Krone Oberägyptens, einen künstlichen Königsbart und den plissierten, um die Hüften gelegten Königsschurz (*shendyt*). In den Fäusten seiner herabhängenden Arme hält er zylindrische Objekte. Wie in den meisten ägyptischen Statuen stehender Männer ist sein linkes Bein vorgestellt. Sein jugendlicher, muskulöser Körper stellt weniger ein Individuum als vielmehr ein maskulines Ideal dar. Es ist ein Porträt des Königs, auch wenn es noch so idealisiert ist – das Gesicht eines Gottes auf Erden.

Hathor steht zur Rechten des Königs. Sie hält ein *shen*-Zeichen, das Symbol des Allumfassenden, und trägt einen Kopfschmuck aus Kuhhörnern – dem Symbol für ihre Erscheinungsform als Kuh – und Sonnenscheibe, die ihre enge Verbindung mit dem Sonnengott Re bezeichnet. Die kleinere Statur der Gaupersonifikation deutet ihre geringere Bedeutung an. Ihr in Relief auf der breiten Rückenplatte ausgeführter Kopfschmuck ist das Emblem ihres Gaues, des oberägyptischen Kynopolis- oder Schakal-Gaues. Beide Frauen haben einen Arm um den König gelegt, und beide stehen mit nahezu geschlossenen Füßen, in der passiven Haltung ägyptischer Frauendarstellungen. Der linke Fuß Hathors ist jedoch leicht vorgestellt, um ihren Status als einer der großen Gottheiten Ägyptens anzudeuten. Die Frauen tragen die Göttinnenperücken mit kräftigen Strähnen und lange Gewänder, deren Schulterträger aufgemalt gewesen sein werden. Dieses Gewand, ein Standardkleidungsstück ägyptischer Frauen, war eigentlich ein sackartiger Leinenschlauch. Es wurde

in unrealistischer Weise enganliegend wiedergegeben, um den Körper zu betonen. Gezeigt wird das weibliche Ideal des Alten Reiches: jung und athletisch. Die Hervorhebung des Schambereichs verweist deutlich auf die wichtigste Funktion einer Frau im Alten Ägypten, ihre Rolle als Gebärerin. Die den Zügen des einzigen Gottes auf Erden nachgebildeten Gesichter der Göttinnen sind sanftere, rundere Versionen des Gesichts des Königs. *ERR*

Provenienz: 1908 im Taltempel des Mykerinos-Pyramidenkomplexes in Giza gefunden

Literatur: Reisner 1931, S. 109, Tafeln 37 b, 38 c, 43 a–d, 46 e; PM III, 1, S. 28; Woods 1974, S. 83–93; Saleh und Sourouzian 1987, Nr. 33

1.31

Gürtel

Ägypten
Mittleres Reich, 12. Dynastie, Regierungszeit Amenemhets II. – Sesostris' III., um 1922–1855 v. Chr.
Gold, Lapislazuli
Länge 78,5 cm
Leihgabe des Metropolitan Museum of Art, New York
Rogers Fund, 1934, 34.1.154

Seit prähistorischen Zeiten wurden im ägyptischen Schmuck Kaurischnecken als dekoratives Motiv verwendet. Die Kaurischnecke scheint mit der weiblichen Fruchtbarkeit assoziiert worden zu sein und wurde für die um die Hüften zu tragenden Gürtel verwendet. Bis in dynastische Zeit hinein wurden echte Schnecken verwendet, doch in der 12. Dynastie waren im Schmuck der Frauen der Oberschicht und des Königshauses Nachbildungen aus Gold oder Silber gebräuchlich. Diese Kaurischnecken aus Metall bestanden aus zwei Hälften, die entweder gegossen oder mit derselben Form gestanzt und dann von Hand nachbearbeitet wurden. In die meisten der metallenen Kaurischnecken waren kleine Kügelchen eingeschlossen, die ein Geräusch verursachten, wenn die Trägerin sich bewegte. In einem der hier vorgestellten Exemplare sind die Kügelchen erhalten geblieben.

Die Bestandteile dieses Gürtels wurden im Sarg eines jungen Mädchens namens Hepi gefunden, deren intaktes Grab in einer kleinen Kammer des Bauschachtes einer Mastaba entdeckt wurde. Die Schnüre ihres Schmuckes hatten sich zersetzt; zurückgeblieben waren acht Metall-Kaurischnecken und viele verschiedene, lose im Sarg liegende Karneol- und Lapislazuliperlen. Nur von den kleinen zylindrischen Lapislazuliperlen waren genug vorhanden, um einen Gürtel zu bilden, und zusammen mit den Metallmuscheln wurden sie in der jetzigen Form neu aufgefädelt. Eine der Muscheln bildet eine Gleitschnalle. *CHR*

Provenienz: Lischt, Südfriedhof, Sarg der Hepi

Literatur: Lansing 1934; Hayes 1953, S. 232, Abb. 140

1.32

Gürtel

Ägypten
Mittleres Reich, 12. Dynastie, um 1830 v. Chr.
Gold
Länge der größeren Muscheln 5,7 cm
Ägyptisches Museum, Kairo, 53074, 53165

Jede einzelne dieser Kaurischnecken besteht aus zwei Hälften, die in einer Form gestanzt und um den äußeren Rand herum gelötet wurden. Die größeren enthalten lose Metallstückchen, die rasselten, wenn die Trägerin sich bewegte (vgl. Kat. 1.31). Bei der Muschel, die die Schließe bildet, ist auf die Unterseite beider Hälften eine Grundplatte aufgelötet, die eine Nut- und Federschließvorrichtung trägt. Alle größeren Muscheln weisen zwei gebohrte Löcher zum Auffädeln auf, und die kleineren Muscheln sind paarweise zwischen ihnen aufgereiht; es ist jedoch nicht sicher, ob die kleineren ursprünglich tatsächlich zu diesem Gürtel gehörten.

Aus kaurischneckenförmigen Elementen zusammengesetzte Gürtel waren Frauen vorbehalten. Da man in der Muschel eine Ähnlichkeit mit den weiblichen Genitalien zu sehen glaubte, wurden ihr besondere Schutzkräfte für diesen Teil der weiblichen Anatomie nachgesagt. Als Teil eines Gürtels wurde sie genau an der Stelle getragen, wo die entsprechenden negativen Kräfte abzuwehren waren.

In prädynastischen Bestattungen werden echte Kaurischnecken für diesen Zweck verwendet worden sein, doch bereits in der 6. Dynastie (um 2300 v. Chr.) wurde die Form in anderen Materialien nachgeahmt. Hohle Kaurischnecken aus kostbarem Metall sind vor allem für das Mittlere Reich charakteristisch: Beispiele aus Silber und Elektron sowie aus Gold sind auch in nicht-königlichen Gräbern aus dieser Zeit gefunden worden (Kat. 1.31). Zu den königlichen Damen der 12. Dynastie, deren Schmuck überliefert ist, gehört Sit-Hathor, die einen vergleichbaren Gürtel aus ebensolchen Kaurischnecken besaß.

Weibliche Figuren, die bei Kosmetikbehältern aus dieser Zeit als tragende Elemente zu finden sind und sogenannte ›Konkubinen‹ – wobei zumindest die letztgenannten in diesem oder im nächsten Leben die sexuelle Aktivität anregen sollten – sind häufig mit einem Gürtel aus Muscheln dargestellt. Mereret, die Besitzerin dieses Gürtels, war jedoch eine Königin, Tochter Pharaos Sesostris III. aus der 12. Dynastie, was auf die funerale Bedeutung des Gürtels schließen läßt: Er sollte ihre weiblichen Reize im Jenseits betonen und war nicht dazu bestimmt, in diesem Leben in Gesellschaft tanzender Mädchen und Kurtisanen getragen zu werden. *CARA*

Provenienz: 1894 von J. de Morgan, Direktor des Egyptian Antiquities Service, aus dem Grab Mererets in Dahschur, in der Nähe der Pyramide Sesostris' III., ausgegraben

Literatur: de Morgan,1895, S. 65, Nr. 7, S. 66, Nr. 11; Aldred 1971, S. 196; Wilkinson 1971, S. 80; Andrews 1990[1], S. 141

1.33

Fußkette

Ägypten
Mittleres Reich, 12. Dynastie,
um 1895 v. Chr.
Gold, Türkis, Karneol, Lapislazuli
Länge der Krallen 2,15 cm
Ägyptisches Museum, Kairo, 52911–2

Diese beiden einander entsprechenden Amulettanhänger in Gestalt von Tierkrallen – die eine weist nach rechts, die andere nach links – bildeten ursprünglich die Hauptelemente eines Paares von Fußketten. Die Krallen sind aus Gold, der obere Teil der Oberfläche auf der Vorderseite ist so gearbeitet, daß der Eindruck von Granulation entsteht, der darunterliegende Bereich so mit Halbedelsteinen eingelegt, daß der Eindruck eines Gefieders entsteht. Daß sie nur eine Öse aufweisen, zeigt, daß sie nur in eine einzige Reihe von Perlen – bei denen es sich teilweise um Goldplättchen gehandelt haben muß – eingereiht werden sollte, statt wie bei anderen zeitgenössischen Beispielen in eine Doppelreihe aus Kugelperlen aus Amethyst. Die hohle Goldschließe besteht aus zwei gestanzten Teilen mit einer Nut- und Federschließvorrichtung auf den Platten der Unterseite.

Beim Cloisonné-Verfahren wurden geschnittene Teile von Halbedelsteinen in Metallzellen eingelegt. Für diese cloisons wurden Metallstreifen rechtwinklig auf die Grundplatte gelötet. Granulation wurde für gewöhnlich durch winzige Kügelchen kostbaren Metalls gebildet, die nach einem bestimmten Muster auf eine Grundplatte aus wertvollem Metall aufgesetzt wurden.

Chnumet, die Besitzerin dieses Stückes (und der Anhänger unter Kat. 1.34), war Tochter und Gemahlin von Königen der 12. Dynastie.

Hohle Goldknoten sind charakteristisch für das Mittlere Reich. Auch alle anderen königlichen Damen der 12. Dynastie, deren Schmuck erhalten blieb, besaßen mehrere davon; wie bei Chnumet dienten sie als Schließe. Die massiven Beispiele aus Halbedelsteinen aus dieser Zeit hatten offensichtlich Amulettfunktion, möglicherweise im funeralen Bereich: Sie schützten den Träger durch ihre bindende oder vereinende Kraft, denn die Ägypter fürchteten, daß ihre Glieder, ihr Kopf und ihr Torso im Jenseits voneinander getrennt werden könnten.

Amulettanhänger in Gestalt von Tierkrallen wurden ausschließlich von Frauen getragen und sind ebenfalls ein charakteristisches Merkmal des Mittleren Reiches: Sit-Hathor, Sit-Hathor-Iunet und Mereret besaßen Paare solcher Schmuckstücke, und weitere Exemplare sind in nichtköniglichen Gräbern dieser Zeit ausgegraben worden. In einem Grab aus der Zeit der 12. Dynastie ist ein tanzendes Mädchen abgebildet, das Fußkettchen mit daran befestigten Krallen trägt.

Amulettkrallen sind für gewöhnlich aus kostbarem Metall gefertigt und manchmal (wie in diesem Fall) mit cloisonné-Einlagen versehen, andere sind aus Halbedelsteinen; echte Tierkrallen sind in Gräbern aus prädynastischer Zeit gefunden worden, ungefähr dreizehn Jahrhunderte früher. Ihre Symbolik ist unklar. Für gewöhnlich werden sie als Leopardenkrallen identifiziert, doch Beispiele wie diese mit imitiertem Gefieder lassen eher auf Vogelkrallen schließen. Vielleicht sollten Geschwindigkeit und Bewegung des Sturzfluges eines Vogels von den Frauen, die sie trugen, übernommen werden, etwa beim Tanz.
CARA

Provenienz: 1895 von J. de Morgan, Direktor des Egyptian Antiquities Service, aus dem intakten Grab der Chnumet in Dahschur, in der Nähe der Pyramide Amenemhets II., ausgegraben

Literatur: de Morgan 1903, S. 59, Nr. 11; Aldred 1971, S. 180 f.; Wilkinson 1971, S. 62; Andrews 1990[1], S. 163, 173

1.34 a

Emblem-Anhänger

Ägypten
Mittleres Reich, 12. Dynastie,
um 1895 v. Chr.
Gold, Türkis, Karneol, Lapislazuli
Höhe 1,9 cm
Ägyptisches Museum, Kairo, 52956

1.34 b

Emblem-Anhänger

Ägypten
Mittleres Reich, 12. Dynastie,
um 1895 v. Chr.
Gold, Türkis, Karneol, Lapislazuli
Höhe 3,3 cm
Ägyptisches Museum, Kairo, 52955

Beide Anhänger sind aus Gold gefertigt und mit Halbedelsteinen in cloisons eingelegt. Heute hängen sie an kurzen Ketten aus winzigen Goldscheibenperlen, doch wahrscheinlich wurden sie ursprünglich an längeren Ketten getragen, so daß sie auf der Brust zu liegen kamen. Jedes Schmuckstück weist auf der Rückseite ein horizontales Röhrchen zum Aufhängen auf, das in zwei Hälften unterteilt ist: Die eine Hälfte ist fest an einem T-förmigen Stäbchen befestigt, über das eine Hülse gesteckt wird, die an der anderen Hälfte des Röhrchens sitzt. Die cloisons oder Zellen, in die die geformten Stücke aus Halbedelsteinen eingelegt sind, sind aus Metallstreifen gebildet (vgl. Kat. 1.33). Chnumet, die Besitzerin dieser Schmuckstücke, war Tochter und Gemahlin von Königen der 12. Dynastie.

Der Amulettanhänger zeigt ein Emblem in Gestalt eines *anch*-Zeichens, flankiert von einem schleifenförmigen *sa*-Zeichen und einer Papyrusstaude über einem halbkreisförmigen Korb, was dem Träger die hieroglyphische Botschaft ›alles Leben und aller Schutz sind hinter (ihm)‹ übermittelt. Der andere Anhänger zeigt die Gestalt des Hieroglyphenzeichens *mes*, das aus drei zusammengeknoteten Fuchshäuten gebildet ist und wahrscheinlich einen primitiven Schurz darstellt ; es wird zum Schreiben von Wörtern wie ›Geburt‹ verwendet. Vielleicht sollte dieses Objekt seinem Träger zur Wiedergeburt oder Auferstehung verhelfen. *CARA*

Provenienz: 1895 von J. de Morgan, Direktor des Egyptian Antiquities Service, aus dem intakten Grab der Chnumet in Dahschur, in der Nähe der Pyramide Amenemhets II., ausgegraben

Literatur: de Morgan 1903, S. 63, Nr. 34, 63; Aldred 1971, S. 188; Wilkinson 1971, S. 57 f.; Andrews 1990[1], S. 177

1.35

Miniatursphinx, einen Gefangenen haltend

Ägypten
Mittleres Reich, um 1985–1800 v. Chr. (?)
Elfenbein
3 x 2,5 x 6 cm
The Trustees of the British Museum, London, EA. 54678

Der Vorderteil einer Sphinx – eines Mischwesens mit dem Kopf eines Königs und dem Körper eines Löwen – hält den Kopf eines niedergeworfenen Gefangenen, wahrscheinlich eines Nubiers, in seinen Pranken. Die Nubier gehörten zu den traditionellen Feinden Ägyptens (vgl. Kat. 1.48). Der König trägt das charakteristische *nemes*-Kopftuch mit der königlichen Uräusschlange auf der Stirn, deren Schwanz sich über den Kopf nach hinten windet; das Ende des Schwanzes ist verlorengegangen. Die Knie des Gefangenen sind angezogen, und seine Arme reichen bis unter die Beine des Sphinx. Bis auf einen um die Taille gelegten Gürtel und eine kurze Perücke scheint er nackt zu sein. Das Rückgrat wie auch die Zehen sind deutlich angegeben. Der Rücken ist konkav und der Kopf mit dem ausdruckslosen Gesicht zum König emporgereckt. Der Blick des Königs ruht distanziert auf seinem Opfer und schweift darüber hinweg. Der Unterkörper und die Beine des Gefangenen sind unverhältnismäßig groß und bilden ein Gegengewicht zur Masse des Kopfes des Königs und des Kopfschmucks.

Diese Elfenbeinschnitzerei ist ein Meisterwerk der Kleinplastik in überaus kunstvoll ausgeführter Detailarbeit; insbesondere die königlichen Züge sind zu einem beeindruckenden und außergewöhnlichen Porträt gebildet. Der Feinheit des Gesichts steht die Robustheit des Löwenkörpers gegenüber, dessen Knochen und Muskeln, insbesondere die der Vorderbeine, stark betont und dessen lange scharfe Krallen einzeln modelliert sind, um sowohl die große Macht der Sphinx als auch die hoffnungslose Lage des Gefangenen vor Augen zu führen. Die Komposition symbolisiert, wenn auch in kleinem Maßstab, die archetypische Darstellung des Königs als dem starken, unbesiegbaren Schützer Ägyptens.

Die beiden Dübellöcher im Sockel zeigen, daß die Figur ursprünglich an einem anderen Objekt befestigt war. Der Form und Größe nach könnte sie vielleicht als Griff für den Deckel eines Kästchens gedient haben. Leider läßt sie sich nicht genau datieren. Sie stammt zwar aus einer Ausgrabung, doch war der Kontext gestört und ist so schlecht dokumentiert, daß allenfalls eine ungefähre Datierung ins Mittlere Reich oder in die Zweite Zwischenzeit möglich ist. Der Kopf wurde zunächst für ein Porträt eines der Hyksos-Könige aus dem Ausland gehalten, die Ägypten in der Zweiten Zwischenzeit beherrschten. Neuere stilistische Analysen sprechen eher für eine Zuschreibung zur 12. Dynastie, genauer gesagt zur Regierungszeit Sesostris' I.

Das Elfenbein ist in einem sehr guten Erhaltungszustand, obwohl es einige Risse und Abschürfungen aufweist. Die Verfärbung am Hinterkopf des Gefangenen dürfte durch Verkohlung entstanden sein. *WVD*

Provenienz: 1908 von Garstang aus Grab 477 in Abydos ausgegraben; 1920 von Mrs. Russell Rea dem Museum übergeben

Ausstellungen: Cambridge und Liverpool 1988, Nr. 138; Wien 1994, Nr. 362

Literatur: Garstang 1928, S. 46 f., Abb. VIII; Schweitzer 1948, S. 40, Abb. IX, 3; Bourriau, in: Cambridge u. Liverpool 1988, S. 136-38; Quirke, in: Wien 1994, S. 362

1.36

Figürchen eines Mannes mit Behälter

Ägypten
Spätes Mittleres Reich, um 1700 v. Chr. (?)
Speckstein
4,2 x 3,6 x 6,7 cm
The Trustees of the British Museum, London, EA. 74328

Dieses Keramikgefäß zeigt die Gestalt eines Hockenden mit gebeugten Knien und ausgestreckten Armen, die zu beiden Seiten ein großes rechteckiges Becken mit abgeschrägter Stirnseite umfassen. Der Kopf ist rundplastisch wiedergegeben, seine Glieder in flachem Relief. Bis auf eine kurze Perücke und einen Gürtel ist er nackt. Möglicherweise soll er einen Nubier darstellen. Die Ausführung der Details ist sehr ausbalanciert, denn der Schräge des Gefäßes entspricht die Krümmung des Rückens des Mannes, die in der hochgereckten Stellung des Kopfes ihren Abschluß findet.

Die Verbindung von Rundplastik und Relief war eine beliebte Technik zur Verzierung von Kosmetikgefäßen. Für gewöhnlich wurden dabei Tiere dargestellt, insbesondere Affen (Kat. 1.26). Menschliche Figuren sind in diesen Zusammenhängen weniger üblich, und die Ikonographie dieses Stückes, die den Statuentyp von Kat. 1.39 teilweise vorwegnimmt, ist für die Entstehungszeit äußerst ungewöhnlich. *WVD*

Provenienz: 1994 vom Museum angekauft

1.37

Verziertes Straußenei

Ägypten
2. Jahrtausend v. Chr. oder später
Straußenei
Höhe 13,5 cm; Durchmesser 11,5 cm
Musées Royaux d'Art et d'Histoire, Brüssel, E. 2338

Seit epipaläolithischer [mesolithischer] Zeit wurden Straußeneier in Nordafrika als Wasserbehälter benutzt, und auch nach der Einführung von Keramik wurden sie noch für diesen Zweck verwendet.

In Ägypten wurden Straußeneier nur selten als Behälter verwendet. Eine Reihe von verzierten und unverzierten Eiern sind in Gräbern der prädynastischen Epoche (Kat. 1.11) und vor allem in Nubien gefunden worden. Auch als Material für Perlen wurden sie hauptsächlich in Nubien verwendet.

Die Verzierung dieses Beispiels besteht aus 37 Spiralen, die ausgehend von der Unterseite des Eies und bis zur kleinen Öffnung an der Spitze fortlaufend als ein durchgehendes Muster miteinander verbunden sind. Die Spiralen sind mit großer Sorgfalt eingeritzt und gleichmäßig über die Oberfläche des Eies verteilt. Miteinander verbundene Spiralmuster sind vor der Ersten Zwischenzeit in Ägypten unbekannt, treten jedoch schon viel früher in der östlichen Mittelmeerregion auf. Besonders charakteristisch sind sie seit dem 2. Jahrtausend v. Chr. für die ägäische Kunst. Dennoch gibt es keinen

Grund, einen ausländischen Ursprung für in Ägypten gefundene Spiralmotive anzunehmen, da die frühesten Beispiele auf Skarabäen des frühen Mittleren Reiches wahrscheinlich aus einer ägyptischen Hieroglyphe abgeleitet wurden. Über eine symbolische Bedeutung dieses Motivs innerhalb des ägyptischen Kontextes läßt sich nichts Definitives sagen. *SH*

Provenienz: 1905 in Kairo erworben
Ausstellung: Brüssel 1988, S. 116, Nr. 11
Literatur: Scharff 1929, S. 85; Kantor 1948, S. 46, Anm. 4

1.38

Pavian in anbetender Haltung mit kleiner Königsfigur

Ägypten
Neues Reich, 18. Dynastie, wohl Regierungszeit Amenophis' II., um 1427–1400 v. Chr.
Roter Granit
Höhe 130 cm
Kunsthistorisches Museum, Wien, Miramar-Sammlung, 1878, ÄS 5782

Der Pavian steht mit erhobenen Händen und nach außen gewendeten Handflächen auf seinen Hinterbeinen. Sowohl in der ägyptischen Kunst als auch in der hieroglyphischen Schrift ist dies die kanonische Haltung des Betgestus. Vor dem Tier steht die Figur eines Königs, deren Größe genau drei Fünftel der des Pavians beträgt. Er zeigt eine andere, für den König spezifische Gebetshaltung mit der Bedeutung ›den Gott viermal anbeten‹: Seine Handflächen liegen flach auf dem hervortretenden dreieckigen Vorderteil seines Königsschurzes auf. Bis auf den Schurz und das königliche *nemes*-Kopftuch ist die Figur nackt.

In der religiösen Ikonographie hat der Pavian mehrere Bedeutungen. Am bekanntesten ist er als heiliges Tier des Thoth, des Gottes der Weisheit und Ortsgottes von Hermopolis. Ebenso wichtig ist seine Beziehung zum Sonnenkult. Der Pavian mit betend erhobenen Händen steht für die Begrüßung der Morgensonne, die aus der Unterwelt auftaucht und sich über den Horizont erhebt. Der Ursprung dieser Vorstellung wird darin gesehen, daß die Paviane ihre Schlafplätze am frühen Morgen mit großem Lärm und Tumult verlassen.

Die Sonne ist das Symbol für Leben und Wiedergeburt. Wenn der Sonnengott den Horizont aufwärts oder abwärts im Sonnenboot überschreitet, ist er auf die Mitarbeit seines Gefolges angewiesen. Auf Erden muß ihn der Pharao als sein Sohn und Stellvertreter unterstützen. Das soll offensichtlich die Statue zum Ausdruck bringen: Der König führt die für den Sonnenaufgang angemessenen Riten durch.

Die fragmentarische Gruppe eines Pavians und eines Königs (heute in Berlin) könnte zusammen mit dieser Statue ein Paar gebildet haben. Wahrscheinlich stammen beide entweder von einem Obelisken oder vom Sonnenaltar eines königlichen Totentempels. Anhand stilistischer Untersuchungen ist die Datierung der Plastik unlängst auf die Regierungszeit Amenophis' II. eingeengt worden. Auf der Brust des Pavians ist eher nachlässig ein Königsname eingeritzt, der als Sethos I. aus der 19. Dynastie identifiziert werden kann. Die stilistischen Argumente, die für eine frühere Datierung der Statue sprechen, sind jedoch so stark, daß die Inschrift als sekundär betrachtet werden muß.

Tempelbauaktivitäten Amenophis' II., einschließlich der Errichtung von Obelisken, sind in Heliopolis und auf der Insel Elephantine belegt; er war auch am großen Tempel von Karnak beteiligt. Sein eigener Totentempel, der nördlich des Ramesseums am Westufer des Nils in Theben liegt, ist zerstört, und von einem Sonnenaltar sind keine Spuren zu finden. Der Beschreibung der Miramar-Sammlung (Reinisch, 1865) zufolge stammt diese Statue aus den Ruinen des anti-

ken Memphis. Wenn man dieser Information Glauben schenken darf, ist anzunehmen, daß sie aus einem Heiligtum in Memphis stammte, das wie fast alle Gebäude dieser Stadt vollständig verschwunden ist. Vielleicht wurde die Statue aus Heliopolis dorthin gebracht. Dies könnte unter der Herrschaft Sethos' I. geschehen sein, dessen Name auf dem Pavian zu lesen ist.
HSa

Provenienz: Angeblich aus Memphis

Ausstellungen: Essen 1961, Nr. 112; Stockholm 1961, Nr. 96; Wien 1961, Nr. 116; Zürich 1961, Nr. 167; Triest 1986, Nr. II.24; Wien 1992, Nr. 89; Speyer, Mexiko Stadt und Zürich 1993-94, Nr. 85

Literatur: Reinisch 1865, S. 243, Nr. 59; Porter und Moss 1981^2, III/2, 864; Jaros-Deckert 1987, S. 132–138; Satzinger 1987, S. 19; 1994, S. 74, Abb. 50; in Vorbereitung; Wiener Museumsführer 1988, S. 31; Sourouzian 1991, S. 72;

1.39

Kniefigur mit Opferbecken

Ägypten
Neues Reich, 18. Dynastie,
1390–1353 v. Chr.
Gabbro
24 x 19 x 33,5 cm
Privatsammlung

Eine der besonderen Leistungen der altägyptischen Kunst liegt in der Darstellung komplexer und abstrakter Vorstellungen durch einfache, klare Bilder. So steht etwa für das Jüngste Gericht das Bild einer Waage, auf der im Beisein des Totenrichters Osiris das Herz des Verstorbenen gegen das Schriftzeichen der Maat, der Göttin der Wahrheit, aufgewogen wird. In einem ebenso einfachen und leicht verständlichen Bild ist in dieser Statue das Abhängigkeitsverhältnis zwischen Mensch und Gott dargestellt. Eine kniende Männerfigur umfaßt ein rechteckiges Opferbecken. Das Kinn greift in die eine Schmalseite des Beckens ein, so daß die Lippen den Beckenrand berühren und von dem Trankopfer zu nippen scheinen, das in dem Becken dargebracht werden soll.

Hieroglyphische Texte laufen um den Rand des Beckens und stehen auf dessen Vorderseite. Sie enthalten eine Opferformel, in der die Göttinnen Astarte und Kadesch angerufen werden, vorderasiatische Gottheiten, die zu Beginn des Neuen Reiches auch Eingang in das ägyptische Pantheon finden und vor allem in der weltoffenen Metropole Memphis Verehrer hat.

Ptah-anch, der Eigentümer dieser Statue, stand im Dienst des Hohepriesters des memphitischen Gottes Ptah namens Ptah-mose. Dennoch ruft er in seinem Gebet nicht ›seinen‹ Gott Ptah an, sondern setzt mehr Vertrauen in die beim Volk beliebten ausländischen Göttinnen. Die Haltung der Statue ist Ausdruck seiner Ehrfurcht vor diesen Gottheiten und seiner Hoffnung, teilzuhaben an den Opfern, die ihnen dargebracht werden. *DW*

Ausstellung: Paris 1993, Nr. 40 ff.

Literatur: Wildung 1985, S. 17–38

1.40

Gefäß in Gestalt einer knienden Frau

Ägypten
Neues Reich, 18. Dynastie, Regierungszeit Amenophis' III., 1390–1352 v. Chr.
Gebrannter Ton, dunkelrote Engobe
13,9 x 6,2 x 6,8 cm
The Visitors of the Ashmolean Museum, Oxford, 1896-1908 E2432

Dieses Gefäß, eher eine Skulptur als ein Behältnis, zeigt eine passive, jedoch aufmerksame Haltung, die an eine Dienerin denken läßt, die auf Anweisungen wartet. Sie ist aus einer Form gefertigt, und unter dem linken Arm ist die Spur einer Seitennaht zu sehen. Wie eine fragmentarisch erhaltene zweite Vase zeigt, die entweder aus derselben Form stammt oder aber, da sie etwas größer ist, zur Herstellung der Form dieses Gefäßes diente, könnte für den Kopf eine separate Form verwendet worden sein. Die Arme und die Ausgußtülle wurden von Hand geformt und angesetzt. Das Material ist ein feiner Mergelton, und die Oberfläche ist mit einem dunkelroten Überzug beschichtet. Mit Hilfe von rotem Pigment wurden der Mund hervorgehoben und Schmuck angedeutet: Halskette, Brustschmuck und Gürtel.

Das Gefäß wurde im unversehrten Grab eines jungen Mädchens gefunden, das anhand von Keramik auf die frühe Regierungszeit Ramses' II. (ca. 1270 v. Chr.) datiert werden kann. Die

Vase selbst ist also etwa 100 Jahre älter als der Kontext; dies wird bestätigt durch die Tatsache, daß das zweite Gefäß aus der 18. Dynastie stammt. Die hier gezeigte Vase wurde entweder wiederverwendet oder war ein Erbstück; einige Details der Oberfläche sind durch Abnutzung verlorengegangen. Eine Perlenschnur war ihr um den Hals gelegt worden, ein Hinweis auf den ägyptischen Glauben, daß Abbildern lebender Wesen eine verborgene Lebenskraft innewohnte, die durch Magie erweckt werden konnte. In diesem Fall sollte vielleicht dem toten Mädchen im Jenseits eine Dienerin zur Seite gestellt werden.

Figürliche Gefäße waren zwischen ca. 1450 und 1300 v. Chr. in Ägypten sehr beliebt, und das häufigste Motiv waren Dienerinnen in verschiedensten Haltungen. Sie wurden in darauf spezialisierten Werkstätten gefertigt, denn sowohl das Material als auch die Fertigungstechnik unterscheidet sich von der gröberen, auf der Töpferscheibe hergestellten Keramik dieser Zeit. Ihre ägyptische Herkunft ist heute anerkannt; ihre Ausgräber hatten sie noch für Erzeugnisse aus dem ägäischen Raum gehalten. Es ist ein archäologischer Zufall, daß alle ausgegrabenen Exemplare in Gräbern gefunden wurden. Die Gefäße wurden nämlich nicht als Grabbeigaben hergestellt, sondern wurden, wie Gebrauchsspuren zeigen, im täglichen Leben als Behälter für Parfüm und Arzneien verwendet, wertvolle Substanzen, die in kleinsten Mengen verwendet wurden. *JDB*

Provenienz: Abydos, Grab W 1; dem Museum von der Egyptian Exploration Society übergeben

Ausstellung: Cambridge 1981

Literatur: Randall-MacIver und Mace 1902, Abb. XLVIII. D29; Ayrton u. a. 1904, S. 49 f., Abb. XVI; Murray 1911, Abb. XXV. 66; Cambridge 1981, S. 34 f.; Bourriau 1985, S. 35 f., Abb. 10; 1987, S. 90, Abb. XXXIX. 1; Hope 1987, Abb. 51

1.41

Von Nebnefer geweihtes Tempelmonument

Ägypten
Neues Reich, 18. Dynastie, Regierungszeit Amenophis' III., 1390–1352 v. Chr.
Granodiorit
55,5 x 30 x 30,5 cm
Luxor-Museum, Luxor, J. 136

Dieses ungewöhnliche Denkmal wurde in einem Tempel des Krokodilgottes Sobek gefunden, wo es Nebnefer, Aufseher des Schatzhauses des Gottes Amun, geweiht hatte. Es ist aus einem Block dunklen Granodiorits gearbeitet und besteht aus den Statuen zweier Krokodile auf einem podestartigen, dekorierten Sockel. Die Tiere liegen geduckt auf dem Boden, und ihre Schwänze hängen auf der Rückseite des Sockels herunter; ihre langen Schnauzen stützen sich auf einen Steg, wie er für die ägyptische Steinplastik üblich ist. Der Bildhauer dürfte die Körper der Tiere bewußt verkürzt haben, um den Figuren innerhalb der vorgegebenen Dimensionen des Blockes das größtmögliche Format zu geben.

Nebnefer ist auf beiden Seiten des Sockels in versenktem Relief dargestellt. Auf der einen Seite trägt er die Perücke und die Tracht eines Beamten und hebt in Anbetung Amenophis' III. die Hände empor. Wie oft in der ägyptischen Kunst ist der König durch seinen in die königliche Kartusche eingeschlossenen Namen repräsentiert. Seinen göttlichen Status, auf den Nebnefers betende Haltung anspielt, verdeutlicht der aus Sonnenscheibe und Federn zusammengesetzte Götterkopfputz, der die Kartusche krönt. Die andere Seite des Sockels zeigt Nebnefer bei der Anbetung Sobeks und der Göttin Hathor; als Zeichen des priesterlichen Aspekts seines Amtes ist sein Kopf geschoren.

Die Vorderseite des Sockels füllt eine Darstellung des Hathor-Emblems in versenktem Relief aus: das Gesicht einer Frau mit Kuhohren, eingebunden in ein von einem Schrein gekröntem Sistrum (einem besonders mit ihrem Kult verbundenen Musikinstrument). Der Hals des Hathorkopfes ruht auf drei Hieroglyphen, die wiederum den Namen Amenophis' III. bilden. Auf diese Weise unterstreicht Nebnefer seine Ergebenheit an den König und an Hathor, während er gleichzeitig Sobek in dessen Tempel anbetet. Da die oft als Kuh dargestellte Göttin sich auch in anderen Tiergestalten manifestierte, steht die zweite Krokodilstatue wohl für sie. *ERR*

Provenienz: 1967 in Dahamsa (dem antiken Sumenu) südwestlich von Luxor in einem Tempel des Sobek gefunden

Literatur: Bakry 1969, S. 21; 1971, S. 138 f., Abb. 30 f.; Luxor 1979, Nr. 123, S. 94 f., Abb. 71 f.

1.42

Fragment einer Kolossalstatue des Echnaton

Ägypten
Neues Reich, 18. Dynastie, um 1350 v. Chr.
Sandstein
32,2 x 18,8 x 23 cm
Staatliche Sammlung Ägyptischer Kunst, München, 6290

Sie ist bekannter als irgendeine andere Epoche der altägyptischen Geschichte, aber dennoch ist die Zeit des Königs Echnaton und der Königin Nofretete, die Amarna-Zeit (so benannt nach dem modernen Namen der vom König in Mittelägypten neu gegründeten Hauptstadt), nicht repräsentativ für Altägypten, sondern in ihrer monotheistischen Religion und in ihrer Kunst ein großer Ausnahmefall.

Die impressionistische Grundtendenz der Amarna-Kunst prägt sich am deutlichsten im Königsporträt aus. Es verläßt die klassischen Proportionen und schafft ein neues Ideal, das das Erscheinungsbild des Herrschers bis zur Karikatur übersteigert. Das Gesicht ist extrem schmal; über dem hängenden, kugeligen Kinn spitzen sich die Lippen wie zu einem Schnabel; vom Mundwinkel zieht eine tiefe Falte zu den Nasenflügeln. Mit der Entwicklung dieses am König orientierten neuen Idealbildes treten alle anderen Gesichtstypen zurück. Das Königsbild wird zum verbindlichen Menschenbild.

Das Gesichtsfragment aus Sandstein gehört zu einer Gruppe von Kolossalstatuen, die der König rings um den Hof eines Tempels für den Sonnengott Aton während seiner ersten Regierungsjahre in Karnak aufstellen ließ. Sie zeigen den König mit weiblichen Körperformen, breiten Hüften und vollen Oberschenkeln, und stellen ihn in dieser zweigeschlechtlichen Gestalt in seiner Rolle als Schöpfergott dar.
DW

Provenienz: Karnak, Aton-Tempel östlich des Amun-Bezirks

Literatur: Hamburg 1982, S. 50 f.; München 1993, Nr. 27

1.43

Nubisches Mädchen mit einem Affen und einem Teller

Ägypten
Neues Reich, 18. Dynastie,
um 1390–1352 v. Chr.
Ebenholz
17,5 x 8,7 x 5,6 cm
Petrie Museum of Egyptian Archaeology,
University College, London, UC. 9601

Diese Figur eines nubischen Mädchens steht auf einem rechteckigen Untersatz, der separat aus demselben Holz gefertigt wurde. Sie wurde von dem Restaurator Martin Burgess aus Bruchstücken rekonstruiert, als er in den fünfziger Jahren im Petrie Museum arbeitete. Das nackte Mädchen hat ihren linken Fuß in Schrittstellung vorangesetzt; bis auf vier runde, dicht gekräuselte Haarbüschel ist ihr Kopf geschoren. Ihre Ohrläppchen sind durchbohrt. Die Arme bestehen aus zwei Teilen, zusammengesetzt an den Schultern und den Ellbogen. Wie bei ägyptischen Holzstatuen üblich, sind die Füße separat gearbeitet und an die Beine angesetzt. Dübel durch die rechte und die linke Seite der Basis verbinden die beiden Stücke miteinander.

Die Dienerin trägt einen großen Servierteller, dessen Innenseite mit einer Blütenrosette mit gepunkteten Blütenblättern verziert ist. Dieses Muster findet sich auf Bronzetellern dieser Zeit, und die Form ist im Neuen Reich in Steine und Fayence weitverbreitet. Das Zickzackmuster auf dem Rand findet sich auch auf Löffeln aus dieser Zeit. Der hohe, nach unten ausschwingende Fuß des Tellers ruht auf dem Kopf eines Affen, der nach links schaut. Dieser Affentyp war besonders beliebt von der Regierungszeit Amenophis' III. bis zum Ende der 18. Dynastie. Das Material für dieses Objekt wie auch der Affe und das Mädchen selbst wurden aus dem Inneren Afrikas importiert: ein modisches Accessoire für die Damen des Neuen Reiches. *BA*

Provenienz: 1896 von W. M. Flinders Petrie in Kairo erworben (angeblich aus Theben)

Ausstellungen: Boston 1892; Cleveland 1992

Literatur: Capart 1905, Abb. LXVIII; Page 1976, Nr. 88; Brovarski u. a. 1982, Nr. 239; Kozloff und Bryan 1992, Nr. 88

1.44

Weiblicher Torso, wahrscheinlich Königin Nofretete

Ägypten
Neues Reich, 18. Dynastie, Amarna-Zeit, um 1352–1345 v. Chr.
Brauner Quarzit
Höhe 29 cm
Musée du Louvre, Paris, E 25409

Diese bewundernswerte Statue – leider fragmentarisch und ohne Inschrift – stellt wahrscheinlich die Königin Nofretete dar, die Frau des Königs Amenophis IV. (Echnaton). Der Kopf, der rechte Arm, die linke Hand und die Beine unterhalb der Knie sowie der obere Teil des Rückenpfeilers fehlen. Sie trägt ein enganliegendes plissiertes Gewand; ein mit einer Borte und Fransen versehener Umhang bedeckt die linke Schulter und den linken Arm und läßt ihre rechte Schulter frei. Das Gewand ist unter der rechten Brust zusammengeknotet. Unter dem hauchdünnen Stoff ist der üppige Körper sinnlich modelliert. Diese Statue führt die Virtuosität der Bildhauer in der Amarna-Zeit vor Augen, die eine neue, naturalistische Darstellungsweise der weiblichen Körperform kreierten: Unter dem sorgfältig gestalteten Plissee der Kleidung, die mehr enthüllt als sie verbirgt, ist jedes Detail zu erkennen.

Der obere Teil des Körpers ist mit großer Feinheit modelliert, was durch die fächerartige Anordnung der engen Falten unterstrichen wird; im Gegensatz dazu wirkt die untere Hälfte sehr viel schwerer, die Falten sind breiter und verlaufen vertikal. Die Schultern sind gerade, der obere Teil des Rückens flach, und der Busen ist klein, aber fein modelliert: Das Ergebnis wirkt elegant und königlich. Die schlanke Taille und der langgestreckte Körper bilden einen Gegensatz zu den füllig proportionierten Hüften und Schenkeln. Eine lange Falte unterstreicht den sanft gewölbten Bauch.

Die besonders in der Seitenansicht ganz deutliche Übertreibung der weiblichen Formen ist typisch für die Kunst der frühen Amarna-Zeit. Im Falle der Nofretete könnte dies ihren priesterlichen Status im Aton-Kult symbolisieren, in dem Sinnlichkeit ein wichtiges Merkmal war.

Diese Skulptur ist ein vorzügliches Beispiel für die künstlerischen Neuerungen dieser Epoche. *PR*

Literatur: Vandier 1958, S. 340, 351 f.; Aldred 1975; 1988, S. 223 f., Abb. 69 f.

1.45

Kopf einer Amarna-Prinzessin

Amarna, Ägypten
Neues Reich, 18. Dynastie, Amarna-Epoche, 1352–1336 v. Chr.
Brauner Quarzit
Höhe 21 cm
Ägyptisches Museum, Kairo, JE 44869

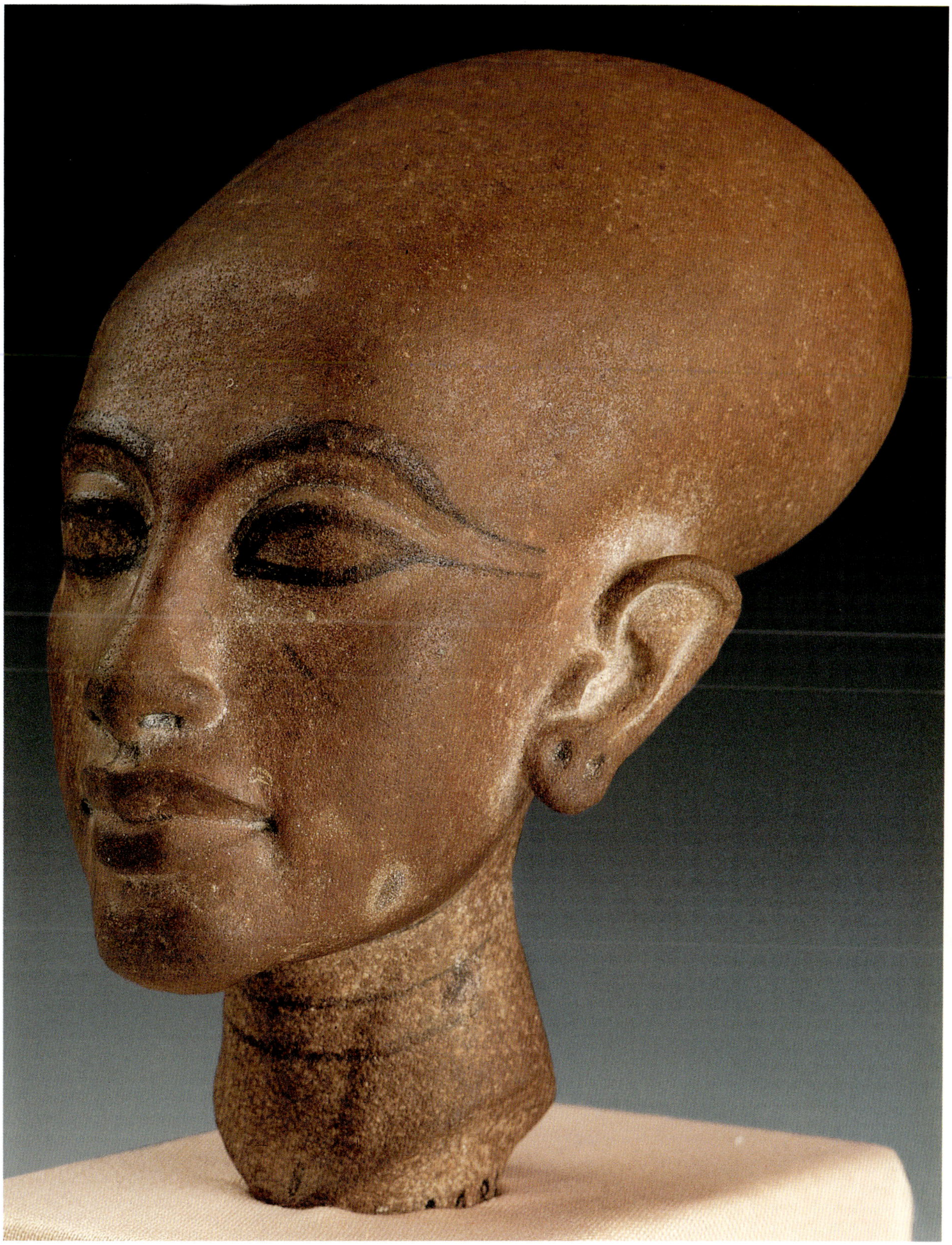

Dieser Kopf wurde für eine Komposit-Statue einer der sechs Töchter Echnatons und Nofretetes geschaffen. Der lange Zapfen unter dem Halsansatz sollte auf einen Körper aus weißem Stein oder einem anderen, die Farbe des Leinengewandes imitierenden Material gesetzt werden. Hände und Füße waren aus demselben bräunlichen Quarzit gearbeitet, und die vollständige Statue wird wahrscheinlich mit einer Vergoldung und mit richtigem Schmuck verziert gewesen sein.

Der Schädel der Prinzessin ist geschoren, und sie trägt keine Perücke. Das läßt darauf schließen, daß sie noch ein Kind ist. Ihre Züge deuten jedoch an, daß sie der frühen Kindheit entwachsen war. Die Vertiefungen in ihren Ohrläppchen zeigen, daß sie alt genug war, um die schweren, mit Juwelen beladenen Ohrringe zu tragen, die in dieser Zeit sowohl für Männer wie für Frauen in Mode waren.

Das auffallendste Element dieser Darstellung ist der verlängerte Schädel des Mädchens, der zwar vom künstlerischen Standpunkt aus wunderbar ausbalanciert ist, jedoch die normalen Proportionen stark übertreibt. Das Gesicht ist dagegen anziehend und erscheint ganz normal. Seine Züge sind jedoch gleichfalls leicht überzogen wiedergegeben: Die Augen sind groß und mit schweren Lidern versehen, die schmale Nase ist recht lang; im Verhältnis zum kleinen Kiefer sind die vollen Lippen groß; das lange Kinn springt in halbkugeliger Form hervor. Alle diese Übertreibungen sind von den Bildnissen Echnatons abgeleitet, dessen physische Eigentümlichkeiten auf die Darstellungen seiner Frau und seiner Kinder übertragen wurden. Mit Hilfe kleiner, aber entscheidender Variationen in der Form ihrer Lippen und anderer Details wurden jedoch in den Porträts der Mutter der Prinzessin, Nofretete, individuelle Züge erzeugt. Im Gesicht dieser Prinzessin mag ein vergleichbares Porträt vorliegen, doch sind seine Züge zu wenig unterschiedlich gearbeitet, um dies erkennen zu lassen. Ihr überlängter Schädel ist jedenfalls mit Sicherheit fiktiv und ein künstlerisches, kein genetisches Erbe ihres Vaters.

In den frühesten Darstellungen Echnatons und seiner Familie wurden körperliche Eigenheiten bis zu einem fast grotesken Grad hervorgehoben. In seiner späteren Regierungszeit wich dieser grell unschmeichelhafte Stil der sanfteren, naturalistischeren Version, die dieser Kopf zeigt. Dieser neue Stil könnte der Beitrag des Meisterbildhauers Thutmosis sein, in dessen Werkstatt dieser Kopf gefunden wurde. Falls er und andere Werke aus seinem Atelier tatsächlich von ihm geschaffen wurden, muß Thutmosis zu den größten Bildhauern der Welt gezählt werden. *ERR*

Provenienz: 1912 in der Werkstatt des Thutmosis in Amarna gefunden

Literatur: Aldred 1980, Abb. 26; Saleh und Sourouzian 1987, Nr. 163

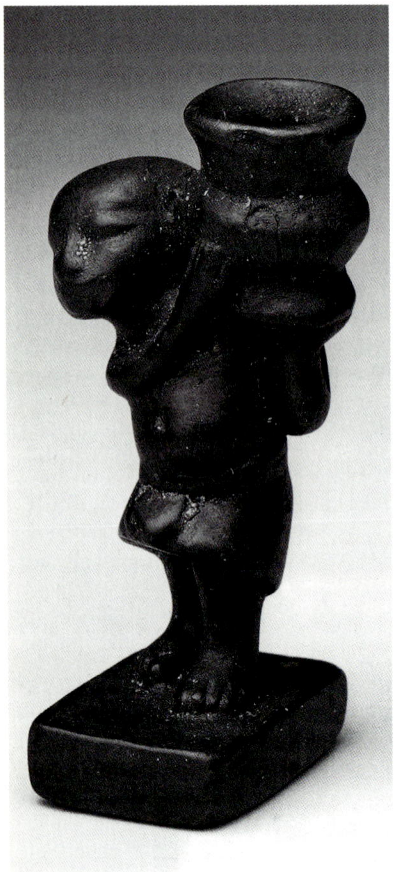

1.46

Zwerg als Lastenträger

Ägypten
Neues Reich, 18. Dynastie, Amarna-Zeit, um 1352–1336 v. Chr.
Holz
5,9 x 1,8 x 2,6 cm
Museum of Fine Arts, Boston
Helen and Alice Colburn Fund, 48.296

Ob von kolossaler Größe oder nur wenige Zentimeter hoch: die ägyptische Kunst ist monumental, und dies wird in dieser Darstellung eines Zwerges, der einen Krug trägt, besonders deutlich. Mit einem kurzen, um die Hüfte gewickelten Schurz bekleidet, schreitet er voran, das linke Bein vorgestellt, und balanciert mit beiden Händen ein Gefäß auf seiner Schulter. Jeder Teil des winzigen Zwergenkörpers ist gebeugt, um die Last des Krugs auszugleichen. Der Krug ist hohl und dürfte als Gefäß für eine kleine Menge einer kostbaren Salbe gedient haben. Zwei winzige Kartuschen auf dem Krug tragen die Namen des Königspaares, Echnaton und Nofretete. Das Figürchen besteht einschließlich des rechteckigen Sockels, auf dem der Zwerg steht, aus einem einzigen Stück Holz. Möglicherweise war es als königliches Geschenk gedacht.

In der ägyptischen Kunst und Literatur treten Zwerge häufig auf. Im königlichen Haushalt scheinen sie eine besondere Stellung genossen zu haben, insbesondere im Alten Reich, als sie mit ihren Tänzen sowohl den König amüsierten als auch eine rituelle Funktion erfüllten. (Für denselben Zweck wurden aus Zentralafrika Pygmäen importiert.) In Giza lassen prächtig dekorierte Gräber von Zwergen darauf schließen, daß sie zu jener Zeit einen beträchtlichen Status erreichen konnten. Auch in Privathaushalten dienten Zwerge als Handwerker oder Diener. Mehrere Götter, zum Beispiel Bes und Patäken, sind als Zwerge dargestellt, und in religiösen Texten werden Zwerge mit dem Sonnengott in Verbindung gebracht. In Tell el-Amarna, wo dieses Objekt angeblich gefunden wurde, zeigen Darstellungen in Privatgräbern tanzende Zwerge, die Echnaton und seine Familie begleiten, während sie die Sonne anbeten. *REF*

Provenienz: Angeblich aus Tell el-Amarna

Ausstellung: Boston, Baltimore und Houston 1982, S. 205

Literatur: Keimer 1949, S. 139, Anm. 10 E; Bothmer 1949, S. 9ff.; Terrace 1968, S. 49 f.

1.47

Obst knabbernde Meerkatze

Ägypten
Neues Reich, 1550–1186 v. Chr.
Holz
Höhe 12 cm
Museum of Fine Arts, Boston, 148.70
Leihgabe aus der Sammlung William Kelly Simpson

Obwohl Affen mindestens bis ins Mittlere Reich hinein in Ägypten heimisch waren, wurden sie auch aus dem Inneren Afrikas importiert. Hier knabbert ein stehender Affe an einem Stück Obst, das er mit beiden Händen hält. Auf seinem durch eine Wulst abgesetzten Gesicht gehen tiefliegende Augen in eine lange Schnauze über, deren Nasenlöcher durch zwei Kerben angedeutet sind. Der Körper ist sparsam modelliert.

Im Gegensatz zum Pavian, der als Berechner der Zeit und als Bote des Sonnengottes vergöttlicht und verehrt wurde, dienten Meerkatzen der Unterhaltung. Möglicherweise wurden sie als Haustiere gehalten (vgl. Kat. 1.43). Ihrer menschenähnlichen Possen wegen waren sie für die ägyptischen Künstler ein beliebtes Sujet. Sie werden gezeigt, wie sie Frauen bei der Morgentoilette zur Hand gehen oder bei der Ernte helfen. In anderen Fällen ahmen sie menschliche Handlungen nach. *REF*

Ausstellungen: Katonah 1977, S. 64; Boston, Baltimore und Houston 1982, S. 276

1.48

Protome eines Löwen mit dem Kopf eines Nubiers im Rachen

Ägypten
Neues Reich, frühe 19. Dynastie, Regierungszeit Ramses' II., um 1279–1213 v. Chr.
Ägyptisch Blau, Gold
Länge 4,3 cm
Leihgabe des Metropolitan Museum of Art, New York
Übergeben 1989 von den Trustees of the Norbert Schimmel Trust, 1989.281

In der ägyptischen Ikonographie symbolisiert der Löwe die Macht des Königs; in der Kleinkunst ist der Löwe ein weitverbreitetes dekoratives Element. Eine der Pflichten des Pharaos war es, Ägypten vor seinen traditionellen ausländischen Feinden zu schützen – den Asiaten im Nordosten, den Nubiern im Süden und den Libyern im Westen. So ist das Bild eines Löwen, der einen Ausländer bezwingt, ein häufiges Motiv in der frühramessidischen Kunst, insbesondere unter Ramses II. Für gewöhnlich wird ein vor einem Löwen kniender gefesselter Gefangener dargestellt, dessen Hinterkopf im Rachen des Löwen steckt. Dieses Protom (Darstellung des Vorderteils eines Tieres) zeigt eine verkürzte Fassung dieses Themas. Die Gesichtszüge des Löwen und des Nubiers sind in vollendetem Naturalismus modelliert, die Details der Mähne, der Ohren und des Rachens des Tieres dagegen eher stilisiert wiedergegeben. Drei der acht goldenen Zähne des Löwen sind auf der rechten Seite erhalten, auf der linken ist der Stumpf eines weiteren zu sehen.

Zwei mit vergoldeten Löwenköpfen verzierte Fliegenwedel wurden im Grab Tutanchamuns gefunden. Auch diese etwas kleineren Protome könnte den Fliegenwedel oder Peitschengriff eines Königs verziert haben. Der Hals des Löwen ist hohl und mit zwei kleinen Löchern versehen, damit das Objekt eingedübelt werden kann.

Für dieses Objekt ist eine Datierung in die 18. Dynastie vorgeschlagen worden. Der Kopf des Tieres, vor allem das Profil, ähnelt jedoch sehr den Köpfen der Löwen, die einst Treppenpfosten im Palast Ramses' II. in Qantir schmückten. Wie bei jenen Löwen fehlt auch hier jede Andeutung der Tränenkanäle unter den Augen, wie sie für Raubkatzendarstellungen der späten 18. Dynastie typisch sind, in den frühen ramessidischen Beispielen jedoch für gewöhnlich fehlen. *CHR*

Literatur: Muscarella 1974, Nr. 202; Settgast und Gehrig 1978, Nr. 232; Kozloff 1983; 1992, S. 224; Roehrig 1992

1.49

Relief mit Soldatendarstellung

Ägypten
Neues Reich, 18. Dynastie, Amarna-Zeit, um 1352–1336 v. Chr.
Kalkstein
17,5 x 25 x 6 cm
Leihgabe der Syndics of the Fitzwilliam Museum, Cambridge, E.G.A. 4514. 1943

Die Amarna-Zeit wird für gewöhnlich als eine Zeit betrachtet, in der sich der König und der Hof dem neuen Kult hingaben und das Interesse an militärischen Unternehmungen verloren hatten. Schriftliche und bildliche Quellen wie dieses Relief zeigen jedoch, daß die ganze Zeit das stehende Heer der Ägypter dies bestanden hatte.

Diese Szene zeigt, wie die Künstler der Amarna-Zeit experimentierten und die traditionellen Konventionen der Kunst in Frage stellten. Zwei Soldaten eilen nach rechts, der eine ist mit Speer und Streitaxt bewaffnet und hat einen Schild über seine rechte Schulter gehängt, der andere hält einen Schild unter seinem Arm und in der rechten Hand ein Seil; beide sind im Oberkörper nach vorn geneigt, der hintere deutlicher als der vordere. Die Männer sind mit großen Köpfen und stark fliehender Stirn dargestellt; die Augen liegen horizontal und mittig, ihre Lider sind naturalistisch und ohne die in früherer Zeit üblichen künstlichen Umrahmungen und Schminkstriche wiedergegeben. Das Kinn springt markant hervor, und sämtliche Merkmale folgen der Ikonographie der königlichen Familie. Die Größe der Köpfe entspricht der Breite der Schultern, die Taille ist in Höhe der Magengrube angegeben, und die Gliedmaßen sind dünn. Die tiefen, aber ungleichmäßigen Konturen unterstreichen einen tölpelhaften Eindruck.

All diese künstlerischen Manierismen sind charakteristisch für den Amarna-Stil. Die zugestandene künstlerische Freiheit war jedoch offensichtlich so groß, daß Details von Szene zu Szene unterschiedlich ausgeführt werden konnten. So schwingt zum Beispiel der eine Soldat auf diesem Relief seine Streitaxt mit einer wenig überzeugend verdrehten Hand, während er den Speer schon wahrheitsgetreuer in einer geschlossenen Hand hält.

Um die in der traditionellen ägyptischen Darstellung von Figurengruppen übliche reihenweise Anordnung zu vermeiden, hat der Künstler aus Amarna den Abstand zwischen seinen Figuren vergrößert und ihre Positionen variiert. Diese Szene, die wahrscheinlich in den Kontext einer größeren Erzählung gehört, die den weiten Teil einer Wand einnahm, ist frei von den üblichen Beischriften, und es sollte nicht weiter überraschen, wenn die Figuren nicht auf einer Bodenlinie stünden; möglicherweise waren sie von einer Landschaft umgeben. Obwohl es sich um ein versenktes Relief handelt, gibt es doch Überschneidungen von Einzelformen, und es läßt sich ein ständiges Wechselspiel zwischen Flach- und Hochrelief beobachten. *EV*

Provenienz: von R. G. Gayer-Anderson dem Museum übergeben

Literatur: Vassilika 1995, Nr. 29

1.50

Statue Ramses' I.

Ägypten
Neues Reich, 19. Dynastie, um 1294 v. Chr.
Holz (Sykomore), schwarzes Harz
180 x 51 x 48 cm
The Trustees of the British Museum, London, EA. 883

Zwei lebensgroße Holzfiguren wurden von Belzoni in einem Königsgrab in Theben gefunden, das heute Ramses' I. zugeschrieben wird. Belzoni, der als erster in der Neuzeit systematische Forschungen im Tal der Könige unternahm, begann seine Untersuchungen am 6. Oktober 1817 in einem Bereich, in dem die meisten Gräber schon im Altertum geplündert worden waren. Einige lagen offen und waren für Besucher zugänglich, andere waren weger schwerer Regenfälle mit Geröll gefüllt. Am 11. Oktober, als Belzoni seinen Weg durch das dritte der wiederentdeckten Gräber gebahnt hatte, fand er in einer Ecke der Grabkammer eine aufrecht stehende Holzstatue und in einem Seitenraum zur Rechten ein ähnliches Stück (Kat. 1.51). Die Figuren wurden später nach Kairo transportiert und kamen in die berühmte Sammlung des britischen Konsuls Henry Salt.

Damals war die hieroglyphische Schrift noch nicht entziffert, und der Besitzer des Grabes war unbekannt; auch über die Funktion solcher Statuen wußte man noch nichts. Als man gegen Ende des 19. Jahrhunderts ähnliche Holzfiguren in anderen bedeutenden Gräbern des Tals der Könige entdeckte – insbesondere die beiden intakten Statuen Tutanchamuns, die den versiegelten Zugang zu seiner Grabkammer flankierten –, stellte sich heraus, daß dieser heute als ›Wächterfigur‹ bezeichnete Statuentyp ein unerläßlicher Bestandteil der Ausstattung eines Königsgrabes war. Tatsächlich sind Holzskulpturen in Königsgräbern schon seit der 1. Dynastie belegt.

Diese Figur stellt den König stehend, den linken Fuß vorgestellt, dar. Das Pendant im British Museum (EA. 854) und andere entsprechende Statuen zeigen, daß der linke Arm nach vorn gebeugt war und die Hand einen langen Stab hielt, während der rechte Arm am Körper anlag und eine Keule in der Hand hielt. Der König trägt die als *khat* bezeichnete Haube als Kopfputz, während das andere Stück das *nemes*-Kopftuch zeigt. Die übrige Bekleidung besteht aus einem kurzen Schurz mit einem ausladenden dreieckigen Vorbau.

Wie alle Holzfiguren dieses Typs wurden die einzelnen Teile der Statue aus verschiedenen Holzstücken gearbeitet und mit Hilfe von Zapfen und Zapfenlöchern zusammengefügt. Die unebenen Fugen wurden mit Gips kaschiert, und die ganze Figur wurde mit einer dünnen schwarzen Harzschicht überzogen. Der Kopfputz, der Schurz, der breite Halskragen und die Armreife und -spangen wurden über einer Gips- und Leinenunterlage vergoldet. Die Gesichtspartie dieser Statue wurde in den Kopf gesteckt, der wiederum auf den Körper aufgesetzt wurde. Die Augen und Augenbrauen waren eingelegt – ein Rest der ursprünglichen Hinterfüllung aus Mörtel ist noch im rechten Auge zu sehen. Der heute fehlende Bart war unter dem Kinn befestigt, und die Ohren waren ebenso an den Seitenflächen des Kopfes angebracht. Ein großer Ansatz in Form eines Zopfes war ursprünglich an der Rückseite des Kopfschmucks befestigt, und auf der Stirn war in einen rechteckigen Schlitz die königliche Uräusschlange eingefügt. Spuren eines Halskragens sind auf der Brust zu finden. Die für gewöhnlich aus zwei Teilen zusammengesetzten Arme waren durch an den Seiten zu sehende Zapfen und Zapfenlöcher am Körper befestigt. Mehrere Schlitze auf dem dreieckigen Vorderteil des Schurzes bezeugen, daß ursprünglich ein Schurzgehänge dort angebracht war, das ursprünglich mit Blattgold überzogen gewesen sein wird. Bei einem Bein, beiden Füßen und dem Sockel der Statue handelt es sich um moderne Ergänzungen.

Auch wenn die Statue arg beschädigt ist, sind auf den erhalten gebliebenen Teilen die charakteristischen Merkmale noch gut zu erkennen. Der obere Teil der Kopfbedeckung ist gewölbt. Das Gesicht ist oval, die Stirn sehr niedrig und das Kinn gerundet. Die Augenbrauen sind über den Augen gewölbt und schräg bis auf die Schläfen gezogen; die Augen sind schmal und schlitzförmig und durch die horizontal verlaufenden Schminkstriche verlängert. Der obere Teil des Körpers ist nach vorn geneigt, und die Schlüsselbeine sind durch schrägstehende Grate angedeutet. Die Brust ist weich modelliert, die Taille ist kräftig, die Hüften ragen leicht hervor, und unter dem leicht hervortretenden Bauch sitzt ein Gürtel. Der Bauch ist durch eine vertikale Vertiefung angegeben und endet am Nabel, der durch eine runde Aushöhlung wiedergegeben wird.

Diese Merkmale sind typisch für den Stil der späten 18. Dynastie, an dem auch zu Beginn der 19. Dynastie noch festgehalten wurde. Diese Statue und ihr Pendant scheinen die einzigen erhalten gebliebenen Skulpturen zu sein, die Ramses I. darstellen. Vermutlich wegen seiner kurzen Regierungszeit gibt es von ihm nur sehr wenige Statuen. Von sieben fragmentarischen Steinskulpturen, die seinen Namen tragen, sind nur zwei Statuensockel erhalten geblieben. Drei weitere Skulpturen wurden ihm von seinem Sohn und Nachfolger Sethos I. gewidmet. Es ist ein Glücksfall, daß diese Holzfiguren erhalten geblieben sind. Sie erweitern nicht nur die Kenntnis der Königsikonographie der frühen 19. Dynastie, sondern unterstreichen auch die Tatsache, daß derartige Skulpturen zur Grundausstattung aller Königsgräber gehörten. *HSo*

Provenienz: Theben, Tal der Könige, Grab Nr. 16; aus der Sammlung Henry Salt

Literatur: Belzoni 1820, S. 229 f.; British Museum guide 1909, S. 190 (685); Christophe 1959, S. 257–265; Mayes 1959, S. 178, 206, 310, 330, Nr. 685; Porter und Moss 1973, S. 535; James und Davies 1983, S. 49, Abb. 55 (rechts); Reeves 1990, S. 91 f.; Penny, 1993, S. 125 f., Abb. 115

1.51

Statue Ramses' IX.

Ägypten
Neues Reich, 20. Dynastie, um 1126–1108 v. Chr.
Holz (Sykomore)
188 x 54 x 38 cm
The Trustees of the British Museum, London, EA. 882

Diese Holzfigur, die früher für ein Bildnis Ramses' II. gehalten wurde, ist vor kurzem Ramses IX. zugeordnet worden, in dessen Grab sie im frühen 19. Jahrhundert entdeckt worden zu sein scheint.

Die Technik ist mit einigen Unterschieden dieselbe wie bei allen königlichen Grabfiguren dieses Typs (Kat. 1.50). Sie war nicht mit glänzendem schwarzen Harz überzogen, sondern mit einfacher Farbe bemalt. Farbspuren auf einer Stuckschicht um den Hals lassen darauf schließen, daß in diesem Fall auch das Blattgold des Schmucks durch eine mehrfarbige Bemalung ersetzt war. Das in den Kopfschmuck eingefügte Stück Holz zeigt, daß die abgebrochene Uräusschlange ganz aus Holz gefertigt war. Die Augen und Augenlider sind nicht eingelegt, sondern direkt aus dem Holz modelliert. Wie üblich waren die (heute fehlenden) Arme mit Hilfe von Zapfen und Zapfenlöchern am Körper befestigt. Eine Aussparung unterhalb des Schurzes sollte vielleicht eine Papyrusrolle aufnehmen. Beine und Sockel sind moderne Ergänzungen.

Der König ist in derselben Haltung wie sein früher Vorläufer, Ramses I., dargestellt: aufrecht stehend mit vorgestelltem linken Fuß. Er trägt den dreieckigen Schurz, an dessen unterer Hälfte ursprünglich mit Hilfe dreier Zapfen ein gestärkter Vorbau angebracht war. Lediglich das *nemes*-Kopftuch ist abweichend, es entspricht dem Pendant der Statue Ramses' I. (British Museum, EA. 854).

Daneben gibt es auch stilistische Unterschiede. Die Augenbrauen sind naturalistisch durch leicht gewölbte Bögen wiedergegeben; die Augen treten hervor und haben schwere Lider. Die Nase ist schmal und gebogen. Der Mund ist durch scharf geschnittene Umrißlinien und sinnliche Lippen genau bezeichnet. Betont wird der strenge Ausdruck durch Falten an den Mundwinkeln und eine Vertiefung unter der Unterlippe, die das kräftige Kinn hervorhebt. Im Verhältnis zum oben beschriebenen Körper erscheint der Kopf hier überproportional groß; die Brust ist schematisch modelliert, die Taille sehr hoch angesetzt und schlank. Die Hüften sind schmal, und der Bauch ist durch eine einfache Ausbuchtung ohne weitere Details wiedergegeben.

Von Ramses IX., einem der letzten Herrscher des Neuen Reiches, dessen Grab zu den am besten erhaltenen Gräbern im Tal der Könige gehört, sind ansonsten nur wenige Statuen bekannt: Diese Statue ist insofern wichtig, als sie bestätigt, daß an diesem Typus der Grabplastik bis ins späte Neue Reich hinein festgehalten wurde. Wie die früheren Beispiele zeigen, gehört sie mit Sicherheit zu einem Paar, wobei sich die beiden nur durch die Kopfbedeckung unterscheiden. Den Inschriften zufolge, die auf den Schurzen der entsprechenden Statuen Tutanchamuns erhalten geblieben sind, war der auf der Ostseite stehende König mit dem *nemes*-Kopftuch der, ›der ewig lebt wie Re, Tag für Tag‹, und sein das *khat* tragende Pendant auf der Westseite ›der königliche Ka des Re-Harachte, Osiris, König und Herr der beiden Länder, Tutanchamun, der Gerechtfertigte‹. Derartige Statuen repräsentierten also die beiden Aspekte des Sonnengottes, mit dem sich der König nach seinem Tod vereint: die tagsüber scheinende Sonne, Re-Harachte, und der nächtliche *ka* des Sonnengottes, Osiris. Darstellungen dieser Statuen sind auf den Wänden der absteigenden Korridore in den Königsgräbern zu finden. Eine lange Szenenfolge zeigt Priester, die an den ins Grab hinuntergetragenen Statuen Riten vollziehen.

Diese Holzfiguren, die seit den frühesten Dynastien unverzichtbarer Bestandteil der königlichen Grabausstattung waren, sind mehr als nur Wächter, auch wenn sie die Grabkammer zu bewachen scheinen. Sie fungieren als Stellvertreter des Königs und seiner *kas*, als Sonne des Tages und der Nacht. Sie stehen dort, um an allen Ritualen beteiligt zu sein, durch die der König ewiges Leben erlangen wird. *HSo*

Provenienz: Theben, Tal der Könige, Grab Nr. 6; aus der Sammlung Henry Salt

Literatur: Arundale, Bonomi und Birch 1840, S. 112, Tafel 47, Abb. 171; Porter und Moss 1973, S. 507; James und Davies 1983, S. 49, Abb. 55 (links); Reeves 1985, S. 40 f., 45, Nr. 16; 1990, S. 119 f., Nr. 56; Penny 1993, S. 124–126, Abb. 114

1.52

Dose mit konischem Deckel

Ägypten
Neues Reich (?), 1300–1100 v. Chr.
Fayence
Höhe 15,5 cm; Durchmesser 11,9 cm
Musée du Louvre, Paris
Sammlung Fould, E 3610

Die ursprüngliche Bemalung dieses kleinen, zylindrischen Gefäßes mit flachem Boden und einem wie eine umgedrehte Lotusblüte geformten Deckel ist fast unversehrt. Die Dose ist in Schwarz und kräftigem Blau dekoriert, wobei letzteres an einigen Stellen fast blaugrün geworden ist.

Die Szene zeigt einen Mann, der dem ibisköpfigen Gott Thoth gegenübersteht. Sein linkes Bein ist vorgestellt, und die Arme hängen seitlich herab. Das schulterlange Haar ist rund geschnitten, und er trägt ein bis zu den Knöcheln reichendes Gewand. Thoth ist von etwas kleinerer Gestalt; er trägt einen kurzen Schurz und einen Schmuckkragen. In seiner linken Hand hält er das Lebenszeichen *ankh* und in seiner ausgestreckten rechten Hand das *was*-Zepter. Material- und technologiebedingt sind die Details und das Relief als Ganzes etwas flüchtig ausgefallen. Zwischen den beiden Figuren steht eine Inschrift in zwei senkrechten Zeilen, die durch das Götterzepter getrennt werden, sie stellt den Schreiber des Frauenhauses (?) Hor (?), den Besitzer des Gefäßes, unter den Schutz des Thoth, des Herrn von Hermopolis.

Der übrige Teil des Gefäßes ist (unten) mit vier Zickzacklinien auf schwarzem Untergrund dekoriert, die Wasser symbolisieren, und (oben) mit fünf Reihen schachbrettähnlichen Musters, dessen Quadrate aus blauen und schwarzen Hälften zusammengesetzt sind. Sechs kleine, in regelmäßigen Abständen eingebohrte Löcher am oberen Rand enthalten noch Reste der Schnur, die den Deckel festgehalten haben muß. Auch durch ein Loch in der Spitze des Deckels führt eine Schnur. Die Dekoration des Deckels läßt Details von dunkelblauen Blütenblättern erkennen.

Behälter von ähnlicher Form und mit ähnlicher Dekoration sind an mehreren Orten gefunden worden, insbesondere in den Grabhügeln von Kerma im Sudan; diesem Objekt besonders ähnlich ist ein kleines Gefäß aus Stuck, das in einem Grab in Deir el-Medina gefunden wurde. Die beiden Dosen weisen in etwa dieselbe Größe und Form auf; das Schachbrettmuster und die Deckel in Form einer umgedrehten Lotusblüte legen ein gemeinsames Vorbild nahe und weisen eine offensichtliche Verwandtschaft zu Flechtkörben auf. *PR*

Ausstellung: Boston 1982, S. 151, Nr. 159

Literatur: Wenig 1978, S. 160, Nr. 68; Bruyère 1937, S. 56, Abb. 27

1.53

Kopfstütze in Form eines Hasen

Ägypten
Neues Reich (?), um 1550–1069 v. Chr.
Holz (Tamariske)
19,6 x 38,4 cm
The Trustees of the British Museum, London, EA. 20753

Kopfstützen sind normalerweise aus drei Teilen zusammengesetzt: Ein Mittelpfeiler ist auf einen flachen Untersatz aufgesetzt und wird von einer konkaven Auflagefläche überragt. Diese Form ist aus dem Alten Ägypten (Kat. 1.54), dem Sudan und anderen Teilen Afrikas wohlbekannt (Kat. 2.9 a). Das vorliegende Exemplar ist von seiner Gestalt und seinem Entwurf her ungewöhnlich. Es ist in der Form eines kauernden Hasen aus einem einzigen Stück Holz geschnitzt. Phantasievoll wurden die langen Ohren des Hasen in die Auflage für den Nacken umgedeutet. Das Stück wurde abschließend poliert; an unzugänglicheren Stellen sind jedoch Bearbeitungsspuren zu finden. Farbspuren sind nicht auszumachen. Die Kopfstütze ist gut erhalten, weist jedoch kleinere Schäden auf, und die Oberfläche ist an mehreren Stellen gesprungen, was hauptsächlich auf die Austrocknung des Holzes zurückzuführen ist.

Diese schöne und ungewöhnliche Plastik wird kaum einfach das Ergebnis einer künstlerischen Laune gewesen sein. Ägyptische Kopfstützen waren oft mit Inschriften oder mit Figuren apotropäischer Gottheiten verziert, die den Besitzer in diesem oder im nächsten Leben vor verschiedenen Gefahren schützen sollten. Amulette in Gestalt eines Hasen wurden im Alten Ägypten sowohl von den Lebenden wie auch von den Toten getragen. Die genaue Funktion dieses Amuletts ist nicht bekannt. Der Hase konnte vermutlich sowohl gefährliche als auch hilfreiche Eigenheiten verkörpern. Als wild lebendes Wüstentier könnte er für die Kräfte des Chaos gestanden haben, gegen die das Amulett geschützt haben wird. Gleichzeitig wird es den Träger vielleicht mit den charakteristischen Eigenschaften des Hasen ausgestattet haben: Wachsamkeit, Schnelligkeit, Fruchtbarkeit und Regenerationsvermögen.

Die Entstehungszeit der Kopfstütze ist ungewiß. Ein ähnliches Stück – ohne Herkunftsangabe – befindet sich im Petrie Museum in London. Die Holzart wurde vor kurzem von Caroline Cartwright, einer Mitarbeiterin des British Museum, bestimmt. *WVD*

Provenienz: 1888 von E. A. Wallis Budge dem Museum übergeben

Literatur: Budge 1904, S. 70, Nr. 58; Petrie 1927, S. 35, Taf. XXXII, 35; Costa 1988, S. 44, Abb. 13; Hart 1990, S. 42 f; Andrews 1994, S. 63 f.

1.54 a

Kopfstütze

Ägypten
Neues Reich (?), um 1550–1069 v. Chr.
Holz
18,4 x 17,6 x 6,4 cm
Musées Royaux d'Art et d'Histoire, Brüssel, E. 7220

1.54 b

Kopfstütze

Ägypten
Neues Reich (?), um 1550–1069 v. Chr.
Holz
17 x 21,2 x 8,1 cm
Musées Royaux d'Art et d'Histoire, Brüssel, E. 2406

Wie gewisse afrikanische Völker noch heutzutage hatten die alten Ägypter die Gewohnheit, auf der Seite zu schlafen, wobei der flache Teil des Kopfes unterhalb des Ohrs auf einer Kopfstütze ruhte. Besonders gebräuchlich waren Kopfstützen im Alten Reich und während des Neuen Reiches. Sie sind aus vielen verschiedenen Materialien (Kalkstein, Kalzit, Elfenbein, Ton, Fayence, Holz usw.) und in verschiedenen Formen gefertigt. Die meisten setzen sich aus drei Hauptteilen zusammen: der (für gewöhnlich längliche) Untersatz, ein vertikaler, als Stütze dienender Teil und ein für gewöhnlich halbmondförmiger oberer Teil, der oft mit mehreren Stofflagen umwickelt wurde, um bequemer darauf schlafen zu können. Obwohl Kopfstützen im Alltagsleben verwendet wurden, stammen die meisten der erhaltenen Beispiele aus Gräbern. Im Grabkontext wurde die Kopfstütze zu einem Talisman mit magischen Eigenschaften: Sie sollte die Auferstehung ›des Schlafengegangenen‹ (des Verstorbenen) sicherstellen, indem sie böse Geister in Schach hielt, insbesondere die Götter, die ›Köpfe abschneiden und Herzen herausreißen‹.

Kat. 1.54 a weist weder eine Verzierung noch eine Inschrift auf und ist von einer äußerst einfachen Form. Zwei leicht gebogene Säulen erheben sich über einer elliptischen Basis. Das gängige halbmondförmige Oberteil verfügt über einen rechteckigen Untersatz, der als Abakus über den Säulen dient. Die Kopfstütze ist aus vier einzeln gearbeiteten Holzstücken gefertigt, die von Dübeln zusammengehalten werden.

Kat. 1.54 b verfügt über eine rechteckige, sehr lang gestreckte Basis und eine vertikale Stütze in origineller und dekorativer Gestalt: ein unten spitz zulaufendes Gefäß mit zwei Henkeln, das auf einem trapezförmigen Untersatz steht. Mit Zapfen und Zapfenloch ist der obere Teil der Kopfstütze auf das Gefäß aufgesetzt. *LL*

Provenienz: Kat. 1.54 a: aus der Sammlung C. W. Lunsingh Scheurleer; Kat. 1.54 b: 1905 in Kairo erworben

Literatur: Vaulathem 1983, S. 42 f.; Lefebvre und van Ruisveld 1991, S. 119

1.55

Gerät in Gestalt eines Fingers

Ägypten
Entstehungszeit unbekannt
Holz
40,1 x 4,2 cm
Musée du Louvre, Paris, N 1527

Dieses merkwürdige, aus einem einzigen Stück Holz gefertigte Objekt weist zwei unterschiedliche Hälften auf. Die eine ist zylindrisch und in Form eines Fingers mit einer sehr deutlichen Krümmung gearbeitet; der Fingernagel ist im Detail ausgeführt. Unter dem gekrümmten Teil des Fingers sind Gebrauchsspuren zu sehen. Der andere, längere und breitere Teil ist oben abgerundet und an der Unterseite nahezu flach. Das Ende weist eine abgeschrägte Kante auf, die peinlich genau abgerundet ist.

Der Verwendungszweck dieses Objekts läßt sich nur vermuten. Die Hypothese, derzufolge es während der ›Mundöffnung‹ im Bestattungsritual verwendet wurde, ist nicht sehr plausibel, weil der flache Teil des Objektes im Vergleich zum Finger unverhältnismäßig groß ist; der Finger scheint dafür verwendet worden zu sein, um Dinge aufzuheben. Der Vorschlag, es habe sich um eine Kelle zum Glätten, d.h. ein Maurerwerkzeug, gehandelt, wird durch kleine Details gestützt: Die Unterseite des langen Teils ist recht flach, und mit Hilfe der abgeschrägten Kante hätte der Arbeiter das Werkzeug in Ecken benutzen können, ohne den Gips auf der angrenzenden Wand zu beschädigen. Die überlieferten Maurerkellen weisen jedoch im allgemeinen eine andere Form auf. Sie sind kürzer und breiter, mit einem horizontalen Griff. Falls dieses Werkzeug zum Glätten benutzt wurde, dann vielleicht eher in einem anderen Handwerksbereich. Vielleicht wurde es zum Beispiel bei der Papyrusherstellung verwendet, wofür es gut geeignet zu sein scheint. *PR*

Ausstellung: Boston 1982, S. 56, Nr. 28

Literatur: Petrie 1917, S. 42, Tafel XLVII

1.56

Ostrakon mit Stierdarstellung

Ägypten
Neues Reich, 19. Dynastie,
um 1295–1186 v. Chr.
Kalkstein
11,8 x 16,2 x 2,2 cm
Musées Royaux d'Art et d'Histoire,
Brüssel, E. 6371

Die Ägypter benutzten oft die in der Umgebung ihrer Wohnstätten in Hülle und Fülle zu findenden Kalksteinfragmente oder Tonscherben als Schreib-, Zeichen- oder Malunterlage. Zu Tausenden sind diese als Ostraka (der Plural des griechischen Wortes Ostrakon, ›beschriftete Scherbe‹) bezeichneten Dokumente überliefert worden. Die Zeichnungen auf den Ostrakon sind oft sehr reizvoll; die meisten sind in Theben-West entdeckt worden, in Deir el-Medina und anderen Dörfern, wo die Arbeiter und Handwerker lebten, die die Gräber der Könige und Königinnen des Neuen Reiches aushoben und dekorierten. Diese Ostrakon wurden in derselben Technik verziert, die auch für die Grabwände verwendet wurde; viele stellen kleine Meisterwerke dar.

Eine ganze Anzahl verschiedener Rinderarten war im Niltal bekannt, und die Rinder war ein Lieblingssujet der ägyptischen Künstler. Das Brüsseler Ostrakon zeigt einen ausschreitenden Stier. Das Tier weist eine starke Ähnlichkeit mit einem Zebu auf. Obwohl diese Zeichnung nur wenige Details zeigt, sind das Auge und das Maul des Tieres deutlich hervorgehoben. Vom stilistischen Standpunkt aus betrachtet, erinnert dieses kleine Bild sehr an einige der Stierdarstellungen, die in Deir el-Medina gefunden wurden. Dieses Beispiel stammt deshalb wahrscheinlich von dort oder aus der näheren Umgebung dieses Ortes.

Oberhalb des Stiers sind einige Hieroglyphenzeichen auszumachen, die das Wort *pa-ian* (›der Pavian‹) ergeben, eine Inschrift, die ohne Bezug zum Bild des Stieres ist. Es ist vermutet worden, daß es sich um einen Namen handeln könnte, vielleicht um den Namen des Künstlers; vielleicht ist es auch einfach eine Schreibübung.

Die Rückseite des Ostrakon zeigt die recht plumpe Zeichnung einer Antilope. *LL*

Provenienz: Ursprünglich aus Deir el-Medina (?); 1930 in Luxor erworben

Literatur: Werbrouck 1932, S. 107; 1953, S. 100 f., Abb. 17; Brunner-Traut 1956, S. 107, Anm. 4

1.57

Königin von Punt

Ägypten
Neues Reich, 20. Dynastie, um 1150 v. Chr.
Kalkstein
14 x 8 cm
Staatliche Museen zu Berlin, Preußischer Kulturbesitz, Ägyptisches Museum und Papyrussammlung, 21442

Den ausführlichsten Bericht über die Kontakte Altägyptens zu Afrika bieten die Reliefs und Inschriften auf den Wänden einer der Kolonnaden des Terrassentempls der Königin Hatschepsut in Deir el-Bahari in Theben-West. Dieser historische Bild- und Textbericht schildert eine von der Königin Hatschepsut (1479–1458 v. Chr.) ausgesandte Expedition in das Weihrauchland Punt an der ostafrikanischen Küste (wahrscheinlich das heutige Somalia).

In den bemalten Reliefs werden die Häuser, die Vegetation und die Tierwelt, aber auch die Bevölkerung dieser fernen Weltgegend mit geradezu wissenschaftlicher Akribie gezeigt. Besondere Aufmerksamkeit wird der Darstellung des Königspaares von Punt gewidmet. Die Königin ist überaus dickleibig; mit ihren kurzen Armen und Beinen und ihrem steatopygen Gesäß erinnert sie an die Königinnen von Karagwe im Nordwesten des heutigen Tansania.

Diese um 1470–1460 v. Chr. geschaffenen Tempelreliefs fanden noch nach Generationen das Interesse der Künstler. Die Skizze auf einem Ostrakon, einer Kalksteinscherbe, ist das Werk eines Künstlers der Ramessidenzeit, der im nahe bei Deir el-Bahari gelegenen Dorf Deir el-Medina lebte und arbeitete. Er hat nicht eine exakte Kopie des Reliefs im Hatschepsut-Tempel angefertigt, sondern wohl nach dem Gedächtnis gearbeitet. Einige ikonographische Details sind seine freie Erfindung. Das charakteristische Gesamtbild dieser afrikanischen Königin hat aber bei ihm einen nachhaltigen Eindruck hinterlassen. *DW*

Provenienz: 1913, Deir el-Medina, Areal D3 (Deutsche Orient-Gesellschaft, Grabungsnummer 189)

Ausstellung: Berlin 1967, Nr. 729

Literatur: Brunner-Traut 1956, S. 75 ff., Taf. XXVIII, Nr. 76

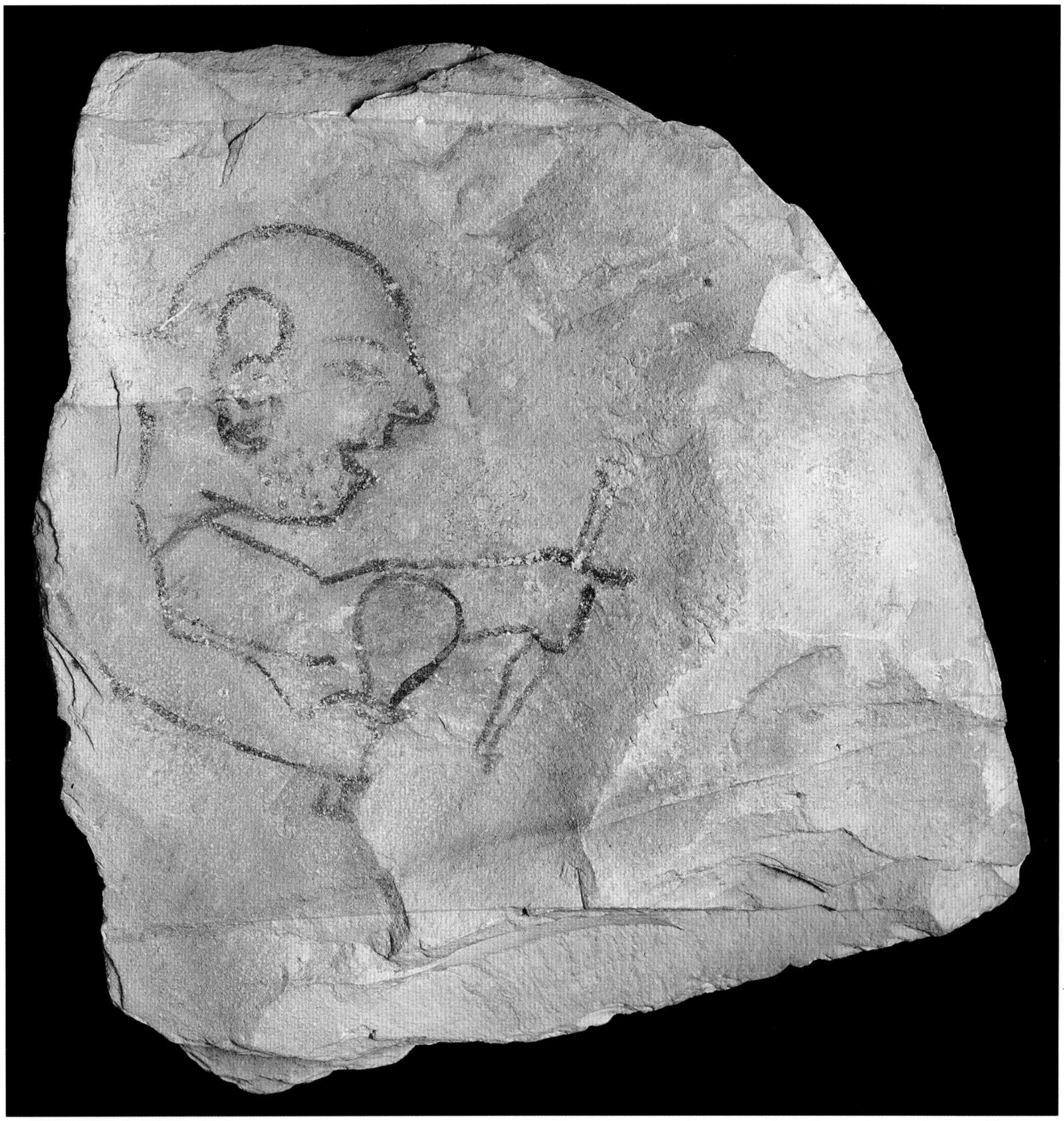

1.58

Figürliches Ostrakon

Ägypten
Neues Reich, späte 19. Dynastie – frühe 20. Dynastie, um 1200–1153 v. Chr.
Kalkstein
15 x 13,5 cm
Leihgabe der Syndics of the Fitzwilliam Museum, Cambridge, E.G.A. 43240. 1943

Die umfangreichen Überreste der dicht bevölkerten Siedlung von Deir el-Medina geben eine Vorstellung vom Leben der Steinmetze, Kunsthandwerker und Arbeiter, die die reich ausgeschmückten Gräber in Theben schufen. Der kahle Steinmetz oder Bildhauer auf diesem Ostrakon, der sein Handwerkszeug, Meißel und Hammer, hält, dürfte an diesem Ort gelebt haben. Ein vergnügter, kräftiger Mann mit kurzem breiten Hals widmet sich seiner Tätigkeit. Die richtig wiedergegebene Profilansicht des Halses ist in der ägyptischen Kunst selten zu finden. Der Steinmetz trägt einen Stoppelbart; der offene Mund könnte ein Hinweis darauf sein, daß er bei der Arbeit singt. Er ist mit einem übergroßen Ohr und einer Knollennase versehen. Trotz der ungewöhnlichen Thematik und Sichtweise ist das Auge des Mannes dem ägyptischen Schönheitsideal entsprechend elegant gezeichnet und mit einer bleistiftdünnen Augenbraue versehen.

Das Ostrakon ist auf der Rückseite mit einer Szene dekoriert, die eine vor der Schlangengöttin Meretseger kniende Figur zeigt. Darunter befindet sich eine einzeilige Widmungsinschrift. Die Ägypter verehrten, was ihnen Furcht bereitete, und Schlangen stellten für die Arbeiter, die die königlichen und privaten Gräber in Theben-West anlegten und ausschmückten, eine beträchtliche Gefahr dar. Es ist nicht klar, ob diese Zeichnung als Vorlage für eine Stele gedacht war, die dauerhaft in Relief verziert werden sollte, oder ob sie selbst die endgültige Votivgabe darstellte, auf deren Rückseite später respektloserweise der Steinmetz gezeichnet wurde. *EV*

Provenienz: 1943 von R. G. Gayer-Anderson dem Museum übergeben

Literatur: Vassilika 1995, Nr. 37

1.59

Grabrelief

Ägypten
Neues Reich, 19. Dynastie, um 1200 v. Chr.
Sandstein, bemalt
Staatliche Museen zu Berlin, Preußischer Kulturbesitz, Ägyptisches Museum und Papyrussammlung, 23731

Die ganze Vielfalt des Alltagslebens in Altägypten erschließt sich durch die Grabdarstellungen in Relief, Malerei und dreidimensionalen Modellen. Der unerschöpfliche Reichtum dieser Bilder, die vom frühen Alten Reich (um 2700 v. Chr.) bis in die Spätzeit (4. Jahrhundert v. Chr.) belegt sind, ist ein Bilderlexikon zur altägyptischen Kulturgeschichte, das viele Informationen liefert, die in Textquellen nicht belegt sind.

Dieses Relief aus stuckiertem und bemaltem Sandstein zeigt einen Ausschnitt aus der großen Darstellung einer Baustelle. Auf einem Baugerüst, dessen Holzbalken mit Stricken verbunden sind, hockt ein Zimmermann, der mit einem Querbeil einen Balken bearbeitet. Sein struppiges, ungekämmtes Haar und sein unrasiertes Kinn weisen ihn den unteren Gesellschaftsschichten zu und heben ihn deutlich von den idealisierenden Darstellungen der Oberschicht ab. Seine orangerote, ins Gelbliche spielende Hautfarbe dürfte auf fremdländische Herkunft – wohl auf Syrien – hinweisen. Ein anderes Ursprungsland für Fremdarbeiter ist seit dem frühen Alten Reich (um 2700 v. Chr.) das nubische Niltal. *DW*

Provenienz: 1935 erworben vom Museum
Ausstellung: Berlin 1990, Nr. 52

lieben gekennzeichnet. Ein Beamter der 26. Dynastie namens Aba ließ zum Beispiel die Wände seines thebanischen Grabes mit Szenen ausschmücken, bei denen es sich um Kopien aus dem Grab eines anderen Aba handelte, der ungefähr fünfzehn Jahrhunderte früher in dem fern gelegenen Dorf Deir-el-Gebrawi gelebt hatte. Vielleicht hielt der spätere Aba seinen viel früheren Namensvetter für einen Vorfahren, oder vielleicht war er einfach auch nur von der zufälligen Übereinstimmung fasziniert.

Es ist nicht zu sagen, warum Montemhets Künstler auf ein Grab aus der 18. Dynastie zurückgriffen. Sicher ist jedoch, daß sie die Vorlage aus der 18. Dynastie nicht einfach nur sklavisch kopierten. Sie griffen vielmehr die älteren Bilder auf, änderten gewisse Details und arbeiteten in einem Stil, der von der großzügigen Skizzenhaftigkeit der Malereien im Grab des Menna weit entfernt ist. *JFR*

Provenienz: Theben, Grab des Montemhet

Ausstellungen: San Francisco 1975, Nr. 96 a; Berlin 1976, Nr. 68; Brüssel 1976–77, Nr. 68; Tokio u. a. 1983–84, Nr. 59

Literatur: Cooney 1949, S. 193–203; Wolf 1957, S. 636, 640; Fazzini 1972, S. 60; Smith 1981, S. 411 f.; Bianchi, in: Fazzini u. a. 1989, Nr. 71; der Manuelian 1994, S. 18 f.; Russmann 1994, S. 13 f.

1.60

Relief

Ägypten
Spätzeit, späte 25. Dynastie – frühe 26. Dynastie, um 670–650 v. Chr.
Kalkstein
23,9 x 28,7 cm
The Brooklyn Museum
Charles Edwin Wilbour Fund, 48.74

Szenen des täglichen Lebens gehören zu den gebräuchlichsten Themen in den Dekorationen altägyptischer Privatgräber. Das obere Register dieses fragmentarischen Reliefs zeigt die teilweise erhaltenen Figuren zweier sitzender Mädchen; das Mädchen zur Linken hebt ein Bein, damit ihre Gefährtin ihr einen Dorn aus dem Fuß ziehen kann. Die untere, vollständigere Szene zeigt eine Frau mit einem Kind in einem um ihren Körper gelegten Tuch. Sie ist eine ›berufstätige Mutter‹ im wahrsten Sinne des Wortes, die Obst von einem Baum pflückt, während sie ihren Nachwuchs umsorgt.

Das Fragment stammt aus dem thebanischen Grab des Montemhet, Vierter Prophet des Gottes Amun in Theben und Bürgermeister dieser Stadt. Er lebte in den unruhigen Zeiten des Übergangs von der 25. zur 26. Dynastie. Viele Künstler dieser Zeit suchten Anregungen in der Kunst früherer Epochen. Mit einiger Sicherheit greifen die beiden Szenen auf diesem Relief auf ähnliche Wandmalereien in einem nahegelegenen, etwa 750 Jahre älteren Grab aus der 18. Dynastie zurück (das thebanische Grab 69 eines Mannes namens Menna).

Der Archaismus, der bewußte Rückgriff auf den Stil und die Ikonographie einer früheren Zeit, war eine der wichtigsten Strömungen in der altägyptischen Kunst. Im ganzen Verlauf der ägyptischen Geschichte, insbesondere jedoch in Zeiten politischer und gesellschaftlicher Unsicherheit, waren die Künstler bestrebt, den Geist vergangener ›klassischer‹ Zeiten wieder einzufangen. Nach der Vertreibung der verhaßten Hyksos schufen zum Beispiel die königlichen Bildhauer in den ersten Jahrzehnten der 18. Dynastie Königsbildnisse, die den höfischen Stil der frühen 12. Dynastie widerspiegelten, einer Epoche, die die Ägypter als die ›Wiederholung der Geburten‹ (d. h. ›Renaissance‹) bezeichneten.

Andere Beispiele für den Archaismus sind mehr von persönlichen Vor-

1.61

Triade Osorkons II.

Ägypten
3. Zwischenzeit, 22. Dynastie, Regierungszeit Osorkons II., um 874–50 v. Chr.
Gold, Lapislazuli, Glas
9 x 6,6 cm
Musée du Louvre, Paris
Sammlung Rollin-Feuardent, E 6204

Dieses prachtvolle Beispiel der Goldschmiedekunst stellt den Totengott Osiris zwischen seiner Frau Isis und ihrem gemeinsamen Sohn Horus mit Falkenkopf dar. Osiris ist in einer ungewöhnlichen Haltung dargestellt: Er hockt auf einem Pfeiler aus Lapislazuli, dessen dunkles Blau sich nachdrücklich von dem schimmernden Gold, aus dem die Götter gegossen sind, abhebt. Die Details der Tracht – Haare, Bart, Leinengewänder – sind fein ziseliert. Die nicht erhaltenen Perücken der Isis und des Horus waren wahrscheinlich in Lapislazuli ausgeführt; in zeitgenössischen Texten ist vom Gold als dem Fleisch der Götter und von ihrem Haar aus Lapislazuli die Rede. Auf der Platte aus Edelmetall, die die Unterseite der Basis bildet, befindet sich eine Inschrift, die König Osorkon II. unter den Schutz des Osiris stellt. Die Kartuschen, die auf dem Pfeiler mit einem seitlichen Pflanzenmotiv eingraviert sind, tragen den Namen desselben Königs. Die mittlere Statuette stellt Osorkon II. in der Gestalt des Totengottes dar, während Horus und Isis zum Zeichen ihres Schutzes die Hände erheben.

Die hockende Haltung der mittleren Figur sowie ihr kleines Format erinnern an das Motiv des Kindes auf der Lotusblüte, das die zyklische Wiedergeburt der Sonne symbolisiert.

Mit ihrer für das 1. Jahrtausend v. Chr. typischen Symbolik stellt diese kostbare Gruppe eine fast wörtliche Wiederholung der Triaden dar, die über 1500 Jahre zuvor für Mykerinos geschaffen wurden (Kat. 1.30). *CZ*

Ausstellung: Paris 1987, Nr. 46, S. 172 f.

Literatur: Montet 1960, S. 59; Stierlin-Ziegler, in: Paris 1987, Abb. 107–110

1.62

Statuette des Gottes Ptah

Ägypten
Spätzeit, 26. Dynastie, um 600 v. Chr.
Bronze, teilweise geschwärzt, mit Gold und Elektron eingelegt
17,9 x 6,1 x 3,9 cm
The Visitors of the Ashmolean Museum, Oxford, 1896.50

In religiösen Texten wird oft formuliert, daß Ptah als Schöpfergott die Körper anderer Götter oder des Königs ›schafft‹ oder ›formt‹. Er war der Schutzpatron aller Handwerker, und diese Statuette, ein Meisterwerk des Bronzegusses, bringt seine besondere Fürsorge für Schmiede und Bildhauer angemessen zum Ausdruck.

Der Gott wird in seiner kanonischen Gestalt als stehende, von einem Umhang verhüllte Figur gezeigt, aus der nur Kopf und Hände heraussehen. Um den Hals ist ein breiter Perlenkragen gelegt, dessen Gegengewicht ein mit Troddeln geschmückter Anhänger über der Rückseite seines Gewandes hängt. Er trägt eine enganliegende Kappe, den Göttern und Königen vorbehaltenen künstlichen Bart und Armbänder. In seinen Händen hält er das ›Leben‹ symbolisierende *ankh*-Zeichen (oder *crux ansata)* und das gegabelte *was*-Zepter, das im Kopf des Tieres des Gottes Seth endet – ein Fabeltier, für das verschiedene Vorbilder vorgeschlagen worden sind, so etwa das Wildschwein, der Hund, das Okapi und der Ameisenfresser.

Die Figur ist ein massiver, nach dem Wachsausschmelzverfahren gefertigter Bronzeguß mit hohem Kupferanteil. Das Zepter wurde separat in drei Teilen gegossen. Durch die Schwärzung bestimmter Bereiche und die Beigabe kontrastierender Einlagen – Elektron für das Weiße der Augen und Gold im Kragen und in den Armbändern – ist der satte Farbton des Metalls gesteigert worden.

Kleine Bronzen von Gottheiten in Menschen- oder Tiergestalt spielen in der späteren ägyptischen Kultur eine wichtige Rolle. Sie bringen eine bezeichnende Änderung im religiösen Denken zum Ausdruck: Die bedeutenden Götter wurden nicht mehr als entrückte Wesen betrachtet, an die sich nur der König wenden konnte; auch eine Privatperson durfte jetzt an der göttlichen Präsenz teilhaben oder eine persönliche Gnade erflehen, indem sie eine Votivfigur weihte, deren Sockel den Namen des Stifters und eine Widmungsinschrift trug. Da große Mengen solcher Figuren die Tempel füllten, mußte in regelmäßigen Abständen der Platz geschaffen werden. Daraus erklären sich die Depots für Bronzefiguren, die gelegentlich in Tempelbezirken entdeckt werden. Die zurückhaltende, aber sorgfältige Modellierung dieser Figur, die unter der Umhüllung die Körperformen ahnen läßt, läßt auf eine Entstehung in der 26. Dynastie schließen. In dieser Epoche lebte das Interesse am Kult des Ptah und an seinen Monumenten in Memphis wieder auf, und auch die plastischen Vorstellung des Alten Reiches wurden wiederbelebt. *HW*

Provenienz: Aus der Sammlung J. W. Trist; 1986 von Miss. M. R. Tomkinson dem Museum vermacht

Literatur: Whitehouse 1986; Trist und Middleton 1887; Penny 1993, S. 225 f.; Tafel 199

1.63

Figur eines Schakals

Ägypten
Spätzeit, 25.–26. Dynastie,
um 747–525 v. Chr.
Holz (Sykomore)
30 x 51,5 x 10 cm
The Trustees of the British Museum,
London, EA. 61517

Die Hunde und schwarzen Schakale, die die Friedhöfe im Wüstenstreifen am Rande des Niltals aufsuchten, wurden von den alten Ägyptern mit Gottheiten assoziiert, die, so glaubte man, sich um die Toten kümmerten und ihnen als Führer auf ihrer Reise nach Westen, ins Königreich der Toten, dienten. Die bekannteste dieser Hundegottheiten war Anubis. Dem Mythos zufolge war er es, der den ermordeten Osiris einbalsamierte und, indem er den Körper vor dem Zerfall bewahrte, zu seiner Wiederbelebung beitrug. Während der ganzen pharaonischen Zeit wurde Anubis mit der Mumifizierung in direkte Verbindung gebracht, und noch in der römischen Welt spielte er eine Rolle im Isis-Kult. Seit dem Neuen Reich (ca. 1550–1069 v. Chr.) wurde er regelmäßig in Gräbern, auf Särgen und Papyri dargestellt, wie er die Mumifizierung vollendet, den Verstorbenen zu Osiris geleitet und das Wägen des Herzens des Toten überwacht, um entscheiden zu können, ob er sich mit seinem Verhalten auf Erden den Einzug in die Unterwelt verdient habe.

Holzstatuen ruhender Anubis-Schakale gehörten im Neuen Reich gelegentlich zur Grabausstattung; Beispiele sind in den Gräbern Tutanchamuns und Haremhabs im Tal der Könige gefunden worden, und andere sind aus nichtköniglichen Gräbern bekannt, wo sie auf dem Deckel des Kanopenkastens (in dem die einbalsamierten Eingeweide des Verstorbenen aufbewahrt wurden) angebracht wurden. Im späten 8. Jahrhundert v. Chr. wurden hölzerne Schakale häufig auf den gewölbten Deckel kastenförmiger Särge montiert, die für die ägyptische Oberschicht gefertigt wurden; eine große Zahl davon ist in der Nekropole von Theben erhalten geblieben. Der Körper und die Gliedmaßen dieses Exemplars sind aus einem einzigen Stück Holz gearbeitet; der separat gefertigte Kopf mit Hals wurde daran angesetzt. Der nicht erhaltene Schwanz war ursprünglich auch ein separates Stück, das in einen Schlitz im Körper gesteckt war. Vollständig erhaltene Exemplare zeigen, daß der Schwanz vertikal über dem Sargende herabhängen sollte. Das Gesicht und die Pfoten waren eher summarisch gebildet und dienten als Untergrund für eine detailliertere Modellierung in Gips, mit der die ganze Figur ursprünglich überzogen war. Diese Beschichtung ist heute weitgehend verschwunden, und auch von der schwarzen Farbe sind nicht einmal nur kleinste Spuren übriggeblieben. *JHT*

Provenienz: Aus der Sammlung Henry Salt (wahrscheinlich in Theben gefunden)

1.64

Anubis-Maske

Ägypten
Spätzeit, 6. – 4. Jahrhundert v. Chr. oder später
Gebrannter Ton, Farbe
49 x 27 x 40 cm
Pelizaeus-Museum, Hildesheim, 1585

Dieses Objekt, 8 Kilogramm schwer, aus empfindlicher Keramik, hat keine Parallelen in anderen Sammlungen, es ist das einzige Beispiel seiner Art, das die Jahrtausende überlebt hat.

Praktische Versuche haben gezeigt, daß die Bezeichnung ›Maske‹ tatsächlich auf dieses Objekt zutrifft: Die beiden aus den Seiten herausgeschnittenen halbkreisförmigen Ausbuchtungen sind für sehr schmale Schultern groß genug, und durch die beiden eckigen Öffnungen unter der Schnauze des Anubis-Schakals kann man sehen und atmen. Das Gewicht und die Empfindlichkeit des Materials sprechen jedoch gegen eine praktische Verwendung und werfen die Frage auf, ob es sich bei diesem Objekt nicht eher um ein Modell für eine Maske gehandelt haben könnte. Es könnte als Prototyp für die Herstellung von Masken aus einem leichten, tragbaren Material wie bemaltes Leinen oder Kartonage gedient haben. Da es keine Parallelen gibt, wird sich die Frage wahrscheinlich nie endgültig klären lassen. Die einzige Darstellung, die eindeutig eine von einem Menschen getragene Anubis-Maske zeigt, stammt erst aus der griechisch-römischen Zeit.

Die zahlreichen in Gräbern geschilderten Szenen, in denen sich anubisköpfige Figuren über eine Mumie beugen, lassen verschiedene Interpretationen zu. Möglicherweise stellen sie den Gott Anubis selbst dar. Sie könnten jedoch auch einen Bestattungspriester zeigen, der sich mit Hilfe der Maske in Anubis verwandelt hat und so das Einbalsamierungsritual an dessen Stelle vollzieht. Im Ritual selbst führte ein Priester die Zeremonien durch, doch es gibt keine Textzeugnisse, anhand derer sich entscheiden ließe, ob der Bestattungspriester seine menschliche Gestalt beibehielt oder ob er sich verkleidete und den Bestattungsgott Anubis ›spielte‹. Zumindest im Falle des Priesters, der für die Vorbereitung der Leiche verantwortlich war, gäbe es eine logische Erklärung für die letztgenannte Interpretation. Zu den Vorstufen der Mumifizierung gehörte die Öffnung – und damit die Verletzung – des Körpers, eine Handlung, zu der strenggenommen nur Anubis selbst berechtigt war. Sollte der Priester die Gestalt des Anubis angenommen haben, hätte er magisch den Status des Bestattungsgottes selbst angenommen und damit die Legitimation für das Öffnen der Leiche erhalten.

Die Maske besteht aus zwei Teilen: Das separat gearbeitete Kopfteil mit der Schnauze und den Augen ist mit Hilfe eines Zapfens auf dem unteren Teil befestigt. Sie ist aus gebranntem und bemaltem Ton gefertigt; die Farben sind heute stark verblaßt. Dennoch ist die schwarze Färbung der Haut deutlich zu erkennen. Sie entspricht nicht der natürlichen Farbe des Anubis-Schakals, sondern bezeichnet symbolisch sowohl das Reich der Toten als auch das ewige Leben. *BS*

Ausstellungen: Linz 1989, Nr. 125; Hildesheim und Mainz 1990, S. 34 f., T 3

Literatur: Roeder 1921; Roeder und Ippel, Tafel 127, Abb. 49; Kayser 1973, S. 103, Abb. 74; Seeber 1980; Eggebrecht 1993, S. 87, Abb. 84; Sweeney 1993

1.65

Weiblicher Torso

Ägypten
Ptolemäische Zeit, um 305–30 v. Chr.
Fayence
10,6 x 5,2 x 3,4 cm
The Brooklyn Museum
Charles Edwin Wilbour Memorial Fund, 64.198

Die altägyptischen Künstler legten so viel ihrer Kunstfertigkeit und Aufmerksamkeit in die Modellierung der Gesichter, daß ihr Geschick in der Darstellung des menschlichen Körpers vom modernen Betrachter oft übersehen wird. Deshalb können kopflose Fragmente wie dieses besonders aufschlußreich sein. Die weibliche Figur trägt ein hauchdünnes, enganliegendes Kleid, das die Illusion der Nacktheit erzeugt. Im Gegensatz zu den schlanken Frauenfiguren früherer Epochen zeigt dieses ptolemäische Exemplar volle, feste Brüste, eine kräftige Taille, einen schwellenden fleischigen Bauch mit ausgeprägtem Nabel und breite Hüften. Diese Merkmale spiegeln das ägyptische Ideal des weiblichen Körpers in den letzten drei Jahrhunderten v. Chr.

Diese gültige Wiedergabe des Körpers hat zwei mögliche Quellen. Üblicherweise wurde sie von der Forschung als Beleg für den hellenistischen Einfluß auf die ägyptische Plastik interpretiert. Das ptolemäische Ideal, so das Argument, unterscheide sich so deutlich von früheren ägyptischen Formen, daß es seine Entstehung dem hellenistischen Geschmack verdanken müsse. In letzter Zeit ist jedoch die Vermutung geäußert worden, daß das ptolemäische Modell des perfekten weiblichen Körpers mit griechischen Vorbildern nichts zu tun hat, statt dessen müsse es als eine Weiterentwicklung pharaonischer Tradition betrachtet werden. Alle Elemente des ptolemäischen weiblichen Körpers – die üppigen Brüste, die Ausführung des Unterleibs usw. – seien in vereinzelten Beispielen auch in früherer Plastik zu finden. Indem sie diese Elemente miteinander vereint hätten, hätten die ptolemäischen Bildhauer etwas Neues, auf ägyptischen Vorbildern Beruhendes geschaffen.

Dieses Fragment ist aus Fayence gefertigt, einer künstlichen Substanz auf Quarzbasis, die durch ein alkalisches Bindemittel zusammengehalten wird. Die Fayenceherstellung begann in prädynastischer Zeit und setzte sich bis weit in die Zeit der römischen Besetzung Ägyptens fort. Fayence wurde entweder modelliert oder in einer Form gepreßt und dann in einem Brennofen gebrannt. Fast alle ägyptischen Fayencen sind glasiert. *JFR*

Provenienz: Aus der Sammlung Sir Bruce Ingram

Ausstellungen: San Francisco 1975, Nr. 113; Berlin 1976, Nr. 80; Brüssel 1976–77, Nr. 80; San Juan 1979, Nr. 35; Tokio u. a. 1983–84, Nr. 75

Literatur: Riefstahl 1968, S. 72, 109, Nr. 72; Fazzini, in: San Francisco 1975, Nr. 113; Fay, in: Berlin 1976, Nr. 80; Quaegebeur, in: Brüssel 1976–77, Nr. 80; Bianchi, in: San Juan 1979, Nr. 35; Quaegebeur 1983, S. 119; Bianchi, in: Tokio u. a. 1983–84, Nr. 75; in: Fazzini u. a., 1989, Nr. 83

1.66

Mumiennetz

Ägypten
Spätzeit, nach 600 v. Chr.
Fayence
116 x 43 cm
Musée du Louvre, Paris, E 13223

Dieses Mumiennetz bedeckte den Körper des Verstorbenen von der Schulter bis zum Knöchel. Es ist aus blauen Röhrenperlen aus Fayence zusammengesetzt, die diagonal in regelmäßige Rautenformen gelegt sind. Die größeren Perlen sind mit Hilfe kleinerer zusammengefügt.

Auf Brusthöhe ist zwischen die Perlen ein Skarabäus aus dunkelblauer Fayence eingefügt, dessen Flügel aus kleinen, vielfarbigen Perlen zusammengesetzt sind. Die glockenförmigen Enden der Flügel ähneln einer Lotusblüte. Beiderseits des geflügelten Skarabäus, dem Symbol der Wiedergeburt, befinden sich insgesamt vier mumienförmige Figuren in strahlendblauer Fayence. Sie stellen die vier Horus-Söhne dar, die Schutzgötter der Eingeweide, die im Verlauf der Mumifizierung in die Kanopen gelegt wurden. Ihre Ikonographie ist festgelegt: Duamutef hat den Kopf eines Schakals, Amset den eines Menschen, Kebechsenuef den eines Falken und Hapi den eines Pavians.

Eines der frühesten Beispiele für Mumiennetze wurde in Tanis gefunden, auf der Mumie des Scheschonk, eines Königs der 22. Dynastie. Von der 25. Dynastie an wurde das Perlennetz immer häufiger verwendet, um auf die mit Binden umwickelte Mumie gelegt zu werden. Das Perlennetz schließt an die Totenmaske an und trägt Symbole, die den Schutz des Verstorbenen sichern sollen. Der geflügelte Skarabäus steht hier an der Stelle des üblichen Herzskarabäus; die vier Horussöhne gehören ebenso zum Standardrepertoire wie etwa die geflügelte Göttin Nut oder der Djed-Pfeiler, das Symbol der Ewigkeit. Diese Umhüllungstechnik wurde entwickelt, um der Mumie größtmögliche Sicherheit zu bieten; das schützende Maschennetz sollte ihren Fortbestand gewährleisten. Noch in römischer Zeit waren solche Mumiennetze in Gebrauch. *PR*

Literatur: Marcq-en-Baroeul 1977, S. 33, Nr. 61; Andrews 1984, S. 27, Abb. 27; Boston und Dallas 1992, S. 175

Dieses in voller Länge bemalte Leichentuch aus Leinen, dessen unteres Ende heute fehlt, hüllte einen mumifizierten Körper ein; der gemalte Porträtkopf lag unmittelbar über dem Gesicht der Mumie. Der Skarabäus, der über dem Kopf zu schweben scheint, kam ursprünglich auf den Hinterkopf zu liegen, den er mit seinen ausgestreckten Flügeln umgab und beschützte. Die Reihe der Götter beiderseits der Hauptfigur (die auf der rechten Seite erhalten geblieben sind) standen im rechten Winkel zu ihr, entlang der Seiten des eingehüllten Körpers.

Die Insignien der toten Frau sind identisch mit denen des Osiris, des Königs der Toten (im obersten Register rechts zu sehen), und denen des Sokar (von dem nur das untere Bein erhalten geblieben ist), dessen Aussehen aus Parallelbeispielen bekannt ist. Sie hält (umgekehrt als bei der Osiris-Figur) die Symbole königlicher Macht: Krummstab und Wedel. Ihren Kopf flankieren die Schutzgöttinen des Königs: Nechbet und Uto in der Gestalt geflügelter Kobraschlangen, die jeweils die Krone der Landeshälfte (Ober- und Unterägypten) tragen, für die sie zuständig sind.

Auch wenn sie unbestreitbar mit königlichen Attributen ausgestattet ist, folgt die Verstorbene hier nicht dem Jenseitsherrscher Osiris, sondern dem Sonnengott Re. Der Skarabäus, dessen Flügel den Kopf der Verstorbenen umhüllen, ist die jugendliche Erscheinungsform des Sonnengottes Chepre. In einer berühmten Darstellung des Königs Chefren aus der 4. Dynastie umfassen die Flügel des Falkengottes Horus den Kopf des Königs. Zusammen dargestellt, bezeichnen Horus und der König ›den in der Person des Königs offenbarten Gott‹ (Terrace und Fischer, 1970). Die Verstorbene sollte mit dem wiedergeborenen Sonnengott identifiziert werden.

Die horizontalen Register der Bildmotive, die den Körper schmücken, scheinen die bemalten Körper von Mumien mit roten Hüllen und stuckierten Masken nachzuahmen. Die obere Szene zeigt eine Mumie auf dem Rücken eines Löwen(-bettes), flankiert von menschenköpfigen *ba*-Vögeln (Seele). Die Sonne oberhalb der Mumie erweckt mit ihren anregenden Strahlen den leblosen Körper zu neuem Leben. Auch die Szene darunter zeigt einen mumifizierten Kör-

1.67

Mumientuch

Achmim (?)
Römisch, drittes Viertel 1. Jahrhundert n. Chr.
Leinen
115 x 88,5 cm
Museum of Fine Arts, Boston
Martha A. Wilcomb Fund, 1950, 50.650

per auf einem Löwenbett. Ein maskierter, schakalköpfiger Priester, der den Totengott Anubis verkörpert, vollzieht ein Totenritual, um die Glieder der Verstorbenen zu verjüngen. Am Kopf- und Fußende des Totenbettes halten die Göttinnen Isis und Nephthys einen Baldachin über die Szene. Der Qualitätsunterschied in der künstlerischen Wiedergabe des Porträtkopfes und der mythologischen Gestalten auf dem Körperbereich läßt darauf schließen, daß sie von verschiedenen Künstlern ausgeführt wurden. Vielleicht war das Mumientuch vorgefertigt, und das Porträt wurde später in Auftrag gegeben.

Die Götter in den waagerechten Registern beiderseits der Hauptfigur und unter den thronenden Figuren von Osiris und Sokar zeigen (rechts) Re-Harachte und die Baumgöttin, die einem menschenköpfigen *ba*-Vogel kühles Wasser gibt. In den nicht erhaltenen Registern auf der linken Seite wird parallel zu Re-Harachte eine ausschreitende Figur dargestellt gewesen sein, und gegenüber der Baumgöttin zeigte eine Szene das Horuskind, das von seiner Mutter Isis im Papyrusdickicht von Chemmis versteckt wurde. Keines der vertikalen Bänder war jemals beschriftet. Das Mumientuch wurde angeblich in Achmim erworben. Obwohl keine ähnlich verzierten Stücke aus diesem Ort bekannt sind, könnte es durchaus auf einem dortigen Friedhof entdeckt worden sein. Typologische Gründe sprechen jedoch eher für eine unterägyptische Herkunft, möglicherweise aus Sakkara. *LHC*

Ausstellungen: Boston 1978, Nr. 5; 1988, Nr. 153

Literatur: Hermann 1962; Parlasca 1963; 1966; 1977; Terrace und Fischer 1970; Ritner 1985

1.68

Gipskopf einer Krokodilmumie

Ägypten
2.–4. Jahrhundert n. Chr.
Gips, Glas
18 x 43,5 x 19 cm
Staatliche Sammlung Ägyptischer Kunst, München, 6809

Heilige Tiere zu mumifizieren, ist in Ägypten ein seit dem Neuen Reich geübter Brauch. Als lebende Erscheinungsformen Gottes auf Erden wurden heilige Tiere in Tempeln gehalten und verehrt, um nach ihrem Tod in nahegelegenen Tierfriedhöfen bestattet zu werden. Riesige Katakomben in Sakkara beherbergen die Bestattungen von Stieren, Kühen und Tausenden von Ibis-Vögeln, Falken, Katzen (vgl. Kat. 1.69) und Pavianen. Ähnliche Tierfriedhöfe finden sich auch andernorts. Mumifizierte Krokodile wurden nahe den Tempeln des Gottes Sobek gefunden, in Kom Ombo in Oberägypten und in Krokodilopolis nahe dem modernen Medinet el-Fayum.

Dieser lebensgroße Gipskopf eines Krokodils war ursprünglich Teil einer Krokodilmumie. Er wurde aus feuchtem Gips direkt über dem Kopf des in Mumienbinden eingewickelten Tieres modelliert. Abdrücke der Leinenbinden sind auf der Innenseite des hohlen Kopfes noch deutlich zu erkennen. Der lebendige Ausdruck des Kopfes ergibt sich aus der plastischen Angabe der Zähne und aus den Glaseinlagen der Augen. So bewahrt das heilige Tier seine Gefährlichkeit auch über seinen Tod hinaus. *DW*

Literatur: Schoske 1986, S. 221 f.

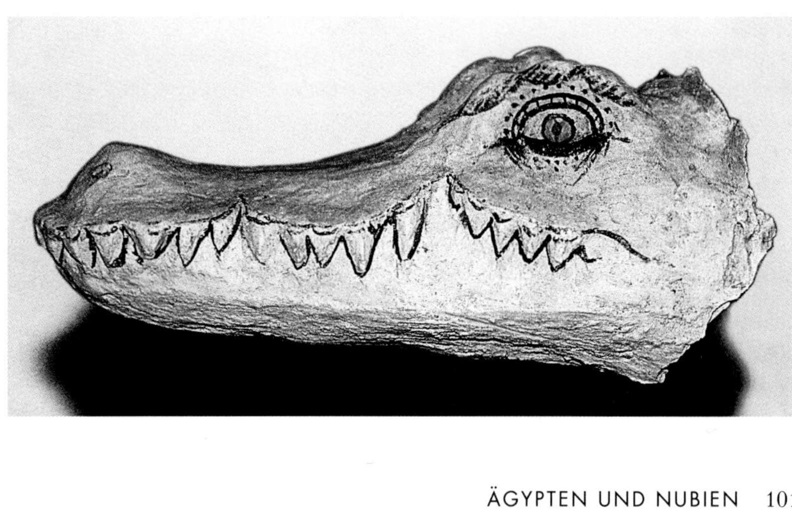

1.69 a

Katzenmumie

Ägypten
Römisch, nach 30 v. Chr.
Knochen, weiches (Muskel-) Gewebe, Leinen
Höhe 51 cm
The Trustees of the British Museum, London, EA. 6752

1.69 b

Katzenmumie

Ägypten
Römisch, nach 30 v. Chr.
Knochen, weiches (Muskel-) Gewebe, Leinen
Höhe 45,5 cm
The Trustees of the British Museum, London, EA. 55614

Tiere standen im Alten Ägypten von jeher in hohem Ansehen, und insbesondere die Katze scheint seit frühesten Zeiten verehrt worden zu sein. In der Spätzeit (664–332 v. Chr.) wuchs die Bedeutung der Tierkulte stetig, und den Höhepunkt ihrer Popularität erreichten sie in ptolemäischer Zeit (332–30 v. Chr.). Die Ägypter verehrten nicht das Tier selbst; jede Tierart stand für sie stellvertretend für einen bestimmten Gott, und sie glaubten, daß ihre Gottheiten in Gestalt des ihnen zugeordneten heiligen Tieres auf Erden erscheinen konnten. Einer der bekanntesten Tierkulte war der der Katze, die in Bubastis im Nildelta mit der Göttin Bastet in Verbindung gebracht wurde. Die große religiöse Bedeutung der Katze kommt in Herodots Beschreibung Ägyptens (5. Jahrhundert v. Chr.) ebenso zum Ausdruck wie in den großen Friedhöfen, die für ihre einbalsamierten Körper angelegt wurden. Viele Tausende mumifizierter Katzen sind in diesen Begräbnisstätten entdeckt worden. Neuere Röntgenuntersuchungen haben gezeigt, daß einige dieser Katzen absichtlich getötet worden waren, indem man ihnen den Hals brach, und zwar offenbar entweder zwischen ihrem ersten und vierten oder zwischen ihrem neunten und zwölften Lebensmonat. Möglicherweise handelte es sich bei den Katzen, denen vor der Mumifizierung der Hals gebrochen wurde, um Tempelkatzen, die speziell für Votivgaben gezüchtet wurden. Bei den mumifizierten Katzen, denen der Hals nicht gebrochen wurde, könnte es sich um Haustiere gehandelt haben.

Untersuchungen mit Röntgenstrahlen zeigen, daß die größere Mumie (Kat. 1.69 a) die einer ausgewachsenen Katze ist. Die Hinterbeine sind gegen das Becken und die Vorderbeine gegen den Körper gedrückt, um eine kompakte, gestreckte Gestalt zu erreichen. Das Skelett scheint vollständig zu sein, und es liegen Anzeichen für (Muskel-) Gewebe vor. Die kleinere Mumie ist die eines Kätzchens (Kat. 1.69 b). In diesem Fall sind die Hinterbeine beidseitig gegen das Becken und die Vorderbeine wiederum gegen die Vorderseite des Körpers gedrückt. Die meisten Knochen scheinen vorhanden zu sein, doch das etwa 12 cm breite Skelett nimmt nur etwa ein Drittel der Mumienpackung ein. Die Röntgenuntersuchung zeigt, daß die restlichen zwei Drittel mit einer dichten Masse, wahrscheinlich Leinen, ausgefüllt sind. Die Halswirbel beider Katzen sind intakt und zeigen keine Anzeichen einer Verletzung.

Beide Katzen sind in verschiedenfarbige Leinenstreifen gewickelt. Diese sind sorgfältig übereinandergeschichtet, um ein sich wiederholendes Rautenmuster hervorzubringen. Die kunstvolle Anordnung der äußeren Umhüllung ahmt das Aussehen menschlicher Mumien der römischen Zeit nach, von denen viele auf eine ähnliche Weise behandelt wurden. Auch die Darstellung der Gesichtszüge entspricht den Praktiken, die bei der Einbalsamierung menschlicher Körper befolgt wurden, wobei das Abbild des Gesichtes entweder auf das Mumientuch oder eine Holztafel aufgemalt oder als Kartonage- oder Gipsmaske modelliert wurde. Die Formen der Katzengesichter und die aufgestellten Ohren sind kunstvoll aus Leinen modelliert; auf der kleineren Mumie sind die Gesichtszüge mit schwarzer Farbe aufgemalt. Das größere Exemplar ist aufwendiger gestaltet: Die Augen sind durch ›Knöpfe‹ aus grobem Leinen wiedergegeben, und die Ecken des Mundes sind von Innen aufgepolstert, um erhaben zu wirken. Der Mund selbst und die Schnurrhaare sind aus Leinenfäden, und die Augen wie der Mund sind braun umrahmt.

JMF, JHT

Ausstellung: Kat. 1.69 a: Canberra und Melbourne 1990, Nr. 50

Literatur: Armitage und Clutton-Brock 1980, S. 187; Andrews 1990[2], S. 65; Malek 1993, S. 73–76; Filer, in Vorbereitung

1.70

Skelettfigur und Schrein

Ägypten
Spätzeit, 1. Jahrtausend v. Chr.
Ebenholz, Leinen
Höhe 9 cm (Schrein); 5,7 cm (Figur)
Staatliche Museen zu Berlin, Preußischer Kulturbesitz, Ägyptisches Museum und Papyrussammlung, 20472

Die eigentümliche Zusammenstellung von Skelettfigur und Schrein ist in verschiedenen Beispielen belegt. Die kleine Standfigur, ursprünglich in feines Leinen gewickelt, stand in dem Holzschrein, der die Form einer Kapelle nachahmt. Nach ägyptischen Glaubensvorstellungen trennen sich im Augenblick des physischen Todes Körper und Seele voneinander, und die Seele verläßt als menschenköpfiger Vogel den Leichnam, der im Grab zurückbleibt, durch die Mumifizierung aber zum Medium der Verklärung des Toten wird.

Trotz der differenzierten Jenseitsvorstellungen blieb aber auch für den alten Ägypter der Tod eine stete Bedrohung, auf die man auch recht diesseitsorientiert reagieren konnte. In diesen Zusammenhang dürften diese Skelettfiguren gehören, über die Herodot (II,78) zu berichten weiß: »Bei den Gastmählern der Reichen trägt ein Mann, wenn sie abgegessen haben, in einem Sarg ein hölzernes Totenbild herum, das ist sehr natürlich gemalt und gearbeitet und ist gewöhnlich eine oder auch zwei Ellen groß, und zeigt es einem jeglichen der Gäste und spricht: "Betrachte diesen, und dann trink und sei fröhlich, denn wenn du tot bist, so wirst du sein gleichwie dieser." Also tun sie bei ihren Gastgelagen«. Der Text weist größte Ähnlichkeit zu den ›Harfnerliedern‹ des Neuen Reiches auf, greift also in seiner zutiefst menschlichen Einstellung zur Sterblichkeit auf alte Vorstellungen zurück. *DW*

Provenienz: Erwerbung 1912

Ausstellungen: Berlin 1967, Nr. 956; Stuttgart 1984, Nr. 86

1.71

Felsbild

Nubien
5. Jahrtausend v. Chr.
Sandstein
20,5 x 27,5 cm
Staatliche Sammlung Ägyptischer Kunst, München, 5522

Neben den Einflüssen aus dem Vorderen Orient hat die altägyptische Kultur ihre wichtigsten Wurzeln im Nordosten Afrikas. Lange bevor sie im ägyptischen Niltal heimisch werden, sind so bedeutende zivilisatorische Neuerungen wie die Entwicklung der Keramik im Sudan, in Nubien und in der Westwüste bereits am Übergang vom Epipaläolithikum zum Neolithikum belegt.

Zu diesen Innovationen gehört auch die Domestizierung von Wildtieren. Das Felsbild mit der Darstellung eines Langhornrindes kommt aus der Wüste westlich des nubischen Niltals, aus einer Gegend, deren steppenartiger Charakter noch im 5. Jahrtausend einer nomadischen Bevölkerung die Haltung von Herden erlaubte.

Grundregeln der ägyptischen Kunst sind in dieser Tierdarstellung vorformuliert. Körper und Kopf des Rindes sind in Seitansicht wiedergegeben; das Kuhgehörn zeigt sich in Frontalansicht. Die Verbindung beider Ansichtsebenen in einem Bild ist die für ägyptische Reliefs und Malereien typische ›kubistische‹ Darstellungsweise, die durchaus mit der modernen Kunst vergleichbar ist. *DW*

Provenienz: Naga Kolofanda, nordwestlich von Korosko, Nubien; Geschenk von Prof. Hanns Stock

Literatur: München 1972, S. 17, Nr. 14

1.72

Figur

Sudan
Neolithikum, 4. Jahrtausend v. Chr.
Nubischer Sandstein
19,6 x 5 x 2 cm
Sudan National Museum, Khartum, SNM. 26.861

Diese Darstellung der menschlichen Gestalt ist sehr stilisiert. Die ganze Oberfläche des mit Hammer und Pickel behauenen Steins ist poliert. Geschickt hat der Bildhauer ein Minimum anatomischer Merkmale, vor allem die abfallenden Schultern und den Kopf, zu nutzen gewußt, um keinen Zweifel daran zu lassen, daß es sich hierbei um eine anthropomorphe Figur handelt. Von den Schultern aus verjüngt sich der Körper nach unten zu einem gerundeten Abschluß und nach oben zum abgerundeten Kopf. Zwei Paare parallel verlaufender Ritzlinien auf dem ›Gesicht‹ deuten die Position der Augen an. Diese reichen bis zu einer vertikalen Linie, die, zusammen mit einer weiteren Einritzung über den Augen, den Haaransatz bezeichnet. Die Vorderseite des Körpers ist eine glatte Wölbung von Kopf bis Fuß, doch auf der Rückseite bezeichnet eine ausgeprägte Richtungsänderung an der Stelle des größten Umfanges den Übergang vom Gesäß zu den Schenkeln.

Zu dieser Figur sind keine engeren Parallelen aus dem Niltal bekannt. Sie unterscheidet sich deutlich von Statuetten wie Kat. 1.73. Zu den charakteristischen Merkmalen dieser Figuren gehören ihre ausgeprägt weibliche Natur und ihre ausladenden Hüften. Diese Figur hier wurde zwar vom Ausgräber als weiblich bezeichnet, zeigt jedoch keine offenkundigen Geschlechtsmerkmale und führt völlig andere Proportionen vor Augen: Die breiteste Ausdehnung liegt in den Schultern, während die Hüften gar nicht angegeben sind. Die Figur ist mit einer völlig anderen künstlerischen Tradition in Verbindung zu bringen.

Sie stammt aus dem Grab eines mehr als vierzig Jahre alten Mannes in der nördlichen Dongola-Region, 50 km südlich des dritten Katarakts. Die hervorgehobene Stellung dieses Grabs innerhalb des Friedhofs sowie die reichen Grabbeigaben lassen darauf schließen, daß es sich bei ihm um den Anführer der Gemeinschaft handelte, die ihre Toten auf diesem Friedhof begrub. *DAW*

Provenienz: 1986-89, Kadruka, Friedhof 1, Grab 131 (Section Française de la Direction des Antiquités du Soudan, Fund-Nr. KDK 1/131/8)

Ausstellung: Lille 1994, Nr. 72

Literatur: Reinold 1991, S. 28, Abb. 6; 1994, S. 96 f., Abb. 7

1.73

Weibliche Figur

Sudan
Neolithikum, 4. Jahrtausend v. Chr.
Gebrannter Ton
ca. 9 x 4 cm
Sudan National Museum, Khartum, SNM. 26.895

Diese steatopyge Figur einer Frau hat einen kugelförmigen Unterkörper ohne Beine, deren Ansatz lediglich durch eine T-förmige Einkerbung angedeutet ist. Die ausladenden Hüften gehen in eine schmale Taille über, die wiederum zu den üppigen Brüsten ausschwingt. Die Arme sind durch gerundete Stumpfe angedeutet, die ein wenig aus den Schultern hervorragen. Die einzigen Details des Gesichtes sind die durch zwei schmale Schlitze angedeuteten Augen; der Hals reicht bis zum Haaransatz, ein Kinn ist nicht vorhanden. Das Haar ist streng von der Stirn nach hinten gelegt, und ein langer Zopf reicht bis zum Kreuz herab; er ist aus einem separaten Tonstück geformt. Die Brüste und ein großer Teil des Körpers unterhalb der Taille sind mit einem eingeritzten Fischgrätmuster verziert, und den Halsansatz umziehen drei parallel verlaufende Ritzlinien.

Diese Figur gehört zu einer Reihe ähnlicher, zwischen dem Neolithikum und der spätmeroïtischen Zeit entstandener Statuetten, die in ganz Nubien gefunden wurden, für gewöhnlich, wenn auch nicht ausschließlich, in Gräbern. Die steatopyge Grundform aller dieser Statuetten, obwohl sie sich in Details unterscheiden, bezeugt die Kontinuität einer künstlerischen Tradition in Nubien, die sich über mehrere tausend Jahre erstreckt. Die Körper der meisten zeigen eine kurvige, geometrische oder gepunktete Verzierung. Dies wird für gewöhnlich eher als die Wiedergabe einer Tatauierung als für die Darstellung von Kleidung gehalten. Die Linien am Hals könnten jedoch für eine Art Halskette stehen. Es wird vermutet, daß diese Figuren eine religiöse Bedeutung hatten.

Die Statuette wurde im Grab eines fünf bis sieben Jahre alten Kindes in der Nekropole von el-Kadada, 200 km stromabwärts von Khartum, gefunden. Sie war vor den Hals des verstorbenen Kindes gelegt worden. Der Friedhof umfaßt Gräber aus neolithischer, meroïtischer und post-meroïtischer Zeit. *DAW*

Provenienz: 1976–83, el-Kadada, Friedhof C, Abschnitt 76, Grab 9 (Section Française de la Direction des Antiquités du Soudan, Fund-Nr. KDD 76/9/2)

Ausstellung: Lille 1994, Nr. 54

Literatur: Reinold 1987, S. 34, Abb. 7

1.74

Weibliche Figur

Sudan
Klassische A-Gruppe, um 3100 v. Chr.
Ungebrannter Ton
8,4 x 3,2 x 8,5 cm
Sudan National Museum, Khartoum,
SNM. 13729

Im Gegensatz zu den stilisierten Beinen und dem Kopf ist der Körper dieser steatopygen Figurine einer nackten Frau naturalistisch geformt. Der Knick in der Taille soll den Eindruck einer sitzenden Haltung vermitteln. Die plumpen, durch eine tiefe Ritzlinie voneinander getrennten Beine sind gerade ausgestreckt und verjüngen sich ein wenig zu den Stümpfen hin, Knöchel und Füße sind nicht angedeutet. Der lange Hals geht nahtlos in den Kopf über, wo eine tiefe, fast den ganzen Kopf durchziehende Furche den Mund markiert. Zwei in der Mitte des Gesichts schräg aufeinanderzulaufende Ritzlinien stellen die Augen dar, und eine kleine Anhebung steht für die Nase. Die üppig ausgestattete Figur umarmt ihre Brüste und hebt sie mit den Armen empor. Unmittelbar unterhalb des Nabels setzen parallel über die Oberschenkel und dem Gesäß verlaufende eingeritzte Linien ein, die wahrscheinlich Tatauierungen darstellen sollen. Sie sind allerdings auch als Bekleidung und als Fettfalten gedeutet worden.

Steatopyge Figuren sind ein Kennzeichen der frühen Kulturen am mittleren Nil und wurden bis in die meroïtische Zeit hinein hergestellt. Diese Figur wurde zusammen mit einer zweiten, ziemlich anders geformten, im Grab einer erwachsenen Frau und eines Kindes gefunden. Die beiden Statuetten – die eine stellt eine erwachsene Frau und die andere ein Kind dar – entsprechen den menschlichen Grabinhabern. Dies führte den Ausgräber zu der Vermutung, die Figuren müßten die Verstorbenen darstellen und seien ihnen ins Grab gelegt worden, um ihnen ewige Lebenskraft zu sichern; sie waren also keine Sexualpartnerinnen für einen verstorbenen Mann und stellen keine Fruchtbarkeitsgöttinnen dar. *DAW*

Provenienz: 1963-64, Halfa Degeim, Ausgrabungsstätte 277, Grab 16B (Scandinavian Joint Expedition, Fund 277/16 B:3)

Ausstellung: Brooklyn 1978, Nr. 1

Literatur: Säve-Söderbergh, 1967–68, S. 228; Nordström 1973, I, S. 27, 127, II, Taf. 56, 3, 197; Brooklyn 1978, S. 114

1.75

Becher

Sudan
Neolithikum, 4. Jahrtausend v. Chr.
Gebrannter Ton
Höhe 27,7 cm; Durchmesser 23,4 cm
Sudan National Museum, Khartoum,
SNM. 26.899

Das gesamte Äußere und das Innere bis zur Taille dieses handgefertigten Gefäßes in Form eines Kelches hat eine rötlich-braun polierte Oberfläche. Die Dekoration der Außenfläche ist durch eingeritzte Streifen in Felder unterteilt. Unterhalb der schmalsten Stelle ist sie durch einen vertikal umlaufenden Streifen in vier gleich große Viertel unterteilt, ebenso darüber, doch sind die Streifen hier gegenüber denen im unteren Teil versetzt. Jedes Feld ist mit parallel eingeritzten, zu einem Fischgrätmuster angeordneten Gruppen von Linien gefüllt. In drei der fünf Dreiecke unterhalb des Gefäßrandes sind die eingekerbten Linien vertikal angeordnet, während die beiden anderen jeweils zwei Gruppen von Strichen aufweisen, von denen die eine vertikal, die andere schräg verlaufen.
Dieser Gefäßtyp ist charakteristisch für das Neolithikum im Sudan; Beispiele sind im ganzen Land gefunden worden, in el-Kadada ebenso wie in Kadruka, und eine verwandte Form ist aus zeitgleichen ägyptischen Kontexten bekannt. Da kelchförmige Becher ausschließlich in Gräbern gefunden wurden, dürfte ihre Funktion in engem Zusammenhang mit dem Bestattungsritual gestanden haben. Die Gefäße weisen beträchtliche Qualitätsunterschiede auf, einige sind recht grob. Auch regionale Formvariationen lassen sich beobachten; der ausgeprägt knollenförmige untere Teil dieses Gefäßes ist charakteristisch für den südlicheren Typ.

Dieses Beispiel wurde zusammen mit drei anderen Gefäßen in einem Grab im Friedhof von el-Kadada gefunden. *DAW*

Provenienz: 1978-79, el-Kadada, Friedhof C, Abschnitt 76, Grab 3 (Section Française de la Direction des Antiquités du Soudan, Fund-Nr. KDD 76/3/59)

Ausstellung: Lille 1994, Nr. 63

Literatur: Geus 1980, Abb. 4, Taf. VII

1.76

Gefäß mit Dreiecksmuster

Nubien
Klassische A-Gruppenkultur, um 3100 v. Chr.
Gebrannter Nilschlamm
Höhe 19,4 cm; Durchmesser 20,6 cm
Leihgabe der Syndics of the Fitzwilliam Museum, Cambridge, E.G.A. 4668.1943

Dieses Gefäß verkörpert den Höhepunkt der Keramikproduktion der Kultur der A-Gruppen. Die ›Eierschalen‹-Ware ist gleichbleibend qualitätvoll; die Gefäßwände sind etwa 3 mm stark. Zum Fuß hin weicht das Dreiecksmuster horizontalen Linien, die mit der Verjüngung der Schale immer kürzer werden. Das Innere ist schwarz bemalt und poliert.

Die A-Gruppen herrschten über Unternubien und Teilen Obernubiens, parallel zur Naqada-III-Epoche, kurz vor der Vereinigung Ägyptens. Zu dieser Zeit, um 3100 v. Chr., vollzog sich ein dramatischer Wandel in den Beziehungen und im Handel zwischen den beiden Kulturen. Objekte der A-Gruppen sind nicht mehr zu finden, und das ägyptische Interesse geht dahin, Unternubien zu beherrschen und zu kontrollieren. Die materiellen Hinterlassenschaften der A-Gruppe lassen darauf schließen, daß die Menschen Bauern und Jäger waren und an bestimmten Fundorten Gold wuschen. Sie fertigten Kämme, Nadeln und Schmuckanhänger aus Elfenbein und wurden in Tumulusgräbern bestattet mit Opferstellen für die Toten. Obwohl dies möglicherweise auf ägyptischen Einfluß zurückgeht, vereint ihre Keramik nubische und ägyptische Elemente und bringt auf diese Weise eigenständige und äußerst qualitätvolle Gefäße hervor.

Dieses Gefäß ist aus blaßrotem gebrannten Ton. Seine Form wurde vom Boden aus durch aufeinandergeschichtete Wülste aufgebaut und dann geglättet, vielleicht mit Hilfe eines Schabers. Das Muster wurde vor dem Brennen in rotem Ocker aufgetragen; für die Umrisse wurde wahrscheinlich ein dünnes, pinselartiges Werkzeug verwendet. Die Farbe innerhalb der Dreiecksflächen und die dickeren Linien am Fuß des Gefäßes wurden mit einem breiteren Werkzeug und mit den Fingern aufgetragen. Bei der Dekoration an der Basis handelt es sich um eine Imitation von Flechtwerk, vielleicht einen Ständer für das Gefäß. Auch das Dreiecksmuster könnte auf bemalte oder geflochtene Körbe zurückgehen. Die lederharte Oberfläche wurde mit einem glatten, gerundeten Kieselstein oder einem Stück Leder poliert, um den gewünschten Glanz zu erzielen. Die Fragilität des Gefäßes läßt den Schluß zu, daß es nicht für den Alltagsgebrauch gedacht war. Da es tagtäglich benutzte Korbwaren imitiert, sollte es offensichtlich aus dieser Welt in die nächste mitgenommen werden, um dort benutzt zu werden. *EV*

Provenienz: Aus der Sammlung Major R. G. Gayer-Anderson

Literatur: Brooklyn 1978, Nr. 119; Bourriau 1981, Nr. 197, S. 99

1.77

Becher

Sudan
Klassisches Kerma, 1750–1550 v. Chr.
Gebrannter Nilschlamm
Höhe 14 cm; Durchmesser (Rand) 11,5 cm
The Trustees of the British Museum, London, EA. 55424

Dieser Becher hat das Profil einer Hohlkehle, die sich zum kleinen abgesenkten Fuß hin abrundet. Das Innere, der Rand und der obere Teil der Außenfläche sind mit einem glänzenden schwarzen Überzug versehen, der untere Teil der Außenfläche und der Boden mit einem roten Überzug. Die Nahtstelle zwischen dem roten und schwarzen Bereich wird von einem blassen grauen Streifen überlagert, der von dunkleren grauen Rändern begrenzt wird. Das Gefäß hat eine Wandstärke von nur 3 Millimetern. Der kelchförmige Becher ist ein typisches Erzeugnis der Töpferei des klassischen Kerma. Gefäße dieses Typs sind überall im Reich zu finden, oft in großer Anzahl. Sie gehören zu den besten Keramikprodukten, die je im Niltal geschaffen wurden. Das charakteristische Merkmal der Keramik dieser Zeit ist das graue Band. Die Idee dazu könnte auf die Beobachtung der zufällig entstandenen grauen Flecken auf einigen Töpfen der unmittelbar vorhergehenden Epoche zurückgehen. Es ist nicht ganz klar, wie es den Töpfern gelang, das Band auf allen diesen Gefäßen als gleichbleibendes Element zu erzeugen. Dieser Becher stammt aus einem Grab, obwohl dieser Typ auch ein gängiges Fundstück innerhalb von Siedlungsplätzen ist, dort jedoch meist weniger gut erhalten. Dieses Exemplar kommt aus einer Nebenbestattung aus einem der massiven königlichen Tumulusgräber in Kerma (Tumulus IV) und gehörte zu einer Gruppe von fünf Bechern und einer Schale. *DAW*

Provenienz: 1915–16, Kerma, östlicher Friedhof, Grab K 451 (Harvard University – Museum of Fine Arts Egyptian Expedition, Fund-Nr. 14.3-913)

Literatur: Reisner 1923, S. 239; Taylor 1991, Abb. 24; Quirke und Spencer 1992, Abb. 158

1.78

Möbelbein

Ägypten oder Nubien
Napatanisch, 8.–7. Jahrhundert v. Chr. (?)
Holz (Spina Christi)
42,3 x 6,4–9 cm
The Trustees of the British Museum, London, EA. 24656

Die rechteckige, sich nach oben leicht verjüngende Basis dieses Möbelbeins ist mit vertieften Hieroglyphen dekoriert. Die Inschrift auf der Vorderseite lautet ›alles Leben, alle Kraft‹, und die auf den beiden Seitenflächen ›alle Gesundheit, alle Freude‹.

Darauf sitzt eine menschenköpfige Sphinx mit einem Halskragen, von dessen unterem Rand tropfenförmige Perlen herabhängen. Ein Schuppenmuster bedeckt die Brust und die Vorderbeine bis unter die Knie. Die Augen waren ursprünglich eingelegt, und das Haar ist durch eine glatte, erhabene Fläche wiedergegeben, auf der sich vorn eine Mittellocke, links und rechts eine Seitenlocke und hinten lange Zöpfe finden, die beiderseits des ›Rückenpfeilers‹ über den Hinterkopf zum Nacken hinabreichen. Der obere Teil ist abgerundet und mit rechteckigen Zapfenlöchern versehen, die quer durch das Holz laufen. Unterhalb des Zapfenloches ist die Vorderseite mit einem eingeritzten Papyrusmotiv verziert, dem Symbol von Unterägypten, darüber befindet sich ein Blütenmuster. Alle Dekorationen sind mit einem weißen Pigment versehen. Die Funktion der beiden runden Bohrungen, die hinter dem linken Ohr und in der linken Flanke beginnen und zur Rückseite des Objekts laufen, ist unbekannt.

Die Ausführung des Kopfes mit seinem runden und fleischigen Gesicht ist charakteristisch für die kuschitische Plastik der 25. Dynastie und läßt sich zum Beispiel bei dem *uschebti* des Taharka (Kat. 1.79) aus Nuri wiederfinden. Ähnliche Frisuren mit der Aufteilung des Haares in vier Büschel sind in zahlreichen ägyptischen Darstellungen nubischer Mädchen zu finden und treten auch bei ägyptischen Frauenfiguren aus Fayence und Sphingen mit Frauenköpfen in der Dritten Zwischenzeit und der Spätzeit auf. Sie sind mit den Ritualen rund um die Geburt in Verbindung gebracht worden.

Es läßt sich nicht sagen, ob es sich bei diesem Objekt um das Bein eines Stuhles, eines Schemels oder eines Bettes handelt. Beine dieses Typs

konnten in Ägypten für alle diese Möbelstücke verwendet werden. Betten mit Rahmen, die in die vier Eckbeine dieser Grundform verzapft wurden, sind mindestens seit der Kerma-Epoche auch in Nubien geläufig; unter dem Namen *angereebs* werden sie heute noch benutzt. Solche Betten wurden oft bei Bestattungen verwendet, bei denen die Verstorbenen auf sie gelegt wurden. *SGQ, DAW*

Literatur: Killen 1980, Taf. 38, 51-54; Boston 1982, S. 204, Nr. 239; Bulté 1991, v. a. Tafel 28 c; Quirke und Spencer 1992, Abb. 162

1.79

Uschebti

Sudan
Napatanisch, um 664 v. Chr.
Ankerit
Höhe 52,6 cm
The Trustees of the British Museum, London, EA. 55485

Abgesehen von den gegeneinandergestellten Fäusten, die jeweils eine Hacke und einen Strick halten, ist der Körper dieser mumienförmigen Figur eines Mannes vollständig eingehüllt. Auf dem Kopf trägt sie die *khat*-Haube mit einem Zopf auf der Rückseite und einer einzigen Uräusschlange. Das untere (hier abgebrochene) Ende des breiten Bartes war wahrscheinlich aufgebogen. Die Stricke in den beiden Händen führen über die Schultern und tragen recht eckige Körbe mit einem rautenförmigen Gittermuster.

In einer frühen Phase der Entwicklung ihres Reiches übernahmen die Herrscher von Napata mehrere Elemente der ägyptischen Religion, Königsideologie und Kultur. Im Bereich des Totenkultes war es Pije, der um 716 v. Chr. starb, der den ägyptischen Brauch übernahm, das Grab mit *uschebtis* auszustatten. Dabei handelte es sich um Modelle des Königs, die im Jenseits als Ersatzarbeiter fungieren sollten (daher ihre Ausstattung mit Hacken und Säcken). Im Grab des Taharka, des ersten in Nuri bestatteten napatanischen Königs, fanden sich 1070 vollständige und viele fragmentarische *uschebtis* aus Granit, grünem Ankerit und Kalzit, die ursprünglich in drei Reihen entlang der Wände in der Grabkammer aufgestellt waren. Alle tragen sie Texte aus dem Totenbuch, Kapitel 6. Die kräftige Gestalt der *uschebtis* und die Wahl von Sprüchen aus dem Totenbuch (damals in Ägypten selbst schon veraltet) zählen zu den vielfältigen Belegen der Vorliebe der Napataner für kulturelle Elemente aus dem Alten, Mittleren und Neuen Reich, die sie in Auswahl übernahmen. Die Gesichtszüge dieser *uschebtis* sind typisch napatanisch und können mit dem Kopf der Sphinx auf dem hölzernen Möbelbein verglichen werden (Kat. 1.78).

Die Ausstattung der Taharka-*uschebtis* mit nur einem Uräus bedarf der Erklärung. Eines der charakteristischen Merkmale der Darstellungen der Herrscher von Napata ist das Vorhandensein von zwei Uräusschlangen,

ihre Art zu zeigen, daß sie Ober- und Unterägypten beherrschten. Diese Ikonographie wurde jedoch nicht ausnahmslos verwendet, und es sind auch Statuen und Reliefs bekannt, die – wie in diesem Fall – nur eine oder auch gar keine Uräusschlange zeigen. *DAW*

Provenienz: 1916–17, Nuri, Grab des Taharka Nu. 1 (Harvard University – Museum of Fine Arts Egyptian Expedition)

Literatur: Dunham 1955, S. 10; Taylor 1991, Abb. 53

1.80
Göttertriade

Sudan
Meroïtisch, um 200 v. Chr.
Sandstein; 64,3 x 88,3 x 36,6 cm
Staatliche Museen zu Berlin, Preußischer Kulturbesitz, Ägyptisches Museum und Papyrussammlung, 24300; Dauerleihgabe der Humboldt-Universität zu Berlin

Der Sandsteinblock mit drei Tierköpfen saß über dem Hauptportal eines Tempels. Der Widderkopf in der Mitte kombiniert die waagerecht gedrehten und die um die Ohren gelegten Hörner von zwei verschiedenen Schafrassen, die beide dem Gott Amun heilig sind. Die Krone dieses Widderkopfs setzt sich aus einem Uräenpaar mit Kuhgehörn und Sonnenscheibe, einer großen Sonnenscheibe mit einem Uräenkranz und zwei von Uräen flankierten Falkenfedern zusammen. Zwischen den untergeschlagenen Vorderläufen des Widders erscheint eine Papyrusdolde. Zwei Löwenköpfe und gesondert eingesetzte Löwentatzen flankieren den Widderkopf. Über waagerecht gedrehten Widderhörnern sitzt eine dreifache Bündelkrone mit je zwei Sonnenscheiben, gerahmt von zwei Straußenfedern und zwei Uräen. Der rechte Löwenkopf trägt zusätzlich eine Mondsichel, der linke einen Uräus über der Stirn.

Zur Benennung der in den beiden Löwenköpfen dargestellten Gottheiten können alternativ ägyptische oder meroïtische religiöse Vorstellungen herangezogen werden. Aus ägyptischer Sicht sind die beiden Lowen Schu und Tefnut, als Sonnen- und Mondgottheiten, Sohn und Tochter des Urgottes Atum. In der Ikonographie der meroïtischen Religion ist eine der am häufigsten dargestellten Gottheiten der löwengestaltige oder löwenköpfige Apedemak. Der zweite Löwe könnte den Mondgott Chons, den Sohn des Amun, darstellen.

Ikonographisch verbindet der Dreikopf rein altägyptische Elemente mit typisch meroïtischen Details. Stilistisch ist er repräsentativ für seinen Herkunftsort, den frühesten Tempel in rein meroïtischem Stil, den Löwentempel in Musawwarat es-Sufra. Dessen Stifter, der meroïtische König Arnekhamani, ein Zeitgenosse Ptolemäus' IV., dehnte seine Herrschaft bis an die Südgrenze Ägyptens aus. *DW*

Provenienz: 1960, Musawwarat es-Sufra, Löwentempel. Grabungen der Sudan-Expedition der Humboldt-Universität zu Berlin, Grabungsnummer IIC/24

Ausstellungen: Brooklyn 1978, Nr. 145; Berlin 1990, Nr. 159

Literatur: Vandersleyen 1975, Abb. 435

1.81

Modell von Gebel Barkal

Sudan
Meroïtisch, 2. Jahrhundert v. Chr. bis 2. Jahrhundert n. Chr.
Sandstein
Höhe 62,8 cm; Durchmesser 59,2 cm
Museum of Fine Arts, Boston
Harvard-Boston Expedition, 21.3254

Während man früher in diesem Objekt einen Schrein in der Form einer traditionellen afrikanischen Hütte sah, läßt es sich heute als ein Modell des Gebel Barkal identifizieren, des ›Reinen Berges‹ von Napata, der das Hauptheiligtum und die Krönungsstätte von Kusch und der Sitz des Orakels von Amun war, das nach dem Tod eines Königs dessen Nachfolger bestimmte. Das Objekt ahmt das nur in Napata zu findende hieroglyphische Zeichen für den Gebel Barkal nach, das mehrmals auf der Stele von Nastasen (ca. 335–315 v. Chr.) in Berlin erscheint. Die Hieroglyphe zeigt den Berg als Kuppel mit einem Uräus- oder Kobradiadem (Symbol des Königtums), das von der einen Seite aufsteigt. Abwechselnd mit der Hieroglyphe für ›Berg‹ wird sie in Schreibungen des Namens ›Amun von Napata‹ verwendet.

Seit dem ägyptischen Neuen Reich wurde der Gebel Barkal für die Residenz der südlichen (und urzeitlichen) Erscheinungsform des thebanischen Gottes Amun gehalten, der als ›Amun von Napata, Bewohner des Reinen Berges‹ bekannt war. Wegen der eigentümlichen, 75 m hohen Felsnadel an der Südecke des Gebel Barkal, deren Umriß an eine aufgebäumte Uräusschlange erinnert, wurde der Berg nicht nur als Sitz des Amun, sondern von den Kuschiten auch als der wahre Ursprungsort des Königtums im Niltal angesehen. Mehrere Reliefs zeigen den Berg im Aufriß mit dem darin thronenden Gott Amun und einer riesigen Uräusschlange, die sich auf der Spitze des Berges vor ihm aufbäumt. Man kann nur vermuten, daß an der Stirnseite der – wahrscheinlich aus Bronze gegossenen – heute verlorenen Tür dieses Modells eine solche Uräusschlange befestigt war.

Das Stück ist innen ausgehöhlt, und im Boden ist eine rechteckige Vertiefung für eine kleine, nicht erhaltene Sitzfigur eingelassen. Ursprünglich war diese Statuette hinter einer Tür verborgen, die aus einer separaten Platte gearbeitet und versiegelt war. Die Außenfläche ist in drei Registern reliefiert. Im untersten ist ein stilisiertes Papyrusdickicht dargestellt als eine Reihe parallele Stengel, die abwechselnd von Blüten und Knospen gekrönt sind. Der obere Rand dieses Registers ist zugleich die Grundlinie für den Eingang, zu dessen beiden Seiten jeweils eine Reihe von vier Figuren symmetrisch auf ihn zugeht. Jede Gruppe wird von einem König in kurzem Schurz und mit betend erhobenen Armen angeführt, gefolgt von einer geflügelten Göttin. Darauf folgt ein ähnliches Paar. Auf der Rückseite schließt dieses Register mit einer Doppelkartusche ab, die den königlichen Stifter nennt, einen ansonsten unbekannten meroïtischen König mit dem ägyptischen Thronnamen Neb-maat-Re. Das obere Register zeigt ein an einen Schmuckkragen erinnerndes Ornament aus sechs Perlenbändern, dessen unterstes aus tropfenförmigen Anhängern besteht. Oben war einst ein heute abgebrochener Aufsatz befestigt, möglicherweise in der Form eines Widderkopfes, der Tiergestalt des nubischen Amun. Die Oberfläche ist grau-braun, war jedoch ursprünglich mit Gips beschichtet und zeigt noch Pigmentspuren von rotem Ocker.
TK

Provenienz: Gebel Barkal, Großer Tempel des Amun (Raum B 503), im Schutt gefunden

Ausstellungen: Brooklyn, Seattle, New Orleans und Den Haag 1978–79; Brockton, MA, und Providence, RI, 1981–84

Literatur: Wenig 1978, S. 209 f.; Kendall 1982, S. 58 f.

1.82

Gefäß in Gestalt einer gefesselten Oryxantilope

Sudan
Napatanisch, frühes 7. Jahrhundert v. Chr.
Kalzit (ägyptischer ›Alabaster‹)
8,2 x 17,3 x 6,5 cm
Museum of Fine Arts, Boston
Museum Expedition, 24.879

Eines der reichsten frühen Gräber, die in Mero entdeckt wurden, war ein rechteckiges Schachtgrab ohne Oberbau, das den offensichtlich auf einem Bett liegenden Körper einer erwachsenen Frau enthielt. Dieses Grab wies viele Gemeinsamkeiten mit den zeitgleichen Gräbern der Königinnen der frühen 25. Dynastie in El Kurru auf. Die Verstorbene war von ihren Grabbeigaben umgeben: Kosmetikgeräte, Schmuck, ein Paar Spiegel, Keramik, knapp 30 Bronze- und 9 Kalzitgefäße, von denen drei, wie dieses, nahezu identisch waren in Gestalt von Oryxantilopen mit gefesselten Beinen. Obwohl keine genaue Parallelen zu diesen Gefäßen bekannt sind, stammt das Material, aus dem sie hergestellt sind, aus Ägypten. Da zahlreiche Kalzitgefäße in kuschitischen Gräbern gefunden wurden, darf angenommen werden, daß sie in Ägypten hergestellt und als Behälter für kostbare Öle und Salben nach Nubien exportiert wurden.

Die eiförmige Gestalt des Tierkörpers nähert sich der Form zeitgleicher Salbgefäße, die als Alabastron bekannt sind. Der übliche Gefäßrand wurde zu einem Tierkopf mit offenem Maul umgestaltet, der als separates Teil gearbeitet war, während die zu erwartenden Henkel durch die zusammengebundenen Beine ersetzt wurden, die einen praktischen Griff bilden. Das Maul, das den Ausguß des Gefäßes bildet, ist offensichtlich mit einem Stöpsel versehen gewesen. Der Schwanz und die Ohren sind in versenktem Relief angegeben und die Hoden plastisch geformt. Die Augen waren einst eingelegt, und auf der Stirn befand sich ein eingelegtes Dreieck aus rötlichem Material, von dem noch Spuren erhalten sind. Die oben am Kopf eingebohrten Löcher waren zur Aufnahme von Hörnern aus einem anderen Material bestimmt, die heute verloren sind. Bei dem erhaltenen Vergleichsstück zu diesem Gefäß in Khartum sind die Hörner aus Schiefer gefertigt; die restaurierten Hörner hier sind jenen nachgebildet. *TK*

Provenienz: Mero, westlicher Friedhof, Grab Beg. W. 609

Ausstellungen: Brooklyn, Seattle, New Orleans und Den Haag 1978–79; Brockton, MA, und Providence, RI, 1981–84

Literatur: Wenig 1978, S. 186; Kendall 1982, S. 43

1.83

Krug

Sudan
Meroïtisch, 1. Jahrhundert n. Chr.
Gebrannter Ton
Höhe 31,7 cm; Durchmesser (Rand) 7,8 cm
The Trustees of the British Museum, London, EA. 51561

Dieser auf einer Töpferscheibe gefertigte Krug hat einen kugelförmigen Gefäßkörper und einen zylindrischen Hals. Das ganze Äußere und der innere Rand sind mit einem orangefarbenem Überzug bedeckt, der deutliche Wischspuren zeigt. Die Dekoration ist mit brauner Farbe auf den Körper aufgemalt. Unterhalb einer horizontalen Linie am Ansatz des Halses findet sich ein einziges Bildfeld mit sieben Elementen. Von links nach rechts kommen ein Baum, eine nach rechts blickende Giraffe, ein nach links blickender Mann, eine nach links blickende Giraffe, ein weiterer Baum, eine nach links blickende Giraffe und abschließend noch ein Baum. Zwei Linien ansetzen um den unteren Teil des Körpers, von denen die obere nicht durchläuft. Die untere fungiert als Bodenlinie, auf der die Bäume stehen, während die Figuren auf jeweils eigenen Grundlinien unterhalb dieser Linie ansetzen. Bei den Bäumen dürfte es sich um Dattelpalmen handeln. Die Giraffen sind alle einander sehr ähnlich; sie sind (mit Ausnahme der spitzen Ohren) im Profil wiedergegeben, und die Körper, Hälse und Beine zeigen ein grob gezeichnetes Rautenmuster. Der Schwanz ist durch eine einzige Linie angegeben. Der Mann ist in der typisch ägyptischen (und meroïtischen) Weise dargestellt: der Körper frontal, der Rest der Figur im Profil. Auf dem Kopf trägt er einen Helm mit Ohrenklappen und einen durch einen Kinnriemen festgehaltenen Nasenschutz. Eine deutliche Halslinie und zwei Bögen, die von der Mitte bis unter die Arme führen, deuten möglicherweise Kleidung an. Aus vergleichbaren Darstellungen kann jedoch geschlossen werden, daß die Bögen für die Brustmuskeln stehen.

Giraffen sind ein verbreitetes Motiv in der meroïtischen Kunst und wurden häufig auf Krüge aufgemalt. Stilistisch weisen die Zeichnungen eine beträchtliche Variationsbreite auf, einige sind in einem naturalistischen Stil ausgeführt, und andere sehen beinahe wie Karikaturen aus. Dieses Gefäß steht in enger Beziehung zu einer Anzahl anderer in Faras gefundener Gefäße, wo sie vermutlich auch hergestellt wurden. Die Figuren des Mannes und der Giraffen sind denen auf den vom sogenannten ›Gefangenenmaler‹ dekorierten Gefäßen so ähnlich, daß man annehmen darf, daß sie von ihm selbst oder einem ihm nahestehenden Künstler stammen.

Dieser Krug stammt aus dem Grab eines Mannes, dem mehrere Gefäße aus Ton und einer Kupferlegierung beigegeben worden waren. Sein Kopf ruhte auf einem Blätterkranz. *DAW*

Provenienz: 1910–11, Faras, Friedhof 1, Grab 2006 (The Oxford Excavations in Nubia)

Literatur: Griffith 1925, S. 138; Brooklyn 1978, S. 290

1.84

Kopf eines Mannes

Sudan
Meroïtisch, 2.–3. Jahrhundert n. Chr.
Sandstein
26,7 x 15,5 x 18,4 cm
Sudan National Museum, Khartum, SNM. 13.365

Dieser auf einem langen, säulenförmigen Hals ruhende Kopf eines Mannes weist zwischen zwei horizontalen Linien am unteren Rand eine Zone kurzer vertikaler Linien auf. Die Öffnung zwischen den aufgeworfenen Lippen ist durch einen geraden schmalen Schlitz angedeutet. Die lange, spitze Nase ist kaum modelliert, Nasenflügel und -löcher sind nicht angegeben. Leichte Vertiefungen deuten die Tränensäcke unter den Augen an. Die oberen Lider sind nicht wiedergegeben; an ihrer Stelle finden sich vertikal zum Augapfel ausgeschnittene, horizontale Augenhöhlen. Zum Haaransatz hin weist die glatte Stirn eine flache horizontale Einritzung auf, über der eine noch tiefere Furche liegt. Das kurzgeschnittene Haar ist auf dem Kopf durch ein quadratisches Gittermuster wiedergegeben, das an den Seiten und auf dem Hinterkopf in ein Rautenmuster übergeht. Die Ohren sind einfache Erhebungen ohne Modellierungen. Die Haut war rötlich-braun, das Haar schwarz bemalt. Die Augenlider, die obere Linie auf der Stirn und der Hals tragen Spuren von weißer Farbe.

Die stilisierte Form dieses Stückes ist höchst ungewöhnlich, und unter den vielen Menschenköpfen von *ba*-Statuen aus dem nördlichen Nubiens (Kat. 1.85 f.) sind überzeugende Parallelen kaum zu finden. Diese Köpfe sind alle viel naturalistischer, mit linsenförmigen, von Ober- und Unterlid begrenzten Augen, erhabenen Brauenbögen und realistisch modellierten Ohren. Eine Anzahl von vergleichbaren Details lassen sich jedoch bei den *ba*-Statuen finden, insbesondere die in die Stirn eingeritzten Linien, die eher Narben als ein Diadem darstellen sollen. Auch die den Halsansatz umlaufenden Verzierungen sind ein Merkmal mancher *ba*-Statuen. Durch die Ausführung der Augen hat der Bildhauer diesem Kopf einen eindrucksvollen und grübelnden Ausdruck zu verleihen vermocht.

Bezeichnenderweise wurde das untere Ende des Halses flach ausgeführt. Dieser Kopf fällt somit eher in die Kategorie der ›Ersatzköpfe‹ (Kat. 1.25) als in die der *ba*-Statuen. Es wird vermutet, daß er anstelle der traditionelleren *ba*-Statuen in den Pyramidenkapellen als Darstellung des Verstorbenen aufgestellt wurde. Ersatzköpfe sind selten in Nubien, doch ein weiterer ist noch aus Gemai bekannt. Auch hier ist das Haar durch ein Rautenmuster dargestellt, doch die Gesichtszüge sind ganz anders ausgeführt. Eine interessante Darstellung von Ersatzköpfen in Malerei ist auf einem meroïtischen Krug aus dem Friedhof in Nag Gamus im ägyptischen Nubien zu finden. *DAW*

Provenienz: 1963, Nelluah (Süd-Argin), gefunden nahe der Oberfläche zwischen den Mastabas 26 und 27 (Spanische Archäologische Mission im Sudan)

Ausstellung: Brooklyn 1978, Nr. 160

Literatur: Almagro u. a. 1965, S. 87, Taf. 14 a–b; 1965[1], S. 62, 167, Nr. 17, Taf. 39 a–c; Leclant 1976, S. 128, Abb. 138; zum Gemai-Kopf siehe Bates und Dunham 1927, Tafel XXXVI; zu den ›Ersatzköpfen‹ auf dem Krug aus Nag Gamus siehe Almagro 1965[2], Abb. 41

1.85

Kopf einer *ba*-Statue

Nubien
Meroïtisch, 2.–4. Jahrhundert n. Chr.
Sandstein
18,3 x 11 x 15,5 cm;
Grundfläche 12,5 x 11 x 15,5 cm
Leihgabe der Syndics of the Fitzwilliam Museum, Cambridge, E.12. 1910

Auch wenn der Kopf stark verwittert ist, ist doch klar, daß seine Modellierung nie sehr scharf war. Das Gesicht ist lang und schmal; die Augen sind oberflächlich ausgeführt und so weit auseinandergesetzt, daß die äußere Ecke des erhaltenen rechten Auges zur seitlichen Gesichtshälfte hin heranreicht. Wahrscheinlich zur Betonung der Stirnkante, treten die Augen innerhalb ihrer durchgehenden Höhlung deutlich hervor. Von der leicht erhabenen Umrißlinie der Augen ist nur eine schwache Spur erhalten geblieben. Die Nase ist vollständig verwittert, die deutlich aufgeworfenen Lippen sind dagegen in den Mundwinkeln zur Betonung gebohrt und von der ebenen Fläche des Kinns abgesetzt. Aus der Höhe des Kopfes und den vertieften Umrißlinien oberhalb des Gesichts läßt sich vermuten, daß die Figur verstanden werden muß als Figur eines Helmes mit gebogenem Rand. Ähnliche Köpfe sind aus Kara-

nog bekannt; deren Details sehen jedoch eher wie kurz geschnittenes natürliches Haar unter einer Perücke als wie ein mit Rändern versehener Helm aus. Auf der Rückseite befindet sich eine gebogene, eingebundene Stütze, die auf dem Scheitel des Kopfes abgebrochen ist. Vielleicht handelte es sich dabei um einen Federschmuck oder eine Art (Sonnen?) -attribut, das verlorengegangen ist. Ungewöhnlich sind die drei ungleichmäßig verteilten, vertikal eingeritzten Markierungen auf der rechten Seite des Kopfes. Der unregelmäßige Bruch am Hals legt nahe, daß der Kopf von einer Skulptur abgebrochen ist und nicht als ›Ersatzkopf‹ (vgl. Kat. 1.84) geschaffen wurde.

Man vermutet, daß dieser Kopf von einer sogenannten *ba*-Statue stammt, einer Vogelskulptur mit Menschenkopf, die die Seele des Verstorbenen darstellt (vgl. Kat. 1.86). Dieses Motiv ist in Särgen der Grabdekoration des Neuen Reiches in Ägypten und auf Särgen von der Mitte des 2. bis zum 1. Jahrtausend v. Chr. weit verbreitet. Vom *ba* glaubte man, er fliege herum und suche Erholung im Schatten der Sykomose, die an kleinen Teichen wuchs, wo die Baumgöttin einen erfrischenden Trank reichen konnte. Im meroïtischen Nubien des 2. bis 4. Jahrhunderts n. Chr. wurden *ba*-Statuen, die Verstorbene darstellten, in der Nähe der Gräber aufgestellt, oft unmittelbar neben den Opfertischen, auf denen die Lebenden Speise und Trank für die Toten hinterlegten. Die Tatsache, daß diese Opferplatten mit der Darstellung von Nahrungsmitteln dekoriert und mit Inschriften versehen waren, läßt den Schluß zu, daß die *ba*-Statue auf magische Weise mit Speise und Trank versorgt wurde, nachdem die Lebenden nicht länger kamen. *EV*

Provenienz: F. W. Green, aus Aniba

Literatur: Woolley und Randall-MacIver 1910, Nr. 7048, 7069, 7070; Brooklyn 1978, Nr. 151–160; Mills 1982, S. 36, Taf. XC,6

1.86
***ba*-Statue**
Unternubien
Meroïtisch, um 2.–4. Jahrhundert n. Chr.
Sandstein
69,9 x 20 x 49 cm
University of Pennsylvania Museum of Archaeology and Anthropology, Philadelphia, E 7004

Meroïtische *ba*-Statuen aus Unternubien sind eine wohl bekannte Objektgruppe. In der Regel kombiniert die Statue eine vollständige menschliche Figur mit einem Paar gefalteter Flügel. Trotz des starken ägyptischen Einflusses auf die meroïtische Kultur ist dieser Typ einer *ba*-Statue in Ägypten oder in der Umgebung von Meroë selbst nicht zu finden. Im ägyptischen Glauben war der *ba* der bewegliche, wandelbare Aspekt der Persönlichkeit einer toten Person und wurde oft als menschenköpfiger Vogel dargestellt, während der *ba* (in rein menschlicher Gestalt wiedergegeben) die verkörperte Fähigkeit des Verstorbenen war, Leben und Nahrung, die man zu seinem Erhalt brauchte, zu verzehren. Tatsächlich könnten die meroïtischen *ba*-Statuen die Vorstellungen vom *ba* (die menschliche Gestalt) und des *ba*-Vogels (die daran angefügten Flügel) miteinander verbinden; üblicherweise trugen sie auch eine Sonnenscheibe auf dem Kopf, die separat gearbeitet war und deshalb in der Regel verlorengegangen ist. *Ba*-Statuen waren außerhalb der Gräber aufgestellt und standen im Mittelpunkt der Opferkulte; wo genau sie standen, ist jedoch unbekannt (fast alle wurden außerhalb eines Kontextes gefunden). Diese Statue wird – vielleicht fälschlicherweise – Grab 133 auf einem Friedhof von Karanog in Unternubien zugeordnet; einer Inschrift zufolge war in diesem Grab eine Frau bestattet, die Statue ist jedoch männlich. Der Kopf ist schematisch wiedergegeben: mit vereinfachten Gesichtsflächen, unrealistisch großen Augen und vorstehenden, offenbar aufgeworfenen Lippen. Ein Loch im Scheitel des Kopfes trug den Schaft einer runden, heute verlorengegangenen Sonnenscheibe. Spuren von dunkelroter, einen weißen Grund überlagernder Farbe finden sich am Körper, während das Federmuster der Flügel mit grüner Farbe auf weißem Untergrund ausgeführt war. Stilistisch kann diese Statue als eine provinzielle Variante des Stils und der Proportionen der offiziellen Götter- und Königsplastik dieser Zeit betrachtet werden.

Ein Arm ist am Körper ausgestreckt und faßt ein Stück Tuch; der andere war nur zum Teil ausgestreckt und ist abgebrochen. Wie andere *ba*-Statuen könnte auch diese ursprünglich ein kegelartiges Objekt oder einen Stab in der Hand gehalten haben. Die wohlbeleibte Gestalt (ein Zeichen für Reichtum) trägt einen langen Schurz mit Vorsatz; die sorgfältig ausgeführten Füße sind unbekleidet. *DO*

Provenienz: 1910, Karanog, Unternubien (Expedition E. B. Coxe jr.)

Literatur: Woolley und Randall-MacIver 1910, S. 48, 134, Taf. 16; Hoffmann 1991, S. 35–41; O'Connor 1993, Kapitel 7

1.87

Armreif

Nubien
X-Gruppe, frühes 5. Jahrhundert n. Chr.
Silber
Äußerer Durchmesser 8,9 cm;
Querschnittsdurchmesser 2,7 cm
Ägyptisches Museum, Kairo, JE 70296

Dieser Armreif hat Schlußstücke in Gestalt von Löwenköpfen. Eine Anzahl ähnlicher Armreifen wurde in den Gräbern von Ballana und auf dem zeitgleichen Friedhof von Firka, ein wenig stromaufwärts vom Dal-Katarakt, gefunden. Man glaubt, daß sie in Nubien hergestellt wurden. Dieses Stück wurde zusammen mit einem anderen, sehr ähnlichen, in situ am linken Handgelenk eines Mannes gefunden, der in einem Schachtgrab in Ballana beigesetzt war. Er trug auf dem Kopf eine Krone, lederne Fußspangen mit Silberscheiben am linken Bein und zwei silberne Zehenringe. Der silberne Handschutz eines Bogenschützen lag neben seiner rechten Hand. Török vermutet, daß es sich um das Grab eines Prinzen handelt. *DAW*

Provenienz: 1933, Ballana, Grabstätte B 6, Grab C (Archaeological Survey of Nubia 1929–34; Fund-Nr. B.6-23)

Ausstellung: Brooklyn 1978, Nr. 270

Literatur: Emery und Kirwan 1938, S. 87, Nr. 23, S. 187, Nr. 19, Taf. 39 a; Török, 1988, S. 117, Abb. 71, Nr. 23

1.88

Schildring

Sudan
Meroïtisch, um 15 v. Chr.
Gold, Glas
Höhe 3,9 cm
Staatliche Museen zu Berlin, Preußischer Kulturbesitz, Ägyptisches Museum und Papyrussammlung, 22872

Schildringe sind typische Erzeugnisse meroïtischer Goldschmiedewerkstätten. Über einem halbkreisförmigen Schmuckkragen sitzt ein Götterkopf. Diese aus Goldblech gearbeitete Aegis trägt auf ihrer Rückseite an einem Scharnier einen Goldring. Auf den zu diesem Komplex gehörigen Schildringen sind wie in den Reliefs der meroïtischen Tempel und Pyramidenkapellen neben ägyptischen Göttern vor allem die typisch meroïtischen Gottheiten dargestellt, der löwenköpfige Apedemak, der menschengestaltige Sebiumeker und verschiedene lokale Formen des Amun.

Der aus massivem Gold gearbeitete Widderkopf dieses Schildrings vereinigt in sich zwei verschiedene Arten des heiligen Tieres des Amun: *ovis longipes* mit horizontal gedrehten Hörnern und *ovis aries* mit Hörnern, die sich um die Ohren winden. Seine Krone setzt sich zusammen aus einer Sonnenscheibe, einem Paar Falkenfedern und zwei Uräusschlangen, differenziert durch die Krone von Ober- bzw. Unterägypten. Sechs goldene Muscheln hängen an einem Golddraht, der durch Ösen laufend den äußeren Rand der Aegis umzieht. Zwar nach dem ägyptischen Gott Amun benannt, sind die widdergestaltigen Götter rein meroïtischen Ursprungs. Auch die Widdergestalt des ägyptischen Amun, der ursprünglich rein menschengestaltig dargestellt wird, liegt in Nubien, in Kerma, und wird erst zu Beginn des Neuen Reiches in Ägypten heimisch. Die Ikonographie des Amun unterscheidet meist deutlich zwischen der Menschengestalt als typisch ägyptisch und der Widdergestalt als typisch nubisch-sudanesisch.

Gegen die bislang angenommene Funktion der Schildringe als Fingerringe sprechen ihr großes Format und ihre Zerbrechlichkeit. Sie finden sich jedoch als Stirnschmuck in Reliefdarstellungen meroïtischer Königinnen an einem Diademreif oder einer Haarlocke befestigt. Ähnlicher Stirnschmuck wird noch heute in den Oasen der ägyptischen Westwüste getragen. *DW*

Provenienz: 1834, Begrawija (Meroë), Pyramide N 6 der Königin Amanishakheto (Giuseppe Ferlini)

Ausstellungen: Berlin 1990, Nr. 162; 1992, Abb. 9 b

Literatur: Schäfer 1910

1.89

Räucherständer

Nubien
X-Gruppe, spätes 4. – frühes 5. Jahrhundert n. Chr.
Gelbguß
Höhe 25,7 cm; Breite des Fußgestells 11,4 cm
Ägyptisches Museum, Kairo, JE 70924

Dieser Räucherständer hat die Form eines Pinienzapfens. Die Schuppen auf der oberen Hälfte des Zapfens sind dicht geschlossen, die auf der unteren Hälfte geöffnet. Jede ist mit einem Muster von Adern und kleinen konzentrischen Kreisen verziert. Ein Deckel auf der Spitze des Zapfens ist an einem Scharnier befestigt und mit einem großen und mehreren kleinen Löchern versehen, die den Rauch nach außen treten lassen. Getragen wird der Zapfen von einem durchbrochenen, sich leicht verjüngenden Zylinder, der mit zwei Registern von sich windenden Blatt- und Rankenmotiven geschmückt ist. Am Fuße des Zylinders verdeckt ein Band von Kugelperlen den Übergang zur ›attischen‹ Basis. Sie ruht auf einem quadratischen Gestell, dessen Seiten wie der Zylinder mit einem durchbrochenen Pflanzenmotiv verziert sind. Jede Seite ist an den Kanten durch einen längs verlaufenden Streifen mit eingeritzten konzentrischen Kreisen und oben durch ein Band mit einem Seilmuster begrenzt. In den oberen Ecken sind *ankh*-Zeichen eingeritzt. Das Gestell wird von vier Löwentatzen getragen.

Alle Merkmale reihen dieses Stück zweifellos in das Repertoire der Spätantike ein. Fraglich ist, ob es in Nubien hergestellt wurde oder in Ägypten nördlich von Assuan. Török hat es mit einem ähnlichen Objekt verglichen, das möglicherweise aus dem Fayum stammt. Unter den Grabbeigaben, die in den Gräbern der X-Gruppe in Ballana und auf dem nahegelegenen Friedhof in Qustul gefunden wurden, befanden sich sicher viele importierte Stücke. Dieser Räucherständer wurde auf dem Boden neben der Bestattung einer erwachsenen Frau in der Vorkammer eines Grabes gefunden, möglicherweise das einer Königin. *DAW*

Provenienz: 1932–34, Ballana, Grabstätte 47 (Archaeological Survey of Nubia 1929–34, Fund-Nr. B.47-10)

Ausstellung: Brooklyn 1978, Nr. 275

Literatur: Emery und Kirwan 1938, S. 108, Nr. 10, S. 362 f., Nr. 804, Taf. 97 A; Török 1988, S. 123, Abb. 81, Nr. 10, Taf. XII

NUBIEN
Omdurman
Khartoum
Blauer Nil
Weißer Nil
ERITREA
AKSUM
TSCHAD
NUBA
SHILLUK
DSCHIBUTI
AMHARA
Addis Abeba
GURAGE
DINKA
SUDAN
JIMMA
KAFFA
ÄTHIOPIEN
ZENTRAL-AFRIKANISCHE REPUBLIK
SURMA
BONGO
OROMO
SOMALI
Juba
Uele
KONSO
ACHOLI
NYORO
Turkanasee
BORANA
SOMALI
Ubangi
Zaire
KARAMOJONG
SAMBURU
UGANDA
KENIA
Mogadischu
SOMALIA
LUZIRA
LUZIRA
Kampala
SOMALI
KENIA
Viktoriasee
ZAIRE
KIKUYU
Lualaba
Nairobi
KAMBA
RUANDA
KEREWE
MASAI
BONI
KARAGWE
Kasai
TUTSI
OLDUVAI SCHLUCHT
GIRIAMA
SWAHILI
BURUNDI
KILIMANDSCHARO
Mombasa
IRAQW
Tanganjikasee
SWAHILI
Ujiji
NYAMWEZI
HOLOHOLO
Tabora
NGULU
KAGURU
SWAHILI
TONGWE
TANSANIA
Sansibar
LUNGU
KWERE
ZARAMO
Daressalam
Rukwasee
Mwerusee
Rufiji
Malawisee (Njassasee)
CHEWA
MAKONDE
Bangweolosee
Ruvuma
ANGOLA
MALAWI
YAO
MAKONDE
KOMOREN
MBUNDA
SAMBIA
LOZI
Lilongwe
Lusaka
LOMWE
Sambesi
Sambesi
Cubango
Harare
MOSAMBIK
MADAGASKAR
SIMBABWE
SAKALAVA
Tananarive
VEZO
BOTSWANA
Limpopo
INDISCHER OZEAN
MAHAFALY
Maputo
SÜDAFRIKA
Im Text genannte Ethnien
Berge
Äquatorialer Regenwald
0 200 Meilen
0 300 km

2 OSTAFRIKA

John Mack

Im östlichen Afrika finden sich die frühesten Zeugnisse für die Existenz des Menschen. Die ersten Objekte, die als ›kulturell‹ bezeichnet werden könnten, fand man in den Abschnitten des Rift-Tals, die von der Olduvai-Schlucht in Tansania zum Turkana-See in Nordkenia und in ihrem weiteren Verlauf in das benachbarte Äthiopien führen. Auf einer Seite wird das Gebiet vom Indischen Ozean begrenzt, der ein mildes Klima wie an den afrikanischen Mittelmeerküsten oder am Roten Meer entstehen läßt. Bei einem Küstengebiet mit einer so weit zurückreichenden Geschichte menschlicher Besiedlung und einem Hinterland, das sich sowohl auf dem Land- wie auf dem Seeweg verhältnismäßig leicht erschließt, ist die kulturelle und sprachliche Vielfalt nicht überraschend – genausowenig wie die Berührung und Durchdringung mit anderen Kulturräumen, die an anderer Stelle in diesem Katalog und der begleitenden Ausstellung besprochen werden.

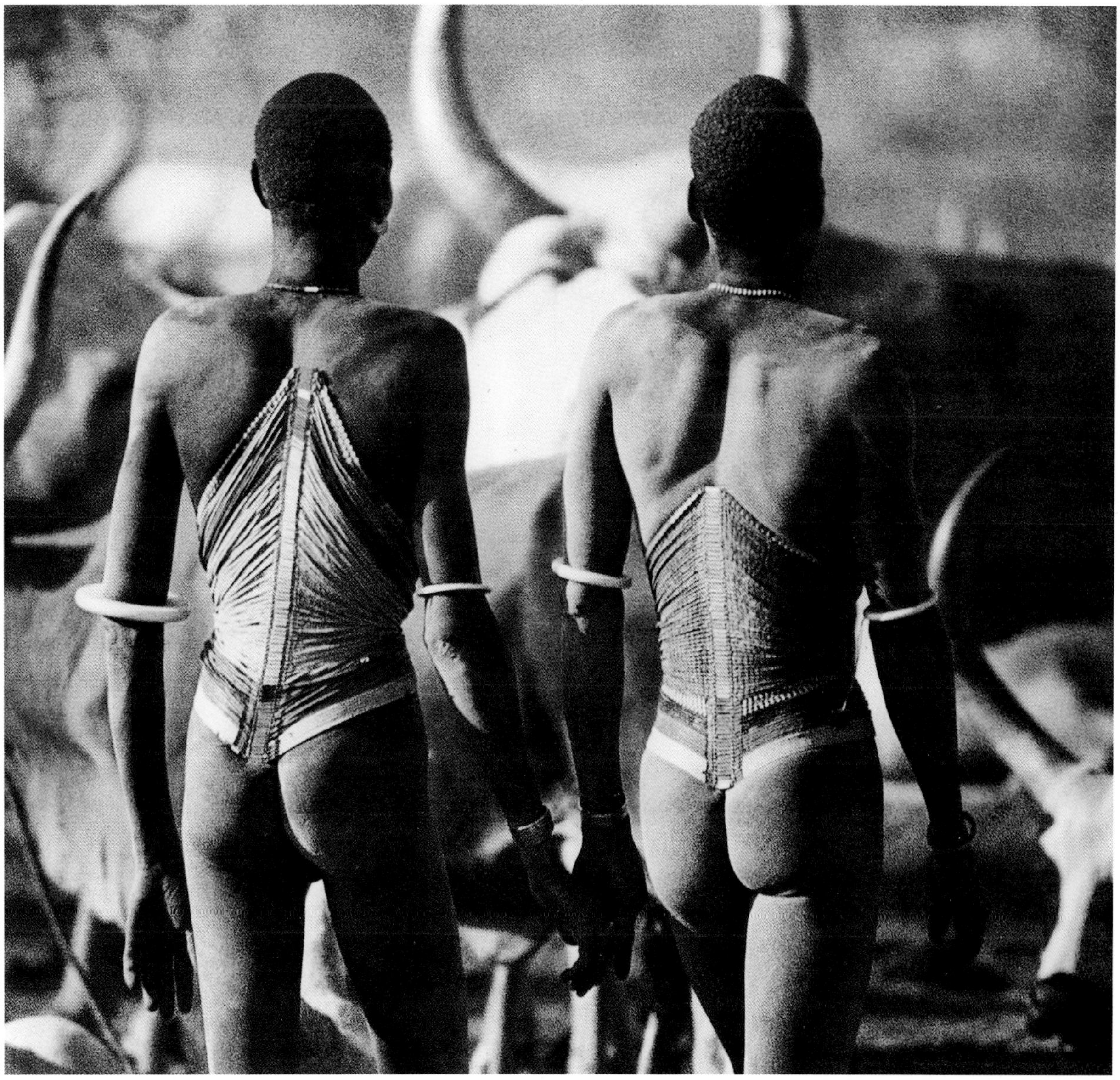

Abb. 1 Männer der Dinka, die mit Glasperlen geschmückte Korsetts tragen, südlicher Sudan

Der historische und geographische Hintergrund

Regionale Definitionen sind stets ein wenig willkürlich. Doch sind zwei Tendenzen bei der Behandlung Ostafrikas generell erkennbar. Einerseits schrumpft für die englischsprachige Welt Ostafrika auf die früheren britischen Kolonien zusammen; diese umfassen die getrennt verwalteten Gebiete von Kenia, Tanganjika und Uganda, vielleicht auch noch Sambia und Malawi. Andererseits fassen die meisten allgemeinen Darstellungen afrikanischer Kunst am liebsten die Regionen südlich der Sahara zusammen und berücksichtigen dabei alles, was nicht dem reichen künstlerischen Herzland West- und Äquatorialafrikas angehört; Ostafrika wird als eine Art Anhängsel betrachtet. Auch wird die Figuralplastik in ihren Herkunftsgebieten oft als eine Art Ableger aus den kunsterzeugenden Regionen jenseits der Grenzen betrachtet. Der Ton der meisten Diskussionen über Kunst in Ostafrika ist beharrlich apologetisch. In diesem Überblick wird diesem vernachlässigten Gebiet und nicht-figurativen Gegenständen besondere Aufmerksamkeit zuteil.

Abb. 2 Aksum mit den Monumentalstelen, die zu den höchsten Bauwerken der Welt gehören

Das Kerngebiet der Region erstreckt sich von den Küsten Kenias und Tansanias bis zum Ruwenzori-Gebirge und Tanganjika-See. Es umfaßt Uganda, Ruanda und Burundi, eine Region gekennzeichnet durch Weidehochländer, die im Norden in Trockensavannen bzw. Wüsten übergehen. Nach Süden zu werden Sambia, Malawi und Teile des nördlichen Mosambik behandelt wie auch die vor der Küste liegende Insel Sansibar (das heute mit Tanganjika den modernen Staat Tansania bildet) und die große, landschaftlich sehr vielfältige Insel Madagaskar. Mit dazu gehören auch die gegensätzlichen Kulturen des Nordostens – Somalia, Äthiopien und benachbarte Landstriche des Sudan. Vor allem Äthiopien, das durch sein schroffes Bergland weitgehend von den übrigen Ländern des Kontinents isoliert war, verfügt über ein reiches kulturelles Erbe.

Topographie und Vegetation dieser Region erlauben unterschiedliche Lebensformen, die von den verschiedenen Völkern zum Teil auch kombiniert werden. Jagd und Sammeltätigkeit als einzige Arten des Lebensunterhalts sind im östlichen Afrika selten. Sie sind die Lebensgrundlage von nur einigen kleinen isolierten Gruppen wie den Boni in Somalia und Kenia, den Hadza in Tansania und den Mikea im südwestlichen Madagaskar. Andererseits verlegen sich viele Völkerschaften, die schwer zu bewirtschaftende Agrarräume bewohnen oder periodischen Trockenzeiten ausgesetzt sind, auf die Jagd- und Sammeltätigkeit, wenn es die Umstände erfordern. Viele Rinder- oder wie im nördlichen Kenia Kamelhirten gehen in Zeiten größter Trockenheit auf die Suche nach entfernten Wasserlöchern. Dadurch kommt es gelegentlich zu einer Zweiteilung der materiellen Kultur. Häufig liegt bei Völkern mit periodischer halbnomadischer Lebensweise die Betonung auf transportablen und ersetzbaren Gerätschaften, die zudem verschiedenen Zwecken dienen wie bei einigen der hier abgebildeten Kopfstützen und Stühle der Fall; dauerhaftere und solidere Objekte sind typisch für ortsfeste Dörfer, wie sie auch von Hirten unterhalten werden.

So wie das Hirtenwesen in einer Hinsicht in Jagd und Sammeln übergeht, knüpft es in der anderen an landwirtschaftliche Tätigkeit an. Sogar jene (wie die Dinka und mit ihnen verwandte Völkergruppen im südlichen Sudan), deren Weltvorstellung durch ihre eindrucksvollen Herden von Buckelrindern bestimmt wird, verlassen sich nicht allein auf Rinder als Nahrungsgrundlage, sondern leben auch von der Landwirtschaft. Der gemischte Ackerbau erfordert allerdings umfangreiche Tätigkeiten von Anbau bis Viehzucht. Bis zu einem gewissen Grade gibt es ihn überall in der Region, vor allem aber in Nord- und Zentraläthiopien, im westlichen Kenia, Uganda und weiter im Süden sowie in Mittelmadagaskar. Die wichtigsten Nutzpflanzen sind Sorghum, Hirse und Maniok, auf Madagaskar auch Reis.

Eine dritte Möglichkeit ist der Handel – und damit verbunden ist die Verstädterung. Entlang der Ostküste entstand zu Beginn des 1. Jahrtausends eine Reihe von Handelszentren, die das östliche Afrika an den größeren Raum des Indischen Ozeans banden. Der Seehandel verknüpfte Häfen und Inseln des weit im Süden liegenden heutigen Mosambik mit dem südlichen Arabien und noch darüber hinaus. Vor allem wurden anscheinend Eisenwaren nach Afrika importiert (obwohl schon um das Jahr 200 Eisen in gewissem Maße im östlichen Afrika gewonnen wurde) und Glas. Man tauschte diese Produkte gegen Kautschuk, Gewürze, Elfenbein und Horn. Mangrovensümpfe lieferten gerade Stangen für Bauzwecke. Etwa um das Jahr 800 war diese Reihe miteinander in Verbindung stehender Zentren zum Tor geworden, durch das sich der Islam entlang der Küste ausbreitete. Die ersten Moscheen wurden errichtet, und mit ihnen entstand in Zentren wie Lamu, Mombasa, Sansibar und auf den Komoren eine eigenständige Kultur der

Swahili. Für Holztüren und andere häusliche Objekte pflegte man hier einen Stil mit ineinander verschlungenen geometrischen Motiven, wie er für die Kunst des westlichen Indischen Ozeans charakteristisch ist (vgl. Kat. 2.27).

Auch im nördlichen Äthiopien leistete eine, wenn auch andersartige Verbindung mit Arabien auf der Entwicklung der Städte ähnliche Weise Vorschub. Wie bei den Swahili war dieser Prozeß das Ergebnis einer Verschmelzung fremder und einheimischer Traditionen. Aksum, die Hauptstadt eines hochentwickelten Königreiches, rückte im 1. Jahrhundert ins Zentrum des historischen Geschehens. Bereits im 4. Jahrhundert war es ein christliches Zentrum geworden, lange vor der Verbreitung des Islam an der Küste des Indischen Ozeans. Der Einfluß Aksums, das in der Provinz Tigre liegt, reichte im Norden bis in den heutigen Staat Eritrea und den Hafen Adulis. So war in nördlicher Richtung die Verbindung mit Rom, in östlicher die mit Indien und Ceylon geschaffen. Die Könige von Aksum eroberten sogar Teile des Yemen – eine Umkehrung des gewöhnlichen Schicksals des kontinentalen Afrika. Neben seiner monumentalen Architektur und einer Reihe von beeindruckend hohen Steinstelen (Abb. 2), die zu den größten jemals erschaffenen Monumenten aus Stein zählen, bewahrt Aksum der örtlichen Überlieferung zufolge die Bundeslade, die nach der Überlieferung Menelek, der Sohn König Salomons und der Königin von Saba, dorthin verbracht haben soll. Im 17. Jahrhundert hatte sich die Hauptstadt des christlichen Königreiches nach Gondar verlagert, das im 19. Jahrhundert zum Zentrum eines geeinten Kaiserreichs im nördlichen und zentralen Hochland Äthiopiens wurde.

Die Sprachenkarte des östlichen Afrika entspricht weitgehend den hier angedeuteten ökonomischen Gegebenheiten. So ist die Hirtentradition größtenteils mit nilotischen Volksgruppen verbunden, denen auch die wichtigsten viehhaltenden Völker im südlichen Sudan angehören (vgl. Abb. 1), die Turkana und verwandte Völker im nördlichen Kenia und in Uganda sowie die Masai in Kenia und Tansania. Östlich des Turkana-Sees und in den benachbarten Gebieten von Äthiopien und Somalia wird die Hirtentradition von Völkern der kuschitischen Sprachengruppe fortgeführt, die die Somali und in größerer Entfernung die Iraqw im nördlichen Tansania einschließen. Nordäthiopien ist Erbe einer abgesonderten semitischen Sprachgruppe. Die Regionen mit Mischwirtschaft sind in großen Teilen von Uganda, Kenia und weiter südlich von verschiedenen bantusprachigen Völkern bewohnt, die in den ersten Jahrhunderten unserer Zeitrechnung in das Gebiet einwanderten oder es durchquerten. Auch Swahili wird als Bantusprache eingestuft, obwohl sich am starken arabischen Einfluß auf die Kultur der Swahili die Nähe des Indischen Ozeans zeigt.

Merkwürdig an dieser Sprachenkarte ist nur die auf Madagaskar vorherrschende Sprache – Malagasy –, die nicht afrikanischen, sondern malaiisch-polynesischen Ursprungs ist. Die bisher untersuchten nächstliegenden verwandten Sprachen findet man in Zentral-Borneo, 6400 km über den Indischen Ozean entfernt. Die ursprüngliche Besiedlung der großen Insel scheint parallel zur Verbreitung des Islam und zur Entstehung der Swahili-Kultur an der ostafrikanischen Küste um 800 oder kurz vorher erfolgt zu sein.

Die plausibelste Erklärung ist, daß Gruppen aus entfernten Teilen des Indischen Ozeans bereits vor der Entwicklung einer eigenständigen Swahili-Kultur an der ostafrikanischen Küste lebten. Als durch die Konkurrenz örtlicher Händler, die Niederlassungen am Arabischen Meer unterhielten, der bis dahin blühende Fernhandel gestört wurde, besetzten sie die größte unbesiedelte Insel. Für diese Erklärung sprechen mehrere Tatsachen, zum einen die Ähnlichkeit der verschiedenen Kunststile innerhalb Madagaskars, zum anderen auch die generelle Vergleichbarkeit einiger Skulpturformen bzw. – was gleichermaßen von Bedeutung ist – die damit einhergehende Ähnlichkeit ihrer Bedeutung auf Madagaskar und dem unmittelbaren Hinterland der Swahili-Küste. Zum Beispiel findet man die Figuren für Gräber bedeutender Personen gleichermaßen in Teilen Madagaskars wie bei den Giryama, Zaramo und anderen. Das unterstützt die Hypothese, daß der spätere Swahili-Keil längs der Küste Völker voneinander trennte, die, falls sie nicht einst verbunden, doch wenigstens in enger Verbindung standen.

Das 19. und 20. Jahrhundert

Die Auswahl von Stücken für dieses Projekt, eigentlich fast alle Objekte, die außerhalb archäologischer Zusammenhänge gefunden wurden, stammen notwendigerweise aus dem 19. oder 20. Jahrhundert.

Metallgüsse sind für das östliche Afrika nicht erhalten. Ein figürlicher Guß, den man bei Ausgrabungen auf der Insel Manda vor der Küste Kenias fand, entpuppte sich als ein Werk indischer Herkunft. Eindrucksvolle Keramiken aus der entfernteren Vergangenheit, wie sie für die archäologischen Kulturen in Teilen Westafrikas oder die frühen Bantu in Südafrika typisch sind, existieren ebenfalls nicht. Eine mögliche Ausnahme bilden Kopf und Figur von Luzira aus Uganda (Kat. 2.21), die aber aus einem undokumentierten Kontext stammen und niemals sicher datiert wurden. Man vermutet, daß sie kaum älter als wenige Jahrhunderte sind. Auch bei den Felsmalereien, die man an einigen Stellen fand und die am sorgfältigsten für Tansania belegt sind, erweist sich die Datierung als schwierig.

Unglücklicherweise sind zahlreiche Skulpturen aus dem 19. Jahrhundert ebenfalls mangelhaft dokumentiert, zumindest im Vergleich zu west- und zentralafrikanischen Beispielen. Natürlich geht dies konform mit der üblichen Darstellung des östlichen Afrika als ein Gebiet, das von wenigen Ausnahmen abgesehen kaum Kunst hervorgebracht habe. Doch gibt es mildernde Umstände, die diesen vorherrschenden Eindruck zwar erklären, wenn auch nicht vollkommen beseitigen können.

Zunächst einmal wurden Texte, die das Innere des östlichen Afrika beschrieben, erst zu einem späteren Zeitpunkt als für andere Teile des Kontinents verfaßt. Frühe Berichte, wie der Periplus vom Erythreischen Meer (in griechischer Sprache von einem unbekannten Reisenden aus Alexandrien vermutlich gegen Ende des 1. Jahrhunderts verfaßt), befassen sich fast ausschließlich mit dem Küstengebiet. Spätere arabische und portugiesische Quellen schweigen gleicherweise über das entferntere Inland. Tatsächlich gab es an der swahilischen Küste wenig dokumentierte Verbindungen mit dem Inneren. An der Küste gelegene Handelsniederlassungen dienten vor allem dem Goldhandel, der zwischen Groß-Simbabwe und der Küste südlich der hier behandelten Region getrieben wurde; er führte in beide Richtungen entlang der Schiffsrouten an der Küste. Erste Berichte über die entlegeneren Regionen im Inland erschienen erst spät in der zweiten Hälfte des 19. Jahrhunderts. Schließlich erschien Stanleys bekannte Mutmaßung über die Identität von Dr. Livingstone einer Außenwelt, die nichts über das Inland wußte und es für völlig isoliert hielt, im Jahr 1871 noch ganz vernünftig.

Dies alles wäre nicht von größerer Bedeutung für das Verständnis der frühen Chronologie des Gebiets, wenn mündliche Überlieferungen an Ort und Stelle weitergegeben und später schriftlich festgehalten worden wären. Aber die wenigsten Gemeinschaften des östlichen Afrika verfügten über diese Art von ›Hütern der Tradition‹, indigenen Historikern, deren Wissen der Legitimierung herrschender Gruppen dient. Es war keineswegs so, daß es den betreffenden Gesellschaften an Geschichte fehlte; vielmehr waren ihr instabiler politischer Zustand und ihre im allgemeinen bescheidene Größe die Ursache für das Fehlen offizieller Historiker, deren Berichte die Rekonstruktion langer dynastischer Genealogien ermöglicht hätte, wie diese für die Asante, Benin, das Königreich der Kuba – der großen Ausnahme in unserem Gebiet – oder durch Chroniken für das Königtum der Merina in Zentral-Madagaskar vorliegen. In den letzten Jahren haben Historiker und Archäologen, darunter zahlreiche Einheimische, begonnen, diese Lücke zu füllen. Wenn der allgemeine historische Hintergrund komplexer gesellschaftlicher und politischer Entwicklungen ungewiß ist, dann ist es wesentlich schwieriger, den Werdegang und den Charakter eines damit verbundenen künstlerischen Komplexes zu bestimmen.

In der Zeit unmittelbar vor Beginn des Kolonialismus fanden bedeutende Veränderungen statt. Die meisten Volksgruppen, die uns gegenwärtig unter bestimmten ›Stammesnamen‹ bekannt sind, existieren in ihrer heutigen Struktur noch nicht so lange. Das gilt vor allem für Teile des heutigen Tansania, woher viele der bedeutenderen Skulpturen stammen, die hier behandelt werden. Das Gebiet wurde in der zweiten Hälfte des 19. Jahrhunderts von Swahiligruppen, die das Innere Afrikas auf der Suche nach Sklaven und Elfenbein auszubeuten versuchten, kreuz und quer durchzogen. Ihr Bereich erstreckte sich über das östliche Afrika bis zum Tanganjika-See und weit hinein in ein Gebiet, das heute zum östlichen Zaire gehört. Für Wright ist »Ostafrika im Jahr 1870 am besten definiert als das wirtschaftliche Hinterland des Handelsplatzes Sansibar« (Wright, 1985, S. 539). Doch der Einfluß der Küstenbevölkerung auf das Innere schwankte je nach Gebiet beträchtlich. Auch die Machtmonopole der Swahili-Händler waren sehr unterschiedlich. In einigen Fällen verloren schwache Häuptlinge an Einfluß und Macht, an anderen Orten schloß man Bündnisse; starke Herrscher wußten ihren überwiegend friedlichen Einfluß über große Gebiete zu erhalten. Während es einigen Gruppen schlecht erging, gelang es anderen (zum Beispiel den

Nyamwezi), benachbarte Gruppen zu integrieren oder kulturell anzugleichen. Die Völker am Ufer des Tanganjika-Sees, vor allem in größeren Häfen wie Ujiji, zogen oft Nutzen aus ihrer Kontrolle der Schiffahrt. So findet man einige Gruppen in beträchtlicher Zahl an beiden Ufern, z. B. die Holoholo. Andere, wie die ethnisch nicht homogenen Jiji, erlebten durch die Aufnahme von Außenstehenden und durch die Beteiligung am Sklavenhandel eine beträchtliche Bevölkerungszunahme. Erst der Beginn des Kolonialismus bereitete dem Prozeß ethnischer Verschmelzungen ein Ende.

Diese Faktoren bilden den Hintergrund zum Verständnis der Kunstwerke in dieser Region. Handelswege, die über weite Gebiete verliefen, ermöglichten eine große Mobilität innerhalb der Bevölkerung, natürlich unter Einschluß wandernder Künstler. So werden viele der Werke aus Zentral- und West-Tansania als Arbeiten der Nyamwezi eingeschätzt. Die meisten stammen aus der Zeit um die Jahrhundertwende oder früher, als sich eine Swahiligemeinde bei Tabora inmitten des Territoriums der Nyamwezi angesiedelt hatte. Damals gab es auch Nyamwezi im weit entfernten Sansibar, dem südöstlichen Zaire und Sambia, oft als Agenten oder Teilnehmer der swahili-arabischen Karawanen, die durch Tabora zogen. Sie betätigten sich auch als Elfenbeinhändler auf der Insel Ukerewe im Viktoria-See, wo sie nicht nur Objekte für den eigenen Gebrauch schufen, sondern auch für die Kerewe, die die Insel schon länger bewohnten (Kat. 2.46–47). Ihre hier geschnitzten Figuren gingen auch als diplomatische Geschenke an weiter entfernte Herrscher wie den Kabaka (König) von Buganda. Auf ähnliche Weise tauchten auch Schnitzwerke der Luba bei den Bemba in Sambia auf, und Figuren in einem gängigen Stil aus dem südöstlichen Zaire oder Angola kennt man aus dem Königreich der Lozi an der westlichen Grenze Sambias. Die sogenannten Wiko in Sambia verfügen über Traditionen des Schnitzens und Maskierens, die ihre Herkunft von den Chokwe in Angola belegen. Die Mbunda, die unter den Lozi im südlichen Sambia leben, sind die Schöpfer der verzierten Schüsseln mit Deckel (Kat. 2.56), die in Katalogen gern mit ihrem Gastvolk in Verbindung gebracht werden.

Die Käufer der Kunstwerke besaßen insgesamt nicht notwendigerweise denselben ethnischen Hintergrund wie ihre Schöpfer. Die Abnehmer solcher Werke mußten nicht einmal eine eigene Tradition vorweisen, damit wandernde Schnitzer oder Händler einen vorbereiteten Markt finden konnten. Im 20. Jahrhundert entwickelte sich diese Situation noch weiter durch das Entstehen von Kunst für einen Markt, der zunehmend Kolonialbeamte, Siedler und heute schließlich Touristen umfaßt. Unter den figürlichen Schnitzereien finden sich stereotype Darstellungen aus der kolonialen Periode – Askaris (Wächter und Diener auf Kolonialbesitz), verschiedene Stammesgruppen mit ihren leicht identifizierbaren Gebrauchsgütern sowie Porträts von Kolonialbeamten und Angehörigen verschiedener ethnischer Gruppen (Kat. 2.25). Die Schöpfer dieser Werke sind oft Nachkommen der Händler und Zwischenhändler des 19. Jahrhunderts, der Kamba in Kenia oder der Zaramo in Tansania.

Die Funktion von Kunstwerken

Doch eine solche von fremder Kundschaft ausgehende Nachfrage war keineswegs alleiniger Grund für die Entstehung von Kunstwerken. Die Fluktuationen in der Führung von Ländern der Binnenregion brachte es mit sich, daß Objekte bevorzugt mit stabileren Herrschaften in Verbindung gebracht wurden. Unter den Werken befanden sich oft Regalien oder Häuptlingsstühle mit hoher Lehne, und an der Swahili-Küste erweiterten sich die Aufgaben auf eine reich verzierte Architektur und entsprechendes Mobiliar für die Oberschicht. Bei den Völkern um den Tanganjika-See hat der Gebrauch von Häuptlingsstühlen – und damit verbunden auf Stühlen stehender geschnitzter Figuren (Kat. 2.53) oder gar Figuren, die auf den Schultern anderer sitzen – einen gemeinsamen Grund. Bei vielen Bantustämmen in Zaire sowie östlich und südlich angrenzender Gebiete dürfen amtierende Häuptlinge nicht mit der Erde in Berührung kommen: Sie werden mit prachtvollen Stühlen oder Sesseln ausgestattet, und wenn sie durch ein Gelände kommen, in dem man keine Matten auslegen kann, werden sie bisweilen von Sklaven auf dem Rücken getragen. Dadurch wird ihr Status betont.

Kleinplastik ist vielfach Bestandteil von Prestigegegenständen. In unserem Gebiet sind das oft Geh- oder Renommierstöcke, die als Amtsstäbe dienen, und – vor allem in Tansania – plastische Verzierungen auf Musikinstrumenten, die an ihrem Ende oft einen Kopf oder eine ganze Figur tragen. Viele plastische

Objekte sind aber auch mit dem Besitz ritueller Kenntnisse oder liturgischen Zubehörs verbunden. So sind die Deckel oder Verschlüsse medizinischer Gefäße und anderer medizinischer und magischer Gerätschaften oft in figürlicher Form geschnitzt, vor allem bei Gruppen der Mijikenda in Kenia und verwandten Völkern in Tansania. Kleine, häufig stilisierte Puppen finden sich auch in verschiedenen Gebieten Tansanias und des nördlichen Sambia – sie werden oft von unverheirateten Mädchen und kinderlosen Frauen getragen, ähnlich den *akua'ba* der Asante in Ghana. Ein Zusammenhang zwischen diesen beiden Objekttypen, der Medizinflasche, deren stark wirkender Inhalt aufbraust und den geschnitzten Verschluß bewegt, und den Bildwerken, die mit der Hoffnung einer Schwangerschaft getragen werden, scheint sowohl von der Idee wie von der künstlerischen Ausführung her möglich.

Abb. 3 Kasiya maliro, *die Elenantilopenmaske, Chewa, Sambia. Man glaubt, daß dieser* nyau yolemba *den Geist des Verstorbenen fängt (Photographie Oktober 1984)*

Vielleicht sind die häufigsten Ereignisse, mit denen Kunstwerke im östlichen Afrika (wie auch ganz allgemein auf diesem Kontinent) in Zusammenhang stehen, die Initiationsriten von Jugendlichen beim Eintritt in das Erwachsenenleben. Manchmal werden diese Riten von Geheimbünden durchgeführt, die daneben auch mit den Begräbniszeremonien befaßt und vielleicht auch für das Maskenwesen zuständig sind. Bei Gruppen in Sambia und Malawi und unter den Makonde in Tansania und Mosambik ist das der Fall. Die Masken selbst sind nicht notwendigerweise so zahlreich und verschieden wie in einigen Maskengebieten in Zaire und angrenzenden Regionen Angolas, obwohl die Masken des *nyau*-Bundes bei den Chewa (Abb. 3) und die *lipiko*-Masken der Makonde (Kat. 2.61) oft eine eklektische Vielzahl von Inhalten ausdrücken. Grundsätzlich werden die Masken von den Mitgliedern des betreffenden Geheimbundes getragen, nicht unbedingt von den Initianden.

Wie in bestimmten Gebieten Zaires werden Bildwerke verschiedentlich auch als Unterweisungshilfen hergestellt, um Initianden die Kenntnis und die Verhaltensweise zu zeigen, die dem Erwachsensein oder der nächsthöheren Stufe der Gesellschaft angemessen sind. Vielerorts stellt man zu diesem Zweck, vor allem für die weibliche Initiation, Lehmpuppen her. Gewöhnlich werden sie nicht gebrannt. Tatsächlich finden sich nur wenige von ihnen bei den Einheimischen selbst oder in Museen, da sie meist nur für den Gebrauch bei besonderen Anlässen hergestellt und hernach vergraben oder zerstört werden, sobald man sie nicht mehr benötigt. Diese kurzlebigen Schöpfungen werden oft nicht erwähnt, obwohl sie wie Körperkunst oder Architektur naturgemäß zu jeder Ausstellung über die künstlerischen Leistungen des östlichen Afrika gehören sollten.

Viele der größeren Skulpturen der Region werden für Begräbnisse gebraucht. Zuweilen werden die Figuren direkt auf oder neben einer Grabstätte errichtet, wie dies bei so entfernten Völkern wie den Mahafaly im südlichen Madagaskar (Kat. 2.30), den Konso (Kat. 2.12), Gato und Galla in Äthiopien oder den Bongo (Kat. 2.18) im südlichen Sudan zu beobachten ist. Natürlich wird nicht jedermanns Grab so gekennzeichnet. Diese Skulpturen sind gewöhnlich den Grabstätten von Königs- oder Häuptlingsfamilien vorbehalten und unter ihnen wiederum den bedeutendsten Mitgliedern. Eine Ähnlichkeit mit dem Verstorbenen schien in keinem Fall beabsichtigt.

Grabskulpturen sollten nicht mit Ehrenmalen verwechselt werden, d. h. solchen Skulpturen, die als Gedenkzeichen an anderen Orten errichtet wurden, auch wenn es sich um Plätze handelt, die in gewisser Beziehung zu Friedhöfen stehen (Abb. 4). Für diese Sitte gibt es vielleicht sehr unterschiedliche Erklärungen. In einigen Fällen werden Friedhöfe nicht als passende Orte für Besuche außer zur Bestattung selbst betrachtet. Der Tod wird für ein gefährliches Ereignis gehalten, das die Nachkommen in Verwirrung stürzt und die Gemeinschaft stört. Grabstätten gelten oft als verunreinigte Orte, die nur von denjenigen aufgesucht werden, die sich mit Zauberei beschäftigen. In Teilen des südlichen Madagaskar werden Skulpturen, Steinblöcke und ähnliches in einiger Entfernung von der Grabstelle und zu einem späteren Zeitpunkt errichtet. Diese physische Distanz findet eine Entsprechung im Glauben an eine mögliche Befleckung durch einen erst kürzlich Verstorbenen bzw. an seine Lebenskraft, die man von ihm als einem ordentlich und rituell eingesegneten Vorfahren übernimmt. Bei den Mijikenda (und besonders bei ihrer größten Untergruppe, den Giryama) in Kenia (Kat. 2.26) und den Zaramo im Süden von Tansania verbindet man Gedenkpfähle auch mit den Geistern der Toten, vor allem mit den verstorbenen Mitgliedern der einflußreichen Gruppe der Stammesältesten.

In diesem Fall kommt die Skulptur gewöhnlich an einen dafür ausgewiesenen Ort, genauso wie ein Leichnam im Friedhof begraben wird. Man findet aber auch einzelne Skulpturen (oder entsprechende

Objekte) am Schnittpunkt von Wegen oder an Straßenkreuzungen. Dann sollen sie oft an diejenigen erinnern, die tot sind oder die man für tot hält, deren Körper aber nicht gefunden wurden: Personen, die im Busch verschwunden oder ertrunken sind. Die Skulptur steht für den fehlenden Körper und vereinigt den Toten mit der Gemeinschaft der Ahnen. Während Grabskulpturen gewöhnlich Stilisierungen sind, beziehen sich Skulpturen an Gedenkorten manchmal auf bestimmte Personen, wobei das Bildprogramm oft auf die Umstände des Todes oder die Hauptereignisse im Leben des Toten hinweisen kann. Beispiele dafür sind hauptsächlich aus Madagaskar bekannt, aber ebenso zuweilen auch im südlichen Sudan (und möglicherweise auch anderen Gebieten) zu finden.

Wie in großen Teilen des Kontinents befaßt sich auch die Kunst Ostafrikas vor allem mit Ereignissen, die im Leben einzelner oder von Gemeinschaften größere Änderungen bedeuten. Das künstlerische Bemühen, wie immer man es auch definiert, richtet sich auf Feste, die in sich selbst Übergänge darstellen: Kunst wird mit Fruchtbarkeit und Geburt verbunden, mit Krankheit oder Unglück und der Möglichkeit der Genesung, mit dem Erwachsenwerden, der Erlangung der Häuptlingswürde und schließlich mit dem Tod. Die Kunstwerke, die sich mit dem Tod beschäftigen, könnten als letzte Phase solcher Übergänge (und künstlerischer Umsetzung) erscheinen. Die meisten Begräbnis- und Gedenkdarstellungen sind indes Beschwörungen des Lebens: Sie erinnern an die Toten und behaupten gleichzeitig den inneren Zusammenhang der Lebenden mit der Gemeinschaft ihrer Ahnen. Schließlich wird menschliche Lebenskraft abgeleitet vom Gelingen einer solchen Kontinuität, sei es buchstäblich durch die physische Geburt oder künstlerisch durch ein erschaffenes Bildwerk.

Abb. 4 Gedenkstätte der Tanosy im südöstlichen Madagaskar. Die Skulptur erinnert an den Tod einer Gruppe von Kanufahrern, die in einem nahegelegenen Hafen ertranken, sie wurde von dem einheimischen Bildhauer Fesira in den 30er Jahren geschnitzt

2.1

Faustkeil aus Oldowan

Olduvai-Schlucht, Tansania
Alter ca. 1,6–1,7 Millionen Jahre
Quarzit
Höhe 8,9 cm
Cambridge University Museum of Archaeology and Anthropology,
1934.1101 D

Menschen sind nicht die einzigen, die Werkzeuge verwenden, aber konsistente Gewohnheiten und Traditionen bei der Werkzeugherstellung sind eines der menschlichen Charakteristika. Primitive Werkzeuge aus hartem Stein, dem einzigen Material, das über lange Zeiträume erhalten bleibt, sind unsere wichtigste Quelle für das Verständnis der Zeit vor mehr als einer Million Jahren. Objekte wie dieses zeigen deutlich den Beginn jener menschlichen Fähigkeiten, denen unsere Werkzeuge und unsere Kunst in Afrika und der ganzen Welt die Entwicklung ihrer materiellen Komplexität verdanken.

Die frühesten bekannten Werkzeuge sind für das östliche Afrika belegt. Zunächst in der Olduvai-Schlucht in Tansania als solche identifiziert, kennt man sie heute auch aus anderen sehr alten Schichten, wo das große Rift-Tal die Sedimente prähistorischer Seen durchschneidet: Dieser frühen afrikanischen Kultur wurde von dem gefeierten Archäologen Louis Leakey der Name ›Oldowan‹ gegeben (nach dem Fundort Olduvai). Dieses Werkzeug, genau genommen ein Faustkeil, zeigt grob bearbeitete Flächen, geglättet und gerundet, von denen dünne Schichten abgeschlagen wurden. Es wurde 1931 von Leakey auf dem untersten Boden der Fundstelle ausgegraben, die heute unter der Bezeichnung HWK East bekannt ist, viele Jahre vor der Entdeckung der frühen menschlichen Überreste, die Olduvai und Leakey berühmt machten.

Spätere Forschungen haben unsere Kenntnisse von Oldowan erweitert und zur Unterscheidung der früheren von der späteren Phase ›Entwickeltes Oldowan‹ geführt. Oldowan, das auf Ostafrika beschränkt ist, geht den späteren Steinbearbeitungen der Hominiden voraus, die sich von ihrem Ursprung in Afrika aus mit anderen Formen der Werkzeugherstellung verbreiteten.

Mit Hilfe der geologischen Datierung von Vulkanasche, in die die Werkzeuge enthaltenden Schichten gebettet sind, wurde das Alter des Bodens von HWK East auf 1,6–1,7 Millionen Jahre datiert. *CC*

Provenienz: 1931 ausgegraben von Louis Leakey; 1934 dem Museum übergeben

2.2

Vier Evangelien

Lasta
Äthiopien
17. Jahrhundert
Pergament
26,8 x 24,9 cm
The British Library, London, Or.ms.516

Das Christentum erreichte das alte äthiopische Königreich Aksum im 4. Jahrhundert von Alexandrien aus und verbreitete sich weithin im Verlauf der nächsten zwei Jahrhunderte durch die missionarische Tätigkeit der Neun Heiligen aus Syrien. Wie überall in der christlichen Welt, so müssen auch hier die vier Evangelien mit dem Leben und der Lehre Christi bei dieser Bekehrung eine wichtige Rolle gespielt haben. Anfänglich wurden wohl Übersetzungen aus dem Griechischen in die Landessprache Ge'ez verwendet; nach der Ankunft der Neun Heiligen dürften Übersetzungen aus dem Syrischen hinzugekommen sein. Auch Schreibutensilien und -techniken wurden wahrscheinlich zur Zeit der Ankunft der Neun Heiligen in Äthiopien eingeführt, denn alle vorhandenen Zeugnisse deuten auf den weitverbreiteten Gebrauch von Pergament (nicht Papyrus) hin. Kein äthiopisches Evangelienmanuskript ist aus der Zeit vor dem 13. Jahrhundert erhalten, aber etwa fünfhundert spätere sind bekannt. In den ersten Jahrhunderten wurden alle auf die gleiche Weise aus der Haut von Ziegen, Antilopen, Pferden und Gazellen hergestellt und mit schwarzer und roter Tinte aus Holzkohle beschrieben. Federn wurden aus Schilfrohr geschnitten, und Pulver aus Pflanzen wurde für die Kolorierung verwendet – Rosenblätter für Rot und die Frucht der *wäyra*-Pflanze (*Olea Chrysophyla*) für Blau –, vermischt mit Bindemitteln wie Hautleim, Zucker oder Harzen. Auch mineralische Pigmente wie Oxide waren in Gebrauch. Gold wurde selten benutzt.

Dieses Bild stammt aus einem der zahlreichen äthiopischen Evangelien des 17. Jahrhunderts. Die Texte werden durch ganzseitige Bilder der Evangelisten eingeleitet, die das Wort Gottes mit seinen Überbringern verbinden. Das ausgewählte Beispiel zeigt Matthäus in frühchristlicher Gebetshaltung. *TT*

Literatur: Murphy 1967; Ullendorf 1968, S. 34, 56–58; Galavaris 1979, S. 50 und 65; Medhin 1980–82, S. 219–222; Zuurmond 1989, S. 37–39; Heldman, in: Baltimore u. a. 1993–96, S. 247

2.3

Handkreuz

Äthiopien
17. Jahrhundert
Holz
Höhe 33 cm
Staatliches Museum für Völkerkunde, München, 86-307629

Das Kreuz als Symbol des Christentums ist mit Äthiopien verbunden, seit Kaiser Ezana von Aksum sich im 4. Jahrhundert zu dem neuen Glauben bekannte und Münzen mit diesem Symbol zur Verbreitung seiner Botschaft herstellen ließ. Man verwendete verschiedene Kreuzarten: große Prozessionskreuze (vgl. Kat. 2.4) mit hohlem Schaft auf einem langen hölzernen Stab, die bis ins 12. Jahrhundert zurückdatieren und Eigentum von Kirchen und Klöstern sind; Stabkreuze, die Pilger auf den Schultern trugen; Hängekreuze, die an einer langen Kette von Frauen getragen wurden; Halskreuze, getragen von Kindern und Männern; Kreuze als Absatzzeichen in Manuskripten und als Schutz in ›Zauberrollen‹.

Große oder kleine Handkreuze sind Eigentum von Priestern, die sie den Gläubigen bei Zusammenkünften zum Kuß reichen und mit dem sie diese segnen. Sie sind aus Metall (Eisen, Bronze, Messing), Leder oder häufiger noch aus schwerem Holz hergestellt und bestehen aus dem eigentlichen Kreuz an der Spitze, oft mit dekorativen und symbolischen Zusätzen; der Griff ist gewöhnlich 10–12 cm lang, und das Ende bildet ein viereckiger, quadratischer oder rautenförmiger Fuß. Handkreuze weisen eine Vielzahl religiöser Symbole auf: Das Täfelchen am Fußende soll Adams Grab auf dem Kalvarienberg symbolisieren, und der Griff bezieht sich sowohl auf Christus als den ›neuen Adam‹ wie auch auf den Glauben, daß Christi Kreuz aus dem Holz des Lebensbaumes geschnitten ward. Für äthiopische Priester besteht auch ein Zusammenhang zwischen dem Fußtäfelchen und dem *tabot* (der Bundeslade) sowie dem Bund von Gott und den Menschen, während der Griff die Hoffnung und das Leben darstellt, das mit Christi Auferstehung aus dem Grab einhergeht. Ein solch ausgearbeiteter Symbolismus verwandelt das Handkreuz in eine anschauliche Metapher theologischer Vorstellungen, die auch die Väter der Ostkirche, unter ihnen Athanasios und Kyrillos, teilten. Anthropomorphe Griffe wie der abgebildete, bei dem die menschliche Figur den kreuztragenden Adam darstellen soll, propagieren die Vorstellung, daß Christus, der zweite Adam, ein neues Menschengeschlecht einleitete. *TT*

Literatur: Moore, in: Stuttgart 1973, S. 67–87; Hecht, Benzing und Kidane 1990, S. 2–18; Heldman, in: Baltimore u. a. 1993–96, S. 132

2.4

Prozessionskreuz

Äthiopien
Vor 1868
Metall
47 x 35 cm
The Trustees of the British Museum, London, 1868,10-1.16

Für die äthiopische Kirche ist das Kreuz nicht nur ein Symbol für Christi Leiden und Tod, wichtiger noch ist seine Bedeutung als Zeichen für die Auferstehung. Das Kreuz tritt in äthiopischen Darstellungen oft an die Stelle der Kreuzigung und drückt nicht nur Verehrung für den toten Christus aus, sondern entfaltet als Ikone auch eine erlösende und vor dem Bösen schützende Wirkung. Diese Funktion drückt sich deutlich in dem Gebet mit der Bezeichnung ›Der Schutzwall des Kreuzes‹ aus. Kreuzförmige Schmuckformen füllen die Fensteröffnungen der Felskirchen von Lalibela aus dem 13. Jahrhundert. Der Grundriß einer Kirche hat selbst die Form eines Kreuzes. Das Kreuz auf den Dächern der Kirchen zeigt die heilige Bestimmung des Gebäudes.

Die Vielzahl der von Priestern bei Gottesdiensten und religiösen Veranstaltungen getragenen Prozessionskreuze erzeugt eine Atmosphäre des Sakralen und der Erlösung und weist dem Gläubigen symbolisch seinen Lebensweg. Prozessionskreuze bestehen meist aus Metall – Eisen, Kupfer, Bronze, Silber, selten Gold –, manchmal aus Holz. Die frühen Prozessionskreuze des 12. und 13. Jahrhunderts waren vor allem aus Kupfer und Bronze im Wachsausschmelzverfahren hergestellt. Eine andere Technik bestand im Durchpausen der gewünschten Kreuzform auf eine Metallplatte, aus der sie dann herausgeschnitten oder herausgestanzt wurde. Eiserne Stabkreuze des 17. und 18. Jahrhunderts wurden gegossen und anschließend bearbeitet.

Zur Verstärkung der christlichen Botschaft der äthiopischen Kirche wurden auf den Kreuzen Sentenzen eingeschnitten oder aufgeprägt, die wohlbekannte Wahrheiten vermittelten. Ihre bildlichen Darstellungen umfaßten Gottvater, die Erzengel Gabriel und Michael sowie die vier Evangelisten. Auch die Darstellung der Muttergottes mit Kind war beliebt, vor allem nachdem Kaiser Zara Yaeqob im 15. Jahrhundert ihren Kult gefördert hatte. In dem abgebildeten Beispiel wiederholt das feine verschlungene Muster Schmuckformen von Lettnern und Friesen mittelalterlicher äthiopischer Kirchen. *TT*

Provenienz: 1868 gesammelt von R. R. Holmes

Literatur: Mercier 1979, S. 44; Hecht u. a. 1990, S. 7; Lepage, in: Paris 1992–93, S. 62–70; Heldman, in: Baltimore u. a. 1993–96, S. 137

2.5

Kopf (Beta Israel)

Äthiopien
Terrakotta
8 x 4,5 x 7,5 cm
Privatsammlung

Die äthiopische Beta Israel (Haus Israels) ist eine jüdische Gruppe, die Agaw spricht und nördlich des Tana-Sees in den Provinzen Begemder und Semien lebt. Die anderen äthiopischen Gemeinden nennen sie Falashas (abgeleitet von der Ge'ez-Sprachwurzel *fälläsä* für ›auswandern‹, ›wandern‹). Ihre Herkunft ist umstritten – die Wissenschaft ist sich nicht darüber einig, ob sie von der jüdischen Gemeinde in der Diaspora von Elephantine (Ägypten) abstammen oder durch den Einfluß südarabischer Juden konvertierte Äthiopier sind. Sicher ist jedenfalls, daß sich Juden in Äthiopien ansiedelten und die Agaw bekehrten. Außer in ihren religiösen Bräuchen, die sich von Vorschriften des Alten Testaments ableiten, unterscheiden sie sich nicht wesentlich von den dominierenden äthiopischen Gruppen. Sie sprechen nicht Hebräisch, und ihre heiligen Bücher – Genesis, Exodus, Leviticus, das 4. und 5. Buch Moses – sind in der Sprache Ge'ez geschrieben. Zwar wurden sie von der herrschenden äthiopischen Schicht mit *buda* (›böser Blick‹) bezeichnet und diskriminiert, aber sie sind ein fleißiges und arbeitsames bäuerliches Volk, das auch viele handwerkliche Fähigkeiten besitzt.

Ihre Unterwerfung unter die herrschen Amharas fand in drei Etappen statt. Zwischen 1270 und 1632 wurden sie von mehreren äthiopischen Königen der Solomon- und Gondar-Zeit bekämpft und ihrer politischen Unabhängigkeit und aller Rechte auf Erbland beraubt. In der zweiten Phase (1632–1755) erlangte die Gruppe Beta Israel im Gebiet Gondar größeres Ansehen; ihre Mitglieder arbeiteten vor allem als Steinmetze und Soldaten. Einige von ihnen erlangten höhere Titel und erhielten Verwaltungsaufgaben und Land zugeteilt. In der dritten Etappe verhärteten sich die Muster gesellschaftlicher und ideologischer Trennung, und Beta Israel wurde eine verachtete und gefürchtete Berufsgruppe – ihre besonderen Vorstellungen von Unreinheit verstärkten noch die Trennung von anderen Gemeinschaften. Da der Bedarf an Steinmetzen und Tischlern während dieser Periode zurückging, wandten sich einige wieder ihren traditionellen Berufen als Schmiede, Weber und Töpfer zu.

Ihre außergewöhnlichen Keramikfiguren, von Frauen hergestellt und auf den Märkten angeboten, beschreiben das religiöse und familiäre Leben. Auch Tiere und Menschen werden in kleinen Statuetten dargestellt, wie in diesem hier abgebildeten Kopf. Weder kennt man den Ursprung dieser Tradition, noch weiß man wie weit sie in die Vergangenheit zurückreicht. Die Ikonographie einiger dieser Werke (wie zum Beispiel die Darstellung jüdischer Priester mit der Thora) vermittelt deutlich ein Gefühl der Einheit von ›Beta Israel‹ und hat zweifellos dazu beigetragen, die Gruppe für ihre außergewöhnlichen gesellschaftlichen und kulturellen Werte zu sensibilisieren. *TT*

Literatur: Trimingham 1952, S. 19–22; Leslau 1957, S. 1–6, 53; Ullendorf 1968, S. 117; Kidane und Wilding 1976, S. 42; Quirin 1979, S. 133–143

2.6

Schild

Amhara
Äthiopien
19. Jahrhundert
Gold, Leder und Textilapplikationen
Durchmesser 54,5 cm, Höhe 19 cm
Lords of the Admiralty

1632 wurde in Gondar eine Hauptstadt für das christliche Reich im nördlichen und zentralen Hochland von Äthiopien dauerhaft errichtet. Die tatsächliche Macht des Kaisers war abhängig von der Loyalität der Herrscher der zahlreichen und zuweilen praktisch unabhängigen Königreiche. Erst in der Mitte des 19. Jahrhunderts begann der erste einer Reihe aufgeklärter Kaiser das Land zu vereinigen. Die zunehmende innere Stabilität durch diese Politik und die Revolutionierung der Wirtschaft durch Einführung des Maria-Theresien-Talers führten in dieser Periode zu einer Blütezeit materieller Kultur. Schmuck, Textilien und sorgfältig verzierte Regalien und Waffen halfen die komplexen Hierarchien zu kennzeichnen, die in Kirche, Staat und Heer existierten. Schilde waren Teil eines komplizierten Zeremoniells, das der Bekräftigung – oder gelegentlich der Infragestellung – dieser Hierarchien dienen konnte.

Schilde wurden durch Befestigung einer unbehandelten Tierhaut auf einer konischen Holzform hergestellt, auf der man sie ölte und formte. Die Oberfläche wurde mit speziell zu diesem Zweck gefertigten Hämmern dekorativ bearbeitet. Dann wurden manchmal feine Metallarbeiten befestigt, bevor man den Schild trocknen und härten ließ. Der Besitz eines schönen, vollkommen runden Schildes bzw. der darauf befestigte Zierat verriet sowohl die militärische Tapferkeit eines Mannes wie auch sein Ansehen in der Gesellschaft. Schilde, mit denen der Kaiser die *rases* (Provinzgouverneure) und diese wiederum ihre Anführer auszeichneten, waren oft mit Samt bezogen und zusätzlich mit Silber oder anderen Metallen geschmückt. So wie die übrigen Waffen und Ausrüstungsgegenstände des Kriegers wurde auch sein mit einem roten Tuch bedeckter Schild von seinem Maultier getragen, wenn er unterwegs war. Ein Mann von Stand ließ seinen Schild während eines wichtigen Gesprächs oft von einem Jungen hinter sich hochhalten, um seinen Argumenten mehr Gewicht zu verleihen. Anhängsel am Schildbuckel waren auch oft wichtige Hinweise auf die Erfolge eines Kriegers, häufig in der Form der Mähne, des Schwanzes oder der Pranke eines Löwen. Die Bedeutung von Schilden ging weit über ihre funktionelle Bestimmung hinaus, und sie wurden auch noch im 20. Jahrhundert hergestellt, obwohl Feuerwaffen in Äthiopien zu einem frühen Zeitpunkt vermutlich in größerem Umfang verwendet wurden als in irgendeinem anderen Teil Afrikas. *CS*

Literatur: Pankhurst 1990; Spring 1993, S. 99–100

2.7 a

Lehnsessel

Jimma oder Gurage
Äthiopien
Holz
99 x 58,4 x 68,5 cm
Privatsammlung

2.7 b

Hocker

Malawi
Holz
Höhe 13 cm; Durchmesser 25 cm
Jonathan Lowen Collection

Der Stil des Lehnsessels (Kat. 2.7 a) ist in Ostafrika weithin verbreitet. In Äthiopien scheint man die nördlichsten Beispiele dieses Stuhltyps zu finden, in südlicher Richtung bis Tansania und in westlicher bis zu den Tabwa in Zaire und den Bemba in Sambia. In Tansania werden sie sowohl als politische Embleme als auch in der Schlußphase weiblicher Initiationsriten verwendet.

In der ganzen Region dient eine hockerähnliche Form als Basis, die der Künstler dann durch Hinzufügung einer Art Rückenstütze ausschmückt.

Stühle mit hohen Lehnen spielen eine wichtige Rolle bei der Inthronisation der Fürsten (›Häuptlinge‹, chiefs) bei den Gurage. Die rituelle Einsetzung eines neuen Fürsten findet neben dem aus Erde errichteten Heiligtum statt (das einer männlichen Gottheit geweiht ist), wobei der Diener einer weiblichen Gottheit Hilfe leistet. Fürsten haben wenig politische Macht und handeln heute nur noch als Vermittler in Stammesangelegenheiten, auch wenn sie früher wegen ihrer Tapferkeit im Kampf hohes Ansehen genossen. Das Fürstenamt wird vom Vater auf den Sohn vererbt. Beim Tod eines Fürsten darf der Erbe das Haus seines verstorbenen Vaters nicht vor Beendigung des Einsetzungsrituals betreten. Der Nachfolger darf auf dem Weg zum Heiligtum den Boden nicht berühren und wird dann auf den ›Häuptlingsstuhl‹ gesetzt. Er sitzt sieben Tage in diesem Sessel (der als reich geschnitzter, thronähnlicher Sitz des dreibeinigen Typs beschrieben wird) und nimmt die Geschenke seiner Untertanen entgegen, ehe er sich selbst zum König erklärt. Obgleich der Sessel von den Ahnen des Fürsten ererbt wird, ist er doch nicht heilig und kann, wenn er zerbricht, ersetzt werden. Diese Sessel gehören vermutlich zu der Kategorie mit Rückenlehne *wängyäba*, eine reich verzierte Variante des gewöhnlicheren dreibeinigen Typs namens *bärcema*. Der Ältestenrat der Gurage benutzt ebenfalls solche Sessel. Sessel mit hohen Lehnen, mit durchbrochenen Mustern geschmückt und oft von einer mondförmigen Sichel überragt, kommen aus dem Gebiet der Jimma. In welchem Zusammenhang und von wem sie benutzt werden, ist nicht bekannt. *WD*

Literatur: Shack 1966, S. 152–154; 1974, S. 112; Roberts und Maurer 1985; Felix 1990; Nooter 1994

Erst in letzter Zeit wird der Kunst Äthiopiens innerhalb der Kunstgeschichte Afrikas größere Beachtung geschenkt. Untersuchungen über äthiopische Kopfstützen sind daher leider selten.

Viele Volksgruppen im südlichen Äthiopien schnitzten Kopfstützen, um die kunstvollen Frisuren über die Nacht zu bewahren. An den Frisuren kann man häufig Alter, Geschlecht, Rang oder Ansehen des Trägers erkennen, und oft werden sie geschmückt bzw. durch Talismane magisch-religiöser Art zusätzlich mit Kräften ausgestattet. So werden sie zu Rangzeichen, Symbolen und magische Macht verleihenden Mitteln, die geschützt werden müssen.

Einige südäthiopische Kopfstützen ähneln denen der benachbarten Hirtenvölker in Kenia, Uganda, Somalia und im Sudan. Das überrascht nicht, da einige Völkerschaften auf beiden Seiten der politischen Grenzen wohnen und die Typen der Kopfstützen oft auf regionalen und nicht auf ethnischen Grundlagen beruhen. Die beiden hier abgebildeten Beispiele bestehen aus einer halbmondförmigen Auflage über einer konischen Basis, ein Typus, der aus dem südwestlichen äthiopischen Gebiet der Kafa und Gurage kommen dürfte. Die Oberflächen – von glatt belassen bis zu eingraviert (Muster auf dem Basisteil) – kennen die unterschiedlichste Bearbeitung. Ein Typus (Kat. 2.8 b) hat geschwungene Zusätze an den Seiten.

Pankhurst und Ingrams bilden einen Stich von zwei Kopfstützen aus dem 19. Jahrhundert mit der gleichen konischen Basis und halbmondförmigen Kopfstütze ab, während Huntingford die von den Kafa gebrauchten hölzernen Kopfstützen als »eine ähnliche ägyptische Form« beschreibt (womit er vielleicht eine einzige sich verjüngende Säule meint). Die gleiche Form wird auch bei den Gurage verwendet, außer daß bei ihnen der konische Teil der Kopfstützen im allgemeinen mit geometrischen Schnitzereien geschmückt ist. Diese als *gemma* bezeichneten Kopfstützen der Gurage werden von den Fuga geschnitzt, einer ›Kaste‹ von Holzschnitzern (solche Klassen von Künstlern und Handwerkern sind vielen äthiopischen Völkergruppen gemeinsam). Ihre Bedeutung wird durch die Worte von Menjiya Abata, selbst ein Fuga, beleuchtet: »Wir werden im allgemeinen als Fuga

2.8 a

Kopfstütze

Kafa oder Gurage
Äthiopien
Holz
18 x 17 x 10 cm
Jonathan Lowen Collection

2.8 b

Kopfstütze

Kaficho (Kafa)
Äthiopien
Holz
16 x 16 x 13 cm
Jonathan Lowen Collection

bezeichnet, was ›verachtet‹ bedeutet. Wir selbst nennen uns Gamas. Wir dürfen niemanden aus einem anderen Clan heiraten, früher (vor 1974) durften wir kein Land besitzen, und wir dürfen keine religiösen Heiligtümer der Gurage betreten. Bestimmte Privilegien sind uns versagt ... Aber wir haben unsere Glaubensanschauungen, unsere eigene Sprache, unsere eigenen Traditionen. Die Fuga sind wichtig. Wir stellen Dinge her, ohne die die Gurage nicht leben können – die meisten Möbel und Küchengeräte im Haus, sogar die zentralen Stützbalken und die Dachbalken ihrer Häuser werden von den Fuga geschnitzt.« *WD*

Ausstellung: East Lansing 1994

Literatur: Huntingford 1955, S. 128; Pankhurst und Ingrams 1988, S. 128; Dewey 1993, S. 36–38; Abbink 1994

Kopfstützen mit halbmondförmiger Auflage, kleiner runder oder ovaler Basis und glatten Doppelträgern wie bei Kat. 2.9 a werden von nomadischen Somalis im südlichen Somalia und nordöstlichen Kenia benutzt. Ganz ähnliche Formen mit gedrungeneren Proportionen werden auch von den Boni im nordöstlichen Kenia und im äußersten Süden Somalias hergestellt. Somalische Nomaden benutzen gleichfalls einen anderen Typ mit nur einem Stützschaft, der oft zylindrisch ist oder vertikal verflochtene Teile wie Kat. 2.9 b hat. Ob die Verbreitung der zwei Typen immer zusammenfällt, ist unsicher, aber in einigen Gebieten findet man beide. Wo das geschieht, wird berichtet, daß die verschiedenen Typen von Stützen von Männern verschiedenen gesellschaftlichen Ranges benutzt werden – die einfachere Art von jungen, jene mit Doppelträgern von älteren Männern.

Die Kopfstützen werden aus einem harten, aber leichten, sehr feinmaserigen Holz geschnitzt. Manchmal werden anerkannte Künstler damit beauftragt, aber jedermann kann sein eigenes Stück herstellen. Der Typus mit Doppelträgern wird aus einem Ast hergestellt, der sich gleichmäßig gabelt: Die Grundform wird grob herausgeschnitten, indem man ein Loch durch die Mitte bohrt, dann werden die Formen feiner bearbeitet und schließlich die komplizierten Oberflächenmuster geschnitzt. Gewöhnlich behält das Holz seine natürliche Farbe, gelegentlich aber werden die eigenen Stücke rot oder schwarz bemalt.

Somalische Kopfstützen werden von Männern und Frauen benutzt. Die von Männern benutzte, wie die hier gezeigte, besitzt eine relativ schmale Basis und ist deshalb beim Schlafen etwas instabil; die von Frauen verwendete Kopfstütze hat eine rechteckigere Form. Somalische Männer tragen die Kopfstützen mit Doppelträgern, indem sie eine Hand durch die mittlere Öffnung schieben; an dem Typ mit nur einem Stützschaft wird für diesen Zweck oft eine Lederschleife befestigt. Hirten ruhen sich manchmal auf einem Bein stehend aus, indem sie die Kopfstütze auf eine Schulter legen und den Kopf so drehen, daß ihr Nacken darauf ruht. Zwar scheinen nomadische Hirten ihre Kopfstützen mit sich zu tragen, aber sie werden auch auf die erhöhten Betten gestellt, in denen Somalis schlafen.

2.9 a

Kopfstütze (*barkin*)

Somali oder Boni
Somalia, Kenia
Holz
Höhe 17 cm
Schenkung Blake Robinson, 87-3-1
National Museum of African Art, Smithsonian Institution, Washington

2.9 b

Kopfstütze (*barkin*)

Somali
Somalia
Holz, Faserstoff
Höhe 20 cm
Schenkung Loughrans, 76-16-13
National Museum of African Art, Smithsonian Institution, Washington

Die Kopfstützen haben auch eine Funktion als Symbol der Wachsamkeit. Junge Männer mit der Aufgabe, für die Herden der Familie zu sorgen, wandern mit ihnen auf der Suche nach gutem Weidegelände. Kopfstützen mit einer so schmalen Basis kippen schnell: So werden die Hirten schroff an ihre Verpflichtungen erinnert. Auch bei Hochzeiten sind die Kopfstützen wichtig. Der Bräutigam legt Geld als Preis für die Entjungferung unter die Kopfstütze der Braut. Nach dem Beischlaf darf sich die Braut das Geld nehmen, aber nur, wenn sie eine Jungfrau war. Sie verwendet es dann zum Kauf eines Halsbandes aus Bernstein als Zeichen ihres neuen Standes als Ehefrau.

Das verschlungene oder Guilloche-Muster auf der Basis und den Seiten des Doppelträger-Typus ist typisch und zeigt wahrscheinlich den intensiven islamischen Einfluß in diesem Gebiet. Darstellungen von Schlangen, Skorpionen und sogar von Loris werden oft in die Auflagefläche geschnitzt. Mögliche Gefahren werden so durch ihre Wiedergabe ›gebannt‹. Die figurativen wie auch die Guilloche-Muster werden als »eine Art Kurzschrift für ein Gebet« (Allen) interpretiert, um Gottes Schutz für den Schlafenden zu sichern. *WD*

Literatur: Puccion 1936, S. 21–33, Taf. V; Cerulli 1955, S. 92 f.; Prins 1965; Allen 1976; Arnoldi, in: Loughran u. a. 1986, S. 17–25; Dewey 1993, S. 40 f.

2.10 a

Milchgefäß mit Deckel

Borana
Südliches Äthiopien/Nördliches Kenia
20. Jahrhundert
Gezwirnte Schnur, Kürbis, Silber
Höhe 36 cm
Privatsammlung

2.10 b

Milchgefäß mit Deckel

Borana
Südliches Äthiopien/Nördliches Kenia
20. Jahrhundert
Gezwirnte Schnur, Kürbis, Silber
Höhe 31 cm
Privatsammlung

Die Borana Galla sind traditionell Rinderzüchter, die sich heute in den trockeneren Regionen ihres Gebiets auf Kamelzucht verlegt haben. Ihre Flüssigkeitsbehälter sind enggewebte, undurchlässige Körbe aus gezwirnter Schnur. Der Umfang reicht von großen urnenförmigen Gefäßen mit einem Inhalt von ca. 13 bis 27 Litern bis zu kleineren wie den hier abgebildeten. Die großen, die man in durchbrochen geflochtenen Weidekörben trägt, werden nur für den Transport und die Aufbewahrung von Wasser verwendet; die kleineren bleiben fast immer im Haus und dienen der Aufbewahrung von Milch und Milchprodukten. Kleinere geschmückte Gefäße sind im allgemeinen Besuchern oder dem Familienoberhaupt vorbehalten; manchmal dienen sie nur als Wandschmuck und werden selten gebraucht. Ein Behälter ist immer mit dicker, fetter Milch für Ehrengäste gefüllt. Die Gefäße halten drei bis neun Jahre lang.

Ihre Herstellung, die ausschließlich Frauen vorbehalten ist, dauert drei bis neun Monate. Das bevorzugte Material sind Fasern der Wurzeln von *Asparagus africanus*, aber man verwendet auch *Commiphora*, *Acacia*, *Zizyphus* und *Hyphaene*. Werkzeuge für die Webarbeit sind Ahle und Stab, die Faser wird mit Wasser erweicht. Neu hergestellte Körbe werden wasserdicht gemacht, indem man sie in eine Lösung aus Akazienrinde taucht, innen mit aufgelöstem Fett oder Sorghum-Mehlpaste ausschmiert oder mit glimmenden Stäben ausräuchert, die die Innenseite mit Pflanzenharz verkleben. *JB*

2.11

Phallischer Schmuck (*kalaacha*)

Konso/Borana
Äthiopien
Elfenbein/Aluminium
5,7 x 4,9 x 9 cm
Jean und Noble Endicott

Dieses phallische Horn aus Metall (*kalaacha*), das in vertikaler Stellung auf der Stirn getragen wird, ist ein wichtiges Emblem im Gada-System der Generationsgruppen und Altersstufen bei den Konso, Borana und anderen Oromo-(Galla-) Völkerschaften in Äthiopien (vgl. Kat. 2.12). Es gilt als heiliges Symbol, weil es eine Replik des großen *kalaacha* ist, den der erste rituelle Führer hatte, als ihn Gott zur Erde sandte und ihm die Grundwerte und Einrichtungen der Gesellschaft offenbarte.

Die *kalaacha*, die der älteste Sohn von seinem Vater erbt, wird erstmals angelegt, wenn ein Mann in die Gada-Stufe eintritt und ›seinen Kopf macht‹. Nur der Besitzer und seine älteste Frau dürfen die *kalaacha* berühren. Nach seiner Amtszeit, wenn er weiterhin eine beratende Funktion ausübt, wird sie aufrecht stehend in einem vollen Milchgefäß aufbewahrt und nur bei Zeremonien getragen. Der Mann läßt dann seinen Haarschopf bis ein paar Jahre vor der Zeremonie des Rücktritts schlaff hängen. Dann ›vervollständigt er sein Haupt‹, d. h., er löst seinen Haarschopf auf, formt sein Haar zu einer Art Reif und ›setzt‹ seine *kalaacha* als Ersatz für den verlorenen Haarschopf auf. Eine von Männern dieser Stufe getragene *kalaacha* wehrt Böses ab und bietet demjenigen Schutz, der sie berührt. Bei einigen Gallagruppen wird dann die *kalaacha* von der ganzen Altersgruppe getragen, bei anderen nur von rituellen Würdenträgern, von denen einige eine Variante mit zwei Hörnern aufsetzen. Auf dem Höhepunkt der Zeremonie tritt die Gruppe aus dem System zurück, und ein Mann ›nimmt seinen Kopf herunter‹, d. h. sein Haar (mit dem aufgelösten Schopf) wird abrasiert und seine *kalaacha* heruntergenommen.

Eine Altersgruppe wird benannt und anerkannt, wenn jedes ihrer Mitglieder durch die Tötung eines Feindes oder eines gefährlichen Tieres das Recht erworben hat, einen gestärkten Haarschopf zu tragen. Wenn die neue Gruppe in das System aufgenommen wird, übernimmt der Kreis ihrer Väter die Führung und jener ihrer Großväter tritt zurück. Die zwei wichtigsten Lebensabschnitte eines Mannes entsprechen zwei Gada-Stufen: wenn er erwachsen wird (die Führung antritt und die rituelle Verantwortung für die Friedenssicherung und das Wohlergehen des Volkes übernimmt) und wenn er zurücktritt, um in einen Zustand der Heiligkeit einzutreten.

Eine *kalaacha* wurde früher aus Elfenbein oder Messing gefertigt, manchmal auch aus Holz. Metallene *kalaachas* werden im Wachsausschmelzverfahren hergestellt. Die Galla erwerben sie von Schmieden anderer Völkerschaften wie den Konso, die oft unter ihnen leben. *JB*

Literatur: Jensen 1936; 1942; 1954; Haberland 1963; Brown 1971; Hallpike 1972; Baxter und Almagor 1978

Die Konso, die diese Pfahlskulpturen herstellen, wohnen in von Wällen umgebenen Dörfern auf Hügeln und treiben intensive Landwirtschaft. Das Wohlergehen des Menschen und reiche Ernte hängt für sie von dem guten Funktionieren und den Ritualen des alles durchwirkenden Gada-Systems ab. Sexualität dient nur der Erhaltung der Männlichkeit. Jagd und Tapferkeit stehen in hohem Ansehen. Männer, die einen Feind oder ein gefährliches wildes Tier getötet haben, werden als Helden verehrt.

Wird ein Held begraben, so legt man einen phallisch geformten Stein auf sein Grab. Wenn er zudem wohlhabend war und einer höheren Gada-Stufe angehörte, wird einige Wochen oder Monate später eine Gruppe von Schnitzfiguren aufgestellt (was sich nur Begüterte leisten können). Ein Strohdach überdeckt die Skulpturengruppe. Sie verdeutlicht den Rang, den Reichtum und die Leistungen des Verstorbenen.

Die Skulptur des Helden selbst steht im Mittelpunkt und ist von Darstellungen seiner Frauen und der getöteten Feinde umgeben. Im Vordergrund befinden sich Figuren des Löwen oder Leoparden, den der Held getötet hat, sein Lieblingsaffe und Steine für die ihm gehörenden Felder. Er wird aggressiv männlich mit erigiertem Penis dargestellt. Seine Frisur, der phallische Stirnschmuck und Armbänder kennzeichnen seinen hohen Gada-Rang und sein Ansehen als Held. Die von ihm getöteten Feinde sind kastriert dargestellt, da es bei den Konso Brauch ist, die Genitalien getöteter Gegner als Trophäe abzuschneiden.

Diese Skulpturen besitzen keine Beine, und die Frauen und getöteten Feinde sind auch ohne Arme dargestellt. Neugeschnitzte Figuren sind mit roter Ockerfarbe bemalt, haben Augen und Zähne aus Knochen und schwarz gemalte Augenbrauen und Bärte.

Gemeißelte Grabsteine werden von den benachbarten Borana und Sidamo Galla errichtet, und Grabpfosten sind bei den Bongo im Sudan Brauch (Kat. 2.18). Die größte Ähnlichkeit mit den Grabfiguren der Konso weisen die Skulpturen der an der Küste lebenden Mijikenda in Kenia auf, die gleichfalls für ihre Toten aufgestellt werden. *JB*

Literatur: Jensen 1936; 1942; 1954; Nowack 1954; Hallpike 1972

2.12 a

Grabfigur (*waaga*)

Konso
Äthiopien
Holz
Höhe 213 cm
Privatsammlung

2.12 b

Grabfigur (*waaga*)

Konso
Äthiopien
Holz
Höhe 174 cm
Privatsammlung

2.12 c

Grabfigur (*waaga*)

Konso
Äthiopien
Holz
Höhe 186 cm
Privatsammlung, Brüssel

2.13

Lyra (*kissar*)

Nubien, Sudan
Spätes 19. Jahrhundert
Holz, Leder, Darm, Glas, Kaurischnecken
101 x 95 x 20 cm
The Trustees of the British Museum, London, 1917.4-11.

Diese Lyra hat einen halbkugelförmigen Holzkörper. Der lederne Resonanzboden zeigt noch Tierhaare und hat zwei runde Löcher. Sieben gedrehte Darmsaiten führen von dem unteren Querbalken des Jochs über einen Holzsteg zu einem Eisenring. Die hölzernen Seitenteile und ihre obere Doppelverbindung sind reich geschmückt mit Glasperlen, Kaurischnecken, Amuletten und Gebetsketten, die an der oberen Querleiste befestigt sind. Sowohl Seitenarme wie auch Querleisten sind in ein lose befestigtes gewebtes Baumwolltuch gehüllt, um das Ketten winziger farbiger Glasperlen gewunden sind. Der Armriemen besteht aus geflochtenen roten Baumwollfäden. Hunderte von durchlöcherten Münzen und Kaurischnecken hängen an Perlenschnüren vom oberen und unteren Querbalken und klingen und rasseln bei jeder Bewegung des Instruments. Die meisten Münzen sind sudanesischen Ursprungs mit arabischen Inschriften, viele 1899 (1277 AH) datiert. Aber mindestens drei Münzen sind britischer Herkunft: eine Halfpenny-Münze aus dem Jahr 1861 mit dem Kopf der Königin Viktoria und zwei kleinere Münzen aus dem Jahr 1832. Eine andere Münze ist aus Sumatra (1804). Außerdem hängen an den Querbalken mehrere hölzerne Gebetsketten, ein Koran-Amulett in Leder, zwei Messingglöckchen, der Abzugsmechanismus eines Gewehrs, Schmuckteile eines Dolches und eine runde Schlüssellocheinfassung.

Das Instrument wird bei Zar-Zeremonien im Sudan verwendet. Manchmal beherrscht der Musiker Heilrituale und kann mit den Klängen des Instruments böse Geister aus einem Kranken verscheuchen. Die ganze Nacht hindurch finden Zeremonien statt, und das von Trommeln begleitete Singen und Beten kann bei den Beteiligten Trancezustände hervorrufen. In Trance lassen sich böse Geister am leichtesten vertreiben.

Die Halsketten aus Glasperlen und Kaurischnecken weisen verschiedenste Muster auf – wahrscheinlich opferte jedesmal derjenige, dem die Rituale galten, persönlichen Schmuck, wenn das Instrument eingesetzt wurde *NT*

Provenienz: 1917 dem Museum von Dr. Southgate hinterlassen

Literatur: Engel 1864, S. 40; Musée Royal du Congo Belge 1899, S. 132; Metropolitan Museum of Art 1902; Jenkins 1970

2.14

Schlitztrommel

Bahr el-Ghazal, Omdurman
Sudan
19. Jahrhundert
Holz
80 x 271 x 60 cm
The Trustees of the British Museum, London, 1937. 11-8.1

Solche hölzernen Schlitztrommeln mit Spalt sind seit alters prominenten Häuptlingen und Führern in der südlichen Region Bahr el-Ghazal im Sudan und in benachbarten Teilen der Zentralafrikanischen Republik und Zaires vorbehalten. Diese wuchtigen, massiven Trommeln stellen die Stimme der rechtmäßigen Macht dar: Sie sind die ›Stimme der Häuptlinge‹, und ihre Dimensionen entsprechen dem Rang ihrer königlichen Besitzer. Die Größe dieser Trommel zeigt ihre Schlüsselstellung in der sudanesischen Geschichte des späten 19. Jahrhunderts. H. H. Kitchener, der Befehlshaber der englisch-ägyptischen Streitkräfte, erbeutete sie von dem Kalifen Abdullahi, und seither dient sie der Erinnerung an den britischen Sieg in der Schlacht von Omdurman 1898. Die Niederlage des Kalifen beendete sowohl den sudanesischen Widerstand gegen die britische und ägyptische Herrschaft wie auch den Traum von Mohammed Ahmad, dem selbsternannten Mahdi (Messias), von der Errichtung eines unabhängigen Staates nach der Lehre des Islam.

Der Heilige Krieg gegen das britische Weltreich dauerte fast zwanzig Jahre und endete mit der Erschöpfung beider Seiten. Triumphierend kehrten die Engländer mit zahlreichen Beutestücken heim – schon allein die Fülle der Kriegstrophäen bewies die Dauer des Kampfes gegen die Streitkräfte des Mahdi. Von den Tausenden von Objekten, die aus dem Sudan zurückgebracht wurden, sind nur wenige mit dieser eindrucksvollen Trommel vergleichbar, die Kitchener Königin Viktoria übergab. Anscheinend gehörte sie Kalif Abdullahi, dem Nachfolger des Mahdi nach dessen Tod am 22. Juni 1885. Sie war sicherlich dazu verwendet worden, den Kampfgeist der Truppen des Kalifen zu stärken.

Schlitztrommeln in der Form von Stieren, Ziegen oder anderen Tieren der Region Bahr el-Ghazal sind normalerweise nicht nur kleiner, ihre Körper sind auch glatt behauen und ohne Verzierungen.

Die Schmuckreliefs zeigen hier präzise geschnittene Blumenmuster, eine Mondsichel, Mäandermuster und einen Krummsäbel mit langer Klinge. Ihre Geometrie erinnert an alte islamische Formen, die die Einheit und Allgegenwart Gottes ausdrücken. Wahrscheinlich wurde die Trommel ursprünglich in einem entfernten nichtislamischen Gebiet im Südsudan (oder von einem Schnitzer aus dieser Region) gefertigt und dann an einen militanten islamischen Kontext angepaßt. Eine traditionelle figurale Trommel aus dem Südsudan, die dem Kalifen und dem Kampf für den Weg Gottes dienen sollte, wurde so mit den Zeichen und Mustern des moslemischen Glaubens geschmückt. *RAB*

Provenienz: 1898 von Feldmarschall H. H. Kitchener erbeutet, der sie Königin Viktoria übergab; 1937 von König Georg V. dem Museum geschenkt

Literatur: Seligmann 1911; Bravmann 1983, S. 48–57; Mack, in Schildkrout und Keim 1990

2.15 a

Wurfklinge

Mahdi-Staat
Sudan
Spätes 19. Jahrhundert
Eisen mit Krokodilledergriff
30,6 x 3,2 cm
Manchester Museum, University of Manchester, 0.8720

2.15 b

Wurfklinge

Mahdi-Staat
Sudan
Spätes 19. Jahrhundert
Eisen mit Krokodilledergriff
45,6 x 3,4 cm
Manchester Museum, University of Manchester, 0.5036

Die zunehmenden Unruhen unter den Völkern des mittleren und östlichen Sudan im 19. Jahrhundert fanden ihren Höhepunkt im Aufstand von 1881 in der Provinz Kordofan, der von Muhammad Ahmad, dem selbsternannten Mahdi (›Der richtig Geführte‹), angeführt wurde. 1885 hatte er die korrupte türkisch-ägyptische Regierung in Khartum gestürzt und den Mahdi-Staat errichtet. Er starb kurz nach dem Fall von Khartoum. Sein Nachfolger wurde der Kalif Abdullahi, der an der Ideologie der Mahdiyya festhielt, einer Bewegung, die vorgab, auf religiöser Eingebung zu beruhen, aber revolutionäre politische und gesellschaftliche Ziele verfolgte. Der Mahdi-Staat wurde nach der Schlacht von Omdurman (1898) aufgelöst, aber der Mahdismus lebte fort und ist bis heute eine vitale politische Kraft im Sudan.

Menschen aus einem großen Teil des nordöstlichen und zentralen Afrika schlossen sich den Heeren des Mahdi freiwillig oder als Sklaven an. In Städten wie Omdurman stellten eigens gegründete Werkstätten eine Reihe von Geräten – Regalien, Waffen und Rüstungen – her, in denen sich die Ideologie des Mahdi vielfach ausdrückte, die aber manchmal auch fremde stilistische Einflüsse zeigten. Darunter befanden sich Objekte wie diese allein dekorativen Zwecken dienenden Nachbildungen von Wurfmessern, aus Metallplatten geschnitten und bedeckt mit arabischen Schriftzeichen, (*thuluth*), Ermahnungen aus dem Koran an die Gläubigen, die in einem Säureätzverfahren aufgebracht wurden. Diese Gegenstände leiteten ihre charakteristische Form von den geschätzten Schleuderwaffen bestimmter nicht-islamischer Völker Zentralafrikas her – wie den Ngbaka, die viele hundert Kilometer entfernt im Südwesten siedelten und durch den Sklavenhandel dezimiert wurden. Vielleicht waren Wurfmesser Geschenke an zentralafrikanische Oberhäupter, die den Sklavenhändlern aus dem Sudan im späten 19. Jahrhundert halfen. Wahrscheinlich aber wurden sie als islamisierte (aber immer noch wirkungsvolle) Statussymbole den Anführern jener Teile der Mahdi-Armeen gegeben, die zum größten Teil aus zentralafrikanischen Sklaven bestanden. Es gibt Hinweise darauf, daß auch andere Gegenstände, wie die Schlitztrommeln, auf ähnliche Art modifiziert wurden. *CS*

Literatur: Zirngibl 1983, S. 48–49; Westerdijk 1988, S. 170–183; Spring 1993, S. 78–79

2.16 a

Schale (*kadaru*)

Nuba Hills, Sudan
Um 1910
Tierdung, Farbe
17,5 x 21 x 21 cm
Horniman Public Museum and Public Park Trust, London, NN 5456

2.16 b

Schale (*kadaru*)

Nuba Hills, Sudan
Um 1910
Tierdung, Farbe
21 x 24,8 x 24,3 cm
Horniman Public Museum and Public Park Trust, London, NN 5457

Gefäße wie diese Schalen mit rundem Fuß werden von Hand aus einer Mischung von Tierdung und Wasser geformt. Dann wird die Masse mit einer dünnen Schicht aus Harz und roter Tonerde überzogen und an einem kühlen Ort getrocknet. Die Oberfläche wurde sodann mit Ruß vom Boden eines Kochtopfes geschwärzt. Im Innern der Schüssel wurde ein rötliches Band vom Schwarz ausgespart; die Muster an der Innenseite führte man mit weißer Farbe aus. Ein Band schlingpflanzenähnlicher Motive in Weiß säumt den Rand, und die Mitte der Schüssel schmückt die Darstellung eines Sonnenaufgangs.

Die Zeichnungen auf diesen Gefäßen gleichen im Stil Dekorationen an den Hauswänden der Nuba und der Körperbemalung der Männer. Der Dekor ist asymmetrisch, aber innerhalb der weißen Bänder an den Schüsselwänden symmetrisch strukturiert. Unter den Mustern finden sich Zickzackleisten, Pfeile und Darstellungen von Sonnenaufgängen, die mit Hilfe einer Feder mit einer Paste aus weißem Kalkstein aufgetragen werden. Es gibt Hinweise darauf, daß das Muster zuerst mit einem Grashalm auf das rohe Gefäß skizziert wird. Die weiße Ausschmückung wird mit einer dicken Paste reliefartig aufgetragen. Gelegentlich wird sie mit roter Farbe, vielleicht Hämatit, verschönert.

Beide Gefäße sind aus Dung geformt, möglicherweise Rinder- oder Eselskot, der als breiige Masse gut formbar ist. Solche Gefäße sind äußerst fragil: Sie sind im Gegensatz zu Keramik brennbar und, da nicht wasserabweisend, nicht so stabil wie Kalebassen. Nur luftgetrocknet und nicht zum Kochen geeignet, dienten sie vielleicht der Aufbewahrung getrockneter Nahrungsmittel. Hawkesworth betrachtete sie als Bestandteil der Aussteuer eines Mädchens, wobei sie bei einer Hochzeitszeremonie mit Heiratsparfum, Mehl und getrockneten pulverisierten Pflanzen gefüllt wurden. *NT*

Provenienz: Um 1910, Süd-Kordofan, gesammelt von Sir Harold MacMichael

Literatur: Hawkesworth 1932; Faris 1972, S. 62; Barley 1994, S. 13

2.17 a

Kopfstütze

Dinka (Agar)
Sudan
Holz
Breite 52 cm
Staatliche Museen zu Berlin, Preußischer Kulturbesitz, Museum für Völkerkunde, III A 4172

2.17 b

Kopfstütze

Schilluk
Sudan
Holz
17,5 x 46 x 15 cm
Sammlung Jonathan Lowen

Da viele ostafrikanische Völker Kopfstützen/Stühle herstellen, ist es schwierig, solche Objekte bestimmten Gruppen zuzuordnen, wenn ihre Provenienz nicht durch Feldforschung gesichert ist. Die meisten Stützen sind dreibeinig mit einer abgeflachten Auflage. Mack und Coote beschreiben den Schnitzvorgang zutreffend als »opportunistisch« und schreiben weiter: »Die einfachen Formen bei den Dinka und Nuer sind oft wenig mehr als das wohlüberlegte Zurechtschneiden eines gefundenen Astes, um einen drei- oder vierbeinigen Stuhl mit Kopfstütze herzustellen. Zoomorphe Einzelheiten wie einen Schwanz hat man oft nur ›stehengelassen‹.« Leni Riefenstahl zeigt in ihrem Buch einen Krieger der Schilluk beim Gebrauch einer Kopfstütze zum Schutz seiner kunstvollen Frisur. Auch Westermann bestätigte, daß Nackenstützen von Schilluk-Männern gebraucht wurden, um ihre Frisuren im Schlaf zu schonen. Vielen ostafrikanischen Hirtenstämmen dient die Frisur vor allem als Indikator ihres Status. Bei diesen Gruppen darf ein junger Mann diese charakteristische Haartracht, die ihn als Erwachsenen kennzeichnet, erst nach seiner Jünglingsweihe tragen. Jedes Mitglied der Altersgruppe steigt in der hierarchischen Gemeinschaft auf, was durch Änderungen in Schmuck, Haartracht und Federschmuck im Haar zum Ausdruck gebracht wird. Der Gebrauch von Kopfstützen ist häufig im Zusammenhang mit diesem Prozeß zu sehen; die Kopfstützen werden selbst zu Statussymbolen. Ob diese Interpretation für die Schilluk und Dinka zutrifft, ist nicht gesichert, scheint aber wahrscheinlich, da Schilluk-Männer noch heute komplizierte Frisuren tragen; bei den Dinka werden Kopfstützen vor allem von älteren Männern verwendet (Jeremy Coote, persönliche Mitteilung). Die Kopfstützen eignen sich auch zur Verwendung als Sitze, da es für ältere Männer als ungehörig gilt, direkt auf dem Boden zu sitzen.

Die Schilluk verbanden mit der Herstellung von Kopfstützen keinen Anspruch auf handwerkliche Fähigkeiten; jeder Mann konnte sie neben Tätigkeiten wie Hausbau und Waffenherstellung anfertigen. Kopfstützen erhielten die Form verschiedener Tiere, wie Strauß und anderer Vögel. Kat. 2.17 b könnte als Vogeldarstellung oder noch eher als stilisierter Ast betrachtet werden, während Kat. 2.17 a die Form einer Antilope oder Giraffe besitzt.

Die symbolische Bedeutung solcher Objekte wird durch den Glauben der Schilluk erhellt, daß diese Form der Kopfstütze von Nyakang erfunden wurde, ihrem wichtigsten Vorfahren, Kulturheros und Begründer der Dynastie der Schilluk. Die Anuak glaubten, wenn der designierte König während der Investiturzeremonie auf einem dreibeinigen Stuhl die Balance halten könne, dann sei er der rechtmäßige Nachfolger. *WD*

Provenienz: Kat. 2.17 a: gesammelt von Konietzko

Literatur: Westermann 1912, S. XXIV, XXXIII; Seligman und Seligman 1932, S. 110; Riefenstahl 1982, S. 229; Krieger 1990, Abb. 13–16; Mack und Coote, in: *The Dictionary of Art*, in Vorbereitung

2.18 a

Grabfiguren

Bongo
Sudan
Spätes 19. oder frühes 20. Jahrhundert
Holz, Metall, Glasperlen
Höhe 200 cm
Musée Barbier-Mueller, Genf, 1027,1

2.18 b

Grabfigur

Bongo
Sudan
Spätes 19. oder frühes 20. Jahrhundert
Holz
Höhe 132 cm
Privatsammlung, Belgien

Die Bongo im südwestlichen Sudan sind Feldbauern mit zentralsudanesischer Sprache. Sie litten sehr unter den Verheerungen der Sklaverei und unter der Ausdehnung der Königreiche der Azande im 19. Jahrhundert. Um die Mitte des 19. Jahrhunderts dürften sie eine Viertel Million Menschen umfaßt haben, aber um 1870 schätzte man ihre Zahl nurmehr auf 100 000 und um 1920 auf nicht mehr als 5000 Mitglieder. Zu dieser Zeit hatte sich die Restbevölkerung auf einige wenige Zentren verteilt.

Den Bongo wird eine Art großer schlanker Skulpturen zugeschrieben. Gemeinsam ist diesen eine pfahlähnliche Form – eine menschliche Figur (scheinbar immer nur männlich) steht mit eingeknickten Knien auf einem Pfosten und hält gewöhnlich die Arme nahe am Körper. Abgesehen von detaillierteren Gesichtszügen (dabei werden gelegentlich auch Glasperlen als Augen eingesetzt wie bei Kat. 2.18 a) gibt es selten weitere skulpturale Einzelheiten. (Zumindest in den zwanziger Jahren wurden einige Skulpturen bemalt, das Gesicht mit blauer handelsüblicher Farbe, der Körper mit roter Ockerfarbe. Wie alt dieser Brauch war, ist unbekannt.) Diese Figuren der Bongo werden oft mit den Gedenkskulpturen ostafrikanischer Völker wie der Konso und Gato Äthiopiens und der Giryama Kenias in Zusammenhang gebracht bzw. verwechselt. Im Formalen gibt es zwischen ihnen wenig Ähnlichkeiten. Nur der heutige Mangel an wissenschaftlicher Kenntnis über ostafrikanische Kunst hat dazu geführt, diese Traditionen in einen Topf zu werfen. Kunsthistoriker sollten lieber weiter westlich, bei den Azande und anderen Völkern in Zaire und Zentralafrika, nach überzeugenden Vergleichen mit der Kunst der Bongo suchen. Obwohl es genaue Angaben über die Herkunft einer Anzahl von Grabfiguren in den Museen Khartoums gibt, sind die meisten Beispiele in europäischen Sammlungen schlecht dokumentiert. Die meisten Veröffentlichungen haben die bekanntermaßen unzuverlässigen Berichte von Reisenden und Forschern des 19. Jahrhunderts zur Grundlage. Weder weiß man, ob figürliche Plastik bei allen Gruppen, noch ob alle als ›Bongo‹ bezeichneten Figuren von ihnen selbst oder vielmehr von Bildhauern ihrer Nachbarn wie den Belanda hergestellt wurden.

Zumindest bei einigen Gruppen der Bongo war es üblich, einen verstorbenen Jäger-Krieger durch die Errichtung eines aus Holz geschnitzten Abbildes (*ngya*) auf seinem Grab zu ehren. Dies besorgten seine Verwandten etwa ein Jahr später im Rahmen einer Feier an seinem Grab, wodurch ihm ein guter Platz in der Stadt der Toten gesichert werden sollte. Zu Lebzeiten konnte ein Mann der Bongo Ansehen und Status durch die erfolgreiche Jagd auf große Tiere, die Tötung von Feinden in der Schlacht wie auch durch verdienstvolle Taten erwerben. Die auf den Gräbern errichteten Denkmäler gaben auch Ehrentitel und Rang wieder. Oft standen neben ihnen Pfosten mit Kerben für die Anzahl der Getöteten, manchmal auch Figuren seiner Opfer. Zuweilen wurden solche Kerben auch direkt in den Pfosten der Figur geschnitten. Die Kerben der Figur Kat. 2.18 b sollen zeigen, daß der Tote vier große Tiere erlegt hat (Evans-Pritchard).

Es ist nicht bekannt, inwieweit die Gedenkbildnisse den Zügen des Toten gleichen sollten, aber wenigstens in einigen Fällen gab der Bildschnitzer Einzelheiten seiner persönlichen Erscheinung, wie Narbenmuster und Armreifen, wieder. Die Narben von Kat. 2.18 a, durch Einlegen von Metallbändern erzeugt, könnten die des Lebenden gewesen sein. Auch die Schürze von Kat. 2.18 b könnte ein individuelles Accessoire des Verstorbenen gewesen sein, obwohl Schürzen Teil der Alltagsbekleidung der Bongo waren. Die Reihe von Metallnägeln von Ohr zu Ohr über der Stirn der Figur hielt vielleicht früher einen Kopfschmuck. Diese Annahme bestätigt der Bericht, daß Männer und

Frauen der Bongo bei Festen und Tänzen einen Kopfschmuck aus Federn trugen. Gleichzeitig ist aber auch überliefert, daß die Figuren von Opfern mit Beinen dargestellt wurden, so daß es sich bei Kat. 2.18 a vielleicht um eine Opferdarstellung handelt. Diese Vermutung wird dadurch gestützt, daß das Gesicht nicht das eines Bongo zu sein scheint – wenigstens fehlen bei den eingesetzten metallenen Zähnen nicht die unteren Schneidezähne, die allen Bongo in ihrer Jugend gezogen wurden.

Man weiß auch nicht, welche Einstellung die Bongo bezüglich der Entfernung der Gedenkbilder von den Gräbern ihrer Ahnen hatten. Nach ihrer Aufstellung scheinen sie sich wenig um sie gekümmert und sie der Zerstörung durch Buschfeuer und Witterung überlassen zu haben. Der Zustand von Kat. 2.18 a, wohl schon in situ ähnlich, spricht jedenfalls dafür: Wohl dürften die Einwände gegen die Entfernung von Figuren der Opfer geringer gewesen sein, so daß schon deshalb wenigstens einige der Figuren in europäischen Sammlungen vermutlich Opfer darstellen. *JXC*

Provenienz: Kat. 2.18 c: 1973 erworben von dem Museum

Ausstellungen: Kat. 2.18 a: Düsseldorf u. a. 1988–89, Nr. 194; Kat. 2.18 b: Antwerpen 1975; Brüssel 1977, Nr. 119

Literatur: Schweinfurth 1873; 1875, Abb. VIII; Evans-Pritchard 1929; Kronenberg und Kronenberg 1960; 1981

2.18 c

Grabfigur

Bongo
Sudan
Spätes 19. oder frühes 20. Jahrhundert
Holz
Höhe 145 cm
The Trustees of the British Museum, London, 1973.AF.35.1

2.19

Lippenplatte

Surmavölker
Sudan/Äthiopien
20. Jahrhundert
Holz
12 x 18 x 2 cm
Mimi Lipton

Dieses Objekt im Rahmen einer Ausstellung zu besprechen, die ihre Auswahl zum großen Teil nach ästhetischen Prinzipien getroffen hat, ist eine Herausforderung, dient doch das Objekt dazu, das Aussehen des Trägers auf eine Weise dramatisch zu verändern, die man als ›ästhetisch‹ bezeichnen könnte. Sobald aber verwendet, wurde die Platte praktisch unsichtbar. In dieser Hinsicht dient sie als Instrument innerhalb einer im weitesten Sinne ›ästhetischen‹ Handlung und ist weniger als ein bewußt geschaffenes ästhetisches Gerät zu begreifen.

Im allgemeinen würde man die Lippenplatte nach Fertigstellung und Einsetzung kaum als selbständiges Objekt betrachten (eher wie künstliche Zähne). Auf diesem Beispiel sieht man eine Andeutung von Augen und Mund, als solle die Platte wie ein kleines Gesicht wirken. Aber diese Form wiederholt sich nicht auf anderen Platten und ist vielleicht nur eine phantasievolle Interpretation durch den Betrachter oder ein wunderlicher Einfall des Schöpfers.

Lippenplatten werden von den Frauen der Surma sprechenden Völker an den Grenzen des Sudan und Äthiopiens getragen. Als Mädchen wird den Frauen ein kleiner Holzspan in die Unterlippe eingesetzt; dieser Einschnitt wird allmählich durch immer größere Späne erweitert, bis in der Unterlippe eine größere Holzplatte Platz hat. Zwar gibt es Photographien von Frauen mit solchen Platten schon seit den 30er Jahren (zum Beispiel die Aufnahmen von Dr. John Bloss im Archiv der Ethnographischen Abteilung des Britischen Museums), aber es gibt nur wenig ethnographische Untersuchungen über dieses Gebiet, die im übrigen nichts über die örtliche Bedeutung dieses Brauches sagen. Die meisten Theorien beschränken sich auf den Hinweis, daß die Sklavenhändler im 19. Jahrhundert durch solche Platten abgestoßen wurden und diese Frauen nicht versklavten: eine Erklärung für die Entstehung des gleichen Brauchs auch anderswo – etwa bei den Fali in Kamerun. Wie viele Erklärungen der Einheimischen scheint sie eher in der Absicht abgegeben worden zu sein, weitere Untersuchungen nicht begründbarer Traditionen zu verhindern als wirkliche Erklärungen zu bieten. Schließlich stehen sich hier zwei gegensätzliche Anschauungen gegenüber: Einerseits schafft die Lippenplatte Schönheit, was andererseits als häßlich empfunden wird. *JM*

Literatur: Nalder 1937, S. 151; Lebeuf 1953; Fisher 1987, S. 216

2.20

Kappe

Acholi (?)
Uganda
Menschenhaar, Glasperlen
Breite 33 cm
Museum für Völkerkunde, Leipzig,
MAF 8780

Bei den rinderhaltenden Völkern im Grenzgebiet von Uganda, südlichem Sudan und nordwestlichem Kenia legen sich die Männer schon seit alters kunstvolle Frisuren an, wenn sie als Krieger in den Kreis der Erwachsenen aufgenommen werden. Häufig wird das Haar, wie bei den Karamojong in Uganda oder den Turkana in Kenia, mit Lehm aufgetürmt, bemalt und mit Federn geschmückt. Eine Variante sind Frisuren in Form einer Schüssel, mit Scheiben aus bunten Glasperlen geschmückt. Am ausführlichsten wurden die Frisuren der Didinga dokumentiert, die das Hügelland im Grenzgebiet des südlichen Sudan bewohnen. Dort wurden sie um die Jahrhundertwende von Powell-Cotton beschrieben und photographiert. Obwohl die meisten dieser Frisuren aus den eigenen Haaren aufgebaut wurden, scheinen doch einige abnehmbare Objekte gewesen zu sein. Die näheren Umstände, unter denen das geschah, sind nicht geklärt. In einem dem Verfasser bekannten Fall wurde ein separates Haarteil von Gefangenen aus Haaren geschaffen, die man zu Gefängnisstrafen verurteilten Kriegern abgeschnitten hatte.

Diese Kappe wird vom Leipziger Museum den ›Schuli‹ (d. h. Acholi) zugeschrieben. Die Acholi sind Nachbarn und enge Handelspartner der Didinga. Es ist durchaus möglich, daß das Objekt im Gebiet der Acholi gefunden wurde, denn vom Stil her steht es zwischen den Didinga und den Acholi. In einem Gebiet, in dem alle Gegenstände der materiellen Kultur an Ort und Stelle gefertigt werden und leicht ersetzbar sind, kann sich Stilwandel sehr rasch vollziehen. Hier gibt es keine hierarchisch geordneten Gemeinschaften mit zentralen Einrichtungen, sondern veränderliche Gruppen, denen der Begriff ethnischer Zugehörigkeit – im Gegensatz zu Clan oder Altersgruppe – wenig bedeutet. Dagegen umfassen die meisten Gruppen dieses Gebiets Clans mit Namen, die im örtlichen Dialekt etwa ›Fremde‹ bedeuten. Bei diesen Fremden können sich Elemente der Gruppen erhalten, mit denen sie früher verbunden waren. Selbst bei Gruppen, deren Krieger Rinderdiebstahl betreiben und die sich im übrigen feindlich gegenüber stehen, ist die Übernahme von Clans und benachbarten Stilarten – selbst des Handels – nicht ungewöhnlich. *JM*

Literatur: Powell-Cotton 1904; Mack 1982, S. 111–130

2.21

Kopf von Luzira

Buganda
Uganda
Vor ca. 1750
Gebrannter Ton
20 x 17 x 17 cm (Kopf)
22 x 16 x 16 cm (Stuhlfragment)
The Trustees of the British Museum, London, 1951, 1–5. 14/18

Der Kopf von Luzira besteht aus zwei Teilen, die man in einer Sammlung von vierzehn zerbrochenen Objekten aus Terrakotta inmitten von etwa 150 Topfscherben fand. Bildende Kunst ist im östlichen Afrika selten, und etwas mit diesem Kopf Vergleichbares ist im ganzen Gebiet bisher nicht wieder gefunden worden. Es wurden mehrere Rekonstruktionen versucht, die aber alle nicht völlig überzeugen. Die Untersuchung der Fragmente läßt vermuten, daß es möglicherweise ursprünglich vier Figuren waren, die bereits zerbrochen waren, ehe sie in eine Grube kamen. Die übrigen Beigaben aus Keramik und das Fragment eines geglätteten Beils aus einem Stein, der in der Gegend als Donnerstein bezeichnet wird, lassen vermuten, daß sich Siedlungen möglicherweise vom Anfang des 2. Jahrtausends bis in das 19. Jahrhundert im Umfeld befunden haben. Im Augenblick gibt es keinen zuverlässigen Hinweis auf das genaue Alter der Figuren.

Der Kopf ist hohl und wurde vermutlich getrennt vom Körper hergestellt. Die Verzierungen und alle Gesichtszüge wurden wahrscheinlich aufgetragen, nicht an der Figur modelliert. Sie ist weder gut gebrannt noch poliert. Die wiederhergestellten Teile der Figur sind beschädigt, darunter der obere Kopfteil und die Lippen. Der auf den Kopf aufgetragene Ton stellt entweder eine Perücke dar oder soll, was wahrscheinlicher ist, mit Lehm vermischtes Kopfhaar andeuten, ein nicht ungewöhnlicher Brauch bei Priestern oder anderen Zeremonienmeistern. Am Hals finden sich fünf Spiralen, möglicherweise ein Halsband, das aber keine Glasperlen bezeichnen dürfte. Am unteren kompakten Teil finden sich Ringe, die denen am Hals entsprechen, und zwei Brustwarzen in merkwürdiger Position. Die Arme sind mit scheibenförmigen Armreifen geschmückt. Auf dem unteren Teil des Rumpfes befindet sich eine nabelähnliche Form. In der Mitte der Rumpfbasis sind Andeutungen von zwei kleinen Füßen zu erkennen. Die Arme, die in schematisch geformten Händen enden, ruhen auf Säulen, an deren Basis weitere Ringe auftauchen. Wayland war ursprünglich der Ansicht, daß die Figur einen Mann darstelle. Die Brustwarzen sind klein, aber da man keine deutlich erkennbaren Genitalien sieht, ist eine Bestimmung des Geschlechts nicht möglich.

Luzira war eine geheiligte Stätte, deren Hüter zum Clan der Buganda Otter (Ng'onge) gehörten und den königlichen Hof mit Gegenständen aus Rindenfasern belieferten. Ein Heiligtum jüngeren Datums existierte auf dem höher liegenden Hügel. Man nimmt an, daß die Figuren zur Ausstattung des Heiligtums gehörten und die Töpfe für Opfer bestimmt waren oder Priester bzw. Priesterinnen gehörten. Die Lage sowohl des ursprünglichen wie auch des späteren Heiligtums deutet darauf hin, daß sie mit dem Glauben jener Buganda, die am See siedelten, in Verbindung standen; hier fanden sich auch noch andere Heiligtümer, die Seegeistern und anderen Naturgottheiten geweiht waren. Das ursprüngliche Heiligtum wurde wie auch andere Stätten – z. B. in Entebbe, wo man 1964 eine andere rätselhafte anthropomorphe Figur fand – im frühen 19. Jahrhundert von Mitgliedern der Kabaka Kamanya bei ihren Angriffen auf Stützpunkte der Balubale zerstört. Die Bruchstücke scheinen in der Grube vergraben worden zu sein, aber es läßt sich heute nicht feststellen, ob im Sinne einer ›Bestattung‹ oder Abfallbeseitigung.
MP

Provenienz: 1929 gefunden beim Bau eines Gefängnisses in Luzira am Ufer des Victoria-Sees in der Nähe von Kampala; spätere Ausgrabungen von E. J. Wayland; 1931 dem Museum von E. J. Wayland übergeben

Literatur: Wayland 1931, S. 41; Wayland, Burkitt und Braunholz 1933, S. 25–29; Chaplin 1967, S. 195–210, 263 f.; Posnansky und Chaplin 1968, S. 644–650

2.22 a

Kopfstütze

Karamojong (oder verwandte Ethnien)
Uganda, Kenia
oder angrenzende Gebiete
Holz
18 x 14,5 x 14 cm
Sammlung Jonathan Lowen

2.22 b

Kopfstütze

Karamojong (oder verwandte Ethnien)
Uganda, Kenia
oder angrenzende Gebiete
Holz
13,5 x 19 x 9 cm
Sammlung Jonathan Lowen

Kopfstützen gehören genauso wie Speere oder andere Waffen zu den unverzichtbaren transportablen Gegenständen ostafrikanischer Hirtenvölker. Ihre Bedeutung beschränkt sich nicht auf die eines ›Kopfkissens‹. Ob man sie mit einem Lederriemen am Arm oder in der Hand trägt, immer verweisen sie auf den Kriegerstand ihrer Besitzer. Oft sind an ihnen kleine, aber wichtige Dinge befestigt – Pinzetten, Messer oder Kautabak. Werden sie nicht zum Schlafen gebraucht, lassen sie sich genauso gut als improvisierte Stühle verwenden. Die meisten Kopfstützen haben nur einen Fuß; Kat. 2.22 a ist mit drei Beinen ungewöhnlich komplex und erleichtert gleichermaßen das Sitzen wie das Schlafen.

Die zwei abgebildeten Beispiele verschiedenen Stils sind den Karamojong in Uganda zugeschrieben. Mit derselben Berechtigung könnte man sie aber auch anderen Hirtenvölkern wie den Turkana in Kenia, den Toposa im südlichen Sudan oder den Nyangatom und verwandten Völkerschaften im Omo-Tal in Äthiopien zuschreiben. Allen gemeinsam ist eine ähnliche materielle Kultur, und alle beherbergen bei sich trotz gelegentlicher Kriege Clans von Fremden, die bei der schicksalhaften Suche nach Wasser für ihre Rinder ihre Wohnorte aufgaben. Diese Vermischung drückt sich auch im eklektischen Stil der für die ganze Region typischen Gebrauchsgegenstände aus. *JM*

Literatur: Tornay 1975; Fedders und Salvadori 1977; Mack 1982

2.23

Netz mit Milchtopf

Nyoro
Uganda
Um 1900–1925
Terrakotta, Graphit, Schnur
aus Pflanzenfasern
Höhe 16.5 cm, Durchmesser 14 cm,
Netz ca. 114 cm lang
Manchester Museum,
University of Manchester

Die unter der Bezeichnung ›Interlacustrine Bantu‹ bekannten Völkergruppen erhielten ihren Namen nach ihrem Wohngebiet, das nördlich und nordwestlich vom Victoria-See von einer Reihe kleinerer Seen begrenzt wird. Zu diesen Völkern gehören die Ganda, Nyoro, Nkole, Soga, Toro und Hima in Uganda und die Tutsi in Ruanda und Burundi. Ihre Kultur weist viele gemeinsame Züge auf, und auch ihre Geräte sind sich oft sehr ähnlich.

Diese Keramik hat die Form eines hölzernen Milchtopfes, ist aber nur etwa zwei Drittel so groß. Die Form findet man bei Rinderhirten wie den Nyoro oder Hima im Südwesten Ugandas nahe der Grenze zu Ruanda. Roscoe beschreibt, wie man den Graphit nach dem Abbau pulverisiert und das helle Gestein entfernt. Gewöhnlich wird das Pulver mit Wasser und dem gelatineähnlichen Saft des rukoma-Strauches zu einer Paste vermischt, die auf den ungebrannten Topf aufgetragen und trocknen gelassen wird. Nachdem die ›Lederhärte‹ erreicht war, wurde der Topf mit Stücken von Rindenbast und einem glatten Stein poliert. Eine andere Methode bestand in der Vermischung des Graphits mit Butter und Blut. Daraus formte man Kugeln, die nach ihrer Aushärtung über den ungebrannten Topf gerieben wurden. War er ganz trocken, so wurde er gebrannt und nach der Abkühlung erneut mit einem glatten Kiesel poliert, bis er in samtenem Schwarz glänzte. Dieses Verfahren verlieh den Gefäßen nicht nur ein schönes Aussehen, sondern es diente auch praktischen Zwecken, verdichtete man doch durch das Polieren die äußere Schicht des Topfes und machte ihn so weniger porös.

Mit Graphit polierte Gerätschaften waren ein Privileg der königlichen Familie und des Adels. Roscoe photographierte eine Anzahl ähnlicher an Schnüren hängender Töpfe in der Meierei des *Mukama* (König) der Bakitara (ein anderer Name der *Nyoro*) sowie einen Diener, der dem König in einem gleichartigen Gefäß Milch serviert. Graphit-Keramik wurde nur bei den Nyoro, in deren Gebiet die größten Graphitvorkommen lagen, und nicht bei den Ganda hergestellt, konnte aber exportiert werden.

Töpferei wird in Afrika gewöhnlich von Frauen ausgeübt, aber Gefäße dieser Art werden von Männern hergestellt. Frauen ist es sogar verboten, solche Töpfe anzufertigen oder sich auch nur den Gebieten mit Tonlagern oder Töpferwerkstätten zu nähern. ›Königliche Töpfer‹, wie sie für den Kabaka von Buganda arbeiten, genießen einen besonderen Rang und führen Titel und Insignien; zu ihren Privilegien gehört die Befreiung von Steuern. Für den Genuß von Bier, das ein wichtiger Bestandteil des gesellschaftlichen Lebens war und heute noch ist, wurde eine andere Art von Gefäßen verwendet: besonders große Trinkgefäße und schön geformte Trinkhalme mit Filtern zum gemeinsamen Biertrinken. Der Tragriemen aus Pflanzenfasern dient zum Hochziehen des Milchtopfes in der Meierei. *MC*

Provenienz: vor 1926, F. H. Rogers

Literatur: Johnston 1904, S. 308; Roscoe 1923, S. 225–228, Abb. VIII; Trowell 1941, S. 56, 64; Trowell und Wachsmann 1953, S. 109, 117–118, Abb. 17A, 38

2.24 a

Tanzschild

Kikuyu
Kenia
Frühes 20. Jahrhundert
Holz
60 x 42 x 8 cm
Lucien van de Velde, Antwerpen

Bei den Kikuyu im Herzen Kenias sind bzw. waren wie auch andernorts in Afrika Initiationsriten vielfach Anlaß für künstlerische Betätigung. Für Knaben ist die Initiation der Einstieg in einen gesellschaftlichen Status, den früher ein Krieger innehatte. Tatsächlich bildeten diejenigen, die in einem bestimmten Gebiet das Ritual gemeinsam erlebt hatten, innerhalb der größeren Altersgruppe bei Militärexpeditionen oder bei der Verteidigung der Dörfer eine Einheit. Einige Aspekte des Initiationsritus, wie die Vorführung von Schilden bei Initiations-›Tänzen‹, deuten auf diese kriegerische Erwartung der Initiierten.

Es gab Initiationsschilde verschiedener Art; abweichend von Kriegsschilden (*ngo*) aus Tierhaut wurden sie aus Holz oder Baumrinde hergestellt. Der Typ der hier gezeigten wurde gewöhnlich von spezialisierten Handwerkern aus einem einzigen Stück Leichtholz für eine Tanzvorstellung namens *muumburo* geschnitzt. Da die Schilde an der Innenseite ein Armloch haben, lassen sie sich leichter durch ein Beugen des Arms als durch das Halten mit der Hand bewegen.

Alle Holzschilde waren an der Außen- und meist auch an der Innenseite mit abstrakten Motiven verziert. Diese Muster waren keineswegs beliebig. Man mußte sich schon im Vorfeld der Initiationen auf die künstlerische Gestaltung einigen. In manchen Gebieten fanden diese jährlich statt, und so brachte man jeweils andere Muster auf den neuen Schilden an. Auf diese Weise unterschieden sich diese Motive nach Gebiet und Zeitpunkt der Initiation. Gleichwohl waren die Schilde einer Altersklasse nicht unbedingt identisch. Die Knaben gaben ihre Tanzschilde meist an ihre jüngeren Verwandten weiter. Viele entfernten den alten Schmuck und ersetzten ihn durch dasjenige Muster, auf das man sich für eine bestimmte Initiation geeinigt hatte. Nur wenn mehr als ein Knabe aus einer Familie an der gleichen Initiation teilnahm, wurde ein völlig neuer Schild mit dem für dieses Jahr gewählten Muster in Auftrag gegeben. *SJMM*

Provenienz: Kat. 2.24 b: 1921 dem Museum überlassen von Mrs. Selous

Literatur: Routledge 1910 (1968)

2.25

Männliche Figur

Kamba
Kenia
Um 1933
Holz, Metall, Stoff
Höhe 21,3 cm
Bareiss Family Collection

2.24 b

Tanzschild

Kikuyu
Kenia
Frühes 20. Jahrhundert
Holz
62 x 41 x 10 cm
The Trustees of the British Museum, London, 1921, 10.28.12

Die ursprüngliche Heimat der Kamba lag in den von Dürre gefährdeten Gebieten an den östlichen Abhängen des Kikuyu-Hochlands im südlichen Kenia. Die ländlichen Kamba halten Vieh und betreiben Landwirtschaft entlang den Flüssen und in den besser mit Wasser versorgten Niederungen. Im 19. Jahrhundert waren sie für ihren ausgedehnten Handel mit Karawanen der Araber und Swahili bekannt. Heute treiben viele Kamba Handel mit Holzschnitzereien, ein Gewerbe, das nach dem Ersten Weltkrieg begann. Bereits vor dem Krieg galten die Kamba als geschickt in der Bearbeitung von Metall und schnitzten Gebrauchsgegenstände aus Holz sowie Stühle, die reich mit Einlegearbeiten aus Metallspiralen geschmückt waren. Die Kamba scheinen nur wenige Holzfiguren hergestellt zu haben, obwohl man in europäischen Sammlungen Beispiele für frühe anthropomorphe Figuren findet. Solche Figuren fanden vermutlich im Ahnenkult Verwendung und stellten vielleicht Clangründer und wichtige Stammesälteste dar. Sie sind stämmig, mit geraden Beinen, und ihre runden Köpfe zeigen gewöhnlich einen geschlossenen Mund und markante Ohren in S-Form. Die meisten sind mit einfachen Perlen und eingelegten Augen aus Metall geschmückt.

Die zeitgenössischen Künstler der Kamba stimmen darin überein, daß der erste, der Figuren ausschließlich für den Verkauf an Europäer zu schnitzen begann, Mutisya Munge war. Mutisya war ein geschickter Schnitzer von Gebrauchsgegenständen, der im Ersten Weltkrieg in einem Transportbataillon im damaligen Tanganjika gedient hatte. In Tanganjika war er in Kontakt mit Schnitzern der Zaramo gekommen, die sich mit der Herstellung von Modellfiguren zur Demonstration lokaler Kleidermoden und Schmucksitten für den europäischen Markt beschäftigten. (Dieser Markt hatte sich anscheinend vor 1914 mit Förderung durch lutherische Missionare entwickelt.) Als er nach dem Krieg in sein Heimatdorf Wamunyu zurückkehrte, begann Mutsiya hauptberuflich mit figürlichem Schnitzen, und bald folgten auch andere seinem Beispiel.

Die gezeigte Figur stellt einen Kamba mit den typischen Narbenzeichnungen der frühen Kolonialzeit dar. Mit seinem untersetzten Körper und den geraden Beinen zeigt er Ähnlichkeit mit den frühen Holzfiguren des Ahnenkults. Die Arbeit gleicht stilistisch der schönen weibliche Kambafigur im Britischen Museum, die offensichtlich für den europäischen Markt hergestellt wurde und 1933 nach London kam. Schnitzarbeiten dieser Art, oft mit Drahtschmuck, Metalleinlegearbeiten und Farbe verziert, scheinen von Kambaschnitzern in der Zwischenkriegszeit gefertigt worden zu sein.

Die Herstellung so qualitätvoller Stücke fand wahrscheinlich nach dem Zweiten Weltkrieg ein Ende, als die Nachfrage aus Übersee derart stieg, daß die Schnitzer eine Industrie begründeten und die Massennachfrage durch standardisierte Formen erfüllten. *ZK*

Literatur: Lindblom 1920; Elkan 1958; Troughear 1987; Felix 1990

Die *vigango* (Singular *kigango*) der Giryama, über die es in der Literatur viel Widersprüchliches gibt, sind nicht unbedingt Grabmäler. Sie stehen manchmal auf Gräbern, was aber nicht generell der Fall ist. Es ist nicht ihre Aufgabe, den Ort der körperlichen Überreste zu kennzeichnen, sondern dem Geist des Verstorbenen eine neue Heimstätte – eigentlich einen neuen Körper – zu bieten. Wie die kleineren und weniger ausgeschmückten *koma*-Pflöcke, mit denen zusammen sie eine Art Stammbaum des Haushalts bilden, werden *vigango* einige Zeit nach dem Tod eines Menschen errichtet: gewöhnlich aber nur dann, wenn der Geist des Verstorbenen sich mit dem Verlust seines Körpers unzufrieden zeigt, indem er einem lebenden Verwandten im Traum erscheint.

Bei den Giryama (vielleicht weniger bei Nachbargruppen wie den Jibana, den Chonyi und den Kauma, die ebenfalls *vigango* aufstellen) stehen *koma* und *vigango* oft im Gesprächshaus der Männer eines Gehöfts. Dieser Ort ist leicht zugänglich für den Ältesten, der das Vorrecht genießt, Palmwein in kleine Kokosnußschalen am Fuß dieser Ahnenmale zu gießen. Das geschieht in regelmäßigen Zeitabständen. Falls es Träume oder ein Unglück gebieten, darf der Älteste auch ein Huhn oder eine Ziege bei den Denkmälern schlachten, um mit deren Blut die Geister zu nähren. Im allgemeinen sind es nur die Ahnen des männlichen Oberhaupts, die eine solche Verkörperung finden; seine Frau oder seine Frauen besitzen für ihre Ahnen keine *vigango* oder *koma*, und falls doch, dann nicht an einer so prominenten Stelle.

Es herrscht Uneinigkeit, was den Unterschied zwischen den *koma*-Pflöcken und den *vigango* ausmacht und worin ihre Bedeutung liegt. *Koma* sind kleine Pflöcke aus weichem Holz, etwa 30 cm hoch, rudimentär geschnitzt, mit der schwachen Andeutung einer (vielleicht phallischen) Gürtellinie, wodurch angezeigt wird, daß es sich um einen männlichen Vorfahren handelt. Manchmal werden sie auch mit Stoffstreifen ›bekleidet‹. *Vigango* sind 130 bis 200 cm hoch und bestehen (gegen die Zerstörung durch Termiten) aus Hartholz; sie sind erkennbar anthropomorph, gewöhnlich mit eingeschnittenen Dreiecken verziert und ursprünglich oft rot, weiß und schwarz bemalt. Im 19. Jahrhundert wurden einigen als Augen silberne Dollarmünzen eingesetzt. *Vigango* sind viel teurer, reicher ornamentiert und dauerhafter. Zwar werden sie heute kaum noch hergestellt, aber es gibt dennoch einige relativ neue Stücke.

Das grundsätzliche Problem, für wen ein *kigango* errichtet wird und für wen nur ein *koma*, ist zum Teil eine Frage des Geschlechts: Es scheint für Frauen keine *vigango* zu geben. Aber auch nicht alle Männer erhalten sie. Es gibt Vermutungen, daß dieses Privileg von der Mitgliedschaft in einer der Gemeinschaften abhängt, die im Leben der Giryama wichtige Funktionen erfüllen. *Vigango* würden nur für Männer der *gohu*-Gemeinschaft errichtet, die grundsätzlich ihren Besitz zur Schau stellt – die Zulassung zu dieser Gruppe ist ein Zeichen von Reichtum. Selbst wenn *vigango* nicht nur Mitgliedern der *gohu*-Gruppe vorbehalten sind, so wohl doch nur Begüterten, denn die Rituale bei der Errichtung eines *kigango* sind um vieles kostspieliger als die für einen *koma*-Pflock. Schon das Wort *vigango*, das sich auf die Wurzel eines Verbs mit der Bedeutung ›bindend, verbindend‹ bezieht, deutet auf die Macht wohlhabender alter Männer und die heilende Kraft dieser Macht, wenn sie von den Geistern der Verstorbenen ausgeübt wird.

Es gibt aber auch Hinweise darauf, daß sich der Unterschied zwischen *koma* und *vigango* auf die Mobilität (und vielleicht Reproduzierbarkeit) bezieht und eine historische Veränderung eine Rolle spielt. *Vigango* können höchstens einmal ihren Ort wechseln, während *koma* beweglicher und ersetzbarer sind (obwohl es dabei in der Praxis Abweichungen gibt). Seit dem frühen 19. Jahrhundert hat die Bevölkerung der Giryama stark zugenommen und größere Gebiete besiedelt. Ursprünglich eine relativ kleine Gruppe um das rituelle Zentrum *kaya* (eine kleine Strecke inlands von Mombasa), die gemischte Farmwirtschaft (mit der Betonung auf Rinderhaltung) betrieb, haben sich die Giryama vermehrt und über Gebiete nördlich von *kaya* und ostwärts bis an die Küste ausgebreitet. Dabei stützen sie sich vor allem auf einen eher marginalen Maisanbau und auf Touristik an der Küste Kenias. Ein Ergebnis dieser Entwicklung ist die allmähliche Verkleinerung der Haushalte, da junge Männer früher ihre Familie verlassen, um eigene Haushalte zu gründen – deshalb vielleicht auch eigene Ahnendenkmale errichten. Da die Bevölkerung zunimmt und sich über weitere Gebiete zerstreut, könnte man daraus den Schluß ziehen, daß *koma* inzwischen weiter verbreitet sind als die eher ortsgebundenen *vigango*.

Dieser hölzernen Körper für Geister bedarf man gleichwohl nur eine begrenzte Zeit. So wie sie nur errichtet werden, wenn sich die Geister der Verstorbenen in Erinnerung bringen, so werden sie auch vernachlässigt, sobald die Geister in Vergessenheit geraten. Dieses schwache genealogische Bewußtsein wird auch durch die Tatsache unterstrichen, daß die Giryama ihre Namen von Generation zu Generation ändern, was dazu führt, daß sich entferntere Ahnen zu einer stereotypen Folge von Namen verwischen. Sobald ein bestimmter Vorfahre vergessen ist, ist auch sein *koma* oder *kigango* vergessen – das *koma* aus Weichholz verrottet, und nach einer gewissen Zeit bleibt auch das *kigango* zurück, wenn man fortzieht.

Die vier gezeigten Beispiele haben besonders sorgfältig geschnitzte Köpfe – bei vielen *vigango* sind die Köpfe eher zweidimensional, und in einigen Fällen schnitzt man nur ein geometrisches Muster, ohne sich um die Ausarbeitung menschlicher Züge zu bemühen. An zweien von ihnen sieht man die charakteristischen ausgesparten Dreiecke an den Seiten, die vielleicht Rippen andeuten sollen, wie auch die weitverbreiteten runden Verzierungen. Bei den zwei anderen sind vor allem weniger häufige geradlinige Formen eingeschnitten. Ein Beispiel ist ungewöhnlich, weil die in den Körper geschnittenen Kerben eher Bestandteil als Beendigung des Musters sind.

Obwohl es starke Ähnlichkeiten zwischen diesen Beispielen und Grabzeichen der Oromo sowie Sepulkralplastiken Madagaskars gibt, so konnte doch bislang kein historischer Zusammenhang nachgewiesen werden. *JW*

Literatur: Barrett 1911; Hollis 1909; Ngala 1949; Champion 1967; Wolfe, Parkin und Sieber 1981

2.26 a
Begräbnispfosten (*kigango*)
Giryama
Kenia
Holz
Höhe 130,5 cm
Privatsammlung

2.26 b
Begräbnispfosten (*kigango*)
Giryama
Kenia
Holz
Höhe 190 cm
Privatsammlung

2.26 c
Begräbnispfosten (*kigango*)
Giryama
Kenia
Holz
Höhe 206,5 cm
Privatsammlung

2.26 d
Begräbnispfosten (*kigango*)
Giryama
Kenia
Holz
Höhe 145 cm
Privatsammlung

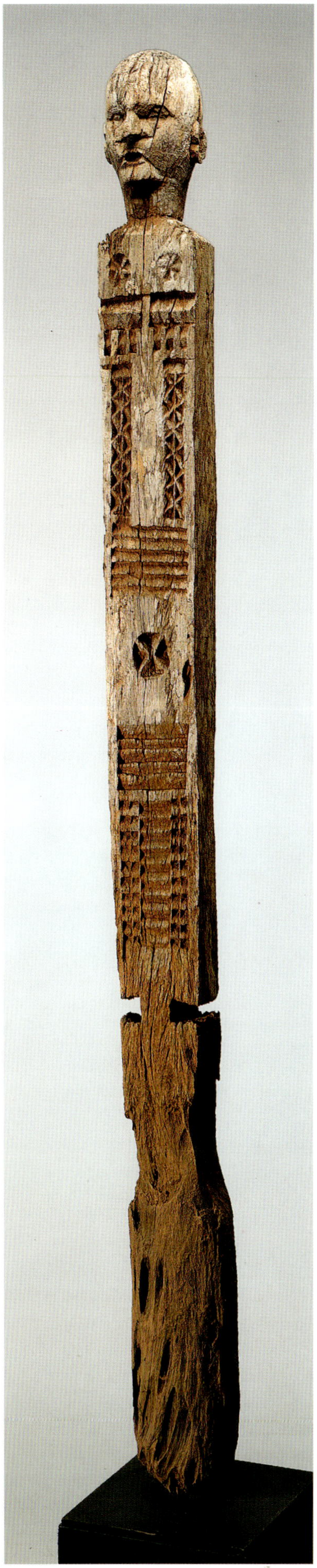

2.27
Tür
Swahili
Tansania
Um 1900
Holz
Höhe 200 cm
Staatliche Museen zu Berlin, Preußischer Kulturbesitz, Museum für Völkerkunde, III E 8932

Die beschnitzten Türen an der ostafrikanischen Küste, die abwechselnd den Swahili, den Arabern oder den Bewohnern von Sansibar zugeschrieben werden, stellen Spielarten einer sehr alten und weitverbreiteten Tradition am westlichen Indischen Ozean dar. Die früheste Erwähnung findet sich bei dem Portugiesen Barbosa im 16. Jahrhundert, der sie als »schön geschnitzt« beschreibt. Diese Kunst verfiel nach der Invasion der Portugiesen, lebte aber im 19. Jahrhundert wieder auf. Die meisten solcher Türen befinden sich in der Stadt Sansibar (500), Lamu (200) und Mombasa (100).

Die beschnitzte Tür, die aus mehreren miteinander verbundenen Teilen besteht, bildet oft das einzige auffällige Merkmal an einem ansonsten einfachen weißen Gebäude. Die Qualität ihrer Ausführung und ihre Größe war ein Hinweis auf den gesellschaftlichen Rang des Besitzers. Alle Türen bestehen aus zwei Flügeln, die sich von der Mitte nach innen öffnen. Die traditionellsten Beispiele des Swahili-Typs befinden sich in Siyu auf dem Lamu-Archipel – sie sind eher leicht reliefiert als geschnitzt, rot angemalt und weisen keinen Mittelpfosten auf. In Lamu sind sie einfach gehalten, nur in die mittleren Pfosten sind Rosetten oder runde geometrische Muster geschnitzt, die oben und unten in Schuppenmustern enden.

Die Tradition des Türschnitzens erlebte ihre Blütezeit im 19. Jahrhundert, begünstigt durch den Wohlstand, der in Sansibar und seinen Nebenhäfen durch Handel und Gewürznelkenproduktion herrschte. Die etwas einfacher geschnitzten Türen wie die hier abgebildete – in den kleineren Häfen des Festlands zu finden – wurden von den Türen der in Sansibar herrschenden Elite der Omani weit übertroffen. Die rechteckigen Türen erhielten Schnitzereien mit einer Vielzahl von Motiven: Fische und Wellenlinien deuten auf eine wichtige Quelle des Wohlstands der Swahili; Ketten sollen Sicherheit symbolisieren; Rosette und Lotos lassen indische Einflüsse vermuten, und Weihrauchstrauch und Dattelpalme, die in Arabien und Somalia heimisch sind, sollen Reichtum und Überfluß anzeigen. Oft stand im Mittelpunkt dieser Verzierungen ein Koranzitat auf dem Türsturz, der auch Herstellungsdatum und den Namen des Besitzers oder des Künstlers angab. Die Türflügel waren häufig mit eisernen Beschlagnägeln geschmückt und mit einer Haspe und Kette ausgestattet, um die Tür von außen zu verschließen.

Geschnitzte Türen sind eine Erscheinungsform der Kultur um den Indischen Ozean. Der Islam, der Handelsverkehr auf Daus und die Verfügbarkeit von Bauholz und Handwerkern bildeten die Grundlage für diese Tradition. Zwischen der Küste Ostafrikas und dem nördlichen Rand des Indischen Ozeans erfolgt ein ständiger kultureller Austausch. Geschnitzte Türen wurden von Ostafrika nach Oman exportiert und beeinflußten wahrscheinlich dort das örtliche Kunsthandwerk. *AS*

Literatur: Adie 1952, S. 1–18, Abb. 1–16; Barbosa, in: Freeman-Grenville 1962, S. 131; Bonnenfant und al-Harthi 1977, S. 128–130, Abb. XXVII, XI a–c, XLII a; Krieger 1990, Abb. 296, S. 45

2.28

Spielbrett (*bao*)

Swahili
Sansibar, Tansania
20. Jahrhundert (?)
Holz
90 x 36 x 4,7 cm
Sammlung Peter Adler

Seit Jahrhunderten schon ist das beliebteste Brettspiel entlang der ostafrikanischen Küste *mankala,* womit eine Gruppe von Brettspielen ähnlich dem Damespiel bezeichnet wird. Es wird für das älteste und weltweit verbreitetste gehalten. Man spielt es auf Brettern mit zwei, drei oder vier Reihen von Vertiefungen oder ›Löchern‹. Spiele mit zwei Reihen sind die in der Welt am meisten verbreiteten, während man Spiele mit drei oder vier Reihen außerhalb Afrikas selten antrifft. Nur in Afrika findet man alle drei Arten.

Die Völkerschaften Kenias, Tansanias, Sansibars und auf den Komoren nennen das Spiel *bao KiSwahili,* was auf eine Spielart verweist, die bei den Muslimen der Swahili und Bajun im nördlichen Kenia entstand. Es wird von zwei Personen auf einem *bao* (das Swahiliwort für ›Brett‹) mit vier parallelen Reihen von je acht Löchern gespielt. Jeder Spieler hat 32 Steine und besitzt das halbe Brett. Das Ziel ist die Gefangennahme der gegnerischen Steine und ihre Verteilung auf der eigenen Bretthälfte. Dazu setzt man die Steine nacheinander in die passenden inneren und äußeren Reihen während der zwei Spielstufen. Wenn der letzte Stein eines Spielers in ein besetztes Loch seiner inneren Reihe fällt, wird er gefangen. Dazu muß dieses Loch gegenüber zwei besetzten Löchern in der inneren Reihe des Gegners liegen. Das Loch in jeder inneren Reihe, das größer oder in der Form von den anderen verschieden ist, nennt man *kuu,* und es enthält angesammelte Steine, die von strategischer Bedeutung sein können.

Ähnlich wie Schach ist *bao KiSwahili* ein Strategiespiel. Aber im Gegensatz zu Schach wird das afrikanische *mankala* sehr schnell gespielt, erfordert große geistige und körperliche Beweglichkeit, zumal es laute Zuschauer mitverfolgen. Als Spielsteine verwendet man Kiesel oder die ungenießbaren harten Samenkörner eines Dornenstrauchs. Das *bao* können einfache Löcher im Boden sein oder ein aus Hartholz geschnittenes Brett.

In der Vergangenheit waren verzierte Spielbretter mit einer an den Schmalseiten vorstehenden Lagermöglichkeit für Steine vor allem Prestigeobjekte, die von Berufsschnitzern hergestellt wurden. Das vorliegende ist mit geometrischen Schnitzereien verziert, die an das Schnitzwerk der Haustüren der Swahili aus dem 19. Jahrhundert in Sansibar erinnern. *RAW*

Literatur: Ingram 1932, S. 257; Townshend 1992, S. 175–191; Nooter 1984, S. 34–39; Washington 1984; Aldrick 1990, S. 1–18; de Voogt 1994, S. 3; Rollefson 1992, S. 1–6

2.29

Figuren in intimer Umarmung

Mahafaly (?)
Madagaskar
Frühes 20. Jahrhundert
Holz
Höhe 8 cm
Privatsammlung, Paris

Diese Miniatur mit zwei intim miteinander verschlungenen Figuren wird den Mahafaly im südlichen Madagaskar zugeschrieben. Ihre Größe läßt vermuten, daß es entweder eine selbständige künstlerische Arbeit war, oder, was wahrscheinlicher ist, die Applikation eines kleinen häuslichen Geräts, etwa eines Kamms. Die Kämme der Mahafaly wurden in den 20er und 30er Jahren bekannt, als man sie mehrfach publizierte. Auch der behandelte Gegenstand deutet auf den Ursprung in der kolonialen Kultur der ersten Hälfte des 20. Jahrhunderts.

Skulpturen mit explizit erotischem Inhalt werden mit den großfigurigen Schnitzereien an den Ecken von Gräbern der Vezo in Zusammenhang gebracht (Kat. 2.31 b). Bei den Vezo selbst werden sie als *sary porno* oder pornographische Darstellungen bezeichnet, nicht weil der Gegenstand von den Beschauern generell als erregend empfunden würde, sondern wegen des Interesses der *vazaha* (weiße Fremde), die die Grabstätten besuchten, die Skulpturen photographierten und schließlich entfernten. Dies wiederum führte zur Herstellung erotischer Schnitzereien allein zur Belustigung der fremden Kundschaft. Obwohl die Schnitzer gewöhnlich zu den Sakalava oder Vezo gehörten, nahmen sich auch Schnitzer andernorts dieses Themas an und griffen es wie in diesem Stück der Mahafaly bei Objekten für den eigenen Gebrauch auf. *JM*

Literatur: Boudry 1933, S. 12–71; Université de Madagaskar 1963; Astuti 1994, S. 112

2.30 a

Grabskulptur (*aloalo*)

Mahafaly
Madagaskar
Holz
Höhe 193 cm
Privatsammlung

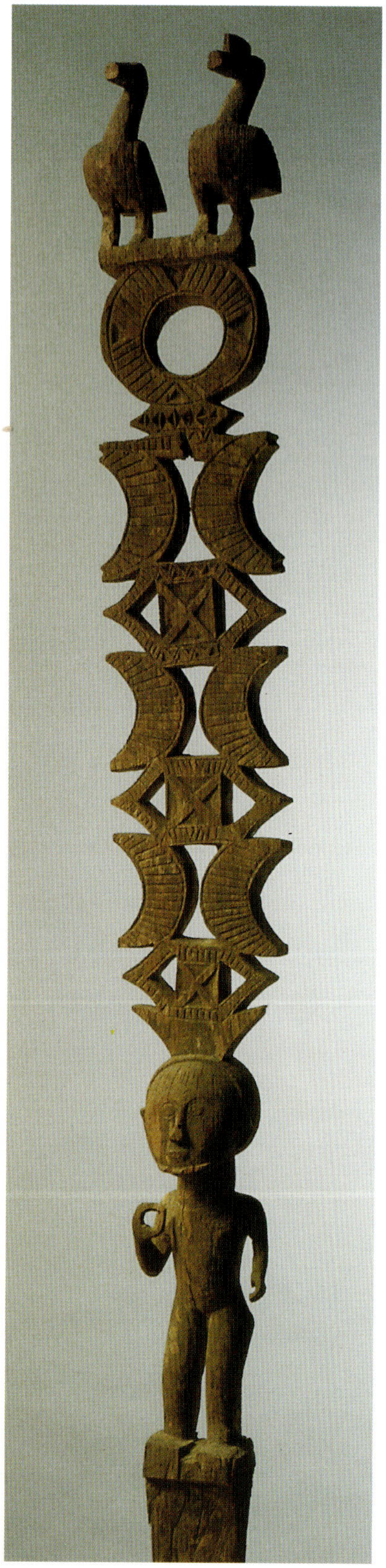

2.30 b

Grabskulptur (*aloalo*)

Mahafaly
Madagaskar
Holz
Höhe 226 cm
University of Pennsylvania Museum of Archaeology and Anthropology, Philadelphia, 62-4-1

Die von den Mahafaly im südwestlichen Madagaskar auf Gräber gestellten Schnitzereien sind vielleicht die bekanntesten Werke der Insel, doch werden sie am wenigsten verstanden. Obwohl die Bezeichnung *aloalo*, unter der dieser Typus bekannt ist, heutzutage auch oft für andere Objekte gebraucht wird, so ist doch das Wort selbst nur schlecht übersetzt.

Die Mahafaly bewohnen ein großes Gebiet einer von Dornensträuchern bewachsenen Halbwüste. Sie sind vor allem Rinderhirten, und die höckrigen Zeburinder, die ihre Lebensgrundlage bilden, stellen auch das Hauptmotiv ihrer figurativen Kunst dar, besonders der *aloalo*. Die markantesten Gebilde in Madagaskar sind massive, schachtelähnliche Grabmäler aus bearbeiteten und unbearbeiteten Steinen. Sie stehen isoliert in der Landschaft, oft bekrönt mit einer Reihe von bis zu dreißig geschnitzten Pfosten. Solche Gräber sind den Häuptlings- oder Königsgeschlechtern vorbehalten; große Grabmäler konnten sich nur Begüterte leisten.

Die auf diesen steinernen Plattformen plazierten Skulpturen weisen eine Anzahl gleichbleibender Elemente auf, obwohl sie sich in Form und Inhalt bis heute immer weiter entwickelt haben. Die ganze Konstruktion wird im allgemeinen aus einem einzigen Holzstück geschnitzt. Der untere Teil wird bei aufwendigen Stücken von einer stehenden Figur eingenommen. Darüber folgen Teile in durchbrochener Arbeit mit geometrischen Formen, gewöhnlich Sichelformen und Kreise, die üblicherweise als Voll- und Halbmond interpretiert werden. Die größten Unterschiede zeigen sich in den Aufsätzen an der Spitze. Buckelrinder und Vögel sind die häufigsten Themen. Die Opferung von Rindern ist ein Teil der Begräbnisrituale, und ihre Hörner werden neben dem *aloalo* auf die Steinplattform gepflanzt. Unter den Vögeln werden im allgemeinen solche bevorzugt dargestellt, die abends nach Hause zurückkehren: Enten oder Krickenten. Das sieht wie ein Hinweis auf das Grab als die neue Wohnung des Verstorbenen aus. *Aloalo* aus jüngerer Zeit enthalten auch Figurengruppen, Flugzeuge, Autobusse und andere Attribute modernen Lebens, die die Skulptur auf eine Weise personalisieren, wie man es bei den älteren Vorläufern nicht findet.

Zwar dienen solche Skulpturen wie auch die Grabstätte dem ehrenden Gedächtnis eines Verstorbenen, doch wird das Wort *aloalo* eigentlich von *alo*, Bote oder Vermittler, abgeleitet. Die *aloalo* unterscheiden sich von einer anderen Kategorie von Schnitzwerken der Mahafaly, den *ajiba*. Dabei handelt es sich um figürliche Skulpturen, die in einem anderen Stil und entfernt von den Grabstätten als eine Art Ehrendenkmal errichtet werden. Dieser Unterschied nährt den Verdacht, daß ein *aloalo* nicht so sehr ein Erinnerungsmal ist, sondern eine Art Vermittler zwischen der Welt der Lebenden und jener der Toten. Wie in vielen Teilen Madagaskars kommt den Ahnen *(razana)* eine Vermittlerrolle bei dem Versuch zu, das Auf und Ab menschlichen Lebens zu verstehen und seinen Gang zu beeinflussen.

Doch hat *alo* auch noch eine allgemeinere Bedeutung. Man bezeichnet damit Situationen, die Verbindungen irgendeiner Art herstellen. In diesem Sinne kann der Begriff etwa auch auf Webtechniken angewand werden. Bei den Grabpfosten könnten damit die geometrischen Verbindungen zwischen den Kreisen und Halbmonden gemeint sein, die das zentrale Element der Skulptur bilden und die im Vergleich mit anderen Schnitzereien auf der Insel ihr charakteristisches Hauptmerkmal sind. *JM*

Literatur: Huntingdon und Metcalf 1979; Mack 1986, S. 86–92

2.31 a

Männliche Grabfigur

Vezo
Madagaskar
Holz
Höhe 44 cm
Privatsammlung

2.31 b

Weibliche Grabfigur

Vezo
Madagaskar
Holz
Höhe 57 cm
Privatsammlung

Die von einem unbekannten Künstler der Vezo geschaffenen beiden Stücke wurden von der abschleifenden Wirkung des Sandes nachhaltig verändert. Die Objekte scheinen von einer der etwa neun Grabstätten im Gebiet von Morondava an der Westküste Madagaskars zu stammen. Die Vezo sind Fischer, die man nicht mit den benachbarten Sakalava verwechseln sollte, denen die Begräbniskunst der Vezo oft irrtümlich zugeschrieben wird. Die Grabstätten der Vezo liegen in Wäldern und sandigen Lichtungen in einiger Entfernung von den Dörfern und werden nur zu Begräbniszwecken aufgesucht. Auf diese Weise sind die auf den Grabstätten errichteten Skulpturen sowohl für die Vezo wie für Ethnographen zum größten Teil verborgen. Tatsächlich gibt es für sie in ihrer Sprache auch keinen bestimmten Begriff – ganz anders als *aloalo* bei den Grabstätten der Mahafaly.

Viele Figuren wurden in der Nachkriegszeit von einsam gelegenen Friedhöfen der Vezo gestohlen: Meist wurden sie von den Pfosten, auf denen sie standen, abgesägt (solche Stücke wurden für das vorliegende Projekt nicht ausgewählt). Es gibt keine Tradition des Wiederaufbaus einer ruinösen Grabstätte. Aus den starken Abschürfungen an diesen Stücken hier kann man schließen, daß sie vor un bestimmter Zeit entfernt wurden, anscheinend eher direkt aus dem Sand als von einem noch stehenden Monument.

Die beiden Figurinen wurden in der Vergangenheit stets so photographiert, als bildeten sie einen engen Zusammenhang. Einige Figuren sind in liebender Umarmung geschnitzt (wie das Stück der Mahafaly, Kat. 2.29). Es ist aber möglich, daß sie wie andere Grabskulpturen der Vezo ursprünglich an gegenüberliegenden Ecken einer rechteckigen schachtelähnlichen Konstruktion standen. Die Figur an der nordöstlichen Ecke könnte je nach dem Geschlecht der verstorbenen Person männlich oder weiblich gewesen sein. Der Nordosten, wo die Sonne aufgeht, ist mit dem Tagesanbruch wie auch mit positiven Ereignissen verbunden: Es ist eine gute Zeit, um auf die Welt zu kommen, der ideale Augenblick für die Beschneidung, ebenso für die Entfernung eines Leichnams, der in einer Hütte aufgebahrt ist. Es ist eine von den Ahnen überlieferte heilige Richtung. An der gegenüberliegenden südwestlichen Ecke stünde der Partner. So entsteht eine Beziehung, in der durch die Himmelsrichtung die ideale Verbindung ausgedrückt wird; ebenso wie durch die Berechnung des Zeitpunkts der Geburt das Schicksal der Person unter Einbeziehung der Himmelsrichtung bestimmt werden kann.

Auffallend an diesen beiden Figuren ist, daß sie ausbalancierter als üblich sind; die Schrägstellung des Kopfes und die Gesten der Hände stehen im Gegensatz zur geläufigen Statuarik. Inwieweit diese Merkmale auf die Vorstellung des Schnitzers zurückzuführen oder ob sie das zufällige Ergebnis der Verwitterung sind, muß offen bleiben. *JM*

Literatur: Oberle o. J., S. 134–142; Lombard 1973; Mack 1986, S. 88–89; Astuti 1994, S. 111–122

2.32
Weibliche Figur
Vezo(?)
Madagaskar
Holz
Privatsammlung

Diese Skulptur soll vor vielen Jahren von einem Sammler in Madagaskar gefunden worden sein, ihre Form und glänzende Patina scheinen dies zu bestätigen (und eine Fundzeit vor den organisierten Diebstählen, die seit den 70er Jahren stattfinden). Auch wenn die Patinierung möglicherweise nicht ursprünglich ist, werden doch die meisten madagassischen Skulpturen für Ahnengräber geschaffen, wo sie Wind und Wetter ausgesetzt sind und dadurch ein stark verwittertes Aussehen erhalten. Die fertigen Bildwerke erhalten vor Ort keine Oberflächenbearbeitung wie in vielen Teilen Afrikas und werden nicht eingeölt.

Für Madagassen garantieren die Ahnen (*razana*) die Existenz der Lebenden. Diese Überzeugung kommt durch viele private, häusliche und öffentliche Handlungen zum Ausdruck. Am dramatischsten sind Zeremonien, bei denen Skelette einen Nachmittag lang aus ihren Gräbern geholt, in frische, vorzugsweise seidene Leichentücher gehüllt werden. Anschließend tanzt man mit ihnen um die Grabstätte. Interessanterweise gibt es im Inneren Madagaskars, wo sich solche Rituale eines geradezu ›physischen‹ Kontakts mit den verstorbenen Vorfahren abspielen, traditionell keine Grab- oder Memorialplastik. Skulpturentraditionen existieren vielmehr im Süden und vor allem im Südwesten der Insel. Hier, könnte man sagen, korrespondiert die Gestaltung von Skulpturen an Gräbern oder naheliegenden Orten und das wichtige begleitende Ritual mit den Zeremonien der Einhüllung im Binnenland. Beide Handlungen dienen dazu, die Vereinigung der Verstorbenen mit der Gemeinschaft der Ahnen zu bestätigen und den Fluß der Lebenskraft von den Toten zu den Lebenden zu sichern, was die Grundlage des Lebens selbst ist.

Wahrscheinlich handelt es sich bei dem vorliegenden Beispiel um eine Figur der Vezo (wie Kat. 2.31 a, b), obwohl auch andere Möglichkeiten in Betracht kommen. Sie stand vermutlich nicht allein, sondern war Teil einer mehrfigurigen Anordnung, die sowohl männliche als auch weibliche Darstellungen umfaßte. Man sieht in Madagaskar selten eine isolierte weibliche Figur ohne Verbindung zu einem männlichen Partner (vgl. Kat. 2.33). *JM*

Literatur: Bloch 1971; Mack 1986

2.33
Grabpfosten mit Figurenpaar
Sakalava
Madagaskar
19. Jahrhundert
Holz
Höhe 99 cm
Sammlung Carlo Monzino

Nur wenige ostafrikanische Skulpturen haben einen größeren Einfluß auf die Kunst Europas ausgeübt. Hier ist eine der seltenen Ausnahmen. Ursprünglich befand sich das Werk in der Sammlung des Bildhauers Jacob Epstein und ist in Photographien seines Ateliers auf dem Kamin zu sehen. Das Stück könnte die Inspiration zu einer Studie Epsteins in Bleistift und Wasserfarben gewesen sein (1913). Ein Gegenstück zu dem Grabpfosten, vermutlich von dem gleichen Künstler, befindet sich im Musée de l'Homme in Paris. Doch Zweck und Ursprung beider Stücke sind unklar.

Das Exemplar im Musée de l'Homme ist ein vollständiger Pfosten, nicht wie dieses, das nur aus dem oberen Teil besteht. Darüber hinaus ist es als Fund bei den südlichen Sakalava dokumentiert. Doch diese Herkunft ist bezweifelt worden. Man hat es abwechselnd den Betsileo und den Bara zugeschrieben. Susan Vogel bezeichnet es als einen von bis zu zwanzig Pfosten, die an Grabstätten stehen konnten. Damit trifft sie eine Zuschreibung zu den Mahafaly, denn diese und einige benachbarte Antandroy sind die einzigen in Madagaskar, die solche Pfosten errichten.

Das Hauptproblem besteht in der Frage, ob das Werk zur Verwendung bei Begräbnissen bestimmt war, ob es allein, im Ensemble auf einer Grabstätte oder nur als Denkmal aufgestellt werden sollte. Urbain-Faublées Zuschreibung zu den Bara fußt auf der Beobachtung, daß die Sakalava zur Zeit des Fundes zu selbständig waren, »um die Errichtung eines religiösen Monuments zu dulden«. Die Grabskulpturen bei den Sakalava (die in Wirklichkeit Arbeiten der Vezo sind, einer unabhängigen an der Westküste Madagaskars lebenden Gruppe) haben nur eine begrenzte Verbreitung und sind gewöhnlich in Schlitzen an den Ecken großer Holzgräber in Kastenform befestigt. An dem vollständigen Pfosten in Paris findet sich keine Spur einer solchen Verbindung.

Es gibt Gründe für die Annahme, daß die Werke dennoch ihren Ursprung bei den südlichen Sakalava haben, wie die Unterlagen des Musée de l'Homme nahelegen. Eine Feldphotographie in einem Archiv in Madagaskar zeigt diesen Pfosten nicht auf einem abgesonderten Friedhof, sondern mit einem Wohnhaus im Hintergrund. Es dürfte in einem Dorf aufgenommen worden sein. Ein Untertitel bezeichnet es als *hazomanga*, einen Dorfpfosten, an dem Opferungen und Beschneidungen stattfinden. *JM*

Literatur: Bassani und McLeod 1989, S. 66 f.; Leenhardt 1947; Urbain-Faublée 1963; Kent 1970, S. 236; Vogel 1985, S. 190 f.

2.34

Löffel mit männlicher Figur

Südliche Sakalava (?)
Madagaskar
Holz
Länge 31 cm
The Trustees of the British Museum, London, 1947. AF.18.103

Dieser Löffel gibt Rätsel auf. Er gelangte aus einer undokumentierten Quelle über die große und viele Kulturen umfassende Sammlung von Philip Smith in die Sammlung des Museums. Der Vorschlag, daß er aus Madagaskar kommen könnte, stammt wahrscheinlich von William Fagg, dem damaligen Kurator der afrikanischen Abteilung des British Museum (der Vorschlag wurde in mindestens einer Untersuchung vorsichtig akzeptiert: Mack 1986, S. 65). Es scheint aber keine vergleichbaren Löffel zu geben, die die Herkunft aus Madagaskar eindeutig bestätigen könnten. Eine neuere Übersicht zu afrikanischen Löffeln enthält allerdings ein ähnliches Exemplar (wenn auch mit einer weiblichen Figur), das dort als Arbeit der Yaunde-Fang im Grenzland von Kamerun und Gabun ausgewiesen ist.

Trotz alledem werden natürlich viele verzierte Löffel auf Madagaskar hergestellt, vor allem im Süden und Südwesten. Sollte dieser Löffel tatsächlich madagassischer Herkunft sein, dann könnte er von den südlichen Sakalava kommen. Auf ganz Madagaskar werden geschnitzte Löffel bei Zeremonien zum Austeilen von Reis verwendet. Reis wird hier in großen Mengen verzehrt und ist unverzichtbarer Bestandteil jeder Mahlzeit. Aber er dient nicht nur der Ernährung, sondern wird als Quelle allen Lebens und der Lebenskraft gesehen. Reis gilt als heilige Substanz (*masina*), als Produkt der Arbeit der Ahnen. So können auch Löffel, mit denen Reis bei besonderen Gelegenheiten dargeboten wird, in den Dörfern als angemessene Erbschaft der Ahnen weitergegeben werden. *JM*

Provenienz: Ehem. Sammlung Philip Smith

Literatur: Falgayrettes u. a. o. J.; Mack 1986; Homberger 1991

2.35

Grabfigur

Zaramo
Tansania
Spätes 19. Jahrhundert
Holz
Höhe 85 cm
Staatliche Museen zu Berlin, Preußischer Kulturbesitz, Museum für Völkerkunde, III E 7260

Die Zaramo waren eines der ersten Völker, auf die die Europäer in Ostafrika trafen, doch paradoxerweise weiß man bis heute nur wenig von ihnen. Sie siedeln vor allem in der Küstenregion und bestreiten ihren Lebensunterhalt in erster Linie durch den Feldbau, doch auch durch Fischfang, den Verkauf von Nahrungsmitteln bzw. in einigen Gebieten auch Schnitzereien aus schwarzem Mangrovenholz. In vorkolonialer Zeit besaßen die Zaramo kein zentralisiertes Herrschaftssystem, und Führungsämter wurden innerhalb der Linien auf die Ältesten bzw. die Oberhäupter führender Clans unabhängiger Orte vererbt (wie bei den meisten anderen verwandten matrilinearen Völkern im östlichen Tansania). Dorfhäuptlinge und Oberhäupter in matrilinearer Erbfolge erfüllten verschiedene Aufgaben in der Rechtsprechung und vollzogen die Riten.

Einige Führer der Zaramo scheinen in der Vergangenheit durch erfolgreiche Überfälle auf Karawanen arabischer Kaufleute oder der Swahili Einfluß errungen zu haben. Eine weitere Möglichkeit für Männer wie für Frauen, einen über die matrilineare Erbfolge hinausreichenden Einfluß zu erlangen, war anscheinend der Aufstieg innerhalb von Geheimbünden. Die Mitgliedschaft in diesen Gesellschaften ging quer durch Verwandtschaft und Dorfhierarchie, und die höchsten Ränge genossen beträchtliches Ansehen in der Gemeinde. Initiationsrituale wurden zur Förderung der Mitglieder veranstaltet; beim Tode eines Mitglieds von hohem Rang wurden besondere Rituale durchgeführt.

Für prominente Älteste der Zaramo wurden neben ihren Gräbern oft Pfosten mit anthropomorphen Figuren errichtet. Die hier abgebildete Figur dürfte wohl zur höchsten Gruppe einer seltenen Art von Grabdenkmälern dieses Stils bei den Zaramo zählen. Man weiß wenig über die Umstände, die zur Errichtung solcher Grabpfosten führten, die aber aus vorkolonialer Zeit zu stammen scheinen. Auf der Grundlage von Aussagen zweier Zaramo meint Felix, daß solche Denkmäler vielleicht zur Ehrung führender Ältester, die ohne männliche Nachkommen starben, an ihrem Grab errichtet wurden. Die Figur sei ursprünglich bekleidet gewesen, hätte deswegen so markante, bewegliche Gliedmaßen, weil sie beim Begräbnis von einem Ritenspezialisten bewegt worden seien. Dieser stimmte Lobgesänge auf den Verstorbenen an und war überdies vielleicht ein Bauchredner; er bewegte die Figur und ließ sie reden. *ZK*

Provenienz: 1889 gesammelt von Stuhlmann

Literatur: Beidelman 1967; Felix 1990, S. 193 f.

2.36

Grabfigur

Zaramo
Tansania
19. Jahrhundert
Holz
Höhe 36,8 cm
Musée Barbier-Mueller, Genf, 1027-59

Grabdenkmäler der Zaramo, über den Gräbern bedeutender Ältester errichtet, weisen verschiedene Formen auf. Einige enden nur in einem Kopf, andere werden als ganze menschliche Figuren geschnitzt, wieder andere erhalten säulenartige Körper (*Mwana hiti*). Viele Beispiele aus neuerer Zeit sind eher realistische Darstellungen der Personen, derer gedacht werden soll. Die vorliegende Grabfigur zeigt wahrscheinlich einen Ältesten, der ein erfolgreicher Bauer war, sieht man doch einen bärtigen Mann mit Axt, Buschmesser und Kürbisflasche für Wasser. Der besondere Stil dieser Figur erinnert an die Art, in der die schönsten Skulpturen der Zaramo für den ›Export‹ geschnitzt wurden. Vermutlich sollte das gute Auge des Schnitzers, der mit ziemlicher Sicherheit auch schon realistische Holzfiguren für fremde Auftraggeber herstellte, in diesem speziellen Fall einem einheimischen Brauch zugute kommen. Die Figur könnte aus der näheren Umgebung von Maneromango (ein Dorf etwa 60 km südlich von Daressalam) kommen, wo lutherische Missionare vor dem Ersten Weltkrieg Schnitzer der Zaramo ermunterten, für europäische Kunden realistische Figuren herzustellen. *ZK*

Literatur: Elkan 1958; Felix 1990

2.37

Pfosten

Kwere/Zaramo
Tansania
Holz und Metall
Höhe 128 cm
Privatsammlung

Dieser ungewöhnliche Pfosten könnte zu jenen Gerätschaften gehören, die für Geisteraustreibungen verwendet werden. Bei den Zaramo nennt man diese Pfosten *mkomolo*, ›Baum der Gesundung‹. Sie werden am Ort der Zeremonie aufgestellt und dienen den Besessenen als eine Art Lehne. Die Stäbe haben oben einen Haken, an denen Kürbisflaschen mit rituell wirksamen Inhalten hängen, und sind mit roten und weißen Stoffstreifen geschmückt. Der *mkomolo* wird gewöhnlich überragt von der Figur einer Frau mit Kind oder einer stilisierten, säulenähnlichen weiblichen Figur. Der vorliegende Stab ist durch den verzweigten Aufsatz ungewöhnlich, bei dem unterhalb zweier säulenartiger weiblicher Figuren eine dritte, weniger stilisierte kleinere Figur steht.

Bei den meisten matrilinearen Gesellschaften im nordöstlichen Tansania ist die säulenartige Figur ein häufig wiederkehrendes Symbol. Sie verbindet männliche und weibliche Ikonographie, indem sie bei weitreichender Stilisierung in phallusartiger Grundform keine Gliedmaßen, lediglich zwei Brüste vorweist. Solche Gestalten können eine Vielzahl zentraler kultureller Objekte schmücken. Die Doppelnatur drückt die Einheit der Lebensprinzipien aus. Die Figur spielt eine besondere Rolle bei weiblichen Initiationsriten. Während der Zeit ihrer Isolierung erhält die Initiandin eine solche Figur, um die sie sich kümmern und die sie rituell ernähren muß, um ihr eigenes Wachstum, ihre Gesundheit und ihre Fruchtbarkeit zu fördern.

Vor den anfänglichen Besessenheitszeremonien, wie der *madagoli*, die es bei den Zaramo gibt, werden Gebete gesprochen und den Ahnen des Kranken Opfer dargebracht, vor allem denjenigen, die sich als Heiler von Besessenen bewährt haben. Als Ort der Zeremonie wählt man einen freien Platz, an dem der *mkomolo*-Stab (das männliche Lebensprinzip) in den Boden (das weibliche, erneuernde Lebensprinzip) gepflanzt wird – eine an die Paarung erinnernde Handlung. Die Zeremonie hat die Form eines

Festes zu Ehren des eingreifenden Geistes, der zur Teilnahme herbeigerufen wird und in die Köpfe des Besessenen und des Heilers steigt. So wird auch der Heiler vom Geist ergriffen und kann dessen Wünsche erfahren, ebenso wie die Identität des Ahnen, von dessen Geist der Kranke besessen ist. Sobald der Ahne erkannt ist, bestimmt der Heiler, was der Kranke und seine Verwandten tun müssen, um den erzürnten Vorfahren zu versöhnen. Durch diese Belebung der Verbindung des Kranken mit der gesamten Gruppe aller Verwandten scheinen Besessenheitskulte die Einheit und den Zusammenhalt der Gruppe zu stärken und so interne Zwistigkeiten zu verringern. *ZK*

Literatur: Swantz 1970; Felix 1990

2.38

Stab

Kwere
Tansania
Frühes 20. Jahrhundert
Holz
Höhe 142 cm
Sammlung Felix

Die Kwere bewohnen hauptsächlich das Hinterland der Stadt Bagamoyo im nordöstlichen Tansania. Sie betreiben vorwiegend Landwirtschaft und besaßen wie ihre südlichen Nachbarn, die Zaramo, keine zentralisierte politische Organisation, bis die europäischen Kolonialmächte sie im späten 19. Jahrhundert einer administrativen Hierarchie unterstellten. Das matrilineare System der Kwere bildete eine unabhängige politische Einheit, deren Anführer von den Ältesten der Linie gewählt wurde. Jedes Dorf war ebenfalls weitgehend autonom und hatte sein eigenes Oberhaupt.

Das reiche kulturelle Leben der Kwere umfaßt auch kunstvolle Zeremonien. Den Vorsitz darüber führen Eingeweihte, die Familienälteste sein können, Anführer von Bünden für Geisteraustreibungen, Seher, Heiler oder der Zauberei Kundige. Die Meister für rituelle Handlungen konnten beträchtliches gesellschaftliches Ansehen erwerben, und ihr Einfluß reichte manchmal über ihre Verwandten und ihre Wohnorte hinaus. Stäbe mit Figurenschmuck dokumentierten ihren Status und ihre Fähigkeiten und dienten zugleich als Werkzeuge bei rituellen Handlungen. Stäbe mit ›Huckepackmotiven‹ wie der hier abgebildete wurden wahrscheinlich u. a. in Zusammenhang mit männlichen und weiblichen Initiationsriten verwendet. Sie besitzen Haken, an die man mit rituellen Substanzen gefüllte Kürbisflaschen hängt. Sowohl männliche wie weibliche Initianden werden im Huckepack an den Ort der Riten getragen. Bei den männlichen Riten werden die Initianden und ihre Träger vom Zeremonienmeister, der manchmal den Stab mit dem Huckepackmotiv trägt, an den Ort der Zeremonie geleitet. Laut Felix wurden Stäbe dieser Art auch zuweilen am Ort der Zeremonien in den Boden gepflanzt und dienten der Weihe der Stätte. *ZK*

Literatur: Brain 1962; Felix 1990, S. 167 f.

2.39

Maske

Kwere
Tansania
Frühes 20. Jahrhundert
Holz
Höhe 50,5 cm
Galerie Fred Jahn

Bei den Kwere und den anderen matrilinearen Völkern des östlichen Tansania gab es in vorkolonialer Zeit eine Vielzahl von Initiations- bzw. Geheimbünden. Die Mitglieder dieser hierarchisch aufgebauten Organisationen rekrutierten sich aus verschiedenen Familien und Dörfern. Es existierten sowohl männliche wie weibliche Gruppierungen, wobei einige durchaus weibliche und männliche Mitglieder zugleich hatten. Hochrangige Mitglieder besaßen Insignien in Form von figürlich gearbeiteten Stäben (vgl. Kat. 2.38), Fliegenwedel aus Tierschweifen und Armreifen. Unter der deutschen Herrschaft koordinierten Initiationsbünde den Widerstand gegen koloniale Unterdrückung. Sie wurden deshalb nach den *maji-maji*-Aufständen verboten und waren bei Ausbruch des Ersten Weltkriegs fast völlig verschwunden.

Der Aufstieg innerhalb der Ränge war mit besonderen Riten, begleitet von Gesängen und Tänzen, verbunden. Maskierte Tänzer traten auch bei besonderen Begräbnisfeiern für verstorbene Mitglieder auf. Nur sehr wenige Masken der Kwere sind gesammelt worden, und man weiß fast nichts über ihre Bedeutung. Aber laut Zeugnissen, die Felix gesammelt hat, verwendeten die Kwere und die Zaramo verschiedene Maskentypen, darunter eine ›Kriegsmaske‹ sowie eine Maske für Tänze bei Initiationsriten. *ZK*

Literatur: Felix 1990, S. 185 f.

2.40

Stab

Kaguru
Tansania
Holz
215 x 20 x 22 cm
Sammlung Felix

Die Kaguru bewohnen die Itumba-Berge im nordöstlichen Tansania, das Hochland im Nordwesten und das Tiefland im Osten. Sie leben vorwiegend von der Landwirtschaft. Ihr soziales Leben war vornehmlich matrilinear organisiert, in der männlichen Erbfolge hatten gewöhnlich die Ältesten die Leitung der Riten und die Rechtsprechung inne.

Zahlreiche Rituale der Kaguru scheinen sich auf Symbole der Vereinigung männlicher und weiblicher Lebensprinzipien bezogen zu haben. Figürliche Stäbe und andere Objekte (männliche Symbole) werden oft mit weiblichen Darstellungen beschnitzt. Solche Gegenstände wurden in vielen rituellen Zusammenhängen verwendet. Felix gibt an, daß figürliche Pfähle in Versammlungshäusern der Geheimbünde (die es heute nicht mehr gibt) errichtet wurden. Sie wurden auch vor Häusern der Kaguru aufgestellt, oft unter Strohdächern, um das Dorf vor magischen Angriffen zu bewahren.

Der hier abgebildete Pfahl war wohl ursprünglich der Stützpfeiler einer Initiationshütte für Mädchen der Kaguru, aber es ist möglich, daß ähnliche Pfähle auch in den oben erwähnten Zusammenhängen verwendet wurden. Zu erkennen ist eine weitgehend abstrahierte weibliche Figur. Die Gabelung an der Spitze des Pfahls dürfte die traditionelle Haartracht wiedergeben, ein Motiv, das bei vielen figürlichen Kunstwerken der matrilinearen Völkerschaften im nordöstlichen Tansania auftaucht. Wie einige andere zeremonielle Gerätschaften – darunter auch Pfähle und Stäbe, deren Gebrauch bei Initiationsriten der Region weit verbreitet war (am bekanntesten durch Beispiele der Zaramo und Kwere) – so könnte auch dieser Pfahl dazu gedient haben, weibliche Initianden in der Abgeschiedenheit ihrer Initiationshütte zu schützen und ihnen rituell Kraft zu verleihen. *ZK*

Literatur: Beidelman 1972, S. 41; Felix 1990; Felix, in: Berlin und München 1994, S. 223

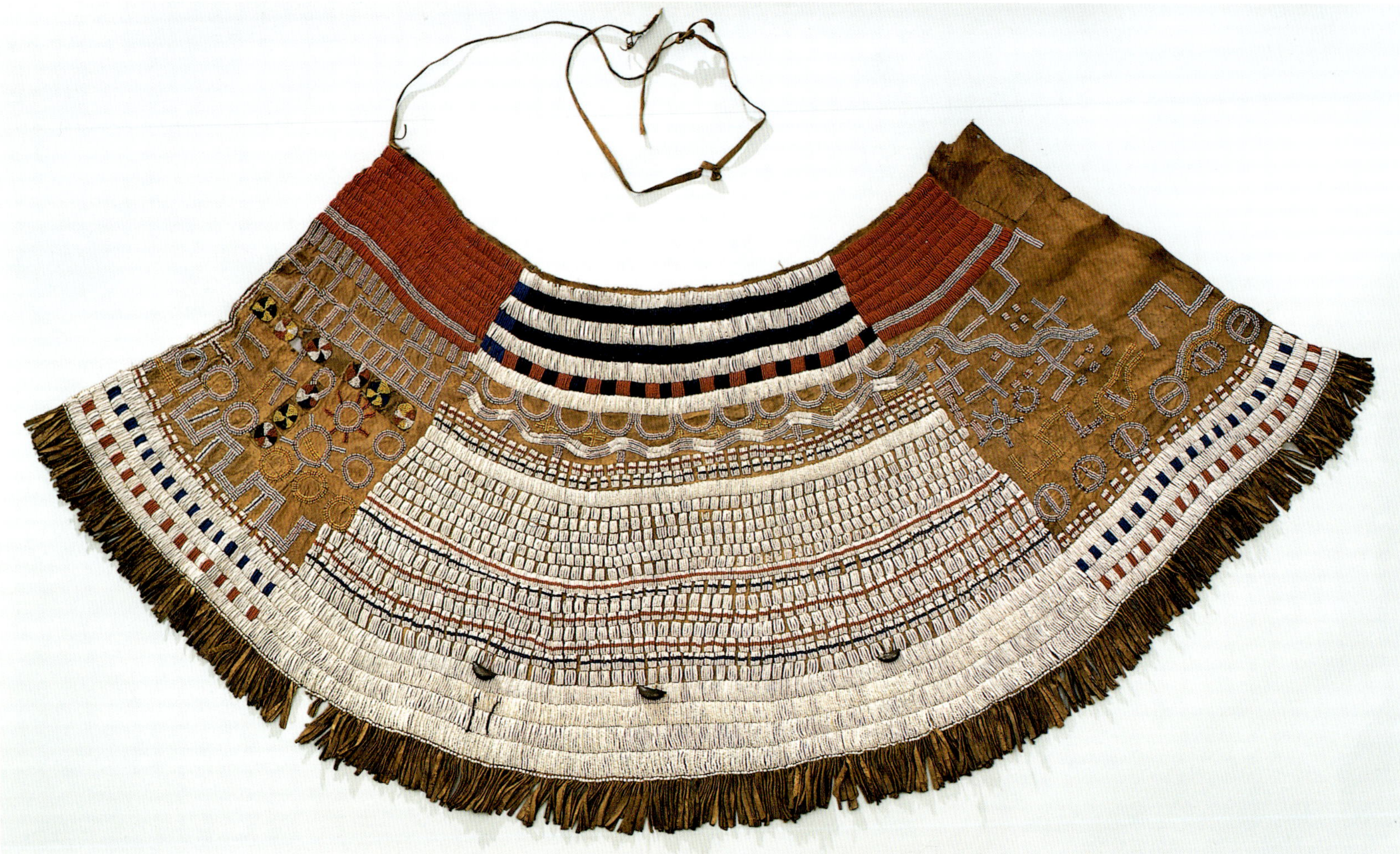

2.41

Rock

Iraqw
Tansania
Frühes 20. Jahrhundert (?)
Gegerbte Tierhaut, Glasperlen, Sehnen, Metallglöckchen
170 x 70 cm
Commonwealth Institute, London, T/TANZ/134

Das Volk der Iraqw umfaßt heute über 300 000 Mitglieder und bewohnt die Region Arusha im nördlichen Tansania. Obwohl seine Sprache oft als Südkuschitisch bezeichnet wird, bleibt die genaue Klassifizierung doch umstritten. Die Iraqw halten Vieh und bebauen das Hochland westlich des Rift-Tales. Zu ihren Nachbarn zählen die Masai, Hadza, Barabaig und Gorowa wie auch mehrere bantu-sprechende Gruppen. Ihre Kunst und materielle Kultur sind bisher wenig untersucht worden.

Die perlenbesetzten Röcke der Iraqw dürften zu den am reichsten geschmückten Kleidungsstücken Ostafrikas gehören. Das hier abgebildete Beispiel ist ein herausragendes traditionelles Stück. Der Rock besteht aus vier Hautstücken, auf die Tausende von Glasperlen appliziert sind, die Bänder und geometrische Motive bilden. Zusätzlich ist er mit drei Glocken geschmückt. Das mittlere Stück bildete die Rückseite, vorne wurde das rechte Ende über das linke geschlagen und dann zusammengebunden. Man muß sich den Rock um die Taille einer jungen Frau gebunden vorstellen, deren Bewegungen beim Gehen oder Tanzen durch das Gewicht (15 kg oder mehr) behindert und gleichzeitig durch das Schwingen der Fransen und das Klingen der Glöckchen betont wurden. Zum vollständigen Schmuck eines Mädchens gehörten auch noch Fußspangen, Armreifen, Armbänder und Halsketten, sie wäre gesalbt, parfümiert und trüge eine besondere Haartracht. Die Farbwahl der hier verwendeten Glasperlen – vor allem das kontrastierende Weiß, Rot und Schwarz mit etwas Dunkelblau und Gelb – ist typisch für frühe Perlenarbeiten in Ostafrika; erst spätere Stücke enthalten ergänzend Hellgrün und Hellblau.

Die Geschichte dieses Rocks vor 1979 ist ungewiß; jeder Datierungsversuch wäre reine Spekulation. Der Anlaß zur Herstellung und zum Tragen eines solchen Rocks, das weibliche Initiationsritual *marmo*, wurde durch den von der Regierung eingesetzten Häuptling 1930 zumindest offiziell abgeschafft. Bei diesem Übergangsritus wurden Mädchen im Alter von etwa vierzehn Jahren sechs bis zwölf Monate lang abgesondert und erlebten symbolisch Tod und Wiedergeburt. Während dieser Zeit erhielten sie fettreiche Nahrung, so daß sie an Gewicht zunahmen, ihre Körper wurden gesalbt, parfümiert und geschmückt, und man unterwies sie in sexuellen Sitten und Bräuchen sowie in den Geheimnissen der ausschließlich weiblichen Gesellschaft Marmo. Der Ritus scheint auch als Läuterung verstanden worden zu sein, so daß sich die jungen Mädchen als mit neuer Unschuld und Würde wiedergeboren empfanden. Außerdem verwandelte jedes Mädchen in dieser Zeit den ledernen Umhang, mit dem sie in die Abgeschiedenheit gegangen war, nach eigener Vorstellung in einen reich geschmückten Glasperlenrock. Trotz der öffentlichen Abschaffung haben sich einige *marmo*-Elemente erhalten. Lieder, die mit dem Ritual in Verbindung stehen, werden noch immer gesungen, und man trägt auch noch Glasperlenröcke. Möglicherweise praktizieren immer noch wenigstens einige Frauen eine Art *marmo*, dessen Geheimnisse von initiierten Frauen der Iraqw gehütet werden. Obwohl die Motive, die diesen und ähnliche Röcke schmücken, wahrscheinlich einen tieferen symbolischen Sinn besitzen, so ist dieser doch Außenseitern unbekannt. Zumindest wird die Farbe Weiß (*awaak*) in anderem Zusammenhang mit Licht, Klarheit, Gesundheit, Wohlergehen, Heilung und Läuterung verbunden. *JXC*

Provenienz: um 1979, Commonwealth Institute, London

Ausstellung: London und New York, 1979–1983

Literatur: Wembah-Rashid 1974, Umschlag und S. 4; Perham 1976, S. 95; Picton und Mack 1979, S. 180; Thornton 1980; Oliver und Crowder 1981, S. 422; Wada 1984; Carey 1986, S. 21 f., 26, Abb. 17

2.42

Omusinga-Ständer

Banyambo
Karagwe, Tansania
18.–19. Jahrhundert
Schmiedeeisen
Höhe 72 cm
Marc und Denyse Ginzberg

In Omusinga-Ständer wurden Stäbe der Pflanze *Hibiscus fuscus* gesteckt, eines Strauches mit vielen Zweigen, der bis zu drei Metern hoch wird. Diese Ständer müssen wichtige königliche Insignien gewesen sein, da es mindestens 50 von ihnen gab, die einen beträchtlichen Aufwand an sehr erfahrener Grobschmiedarbeit bedeuteten. Photographien der Insignien der Karagwe zeigen einige dieser Ständer, in den Boden gesteckt und mit langen geraden Stäben, die von einem örtlichen Gewährsmann als *omusinga* bezeichnet wurden. Als der frühere König Rumanyika II 1966 ein Dorf besuchte, schenkte man ihm Stöcke von *Hibiscus fuscus*. Nach einer mündlichen Überlieferung wurden diese Ständer mit Stöcken bei Neumondzeremonien in den Boden gesteckt, um die königliche Trommel *Nyambatama* zu verbergen. Die Fasern von *omusinga* ließen sich zum Zähneputzen und auch zum Schlagen saurer Milch verwenden. Aber vielleicht am wichtigsten war die Verarbeitung ihrer langen geraden Stäbe zu Speerschäften.

In diesem kunstvoll gestalteten Beispiel enthält der siebenfach geflochtene eiserne Schaft zahlreiche Fassungen für Stäbe; das Ende läuft in einer Spitze aus. *HS*

Literatur: Stanley 1878, S. 473; Stuhlmann 1910, S. 77–78, Abb. 41–45

2.43

Handgelenkschutz (*igitembe*)

Tutsi
Burundi
Erste Hälfte 20. Jahrhundert
Holz, Kupfer
21,5 x 17,5 cm, Stärke 10 cm
The Trustees of the British Museum, London, 1948, AF.30,5

Der Handgelenkschutz von Bogenschützen ist von den Quellen her schlecht dokumentiert. Normalerweise völlig funktional und ohne den geringsten künstlerischen Anspruch, trägt man ihn gewöhnlich am linken Handgelenk, um den Unterarm des Bogenschützen vor Verletzungen durch die zurückspringende Bogensehne zu schützen. In der westlichen Welt ist ein Handgelenkschutz meist ein lederner Handschuh; in einigen Teilen Afrikas trägt man manchmal eine Polsterung; in Ruanda verwendeten die Tutsi einen Reifen aus geflochtenem Gras in schwarz-weißem Karomuster.

Massive hölzerne Gelenkreifen (*igitembe*) sind selten. Dieser von Celis beschriebene kommt aus Burundi. In der Literatur scheint kein zweiter Handgelenkschutz dieser Art beschrieben zu sein. Vielleicht liegt dies zum Teil daran, daß er nicht wie der Handgelenkschutz eines Bogenschützen aussieht und für einen Armreif gehalten wird. Das abgebildete Beispiel ist ein schwerer, fast geschlossener Ring mit einer Öffnung von nur 28 mm; die innere Öffnung mißt an ihrer weitesten Stelle 55 mm. In das Holz sind dreizehn kleine Kupferquadrate eingelegt; drei ›Sonnenaufgänge‹ mit strahlenförmigen Kupferdrähten, und zahlreiche kleine Kupferkreise vervollständigen das ausgewogene Muster. Das Kupfer könnte aus Katanga in Zaire kommen, und der Draht scheint handgezogen zu sein. Solch ein Handgelenkschutz könnte einem Bogenschützen hohen Ranges, vielleicht einem Mitglied der königlichen Leibwache, als Amtszeichen gehört haben. *MC*

Provenienz: Daniel P. Biebuyck; vom Museum erworben bei M. de Beer, Brüssel

Literatur: Celis 1970, S. 41; Siebers 1972

2.44 a

Fünf Körbe

Tutsi
Ruanda und Burundi
Erste Hälfte 20. Jahrhundert
Gras, schwarze und rote Farbe
Höhe 28 cm; 23 cm; 11 cm; 14 cm; 33 cm
Sammlung W. und U. Horstmann

In spiralförmigen Windungen aufgebaute Korbgefäße (*agaseki*) mit konischen Deckeln wurden von Tutsi-Frauen der Oberschicht hergestellt. Die aufwendige Näharbeit und die genau ausgearbeiteten Spiralmuster, von denen viele eigene Namen führten, erforderten viel Zeit und ein genaues Auge. Da die Tutsi in Ruanda die Oberschicht bildeten, besaßen ihre Frauen die Muße, sich dieser Kunst zu widmen. Einige Behälter gerieten zu wahren Wundern der Detailarbeit, manche waren nicht höher als 15 cm. Flache untertassenförmige Korbtabletts (*agakoko*) wurden ursprünglich zu Geschenkzwecken hergestellt. Die zurückhaltende Farbauswahl und die feinen Muster, die auf Spirallinien und einem Zickzack mit Dreiecken basieren, sichern ihnen einen Platz unter den raffiniertesten Korbarbeiten der Welt.

Als Farben standen der natürliche schwache Goldton des Grases mit schwarzen oder roten Mustern zur Verfügung. Schwarz erhielt man beim Kochen der Bananenblüte – ihr Saft ergab die Farbe *inzero*. Die rote Farbe erzielte man durch das Kochen der Wurzeln und Samen der Pflanze *urukamgi*. In den 30er Jahren hatten importierte Farbstoffe die Palette schon um Grün, Orange und Mauve erweitert.

Die frühen Körbe, wie diese mit Deckeln, besitzen eine Feinheit der Muster, die späteren, in Handwerkszentren für den Verkauf an Touristen hergestellten fehlt. Körbe aus Ruanda haben einfache, unverzierte Deckel; Deckel der in Burundi hergestellten sind manchmal gemustert. *MC*

Provenienz: 1948, das größere Tablett für das Museum mit Dokumentation von J. Lister gesammelt.

Literatur: Trowell und Wachsmann 1955, S. 141 f., Abb. 31 A; Celis 1970, S. 40–42

2.44 b

Zwei Korbtabletts

Tutsi
Ruanda
1940er Jahre
Gras, Importfarben Orange, Hellviolett und Dunkelblau
Durchmesser 9,5 cm; 12 cm
The Trustees of the British Museum, London, 1948. AF. 8.422/1

2.45

Schild

Kerewe/Kara
Tansania
Holz, Fasern und Pigmente
125 x 34 cm
Museum für Völkerkunde, Wien, 60751

Ukerewe ist eine große fruchtbare Insel im südöstlichen Teil des Victoria-Sees mit dichten Bananenhainen und Kulturen von Hirse und anderen Pflanzen. Ursprünglich wurde sie von Clans mit Bantusprachen (unter denen sich eine große Gruppe der Ita und eine kleinere Gruppe der Kara befanden) aus dem umgebenden Festland besiedelt. Dann kam Ukerewe unter die Kontrolle von Einwanderern der Sese vom westlichen Seeufer, deren herrschender Clan, die Silanga, im 17. Jahrhundert auf der Insel seine Herrschaft errichtete. Die Sese hatten eine Häuptlingsherrschaft, die regionale Anführer aus dem Clan der Silanga einsetzte. Vor der Kolonialzeit und der Absetzung von Häuptling Rukonge im Jahr 1895 war die Gesellschaft der Kerewe streng ethnisch gegliedert, wobei die Mehrzahl der Ita und Kara den Sese unterworfen waren. Durch die Tätigkeit von Missionaren, die Direktiven der europäischen Verwaltung wie auch durch die Einführung der Geldwirtschaft wurde ein ›Demokratisierungsprozeß‹ in Gang gesetzt, der zu einem Zusammenbruch der alten Ordnung führte.

Obgleich der hier abgebildete Schild typisch für die Inseln Ukerewe und Bukara ist, scheinen ähnliche Schilde auch von Zinzas auf dem Festland südwestlich des Sees verwendet worden zu sein. Die Muster wiederholter gleichschenkliger Dreiecke, sowohl im Relief geschnitzt wie gemalt, sind auf Schilden aus diesem Gebiet eine häufige Schmuckform. Das Nebeneinander von Weiß, Rot und Schwarz ist ein weitverbreitetes und in der Symbolik ungedeutetes Motiv im bantusprachigen Afrika und bezieht sich vielleicht auf ein gemeinsames Moment im Weltbild dieser Gemeinschaften. Wahrscheinlich wurden Schilde dieser Art seit den 40er Jahren nicht mehr hergestellt. *ZK*

Literatur: Hartwig 1969; 1976; Plaschke und Zirngibl 1992, S. 78 f.

2.46
Geschenkfigur
Nyamwezi/Kerewe
Tansania
Holz
83 x 21 x 6 cm
Privatsammlung, London

Diese weibliche Figur gibt Rätsel auf. Man kennt von den Kerewe der Insel Ukerewe im südöstlichen Victoria-See keine figürlichen Holzskulpturen vor der Absetzung des Chief Rukonge 1895 durch die Deutschen. Damals begann ein Mann namens Buzuzya (ursprünglich ein Schildschnitzer für Rukonge) Figuren hauptsächlich für den europäischen Markt herzustellen. Die wenigen veröffentlichten Arbeiten von ihm haben im allgemeinen gerade Gliedmaßen – kurze Arme – und große, kugelförmige Köpfe. Die langen Arme, gebeugten Glieder und der realistisch gestaltete Kopf der hier abgebildeten Figur lassen also vermuten, daß es sich hier nicht um eine Arbeit Buzuzyas handelt. Die Narbenmuster auf Brust und Unterleib schließen sogar eher aus, daß es sich um die Arbeit eines Schnitzers der Kerewe handelt. In Körperhaltung und Proportionen zeigt die Skulptur eine gewisse Ähnlichkeit mit einer *kigiilya*-Figur (Kat. 2.47). Die *kigiilya*-Figur wurde auf Ukerewe von dem Nyamwezi-Mitglied einer Elfenbeinhandelskampagne geschnitzt, und auch die abgebildete Figur könnte die Arbeit eines Schnitzers der Nyamwezi sein. Mit der Übergabe solcher Skulpturen konnten wahrscheinlich Händler oder Handelsboten der Nyamwezi ihr Ansehen bei Fürsten des Seengebiets erhöhen. Man weiß, daß die *kigiilya*-Figur von den Kerewe-Häuptlingen Machunda und Rukonge offiziell verwendet wurde – andere Figuren dieser Art scheinen die Empfänger bei den Kerewe aber nur gebraucht zu haben, um Eindruck zu machen.
ZK

Literatur: Hartwig 1969; 1976

Die unwahrscheinliche ›Biographie‹ dieser Skulptur (Kat. 2.46) ist auch höchst aufschlußreich für die Arbeitsweise der Kunstgeschichte in Ostafrika. Ihre Geschichte wurde von dem verstorbenen Gerald Hartwig entwirrt. Die folgenden Ausführungen fußen auf seiner detektivischen Arbeit in Ostafrika und anderweitigen Museumsarchiven.

Das erste Problem entsteht schon bei der Identifizierung des Stücks. Meist wird es den Kerewe zugeschrieben, den Bewohnern der Insel Ukerewe im südöstlichen Teil des Victoria-Sees. Tatsächlich war die Figur ursprünglich in der Obhut eines Häuptlings (*omukama*) der Kerewe namens Rukonge. Er hatte es bei der Übernahme seiner Amtsgeschäfte von seinem Vater Omukama Machunda erhalten. Auch stand das Werk bei der Gemeinschaft der Kerewe wegen seiner vermeintlichen Kräfte in hohem Ansehen. Am Tag seiner Fertigstellung starb Machundas Onkel, und beide Ereignisse wurden verknüpft: Man glaubte allgemein, daß er nicht gestorben sei, sondern sich auf geheimnisvolle Weise in die Figur verwandelt und Machunda selbst diese Umwandlung zustande gebracht habe. Das geschah einige Jahre vor 1869, dem Jahr von Machundas Tod. Bis zur Entfernung der Figur im Zuge einer Militäraktion 1895 wurde sie vom Häuptling sicher verwahrt, und nur führende Kerewe und privilegierte Besucher konnten sie sehen. Sie besitzt also einen unleugbaren Stellenwert für die Häuptlingsmacht der Kerewe in der zweiten Hälfte des 19. Jahrhunderts.

Hartwig konnte aber nachweisen, daß das Werk weder von einem Schnitzer der Kerewe geschaffen worden war, noch daß es in der fraglichen Zeit oder davor bei den Kerewe eine große Schnitzertradition gegeben hatte. Die Insel Ukerewe wurde häufig von den Nyamwezi aufgesucht, die als Boten der arabisch-swahilischen Handelsstation in Tabora fungierten (heutiges Tansania). Die Figur scheint daher von einem Schnitzer der Nyamwezi geschaffen worden zu sein, der eine Elfenbeinhandelskampagne auf die Insel begleitete. Jedenfalls zeigen ihr naturalistischer Stil und ihre Größe wenig Verwandtschaft mit den Figuren vom östlichen Ufer des Tanganjika-Sees, die mehr Gemeinsamkeiten mit den Schnitztraditionen in Zaire aufweisen.

Eine zweite, diesmal weibliche Figur ähnlichen Stils befindet sich im British Museum. Dieses Londoner Stück wurde von einem bekannten Missionar, Rev. John Roscoe, in Uganda erworben; es soll für den König (*kabaka*) Sana der Gande geschaffen worden sein, der 1856 starb. Aber Machunda und Sana waren Zeitgenossen, und man weiß, daß sie diplomatische Beziehungen unterhielten. Dieses zweite Stück könnte als Beispiel für einen Geschenkaustausch stehen. Bei den Kerewe erinnert man sich, daß der Arm brach, als Kabaka Sana die Figur erhielt (das charakterisiert die Figur noch heute). Auch sie wurde vermutlich von den Nyamwezi hergestellt.

Die hier abgebildete Figur hatte eine wechselvolle Geschichte, nachdem sie die Obhut von Omukama Rukonge verließ. Zunächst fiel sie in die Hände der örtlichen Weißen Väter, die sie zur Demonstration der mutmaßlichen Gefahren des Heidentums verwendeten. Ihr heutiges arg mitgenommenes Aussehen erinnert an ihre damalige Behandlung: Das Stück wurde angeblich mit Stöcken geschlagen, seine Augen herausgedrückt und seine Genitalien entfernt – ein Racheopfer gegen den Omukama und sein Volk, das eine Gruppe einheimischer Konvertiten angegriffen hatte. Auf diese Weise wurde diese Skulptur ähnlich wie jene im British Museum mindestens zweimal bereits in Afrika selbst in neue Zusammenhänge gebracht, noch bevor sie in eine Museumssammlung kam. *JM*

Literatur: Fagg 1965, S. 115; Hartwig 1969

2.47

Geschenk- bzw. magische Figur
(*kigiilya*)
Nyamwezi/Kerewe
Tansania/Victoria-See
Holz
Höhe 114 cm
Staatliche Museen zu Berlin, Preußischer Kulturbesitz, Museum für Völkerkunde, III E 5529

Nyamwezi

Der Name Nyamwezi steht für eine große, lose verbundene Gruppe von Feldbau treibenden Völkern im Norden Zentral-Tansanias. Sie haben zwar viele kulturelle Gemeinsamkeiten, sind aber verschiedenen Ursprungs. Seit dem frühen 19. Jahrhundert gliederten sie sich in kleine halbautonome Häuptlingsschaften, mit Ausnahme einer Periode, im späten 19. Jahrhundert, als zwei mächtige Häuptlinge, Mirambo und Nyunga ya Mawe, getrennte Herrschaftsbereiche über große Teile von Unyamwezi (dem Land der Nyamwezi) errichteten. Zu dieser Zeit beteiligten sich die Nyamwezi verstärkt am Karawanenhandel, der durch ihr Gebiet führte, und viele von ihnen reisten zwischen dem Kongo (dem heutigen Zaire) und den Handelsstädten am Indischen Ozean. Hier an der Küste erhielten sie ihren Namen ›Nyamwezi‹, ›Menschen aus dem Westen‹ (der manchmal auch mit ›Leute vom Mond‹ übersetzt wurde, weil der Neumond nur beim Untergang im Westen sichtbar ist).

Entsprechend der Ausdehnung und der ethnischen Verschiedenheit von Unyamwezi kennt auch die Kunst dieses Gebiets ein beträchtliches stilistisches Spektrum, obwohl die grundlegenden Kunstformen, Einzelfiguren und hochlehnige Stühle mit Figuren, einander ähnlich sind. Ahnen und Häuptlinge spielen in Glauben und sozialpolitischer Struktur der Nyamwezi eine große Rolle, und dementsprechend bezieht sich ein großer Teil ihrer Kunst auf diese Themen. Ihre Kunsttradition zählt zu den reichsten in Tansania. *NIN*

Literatur: Murdock 1959, S. 359; Abrahams 1967, S. 11 f.; Were und Wilson 1972, S. 79–86

2.48

Weibliche Figur
Nyamwezi
Tansania
Um 1900
Holz
Höhe 74,5 cm
Privatsammlung

Diese Figur ist in ihren Merkmalen beispielhaft für die Bildhauerei der Nyamwezi. Sie scheint fast zu bersten vor Dynamik und Fülle. Ihre lebhaften Gesichtszüge, die durch ihre Glasperlenaugen, den mit Zähnen verzierten Mund wie auch durch ihre angespannte und lebensvolle Haltung noch verstärkt werden, drücken starke Gefühle und latente Energie aus. Wie auch der hochlehnige Stuhl der Nyamwezi (Kat. 2.49) besitzt sie eine bestechende Ausstrahlung.

Der grimassenhafte Gesichtsausdruck und die Zugabe von Haaren und Zähnen deuten auf ein Randgebiet von Unyamwezi hin und machen den Einfluß von Kunstüberlieferungen eines benachbarten Volkes im Osten, wie der Sukuma, die Teil der Nyamwezi-Gruppe sind, wahrscheinlich. Ähnliche Gesichtszüge sieht man manchmal auf Masken oder Figuren der Sukuma. Während die Figuren der im Zentrum wohnenden Nyamwezi eher einen Ausdruck von Gelassenheit und Ruhe haben, ist die Kunst der Sukuma expressionistischer und bewegter. Wie fast alle freistehenden Skulpturen der Nyamwezi stellt auch dieses Werk wahrscheinlich einen Ahnen dar. *NIN*

Provenienz: Erworben in Tansania 1900

Literatur: Holy 1967, S. 34 f.; Gillon 1984, S. 327; Leurquin und Meurant 1990, S. 19 f.; Felix, Kecskési u. a. 1994, S. 233 f., 266–282, 408–413

2.49

Stuhl eines Oberhauptes mit hoher Lehne

Nyamwezi
Tansania
Spätes 19. Jahrhundert
Holz
Höhe 107 cm
Staatliche Museen zu Berlin, Preußischer Kulturbesitz, Museum für Völkerkunde, III E 6720

Dies ist vermutlich das bekannteste Kunstwerk der Nyamwezi, berühmt sowohl wegen seiner Geschichte als auch aufgrund seines ästhetischen Rangs.

Der Stuhl, der 1898 von Lt. von Grawert im Sultanat bzw. der Häuptlingsschaft von Buruku im östlichen Unyamwezi gesammelt wurde, war ursprünglich im Besitz des Sultans. Der Titel Sultan, in Ostafrika für Häuptlinge an der Swahili-Küste gebraucht, wurde auch wichtigen nicht-muslimischen Führern gegeben, die Gebiete längs der Handelsrouten der Karawanen durch Unyamwezi beherrschten.

Stühle mit hohen geschnitzten Lehnen waren Fürsten vorbehalten und wurden manchmal paarweise verwendet (einer für den Fürsten, der andere für seine Frau). Im allgemeinen konnte man an ihnen männliche oder weibliche Symbole entdecken. Bei diesem Beispiel ist auf die Rückseite der hohen Lehne eine menschliche Figur geschnitzt, deren Kopf und Hände über den Rand der Rückenlehne ragen, als ob sie den auf dem Thron Sitzenden umarmen oder beschützen wollten. Der Kopf der Figur entspricht durch die Glasperlenaugen, die hagere Form und vorstehenden gespitzten Lippen dem Nyamwezi-Typus. Doch am sichersten läßt sich die Arbeit durch die Form der Stuhlbasis identifizieren. Die drei konvex gebogenen Beine, die mit drei Vorsprüngen alternieren, sind typisch für die Stuhlformen der Nyamwezi.
NIN

Provenienz: 1898 gesammelt von Lt. von Grawert beim Sultan von Buruku

Literatur: Blohm 1933, S. 140 f.; Fagg 1965, S. 117; Wembah-Rashid 1989; Krieger 1990, S. 22, Abb. 102 f.; Nooter, in: Felix, Kecskési u. a. 1994, S. 294 ff.

2.50

Weibliche Figur auf Hocker

Nyamwezi
Tansania
Holz
Höhe 94 cm
Privatsammlung

Überall in Afrika zeigen Stühle Status und Rang an. Figuren, die gar auf Stühlen sitzen oder stehen, repräsentieren eine besondere göttliche oder irdische Macht. Diese Figur der Nyamwezi stellt wahrscheinlich eine Ahnin dar oder bezieht sich auf die Ahnenreihe eines Häuptlings.

Die Verwendung von hochlehnigen Stühlen für Häuptlinge scheint sich über die Migrations- und Handelsrouten ausgebreitet zu haben. In ähnlicher Weise erscheinen Stuhlfiguren auf beiden Seiten des Tanganjika-Sees bei Volksgruppen, die von Häuptlingen angeführt werden. Am häufigsten findet sich diese Überlieferung bei den Tabwa im südöstlichen Zaire. Seit alters bestehen Beziehungen zwischen den Tabwa und Gruppen auf der tansanischen Seite des Sees, darunter den Nyamwezi.

Die hier abgebildete Stuhlfigur der Nyamwezi unterscheidet sich in verschiedener Hinsicht von Werken der Tabwa. Die Figur ist weiblich, wohingegen die Tabwa männliche Darstellungen bevorzugen. Alle Stücke der Tabwa sind voll ausgearbeitet, während die Figur der Nyamwezi ein Stumpf ist, nur Kopf und Torso sind dargestellt. Ihr Stil entspricht dem der im Zentralgebiet wohnenden Nyamwezi in allen Zügen: das erhobene Haupt, die hervortretenden Ohren, die Perlenaugen und die gespitzten Lippen. Der typische lange und schlanke Rumpf steht auf einer in Unyamwezi vorherrschenden Hockerform. Obwohl man auch von anderen Völkern Tansanias Stuhlfiguren kennt – zum Beispiel die Jiji-Figur im Linden-Museum, Stuttgart, oder die Figur der Tongwe (Kat. 2.53) –, läßt ihre Häufigkeit bei den Tabwa vermuten, daß die Idee im Tabwaland entstand und sich nach und nach bei den (mit den Tabwa verwandten) Jiji, den Tongwe, den Nyamwezi und anderen Ethnien gen Osten verbreitete. *NIN*

Literatur: Hartwig 1978, S. 64; Roberts und Maurer 1985, S. 106, 116, 122, 148, 246; Nooter 1994, S. 294–306

2.51

Stab

Nyamwezi
Tansania
Holz
Höhe 97,5 cm
Privatsammlung

In Afrika werden Stäbe seit alters in verschiedensten Zusammenhängen verwendet, rein utilitaristisch als Gehstock, als Prestigeobjekt oder bei religiösen, politischen Anlässen als Teil der Regalien. Außerdem können sie durch ihre Ikonographie bestimmte Botschaften vermitteln und dienen so als Dokumente, deren Bilder wie Erzählungen verstanden werden können. Der Vielzahl der Verwendungsmöglichkeiten entspricht im allgemeinen die Komplexität ihrer Verzierungen.

Dieser einfache, elegante Stab der Nyamwezi diente wahrscheinlich einem örtlichen Häuptling als Prestigezeichen. Die Klarheit der Form gereicht dem Künstler zur Ehre, der sowohl die Funktion als Gehhilfe wie auch als Statussymbol erkannte. Die Gesamtstruktur des Stabes und die eleganten Detailbehandlung stehen in künstlerischem Gleichklang. Die Gesichtszüge sind zierlich und doch kompakt, ergänzt durch kleine Lochmuster, die Haar und Bart andeuten. Die eingeschnittenen Schultern und die Arme in flachem Relief an den Seiten des Stabs sind besonders charakteristisch für die Raffinesse dieses Stücks. *NIN*

Literatur: Felix, Kecskési u. a. 1994, S. 262; M. N. Roberts, in: A. F. Roberts 1994[2], S. 24

2.52

Weibliche Figur

Holoholo
Ost-Zaire/Tansania
Holz
Höhe 26 cm
Staatliche Museen zu Berlin, Preußischer Kulturbesitz, Museum für Völkerkunde, III E 12750

Die Holoholo sind eine kleine Gemeinschaft, die ein Stück Land am zairischen Westufer des Tanganjika-Sees bewohnen und von denen einige auf die tansanische Seite des Sees gezogen sind. Sie leben in enger Nachbarschaft zu den Hemba und Tabwa und fallen unter den Einflußbereich der Luba. Stilistische Ähnlichkeiten mit der Kunst dieser Gruppen zeigen sich sehr deutlich in diesem Stück wie auch in anderen, die bei den Holoholo um etwa die gleiche Zeit gesammelt wurden.

Die matrilinearen Holoholo stammen von den Baguha und anderen kleinen ethnischen Gruppen im östlichen Zaire ab. Obwohl sie heute von Dorfhäuptlingen in Erbfolge und einem Ältestenrat regiert werden, bewahrten sie sich bis ins späte 19. Jahrhundert eine vielschichtige politische Organisation, die in ihren frühen figürlichen Skulpturen ihren Niederschlag fand. Statuen der Holoholo, die man aus dieser früheren Periode kennt, tragen die Kennzeichen eines hohen sozialen Status, kunstvolle Haartrachten, Narbenmuster und zeichnen sich durch fein geschnittene Gesichtszüge und glatt patinierte Oberflächen aus, so wie man es an diesem Beispiel sehen kann. Ausgewogen auf einem Sockel stehend, wobei die Füße in einer einzigen gebogenen Plattform aufgehen, strahlt diese Figur Zuversicht, Gelassenheit und Kraft aus. *NIN*

Provenienz: Gesammelt im früheren Belgisch-Kongo (Zaire), 1907 dem Museum geschenkt von Schloifer

Literatur: Schmitz 1912, S. 425 f.; Murdock 1959, S. 296–300; Fagg 1965, S. 104; Krieger 1978, Abb. 244, S. 115; Felix 1989, S. 201–203

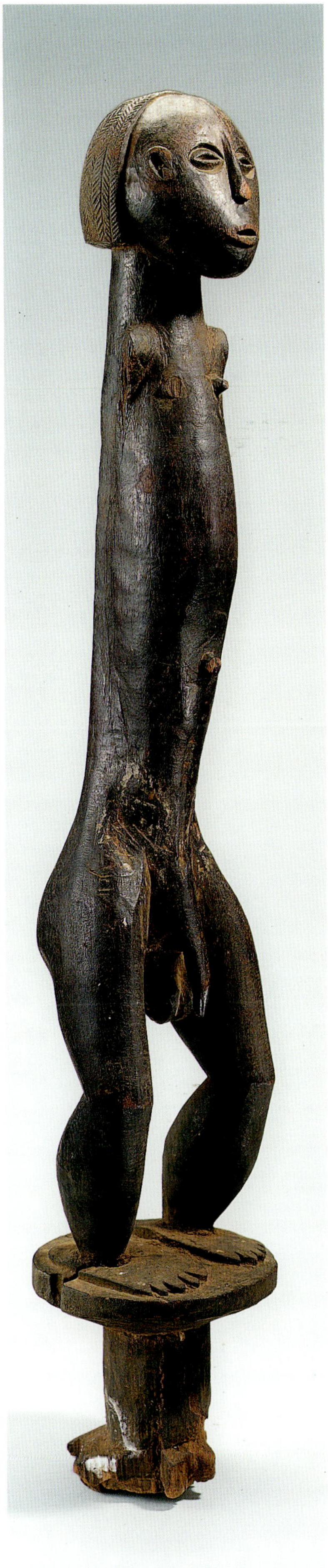

2.53

Männliche Figur auf einem Hocker

Utongwe
Westliches Tansania
Holz
Höhe 78,5 cm
Bareiss Family Collection

Die Bezeichnung Utongwe bezieht sich auf das Gebiet oder den Hauptort der Tongwe, einer kleinen Gruppe im westlichen Tansania, die zwischen den Bende im mittleren Abschnitt des Ostufers des Tanganjika-Sees lebt. Außer diesem Objekt ist praktisch kein Kunstwerk der Tongwe bekannt, und nur sehr wenig ist auch bei den Bende gefunden worden.

Seit dem frühen 19. Jahrhundert ist das Häuptlingsamt im westlichen Tansania eine mächtige Einrichtung, stark beeinflußt von den Königreichen des Zwischenseengebiets im Norden. Es überrascht daher nicht, daß sich die figürliche Kunst und die Häuptlingsthrone aus diesem Gebiet auf Macht und Prestige beziehen.

Diese männliche Figur aus Utongwe drückt deutlich die Eigenschaften von Würde und Führerschaft aus. Die Schnitzarbeit zeigt stilistische Ähnlichkeit zur Kunst der Jiji im Norden, die ein Zweig der Tabwa von der zairischen Seite des Tanganjika-Sees bilden – ebenso wie zu der Kunst der Tabwa selbst. Allen Roberts weist darauf hin, daß mehrere Gruppen, darunter auch die Bende und Tongwe, sich eines gemeinsamen Ursprungs mit den Tabwa rühmen. Die Gesichtszüge und die kunstvolle Haartracht dieser Figur zeigen starke Einflüsse der Tabwa, ebenso wie der Typus einer auf einem Hocker stehenden menschlichen Figur – laut Evan Maurer ein Zeichen von Rang und Status – dort seine Urbilder hat. Diese Merkmale deuten darauf hin, daß die Figur wahrscheinlich einen Häuptling darstellt. *NIN*

Literatur: Murdock 1959, S. 359–362; Fagg 1965, S. 116; Holy 1967, Abb. 29, S. 45; Krieger 1978, Abb. 104–107, S. 22 f.; Roberts und Maurer 1985, S. 116, 148, 161; Felix, Kecskési u. a. 1994, S. 359 f.

2.54

Maske

Lungu
Sambia oder Tansania
Holz
Höhe 29,5 cm
Sammlung Felix

Die Lungu (manchmal Rungu genannt) bewohnen hauptsächlich im nordöstlichen Sambia und südwestlichen Tansania ein weites Gebiet um das südliche und südöstliche Ufer des Tanganjika-Sees. Im 19. Jahrhundert wurde ihre Bevölkerung durch Überfälle von Ngoni, Arabern und Bemba stark dezimiert.

Die Lungu sind vorwiegend Feldbauern, für die daneben der Fischfang eine wichtige wirtschaftliche Rolle spielt. Sie bestehen aus einer Anzahl verstreuter, exogamer, patrilinearer Clans innerhalb von Häuptlingsgebieten unter einem nominellen Großfürsten (›paramount chief‹). Dieser scheint beträchtliche rituelle Autorität zu besitzen, übt aber außerhalb des Dorfes wenig wirkliche Macht aus. Von Knaben der Lungu ist nicht bekannt, daß man sie männlichen Initiationsriten unterwarf. Dagegen berichtet der britische Missionar Swann, der das Gebiet 1883 besuchte, daß die Mädchen mit »extrem harter Disziplin« Initiationen absolvierten. Dabei wurden sie schmerzhaften und erniedrigenden Prüfungen ausgesetzt. Diese Riten scheinen vor allem dem Zweck gedient zu haben, die Mädchen auf die Hochzeit vorzubereiten, die in sehr jungen Jahren stattfand und eine Last von Pflichten einschloß. Verschiedene Masken wurden auf einer bestimmten Stufe der weiblichen Initiation getragen, um zu erschrecken und zu beeindrucken. Masken wie die hier abgebildete sind äußerst selten und werden bei den Lungu während der weiblichen Riten heute nicht mehr getragen. Daher sind keine Rückschlüsse auf die Vorstellungswelt oder die rituellen Regeln mehr zu ziehen, die vielleicht mit ihrer Entstehung und Anwendung verbunden waren.
ZK

Literatur: Swann 1910, S. 193 f.; Willis 1966

2.55

Maske (*samahongo*)

Mbunda
Sambia
19. Jahrhundert
Holz
Höhe 43 cm
Sammlung Carlo Monzino

Die Mbunda wanderten im 18. und 19. Jahrhundert in das Gebiet des Königreichs Lozi (Barotseland) ein und wurden in der Folge sowohl kulturell wie politisch von den Lozi weitgehend assimiliert. Heute leben die Mbunda über die ganze Westprovinz Sambias verstreut.

Die Männer der Mbunda genießen auf dem Gebiet der Holzschnitzerei einen hervorragenden Ruf. Diese Maske verwendete man während der Beschneidungszeremonie der Knaben (*mukanda*). Bei den Mbunda werden die Jungen bei Eintritt in die Pubertät in einem eigens geschaffenen Beschneidungslager zwischen drei und sechs Monate lang abgesondert. Während dieser Zeit werden sie beschnitten, und man lehrt sie die für das Erwachsensein notwendigen Kenntnisse und Verhaltensweisen. Wenn sie sich vom Eingriff erholt und genügend Wissen erworben haben, findet ein Fest statt, bei dem *makisi*-Tänzer, die als Geister der Ahnen der Jungen gelten, die Dorfbewohner, besonders die Frauen, unterhalten. Bei diesem Fest erscheinen verschiedene Typen von *makisi*. Viele von ihnen tragen Masken aus Rindenbast: Darunter befinden sich *munguli* (Hyäne), *liweluwelu* (Perlhuhn), *chizaluki* (Häuptling), *kaluluwe* (Jäger). Hölzerne Masken, wie die hier abgebildete, werden auch am Tag nach dem *makisi*-Tanz verwendet, wenn die Jungen zurück ins Dorf gebracht werden. Einige *makisi*-Tänzer werden auch bei anderen Festlichkeiten zum Tanz in die Dörfer der Lozi eingeladen.

Die hier gezeigte Maske befand sich in der Sammlung des Bildhauers Jacob Epstein. Zwar gibt es keinen Beleg, aber es scheint sich um den Maskentyp namens *samahongo* zu handeln. *Samahongo* spielt die Rolle eines alten Wahrsagers; er hat üblicherweise eine konvexe Stirn und ausgeprägte Wangen sowie tiefliegende Augen. In vielen Masken dieses Typs sind die Wangen kugelförmig aufgeblasen. Bei dieser Maske markieren gratförmige Bögen Backenknochen und Augenbrauen und fassen die Augen mit vorstehenden Augenlidern ein; die Augen befinden sich in der Mitte kreisförmiger Einrahmungen. Diese linienförmige Ausführung des Augenteils könnte auf eine Verbindung oder Kenntnis des Stils der benachbarten Chokwe hinweisen. *KY*

Provenienz: Ehemals Sammlung Jacob Epstein

Ausstellungen: London 1960, Nr. 42; New York 1984, Nr. 136; Florenz 1989, Nr. 134

Literatur: Fagg 1960, Nr. 47; Fagg und Plass 1964, S. 57; Pericot-Garcia u. a. 1967, S. 180; Rubin 1984, S. 145; Vogel 1985, Nr. 136; Bassani 1989, Nr. 134; Holy 1971, S. 11; Papstein 1994, S. 152–155

Die Lozi wohnen im und um das Überschwemmungsgebiet des Sambesi in der Westprovinz von Sambia. Seit dem 18. Jahrhundert haben sie Einflüsse vieler benachbarter ethnischer Gruppen assimiliert: von den Ndundulu, Kwangwa, Mbunda, Ila, Tonga, Lunda und Chokwe. Die Bezeichnung ›Barotse‹ wurde von der Evangelischen Mission Paris eingeführt. Sie bezieht sich auf das ganze Königreich, in dem die Lozi die dominierende Gruppe bilden. 1890 und 1900 wurde durch Verträge mit der British South Africa Company das Barotseland zum britischen Protektorat, wobei die Herrschaft des Königs der Lozi weitgehend erhalten blieb. Auch als Sambia 1964 unabhängig wurde, blieb die politische Macht des Königs der Lozi in seinem Gebiet erhalten.

Die Lozi sind bekannt für ihre schönen Korbarbeiten. Normalerweise arbeiten sie nicht mit Holz, außer bei der Herstellung ausgehöhlter Kanus. Der Bedarf an Holzarbeiten am Hof der Lozi wird von Schnitzern mehrerer unterworfener Gruppen wie der Kwanga und Mbunda gedeckt. Zu den bekanntesten Objekten gehören die Schalen mit Deckeln, die für Fleisch und Gemüse verwendet werden. Die Oberfläche der Gefäße ist im allgemeinen glatt, die Griffe der Deckel bilden das hauptsächliche Schmuckelement. Bei vielen Stücken sind die Griffe zu Figuren ausgearbeitet. Bertrand (1898) bietet eine der frühesten Abbildungen dieses Typs. Er erhielt 1895 eine Schale mit einem in den Deckel geschnitzten Elefanten von König Lewanika und nannte sie einen »königlichen Teller« (»plat royal«).

Die Figuren sind nicht nur stilisiert, sondern passen auch zur Form der Schalen. So wird die ovale Form der Schale Kat. 2.56 b in der Form der Enten wieder aufgenommen. *KY*

Literatur: Sydow 1932; Schmalenbach 1953; Leuzinger 1960; 1972; 1978; Bertrand 1898

2.56 a

Schale mit Deckel

Lozi (Barotse)
Sambia
Holz
Durchmesser 37 cm (Schüssel), 35 cm (Deckel)
Linden-Museum, Stuttgart, F50686

2.56 b

Schale mit Deckel

Lozi (Barotse)
Sambia
Holz
15,1 x 21,3 x 35 cm
Museum Rietberg, Zürich, RAF 1101

2.57

Stuhl mit hoher Lehne

Chewa (?)
Zentralregion, Malawi
Holz
53,5 x 29,5 x 28,5 cm
Horniman Public Museum and Public Park Trust, London, 1981.130

Überall in Malawi fertigten geschickte Holzschnitzer Mörser, Spielbretter, große Fleischtabletts, Stühle und sogar ganze Boote aus dem Holz hoher Bäume, die im Bergland wachsen.

Den Typus eines Sessels mit hoher Rückenlehne gibt es in Malawi traditionell nicht. König wie Bürger ziehen es vor, nahe am Boden zu sitzen, auf einem Fell, einer Matte oder einem kleinen Hocker. Dieser auffallende Stuhl zeigt eine gerade für Prestigeobjekte typische Mischung fremder und überlieferter Einflüsse. Hier ist der hohe Rang des Besitzers an den zwei zusätzlichen ›Stockwerken‹ des Sockels ablesbar. Die Beine haben eine konkave Form, die an Tierfüße erinnert. Die Oberfläche des Stuhls weist keine der feinen Zickzackverzierungen auf, die für die meisten der von den Suaheli inspirierten Kunstwerke typisch sind, aber das Muster aus Rechtecken, das die Rückenlehne durchbricht, ist wie ein Echo des Gitterwerks auf den Rückenlehnen früher Sessel der Suaheli. *MC*

Literatur: Pullinger 1982; Allen 1989, S. 54–64

2.58 a

Weibliche Figur

Malawi
Holz, Glas
27 x 7 x 5 cm
Museum für Völkerkunde, Wien, 122.136

2.58 b

Weibliche Figur mit Narbenschmuck

Malawi
Holz
Höhe 48 cm
Bareiss Family Collection

2.58 c

Weibliche Figur

Wahrscheinlich Yao
Malawi
1909
Holz
76 x 18 x 11 cm
The Trustees of the British Museum, London, 1909.24

2.58 d

Männliche Figur

Malawi
Holz
103 x 30 x 20 cm
Sammlung Felix

Künstlerisch sind die Ethnien Malawis nur für ihre dekorativen Gebrauchsgegenstände bekannt: Körbe, Kämme, Schalen, Schnupftabakschachteln, Löffel, Äxte, Pfeifen und Mörser. Einige persönliche Objekte besitzen manchmal auch figürliche Elemente, doch galten freistehende Skulpturen bislang als untypisch. Weil ethnographische Daten über den Kontext fehlten, mußte man alle figürlichen Skulpturen als das Werk eigenständiger Künstler abtun, die so die Wünsche Ausgewanderter nach afrikanischer Kunst erfüllten.

Es sind aber inzwischen so viele neue Figuren aufgetaucht, darunter einige mit frühen Sammeldaten, daß die Frage neu untersucht werden muß. Beispielsweise schöpfen die vier hier gezeigten Stücke aus zu komplexen Stilvoraussetzungen, um als spontane Kreationen beiseite geschoben zu werden. Bei Touristenware ist die Absicht meist viel deutlicher. Jüngere wissenschaftliche Untersuchungen über vorkoloniale Pädagogik ließen eine erzieherische Funktion von einigen dieser Schnitzwerke erkennen – was früher nur von hartnäckigsten Forschern erkannt worden wäre. Geheime Initiationsschulen (*unyago, chisungu*) waren im südöstlichen Afrika weit verbreitet. Sie halfen, traditionelle kulturelle Werte zu vermitteln. Berührbare Objekte, Masken, Bilder, Figuren aus Holz und Ton wurden als didaktische Hilfsmittel verwendet. Die meisten davon waren zerbrechlich und vergänglich oder wurden nach Beendigung der Initiationszeit fortgeworfen. Andere Stücke aber, darunter vielleicht diese hölzernen Figuren, wären nur mit großem Aufwand bzw. größeren Kosten zu ersetzen gewesen. Deshalb hatte man sie sorgfältig aufgehoben – vielleicht bewahrte man sie in Höhlen auf für die nächste ›Klasse‹ oder Generation von Initianden.

Die weibliche Figur (Kat. 2.58 a) trägt auf ihrem Haupt ein *ngoti*, das ihr das Tragen von Lasten erleichtert. Eine ethnische Zuschreibung des Objekts ist nicht möglich. Die große, komplexe weibliche Figur (Kat. 2.58 c) zeigt die für die Yao typischen Merkmale – den Nasenpflock, einen halbrunden Haaransatz, blauen und weißen Glasperlenschmuck sowie ein parallel verlaufendes Narbenmuster auf dem Steiß. Wie andere Figuren könnte auch diese Skulptur einst als didaktisches Hilfsmittel gedient haben, diesmal um Schönheitsideale, die Körperhaltung der Yao und die sozialen Kennzeichen einer erwachsenen Frau zu vermitteln. Der wilde Gesichtsausdruck, die archetypische Haltung der Figur und ihre paddelähnlichen Hände stehen anderen Figuren der Yao nahe, von denen man annimmt, daß sie während der Initiation verwendet wurden. Sowohl Jungen wie Mädchen lernten durch die Initiation, doch von Mädchen der Yao wurde erwartet, daß sie durch eine gründlichere und längere Schule gingen, die in der ›Initiation‹ der ersten Geburt ihren Höhepunkt fand. Entsprechend stellen die meisten Figuren die verschiedenen Stufen der Weiblichkeit dar.

Um die Jahrhundertwende trugen Männer und Frauen der Yao gewöhnlich anspruchsvolle Frisuren, die Schamhaare aber wurden sorgfältig entfernt. In diesem Fall (Kat. 2.58 b) deutet das Vorhandensein der Schamhaare um die auffallenden weiblichen Genitalien (die Yao schätzten große gedehnte Labien) auf Schwangerschaft oder den rituellen Verzicht auf Sexualität. Der Initiationsmeister der Yao war verantwortlich für die Anleitung der Teilnehmer, für chirurgische Eingriffe und für alle didaktischen Unterrichtsmittel. Deshalb ist eine Ähnlichkeit im Stil oder in der Ikonographie einiger dieser Werke vielleicht eher ein Hinweis auf den gleichen Initiationsmeister als auf die Hand desselben Künstlers. *MWC*

Provenienz: Kat. 2.58 c: 1909 gesammelt in Blantyre, Malawi, dem Museum gegeben von H. S. Stannus; Kat. 2.58 d: 1918 Privatsammlung, Deutschland

Literatur: Werner 1906; Stannus 1922, S. 229–372; Heckel 1935; Harries 1944; Cory 1956; Mitchell 1956; Richards 1956; Rangeley 1963, S. 7–27; Dias 1964; Alpers 1966; Holy und Carey 1967; Kubik 1978[1], S. 1–37; 1978[2], S. 37–51; Kecskési 1982, S. 52–56

2.59

Weibliche Figur

Lomwe/Nguru
Malawi oder Mosambik
1901
Holz
Höhe 41 cm
Staatliche Museen zu Berlin, Preußischer Kulturbesitz, Museum für Völkerkunde, III E 9535

Die Lomwe umfassen eine große Zahl verwandter Gruppen, die vor allem in den fruchtbaren Tälern nördlich und südlich der Namuli-Berge in der nördlichen Zambezia-Provinz im Norden Mosambiks leben. Gruppen der Lomwe (die in amtlichen Berichten Nguru genannt werden) finden sich auch im südlichen Malawi, wohin sie infolge einer Hungersnot im Jahr 1900 aus dem Osten gewandert sind. Ethnische Grenzen sind in bezug auf die Lomwe besonders schwierig zu ziehen, da sich viele mit verwandten Nachbargruppen, wie den Makua an ihrer nord-östlichen und den Yao an ihrer westlichen Grenze, vermischt haben. Wie die Makua, die Yao und die Makonde sind auch die Lomwe vor allem Feldbauern. Ihre gesellschaftliche Organisation stützt sich auf exogame, matrilineare Clans.

Als Reaktion auf den Aufschwung des Sklavenhandels im 19. Jahrhundert wurden einige Gruppen der Yao und Lomwe ganz in den Export von Sklaven einbezogen und intensivierten ihren Elfenbeinhandel mit der Küste. Der wachsende Besitzstand und die vergrößerte Anhängerschaft örtlicher Führer trug zu einer Entwicklung bei, in deren Folge die Lomwe eine Konföderation unabhängiger Gebietshäuptlingsschaften aufbauten. Diese Vorgänge stehen im Gegensatz zur Politik der Makonde, die sich eine häuptlingslose politische Organisation bewahrten und die auf die Zunahme des Sklavenhandels reagierten, indem sie ihre Verteidigung auf dem Makonde-Plateau verstärkten und ihre Beteiligung am Handel mit der Küste einschränkten.

Unter den Lomwe tatauierten verschiedene Gruppen ihre Körper mit charakteristischen Mustern. Das Motiv und seine Stelle am Körper zeigen den Status an. Personen hohen Ranges neigen zu stärkeren Tatauierungen als andere; auch wandte man verschiedene Techniken an. Der kunstvolle Narbenschmuck dieser Figur weist auf einen hohen Rang hin, den auch der Sockel bestätigt, wenn man ihn als Stuhl deutet. Auf einem Stuhl sitzende oder stehende Figuren sind in vielen Teilen Ostafrikas verbreitet und stellen oft Oberhäupter oder andere Personen hohen Ranges dar. Die hier abgebildete Figur trägt vielleicht die Kennzeichen des weiblichen Vorfahren eines bestimmten matrilinearen Häuptlingsstammbaums. Sie wurde wahrscheinlich im Zusammenhang mit dem Ahnenkult des Häuptlings verwendet. In diesem Fall wäre sie ursprünglich in einem Schrein im Haus des Häuptlings aufbewahrt worden. Die Dokumentation im Museum für Völkerkunde in Berlin weist darauf hin, daß die Figur aus dem Dorf Mataka am Ufer des Chirua-Sees kam (gerade noch innerhalb der Grenze des südöstlichen Malawi). *ZK*

Provenienz: Wiese

Literatur: O'Neill 1883–84; Tew 1950; Dias 1964; Alpers 1969; Schneider 1973; Krieger 1990, S. 66

2.60

Maske

Makonde, Malaba
Südöstliches Tansania
Frühes 20. Jahrhundert
Holz, Leder, Farbstoff
Höhe 52 cm
Staatliche Museen zu Berlin, Preußischer Kulturbesitz, Museum für Völkerkunde, III E 17810

Diese ungewöhnliche helmähnliche Maske, die anscheinend aus dem Distrikt Lindi im südöstlichen Tansania kommt, läßt sich vom Formalen her keiner der Maskentypen der Makonde zuordnen. Zwar ähnelt sie auf den ersten Blick der *lipiko*-Helmmaske (Kat. 2.61) des Maskenbundes der Makonde in Mosambik, aber stilistisch fällt sie aus dem Rahmen. Sie besitzt keinen unteren Rand, an den man wie bei der *lipiko*-Maske einen Stoff befestigen könnte, und ihr sockelähnlicher, an den Seiten ausgefräster Hals läßt darauf schließen, daß sie auf eine Weise auf den Schultern getragen wurde, die ein Wenden oder Nicken des Kopfes einschränkte. Die Maske zeigt bestimmte stilistische Ähnlichkeiten, vor allem in der Behandlung der Augen, mit *midimu*-Masken der Makonde Tansanias, die in derselben Region gesammelt wurden. Doch richtige *midimu*-Masken (Kat. 2.67) sind immer Gesichtsmasken, eine Kategorie, zu der diese nicht gehört.

Das Moment grotesker Übertreibung, besonders in Größe und Form der Nase, macht es wahrscheinlich, daß die Maske einem Masken-›Komiker‹ gehörte. Komische Masken sind nicht richtige *mapiko*- oder *midimu*-Masken; sie gehören meist Jugendlichen, die sie auch oft selbst herstellen und die sie mitnehmen, um freiwillig bei Initiationsfeiern aufzutreten, wobei sie versuchen, die Aufmerksamkeit von der großen Maskerade auf sich zu ziehen. Es gibt sie in den verschiedensten Formen, die mehr als alles andere die individuelle Kreativität ihrer Schöpfer zeigen. *ZK*

Provenienz: Brink-Cronau, 1937

Literatur: Wembah-Rashid 1971; Krieger 1990

2.61

Helmmaske (*muti wa lipiko*)

Makonde
Mosambik/Tansania
Holz, Menschenhaar
22,3 x 36 cm
Bareiss Family Collection

Die Maske wurde anscheinend im südlichen Tansania gefunden, so daß sie entweder von Einwanderern der Makonde aus Mosambik hergestellt wurde oder in ihrem Ursprungsgebiet verkauft wurde. Vor ihrer Niederlage gegen portugiesische Kolonialtruppen im Jahr 1917 hielten sich die Makonde hauptsächlich auf ihrem Festungsplateau in Mosambik auf. In der Kolonialzeit zog aber ein großer Teil von ihnen über den Ruvuma, um auf Sisalplantagen oder Farmen zu arbeiten. Viele blieben und siedelten auf verfügbarem Ackerland oder suchten Arbeit in städtischen Gebieten. Wo immer sie sich niederließen, behielten die Auswanderer der Makonde ihre Initiationsriten für Jungen und Mädchen bei; und auch die Maske blieb ein wichtiger Bestandteil der öffentlichen Feiern, die mit diesen Riten verbunden waren.

Lipiko (Plural *mapiko*) ist der Name, den die Männer der Makonde aus Mosambik dem Maskentänzer ihres Maskenbundes geben, den sie aus dem Busch zu ihren Initiationsriten ins Dorf bringen. Die Tänze werden von einem Trommelorchester begleitet. Der ›Kopf des *lipiko*‹ (*muti wa lipiko*) ist aus leichtem, balsaähnlichem Holz geschnitzt und paßt wie ein Helm über den Kopf des Maskierten. Er wird immer mit einem um den unteren Rand gebundenen Tuch getragen, das lose über die Schultern des Maskierten fällt und Teil eines kunstvollen Kostüms ist, das seine Identität verbergen soll.

Typisch ist der Realismus der Maske, der oft noch durch Menschenhaar verstärkt wird. Viele ältere Masken zeigen eine Frau der Makonde mit Lippenpfropf und mit den typischen Schmucknarben, die mit Bienenwachs auf das Holz aufgetragen werden. Sie haben immer ein aufwärts gerichtetes Antlitz, oft mit verhüllten Augen und mit nach unten gesenkten Ohren, mehr oder weniger auf gleicher Ebene mit dem Mund. Heute gebräuchliche *mapiko*-Masken unterscheiden sich stilistisch stärker voneinander und zeigen eine Vielzahl zeitgenössischer Charaktere. Der Lippenpfropf und die etwas eingefallenen Züge der hier abgebildeten Maske lassen eine weibliche Älteste erkennen. Ungewöhnlich ist die starke Horizontalität des Kiefers.

Männer der Makonde verbergen die wahre Identität ihrer Maskenmeister vor den Uneingeweihten und erzählen ihnen, der *lipiko* sei ein nichtmenschliches Wesen, das von den Toten zurückbeschworen sei. Das Geheimnis seiner wahren Identität wird nur den Jungen während des männlichen Initiationsritus eröffnet, wenn sie sich einer harten Prüfung unterziehen müssen, in der sie den *lipiko* überwältigen und demaskieren. *ZK*

Literatur: Dias und Dias 1970; Wembah-Rashid 1971; Kingdon 1994

Initiationsriten für Jungen und Mädchen finden bei den Makonde aus Mosambik in der Trockenzeit zwischen Mai und November statt. Mehrere verwandte und am Ort wohnhafte Gruppen arbeiten bei der Organisation und der Patenschaft für die Riten zusammen, und die dazugehörigen Feste bieten so Mitgliedern verschiedener Gruppen Gelegenheit, in einer festlichen Atmosphäre bei Tänzen, Musik und Masken zusammenzukommen. Die Festlichkeiten bei Initiationsriten ermöglichen den Jugendlichen der Makonde, Angehörige des anderen Geschlechts aus heiratsfähigen Gruppen kennenzulernen. Junge Leute machen sich fein und schmücken sich, um Eindruck zu machen und aus der Menge hervorzustechen. Konkurrierende *mapiko*-Gruppen (vgl. Kat. 2.61) wetteifern miteinander, um die beste Maskenvorstellung zu geben, und einzelne messen sich auf dem Tanzboden, damit ihr Stil und ihre Fähigkeiten anerkannt werden.

In früheren Jahrzehnten bestellten Makonde-Männer (vor allem Jugendliche) bei einem Schnitzer dekorative Stöcke, *disimbo* genannt (Singular *simbo*), oder stellten sie selbst her. Sie wurden mit figürlichen Mustern beschnitzt und bei Initiationsfesten als Tanzaccessoires benutzt. 1992 wurde dem inzwischen verstorbenen Chanuo Maundu (einem Ebenholzschnitzer aus dem Dorf Ntoli auf dem Plateau der Makonde im nördlichen Mosambik) eine Photographie des hier abgebildeten Objekts gezeigt, und er identifizierte es sofort als ein *simbo* der beschriebenen Art. Er erklärte, dieses Exemplar sei so entworfen, daß man es bequem mit dem Gesicht nach außen (um besser die Aufmerksamkeit anderer Teilnehmer beim Tanz zu erwecken) auf dem Arm balancieren könne.

Die schmale Nase und der dichte wallende Bart des fein geschnitzten Kopfes, der die Spitze dieses *simbo* bildet, deuten wahrscheinlich auf die Darstellung eines Europäers. Die Worte »MIMIMA MAKAKA«, deutlich in den Schaft graviert, sind vielleicht der Name des ursprünglichen Besitzers. *ZK*

Provenienz: 1954 dem Museum geschenkt von Mrs. Webster Plass

Literatur: Dias und Dias 1970; Wembah-Rashid 1971

2.62

Tanzzubehör (*simbo*)

Makonde
Mosambik
Holz
63 x 8 x 14 cm
The Trustees of the British Museum, London, BM 1954.AF.12.4

Die Makonde in Mosambik bewohnen hauptsächlich das Hochplateau der Provinz Cabo Delgado. Ihre traditionelle Lebensweise ergänzten sie durch Jagdexpeditionen in das wildreiche Tiefland. Die meisten Aspekte des sozialen Lebens der Makonde waren nach einem Verwandtschaftssystem organisiert, das auf exogamen, matrilinearen Clans beruhte. In vorkolonialer Zeit gab es bei den Makonde in Mosambik keine Häuptlinge im engeren Sinne, die Führung lag bei den Clan-Ältesten und einem Ritualspezialisten des Clans (dem ›Medizinmann‹ oder *humu*, Plural *vahumu*). Sie besaßen einen entwickelten Ahnenkult, in dem weibliche Ahnen des Clans und prominente Älteste, die in hohem Alter verstarben und viel Wissen um *ntela* (›Medizin‹) mit ins Grab nahmen, als kleine Gottheiten verehrt wurden. Die großen Rituale der Lebenszyklen finden noch heute in den Makonde-Gemeinden statt.

Hölzerne Figurinen, *masinamu* (Singular lisinamu), die mythische weibliche Ahnen des Clans und verstorbene Älteste darstellten (man kann sie heute nur noch in Museen finden), wurden anscheinend in den Häusern der Dorfvorsteher und *vahumu* aufbewahrt, wo sie wahrscheinlich in den Ahnenschreinen standen. Sie wurden oft bemalt und mit Narbenschmuck verziert.

Diese Doppelfigur ist durch die Darstellung einer weiblichen Figur, die eine kleinere trägt, ungewöhnlich (möglicherweise ein männlicher Initiierter, worauf die gemalten Narbenmuster im Gesicht deuten). Ethnographische Berichte aus der Region Ruvuma geben an, daß Jungen und Mädchen in bestimmten Phasen der Initiation huckepack getragen wurden, und man hat die Doppelfigur in diesem Sinne gedeutet. Aber es existiert kein Hinweis darauf, daß Makondeknaben während der Riten von Frauen getragen wurden. Außerdem gibt es keine ethnographischen Aufzeichnungen über die Verwendung von Skulpturen dieser Art in solch einem Zusammenhang. Eine andere Erklärung für die Doppelfigur wäre der Ausdruck bestimmter Rangbeziehungen zwischen zwei Personen. Möglicherweise fand die Skulptur Verwendung im Ahnenkult und sollte zwei Verstorbene darstellen. *ZK*

Provenienz: Sammlung F. Schroder

Literatur: Dias 1961; Dias und Dias 1970; Kecskési 1982

2.63

Doppelfigur

Makonde
Mosambik
Frühes 20. Jahrhundert
Holz, Farbpigmente
Höhe 73,5 cm
Museum für Völkerkunde, Hamburg, 25.63.1

2.64

Wasserpfeife (*nyungwa*)

Makonde
Mosambik
Terrakotta, Holz, Kokosnußschale, Glasperlen
Höhe 27 cm
Privatsammlung

Tabak war bei den Makonde seit alters eine sehr gesuchte Ware, die überall gegen Güter und Dienstleistungen eingetauscht wurde. Tabak stand mit Charaktereigenschaften wie Großzügigkeit in Verbindung und Tabakgenuß gehörte zu den großen Freuden und Privilegien der Ältesten. Gewöhnlich wurde er in Gesellschaft geraucht oder geschnupft, vor allem von älteren Männern im Männerhaus (*chitala*), wenn sie sich unterhielten und Erinnerungen austauschten.

Die hier gezeigte Wasserpfeife gehört mit ihrem Einfallsreichtum, ihrer witzigen Anspielung auf den menschlichen Körper und ihrer bemerkenswerten Einfachheit in der Ausführung zu den schönsten Beispielen von Gebrauchskunst der Makonde. Sie ist vierteilig und ein Meisterwerk der Suggestion. Durch Schnitzen zweier Beine, um für den Pfeifenstiel eine N-förmige Kombination von Ablage und Ständer zu schaffen, gelang es dem Schöpfer (oder den Schöpfern), eine Form zu finden, die geschickt auf eine sitzende menschliche Figur anspielt. Dabei bildet der Pfeifenkopf den Kopf und die Kokosnußschale das Gesäß des Menschen.

Figürlich kunstvoll ausgearbeitete und schön verzierte Wasserpfeifen gehörten im allgemeinen Personen hohen Ranges wie Dorfvorstehern, Clanführern oder Ritualmeistern. Unser Beispiel hier ist einmalig durch seinen Pfeifenstielhalter aus Keramik, der mit einem feinen Muster von eingravierten Linien verziert ist, die für einige Töpferarbeiten der Makonde typisch sind. Tonmodellierungen und -töpfereien waren bei den Makonde weibliche Handfertigkeiten, und die Virtuosität bei diesem Stück erlaubt den Rückschluß auf eine Meistertöpferin. Bei Pfeifenstiel und Pfeifenkopf handelt es sich wahrscheinlich um eine männliche Arbeit, da das Schnitzerhandwerk Männern vorbehalten war. Am Stielhalter befindet sich auch ein praktischer Tragegriff, und die geschnitzten Beine sind mit winzigen Fußreifen aus Glasperlen geschmückt. Vielleicht war das Stück zum eigenen Gebrauch der Schöpferin bestimmt oder zum Tausch gegen andere Güter. Auf jeden Fall dürfte die Pfeife nicht nur für den täglichen Rauchgenuß bestimmt gewesen sein, sondern auch als Schauobjekt, das man mit sich trug und bewunderte. Eng mit seinem Besitzer verbunden, stellt es eines der persönlichsten und geschätztesten privaten Objekte der Makonde dar. *ZK*

Literatur: Dias und Dias 1970; Wanless, in: Johannesburg 1991; Washington 1991

2.65

Trommel (*likuti*)

Makonde
Tansania/Mosambik
Spätes 19. oder frühes 20. Jahrhundert
Holz, Leder, Haar, Kupfernägel
63 x 30 x 30 cm
Sammlung W. und U. Horstmann

Die fünf oder sechs verschiedenen Trommeltypen, die die Makonde zur Begleitung ihrer vielen Tänze und Maskenfeste verwenden, sind gewöhnlich nicht figürlich gestaltet (obwohl sie oft Reliefschnitzereien tragen). Diese ungewöhnliche Trommel in Pokalform (von den Makonde in Mosambik *likuti* genannt) ist mit anthropomorphen Beinen und weiblichen Geschlechtsmerkmalen geschnitzt und hatte wohl besondere gesellschaftliche Aufgaben zu erfüllen. Die Bildersprache der Trommel gleicht der von Kultfiguren weiblicher Vorfahren, die heute nur noch in Museen zu finden sind. Reliefs von Schmucknarben in der Form einer vertikalen Reihe ineinander verschachtelter Sparren zwischen zwei Paaren sich seitenverkehrt gegenüberstehender Halbmonde sind verbreitete Motive auf Ahnenfiguren und Körpermasken (vgl. Kat. 2.66) bei den Makonde Tansanias.

In vorkolonialer Zeit waren die Makonde, die in der Region Ruvuma siedelten, Meister in der Kunst der Verteidigung. Sie schützten ihre Dörfer vor den Angriffen feindlicher Gruppen oder Außenstehender sowie vor wilden Tieren durch Umzäunungen mit sorgsam instandgehaltenen Hecken aus undurchdringlichem Dickicht. Der Zugang zu diesen Dörfern wurde durch starke Tore gesichert, die jeden Abend fest verschlossen wurden. Laut einer Information von Kashmiri Matayo wurden spezielle Trommeln vom Typ *likuti* bei den Makonde gebraucht, um Bewohner benachbarter Siedlungen vor drohenden Gefahren zu warnen.

Mit bestimmten Signalen machten Warntrommeln darauf aufmerksam, wenn eine Person von einem Löwen oder Leoparden angegriffen worden war oder selbst ein Tier verwundet hatte. Wurde die Trommel auf eine Weise geschlagen, die etwa dem Brüllen eines Leoparden glich, dann ergriffen in dem Gebiet alle Männer ihre Waffen und versammelten sich zur Leopardenjagd. *ZK*

Literatur: O'Neill 1885; Blood 1935, S. 12

2.66

Körpermaske (*ndimu*)

Makonde
Südliches Tansania/Mosambik
Spätes 19. Jahrhundert
Holz
61,2 x 30,7 x 15 cm
Privatsammlung, London

Bei den Makonde im südöstlichen Tansania gehört die Initiation noch immer zu den wichtigsten Riten. Jungen wie Mädchen müssen sich einer Zeit der Absonderung unterziehen, im allgemeinen sechs Monate lang. In dieser Zeit lernen sie Lieder und Tänze und werden in verschiedenen praktischen Tätigkeiten unterrichtet. Die Initiationsriten schließen auch die männliche Beschneidung mit ein und die Unterweisung in sexuellen Geheimnissen. Jeder wird über Regeln des Erwachsenenlebens, Sexualität und Rechte und Pflichten im Eheleben informiert. Zu den Feiern, die den Eintritt in das Erwachsenenleben begleiten, gehören Festmahle, Tänze und die Auftritte der *midimu*-Geistertänzer (Singular *ndimu*).

Die weibliche Körpermaske war Teil der Kleidung eines besonderen *ndimu*-Maskentänzers, der *amwalindembo* genannt wurde und eine junge schwangere Frau darstellen sollte. Gewöhnlich hatte die Maske einen geschwollenen Unterleib mit Darstellungen der für die Makonde typischen Narbenmuster aus Bienenwachs (in diesem Fall sind sie als Relief geschnitzt) und wurde immer von einem männlichen Maskierten mit einer passenden weiblichen Gesichtsmaske getragen. Der *amwalindembo* führt einen gesetzten Tanz vor, gewöhnlich begleitet von einem männlichen *ndimu*-Maskentänzer. Der Tanz zeigte die Schmerzen einer Geburt. Obgleich Körpermasken heutzutage nicht mehr verwendet werden, führt man bei den Festlichkeiten doch noch immer Szenen aus dem Leben der Gemeinschaft auf, entweder mit maskierten oder maskenlosen Darstellern. *ZK*

Literatur: Wembah-Rashid 1971

2.67

Gesichtsmaske (*ndimu*)

Makonde
Südliches Tansania
Frühes 20. Jahrhundert
Holz, weiße Farbe, Pflanzenfasern
Höhe 47 cm
Museum für Völkerkunde, Leipzig, MAF 16593

Jene Makonde, die heute im südöstlichen Tansania leben, und diejenigen, die sich noch in Mosambik befinden, mußten sich in ihrer jüngeren Vergangenheit mit verschiedenen fremden Mächten auseinandersetzen. Den Makonde in Mosambik gelang es, bis 1917 (als sie von portugiesischen Kolonialtruppen überwältigt wurden) alle Angreifer von ihrem Plateau-Bollwerk aus zurückzuschlagen. Dagegen hatten die Makonde in Tansania im 19. Jahrhundert ein schwereres Los. Ein Aufschwung im Sklavenhandel, der später noch durch Raubzüge der Ngoni verschärft wurde, ließ viele Angehörige verschiedener Gruppen in der Region auf dem Newala-Plateau Schutz suchen. Unter diesen Gruppen befanden sich Teile bestimmter Clans der Yao und Makua. Ihre fortdauernde Anwesenheit auf dem Plateau ließ einen Austausch zwischen den Völkerschaften entstehen. Dies mag zu der Vielfalt an Stilen und Formen unter den Tanzbräuchen der Makonde Tansanias beigetragen haben, die sich von der entsprechenden lipiko-Tradition bei den Makonde in Mosambik (vgl. Kat. 2.61) unterscheidet. *Ndimu* (Plural *midimu*) ist Oberbegriff für alle Sparten von Maskentänzern, die Geister verkörpern und Gesichtsmasken aus Holz tragen. Gesichtsmaske und Bekleidung der *midimu*-Maskentänzer (wie auch die damit verbundenen Tänze) variieren je nach dem menschen- oder tierähnlichen Geist, der darzustellen ist. Einige *midimu* lassen sich danach unterscheiden, ob sie etwa auf Stelzen tanzen oder eine weibliche Körpermaske tragen (vgl. Kat. 2.66). Alle werden bei den Abschlußfesten für männliche wie aber auch weibliche Initiierte durch Mitglieder der männlichen Maskenbünde dargestellt.

Die langen Ohren in Spachtelform der hier gezeigten *ndimu*-Maske wurden einzeln geschnitzt und dann eingesetzt. Die Länge der Ohren deutet darauf hin, daß die Maske vermutlich einen Hasengeist darstellen sollte.
ZK

Literatur: Weule 1909; Franz 1969; Wembah-Rashid 1971; Clayton 1993

ANGOLA
SAMBIA
Lusaka
Malawisee (Njassasee)
Sambesi
Cunene
Cubango
Karibasee
ILA TONGA
Mount Darwin
Harare
SIMBABWE
SHONA
MOSAMBIK
AMBO
TSODILO HILLS
SAN
!KUNG
NAMIBIA
!KUNG
TSWANA (West Sotho)
KHAMI
GROSS-SIMBABWE
Bulawayo
Sofala
MATOPO HILLS
BRANDBERG
HERERO
NDEBELE (Matabele)
Windhuk
SAN
MAPUNGUBWE
SCHRODA
TOUTSWE
BOTSWANA
VENDA
NORD-NDEBELE
Limpopo
TSWANA (West-Sotho)
WATERBERG
LOBEDU
TSONGA
KALAHARI
NORD-SOTHO
SHANGANA
Gaborone
SÜD-NDEBELE
COPI
TRANSVAAL
NAMA
LYDENBURG
DRAKENSBERGE
MAGALIESBERG
Pretoria
Maputo
Johannesburg
SWAZI
APOLLO 11
Vaal
SWAZILAND
WONDERWERK
INDISCHER OZEAN
Orange
Ondini
DRAKENSBERGE
ZULU
Kimberley
/XAM
MALUTI BERGE
NDONDONDWANA
NORD-NGUNI
Tugela
LESOTHO
Pietermaritzburg
SÜD-SOTHO
Durban
SÜDAFRIKA
ATLANTISCHER OZEAN
Orange
LINTON
KAP-NGUNI
S. NATAL CHIEFDOMS
THEMBU
MPONDO
Kei
Umtata
CEDAR-BERG
XHOSA
Fish
Kapstadt
BLOOMPLAAS
COLDSTREAM
Im Text genannte Ethnien
Berge
Felsbilder und archäologische Stätten
0
200 Meilen
0
300 km

3 SÜDLICHES AFRIKA

Patricia Davison

Einige der ältesten und komplexesten künstlerischen Zeugnisse des afrikanischen Kontinents stammen aus den Gebieten südlich der Flüsse Sambesi und Cunene. Bedeutung und Bandbreite der Kunstformen aus dieser Region sind bis heute noch nicht in vollem Umfang erforscht. Die afrikanische Kunst des südlichen Afrika ist lange Zeit nicht verstanden worden; dies resultiert aus weitreichenden Irrtümern, die die Geschichte und Kultur des Subkontinentes als Ganzes betreffen. Während der Kolonialzeit wurde die Klassifizierung der kulturellen Eigenheiten Afrikas von Außenstehenden vorgenommen, und komplexe historische Beziehungen zwischen den Bewohnern der Regionen wurden auf einige wenige abgenutzte Kategorien reduziert, die schnell zu Stereotypen verkamen. Die kontinuierliche Vernachlässigung historischer Einzelheiten führte dazu, daß viele Arbeiten, die sich in Sammlungen befanden, falsch rubriziert, interpretiert und – abgesehen von der bemerkenswerten Ausnahme der Steinkunst – innerhalb der ›Afrikanischen Kunst‹ unter Wert eingeordnet wurden. In den letzten zwei Jahrzehnten ist allerdings eine wachsende Kenntnis und Wertschätzung der Kunstwerke aus dieser Region festzustellen. Indem sowohl diese Ausstellung als auch das Begleitbuch eine Auswahl wichtiger Werke aus dem südlichen Afrika zusammen mit Artefakten des gesamten Kontinentes präsentiert, sind ein Überdenken, Neubewerten und eine neue Wertschätzung möglich.

Alle für diese Ausstellung ausgesuchten Arbeiten besaßen einst an anderen Orten für andere Menschen andere Bedeutung. Obwohl ›Außenseiter‹-Spezialisten das Verständnis für afrikanische Kunst erweitert haben, gilt es sich bewußt zu machen, daß die Afrikaner selbst die ursprünglichen Hüter des Wissens und der Glaubensvorstellungen waren, die die Geschichte und die materielle Kultur des Kontinentes mit Leben erfüllen. Rücksicht auf den historischen und gesellschaftlichen Kontext bereichert das Verstehen von Kunstwerken, zugleich aber kann die sinnliche Gegenwart eines Kunstwerkes den geschichtlichen Hintergrund verändern und tiefe Reaktionen beim Betrachter hervorrufen, auch wenn nicht alle Details und Konnotationen zu verstehen sind.

Aus anderem Blickwinkel betrachtet, kann ein gewisses Verstehen der Vorgänge, vermittels derer Kunstwerke aus einem bestimmten Kulturkreis in einem anderen Geltung erlangen, erhellend sein. Es ist allerseits anerkannt, daß die Reaktionen des frühen 20. Jahrhunderts auf Kunstwerke aus Afrika durch die

Abb. 1 Geschnitzte Stabfiguren am Palisadenzaun des khoro *der Hauptstadt Häuptling Modjadjis; 60er Jahre*

Hauptinteressen innerhalb der europäischen Kunstpraxis – insbesondere die Abkehr vom Naturalismus – bestimmt und durch verfrühte, vorläufige Kunstbegriffe eingeengt wurden. Das überwiegende Fehlen der Maskentradition im südlichen Afrika zusammen mit dem Umstand, daß bei religiösen Praktiken keine geschnitzten Ahnenfiguren verwendet wurden, trug dazu bei, daß diese Region von Liebhabern des auf die Bezeichnung ›Afrikanische Kunst‹ getauften Gebietes vernachlässigt wurde. Wie die hier gezeigten Werke bezeugen, war ästhetisches Empfinden sicherlich vorhanden, schlug sich aber oft in Formen nieder, die Kunst und Verwendbarkeit vereinigten und weltliche und religiöse Bereiche miteinander in Einklang brachten. Schön geschnitzte Alltagsobjekte, wie z. B. Kopfstützen und Schnupftabakdosen, enthielten funktionale, symbolische und ästhetische Attribute. Bilderreiche Schnitzwerke wurden hergestellt, allerdings hauptsächlich für den Gebrauch innerhalb des abgeschirmten Bereichs der Initiationsschulen. Solche Figuren wurden, wenn sie nicht benutzt wurden, versteckt, und aus diesem Grunde fanden nur wenige Stücke den Weg in Privatsammlungen oder Museen. Zudem minderte die Vergänglichkeit der aus organischem Material hergestellten Objekte ihre archäologische Auffälligkeit und begrenzte ihr Überleben in Sammlungen. Eine Tendenz, zwischen bildender Kunst und Kunstgewerbe rigide zu unterscheiden, ein auf haltbare skulpturale Formen gerichtetes Interesse sowie die geringe Zahl der Referenzwerke führten zu der Fehleinschätzung, daß südlich des Sambesi Kunst nur beschränkt zu finden sei. Die Steinkunst vermochte es, stete Aufmerksamkeit auf sich zu ziehen, aber in diesem Falle waren die Fundorte nur schwer zugänglich und nur relativ wenigen Spezialisten bekannt.

Seit ca. 1970 ist ein wachsendes Interesse an den Kunstwerken aus Afrikas südlicher Hemisphäre sowohl in Ausstellungen und Veröffentlichungen im In- und Ausland als auch im Kunsthandel zu beobachten. Die Forschung hat beträchtliche Fortschritte gemacht, und viele Objekte aus ethnographischen Sammlungen wurden neu bewertet und mittlerweile als Artefakte *und* als Kunstwerke betrachtet. Als Antwort auf diese Aufwertung haben Kunstmuseen in mehreren Städten der Republik Südafrika, an der Spitze Durban und Port Elizabeth, ihre Ankaufspolitik dergestalt geändert, daß jetzt auch Arbeiten, die in lokalen afrikanischen Traditionen verankert sind, aufgenommen werden. Wachsende öffentliche Sammlungen haben wiederum Interesse geweckt und ihrerseits die Grundlage für wissenschaftliche Forschung gebildet. Ein besonderer Meilenstein in dieser Entwicklung war die 1978 erfolgte Einrichtung der Standard Bank Foundation of African Art an der Universität Witwatersrand. Ein wichtiger Schritt jüngeren Datums war die Ausstellung der Sammlung Brenthurst in der Johannesburg Art Gallery im Jahr 1991, in der eine große Auswahl von Meisterwerken gezeigt wurde, die sich zuvor in einer Privatsammlung in Übersee befunden hatten. Zusammen mit der gleichzeitigen Rückkehr vieler politischer Exilanten reflektierte und feierte die Ausstellung, die ›nach Hause zurückkam‹, das künstlerische Erbe des südlichen Afrika. Sich daran anschließende Ausstellungen in der South African National Gallery in Kapstadt unterstrichen zusätzlich diese Bedeutung. Der politische Wandel ging eng mit dem neuen Bewußtsein für afrikanische Kunst und Geschichte als auch mit einem wachsenden Vertrauen in die künstlerischen Errungenschaften des Subkontinents einher.

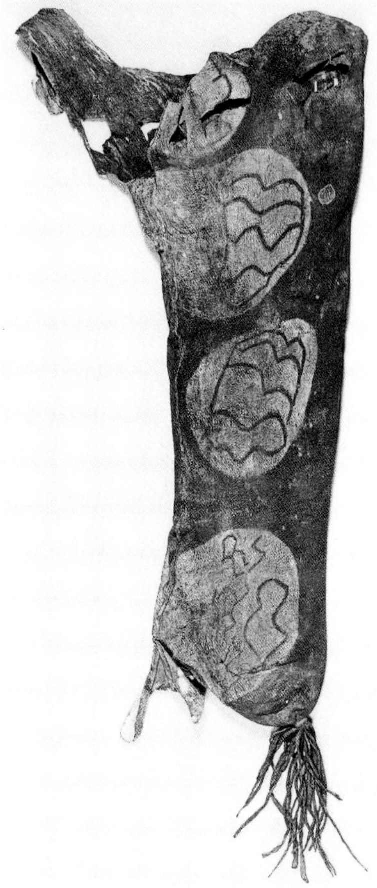

Abb. 2 Tragetasche aus Antilopenleder, die /Xam-Jäger und Sammler im Gordonia-Gebiet der Kap-Provinz über der Schulter trugen, 19. Jahrhundert. Gemusterte Ovalformen, die durch Entfernen des Nackenleders entstanden, erinnern an Ritzzeichnungen auf Straußeneiern

Die älteste Kunst im südlichen Afrika

Im Unterschied zu jenen Kunstformen, denen erst kürzlich der Status von Kunst zugebilligt wurde, sind Felsbilder und im gesamten südlichen Afrika aufgefundene Ritzungen seit über einem Jahrhundert als Werke ›prähistorischer‹ Kunst anerkannt. Erst in den letzten zwanzig Jahren stieg das Verständnis dafür, welche Bedeutung die Kunst für die Menschen besitzt, die sie herstellten: die vormals als Buschmänner oder San bekannten frühen Einwohner des südlichen Afrika. (Beide Bezeichnungen haben in bestimmten historischen Bezugsfeldern einen negativen Beiklang angenommen; an dieser Stelle wird der Name ›San‹ verwendet, da ›Buschmann‹ vielfach verächtlich klingt.)

Schon die Anzahl der Fundorte, die auf über 15000 geschätzt werden, legt Zeugnis von der Bedeutung der Steinkunst in der Kultur der San ab. Obwohl Hirtenvölker Schöpfer einiger der später entstandenen Kunstwerke sein könnten und von Feldbau treibenden Völkern bekannt ist, daß sie die Anlage ihrer Siedlungen in Ritzungen darstellten, stellen diese Fundstellen nur einen kleinen Bruchteil der gesamten erhaltenen Felsbilder dar.

Die Mehrzahl der bemalten Schutzhöhlen, von denen manche Hunderte von Bildern beherbergen, befindet sich mit wenigen Ausnahmen in den Gebirgsregionen: in den Matopo-Hügeln in Simbabwe, in der Tsodilo-Hügelkette Botswanas, bei Brandberg in Namibia und in Südafrika im Water-, Magalies-, Cedar- und Drakensberg sowie in den Maluti-Bergen Lesothos, um nur eine Auswahl der bekanntesten Orte zu nennen. Ritzungen haben ähnliche Verteilungsgebiete wie die Felsbilder und sind zumeist an exponierten Gesteinsformationen und Hügelhängen oder im offenen Feld des Binnenlandplateaus zu finden. In ihnen sind einzelne Tiere dargestellt, geometrische Muster und gelegentlich auch menschliche Figuren, während das Motivspektrum der Bilder von Einzelbildern bis zu komplexen narrativen Kompositionen reicht; letztere schließen die Darstellung von Menschen, Tieren und Therianthropen (aus Teilen von Mensch und Tier zusammengesetzte Figuren) – Szenarien, die vermutlich Kampf und das Lagerleben zum Vorbild haben – als auch rätselhafte Handabdrücke und abstrakte Formen ein.

Weißer Lehm, schwarze Manganerde oder Holzkohle und Variationen von Ocker, die – wohl durch Beimischung von Blut, Wasser oder Eitempera – von Tiefrot über Zinnober bis zu einem fahlen Gelb reichen, wurden benutzt, um erstaunliche mono- und bichrome Gemälde hervorzubringen, nicht zu vergessen die nuancierte Polychromie der anspruchsvollsten Darstellungen. Die Klarheit der Linienführung und der Details in manchen Gemälden erlaubt die Vermutung, daß Federkiele, Knochensplitter oder feine Tierhaarpinsel verwendet wurden. Über lange Zeiträume hinweg wurden diese Orte regelmäßig aufgesucht und erlangten rituelle Bedeutung. Viele dieser gemalten Bilder entstanden durch Übermalung und nahmen dabei Bezug auf ältere Gemälde und Ausformungen der Felsoberfläche, wie dies in dem großartigen Wandgemälde der Linton Farm im Osten der Kapprovinz zu sehen ist. Obwohl die Tafel unvollständig ist – ein Teil verblieb in der Schutzhöhle, aus der sie 1918 verlagert wurde –, so zeigen doch Kompositionsanlage und Ausführung der Details ästhetisches Empfinden und Beobachtungsschärfe (Kat. 3.4).

Gemälde und Gravuren sind auch auf kleineren Steinen zu finden, die ausgegraben wurden. Wenn auch weniger aufsehenerregend als die großen bemalten Paneele, so sind stratifizierte Bruchstücke von unschätzbarem Wert, da sie, wenn sie zusammen mit Kohlenstoffresten gefunden werden, genau zu datieren sind. Leider waren die Datierungsmethoden mit Radiokarbon 1911, als der bemalte Stein von Coldstream ausgegraben wurde (Kat. 3.6), noch nicht weit genug gediehen; aus diesem Grund bleibt sein Alter unbekannt. Erst bei jüngsten Ausgrabungen gefundene bemalte Steine des südlichen Kapdistriktes wurden auf ein Alter von 2000 bis 6000 Jahren geschätzt. Sehr viel älter sind allerdings die verzierten Steine von der Ausgrabungsstelle Apollo 11 im südlichen Namibia und können durch nahe Holzkohlefunde auf 27 500 v. Chr. datiert werden; sie sind damit die ältesten Steinbemalungen in Afrika (Kat. 3.3). Aufgrund dieses Alters übertreffen sie die Felsbilder der Sahara bei weitem wie auch die zur selben Zeit in Spanien, Südfrankreich und in Australien gefundenen Denkmäler. Die These, die Steinkunst habe sich – von Europa ausgehend – über Nordafrika, die Sahara und Ostafrika bis schließlich in die Gebiete südlich des Sambesi ausgebreitet, ist somit nicht mehr aufrechtzuerhalten. Vielmehr scheinen sich diese uralten künstlerischen Traditionen voneinander unabhängig entwickelt zu haben.

Nach den Funden von Apollo 11 stammen die frühesten bemalten Fragmente von zwei Ausgrabungsstätten in Simbabwe und können ungefähr auf 10 000 v. Chr. datiert werden. Die ältesten datierten Steinritzungen aus der Wonderwerk-Höhle am Nordkap decken die Zeit von 10 000 bis 4000 v. Chr. ab. Die zeitliche Lücke zwischen Apollo 11 und den anderen datierten Fundstellen ist vermutlich weniger dem Umstand zuzuschreiben, daß während der dazwischenliegenden Periode keine Kunst entstand, als vielmehr der unzureichenden Forschungslage. Es ist mittlerweile sicher, daß vor 30 000 Jahren Nomadenvölker von Jägern und Sammlern nicht nur eine große Anzahl schöner Werkzeuge aus Stein und Knochen herstellten, sondern daß sie Halsketten aus Straußeneiern und, als Gegenstück dazu, weichschalige Muscheln trugen. Mühlsteine aus dieser Zeit könnten dazu verwendet worden sein, Erdfarben zu pulverisieren, um sie für die Körperbemalung und andere künstlerische Zwecke zu verwenden.

Durch Funde von Gefäßen aus verzierten Straußeneiern in der östlichen Kapregion, die 15 000 Jahre alt sind, ist künstlerischer Ausdruckswille feststellbar. Diese Kunst wie auch das Herstellen von Halsketten aus Straußeneierschalen erhielt sich über Jahrtausende bis ins 20. Jahrhundert (Kat. 3.9), und ovale Formen mit Binnenzeichnung, die an die Verzierungen auf Straußeneiern erinnern, sind auch auf Taschen aus Tierleder zu finden (Abb. 2). Solche Taschen kehren häufig auf Felsbildern wieder und waren bis in die Kolonialzeit hinein in Verwendung. In der Endphase, in der zweiten Hälfte des 19. Jahrhunderts, fanden auch Motive wie Ochsenkarren und berittene und bewaffnete Kolonisten Eingang in die Ikonographie der Felsbilder. Traurigerweise waren die Gewehre stärker als die Künstler. Es ist eine tief ironische Wendung, daß, nachdem der Widerstand der Jäger- und Sammler-Völker gebrochen worden war und sie keine Gefahr mehr für die weißen Siedler darstellten, ihre Kultur zum Gegenstand des intellektuellen Gespräches in den europäischen Metropolen wurde. Evolutionistisch genährte Vorstellungen dominierten; sowohl die Jäger und Sammler selbst als auch ihre Kunst wurden auf der Zivilisationsskala niedrig eingestuft. Der deutsche Philologe Wilhelm Bleek allerdings widmete sich nach 1870 der Erforschung der San-Sprachen, was für das Verständnis der Felsbilder in der Folge ein entscheidender Glücksfall war, und transkribierte ihre mündlich weitergegebenen Erzählungen. Als Resultat legte Bleek in Zusammenarbeit mit seiner Schwägerin, Lucy Lloyd, 12 000 Seiten über die Volkskunst der /Xam (südliche San) vor. Die aufrüttelnden Berichte von //Kabbo, Dia!kwain und /Han≠kass'o (die in Kapstadt inhaftiert waren) erhielten entscheidende Bedeutung für das Verständnis der Glaubensvorstellungen, die die Steinkunst in der San-Kultur mit Leben erfüllten.

Ein Jahrhundert nachdem Bleek den religiösen Gehalt der Gemälde der San erkannt hatte, griff der Anthropologe David Lewis Williams auf die Aufzeichnungen von Bleek und Lloyd zurück, um die konzeptuelle Dimension der Kunst zu entschlüsseln und um den Trugschluß zu widerlegen, bei diesen Werken handle es sich nur um eine getreue Wiedergabe des Lebens der Jäger und Sammler. Im Grunde stellt die Felskunst die Rituale und Erfahrungen der Heiler dar, die im Zustand der Trance übernatürliche Kräfte entwickelten, um Gutes zu tun, wie z. B. Krankheiten heilen, Gefahr abwenden, Wild anlocken oder Regen machen. Bestimmte Tiere wurden als potentielle Quellen ritueller Energie eingestuft. Elefant, Giraffe, Nashorn, Zebra und Löwe waren in besonderen Zusammenhängen wichtig, aber am mächtigsten war die größte Antilopenart, die Elenantilope. Häufiger als jedes andere Tier in den Felsbildern der meisten Regionen dargestellt, kamen der Elenantilope die unterschiedlichsten Bedeutungen zu, bei denen die verschiedenen Erfahrungsebenen miteinander verwoben waren. So starb etwa im Trancetanz der Schamane wie eine Elenantilope, um in die Geisterwelt zu gelangen, oder ein Elenantilopentanz wurde bei Pubertätsriten der Mädchen aufgeführt. Die in Trancezuständen evozierten Visionen schlugen sich in Gemälden nieder, die ihrerseits wiederum spirituelle Kraft enthielten, die zu rituellen Zwecken aktiviert werden konnte.

Darstellungen, die in den Fels eingeschnitten, gekratzt oder gemeißelt wurden, brachten denselben spirituellen Gehalt wie Gemälde zum Ausdruck. Von Gittern, Winkeln, Kreisen und anderen abstrakten Formen (Kat. 3.8) wird angenommen, daß sie halluzinatorische entoptische Phänomene in den ersten Stufen der Trance darstellen, während viele der Tiere in den Gravuren mit übernatürlicher Kraft in Verbindung gebracht werden (Kat. 3.7). Die Lage der Plätze innerhalb der Landschaft, der Winkel des Sonneneinfalls sowie die Patina der Felsoberfläche trugen zur Wirkung der Steingravuren *in situ* bei. Wenn die Steinkunst in Museen gezeigt wird, muß sich der Betrachter Ambiente und ursprüngliche Wirkungskraft ergänzen.

Die Anwesenheit von später unter dem Namen Khoikhoi bekannt gewordenen Weidevölkern seit ungefähr 2000 Jahren im Südwesten spiegelt sich in den archäologischen Überresten von Schafen und von unverwechselbaren, konisch geformten Tonprodukten wider. In vielerlei anderer Hinsicht differierten die materiellen Zeugnisse der Weideplätze nicht grundlegend von denen der Jäger und Sammler. Zur gleichen Zeit wanderten im Osten und in der Mitte des Subkontinents Völker nach Süden, die sich physisch und kulturell von den Jägern und Schafhütern unterschieden; sie führten eine Ökonomie und Technologie ein, welche die Landschaft verändern sollte. Ungefähr um das Jahr 300 v. Chr. hatten sich diese Völker, die in semipermanenten Siedlungen lebten, Metall schmolzen und prägten, originäre Keramik herstellten und Land kultivierten, um es zum Ackerbau zu nutzen, in der Region südlich des Sambesi im heutigen Simbabwe, im östlichen Transvaal und in den subtropischen Küstenstrichen von Mosambik und Natal dauerhaft niedergelassen. Innerhalb der nächsten zwei Jahrhunderte hielten sie ebenfalls Viehherden, und die Rolle des Viehs entwickelte sich zu einem zentralen, das rein Ökonomische übersteigenden kulturellen und symbolischen Faktor.

Die Kunst der Eisenzeit im südlichen Afrika

Im ersten nachchristlichen Jahrtausend, das von Archäologen allgemein als die Ältere Eisenzeit bezeichnet wird, waren schöne Tonwaren für den Hausgebrauch überall anzutreffen, aber die bei weitem wichtigsten Werke aus dieser Zeit sind die sieben Terrakottaköpfe (Kat. 3.10) aus der Fundstelle in Lydenburg im östlichen Transvaal, die auf ca. 500 bis 700 n. Chr. datiert werden. Obschon die Köpfe qualitativ einzigartig sind, relativieren Terrakotten aus anderen Grabungen im Transvaal, in Natal und Simbabwe ihre Einzigartigkeit. In der Grabungsstelle in Ndondondwana am Lower Tugela River in Natal kamen sowohl Fragmente einer hohlen Keramikskulptur aus dem 8. Jahrhundert zum Vorschein als auch modellierte Tierhörner und menschliche Figuren, und Hunderte von Figurinen wurden bei der Grabung von Schroda am Limpopo ans Licht befördert. Viele von ihnen scheinen symbolische Darstellungen zu sein (Kat. 3.11), die möglicherweise bei Initiationen benutzt wurden.

Nach 800 n. Chr. entstanden an bestimmten Orten große Siedlungen, zumeist auf Hügelkuppen oder anderen hochgelegenen Plätzen, und wichtige Knotenpunkte wurden in der Nähe des Zusammenflusses der Flüsse Limpopo und Shashi angelegt. Toutswe und andere verwandte Orte im Ostteil Botswanas sind Zeugnisse für den Anstieg der Viehherden, für wachsenden Reichtum und für das Entstehen komplexer Gesellschaften. Der als K2 oder Bambandyanalo bekannte Ort neben Mapungubwe am Ufer des Limpopo hinterließ eine Vielzahl von Werken aus Elfenbein und große Mengen importierter Glasketten, von denen man auf Verbindungen zu den Handelswegen entlang der Ostküste schließen kann. Diese Siedlung verlor an Bedeutung, als Mapungubwe um das Jahr 1100 an Macht gewann und schließlich die Hauptstadt eines Handelsreiches wurde. Gold ersetzte Elfenbein als das gegen Glasketten, Tuch und chinesische Celadonware gehandelte Gut. Handelsverbindungen weiteten sich bis nach Sofala, Kilwa und indirekt nach Arabien, Indien und China aus. Die Herrscher von Mapungubwe lebten auf einem Hügel – und wurden dort auch begraben –, der von einem Ring von Dörfern, in denen ihre Untertanen lebten, umgeben war. Die Gräber auf dem Königshügel von Mapungubwe enthielten eine große Menge wertvoller Objekte, einschließlich der Überreste zweier kleiner Nashörner, eine Schale und ein Zepter, die alle aus Goldplättchen hergestellt waren, die man um einem Innenkern, vermutlich aus Holz, vernietet hatte. Man fand die Arme und Nacken eines menschlichen Skeletts umlegt von Hunderten von Schmuckstücken aus Golddraht, und unter seinem Kopf waren Teile einer merkwürdig geformten Goldplatte, die wohl eine hölzerne Kopfstütze schmückte. Dies könnte bestätigen, daß Kopfstützen eine lange Geschichte als enge persönliche Besitztümer haben, die mit ihren Eigentümern begraben wurden. Diese Praxis setzte sich bei den Shona und anderen afrikanischen Völkern bis ins frühe 20. Jahrhundert fort (Kat. 3.20 f.).

Mapungubwe ging schließlich um das Jahr 1250 in Groß-Simbabwe auf. Für die nächsten zwei Jahrhunderte war Groß-Simbabwe die Hauptstadt eines ausgedehnten Königreiches der Shona, das sich zwischen Sambesi und Limpopo erstreckte (vgl. Abb. S. 31). 1450 wechselte das Machtzentrum ein weiteres Mal, diesmal nach Khami (in der Nähe des heutigen Bulawayo) und nach Mutapa (nächst Mt. Darwin) im Norden. Kleinere simbabweähnliche Siedlungen breiteten sich im Süden bis zum Zoutpansberg aus, wo kulturelle Traditionen, die ihren Ursprung in Simbabwe haben, im Volk der Venda in der nördlichen Provinz der Republik Südafrika weiterleben. Charakteristisch für alle diese Orte sind Trockenmauern, die in einigen Siedlungen sorgfältig mit Mustern versehen wurden, aber die Monumentalität der Steinarchitektur von Groß-Simbabwe blieb unübertroffen. Der Ort umfaßt einen Hügelkomplex, der der Sitz des Herrschers (*mambo*) war, des geistigen Mittelpunktes der Nation. Der obere Teil des Tales verfügte über eine massive gemauerte Einfriedung mit inneren Mauern und einem konisch zulaufenden Turm, während der untere Teil wohl der Wohnort der Königswitwen war. Sechs der gefeierten Vögel aus Speckstein (Kat. 3.12) wurden im östlichen Einschluß des Hügelkomplexes gefunden, außerdem noch geschnitzte Zeremonienschalen (Kat. 3.13), Monolithe und Figurinen. Man hält diese Stelle für einen heiligen Ort, der von den Geistern der Vorfahren früherer Herrscher besucht wurde, deren Andenken man symbolisch die Gestalt von Vögeln gab.

Die unverwechselbare Säule mit einem geschnitzten Krokodil unterhalb des Vogels entstammte dem unteren Teil des Tales, dem Wohnort der Königswitwen, und markierte möglicherweise den Familienschrein der ersten Frau des Königs. Krokodile symbolisierten Führerschaft und Weisheit sowie die Geister der Vorfahren. Wahrsageutensilien der Shona und Venda (Kat. 3.17) sind mit Krokodilsymbolen verziert, und die von den Venda-Häuptlingen benutzten Türen sind oft mit geschnitzten Ornamenten geschmückt, die metaphorische Anspielungen auf das Krokodil aufweisen (Kat. 3.18 a). Thomas Hoffmann hat unter geschickter Auswertung der ethnographischen Forschung über die Venda die These vertreten, daß die räumliche Anordnung und die materiellen Überreste der Großen Einfriedung im Obertal Hinweise auf einen Ort darstellen, welcher den Initiationszeremonien der Mädchen diente. Die vielen stilisierten weiblichen und männlichen Figurinen sowie auch andere ungewöhnliche Objekte, die man an dieser Stelle fand, ähneln Figuren, die sich kürzlich als Lehrgerät in Initiationsschulen erwiesen haben. Obwohl die Dimensionen des Gebäudes in Groß-Simbabwe außergewöhnlich waren, so blieb in allen Hauptstädten in Simbabwe das architektonische Grundmuster identisch, und Übereinstimmungen fallen noch heute in den Hauptstädten der Venda-Häuptlinge deutlich auf. Während die Stabfiguren bei den Lobedu im Transvaal (Kat. 3.19; Abb. 1) das Motiv des Vogels aus Simbabwe aufzunehmen scheinen, unterstreicht ihre Anbringung im Gerichtsbezirk weniger ihre religiöse als ihre politische Bedeutung.

Der Reichtum Groß-Simbabwes, wie der von Mapungubwe, beruhte auf der Kontrolle sowohl der Goldhandelsroute zum Indischen Ozean als auch des örtlichen Handels sowie auf der Erhebung von Tributen in Form von Zinn, Eisen, Kupfer, Salz, Vieh und Getreide. Die Gründe für den Niedergang von Groß-Simbabwe liegen zum Teil noch im Dunkel, aber gesellschaftliche und politische Faktoren können im Verbund mit den stark reduzierten natürlichen Ressourcen zum Verfall beigetragen haben. In der Mitte des 15. Jahrhunderts wurde Groß-Simbabwe zugunsten Khamis und Mutapas aufgegeben, und im frühen 16. Jahrhundert kontrollierten die Portugiesen den Handel entlang der Ostküste.

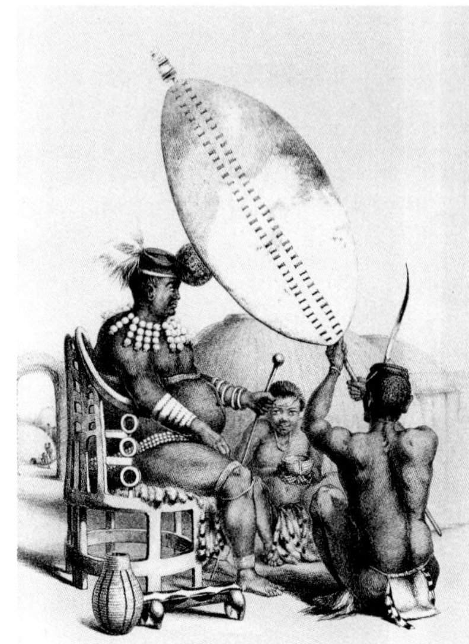

Abb. 3 Mpande auf seinem Herrscherstuhl, aus A. J. F. Angas, The Kaffirs Illustrated, *1849. Der Zulukönig sitzt auf einem der vier handgeschnitzten Stühle aus seinem Besitz. Der hier abgebildete Stuhl wird für ein Werk des Holzschnitzers Mtomboti ka Mangcengeza gehalten*

In den südöstlichen Teilen des südlichen Afrika erhielten sich in der späteren Eisenzeit ein Subsistenzackerbau, wobei sich zwischen 1300 und 1600 die Besiedlung von den Savannengebieten in das baumlose Grasland ausbreitete. Wie schon früher begrenzte das Ausbleiben von Regenfällen im Sommer für den Weizenanbau die Expansion dieser frühen Bauernkulturen. Regionale Unterschiede der Töpferstile und der Architektur nahmen zu, und Zentren der Metallproduktion entwickelten sich in den bewaldeten Savannenregionen schnell – Hacken, Speere und andere Metallgeräte waren begehrte Handelsgegenstände für die Bewohner der Dörfer der Graslandregionen. In den trockenen westlichen Gebieten des Subkontinents ließen sich vornehmlich Khoisan-Jäger und -Sammler sowie Hirtenvölker nieder, aber während des 16. Jahrhunderts zogen aus Nordwesten Gruppen von Herero-Hirten und Ackerbau treibende Ovambo in dieses Gebiet und ließen sich an den Rändern der ariden und semi-ariden Zonen nieder.

Viehbesitz war von überragender Wichtigkeit. Ethnographische Quellen zeigen, daß Vieh mit patrilinearer Autorität und den Geistern der Ahnen in Zusammenhang stand. Bei den nguni-sprechenden Völkern wurde dies dadurch noch betont, daß jedes Gehöft um eine zentrale Vieheinfriedung angelegt wurde. In den konzentrierten Tswana-Siedlungen auf dem westlichen Hochplateau wurden die Tiere in außerhalb gelegenen Pferchen gehalten, blieben aber von zentraler kultureller Bedeutung. Bei den Hirtenstämmen der Herero war das Vieh so stark mit den Geistern der Ahnen verbunden, daß ein heiliges Feuer ständig neben dem Kuhstall in der Mitte der Hofanlage brannte. Ästhetisches Empfinden fand Ausdruck in den Tiermotiven bei Kopfstützen und Stöcken (Kat. 3.27 a, c, d) und zum anderen in der Verwendung von Tiermaterialien, aus denen persönliche Objekte, z. B. Schnupftabakdosen, hergestellt wurden. In landwirtschaftlich orientierten Gemeinschaften, die den Geistern der Ahnen vorzugsweise Sorghum- oder Hirse-Bier darbrachten, symbolisierten die zu diesen Zwecken verwendeten Gefäße die Verbindung zwischen dem Alltagsleben und dem Geisterreich. Im allgemeinen waren Frauen vom rituellen Komplex um die Nutztiere ausgeschlossen, doch waren sie in der Landwirtschaft wichtig. Sie fertigten Keramik, und in vielen Teilen des südlichen Afrika standen Tonbehältnisse symbolisch für Frauen und Fruchtbarkeit.

Seit dem Ende des 18. Jahrhunderts befand sich die Südhälfte Afrikas in Umwälzungsprozessen ungekannten Ausmaßes. Obwohl es unzutreffend wäre zu behaupten, daß vor dem Kontakt mit den Weißen die Interaktion zwischen den Gruppen nur gering gewesen wäre oder traditionelle Gewohnheiten kaum Veränderungen unterworfen waren, wurde die Dynamik früherer historischer Beziehungen vollständig von den Ereignissen in den Schatten gestellt, die seit dem späten 18. Jahrhundert abliefen. Der Aufstieg von Militärreichen und das Errichten des Königreiches der Zulu unter Shaka Anfang des 19. Jahrhunderts (vgl. Abb. 3), die davon ausgelösten Migrationswellen zusammen mit dem Eindringen weißer Siedler, die sich daran anschließende Landnahme der Europäer und der Zerfall der Macht der Stammeshäuptlinge veränderten die Kulturlandschaft des Subkontinents unwiderruflich.

Der Einfluß des Kolonialismus

Einige der eindrucksvollsten Kunstwerke wurden für Stammeshäuptlinge und Herrscher als Tributgaben oder Prestigeobjekte gefertigt (Kat. 3.26, 40 a, 46). Die Kolonisierung revidierte das Verhältnis von Oberhaupt und Untertanen sowie die materielle Kultur, in der diese hierarchische Struktur ihren Niederschlag fand. In einigen Orten wurde Handwerkern der Zugang zu Rohstoffen verweigert, und überall beeinflußte die Erhebung von Steuern, der Wechsel von der Tausch- zur Geldwirtschaft und das Aufkommen industriell gefertigter Güter die älteren kulturellen Gewohnheiten: Dies führte zum Versanden der manuellen Fertigung von Metallgegenständen. Das Wanderarbeitersystem unterminierte die ländliche Produktivität und brachte die Verteilung von Arbeit aus dem Gleichgewicht. Zusätzlich hatten sich die Missionare zum Ziel gesetzt, auf Ahnenverehrung beruhende religiöse Praktiken auszutilgen. Und nicht zuletzt wirkten sich die Evolutionstheorien nachteilig auf die Bewertung der materiellen afrikanischen Kultur aus.

Die Eroberung durch die Weißen führte wie auch anderswo auf dem Kontinent zum Abtransport wichtiger Kulturdenkmäler aus dem Süden Afrikas. Viele Kolonialsammlungen wurden durch Insignien der Macht bereichert, die Häuptlingen weggenommen worden waren, und durch Kriegstrophäen, die aus Plünderungen der Schlachtfelder stammten. Die Reaktionen auf die Eroberung waren keineswegs passiv oder überall gleich. Kulturelles Überleben und kreative Energie wird am Beispiel des mächtigen Königreiches der Ndzundza Ndebele illustriert, das 1882 von den Buren unterworfen wurde. Die heute berühmte Wandmalerei der Ndebele entwickelte sich im 20. Jahrhundert als Antwort auf ihre bedrohte kulturelle Integrität, die auf dem Spiel stand, als der Stamm zwangsweise aufgelöst wurde und die Ndebele auf den Farmen weißer Siedler leben mußten. Bezeichnenderweise wurde sowohl die Wandmalerei als auch die ältere Schmuckproduktion von Frauen entwickelt, die mit großer Meisterschaft auf die Traditionen der Vergangenheit zurückgriffen, aber auch für Neues aufgeschlossen waren (Kat. 3.35). Der älteste Ndebele-Schmuck ist hundert Jahre alt, aber in Dokumenten aus dem 18. Jahrhundert wird die Verwendung von Schmuckornamenten bei xhosa-sprechenden Völkern in der östlichen Kapregion erwähnt.

Das zur Klassifizierung von Mensch und Kultur des Subkontinents herangezogene System leitet sich teilweise aus den Methoden ab, welche die Kolonialverwaltungen heranzogen, um in unbekanntem Terrain ihre ›Ordnung‹ zu installieren. Einheitliche Sprachen und Dialekte waren für eine effiziente Verwaltung und die Missionsarbeit unverzichtbar. Die Einordnung der Sprachen bildete dann die Basis für die Klassifizierung in der Ethnographie. Die im südlichen Afrika gesprochenen Sprachen sind Teil einer großen Sprachfamilie, die sich von Kamerun und den Großen Seen Äquatorialafrikas nach Süden erstreckt. Auch wenn Etiketten, wie z. B. ›Zulu‹, bei kulturellen und stilistischen Zuschreibungen oft falsch verwendet wurden, so ist doch zu bedenken, daß auch falsche Bezeichnungen zur Geschichte eines Objektes gehören, Teil seiner tradierten Biographie sind. Aus einem anderen Blickwinkel kann ein Kopfband, das oft als ›Zulu‹ eingeordnet wird, auf eine verwickeltere historische Situation verweisen, in der das Tragen von Kopfbändern von Mitgliedern anderer Gruppen übernommen wurde. Die frühe Produktion von Kuriositäten kompliziert zusätzlich das Bemühen um Systematik und Zuschreibung und stellt Authentizität in Frage.

In der Zusammenfassung ist es vielleicht relevant festzuhalten, daß Objekte, einmal aus ihrer Ursprungsumgebung herausgerissen und neu eingeordnet, neue Bedeutung und Wert annehmen; sie erzählen neue und andere Geschichten. Diese sind ebenso weitgefächert und kosmopolitisch wie die Geschichte einzelner Werke. Ausstellungen wie diese hier berichten nicht nur von der Kunst der Wahrnehmung, sondern auch von der Vision der Kunstschaffenden und von zeitgenössischen Auswahlvorgängen. Die Kunst der Felsbilder allerdings blickt auf eine Geschichte zurück, die derart lang und so tief in die Landschaft eingebettet ist, daß sie vom künstlerischen Geist der Menschen auf dem afrikanischen Kontintent schlechthin zu künden scheint. Diese Ausstellung lenkt die Aufmerksamkeit auf ein einzigartiges künstlerisches Erbe des südlichen Afrika und erweist Künstlern Tribut, deren Namen wir nicht kennen, und trägt ganz erheblich zum anhaltenden Diskurs künstlerischen Ausdrucks in Afrika bei.

Bibliographischer Hinweis

Eine gute Einführung in die Felsbilder des südlichen Afrika findet man bei Lewis-Williams (1983) und bei Lewis-Williams und Dowson (1989). Dowson (1992) enthält eine detailliertere Analyse der Steingravuren, während der von Lewis-Williams und Dowson herausgegebene Sammelband (1994) aktuelle Aspekte der Felsbildforschung behandelt einschließlich Interpretationen, die die Geschlechtsbeziehungen in der Gesellschaft der San betreffen. Solomon (1992) diskutiert recht detailliert die Rolle der Geschlechtszugehörigkeit bei den Felsbildern. Hall (1987) und Maggs (1984) decken allgemein die Eisenzeit im südlichen Afrika ab, während Huffmann sich mit der Symbolik der Anlage von Groß-Simbabwe (1984) und auch mit den Vogeldarstellungen in Simbabwe (1985) beschäftigt. Aufsätze eines Sammelbandes, den Nettleton und Hammond Tooke herausgaben (1989), sind eine gute Einführung in alte afrikanische Kunsttraditionen; dieser Band enthält auch Untersuchungen über Kunstformen der Venda und Lobedu. Die Aufsätze in den Ausstellungskatalogen von Johannesburg 1989 und 1991 interpretieren die Kunst der Region und enthalten Essays über Ndebele-Schmuck, Kunst der Venda, Figurenschnitzereien, Pfeifen, Tabakdosen und Kopfstützen.

3.1
Faustkeil
Südafrika
Alter ca. 600 000 Jahre
Gebänderter Eisenstein
23 x 11,4 cm
McGregor Museum, Kimberley, MMK 6538

Faustkeile waren Mehrzweckgeräte, die in Afrika vom Homo erectus und vom frühen Homo sapiens während der Frühen Eisenzeit, ungefähr vor 500 000 bis 200 000 Jahren, gefertigt wurden. Dieses schöne Exemplar stammt von Kathu Pan, wo in einer Trockenregion am Rande der Kalahari ein altes Sickerloch einst den Zugang zu artesischen Wasserquellen ermöglichte. Eine kleine Grabung durch elf Meter Schichtsedimente brachte einige Hunderttausende Steingerätschaften ans Tageslicht, die alle aus einer bestimmten Schicht stammten. Die Ansammlung enthielt Faustkeile, Hackbeile, seltene polierte Spitzen und eine große Anzahl von Seiten- und Endschabern zusätzlich zu den während ihrer Herstellung angefallenen Trümmern. Für die Mehrzahl der Artefakte wurde der örtlich vorkommende gebänderte Eisenstein verwendet, aber andere wurden aus Steinen hergestellt, die erst 30 km entfernt zu finden sind.

Nachdem die Werkzeuge liegengelassen wurden, überzog Kieselerde, die ausfällte, wenn das alkalihaltige Grundwasser übersäuert wurde, viele mit einem glitzernden Film. Diese geochemischen Umstände konservierten ebenfalls Faunaüberreste an der Quelle, hauptsächlich Zähne, die ein Artenspektrum von kleinen Springhasen bis zu einer Elefantenart, die in den afrikanischen Savannen vor 600 000 Jahren ausstarb, abdeckt. Wichtig ist hier zu erwähnen, daß diese Tatsache für die in der Nähe gefundenen Werkzeuge nur das Mindestalter angibt.

Ausgrabungen in der Wonderwerk-Höhle in derselben Gegend förderten Faustkeile derselben Periode und Beweise für das regelmäßige Entzünden von Feuer, für Bezirke mit Lagern aus Gras sowie exotische Kieselsteine oder Kristalle und roten Ocker zutage. Letzterer wurde vermutlich zur Körperbemalung verwendet. Dies sind mit die frühesten bekannten Spuren kultureller Muster, die künstlerische Sensibilität dokumentieren. *PB*

Provenienz: Kathu Pan, Fundstelle 1, Stratum 4 b, 1978–79

Literatur: Beaumont 1990[1]; 1990[2]

3.2
Faustkeil
Namibia
Frühe Steinzeit (acheuleanisch)
Rhyolit
34 x 13,5 x 8,5 cm
State Museum of Namibia, Windhoek, B1419

Die Pleistozän-Archäologie in Namibia ist durch Artefakte gut repräsentiert, die zum acheuleanischen Komplex gehören, der zuerst vor mehr als einer Million Jahre auftrat und vor ungefähr 200 000 Jahren endete. Handkeile und Schaber, die durch Hämmern auf Kopfsteine, Steinblöcke und Brocken entstanden, sind am charakteristischsten für diese Werkzeuge und umfassen Beispiele von fast perfekter Symmetrie, die von vollendeter Meisterung des Rohmaterials zeugen.

Artefakte aus Holz, Knochen und anderen organischen Materialien sind äußerst selten, und in Namibia sind die meisten acheuleanischen Fundorte offene Streubereiche, in denen nur die Produkte aus Stein überdauert haben. Im allgemeinen sind Artefakte häufig recht nahe der Stelle zu finden, an denen das Ausgangsmaterial liegt. Viele solcher Orte befinden sich auf Bergsätteln oder in Klüften zwischen Hügeln, wo sie bei den gemeinsamen Tierjagden aufgesucht worden sein dürften. Wieder andere wurden an Ausläufern und Rändern urzeitlicher Marschlandschaften oder Evaporationsvertiefungen ausgegraben, und es ist festzustellen, daß diese Stellen auch in den benutzten Jagdstrategien eine wichtige Rolle spielten. Besonders von den Äxten und Schabern wird angenommen, daß sie bei schweren Holzarbeiten und zum Schlachten der Tiere benutzt wurden, während andere Artefakte – Spitzen, Hacken und Schaber – die Vielzahl anderer Aufgaben widerspiegeln. Allerdings läßt sich darüber streiten, ob die handwerkliche Meisterschaft, die auf Faustkeile und andere ähnlich große Stücke verwandt wurde, die funktionellen Notwendigkeiten überschreiten. Während es unmöglich ist, ihnen eine besondere Bedeutung, beispielsweise als Prestigegegenstände, zuzuschreiben, weisen doch einige eine ästhetische Gestaltung auf, die in den archäologischen Funden aus dieser Zeit sonst nicht vorkommt.

Gewiß fiel das mittlere Pleistozän im südlichen Afrika mit größeren Entwicklungen in der kulturellen und biologischen Evolution des Menschen zusammen, und diese würden die Erkenntisfortschritte in den Bereichen Kunst und Sprache eingeschlossen haben. Das hier gezeigte Beispiel wurde nahe der römisch-katholischen Mission in Shambyu bei Rundu am Kavango-Fluß gefunden. Dieser Ort ist außergewöhnlich reich an acheuleanischen Artefakten aus diversen Quarz- und Rhyolitarten. Die Oberflächenpatina des Handkeils ist hauptsächlich dem Polieren durch den Wind zu verdanken. Eine große Anzahl von Artefakten ist zu einem Gesteinskonglomerat zusammengebacken, das teilweise unter der Flußoberfläche liegt. Ähnliche Gesteinsformationen findet man an anderen Stellen in der Gegend und dokumentieren die relativ junge Entwicklung des Flußlaufes im Verhältnis zur acheuleanischen Besiedlung. *JK*

Provenienz: Oberflächenfund, Shambyu-Mission, Rundu, Provinz Okavango, nordöstliches Namibia

Literatur: Sampson 1974; Jones 1979, S. 836; Szabo und Butzer 1979; Volman 1984

3.3 a

Holzkohlezeichnung einer Antilope

Namibia
Alter: 27 500–25 500 Jahre
Holzkohle und Ocker auf Schiefer
9,5 x 12,5 x 1,5 cm
State Museum of Namibia, Windhuk, B2104

3.3 b

Holzkohlezeichnung einer Tier-Mensch-Figur (zweiteilig)

Namibia
Alter: 27 500 – 25 500 Jahre
Holzkohle auf Schiefer
11 x 8 cm; 9 x 5 cm
State Museum of Namibia, Windhuk, B2104

(Abbildung Seite 11)

Ausgrabungen an der Grube Apollo 11 haben eine Siedlungsabfolge erkennen lassen, die sich über die letzten 80 000 Jahre erstreckte. Dabei wurde eine Reihe von makrolithischen, klingendominierten Ansammlungen vor 20 000 Jahren durch eine Serie von zunehmend mikrolithischen Gerätschaften ersetzt und die Schutzhöhle in den letzten paar Jahrhunderten schließlich aufgegeben. Im Zusammenhang mit den jüngsten makrolithischen Gerätschaften steht eine Gruppe von sieben kleinen Steinplatten, die Spuren von mit Holzkohle, Ocker und Weiß ausgeführten Tierfiguren aufweisen. Bemerkenswert ist, daß diese Steinstücke offensichtlich von einer anderen Stelle an ihren späteren Fundort gebracht wurden; sie sind keine Absplitterungen von Gemälden von der Decke oder den Wänden der Schutzhöhle. Der bemerkenswertere der Steine ist in zwei Teile zerbrochen (Kat. 3.3 b) und zeigt ein Katzenwesen mit einem großen Kopf, einer breiten Brust und dünnen, spitz zulaufenden Beinen. Die zwei leicht gebogenen Hörner und die männlichen Genitalien sind allerdings charakteristische Zeichen für Bovide (Pflanzenfresser mit Klauen). Noch interessanter ist die Tatsache, daß die Zeichnung zu einem späteren Zeitpunkt retuschiert wurde; die Hinterbeine wurden vermutlich so geändert, daß sie denen eines Menschen glichen.

Die anderen Gemälde sind weniger komplex, aber gehören zweifelsohne derselben Traditionslinie an. Zu ihnen gehört eine mit Holzkohle gezeichnete kopflose Antilope mit einer darüberlaufenden Linie in rotem Ocker (Kat. 3.3 a). Das Tier ist in einer gestreckten Position dargestellt und besitzt dieselben dünn zulaufenden Beine wie die aus Tier und Mensch zusammengesetzte Figur. Ein ähnlicher Stil ist auf einer dritten Platte zu finden, auf der ein Tier, offensichtlich eine Giraffe oder vielleicht auch ein Zebra, abgebildet ist. Die kurze aufgerichtete Mähne ist bei beiden Tieren zu finden wie auch die betonte Wange, aber die Körpermarkierungen sind ein stilisiertes Schachbrettmuster aus zarten schwarzen und weißen Linien. Die übrigen drei Steinplatten zeigen nur sehr unbestimmte Spuren von Kohlezeichnung, eine stellt vermutlich ein Nashorn dar.

Dieselben Motive sind oft auf den erhaltenen (vermutlich viel jüngeren) Felsbildern andernorts in Namibia und Südafrika zu finden. Übereinstimmungen in Sujet und Stil weisen auf eine bemerkenswerte Kontinuität der künstlerischen Tradition und der Religionen, auf die sich die Bilder beziehen, hin. Wie das vorgenannte Beispiel zeigt, ist ein wichtiges Kennzeichen der etwas jüngeren Steinkunst darübergemalt worden; dieser Eingriff signalisiert aber eher bestimmte syntaktische Relationen als fehlenden Respekt für die älteren Werke. Außerdem spiegelt die Kombination von Mensch- und Tiergliedern Praktiken ritueller Heilung bei Jägern und Sammlern, während derer die Schamanen die übernatürliche Kraft bestimmter wilder Tierarten anwandten. Einzelheiten wie die langen, spitzen Beine und die gemusterten Körpermarkierungen in den Bildern entsprechen vermutlich den Konventionen der Abbildung physischer Formen, wie sie die Schamanen in ihren Trancezuständen erfuhren. Am anschaulichsten wird die beginnende Trance bei der bildnerischen Darstellung der Beine der Tier-Mensch-Figur (Kat. 3.3 b), und das ebenfalls bekannte Symptom fragmentierter Sicht während der Trance beeinflußte wahrscheinlich die Körpermarkierungen der anderen Tiergemälde. Aller Wahrscheinlichkeit nach bestimmte die Korrespondenz zwischen den Tieren und den Symptomen der Ritualtrance die Auswahl des Künstlers weit mehr als deren Rolle als Jagdbeute.

Diese Hinweise implizieren, daß die Rituale und die Kunst der Jäger und Sammler im südlichen Afrika für eine extrem lange Zeitspanne stabil blieben. Doch hängt die Länge dieses Zeitraumes gegenwärtig von der Exaktheit der Datierung der Apollo-11-Funde ab. Während Versuche, die Kunstwerke direkt zu datieren, sich bis heute als wenig tauglich erwiesen haben, gibt es vielversprechende Fortschritte bei der Datierung kleiner Proben aus kohlenstoffhaltigen Bildern. Obwohl es nicht viele akkurate Radiokarbondatierungen für stratifizierte Funde gibt, so erscheinen die bemalten Steine, archäologische Ausgrabungsfunde im südlichen Afrika, relativ jung: Ihre Entstehung ist auf die letzten 9000 Jahre festzusetzen. Das sehr viel höhere Alter der Funde von Apollo 11, offenkundig Afrikas älteste Kunstwerke und zeitgleich mit Teilen

der hochpaläolithischen Kunst in Westeuropa entstanden, ist wohl von großer Bedeutung.

Es sollte nicht vergessen werden, daß die bemalten Steinplatten in einer konzentrierten Gruppe gefunden wurden, in der obersten Schicht der Ansammlung von makrolithischen Klingenwerkzeugen, wo sie auf ein Alter von zwischen 25 500 und 27 500 Jahren geschätzt wurden. Die nächste Schicht, die mikrolithische Funde barg, ist auf ein Alter zwischen 18 500 und 19 760 Jahren festgelegt. Während die jüngeren Daten derzeit ein Minimalalter für die bemalten Steinplatten darstellen, erwies die Ausgrabung, daß es richtig war, die Funde älter zu schätzen. Die direkte Datierung der Gemälde selbst würde diese Ambivalenz auflösen. *JK*

Provenienz: Höhle Apollo 11, Huns Mountains, Provinz Karas, südliches Namibia, 1969–72

Ausstellung: Bonn 1991

Literatur: Lewis-Williams 1974; Wendt 1974; Siegel 1977; Rudner 1983; Thackeray 1983; Volman 1983, S. 215; Kinahan 1991

3.4

Tafel von Linton

San
Südafrika, vermutlich 18. oder 19. Jahrhundert
Stein, Ocker und andere Pigmente
83 x 205 x 20 cm
South African Museum, Kapstadt, SAM-AA 3185

Die Gemälde der Linton-Tafel stellen eine vielfältig verschlungene Verknüpfung von religiösen Symbolen der San, Metaphern schamanistischer Erfahrung und Darstellungen schamanistischer Halluzinationen dar. Viele der Bilder sind durch eine sich gabelnde rote Linie miteinander verbunden, die mit sorgfältig gesetzten weißen Tupfen begrenzt wird. Diese Linie, ein wohlbekanntes Motiv in der Region, wird als Sinnbild der Reise des Schamanen gedeutet oder der übernatürlichen Macht, die das Universum der San durchdrang und welche die Schamanen der San auf sich laden mußten, um in die Geisterwelt (Trance) zu gelangen. Auf diese Weise vermochten sie die Bewegungen der Tiere zu kontrollieren, die Kranken zu heilen, Regen zu machen und in Gestalt von Tieren auf außerkörperliche Reisen zu gehen. Die San im Süden glaubten, daß diese Macht ihren Sitz in bestimmten großen Tieren habe, deren Häuptling die Elenantilope (*Taurotragus oryx*) war, ein Tier, das für die San vielfältige Symbolbedeutung hatte. Das Erscheinen dieser Antilopenarten in der Linton-Tafel ist Hinweis auf ihre Autorität und gleichzeitig spirituelle Macht, auf die die Schamanen der San und vermutlich auch andere Völker zurückgriffen.

Darstellungen im linken Teil des Paneels bilden ein Metaphernmuster der schamanistischen Tranceerfahrung. Die große, auf dem Rücken liegende Figur stellt einen Schamanen dar, der teilweise in ein Tier verwandelt ist; anstelle von Füßen hat er Klauenhufe. Die Figur hält eine Fliegengerte, ein Artefakt, das fast ausschließlich im Trance- oder Medizintanz benutzt wurde. Eine Schlüsselmetapher der San, ›Tod‹ (der Eingang in das Geisterreich), wird durch eine Antilope verbildlicht, die ein Bein der liegenden Figur sachte berührt: Es blutet aus der Nase, wie dies auch die Schamanen oft beim Übergang in die Trance taten. ›Tod‹ wird auch durch die Schlange mit bockförmigem Kopf, die zerbrochen auf dem Rücken liegt, dargestellt; auch sie blutet aus der Nase. Die gefleckte Ringhals-Schlange spiegelt solcherart den Tod vor und springt dann zurück ins Leben. Die Fische, welche die liegende Figur umgeben, und die Aale unter ihr stehen für die ›Unterwasser‹-Erfahrung, ein weiteres Sinnbild der San, von denen ihre Schamanen sprechen. Ein Gefühl der Leichtigkeit, Atemschwierigkeiten, beeinträchtigte Seh- und Hörfähigkeit und schließlich Bewußtlosigkeit werden von den Menschen unter Wasser und von den Schamanen beim Übergang in den Trancezustand erfahren.

Visuelle Halluzinationen, die die Schamanen in der Trance erfuhren, sind ebenfalls vergegenwärtigt. Ein kleines hundeähnliches Tier mit sechs Beinen wurde zur Rechten der zentralen Figur, einem stehenden Schamanen, ins Bild gesetzt. Gleich über diesem Tier befindet sich ein Antilopenkopf, der aus einem Farbkreis herausschaut, der wie die rote Linie von weißen Tupfen begrenzt wird. Die Geisterwelt vermutete man hinter dem Felsen, und man glaubte die Kreaturen jener Welt mit Hilfe von Farbe dazu bewegen zu können herüberzukommen. Weiter rechts ragt ein menschlicher Kopf, der aus der Nase blutet, ebenfalls aus einem Farbkreis.

1918 wurde das Paneel aus einer Schutzhöhle im südlichen Drakensbergmassiv geborgen. Viele mit dem Werk in Verbindung stehende Gemälde wurden dabei zerstört. Die in der Höhle verbliebenen Reste wurden in den folgenden Jahren durch natürliche Wettereinflüsse stark beschädigt. Die Tafel stellt wahrscheinlich die wertvollste und an Komplexität nicht zu übertreffende Zusammenstellung von Felsbildern in einem Museum dar. *JDL-W*

Provenienz: 1918 von der Linton-Farm in der östlichen Kap-Provinz, Südafrika, entfernt; 1918 South African Museum, Kapstadt

Literatur: Lewis-Williams 1988; Lewis-Williams und Dowson 1989

3.5

Felsbild

San
Südafrika, Alter unbekannt
Stein, Farbe
16 x 25 x 7 cm
University of the Witwatersrand, Johannesburg, 25/45

Dieses Steinbild wurde 1945 aus der Wand einer Schutzhöhle in der östlichen Kapprovinz gebrochen. Es stellt in einer nuancierten polychromen Technik eine liegende Rehbok-Antilope (*Pelea capreolus*) dar. Ihre feine Zeichnung und die Bewegung, die durch ihre Haltung nahegelegt wird, sind typisch für die Kunst der San – daß der zentrale Teil des Körpers unbemalt blieb, verleiht ihr Einzigartigkeit. Dieses Bild stand offensichtlich isoliert. Die San malten oft Tiere in großen Gruppen, die hinsichtlich Größe und Geschlechtsverteilung mit den Herden übereinstimmten, die zu verschiedenen Jahreszeiten in der Natur zu beobachten waren.

Tiere besaßen symbolischen Wert für die San. Ein San benutzte, als er Steingemälde menschlicher Figuren und Rehbok-Köpfen erläuterte, eine Reihe von Metaphern, von denen einige in der Tafel von Linton zu sehen sind (Kat. 3.4). Er sagte, daß sie Schamanen darstellten, die ›gestorben‹ und dann in der ›Unterwasser‹-Welt der Geister verwandelt worden seien und tierische Züge angenommen hätten.

Die Beziehung zwischen der Rehbok-Antilope und der Geisterwelt ist in der Kunst auch in anderer Weise festzustellen. Manchmal werden ›Geister‹-Rehbok-Antilopen ohne Läufe gemalt und mit ›Bändern‹ versehen, die sie hinter sich herziehen. In der Gegend, aus der dieses Werk stammt, werden die Rehbok-Darstellungen in der Häufigkeit nur von jenen der Elenantilope (*Taurotragus oryd*) übertroffen, dem Schlüsselsymbol der San-Kosmologie.

Es wurde ebenfalls vermutet, daß Rehbok-Antilopen, die in kleinen Gruppen leben, konzeptuell mit Gruppen einzelner Familien unter den San assoziiert wurden. Andererseits werden Elenantilopen mit größeren zusammengefaßten Gruppen der San in Verbindung gebracht, weil Elenantilopenherden sich vereinigen und je nach Jahreszeit in kleine Gruppen zerfallen, so wie dies auch die San tun. *JDL-W*

Provenienz: 1945 aus einer Felshöhle in der östlichen Kapprovinz, Südafrika, entfernt

Ausstellung: Johannesburg 1995

Literatur: Vinnicombe 1976; Lewis-Williams 1981; Lewis-Williams und Dawson 1989; Lewis-Williams 1990

3.6

Coldstream-Stein

San
Südkap, Südafrika
Alter ca. 2000 Jahre
Quarzit, Farbe
24 x 30 x 7,1 cm
South African Museum, Kapstadt, SAM-AA 6008

Dieser bemalte Stein ist eines der besterhaltenen und bekanntesten Stücke der *art mobilier* des südlichen Afrika. Einige vergleichbare bemalte Steine aus demselben Gebiet wurden auf ein Alter zwischen 2000 und 4000 Jahren geschätzt; jüngere Beispiele wurden nicht gefunden.

Das Bild zeigt drei schreitende menschliche Figuren. Die rechte Figur hebt den Arm mit einer Geste, die in den Steingemälden der südöstlichen Berge wiederkehrt. Die Beine der drei Figuren sind teilweise mit weißer Farbe betont, was ein weiteres Signum für die Felsbilder der Region ist. Die Arme und Beine des Trios sind mit bestimmten Verzierungen versehen. Die ersten zwei Figuren von links scheinen bestimmte Mützen mit weißen Nähten zu tragen; die Figur rechts hat eine dreiwinklige rote Kopfbedeckung. Sie besitzen den charakteristischen ›hakenartigen‹ Kopf mit weißem Gesicht wie auf Felsbildern Südafrikas häufiger zu sehen. Es wird vermutet, daß die auf die Gesichter gemalten Linien Narbenmuster darstellen, aber bei einigen Beispielen gehen sie von der Nase aus und stehen wohl wahrscheinlicher für Nasenbluten. Wenn die Schamanen der San in Trance (die Geisterwelt) übergingen, bluteten sie häufig aus der Nase. Die Figur in der Mitte hält etwas, das eine Feder sein könnte. Diese Gegenstände haben zu der Vermutung geführt, daß hier ein Maler abgebildet sein könnte. Louis Péringuey deutete die dicken schwarzen Striche über der sogenannten ›Feder‹ als Schakalsschwänze. Während zahlreiche Figuren auf den Felsbildern des südlichen Afrika mit Fliegenwedeln aus Tierschwänzen dargestellt sind, ist der Gegenstand in der Hand der Coldstream-Figur kaum identifizierbar.

Eine Jagdtasche, aus der Bogen und Pfeile ragen, hängt von der Schulter dieser Figur. Der Stein wurde im Jahr 1911 aus einer Höhle nahe der Quelle des Lottering an der südafrikanischen Südküste ausgegraben. Er wurde, mit der Farbe nach oben, auf der Schulter eines Skelettes plaziert gefunden, ein Hinweis darauf, daß der Stein in Begräbnisritualen verwendet wurde. Der Zustand der Malerei ist bemerkenswert und führte zur Vermutung, daß die Funde zum Teil mit Naturocker übergangen wurden, um diese Bilder aufzufrischen. Pigmentuntersuchungen haben kein schlüssiges Ergebnis liefern können. *JDL-W*

Provenienz: 1911 in einer Coldstream-Höhle, Südkapküste, Südafrika, ausgegraben

Literatur: Lewis-Williams 1984; Wilson, van Rijssen und Gerneke 1990

3.7

Felsritzung einer Giraffe

San
Namibia
Alter 1000–1500 Jahre
Schiefer
70 x 66 x 45 cm
State Museum of Namibia, Windhoek

Die aride westliche Provinz Erongo in Namibia verfügt mit über die meisten Felsbildstellen in Afrika. Während die gemalten Darstellungen menschliche Figuren und die Gravuren Tiere bevorzugen, weisen beide Gattungen doch eine Vielzahl von Motivüberschneidungen auf. Dabei steht an erster Stelle die Giraffe, eine Tierart, die auch eine große Variabilität in Darstellung, Farbgebung und Stil aufweist.

Obwohl eine naturgetreue Wiedergabe untypisch ist und viele Beispiele nur Rückenlinie und Profil zeigen, sind solche Gemälde und Ritzzeichnungen nicht notwendigerweise unvollständig, denn die Steinkunst schwelgt geradezu in der Darstellung von Erfahrungen, die mit Zuständen veränderten Bewußtseins zusammenhängen. Der Glaube der Schamanen in den Jäger- und Sammler-Gemeinschaften des südlichen Afrika, daß das Rückgrat als Leiter der Ritualmacht dient, kann die unübersehbare Bedeutung der Giraffe in der Kunst erklären. Tatsächlich werden Darstellungen von Schlangen in Namibia oft als Permutationen der Giraffe identifiziert, findet sich doch regelmäßig eine kleine gekurvte Linie genau an der Stelle des Widerrists. Andere Kennzeichen der Tierart, die ungewöhnlich deutlich hervorgehoben werden, schließen das Muster der Farben des Felles und die kurze senkrecht stehende Mähne ein. Die voneinander abweichenden Akzente resultieren aus dem fragmentierten Sehvermögen zu Beginn der Trance, während die aufrechte Mähne eines der weitverbreiteten physischen Symptome bei der Jagd kurz vor dem Verenden des Tieres bezeichnet. Als Metapher für das Gefühl ansteigender Energie in der rituellen Trance hätte die extreme Höhe der Giraffe auch so zusätzliche Bedeutung. Trotz dieser suggestiv einleuchtenden Querverbindungen scheint der Giraffe keine besondere Bedeutung in der Felskunst zugemessen worden zu sein. Wohl ist sie wichtigstes Symbol für die Kontinuität zwischen ritueller Handlung, gesellschaftlichem Leben und der natürlichen Umgebung.

Die Giraffe wurde in einen Schieferblock graviert, der sich am Fuß der Dome-Schlucht an der Südseite des Brandbergmassivs in West-Namibia befand. Die Dome-Schlucht ist deshalb ungewöhnlich, weil hier neben 1000 Malplätzen auch Steingravuren vorkommen. Obwohl weder Ort noch Gravur datiert sind, haben Ausgrabungen Beweise für intensive Besiedlung durch Jäger-Sammler-Stämme in den letzten 5000 Jahren erbracht. Viele der Felskunstplätze wurden während dieser Zeit immer wieder als Zufluchtsorte in den trockenen Jahreszeiten benutzt. Für die Giraffenritzung ist ein Alter von über 1000 Jahren anzusetzen, da in diesem Gebiet die Bedeutung der Jagd ebenso wie Ritual- und Felsbildtraditionen im letzten Jahrtausend zurückgingen und durch eine von Nomaden betriebene Hirtenkultur abgelöst wurden. *JK*

Provenienz: Oberflächenfund, Dome-Schlucht, Brandberg, Provinz Erongo, West-Namibia

Ausstellungen: Rotterdam 1993; Cambridge 1995

Literatur: MacCalman 1964; Pager 1980; Lewis-Williams und Dowson 1989; Kinahan 1990, S. 5; 1991

Die Felsmalerei im südlichen Afrika ist nicht nur wegen der Fülle an Denkmälern, sondern auch wegen ihrer Vielfalt bemerkenswert. Zusätzlich zu den bekannten Gemälden, die hauptsächlich in Felshöhlen gefunden wurden, existieren die in geringerem Umfang geschätzten Steingravuren oder Petroglyphen, auf die man unter freiem Himmel des Binnenplateaus stieß. Diese Gravuren sind Zeugnisse einer großen Vielfalt an Techniken und Inhalten. Aufgrund ihrer Unterschiedlichkeit wird von den meisten Petroglyphen und Bildern angenommen, daß sie im großen und ganzen in den Kontext der Jungsteinzeit gehören.

Die ältesten datierten Gravuren reichen ungefähr 12 000 Jahre zurück. Auf der anderen Seite weist die mündliche Geschichte darauf hin, daß einige Beispiele erst im 19. Jahrhundert entstanden. Diese beiden hier behandelten Gravuren wurden nahe Kimberley in einem Gebiet gefunden, das von Gravurplätzen reich übersät ist. Bilder von Tieren und Menschen sowie geometrische oder entoptische Formen wie diese hier treten in einer Zahl auf, die bis zu vielen Hunderten oder sogar Tausenden Stücken bei größeren Plätzen reicht.

Die Symbolsprache der San-Kunst ist nach allgemeiner Auffassung mit den religiösen Überzeugungen und der Tranceerfahrung verknüpft. Die Gravuren mögen von in Trancezuständen wahrgenommenen Visionen angeregt sein, die an besonderen Felsstellen festgehalten wurden, so daß andere spirituelle Inspiration daraus ziehen konnten. Ihre greifbare Verbindung mit landschaftlichen Eigenheiten, die eine ›Topophilie‹ erkennen läßt, wie sie auch in der Volkskunst der San des letzten Jahrhunderts festzustellen ist, ist eine der Gründe dafür, weshalb größtmögliche Anstrengungen unternommen werden, diese Kunst in ihrer natürlichen Umgebung zu bewahren.
DM

Literatur: Wilman 1933; Fock und Fock 1979–89; Deacon 1988; Morris 1988; Beaumont und Vogel 1989; Dowson 1992

3.8 a
Steinritzung
San
Südafrika, ca. 1000–2000 v. Chr.
Andesitgestein
53 x 54 x 24 cm
McGregor Museum, Kimberley,
MMK RAC 28

3.8 b
Steinritzung
San
Südafrika, ca. 1000–2000 v. Chr.
Andesitgestein
48 x 50 x 12 cm
McGregor Museum, Kimberley,
MMK RAC 47

3.9 a

Verziertes Straußenei als Trinkbehälter

/Xam San
Griquatown, Südafrika
1870–1880
Höhe 15,5 cm
Pitt Rivers Museum, Oxford, 1938.37.20

3.9 b

Verziertes Straußenei als Trinkbehälter

San
Windhoek, Namibia
Frühes 20. Jahrhundert
Höhe 14,8 cm
South African Museum, Kapstadt, SAM-AE 1746

3.9 c

Verziertes Straußenei als Trinkbehälter

Masarwa
Molepolole, Botswana
Frühes 20. Jahrhundert
Höhe 15,4 cm
University of Cape Town Collection at the South African Museum, Kapstadt, UCT 38/46

3.9 d

Verziertes Straußenei als Trinkbehälter

San
Botswana
1920–1930
Höhe 19 cm
Natal Museum, Pietermaritzburg

Straußeneier überdauerten in urzeitlichen Lagerstellen Tausende von Jahren gut; sie wurden von Gruppen der Jäger und Sammler, den Vorgängern der San, seit mindestens 15 000 Jahren als Gefäße benutzt. Die ältesten datierten Fragmente glattgeschliffener Öffnungen, Indikatoren dafür, daß Eier als Trinkbehälter verwendet wurden, fand man bei der archäologischen Erschließung der Boomplaas-Höhle in der südlichen Kapregion Südafrikas. Diese wurden mit Artefakten der Jungsteinzeit in Verbindung gebracht, obwohl die Praxis, Eierschalen mit Mustern zu verzieren, viel älter ist. Auf reliefierte Fragmente ohne glatte Öffnungsstellen stieß man an einigen wenigen Orten in Südafrika und Namibia, die in Verbindung mit Artefakten der Mittelsteinzeit, die älter als 40 000 Jahre sind, gebracht werden.

Bis vor kurzem wurden Trinkflaschen aus Straußeneiern als Wasserbehälter vor allem in Gegenden mit nur wenig Oberflächenwasser benutzt. Sie wurden oft in der Erde vergraben gelagert – Lagerverstecke mit 15 oder mehr in den Sand eingegrabenen Straußeneiern wurden gefunden, und aus der Kalahari wird von mehreren hundert Eierschalen in einem Bodenversteck berichtet. In den 1960er Jahren brauchten die Ju/'hoan in Botswana ungefähr eine Stunde, um ein Loch in ein Straußenei zu treiben, den Inhalt auszugießen, das Innere zu reinigen und die Trinköffnung, meistens an einem Ende, manchmal aber auch in der Mitte des Eies, zu schärfen und zu glätten. Mit Wasser gefüllt, wurden Eier mit einem Propfen aus Bienenwachs oder Gras verschlossen.

Oft fand die von Männern und Frauen ausgeführte Gravur über einen langen Zeitraum statt. Scharfe Steinsplitter waren die frühesten Werkzeuge, aber sobald Metallgeräte in Gebrauch kamen, wurden diese bevorzugt. Holzkohle oder Ocker wurde in die Vertiefungen gerieben, um sie schwarz oder rot zu färben und Kontrast und dekorative Wirkung zu verstärken. Auch wenn sehr raffinierte Entwürfe zu sehen sind, so decken die meisten doch nur einen Teil der Oberfläche ab. Die Entwürfe basieren üblicherweise auf einem ›Leiter‹- oder Gittermuster, in das Dreiecke, parallel verlaufende Linien und Kurven eingefügt wurden. Diese Muster sind auch bei archäologischen Beispielen zu finden, aber sowohl die Fragmente als auch die Musterstücke sind zu klein, um bestimmte Vorlieben oder Änderungen der verwendeten Ornamentik im Lauf der Zeit festzustellen. Einige Graveure des 20. Jahrhunderts haben die Eiform für Entwürfe in einer ovalen oder ovoiden Grundform genutzt, während bei anderen Verzierungen oder die Öffnung zum Zentrum geworden sind. Darstellungen von z. B. Vögeln oder Antilopen sind bekannt, aber die Mehrzahl ist ungegenständlich.

Die Behälter waren nicht ausschließlich der Wasseraufbewahrung vorbehalten. Aufzeichnungen aus dem 19. und 20. Jahrhundert zeigen, daß sie für eine Vielzahl von Aufgaben verwendet wurden, einschließlich der Lagerung von Ameisenlarven (›Buschmannreis‹), Muschelteilen und auch feingemahlenem roten Ocker und pulverisiertem Eisenmineral, die beide zu kosmetischen Zwecken benutzt wurden. Zumindest eine schön verzierte Eierschale wurde mit anderen Grabbeigaben in einer Begräbnisstätte der Khoisan gefunden.

Eingravierte Verzierungen sind nur bei einem kleinen Prozentsatz der Behälter aus Straußeneiern zu verzeichnen, die noch verwendet werden oder ausgegraben wurden. Aufgrund fehlender ethnographischer Daten herrscht Uneinigkeit unter den Anthropologen, ob die Gravur mehr als nur dekorativen Charakter besaß. Typischerweise findet man in alten Lagerstellen nur eine oder zwei verzierte Eier, was anzeigt, daß diese Behälter nur relativ selten geschmückt waren. Gleicherweise ist von Fragmenten zerbrochener Eierschalen, die an archäologischen Stätten gefunden wurden, nur eine geringe Zahl verziert.

Die hier gezeigten reich verzierten Beispiele aus dem 20. Jahrhundert könnten ein Echo auf den ›Touristen‹-Handel sein, der einige Jahrhunderte zurückreicht. Unterstützt wird diese Annahme von einer elegant gravierten Eierschale, die der schwedische Reisende Sparrmann erwarb, der die Kapregion in den 1770er Jahren besuchte. Heutzutage werden bemalte und verzierte Straußeneier im ganzen südlichen Afrika verkauft.

Die Bedeutung der auf die Eier übertragenen ›traditionellen‹ Muster und Motive ist nicht bekannt. Obwohl es eine Übereinstimmung zwischen den Mustern von Leitern, Gittern, Parallel- und Zickzacklinien, Winkeln und ineinanderpassenden U-Formen auf Straußeneierschalen und auf Bildern und Ritzungen auf Stein gibt, scheinen die religiösen Metaphern, auf die man so häufig bei der Felskunst stößt, zu fehlen. Die Muster auf den Eierschalen, ununterbrochen seit Zehntausenden von Jahren verwendet, scheinen weder die Muster der Schmuckarbeiten der San – die nach der Einführung von Glasperlen aus Europa in den letzten 400 Jahren entstanden – noch den Dekor von Keramik, die einige San-Gruppen in den letzten tausend Jahren fertigten, beeinflußt zu haben.

Der individualistische und selten repetitive Charakter der Gestaltungen führte zur Annahme, daß ihr Zweck darin bestand, den jeweiligen individuellen Besitzer zu markieren. Dies wurde nicht bestätigt, und der Mangel an Übereinstimmung bei den westlichen Beobachtern resultiert vermutlich aus einer unterschiedlichen Definition von Besitz. Jeder, der eine Eierschale verzierte, wäre fähig gewesen, seine oder ihre Arbeit wiederzuerkennen, aber in der traditionellen Gesellschaft der San wäre der Dekorierende nicht alleiniger Besitzer gewesen oder hätte als einziger die Eierschale und ihren Inhalt benützen dürfen. Stattdessen wurden solche Gegenstände mit vielen geteilt und gingen sogar innerhalb des *hxaro*-Netzwerkes des Geschenkaustausches, das soziale Beziehungen aufbaute, stabilisierte und Risiken reduzierte, von Hand zu Hand. Gestaltungen, die Besitz anzeigen sollen, können dazu gedient haben, ein bestimmtes Gefäß als Werk eines bestimmten Menschen zu kennzeichnen, aber hätten keinen Exklusivgebrauch entweder durch den Verzierer selbst oder durch seine oder ihre Gesellschaftsgruppe signalisiert. Ungeachtet ihrer möglichen Bedeutungen stellen verzierte Behälter aus Straußeneiern eine Kombination von Kunst und Nutzen von beträchtlichem Alter dar. *JD*

Provenienz: Kat. 3.9 a: Kapstadt, ca. 1932, aus dem Nachlaß von E. J. Dunn; Kat. 3.9 b: 1913 dem South African Museum, Kapstadt, gestiftet; Kat. 3.9 c: 1938 in der University of Cape Town Collection; seit 1981 University of Cape Town Collection at the South African Museum

Literatur: Bleek und Lloyd, 1911, S. 261, 313; Dunn, 1931, S. 95–96; Rudner, 1971, S. 122–123, 276; Deacon, 1984, S. 237, Tafel 11; Lee, 1984, S. 97–102; Morris, 1994

3.9 e

Verziertes Straußenei als Trinkbehälter

San
Südliches Afrika (Herkunftsland unbekannt)
Schale eines Straußeneis
Höhe 15 cm
The Trustees of the British Museum, London, 1910.363

3.9 f

Verziertes Straußenei als Trinkbehälter

San
Südliches Afrika (Herkunftsland unbekannt)
Schale eines Straußeneis
Höhe 15 cm
Staatliche Museen zu Berlin, Preußischer Kulturbesitz, Museum für Völkerkunde, III D 3519

3.9 g

Verziertes Straußenei als Trinkbehälter

San
Südliches Afrika (Herkunftsland unbekannt)
Schale eines Straußeneis
Höhe 14 cm
Staatliche Museen zu Berlin, Preußischer Kulturbesitz, Museum für Völkerkunde, III D 3513

3.10 a

Lydenburg-Kopf

Östlicher Transvaal, Südafrika
Um 500–700 n. Chr.
Ton, Spuren von weißem Farbpigment und Eisenmineral
38 x 26 x 25,5 cm
University of Cape Town Collection at the South African Museum, Kapstadt, UCT 701/1

Die sieben Terrakottaköpfe, die nach ihrem Fundort ›Lydenburg-Köpfe‹ benannt wurden, können als die ältesten bekannten Beispiele für Skulptur im südlichen Afrika gelten. Fragmente der modellierten Köpfe wurden zusammen mit Scherben von Haushaltskeramik, Ketten und Metallornamenten in einer Erosionsrinne gefunden, und die Holzkohle dieses Fundortes wurde später durch Radiokarbonuntersuchung auf das 6. Jahrhundert datiert. Spätere Ausgrabungen bestätigten dieses Alter und wiesen zudem nach, daß die Köpfe in einer Grube gelagert wurden, was vermuten läßt, daß sie nach Verwendung versteckt worden sind.

Die Rekonstruktion der Fragmente ergab gebrannte irdene Köpfe, die umgedrehten U-förmigen Gefäßen ähneln. Eingeschnittene, diagonal schraffierte Bänder, die die Nacken der Köpfe umlaufen, evozieren die charakteristische Verzierung der Haushaltskeramik, die man an diesem Ort fand. Zwei der Köpfe sind groß genug, um als Helmmasken getragen worden zu sein, und die kleineren Köpfe haben ein Loch auf jeder Seite des Nackens, das eingefügt wurde, um sie an einem Kleid oder einem Kostüm zu befestigen. Einige Gesichtsmerkmale wurden auch durch das Anbringen von vorgeformten Tonstücken hergestellt. Alle Köpfe haben Kaurischnecken ähnelnde Augen, große Münder, gekerbte Linien, die wohl Narbenschmuck darstellen, und Wülste über Stirn und Schläfen, welche die Haarlinie markieren. Paneele mit eingeschnittener Schrägkerbung wurden auf den Rückseiten aller Köpfe gefunden. Die großen Köpfe differieren jedoch von den anderen durch eine aufwendige Frisur und eine bekrönende Tierfigurine. Einer der kleineren Köpfe ist atypisch (Kat. 3.10 b), weist er doch tierähnliche Gesichtszüge auf. Spuren von weißem Farbpigment und Eisenmineral sind auf allen Köpfen zu finden.

Verwendungszweck und Bedeutung der Köpfe sind unbekannt. Archäologen schlugen vor, daß sie möglicherweise bei Initiationsriten benutzt wurden. Sollte dies stimmen, so handelte es sich bei den Köpfen um bei Riten verwendete Zeremonialobjekte, die den Übergang in einen neuen sozialen Status oder die Aufnahme in eine exklusivere Gruppe markierten. Die durch weißen geschlemmten Ton und glitzerndes Eisenmineral gesteigerte ästhetische Kraft der Köpfe stärkt die Vermutung, daß sie in einem rituellen Schauspiel Verwendung fanden, das aufgeführt wurde, um die Betrachter in Staunen zu versetzen und visuell zwischen Geisterwelt und Alltag zu vermitteln. Doch bleibt in letzter Konsequenz die Bedeutung der Köpfe im Dunkel. Sie bezeugen – ein Jahrtausend vor dem Eintreffen der europäischen Kolonisatoren – ein hochentwickeltes künstlerisches Empfinden bei den frühen agrikulturellen Gemeinschaften im südlichen Afrika.
PD

Provenienz: In den späten 50er Jahren von K. L. von Bezing entdeckt; während der 60er Jahre in der University of Cape Town; 1979 als Dauerleihgabe an das South African Museum übergeben; in den 70er Jahren wurde der große Kopf (Kat. 3.10 a) vom British Museum restauriert

Literatur: Von Bezing und Inskeep 1966, S. 102; Inskeep 1971, S. 493; Inskeep und Maggs 1975, S. 114–138; Maggs und Davison 1981, S. 28–33; Evers 1982, S. 16–30

3.10 b

Lydenburg-Kopf

Östlicher Transvaal, Südafrika
Um 500–700 n. Chr.
Ton, Spuren von weißem Farbpigment und Eisenmineral
24 x 12 x 18 cm
University of Cape Town Collection at the South African Museum, Kapstadt, UCT 701/7

3.11 a

Männliche Figur

Nordprovinz, Südafrika
9. Jahrhundert n. Chr.
Ton
20 x 8,2 x 7 cm
The National Cultural History Museum, Pretoria, OHG 254

Diese drei Figurinen sind Teil einer viel größeren Serie, die auf der Schroda-Farm unweit des Zusammenflusses des Shashi und Limpopo ausgegraben wurde. Fragmente modellierter Figurinen finden sich in der gesamten Fundstelle. Ein einzelnes Lager, das mit Tonscherben übersät war, enthielt über 400 Fragmente. Die Schroda-Figurinen können in drei Gruppen unterteilt werden: realistisch und stilisiert anthropomorph (männlich und weiblich), zoomorph (einschließlich Elefant, Giraffe, Vieh und Vögel) und mythologisch. Einige wurden mit dekorativen Details versehen und mit rotem Ocker und Graphit gefärbt. Ähnliche Tonfiguren fanden sich bei einer Anzahl anderer Stellen der Gegend.

Die Bewohner von Schroda jagten die großen Elefantenherden im Limpopo-Tal und beuteten das angeschwemmte Gold aus den Goldriffen im Südwesten des heutigen Simbabwe aus. Um das Jahr 1000 wurde Schroda verlassen, als sich eine mächtige Gruppe von Neuankömmlingen in der Nähe ansiedelte und ihre Hauptstadt einige Kilometer westlich der heute als K 2 bekannten Stelle gründete. Dieser Ort wurde ein wohlhabendes Handelszentrum, was die Tatsache unterstreicht, daß die Zahl der bei K 2 gefundenen Glasketten und Objekte aus Elfenbein größer ist als die Funde in allen früheren Siedlungen zusammen.

Rituelle Praktiken sind für die Ältere Eisenzeit archäologisch nachweisbar. Besonders die zeremonielle Opferung von Tieren spiegelt sich vermutlich in der Keramik, der Asche und den verbrannten Knochen wieder, die oft in Vieheinzäunungen gefunden werden. Die bekanntesten Zeugnisse für rituelle Praktiken in der Älteren Eisenzeit sind die Lydenburg-Köpfe (Kat. 3.10) und die Statuetten aus Schroda. Ethnographische Quellen legen nahe, daß die Sammlungen ungewöhnlicher Figurinen, die man innerhalb der Dörfer fand, vermutlich auf Standorte früherer Mädcheninitiationsschulen hinweisen. Da Schroda ein regionales, von 300 bis 500 Menschen bewohntes Zentrum war, hatten die großen Initiationseinrichtungen dort ihren Sitz. *JvS*

Provenienz: 1976 von E. Hanisch ausgegraben

Ausstellungen: Pretoria 1982; 1989

Literatur: Richards 1956; Hanisch 1980, S. 156–163; Grobler und van Schalkwyk 1989, S. 70

3.11 b

Statuette

Nordprovinz, Südafrika
9. Jahrhundert n. Chr.
Ton
18,5 x 8,5 x 6 cm
The National Cultural History Museum, Pretoria, OHG 252

(nicht abgebildet)

3.11 c

Statuette

Nordprovinz, Südafrika
9. Jahrhundert n. Chr.
Ton
21 x 10 x 6,5 cm
The National Cultural History Museum, Pretoria, OHG 251

3.12

Vogel

Simbabwe
13. bis 15. Jahrhundert
Speckstein
Höhe 100 cm
Sammlung Groote Schuur, Kapstadt

Acht Vögel aus Speckstein wurden bei Groß-Simbabwe, vom 13. bis 15. Jahrhundert Hauptstadt des Shona-Königreiches, gefunden. Die Fundstellen waren ursprünglich für private und sakrale Funktionen reservierte Orte. Sieben wurden in der Hügel-Ruine gefunden, dem abgetrennten Palast eines heiligen Führers. Einer dieser Steine stand in Verbindung mit der *chikwa*, dem Heiligtum des Häuptlings am rückwärtigen Teil der westlichen Einfriedung. Sechs Figurinen waren augenscheinlich auf niedrigen Steinterrassen an der östlichen Einfriedung, einem nationalen Ritualzentrum, plaziert. Der achte Vogel befand sich in einer *chikwa* in der Philips-Ruine (Unterer Hof), nahe dem Aufenthaltsort der schwangeren Frauen des Königs. Diese Plazierung weist schon auf religiöse Signifikanz hin.

Obwohl die Skulpturen sehr verschieden sind, stellt jeder ›Vogel‹ eine Synthese aus Adler und anthropomorphen Zügen dar. Das Stück aus der westlichen Einfriedung etwa hat anstelle eines Schnabels Lippen, und alle Figuren verfügen über vier oder fünf Zehen statt drei Krallen. Ihre Bedeutung bezieht daher die Rollen von Vögeln und Menschen ein.

Im Glauben der Shona sind Vögel Botschafter, und Adler, wie die Bataleur-Art, überbringen Nachrichten von den Ahnen. Die Geister der Vorfahren hinwiederum, so glaubt man, sind Garanten für Gesundheit und Erfolg. In der Art des Aufstiegs eines Adlers in den Himmel würden die Geister früherer Stammesführer mit Gott nationale Probleme wie ausbleibenden Regen besprechen. Und tatsächlich galt diese Fähigkeit, direkt mit Gott zu kommunizieren, als die Essenz der heiligen Führerschaft innerhalb der Simbabwe-Kultur. Die Schnitzwerke waren dann Stein gewordene Metaphern für die Vermittlerrolle königlicher Ahnen.

Da jeder Vogel individuell behandelt ist, repräsentieren sie vermutlich bestimmte Stammesführer. Außerdem kann ihre Plazierung geschlechtsspezifische Bedeutung gehabt haben. So hat der Steinvogel aus der Sektion der Königinnen eine ›sitzende‹ Position, während einer, der mit der Königs-*chikwa* assoziiert war, ›steht‹. Gewohnheitsmäßig hatte die Erste Frau des Königs oder *sahozi* die Aufsicht über die Königsfrauen inne, und die Freistätte im Untertal wurde vermutlich eingerichtet, um ihre Ahnen gütig zu stimmen. Die wichtigste Frau in der Hauptstadt war allerdings die Ritualschwester des Königs, die erste Frau der Herrscherlinie und die Groß-›Tante‹ der Nation. Die ›sitzenden‹ Vögel aus der Hügel-Ruine waren vermutlich Repräsentanten der Ahnengeister solcher Frauen; die ›stehenden‹ Vögel standen für die Geister wichtiger männlicher Führer.

Etwas überraschend ist, daß keine ähnlich gestalteten Vögel in einem anderen kulturellen Zentrum in Simbabwe gefunden wurden. Dieses Privileg mag dem Aufstieg Groß-Simbabwes zuzuschreiben sein. Als Groß-Simbabwe Hauptstadt wurde, war die Bevölkerung mit dem Prinzip des sakralen Königtums nicht vertraut, da diese Herrschaftsform 300 Kilometer entfernt in Mapungubwe entwickelt wurde. Um die neue Gesellschaftsordnung zu legitimieren, mußten die Führer Simbabwes ihre Ahnen verehren. Dies würde erklären, wieso alle Vögel aus der Hügel-Ruine offensichtlich von derselben Person geschaffen wurden. Zum Zeitpunkt der Aufgabe Groß-Simbabwes war das Prinzip sakraler Führerschaft weit verbreitet, so daß die ideologische Rechtfertigung einer neuen Dynastie nicht länger als erforderlich erachtet wurde. *TNH*

Provenienz: 1889 von der östlichen Einfriedung der Hügel-Ruine von Groß-Simbabwe; 1889 von W. Posselt an Cecil John Rhodes verkauft

Literatur: Bent 1896, S. 180–184; Hall 1905, S. 106–108; Posselt 1924; Summers 1961[1]; 1963, S. 70–74; Garlake 1973, S. 119–121; Huffman 1985

3.13

Fragment einer Schüssel

Simbabwe
13.–15. Jahrhundert
Speckstein
7,1 x 43,7 x 17,7 cm
South African Museum, Kapstadt, SAM-AE 7859

Schüsseln aus Speckstein fand man in verschiedenen Gebieten Groß-Simbabwes. Sie stammen aus dem Unteren Tal (einem für die Königsfrauen reservierten Stadtteil), der Großen Einfriedung (einem Zentrum für Initiationen, der *domba*-Schule der Venda verwandt) und aus der Hügel-Ruine, einem Palastkomplex, der dem Sakralkönig unter anderem Absonderung bei den Riten ermöglichte.

Die Vorderseite (die westliche Einfriedung) der Hügel-Ruine war der öffentlichere Teil, der das Audienzzimmer enthielt. Die Rückseite (die östliche Einfriedung) war ein privater und heiliger Bereich, wo einige der berühmten Vögel Simbabwes (Kat. 3.12) sowie Specksteinschüsseln aufgestellt waren. Größere Beispiele tragen Markierungen auf der Innenseite, die vermutlich durch das Zerschneiden von Fleisch entstanden: Anscheinend wurden sie in Riten benutzt, die Opferangaben an die Ahnen umfaßten.

Die Schüsseln variieren im Durchmesser von 30 bis 60 cm mit 7 bis 10 cm hohen Rändern. Meist wurden die Außenseiten mit geometrischen Mustern wie z. B. Hack-, Kordel- und Grätenentwürfen verziert. In der Simbabwe-Kultur stehen symbolische geometrische Gestaltungen normalerweise für Krokodile oder Schlangen; diese waren Teil eines umfassenden Systems von Symbolen, das Berge und Teiche einschloß und Schutz bewirken sollte. So kann eine Schale mit Kordelsymbolen an der Außenseite eine ›Schlange des Wassers‹ dargestellt haben, welche die weibliche Fruchtbarkeit erhalten sollte.

Schüsseln mit naturalistischen Darstellungen sind seltener und schwieriger zu interpretieren. Wegen ihrer Größe und der Plazierung ihrer Verzierungen hatten sie wohl kaum eine Funktion innerhalb der Wahrsagerei. Die meisten Wahrsageschalen im südlichen Afrika sind dem Rand entlang statt auf den Außenseiten markiert, so daß die Zeichnung leicht gesehen werden konnte. Eine Specksteinschüssel mit einem auf der Seite reliefierten Krokodil und einem Stier wurde in der Großen Einfriedung nahe einer Steinpyramide gefunden, die unter verbrannten Viehknochen begraben lag. Alle Schalen aus Seifenstein hatten vermutlich mit den Ritualen zu tun, mit welchen die Geister der Ahnen gütig gestimmt wurden.

Das hier gezeigte Fragment besaß den komplexesten Fries aller Schalen aus Groß-Simbabwe. Er stellt eine Prozession von Zebras dar, der ein Vogel und eine menschenähnliche Figur folgen, letztere führt einen Hund, der einen Affen betrachtet. Diese Symbole können totemistisch bedeutsam gewesen sein, aber eine genaue Deutung steht bis heute aus.
TNH

Provenienz: 1891 von T. Bent in Groß-Simbabwe gefunden (vermutlich 1889 dort von W. Posselt plaziert)

Literatur: Bent 1896, S. 195–203; Hall 1905, S. 108–110; Posselt 1924; Summers 1961, S. 267–268; Blacking 1969, S. 231–233; Nettleton 1984, S. 226–231; Huffman 1986

3.14

Khami-Figur

Simbabwe
15.–17. Jahrhundert
Elfenbein
Höhe 16,7 cm
Queen Victoria Museum, Harare, Simbabwe

Khami, nahe dem heutigen Bulawayo gelegen, war nach der Aufgabe Groß-Simbabwes Hauptstadt der Torwa-Dynastie. Zwischen 1420 und 1450 gegründet, war diese Stadt die größte Siedlung der Simbabwe-Kultur, bis die Portugiesen im Jahr 1640 bei der Zerstörung des Palastes mitwirkten.

Die Elfenbeinfigur wurde in den 40er Jahren von K. R. Robinson bei Ausgrabungen in der Vlei-Ruine über dem Hof gefunden. Sie befand sich zwischen großen Felsbrocken im rückwärtigen Teil der Ruine und war dort in ein schmales Abfallager nebst Knochenresten und Tonscherben eingebettet. Sie scheint die Spitze eines Stabes gebildet zu haben, denn die unteren drei Zentimenter sind aufgebohrt, um ein Einsteckloch zu bilden, und der Ring am Ende wurde wahrscheinlich zur Befestigung benutzt. Die Figur selbst ist ein Sitzender, der seinen rechten Arm gegen die Brust drückt. Obwohl der linke Unterarm fehlt, könnte die linke Hand die Schamgegend bedeckt haben.

Die Vlei-Ruine war vermutlich der Arbeitsraum des zweitwichtigsten Mannes der Hauptstadt, des Bruders des Königs. Wenn ein neuer König den Thron bestieg, wurde ein Bruder miternannt. Der Bruder wurde Rechtsexperte, und in seine Verantwortung fielen nach dem Tod des vorhergehenden Rechtsexperten die Hofgeschäfte. Bezeichnenderweise war das Arbeitszimmer des Bruders erhöht, so daß er den Hof überschauen konnte.

Für die Simbabwe-Kultur bilden Elfenbeinobjekte eine Ausnahme, so daß diese Figur einzigartig ist. Wenn man die weitreichenden Handelsverknüpfungen betrachtet, die auch Khami einschlossen, so kann dieser Gegenstand aus mehreren Gebieten außerhalb des Kulturkreises Simbabwes stammen. *TNH*

Provenienz: Um 1949 von K. R. Robinson in den Khami-Ruinen, Vlei (oder Nr. 5)-Ruine, gefunden

Literatur: Summers 1949; Robinson 1959, S. 16 f., 156

3.15

Kenilworth-Kopf

Südafrika
19. Jahrhundert oder früher
Stein
15,8 x 9,6 x 10,8 cm
McGregor Museum, Kimberley, MMK 85

Die Siege Avenue, Kenilworth, in Kimberley befand sich während des Burenkrieges (1899–1902) im Bau, als Straßenarbeiter aus einer Tiefe von fast 2,5 m eine Steinskulptur bargen, die heute als Kenilworth-Kopf bekannt ist. Aus schieferartigem Material gehauen, zeigt der Kopf eine große Nase, präzise ausgeführte halbmondförmige Augen, leicht geteilte Lippen und kleine Ohren ohne Ohrläppchen. Kaum etwas ist über seinen Ursprung bekannt, aber Vergleiche mit anderen Steinköpfen des Fundgebietes sind möglich, insbesondere mit einem Stück, das an der Transvaal Road in der Nähe von Kenilworth gefunden wurde.

Der Kopf von der Transvaal Road wurde zusammen mit fünf Eisenbändern in einer Grabstätte gefunden, deren Totenruhe 1946 bei Drainagegrabungen gestört wurde. Morphologische Forschungen zeigten, daß die Skelettreste zu einem Menschen mit negroid-khoisanen Gesichtszügen gehören, und Radiokarbontests grenzten sie auf das Jahr 1650 ein. Bezeichnenderweise war dies vor der Kolonialbesiedlung dieses Gebietes Anfang des 19. Jahrhunderts und bedeutet, daß diese enigmatischen Schnitzwerke vorläufig in einem afrikanischen Kontext gesehen werden müssen.

Ein weiterer Hinweis für das Verständnis des Kopfes ist ein reizvoller Kommentar Maria Wilmans, der ehemaligen Direktorin des McGregor Museums. Sie erinnert sich, daß »wir von einem alten Buren, der das Museum besuchte, erfuhren, daß in seiner Kindheit die Buschmänner auf der Farm seines Vaters… ähnliche Köpfe besaßen, die sie bei festlichen Anlässen und Tanzveranstaltungen zeigten.« Dies scheint die Verwendung der Köpfe bei den Eingeborenen zu bestätigen und gibt Hinweise auf ihre Bedeutung. Die nördliche Kapregion ist reich an Petroglyphen, darunter sind seltene kleine, tragbare Steingravuren, deren religiöse Bedeutung bekannt ist. Es ist nicht auszuschließen, daß sowohl die tragbaren Gravurarbeiten als auch die in Stein geschnittenen Köpfe bei zeremoniellen Anlässen verwendet wurden. *DM, PB*

Provenienz: 1908 dem McGregor Museum geschenkt

Literatur: Wilman 1933, S. 24–25; Power 1951; Holm 1963, S. 52–54; Derricourt 1974; Beaumont und Vogel 1984, S. 86; Morris 1990

3.16 a

Ingot (*musuku*)

Venda
Nordprovinz, Südafrika
Kupfer
Höhe ca. 9,7 cm
Museum für Völkerkunde, Frankfurt am Main, NS 35 283

3.16 b

Ingot (*musuku*)

Venda
Nordprovinz, Südafrika
Kupfer
10 x 13 x 13 cm
Sammlung U. und W. Horstmann

Musuku-Ingots werden dem Stamm der Venda der Nordprovinz Südafrikas zugeschrieben und historisch mit der Ausbeutung von Kupferminen in Messina in Verbindung gebracht. Ein anderer Typus des Kupferingots, *lerale*, stammt aus der Phalaborwa-Gegend des östlichen Transvaal und unterscheidet sich vom *musuku*-Ingot darin, daß er eine eigenwillige rutenförmige Gestalt besitzt. Typisch für Ingot-Typen sind unregelmäßige Ausstülpungen, die vom Kern ausgehen.

Musuku wurden wahrscheinlich in einer Sandvertiefung gegossen, mit den Nägeln zuunterst. Darauffolgende Schichten flüssigen Kupfers wurden in die Mulde gegossen; das am Rand Überfließende bildete die ›Basis‹ des Ingot. *Musuku*-Ingots variieren in Größe und Gewicht beträchtlich, einige wiegen mehrere Kilogramm. Einige *musuku* sind hohl, andere massiv oder mit Sand oder Schlacke gefüllt, und bei wieder anderen ergab die Untersuchung, daß sie z. B. Granitkiesel enthielten. Daß diese Ingots bei Zeremonien benutzt wurden, ist wahrscheinlicher denn als Zahlungsmittel oder Handelsgegenstände. Die Bedeutung der hervorkragenden Nägel ist ebenfalls rätselhaft.

Die Metallproduktion im südlichen Afrika geht bis ins 3. Jahrhundert zurück. Für das Jahr 1000 gibt es Hinweise für Kupfer- und Zinnabbau in großem Ausmaß in Zentren wie Messina und Rooiberg in der Transvaal-Region. Im allgemeinen wurde Kupfer und Eisen für persönlichen Schmuck benutzt, während Eisen auch für Werkzeuge und Waffen Verwendung fand; von Zinn-Ingots und Gold weiß man, daß mit ihnen extensiv gehandelt wurde. Mapungubwe und die benachbarte Stelle K 2 im Tal des Limpopo waren mächtige Handelsknotenpunkte: Die ältesten bekannten Bronzeartefakte Südafrikas wurden hier gefunden.

Sowohl *musuku* als auch *lerale*-Ingots entstanden wohl seit dem 16. Jahrhundert, als sotho-tswana-sprechende Völker viele der Minenzentren übernommen hatten. Ausgehend von der vorkolonialen Fördermenge Südafrikas wären viele Ingots oder aus ihnen gewonnene Produkte zu erwarten. Dies ist allerdings nicht der Fall, was darauf schließen läßt, daß viele Kupfer- und Zinn-Ingots von der Ostküste außer Landes gingen. Die wenigen *musuku*-Ingots, die die Fürsten der Venda noch besitzen, werden als Symbole der Macht und der spirituellen Kraft in Ehren gehalten. *JvS*

Literatur: Stayt 1931; Van Warmelo 1940; Miller und Van der Merwe 1994

3.17

Wahrsageschale (*ndilo*)

Venda
Nordprovinz, Südafrika
19. Jahrhundert
Holz, Fiber und Knochen
Höhe 10 cm; Durchmesser 32 cm
The Trustees of the British Museum, London, 1946. AF 4.1a

Wahrsageschalen (*ndilo*) wurden gegen Ende des 19. Jahrhunderts für die Fürstenhöfe der Venda zum Gebrauch innerhalb des Hexenkults angefertigt. Die Fürsten der Venda leiten ihre Herkunft bis zu ihrem Gründerhelden Thoho ya Ndou zurück, der sein Volk von Simbabwe in den nördlichen Transvaal geführt haben soll. Nach der Gründung der Kapitale in Dzata im Soutpansgebirge um das Jahr 1700 soll Thoho ya Ndou im Funduzi-See verschwunden sein und dort bis zum heutigen Tage unter Wasser Hof halten: Abbild der Hofhaltung der lebenden Könige. Die *ndilo* scheinen dieses Seekönigreich des Gründerhelden, gleichzeitig Metapher für die Königshöfe der lebenden Herrscher, abzubilden.

Die Untertanen des Königs wurden zum zentralen Platz der Hauptstadt geleitet, wo sie entsprechend ihrer sozialen Zugehörigkeit in konzentrischen Kreisen um die Schale und den Priester saßen. Die Schalen wurden mit Wasser gefüllt, so daß das Krokodil am Boden der Schale im Wasser verschwand. Mit magischen Substanzen wurde die von einer Kaurischnecke hervorgehobene zentrale Erhebung beträufelt: Sie ragte aus dem Wasser heraus und war offensichtlich ein Hinweis auf die Berge, an die gelehnt die Städte der Häuptlinge gebaut wurden. Maiskörner schwammen in diesem Wasser, und die Stellen des Randes, die sie bei der Bewegung auf der konvexen Unterseite berührten, wurden notiert. Um den Rand herum waren Tierdarstellungen eingeschnitten, Sinnbilder der Untergruppen der Venda, sowie die von Wahrsageplatten (*thangu*) übernommenen Darstellungen. So zeigten die von den Maiskörnern markierten Punkte am Rande der Schale, welchen Untergruppen die Hexen angehörten, da die Wahrsagetafel ihr Geschlecht verzeichnet.

Alle diejenigen Körner, die zum Schalenboden absanken, wurden entsprechend der Zeichen, die sie berührten, gedeutet. Diese Zeichen enthielten gabelartige Formen, die die Frauen des Häuptlings symbolisierten, einen halbkreisförmigen Einschluß, der die Vieheinfriedung anzeigte, eine Zickzacklinie, der für den Weg zur Hauptstadt und für den Blitz stand, und eine vogelähnliche Form, die sich auf den ›Blitzvogel‹ bezog, der an der Stelle, an der der Blitz einschlägt, seine Eier ablegen soll.

Die Zeichnungen an der Unterseite der Schale erweitern den Bildkosmos. Um einen Teil des Randes der Unterseite verläuft ein weiteres Winkelmuster, das eine Python darstellen soll, die sich an den Ufern von Teichen und Seen windet. Konzentrische Kreisgestaltungen werden ›Auge des Krokodils‹ genannt, auf dessen Haut sich Flechtmuster beziehen.

Diese Schale, einige der wenigen erhaltenen Beispiele, ist ein außergewöhnlich kunstvoll gestaltetes Exemplar. Zu ihr gehören Gegenstände, die die Wahrsager benutzten. Schüsseln dieser Art wurden zu den *dzingoma* (Mysterien/Reliquien) der Königsherrschaft gezählt. *AN*

Provenienz: Schenkung von D. Allan 1946 an das Museum

Literatur: Giesseke 1930, S. 257–310; Stayt 1931, S. 263–308; Van Warmelo 1971, Tafel 9; Nettleton 1985, S. 304–366

3.18 a

Tür (*vhothi/ngwena*)

Venda
Nordprovinz, Südafrika
19. Jahrhundert
Holz
154 x 50 x 5 cm
The National Cultural History Museum, Pretoria, ET 1935/750

3.18 b

Kopfstütze

Venda
Nordprovinz, Südafrika
19. Jahrhundert
Holz
17 x 44 x 8 cm
The National Cultural History Museum, Pretoria, ET 4570

Massive hölzerne Hängetüren wurden für den Hochadel und die Fürsten der Venda angefertigt. Türen mit eindrucksvoll geschnitzten Reliefs waren allerdings ursprünglich den wichtigsten Oberhäuptern der Herrscherhäuser der Ramabulana, Tshivhase und Mphaphuli vorbehalten. Aus diesem Grund wurde sie von den meisten Menschen zu Lebzeiten eines Häuptlings nicht gesehen. Bei seinem Tode wurde eine besondere Grabhütte mit einer geschnitzten Tür errichtet, die in den Debatten um die Nachfolge dazu benutzt wurde, dem rechtmäßigen Erben auf die Königswürde als Eingang zu dienen.

Die aufwendig beschnitzten Türen wurden in der bildhaften Sprache, die an den Herrscherhöfen gepflegt wurde, ›Krokodile‹ (*ngwena*) genannt. Obwohl schon lange nicht mehr hergestellt und benutzt, werden ältere Türen unter den *dzingoma* (Mysterien/ Reliquien) eines Venda-Reiches bei der Initiation von Mädchen verwendet. Die innerhalb dieses Kontextes stattfindenden Rezitationen eröffnen uns einen Einblick in die Bedeutungen der Türformen und -dekorationen.

Die Zapfen (*harre*) an Kopf und Fuß der Tür werden ›Zähne‹ genannt, die Löcher in der Türmitte zur Anbringung von Lederschlaufen zum Öffnen und Schließen der Tür ›Nüstern‹, die ineinanderverwobene Gestaltung der Oberfläche ›Haut‹, und die konzentrischen Kreise sind die ›Augen‹ des Krokodils. Wenn auch nur eine der erhaltenen Türen über eine erkennbare Krokodilsdarstellung verfügt, so spielen doch alle Türen in ihrer Aufteilung und Gestaltung auf Krokodile an. Wenn man die Tür schloß, wurde gesagt, ›das Krokodil beißt‹, und wenn sie offen stand, hieß es, ›das Krokodil läßt los‹.

Die Fürsten wurden selbst mit dem Krokodil im Tümpel verglichen. Einige sollen ausgestopfte Krokodile in ihren Häusern gehabt haben, die sie als Kopfkissen benutzten, und die Motive der Türen kehren auf den wenigen bekannten Kopfstützen der Venda (Kat. 3.18 b) wieder. Ebenfalls wurde davon berichtet, daß Häuptlinge bei ihrer Investitur Steine (*mmbe*) schluckten, die Krokodilsmägen entnommen waren, und diese Steine behielt der Häuptling bis zu seinem Tod im Körper.

So kündeten die Türen an den Hütten der Stammeshäuptlinge von der Gegenwart des mächtigen Häuptlings/Krokodils an der politischen und religiösen Spitze der Venda. Sie wurden von Berufsschnitzern ausgeführt, die auch für die Herstellung der heiligen Trommeln, Xylophone und Wahrsageschalen (Kat. 3.17) verantwortlich waren; bei all diesen Gerätschaften sind die Ornamentik und Ikonographie gleich. Der letztmalige Gebrauch einer solchen Tür ist für HaTshivhase in den 50er Jahren dokumentiert. *AN*

Ausstellung: Kat. 3.18 a: Pretoria 1982

Literatur: Stayt 1931, S. 55; Walton 1954, S. 43–46; Van Warmelo 1971, S. 361–365; Walton 1974, S. 129–130; Nettleton 1985, S. 232–250; 1989, S. 70–76

3.19 a

Stabfigur

Lobedu
Nordprovinz, Südafrika
Frühes 20. Jahrhundert
Holz
Höhe 162,5 cm
South African Museum, Kapstadt, SAM-AE 9751

3.19 b

Stabfigur

Lobedu
Nordprovinz, Südafrika
Mitte 20. Jahrhundert
Holz
Höhe 164,8 cm
Johannesburg Art Gallery, JL-A-58

Ein Palisadenzaun geschnitzter Stäbe ist Kennzeichen der Herrscherhöfe bei den Lobedu und verwandten Völkern. Diese zwei Stabfiguren stammen aus einer Palisade, die den Hof (*khoro*) der Lobedu-Hauptstadt in den bewaldeten Gebirgsausläufern des Drakensberg umgab. Dies ist die Residenz der Königin Modjadji, einer Herrscherin mit uraltem Rechtsanspruch, die für ihre Fähigkeit, Regen zu machen, berühmt war. Das *khoro* ist eine runde Arena, die früher für die Anhörung vor Gericht als auch für öffentliche Versammlungen und Zeremonien genutzt wurde. Es war die Domäne der Männer, und die geschnitzten Stäbe des *khoro* wurden aus allen Bezirken, die Modjadji tributpflichtig waren, dorthin gebracht. Geschickte Holzschnitzer stellten Stäbe her, die als persönliche Beiträge zum *khoro* galten und ihre Loyalität der Herrscherin gegenüber deutlich machten. Als Einheit dokumentierten die Stäbe des *khoro* die Solidarität der disparaten Gruppen innerhalb von Modjadjis Reich; sie waren sichtbares Memento der gesellschaftlichen und politischen Verbindungen und spielten eine Rolle in der Pflege dieser Beziehungen.

Stabfiguren greifen die natürliche Astform auf, die Schnitzerei ist auf den obersten Teil beschränkt. Jeder Stab wurde von einem einzelnen bearbeitet, der den traditionellen Vorbildern folgte. Die Mehrzahl der Stäbe weist spitze oder sich gabelnde Enden auf, einigen aber wurde die Gestalt von Utensilien, Waffen, stilisierten Tieren oder menschlichen Figuren gegeben. Die Vertikalität der Stäbe legt eine männliche Symbolsprache nahe, aber viele der Stäbe zeigten Frauen und mit diesen verbundene Tätigkeiten. Ein Exemplar vom Anfang dieses Jahrhunderts (Kat. 3.19 a) stellt eine Frau mit der typischen Lobedu-Frisur eines Mädchens zum Zeitpunkt der Initiation dar. In diesem Fall unterstrich der Stab die wichtige Rolle von Frau und Fruchtbarkeit, ein wiederkehrendes Thema während der Initiationsriten und anderer Zeremonien. Eine andere Deutung erfordert ein Stab, der einen Mann mit einem für Lobedu-Männer eher ungewöhnlichen Kopfband darstellt (Kat. 3.19 b). Diese Stabfigur wurde vermutlich von einem Tsonga-Shangaan geschnitzt, der in Modjadjis Territorium eingewandert war. Daß er sich im *khoro* befand, zeigt politische Integration, aber der Stil weist auf kulturelle Differenz hin.

Während der 60er Jahre änderte sich die traditionelle Rechtssprechung, und ein Gerichtsgebäude nach westlicher Art wurde errichtet. Der Wechsel in Verwaltung und Rechtspraktiken unterminierte die politischen Beziehungen, die vormals für das *khoro*-System grundlegend waren. So überrascht es kaum, daß die mit dem *khoro* zusammenhängenden Kunsttraditionen versandet sind. *PD*

Provenienz: Kat. 3.19 a: Von E. J. und J. D. Krige 1936–1938 in der Lobedu-Hauptstadt gesammelt; Kat. 3.19 b: In den 1970ern in der Lobedu-Hauptstadt gesammelt

Ausstellung: Kat. 3.19 a: Kapstadt 1978–1992; Kat. 3.19 b: Johannesburg 1991

Literatur: Krige und Krige 1943, S. 186–208; Davison 1989, S. 84–102

3.20 a

Kopfstütze (*mutsago*)

Shona
Simbabwe
Spätes 19. oder frühes 20. Jahrhundert
Holz
16 x 16,5 x 6 cm
The Trustees of the British Museum, London, 1949. AE 46.813

3.20 b

Kopfstütze (*mutsago*)

Shona
Simbabwe
Spätes 19. oder frühes 20. Jahrhundert
Holz
14,3 x 15,6 x 6.1 cm
South African Museum, Kapstadt, UCT 30/2

3.20 c

Kopfstütze (*mutsago*)

Shona
Simbabwe
Spätes 19. oder frühes 20. Jahrhundert
Holz
15 x 18 x 6,5 cm
The Trustees of the British Museum, London, 1921. 6-16.43

Kopfstützen dieser Art mit gelapptem Sockel, reich ornamentierten Stützstreben und glatter Auflage – aus einem Stück geschnitzt – werden von vielen Völkern des südlichen Afrika benutzt. Die Ornamentik variiert von Ethnie zu Ethnie. Die Motivik der Shona umfaßt zwei konzentrische Kreise zwischen Dreiecksformen, die symmetrisch aufeinander bezogen sind (Kat. 3.20 b). Oft ist ein rechteckiges Element vorhanden, das entweder horizontal zwischen die zwei Kreise oder vertikal, vom Sockel zur Sitzfläche reichend, plaziert wird. In einigen Fällen sind zwei oder mehr Kreisformen als vertikale Elemente eingefügt, die zwischen den Dreiecken verlaufen (Kat. 3.20 a).

Kopfstützen mit diesen Dekors waren bei den shona-sprechenden Völkern in den östlichen, mittleren und nördlich-zentralen Gebieten Simbabwes, d. h. bei den Untergruppen der Manyika, Zezuru, Korekore und vermutlich auch Karanga, weit verbreitet. Eine dieser Kopfstützen (Kat. 3.20 c) zeigt auf der Auflage zusätzliche Ornamente in Form vertiefter Dreiecke, was wohl charakteristisch für die Manyika aus den östlichen Distrikten Simbabwes ist. Verschiedentlich wurde darauf hingewiesen, wie Kopfstützen dieses Stiles der menschlichen Figur ähneln, wobei die obere Fläche den Schultern, die Stützen dem Torso und der Sockel den unteren Gliedmaßen entsprechen. Ein anderes Beispiel (Kat. 3.20 c) hat deutlich geformte Brüste, wo andere Kopfstützen nur über konzentrische Kreiszeichnungen verfügen. Einen weiteren Bezug auf das Weibliche stellt der konische Sockel mit der in der Mitte vorhandenen umgedrehten Dreiecksform her, was an den weiblichen Schambereich erinnert.

Die Ornamente auf den Kopfstützen scheinen mehrdeutig zu sein. So kann beispielsweise das Motiv konzentrischer Kreise eine Anspielung auf Scheiben weißer Konusmuscheln (*ndoro*) sein, und die Kreise transponierten solcherart die Grate einer Muschelspirale, die besonders von Häuptlingen und Wahrsagern als Würdezeichen getragen wurden. Weitere Bezugsfelder, die für dieses Bildmotiv vorgeschlagen wurden, sind Wellen in einem Teich, die durch einen hineingeworfenen Stein entstehen, oder auch die Augen eines Krokodiles, besonders wenn solche Motive auf Sakralgegenständen (*hakata*) der Shona erscheinen. Teiche sind ein wichtiger Ort für die Kontaktaufnahme vieler Shona-Gruppen mit ihren Ahnen. Die hochgebogenen Formen im Zentrum einiger dieser Kreismotive sind ein Verweis auf Narbenschmuck bei den Shona, vor allem bei den Frauen. Solche Skarifikationsmuster waren oft recht abstrakt, konnten aber auch – etwa auf dem Bauch von Frauen – Molche oder Krokodile darstellen und so den weiblichen Schoß metaphorisch mit dem Reich der Ahnen, der als Teich vorgestellt wurde, in Zusammenhang bringen.

Alle diese Dekormotive der Kopfstützen heißen wie die Skarifikationen *nyora*, und es wird vermutet, daß sie die Patriklan-Verbindungen ihrer Eigentümer anzeigten. So erinnern die Gestaltungen durch ihren Bezug auf Narbenschmuck (Keloide, Dreiecke und Winkel), auf Wellen im Wasser und auf *ndoro*-Muscheln (konzentrische Kreise) sowohl an die Ahnen (*mudzimu/mhondoro*) der Herkunftsfamilien als auch an die Fortführung des Stammbaumes garantierenden Frauen. Da nur Frauen in dieser Art und Weise tatauiert wurden, mit Zeichnungen auf Schultern, Lendengegend, Brust, Bauch und entlang der Scham, muß dieser Bezug auf *nyora* eine weibliche Identität der Kopfstützen anzeigen.

Kopfstützen wurden allerdings nur von erwachsenen Shona-Männern benutzt. Wenn ein Mann im Schlaf träumte, wurde von ihm gesagt, er besuche seine Ahnen, die Quelle des Wissens und des Wohlstandes. Kopfstützen als weibliche Figuren ohne Kopf bestätigen diese Verbindung mit den Verstorbenen. Bei der Heiratszeremonie sagte der Shona-Mann, daß der Körper der Frau ihm gehöre, der Kopf aber, also der Sitz ihres Ahnen-›Seins‹, auf immer ihrem Vater. Dies weist deutlich auf die Tatsache hin, daß bei den Shona die Fruchtbarkeit einer Frau als Leihgabe an die Familie ihres Mannes verstanden wurde, der sie nie angehören würde, und deshalb haben die meisten der Kopfstützen keine eigenen Köpfe. Wenn ein Mann eine solche Kopfstütze zum Schlafen benutzt, ist es sein Kopf, seine Familienzugehörigkeit, die das menschliche bzw. spezifisch weibliche Bild der Kopfstütze ergänzt. Beim Tode des Mannes wurde dieses Kommunikationsmittel mit dem Totenreich, das auch das Reproduktionspotential der Frau (der Frauen) symbolisierte und bei der Heirat seiner Familie übereignet worden war, mit ihm begraben oder aber auch an seine Nachkommen weitergereicht. Kopfstützen dieses Typus werden auch heute noch von Geistlichen der Shona als Teil ihrer Symbolobjekte benutzt, die sie mit der spirituellen Welt verbinden.

Während heutzutage nur sehr wenige Kopfstützen von den Shona benutzt und noch weniger geschnitzt werden, kann die Tradition doch bis zu den Ruinen in Simbabwe einschließlich Khami und Danangombe (auch als Dhlo Dhlo bekannt), ja selbst bis auf Groß-Simbabwe zurückverfolgt werden.

Kopfstützen waren persönliche Gegenstände und wurden allem Anschein nach von ihren Besitzern sehr geschätzt. Sie wurden oft auf lange Reisen mitgenommen und im allgemeinen mit dem jeweiligen Eigentümer begraben. Die Mehrzahl der älteren Shona-Kopfbänke ist aus Hartholz geschnitzt und hat durch die dauernde Verwendung eine tiefdunkelbraune Patina und glänzende Oberflächen erhalten. Ein Mann, der eine solche Kopfbank benutzte, war in der Lage, seine elaborierte Frisur – ein Charakteristikum der Männer dieses Stammes bis zum Ende des 19. Jahrhunderts – unbeschädigt zu halten. So wäre sein Kopf in zweifacher Weise geschmückt gewesen: einmal durch das sichtbare physische Kopfhochhalten, das die Stütze ermöglichte, und durch die dekorative Raffinesse der Hochfrisur. Aber gleichzeitig betonte der weibliche Charakter der Kopfstütze die Bedeutung der Frauen innerhalb des Sozialgeflechts und für die Fortsetzung der Familien. *AN*

Provenienz: Kat. 3.20 a: 1949 dem Museum als Teil der Sammlung Oldman zugeeignet; Kat. 3.20 b: Schenkung von Miss Hirst 1949

Literatur: Berlyn 1968, S. 70; Nettleton 1985, S. 121–182; 1990, S. 148–150; Dewey 1993, S. 98–133

3.21 a

Kopfstütze (*mutsago*)

Shona
Simbabwe
Ende 19. bis Anfang 20. Jahrhundert
Holz
14 x 21 x 8,5 cm
Sammlung Jonathan Lowen

3.21 b

Kopfstütze (*mutsago*)

Shona
Simbabwe
Ende 19. bis Anfang 20. Jahrhundert
Holz
16,5 x 16 x 6 cm
Sammlung Jonathan Lowen

3.21 c

Kopfstütze (*mutsago*)

Shona
Simbabwe
Ende 19. bis Anfang 20. Jahrhundert
Holz
16,5 x 20,5 x 9 cm
Sammlung Jonathan Lowen

Kopfstützen werden von den shona-sprechenden Völkern Simbabwes und Botswanas in einer Reihe verschiedener Stile und Motive hergestellt, wobei auch Variationen für fast all jene Typen bekannt sind, die von Wissenschaftlern als kanonisch identifiziert werden konnten. Auch aufgrund von Übereinstimmungen mit den Kopfstützen der tsonga-sprechenden Völker in den östlichen Regionen Simbabwes ist eine Klassifikation gemäß enger ethnischer Kategorien nur schwer möglich. Diese drei Kopfstützen weisen einige für Stücke der shona-sprechenden Völker untypische Züge auf.

In einem Fall (Kat. 3.21 a) verweist nur die Sitzfläche auf Shona-Provenienz, der Sockel und die Stützstreben ähneln formal weitaus stärker denen von Tsonga-Sprechern aus Mosambik und dem Transvaal. Weiters scheint es Formelemente zu beinhalten, die von europäischen Möbeln übernommen wurden. Dies betrifft vor allem die Verbindung der Streben mit der Sockelplatte und Auflage. Die Form der Auflage, und hier besonders der Ornamentsaum mit den reliefartig verlaufenden Winkelmustern, stimmt mit der üblichen Ausführung der Shona überein. Das Motiv der gekreuzten Stützleisten ist ebenfalls mit der Gestaltung der von den Karanga in Südost- und Mittel-Simbabwe und von den Kalanga aus Südwest-Simbabwe und Botswana benutzten Kopfstützen konform. Die horizontale Ausrichtung und die durchbrochene Ausführung dieses Kopfbänkchens ähneln auch Beispielen der Tsonga-Shangaa, die von Schweizer Missionaren im östlichen Transvaal um die Jahrhundertwende gesammelt wurden. Die Vernachlässigung dekorativer Motivik und die eigentümliche Abstraktion des Sockels machen es unmöglich, einen symbolischen Gehalt festzustellen. Dieses Beispiel stellt viele der bekannten Klassifizierungskriterien zur Unterscheidung afrikanischer Kunst und gängige Klischees über Traditionswechsel und -aneignung als Antwort auf Fremdeinflüsse in Frage. Sein Vokabular ist einer Vielzahl von Quellen entlehnt.

Obwohl die beiden anderen Kopfstützen (Kat. 3.21 b, c) von kanonischen Formen der Shona-Kopfstützen, wie sie in den nördlichen, mittleren und östlichen Gebieten Simbabwes anzutreffen waren, ausgehen, weisen sie wiederum heterogene Elemente auf. Aber die Holzschnitzer dieser Kopfstützen schufen durch einen Prozeß der Verschiebung einiger Elemente ein neues Motivgeflecht und ermöglichten so eine abweichende symbolische Lesart.

In beiden Fällen wurden die Rundelemente an den Seiten plaziert, wo sie markant nach außen ragen. Bei einer Kopfbank (Kat. 3.21 b) wird die Hauptstütze durch ein formales Spiel mit Dreiecken gebildet. Im anderen Fall wurde die Stütze einfach als Stundenglasscheibe geschnitzt, in deren Mittelachse eine Folge von rautenförmigen Aussparungen eingelassen ist; solche luftigen Wirkungen waren bei eher kanonisch ausgerichteten Substilen der Shona weit verbreitet. Bei beiden Kopfstützen ist die Auflagefläche in der gesamten Länge abgestützt, ohne an den Schmalseiten über die Stützen zu ragen. Diese Anordnung ist bei den Shona-Stützen selten, und die nichtkanonische Anordnung wiederholt sich im Einsatz dekorativer Motive und in den Gestaltungen der Piedestale.

Konzentrische Kreise schmücken bei Kat. 3.21 b nicht nur die seitlichen Scheiben, sondern auch die Rautenfläche der Mittelstütze. Diese sind dort gegen ein reliefiertes Muster bzw. gegen die Liniendekoration auf den Nebenstützen plaziert. Die konzentrischen Kreise beziehen sich vermutlich auf ein Symbolsystem, das den Gebrauch weißer Konusmuscheln umgab. Bei den Völkern, die Shona sprachen, ist die Farbe Weiß vielfach mit den Ahnen verknüpft. Besonders interessant aber ist die Bedeutung, die dem von Fischadlern in Wasserteiche fallengelassenen Guano zugeordnet wurde: Von diesen Teichen wurde geglaubt, sie stünden mit der Geisterwelt sowie Fischadlern mit Geisterkräften in Verbindung; ihr weißes Guano wurde für eine kraftvolle Substanz gehalten, die viele Heiler und Weissager (*n'anga*) nutzten. Daher können mit den Kreisen Teiche und Konusmuscheln assoziiert werden.

Bei Kat. 3.21 c sind die konzentrischen Kreise auf seitliche Vorsprünge des Sockels begrenzt, dessen Oberfläche wie ein Teppich von einem dichten Netzmuster überzogen ist. Die Rautenformen kehren bei den Schmucknarben der Frauen wieder, aber auch bei den Relieftüren der Venda, bei denen konzentrische Kreise als Krokodilsaugen und die gemusterte Oberfläche als Krokodilshaut interpretiert wurden. Die Herrschergruppen der Venda waren ein Ableger der Shona und behielten viele ältere Traditionen bei. Daß eine solche Kopfstütze eine Verbindung zur Teichsymbolik und somit zu den Ahnen anzeigt, ist möglich. Aufschlußreich ist auch, daß keines dieser Beispiele mit einem Typus übereinstimmt, der die weibliche Scham darstellt. Kat. 3.21 b verfügt über einen grobförmigen Sockel, während der Sockel von Kat. 3.21 c ovalförmig und relativ dünn ist. Von daher kann angenommen werden, daß diese Kopfstützen Vorstellungen beförderten, die mit den Quellen der Geisterkraft in Verbindung standen; die weiblich orientierte Bildersprache ist dagegen stark reduziert. Dies scheint auch bei der Mehrzahl der offensichtlich von shona-sprechenden Völkern aus dem Süden hergestellten Objekte der Fall zu sein. *AN*

Literatur: Nettleton 1985, S. 121–182; Becker und Nettleton 1989, S. 13 f.; Nettleton 1990, S. 147–154; Becker 1991, S. 58–75; Dewey 1993, S. 98–133

3.22 a

Kopfstütze

Vermutlich eine mit den Tsonga verwandte Gruppe
Südafrika
Holz
13,5 x 15 x 6,5 cm
Sammlung Jonathan Lowen

3.22 b

Kopfstütze

Vermutlich eine mit den Tsonga verwandte Gruppe
Südafrika
Holz
14 x 11,5 x 7 cm
Sammlung Jonathan Lowen

3.22 c

Kopfstütze

Vermutlich eine mit den Tsonga verwandte Gruppe
Südafrika
Holz
14 x 16 x 16 cm
Sammlung Jonathan Lowen

3.22 d

Kopfstütze

Vermutlich eine mit den Tsonga verwandte Gruppe
Südafrika
Holz
16,5 x 19 x 12 cm
Sammlung Jonathan Lowen

Obwohl diese Kopfstützen regional gesehen eine Gruppe bilden, so zeigen sie doch markante Abweichungen bei der Gestaltung des Sockels und der Zentralstütze. Die Sockel sind entweder ausbuchtend oder tailliert, hochgezogen oder schräg abgekantet, und die Zentralstreben bestehen aus kombinierten gekurvten Formen, senkrecht angeordneten Balken und Kreuzbändern. Die Form des zentralen Elementes, das von größter Erfindungskraft zeugt, war Ausgangpunkt für eine formale Klassifikation, die in den 40er Jahren von Jaques und in den letzten Jahren von Nettleton durchgeführt wurde. Die Auflagefläche wird normalerweise nur mit einzelnen Reihen kleiner Winkel oder Dreiecke verziert. Seitliche Griffbretter sind typisch für die Gruppe von Kopfstützen. Ein weiteres Charakteristikum für zwei der vier Kopfstützen ist, daß sie höher als breit sind, was für weiter südlich und westlich gefundene Kopfstützen untypisch ist.

Kopfstützen waren Gebrauchsgegenstände und schützten die Frisur des Schlafenden, aber im Laufe der Zeit dürfte ihnen eine komplexere geistliche Bedeutung zugewiesen worden sein. Man weiß, daß Kopfstützen oft mit ihren Besitzern begraben wurden, aber in einigen Fällen wurden sie aufbewahrt, um mit deren Hilfe mit dem verstorbenen Eigentümer im Geisterreich in Kontakt treten zu können.

Kopfstützen sind schon lange Sammlerobjekte. Die große auf uns gekommene Zahl bezeugt die Vorliebe von Händlern, Soldaten, Missionaren und anderen für kleine tragbare Gegenstände. Viele Kopfstützen wurden ohne Dokumentationsnachweis von ihren Herkunftsorten entfernt, und so sind Deutungen oft schwierig. Genauso problematisch ist es, alte Kopfstützen gegenwärtig existierenden Ethnien, wie z. B. den Tsonga oder den Shangana, zuzuordnen. Weitaus plausibler erscheint eine regionale Zuordnung.

Die Gegend, aus der diese vier Kopfstützen vermutlich stammen, wird durch moderne Grenzziehungen durchschnitten und umfaßt Südost-Simbabwe, den Süden Mosambiks und den nordöstlichen Transvaal. Migrationswellen während des 19. Jahrhunderts schufen hier eine kulturell vielgestaltige Region, die eine kunsthistorische Methode erfordert, die einzelne ethnische Kategorien überschreitet.
RB

Literatur: Kasfir 1984; Nettleton 1984; 1990; 1992; Dewey 1986; 1993; Harries 1988; 1989; Becker 1991; Klopper 1991; 1992

3.23

Kopfstütze (*xiqamelo*)

Shangana
Östlicher Transvaal, Südafrika
Frühes 20. Jahrhundert
Holz
15 x 20 x 9 cm
Johannesburg Art Gallery, Sammlung Jaques, 1987.3.66

Dies ist eine der bemerkenswertesten Kopfstützen des südlichen Afrika. Ihre Berühmtheit beruht auf ihrer virtuosen Ausführung sowie auf dem Umstand, daß sie sich von jeder anderen in dieser Region gefundenen Kopfstütze unterscheidet. Vier schlauchartige Formen, die umeinander und um einen gelösten Knoten in der Mitte geschlungen sind, steigen aus jeder Ecke des Sockels empor und tragen die Querfläche. Innerhalb des von Sockel und Stützbrett begrenzten Raumes ist eine komprimierte Energie spürbar, zumal diese Kopfstütze aus einem Stück geschnitzt wurde. Der Sockel ist eine flache, rechteckige Fläche mit einem leichten Vorsprung, der die Ausbuchtungen der Kopfstützen von Shona-Tsonga-Gruppen wiederaufnimmt. Die Henkel, die für eine Eigenart der Kopfstützen der Shangana-Tsonga gehalten werden können, sind hier auf eine einfache Doppelform an der Unterseite der Auflage reduziert. Diese heruntergespielten Erweiterungen kontrastieren mit der kraftvollen Energie und Komplexität des zentralen Teiles. Die Kopfstütze scheint nie benutzt worden zu sein, und es ist nicht bekannt, ob sie für den Gebrauch vor Ort oder zu Handelszwecken angefertigt wurde.

Der Sammler A. A. Jaques war Mitglied der Schweizer Mission in Südafrika. Seine Angaben sind unvollständig und können nicht unkritisch übernommen werden. Die Namen der Besitzer und Schnitzer wurden nicht festgehalten, auch gibt es keine Angaben über das Alter des Stückes und wo es gefertigt wurde. Die Zuschreibung ›Shangana‹ wurde von Soshangane abgeleitet, dem Nguni-Häuptling, der im Süden des heutigen Mosambik von den 20er bis in die 50er Jahre des 19. Jahrhunderts herrscht. Nach ihrer Niederwerfung kurz vor 1900 flohen die Shangana in den östlichen Transvaal, wo sie sich neben anderen Stämmen niederließen. *RB*

Provenienz: 1925–1940 von A. A. Jaques im östlichen Transvaal gesammelt; 1940–1959 im Lemana Training College bei Elim, nördlicher Transvaal; 1959–1987 Africana Museum (heute Museum Africa), Johannesburg; 1987 Johannesburg Art Gallery

Ausstellungen: ca. 1940 Johannesburg; 1991 Johannesburg, Tafel 29

Literatur: A. A. Jaques ca. 1941; L. Jaques 1949; Wanless 1987, S. 203; Becker 1991

3.24 a

Kopfstütze (*isigqiki*)

Zulu
KwaZulu-Natal, Südafrika
Spätes 19. oder frühes 20. Jahrhundert
Holz, 17 x 44 x 9 cm
The Trustees of the British Museum, London, 1917. 11-3.3

3.24 b

Kopfstütze (*isigqiki*)

Zulu
KwaZulu-Natal, Südafrika
Spätes 19. oder frühes 20. Jahrhundert
Holz, 12 x 42 x 8 cm
The Trustees of the British Museum, London, 1917. 11-3.2

3.24 c

Kopfstütze (*isigqiki*)

Zulu
KwaZulu-Natal, Südafrika
Spätes 19. oder frühes 20. Jahrhundert
Holz, 16 x 56 x 9,8 cm
Royal Albert Memorial Museum and Art Gallery, Exeter City Museums, 3/1921.2

3.24 d

Kopfstütze

Nguni
Südafrika
Holz, 19 x 55,5 x 21,5 cm
Kevin und Anna Conru

Kopfstützen der Zulu unterscheiden sich in Form und Ornamentik beträchtlich voneinander. Einige Beispiele weisen zarte, eingeschnittene Muster sowohl entlang den Beinen als auch an den Schmalseiten auf, während andere, wie etwa jene mit dem *amasumpa*-Motiv (manchmal als ›Warzen‹ gedeutet), eine rein skulpturale Auffassung erkennen lassen. Und während die meisten Kopfstützen nur zwei oder drei Beine haben, verfügen einige Beispiele aus dem 19. Jahrhundert über bis zu sechs oder acht.

Die Gründe für diese starke stilistische Auffächerung sind unklar, regionale Variationen legen aber nahe, daß bestimmte Zulu-Gruppen oder ›Clans‹ besondere Formen und Muster favorisierten. Mit Sicherheit war das amasumpa-Motiv, das auf Kopfbänken zu finden ist, die ihren Ursprung im Herzland des Königreiches der Zulu haben, einst Familienmitgliedern und der Entourage des Königs sowie Gruppen, durch die der Einflußbereich erweitert werden sollte, vorbehalten.

Der Mehrzahl dieser Kopfstützen ist eine verdeckte oder öfters eine deutliche Anspielung auf eine Tierform, vermutlich einen Bullen, Ochsen oder eine Kuh, gemeinsam. Geteilte Läufe und Schwänze sind nicht selten, und einige haben sogar abstrahierte Bäuche. Jene Stützen mit zahllosen Beinpaaren sollten vermutlich – wie vielleicht auch das *amasumpa*-Muster – die Idee einer großen Herde evozieren. Dieser Bezug auf Viehherden ist insofern plausibel, als das Weidevieh eine Quelle des Wohlstandes darstellte und die Menschen über diese Tiere die Verständigung mit ihren Ahnen pflegten.

Daß Vieh als Brautgeschenk bei Hochzeiten übergeben wurde, mag hier auch relevant sein. Historisch betrachtet bildeten Kopfstützen Teil der Mitgift junger Zulu-Frauen, die sie in den Haushalt ihres Bräutigams einbrachten. Aber heute geben nur noch glühende Traditionalisten Kopfstützen für diesen Zweck in Auftrag. *SK*

Provenienz: Kat. 3.24 a – b: Schenkung von Dowager und Viscount Wolseley an das Museum

Literatur: Nettleton 1990; Klopper, in: Johannesburg 1991

3.25

Kopfstütze

Südöstliches Afrika
Südafrika, Swaziland, Sambia, Simbabwe, Mosambik, Malawi (?)
Holz
Höhe 38 cm

Linden-Museum, Stuttgart, 116890
Das Linden-Museum ordnet dieses Stück der Sambesi-Region – zu Anfang dieses Jahrhunderts wurden allerdings Objekte aus dem ganzen südlichen Teil Afrikas als Sambesi-Produkte katalogisiert. Was die Sachlage noch zusätzlich erschwert, ist, daß mehrere nguni-sprechende Gruppen aus dem Nordosten des südlichen Afrika im 19. Jahrhundert im Tal des Sambesi siedelten und ihre Kunsttraditionen mitbrachten. Der Stil der vorliegenden Kopfstütze scheint eher dem Stil des Swazigebietes oder einer benachbarten Ngunigruppierung zu ähneln und wurde wohl von einem der Stämme des südlichen Afrika oder des Swazilandes oder von einer der wandernden Ngunigruppen, die nach Norden zogen, angefertigt.

Im Süden besitzen die Zulu- und swazi-sprechenden Volksgruppen eigene Kopfstützen, die leicht von denen ihrer nördlichen Nachbarn, wie z.B. den Shona oder Tsonga, zu unterscheiden sind. Während jene Gruppen Kopfstützen mit einem Sockel, einer Zentralstütze und einer oberen Auflagefläche bevorzugen, weisen die Kopfstützen der Zulu und Swazi im allgemeinen keinen Sockel sowie eine Reihe von zwei bis acht Beinen auf, die das breite Stützbrett tragen. Bei einigen Kopfstützen sind die Beine zu Schleifen umgestaltet; die parallelen Linienverläufe der Stuttgarter Kopfstütze imitieren sicherlich diesen Stiltypus. Bei einigen wenigen Exemplaren verzichtete man auf Beine, und die Form wurde zum rechteckigen Block, wie bei der Kopfbank des Linden-Museums zu sehen ist. Während es viele Unterstile gibt, haben Zulu-Kopfstützen im allgemeinen in die Beine geschnitzte horizontale Gratkanten; im Gegensatz dazu weisen die der Swazi vertikale Grate auf. Das Linden-Beispiel vereinigt beide Ausprägungen.

Als zu Anfang des 19. Jahrhunderts große Teile des südlichen Afrika in Kriege verwickelt waren, verließ eine nguni-sprechende Gruppe, bekannt als Ngoni, die ursprünglich aus der Swaziland-Transvaal-Region stammte, unter Führung Zwangendabas das Gebiet. Sie zogen durch Mosambik und Simbabwe Richtung Norden, um sich schließlich in Ost-Sambia, Malawi und dem südlichen Tansania niederzulassen. Kopfstützen, die denen der Swazi sehr ähnlich sind, wurden bei Tansania-Ngonis (siehe Krieger) und bei Malawi-Ngonis gefunden.

Conner, der die Jere und Maseko-Ngoni aus Malawi studierte, berichtet, daß mehrere bekannte Kopfstützenstile sich auf den Ort beziehen, wo ein Mann oder seine Vorfahren lebten, bevor sie mit den Ngoni verschmolzen. Er schreibt: »Kopfstützen (*chigogo*) gehörten zur Vielzahl wertvoller persönlicher Gegenstände, die normalerweise nach dem Tode des Besitzers zerschlagen und mit ihm zusammen begraben wurden. Träume galten als ein wichtiger Weg der Kommunikation mit seinen Ahnen. Träume zogen oft Taten nach sich. Um diese wichtige Austauschmöglichkeit vielleicht zu erleichtern, waren die Formen der Kopfstützen traditionalistisch und wurden meist vom Vater an den Sohn weitergegeben.«

Conners Beobachtungen bei den Malawi-Ngoni illustrieren, wie kompliziert sich ethnische und stilistische Austauschvorgänge gestalten können. An diesem Ort verwendet eine einzelne Ethnie Stützen diverser Stilausprägungen; die eine hat ›Swazi-ähnliche‹ Formen und die andere die der Seeufer-Tonga; und eine dritte Form scheint von den Shona aus dem Nordosten übernommen worden zu sein. Der Stil bezieht sich auch auf die ethnische Herkunft eines Mannes oder seiner Vorfahren vor der Assimilation in das Volk der Ngoni. Ohne genauere Angabe der Sammlung kann man nur sagen, daß die Möglichkeit groß ist, daß diese Kopfstütze aus der Gegend des Sambesi stammt, aber von einer eindringenden nguni-sprechenden Gruppe wie den ngoni gefertigt wurde. *WD*

Literatur: Krieger 1980, Abb. 514 – 519; Conner und Pelrine 1983; Conner 1991, S. 145; Johannesburg 1991, S. 33

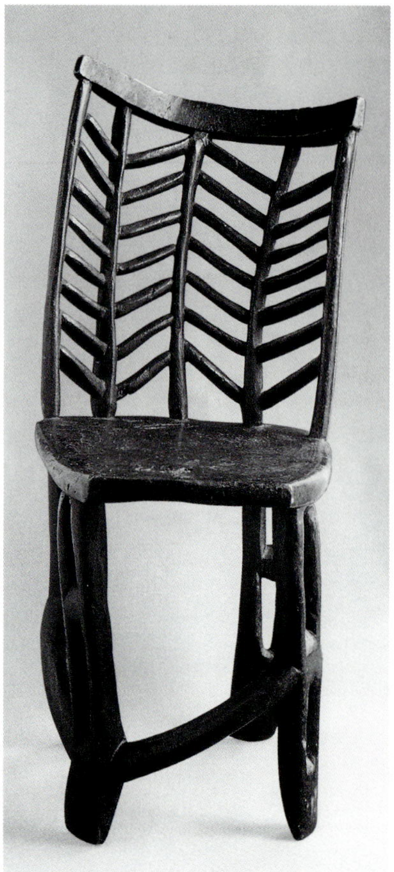

3.26

Geschnitzter Stuhl

Zulu (Zulu-Königreich oder Natal-Kolonie)
KwaZulu-Natal, Südafrika
Mitte 19. Jahrhundert
Holz
145 x 101 x 105 cm
Natal Museum, Pietermaritzburg

Die Herstellung geschnitzter Stühle ist für den gesamten südöstlichen Bereich Afrikas im Zeitraum von 1800 bis ca. 1850 belegt. Dieser Stuhl ist einer von mindestens zwei erhaltenen Exemplaren, die den Zulu-Königen des 19. Jahrhunderts gehört haben sollen. Wie andere Beispiele dieses Typus auch – viele kennt man nur noch aus Illustrationen und aus Erzählungen – wurde er aus einem einzelnen Holzblock geschnitzt und ist durch eine asymmetrische Anordnung der die Beine verbindenden Streben charakterisiert. Trotz dieser gemeinsamen Grundform unterscheiden sich geschnitzte Stühle aus Südostafrika im Dekor deutlich voneinander.

Diese Stühle wurden vermutlich von europäischen Modellen beeinflußt, die von Portugiesen verkauft wurden, und waren für Shaka, den ersten Zulu-König, und seine unmittelbaren Nachfolger reserviert. In dieser Funktion dokumentierten sie die politische Autorität des Königs über seine Untertanen, denen es untersagt war, auf Stühlen jeder Art zu sitzen. Jedoch haben sie sicherlich nie die rituelle Bedeutung der *inkatha* angenommen, die während der alljährlichen ersten Erntezeremonie als Thron diente, wenn der König in einem Kostüm aus Naturfasern seine Macht durch die Erneuerung der Fruchtbarkeit des Landes bestätigte. Die *inkatha*, ein großer Graskranz, der Körperflüssigkeiten von Mitgliedern der Königsregimenter enthielt, war ein Schlüsselsymbol der Einheit der Zulu.

In der Mitte des 19. Jahrhunderts wurde der Gebrauch von Stühlen als Autoritätssymbole von Führern benachbarter Königreiche übernommen; einige von diesen scheinen Stühle gekauft zu haben, die europäische Handwerker aus Natal herstellten und die vermutlich Reichtum und Status des Häuptlings betont vor Augen führten. Im Gegensatz dazu haben Missionare und andere weniger wohlhabende Kolonisten, die nicht in der Lage waren, sich Stühle solcher Machart zu leisten, vergleichsweise billige Holzstühle von ortsansässigen schwarzen Handwerkern gekauft.

Eine Inschrift unter der Sitzfläche erhebt den zweifelhaften Anspruch, daß der Stuhl einst König Cetshwayo, Neffe König Shakas und Sohn des dritten Zulu-Königs, Mpande, gehört haben soll. Cetshwayo soll ihn 1858 dem Missionar Rev. C. F. Mackenzie geschenkt haben. Da Cetshwayo seinem Vater erst in den 70er Jahren des 19. Jahrhunderts auf dem Königsthron folgte, ist es unwahrscheinlich, daß er Mitte der 50er Jahre selbst irgendwelche Stühle oder ›Throne‹ besaß. Außerdem besuchte Mackenzie nie das Zulu-Reich, und Cetshwayo wird niemandem ein solches Geschenk überreicht haben, besonders nicht zu einem Zeitpunkt, als er gegenüber Missionaren äußerst mißtrauisch war. Mackenzie erwarb diesen Stuhl vermutlich von einer anderen Quelle.
SK

Provenienz: 1916 dem Museum von der Großnichte des Rev. C. F. Mackenzie geschenkt, der zwischen 1855 und 1859 in Natal war

Literatur: Angas 1849, S. 55; Colenso 1855, S. 124; Holden 1866, S. 252 f.; Kotze 1950, S. 121, 158; Stuart und Malcolm 1969, S. 10 f.; Webb und Wright 1976, S. 44; Klopper 1989; Delegorgue 1990, S. 196

3.27 a
Stab
Zulu (Zulu-Königreich oder Natal-Kolonie)
KwaZulu-Natal, Südafrika
19. Jahrhundert
Holz, Kupfer und Messingdraht
Höhe 143 cm; Ringdurchmesser 9 cm
Paarl Museum, Paarl, Leihgabe in der South African National Gallery, PM 82/280

3.27 b
Schlangenstab
Natal-Häuptlinge
KwaZulu-Natal, Südafrika
19. Jahrhundert
Holz
Höhe 109,2 cm
Sammlung Bowmint

3.27 c
Stab
Zulu (Zulu-Königreich)
KwaZulu-Natal, Südafrika
19. Jahrhundert
Holz
109,2 x 11,4 x 6,3 cm
Kevin und Anna Conru

Figurative und nicht-figurative Stäbe und Schlaghölzer wurden während des 19. und frühen 20. Jahrhunderts überall im südöstlichen Afrika hergestellt. Viele von ihnen stammen von Schnitzern der tsonga-sprechenden Gruppen, von denen bekannt ist, daß sie das Zulu-Reich mit Stäben als Teil der Tributabgabe, die sie Shaka und seinen Nachfolgern entrichten mußten, versorgten. tsonga-sprechende Migranten scheinen ebenfalls figurative Stäbe für einen nicht-einheimischen Markt angefertigt zu haben, wie das Beispiel zeigt, das einen Mann mit an die Brust hochgezogenen Knien darstellt (Kat. 3.27 g). Die Figuren auf den Stöcken einiger tsonga-sprechender Gruppen haben betonte Genitalien und wurden vermutlich in Initiationsschulen verwendet. Andere Stäbe, die von seltsam länglichen Köpfen oder Darstellungen englischer Soldaten in diversen Uniformen gekrönt sind, scheinen von jungen Männern aus der Natal-Kolonie hauptsächlich zum Eigengebrauch geschnitzt worden zu sein.

Stäbe wurden somit für eine Vielzahl von Märkten hergestellt, wenn auch die meisten für Häuptlinge gedacht waren. Diese letzte Kategorie schließt jene mit abstrakten oder halbabstrakten Details (siehe Kat. 3.27 a, c) sowie die generell sehr großen Stäbe ein, die mit einzelnen oder ineinander verschlungenen Schlangen verziert waren.

Es gibt Belege dafür, daß Stil und Ikonographie der von den Häuptlingen benutzten Stäbe von Region zu Region beträchtlich voneinander abwichen. Im Gegensatz etwa zu den umschlungenen Schlangenstäben, die bei Gruppen im südlichen Natal beliebt gewesen zu sein scheinen, waren jene mit einer Vielzahl geometrisch aufgefaßter Motive vermutlich nur hohen Würdenträgern im Königreich der Zulu vorbehalten. Stäbe dieser Art, die oft von Stierhörnern (oder ähnlichen Motiven) verziert waren, unterstreichen die Bedeutung dieser Tiere als Symbole des Reichtums und der Fruchtbarkeit – vielleicht gerade auch ihre Rolle als Mittler zwischen Menschen und königlichen und anderen Ahnen. Dies soll aber nicht heißen, daß alle Motive auf den Königsstäben mit der Absicht geschnitzt wurden, besondere Bedeutungen zu transportieren. Ganz im Gegenteil scheinen Stäbe ganz einfach sichtbarer Ausdruck der Fähigkeit des Künstlers zu sein, sorgfältig Gestaltungen und Formen in ein Gleichgewicht zu bringen, das manchmal durch Beifügung von Maschendrahtmustern akzentuiert wurde.

Schlaghölzer mit knollenförmigen Köpfen – einige waren auch mit feinziseliertem Draht verziert – weisen eine ähnlich sorgfältige ausgeführte Gestaltungs- und Detailarbeit auf. Stöcke aus Rhinozeroshorn waren für Häuptlinge reserviert und dienten als Zeichen des Ranges. Während der Regentschaft besonders von Shaka und Dingane sollen Schlaghölzer aus Hartholz als Hinrichtungsinstrumente benutzt worden sein, jedoch wurden diese Stöcke hauptsächlich zur Jagd gebraucht. *SK*

Literatur: Webb und Wright 1976, S. 63 f.; Hooper 1981, S. 157–213; Nettleton 1989; Klopper, in: Johannesburg 1991; Maggs 1991

3.27 d

Schlagholz

Nord-Ngoni
Swaziland oder KwaZulu-Natal, Südafrika
19. Jahrhundert ?
Rhinozeroshorn
Höhe 90 cm; Durchmesser 7,5 cm (Kopf)
Sammlung Jonathan Lowen

3.27 e

Schlagholz

Zulu (Zulu-Königreich oder Natal-Kolonie)
KwaZulu-Natal, Südafrika
19. Jahrhundert
Holz, Draht
60,9 x 8,8 x 8,8 cm
Sammlung Bowmint

3.27 f

Schlagholz

Nord-Ngoni
Swaziland oder KwaZulu-Natal, Südafrika
19. Jahrhundert
Rhinozeroshorn
49,5 x 10,1 x 10,1 cm
Sammlung Bowmint

3.27 g

Figurenstab

Vermutlich tsonga-sprechender Wanderschnitzer
KwaZulu-Natal, Südafrika
Spätes 19. oder frühes 20. Jahrhundert
Holz
22,8 x 6,3 x 6,3 cm
Sammlung Bowmint

3.28

Stab

Tsonga (?)
KwaZulu-Natal, Südafrika
Spätes 19./frühes 20. Jahrhundert (?)
Holz
106 x 10,1 x 6,3 cm
Kevin und Anna Conru

Obschon ungewöhnlich stilisiert und skulptural von fließender Form, zeigt dieser Tsonga-Stab die Charakteristika klassischer Tsonga-Figurenkunst. Die Augen und Brauen sind brandmarkiert; charakeristisch ist die breite Dreiecksnase und der offenstehende ovale Mund mit reliefierten Zähnen. Ohren, Bart und Frisur sowie Nabel, Brüste und Fußgelenke wurden ebenfalls mit Brandmalerei betont. Die Figur trägt einen konisch zulaufenden Kopfschmuck, der durch Einsatz von Brandmalerei gestreift ist, was atypisch ist, da die meisten männlichen Darstellungen der Nguni den Kopfschmuck Verheirateter tragen. Vielleicht ist der Helm eines Offiziers oder ein anderes Rangzeichen dargestellt; ein Beispiel im Leidener Rijksmuseum voor Volkenkunde hat einen ähnlichen Kopfschmuck. *KC*

3.29 a

Tabakspfeife

Thembu
Südafrika
19. Jahrhundert
Holz, Metalleinlage, Mundstück aus Horn
10,2 x 30,6 x 2,6 cm
Kevin und Anna Conru

3.29 b

Tabakspfeife

Süd-Sotho oder benachbarte Kap-Nguni
Südafrika
Holz
37 x 13,9 cm
National Museum of African Art, Smithsonian Institution, Washington, 89-14-16

Geschnitzte Tabakspfeifen waren bei den nguni-sprechenden Völkern der östlichen Kapregion und bei ihren sotho-sprechenden Nachbarstämmen in Lesotho weit verbreitet. Die meisten Pfeifen wurden aus hartem, dunklem Holz geschnitzt; wenn das Holz hell war, nahmen sie durch den Gebrauch Patina an. Pfeifen wurden von Männern sowohl für Männer wie für Frauen angefertigt. Länge, Stil, Dekoration und Größe der Pfeife verrieten den sozialen Status. Wenn man Pfeifen benutzte oder nur mit sich trug, dienten sie oft als Bestandteil traditioneller Kleidung. Rauchen war wie auch das Schnupfen etwas Alltägliches, aber es wurde auch mit Macht und Großzügigkeit Einzelner sowie mit den Geistern der Ahnen assoziiert. Tabak wurde oft als Heiratsgeschenk überreicht, und Rauchen stand indirekt mit Fruchtbarkeit und Fortpflanzung in Zusammenhang.

Die zwei hier gezeigten Pfeifen illustrieren deutlich die stilistische Spannweite in der Gestaltung der Pfeifen. Die eine (Kat. 3.29 a) ist ein Beispiel für eine strenge Formgestaltung; die rhythmische Abstraktion vollzieht sich innerhalb des funktionalen Rahmens einer Pfeife. Der lange Kopf ist typisch für traditionelle Pfeifen vom Ostkap, aber Erfindungsreichtum ist im bewegten Wechsel des Halses sichtbar. Zwischen Kopf und Mundstück vollzieht sich ein Linienspiel mit dünnen, gebogenen Formen. Die Klarheit der Form und die funktionale Ausrichtung dieser Pfeife machen sie zu einem beeindruckenden Gegenstand.

Die andere Pfeife (Kat. 3.29 b) ist ein schönes Beispiel für die figurative Stilrichtung derselben Herkunftsregion. Hier ist der Pfeifenkopf im wahrsten Sinne des Wortes ein Körper mit dünn zulaufenden, zylindrischen Beinen, die sich vertikal nach unten ausdehnen und in zwei kleinen, einfach dargestellten Füßen enden. Der Pfeifenkopf ist zu einem gestreckten Frauentorso modelliert, dabei wurden die Schamgegend, der Nabel und zwei kleine Brüste am oberen Rand akzentuiert. Die Arme sind dünn und eng gegen den Rumpf gepreßt und verlaufen sanft in Richtung des Nabels. Die Ökonomie dieses stilisierten menschlichen Körpers ist außerordentlich kultiviert. Das glatte Mundstück, das in den unteren Rücken der Figur in steilem Winkel eindringt, steht in Kontrast zur Organik des Pfeifenkopfes. Bei Pfeifenfiguren dieser Art fehlen oft die ›Köpfe‹, und es bleibt offen, ob dieses Beispiel ursprünglich einen Pfeifendeckel in Kopfform hatte. Figurative Pfeifen mit sorgsam geschnitzten ›Köpfen‹ als Deckel befinden sich in Sammlungen südafrikanischer Museen.

Kleine persönliche Objekte wie diese Pfeifen scheinen von Hand zu Hand, Familie zu Familie und über Generationen weitergegeben worden zu sein; sie verbanden die Gegenwart fest mit der Vergangenheit und deren Ahnen und Bedeutung. Zusätzlich spürt man bei diesen sorgfältig ausgeführten Gegenständen die bei Schnitzer, Benutzer und Betrachter gleichermaßen vorhandene Wertschätzung. *KNe*

Ausstellung: Kat. 3.29 b: Washington 1991

Literatur: Shaw 1938, Tafel 95; Wanless 1991, Tafel 46

3.30 c

Schnupftabaksbehälter

Süd-Sotho
Lesotho
Horn
27,8 x 2,8 cm
Johannesburg Art Gallery, 406

3.30 d

Schnupftabaksbehälter

Süd-Sotho
Lesotho
Frühes 20. Jahrhundert
Horn
59 x 3 cm
Johannesburg Art Gallery, 405

3.30 e

Schnupftabaksbehälter

Zulu
Südafrika
Horn
40,6 x 3,8 x 2,5 cm
Sammlung Bowmint

3.30 a

Schnupftabaksbehälter

Zulu
Südafrika
Horn
Höhe 36 cm
Staatliche Museen zu Berlin, Preußischer Kulturbesitz, Museum für Völkerkunde, III D 680

3.30 b

Schnupftabaksbehälter

Zulu
Südafrika
Horn
10,5 x 19,9 x 2,7 cm
Local History Museum, Durban, 95/248

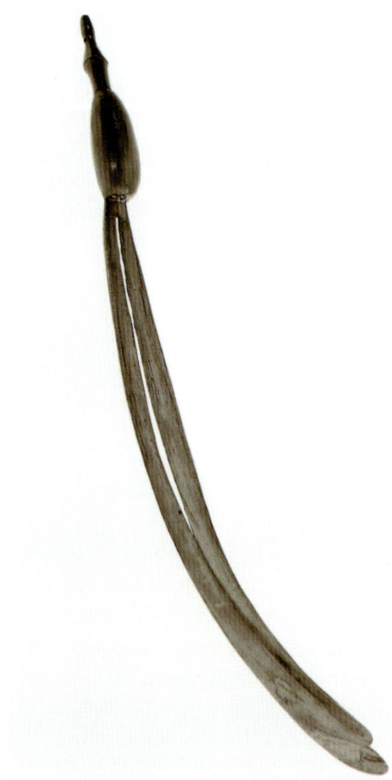

Während die meisten Schnupftabaksbehälter eher klein und diskret sind, gibt es eine Gruppe außergewöhnlicher Beispiele, die durch plastische Zusätze oder figürliche Attribute mit der üblichen Strenge von Form und Größe brechen. Bei Katalognummer 3.30 d hat der Zierat die Gestalt langer, spatelförmiger Klingenblätter, die von der Basis des Behältnisses abstehen und der Krümmung des Hornes, aus der der Behälter gemacht wurde, folgen; bei Katalognummer 3.30 c hingegen ähneln die schwanzähnlichen Erweiterungen langen Zinken.
Diese aus Büffel- oder Antilopenhorn geschnittenen Schnupftabaksbehälter wurden von Männern mit überragender Begabung angefertigt. Das Horn scheint in Wasser aufgeweicht, geschnitzt und Feuer ausgesetzt worden zu sein, um eine komplexe, gespreizte Form anzunehmen und beizubehalten. Die regelmäßigen Windungen der Bänder von Katalognummer 3.30 e scheinen eine Anspielung auf die Hörner der Kudu, einer großen südafrikanischen Antilope, zu sein, die in der Gegend einst weit verbreitet war. Die figürliche Darstellung eines Menschenkopfes bei Katalognummer 3.30 a ist mit einer ›Doppelhelix‹ kombiniert. Der mit rudimentären Augen, Mund und Nase versehene Kopf wird von einem Kopfring bekränzt, einem Zeichen des Alters und des gesellschaftlichen Ranges bei den nguniverwandten Gruppen.

Diese extravaganten Beispiele waren vermutlich Prestigeobjekte, die für Häuptlinge und Männer von Rang entworfen und angefertigt wurden. Ihre Größe und Form verhinderten sicherlich, daß sie dezent in ein Ohrläppchen eingehakt oder um den Hals oder am Körper getragen wurden. Stattdessen wurden sie wahrscheinlich als Schauobjekte benutzt. Die Tatsache, daß solche kostbaren Besitztümer aus Horn gefertigt wurden, betont die enge Verbindung zwischen dem Prestigewert reicher Viehbesitzer und dem Gebrauch von Schnupftabak und Tabak.

Ein etwas weniger außergewöhnliches Beispiel gewinnt seinen Reiz durch lockenartige Spiralen (Kat. 3.30 b). Diese ermöglichten wahrscheinlich das Tragen des Behälters um den Arm oder an einer Tasche. Figurative Schnupftabaksbehälter wurden im südlichen Lesotho und in angrenzenden Gebieten gefunden (Kat. 3.30 f–g). Diese eigentümlichen Behältnisse nutzten die von Natur aus hohlen Hörner, die an der Unterseite verschlossen wurden, zum Verwahren des Tabaks. Eine kleine Öffnung wurde in das Horn gebohrt und mit einem Korken versehen. Beim antilopenförmigen Beispiel (Kat. 3.30 g) verleiht die natürliche Krümmung des Hornes dem Tierkörper eine besondere Spannung. Der sich nach oben verjüngende Körper kulminiert in einem stark stilisierten Kopf mit scharfen, gespreizten Hörnern. Bei dem besonders schönen Beispiel, das eine langhalsige Mutter mit Kind zeigt, das sich an den Rücken der Mutter klammert (Kat. 3.30 f), suggeriert die Krümmung des Horns ein elegantes Schreiten. Bei dieser Figur wie auch bei ihrem männlichen Pendant sind Details des Narbenschmucks, der Kleidung und der Gesichtszüge spannungsvoll gegen die rhythmischen Winkel der Arme und Beine gesetzt, die alle als flaches Relief in das Horn geschnitten wurden. *KNe*

Provenienz: 3.30 c: In den 80er Jahren für die Sammlung Brenthurst, Johannesburg, von J. Lowen, London, erworben

Ausstellung: Kat. 3.30 c: Johannesburg 1991

Literatur: Shaw 1935, S. 29; Wanless 1991, S. 132

3.30 f

Zwei Schnupftabaksbehälter

Süd-Sotho
Lesotho
Horn
Höhe 17,5 cm (Männliche Figur), 12,5 cm (Weibliche Figur)
Privatbesitz

3.30 g

Schnupftabaksbehälter

Süd-Sotho
Spätes 19. Jahrhundert
Lesotho
Horn
19,2 x 4,3 x 4,5 cm
South African Museum, Kapstadt, SAM-AE 449

3.31 a

Schnupftabaksbehälter

Zulu
Südafrika
Rhinozeroshorn, Holz
7,5 x 6,2 x 6 cm
Natal Museum, Pietermaritzburg

3.31 b

Schnupftabaksbehälter

Zulu
Südafrika
Ca. 1880–1890
Elfenbein
12 x 9 x 8,8 cm
Natal Museum, Pietermaritzburg

3.31 c

Schnupftabaksbehälter

Tsonga
Südafrika
Holz
Länge ca. 18 cm; Durchmesser ca. 4 cm
Sammlung Jonathan Lowen

Im ganzen südlichen Teil Afrikas waren Schnupfen und Rauchen von Tabak verbreitet und als gesellschaftliche Aktivitäten eingestuft, die zur Pflege sozialer Beziehungen beitrugen. Rauchen und Schnupfen besaßen außerdem signifikante Beziehungen zum Totenreich, zu Manneskraft und Fortpflanzung, mit denen Reichtum, Macht und Großzügigkeit einhergehen. Schnupftabaksbehälter gehören zu den kleinsten, aber sehr persönlichen Gegenständen, die im südlichen Afrika hergestellt wurden. Behältnisse für Schnupftabak waren diskrete, aber zugleich tragbare Statusobjekte, die als Accessoires von Männern und Frauen getragen wurden. Man trug sie als dekorativen Gegenstand an Taille, Nacken oder am Arm, und die Zulu benutzten durchstochene Ohrläppchen als Trageschlaufe. Zusätzlich wurden sie Mänteln angeheftet oder in Taschen transportiert.

So klein sie auch sein mögen, so spiegeln Schnupftabaksbehälter das ganze künstlerische Spektrum der Region, von abstrakter Strenge und Purismus der Linien bis zu figürlichen Stilisierungen von Menschen- und Tierformen. Bezüge auf Weidevieh durch Formgebung oder Materialwahl unterstreichen die Bedeutung, die diese Tiere innerhalb einer Glaubenswelt aus Ahnenkult, patriarchalischer Autorität und sozialem Prestigedenken hatten.

Die Formen der Tabaksbehälter variieren sehr. Kleine Kalebassen oder entkernte Früchte wurden oft benutzt, und die Form einer kleinen Kürbisflasche scheint das Modell für die aus Horn und Elfenbein geschnitzten Schnupftabaksbehälter gewesen zu sein (Kat. 3.31 a–b). Bei einem der hier gezeigten schönen Beispiele wurde der ausbuchtende Korpus auf kurze Beine gestellt. Die Verwendung dieser seltenen Materialien, wie z. B. Rhinozeroshorn und Elfenbein, war Privileg der Häuptlinge und wurde mit Jägerstolz ebenso wie mit der Herrschaftssymbolik dieser besonderen Tiere assoziiert.

Ein Paar kugelförmiger Schnupftabaksbehälter (Kat. 3.31 c), durch eine aus Holz geschnitzte Kette miteinander verbunden, ist ein typisches Beispiel für Behältnisse der Tsonga aus dem nordöstlichen Transvaal und Mosambik. Diese tropfenähnlichen Tabaksdosen haben konische Stopfen und werden oft einzeln, aber auch in Paaren gefunden. Oft wurden sie auch an aufwendig gestalteten Kopfstücken befestigt. *KNe*

Provenienz: Kat. 3.31 a–b: 19. Jahrhundert, Leihgabe Adams an das Museum

Literatur: Davison 1976, S. 109–112, 145 f.

Ein bestimmter Typus von Schnupftabaksbehältern, der historisch mit den Xhosa-Völkern der östlichen Kapregion in Zusammenhang stand, wird aus einer Kombination von Fellresten hergestellt, die mit Blut und Ton untermischt werden. Es wurde vermutet, daß diese Substanzen aus den Überresten jener Tiere gesammelt wurden, die als Opfergabe den Ahnen dargeboten wurden und denen aufgrunddessen eine Schutzfunktion zukam. Die ungewöhnliche Mischung wurde auf einen Tonkern gezogen, den man später entfernte, wenn das modellierte Material ausgehärtet war. Die Oberfläche dieser besonderen Tabaksbehälter war von rauher Struktur, da man mit einem scharfen Werkzeug die Fellhaare in noch modellierbarem Zustand zu spitzen Büscheln zog. Viele Stücke haben noch heute scharfkantige Oberflächenstrukturen. Dies scheint auf das Nichtvorhandensein eines Überzuges hinzudeuten; außerdem dürften sie häufiger im Haus plaziert oder an einer sicheren Stelle in Taschen verstaut worden sein, als daß sie getragen wurden. Diese kleinen Objekte hatten normalerweise die Gestalt von Weidetieren oder Bullen mit langen Hörnern.
Bei einem ungewöhnlichen Beispiel (Kat. 3.32 b) ähnelt die aufgerichtete Form einem Menschen, der Behälter ist der Körper, der behaarte Kopf mit seinen ›Stacheln‹ der Deckel. Allerdings zeigen die Glieder nach vorne und, auf die ›Beine‹ gestellt, ähnelt diese Gestalt wiederum einem Weidetier. In der subtilen Beschwörung von tierischen und menschlichen Zügen spielt dieses Gefäß auf die Beziehung von Menschen und ihren Haustieren an. Der Bezug auf Nutztiere bei dieser und anderen Formen von Schnupftabaksbehältern verbindet die gesellschaftliche Bedeutung des Schnupf- und Rauchtabaks mit der spirituellen Kraft, die diesen Tieren zugeschrieben wurde. *KNe*

Literatur: Davison 1976; Shaw und van Warmelo 1988; Klopper 1991; Wanless 1991

3.32 a
Schnupftabaksbehälter
Kap-Nguni
Südafrika
Fell, mit Blut vermischter Ton
10,1 x 6,3 x 11,4 cm
Sammlung Bowmint

3.32 b
Schnupftabaksbehälter
Kap-Nguni
Südafrika
19. Jahrhundert
Fell, mit Blut vermischter Ton
13,6 x 6,6 x 4 cm
South African Museum, Kapstadt, SAM-AE 5934

3.33

Perlenbestickter Lederschurz

Südliche Nguni
Südafrika
19. Jahrhundert
Fell, Glasperlen, Sehnen
50 x 38 cm (jeweils in der Mitte)
East London Museum, Südafrika, ELM ETH 1143

Dieser großartige Lederschurz nimmt die Form des Tierfells auf, aus dem er gemacht wurde: Die Hinterbeine bilden oben Auskragungen zum Verschnüren, und die Vorderbeine sind auf kurze Klappen reduziert. Das Fell bildet den Grund für die Perlenmotive in einer großen Farbenvielfalt, am prominentesten sind u. a. Kobaltblau, Weiß, Violett und durchscheinendes Gelb. Kreisförmige Anordnungen der Perlen, die in unregelmäßig verlaufenden Reihen arrangiert sind und sich von Zonen mit perlverzierten Schlaufen absetzen, machen die besondere Ornamentik dieses Stückes aus.

Der Sammler hinterließ keine Angaben über den Kontext, innerhalb dessen dieses Kleidungsstück verwendet wurde, aber es ähnelt den Mutterschaftsschürzen, mit denen Frauen in KwaZulu-Natal Brüste und Oberkörper bedeckten. Angesichts des Umstandes, daß dieser Schurz im benachbarten Pondoland erworben sein soll, ist es nicht unwahrscheinlich, daß er einer Frau gehörte, die Beziehungen zu nördlicher siedelnden Nguni-Gruppen unterhielt. Mutterschaftsschurze wurden aus dem Fell des Opfertieres gemacht, das den Vorfahren väterlicherseits zum Schutz des Ungeborenen dargebracht wurde. Daß der Schurz die Tierform beibehielt, ist ein expliziter Bezug auf diese Zueignung an die Ahnen, und das Tragen des Kleidungsstückes sollte dem Kind Gesundheit und Glück bringen. Die Bedeutung, sofern überhaupt vorhanden, besonderer perlenbestickter Motive ist nicht bekannt. Perlen waren Indikatoren des Wohlstandes und kündeten so vom Rang des Trägers. Nach der Geburt des Kindes wurden Mutterschaftsschurze oft benutzt, um das Kind auf dem Rücken zu tragen.

Dieses Stück aus dem Jahr 1889 stellt ein interessantes Beispiel für die Perlenstickerei des 19. Jahrhunderts dar. Andere Formen der Perlenverarbeitung, die vielfältige Ausprägungen hatte und im südöstlichen Afrika weitverbreitet war, verzichteten auf ein Trägermaterial und hatten den Charakter von Spitze. Mit steigender Verfügbarkeit importierter Waren ersetzten im 19. Jahrhundert Stoffkleider die alten Fellbekleidungen, aber die symbolische Bedeutung der Mutterschaftsschurze aus Leder sicherte ihre Herstellung bis ins 20. Jahrhundert.
EMS, PD

Provenienz: 1889 in der Sammlung Emmerling

Ausstellung: Kapstadt 1993, Nr. 176

Literatur: Hooper, Davison und Klinghardt 1989, S. 327–329, 355; Morris und Preston-Whyte 1994, S. 40

3.34

Umhang

Ndebele
Südafrika
Frühes 20. Jahrhundert
Schafsfell, Sehnen, Glasperlen
Höhe 161 cm
Privatsammlung

In ganz Südafrika waren Umhänge aus gegerbtem Leder Vorläufer wollener Mantelumhänge, die man zum Schutz gegen Kälte wie auch bei zeremoniellen Anlässen trug. Bei den Stämmen der Ndebele wurden Umhänge aus Schafsfell, die mit Heirat assoziiert waren, bei wichtigen Gelegenheiten von Frauen getragen. Einige Monate vor der Hochzeit bereitete der Brautvater das Fell vor, das weichgemacht, geschnitten und in die charakteristische halbrunde Form des Umhanges genäht wurde. Bei der Perlenornamentik bestanden beträchtliche Variationsmöglichkeiten, die von Mustern, die die gesamte Oberfläche des Kleidungsstückes bedeckten, bis zu einer einfachen Perlenlinie am oberen Rand reichte. Auch aus Perlen zusammengesetzte ›Bilder‹, die den Rücken herabhingen, waren keineswegs unüblich. Photographien aus den 20er Jahren zeigen Bräute, die Umhänge mit und ohne Verzierungen tragen. Wohl wurden Perlen jeweils über einen langen Zeitraum hinweg auf einen Umhang genäht. Obwohl die Form des vorliegenden Umhangs charakteristisch für die Ndebele ist, ähneln die Schmuckornamente denen der Sotho-Völker, insbesondere den Ntwane, die in unmittelbarer Nähe der Ndebele leben.

Als zugleich ver- und enthüllendes Kleidungsstück war ein Umhang mit Symbolik aufgeladen. Während der Hochzeitszeremonien verhüllte der Umhang den Körper der Braut, zeigte aber gleichzeitig ihren neuen sozialen Rang. Von einem Sohn getragen, der die Initiationsschule verließ, war er Ausdruck des Ranges und des Stolzes der Mutter. Wenn eine ältere Frau einen Umhang trug, war ihr der Respekt vor dem Alter sicher. Solcherart markierte ein Umhang die Übergänge des Lebens und war für seinen Besitzer ein kostbares Gut. *PD*

Literatur: Bruce 1976, S. 143; Levy 1990, S. 56 f.

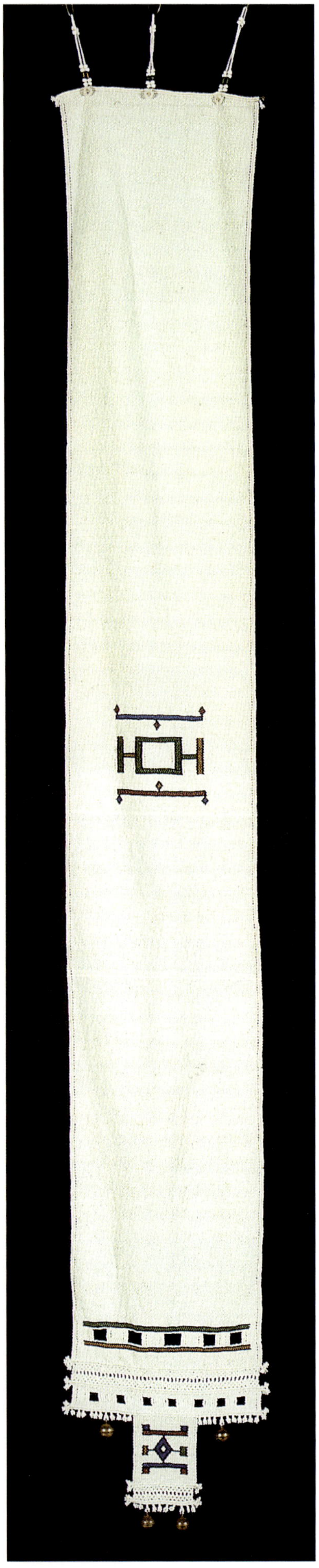

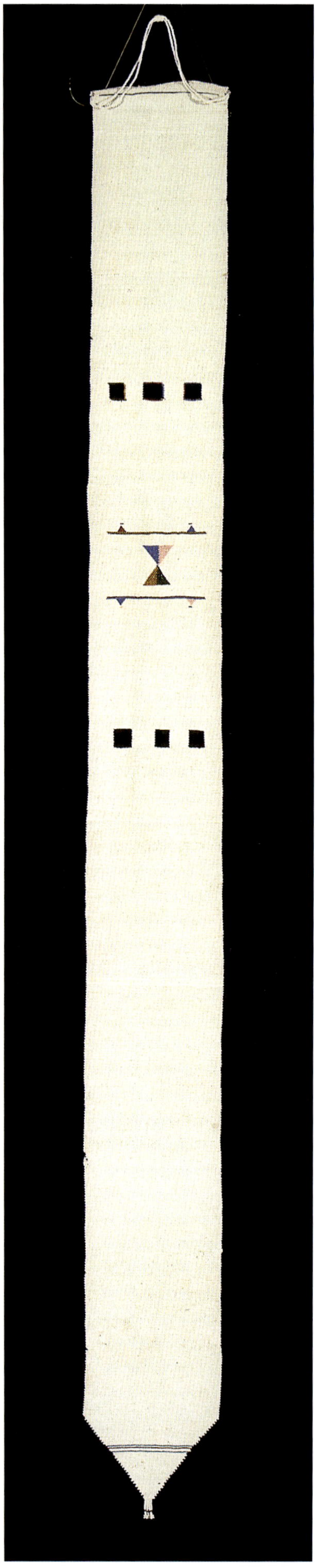

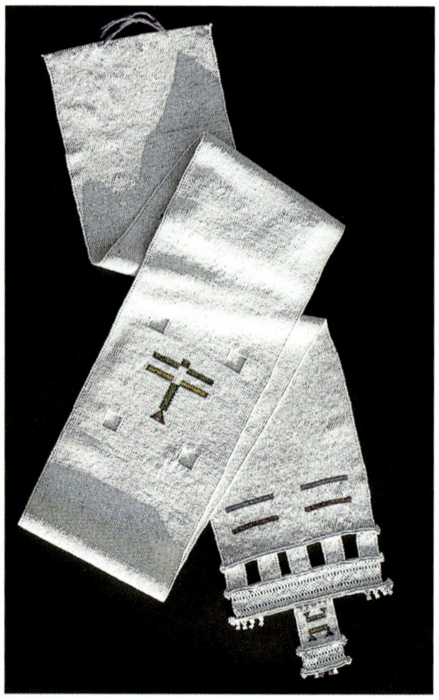

3.35 a

Perlenbestickte Schleppe (*nyoka*)
Ndebele
Südafrika
Vor 1940
Glasperlen und Baumwollfaden
168 x 19 cm
McGregor Museum, Kimberley, MMK (E) 3064

3.35 b

Perlenbestickte Schleppe (*nyoka*)
Ndebele
Südafrika
Vor 1940
Glasperlen und Baumwollfaden
172 x 26 cm
Privatsammlung, Johannesburg

3.35 c

Perlenbestickte Schleppe (*nyoka*)
Ndebele
Südafrika
Vor 1940
Glasperlen und Baumwollfaden
187 x 19,7 cm
Standard Bank Collection of African Art, University of the Witwatersrand, Johannesburg, SBF 87.24.04

Die von Ndebele-Frauen mit importierten Glasperlen bestickten langen Schleppen gehören zu den großartigsten Beispielen von Perlenornamentik im südlichen Afrika. Die traditionellen Grundformen von perlenverzierter Kleidung und dekorativen Mustern der Ndebele blieben das ganze letzte Jahrhundert über ziemlich unverändert, doch Farbvorlieben und Muster änderten sich dramatisch. Die drei hier gezeigten *iinyoka* sind für die Zeit vor 1940 typisch, als bei der Ndebele-Ornamentik die Farbe Weiß vorherrschte, wenn auch kombiniert mit zurückhaltenden geometrischen Mustern in einigen wenigen Grundfarben.

Der Begriff *nyoka* bedeutet ›Schlange‹, aber eine Verbindung der verzierten Schleppen mit Fruchtbarkeit oder mit den Toten, deren Gegenwart von Schlangen angezeigt wird, ist nicht nachzuweisen. Spekuliert wird auch über die Bedeutung der weißen Farbe, die oft Zustände sozialen Wandels, Trennung oder geändertes Bewußtsein signalisiert, aber die Feldforschung bei den Ndebele hat keine Bestätigung hierfür geliefert. Seit den 50er Jahren wird häufiger Farbe verwendet, die Gestaltung fällt üppiger aus, was zu einer Motivvermehrung, die Buchstaben, Ziffern und figürliche Darstellungen einschließt, führt. Stilinnovation ist ein Charakteristikum der Perlenstickerei der Ndebele. Einige Variationen können Ergebnis auftretender Regionalstile gewesen sein, aber dies konnte nicht erhärtet werden.

Die Art und Weise, eine *nyoka* zu tragen, variierte und war von der Einzelperson abhängig. Einige sind mit einer Schlaufe oder einem Kopfband versehen, so daß sie vom Nacken oder von der Stirn herabhingen. Andere wurden am Rückenteil eines Umhangs aus Schafleder befestigt, den der Brautvater für seine Tochter zur Zeremonie anfertigte. Manchmal wird nur eine einzelne *nyoka* als Schleppe getragen, aber Photographien aus den 20er Jahren zeigen Frauen, die zwei *iinyoka* trugen, eine auf dem Rücken und die andere nach vorne. Im Geist der Erneuerung kann eine moderne Braut einen Schleier westlichen Stiles mit traditionellem Kopfschmuck kombinieren.

Perlenarbeit wurde in vielen Regionen verwendet, um die soziale Position der Frauen zum Ausdruck zu bringen.

Wechsel in der verzierten Erscheinung signalisierte das Durchschreiten verschiedener Stufen der Reife und veränderten gesellschaftlichen Rang. Obwohl Stickereien früher jeden Tag getragen wurden, sind sie heutzutage für wichtige Anlässe reserviert, wie z. B. die Zeremonien, die anläßlich einer Initiation, Hochzeit, bei Begräbnissen, Aufstellungen von Altersstufenregimentern und bei College- oder Universitätsabschlüssen begangen werden. Alte Perlenverzierungen können aufgelöst und die Perlen im jeweiligen Haushalt unter Aufsicht der älteren Frauen erneuert werden, die auch entscheiden, welche neuen Gegenstände entweder für den Familiengebrauch oder zum Verkauf hergestellt werden.

Die Ndebele im Transvaal lebten ursprünglich bei den Ostküstenbewohnern, die Nguni sprechen, und wanderten vor oder während des 17. Jahrhunderts aus. Komplexe Querverbindungen und Verwandtschaften mit sotho-sprechenden Stämmen des Zentral-Transvaal entwickelten sich und führten zu variierten Abstufungen gleicher Gewohnheiten und Kleidungsitten. Seit den letzten Jahrzehnten des 19. Jahrhunderts erlitten die Ndzundza-Ndebele, die sich zu ausgewiesenen Perlenstickern entwickelt hatten, wiederholt starke gesellschaftliche Erschütterungen. Sie reagierten auf diese Verschlechterungen durch Wiederbelebung wichtiger gesellschaftlicher Einrichtungen, wie z. B. der Initiationsriten junger Männer, und lernten, ihre besondere kulturelle Identität am Leben zu erhalten und weiterzugeben. Frauen übernahmen die Aufgabe, den familiären Zusammenhalt zu stärken; sie entwickelten vorhandene Fähigkeiten weiter und erwarben neue Kenntnisse. Seither stieg ihr Ruf als Perlenkünstlerinnen und Meisterinnen der Hausbemalung beträchtlich. *NL*

Literatur: Tyrrell 1968, S. 79–89; Levinsohn 1984, S. 112–127; Carey 1986, S. 136–138; Delius 1989, S. 227–258; Levy 1990; Christopher 1994, S. 69–71

3.36 a

Ohrpflöcke (*iziqhaza*)
Zulu
Südafrika
20. Jahrhundert
Holz, Farbe
Durchmesser ca. 6 cm
Sammlung Jonathan Lowen

3.36 b

Ohrpflöcke (*iziqhaza*)
Zulu
Südafrika
20. Jahrhundert
Holz, Vinylasbest, Leim und Holznägel
Durchmesser ca. 6 cm
Sammlung Jonathan Lowen

3.36 c

Ohrpflöcke (*iziqhaza*)
Zulu
Südafrika
20. Jahrhundert
Holz, Farbe
Durchmesser ca. 6 cm
Sammlung Jonathan Lowen

3.36 d

Ohrpflöcke (*iziqhaza*)
Zulu
Südafrika
20. Jahrhundert
Holz, Vinylasbest, Leim und Holznägel
Durchmesser ca. 6 cm
Sammlung Jonathan Lowen

Der Gebrauch von Ohrpflöcken hängt mit der Sitte des Ohrläppchendurchstechens zusammen, das noch in weiten Teilen Südostafrikas praktiziert wird, besonders bei den zulu-sprechenden Völkern. Historisch betrachtet war dies eine wichtige Zeremonie, die bei jedem Zulu-Kind vor Beginn der Pubertät vollzogen wurde. Sie umfaßte einige der Momente der Beschneidungs- und Initiationsriten, die noch heute bei vielen südlichen Nguni-Stämmen üblich sind, die aber im Verlauf des 19. Jahrhunderts bei den Zulu verschwanden. Bei den Zulu wurde das Ohrläppchen mit einem scharfen Eisenspan durchstochen; danach wurden kleine Stücke der Spitze eines Maisstrunkes in den neugebohrten Löchern plaziert. Wenn das Ohr verheilt war, wurde das Loch durch immer größere Teile geweitet, bis es groß genug für Schilfrohr war. Frühe Aufzeichnungen erwähnen konische Ohrpflöcke aus poliertem Elfenbein, Horn oder Ton; ihnen kann man auch entnehmen, daß Schnupftabaksbehälter in Fäßchenform im Ohr getragen wurden.

Im zweiten Viertel des 20. Jahrhunderts kamen viel größere hölzerne Pflöcke in Mode. Entsprechend mußte das Loch im Ohrläppchen beträchtlich erweitert werden. Drei Lochgrößen – ungefähr 45 mm, 55 mm und 70 mm im Durchmesser – waren jetzt häufig anzutreffen. Die einfachste und vermutlich älteste Art bestand aus einfachen polierten Scheiben aus dem Stamm eines Baumes mit rotem Holz (*Rhamnus zeyheri*), von dem sich ihr Name ableitete (*umnini* oder *umncaka*). Sie sind oft leicht konvex und gelegentlich mit einem oder mehreren Metalleinsätzen verziert. Zwischen 1930 und ungefähr 1945 wurden die relativ seltenen durchbrochen gearbeiteten und bemalten Pflöcke entwickelt (Kat. 3.36 a, c).

Pflöcke aus verschiedenen Holzsorten mit schön gestalteten plastischen Mosaikauflagen, die auf eine Seite oder auf beide geleimt oder genagelt wurden, traten Ende der 20er Jahre auf. Solche Pflöcke (Kat. 3.36 b, d) erlaubten mit der Einführung von Vinylasbest als Material für Bodenbeläge um das Jahr 1950 höchst raffinierte Muster, manchmal unter Einschluß von Buchstaben. Die meisten wurden von Zulu-Handwerkern in Johannesburg für den Verkauf an Zulu-Wanderarbeiter hergestellt. Während der sechziger und siebziger Jahre wurde Vinylasbest durch das dickere und sprödere Perspex und manchmal auch durch andere Kunststoffe ersetzt. Da die neuen Materialien schwerer zu bearbeiten waren, wurden die Gestaltungen einfacher, was aber durch größere helle Farbfelder, eine hochpolierte Oberfläche und oft durch Metallnägel kompensiert wurde. Gewöhnlich waren sie an beiden Seiten beschichtet und folgten den regionalen Mustern und Farben des Msinga-Gebietes in KwaZulu, wo viele hergestellt wurden. Schließlich fing man nach 1980 in Johannesburg an, mittelgroße Ohrpflöcke zu produzieren. Typischerweise bestehen sie aus zwei 55 cm großen Scheiben, die in der Mitte durch ein straffes Gummiband zusammengehalten werden. Sie haben ein Perspex-Mosaik auf der einen Seite und sind auf der anderen weiß bemalt.

Die Ohrpflöcke aus der Zeit zwischen 1950 und 1970 folgten den Farbkonventionen regionaler Schmuckgestaltung. Die durch Vinylasbest möglichen Farben ähneln sehr denen von Glasperlen, mit denen zu dieser Zeit in Mittel-KwaZulu Handel getrieben wurde. Sie konnten benutzt werden, um Herkunftsort und vermutlich die Klanverbindung ihrer Besitzer anzuzeigen, und bestimmte Farbzusammenstellungen zeigten Stufen des Lebenszyklus an. Vielleicht am signifikantesten ist, daß das Tragen von Ohrpflöcken und das Vorhandensein auffallender, durchbohrter Ohrläppchen eine Person als Zulu identifizierte. *FJ*

Literatur: Krige 1936, S. 81–87, 375; Bryant 1949, S. 141; Schoeman 1968[1]; 1968[2]; Jolles 1994, S. 52–59

3.37

Löffel oder Schöpfkelle

Vermutlich eine mit den Tsonga verwandte Gruppe
Südafrika
Holz
Länge 20 cm
Sammlung W. und U. Horstmann

Wie viele afrikanische Haushaltsgegenstände wurden bestimmte Löffel, das Funktionale überschreitend, ästhetisch überhöht. In der südöstlichen Region des Subkontinents ist solche Elaboriertheit meist, wenn auch nicht ausschließlich, gegenstandslos und in die Form des Gegenstandes eingebunden. Bei dem vorliegenden Beispiel verläuft der feinfühlig modellierte Griff in einer sanften Rundung und wird dann zu einer Doppelschleife, die sich schließlich in zwei Stützstreben für den Kellenkopf aufteilt. Der Schöpfteil der Kelle wie auch die ornamentale Komplexität des Griffes läßt vermuten, daß sie eher zum Servieren als zum Bereiten der Speisen benutzt wurde.

Historische Belege für Schöpflöffel aus dem südöstlichen Afrika reichen bis ins frühe 18. Jahrhundert zurück, als sie in vielen alten Reiseberichten erwähnt werden. Löffel stehen in komplexer Weise mit dem Eigentumsbegriff in Beziehung. Jene, die wir als Privatbesitz einstufen, wurden gewöhnlich zusammen mit ihren Besitzern begraben, während Schöpfkellen, die vom Bräutigam als Teil des Brautpreises (*lobola*) erworben wurden, nach dem Tod der Frau an ihre Familie zurückgegeben wurden. Man bezieht solche symbolischen Akte gerne auf Frauen. Nur in seltenen Fällen wurde dieser Zusammenhang in figürlicher Darstellung deutlich gemacht. *RB*

Ausstellung: Johannesburg 1991

Literatur: Junod 1962, I, S. 145, 193; Earthy 1968, S. 163; Witt 1991, S. 87–103; Bouloré 1992, S. 85 f.; Ravenhill 1992, S. 70–74; Jones 1994, S. 30

3.38

Biergefäß

Zulu
Zululand, Südafrika
19. Jahrhundert
Keramik
37,30 x 39 x 39 cm
Local History Museum, Durban, NN90/39

Der Schlußakt der Zerstörung des Zulu-Königreiches durch die Engländer ereignete sich am 4. 7. 1879, als die Truppen Lord Chelmesfords Ulundi/Ondini, die Hauptstadt des Zulu-Königs Cetshwayo, niederbrannten. Neben vielen anderen Trophäen, die ihren Weg in die Sammlungen fanden, wurde dieses Gefäß bei der Plünderung einer außerhalb liegenden Garnison beim Vormarsch der Briten oder direkt aus der Hauptstadt vor ihrer Zerstörung erbeutet. Dieser Gefäßtypus (*uphiso*) wurde zum Transport von Sorghumbier von der Brauerei zu den Armeebaracken oder der königlichen Residenz verwendet. Er weicht in Größe und Form von den Serviergefäßen ab, ist zur Maximierung des Volumens fast kugelrund und hat einen engen Hals, um zu verhindern, daß während des Transportes Bier herausschwappte.

»Die vollendete Form aller Töpfe der Zulu verdankte sich«, schrieb Bryant, »der natürlichen Befähigung dieses Volkes, einen Kreis zu beschreiben.« Frauen der Zulu formten ihre Waren nur mit der Hand, indem sie Lehmringe übereinanderlegten; nach dem Brand in einem Schacht Feuer verliehen sie den Töpfen mit Tierfett und einem Reibstein einen glänzenden schwarzen Überzug, der aus feingesiebtem Ruß und Blätterasche bestand.

Das Reliefmuster runder Ziernägel ist das eigentümlichste in der nördlichen Nguni-Region und ist heutzutage auch auf geschnitzten Utensilien aus Holz anzutreffen. Die Ziernägel

können auch viereckig sein oder spitz zulaufen und verlaufen entweder in einer ununterbrochenen Reihe oder Zickzacklinie, in einer Abfolge unauffälliger Vierecke oder Ovale, in Schwalbenschwänzen, Kreisen oder auch in großen Rhomben oder Diamantformen (*izingxota*). So nannte man auch die schweren Handschuhe aus Messing, mit denen die Männer von Rang im Zulureich ausgezeichnet wurden. Hatte der König einmal das Privileg gewährt, diese zu tragen, so wurden sie dem königlichen Kunstschmied gebracht, um sie mit der einen oder anderen Abwandlung dieses Musters zu schmücken; der Lohn des Schmieds war ein Ochse.
So enthielt die Ornamentik die Imprimatur des Königs, und tatsächlich stellte sich bei neueren Feldforschungen heraus, daß sie am häufigsten von Holzschnitzern des Emakhoisini-Tales, der Grabstätte der Zulu-Könige, verwendet wurde, was die Vermutung erlaubt, daß sie in dem Gebiet, das einst von Höfen der Nachfolger König Shakas beherrscht wurde, ihren Ursprung hat.

Nach Aussagen älterer Schnitzer stehen die gedrängten Ziernägel für Reichtum an Weidevieh. Nutztiere sind nicht nur ein zentraler Bestandteil der Nguni-Kosmologie und der Beziehungen zwischen Menschen und ihren Ahnen, sondern auch wichtigste Aussteuer. So ist es kaum überraschend, daß das Muster nicht nur von Frauen ausgeführt wurde, sondern auch speziell für sie gedacht war: Alte Photographien zeigen, daß es Sitte war, sowohl Frauen als auch unverheiratete Mädchen durch Tätowierung von Bauch, Taille, Brust oder Oberarmen mit solchen unterschiedlichen Konfigurationen zu schmücken. Aus diesem Grund heißt das Muster in der Umgangssprache heute *amasumpa* (Warzen), aber dies ist vermutlich eine erst spät entstandene Bezeichnung für ein Emblem, das einst zu den Insignien der regierenden Zulu-Familie gehörte. In späterer Zeit gehörte *amasumpa* zur Terminologie jener Tiere (nicht notwendigerweise eine genaue Zählung), die der Bräutigam bei der Hochzeit schenkte, was noch heute Bestandteil jeder traditionell durchgeführten Zulu-Heirat ist. *RP*

Literatur: Chubb 1936, S. 185; Schofield 1948, S. 188; Bryant 1949, S. 197, 401; Klopper 1992, S. 125

3.39 a
Irdenes Gefäß (*ukhamba*)

Zulu
KwaZulu-Natal, Südafrika
Steingut
34 x 33 cm
Privatsammlung, München

3.39 b
Irdenes Gefäß (*ukhamba*)
Zulu
KwaZulu-Natal, Südafrika
Steingut
32,5 x 32 cm
Privatsammlung, München

Aus schönem braunen oder schwarzen Ton hergestellte Töpfe ohne Ausguß fertigten Frauen in der gesamten KwaZulu-Natal-Region. Behältnisse dieser Art sind durch eine weich schimmernde Oberfläche charakterisiert, die dadurch erreicht wird, daß die bereits gebrannten Töpfe ein weiteres Mal in einem trockenen Grasfeuer erhitzt wurden, bevor sie – üblicherweise unter Zuhilfenahme eines kleinen Kieselsteins – mit Tierfett eingerieben wurden. Eingeritztes Linien- oder Mamillendekor ist zwar weit verbreitet, bei den Zulu-Töpfern am beliebtesten sind aber *amasumpa*, die ›Warzen‹. Die Formen, die diese reliefartigen Motive bilden, sind je nach ihrer Anordnung unter verschiedenen Namen bekannt. So werden etwa kreisrunde *amasumpa* als *izidlubu* bezeichnet, während man jene, die um den oberen Topfrand als Saum verlaufen, *uhanqu* nennt. *Igwinci* sind aus Wellenbändern der *amasumpa* zusammengesetzt (Kat. 3.39 a).

Diese Topftypen waren vornehmlich zum Servieren und als Trinkgefäße für Sorghum-Bier gedacht, das in größeren, vergleichsweise grob hergestellten Tonkesseln gebraut wurde. Der Genuß von Bier war nicht nur mit den Lebenden, sondern auch mit den Toten verbunden, denen es immer dann dargebracht wurde, wenn es das Ritual bestimmte, die Ahnen zu ehren oder zu besänftigen. Trinkende gossen gewohnheitsmäßig kleine Mengen des Biers aus ihren Gefässen, was vielfach als eine Gabe an die toten Vorfahren gedeutet wird.

Im allgemeinen waren diese Biertöpfe in Stil und Dekor den viel kleineren Trinkgefässen, in denen Bier manchmal zum Einzelgebrauch gereicht wurde, ähnlich. Aber im Unterschied zu letzteren sind ihre Öffnungen üblicherweise mit *izimbenge* bedeckt, Deckel aus geflochtenem Stroh, von denen viele mit Perlen verziert waren. *SK*

Literatur: Bryant 1949, S. 398–401; Berglund 1976; Levinsohn 1983

3.40 a

Gefäß mit Verschluß

Nord-Nguni
Swaziland oder KwaZulu-Natal, Südafrika
Vermutlich spätes 19. Jahrhundert
Holz
Höhe 39 cm (Gefäß); 14,5 cm (Verschluß)

3.40 b

Gefäß mit Verschluß

Nord-Nguni
Swaziland oder KwaZulu-Natal, Südafrika
Vermutlich spätes 19. Jahrhundert
Holz
52 x 32 cm
The Trustees of the British Museum, London, 1954.23.570

Diese Gefäße mit Verschlüssen sind mit ähnlichen Vorratsbehältnissen in öffentlichen Sammlungen in Europa und Südafrika vergleichbar, die alle mit breiten Bändern tief eingeschnittener Linien bedeckt sind. Jedes wurde aus einem einzelnen Holzblock geschnitzt. Der robuste Eindruck dieser Gefäße kommt außer durch das kräftige Dekor durch ihre stämmigen Proportionen zustande. Nur einige der Arbeiten dieses Genres, wie z. B. die hier gezeigten Exemplare, haben umlaufende Rahmenstrukturen. Doch sind sie sonst hinsichtlich Stil und handwerklicher Ausführung so gleichbleibend, daß sie wohl von einem einzelnen Schnitzer oder einer Werkstatt hergestellt wurden.

Die Dekoration dieser Gefäße fordert zum Vergleich mit Mustern heraus, die bei bestimmten Kopfstützen aus der Südostregion Afrikas verwendet wurden. Aber da man kaum etwas über ihre Geschichte oder ihre möglichen Verwendung weiß, ist es nicht einmal sicher, daß sie für einen indigenen Markt in Afrika gefertigt wurden. Tatsächlich scheinen die meisten, wenn nicht alle Behältnisse nie zum Aufbewahren von Flüssigkeiten oder gekochter Nahrung gedient zu haben und wurden viel eher als virtuose Beispiele afrikanischer Handwerkskunst verkauft. Eine andere, wenngleich kaum plausible Erklärung ihrer Funktion ist die, daß sie von Häuptlingen in Auftrag gegeben wurden, die ihren Rang durch monumentale Schauobjekte deutlich sichtbar machen wollten.

Im Gegensatz zu jenen in normalen Haushalten waren die hohen, schlanken Milcheimer, die Zulu-Könige herstellen ließen, im allgemeinen mit Deckeln versehen, aus Furcht, daß in sie der Blitz einschlagen könnte. Diese Tradition hing wahrscheinlich mit dem Glauben zusammen, daß der König nie als Ahne wiederkehren würde, wenn er solche Milch tränke. *SK*

Literatur: Webb und Wright 1976, S. 25; Berglund 1976, S. 37–42

3.41 a

Fleischplatte (*ugqoko*)

Zulu
KwaZulu-Natal, Südafrika
Holz
Höhe 80 cm
Privatsammlung

3.41 b

Fleischplatte (*ugqoko*)

KwaZulu-Natal, Südafrika
Holz
34 x 17 cm
Sammlung W. und U. Horstmann

Fleischplatten verschiedener Größen, von denen einige für große Fleischmengen ausgelegt waren, die zu besonderen Gelegenheiten in der Gemeinde verteilt und verzehrt wurden, werden noch heute in der KwaZulu-Natal-Region benutzt. Reserviert für das gebratene Fleisch rituell geschlachteter Ziegen oder Ochsen, unterstreicht ihre weitverbreitete Verwendung die anhaltende Bedeutung, die ländliche Zulu ihren Toten als Garanten des Wohls der Lebenden zuschreiben.

Die Stilarten dieser Teller variieren von Region zu Region beträchtlich; aber im Gegensatz zu den hier gezeigten Beispielen sind die meisten rechteckig mit gerundeten Ecken und verfügen über zwei oder vier kurze Beine. Auch ist die geschwärzte Unterseite meist sorgfältig dekoriert, vermutlich weil Fleischplatten oft umgedreht aufeinandergelegt wurden, um die Speisen vor Hitze oder Fliegen zu schützen.

Im allgemeinen wurden solche Platten mit dem Fett rituell geschlachteter Tiere eingerieben, um sie nicht nur gegen Insektenbefall zu versiegeln, sondern auch weil Fett generell mit der Idee des Schutzes durch die Ahnen verbunden war. Die meisten Platten nahmen deshalb eine tiefdunkle Patina an, die ihre genaue Altersbestimmung sehr erschwert. Jene mit vergleichsweise staubigen Oberflächen, wie das ›weibliche‹ Exemplar mit einem ›Kopf‹, Brüsten und bauchähnlicher Schalenvertiefung (Kat. 3.41 b), wird wohl zum Verkauf an Europäer hergestellt worden sein.
SK

Literatur: Bryant 1949, S. 407; Indiana u.a. 1980–1981; Hooper 1981, S. 157–312; Klopper, in: Johannesburg 1991

Bei diesen drei Figuren unbestimmten Geschlechts, die vermutlich von demselben Schnitzer stammen, ist die Darstellung von Details wie Haar, Ohren, Gesichtszügen, Armen, Beinen etc. weitgehend identisch.

Im späten 19. und frühen 20. Jahrhundert stellten zahlreiche Schnitzer aus Südostafrika Figuren zum Verkauf außerhalb des einheimischen Marktes her. Die meisten, doch wahrscheinlich nicht alle Schnitzer scheinen Tsonga-Wanderarbeiter gewesen zu sein, die auf der Suche nach Broterwerb von Mosambik nach Natal zogen. Viele von ihnen schufen Erinnerungsstücke oder Gehstöcke für denselben Abnehmermarkt.

Typischerweise wurden diese Figuren in Paaren verkauft, eine männlich und die andere weiblich, was darauf hinweist, daß sie von den viel größeren Figuren der Tsonga-Holzschnitzer inspiriert waren, die als didaktisches Material bei den Initationsriten der jungen Männer benutzt wurden. Aber die vorliegenden Stücke weichen in mehreren wichtigen Punkten von den Initiationsfiguren ab. Am offensichtlichsten ist, daß sie keine primären Geschlechtsorgane haben. Vielen fehlen ebenfalls andere wichtige Hinweise wie etwa auf Ehestand, z. B. Kopfbänder und Duttfrisuren, auch wenn die meisten der weiblichen Statuetten Kleinkinder säugen oder auf dem Rücken tragen.

Allein, daß die hier gezeigten Statuetten einzeln und nicht in Paaren erscheinen, ist recht ungewöhnlich. Ein anderer Unterschied zwischen ihnen und den Figurenpaaren betrifft das Fehlen von Brandmalerei, um bestimmte Züge – etwa Bärte – zu betonen. Aber sie ähneln in der Herausarbeitung vor allem ihrer Gliedmaßen, der klaren Abgrenzung zwischen Waden und Oberschenkeln, vielen jener Figurenpaare und auch den figurativ gestalteten Gehstöcken. *SK*

Literatur: Nettleton 1988; Klopper, in: Johannesburg 1991; Nettleton, in: Johannesburg 1991

3.42 a

Statuette

Vermutlich eine mit den Tsonga verwandte Gruppe
Mosambik oder Südafrika
Vermutlich spätes 19. oder frühes 20. Jahrhundert
Holz
Höhe 30 cm
Privatsammlung

3.42 b

Statuette

Vermutlich eine mit den Tsonga verwandte Gruppe
Mosambik oder Südafrika
Vermutlich spätes 19. oder frühes 20. Jahrhundert
Holz
Höhe 29,5 cm
Musée Barbier-Mueller, Genf, 1027.74

3.42 c

Statuette

Vermutlich eine mit den Tsonga verwandte Gruppe
Mosambik oder Südafrika
Vermutlich spätes 19. oder frühes 20. Jahrhundert
Holz
30 x 4,8 x 5 cm
Privatsammlung, London

3.43

Statuette

Tsonga (?)
Südostafrika
Spätes 19. oder frühes 20. Jahrhundert
Holz
23 x 9,5 x 6 cm
Sammlung Herman

Figuren dieses Typus befinden sich auch in anderen europäischen Sammlungen, aber nur sehr wenig ist über ihre Herkunft bekannt. William Fagg ordnete sie stilistisch den ›Zulu‹ zu, ein Beispiel aus der Sammlung Wellcome wurde nach Südafrika lokalisiert. Dieser Stil unterscheidet sich allerdings vom einzigen Schnitzstil, der den Zulu aus Natal mit Sicherheit zugeschrieben werden kann, den geschnitzten Affendarstellungen von Stäben. Der kleine Kopf, die groben Gesichtszüge und die Ausführung der Gliedmaßen differieren von den Arbeiten der benachbarten Tsonga aus Mosambik und dem östlichen Transvaal, die diese zu Initiationszwecken benutzten; die Ausführung der Zehen, die großen Füße und das hufeisenförmige Ohr stimmen mit stilistischen Eigenheiten des Tsonga-Stiles (Kopfstützen und freistehende Figuren) überein. Eine dieser Figur ähnliche Statuette im Museum für Völkerkunde, Wien, verfügt über einen gesicherteren Herkunftsnachweis: Diese wurde von Adolf Eppler in den 80er Jahren des 19. Jahrhunderts bei den ›Shangana-Kaffern‹, d. h. den Tsonga im Transvaal, gesammelt. Die Wiener Figur war ebenfalls Teil eines Figurenpaares; Paare männlicher und weiblicher Figuren wurden gewöhnlich für die Initiationszeremonien angefertigt.

Dieser Figurentypus scheint Produkt eines einzelnen, individuell arbeitenden Holzschnitzers zu sein. Die abstehenden Brüste und die markierten Genitalien legen nahe, daß diese Figur nicht für europäische Händler gemacht wurde, sondern zum Gebrauch innerhalb der Siedlungsgemeinde, in der sie entstand: möglicherweise für die Initiation junger Männer von Gruppen wie den Nord-Sotho oder von Mädchen der Venda. Die Stile beider Gruppen scheinen recht verschieden gewesen zu sein, und Kontakte mit Tsonga-Vasallen aus dem östlichen Transvaal bestanden über ein Jahrhundert.

Diese Gruppen benutzten hölzerne Figuren als didaktische Hilfen in Initiationsschulen, und die überdeutlichen Genitalien der Figurine legen dies als plausibelsten Verwendungshintergrund nahe. Ebenfalls wahrscheinlich ist, daß, wenn solche Figuren zum indigenen Gebrauch hergestellt wurden, sie mit Stoff, Leder oder einer Fellschürze ausgestattet wären, um ihre Genitalbereiche zu verhüllen, sobald sie nicht mehr benutzt wurden, wie es bei vielen der Tsonga- und Venda-Figuren mit dokumentierter Herkunft der Fall ist.

Trotz ihrer geringen Größe und der Verkleidung mit Stoff wurden entgegen populärer Ansicht und akademischer Nomenklatur Figuren dieses Typus nicht als ›Puppen‹, d. h. nicht als Spielzeug, verwendet. Da solche Statuetten nie eindeutig der Natal-Region zugeschrieben werden konnten, empfiehlt es sich auch nicht, am Mythos einer figurativen ›Zulu‹-Kunst fortzustricken und die Statuetten weiterhin dieser, wenn auch weithin berühmten südafrikanischen Volksgruppe zuzuschreiben. *AN*

Literatur: Nettleton 1988, S. 48–51; Nettleton, in: Johannesburg 1991, S. 32–47; Klopper 1992, S. 89–96

3.44

Geschnitzter Milcheimer

Zulu
KwaZulu-Natal, Südafrika
Holz
40 x 14 x 14 cm
Sammlung W. und U. Horstmann

Hohe, schlanke Milcheimer sind in der ganzen Region des heutigen KwaZulu-Natal seit mindestens 150 Jahren in Gebrauch. In den meisten Fällen sind Milcheimer mit einigen fein reliefierten Motiven auf einer Seite oder, häufiger, auf beiden Seiten verziert. Üblicherweise sind solche Motive im unterem Bereich des Gefäßes plaziert, wo sie als Griffe fungiert haben sollen. Sie scheinen damit verhindert zu haben, daß der Eimer während des Melkens wegrutscht.

Wie dieses Beispiel, so haben Eimer manchmal brustähnliche Motive unter der Oberkante des Gefäßes. Der Assoziationsbereich von weiblicher Gestalt, Milch und Fruchtbarkeit ist damit umrissen. Frauen wurden angehalten, die Milcheimer ihrer Männer nicht zu berühren, da zwischen den Gefäßen und dem Vieh bzw. zwischen den Tieren und den Ahnen des Mannes ein Zusammenhang hergestellt wurde. Diese Verknüpfung erklärt auch, wieso früher Milcheimer als Erbstücke betrachtet und von Generation zu Generation weitergegeben wurden.

Milcheimer dieser Art dienten nie zum Lagern der Milch, die in andere Behälter umgefüllt wurde, etwa in Tontöpfe oder in Holzbehälter, die großbäuchigen Tontöpfen (die vielerorts in diesem Gebiet hergestellt wurden) nachempfunden waren, oder auch in Kalebassen. Diese Milch wurde stehengelassen, um sauer zu werden, ein Vorgang, den man *amasi* nannte. Waren die Eimer ausgeleert, so wurden sie zwischen den Melkgängen mit der Öffnung nach unten auf einen Holzpfahl zum Trocknen gehängt. *SK*

Literatur: Krige 1936; Bryant 1949; Raum 1973, S. 102, 515

3.45

Figur

Tsonga
Nord-Provinz, Südafrika
19. Jahrhundert
Holz, Perlen
75 x 12,6 x 10,2 cm
University Art Galleries, University of the Witwatersrand, Johannesburg, Standard Bank Foundation of African Art Collection, SBF 82.20

Viele Gruppen im nördlichen Transvaal schnitzten Figuren aus Holz für Initiationszeremonien. Tsonga-sprechende Gruppen, die im frühen 19. Jahrhundert in dieses Gebiet einwanderten, scheinen diese Praxis übernommen zu haben, bei den in Mosambik lebenden blieb sie unbekannt. Tsonga scheinen die Initiation für Männer kennengelernt und übernommen zu haben, wie sie Gruppen aus dem nördlichen Sotho, z. B. die Lobedu, Kgaga und Pedi, pflegten. Figuren wie die hier gezeigten wurden bei der Unterweisung von jungen Männern verwendet. Am häufigsten wurden sie in Paaren benutzt, mit einer männlichen und einer weiblichen Figur, um die Lehre von sexuellen und sozialen Sitten zu illustrieren.

Diese Figur wurde in einem für die Tsonga sehr typischen Stil gestaltet: stabähnliche Anordnung, dünne Arme und Beine, die in zwei ausbuchtende Einheiten geteilt sind. Der vorstehende Kiefer, der offene ovale Mund, das Haarpolster und die spatelförmigen Hände sind ebenfalls typisch. Die Hüften und die Brust dieser Figur sind deutlich vom restlichen Körper abgesetzt, ein Merkmal, das bei der Mehrzahl der anderen Figuren dieses Typus selten zu finden ist. Während bei anderen Beispielen die Genitalien deutlich dargestellt sind, ist dies hier nicht der Fall. Andere außergewöhnliche Züge sind der schwarze Überzug der ganzen Figur und ihre Perlenaugen.

Auf dem Scheitelpunkt des Kopfes befindet sich ein Ring, der von erwachsenen Männern der Shangana-Untergruppierung der Tsonga (Abkömmlingen der Nguni-Gruppe, die unter Führung Shoshanganes im 19. Jahrhundert vor Shaka nach Mosambik geflohen waren) getragen wurde. Grund ihrer Übersiedlung in den Transvaal waren Nachfolgestreitigkeiten und später, Ende des 19. Jahrhunderts, der Konflikt mit den Portugiesen. Sie behielten viele Gewohnheiten der nördlichen Nguni, wie der Zulu und Swazi, bei, u.a. das Tragen eines Kopfrings (*isicoco*) durch erwachsene Männer. Der Kopfring aus Gras und Wachs wurde in die Kopfhaut eines Mannes eingenäht, wenn er innerhalb seiner Altersabteilung den Grad der Reife erlangt hatte. Figuren wie diese sollen bei der Zeremonie aufgestellt worden sein, wenn den Männern einer Abteilung das Recht auf einen Kopfring und somit das Heiratsrecht zugestanden wurde. So scheinen die Figuren (zusammen mit ihren weiblichen Pendants) Vorstellungen von Reife und Mannsein der Tsonga zum Ausdruck zu bringen. Am Ende des 19. Jahrhunderts wurden solche Figuren in Marabastad an europäische Reisende verkauft, und spätestens seit 1910 wurden sie eigens für den Kuriositätenhandel produziert. Das Fehlen der Genitalien bei der hier abgebildeten Figur läßt vermuten, daß sie entweder nach Ankauf der Figur entfernt wurden oder daß es sich hier um eine der frühesten ›Touristen‹-Modelle handelt; spätere Versionen dieses Typs hatten zusätzlich noch ein Postament, Speer und Schild. *AN*

Literatur: Nettleton 1988, S. 48–51; Becker und Nettleton 1989, S. 12–13; Nettleton 1991, S. 32–47

3.46

Schale

Vermutlich Tsonga, Shangana, Chopi oder Lenge
Südafrika
Holz
Höhe 55 cm
Kevin und Anna Conru

Eine relativ kleine Schüssel wird von einem komplexen Unterbau getragen, der von ferne an Ketten und Spiralen erinnert, wie man sie an Löffeln und Stäben aus dieser Gegend findet. Das ›Gerüst‹ ist dreigeschoßig, jeder Abschnitt so hoch wie die Schale selbst. Der Sinn dieses kunstvollen Aufbaus ist nicht klar. Solche Objekte dienten innerhalb der Gruppen, denen das Stück zugeschrieben werden kann, nicht dem Gebrauch durch jedermann.

Auf Rundschalen mit geschwärzter Oberfläche und dezenten Dreiecksverzierungen, ohne Sockel oder mit kleinen Stützen, trifft man im Transvaal und in Mosambik häufig. In dieser Region wie auch anderswo wurden Schalen vor allem als Gebrauchsgegenstände genutzt, durch den Transfer in die Ritualsphäre aber konnten sie ihren Funktionalismus ablegen. Bei den Tsonga soll es Schalen, die zur Reinigung benutzt wurden, gegeben haben, und auch bei den Lenge konnte wegen der Ähnlichkeit einer Dreiecksornamentik auf der Schale mit den Frisuren der Frauen diese mit einem Kopf assoziert werden und einen solchen, wenn sie umgedreht wurden, sogar darstellen. Die eigenwillig-bestimmte Form dieser Schale zeugt von der handwerklichen Meisterschaft des Schnitzers.

Die Anregung zu dieser Bravour mag von außerhalb der Gemeinschaft des Künstlers gekommen sein. Das Stück kann zum Tausch, zum Verkauf an einen auswärtigen Besucher oder im Auftrag eines Kolonialoffiziers angefertigt worden sein. Dies könnte auch erklären, wie die Schale nach England gelangte. Andererseits kann es sich auch um einen Prestigegegenstand handeln, der vielleicht zu Ehren eines einheimischen Empfängers angefertigt wurde. *RB*

Literatur: Junod 1962, II, S. 130; Earthy 1968, S. 50; Nettleton 1991; Klopper 1992

3.47

Kleiderschmuck (*omakipa*)

Ovambo
Namibia
um 1937
Leder, Elfenbein, Muschel, Glasperlen
Länge 27 cm (ANG. 1937.2207), 38 cm (ANG. 1937.2325)
Powell-Cotton Museum, Birchington, ANG.1937.2207/2325

Viele Elfenbeinknöpfe der Ovambo tauchten kürzlich auf dem europäischen und amerikanischen Markt auf, wo sie ausnahmslos als Einzelobjekte präsentiert wurden statt in ihrem sozialen Kontext. Sie sind ein Bestandteil der festlichen Zeremonialkleidung der Frauen Namibias an der Grenze zu Angola sowie bei den Kwanyama in Angola.

Sie sind an der Rückseite zur Befestigung an Gürteln oder Perlenketten mit Lederknoten in Knebelart perforiert. Ältere Exemplare wurden zusammen mit Muschelschmuck gefunden. In einer Sammlung in Windhoek habe ich ein vollständiges Ledergeschirr mit ungefähr 25 *omakipa* gesehen.

Die Formensprache ist weit gefächert: von schmalen Bootsformen über viereckige Pyramiden bis zu der häufiger anzutreffenden gewölbten Form, die in deutlicher Anlehnung an die weibliche Brust manchmal in einer aufrechten Brustwarze endet.

Gewöhnlich sind sie aus Elfenbein gefertigt, das durch Eingraben in die Erde weicher gemacht wurde, bevor man es bearbeitete. Die meisten sind mit konventionellen Kreuzschraffurmustern verziert, obwohl frühe Arbeiten mehr Einfallsreichtum und weniger strenge Formate aufweisen. Die Muster wurden zusätzlich noch betont, indem man sie mit verschiedenen Pflanzensäften, einschließlich eines dunkelkarmesinroten (manchmal fast purpurfarbenen) Extrakts, einrieb. Einige kleinere *omakipa* wurden aus Rhinozeroshorn gefertigt, in jüngerer Zeit wurden Knochen und sogar Holz verwendet.

Omakipa waren Auftragsarbeiten und wurden der zukünftigen Braut vom Bräutigam als Geschenk überreicht. Nach der Heirat wurde die Sammlung der Frau fortwährend aufgestockt, deren Teile sie an Festtagen als Zeichen seines Reichtums trug. Die Gesamtausstattung umfaßte auch lose hängende Gurte, an denen ebenfalls solche Elfenbeinschließen befestigt waren, die beim Tanzen hochflogen.

Ironischerweise haben kürzlich einige *omakipa* ihren Weg zurück in die Welt weiblicher Eleganz gefunden, als sie ein Modedesigner als Accessoires sehr teurer Gürtel verwendete. *TP*

Literatur: Lehuard 1982, Nr. 42

3.48

Ritualblasebalg in Büffelform

Vermutlich Bayeyi
Botswana
Spätes 18. Jahrhundert (?)
Holz mit Kupfer
50 x 120 cm
National Museum, Monuments and Art Gallery, Gaborone, Botswana

Dieses eindrucksvolle Tier wurde in einer Felshöhle im Chobe-Nationalpark zusammen mit anderen Blasebälgen (in Elefantenform) und einigen unverzierten Tongefäßen gefunden.

Ritualblasebälge sind in vielen Gegenden Afrikas – von Botswana bis nach Nord-Mali (Dogon) und Gabun (Fang, Mitsugho) – entdeckt worden. Viele Beschreibungen von Essen und Blasebälgen in der Literatur berichten von komplizierten Ritualen, die mit dem Feuern und einem Reichtum symbolischer Bezüge einhergingen. Sicherlich hatte die reife Darstellung eines Büffels nicht nur eine schmückende Funktion, sondern bildete einen Teil eines größeren Bedeutungsnetzes von Mythos und sakraler Allegorie.

Ohne seine begleitenden Pfeifen und Taschen scheint das Tier eine selbständige Skulptur zu sein, doch genauere Prüfung erweist eine komplexe funktionale Struktur. Die Kupferplatten, die mit Nägeln aus demselben Metall befestigt sind, lassen vermuten, daß die Schmiede, aus der diese Plastik stammt, auch Kupfer verarbeitete. Der Bauch ist hohl, und Löcher auf jeder Seite zeigen die Lage des Fells an, das darüber befestigt war. Die Pfeife für den Blasebalg zog sich durch den ausgehöhlten Schwanz, durch den Luft eingesaugt wurde. Der Bediener saß dabei rittlings auf dem Büffel, um den Blasebalg mit Hilfe der Griffe zu bearbeiten. Es ist wahrscheinlich, daß ein solch eindrucksvoller Blasebalg vielleicht nur dem rituellen Schmieden vorbehalten war und wohl kaum für Alltagsarbeiten an der Esse benutzt wurde.

Die vorläufige Datierung und Zuschreibung geht auf Alec Campbell zurück, dem auch andere Informationen zu verdanken sind. *TP*

Im Text genannte Ethnien
Berge
0 200 Meilen
0 300 km
TSCHAD
SUDAN
ZENTRALAFRIKANISCHE REPUBLIK
KAMERUN
ÄQUATORIAL GUINEA
Bata
FANG
Libreville
GABUN
KWELE
MAHONGWE
Ogowe
KOTA
FANG
ADUMA
TSOGO
PUNU
KONGO
TEKE
BEMBE
TEKE
Brazzaville
Kinshasa
KONGO (Woyo)
KONGO
CABINDA
Boma
KONGO (Vili)
KONGO (Yombe)
NKANU
Luanda
ATLANTISCHER OZEAN
Ubangi
Kongo
NGBAKA
NGOMBE
Zaire
Uele
MANGBETU
Albertsee
RUWENZORI BERGE
Kisangani
PERE
KUMA
Eduardsee
UGANDA
MBOLE
Mai Ndombe
ZAIRE
Kiwusee
SHI
RUANDA
MITUMBA BERGE
LEGA
BURUNDI
BOYO
BEMBE
Lualaba
Kasai
NDENGESE
Kwango
HUNGANA
PINDI
Kwilu
MBALA
KUBA (Bushoong)
Lomami
SUKU
WONGO
PENDE
YAKA
KETE
SONGYE
Tanganjikasee
TANSANIA
HEMBA
HOLOHOLO
CHOKWE
SALA MPASU
HOLO
CHOKWE
Sankuru
LUBA
ZELA
TABWA
Mwerusee
Lubumbashi
ANGOLA
SAMBIA
NAMIBIA
SIMBABWE

4 ZENTRALAFRIKA

ZUR GESCHICHTE UND KULTUR ZENTRALAFRIKAS

Daniel Biebuyck

Die zentralafrikanische Region umfaßt ein riesiges Gebiet, das aus Regen- und Galeriewäldern, Sekundärwaldformationen sowie offenen und bewaldeten Savannen unterschiedlicher Art besteht. Das Gebiet erstreckt sich über eine Reihe von Ländern, von Südkamerun, Gabun, Äquatorialguinea (einschließlich Mbini), der Volksrepublik Kongo und Cabinda bis nach Zaire und das nördliche Angola. Zwischen den Bevölkerungen dieser Länder und angrenzender Gebiete in der Zentralafrikanischen Republik, dem südlichen Sudan, Uganda, Ruanda, Burundi, Tansania und Sambia gibt es kulturelle und geschichtliche Überschneidungen. In zahlreichen Fällen durchschnitten die von den Kolonialmächten gezogenen Grenzen das Kernland homogener Kulturgebiete, etwa der Fang, Kongo, Chokwe, Luba, Lunda und der Zande.

Die Mehrzahl der kunstschaffenden Völker in dieser Region ist bantu-sprachig (die Bantusprachen bilden eine große, hochdifferenzierte Untergruppe der Niger-Kongo-Sprachenfamilie), wobei sich die wichtigsten Ausnahmen bei ethnischen Gruppen in dem Grenzgebiet des nördlichen Zaire, der Zentralfrikanischen Republik und des südlichen Sudan finden lassen. Ethnische Gruppen wie die Ngbandi, Ngbaka und Zande sprechen Sprachen, die anderen Untergruppen (Adamaua-Ost genannt) innerhalb der Niger-Kongo-Sprachenfamilie zugeordnet sind.

Die Ausbreitung, Differenzierung und Vermischung der Ethnien und Kulturen in dieser Region sind die Folge von Migrationen, die sich über einen Zeitraum von mehr als zwei Jahrtausenden erstrecken. Eine Folge wellenartiger Bevölkerungsbewegungen nahm ihren Ausgang vom südwestlichen Kameruner Grasland und dürfte zunächst aus Vorstößen kleiner Gruppen von der Savanne in die Waldregionen bestanden haben. Bald folgten diesen frühen Migranten Gruppen, die, meist in Umgehung der tiefen Waldgebiete, verschiedene nord- und südöstliche Routen nahmen; in der Folgezeit kam es zu sich überschneidenden Wanderungen in südlicher, nordwestlicher und westlicher Richtung. Im Verlauf dieser Bevölkerungsverschiebungen stießen die Einwanderer auf andere nomadische und halbnomadische Jäger und Sammler unklarer Herkunft, die fast ausnahmslos von den Neuankömmlingen aufgenommen und assimiliert wurden. Bei archäologischen und ethnoarchäologischen Forschungen in Zentralafrika im Gebiet um den Upemba-See im Südosten Zaires stieß man auf Grabstätten aus dem 6. Jahrhundert, die in drei verschiedenen Phasen eine vollständige Abfolge der Eisenzeit aufweisen. Darüber hinaus liefern diese Stätten Hinweise auf Bestattungsbräuche sowie Keramik- und Korbflechttechniken, die die Kultur historisch bezeugter Gruppen wie der Luba vorwegzunehmen scheinen. Frühe Populationen und deren künstlerisches Schaffen werden auch belegt durch die Töpferwaren, Beile und Ambosse in Katoto (Südost-Zaire), durch die Felsunterkünfte mit geometrischen Zeichnungen und anderen Malereien am Unterlauf des Zaire, durch die berühmten, in Zentralangola gefundenen und auf das 8. Jahrhundert zurückgehenden Tierskulpturen aus Holz sowie durch die steinernen Grabplastiken in Südwest-Zaire und Angola (Kat. 4.1). Viele dieser frühen künstlerischen Traditionen wurden in den Königreichen Luba und Kongo bis in die Neuzeit hinein fortgesetzt. Die Pygmäen (bekannt unter verschiedenen Namen wie Batwa, Bakwa, Bambuti), vielfach noch bis vor kurzem mit Netz und/oder Pfeil und Bogen jagende und sammelnde Waldbewohner, finden sich über die gesamte Region weit verstreut und besitzen nach wie vor zahlreiche rituelle und zeremonielle Vorrechte in bezug auf den Landbesitz und die Inthronisation von Königen und Häuptlingen. Selbst in jenen Gebieten, wo sie verschwunden oder völlig assimiliert sind, wird die Erinnerung an die Pygmäen durch mündliche Erzählungen, das Rezitieren von Genealogien und rituelles Brauchtum wachgehalten; ihr Einfluß ist in der Musik, im Gesang, in den Tanzformen und sogar im Schauspiel offenkundig (Kat. 4.74).

Die sozialen und wirtschaftlichen Strukturen, die religiösen und philosophischen Systeme sowie die Werteordnungen der Völker in der zentralafrikanischen Region variieren sehr stark in Form und Inhalt, dennoch lassen sich einige wichtige wiederkehrende Muster feststellen. Mit Ausnahme bestimmter Pygmäengruppen betreiben alle Bevölkerungsgruppen in der Region irgendeine Form von Landwirtschaft, basierend auf dem Anbau von Obst- und Kochbananen, Knollenfrüchten, Getreide oder einer

Mischung von allem. Alle hüten Ziegen und Schafe und halten Hühner und Hunde, doch nur eine sehr geringe Zahl der zentralafrikanischen Völker besitzt Rinder. Die meisten Gruppen fischen (an den wichtigsten Flüssen wie dem Uelle, dem Ubangi und dem Zaire finden sich auf das Fischen spezialisierte Halbnomaden). Das Jagen von Wild mit Hunden, Netzen, Speeren, Pfeil und Bogen – in großangelegten Treibjagden, in kleinen Gruppen oder einzeln – sowie das Fallenstellen mit allen möglichen Mitteln von Fallstricken und Köderfallen bis hin zu Fanggruben und riesigen Elefantenfallen sind nach wie vor wichtige Formen der Nahrungsbeschaffung in einer Vielzahl ethnischer Gebiete. Die Bedeutung der Jagd und des Fallenstellens ist tief verankert in Ritual und Weltbild dieser Völker, ganz unabhängig davon, ob es Jagdwild gibt oder nicht. Zahlreiche wichtige Zeremonien und Riten erfordern die Durchführung kollektiver Treibjagden, die Suche nach bestimmten Tieren und die großangelegte Verteilung von Fleisch. Bei der Herstellung von Kunstgegenständen sind viele haltbare Teile des Körpers erlegter Tiere unentbehrlich (Kat. 4.29 a, 4.55)

Die Verwandtschafts- und Abstammungsordnungen bewegen sich innerhalb des klassischen Spektrums patrilinealer und matrilinealer Organisationsformen, wobei erstere im Norden dieser Region und letztere unter den südlichen Volksgruppen überwiegen. In manchen Gebieten, besonders dort, wo die beiden Systeme zusammentreffen, richten sich einige Populationen nach komplexeren Organisationsformen, etwa einer bilinearen (doppelten) oder omnilinearen Abstammungsordnung (selektive Entscheidungen bei der Zurückverfolgung von Verbindungslinien über männliche und weibliche Vorfahren). Im allgemeinen gilt, daß in einer matrilinealen Population der väterlichen Gruppe und in patrilinealen Gesellschaften der (erweiterten) mütterlichen Gruppe ein besonderer Stellenwert zukommt. Die verschiedenen Ordnungen beeinflussen in hohem Maße die Formen der Auftragsvergabe, des Gebrauchs und der Weitergabe von Kunstwerken, haben aber so gut wie keine Auswirkung auf Typologie und Art der hergestellten Kunstgegenstände oder auf die gesellschaftlich-rituellen Zusammenhänge, in denen diese Verwendung finden. Innerhalb der reichen künstlerischen Traditionen Zaires und angrenzender Gebiete finden sich einige der kunstschöpferisch aktivsten ethnischen Gruppen unter den südlichen matrilinealen Populationen, ein Sachverhalt, der sich jedoch nicht durch Verwandtschafts- und Abstammungsstrukturen erklären läßt.

Die Bandbreite der politischen Strukturen unter den kunstschaffenden Völkern Zentralfrikas ist beeindruckend. Obgleich keine größeren Staaten durch Eroberungen zu Vorherrschaft gelangten wie in West- oder Ostafrika, sind mehrere große Königreiche, einige davon multikulturell, bezeugt. Nach den vorhandenen Zeugnissen zu urteilen, erlebten einige dieser Königreiche ihre Blütezeit vor Jahrhunderten, während andere, wie die Königreiche Kuba, Luba und Lunda, noch in der Kolonialzeit vollkommen intakt waren und sogar bis in dieses Jahrhundert hinein Bestand hatten. Andere wiederum, wie z. B. das Kongo- und das Chokwe-Reich, brachen in einem frühen Stadium, entweder vor oder in der Zeit der ersten Berührungen mit dem Westen, in kleinere, politisch zentralisierte oder dezentralisierte Einheiten auseinander. Bei vielen ethnischen Gruppen Zentralafrikas jedoch richtet sich die politische Organisationsform nach dem Prinzip der Kleinstaaterei (d. h. die ethnische Gruppe ist in eine Reihe kleiner autonomer Häuptlingstümer aufgeteilt) oder ihr liegt eine segmentäre Abstammungsordnung miteinander verbundener größerer und kleinerer Verwandtschaftseinheiten zugrunde. Bei manchen Gruppen beruht die politische Integration lose auf der Interessengemeinschaft, der Verwandtschaft und dem Territorium einiger weniger benachbarter Dörfer und Weiler. Im Unterschied zu anderen Regionen Westafrikas ist, im weiten Rahmen des gesamten Kunstschaffens, nur eine sehr begrenzte Zahl spezifischer Kunstgegenstände ausschließlich für den Gebrauch von Königen, Königinnen und ihrem Gefolge vorgesehen (Kat. 4.46, 4.49). Das Prädikat »königlich« kann nur wenigen Kunstwerken zugeordnet werden, es gibt jedoch viele Kunstgegenstände unterschiedlicher Art, bei denen ein Zusammenhang mit politisch-religiöser Führerschaft gegeben ist und die für den Gebrauch von Häuptlingen, königlichen Initiationsführern, Dorfobersten, Klanoberhäuptern und Ältesten bestimmt waren.

In der gesamten Region bilden Initiationsriten ein aufwendiges System, dem im Leben des Volkes zentrale Bedeutung zukommt. Zu den obligatorischen Initiationen gehören jene für Knaben und Jünglinge unterschiedlichen Alters; diese haben in der Regel einen kollektiven, periodischen und langfristigen Charakter und bestehen vor allem aus Übergangsriten, einschließlich der Beschneidung, Isolation, körperlicher Prüfungen und intensiven Lernens (ausgerichtet auf bestimmte Werte, Gesänge, Tänze und den

Umgang mit Kunstgegenständen, Kat. 4.71). Insbesondere bei den Völkern Süd-Zaires und Nord-Angolas kommen bei diesen Jünglingsinitiationen und den hochentwickelten hierarchischen Organisationen, die sie voraussetzen, zahlreiche Kunstgegenstände unterschiedlicher Art zum Tragen (Kat. 4.27). Entsprechende Initiationen für Mädchen und junge Frauen gibt es in verschiedenen Gebieten (zum Beispiel bei den Kongo, Ngbandi und Ngbaka), sind jedoch (mit Ausnahme von den Bemba nahestehenden Volksgruppen in Südost-Zaire und Sambia) nur dürftig dokumentiert und meist weniger aufwendig gestaltet. Andere Arten von vorgeschriebenen Initiationen sind gewissermaßen standes- oder berufsbezogen; ihnen müssen sich Könige, Häuptlinge, Oberhäupter, Ritualkundige, Heiler und Kräuterheilkundige, Wahrsager, Schmiede, bestimmte Gruppen von Schnitzern sowie Sänger und Tänzer unterwerfen. Im Verlauf dieser zuweilen auf einen längeren Zeitraum angelegten Initiationen, denen eine Lehre vorausgeht, werden die Initianden mit den ihrer jeweiligen Aufgabe verbundenen Werten und Geheimnissen vertraut gemacht. Eine beträchtliche Zahl mitunter sehr geheimer und sehr seltener Kunstgegenstände ist an diese Initiationen gebunden.

Sogenannte freiwillige Initiationen bilden die Basis für den Zugang und die Mitgliedschaft in Verbänden, Bruderschaften, geheimen oder halbgeheimen Gesellschaften. Diese hierarchisch gegliederten Gesellschaften, die meist nur Männern oder nur Frauen, in einigen Fällen allerdings auch Männern und Frauen gemeinsam (als verheiratete Paare) offenstehen, stützen sich auf Initiationsriten, die in verschiedenen Lebensstadien einer Person, unter Umständen ein ganzes Erwachsenenleben umspannend, stattfinden. Einweihungsriten setzen die Zahlung von Gebühren und die Verteilung von Geschenken, Lebensmitteln und Waren voraus, erfordern aber auch eine breite Beteiligung von Initianden. Gestützt auf eigens entwickelte soziale, rechtliche, moralische, philosophische und künstlerische Grundsätze, laufen diese Gesellschaften soziopolitischen Strukturen zuwider, wodurch sich neue Herrschaftsformen herausbilden, und beeinflussen häufig die Entwicklung verschiedener ausschließlicher und einzigartiger Kunstwerke.

Zu den religiösen Anschauungen und Bräuchen, bei denen Skulpturen eine unentbehrliche Rolle spielen, gehören die Verehrung und Sorge für die Verstorbenen, Sorgen um das Schicksal der Seele und um die Lebensgrundlagen, Ahnenkulte, die Anbetung von Naturgeistern, das Wahrsagen und die Entlarvung von Übeltätern und Hexen, Heilverfahren, Methoden des Herbeiführens und Abwehrens von Übel und Krankheit, die Festigung von Freundschaft und Blutsbanden, die Eidesleistung, der Schutz des einzelnen und der Gruppe sowie die Steigerung der Fruchtbarkeit. Bei den wenigen Volksgruppen, bei denen sich ein Pantheon von Gottheiten herausgebildet hat, wie z. B. den Shi, den Hunde und den Nyanga, scheint bei deren Verehrung Kunstgegenständen keine große Bedeutung zuzukommen. Die am weitesten verbreitete und bedeutendste, wenngleich zuweilen überbewertete Form von Religion ist die Ahnenverehrung (Kat. 4.66). Diese Kulte der ›lebenden Toten‹ begegnen in vielfältiger Ausprägung und wirken auf verschiedenen Ebenen in das gesellschaftlich-politische Gefüge hinein. Die wichtigsten Ahnenkulte richten sich an die Gründer von königlichen Dynastien (Kat. 4.37), Klans und Familien, an Könige und Häuptlinge, an ausgewählte Familien- und Dorfgründer und -älteste sowie an deren Mütter oder Schwestern.

Die Völker Zentralafrikas haben einen ausgeprägten Sinn für Schönheit, auch wenn die Regeln, auf die sich der jeweilige Schönheitsbegriff stützt, nicht immer ausformuliert sind. Die Verschönerung der persönlichen Erscheinung eines Menschen durch Körperschmuck (Kleidung, Verzierung, Malerei, Vernarbung, Tatauierung) und die Aufwertung des Alltags durch die Verwendung veredelter Objekte (Textilien, Rindenstoffe, Töpfe, Schalen, Teller, Körbe, Matten, Werkzeug, Geräte, Waffen, verschiedene Utensilien) (Kat. 4.41–4.42) sind von zentraler Bedeutung für die Entwicklung der bildenden Künste.

In Teilen Ost-Zaires verschafften sich aus Ostafrika einfallende Araber und Swahili bis zum Eintreffen der belgischen Kolonialtruppen für mehrere Jahrzehnte die Herrschaft über zahlreiche ethnische Gebiete. Während die Anwesenheit dieser von außen kommenden Mächte sich nachhaltig auf verschiedene Institutionen und Bräuche auswirkte, beschränkte sich der Prozeß der Islamisierung in diesem Teil Afrikas hauptsächlich auf Gebiete entlang des Westufers des Tanganjika-Sees und Teile des Hinterlandes, nach Norden hinein bis in das Gebiet um Kisangani. Die Auswirkungen der Kolonialisierung und Missionierung wurden im größten Teil Zentralfrikas erst im späten 19. Jahrhundert spürbar, mit Ausnahme vor allem der Gebiete, die bereits früher vom Sklaven- und Elfenbeinhandel heimgesucht worden waren, sowie der Küstengebiete am Atlantik und des angrenzenden Hinterlandes, wo es bereits im 15. Jahrhundert zu Berührungen mit dem Westen gekommen war. An der Küste und im Hinterland, also in Gebieten, die überwiegend von Kongo-Völkern und deren Abkömmlingen besiedelt waren, schlugen sich christliche Einflüsse in neuartigen vor Ort gefertigten Kunstgegenständen wie Kruzifixen (Kat. 4.2) sowie Skulpturen der hl. Jungfrau und des hl. Antonius nieder. Spuren eines christlichen Kunstverständnisses sind bis ins 20. Jahrhundert erkennbar, insbesondere in manchen Aspekten der Kongo-Kunst (Kat. 4.23). Die konkreten Zeiträume kolonialer Berührung und deren Intensität variierten erheblich von einem ethnischen Territorium zum anderen, desgleichen die Reaktionen der verschiedenen ethnischen Gruppen. Koloniale und missionarische Herrschaft führte in manchen Gebieten zur rigiden Unterdrückung bestehender Bräuche und Institutionen, die als »subversiv« oder »den Zivilisierungsbemühungen der Kolonialmächte zuwiderlaufend« bezeichnet wurden. Infolgedessen wurden manche Institutionen modifiziert und an die sich verändernden Umstände angepaßt, während andere wiederum verfielen, verschwanden oder zunehmend im Verborgenen wirkten. In einer Reihe von Fällen hatte dies dramatische Auswirkungen auf die künstlerische Produktivität. In anderen Fällen dagegen kamen als Reaktion auf aufgezwungene Gesetze neu entstandene Schutzinstitutionen und Gegenbewegungen zum Vorschein, darunter Geheimbünde, neue mit Heilung und Zauberabwehr befaßte Organisationen sowie prophetische und messianische Kulte. Manche der neu entwickelten Institutionen waren den bestehenden Künsten gewogen und erzeugten sogar einige zusätzliche Kunstformen, andere standen zeitweilig oder auf Dauer in Opposition zu den Künsten, die allmählich als äußerliche Symbole der Rückständigkeit angesehen wurden.

Die Völker Zentralafrikas haben viele verschiedene Formen bildender Kunst hervorgebracht: die Bemalung des Körpers und die Bemalung von Skulpturen und Häusern; Zeichnungen in Sand, auf Wänden und Stoff; Tatauierung und Vernarbung bestimmter Bereiche des Körpers, Körperschmuck in vielen Formen (Kopfschmuck, Halsketten, Ohrgehänge, Armreifen, Gürtel, Kat. 4.47–4.48, 4.74–4.75), Webwaren und Rindenstoffe (Kat. 4.75), Perlenarbeiten (Kat. 4.45); Kalebassenschnitzereien und -bemalungen, Metallarbeiten (Kat. 4.43, 4.89), Töpferwaren (Kat. 4.20, 4.57, 4.65), Korbwaren, Faser- und Flechtarbeiten; Architektur in Form von Behausungen, Versammlungsgebäuden, Heiligtümern und Initiationshütten. Die Plastik der Völker Zentralafrikas zeichnet sich somit durch eine außerordentlich reiche Vielfalt aus.

Literaturhinweis

Ein hilfreiches Standardwerk ist bis heute die frühe Stilübersicht von Olbrechts (1946). Für Untersuchungen, die sich speziell mit Zentralafrika und mit einzelnen Kunstformen befassen, sei auf die einschlägigen Veröffentlichungen von Bastin, Beumers und Koloß, Cornet, Herreman und Petridis, Lema, Neyt und Perrois verwiesen. Neue Erkenntnisse über die zentralfrikanische Kunst bieten vor allem begrenzt angelegte Vergleichsstudien (über ein bestimmtes Gebiet oder einen bestimmten ethnischen Komplex) sowie Monographien. Derartige auf Feld-, Museums- und Archivarbeit gestützte Forschungsbeiträge haben unter anderem Bastin, Biebuyck, Bourgeois, Burssens, Ceyssens, Cornet, de Sousberghe, Hersak, Laburthe-Thomas, Lehuard, Lema, Neyt, Nooter, Perrois, Roberts, Thompson und Bahuchet vorgelegt. Allgemeine Informationen zur Sprache finden sich bei Greenberg (1966) und Guthrie (1967–1971), Material zur Geschichte bei Vansina (1978) und archäologische Zeugnisse bei de Maret (1974).

ÜBER MORPHOLOGIE, FUNKTION UND GEBRAUCH EINIGER WICHTIGER SKULPTURFORMEN IN ZENTRALAFRIKA

Frank Herreman

Die Skulpturen sind überwiegend aus Materialien gefertigt, die an Ort und Stelle zur Verfügung stehen. Einige Materialien, wie etwa Metall und Elfenbein, finden aufgrund ihrer symbolischen Bedeutung, ihrer übernatürlichen Kräfte, ihrer verhältnismäßigen Seltenheit oder ihrer Kostbarkeit Verwendung. Holz ist das am häufigsten verwendete Material. Mit Hilfe eines Dechsels wird die Grundform aus einem massiven Stück Holz gehauen und mit einem Messer weiter herausgearbeitet. Im allgemeinen wird die Skulptur symmetrisch und mit frontaler Ausrichtung gestaltet. Danach folgt, sofern vorgesehen, die farbige Fassung. Hierfür können die verschiedensten pflanzlichen oder tierischen Farbmittel verarbeitet werden, wobei die Farbe lasierend, matt oder glänzend sein kann. In manchen Fällen wird durch das Eintauchen in Schlamm und längeres Polieren eine glänzende Oberfläche erzeugt, deren Farbe von Grau bis Schwarz reicht und die das Holz wie eine Lackschicht überzieht.

Kleinformatige Skulpturen aus Elfenbein finden sich nur bei wenigen Völkern, etwa in Form von Zierspitzen für Zepter bei den Kongo und in Form von Amuletten bei den Pende, den Hungana und den Luba. Außerdem gibt es Miniaturmasken und -figuren aus Elfenbein, die bei den Lega in der sogenannten *bwami*-Geheimgesellschaft Verwendung finden.

Eine Reihe von Ethnien verwendet Kupferblech, um damit einen Teil der Skulptur, meist das Gesicht, zu überziehen. Am bekanntesten sind die Reliquiarstatuen der Kota (siehe weiter unten). Bei mehreren Kongo-Völkern und auch bei den Teke werden kleine Skulpturen mit Hilfe des Wachsausschmelzverfahrens (Guß in ›verlorener Form‹) gegossen. Bemerkenswerte Beispiele hierfür sind die von Gießern der Kongo gefertigten Christus-Figuren (Kat. 4.2), die ihre Anregung in den mit Missionaren nach Afrika gelangten Vorbildern gefunden hatten. Messer und Wurfspeere wurden aus Eisen geschmiedet. Mit Ausnahme der figürlichen Zeremonialäxte der Songye, bei denen menschliche Körper oder Gesichter in durchbrochener Arbeit in die Klinge eingearbeitet werden, sind Darstellungen von Menschen oder Tieren aus Schmiedeeisen äußerst selten. Eine aus Eisen gefertigte anthropomorphe Figur der Kuba (Kat. 4.43) ist nahezu einzigartig; zusammen mit einem zweiten Exemplar wird sie in der Literatur als die älteste aus Zentralafrika stammende figürliche Darstellung beschrieben. Diese Figuren scheinen aus dem 17. Jahrhundert zu datieren. Erstere war möglicherweise Teil der Darstellung eines Miniaturhauses mit Figuren oder auch einer Proa (Flachboot) mit Ruderern. Der Schöpfer der Figur brach mit der traditionellen Symmetrie, indem er überaus effektvoll die Arme mit großen ausdrucksstarken Händen versah.

Die Proportionen einer Skulptur entsprechen in der Regel nicht den tatsächlichen anatomischen Verhältnissen. Die Aufmerksamkeit gilt in erster Linie dem Kopf und erst dann dem Torso. Diese Schwerpunktsetzung spiegelt den Stellenwert wider, der diesen Teilen des Körpers jeweils zugewiesen wird: der Kopf ist der Wohnsitz der Seele, der Rumpf verweist – mit der Darstellung männlicher und weiblicher Geschlechtsorgane – auf die Bedeutung der Fruchtbarkeit, die Garant für den Fortbestand der Gemeinschaft ist. In den meisten Fällen sind die Arme und Hände mit den Hüften verbunden, während die Beine kurz gehalten und weniger sorgfältig bearbeitet sind.

Reliquiarfiguren der Fang und der Kota

Bestimmte Skulpturen, denen eine ähnliche Funktion zukommt, können sich trotzdem vom Erscheinungsbild her stark unterscheiden. Besonders anschaulich zeigt sich dies bei den Reliquiarskulpturen der verschiedenen Fang-Gruppen (*nlo byeri*) sowie der Kota und der Mahongwe (*bwete*). Diese Gruppen verwenden Reliquienbehältnisse, in denen die Schädel ihrer herausragenden Vorfahren – Häuptlinge, tapfere Krieger, Dorfgründer und dergleichen mehr – aufbewahrt werden. Die Aufbewahrung von Reliquien in Körben oder Kästen beschränkt sich nicht auf die Fang und die Kota; sie findet sich auch bei einer Reihe benachbarter Völker wie den Tsogho und den Shango, den Punu und den Njawi. Die Mbete, die nach eigener Behauptung von den Kota abstammen, bewahren ebenfalls Reliquien auf. Allerdings verwahren sie sie nicht in Körben oder Kästen, sondern verwenden dazu eine anthropomorphe Skulptur, in deren Rücken ein Hohlraum eingearbeitet ist, der als Reliquienbehältnis dient und zugedeckt werden kann.

Die Fang besiedeln ein Gebiet, das sich vom Süden Kameruns bis zum Ogowe-Becken einschließlich Äquatorialguineas erstreckt. Männliche oder weibliche Wächterfiguren bekrönen, meist in sitzender Haltung, die zylindrischen Reliquienbehältnisse. Neben ganzen Figuren gibt es auch nur Darstellungen menschlicher Köpfe. Diese Skulpturen dienen in erster Linie dazu, Uneingeweihten den Zugang zu den

Abb. 1 Reliquiarfiguren der Kota, dargestellt in ihrer ursprünglichen Umgebung; Stich aus Tour du Monde *von P.S. de Brazza, 1887/88*

Ahnenreliquien zu verwehren. Darüber hinaus wird mit ihnen wie mit Marionetten gespielt, sie werden zum Tanzen geführt, und als Stellvertreter der Ahnen schenken sie den Klagen der Nachkommen über die Mißachtung der Ahnen Gehör. Ihre Formgebung ist stark stilisiert und unterscheidet sich je nach Entstehungsort. So zeichnen sich die nördlichen Skulpturen durch einen strafferen und strengeren Gesamtaufbau aus als die weiter südlich gefertigten Figuren. Bei letzteren ist die Muskulatur der Gliedmaßen – in Form konvexer Volumina – wesentlich stärker herausgearbeitet. Gleichwohl haben wir es in beiden Fällen mit einer stilisierten Darstellung vollendeter Schönheit zu tun.

Die Kota leben überwiegend im Osten Gabuns und in geringerer Zahl in der Republik Kongo (wo auch die Mahongwe leben). Im Unterschied zu den Fang, die ihre Reliquien in Kästen aufbewahren, verwenden die Kota und die Mahongwe geflochtene Weidenkörbe. Die Wächterfiguren stecken mit dem unteren Ende in den Reliquienbehältnissen, während der große Kopf zusammen mit der darunterliegenden durchbrochenen Rautenform aus dem Korbdeckel herausragt (Abb. 1). Auf den ersten Blick unterscheiden sie sich in der Gestaltung erheblich von den Fang-Figuren, doch zeigen sich bei näherer Betrachtung, läßt man einmal die Machart außer acht, durchaus einige Ähnlichkeiten. Die Reliquiarfigur der Kota ist überwiegend flach, was ihren Gesamtumriß hervorhebt. Das elliptische Gesicht ist in der Regel mit einer sorgfältig gestalteten Frisur geschmückt, die von einem Zierelement, häufig in Form einer Mondsichel, gekrönt wird. Das Gesicht wird flankiert von zwei, meist an den Rändern abgerundeten Flächen, die entweder der Rundung des Gesichts folgen oder sich unten nach außen biegen und in einer Spitze auslaufen. Das überwiegend flache Gesicht folgt in der Modellierung einer von vier Möglichkeiten: flach, konkav, konvex oder konkav-konvex. Der Kopf wird getragen von einem zylindrischen Hals, der im unteren Teil eine durchbrochene Rautenform hat. Bei Kota-Figuren wird diese Rautenform frontal dargestellt; bei den Figuren der Mahongwe jedoch ist sie gegenüber dem Gesicht um bis zu 90° abgewinkelt. Die Holzfigur ist vorne teilweise oder aber ganz mit Kupferblech beschlagen, manchmal wird dafür zusätzlich Eisenblech angebracht. Hier spielt möglicherweise eine symbolische Bedeutung hinein, obgleich die Erklärung auch in der rein ästhetischen Befriedigung des Farbkontrastes liegen kann. Dies gilt womöglich auch in Fällen, in denen Messing und Kupfer gemeinsam verwendet werden. Augen und Mund werden ebenfalls mit Kupferdraht und -blech versehen. Schließlich sind manchmal auch noch geometrische Muster in die Metalloberfläche punziert.

Die Bedeutung der Rautenform im unteren Bereich der Figur ist allerdings unklar. Man könnte mutmaßen, daß es sich um eine stilisierte Darstellung der Arme handelt. Gestützt werden mag diese These durch eine Figur (Kat. 4.90 b), bei der der Rumpf wie ein Zylinder mit leicht nach außen gewölbter Vorderfläche geschnitzt ist und bei der die im Flachrelief herausgearbeiteten Arme ebenfalls eine Rautenform bilden. Eine vergleichbare Darstellung, allerdings mit etwas ausgeprägterem figürlichen Charakter als das vorherige Beispiel und mit Armen, die vom Körper abstehen, findet sich bei einer Arbeit der östlichen Kongo (Kat. 4.28). Nun ließe sich folgende Hypothese aufstellen: der Kopf und die Arme (die Rautenform) stellen nur einen Teil des Körpers dar. Im rituellen Gebrauch steckt der untere Teil der Skulptur im Reliquienbehältnis, in diesem Fall ein Korb. Somit bilden Skulptur und Reliquienbehältnis zusammen ein Ganzes, eben eine vollständige menschliche Figur.

Ähnliches könnte man im Fall der Fang mutmaßen: vielleicht stellen auch ihre nur auf Köpfe beschränkten Reliquiarskulpturen in der Verbindung mit zylindrischen Reliquienbehältnissen eine Ganzfigur dar. Es ist die These geäußert worden, daß die Reliquiarköpfe (Kat. 4.91 b, 4.92) älter sind als die Skulpturen, die den gesamten Körper darstellen (Kat. 4.93–4.95).

Wie bereits weiter oben erwähnt, bestehen zwischen den Skulpturen der Fang und denen der Kota größere morphologische Unterschiede. In der plastischen Gestaltung des Kopfes jedoch gibt es eine Reihe von Übereinstimmungen. Der Hauptunterschied besteht darin, daß die Fang-Köpfe voll gerundet, die Reliquiarfiguren der Kota dagegen flach gehalten sind. Gleichwohl räumen die Fang-Köpfe, noch deutlicher aber die flachen Kota-Figuren der Frontalansicht Vorrang ein – und sind somit im Einklang mit dem allgemeinen Prinzip der Frontalität, das die gesamte afrikanische Plastik kennzeichnet. In beiden Fällen wird besondere Aufmerksamkeit auf die kunstvolle Frisur verwendet. Die Fang greifen in der Gestaltung der Augen fast immer auf Kupfernägel oder Kupferplättchen zurück, ein Brauch, der sich auch bei Skulpturen der Kota und Mahongwe beobachten läßt, bei denen das Gesicht vollkommen mit Metall überzogen ist. Schließlich lassen sich sowohl bei den Fang als auch bei den Kota Gesichtstypen unterscheiden, die einen Verlauf der Gesichtsfläche in der Reihenfolge konkav-flach-konvex aufweisen. Darüber hinaus gibt es eine Reihe von Darstellungen des Gesichts, die konvexe und konkave Partien miteinander verbinden (etwa die Stirn bis zu den Augenbrauen konvex und der Rest des Gesichts konkav).

Diese Unterschiede und Ähnlichkeiten in der Formgebung sind spezifisch für die jeweilige Kultur, zeugen aber zugleich von einer Vergangenheit, in der alle möglichen Kontakte zu einem Austausch verschiedener kultureller Elemente führten, etwas, das sich auch in der Formensprache beziehungsweise im Stil der Skulpturen widerspiegelt. Allerdings ist dies in einem wesentlich breiteren Zusammenhang zu sehen und beschränkt sich nur auf die Fang und die Kota. Gleichwohl beweist dieses Beispiel, daß ebenso wie andere Elemente der Kultur auch die Formensprache eines Volkes Bestandteil der Gruppenidentität ist.

Abb. 2 Figur der Chokwe, die den Kulturheros Chibinda Ilunga darstellt, Höhe 40 cm; Instituto de Antropologia Prof. Mendez Correia, Porto

Die Ahnenfigur: Vom konzeptuellen Prinzip zum Realismus

Eine der wichtigsten Verehrungsformen in Zentralafrika ist der Ahnenkult. Der Grund dafür ist in dem menschlichen Bedürfnis nach Erhalt der Familie, des Klans oder der ethnischen Gruppe zu suchen und aus diesem Bedürfnis heraus wird das Übernatürliche angerufen. Die Geister, die als geeignete Vermittler gelten, sind die jeweiligen Vorfahren, von denen man abstammt. Sie stellen für ihre Nachkommen ein ständiges Vorbild dar. Bei einer Reihe von Gruppen (etwa den Fang und den Kota) ist es erlaubt, sich Ahnenreliquien zu nähern und diese zu berühren; Gläubige behaupten, dies sei der direkteste Weg, ihre fruchtbarkeitsspendende Kraft auf sich übergehen zu lassen. Diese unmittelbare körperliche Berührung ist jedoch nicht allgemeiner Brauch. Eine große Zahl zentralafrikanischer Völker begräbt die sterblichen Überreste ihrer Toten, und manche – so etwa die Luba im Falle ihrer Anführer – bestatten sie an einem geheimen Ort. Dahinter steckt die Überzeugung, daß sich die Seele des Verstorbenen aus ihrer sterblichen Hülle befreit und in der Lage ist, frei umherzuschweben. Da dies mit negativen Folgen verbunden sein könnte, entstand das Bedürfnis, bestimmte Stätten zu schaffen, wo sich die Geister aufhalten konnten: Wasserfälle, Felsen, Bäume und dergleichen mehr. Bei bestimmten Ethnien lassen die Anführer Skulpturen ihrer eigenen Vorfahren anfertigen. Diese fungieren für sie wie ein ›Tor zum Übernatürlichen‹, durch das mittels Gebet die Wünsche der Gemeinschaft übermittelt werden können. Die Ursprünge der Führerschaft werden oft bis zu den mythischen Ahnen, Klan-Gründern oder Kulturheroen des betreffenden Volkes zurückverfolgt. So ist der König der Kuba höchstpersönlich die Inkarnation des Kulturheros *moshambwooy*: Er spielt den Ursprungsmythos maskiert nach und erzählt von seiner inzestuösen Beziehung zu seiner Schwester *ngady amwaash*. Die Darstellung der Urahnen in maskierten Darbietungen ist nichts Einmaliges: sie erscheinen in der Regel auf Geheiß einer Geheimgesellschaft oder der politischen Führer, die sich der Masken bedienen, um ihre Stellung auf Dauer zu erhalten. Das gleiche gilt im großen und ganzen auch für die verschiedenen von der politischen Elite verwendeten Machtsymbole, auf denen häufig Ahnenfiguren dargestellt sind. Eine Reihe dieser Skulpturen kann z. B. die heranwachsende Generation von Anführern darstellen. Bei den Hemba tritt die Bedeutung der Ahnenfiguren besonders deutlich zutage. Die Führer weisen sich eine Stellung inmitten dieser Statuen zu, wodurch sie ihre Untergebenen auf den Ursprung und die Legitimität ihrer Herrschaft hinweisen.

Die Ahnenfiguren der Chokwe, Luba, Hemba, Tabwa und Prä-Bembe-Gruppen, der Bembe und der Boyo zählen zweifellos zu den herausragenden Darstellungen dieser Art in Zentralafrika. Die meisten dieser Skulpturen sind symmetrisch gestaltet und mit größter Sorgfalt geschnitzt. Sie wirken hieratisch und verströmen häufig eine Aura der Ruhe, Weisheit und Ausgeglichenheit. Eine Reihe von Elementen wie die Ausarbeitung der Haartracht, des Kopfschmucks und anderer Ornamente dient zur Hervorhebung des Status der Figur und als Hinweis auf die Identität des Dargestellten. Man fragt sich, ob die Künstler, die diese Arbeiten schufen, selbst zur Individualisierung ihrer Figuren neigten oder von anderen dazu gedrängt wurden. In bestimmten Fällen wurden diese Figuren nach denjenigen benannt, die sie darstellen und deren Seelen in ihnen wohnen sollten. In seiner Studie *La Grande Statuaire Hemba* untersuchte Neyt eine Reihe von Skulpturen eines einzigen Volkes, der Hemba. Die Gesichtsmorphologie dieser Figuren reicht vom in hohem Maße Idealisierten bis zum überaus Realistischen. Meiner Auffassung nach kann man hier bereits von Porträtdarstellungen sprechen, ein Umstand, der auch für die Hemba-Statuen in dieser Ausstellung gilt (Kat. 4.66 b, 4.66 d, 4.66 e). Diese Hypothese wird von Neyt und de Strycker unterstützt: »Der Hemba-Künstler arbeitet oft mit einem Modell, sei es eine Skulptur oder eine lebende Person: im allgemeinen mit der gleichen Person, welche die Statue darstellt, und wenn diese Person tot ist, pflegen die Verwandten jenes Mitglied der Familie vorzuschlagen, das dem zu ehrenden Verstorbenen am ähnlichsten sieht.«

Auch bei den Chokwe begegnet man Statuen, die ehemalige Führerfiguren, männliche ebenso wie weibliche, darstellen. Ein Vergleich dieser Statuen mit den Darstellungen des Kulturheros Chibinda Ilunga (Abb. 2) ist höchst aufschlußreich. Abgesehen von stilistischen Unterschieden, die mit der Schule zusammenhängen, aus der sie hervorgegangen sind (die Schule von Moxico, der Stil des Herkunftslandes, die Schule von Muzamba und der Stil der Expansionszeit), kann man sich nicht des Eindrucks erwehren, daß die Darstellungen von Häuptlingen eine stärkere individualistische Wirkung haben (Kat. 4.36, 4.38) als die ikonographische Betonung beider Darstellung Chibinda Ilungas.

Abb. 3 Figur der Kongo, Höhe 37,8 cm, als Zauberfigur gedacht, aber noch ohne das vom nganga *hinzuzugebende* bilongo; *Museum für Völkerkunde, Antwerpen, AE.714*

Zauberfiguren

Neben den Reliquiarfiguren und den Darstellungen von Ahnen und Kulturheroen finden bei zahlreichen zentralafrikanischen Ethnien Objekte Verwendung – darunter auch Skulpturen –, auf oder in denen Substanzen angebracht werden, die nach Überzeugung ihrer Benutzer übernatürliche Kräfte besitzen. Bei den Kongo-Völkern werden diese Substanzen *bilongo* genannt (ein Begriff, der hier auch für andere Völker verwendet werden soll). Die ältere Literatur belegte die betreffenden Objekte mit der Bezeichnung ›Fetisch‹. Heute nennt man sie ›Zauberobjekte‹ oder, wenn es sich um Skulpturen handelt, ›Zauberfiguren‹.

Zauberfiguren begegnen häufig bei den Völkern, die im Gebiet des ehemaligen Königreichs Kongo leben (Kat. 4.6, 4.7 b), bei den Teke, den Yaka und Suku, den Songye (Kat. 5.93) sowie den Luba (Kat. 4.63) und den Tabwa. In manchen Fällen ist das angebrachte *bilongo* praktisch unsichtbar, in anderen dagegen bildet es ein wesentliches Element der Gesamtgestaltung der Skulptur. Vermutlich sollte der Priester oder Heiler – in Zaire meist *nganga* genannt – im Zuge der akribischen Ausführung ritueller Bräuche das *bilongo* mit dem Ziel aktivieren, Mißgeschick und Unheil abzuwenden. Nach Beendigung des Rituals erhofft sich der Bittsteller oder Patient, von den negativen Wirkungen befreit zu werden, die ihm zusetzen. Derartige Heilverfahren wurden früher als magische Praktiken beschrieben. Es läßt sich jedoch nur schwer eine klare Trennlinie zwischen religiösen und magischen Bräuchen ziehen, wenn man bedenkt, daß im Verlauf eines Rituals beide Elemente eng miteinander verwoben sind. So kann der Priester auch Praktiken magischen Charakters durchführen. Vielleicht ist es deshalb sinnvoll, danach zu unterscheiden, ob ein Bittcharakter (religiöse Bräuche) oder ein Zwangscharakter gegeben ist (magische Bräuche). Die Behauptung, magische Praktiken würden immer einen negativen Zweck verfolgen, religiöse hingegen einen positiven, erscheint nicht ganz zutreffend. Beide Formen der Kontaktaufnahme mit dem Übernatürlichen zielen, zumindest aus der Sicht des Bittstellers, auf ein positives Ergebnis ab.

Die Bestandteile, aus denen das *bilongo* zubereitet wird, können ganz unterschiedlicher Art sein, bestehen aber in der Hauptsache aus Stoffen mineralischen, pflanzlichen, tierischen oder menschlichen Ursprungs. Aus Sicht des Benutzers ist das *bilongo* wichtiger als die Skulptur selbst. Deren Gestaltung läßt jedoch oft erkennen, daß durchaus die Verbindung von Skulptur und Substanzen im Sinn eines übergeordneten Ganzen bedacht worden war. In den meisten dieser Fälle muß man zudem von zwei Erschaffern sprechen: vom Bildhauer, der die Skulptur anfertigt, und vom *nganga*, der das *bilongo* hinzugibt.

Sowohl bei den verschiedenen Kongo-Völkern wie auch bei den Teke wird bei der Gestaltung und Modellierung der Figuren die Stelle berücksichtigt, wo die Substanzen angebracht werden sollen (Abb. 3). So sind die Arme manchmal gedrängt, manchmal gar nicht dargestellt, da diese Stelle für die Substanzen vorgesehen ist. Das *bilongo* kann auch ein wesentlicher Bestandteil der Gesamtform der Figur sein, etwa eine Bekrönung des Kopfes (Frisur oder Kopfschmuck), eine Verzierung des Bauches oder irgendeines anderen Körperteils. Bei den Kongo-Völkern wird an der Skulptur meist ein kleines Behältnis angebracht, in das das *bilongo* hineingegeben wird, gewöhnlich am Bauch, manchmal auch am Rücken. Diese Behältnisse werden mit einem Spiegel verschlossen.

Wenn die Zauberfigur bei Ritualen zum Einsatz kommt, kann ihre Form immer noch abgewandelt und weiter ausgeschmückt werden. Dies ist der Fall bei den ›Nagelfetischen‹ (besser: ›Nagelfiguren‹), so genannt wegen der unzähligen eingehämmerten Nägel, die ihren gesamten Körper übersäen. Eine solche Art der Behandlung kann zum Beispiel erfolgen, wenn zwei sich befehdende Gruppen beschlossen haben, ihren Streit beizulegen. Zur Sanktionierung der Zeremonie werden dann Nägel in die Statue eingehämmert. Das Einhämmern von Nägeln dient auch dazu, das *bilongo* zu aktivieren, das zu einem bestimmten Zweck an der Statue angebracht worden ist.

Der Großteil der afrikanischen Plastik verdankt seine Entstehung religiösen, wirtschaftlichen und gesellschaftlichen Bedürfnissen. Die Schöpfer dieser Art von Objekten erschaffen keine Kunst als Selbstzweck, sondern als Medium für den Gebrauch der Gemeinschaft oder eines einzelnen, um mit dem Übernatürlichen in Kontakt zu treten. Das mag der Grund sein, weshalb sich der afrikanische Bildhauer nicht unmittelbar an der Wirklichkeit orientiert, sondern sich bei der Gestaltung auf eine uralte Tradition stützt. Seine Arbeitsweise läßt sich daher als konzeptuell bezeichnen. Hinzu kommt, daß in vielen Fällen auch äußere Einflüsse nachwirken. Diese konnten den verschiedensten Umständen entstammen, etwa von der – freiwilligen oder erzwungenen – Wanderung einer bestimmten Gruppe, von der Niederlassung anderer Völker im Gebiet einer Ethnie oder von vorhandenen Handelskontakten, womit jeweils erneut eine verstärkte Berührung mit religiösen Elementen oder Strömungen von außen einhergehen konnte.

Der Begriff ›konzeptuell‹ ist so zu verstehen, daß der traditionelle afrikanische Künstler in erster Linie seinem Wissen über Dinge Ausdruck verleiht, statt ein unmittelbares Abbild dessen zu schaffen, was er mit den Augen wahrnimmt. Statuen, Masken oder andere Ritualobjekte müssen einer Reihe von Anforderungen genügen, und auch ikonographischen Aspekten ist Rechnung zu tragen. Gleichwohl sollte dies nicht überbewertet werden, denn es finden sich Elemente innerhalb der künstlerischen Darstellung, die durchaus auf die Wirklichkeit Bezug nehmen: etwa Haartracht, Tatauierungen oder Statussymbole wie Kopfschmuck und Ornamentierung im allgemeinen.

Sobald die Maske oder Statue geschnitzt ist, wird sie geweiht und ist, auf diese Weise mit rituellen Kräften ausgestattet, fertig zum Gebrauch. Eine Skulptur dieser Art gerät in eine zwiespältige Beziehung zum Menschen: sie kann eine Verbündete, aber auch ein Feind sein und die Kräfte, die sie besitzt, sind mit Gebeten und Opfergaben günstig zu stimmen. Aber ihre Kräfte können auch dazu bewegt werden, die Wünsche des Bittstellers zu erfüllen.

Die plastische Formensprache einer Kultur weist eine Reihe ständig wiederkehrender Strukturelemente auf. Dieses Wiederkehrende nennt man gemeinhin Stil. Ein zweiter entscheidender Faktor bei der Schaffung einer bildhauerischen Arbeit ist das individuelle Talent des Schöpfers. Der Bildhauer kreiert ein Objekt, das die daran gestellten Anforderungen optimal erfüllt. Die Darstellung muß den ikonographischen Normen entsprechen, welche die Tradition für sie festlegt. Gleichzeitig muß der Schnitzer einer Reihe spiritueller, moralischer und anderer abstrakter Prinzipien Ausdruck verleihen, die sich mit dem Dargestellten verbinden. Weil er an diese Prinzipien glaubt, wird der Bildhauer die Arbeit nach bestem Können ausführen, und seinem Schaffen wird eine künstlerische Dimension zuwachsen.

In vielen Fällen ist der schöpferische Prozeß mit der Anfertigung und Weihung der Statue oder Maske noch nicht abgeschlossen. In der anschließenden rituellen Verwendung kann sich das Erscheinungsbild eines Objektes dadurch verändern, daß der Skulptur Opfergaben oder Zubehör verschiedenster Art beigegeben wird. Ein solches ›Aufladen‹ des Objektes soll bewirken, daß die gewünschte Funktion einsetzt oder an Effektivität gewinnt.

Bibliographische Hinweise

Brazza 1887; Brazza 1888; Fernandez 1974; Neyt und de Strycker 1974; Chaffin 1979; Bastin 1982; Perrois 1985; Claerhout 1988; Biebuyck 1992; Fernandez 1992; Neyt 1995

4.1

Zoomorpher Kopf

Zentralangola
8.–9. Jahrhundert
Holz
50,5 x 15,5 cm
Koninklijk Museum voor Midden-Afrika/Musée Royal de l'Afrique Centrale, Tervuren, Belgien, MRAC 14796

Dies ist vermutlich die älteste Holzskulptur Zentralfrikas, wenn nicht sogar des gesamten sub-saharischen Raumes. (Eine ihr entnommene Probe wurde mittels Radiokarbonmethode datiert.) Der bemerkenswert gute Erhaltungszustand erklärt sich aus der Tatsache, daß sich die Skulptur 3,5 Meter unter dem Grundwasserspiegel befand, als sie 1928 gefunden wurde.

Aus dem Stamm eines *Pterocarpus Angolensis D.C.* geschnitzt, stellt die Skulptur ein Tier mit Schnauze, Augen und kleinen runden Ohren dar. Oben auf dem Kopf und am Schwanzende sind zwei kleine Löcher zu erkennen, die mit einem rotglühenden Eisen gebohrt wurden und vermutlich mit haarähnlichen Fasern gefüllt waren. Aller Wahrscheinlichkeit nach wurde die Skulptur als Aufsatzmaske oder Kopfschmuck getragen. Die Gesamtform des Kopfes mit dem breiten Maul, der langgezogenen Schnauze und den großen Nüstern sowie die Stellung der Augen erinnern stark an die Merkmale eines Erdferkels (*Orycteropus afev*), ein großer alleinlebender nachtaktiver Insektenfresser. Auf dieses schweinähnliche Tier deuten auch der gekrümmte Körper mit den vier Beinen und dem Schwanz sowie die Riffelung auf Körper und Stirn hin. Da die Ohren eines Erdferkels länger und eher röhrenförmig sind, kann man nicht ausschließen, daß die Skulptur auch ein Zebra, ein Warzenschwein, ein Flußpferd oder ein zusammengesetztes Phantasietier darstellt. Ursprünglich mögen die Ohren jedoch durchaus größer gewesen sein, so daß doch einiges für eine Deutung als Erdferkel spricht.

Bedauerlicherweise gibt es keine ethnographischen Erkenntnisse darüber, was das Erdferkel in dieser Region symbolisiert, man weiß aber, daß es bei den im südlichen Bereich des Tanganjika-Sees lebenden Tabwa als ein ›dem Denken besonders zuträgliches‹ Tier gilt, da es eine ganze Reihe grundsätzlicher Gegensatzpaare beschwört (Kopf/Lenden, geschlossen/offen, Intellekt/Sexualität, Kultur/Natur, Mensch/Tier, männlich/weiblich, Licht/Dunkel, sichtbar/unsichtbar, gut/böse). Auch der Wühlkraft dieses Tieres wird besondere Bedeutung zugewiesen, und es wäre nicht verwunderlich, wenn diese Skulptur aus einem bestimmten Grund vergraben worden wäre. *PdeM*

Provenienz: Gefunden 1928 von C. Turlot in der Uferböschung des Liavela, Zentralangola.

Literatur: Van Noten 1972; Roberts 1985, S. 24 f.

4.2

Kruzifix

Kongo
Zaire
18.–19. Jahrhundert
Bronze, Metallblech, Nägel, Holz
29 x 19 cm
Bareiss Family Collection

Den im späten 16. und frühen 17. Jahrhundert zusammengetragenen mündlichen Überlieferungen zufolge entstand das Königreich Kongo vermutlich Ende des 14. Jahrhunderts als einer von mehreren bescheidenen Staaten südlich des Zaire. Die schrittweise Expansion durch Bündnisse und militärische Eroberung machte die Hauptstadt Mbanza Kongo zum Zentrum eines großen und mächtigen Staates. Portugiesische Seefahrer landeten dort 1483. Portugal war zu dieser Zeit eine mächtige Handelsnation mit großem Interesse an der Errichtung neuer Handelsrouten nach Indien. Die merkantile Expansion ging einher mit einem ausgeprägten Missionierungsdrang, in dessen Verlauf die Portugiesen jedes Volk, auf das sie stießen, tatkräftig zum Katholizismus zu bekehren suchten. Im Jahr 1499 gewährte Papst Alexander VI. König Emanuel I. von Portugal das Patronat über sämtliche afrikanischen Gebiete, die von den Portugiesen bereits entdeckt worden waren oder noch entdeckt werden sollten. 1512 übersandte Emanuel seinerseits dem König von Kongo ein Dokument, in dem er einen Plan für die Organisation des Kongo-Staates nach dem Vorbild einer christlichen Monarchie unterbreitete. Verschiedene lokale

Kongo-Herrscher wurden zum Christentum bekehrt, darunter der König selbst, der auf den Namen Alfonso I. (1506–43) getauft wurde. Bildlich bekräftigt wurde der Bekehrungsprozeß durch die weitverbreitete Verwendung religiöser Symbole, wie etwa der von Kongo-Künstlern nach portugiesischen Vorbildern gegossenen Bronzefiguren der hl. Jungfrau und des aus Portugal stammenden hl. Antonius von Lissabon (auch hl. Antonius von Padua genannt), die dank der Lehrtätigkeit von Kapuzinerpriestern außerordentliche Beliebtheit erlangten.

Kruzifixe spielten eine gleichermaßen wichtige Rolle im facettenreichen rituellen Leben des Christlichen Königreichs Kongo. Manchmal sind zu Füßen Christi und/oder auf der Spitze des Kreuzes kleine Oranten dargestellt. Gelegentlich symbolisierte die kleine Betergestalt die hl. Jungfrau Maria, ein Hinweis auf ihre Rolle als Vermittlerin zwischen den Menschen und der himmlischen Herrlichkeit. Der Erlöser ist jedoch auch häufig (wie hier) alleine dargestellt. Seine ausgesprochen afrikanischen Züge, die er auch in zahlreichen anderen bekannten Beispielen aufweist, unterscheiden die Kruzifixe der Kongo von ihren europäischen Pendants. Sie werfen Fragen über die Entstehung und Rezeption künstlerischer Formen innerhalb verschiedener Kulturen auf, veranschaulichen sie doch die zwangsläufigen Bedeutungsverschiebungen, im Zuge derer den Kongo-Kruzifixen die katholischen Inhalte allmählich abhanden kommen sollten und ihnen die Funktion eines Vermittlers zur Übertragung einheimischer Ideen und Glaubensvorstellungen zuwuchs. So wurde insbesondere das Kreuz vor dem Eintreffen der Europäer von den Kongo als bildliche Analogie ihrer eigenen Beziehung zu ihrer Welt, betrachtet, als Schnittstelle zwischen dem ›Diesseits‹ (*nza yayi*) und ›dem Land der Toten‹ (*nsi a bafwa*). Derartige Bedeutungsverschiebungen wirken bis ins 20. Jahrhundert hinein. Sie wurden bildkünstlerisch bekräftigt durch formale Verschiebungen, so in diesem Fall durch die Einbeziehung einheimischer Tradition entlehnter dekorativer Elemente wie der runden Nagelköpfe. *TT*

Literatur: Thiel und Helf 1984, S. 93; MacGaffey 1986, S. 43–46; New York 1988, S. 43–47; Maastricht 1992, S. 57, 310

4.3

Stabknauf (*mvuala*)

Solongo
Angola/Zaire
19. oder 20. Jahrhundert
Elfenbein
Höhe 11 cm
Privatsammlung, Brüssel

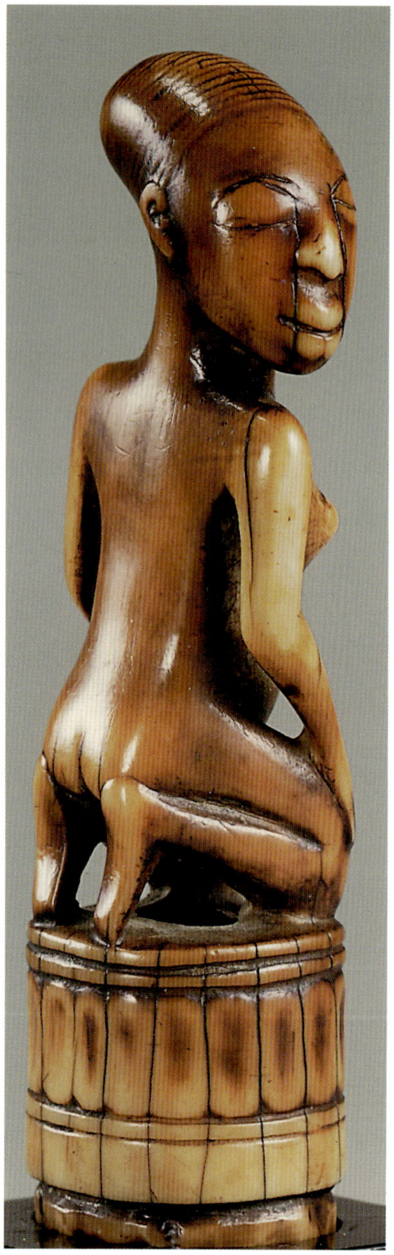

Nach Auffassung von Lehuard handelt es sich bei diesem Stück um eine Arbeit der Solongo. Die Solongo leben beiderseits der Mündung des Zaire und entlang der Atlantikküste von Banana bis Ambrizete.

Der Stab ist eine Insignie der Macht. Er wird dem zukünftigen Häuptling oft bei seiner Initiationszeremonie überreicht oder von Generation zu Generation weitergegeben. Mit dem Besitz des Stabes verbindet sich das Recht zur Teilnahme an politischen und gerichtlichen Verhandlungen.

Diese Figur vereint zwei bekannte Haltungen bei Statuetten dieser Art: der zur Seite gedrehte Kopf (*kebo-kebo*, kennzeichnend für eine Figur, die Wache hält) und die kniende Haltung auf die Oberschenkel gestützen Hände (*ye mooko va bunda*). Im allgemeinen ist die mit beiden Knien auf dem Boden verharrende Haltung typisch weiblich, sie drückt Ehrerbietung und Gehorsam aus; die Hand auf dem Schenkel zeigt Warten an. Häufig wird die Frau auch auf den Knien hockend dargestellt.

Geschnitzte Stäbe kommen in der Kunst der Gebiete am Unterlauf des Zaire häufig vor (in jüngster Zeit hat sich ihre Zahl durch Nachbildungen alter Stäbe noch erhöht). Die Technik der Elfenbeinschnitzerei hat einige erlesene Arbeiten, ja Meisterwerke hervorgebracht. *JC*

Literatur: Lehuard 1976; 1989, I, S. 112, 610–615

4.4

Stabknauf (*mvuala*)

Yombe
Zaire
19. Jahrhundert
Elfenbein, patiniert
Höhe 15,5 cm
Privatsammlung

Dieser Griff des Stabes eines Würdenträgers stammt aus einer bekannten Werkstatt. Das Museum in Tervuren besitzt ein Stück von solcher Ähnlichkeit, daß die These vertreten wurde, beide stammten – ebenso wie ein entsprechendes Stück im Musée Barbier-Mueller in Genf – von der Hand des gleichen Schnitzers.

Der Griff zeigt eine Kniende, die linke Hand auf dem Oberschenkel, die Rechte an die Wange gepreßt, ein Zeichen für Kontemplation. Insbesondere auf Häuptlingsstäben stellt dies eine traditionelle Haltung dar. Die kunstvolle Haartracht *(mpu)* ist Indiz für eine dem Häuptling ebenbürtige Stellung. Der naturalistische bildhauerische Stil ist typisch für Kongo-Skulpturen.

Die reichen Schmucknarben sind bezeichnend für das Gebiet der Mayombe. Die Frauen am Unterlauf des Zaire-Flusses hatten mit den kunstvollsten und elegantesten Narbenschmuck in ganz Afrika. Er wurde vor allem mit Fruchtbarkeit assoziiert. Grundelement des hier gezeigten Musters ist eine Rautenform, die auch bei den im gleichen Gebiet gefertigten dekorativen Gefäßdeckeln anzutreffen ist, die häufig Sprichwörter versinnbildlichen (vgl. Kat. 4.17).

Der Stab symbolisiert die Legitimität seines Trägers beziehungsweise der Person, der er anvertraut ist. Er verbindet die Macht dieses Trägers mit der Macht seiner Ahnen. Es überrascht nicht, daß Frauen bei Kunstgegenständen dieser Art eine wichtige Rolle zukommt, ist es doch ihre Fruchtbarkeit, die eine Weitergabe der Macht von Generation zu Generation erst ermöglicht. *JC*

Literatur: Lehuard 1989, I; Tervuren 1995, Nr. 292

4.5 a

Stabknauf (*mvuala*)

Yombe
Zaire
19.–20. Jahrhundert
Elfenbein
Höhe 14 cm
Privatsammlung

Kat. 4.5 a thematisiert die Mutterschaft. Die Gründermutter des Klans nimmt eine Stellung von hohem Ansehen ein; die Kunst der Kongo am Unterlauf des Zaire ist neben der der Luluwa mit am reichsten an Darstellungen von Mutter-Kind-Gruppen.

Die kniende Haltung ist weitverbreitet in der Kunst der Kongo. Die halb als Tier, halb als Mensch vorgestellte Figur (Kat. 4.5 b) weist darüber hinaus eine ähnliche Halskette aus Kaurischnecken auf, die gleichzeitig Wohlstand und Fruchtbarkeit symbolisiert. Manchmal ist nur eine Einzelfigur dargestellt. In der Regel berühren beide Knie den Boden, eine Haltung, die *nfunkama* genannt wird. Häufig stellen die Figurengruppen eine Mutter mit Kind dar. »Der allgemeine Eindruck, den Skulpturen dieses Typs, die mit großer Detailgenauigkeit und Sorgfalt gearbeitet sind, vermitteln, ist der, daß sie auf Haltungen zurückgehen, die mit Unterwürfigkeit – Gehorsam, Ehrerbietung, Ergebenheit – zu tun haben.« (Lehuard).

Bei Kat. 4.5 a hält die Mutter ihr Kind, wie bei Figuren dieser Art üblich, ohne jeglichen Ausdruck der Anteilnahme oder der Zuneigung in den Armen. Häufig fehlt das Kind.
JC

Literatur: Lehuard 1976; 1989

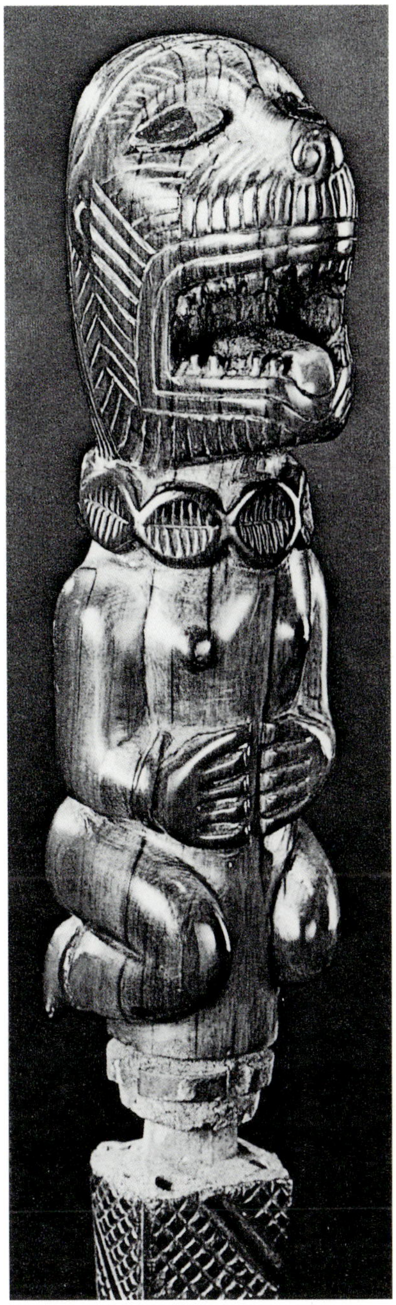

4.5 b

Stabknauf (*mvuala*)

Yombe
Zaire
Elfenbein
19,6 x 6 x 6,9 cm
The Walt Disney-Tishman African Art Collection, Los Angeles, 1985. AF.051.121

Die Kongo

Die Mehrzahl der Objekte, die als Kongo-Kunst auf breite Bewunderung stoßen, fällt in die Kategorie des *nkisi* (Pl. *minkisi)*, ein unübersetzbarer Begriff. Die kikongo-sprechenden Kongo bilden ein Volk von rund drei Millionen Menschen, verteilt über Angola, Zaire und Kongo an der atlantischen Küste. *Minkisi* sind rituelle Handlungen zur Bewältigung von Problemen, die von öffentlichem Streit über Diebstahl und Krankheit bis hin zur angestrebten Eroberung einer Frau oder der Erlangung von Reichtum reichen können. Ein *nkisi* als rituelle Handlung kann alle möglichen Elemente berücksichtigen: den *nganga*, den eingeweihten Experten, der das Ritual durchführt, dessen Kostüm mitsamt Zubehör, den Klienten, die vorgeschriebenen Gesänge und Regeln, Opfergaben, Anrufungen, Tanzen und Trinken. *Minkisi*, wie sie sich heute in Museen finden, sind lediglich ausgesuchte Bestandteile der materiellen Requisiten, die für die Durchführung von Ritualen benötigt werden. Sie datieren überwiegend aus der Zeit zwischen 1880 und 1920. Die Kolonialverwalter untersagten den Gebrauch der *minkisi*, die, obgleich auf den heutigen Tag weiterhin rege benutzt, nicht mehr die öffentliche und sichtbare Form annehmen wie in der Vergangenheit.

Das *nkisi*-Objekt ist im Prinzip ein Gefäß, das Kräfte enthält, die auf ein bestimmtes angestrebtes Ziel hingelenkt werden. Im Behältnis befanden sich Reliquien der Toten, oder auch Erde vom Friedhof, die das *nkisi* mit den Zauberkräften der Verstorbenen ausstatteten und es der Kontrolle durch den *nganga* zu einem gewissen Maß unterwarf. Außerdem enthielt es *bilongo* (Medizin), das den jeweils vorgesehenen Verwendungszweck dieser magischen Kraft metaphorisch verkörperte. Weitere ›Medizin‹ wurde an der Außenseite angebracht, deren komplexe Optik sollte den Zuschauer beeindrucken und die ungewöhnlichen Fähigkeiten dieser zusammengesetzten Objekte beschwören sollte. Zum Beiwerk mancher *minkisi* können geschnitzte Miniaturen zählen.
WM

Literatur: MacGaffey 1991

4.6
Nkisi nkondi (*kozo*)
Kongo
Cabinda
Vor 1900
Holz, Eisen
Höhe 67,5 cm
Musée Barbier-Mueller, Genf, 1021-35

Nicht alle *nkondi* waren mit Nägeln beschlagen und nicht alle, die Nägel aufwiesen, waren anthropomorph. Die äußere Erscheinungsform der Figur war nicht etwa ein Abbild des sie beseelenden Geistes, sondern Teil der Metaphorik, an der Eingeweihte Zweck und Möglichkeiten des *nkisi* ablesen konnten. Im Denken der Kongo liegt das Land der Toten ›jenseits des Wassers‹ oder ›im Wald‹, wo sich tatsächlich Friedhöfe befinden. Wild ist das Vieh der Toten. Hunde leben bei den Menschen im Dorf, sie werden jedoch nicht wie andere Haustiere gegessen, und sie sind Jägern beim Erlegen von Wild im Wald behilflich. Hunde werden als Vermittler zwischen den Lebenden und den Toten und folglich zwischen dem Sichtbaren und dem Unsichtbaren angesehen; der Legende nach haben Hunde ›vier Augen‹, und man durchquert auf dem Weg ins Land der Toten ein Dorf voller Hunde. ›Kozo‹, an der Küste Cabindas in den 1880er Jahren hochangesehen, war ein auf Vergeltung zielendes *nkisi* des *nkondi*-Typs in Form eines Hundes, in der Regel allerdings mit zwei in entgegengesetzte Richtung schauenden Köpfen. Die Medizin, die ihm seine magische Kraft verlieh, befand sich meist in einem mit Harz oder Lehm versiegelten Bündel auf dem Rücken des Tieres. Die Figur steht für das Ergreifen unbekannter Übeltäter, für den Wechsel zwischen den beiden Welten der unsichtbaren Ursachen und der sichtbaren Wirkungen. Kozo hatte angeblich mit Frauenangelegenheiten zu tun und wurde mit *mangaaka* gepaart, einem gleichermaßen weithin bekannten und angesehenen anthropomorphen *nkondi*, das für Männerangelegenheiten gedacht war, der genaue Charakter ihrer Beziehung bleibt uns jedoch verborgen. Dieses Kozo-Exemplar besitzt eine besonders eindrucksvolle Anhäufung von Nägeln und Klingen, die jeweils von einem bitteren Groll zeugen. *WM*

Ausstellung: Washington 1993, S. 41 f.

4.7 a

Nkisi nkondi

Kongo
Zaire
Spätes 19. Jahrhundert
Holz, Eisen, Farbpigmente
Höhe 180 cm
The Trustees of the British Museum, London, 1905.5.25.2

4.7 b

Nkisi nkondi

Kongo
Zaire
Spätes 19. Jahrhundert
Holz, Eisen, Farbpigmente
Höhe 108 cm
Museo Preistorico Etnografico L. Pigorini, Rom, 84204

Die Dichte der Eisenklingen, mit denen ein *nkisi nkondi* übersät ist, zeigt, wie häufig es benutzt worden ist. Kat. 4.7 b ist eine von mehreren ähnlich langen, schmalen Figuren, die offensichtlich aus der gleichen Werkstatt im Mayombe-Gebiet in West-Zaire stammen. Auf der Schädeldecke war früher einmal ein mit Harz versiegelter Beutel mit potenzierender Medizin angebracht; weitere magische Substanzen befanden sich vermutlich in einem zweiten Bündel. In der Mitte der Stirn, dem Sitz des Verstandes und der Autorität, ist die ›Seele‹ des *nkisi* durch eine Rautenform angedeutet, die ihrerseits geviertelt ist. Das linke Auge der Figur war möglicherweise einmal wie das rechte mit einem lebensecht reflektierenden Material bedeckt, denkbar wäre aber auch, daß es ›blind‹ sein sollte: Dies würde bedeuten, daß das *nkisi* ein Auge für die Dinge der diesseitigen, sichtbaren Welt hatte und eines für die Nachtwelt des Geheimen. Das Gesicht wirkt überaus bösartig: Es scheint gleichzeitig durch das wuchernde Stachelkleid aus Metall hindurchzubrechen sowie bestimmten Feinden ähnliche Gewalt anzudrohen. Die Klingen, mit denen der Körper übersät ist (überwiegend alte Hackenklingen, aber auch einige Schrauben europäischer Herkunft), weisen eine vergleichsweise geringe Zahl der Zeichen auf, die ›Hunde‹ genannt werden (vgl. Kat. 4.8) und die das *nkisi* auf bestimmte Aufgaben hin festgelegt haben.

Während Kat. 4.7 a insgesamt passiv und eher androgyn erscheint, ist Kat. 4.7 b unverkennbar männlich. Die ungewöhnlich gute genitale Ausstattung der Figur hat nichts mit Fruchtbarkeit zu tun. Obgleich es viele Ausnahmen gab, wurden den *nkondi* männliche Symbole zugeordnet, da sowohl die Jagd wie auch das Rechtswesen Männersache waren; die meisten, männliche wie weibliche, wurden ohne Genitalien dargestellt. Bei korrekter Ausstattung trugen sie in der Regel einen verdeckenden Schurz. Im Verlauf des Rituals zur Aktivierung dieses *nkondi* dürfte der Ausführende in geeigneten Augenblicken das Tuch gezielt weggerissen haben, um Aufsehen zu erregen. *WM*

Literatur: MacGaffey, 1991, S. 136

4.8

Nkisi nkondi

Kongo
Zaire
Vor 1878
Holz, Schnur, Eisen, Stoff
Höhe 83 cm
Koninklijk Museum voor Midden-Afrika/ Musée Royal de l'Afrique Centrale, Tervuren, Belgien, MRAC 22438

Die wirkkräftigsten, spektakulärsten und heute bekanntesten *minkisi* der Kongo gehörten zur Gattung der sogenannten *nkondi*, ein Name, der ›Jäger‹ bedeutet. Aufgabe des *nkondi* war die Identifikation und Ergreifung unbekannter Übeltäter wie Diebe und solcher Personen, von denen man glaubte, daß sie mit geheimen Mitteln Krankheit und Tod bei ihren Nachbarn verursacht hatten; *nkondi* konnten auch Personen bestrafen, die falsche Eide leisteten, oder Dörfer, die Verträge verletzten, auf die diese sich unter ihrer Aufsicht eingelassen hatten.

Die in den Museen befindlichen *nkondi* bestehen meist, wie in diesem Fall, aus einer hölzernen Figur, der in einem oder mehreren mit Harz versiegelten Beuteln magische Substanzen beigegeben sind. Diese werden unter anderem oben auf dem Kopf, am Bauch und zwischen den Beinen angebracht. Die Beine dieser Figur sind in ein Miniaturjagdnetz gewickelt, das daran erinnern soll, daß sie ihre Opfer zur Strecke bringt. Zahlreiche andere *minkisi nkondi*, die nicht das Interesse von Sammlern auf sich zogen (und deshalb verlorengegangen sind), wurden in Tongefäßen aufbewahrt. Um das *nkisi* zum Tätigwerden anzustacheln, wurde es sowohl angerufen als auch provoziert. Die Anrufungen nannten, in oftmals äußerst blutrünstiger Sprache, das Problem beim Namen und drängten *nkondi*, den Schuldigen zu bestrafen:

»Herr Mutinu! Sperre deine Ohren auf, sei wachsam. Das Dorf, die Häuser, die Menschen, siehst du uns nicht? Mein Schwein ist verschwunden, ich habe weder ein Huhn, eine Ziege, ein Schwein noch irgendwelches Geld im Haus, an das ich mich klammern kann. Die Dorfbewohner haben ihre Tiere, sie haben viele Kinder, sie sind zufrieden. Ich habe mit keinem, weder Mann noch Frau, Streit gehabt. Mwene Mutinu, sollte jemand böse auf mich sein und es sich nur um eine offensichtliche Sache handeln, so sieh' darüber hinweg, doch wenn es sich um Zauberei handelt, dann schreite ein! Ergreife jeden, der mir Schaden zufügt, ob Mann oder Frau, jung oder alt, plündere und schlage zu! Mögen sein Haus und seine Familie zerstört werden, mögen sie alles verlieren, hörst du?«

Nkondi konnte provoziert werden, indem etwa vor dem Objekt Schießpulver zum Explodieren gebracht oder ihm Beleidigungen an den Kopf geschleudert wurden. Vor allem aber wurden, handelte es sich um eine Holzfigur, Nägel, Klingen und andere Metallgegenstände in sie hineingetrieben. Erzürnt ob dieser Verletzungen, ging *nkondi* dann auf mysteriöse Weise flugs zum Angriff über und fügte dem Übeltäter ähnlichen Schaden zu. Wenn einige Tage später jemand im Dorf erkrankte und über Schmerzen in der Brust klagte, hieß es, *nkondi* habe ihn entlarvt und bestraft.

Um sicherzugehen, daß das *nkisi* wußte, was von ihm erwartet wurde, pflegte man an der Figur bei jeder Anrufung z. B. kleine Stoffetzen, Haare von der gestohlenen Ziege oder oft ein anderes, ›Hund‹ genanntes und an den Nägeln befestigtes Zeichen anzubringen. Mit der Zeit häuften sich auf dem *nkisi* unübersehbar die Zeugnisse erfolgreicher Verwünschungen, die seine furchterregende Erscheinung noch wesentlich steigerten. Obgleich wir weder

seinen Namen noch seine Geschichte kennen, können wir auf einen Blick sehen, daß dieses Exemplar in seiner Zeit zweifellos weit und breit gefürchtet war. *WM*

Ausstellung: Washington 1993

4.9

Nkisi nkondi (*Fragment*)

Kongo
Volksrepublik Kongo
19. Jahrhundert
Holz
31 x 12,5 x 12 cm
Koninklijk Instituut voor de Tropen/ Tropenmuseum, Amsterdam, 3113-2

Diese verwitterte Figur mit ihrer Aura unverwüstlicher, allen Unbilden trotzender Vitalität ist wahrscheinlich von ihren ursprünglichen Besitzern vor langer Zeit Wind und Wetter überlassen worden. Das Holz ist vom Regen ausgewaschen und von Würmern zerfressen, doch einige Löcher in der Brust scheinen von eingetriebenen Nägeln oder Metallklingen herzurühren. Trifft dies zu – und der aggressive Gesichtsausdruck scheint die Hypothese zu bestätigen –, so haben wir es hier mit dem ›Geist‹ eines *nkisi nkondi* zu tun. Die morschen Reste der Figur wurden vom Sammler nach Art einer antiken italienischen Büste abgeschnitten. Auf dem Kopf befand sich früher einmal ein Medizinbündel und in die Augen war vermutlich ein mit rotem Stoff unterlegtes Stückchen Glas eingesetzt. Es zeugt von der Kunstfertigkeit des Bildhauers, daß das Objekt nach wie vor lebendig, zornig und energisch wirkt. Ein Grund, sich eines *nkisi* zu entledigen, konnte etwa der sein, daß es nach Ansicht des Besitzers nicht länger effektiv oder daß der Besitzer zum Christentum übergetreten war. Ein *nkisi* konnte angestachelt werden, indem man Nägel hineintrieb, es beleidigte, mit einem Holzklotz verglich oder drohte, es ins Gebüsch zu werfen. *WM*

Provenienz: Ehemals Sammlung J. Brummer, Paris; Jacob Epstein, London

Ausstellung: Paris 1989

4.10

Nkisi nkondi

(*Die Gemahlin Mabyaalas*)

Kongo
Cabinda
Vor 1900
Holz, Glas, Schnur, Perlen
Höhe 35,5 cm
Rijksmuseum voor Volkenkunde, Leiden, 2668.2101

Diese fein geschnitzte Figur ist eines von mindestens zwei Stücken, die dem gleichen Künstler zugeschrieben werden können, beide befinden sich in der Leidener Sammlung. Charakteristisch sind die sorgfältige Ausführung, der beseelte Ausdruck, die naturalistische Pose, die filigrane Ausführung des Haares und die Darstellung der Brustwarzen. Die meisten *minkisi* sind ohne Namen, da der Sammler es nicht für wichtig erachtete, diesen festzuhalten, im vorliegenden Fall jedoch wissen wir, daß die Figur Teil der materiellen Ausstattung eines *nkisi nkondi* namens Mabyaala ist. Ende des 19. Jahrhunderts war *mabyaala* entlang der Atlantikküste vom heutigen Pointe Noire in der Republik Kongo bis Boma an der Zaire-Mündung eines der bekanntesten vergeltenden *minkisi*, die dazu dienten, das Verbrechen zu bekämpfen und Handelsbeziehungen zu sanktionieren. Es gibt eine Reihe mit Namen versehener Beispiele, dieses jedoch ist die einzige weibliche Figur; sie trägt ein Kind auf der Hüfte, ›um zu zeigen, daß sie eine verheiratete Frau ist‹. Das früher einmal am Bauch angebrachte Medizinbündel ist abgefallen, so daß die Figur, wie alle heute in Museen aufbewahrten *minkisi*, ihre Zauberkraft eingebüßt hat. *Nkondi* wurden häufig als Paar, Mann und Frau, dargestellt. ›Die Kräfte des Mannes‹, so besagt ein einheimischer Text aus der damaligen Zeit, ›sind mächtiger, doch die Frau mildert sie ab; wären es zwei Männer, so wären viele Häuser vom Blitz verbrannt‹ (*nkondi* kontrollierte auch Unwetter und setzte diese dazu ein, aufsässige Dörfer anzugreifen). Der männliche Mabyaala, der diese Frau begleitete, ist verlorengegangen. In verschiedenen Museen finden sich andere *mabyaala* zugeordnete Gegenstände, die jedoch ursprünglich unterschiedlichen Ensembles angehörten, darunter ein Beutel mit Medizin und ein spektakulärer Kopfputz aus roten Federn für den *nganga*. *WM*

Ausstellungen: Paris 1989; Washington 1993, S. 32–39

4.11

Nkisi

Kongo
Cabinda (Ngoyo)
Spätes 19. Jahrhundert
Holz, roter Ton und andere Materialien
27,5 x 16 cm
Museu Nacional de Etnologia, Lissabon, AO-253(1971)

Dieses ungewöhnliche und rätselhafte *nkisi* hat die Gestalt eines bootförmigen Behältnisses, in dem zwei anthropomorphe Figuren, wahrscheinlich ein Mann und eine Frau, nebeneinander liegen. Auf den Figuren liegt eine Spiegelscherbe, unter der vermutlich magische Substanzen angebracht sind, über deren Namen und Funktion wir nur Mutmaßungen anstellen können. Spiegel dienen einem *nkisi* als ›Augen‹, mit denen er Dinge sehen kann, die dem normalen Blick verborgen bleiben; es muß nicht unbedingt konkret etwas im Spiegel zu sehen sein. An Nägeln, die in den Holzfond geschlagen wurden, ist eine Schnur befestigt: sie läßt zwangsläufig an gezügelte oder gebändigte Kräfte denken, die dem *nganga*, der sich des *nkisi* bedient, zur Lenkung freistehen.

Dieses *nkisi* soll aller Wahrscheinlichkeit nach ein bestimmtes Leiden heilen, was, wie bei jedem Leiden, eine Fühlungnahme mit dem Land der Toten erfordert, das jenseits des Wassers liegen soll. Rot ist eine Farbe, die sich gut zur Vermittlung eignet. Diese Deutung schließt nicht aus, daß das Stück in irgendeiner Form mit dem Sklavenhandel zusammenhängen könnte. Es stammt aus Ngoyo, dem Gebiet eines Königreichs dieses Namens an der Küste nördlich der Zaire-Mündung, das sich bis 1865 aktiv am Sklavenhandel beteiligte. Möglicherweise ist dieses Boot einem Sklavenschiff nachempfunden: der Sklavenhandel wurde (und wird bis heute) als ein Handel mit Seelen angesehen, die vorzeitig in das Land der Toten jenseits des Meeres gebracht werden. *WM*

Provenienz: Gesammelt von Dr. E. Veiga de Oliviera

Ausstellung: Lissabon 1994

Literatur: Martin 1994, S. 76

4.12

Weibliche Figur

Kongo (Vili)
Cabinda
19. Jahrhundert (?)
Holz, Glas
Höhe 44 cm
Rijksmuseum voor Volkenkunde, Leiden, 1354.47

Diese großartige Kongo-Statue zeigt eine Kniende mit Kind (ursprünglich trug sie zwei weitere Kinder, von denen Fragmente auf ihren Schultern erhalten sind). Kongo-Schnitzer besaßen die Fähigkeit, die komplexesten Posen mit einem bemerkenswerten Sinn für Körperverzierung darzustellen. Die komplizierten Details haben hier der eindrucksvollen Ausstrahlung der Figur, wie sie von der leichten Neigung des Kopfes und der prägnanten Darstellung der Augen und des Mundes ausgeht, keinerlei Abbruch getan. Die Lebendigkeit der Skulptur ist vor allem der sorgfältigen Herausarbeitung des halbgeöffneten Mundes und der Augen zu verdanken; letztere haben Glaseinsätze mit einer herausgestochenen runden Pupille.

Die Haartracht ist ungewöhnlich. Figuren dieses Typs haben üblicherweise eine kegelförmige Frisur. In einigen wenigen Fällen tritt an die Stelle der Kegelform eine nach vorne gebogene Flechte, in deren Ende eine Schlange beißt, die hinter dem Kopf hervorkommt. Betrachtet man die Figur von hinten, so kann man erkennen, daß die Schlange vom Rückenansatz ausgeht.

Der obere Brustbereich, die Schultern und die Oberarme sind mit kunstvollen Schmucknarben verziert, die unter den reich dekorierten Armreifen hindurchverlaufen. Letztere erinnern an die Metallarmreife, die bei den Kongo weitverbreitet sind. Machtsymbole auf Brust und Oberschenkeln unterstreichen die magische Bedeutung der Skulptur und ordnen sie eindeutig der Gattung der mythologischen Plastik zu. *JC*

Literatur: Lehuard 1989, I, S. 220–231

Diese beiden Steinfiguren gehören zu einer berühmten und bedeutenden Gruppe plastischer Arbeiten, die man im allgemeinen unter dem Begriff *ntadi* (Plural *mintadi*) kennt. Der Name geht zurück auf die einschlägigen Beschreibungen ihres Entdeckers, Robert Verly. Es gibt jedoch andere und, wenn man so will, passendere Bezeichnungen, mit denen sie vor Ort benannt werden. Eine solche Bezeichnung ist *tumba*, ein Begriff, der der Terminologie für portugiesische Grabstätten in dieser Gegend entstammt. Steinfiguren sollen Grabstätten schmücken und an Familienmitglieder erinnern, denen nachgesagt wird, zu Lebzeiten Bemerkenswertes geleistet zu haben.

Skulpturen dieser Art können bis auf das 16. Jahrhundert zurückgehen; manche – insbesondere bestimmte Mutter-mit-Kind-Figuren – sind möglicherweise sogar noch älter. Sie entstammen einem vergleichsweise begrenzten Gebiet, das im Norden Angolas auf dem linken Ufer des Zaire-Flusses im Bereich zwischen Matadi und Boma liegt. Genaugenommen ist dies das Land der Kongo von Boma. In benachbarten Gebieten weicht die Tradition der steinernen Grabfiguren Grabkeramiken, die ihrerseits eine beträchtliche Formenvielfalt aufweisen.

Diese beiden Figuren zeigen einige der verschiedenen Körperhaltungen und Gesten, die für die Steinfiguren typisch sind und sogar auch bei Holzfiguren anzutreffen sind. Es hat zuweilen Versuche gegeben, die Figuren als Darstellungen verschiedener Typen zu deuten. So äußerte Verly zu einer kontemplativen Figur die Meinung, sie stelle einen ›Denker‹ dar, einen Häuptling, der sich um das Wohlergehen seines Volkes kümmere. Kat. 4.13 a könnte zu ähnlichen Mutmaßungen anregen. Es ist jedoch nicht auszuschließen, daß die Haltung eher mit dem gesellschaftlichen Status des Verstorbenen oder gar mit den Umständen seines Todes zu tun hat. Das Kauen eines Pflanzenstengels wie bei Kat. 4.13 b erinnert zweifellos an die rituelle Handlung, bei der ein Häuptling vor der versammelten Gemeinde Stückchen einer heiligen Pflanze ausspuckte. *JC*

Literatur: Cornet 1978[1]

4.13 a

Grabfigur (*tumba*)

Kongo
Boma, Zaire
19. – 20. Jahrhundert
Stein
38,2 x 15,2 cm
Koninklijk Museum voor Midden-Afrika/Musée Royal de l'Afrique Centrale, Tervuren, Belgien, MRAC 79.1.375

4.13 b

Grabfigur (*tumba*)

Kongo
Boma, Zaire
19. – 20. Jahrhundert
Stein
Höhe 49 cm
Musée Barbier-Mueller, Genf, 1021-17

4.14

Grabfigur (*ntadi*)

Kongo
Zaire
Spätes 19. Jahrhundert
Speckstein
Höhe 42 cm
The Trustees of the British Museum, London, 1954.AF.13.1

Skulpturen aus dieser Gegend, die eine Mutter mit Kind darstellen, werden in Museums- und Sammlerkreisen meist *ntadi* (Pl. *mintadi*) genannt, was möglicherweise nicht die einheimische Bezeichnung für sie war. Nachdem die Briten etwa ab 1825 das von ihnen verhängte Verbot von Sklavenhandel durchzusetzen begannen, verlagerte sich der Handel vom unmittelbar an der Küste gelegenen Ngoyo in das Mündungsgebiet des Zaire, wo sich Schiffe inmitten von Sümpfen und Inseln verstecken konnten. Die Stadt Boma wurde zu einem Zentrum des Wohlstandes. In Steinbrüchen in der Umgebung verlegten sich Bildhauer auf die Herstellung von Steinfiguren als Schaustücke für den Verkauf an die Reichen, einschließlich der Händler, die mit Sklaven aus dem Landesinneren kamen. Da die *mintadi* nicht für einen bestimmten religiösen Zweck hergestellt wurden, konnten die Steinmetze alle möglichen neuen Formen entwickeln, wobei sie sich vielfach an Objekten europäischer Herkunft orientierten, die damals in der Gegend Verbreitung fanden. Die Mehrzahl war zur Errichtung auf Gräbern zu Ehren des Verstorbenen und als Hüter der Toten gedacht (*ntadi* bedeutet Wächter). Der moderne Begriff im Küstengebiet lautet *tumba*, nach dem portugiesischen Wort für Grabstein, im Landesinneren jedoch werden Grabskulpturen meist *kinyongo* genannt. Mutterschaft war ein gängiges Sujet und Hinweis darauf, daß die Verstorbene eine Frau war; andere *mintadi* wiederum stellten Aspekte des Häuptlingstums dar. Sie waren in der Regel bemalt und keine *minkisi*, es sei denn, ihnen waren, wie es manchmal vorkam, Medizinbündel beigegeben. Verschiedene Produktionsstätten und Stile sind bekannt, doch seit den zwanziger Jahren dieses Jahrhunderts werden *mintadi* nicht mehr hergestellt. *WM*

Provenienz: Gesammelt von Robert Verly

Literatur: Kinshasa 1978; Washington 1981

4.15

Stele

Solongo (?)
Grenzgebiet Zaire/Angola
Stein
61,5 x 21,5 cm
Rijksmuseum voor Volkenkunde, Leiden, RMV 2668-803

An den Stelen aus Angola und Zaire, von denen verschiedene Exemplare in europäischen Museen erhalten sind, kann man die Handschrift einiger weniger Einzelkünstler erkennen. Das gängigste Motiv ist das einer Mutter mit Kind, wobei die Mutter das Kleinkind trägt oder auch stillt.

Außerhalb Ägyptens und Nubiens ist Reliefplastik in Afrika verhältnismäßig selten. Wo immer sie auftaucht, werden für die Probleme der zweidimensionalen Darstellung einfallsreiche Lösungen gefunden (Kat. 3.13, 5.133 a). Bei diesen Stelen besteht die gängigste Methode darin, den Körper in einer Reihe von autonomen Linien aufzugliedern.

Im Sandgußverfahren hergestellte Metallobjekte, bei denen es sich im wesentlichen um einseitige Darstellungen (wie die der Teke) handelt, weisen ähnliche Merkmale auf, wohingegen Güsse in Flachrelief, die im Wachsausschmelzverfahren hergestellt sind, einen völlig anderen Stil entwickeln, wie z. B. die Schmuckplatten aus Benin (Kat. 5.60 b-e).

Diese Stelen sind die größten steinernen Flachreliefs in Afrika außerhalb der alten Nilkulturen und offenbar die einzigen, denen die Funktion eines Grabobjektes zugedacht war. *TP*

Provenienz: Ausgegraben 1904 von Brevié
Ausstellung: Paris 1932
Literatur: Camps-Fabrer 1966; Dembelé und Person, in: Paris u. a. 1993

4.16

Trommel

Yombe
Cabinda
19. Jahrhundert
Holz, Tierhaut
Höhe 77 cm
Museu Etnografico (Sociedade de Geografia de Lisboa), Lissabon, AB-927

In Mayombe, am Unterlauf des Zaire, gab es bei den Woyo und benachbarten Ethnien über die in Zentralafrika allgemein gebräuchlichen Trommeltypen hinaus zusätzliche, weniger bekannte Arten. Darunter sind einige Doppeltrommeln mit außergewöhnlich langem Resonanzkörper. In der Vergangenheit gab es insbesondere in Luango noch einen anderen sonderbaren Stil, bei dem die Trommel wie bloßes Beiwerk auf einem aufwendig gestalteten Unterbau mit einer menschlichen Figur oder auf dem Rücken eines Tieres, manchmal in Verbindung mit Schlangen, aufgesetzt ist. Das hier gezeigte Stück ist letzterem Typ zuzuordnen.

Auf einer grob modellierten Plinthe trägt ein undefinierbares Tier mit vier kräftigen Beinen das Gehäuse der Trommel. Diese Trägerform hat symbolischen Charakter; möglicherweise soll sie die Legitimität der Macht des Häuptlings bekräftigen. Auch der rechteckige Resonanzkörper, traditionell mit einem Stück Spiegel verschlossen, birgt die Insignien der Macht und hat die gleiche symbolische Bedeutung. Die Ausgestaltung mit Schlangen und winzigen menschlichen Figuren dient ebenfalls der Sakralisierung dieses ehrwürdigen Instruments. *JC*

Provenienz: Gesammelt vor 1885
Literatur: Bastin 1994, Nr. 43

4.17 a

Deckel mit Sprichwortdarstellungen
(*taampha*)
Woyo
Zaire
19. oder 20. Jahrhundert
Holz
Durchmesser ca. 20 cm
Rijksmuseum voor Volkenkunde, Leiden, RMV 2966.18

4.17 b

Deckel mit Sprichwortdarstellungen
(*taampha*)
Woyo
Zaire
19. oder 20. Jahrhundert
Holz
Durchmesser 20 cm
Afrika Museum, Berg en Dal, Niederlande, 29.636

4.17 c

Deckel mit Sprichwortdarstellungen
(*taampha*)
Kongo
Cabinda
19. oder 20. Jahrhundert
Holz
Durchmesser 20 cm
Rijksmuseum voor Volkenkunde, Leiden, RMV 2966.45

Die Sprachen Afrikas kennen viele Sprichwörter, besonders im Mündungsgebiet des Zaire; ein wichtiges Charakteristikum dieser Kultur ist die bildliche Darstellung solcher Sprichwörter. Es gibt solche Darstellungen in zahlreichen Formen: als Zeichnungen auf Hauswänden, als Muster in Perlenarbeiten und vor allem als Schnitzereien auf den Holzdeckeln von Tongefäßen. Diese Deckel dienten als Kommunikationsmittel, wobei zwei Arten besonders verbreitet waren: die erste diente zur Bekräftigung der Stellung des Häuptlings (Kat. 4.17 b), während die zweite bei häuslichem Streit den Frieden wiederherstellen sollte. Wenn den Betroffenen eine Mahlzeit aufgetragen wurde, zollten die Schnitzereien auf den Gefäßen entweder dem oder den geladenen Häuptlingen Respekt oder sie halfen, Konflikte in der Familie zu lösen.

Die Sprichwörter wurden in der unterschiedlichsten Art und Weise dargestellt, von Figuren in Hochrelief bis hin zu Flachreliefs von Früchten, Waffen, Muschel- und Schneckengehäusen sowie verschiedenen Zeichen. Die Deutung dieser Sprichwortdeckel gestaltet sich schwierig, weil der Wortlaut der Sprichwörter von Gegend zu Gegend verschieden ist und die jeweilige Übertragung eines Sprichwortes in eine bildliche Darstellung von örtlichem Brauchtum geprägt ist. Zusätzlich wird die Interpretation erschwert, wenn sich auf einem einzigen Objekt verschiedene Symbole hierarchisch angeordnet finden. Die wichtigsten Elemente befinden sich in der Mitte des Deckels. Meistens kommen Anspielungen auf andere Sprichwörter hinzu, welche die zentrale Redensart ergänzen oder verdeutlichen; darüber hinaus dienen Zeichen mit weniger eindeutiger, allgemeinerer Bedeutung als Lückenfüller.

Diese Deckel finden sich bei einer Reihe von Völkern, so etwa bei den Vili in Mayombe und, besonders häufig, bei den Woyo, sowohl bei den in Zaire als auch bei den in der Enklave Cabinda lebenden Gruppen.

Die Verdrängung traditionellen Küchengeräts durch Utensilien aus Aluminium oder Kunststoff hat dazu geführt, daß diese Holzdeckel nahezu völlig verschwunden sind. *JC*

Literatur: Cornet 1980; Faïk-Nzuji 1986

4.18

Androgyne Figur

Teke
Republik Kongo
Holz, Erde, Kaurischnecken
Höhe 84,5 cm
Privatsammlung

Die Teke sind vor allem zwischen Franceville (Gabun) und dem Kongo (Republik Kongo) sowie beiderseits des Flusses bis nach Kinshasa in der Republik Zaire und weiter südlich anzutreffen. Sie sind Ackerbauern und Jäger und leben in einem Gebiet savannenbedeckter Hochplateaus. Das Zusammenleben ist nach dem bilateralen matrilinealen Prinzip geordnet, das heißt konzentriert auf die Familie der Mutter und deren engere Verwandtschaft; innerhalb dieser eng verflochtenen Struktur jedoch ist der Bewegungsspielraum groß.

Der Glaube der Teke basiert auf der Vorstellung von einer unsichtbaren Welt, über die ein einziger Gott, Nziam, der Schöpfer, herrscht. Die Verstorbenen werden wieder in diese Welt hineingeboren. In seinem Gefolge hat *nziam* Schutzgeister, die Kräfte der Natur. Diese Geister nehmen Gebete und Bitten entgegen, die entweder mit religiösen oder mit magischen Mitteln übermittelt werden. Den ›Vermittlern‹ bei diesem Gebet wird häufig materielle Gestalt verliehen: Es handelt sich um verschiedene Objekte, die entweder mit Zauberkräften ausgestattet sind oder dem Glauben nach einen Naturgeist beziehungsweise die Seele eines Verstorbenen in sich fassen. Diese Objekte (Reliquien oder ›Fetische‹) werden in einem Gefäß oder Behältnis aufbewahrt, das an einer den toten Ahnen darstellenden Skulptur befestigt wird.

Bei der hier gezeigten Statue handelt es sich zweifellos um eine Ahnenfigur. Es wäre interessant zu wissen, warum die dargestellte Figur androgyn ist. Bei näherer Betrachtung des Gesichts zeigen sich Ähnlichkeiten mit einer sitzenden Figur (Brüssel 1988).

Die stehende Figur, die stilistisch den Teke vom linken Ufer des Kongo zuzuweisen ist, nimmt eine traditionelle Haltung mit durchgebogenen Knien und aufgerichtetem Kopf ein. Die Augen aus Glasperlen sind dicht an der Nase angeordnet, die Brauen sind vorgewölbt, die Kieferpartie ragt vor und der Mund ist leicht geöffnet, so daß die Zähne sichtbar sind. Ein Loch in der Mitte der Zahnreihe läßt vermuten, daß an dieser Stelle ein austauschbarer Gegenstand angebracht werden konnte, um den Worten des Ahnen konkrete Gestalt zu verleihen. Der mittlere Stirnbereich weist ein schachbrettartiges Tatauiermuster auf, das auf ein hohes Amt hindeutet, während Stirn, Schläfe und Wangen dicht mit feinen Schmucknarben in Teke-Mustern überzogen sind; davon ausgespart bleibt der Bereich um Augen und Mund. Der Kopfschmuck dieser Figur erinnert an den Chignon von Würdenträgern, dessen Länge variabel war. *RL*

Ausstellung: Brüssel 1988, Taf. 28, S. 96

4.19

Ahnenstatuette

Bembe
Republik Kongo
19. Jahrhundert
Stoff, Holz, Fasern
Höhe 46 cm
Privatsammlung

Die Bembe besiedelten einst die Republik Kongo nahe der Grenze zu Zaire. Von ihnen stammen Hunderte kleinformatiger, wunderbar geschnitzter Skulpturen, die jahrelang unbemerkt blieben. Monumentalplastiken sind jedoch seltener; die Figuren stellen meist einen Ahnen im Schneidersitz mit geschrumpften unteren Gliedmaßen dar. JC

Literatur: Söderberg 1975; Lehuard 1989, I

4.20

Topf

Kongo
Zaire
20. Jahrhundert
Gebrannter Ton
Höhe 11 cm, Durchmesser 15 cm
The Trustees of the British Museum, London, 1910.10-26.3

Afrikanische Töpferkunst zeichnet sich dadurch aus, daß sie mit Hilfe einfacher Techniken Gebrauchsobjekte von großer Schönheit hervorbringt. Der hier gezeigte Topf ist aus einem charakteristisch gelben Ton gefertigt, wobei der markante, ungewöhnliche Dekor dadurch erzielt wird, daß man die vom Brennen noch heiße Oberfläche mit einem dickflüssigen, harzigen, pflanzlichen Sud bespritzt. Das pflanzliche Material verdunstet sehr schnell und bewirkt einen Effekt, der an Holzmaserung erinnert. Diese Technik wird von vielen Ethnien rund um die Mündung des Zaire angewandt.

Afrikanische Töpfe werden hauptsächlich von Frauen in Handarbeit gefertigt und bei relativ niedriger Temperatur gebrannt. Die dabei entstehende Terrakotta besteht aus verhältnismäßig groben Teilchen und ist sehr temperaturbeständig. Dies bedeutet, daß afrikanische Töpfe unmittelbar über ein Feuer gestellt werden können, ohne daß sie zerspringen – wie es bei Töpfen geschieht, die aus einem feineren Ton hergestellt und bei höheren Temperaturen gebrannt sind. Aufgrund der gröberen Partikel kann nun Feuchtigkeit ohne weiteres durch die Topfwände hindurch verdunsten, was dazu führt, daß Töpfe, die als Wasserbehälter dienen, ihren Inhalt deutlich unterhalb der Umgebungstemperatur halten können. Wo eine solche Porosität nicht erforderlich ist, werden die Töpfe häufig durch Polieren oder durch das Auftragen pflanzlicher Sude ›versiegelt‹. Glasuren nach westlichem Muster könnten bei derart niedrigen Temperaturen nicht angewandt werden. *NB*

Provenienz: Gesammelt vor 1910 von Reverend J. Weeks

Literatur: De Haulleville und Coart 1907, Taf. 6–7; Barley 1994, S. 30

4.21

Nackenstütze

Mbala
Zaire
Um 1900
Holz
18 x 27 x 13 cm
The Trustees of the British Museum, London, 1907, 5-28.13

Bei den Mbala waren bestimmte Typen von Nackenstützen – vor allem solche, die von Figuren getragen werden – erwiesenermaßen Häuptlingen vorbehalten. Diese Einschränkung wurde aus dem Umstand heraus interpretiert, daß die Macht des Häuptlings auf der Zustimmung des Volkes beruht und er ihm Gehör schenken muß. Dies geschieht symbolisch, wenn er seinen Kopf auf die Nackenstütze legt. Allerdings könnte man auch interpretieren, daß die Beschränkung der Nackenstützen auf Häuptlinge weniger mit politischer Vernunft als vielmehr mit dem Wesen hierarchischer Ordnung zu tun hat. Anders formuliert: die Autorität des Häuptlings ist allem anderen übergeordnet und lastet auf seinen Untertanen.

Die hier gezeigte Nackenstütze wurde 1907 von Emil Torday in dem Mbala-Dorf ›Mossonge‹ gesammelt und läßt sich auf den gleichen Mbala-Künstler zurückführen wie ein anderes, ebenfalls von Torday gesammeltes Exemplar ähnlichen Stils. Ein weiteres Stück, das sich im Museum in Tervuren befindet (MRAC 20155), wurde vor 1914 bei den entfernteren Teke gesammelt, obgleich es angeblich von den nördlichen Mbala stammte. Möglicherweise sind sie das Werk eines Schnitzers namens Molime, den Torday schätzte und mit dem er befreundet war. Eine Reihe von Arbeiten aus der Sammlung Torday im British Museum sind als Werke dieses Künstlers bezeugt, obgleich aus dem Quellenmaterial nicht eindeutig hervorgeht, welche. Da es sich jedoch um einen derart markanten Stil handelt, ist die Wahrscheinlichkeit groß, daß die Arbeiten tatsächlich von Molime stammen. Wenn diese Nackenstützen wirklich einzig und allein für Häuptlinge geschnitzt wurden, erklärt dies natürlich auch, warum sie an verschiedenen Orten gesammelt wurden. *JM*

Provenienz: 1907 von Emil Torday für das Museum erworben

Literatur: Biebuyck 1985, S. 163

4.22

Trinkgefäß

Pindi oder Suku
Zaire
Um 1904
Holz
Höhe 9 cm
Staatliche Museen zu Berlin, Preußischer Kulturbesitz, Museum für Völkerkunde, III C 19806

Dieses Trinkgefäß wurde den Kuba zugeschrieben, sehr wahrscheinlich aber handelt es sich um einen Handelsgegenstand der Suku oder der Pindi, der nur bei den Kuba gesammelt wurde. Ähnliche Exemplare wurden von Frobenius bei den Pindi gesammelt. Als charakteristisches Autoritätssymbol eines Häuptlings oder regionalen Anführers der Suku dienten solche Gefäße mit zwei Öffnungen zum rituellen Trinken von Palmwein. Der sakrale Charakter des Trinkgefässes wurde durch die auf einer oder auf beiden Seiten angebrachten Motive noch unterstrichen; diese stellen entweder, wie hier, ein Antilopenhorn als Behältnis magischer Kräfte dar oder aber das Motiv eines *hemba*-Amuletts in Form eines menschlichen Gesichts. Aus einem einzigen Stück Holz geschnitzt, weisen die Suku-Gefäße eine durchschnittliche Höhe von 9 cm und eine Breite von 11 cm auf; an der Unterseite sind sie meist abgerundet. *APB*

Provenienz: Gesammelt 1904 von Leo Frobenius

4.23

Tür

Holo
Zaire
Holz
160 x 45 cm
Privatsammlung

Die aus zwei Holzplatten zusammengesetzte Tür weist Reliefdarstellungen mit christlichen Motiven auf. Auf der linken Platte sehen wir ein Kruzifix, auf der rechten eine kniende Gestalt mit zum Gebet gefalteten Händen. Für beide Motive finden sich Entsprechungen in der Bildsprache der Holo-Amulette, und zwar in Darstellungen des gerahmten nzambi-Amuletts und in dem Motiv der an den Mund gehaltenen Hände bei heilkräftigen Statuetten. APB

4.24

Holzrelief

Pindi
Zaire
Um 1904
Holz, Farbpigmente
Höhe 99 cm
Museum für Völkerkunde, Hamburg

Diese Tafel aus dem Pindi-Dorf Kissala wurde als eine »Tür mit Mond, *kitekki* [Amulettfigur], und zwei *kialu* [›Eidechsen‹]« beschrieben. Andere Türen, die bei den benachbarten Mbala und Hungana gefunden wurden, weisen ebenfalls Himmelssymbole in Verbindung mit reptilischen Darstellungen auf. Das *kitekki* ist eindeutig verwandt mit dem Motiv, das sich auf verschiedenen Trinkgefäßen der Suku abgebildet findet. *APB*

Provenienz: Gesammelt 1904 von Leo Frobenius

4.25

Holzrelief

Hungana
Kwenge-Tal, Provinz Bandundu, Zaire
19. Jahrhundert
Holz, Farbpigmente
99,2 x 45,3 cm
Museum für Völkerkunde, Hamburg,
5789.05

Diese Tafel veranschaulicht das ›Motiv der zur Schau gestellten Weiblichkeit‹, bei dem eine Frau mit gespreizten Beinen dargestellt wird, so daß die Schamgegend sichtbar ist (siehe auch Kat. 4.26, 4.85). In bestimmten Regionen des westlichen Zentralafrika, namentlich im Gebiet des Kwango-Flusses in Zaire und des Ngunie-Flusses in Gabun, ist weibliches Schamgefühl ein Merkmal des Alltagslebens: vollständige Nacktheit einer Frau an einem öffentlichen Ort ist für Erwachsene undenkbar. Mithin verweist das Motiv auf etwas nicht Alltägliches.

Das gleiche Motiv läßt sich auch anderweitig in Afrika nachweisen, etwa bei geschnitzten Tür- oder Fenstertürzen der Mileke in Kamerun, bei Tragsesseln der Chokwe in Angola oder bei den Hockern von Zula-Häuptlingen in Zaire. Es ist ein universales Motiv, das sich nachweislich bereits in Çatal Hüyük in Anatolien, vermutlich im 7. vorchristlichen Jahrtausend, herausgebildet hatte.

Mit diesem Motiv muß sich nicht notwendigerweise eine wirkliche Aussage über Frauen verbinden. Wie die feministische Theoretikerin Laura Mulvey in ihrem Buch *Visual and Other Pleasures* (Bloomington 1989, S. 11) ausführt, wächst der Darstellung der Frau die Funktion eines Zeichens zu, das keineswegs zwangsläufig die Bedeutung ›Frau‹ signifiziert. Sie entspringt vielmehr einem männlichen Bewußtsein. Selbst im Rahmen eines rituellen Brauchs kommunizieren Männer über derartige Bildmotive mit anderen Männern: Die Darstellung ist nicht nur das Werk männlicher Schnitzer und von männlichen Würdenträgern in Auftrag gegeben worden, sie ist im Gebiet des Kwango-Flusses auch zur Verwendung bei der Initiation gedacht, im Zuge derer Jünglinge in den Kreis verantwortlicher Männer eingeführt werden.

Sicherlich spielt die Befriedigung sexueller Neugier ebenso mit hinein wie ein Bild der Frau als sexuelles Objekt und ihrer Rolle als die einer

Gebärenden. Möglicherweise zeigen sich hierbei sogar Spuren von Kastrationsangst, von Angst vor gesellschaftlicher Unzulänglichkeit und vor einer Ablehnung des Mannes durch seinesgleichen. Letzten Endes jedoch steht die Frau im Kontext der männlichen Initiation für das geschlechtlich Andere und stärkt als solches die männliche Solidarität.

Das hier gezeigte, in hohem Maße konventionelle Beispiel setzt sich aus zwei W-Formen zusammen, deren eine den rautenförmigen Kopf trägt, während die andere unterhalb der beiden Brüste im luftleeren Raum schwebt. Den ethnographischen Aufzeichnungen von Frobenius zufolge stammt die Tafel von einer alten Tür und zeigt ein *kitekki*, eine Amulettfigur, die mit einem persönlichen Namen bedacht wird. Die Hungana brachten Türen wie diese an einem Haus an, in dem ein kranker Mensch behandelt wurde. Ähnliche Türen sammelte Frobenius bei den Pindi und den Mbala. Der Kopf auf dieser Tafel weist eine stilistische Verwandtschaft mit Amulettfiguren aus Elfenbein und Knochen auf, nur daß bei diesen Gehängen die Frau in hockender Stellung mit sich fast berührenden Knien dargestellt ist. Beide Motive erfüllten vermutlich eine Abwehr- und Schutzfunktion. *APB*

Provenienz: Gesammelt 1905 von Leo Frobenius

Literatur: Frobenius, hrsg. v. Klein 1985, S. 19 f.; Biebuyck 1985, I, S. 159; 1987, Taf. 17

4.26

Holzrelief

Nkanu
Zaire
Holz, Farbpigmente
Laboratoire d'Ethnologie, Musée de l'Homme, Paris, 32.15.11

Die Nkanu-Paneele, die bei männlichen Initiationszeremonien ähnlich denen der *nkanda* der Yaka benutzt wurden – bei den Nkanu aber *kimeki* hießen –, wurden in einer eigens für sie vorgesehenen Hütte ausgestellt, die über eine offene Front verfügte. Dieses Beispiel zeigt in der Mitte eine »zur Schau gestellte Frau« (siehe Kat. 4.25) in Hochrelief, während der Hintergrund mit geometrischen Formen verziert ist, die von weißen Kreuzschraffuren umrissen sind. Die ansonsten nackte Figur trägt eine perlenartige Ornamentierung auf der Brust. Andere Exemplare zeigen einen Mann mit großen Genitalien oder eine gebärende Frau sowie in Relief geschnitzte Tierfiguren. Im Vergleich zu ähnlichen Darstellungen auf Yaka-Masken überwiegen in diesem mit männlicher Fruchtbarkeit und deren Schutz assoziierten Kontext Motive, die Sexualität und Zeugung versinnbildlichen. Gesungene Verse und sexuelle Darstellungen verspotten weibliche Attribute und zelebrieren den geschlechtlichen Unterschied; die männliche Dominanz wird bekräftigt und der Lust am Erotischen freien Lauf gelassen. Der Initiand ist aufgefordert, den menschlichen Lebenszyklus und das mit den verschiedenen Lebensstadien assoziierte Verhalten in symbolischem Spiel einfühlend nachzuvollziehen. In diesem Kontext wird der Gegensatz männlich-weiblich überwunden durch ein Wissen um die Bedeutung der Fortpflanzung für das zukünftige Leben und Wohlergehen. *APB*

4.27

Maske (*kasangu*)

Sala Mpasu
Zaire
20. Jahrhundert
Holz, Farbpigmente
32 x 22 x 24 cm
Sammlung Felix

4.28

Weibliche Statuette

Östliche Kongo
Zaire oder Angola
Holz, Metall
34 x 10 x 10 cm
Sammlung Felix

Vor der Jahrhundertwende waren die Sala Mpasu Teil einer kleinen Enklave lose zusammenhängender Völker in der Provinz Kasai, Zaire. Die Organisation der Gemeinschaft gründete sich vor allem auf drei Institutionen: matrilineale Klans (*mupanga*, Plural *mipanga*), um ›reiche Männer‹ errichtete Siedlungen (*ikota*) und den Bund der Krieger (*mungongo*, Plural *bangongo*). Die Masken der Sala Mpasu waren ein wesentliches Element des Kriegerbundes, dessen Hauptaufgabe darin bestand, die kleine Enklave gegen Einfälle fremder Königreiche zu schützen. Knaben wurden über ein Beschneidungslager in den Kriegerbund eingeführt und stiegen anschließend in dessen Reihen auf, indem sie sich Zugriff auf immer höherrangige Masken verschafften. Um das Recht zu erlangen, eine Maske zu tragen, mußten bestimmte Handlungen durchgeführt und Zahlungen in Form von Vieh, Getränken und anderen materiellen Gütern geleistet werden. Sobald ein Mann die Maske ›besaß‹, brachten andere ›Besitzer‹ diesem neuen Mitglied ein bestimmtes, mit der jeweiligen Maske verbundenes Geheimwissen bei. Maskendarbietungen waren nur für jene zugänglich, die berechtigt waren, die Maske zu tragen.

Einzelne Masken erwarb ein Krieger der Reihe nach; so gab es eine Anzahl zunehmend kunstvoll gestalteter Masken, die von einem Bund (*ndoge*) innerhalb der Kriegerorganisation beaufsichtigt wurden. Holzmasken niederen Ranges (*kasangu*) sind bemalt, während die ranghöchste Maske (*mukinka*) mit Kupfer beschlagen ist. Einige Masken haben spitze Zähne: Das Feilen der Zähne war Teil der Initiation für Knaben und Mädchen und sollte Kraft und Disziplin der Novizen demonstrieren.

Seit der Jahrhundertwende haben die Sala Mpasu einschneidende wirtschaftliche, politische und soziale Veränderungen erfahren, die sich unmittelbar auf ihre Kunstformen und damit zusammenhängende Institutionen auswirken. In dem Bemühen, ihren hitzigen Ruf abzulegen, haben die Sala Mpasu den Kriegerbund aufgegeben. Im Rahmen männlicher Beschneidungszeremonien finden jedoch weiterhin Maskentänze statt.
ELC

Ausstellung: San Diego 1992

Literatur: Jobart 1925; Clé 1925, 1937; Bogaerts 1950; Pruitt 1973; Cameron 1988

Diese Kniende in einer modifizierten Haltung des Motivs ›zur Schau gestellter Weiblichkeit‹ mit nach hinten gebogenen Armen und in die Hüften gestemmten Händen trägt die Kopfbedeckung einer Würdenträgerin und einen Metallreif um den Hals, doch fehlen ihr die weiblichen Brüste. Ähnliche kniende Figuren mit Halsreif, die sich durch ein hohes Maß an Wirklichkeitsnähe auszeichnen, stammen in der Regel vom Zombo-Plateau in Nordangola. Über ihren genauen rituellen Verwendungszweck ist wenig bekannt, man vermutet aber, daß sie ähnlich wie Statuetten ihrer Nachbarn sowohl Heil- wie auch Schutzfunktionen erfüllen. *APB*

4.29 a

Statuette

Hungana
Zaire
Holz
Höhe 57 cm
Museum für Völkerkunde, Hamburg, 5248.05

4.29 b

Statuette

Hungana
Zaire
Holz, Horn, Schnur
Höhe 47 cm
Staatliche Museen zu Berlin, Preußischer Kulturbesitz, Museum für Völkerkunde, III C 3310

4.29 c

Statuette

Yaka
Zaire
Holz
41 x 9 x 8,5 cm
Musée d'Art Moderne de la Ville de Paris, Vermächtnis Girardin, D.62.1.3, als Leihgabe im Musée National des Arts d'Afrique et d'Océanie, Paris

Bei dem Huckepackmotiv von Kat. 4.29 a handelt es sich nicht um eine Frau, die ein kleines Kind trägt, sondern, wie die hornförmige Frisur andeutet, vermutlich um einen männlichen Würdenträger. Auf Schultern getragen werden Personen meist im Rahmen eines bestimmten Initiationsritus, bei dem der Betreffende den Boden nicht berühren darf oder wie ein Neugeborenes zu behandeln ist. Hungana-Figuren mit geraden oder gekrümmten Hörnern nehmen Bezug auf Darstellungen eines stilisierten Schuppentieres oder Erdferkels und finden ihr Gegenstück in Hungana-Masken, die bei der Heirat eines Häuptlings getragen werden sollen. Bei den benachbarten Mbala, mit denen sich die Hungana vermischen, werden gehörnte Statuetten *malwambi* genannt.

Eine andere Hungana-Statuette (Kat. 4.29 b), die bereits 1886 von den ersten Europäern gesammelt wurde, die die Region Kwilu durchquerten, balanciert auf dem Kopf ein Gefäß und trägt um die Taille eine Hundeglocke, ein Gefäß in Form eines Hornes sowie zehn Miniaturfiguren. Hungana-Schnitzereien waren assoziiert mit Ritualkundigen (*nga* oder *nganga*), die sich auf Schutz, Heilung und Wahrsagung aufgrund spezifischer ritueller Bräuche spezialisierten. Größere Figuren wurden in einem Haus auf einen hohen Tisch gestellt, wobei die größten Großvater- oder Großmutter-*mukisi* genannt wurden. Solche, die den Namen *nkonki* trugen, schützten Häuser, Gärten, Tiere, Fallen und Jagdnetze, während andere wiederum von Frauen und Kindern als persönliche Schutzfigur getragen oder über Türöffnungen aufgehängt wurden. Die an der hier gezeigten Figur befestigten Miniaturschnitzereien scheinen ihre Kinder darzustellen, obgleich bei Nachbarvölkern der Hungana an einzelne Personen häufig zusätzliche Schnitzereien als Erweiterung des zauberkräftigen Ensembles ausgeliehen werden.

Die Yaka-Figur (Kat. 4.29 c) ist ein Familien-*biteki*, eine mit magischer Kraft ausgestattete Statuette, die böse Kräfte bändigen oder erbliche Krankheiten eindämmen soll; überdies kann sie eingesetzt werden, um Eigentum zu schützen und Hexen oder anderen Übeltätern Schaden zuzufügen. Bei diesem Objekt sind starke plastische Kontraste zwischen vorragenden und zurückweichenden Teilen des menschlichen Körpers herausgearbeitet. *APB*

Provenienz: Kat. 4.29 b: Gesammelt 1886 von Richard Kund und Hans Tappenbeck

Literatur: Frobenius 1907, S. 91; Kecskési 1982; Biebuyck 1985, I, S. 159; Dewey 1993

4.30 a

Nackenstütze

Yaka
Zaire
Holz
19 x 16,5 cm
Museum Rietberg, Zürich, RAC 528

4.30 b

Nackenstütze

Yaka
Zaire
Holz
19 x 16,5 cm
Privatsammlung, Paris

Nackenstützen sind Möbel, die zur Stützung des Kopfes während des Schlafens dienen. Man stellt sie auf Schlafmatten auf, um kunstvolle Frisuren zu schonen. Vorläufer sind bereits für das pharaonische Ägypten und so verstreute Orte wie den Bandiagara-Felsen Malis und den östlichen Zaire der Kisali-Periode belegt und zeugen ihrerseits sowohl vom hohen Alter wie auch vom weitverbreiteten Gebrauch dieses Möbeltyps.

Kat. 4.30 a zeigt einen zentralen Träger in Form einer Karyatide auf einem runden Sockel. Die weibliche Figur hält einen großen Stößel umklammert, ein Gegenstand, der im allgemeinen in Verbindung mit einem sanduhrförmigen Mörser zur täglichen Zubereitung von Maniokmehl verwendet wird. Bei den Yaka unterliegt sämtliches Gerät einer geschlechtsbezogenen Topologie. In bestimmten rituellen Zusammenhängen kommt dem Stößel eine ausgesprochen männliche Bedeutung zu, gilt er doch als Symbol des männlichen Gliedes. Analog dazu gilt der Mörser als Schoß der Frau, und die Bewegungen des Kassave-Stampfens stehen symbolisch für den Geschlechtsakt. Der übergreifende Bezugsrahmen bei dieser mit üppigen Brüsten ausgestatteten und unbekleideten weiblichen Figur scheint sexueller Art zu sein. Der Mörser ist nicht dargestellt, da die Yaka Anspielungen auf Sexualität während der Zubereitung oder dem Verzehr von Mahlzeiten nicht erlauben.

Die Nackenstütze in Form eines Vierfüßers mit einem Hohlrücken als Liegefläche kann auf verschiedene Tiere verweisen. Kat. 4.30 b stellt allem Anschein nach einen Hund dar. Bei den Yaka, die ihren Kopfschmuck *musawu* nennen, werden Hunde nicht so sehr als Haustiere angesehen, sondern dienen der Jagd (die reine Männersache ist). Während der scharfe Geruchssinn der Hunde metaphorisch mit den hellseherischen Fähigkeiten des Wahrsagers assoziiert wird, liefern ihre sexuellen Gewohnheiten das Vorbild für die nächtliche Promiskuität der Zauberer. *APB*

Literatur: Dewey 1993, S. 16 f.; Wassing 1968, Abb. 54; Zürich 1970, S. 282; Bastin 1982, S. 10; Bourgeois 1984, S. 56 f.; Devisch 1993, S. 98

4.31 a–c

Pfeifen

Pende
Zaire
Holz
Kat. 4.31a: 15 x 4,5 x 5 cm; Kat. 4.31 b: 11 x 3,5 x 35 cm; Kat. 4.31 c: Höhe 22 cm (nicht abgebildet)
Sammlung Herman

In der afrikanischen Kunst findet sich die größte künstlerische Feinheit häufig bei den alltäglichsten Gebrauchsgegenständen. Ein Beispiel hierfür sind die Schnupftabakdöschen der Zulu (Kat. 3.30). Die lebenswichtigen Besitztümer eines Mannes oder einer Frau sind Gegenstände, die von allen gesehen werden; auf sie konzentrieren sich die größten künstlerischen Schöpfungen, da sich mit ihnen Prestige so leicht (und tagtäglich) zur Schau stellen läßt. In anderen Kulturen mag die allgegenwärtige Armbanduhr Ausdruck von Wohlstand und Kultiviertheit sein. Die Pende und andere Waldbewohner verwenden Pfeifen, die zu einem der persönlichen Verschönerung dienenden Schmuckobjekt werden. Dabei wird es auch als angenehm empfunden, sie ständig zu berühren, wodurch Abnutzung und Körperöle den Pfeifen einen charakteristischen Glanz verleihen.

Obgleich ebenso einfach in der musikalischen Struktur wie witzig in der Gestaltung, eignen sich die Pfeifen von Ethnien wie den Pende oder Teke dennoch (durch teilweises Zuhalten der Löcher) zur Hervorbringung recht komplizierter Tonfolgen, mit deren Hilfe sich Jäger über weite Entfernungen hinweg verständigen können. Zwei Löcher reichen in der Regel für das erforderliche Tonspektrum aus, und ein auf Vierteltöne abgestimmtes Gehör kann aus diesen begrenzten Mitteln eine ganze Skala von Modulationen heraushören.

In zahlreichen Kulturen (so zum Beispiel bei den Chokwe) ist die Pfeife, ob aus Elfenbein oder Holz, ein hochgeschätztes Gut und als Objektgattung das zentralafrikanische Gegenstück zur japanischen Netsuke. *TP*

4.32

Anhänger (*gikhokho*)

Mittlere Pende
Zaire
Elfenbein
6 x 4,5 x 2 cm
Privatsammlung

Die mittleren Pende schnitzen dekorative Anhänger (*ikhokho*, Sing.: *gikhokho*) in Form von Miniaturmasken. Sofern verfügbar, bevorzugen die Schnitzer Elefantenelfenbein wegen seiner glatten, kühlen Oberfläche und weil es, wenn richtig geschnitzt, mit zunehmendem Alter keine Risse bekommt. Man verwendet aber auch die weichen Oberschenkelknochen von Flußpferden. Letztere können durchaus eine dem Elfenbein ähnliche Patina und Oberflächenbeschaffenheit erreichen, zersplittern aber leichter und weisen Rillen von Muskeln und Sehnen auf, die auf der Rückseite des Anhängers versteckt werden müssen.

Manche Schnitzer unterziehen das Elfenbein oder den Knochen einer besonderen Vorbehandlung, um der Rißbildung entgegenzuwirken und der Oberfläche eine noch glattere Beschaffenheit zu verleihen.

Dieses reizvolle Exemplar verrät einen langen und ausgiebigen Gebrauch durch seinen ursprünglichen Besitzer, der das Erscheinungsbild geprägt hat. Die Schnitzer verleihen den Anhängern die gleichen scharf ziselierten Züge wie ihren hölzernen Masken. Die Besitzer tragen sie an Schnüren oder Perlenketten um ihren Hals, wo in früheren Zeiten Rotholzpulver zur Hautpflege aufgetragen wurde und sich im Laufe des Tages Schweiß bildet. Folglich werden die Anhänger von ihren Besitzern täglich beim Waschen im örtlichen Fluß mit feinem Schmirgelsand geschrubbt, um sie zu reinigen und ihre Farbe zu erhalten. Während im europäischen Raum eine goldene Patina geschätzt wird, bemühten die Pende sich, das ursprungliche Weiß moglichst lange zu bewahren. Selbst Besitzer, die ihre Anhänger für besondere Anlässe aufhoben, waren gezwungen, sie von Zeit zu Zeit mit Sand abzureiben, um einer Dunkelfärbung des Elfenbeins oder Knochens durch Hausqualm vorzubeugen.

Bei dem hier abgebildeten Stück sind die Folgen täglicher Sandreinigung an den aufgeweichten und verwischten Gesichtszügen abzulesen. Die erhabenen Partien der Nase und der Augenlider sind die Details, die als erste verschwinden. Vergleiche mit heute gebräuchlichen Exemplaren deuten darauf hin, daß man diesem Stück deutlich mehr als zehn Jahre liebevoller Pflege hat angedeihen lassen, mit dem Ergebnis, daß die Gesichtszüge nahezu vollständig absorbiert wurden.

In der Literatur herrscht eine gewisse Verwirrung hinsichtlich des Stellenwerts dieser Objekte. Jüngste Feldforschungen haben den Sachverhalt erhellt. Obgleich für Heilzeremonien manchmal Miniaturmasken aus Holz von Verwandten eines Kranken oder von Wahrsagern angefertigt wurden, betonen Feldforscher, daß es im Unterschied dazu erfahrene Schnitzer waren, die die Mehrzahl der Anhänger aus Elfenbein und Flußpferdknochen als Schmuckstücke schufen, die den guten Geschmack (*ginango*) ihrer Kunden zur Schau stellten. *ZSS*

4.33

Stehende Männliche Figur

Pindi (?)
Zaire
Holz, Farbpigmente
Höhe 82,5 cm
Museum für Völkerkunde, Hamburg, 4490.05

Die Pindi (auch Pindji oder Mpiin genannt) leben friedlich unter zahlreichen anderen Volksgruppen oder in Enklaven innerhalb des Territoriums der Pende. Folglich zeichnet sich ihre materielle Kultur durch große Mannigfaltigkeit aus. Frobenius erwarb dieses Objekt 1905 in Belo, wo Pindi, Hungana und Mbala in enger Nachbarschaft leben.

Bis vor kurzem neigten Forscher dazu, komplexe Grenzkulturen wie diese zu übergehen oder gegenüber großen, zentralisierten Konglomeraten oder Staaten unterzubewerten. Wir können nur aus dem Material der Pende heraus schließen, daß Skulpturen in dieser Region meist zur Ausschmuckung des Hauses eines Häuptlings dienen, aber auch zur Markierung von Orten, wo der einzelne kraft der Fürsprache der Toten mit Gott in Verbindung treten und zu ihm beten kann, sowie als persönliche Zauberfiguren.

Zwei Indizien deuten darauf hin, daß diese Figur in engem Zusammenhang mit dem Häuptling stand. Das Fleckenmuster ist eine allgegenwärtige Anspielung auf Leoparden und auf die metaphorische Verwandtschaft des Häuptlings mit diesem Tier. Abgesehen von der Schlauheit und der Wildheit, sieht man Parallelen zwischen einem Leoparden, der Hühner und Vieh reißt, und dem Vorrecht des Häuptlings, Steuern einzutreiben. Das Muster der Kopfbedeckung wird ebenfalls häufig mit Häuptlingen in Verbindung gebracht. Der Erhaltungszustand der Figur und ihre gestreckte stehende Haltung lassen vermuten, daß sie zur Aufbewahrung im Innern eines Hauses gedacht war. Bei den Pende dienten Figuren wie diese im Innern des Zeremonialhauses des Häuptlings dazu, einen Geist zum Schutz des Häuptlings vor seinen Widersachern ›dingfest zu machen‹.

Die Geste der emporgestreckten Arme ist ungewöhnlich. Der Bildhauer hat die Wirkung und vertikale Ausrichtung der Figur dadurch noch gesteigert, daß er die Arme ebenso wie Hals und Torso stark verlängerte.

Nach Thompson dient bei den Kongo eine ähnliche Geste mit gestreckten Fingern (*yangalala*) dazu, die Freude und den Schock der Kontaktaufnahme mit dem Jenseits darzustellen. Darin liegt vielleicht ein Anhaltspunkt für die Funktion des Objekts. *ZSS*

Provenienz: 1905 von Leo Frobenius in Belo erworben

Literatur: Thompson 1981, S. 176 f.; Biebuyck 1985, S. 150–152; Frobenius 1985; Bourgeois 1990, S. 123

4.34

Maske (*mbuya*)

Pende
Zaire
20. Jahrhundert
Holz, Farbpigmente, Fasern, Stoff
44 x 30 x 31 cm
Sammlung Felix

Das Maskenwesen der Pende ist derart hochentwickelt, daß selbst ihre satirischen Masken (obgleich es natürlich im Ritual keine Komik als Selbstzweck gibt) sich durch eine klassische Strenge auszeichnen. Diese Maske ist der Travestie-Tradition zuzuordnen, im Zuge derer Männer sich als bekannte Frauentypen (die Frau des Häuptlings, die Verführerin, die Schönheitskönigin und dergleichen mehr) verkleiden. Die Maske, die vermutlich die Prostituierte (*ngobo*) darstellt, fand bei rituellen Tänzen im Anschluß an die Initiation von Knaben Verwendung. Sie war verbunden mit einer zweiten Initiation, die traditionsgemäß mit einer ›Frau der Nacht‹ stattfand. Wahrscheinlich muß man sich vorstellen, daß der Tänzer ein den ganzen Körper bedeckendes Kostüm mit großen, fasergefüllten Brüsten trug.

Bei dieser Maske sind die für Pende-Skulpturen typischen gesenkten Augenlider, durch deren schmalen Schlitz der Tänzer hindurchsah, wunderbar herausgearbeitet, und ihre verführerische schräge Linie wiederholt sich in einer Reihe formaler Assonanzen. In Verbindung mit den kühn geschwungenen Ebenen des Gesichts ergibt sich ein erlesener Formenrhythmus, der scheinbar im Widerspruch zum profanen Gegenstand steht: ein solcher Widerspruch, der sogar den verzogenen Mund einschließt, findet sich auch in der Tradition japanischer Masken und in Europa bei den Masken der Commedia dell'arte. *TP*

Literatur: Petridis 1993

4.35

Maske (*panya ngombe*)

Pende
Zaire
Ende 19. – Anfang 20. Jahrhundert
Holz
21,6 x 52,1 x 16,5 cm
The Detroit Institute of Arts, Founders Society Purchase, Eleanor Clay Ford Fund for African Art, 79.37

Bei der ungeheuren Typenvielfalt der Pende-Masken finden sich des öfteren menschliche und tierische Elemente miteinander vereint, und ein bestimmter Typus im westlichen Kasai erfüllt offenbar neben der Funktion als Maske auch einen architektonischen Zweck. Die in die Breite gezogene Maske namens panya ngombe bezieht sich auf die wilde Kuh bzw. den wilden Stier (oder Büffel), die wiederum mit dem Häuptling assoziiert werden. Der maskentragende Tänzer trug ein offensichtlich königliches Gewand, obgleich ebendieser Tänzer (im Zuge einer paradoxen Rollenumkehrung) derjenige ist, der am Ende der Initiationsfestlichkeiten Opfergaben sammelt.

Es existieren Exemplare dieses Maskentyps, die größer sind als für das Ritual erforderlich. Sie werden *kenene* genannt und dienten zur Ausschmückung der Tür- und Fensterstürze der Häuser wichtiger Häuptlinge. Dieses Objekt stellt einen der wenigen Fälle dar, bei dem fehlende Abnutzungserscheinungen einer angeblich alten Maske kein Mißtrauen zu erregen brauchen. *TP*

4.36

Statuette eines auf einem Klappstuhl sitzenden Häuptlings

Chokwe
Angola
Vor 1850
Holz *(Crossopteryx febrifuga)* mit tiefschwarzer Patina, Haar, Messing, Perlen, Polsternägel
Gesamthöhe 45 cm, Figur: 29 x 17 x 19,5 cm
Museu Etnografico (Sociedade de Geografia de Lisboa), Lissabon, AB-924 S.G.L.

Bei näherer Betrachtung dieser komplexen Schnitzarbeit fällt es schwer zu glauben, daß sie aus einem einzigen Stück geschnitzt ist oder daß dem Bildhauer lediglich ein Dechsel, ein kleines Messer und ein Stück glühenden Metalldrahts als Hilfsmittel beim Bohren der Durchbruchstellen zur Verfügung standen.

Die Figur stellt einen lokalen Herrscher (*mwanangana*) dar, der auf einem als Thron fungierenden Stuhl westlichen Typs sitzt und in Reaktion auf die Ehrenbezeugungen seiner Untertanen mit einer Begrüßungsgeste (*mwoyo*) in die Hände klatscht: er wünscht ihnen ein langes Leben, Gesundheit und Wohlstand. Die traditionelle Begrüßung richtete sich an Kalunga, das Höchste Wesen, den Allmächtigen, und entspricht dem christlichen Wort ›Gott segne dich‹.

Der Sitz (beziehungsweise Thron) entspricht einfachster westlicher Machart. Der Schnitzer hat bei anderen Teilen der Skulptur offensichtlich mehr Gefallen an aufwendiger Gestaltung gefunden, obgleich er sich bei seiner Arbeit innerhalb regionaler stilistischer Parameter bewegte, aufgrund derer diese und ähnliche Schöpfungen einem einzigen Künstler (oder Werkstatt) in der Region Moxico südlich der Quelle des Kasai-Flusses zugeschrieben werden konnten. Das kleine Gesicht mit dem schwachen (aber ansteckenden) Lächeln wird umrahmt von einem fein geflochtenen Haarsaum, der, bei Chokwe-Skulpturen sehr ungewöhnlich, mit einigen roten Perlen dekoriert ist. Lux erwähnt allerdings in seiner Beschreibung der Frisuren, die er im Gebiet der Songo beobachtet hatte, daß dort dieser Perlenzusatz auf die Ältesten beschränkt war. Eine hervorragende Photographie von vier jungen Chokwe-Noblen mit jeweils anderer Frisur, die 1904 von Fonseca Cardoso in der Region Moxico aufgenommen wurde, zeigt einen Haarsaum dieser Art auf der Stirn des Mannes, der auf dem Bild ganz links steht. Ebenfalls sehr ungewöhnlich sind die großen geschwungenen Wimpern, die an beiden Enden von der ovalen Messingscheibe gehalten werden, die jeweils die Augen akzentuiert. Der Spitzbart, der irgendwann nach 1985 radikal gekürzt worden ist, war früher geflochten und gescheitelt. Verschwunden sind auch die mit Fäden durch die Flechtspitzen gezogenen weißen und roten Perlen, die ich 1986 noch beobachtet hatte. Diese Details sind nicht die einzigen originellen Merkmale dieser interessanten Skulptur. Eine Bordüre von ineinander verzahnten Dreiecken (*mapembe*) aus sorgfältig zusammengeschnittenen Stückchen Messingdraht schmückt den oberen Rand des fächerförmigen Kopfputzes. Die üblichen geschwungen ›Seitenflügel‹ waren allem Anschein nach ursprünglich zu einer Spirale gedreht. *MLB*

Ausstellungen: Rio de Janeiro 1922; Lissabon 1985, Nr. 115; Paris 1988, S. 79; Lissabon 1994, Nr. 116

Literatur: Lux 1880; Bastin 1968, Nr. 8; 1969, Abb. 2; 1981, Abb. 11; 1982, Nr. 64, S. 130 f.

4.37

Figur des ›Kulturheros‹ Chibinda Ilunga

Chokwe
Angola/Zaire
Vor 1850
Feinfaseriges Holz mit dunkelbrauner Patina, Haar, Baumwolle, Fasern, große gelbe Glasperle
Höhe 39 cm
Staatliche Museen zu Berlin, Preußischer Kulturbesitz, Museum für Völkerkunde, III C 1255 (1880)

Irgendwann vor 1956 erzählte mir ein über achtzigjähriger Namuyanga-Wahrsager die Geschichte des Chibinda Ilunga. Victor W. Turners *Lunda Love Story* (1955) bietet eine gute Zusammenfassung der Erzählung, die 1890 von H. Dias de Carvalho niedergeschrieben wurde, als dieser sich in Musumba unweit des Kalanyi-Flusses aufhielt. Es war jedoch Dr. Paul Pogge, der erste Europäer, der im Jahr 1875 offiziell die Hauptstadt des Mwata Yamvo-Königreichs erreichte und dieses Herrscherepos aufzeichnete.

Chibinda Ilunga, der Prinz ›heiligen Geblütes‹ (*mulopwe*), stammte aus den östlichen Luba-Ländern, über die sein Vater Kalala Ilunga herrschte. Er war ein leidenschaftlicher Jäger und gelangte, nachdem er den Kalanyi-Bushimai-Fluß überquert hatte, in das Gebiet der jungen Lunda-Anführerin Lweji. Sie war die Trägerin des traditionellen Machtsymbols, des *lukano* genannten Armreifs, den sie von ihrem Vater Konde geerbt hatte; der Armreif erhob seinen Besitzer über andere Familien und verlieh ihm eine Vorrangstellung beim Ältestenrat. Zu jener Zeit kannten die Lunda im Gebiet zwischen den Flüssen Kalanyi und Lulua noch keinerlei zentralisierte Macht und ihre Jäger verwendeten nach wie vor nur Keulen und Schleudern. Der edle Fremde, der an einem kultivierten Hof aufgewachsen war und von seinen Gefolgsleuten verehrt wurde, verwendete Jagdwaffen aus Metall, deren Wirksamkeit durch glücksverheißenden Zauber noch gesteigert wurde. Lweji, angetan von dem Wild, das der Gast ihr schenkte, und zu ihm hingezogen, hieß Chibinda Ilunga voller Begeisterung in ihrem Reich willkommen. Nach ihrer Heirat übergab sie ihm eines Tages das symbolische *lukano*. Ihre Brüder und andere wichtige Älteste waren über diese Machtergreifung verärgert und machten sich auf den Weg in den Westen auf die andere Seite des Kasai, um nach neuem Land zu suchen. Sie brachten freilich einige ihrer neuen Bräuche und neu erworbenen Kenntnisse mit und gaben sie dem Volk weiter, das das bewaldete Hochplateau und die fruchtbaren Täler des Quellgebiets der Flüsse Kasai und Kwango bewohnte, das Land der Chokwe oder Uchokwe (auch ›Tchiboco‹ genannt), das reich an Wild war, sich gut für den Anbau von Getreide und Gemüse eignete und in dem Honig überreichlich floß.

Durch Einheirat gingen die Einwanderer nach und nach vollständig in der örtlichen Bevölkerung auf, die, wie es der Zufall wollte, bereits auf eine lange Geschichte der Holzschnitzerei zurückblickte. Es bildeten sich mächtige Häuptlingstümer heraus, in denen sich jeweils eine Hofkunst entwickelte. Die Herrscher gaben in dem Bestreben, an den Kulturheros von einst zu erinnern, ihren gefeierten Schnitzern oder *songi* den Auftrag, Bildnisse des Chibinda Ilunga anzufertigen. Der Prinz wurde mit allen Attributen der Jagd (darunter etwa ab Ende des 18. oder Anfang des 19. Jahrhunderts ein Steinschloßgewehr) sowie mit Amuletten in gebührender Zahl dargestellt. Außerdem trug er in diesen Darstellungen voller Stolz den königlichen Kopfputz des Herrn der Chokwe (*mwanangana*).

Dieses Meisterwerk versetzt den Helden wieder in seine traditionelle Rolle zurück: Er ist eine stolze und würdevolle Figur, ungeachtet seiner massigen Muskeln und seiner übergroßen Gliedmaßen. Der lange, sorgfältig gepflegte Bart unterstreicht seine aristokratische Herkunft. Die ihn umgebenden Miniaturfiguren sind Schutzgeister, Wächterfiguren, die nach Beute- oder Raubtieren Ausschau halten. *MLB*

Provenienz: Am 9. November 1878 von einem Chokwe-Händler erworben, mit dem Otto H. Schütt auf der Straße nach Kimbundu nach Überquerung des Loange-Flusses zusammentraf

Ausstellungen: Paris 1988, S. 72; Maastricht 1992, Nr. 90

Literatur: Schütt 1881, S. 131; Alexis 1888, S. 233; Dias de Carvalho 1890, S. 50–112; Sydow 1954, Taf. 96-A; Bastin 1961[1], Abb. 1; Krieger 1965, Abb. 268; Leiris und Delange 1967, Abb. 33; Bastin 1965, Abb. 9–11; 1978, Taf. III–IV; 1981, Abb. 5; 1982, Nr. 80

4.38

Weibliche Gedenkfigur

Chokwe
Angola
Vor 1850
Feinfaseriges Holz mit dunkelrötlicher Patina, roter Ritualschlamm in Augen und Mund, Haar
Höhe 35,5 cm
Staatliche Museen zu Berlin, Preußischer Kulturbesitz, Museum für Völkerkunde, 1886, III C 2969

Diese eindrucksvolle Figur stellt vermutlich die Hauptfrau eines Häuptlings (*namata*) oder die Königinmutter (*mwanangana wa pwo*) dar, denen jeweils eine wichtige kultische Stellung am Hof zukam. 1795 erreichten die Karawanenrouten den Oberlauf des Sambesi, und das Volk der Chokwe, das im Landesinnern im Quellgebiet der Flüsse Kwango, Kasai und Lungwe-Bungo lebte, wurde in Benguela offiziell anerkannt. Die Kunstfertigkeit seiner professionellen Schnitzer (*songi*) war bei allen Nachbarn geschätzt und ihr Ruhm muß, vermutlich weitergetragen von den Ovimbundu, tatsächlich bis zur Atlantikküste gelangt sein. Das würde erklären, warum im letzten Viertel des 19. Jahrhunderts so viele ihrer Arbeiten im Herkunftsland von Sammlern erworben wurden.

Obgleich von bescheidenem Format, beeindruckt diese Arbeit durch ihre ungemein kraftvolle Art der Raumergreifung. Viel Sorgfalt wurde auf die Gestaltung des Gesichts sowie der Hände und Füße verwendet.

Die Stilisierung des Gesichts, das in Anlehnung an die traditionelle Darstellungsweise der Chokwe-Masken vorsteht, legt eine Zuordnung dieses Objektes zur ›Muzamba-Schule‹ im Quellgebiet des Kwango-Flusses nahe.

Die ›Hofkunst‹ der Chokwe zeichnet sich durch einen gewissen Naturalismus aus, für den bei dieser außergewöhnlichen Figur die üppige Frisur ein Beispiel bietet. Diese besteht aus echtem Haar, das hinter einer Art Diadem geflochten und mit Stiften oben am Kopf befestigt ist.

Baumann überlieferte mündliche Aussagen eines älteren Würdenträgers, dem er im Quellgebiet des Kasai begegnete, die von der Ausgestaltung eines Hofes handeln. Die Autorität des lokalen Herrschers (*mwanangana*) hing zusammen mit dessen geistiger Macht über Wohlstand und Fruchtbarkeit seiner Untertanen; sie wurde ihm anläßlich der Inthronisation von Vorfahren seiner Dynastie übertragen.
MLB

Provenienz: Gesammelt vor 1886 in Benguela von dem Forschungsreisenden und Diplomaten Gustav Nachtigal

Ausstellung: Berlin und Paris 1964

Literatur: Sydow 1926, Abb. 23; Baumann 1935, S. 140 f.; Fagg 1964, Abb. 76; Krieger 1965, Nr. 306; Bastin 1981, Abb. 10;1982, Abb. 97

a

b

c

4.39 a – p

Wahrsagefiguren

Chokwe
Angola
Frühes 20. Jahrhundert
Patiniertes Holz, Perlen
Höhe 4 – 7,5 cm
Staatliches Museum für Völkerkunde, München, 33-30-3 (Kat. 4.39 a), 33-30-6 (Kat. 4.39 b), 33-30-2 (Kat. 4.39 c), 33-30-1 (Kat. 4.39 d), 33-30-7 (Kat. 4.39 e), 33-30-4 (Kat. 4.39 f), 33-30-8 (Kat. 4.39 g)
Staatliche Museen zu Berlin, Preußischer Kulturbesitz, Museum für Völkerkunde, III C 34687 a (Kat. 4.39 h), III C 31775 b (Kat. 4.39 i), III C 43841 (Kat. 4.39 j), III C 33680 (Kat. 4.39 k), III C 34687b (Kat. 4.39 l), III C 34687 c (Kat. 4.39 m), III C 31775 a (Kat. 4.39 n)
Jean und Noble Endicott (Kat. 4.39 o – p)

Die meisten dieser kleinformatigen Holzschnitzereien wurden in einem vom Wahrsager (*tahi*) benutzten Korb namens *ngombo ya cisuka* aufbewahrt. Diese Form der Wahrsagerei (*ngombo*), bei der ein mit allerlei symbolischen Gegenständen gefüllter Korb vom verantwortlichen Würdenträger (*kusuka*) geschüttelt wird, ist bei den Chokwe und einigen ihrer Nachbarn weitverbreitet.

Professionell betrieben wird die Wahrsagerei ausschließlich von einer Person, die vom Geist des *ngombo* ausersehen und erfüllt ist. Sie findet während eines feierlichen öffentlichen Rituals statt. In der Regel bittet ein Klient nicht um Prophezeiungen über die Zukunft, sondern vielmehr um Aufklärung über die Ursachen von Schicksalsschlägen, Unfruchtbarkeit, Krankheit, über einen Todesfall oder sogar über eine das ganze Volk heimsuchende Plage oder Epidemie.

Den symbolträchtigen Inhalt des Korbes bilden die verschiedensten Gegenstände, darunter Holzschnitzereien von Menschen, Tieren und Objekten, sowie pflanzliche und mineralische Substanzen. Im Anschluß an eine Konsultation kann für Unrecht, das einer Person angetan, oder für eine Kränkung, die einem Geist zugefügt wurde, rasche Genugtuung erwirkt

d

e

f

g

h

werden. Wenn entdeckt wird, daß Hexerei im Spiel ist, wird der betreffende ›Seelenesser‹, der einst hingerichtet worden wäre, heutzutage für immer aus der Gemeinschaft ausgestoßen.

Die vier *kalamba kuku wa lunga* genannten Figurinen (Kat. 4.39 d, h, j, p), die einen kauernden Ahnen zeigen, der die Ellbogen auf die Knie und seinen Kopf in die Hände stützt als Zeichen der Trauer und Verlassenheit (weil seine Nachkommen seine Verehrung vernachlässigt haben), führen vor Augen, wie überaus individuell ein Schnitzer ein stereotypes Motiv darstellen kann.

Ein wichtiges Symbol beschwört den die Jagd und die Fruchtbarkeit begünstigenden Geist *cikunza* (Kat. 4.39 c). Die Figur wird als Amulett auf einem Jagdgewehr oder, von Frauen, an einem Gürtel getragen. Bei Beschneidungsritualen wird der Geist in Form einer Maske (*mukishi*) personifiziert, und er gilt als wohlwollender Patron der Initiationszeremonien, die vollzogen werden, wenn Jugendliche das Erwachsenenalter erreichen. Dieses ›Jagdamulett‹ ist keine Wahrsagefigur im eigentlichen Sinn, dennoch sind drei ähnliche Figuren, die in Angola für die Sammlung des Musée d'Ethnographie de Neuchâtel gesammelt wurden, bei Rodrigues als einschlägige Beispiele abgebildet.

Die weibliche Figurine *katwambimbi* (Kat. 4.39 a), ›Klageweib‹, ist stehend mit über dem Kopf zusammengeschlagenen Händen dargestellt und sagt einen Todesfall voraus.

Kat. 4.39 f zeigt eine *mbata* genannte Paarung von Mann und Frau (*kumbata* bedeutet ›heiraten‹); ihre Bedeutung ist überaus vielschichtig und betrifft das Leben des Paares ebenso wie die Beziehung der beiden zu ihren jeweiligen Familien.

Mufwaponde, der Krüppel (Kat. 4.39 n), steht Rodrigues zufolge für Gefahr; ein abgeschnittener Kopf (Kat. 4.39 l) bedeutet, daß die Einwirkung der schwarzen Magie eines Zauberers zu befürchten ist.

Der Zauberer, *cilowa* (Kat. 4.39 m), ist schematisch dargestellt, wobei eine Kugel aus schwarzem Wachs, deren Oberfläche mit den roten und schwarzen Früchten des Süßholzstrauches inkrustiert ist, die Stelle seines Kopfes einnimmt. Die kleine weibliche Figurine (Kat. 4.39 g) verkörpert offenbar den Geist *kakuka* (Plural *tukuka*) und bezieht sich auf eine von Frauen erlittene Krankheit oder Besessenheit, die es zu heilen oder durch ein Leidensritual auszutreiben gilt.

Die Figur des *kufu* (Plural *mufu*), eines Leichnams, wird meist durch ein Stück Holz (das die Bahre in Form eines Pfahls darstellt) verkörpert, an dem die Nachbildung der sterblichen Hülle hängt (Kat. 4.39 b). Wenn sich diese Figur auf einer bestimmten Seite des Korbes befindet, gilt dies als böses Omen. *Mufu* werden höchst selten durch eine derart komplexe Darstellung beschworen wie diese: zwei Männer tragen den Verstorbenen, der in einer Art überdeckter Sänfte (*tipoye*) liegt.

Das vierfüßige Tier (Kat. 4.39 k) stellt offenbar den Hundegeist *muta* dar, der in Dorfheiligtümern von Jägern und Frauen, die fruchtbar werden wollen, verehrt wird. Er wird auch auf Amuletten dargestellt, die an einem Jagdgewehr oder Gürtel getragen werden. Das hier gezeigte Exemplar ist eine Schnitzarbeit von außergewöhnlicher Schmiegsamkeit.

Bei den Autoren, die den *ngombo ya cisuka* und dessen Inhalt beschrieben haben, war nie die Rede von der kleinen (weiblichen?) Maske (Kat. 4.39 o). Es handelt sich um eine Variante des berühmten *ikhokho* (Anhängermaske) der Pende in Zaire, das tatsächlich nur die den Pende benachbarten Chokwe

o

p

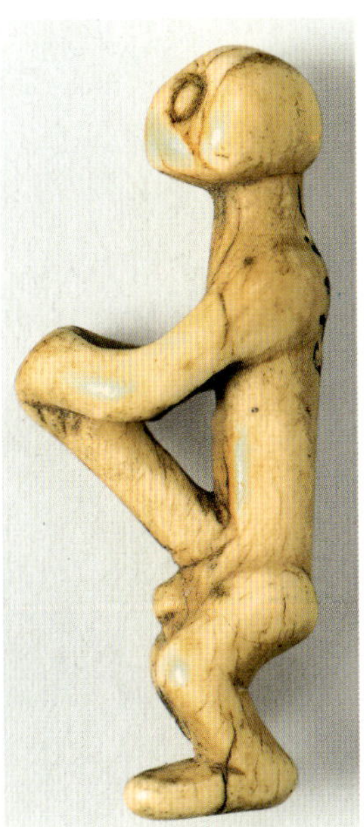

i

j

k

l

m

n

etwa seit der Jahrhundertwende – kopieren. Das *ikhokho* wird von Männern zur Erinnerung an ihre Initiation in den Erwachsenenstand oder auch zu medizinischen Zwecken getragen.

Diese Figuren werden in der Regel vom Wahrsager oder von seinen Gehilfen geschnitzt und werden von denen, die sich ihrer bedienen, in keiner Weise als Kunstwerke angesehen. Der Korbinhalt wird zunächst vom professionellen Wahrsager geweiht, anschließend zeigt die Anordnung der Gegenstände am ›Auge‹ des Korbes, wo der weiße (günstige) Ton und der rote (ungünstige) Ton zusammentreffen, die Antwort des wachgerufenen *ngombo*-Geistes an. Das Ganze ist eine feinfühlige, diplomatische Methode, private Probleme oder Streitigkeiten innerhalb der Gemeinschaft zu lösen. *MLB*

Literatur: Krieger 1969, Abb. 342 f.; Rodrigues 1985

4.40

Sitzbank oder Zeremonialliege

Chokwe
Angola
19. Jahrhundert
Hartholz mit kastanienbrauner Patina
131 x 44 x 21 cm
Privatsammlung, Paris

Die Funktion dieses einzigartigen, herrlich geschnitzten und die Patina langjähriger Benutzung aufweisenden Stücks ist ein Rätsel. Es war zweifellos ein Zeremonialobjekt und scheint einem Häuptling des 19. Jahrhunderts gehört zu haben, als den ›Herrscher des Landes‹ (*mwanangana*) noch eine glanzvolle Aura umgab.

Als mir das Stück 1985 unter einer Reihe mir von seinem Besitzer zugesandter Photos auffiel, konnte ich bestätigen, daß vieles dafür spreche, daß es sich um ein Werk der Chokwe handle. Die weibliche Frisur weist, obgleich für die zweidimensionale Darstellung schematisiert, alle Merkmale der Haarmoden früherer Zeiten auf. Die Gesichtszüge ähneln denen der Chokwe. Und das *ukulungu* genannte doppelte Spiralmotiv, das sich hier vielfach wiederholt, kopiert haargenau den klassischen Ohrringtyp gleichen Namens – ein kleines Schmuckstück für Frauen aus kunstvoll gewundenem Kupferdraht, das einst gleichfalls bei den Chokwe beliebt war.

Der Sammler hielt das Stück für einen niedrigen Tisch mit vier wie abgesägte Kegel gestalteten Beinen, doch ein solches Möbelstück war bei den Chokwe niemals in Gebrauch. Obgleich mehrere Jahrzehnte lang Tische nach dem (wesentlich vergrößerten) Vorbild eines vierbeinigen, hautüberzogenen Hockers mit Querhölzern angefertigt wurden (was bereits von dem westlichen Einfluß zeugte, der bis in die Zeit des Karawanenhandels Mitte des 18. Jahrhunderts zurückreicht), wurde diese Neuheit hauptsächlich eingeführt, um den Bedarf seitens der Europäer, insbesondere in Sambia, zu sättigen.

Das hier gezeigte Stück ist aus massivem Holz gefertigt und war ursprünglich mit einer großen Matte bedeckt, die oft fein gewebt und verziert war. Als er im Jahr 1946 begann, das ›Tchibuco‹, das Ursprungsland der Utchokwe zu erforschen, sammelte José Redinha de Saibes ein nicht weniger bemerkenswertes Möbelstück. Dieser portugiesische Ethnologe und ehemalige Leiter des Museu do Dundo drang in das Quellgebiet der Flüsse Luachimo und Chiumbe vor und stieß auf das kleine Häuptlingtum Kalundjika (nördlich des heutigen Dala), wo die Chokwe und die Luena nebeneinander lebten. Ein hoher Würdenträger behauptete, er stamme von dem berühmten Ciniama, dem Bruder der Lunda-Königin Lueji, ab; Ciniama hatte sich 500 Jahre zuvor auf einen Eroberungszug in Richtung des Oberlaufs des Sambesi begeben und wurde Häuptling des Volkes der Luena (oder Luvale). Zu den Objekten, die Redinha erwarb, gehört eine bemerkenswerte Liege mit einer Sitzfläche aus gespannter Haut und einer kleinen Rückenlehne, deren zwei Pfosten jeweils von einem mit einem breiten schlangenförmigen Band geschmückten Frauenkopf bekrönt werden (Museu Nacional de Antropologia, Luanda).

Aufgrund der Maße (etwa einen Meter lang) dieses schönen und in jeder Hinsicht außergewöhnlichen Stücks kann angenommen werden, daß es als Zeremonialbank Verwendung fand, auf der der Häuptling bequem sitzen konnte, während er eine Audienz hielt. *MLB*

Ausstellungen: Paris 1988, S. 92

Literatur: Redinha 1953, S. 143; Bastin 1961[1], Abb. 77

4.41

Trinkbecher

Wongo
Zaire
Holz
21 x 13 cm
The Trustees of the British Museum, London, 1910. 4-20.21

Dieser Becher ist einer von mehreren, die Emil Torday 1909 für das British Museum bei den Wongo gesammelt hat und stammt vermutlich aus einem Wongo-Dorf in der Gegend von Kangala oder aber aus einem Häuptlingstum der Pende zwischen den Flüssen Luana und Loange. In der einschlägigen Literatur werden Gefäße dieses Typus immer wieder als ›zierlich geschnitzt‹ und ›ungemein kunstvoll‹ beschrieben. Torday »bemerkte sogleich die Ähnlichkeit der ornamentalen Muster auf diesen Bechern mit denen, die wir bei den Bushongo [also den Kuba] finden«, ein weiterer Beleg für seine These, der zufolge diese beiden Völker eng verwandt sind. Die Wongo gehörten offiziell nicht zum Kuba-Reich, obgleich ihre Kultur und Kunst Gemeinsamkeiten mit der ihrer östlichen Nachbarn aufweisen. Torday wurde zu seiner Reise durch ihr Land sogar ermutigt durch die gewogenen Berichte über die Wongo, die er vom Kuba-König persönlich erhalten hatte.

Tatsächlich fertigen die Wongo wie viele Volksgruppen dieser Region verschiedene Typen von Bechern zum Trinken von Palmwein an, darunter einige in anthropomorph ausgestaltete ter Form. Seine Formschönheit macht wieder bewußt, daß die ansprechendsten und qualitätsvollsten Objekte aus den abgelegensten und am wenigsten erforschten Teilen des Kontinents stammen. Zu einer Zeit, als Europa in den Bann der Kunst der afrikanischen Küsten- und Flußgebiete, insbesondere der französischen Kolonien, geriet, stellten diese ›hochwertigen‹ Arbeiten aus dem tiefsten Äquatorialafrika herrschende Vorstellungen in Frage. Schließlich war das Land der Wongo nach heutigem Wissen vor Torday noch von keinem anderen Europäer durchquert worden, und die Wongo hatten zu jener Zeit einen furchterregenden Ruf. Trinkbecher von dieser ansprechenden ästhetischen Qualität standen in krassem Gegensatz zu dem Bild, das man sich in Europa durch Gerüchte über Kannibalismus, Verrat und Aggression von den Wongo gemacht hatte. *JM*

Provenienz: Gesammelt 1909 von Emil Torday

Literatur: Torday 1925, Hilton-Simpson 1911; Mack 1990

4.42

Trinkbecher

Kuba
Zaire
Holz
Höhe 19 cm
Privatsammlung, Paris

Der Trinkbecher wird den Kuba zugeschrieben, obgleich nicht klar ist, ob er tatsächlich von den zentralen Gruppen des Kuba-Reiches selbst stammt oder von einem den Kuba nahestehenden Volk wie den Wongo oder den Lele. Ebenfalls unklar ist, ob er für einen einheimischen Kunden oder etwa im Auftrag von Missionaren oder Besuchern angefertigt wurde. Es handelt sich jedenfalls um ein Produkt beeindruckender Schnitzkunst. Die Gestaltung in Form einer sitzenden Figur findet sich in dieser Art allerdings so bei keinem anderen dokumentierten Becher und impliziert einen Grad an künstlerischer Freiheit und Innovation, der auf einen erweiterten Markt schließen läßt.

Tatsächlich sind Übungen in Virtuosität, die den Kanon der künstlerischen Ausdrucksformen der Kuba erweitern, hinlänglich bekannt, obgleich die vorherrschende Sicht des ›traditionsgebundenen‹ und ›formelhaften‹ Charakters der Kunst des subsaharischen Afrika diese Möglichkeit in Abrede zu stellen scheint. Schließlich sind die (hier nicht vertretenen) berühmten Königsfiguren der Kuba offenbar das Werk einer begrenzten Zahl innovativer Schnitzer. Anthropomorphe Becher sind von zahlreichen Kuba-Gruppen bekannt. Dennoch ist gerade ihre Vielfalt bereits Indiz für einen experimentierfreudigen Ansatz. So ist bei Vansina die Rede von einem Schnitzer, der, nachdem er das Bild eines auf einer Antilope reitenden Mannes geschaffen hatte, den oberen Teil aushöhlte und das Objekt als Becher benutzte. Selbst wenn das hier abgebildete Gefäß tatsächlich für einen fremden Markt produziert wurde, entspricht die Originalität seiner Formgebung den Erwartungen eines an Renommierstücken interessierten Kuba-Hofes. Man könnte sogar behaupten, daß sich die Kuba-Kunst im 19. Jahrhundert durch eine größere Vielfalt auszeichnete als in jüngeren Zeiten. Die sogenannte Touristenkunst hat nicht zu einer Erweiterung, sondern vielmehr zu einer Standardisierung der Virtuosität der Kuba geführt. *JM*

Literatur: Vansina 1968, S. 12–27; Rosenwald 1974, S. 26–31; Vansina 1978; Cornet 1982

4.43

Männliche Statuette

Kuba
Zaire
18. Jahrhundert (?)
Eisen
Höhe 19,5 cm
Etnografisch Museum, Antwerpen

Diese ungewöhnliche Statuette sowie ihr Pendant (aus dem gleichen Museum) gehörten zu den Besitztümern der Kuba-Könige. Andere Metallstatuen und berühmte Waffen werden von den Kuba einem ihrer Prinzen, Myeel, zugeschrieben, der im 18. Jahrhundert gelebt haben soll.

Die Statuette stellt einen Mann mit langem Hals und dreieckigem Kopf dar, seine Gesichtszüge sind nicht sehr deutlich herausgearbeitet. Der Haaransatz weist die für den Kuba-Stil typischen spitzen Ecken auf. Der Körper ist wuchtig und steht auf dünnen Beinen. Das im gleichen Stil gehaltene Pendant wird durch eine Art Ständer verlängert, offenbar ein Beleg dafür, daß beide Figuren in einem Sockel, möglicherweise einem königlichen Prunkgegenstand, verankert waren.

Die Bushoong, der Herrscher-Klan des Kuba-Reiches, schreiben jede Metallskulptur, die das handwerkliche Talent ihres Schöpfers erkennen läßt, Myeel zu. Die Bewunderung seines Schaffens erhielt vor allem während der Herrschaft von König Mbopey Mabiintsh ma-Kyeen (†1969) Auftrieb; dieser beauftragte seine Schmiede mit der Nachbildung einiger alter Stücke, doch die Versuche blieben ohne Erfolg. Der Legende nach war Prinz Myeel ein erstklassiger Schmied. Er hätte auf den Thron folgen sollen, doch war sein schwieriger Charakter der Grund dafür, daß er von den Würdenträgern übergangen wurde. *JC*

Provenienz: Ehemals Sammlung Pareyn, 1920 vom Museum erworben

Literatur: Claerhout 1976; Cornet 1982

4.44

Figur

Ndengese
Zaire
Holz, Perlen, Kupfer
42,6 x 8,8 x 1,2 cm
Leihgabe des Metropolitan Museum of Art, New York, The Michael C. Rockefeller Memorial Collection, erworben von Nelson A. Rockefeller, 1978.412.618

Die Ndengese gehören zu den am wenigsten produktiven Schnitzern Westafrikas. Die Qualität ihrer Königsfiguren ist jedoch so herausragend, daß die spärlichen Exemplare zu den großen Schätzen der wenigen sie aufbewahrenden Museen, darunter das in Tervuren, zählen. Diese Figuren weisen aufwendige Verzierungen des Körpers auf, und zwar in einem ganz ähnlichen Stil wie die Stoffe, die von den quasi benachbarten Kuba angefertigt werden. Die gleichmütigen Gesichter der Königsfiguren werden von einer kunstvollen Kombination aus Frisur und Haube bekrönt, wobei letztere in einen aufragenden Holzzylinder mündet. Das Metropolitan Museum besitzt neben einer solchen Königsfigur auch die hier gezeigte, in der Literatur wenig beachtete Variante. Sie weist verschiedene typische Merkmale auf, darunter die Schmucknarben und den verlängerten Torso, ist dabei aber von einer Intensität, die in scharfem Kontrast zur Zurückhaltung der größeren Grabfiguren hochgestellter Persönlichkeiten *(totshi)* steht. Sie läßt zahlreiche Anzeichen kultischen Gebrauchs und Spuren aufgetragenen Palmöls erkennen. Die Einarbeitung von Metall (Kupfer) und Perlen deutet ebenfalls auf die Wertschätzung für den ursprünglichen Auftraggeber hin. *TP*

Literatur: Lewis und Delange 1968

4.45

Perlengürtel

Kuba
Zaire
Perlen, Kaurischnecken, Schneckengehäuse, Leder
The Minneapolis Institute of Arts
The Ethel Morrison Van Derlip Fund, 89.1

Dieser herrliche Gürtel ist ein Glanzstück der von den Kuba gepflegten Tradition der Perlenarbeit. Wie so oft in West- und Zentralafrika stellen wir fest, daß Perlarbeiten dem Königtum zugeordnet und vorbehalten waren, ein Umstand, der ebenso für die Yoruba in Nigeria (Kat. 5.85) und die Königreiche Kameruns (Kat. 5.80) zutrifft. In gewisser Weise ist dieser Gürteltyp (*yet*) die Vervollkommnung des Amulettarmreifs, besteht er doch aus einer Anhäufung von in Perlenarbeit ausgeführten traditionellen Embleme und Zeichen (Zählungen reichen bis zu rekordverdächtigen 80 Amuletten beim *yet* von König Kot Mabiintsh ma-Kyeen). Hinzu kommen noch Schneckengehäuse, die schon aufgrund ihrer Seltenheit (sie stammen von weit enfernten Meeren) einen besonderen Prestigewert besitzen.

Einige der Elemente sind auch für den Uneingeweihten leicht zu deuten, wie etwa der Knoten und der Tierkopf mit Hörnern, andere stellen Glocken, Blätter oder ähnliches dar. Die dekorativen Gestaltungsmittel erinnern an die Muster auf Holzskulpturen und an Schmucknarben sowie an Dekore, die von Textilien her bekannt sind (Kat. 5.93). Auch Kaurischnecken sind in großer Zahl eingearbeitet – so auch bei dem *nkap* genannten und ausschließlich Königen vorbehaltenen Gürtel aus Leopardenfell. Der *yet* ist jedoch der extravaganteste aller Gürtel. *TP*

Literatur: Cornet 1982

4.46
Rückenstütze
Kuba
Zaire
Frühes 19. Jahrhundert
Holz
36 x 50 x 83 cm
The Trustees of the British Museum, London, 1909.5-13.9

Diese Rückenstütze ist eine von mehreren, die im ersten Jahrzehnt unseres Jahrhunderts von Emil Torday in der Kuba-Hauptstadt Nsheng erworben wurden. Zu den anderen zählt ein Exemplar in Form von geschnitzten Stoßzähnen, die in den Boden gesteckt wurden, um dem König als Rückenlehne zu dienen. Aber auch das Sitzen auf dem Rücken eines Untergebenen war durchaus üblich, wie eine frühe Photographie vom Königshof zeigt. Der göttliche Charakter des Königs wird dadurch unterstrichen, daß er nicht direkt mit der Erde in Berührung kommen oder unmittelbar auf dem Boden sitzen darf. Die hier abgebildete Rückenstütze wurde Torday offenbar von einem höheren Amtsträger am Hof, allerdings nicht vom König selbst angeboten. Unverkennbar ist die Assoziation der Stütze mit dem Königtum.

Auffälligstes Merkmal ist der Widderkopf, ein Motiv, das auch auf mit Perlenarbeiten verzierten Regalien und in Verbindung mit einem bestimmten Maskentyp vorkommt. So wenig in den ansonsten sehr umfassenden Studien zur Kuba- Gesellschaft über ihre Hauswirtschaft überliefert ist, spricht doch einiges dafür, daß Schafherden königlicher Zuständigkeit unterlagen. Dies überrascht insofern nicht, als Schafe offenbar erst in jüngerer Zeit eingeführt wurden und derartige Neuerungen, z. B. in der materiellen Kultur oder bei der ornamentalen Gestaltung, gemeinhin dem Einfallsreichtum des Königs zugeschrieben werden. So verweist das Widdermotiv unter anderem auf diese Eigenschaft des Königs. Gleichzeitig fungiert es ebenso wie eine Reihe anderer Motive als bildliche Metapher der idealen Beziehung zwischen König und Volk, nämlich als Verkörperung seiner Macht und Herrschaft sowie als Quelle der Fruchtbarkeit. *JM*

Provenienz: 1909 von Emil Torday in Nsheng gesammelt

Literatur: Vansina 1978; Cornet 1982, S. 301; Mack 1990, S. 66

4.47

Kissenbezug

Kongo
Zaire, Angola
Frühes 17. Jahrhundert (?)
Raphia, Farbpigmente
24 x 47 cm
Pitt Rivers Museum, Oxford, 1886.1.254.1

Dieser Kissenbezug ist eines von etwa vierzig auf das 17. Jahrhundert datierten Geweben aus dem Königreich der Kongo, die in europäischen Sammlungen erhalten sind. Wahrscheinlich handelt es sich um das »überaus zierlich gemusterte Tischtuch aus Gräsern«, das die Botaniker und Sammler John Tradescant d. Ä. und d. J. im 1656 erschienenen Verzeichnis ihrer Sammlung aufgelistet hatten.

Wiederholt wurde vermerkt, die geflorten Muster auf diesen Geweben seien durch ein Stickverfahren erzielt worden, wie es im späten 19. und frühen 20. Jahrhundert zur Herstellung der sogenannten ›Kasai-Teppiche‹ bei den rund 1120 km weiter nordöstlich lebenden Völkern des Kuba-Reiches Anwendung fand. Bei näherer Betrachtung zeigt sich jedoch, daß bei diesem spezifischen Stoff das Muster gewebt wurde. Seit jeher werden in Zaire Stoffe aus dem Bast der Raphiapalme gefertigt und zwar in der sogenannten Leinwandbindung (einfaches Überkreuzen von Kette und Schuß). Daneben gab es einige Gebiete, in denen zusätzlich Florschüsse zur Herstellung geometrischer Muster, meist Rauten und Zickzacklinien, zum Einsatz kamen. Bei den Kongo, den Mongo und den Pende wurde ein Verfahren entwickelt, bei dem der Florschuß in der Mitte geschnitten und seine Enden hochgebürstet werden, um einen Plüscheffekt zu erzielen. Obgleich hochflorige gewebte und gestickte Stoffe ähnlich aussehen, sind bei einem Florgewebe die Gestaltungsmöglichkeiten wegen der notwendigen Wiederholung einfacher Muster begrenzt, während bei einem gestickten hochflorigen Stoff die Gestaltungsmöglichkeit freier ist. Wie bei manchen Textilien der Kuba kann das Muster somit aus scheinbar aufs Geratewohl verstreuten Motiven bestehen. Offensichtlich deuten die allgemeinen Stilähnlichkeiten beider Traditionen auf historische Verknüpfungen hin; der tatsächliche kunsthistorische Zusammenhang zwischen den Textilien der Kongo und der Kuba bedarf nach wie vor einer Klärung.

Die hier abgebildete Textilie ist ungewöhnlich, weil nicht alle Florschüsse geschnitten sind, wodurch sich die flachen mit den geflorten Partien abwechseln. Weil ungeschnittene Polschüsse Licht reflektieren, geschnittene dagegen Licht absorbieren, ergeben sich daraus ebenfalls Variationen in der Musterung, was hier durch das Einfügen einiger scharz gefärbter Florschüsse noch akzentuiert wurde. Durch die Verwendung einer zusätzlichen Farbe scheint dieses Stück einzigartig zu sein; alle andere bekannten Kongo-Gewebe sind einfarbig. Daß eine ganze Kongo-Textilie mit einem diagonalen Flechtmuster ausgefüllt wurde, kann ebenfalls als ungewöhnlich gelten, ist doch die Musterung der meisten anderen bekannten Stoffe aus in sich geschlossenen Motiven in Einzelfeldern zusammengesetzt, die innerhalb eines Gesamtornaments wiederholt werden. Nur zwei andere Gewebe weisen ein ähnliches Muster auf.

Name und Bedeutung des Musters unseres Objektes sind nicht bekannt, es ist aber eindeutig den Kongo zuzuordnen. Da die einheimische Webindustrie nach der Berührung mit Europa allmählich verschwand, bilden die verwendeten Motive das einzige visuelle Bindeglied zwischen diesem frühen Beispiel materieller Kultur, den Körperbemalungen und der Schnitzkunst der Kongo, die durch Beschreibungen und Sammlungen aus dem 19. und 20. Jahrhundert bezeugt sind. Der Bezug weist auf beiden Seiten das gleiche Muster auf, dürfte jedoch ursprünglich Bestandteil eines wesentlich größeren Gewebes gewesen sein. Die dekorative Einfassung aus kleinen, aber dicht gedrängten Quasten sowie vier großen Pompons an den Ecken ist ebenfalls aus Raphia und bei Textilien aus Zaire häufig anzutreffen.

Raphiatextilien und -matten gehörten bei den Kongo zur Ausstattung der Würdenträger. Die Form dieses Gewebes läßt vermuten, daß es sich um einen Kissenbezug handelt, obgleich eine mögliche zusätzliche (oder vielleicht auch alternative) Funktion als Tasche oder Beutel nicht nur durch eine kleine Öffnung auf der Seite nahegelegt wird, sondern auch durch Berichte, wonach der König der Kongo ein Kissen besessen habe, in dem er seine Juwelen aufbewahrte. *JC, HvB*

Provenienz: Um 1656, John Tradescant d.J.; 1662, Hester Tradescant; 1678, Elias Ashmole, 1863, Ashmolean Museum, Oxford; 1886, Pitt Rivers Museum

Ausstellung: Oxford 1994

Literatur: Tradescant 1656, S. 53; Loir 1935; Trowell 1960, Abb. XIX; Stritzl 1971; Bassani 1977; Williamson 1983, S. 339 f.; van Braeckel 1993; Coote 1995

4.48 a

Hüftrock (*ncaka kot*)

Kuba (Bushoong)
Zaire
Frühes 20. Jahrhundert
Raphia
162 x 63 cm
The Trustees of the British Museum, London, 1947.AF.11.1

4.48 b

Hüftrock (*ncaka kot*)

Kuba (Bushoong)
Zaire
Frühes 20. Jahrhundert
Raphia
97 x 37 cm
The Trustees of the British Museum, London, 1909.5-13.411

Die kunstvolle Verzierung gewebter Raphiastoffe, die durch Färben, Applikation und Stickerei erzielt wird, ist eines der Markenzeichen der Kuba aus dem südlichen Zentral-Zaire. Wickelröcke wie die hier gezeigten Beispiele wurden über längeren Zeremonialröcken getragen. Die Kuba tragen sie zu besonderen Anlässen, etwa Beerdigungen, bei denen Röcke aus Raphia sowohl den Leichnam schmücken als auch von Verwandten und Freunden zu Ehren des Verstorbenen getragen werden. Auch ihre Funktion als Grabbeigabe ist belegt.

Die Weberei ist bei den Kuba wie bei anderen benachbarten Gruppen eine geschlechtsspezifische Angelegenheit: die Männer sind zuständig für sämtliche Stadien der Bastfaserzubereitung sowie für das Weben. Die Ausschmückung mittels Stickerei oder Applikation obliegt dagegen den Frauen. Der Mittelteil des Rocks (Kat. 4.48 b) ist zusammengesetzt aus doppelten Lagen eines Raphiagewebes in Leinwandbindung, das auf einem Webstuhl mit einfachem Ketteinzug gewebt wurde. Die Stickerei erfolgte unter Verwendung einer Unterlage aus Raphiagewebe für die gesamte Fläche des Stoffes.

Die Mittelteile bei Kat. 4.48 a sind versehen mit weitläufig über das mittlere Feld verteilten gestickten und applizierten Motiven. Für die Stickereien auf dem ungefärbten Raphiastoff wird schwarz gefärbtes Raphiagarn verwendet. Dieser Rock ist ein Beispiel für den Bushoong-Stil des frühen 20. Jahrhunderts, der sich durch einige wenige in willkürlichem Abstand voneinander angebrachte Motive auszeichnet. Jedes Motiv hat einen seiner Form entsprechenden

Namen – Kreis (*idingadinga*), Hundeschwanz (*ishina'mbua*), Blätter (*kash*). Dieser Dekorationsstil entspricht dem der *ncaka nsueha* genannten langen Röcke, bei denen die gesamte Dekorationsfläche mit ähnlichen gestickten Motiven überzogen ist. Die gefärbten Borten, die drei Seiten des Rocks einfassen, vereinen meist Festonstickerei mit geflorten Motiven. Abgeschlossen werden sie mit einem Serpentinenrand, bei dem ein gezwirnter Raphiastrang mit Festonstichen an die äußeren Ränder des Rocks genäht wird.

Kat. 4.48 b bietet ein Beispiel für einen Stickereistil der Kuba, der bereits im 18. und 19. Jahrhundert bezeugt ist. Es ist interessant zu beobachten, daß bei den komplizierten Stickereimustern das gleiche Formenvokabular zum Tragen kommt wie bei der Musterung auf Holzschnitzereien und Matten der Kuba. Dieser Stickereistil zeichnet sich durch die Verwendung gezwirnter Raphiafasern (*mishiing*) aus. Solche Textilien werden auch *buiin bu mishiing* oder ›Zwirnstickereien‹ genannt. Die gesamte Fläche des Raphiastoffs ist dicht bestickt mit geometrischen Motiven. In diesem Stil gestickte Röcke können nachträglich rot gefärbt oder auch ungefärbt belassen werden.

Cornet schreibt diese Art von Stickerei den Bushoong-Frauen aus der Kuba-Kapitale Nsheng zu. Seiner These zufolge ist diese zeitraubende Arbeit die Spezialität von Königsfrauen, die während der Schwangerschaft Haus und Hof nicht verlassen dürfen. Im gesamten Kuba-Gebiet wird auch während Trauerzeiten (die drei bis neun Monate dauern können) viel Zeit auf Näh- und Stickarbeiten verwendet, um den Vorrat an diesen Geweben wiederaufzustocken. *PJD*

Provenienz: Kat. 4.48 b: Kongo 1907-1908, Kongo-Expedition Tordays

Literatur: Torday und Joyce 1910, Abb. VI, XXVIII; Torday 1925, S. 204–209; Adams 1978, S. 30; Adams, in: Vogel 1981, S. 232 f.; Cornet 1982, S. 185 f., 194–197; Darish 1989, S. 133; Zeidler und Hultgren 1993, S. 100 f.

4.49

Maske (*ngady amwaash*)

Kuba
Zaire
Holz, Raphia, Perlen, Kaurischnecken
1917 oder früher
38 x 43 x 20 cm
Peabody Museum of Archaeology and Ethnology, Harvard University, Cambridge (Mass.), 17-41-50/B1909

Unter den Masken der Kuba gibt es drei Haupttypen, die bei öffentlichen Zeremonien, bei der Initiation und bei Begräbnissen Verwendung finden. Jeder dieser Maskentypen hat einen eigenen Stil und ist mit spezifischen Verhaltensweisen verbunden.

Die Masken sind in mehrerlei Hinsicht ›königlich‹. Vor allem natürlich deshalb, weil viele der Veranstaltungen, bei denen sie eine Rolle spielen, namentlich die Initiation, unter dem Patronat des Königs stehen. Außerdem stellen sie Figuren aus der Schöpfungsmythologie dar oder verkörpern Beziehungen königlicher Prägung. So erinnern zwei Masken, *mwaash aMbooy* und *ngady mwaash aMbooy*, an Woot, das Kuba-Gegenstück zu Adam, sowie Woots Schwester und Frau, aus deren inzestuöser Verbindung die Menschen hervorgegangen sind. *Mwaash aMbooy* wird manchmal vom König persönlich getragen, der auf diese Weise die Autorität des Königtums mit der der Urahnen verknüpft. Bei der dritten Maske, *bwoom*, verhält es sich komplizierter: je nach Kontext oder Erklärung der Herkunft kann sie für einen Prinzen, für einen Bürgerlichen, für einen Pygmäen oder für ein subversives Element am königlichen Hof stehen. Die Masken treten in der Regel nicht zusammen in Erscheinung, obgleich es gelegentlich heißt, daß *bwoom* und *mwaash aMbooy* als Rivalen um die Zuneigung der weiblichen Maske im Trio werben.

Das hier gezeigte, auf die Gesichtsmaske beschränkte Exemplar verkörpert die Schwester/Gemahlin Woots, *ngady mwaash aMbooy*. Ihr weiblicher Charakter macht sich nicht so sehr am Erscheinungsbild fest – es fehlen eindeutige Geschlechtsmerkmale wie die üppigen ›Brüste‹, mit denen manche afrikanische Maskenkostüme versehen waren – als vielmehr an der Art ihrer Darbietung. So sind die Schritte des Maskentänzers sehr genau den Bewegungen von Frauen nachempfunden. Wie so oft in der Kunst und Kultur der Kuba ist der Sinn für visuelle und intellektuelle Ordnung unübersehbar.

Zu den Motiven auf der Gesichtsmaske gehören Linien unterhalb der Augen, die Tränen darstellen sollen, sowie ein markantes Muster aus in kontrastierenden Farben gehaltenen Dreiecken. Letzteres Motiv begegnet auch in verschiedenen anderen Zusammenhängen, so etwa bei einer bestimmten Art von Flickwerk aus Rindenstoff. Ein Zusammenhang mit dem Maskenmotiv erscheint insofern einleuchtend, weil Rindenstoff als ein den Ahnen zugeordnetes Kleidungsmaterial gilt und heute noch während Trauerzeiten getragen wird. Die Identität der Maske mit der Urahnin wird folglich unterstrichen durch eine, wie es scheint, Übertragung eines mit der Kleidung der Ahnen verbundenen Motivs. *JM*

Literatur: Vansina 1955; 1978; Cornet 1982, S. 250–270

4.50

Trommel

Bena Lulua
Zaire
19. Jahrhundert
Holz, Haut
Höhe 117,5 cm
Staatliche Museen zu Berlin, Preußischer Kulturbesitz, Museum für Völkerkunde, III C 2672

Die Trommel ist mit eingeritzten Strichen und Tupfen verziert und zeigt die Darstellung eines menschlichen Gesichts; der kräftige Körper unterhalb desselben bietet der Trommel Halt.

Die Stilmerkmale sind untypisch für die Kunst der Lulua und müssen von einem benachbarten Stil beeinflußt worden sein. Die großen Augen entsprechen allerdings denen der Lulua-Figuren und sind hier zusätzlich durch eine weiße Umrandung akzentuiert. Auch die Zähne im halb geöffneten Mund treten weiß gefärbt hervor. Am Kinn sehen wir einen kleinen Bart mit drei markanten Spitzen.

Den Nabel umgeben kreisförmig geritzte Linien. Die Figur faßt mit der Hand an ihren Penis, Indiz für eine Zuordnung zu einem Fruchtbarkeitskult; wahrscheinlich stand sie im Dienst einer der Familien, die über eine von zahlreichen autonomen Gruppen herrschte, einer Organisationsform, die typisch für das politische System der Lulua war. *JC*

Provenienz: Gesammelt 1885 bei den Bena Lulua von Hermann von Wissmann

Literatur: Biebuyck 1992

4.51

Statuette einer Mutter mit Kind

Bena Lulua
Zaire
19.–20. Jahrhundert
Holz
35,5 x 8,5 cm
The Brooklyn Museum,
Museum Collection Fund, 50.124

Mutter-und-Kind-Figuren sind bei den Bena Lulua häufig anzutreffen: sie stehen in Zusammenhang mit Fruchtbarkeitskulten, namentlich mit dem *bwanga bwa tshibola*. Obgleich viele Statuen ganzfigurig sind, ist es nicht unüblich, daß der Körper spitz zuläuft, so daß sie in den Sand gesteckt werden kann. Diese Figur hat einen großen Kopf auf einem sehr langen Hals und weist reiche Detailverzierung auf. Die Zahl der Schmucknarben ist beachtlich, eine Lulua-Sitte, die inzwischen längst verschwunden und nur durch alte Zeichnungen bezeugt ist.

Mit der Figur verbindet sich eine doppelte Botschaft: Status und Fruchtbarkeit. Einerseits war die große Volksgruppe der Lulua niemals eine einzige politische Einheit, es gab statt dessen eine große Zahl relativ autonomer Häuptlinge, was bedeutete, daß vielen lokalen Würdenträgern Kunstwerke gewidmet waren. Auf der anderen Seite gehören die Statuen zu einem Fruchtbarkeitskult, der noch heute besteht.

Ein Großteil der Ornamentik ist vermutlich symbolischer Natur. So verweist der Nabelbruch auf die Erbfolgelinie und auf die Abhängigkeit nachfolgender Generationen von ihren Ahnen. *JC*

Literatur: Maesen 1954; Petridis 1995

4.52

Aufsatzmaske

Kete
Zaire
19. Jahrhundert
Holz, Fasern, Rinde, Farbpigmente
Höhe 154 cm
Museum für Völkerkunde, Hamburg

Die Bevölkerung des Kuba-Reiches war in drei große Volksgruppen aufgeteilt, die Bushoong (der Herrscher-Klan), die Ngende und die Ngongo, die wiederum von ungefähr fünfzehn zum Teil sehr kleinen Gruppen umgeben waren. Die größte dieser Gruppen waren die Kete, die aber zugleich am weitesten vom Herrschaftszentrum des Königreiches entfernt lebten.

Diese Maske ist ein Werk der den Kete zugehörigen Bena Mwanika. Neuere Funde deuten darauf hin, daß Arbeiten dieser Art nicht außergewöhnlich sind. Unter Masken dieses Typs finden sich Einzelfiguren wie Mutter-Kind-Darstellungen. Sie wurden bei feierlichen Ritualen getragen. Diese hier soll einem Initiationsritus zugeordnet sein.

Die Schmucknarben auf dem Bauch und die Schachbrettmuster legen nahe, daß dieses Stück einer Unterart des Kuba-Stils zuzuordnen ist. In die Maske ist unten ein Sichtloch gebohrt. *JC*

Provenienz: Gesammelt 1905 von Frobenius
Literatur: Zwernemann und Lohse 1985

4.53

Maske

Songye
Zaire
Holz
Höhe 160 cm
The Trustees of the British Museum, London, 1979.AF.1.2397

Die Tetela-Hamba aus dem nördlichen Kasai (bei denen ich mich 1953 und 1954 aufgehalten habe) verwenden keine Masken – weder die Gruppen, die in der Savanne leben noch die Waldbewohner – trotz der von Kunsthistorikern hartnäckig vertretenen gegenteiligen Überzeugung. Dieses Mißverständnis ist vor allem auf den ungarischen Ethnographen Emil Torday zurückzuführen. Die Sungu, bei denen er sich aufhielt, waren an der äußersten südlichen Peripherie der Gebiete der Tetela-Hamba, in Nachbarschaft der Songye, angesiedelt. Es bestehen kaum Zweifel, daß die sogenannten Sungu-Objekte, die Torday zu Beginn dieses Jahrhunderts sammelte, ausnahmslos der Songye-Kultur zuzuordnen sind. Eine Maske fand sich in Kasongo, »der nächstgelegenen Sungu-Siedlung zu den Songye in Tempa am Sankuru-Fluß« (Mack 1990, S. 62 f.). Zufällig war es ebenfalls Kasongo, wo ›Major‹ John White, der sich von 1923 bis 1926 in der methodistischen Mission Minga aufhielt, eine Maske erwarb, die er einem Medizinmann der Tetela zuschrieb.

Es kommt somit entscheidend auf die geographische Lage Kasongo an. Auf einer 1953 vor Ort erworbenen Landkarte des Territoriums Lubefu erscheint dieser Name als Kilolo Kasongo am fünften Breitengrad wenige Kilometer westlich des Luedi-Flusses. Diese Lage entspricht genau der eines von Frobenius Mona Kassongo genannten Außenpostens (Karte Nr. 8, 1907). Mona Kassongo und Kilolo Kasongo sind sicher nahezu identisch. Das Dorf liegt genaugenommen nicht auf Sungu-, sondern auf Songye-Gebiet. Kilolo ist ein Name, der in der Songye-Sprache (nicht jedoch in der der Tetela) ›hervorragend‹ bedeutet, und Kasongo ist ein Eigenname, der nur im Songye-Gebiet weitverbreitet ist. Darüber hinaus stammt auch der Begriff *moadi (mwadi)*, den Torday den von ihm in Kasongo gesammelten Masken zuwies, nachweislich aus der Songye-Sprache.

Diese außergewöhnlich schöne Maske mit drei pelzüberzogenen Hörnern ist ebenfalls mit Sicherheit eine Songye-Arbeit, obgleich sie bei Torday als ein Werk der Tetela bezeichnet wird. Tatsächlich findet sich das Motiv der drei Hörner bei einem völlig anderen Maskentyp wieder, den Torday ohne zu zögern den Songye zuschreibt.

Eine weitere den Tetela zugeschriebene Maske mit drei Hörnern findet sich im Musée Barbier-Mueller in Genf. Neyt hat vergeblich versucht, diese Zuschreibung zu rechtfertigen, indem er einen Zusammenhang zwischen dem Drei-Hörner-Motiv und bestimmten Anschauungen der Tetela herzustellen bemüht war. Alles deutet darauf hin, daß diese Maske wie die anderen von den südlichen Nachbarn der Sunge, den Tempa Songye aus dem ehemaligen Territorium Lubefu, gefertigt wurde, einer Volksgruppe, die bis heute der Erforschung harrt. Drei Masken, die 1910 vom Koninklijk Museum voor Midden-Afrika in Tervuren erworben wurden, werden offiziell den Tempa Songye zugeschrieben. Diese unterscheiden sich zwar deutlich von der hier gezeigten Maske aus dem British Museum, doch die Kunst der Songye, die man hauptsächlich durch die Werke aus den östlichen Gebieten kennt, richtet sich nicht nach einem strengen Kanon. Die Sage von den Tetela-Masken sollte nunmehr ad acta gelegt werden. *LdeH*

Literatur: Frobenius 1907; Torday und Joyce 1922, S. 29, 77; Hersak 1986; Mack 1990; Neyt 1992; Hersak 1995; de Heusch 1995

4.54

Hocker

Songye-Sungu
Zaire
Frühes 20. Jahrhundert
Holz
24 x 29 x 17 cm
The Trustees of the British Museum, London, 1908.6-22.67

Dieser kleine hölzerne Hocker stammt, wie die große Maske (Kat. 4.53), aus Mokunji, nach Auskunft des Sammlers Emil Torday, Dorf der Tetela-Sungu. Luc de Heusch vertritt in seinen Ausführungen zur Maske die Auffassung, daß es sich bei dieser Gruppe genaugenommen um eine an der westlichen Peripherie der Songye angesiedelte Ethnie handle. Während Tordays Tetela-Zuordnung falsch ist, ließe sich diese Gruppe von Objekten möglicherweise unter dem Gesichtspunkt einer ethnischen und stilistischen Zuordnung zu den Sungu betrachten. Jedenfalls ist sowohl die Maskenform wie auch dieser Hockertyp in der Kunst und Kultur der Tetela unbekannt und, bei aller Stichhaltigkeit der Argumente von de Heusch, ungewöhnlich in einem Songye-Kontext.

Außergewöhnlich an diesem Hocker, der aus einem massiven Holzblock geschnitzt wurde, ist die schlanke Form der äußeren und mittleren Stützen. Tatsächlich erinnert das Objekt von seiner Größe und seiner Belastbarkeit her eher an eine Nackenstütze, doch seine Form und die Abnutzungsspuren auf der oberen Fläche lassen darauf schließen, daß er zum Sitzen benutzt wurde. In Zusammenhang mit dem Objekt ist nichts darüber überliefert, ob es im Gebrauch irgendeiner Beschränkung unterworfen war. Da der Hocker offensichtlich nicht die Maße eines Häuptlingshockers aufweist, liegt die Vermutung nahe, daß er zur Benutzung durch Frauen oder Kinder vorgesehen war. *JM*

Provenienz: Gesammelt 1907 von Emil Torday

4.55

Zauberfigur (*nkisi*)

Songye
Zaire
Holz, Horn, Metall
102 x 27 x 36 cm
The Trustees of the British Museum, London, 1949.AF.46.492

Die Bezeichnung, die die Songye für ihre Zauberfiguren verwenden – *nkisi* (Plural *minkisi*) –, begegnet auch anderweitig in weit verstreuten Gegenden Zentralafrikas. So verwenden im südlichen Sambia die Mbunda sie für ihre Masken (vgl. Kat. 2.55), während sie bei den Kongo an der Atlantikküste als ein Allgemeinbegriff mit breitem Bedeutungsspektrum verwendet wird, der allerdings die – auch von den Kongo gefertigten – Zauberfiguren einschließt (Kat. 4.7). *Nkisi* ist also ein ›Schlüsselbegriff‹, der in zahlreichen verschiedenen Bantu-Sprachen tief verwurzelt und in seiner ganzen, Objekte ebenso wie Substanzen und Aktivitäten umfassenden Bedeutungsvielfalt unübersetzbar ist. Das Verbindende besteht darin, daß der Begriff bei allem unterschiedlichen Gebrauch ein Sammelsurium von Objekten und Gegebenheiten abdeckt, die in ihrer Wirksamkeit auf eine äußere, meist Geistern oder Ahnen zugeordnete Kraft angewiesen sind.

Bei den Songye werden ausschließlich Zauberfiguren als *minkisi* bezeichnet. Masken, die sich in irgendeiner Hinsicht von diesen Songye-Figuren unterscheiden, werden gesondert (vgl. Kat. 4.53) unter dem Begriff *kifwebe* (Plural *bifwebe*) zusammengefaßt, obgleich in anderen bantu-sprachigen Gebieten auch diese unter Umständen durch den Begriff *minkisi* abgedeckt werden. Es gibt zwei *nkisi*-Typen. Der eine, wesentlich kleinere und deutlich weiter verbreitete Typ ist Einzelpersonen oder bestenfalls einem Haushalt oder dem engeren Familienkreis vorbehalten, hat somit also privaten Charakter. Die hier abgebildeten Exemplare sind jedoch wesentlich größer und, in dem gezielten Bemühen, Stärke und Kraft darzustellen, schon auf eine monumentalere Wirkung hin angelegt. Sie stehen im Dienst einer ganzen Gemeinschaft und gelegentlich noch umfangreicheren Klientel, nämlich dort, wo ihre Zauberkraft weithin gerühmt wird. Die Wirksamkeit der *minkisi* beruht auf unterschiedlichen Quellen. An erster Stelle stehen dabei die verschiedenen Arten von Substanzen und anderem Zubehör, die an den Figuren angebracht werden. Sie gelten im allgemeinen als zauberkräftig oder dynamisch: Substanzen, die von Löwen, Leoparden, Schlangen, Bienen und Raubvögeln stammen. Die Geschlechtsorgane von Krokodilen oder Erde, in der Elefanten ihre Spur hinterlassen haben, und schließlich Materialien menschlichen Ursprungs, die so ungewöhnlichen Personengruppen wie Selbstmördern, Zauberern, Epileptikern oder Zwillingen entnommen werden. Die Figuren selbst sind immer männlich und vereinen Merkmale, die in allgemeintypischer Form auf Ahnen anspielen.

Die bislang wichtigste und eingehendste Untersuchung zu den Masken und Figuren der Songye stammt von Hersak. Nach Aussage der Autorin wurden die oben aufgeführten magischen Substanzen dem Glauben nach zu Beginn der Schöpfung erfunden und waren ursprünglich in Hörnern und Kalebassen enthalten; auch die hier gezeigten Figuren sind mit derartigen Behältnissen ausgestattet. Im allgemeinen aber sind die Wirkstoffe im Kopf und im aufgeblähten Bauch der Figur enthalten. Ähnliche Vorstellungen begegneten uns ja bereits bei den *minkisi nkondi*-Figuren der Kongo. Es gibt keine vorgeschriebene Rezeptur oder Auswahl der Stoffe, an der man bei der Erschaffung einer Zauberfigur unbeirrt festhielte: Ihre Wirkung erhält sie durch eine Reihe von Substanzen, die je nach Geschmack und Erfahrung des Ritualkundigen und ›Schöpfers‹ der Figur, des *nganga*, in wechselnden Kombinationen zusammengestellt werden. Bezeichnenderweise gilt das äußere Erscheinungsbild der Schnitzerei als zweitrangig. Das entscheidende Element sind ohne Frage die Substanzen, die nachträglich angebracht werden: Der *nganga*, dem die Ausstattung der Figur obliegt, muß nicht notwendigerweise auch deren Schnitzer sein.

Infolge der von Fall zu Fall unterschiedlichen Behandlung, die sie erfährt, ist jede Figur nach allgemeiner Vorstellung von einer eigenen Identität durchdrungen, die einen eigenen Namen, häufig den eines berühmten Häuptlings, einschließt. Im Lauf der Zeit wird diese Identität noch erweitert durch eine, wenn man so will, Biographie der vollbrachten

Taten oder erfolgreich gelösten Fälle. Die Figur erfährt auch eine individuelle Betreuung und Pflege: sie erhält Nahrung, wird eingeölt und mit Opfergaben geehrt. Die Individualisierung geht sogar so weit, daß die Figur einen ihr eigentümlichen Lebenszyklus hat. Am Ende wird sie – trotz Aufbewahrung in einer eigens für sie bestimmten Hütte und Bewachung durch einen ihr allein zugeteilten Wächter – physischen Verfall erleiden. Dementsprechend glaubt man, daß, sollte der für ihre Existenz verantwortliche *nganga* sterben, die Zauberkräfte des *nkisi* nachlassen werden. In der Folge kann sich dann die Ansicht durchsetzen, daß die Figur ausgetauscht werden muß.

Kollektive *minkisi* dienen dazu, Gutes zu bewirken. Die Notwendigkeit ihrer magischen Einflußnahme auf die menschlichen Angelegenheiten kann etwa angezeigt werden durch Phänomene wie anhaltende Träume von drohender Gefahr unter den mit ihrer Pflege Betrauten: Vorahnungen, die sich in Visionen von Blitz und Feuer oder tiefen Schluchten äußern. Um diesen ungünstigen Vorzeichen entgegenzuwirken, wird das *nkisi* ins Freie gebracht, und man schiebt Stäbe in die unter den Armen der Figur herausgeschnittenen Löcher. Diese stammen, wie vieles, was bei den bantusprachigen Ethnien dem *nkisi* zugeordnet ist oder mit dem Begriff *nkisi* belegt wird, von Begräbnisstätten. Jeder Stab wird von einem Dorfbewohner gehalten, und das *nkisi* wird öffentlich durch das Dorf getragen, wobei es etwa vorhandene Kräfte, die zwar unsichtbar, aber dennoch bedrohlich sein können, angreift und herausfordert. Obgleich ihnen die Sorge für Gesundheit und Wohlergehen der Gemeinschaft obliegt, sind diese Figuren nicht sanfter Natur, sondern Objekte, die die Konfrontation suchen. *JM*

Literatur: Hersak 1986, S. 118

4.56

Messergriff

Songye
Zaire
19. Jahrhundert
Metall, Holz
Höhe 23 cm
Staatliche Museen zu Berlin, Preußischer Kulturbesitz, Museum für Völkerkunde, II C 4220

Figürliche Schnitzereien wie der bärtige Kopf auf dem Knauf dieses Zeremonialmessers (dessen Eisenklinge verlorengegangen ist) kamen auf den Waffen der Songye und benachbarter Luba-Völker häufig vor. Häuptlinge und hochgestellte Persönlichkeiten trugen in dieser Form verzierte Waffen, darunter Messer, Beile, Schilde und, bei den Luba, wunderbare Pfeil- und Bogenhalter (Kat. 4.62). Außer als Symbol der Macht und des Ansehens ihrer Besitzer fungierten reich ornamentierte Parademesser auch als sichtbares Zeichen der Zugehörigkeit zu den vom geschichtlichen und ethnischen Hintergrund her komplexen Völkern, die in dieser Region Süd-Zaires lebten.

Der Griff dieses Messers ist in einem den westlichen Songye zugeordneten Stil geschnitzt. Köpfe der Art, wie ihn der Knauf zeigt, können wohlwollende Ahnenfiguren darstellen, während jene auf den Buckeln bestimmter Songye-Schilde die bösartigen Zauberfiguren verkörpern, die der politischen und sozialen Macht Geltung verschaffen, die von den Ältesten des *kifwebe*-Geheimbundes ausgeübt wird. Eine wiederum andere Darstellung des menschlichen Kopfes findet sich auf den großen, schmiedeeisernen Klingen von Äxten, welche die Nsapo, ein den Songye nahestehendes Volk, zur Verwendung als Macht- und Prestigesymbol herstellen. In diesem Fall jedoch sollen die Köpfe untergeordnete Völker darstellen. *CS*

Literatur: Hersak 1985; Spring 1993, S. 84–93

4.57

Schale

Klassisch-kisalische Periode, 10.–14. Jahrhundert
Zentral-Shaba, Zaire
Terrakotta
Höhe 17 cm, Durchmesser 22 cm
Privatsammlung, München

Ausgrabungen an verschiedenen Stellen in der Upemba-Senke unweit des Kernlandes des Luba-Reiches haben große Grabstätten mit zahlreichen Grabbeigaben zutage gefördert. Durch ihre Erforschung konnte eine lückenlose Besiedlungsabfolge von der frühen Eisenzeit bis hin zu heute lebenden Luba-Völkern nachgewiesen werden.

Diese zierliche Schale ist typisch für die Grabbeigaben der klassisch-kisalischen Periode (benannt nach dem See Kisale in der Region Shaba) und wurde mittels Radiokarbonmethode auf die Zeit zwischen dem 10. und 14. Jahrhundert datiert. Aufgrund der Hinweise auf eine hierarchisch strukturierte, durch Erbfolge kontinuierte Gemeinschaft ab der frühkisalischen Periode im 8.–9. Jahrhundert kann diese Kultur als eine frühe Stufe in der Entwicklung der mächtigen Königreiche der Savanne betrachtet werden. Die Kontinuität und Dichte der Besiedlung sowie der Fortbestand bestimmter Bräuche von dieser Frühzeit bis heute deuten darauf hin, daß das Volk der Luba keinen wesentlichen Veränderungen unterworfen war. *PdeM*

Literatur: de Maret 1985; 1992

4.58

Orakelbrett (*lukasa*)

Luba
Zaire
Holz, Perlen, Metall
27 x 14 x 4 cm
Sammlung Felix

Die in dieser Ausstellung gezeigten Werke der Luba rücken den Stellenwert von Kunstgegenständen als Quelle, als Niederschlag des Wissens, als Dokument der Geschichte, Ideologie und Kultur in den Vordergrund. Sie dienten der Zurschaustellung von Macht, fungierten als historische Dokumente, als Mittel der politischen Legitimation, als Instrument der Weissagung und Problemlösung und als Behältnis spiritueller Kraft. Die Auftragsvergabe und Produktion von Luba-Kunst erlebte ihre Blüte in der Zeit der größten politischen Expansion vom frühen 18. bis zum späten 19. Jahrhundert, in der als Ausdruck eines breiteren Souveränitätsverständnisses eine ständig wachsende Zahl lokaler Herrscher eingesetzt wurde. Kunstwerke dienten dazu, Bündnisse zu sanktionieren, Verträge zu zementieren und Schulden zu begleichen (Reefe 1981). Jedes Objekt ist ein historisches Zeugnis des dynamischen kulturellen, künstlerischen und ideologischen Austauschs und der wechselseitigen Anlehnung, die über mehrere Jahrhunderte hinweg die Völker des heutigen Südost-Zaire gekennzeichnet haben.

Die Kunstwerke der Luba sind auch ein konkreter Ausdruck von und Vehikel für die sich der Sprache entziehenden Dimensionen der Ideologie und religiösen Vorstellungswelt der Luba. Insignien kodifizieren die geheimen Richtlinien und Grundsätze der Herrschaft und der geistigen Autorität bei den Luba. Viele Luba-Insignien dienen nach wie vor als Gedächtnishilfen, die kraft ihrer Erscheinungsform und Ikonographie historisches Wissen zutage fördern. Im Zuge mündlicher Erzählung und ritueller Darbietung haben Insignien die Funktion, sowohl traditierte gemeinschaftliche Werte zu bewahren und neue Werte und Interpretationen der Vergangenheit zu entwickeln als auch soziales und politisches Handeln in Gang zu setzen.

Für die Luba sind die angesehensten Genealogien jene, die sich auf die Gründerväter zurückführen lassen. Westliche Historiker mögen solche Geschichten als ›Mythen‹ betrachten, den Luba jedoch gelten sie als Konzentrat der Wahrheit: Ereignisse der Gegenwart werden legitimiert durch ihren Bezug zur sakralen Vergangenheit, wie sie im Gesetz, auf dem das Königtum gründet, niedergelegt ist. Dieses Gesetz war heilig, mit seiner Bewahrung und Weitergabe war eine *mbudye* genannte Gesellschaft betraut. *Mbudye*-Historiker waren streng geschulte ›Männer des Gedächtnisses‹, die Ahnenreihen, die Abfolge der Könige und sämtliche Abschnitte der Gründungscharta des Königtums rezitieren konnten. Adepten des *mbudye*-Bundes führten im 18. und 19. Jahrhundert, dem Zenit des Luba-Reichs, Rituale zur Weitergabe von erinnertem Wissen ein. Darüber hinaus entwickelten sie Gedächtnishilfen für die Geschichtsrezitation (Reefe, 1977).

An erster Stelle unter den Gedächtnishilfen steht dabei das *lukasa*, ein tragbarer, flacher Holzgegenstand, der mit Perlen und Nadeln besetzt oder mit eingeritzten oder geschnitzten Ideogrammen überzogen ist. Bei *mbudye*-Ritualen zur Amtseinführung eines Herrschers dient ein *lukasa* dazu, sakrales Wissen über Kulturheroen, Klanwanderungen und die Einführung des heiligen Gesetzes zu vermitteln, die räumliche Lokalisierung bestimmter Aktivitäten und Ämter innerhalb des Königreichs oder eines königlichen Bezirks vorzuschlagen sowie die heiligen Privilegien der Amtsträger in bezug auf den Kontakt mit Erdgeistern und die Ausbeutung natürlicher Ressourcen zu regeln. Jedes *lukasa* bringt all dieses Wissen oder Teile davon zutage, die Erzählung aber variiert je nach den Kenntnissen und rhetorischen Fähigkeiten des jeweiligen Deuters.

Die Gedächtnishilfen der Luba symbolisieren nicht so sehr das Denken, sondern regen es vielmehr an. Durch ihre beziehungsreiche Ikonographie stellen sie eine Vielzahl von Bedeutungen bereit. So verweisen farbige Perlen auf bestimmte Kulturheroen und die wichtigsten Protagonisten der Luba-Mythologie. Perlenreihen stehen für Reisen, Wege und Wanderungen. Eine große Perle, die von kleineren umringt wird, bezieht sich auf einen Häuptling im Kreis seiner Würdenträger. Die Eisennadel verweist auf den König, dem zu Ehren das Brett erschaffen wurde, und die eingeritzten Muster verschlüsseln königliche Geheimnisse. Eingeteilt in eine männliche und eine weibliche Hälfte, chiffriert das *lukasa* zudem historisches Wissen über Ahnentafeln sowie Klan- und Königsgenealogien. Die Deutung dieser visuellen ›Texte‹ gestaltet sich aber, je nach den Wechselfällen lokaler Politik, von Fall zu Fall anders und zeigt, daß es keine absolute oder kollektive Erinnerung des Luba-Königtums gibt, sondern viele Erinnerungen und viele Geschichten. *MNR*

Literatur: Fraser und Cole 1972; Reefe 1977, S. 48–50, 88; 1981; Maret 1985; Childs u. a. 1989, S. 54–59; Nooter 1991; Dewey, in: Los Angeles 1995; A.F. Roberts 1995; Nooter und Roberts, in Kürze erscheinend

4.59

Hocker

Luba/Maniema
Zaire (?)
Holz
Höhe 52,5 cm
Privatsammlung

Hocker der Luba oder solche von Luba-Prägung, die als Thron dienen, werden oft von einer Karyatide getragen. Der hier gezeigte Hocker gehörte vermutlich einem ostafrikanischen Häuptlingtum, denn während die Gesamtgestaltung des Hockers Luba-Charakter hat, weist er von der Ausführung und vom Stil her eine Affinität zu Stücken auf, die von so weit östlich lebenden Gruppen wie den Makonde aus Tansania und Mosambik hergestellt wurden. Der Einfluß der Luba reichte mal stärker, mal schwächer ausgeprägt bis hin zum Tanganjika-See an der Grenze zwischen Ost-Zaire und West-Tansania, und viele Kunstwerke der Luba wurden in tansanischen Städten, wie z. B. Tabora, gesammelt, die an den Handelsrouten nach Ostafrika lagen. Zahlreiche Gruppen machten Anleihen bei der Ideologie und Praxis des Königtums, wie sie sich bei den Luba herausgebildet hatte, und kopierten ihre Kunstformen. Möglicherweise ist die hier gezeigte ›Mischform‹ das Werk eines ostafrikanischen Künstlers, der dem Luba-Stil nacheiferte. Manche Hocker stellen die Frauen, Schwestern oder Mütter von Häuptlingen dar, andere wieder versinnbildlichen eher allgemeintypisch die Frau, die hinter dem Thron die Fäden zieht – ein Bild, das seinen Niederschlag findet in der Redensart: ›Männer sind Häuptlinge bei Tage, Frauen aber sind Häuptlinge in der Nacht‹.

Frauen spielten in der Luba-Geschichte nicht nur bestimmte politische Rollen als Ratgeberin, Botschafterin oder Gesandte, sondern sogar als Häuptling, und sie besaßen dem Glauben nach auch gesteigerte spirituelle Kräfte. Die großen Zwillingsschutzgeister des Luba-Königtums wurden immer von einem Paar unverheirateter Frauen dargestellt, die als Priesterinnen mit der Bewachung der Heiligtümer betraut waren, in denen die Geister wohnen. Weibliche Figurenpaare finden sich in der Plastik der Luba häufig dargestellt als Trägerinnen von Nackenstützen (Kat. 4.60) und als Aufsätze auf Amtsstäben. *MNR*

Literatur: Nooter 1991, S. 236

4.60

Nackenstütze

Luba
Zaire
Holz
17 x 13 x 9 cm
The Trustees of the British Museum, London, 1956.AF.27.270

Eine Nackenstütze dient in tropischem Klima als ein zugleich kühles und bequemes Kissen und schützt kunstvolle Frisuren dadurch, daß sie den Kopf über die Liegefläche hebt. Abgesehen davon, daß die Nackenstützen bei den Luba sich zu einem eng mit der Person des Besitzers verbundenen Gegenstand entwickelten, galten sie auch als Sitz der Träume. Die Luba halten Träume für prophetisch: Träume sagen wichtige Ereignisse voraus, enthalten Warnungen und vermitteln Botschaften aus dem Jenseits. So ist es nur konsequent, wenn als Trägerfiguren einer Nackenstütze die Priesterinnen fungieren, die im wirklichen Leben die Funktion von Vermittlerinnen und Gesprächspartnerinnen der Geister aus dem Jenseits bekleiden. Das Frauenpaar dieser Nackenstütze trägt die Haarmode, die im 19. Jahrhundert bei der Oberschicht besonders beliebt war: die kreuzförmige Frisur in Verbindung mit dem ›Stufen-‹ oder ›Kaskadenstil‹. Diese Stile waren nicht bloß dekorativ; wie bei allen kosmetischen Verschönerungen der Luba (Narbenschmuck, Verlängerung der Genitalien, Frisuren) spielt auch hier eine spirituelle Dimension hinein. Frauen werden durch die Verzierung und ›Zivilisierung‹ ihrer Körper und Köpfe zu idealen ›Gefäßen des Spirituellen‹. *MNR*

Provenienz: 1956 dem Museum geschenkt von Mrs. Webster Plass

Literatur: Dewey 1993

4.61 a

Wahrsagedoppelschale

Luba
Zaire
Holz, Messing, Perlen, Schnur
32 x 42 x 26 cm
Sammlung Felix

Wahrsager sind die führenden Problemlöser der Luba-Gemeinschaft, die sich mit Krisen und Konflikten auseinandersetzen, welche das individuelle und kollektive Wohl bedrohen. Häuptlinge haben persönliche Wahrsager, die sie zu Rate ziehen: Schon der erste Luba-König war durch die Hellseherei des ersten Wahrsagers, Mijibu Kalenga, an die Macht gekommen. Wahrsager benutzen Körbe, Kalebassen und Schnitzereien als Gedächtnishilfen, um sich bestimmter Grundlagen der Luba-Kultur zu entsinnen, die ihnen die Einordnung spezifischer Verhaltensformen ermöglichen. Zu ihren wichtigsten Gerätschaften zählt die geschnitzte Skulptur einer Frau, die eine Schale hält. Diese Figuren holen die Wahrsager bei Konsultationen hervor, um die Frauen der Geister zu ehren, von denen die Wahrsager, besessen sind. Die Darstellung der Frau des Geistes in Form einer Schnitzerei unterstreicht wiederum die Stellung der Frau des Wahrsagers als Vermittlerin im Prozeß der Anrufung und Beratung.

Der Schale werden neben verschiedenen anderen Fähigkeiten auch Heilkräfte zugeschrieben. Der Wahrsager mischt eine Prise Kaolin aus der Schale in die medizinischen Substanzen, die Patienten verabreicht werden sollen. Die die Schale haltende Figur soll Orakelfähigkeiten besitzen: sie dient als Sprachrohr für den Geist und kann von Ort zu Ort wandern, um Beweise zur Überführung mutmaßlicher Verbrecher zusammenzutragen. Die Schalenform mit zwei Figuren, die auf einer Antilope oder einem Büffel reiten, stellt womöglich eine spezifische Anspielung auf das Besessensein von einem Geist dar.Wenn der Geist von einem Wahrsager Besitz ergreift, sagt man, »er besteigt den Kopf«, so wie ein Reiter ein Tier besteigt. Der Gründer des Luba-Königtums, Mbidi Kiluwe, wird ausdrücklich als ein Jagdgeist vorgestellt, der die Leittiere von Herden reitet und diese in die Richtung menschlicher Jäger dirigiert. Es ist durchaus denkbar, daß diese Schnitzerei den Gründungsheros darstellen sollte.
MNR

Literatur: Roberts 1993, S. 74

4.61 b

Schale mit kleiner Figur

Luba
Zaire
Holz
Höhe 19,5 cm
Staatliche Museen zu Berlin, Preußischer Kulturbesitz, Museum für Völkerkunde, III C 19995

4.62

Pfeil- und Bogenhalter

Luba
Zaire
Holz
Höhe 120 cm
The Carlo Monzino Collection

Die Macht lag bei den Luba nicht in den Händen eines einzigen Führers, sondern herausragender Mitglieder verschiedener Stände, namentlich der Häuptlinge und berufener Würdenträger, der Wahrsager und Heiler sowie der Mitglieder von Geheimbünden. Vertreter dieser einzelnen Institutionen trugen zu einem großen Teil die gleichen Insignien und wurden alle in das gleiche heilige Wissensgut eingeführt, wie dieses im Zuge der *mbudye*-Initiationen vermittelt wurde. Dennoch besaß jeder zugleich nur ihm eigene Titel, Funktionen und Fähigkeiten wie auch Insignien.

Könige, Häuptlinge und bestimmte hochrangige Amtsträger besaßen Regalien in Form von Hockern, Stäben, Wurfspeeren, Waffen und Bogenhaltern. Scheinbar reine Gebrauchsgegenstände, kommen den Regalien der Luba jedoch Funktionen zu, die über ihren ursprünglichen Zweck hinausgehen: durch ihre Materialien, ihre Form und ihre Ikonographie symbolisieren diese Werke Macht und Autorität, Wohlstand und Weltlichkeit ihres Besitzers. Afrikanische Herrschaftskunst ist gedacht als metaphorische Erweiterung der Person eines Herrschers, als Heraushebung seiner oder ihrer Erscheinung. Sie dehnt die Reichweite des Herrschers aus, erweitert seinen Gesichtskreis und verleiht seiner Statur zusätzliche Größe.

Wenngleich oft geglaubt wird, daß die Regalien weithin sichtbar sein und zur Zurschaustellung sowie für Zeremonien in der Öffentlichkeit dienen sollten, waren viele Luba-Insignien ironischerweise selten oder nie zu sehen. Pfeil- und Bogenhalter beispielsweise zählen zu den wichtigsten Objekten im Schatz eines Luba-Königs und wurden dennoch niemals öffentlich zur Schau gestellt. Vielmehr wurden sie in der Residenz des Königs peinlich genau von einer Würdenträgerin bewacht, die Kyabuta genannt wurde. Bei öffentlichen Zeremonien folgte die Kyabuta dem Häuptling mit einem schlichten Bogen, den sie zwischen ihren Brüsten hielt (Maesen, persönliche Mitteilung, 1982). An ihrem geschützten Aufbewahrungsort wurden Bogenhalter regelmäßig mit Gebeten und Opfergaben bedacht, außerdem waren sie Gegenstand aufwendiger Rituale und mit Tabus belegt.

Luba-Könige besitzen Pfeil- und Bogenhalter zum Gedenken an den Gründer des Luba-Königtums, Mbidi Kiluwe, ein berühmter Jäger und Schmied, der in beiden Künsten fortschrittliche Techniken einführte. Man kann die formale Entwicklung des Bogenhalters nachzeichnen, in deren Folge aus einem schlichten Jagdgerät zum Aufhängen von Pfeil und Bogen sowie Tierkadavern ein heiliges Symbol des Königtums wurde. Der Bogenhalter steht als Chiffre für die Erinnerung an die Ursprünge des Königtums, denn Mbidi Kiluwes heiliger Besitz war sein Bogen, und dem Bogenhalter wuchs die Funktion eines zentralen Emblems des Königtums zu.

Bogenhalter erinnern auch an konkrete Frauengestalten aus der Geschichte der Luba. In Verbindung mit einem Pfeil- und Bogenhalter, der mit dem hier gezeigten nahezu identisch ist und vom gleichen Künstler erschaffen wurde, ist bezeugt, daß er die Häuptlingsmutter namens Ngombe Madia darstellt, die ihr Volk aus den ostafrikanischen Territorien in das Gebiet des Luvua-Flusses führte, wo es sich ansiedelte. Bogenhalter dienen also wie Stäbe, Wurfspeere und Hocker dem Gedenken, indem sie entweder wichtige Frauengestalten aus der Geschichte des Luba-Königtums ehren oder manchmal mittels einer weiblichen Figur den König selbst darstellen, da Könige nach dem Tod im Körper einer Frau inkarniert wurden.
MNR

Provenienz: Ehemals Sammlung de Miré, Sammlung Lefèvre, Sammlung Mendès-France, Sammlung Pinto

Ausstellungen: New York 1986, Florenz 1989

Literatur: Fraser und Cole 1972; Roberts 1994

4.63

Sechsköpfige Figur zu Heilzwecken

Luba
Zaire
Holz, Metall, Fasern
Höhe 46 cm
The Trustees of the British Museum, London, 1910.439

Wahrsager verwenden ein ganzes Aufgebot an geschnitzten Figuren, die als Behälter zur Aufnahme heilkräftiger Substanzen dienen. Sie werden *bankishi* genannt und manche dienen dazu, Diebe zu fangen, andere, um verlorengegangene Sachen zurückzuerlangen. Wieder andere sind für Heilriten vorgesehen. An sich gilt die geschnitzte menschliche Figur solange als leer, bis sie mit Substanzen aufgeladen wird. Diese *bijimba* genannten Mischsubstanzen enthalten Elemente, denen besondere Kräfte zugeschrieben werden, wie etwa Menschenknochen (Lebenskraft) und Haare von Zwillingen (Fruchtbarkeit). Diese werden im Hohlraum eines Horns eingelagert oder einfach in Stoff gewickelt und daraufhin in ein Loch im Kopf oder im Bauch der Figur gelegt. Bei manchen *bankishi* umgeben mehrere Köpfe die Substanzen, die den Figuren Wirkung verleihen. Die vielen Köpfe signalisieren gesteigertes Sehvermögen, hellseherische Fähigkeiten und den ›Rundumblick‹ des Wahrsagers.
MNR

4.64

Hocker

Hemba
Zaire
Spätes 19. Jahrhundert
Holz
52 x 27,5 x 22 cm
The Trustees of the British Museum, London, 1905.6-13-1

Dieser berühmte Hocker ist eines von ungefähr zwanzig Objekten, die dem sogenannten ›Buli-Stil‹ zugeordnet werden, benannt nach einem Dorf in Südost-Zaire unweit der Stelle, wo die Flüsse Luvua und Lukuga zusammenfließen. Hier wurden mehrere Objekte dieses Stils gesammelt, und man bringt dieses Gebiet mit dem Klan der Kunda in Verbindung, die von manchen als Urbewohner und als Vorfahren der Luba-Könige angesehen werden. Die von den Luba verehrten Kulturheroen Mbidi Kiluwe und Kalala Ilunga waren – wie verschiedene andere wichtige Häuptlinge und Könige der Region – angeblich Kunda. Während der Kolonialzeit wurde kleinen Klans und Häuptlingstümern im Buli-Gebiet die ethnische Identität Hemba zugeordnet. ›Hemba‹ verweist auf den Osten und träfe im Grunde auf jeden zu, der östlich des Kernlandes der Luba am Lualaba-Fluß lebt. Heutzutage bezeichnen sich die Menschen in diesem Gebiet, aus praktischen Gründen der Identifikation in der Landespolitik, selbst als Hemba.

Neyt schreibt diesen Hocker und einen anderen im Metropolitan Museum of Art in New York der Hand von Ngongo ya Chintu zu, einem Mann, der früher in dem Ort Kateba lebte. Hocker dieser Art befanden sich im Besitz und im Gebrauch von Häuptlingen und Königen, insbesondere bei Gruppen, die entweder selbst Luba waren oder die das sakrale Herrschaftsmodell der Luba kopierten. Objekte im unverwechselbaren Buli-Stil fanden über ein breites Gebiet hinweg Verwendung. Hocker aus der Buli-Werkstatt oder in ähnlichem Stil befanden sich häufig im Besitz von Mitgliedern der *mbudye*-Gesellschaft.

Hocker dienen nach wie vor als Symbol der Macht und des Ansehens, sie sind aber auch ein Sitz des Gedächtnisses, in dem vergangene Macht und gegenwärtige Erinnerung zusammentreffen. Auch reihen sich Hocker ein in das breite Aufgebot an Gedächtnishilfen, die in diesem Teil Afrikas dazu dienen, die Menschen an das zu erinnern, was gut und glorreich ist. Insbesondere kann ein Hocker als ein *kitenta* oder ›Hauptsitz eines Geistes‹ angesehen werden, das heißt als ein Platz, der einen Häuptling und sein Volk mit den Ahnen und anderen Geistern vereint, die die Geschicke des Alltags zu lenken bestrebt sind.

Hocker sind mithin nicht zum Sitzen gedacht, außer in absoluten Ausnahmefällen, wenn ein Häuptling oder König seine Stellung als heiliger Vermittler zwischen den Welten demonstrieren will. Einer von Susan Vogel vertretenen These zufolge spiegelt sich in dem langgezogenen Gesicht und der bejahrten Gestalt der Buli-Figuren, im Vergleich zur jugendlichen Darstellung und zum Überschwang der Karyatiden früherer Luba-Hocker, möglicherweise die politische Auflösung im Zuge der kolonialen Eroberung und das Ende der Ära des sakralen Königtums wider.
MNR, AFR

Literatur: Olbrechts 1947; Vogel 1980; Neyt 1994, S. 95; Robert und Roberts, in Kürze erscheinend

4.65

Gefäß

Luba (Zela)
Zaire
Terrakotta
40 x 38 x 34 cm
Privatsammlung, München

Die Kunst der Luba ist berühmt für ihre dem Königtum zugeordneten Werke und andere Skulpturen aus Holz und Metall. Dabei bildeten Töpferwaren den Schwerpunkt bei den überaus wichtigen archäologischen Funden im Luba-Gebiet. Typen- und Stilfolgen bei den Keramiken haben es Archäologen ermöglicht, einzelne Perioden zu identifizieren und eine Chronologie der Besiedlung und der Produktion materieller Kultur zu erstellen, die sich über einen Zeitraum von 1500 Jahren erstreckt. Archäologische Gefäßfunde (z. B. Kat. 4.57) weisen, wiewohl mit geometrischen Mustern verziert, keinerlei figürliche Darstellungen auf. Es gibt allerdings eine Gruppe von Keramiken aus dem späten 19. und frühen 20. Jahrhundert, die anthropo- und zoomorphe Motive aufweisen und etwa mit Tüllen in Form menschlicher Köpfe ausgestattet sind. Bei Kat. 4.65 kriechen allerlei Tiere, darunter eine Schildkröte und eine Eidechse, auf dem Bauch des Gefäßes. *MNR*

Literatur: de Maret 1985; Childs u. a. 1989

4.66 a

Reliquiarfigur

Hemba
Zaire
Elfenbein
Höhe 20 cm
Privatsammlung, Paris

Die Luba-Hemba

Die Ahnenfiguren der Völker, die nördlich der Provinz Shaba (das ehemalige Katanga) und in Maniema im Osten Zaires leben, tauchten in westlichen Museen und Sammlungen im wesentlichen erst nach den sechziger Jahren auf. Die Figuren mit ihren typischen kreuzförmig geflochtenen Frisuren sind zugleich originell und elegant. Einige wenige Skulpturen waren in Europa bereits Ende des 19. Jahrhunderts bekannt, zum Beispiel die Exemplare im Museum für Völkerkunde in Berlin oder die zierliche Ahnenfigur im Völkerkundemuseum in Antwerpen (die 1931 in die Museumssammlung kam).

Die mehr als hundert in einem klar umrissenen, etwa 100 Quadratkilometer großen Gebiet gesammelten Figuren, die später ihren Weg in den Westen fanden, gaben dem Verständnis vom Alltagsleben und der Kultur dieser Völker neuen Auftrieb. Früher gehörte dieses Gebiet zum ausgedehnten Einflußbereich der Luba-Kultur, der sich von der Hauptstadt Kabongo bis hin zur Upemba-Senke und zu der Region erstreckte, die vom Zaire-Fluß und dem Tanganjika- und Mweru-See eingegrenzt wird.

Die Luba bezeichneten Menschen aus dem Westen als die ›Hemba‹, und dies bezog sich auf die Art, wie diese sprachen und sich kleideten. Obgleich die verschiedenen Gruppen, die nördlich von Lukuga lebten, sich alle als ›Hemba‹ bezeichneten, sind die komplexen gesellschaftlichen Unterschiede zu berücksichtigen, die der Begriff abdeckt. Die südlichen Gruppen, die in Familien, Klans und Häuptlingstümern zusammenlebten, betrachteten alle die gleiche Gegend, nämlich die der Hundu-Berge zwischen den Flüssen Luama und Lulindi, als ihre Wiege. Hierzu zählten neben vielen anderen Gruppen die Niembo, Honga, Mambwe, Nkuvu und die Muhona. Nördlich des Luika-Flusses bilden die Hemba-Gruppen komplexere Mischpopulationen mit anderen Völkern wie den Zula, den Bangubangu, den Boyo und den Bembi.

Die Verehrung von Ahnen nimmt im Leben der Hemba-Großfamilien eine wichtige Stellung ein. Zierliche Skulpturen sind reichlich Beleg hierfür, andere Kultobjekte jedoch zeugen von einer Kunst, die vielfältige Formen annahm: das *kabeja*, eine janusköpfige Statuette, die in Verbindung mit Zwillingen stand, und das *lagalla*, ein großer Pfosten in Form eines Kopfes, der an der Dorfgrenze aufgestellt wurde.
Die Figur mit den Halsringen (Kat. 4.66 d) ist ein typisches Produkt der Werkstätten der südlichen Niembo im Gebiet um Mbulula. Sie ist wunderbar modelliert mit dem geschwungenen Torso, der die Schultern und den um den Nabelbereich herum anschwellenden Bauch hervortreten läßt. Die Hände des Ahnen, die den Bauch seitlich umfassen, deuten an, daß er über seinen Klan wacht. Das Gesicht ist voll und rund, ein Hinweis auf innere Ausgeglichenheit. Das Haar ist vorne mit einem zierlich geschnitzten Diadem geschmückt und hinten mit elegant sich zusammenfügenden horizontalen und vertikalen Zierflechten versehen, die durch ein Quadrat aus Raphia gestützt werden. Diese Haartracht ist typisch für ein bestimmtes Gebiet der südlichen Werkstätten zwischen den Dörfern Mbulula und Ilunga.

Kat. 4.66 e stammt aus einem Dorf 130 km nördlich von Makutano im nördlichen Hemba-Territorium. Der Schnitzer hat die gleichen Prinzipien eingehalten: Der Ahne hat die Hände auf den Bauch gelegt, er trägt einen heiteren Gesichtsausdruck, die Augen halb geschlossen, und die gleiche gekreuzte Frisur. Die Arbeit ist jedoch insofern ganz verschieden von denen des Südens, als dieser Ahne von kräftiger, stämmiger Statur ist: das Haar türmt sich über dem Kopf, der Bartring ragt hervor und ein doppeltes Chevronmotiv auf dem Rücken greift die mondsichelförmigen geschnitzten Motive beiderseits des gewaltigen Nabelbruchs auf.

Kat. 4.66 b stammt ebenfalls aus einem 130 km nördlich von Makutano, allerdings im Mambwe-Land gelegenen Dorf und ist das Produkt des südlichsten Stils, entstanden an der Grenze nahe des Luika-Flusses. Das Gesicht ist mehr in die Länge gezogen, die Augen offen, und die flachen vom Stichel gezogenen Kerben sind deutlicher sichtbar. Die weniger greifbaren Merkmale der Hemba-Schnitzkunst sind trotzdem unverkennbar.

Eine herrliche Schnitzerei eines verstorbenen Häuptlings (Kat. 4.66 g) hält die Augen halb geschlossen (zweifellos weil sie sich einer anderen Welt

4.66 b

Ahnenfigur

Mambwe
Zaire
Holz
Höhe 65,5 cm
Privatsammlung

öffnen). Diese Ahnenfiguren lagen meist im Halbdunkel einer Hütte. Die Konzeption derartiger Figuren stützte sich auf den Glauben an ein Leben nach dem Tode sowie auf die Verwandtschaftsordnung. Jeder dargestellte Ahne, der angerufen wird, besitzt eine klare Identität, ist einer bestimmten Periode zugeordnet; jede Ahnenfigur weist seinem Besitzer einen Platz in einem Zweig eines akribisch erstellten Stammbaums zu, der die Geschichte seiner Familie wiedergibt und die Stellung der Familie auf dem von ihm bewohnten Land begründet. Bei den Mambwe besaßen Großfamilien oft bis zu zwanzig Figuren, verteilt über die verschiedenen Behausungen der Klan-Angehörigen.

Die wunderschöne Statuette (Kat. 4.66 c) zeugt vom Fortbestand der großen Luba-Kultur, die sich einst an den nördlichen Grenzen des Hemba-Territoriums über die gesamte Region ausbreitete. Diese Figur hat geflochtenes Haar und hält die Hände auf ihren Brüsten. Sie verweist auf die wichtige Rolle der Frau in der Luba-Kultur als Lebens- und Nahrungsspenderin und zugleich auf ihre spirituellen Gaben, die sie mit den Geistern der übernatürlichen Welt verbindet.

Die erstaunliche Figur aus Frankfurt (Kat. 4.66 f) ist aus dem Holz des *Crossopterix febrifuga* geschnitzt. Eine stehende männliche Figur mit einem 54 cm hohen zylindrischen Rumpf trägt auf den Schultern eine zweite, ebenfalls männliche Figur mit halb geschlossenen Augen und kreuzförmiger Frisur. Arbeiten dieses Typs sind bei den Hemba äußerst selten, obgleich sich andere Beispiele für Figuren, die getragen werden, im Kusu-Land am linken Ufer des Zaire-Flusses und weiter östlich bei den Tabwa und den Tumbwe nahe des Tanganjika-Sees finden. Die hier gezeigte Schnitzarbeit wird im allgemeinen als ein Häuptling beschrieben, der von einem Sklaven getragen wird. Persönlichkeiten von königlichem Geblüt vermieden nach herkömmlichem Brauch die Berührung mit der Erde. Dieser Brauch findet sich auch bei den Bemba in Sambia, im Luba-Reich und anderweitig. In einigen Fällen wird eine Frau von einem Mann getragen. Manchmal kam es auch vor, daß eine Braut in der gleichen Weise von ihrem Bräutigam oder von einem Mitglied der Familie getragen wurde. Wie auch immer es sich tatsächlich verhält, dieses Beispiel der Schnitzkunst der Hemba zeigt offenbar das Oberhaupt einer wichtigen Familie und der Stil läßt auf einen Niembo-Häuptling aus dem Gebiet um Mbulula schließen, wo sich der südliche Stil in seiner reinsten Ausprägung findet.
FN

Provenienz: Kat. 4.66 f: dem Museum 1929 von A. Apeyer übergeben

Literatur: Neyt und Strycker 1975; Neyt 1977, S. 97-99, 296 f., 361, 499; Frankfurt 1983, S. 24 f., 133; Maurer und Roberts 1985, S. 80, 88

4.66 c
Ahnenfigur
Hemba
Zaire
Holz
Höhe 25,5 cm
Privatsammlung

4.66 d
Ahnenfigur
Niembo
Zaire
Holz, Raphia
Höhe 68 cm
Privatsammlung

4.66 e
Ahnenfigur
Nördliche Hemba
Zaire
Holz
74 x 24 cm
Privatsammlung, Brüssel

4.66 f

Huckepackfigur

Hemba
Zaire
Holz, Baumrinde, Stoff, Fasern
Höhe 54 cm
Museum für Völkerkunde,
Frankfurt am Main, 26.543

4.66 g

Ahnenfigur

Mambwe
Zaire
Holz
Höhe 32 cm
Privatsammlung

4.67 a

Fliegenwedelgriff

Boyo
Zaire
Holz
Höhe 27,5 cm
Staatliches Museum für Völkerkunde, München, 13.57.140

Im nördlichen Teil Maniemas in Zaire, im Gebiet des Luama-Flusses, leben zersplitterte Gruppen eines Volkes, das von den Arabern Boyo oder Buye genannt wurde.

Der Fliegenwedel (Kat. 4.67 a) weist am Griff eine eindrucksvolle, die Erinnerung an einen Ahnen beschwörende Figur auf. Das gleichmütige Gesicht wird bekrönt von einer Frisur, die hinten mit einem geschwungenen Zopf abschließt. Die Brust der Figur ist merkwürdig vorgeschoben und der Bauch geschwollen. Gleichzeitig verleiht ein besonders stark gekrümmter Rücken der Figur einen Rückwärtsschwung. Die schraffierten Ritzungen, die sich möglicherweise an die Spiralzeichnungen auf der von Häuptlingen getragenen Schale der Kegelschnecke anlehnen, greifen die parallelen geschwungenen Linien auf der Brust, auf den Schulterblättern, über den Hüften und auf beiden Seiten der Beine auf, als sollte jegliche Leerfläche bedeckt werden. Diese Arbeit mit ihren Formkontrasten veranschaulicht die beziehungsreiche, sakrale Schönheit der Boyo-Figuren besser, als es Geschriebenes oder Gesprochenes könnte.

Die Figur (Kat. 4.67 b), die dem in politisch zersplitterten lokalen Siedlungen lebenden Volk der Bembe zugeschrieben werden kann, ist schlichter gehalten, stämmiger und rechtwinklig geprägt. Der markante Kopf weist eine stark fliehende Stirn und eine fast vertikal abfallende Gesichtsfläche auf, wodurch diese eine Dreiecksform mit der Nase in der Mitte bildet. Die vereinfachte Haartracht ähnelt dem Boyo-Stil; die Schultern vollziehen eine komplette Rundung um den zylindrischen Rumpf, die Arme befinden sich in paralleler Haltung vor der Brust. Vermutlich handelt es sich um eine Grabfigur, obgleich Grabplastiken nur bei einigen der Bembe-Gruppen bezeugt sind.
FN

Provenienz: Gesammelt 1913 von Hugo Deininger

4.67 b

Figur

Bembe
Zaire
Holz
70 x 18 x 21 cm
Sammlung Felix

4.68

Büste

Prä-Tabwa
Zaire
Holz
Höhe 36 cm
Privatsammlung

Dieses Fragment stammt vermutlich von einer Gruppe, die früher einmal am Lukuga-Fluß in Südost-Zaire lebte. Es ist ein altes Objekt und geht wie eine Reihe anderer, denen es stilistisch nahesteht, möglicherweise auf eine Zeit vor der Ankunft der heutigen Bewohner der Region zurück, die als Anhänger des Oberhäuptlings Tumbwe zum Volk der Tabwa gehören. Die Figur ist einem anderen Fragment (Roberts und Maurer 1985, S. 102 f.) stilistisch derart ähnlich, daß sich an Hand des einen Objekts etwas über das andere aussagen läßt. Beide haben ein kräftiges, ernstes Gesicht mit starr nach vorne blickenden Augen und geschürzten Lippen, die Entschlossenheit verraten. Beide tragen über der Schulter ein schlichtes Beil wie es Männer in der gesamten Region zu ihrem Schutz und zu praktischen Zwecken mit sich zu tragen pflegen. Häuptlinge besitzen in der Regel kunstvollere Beile mit geschnitzten Griffen und Klingen mit eingeschnittenem Dekor.

Aufschlußreicher als das Beil ist der übriggebliebene Teil des nach unten gestreckten Arms. Ringe um das Handgelenk stellen Armreife dar, vermutlich aus Kupfer, das aus dem Gebiet des nahegelegenen ›Kupfergürtels‹ eingeführt worden war. Bei der anderen, hier nicht gezeigten Figur ist der linke Arm nicht ganz so stark beschädigt und die dazugehörige Hand ruht auf dem Kopf einer zweiten Figur, die die erste auf den Schultern trägt. Entsprechende Doppelfiguren (Kat. 4.66 f.) sind in der Region wie überhaupt im Großteil Zentralafrikas weitverbreitet und deuten im allgemeinen eine gesellschaftlich-politische Rangordnung an. Könige, Häuptlinge und Standespersonen können von anderen auf den Schultern getragen werden, ebenso aber bei Hochzeiten Braut und Bräutigam, die Sieger bei Ringkämpfen, junge Männer und Frauen, die aus Initiationslagern zurückkehren, oder jeder andere, dem bei bestimmten Anlässen oder aus Glaubensgründen Ehrerbietung entgegengebracht wird. Man kann vermuten, daß diese Figur den Häuptling eines alten Geschlechts darstellt, der von einem engen Verwandten auf dem Rücken getragen wird. Der Häuptling vertraut darauf, daß er behutsam getragen, ihm gebührende Hochachtung erwiesen wird. Die glänzende Patina rührt vermutlich von Palmöl- und Palmweingaben her sowie von Ruß durch jahrelange Aufbewahrung im Strohdach eines Hauses. *AFR*

Literatur: Keckési 1982; Roberts und Maurer 1985, S. 97–218

4.69

Figur

Tabwa (?)
Zaire (?)
Frühes 20. Jahrhundert
Holz
50,6 x 10,5 x 10 cm
Afrika Museum, Berg en Dal, Niederlande, 29-653

Im späten 19. und frühen 20. Jahrhundert schnitzten die Tabwa und benachbarte Völker in Südost-Zaire, Nordost-Sambia und Südwest-Tansania kleine Holzfiguren, die Ahnen, große Heiler und möglicherweise in manchen Fällen Erdgeister darstellten. Diese Figuren, *mikisi* genannt, wurden von den Klanältesten in eigens dafür vorgesehenen Gebäuden aufbewahrt, in denen die Ältesten manchmal schliefen, um in ihren Träumen von den Ahnen inspiriert zu werden. Die Figuren besaßen wirksame Heil- und Schutzkräfte, und viele enthielten zauberkräftige Füllungen. *Mikisi* wurden neben einer kranken Person oder als stumme Wachposten am Eingang zum Dorf aufgestellt; sie konnten bei einem Rechtsstreit zum Einsatz kommen, um sicherzustellen, daß ein Angeklagter die Wahrheit sagte, oder sie wurden in der Nähe einer Schmiede oder eines Jagdschreins aufgestellt, um böse Kräfte daran zu hindern, die transformativen Prozesse der Arbeit zu stören. Katholische Missionare hielten diese Objekte für des Teufels und untersagten ihren Gebrauch. Die meisten noch erhaltenen *mikisi* finden sich in westlichen Museen. *AFR*

Literatur: Roberts 1985

4.70 a

Sitzende weibliche Figur

Tabwa
›Ujiji‹-Stil
Tansania
Spätes 19. Jahrhundert
Holz, Perlen
85 x 38 x 36 cm
The Trustees of the British Museum, London, 1954.23.3539

4.70 b

Hocker mit hoher Rückenlehne

Tabwa
Zaire
Spätes 19. Jahrhundert
Holz
70 x 24 x 23 cm
The Trustees of the British Museum, London, 1954.23.3196

Der Stil der sitzenden weiblichen Figur (Kat. 4.70 a) wird dem Ort Ujiji am nordöstlichen Ufer des Tanganjika-Sees zugeordnet. Um 1850 wurde Ujiji zu einem wichtigen Warenlager für den Handel der Karawanen mit Sklaven und Elfenbein aus westlich des Sees gelegenen Gebieten, dem heutigen Zaire. Einheimische Ha und Tongwe bildeten eine heterogene Bevölkerung zusammen mit Luba, Tabwa, Bembe und anderen Gruppen vom gegenüberliegenden Seeufer. Dieser eklektische Hintergrund hat in der Ikonologie und den Funktionen dieser Figur ihren Niederschlag gefunden.

Die Darstellung des Gesichts, der Schmucknarben und der Zopffrisur steht den Skulpturen der Tabwa stilistisch nahe. Eine Reihe von Tabwa-Figuren steht auf Hockern, diese sind aber ausnahmslos männlich, bei den Luba dagegen weiblich. Ebenso ist bei weiblichen wie bei männlichen Tabwa-Figuren die weitaus üblichste Haltung die, die Hände beiderseits des Nabels zu plazieren. Dadurch sollen die Verwandschaftsbande zur mütterlichen Linie betont werden. Weibliche Figuren der Luba dagegen fassen häufig an ihre Brüste (so bei der hier gezeigten Figur), eine Stelle, an der angeblich die Geheimnisse des sakralen Königtums lagern. Ein denkbarer Zweck dieser Figur wäre also der, eine Verbindung zwischen der gemischten Bevölkerung im Gebiet um Ujiji und den ruhmreichen Königtümern westlich des Tanganjika-Sees herzustellen.

Hocker wie der, auf dem die Figur sitzt, sind für die Tabwa, die Luba und verwandte zairische Völker Sitze der Macht. Hocker mit hoher Rückenlehne wurden früher einmal von Völkern überall im Norden Tansanias gefertigt, wobei für die am weitesten westlich entstandenen Exemplare die Tabwa und die Bisa (Südost-Zaire und West-Sambia) verantwortlich waren. Die Anregung zu dieser künstlerischen Anlage erhielten die Tabwa durch Nyamwezi-Elfenbeinjäger und Sklavenhändler aus Zentral-Tansania. Nur acht Tabwa-Hocker mit hoher Lehne sind bekannt. Vier davon stellen mit Erdgeistern assoziierte Tiere (drei Schlangen und einen Nilwaran) dar, die eine Verbindung zwischen dem Häuptling und den natürlichen Ressourcen seines (in seltenen Fällen auch ihres) Territoriums herstellen. Die menschlichen Ganz- oder Teilfiguren auf den vier anderen Hockern verweisen auf Klan-Ahnen, die den Häuptling ›umarmen‹. Die Rückseite des Hockers ist mit dem *balamwezi*-Motiv verziert. *Balamwezi* steht in der Tabwa-Sprache für ›das Aufgehen eines Neumondes‹ und stellt eine Schlüsselmetapher dar: ebenso wie ein Neumond nach nächtelanger völliger Dunkelheit aufgeht, so werden die Menschen obsiegen über Unwissenheit und ›dunkle‹ Hinterlist – ein Optimismus, der in der Person des Häuptlings, der einen solchen Hocker besitzt, konkrete Gestalt annimmt. Die Tabwa schufen Hocker mit hoher Rückenlehne im bewußten Bestreben damit Traditionen zu begründen, um die gewachsene Machtstellung zu legitimieren. *AFR*

Provenienz: Dem Museum 1954 übergeben von den Trustees des Wellcome Historical and Medical Museum

Literatur: Roberts 1985; 1994; Roberts und Maurer 1985, S. 246, 261 f., 277; Roberts und Roberts, in Kürze erscheinend

4.71 a

Löffel

Lega
Zaire
Spätes 19. – frühes 20. Jahrhundert
Elfenbein
23 x 53 x 39 cm
Mit freundlicher Unterstützung des Board of Trustees des Science Museum, London

4.71 b

Doppelfigur

Lega
Zaire
Frühes 20. Jahrhundert
Elfenbein
16 x 6,5 x 7,5 cm
The Trustees of the British Museum, London, 1929.6-5.2

4.71 c

Rituelles Ornament

Lega
Zaire
18. Jahrhundert (?)
Elfenbein
Höhe 8,9 cm
Sammlung Patricia Withofs, London

Die Lega bewohnen das Waldgebiet im östlichen Zaire. Sie sind bantusprachig und betreiben eine Mischwirtschaft, die Ackerbau, Jagd und Fischfang einschließt. Die Lega kennen keine zentralisierte politische Organisation. Männer wie Frauen streben moralische Autorität an, indem sie einen hohen Rang in der *bwami* genannten Initiationsgesellschaft zu erreichen suchen. Zahlreiche Objekttypen kommen in Zusammenhang mit den Aktivitäten der Gesellschaft zum Tragen, darunter anthropomorphe Figurinen unterschiedlicher Art (z. B. Kat. 4.71 b), zoomorphe Figurinen, Masken (Kat. 4.71 d–f), Kopfbedeckungen, Löffel (Kat. 4.71 a), Miniaturwerkzeuge, kleinere und größere ornamentale Scheiben (Kat. 4.71 c), Körperteile von Tieren und Fundgegenstände. Die Lega nennen die meisten anthropomorphen Figurinen *iginga* und bezeichnen sie als ›Objekte zur Unterstützung der Lehren und Regeln der *bwami*‹. Jede Figurine symbolisiert eine mit Namen versehene Persönlichkeit mit bestimmten moralischen Vorzügen oder Unzulänglichkeiten, die bei Initiationen in die höchsten Ränge der Gesellschaft im entscheidenden Stadium durch Tanz und gesungene Aphorismen dargestellt werden. Mehrseitige Figurinen (wie Kat. 4.71 b) kommen in den verschiedensten Formen vor und stellen einen Sondertyp der *iginga* dar, der *sakimatwemtwe* (Herr Vielköpfig) genannt wird. Die Redensart, die Figuren dieses Typs oft begleitet, wenn sie aus ihrem rituellen Kontext herausgelöst in Erscheinung treten, lautet: »Herr Vielköpfig hat einen Elefanten auf dem anderen Ufer des großen Flusses gesehen.« Damit wird auf den Status des hochrangigen Eingeweihten angespielt, der, nachdem er sich zahlreichen Initiationen unterzogen hat, Großes gesehen hat und über einen gesteigerten Verstand verfügt. Die hier gezeigte Maske mit zwei Gesichtern (Kat. 4.71 d) stellt eine Variante des mehrseitigen Figurenmotivs dar.

Zu den zahlreichen Objekten, die sich im Besitz hochrangiger *bwami*-Mitglieder befanden und von diesen getragen wurden, zählt eine Reihe mehr oder weniger ovoider Knochen- oder Elfenbeinscheiben. Diese können auf einer Schnur zu Armreifen aufgereiht sein oder als Anhänger an Halsketten getragen werden. Manche sind,

4.71 d

Maske

Lega
Zaire
Frühes 20. Jahrhundert
Holz, Farbpigmente
28,5 x 15,5 x 4,5 cm
J.W. und M. Mestach

4.71 e

Schmuckmaske (*lukwakongo*)

Lega
Zaire
Holz, Raphia, Farbpigmente
30 x 20 x 8 cm
Sammlung Felix

4.71 f

Miniaturmaske (*idimu*)

Lega
Zaire
Elfenbein
Höhe 10,5 cm
Privatsammlung

wie das hier gezeigte Exemplar (Kat. 4.71 c), konvex und häufig mit dem charakteristischen Kreispunkt-Motiv ornamentiert.

Aus Knochen und Elfenbein geschnitzte Löffel (Kat. 4.71 a) sind Prestigeobjekte im Besitz hochrangiger *bwami*-Mitglieder und werden bei Initiationen zur Vermittlung von Ideen unterschiedlicher Art eingesetzt. Wie das Material, aus dem sie gemacht sind, können die Löffel als ein Symbol der Dauerhaftigkeit fungieren. In bestimmten Zusammenhängen finden sie Verwendung bei der symbolischen Speisung maskierter Vorsänger, mit der der privilegierte Status alter Eingeweihter, die sich gerne an weichen Leckerbissen gütlich tun, bekräftigt wird. Hölzerne, mit Bart versehene Masken mit weiß bemaltem herzförmigen, konkaven Gesicht (Kat. 4.71 e) gehören in manchen Gebieten zum Besitz jedes männlichen *bwami*-Mitglieds, das die am weitesten fortgeschrittene Stufe des zweithöchsten Reifegrades *(yananio)* erreicht hat. Die Masken *(lukwakongo)* werden nicht vor dem Gesicht getragen. Bei den meisten Riten tragen die Teilnehmer ihre Masken kollektiv zur Schau in Verbindung mit bestimmten Tanzbewegungen und Aphorismen, die je nach Verwendungskontext wechseln. Bei manchen Handlungen etwa werden sie in der Hand getragen oder an ihren Bärten gezogen, bei anderen wieder werden sie an Hüten befestigt oder auf einer Miniaturpalisade angeordnet.

Ein Initiand ›erbt‹ seine Maske in der Regel entweder von einem verstorbenen Verwandten, der selbst Mitglied der obersten Stufe des *yananio*-Grades war, oder von einem lebenden Verwandten, der in den höchsten Rang *(kindi)* aufgestiegen ist. Die *lukwakongo*-Maske wird dem Initianden von seinem persönlichen Lehrer im Zuge eines Rituals gleichen Namens überreicht. Sie dient als Emblem des neuen Ranges des Initianden und symbolisiert seine Verbindungen zu anderen – auch verstorbenen – Mitgliedern des *bwami*-Bundes.

Von den vier Maskentypen, die im Zusammenhang mit der *bwami*-Gesellschaft Verwendung finden, steht die Gruppe der *idimu* (Kat. 4.71 f) für die höchste Autorität. Sie kommen in unterschiedlicher Weise bei den fortgeschrittensten Riten des höchsten *bwami*-Grades zum Tragen und erscheinen immer befestigt an einer Miniturpalisade inmitten anderer Maskentypen. Bei *idimu*-Masken spielt die Darstellung von Geistern oder Ahnen keine Rolle: die einzelnen Masken dienen als übergeordnete ›Galionsfiguren‹, unter denen sich jeweils mehrere *bwami*-Bünde scharen. Vor dem Hintergrund ihrer Geschichte verkörpern sie eine kollektive Tradition und tragen so zur Sanktionierung der Prinzipien, Rechte und Austauschmodi bei, nach denen die Praxis der *bwami*-Gesellschaft aufgebaut ist. *ZK*

Literatur: Biebuyck 1973, S. 226; 1985, S. 45; 1986; Biebuyck, in: Tervuren 1995, S. 375-378

4.72

Tafel mit Doppelgesicht

Shi
Zaire
Holz, Kaolin
Höhe 36 cm
Privatsammlung

Dieses ungewöhnliche Stück wird den Shi zugeordnet, die in der näheren Umgebung des Kivusees im Osten Zaires leben. Ihre Kunst und die von ihnen geschaffenen Objekte sind dürftig bezeugt, obgleich zumindest ein anderes Objekt dieser Art bekannt ist (Felix 1987, 1989). Das gleiche Grundprinzip mit einem konkaven kanuförmigen Fond, aus dem zwei in Hochrelief gehaltene Köpfe hervortreten, findet sich auch bei den benachbarten Komo. Die Diskussion über Bedeutung und Funktion der geschnitzten Paneele ist jedoch keineswegs abgeschlossen.

Wenn wir die wenigen Bruchstücke an verfügbarer (und zum Teil sogar spekulativer) Information zusammentragen, ergeben sich eine Reihe von Beobachtungen. Es wird allgemein davon ausgegangen, daß die Paneele und die Gesichter (wie man annimmt, ein männliches und weibliches) in irgendeiner Form mit den Urahnen und mit der Wahrsagerei in Zusammenhang stehen. Tatsächlich paßt beides durchaus zusammen. Auf der einen Seite ist die Autorität der Ahnen – beziehungsweise die meist damit gleichgesetzte Welt der Geister – oft Gegenstand von Wahrsagepraktiken. Auf der anderen werden Ahnen gemeinhin nicht als irgendeine ferne, wirkungslose Bezugsgröße verstanden, sondern vielmehr als Wesen, die an den Alltagsangelegenheiten der Menschen teilhaben und diese beaufsichtigen – ein offensichtlicher Berührungspunkt mit Wahrsagern und mit der Quelle ihres Spezialwissens.

Aufschlußreich ist auch die Verwendung von weißem Pigment zur Konturierung der Augen. Bei vielen bantusprachigen Populationen wird die Bedeutung des Sehvermögens durch Umrandung der Augen mit weißem Kaolin hervorgehoben (vgl. Kat. 4.50). (Eine Kontrastierung mit Rot ist ebenfalls typisch für das symbolische Farbenspektrum Zentralafrikas.) Weiß wird manchmal auf die Augen von Skulpturen aufgetragen, die mit besonderen Kräften ausgestattet sind, und auch direkt auf das Gesicht von Wahrsagern. Dies alles bestätigt den mutmaßlichen Status der Objekte, auch wenn ihr genauer ethnographischer Kontext noch der endgültigen Klärung harrt. *JM*

Literatur: Neyt 1981, S. 37; Sieber u. a. 1986, S. 139; Felix 1987, S. 156; 1989, S. 264

4.73

Tierfigur

Pere
Zaire
Holz, Farbpigmente
27 x 69 x 24 cm
Sammlung Felix

Die Pere, eine kleine, nur rund 4000 Menschen umfassende Gruppe, sind die vielleicht am wenigsten erforschte und dokumentierte Ethnie Äquatorialafrikas. Bei Biebuyck findet sich zusammengefaßt, was bisher bekannt ist (siehe auch Felix 1987, für ein Gegenstück zu der hier gezeigten Arbeit). Nach eigener Behauptung sind die Pere historisch verwandt mit den Komo, die wiederum Nachbarn der Shi sind (Kat. 4.72), sowie mit verschiedenen Pygmäengruppen (Kat. 4.74). Tatsächlich kennen sie Überlieferungen, die von einer gemeinsamen Wanderung mit Pygmäen aus Uganda in ihr heutiges Siedlungsgebiet im Nordosten Zaires berichten. Gleichwohl gibt es kaum irgendwelche unstrittigen Verbindungsmerkmale zwischen den ihnen eigentümlichen Kunstformen und der Kunst der Völker, denen sie historisch am nächsten stehen. Die vielleicht noch deutlichste Verbindung besteht zu den Lega, da die Pere wie die Lega Kunstgegenstände bei Initiationen als didaktische Verweise auf soziale und moralische Grundsätze einsetzen.

Ob dieses Objekt dem Initiationskomplex zugeordnet werden kann, ist keineswegs gesichert. Die einzige Information über das Stück deutet, eher vage, darauf hin, daß es gemeinsam mit einem anderen vierfüßigen Tier bei Zeremonien zum Tragen kam, die mit Jagd und Fruchtbarkeit zu tun hatten. Die genaue Art und der Zweck der Verwendung sind jedoch unklar. Rätselhaft bleibt auch ein Hohlraum an der Unterseite des Tieres. Das aufregendste an der Schnitzarbeit ist die farbige Fassung der Flanken des Tieres. Diese läßt eher auf ein wildes Tier als auf eine domestizierte Spezies schließen und spricht für die mutmaßliche Verbindung zu einem Jagdritual. In der einzigen Schilderung solcher Rituale ist die Rede von Tierfigurinen aus Ton, die in Zusammenhang mit Elefantenfallen Verwendung fänden. Ob diese Statuette und ihr Pendant zum gleichen Komplex gehören, bleibt einstweilen unsicher: bei den erwähnten Tonfiguren handelt es sich offenbar um Krokodile oder Leguane. *JM*

Literatur: Biebuyck 1976, S. 59-61; 1986, S. 246–249; Felix 1987, S. 144, Nr. 9

4.74 a

Rindenstoff (*pongo*)

Ituri-Wildbeuter
Zaire
Rinde, Farbpigmente
90 x 58 cm
Privatsammlung, London

Die Frauen der als Wildbeuter lebenden Gruppen im Ituri-Regenwald in Nordost-Zaire malen rhythmische, freie, oszillierende Muster auf Stoffstücke aus Innenrinden von Baumstämmen, die von Männern zugeschnitten und mit einem sogenannten Rindenbastklopfer ausgewalzt worden sind. Häufig mit einer Mischung aus Gardeniensaft und Ruß arbeitend, bedienen sich die Frauen des gleichen Motiv- und Zeichenrepertoires wie bei der Bemalung der Körper ihrer Verwandten und Freunde. Auch sind die Frauen zuständig für die Errichtung des Heims sowie Meisterinnen des polyphonen, trillerähnlichen Gesangsstils, der den Ituri-Wildbeutern eigen ist. In der Ituri-Ästhetik sind bildende Kunst und Gesang eng miteinander verknüpft.

Diese beiden Rindenstoffe veranschaulichen die Spontaneität der Ituri-Malerei. Gegeneinander versetzte und sich verengende Zwischenräume zwischen parallellaufenden Linien bilden abstrakte Rhythmen und gezielte Kontraste. Bei Kat. 4.74 a lenken zwei unterschiedliche Gestaltungen einer rankenähnlichen Musterung, die sich über ein schmales Feld von ›Sternen‹ und linearen Gebilden ausbreitet, den Blick auf ein offenes Feld aus parallellaufenden Linien. Über sie kreuzen kurze, am Ende elegant geschwungene und flüssig gezogene Parallelstriche. Die Motive variieren bei jeder Wiederholung.

Kat. 4.74 b bietet ein erlesenes Beispiel für die freie Ausdrucksweise der Ituri-Wildbeuter: die Malerin füllt die Fläche mit ineinander verwobenen, an Schößlinge gemahnende Linien, die an das Spalier aus Schößlingen und Kletterpflanzen erinnern, aus denen die Frau ihr Heim zu bauen pflegte. Plötzlich besinnt sie sich eines anderen. Die gitterartige Musterung verflüchtigt sich. An ihre Stelle treten, auf dem Boden verstreut liegenden Dominosteinen gleich, kurze, zweigeteilte Rechtecke unterschiedlicher Gestalt, Länge und Anordnung. Die Künstlerin legt in ihrem Übergang von ›Ordnung‹ zu ›Chaos‹ und wieder zurück im Rahmen einer einzigen

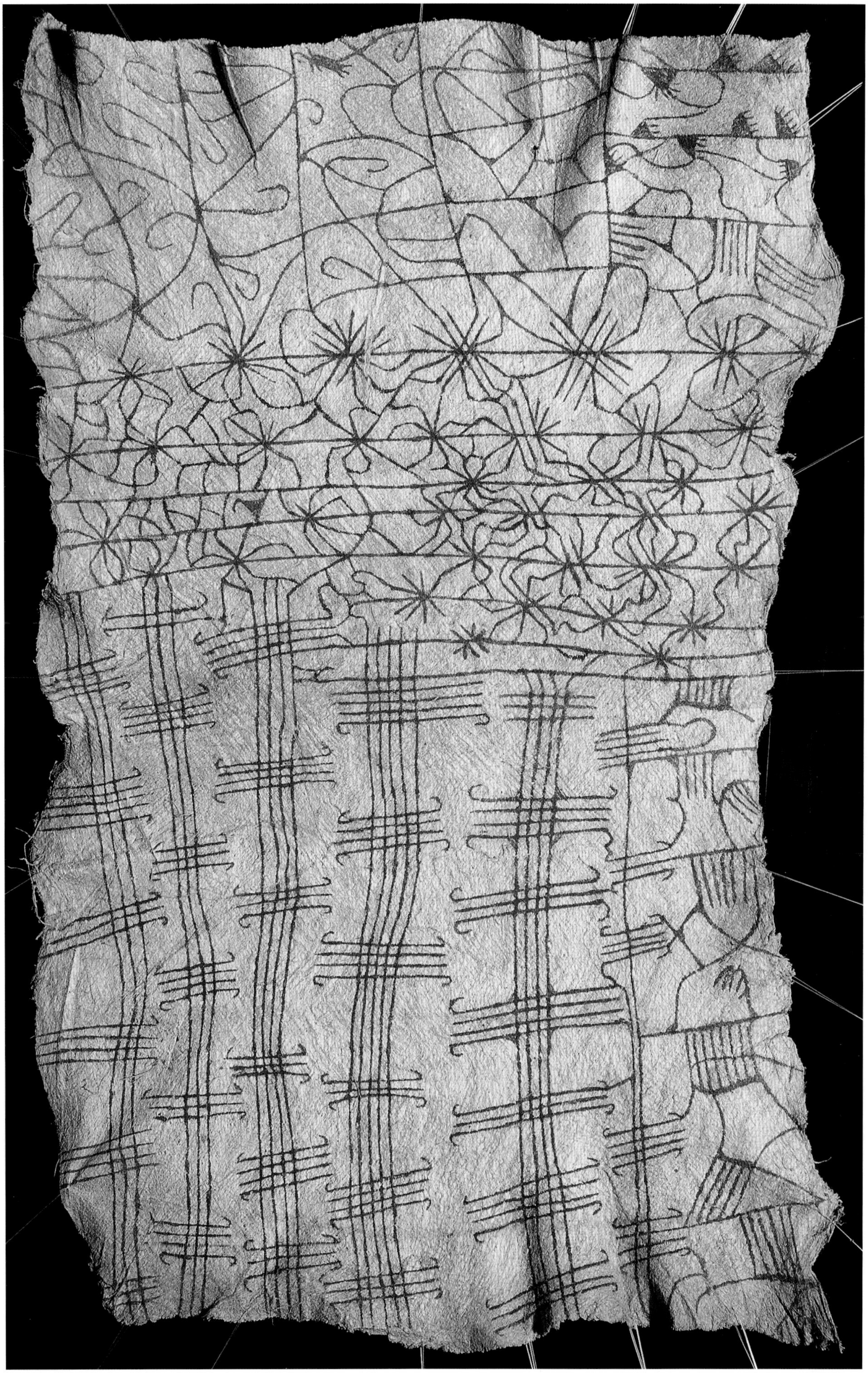

zusammenhängenden Komposition ein profundes Verständnis der Möglichkeiten linearen Ausdrucks an den Tag.

Die ›Bedeutung‹ dieser Kunst der Musterbrüche ist rätselhaft. In rituellem Rahmen mag sie eine verschlüsselte ›Sprache‹ des Waldes darstellen, in ihrem fließenden Rhythmus, ihrer Energie und ihrem abstrakten Charakter analog zu dem polyphonen Gesang, mit dem die Ituri-Wildbeuter Gott lobpreisen.

Die Kunst der Wildbeuter hat die Malerei in benachbarten Dörfern der Mangbetu, Lese-Karo und Komo beeinflußt. Tatsächlich reicht ihr Wirkungskreis sogar noch weiter, bis hin zu der Frauenkunst bei den Shoowa und den Kongo und, über Wildbeuter-Gruppen im Kameruner Grasland, zu der Innenrindenmalerei der Frauen bei den Ejagham und den Boki. An diesen beiden *pongo* läßt sich mithin ein Epizentrum weiblichen Gestaltens in der Geschichte der afrikanischen Kunst festmachen. *RFT*

Literatur: Thompson und Bahuchet 1991; Thompson und Meurant 1995

4.74 b

Rindenstoff (*pongo*)

Ituri-Wildbeuter
Zaire
Rinde, Farbpigmente
63 x 45,7 cm
Privatsammlung

4.75

Rindenstoff

Mangbetu
Zaire
Frühes 20. Jahrhundert
Rinde, Farbpigmente
168 x 164 cm
Musée National des Arts d'Afrique et d'Océanie, Paris, MNAN 1963.1116

Vor der Kolonialzeit war Rindenstoff das wichtigste Material von Männer- und Frauenkleidern in Zentralafrika. Der Stoff wurde bei Männern über einen Gürtel gewickelt und zwischen den Beinen durchgeführt, bei Frauen einfach vor dem Körper über dem Gürtel drapiert. Frauen trugen außerdem kleine Rindenstoffstücke mit sich und legten diese über hölzerne Hocker.

Dieser Stoff besteht aus drei mit Raphiagarn zusammengenähten Einzelteilen. Der weiche Stoff wurde aus der Rinde des Feigenbaums *(Ficus roko oder Urostigma ktshyana)* gefertigt, die mit einem Rindenbastklopfer aus Elfenbein, Knochen oder Holz breit geklopft wurde. Größere Stücke Stoff, wie das hier gezeigte, wurden von hochgestellten Männern oder Frauen getragen. Die Bemalung von Rindenstoffen besorgten überwiegend Frauen, die dazu einen Pinsel aus Fasern und Farbe aus dem Saft der Gardenie benutzten. Die Zeichnungen auf dem Stoff stellen vermutlich Naturerscheinungen, und zwar Flora wie Fauna, sowie von Menschenhand gefertigte Gegenstände dar. Ein Großteil der Bildmotive konnte bislang nicht entschlüsselt werden. Bestimmte Zeichnungen sollen zum Beispiel Spinnen, Schlangen, Haarnadeln oder Häuser darstellen. Das Ausbreiten der Rinde mit einem Klopfer, das dazu dient, ihr eine weiche, glatte Oberflächenbeschaffenheit zu verleihen, ist eine Arbeit, die Männer wie Frauen verrichten. Die Bemalung weist eine starke Ähnlichkeit auf mit den Motiven, auf die bei der (ebenfalls mit Gardeniensaft ausgeführten) Körperbemalung von Frauen zurückgegriffen wird. Manche der geometrischen Zeichnungen auf Rindenstoffen ähneln Motiven, die in Tonwaren geritzt oder auf geschnitzten Möbelstücken angebracht werden. Mit unregelmäßigen Mustern aus Einzelmotiven, wie auf diesem Stück, sind auch Holzgegenstände versehen worden, so etwa ein bemalter Schild der Mangbetu.

Dieses Stück Rindenstoff ist insofern ungewöhnlich, als die Komposition entlang der Diagonalen in vier dreieckige Segmente aufgeteilt worden ist. Das gesamte Stück ist eingefaßt mit einem ungewöhnlichen Doppelnahtsaum. Obgleich die Aufteilung in Segmente durchaus üblich ist, sind diese meist in vertikalen oder horizontalen Streifen angeordnet und die Motive reichen für gewöhnlich bis an die Ränder des Stoffes, der keine äußere Einfassung aufweist. Sieht man einmal von dem Saum und der Aufteilung in Dreiecke ab, so vereint die Bemalung dieses Exemplars Gestaltungselemente, die der Ästhetik sowohl der Mangbetu wie auch der Mbuti- oder der (von den Mangbetu Akka genannten) Sua-Pygmäen zugeordnet worden sind. Manche Forscher verbinden das freie, asymmetrische Nebeneinander von Motiven mit einem ästhetischen Empfinden der Pygmäen. Andere wieder weisen darauf hin, daß in Zentralafrika Waldjäger und -sammler wie die Akka und die Mbuti früher in enger sozialer und wirtschaftlicher Verflechtung mit Ackerbauern wie den Mangbetu lebten. Die Methoden der Rindenstoffherstellung sowie zahlreiche Muster sind Gemeingut verschiedener Gruppen in der Region, und heute lassen sich die Ursprünge bestimmter Stile und Muster oder diesbezügliche ethnische Affinitäten nur noch schwer im Detail bestimmen. *ES*

Literatur: Schildkrout und Keim 1990; Thompson und Bahuchet 1991

4.76

›Hängende‹ Figur

Mbole
Zaire
Holz
Höhe 69,5 cm
Ethnografisch Museum, Antwerpen, AE 673

Die Kunstgegenstände der am Lomami-Fluß lebenden Mbole stehen hauptsächlich mit den Aktivitäten einer in alle soziale Bereiche hineinwirkenden und komplexen Geheimgesellschaft namens *lilwa* in Verbindung. Obgleich die genaue Rolle der Figuren bisher nicht restlos geklärt werden konnte, steht außer Zweifel, daß sie von der gerichtlichen Funktion der *lilwa*-Gesellschaft Zeugnis ablegen und Personen darstellen, die zum Tod durch Erhängen verurteilt wurden. Ihre charakteristische Gestalt mit hochgezogenen Schultern und Armen und, in manchen Fällen, nach unten gebogenen Füssen läßt auf eine hängende Position schließen. Insofern nehmen sie innerhalb der verschiedenen künstlerischen Kanons Afrikas eine einzigartige Stellung ein, wenn wir einmal von der spezifisch christlichen Bildsprache absehen, die sich mancherorts herausbildete.

Tod durch Erhängen war die Strafe für verschiedene schwere Vergehen von Ehebruch bis Hexerei oder Mord, und ihr Vollzug war ein spektakuläres öffentliches Ereignis. Die Verurteilten waren in der Regel Männer, obgleich wir es hier mit dem eher seltenen Fall einer weiblichen Figur zu tun haben. Dem Verurteilten wurde ein Lianenstrick um den Hals gelegt, der seinerseits an einem biegsamen, nach unten gezogenen Baum befestigt wurde. Sobald der Baum losgelassen wurde, wurde der Körper des Verurteilten in die Luft katapultiert. Die hängenden Figuren werden vom gleichen hochrangigen Eingeweihten bewacht, der bei mit dieser Strafe geahndeten Fällen als Richter auftritt, und sie selbst tragen die Namen bereits erhängter Opfer.

Die Figuren werden in einem Versteck aufbewahrt. Initianden werden bei einer Reihe von Anlässen während und nach ihrer Initiation mit dem Anblick der Figuren, die dabei meist auf eine Trage gestellt sind, konfrontiert. Das erste Mal geschieht dies zu Beginn der Initiation, wenn die Initianden mit Stöcken geschlagen werden und ihnen die Figuren vorgehalten werden. Später erfahren sie die genaueren Umstände, die zur Verurteilung des Toten führten, und die Figuren fungieren als wirkungsvolle Warnung vor der Verletzung sozialer Regeln. Wenn das Verhalten eines Initianden in Frage gestellt wird, kann der Betreffende einen Eid auf eine der Figuren leisten. *JM*

Literatur: Biebuyck 1976

4.77

Fünfsitziger Hocker

Ngombe-Gebiet
Zaire
Holz
197 x 20 x 11 cm
Sammlung Peter Adler

Überall in Afrika werden gelegentlich mehrteilige Nackenstützen oder Sitzmöbel hergestellt, diese sind jedoch keine übliche Erscheinung. In Westafrika fertigen die Nuna aus Burkina Faso Doppelhocker oder doppelte Nackenstützen, die zur Ausrüstung des Wahrsagers gehören. Sie dienen ihm vermutlich dazu, auf ihnen zu träumen und sich mit einflußreichen Erdgeistern zu beraten, um Probleme seiner Klienten zu lösen und die Zukunft vorauszusagen. Bei so weit verstreuten Völkern wie den Tsonga und den Shona im Südosten und den Somali im Nordosten Afrikas werden doppelte Nackenstützen für Ehepaare hergestellt, desgleichen bei den Kuba und den Ngombe in Zentralafrika. Maes berichtet, daß bei den Ngombe beim Tod einer verheirateten Person der zurückgebliebene Ehepartner während der Zeit bis zur Bestattung (in der der Leichnam des Verstorbenen aufgebahrt ist) auf der doppelten Nackenstütze neben dem Leichnam schlafen muß. Diese Nackenstützen der Ngombe sind jedoch von ihrer Formgebung mit stark gekrümmten Liegeflächen und säulenförmigen Trägern her nicht vergleichbar mit diesem fünfteiligen Hocker.

Nach Auffassung von Felix ist die Facettierung, die auf den Seitenflächen dieses Hockers zu sehen ist, typisch für die Hocker- und Figurenschnitzerei im Gebiet der Ngombe. Die Funktion des Hockers selbst gibt weiterhin Rätsel auf. *WD*

Die Ekonda sind eines der zahlreichen mongo-sprachigen Völker Zentral-Zaires. Wie bei ihnen nahestehenden Völkern wurde die lokale Amtsgewalt traditionsgemäß einem Zeremonialhäuptling (nkumu) übertragen, ein Titel, der von den Dorfältesten einem wohlhabenden Außenstehenden verliehen wurde, der sich mit der Übernahme des Amtes verpflichtete, für die ihm übertragene Autorität eine Zahlung zu leisten. Die Vergangenheitsform ist hier wohl angebracht, da nach Aussage von Brown, der 1944 die einzige eingehende und zugängliche Studie über den *nkumu* veröffentlichte, das Amt bereits seit fünfzig Jahren praktisch nicht mehr bestand.

Der *nkumu* war unter anderem verantwortlich für das Zeremoniell, für die Wahrsagerei und für das geistige Wohl der Gemeinschaft. Ihm war der Gebrauch einer Reihe prestigeträchtiger Objekte vorbehalten, am bekanntesten darunter die pagodenartige Kopfbedeckung (*botolo*). Sie weist einen schichtweise angeordneten Aufbau auf, und in der Regel sind ein oder mehrere Messingschilder an ihr befestigt. Diese Schilder bestehen aus plattgehämmerten Messingstäben, die ihrerseits ein Symbol des Reichtums des Amtsträgers sind. Messingstäbe waren ein Zahlungsmittel und wurden in größerer Zahl im Rahmen der Einsetzungsfeierlichkeiten vom neuen *nkumu* überreicht. Im Lauf der Zeit wurde der Hut, der bei allen öffentlichen Anlässen sowie bei rituellen Veranstaltungen getragen wurde, häufig reichlich mit einer Mischung aus Rotholz und Öl eingeschmiert. *JM*

Literatur: Brown 1944; Arnoldi und Kraemer 1995

4.78

Kopfbedeckung (*botolo*)

Ekonda
Zaire
Pflanzenfasern, Erde, Messing
43,8 x 20,3 x 21 cm
The Museum of Fine Arts, Houston
Museum Purchase with funds provided by Mr Frank J. Hevrdejs in honor of Mr William James Hill at »One Great Night in November, 1992«

4.79

Anthropomorphes Gefäß

Mangbetu
Zaire
Holz, Rinde, Fasern
Höhe 66 cm
Staatliche Museen zu Berlin, Preußischer Kulturbesitz, Museum für Völkerkunde, III C 19463

Gefäße aus Holz und Rinde fanden im Nordosten Zaires häufig Verwendung zur Aufbewahrung von Schmuck und Medizin. Dieser Behälter wurde 1904 von Leo Frobenius erworben; wie dieser zu ihm gekommen war, ist nicht bekannt, denn Frobenius persönlich hat in diesem Teil des damaligen unabhängigen Kongostaates nicht gesammelt. Die Größe könnte darauf hindeuten, daß er für einen Häuptling oder Herrscher angefertigt wurde oder sich im Besitz eines Häuptlings befand. Der Holzsockel mit einem durchbrochenen Piedestal in der Mitte ist wie der Hocker einer Mangbetu-Frau geschnitzt, während wir es bei dem Kopf mit einer stilisierten Darstellung der typischen, in die Länge gezogenen Kopfverformung der Mangbetu zu tun haben. Der farbliche Helldunkelkontrast ist in dieser Region häufig anzutreffen und wird manchmal symbolisch ausgelegt: vielleicht steht er für die zwei Farbtöne des Leopardenfells.

In seiner Beschreibung der Reisen, die er in den 1870er Jahren durch das heutige Sudan und Zaire unternahm, schilderte Georg Schweinfurth den Mangbetu-Hof des Königs Mbunza als ein Zentrum der bildenden und darstellenden Kunst sowie der Zurschaustellung zentralisierter Macht. Obgleich das Mangbetu-Reich offenbar wesentlich zersplitterter war, als Schweinfurth annahm, verfügten Herrscher wie Mbunza tatsächlich über einen großen Hofstaat und ein Gefolge von Künstlern, die Gebrauchs- und Prunkgegenstände für den Hof fertigten. Zu Beginn der belgischen Kolonialherrschaft, die im Nordosten des Kongostaates 1891 wirksam wurde, gab es in den mangbetu-sprachigen Gebieten eine Reihe rivalisierender Häuptlinge, jeweils mit einem Hof, der sich in Form und Stil, wenn nicht gar machtpolitisch an den Hof des Mbunza anlehnte. Diese Herrscher tauschten mit anderen afrikanischen Anführern und mit Europäern als Achtungsbezeugung Kunstgegenstände und diplomatische Geschenke aus.

Bis zum frühen 20. Jahrhundert hatten sich in der Kunst der Region dramatische Veränderungen vollzogen, nicht zuletzt wegen der neuen Absatzmöglichkeiten und des Interesses ausländischer Besucher. Die reizvollen Mangbetu-Dörfer mit ihren in Reihen angeordneten großen runden Häusern, die außen mit Wandmalereien überzogen waren, wurden photographiert und in europäischen und amerikanischen Reisebüchern abgebildet. In ihrer Arbeit mit Holz, Elfenbein und Ton sowie in ihren Wandmalereien verlegten sich die Künstler zunehmend auf gegenständliche Darstellungen, hauptsächlich von Menschen, aber auch von Tieren und alltäglichen Objekten. In den beiden ersten Jahrzehnten des 20. Jahrhunderts setzte sich die figurative Kunst in zunehmend stilisierter Form immer mehr durch, und es entwickelte sich eine Form von Porträtkunst.

Die Herrscherschicht bei den Mangbetu pflegte einen Brauch, mit dem durch streckende Bandagierung des Kopfes beim Kind eine Verlängerung des Hinterkopfes erzielt wurde. Die Darstellung dieses Brauchs wurde zu einem Markenzeichen der Kunst der Region. Gebrauchsgegenstände wie Behälter (aus Rinde und Holz), Töpfe, Messer, Haarnadeln aus Elfenbein und Musikinstrumente wurden immer häufiger mit Darstellungen des bandagierten, in die Länge gezogenen Kopfes und der fächerartigen Frisuren der Frauen verziert. Dieses Genre baute auf bereits bestehenden Kunstformen in diesem Gebiet auf: Das Volk der Bongo im Sudan fertigte große Bestattungstrompeten aus Holz, die von geschnitzten Köpfen bekrönt wurden, die Azande im Sudan und im Nordosten Zaires fertigten und bespielten fünfsaitige Harfen, deren Hals mit geschnitzten Köpfen verziert war, und bei den Ngbaka wurden Harfen gespielt, die nicht nur einen Kopf, sondern auch einen Resonanzkörper in Form eines menschlichen Körpers einschließlich unten vorragender Beine aufwiesen. *ES*

Provenienz: Ankauf 1904 von Leo Frobenius

Ausstellung: New York 1990, Nr. 58

Literatur: Schweinfurth 1875; Schildkrout und Keim 1990

4.80

Mbira

Azande
Zaire
Vor 1914
Holz, Bambus, Rindenstoff, Tierschwanz, Messing
61,2 x 29,5 cm
American Museum of Natural History, New York, AMNH 90.1/3317

Das *mbira*, auch unter dem Oberbegriff *sanza* oder Lamellophon bzw. Daumenklavier bekannt, ist ein Musikinstrument, das überall in Afrika südlich der Sahara gespielt wird. Es besteht in der Regel aus einem hohlen Resonanzkasten, auf dem eine oder mehrere Reihen unterschiedlich langer Tasten angebracht sind; diese sind an einem Ende befestigt, so daß sie beim Zupfen vibrieren. Das zarte, melodische Instrument wird in der Regel mit dem Daumen, manchmal auch mit dem Zeigefinger zur Begleitung von Gesang gespielt. Der Musiker, meist ein Mann, dürfte damit Balladen, insbesondere Lieder, die von persönlich Erlebtem berichteten, untermalt haben. Das *mbira* ist kein höfisches Instrument und kam wohl nicht in Ensembles zum Einsatz. Es finden sich zahlreiche Varianten dieses Grundtyps des Instruments, sowohl was die Anzahl der Tasten angeht wie auch hinsichtlich des Materials, aus dem die Tasten sind (Metall oder Holz); oft sind zusätzliche klangerzeugende Elemente eingebaut, die eine Wirkung ähnlich der von Rasseln entfalten.

Dieses spezifische Instrument wurde beim Volk der Azande gesammelt, die in dem Gebiet leben, das sich über den heutigen Nordosten Zaires und den Süden des Sudan erstreckt. Das Instrument stellt eine weibliche, möglicherweise tanzende Figur mit emporgereckten Armen, gestreckten Fingern und nach oben zeigenden Zehen dar; der Kopf ist zurückgeworfen und im Gesichtsausdruck spiegelt sich möglicherweise ein Zustand der Ekstase. Der Schnitzer hat detaillierte Genitalien dargestellt, die durch die Kleidung verdeckt werden.

Dieses Exemplar wurde von einem Zande-Künstler in der Nähe von Nala, einem Ort im Nordosten Zaires, gefertigt. Drei andere *mbira* gleichen Stils, vielleicht sogar von der Hand des gleichen Schnitzers, befinden sich im Koninklijk Museum voor Midden-Afrika in Tervuren und wurden in der gleichen Zeit von Armand Hutereau gesammelt. Im Unterschied zu den anderen jedoch ist die weibliche Figur mit einem Schurz aus Rindenstoff, einem Rückenschurz aus Raphiastoff sowie mit einem Tanzwedel ausgestattet. Ihr Körper ist um die Löcher im Resonanzkasten herum mit kleinen geometrischen Mustern bemalt. Die Farbspuren klingen vage an einen Stil der Körperverzierung an, der um die Jahrhundertwende bei den Mangbetu-Frauen beliebt war. Die Fugen zwischen dem oberen Teil des Resonanzkastens und dem unteren Hohlkorpus wurden mit Pech versiegelt. *ES*

Provenienz: Gesammelt 1914 von Herbert Lang (Kongo-Expedition des American Museum of Natural History, 1909–15)

Literatur: Laurenty 1962; Schmidt 1989; Schildkrout und Keim 1990

4.81

Mutter mit Kind

Azande
Zaire
Um 1914
Holz
Höhe 60,2 cm
American Museum of Natural History, New York, AMNH 90.1/3320

Diese Mutter-mit-Kind-Figur ist eine von zwei Schnitzereien gleichen Typs, die von einem unbekannten Zande-Künstler um 1914 in Nala oder Umgebung gefertigt wurden. Das in dieser Publikation gezeigte *mbira* (Kat. 4.80) ist möglicherweise ein Werk von der Hand des gleichen Künstlers.

In der frühen Kolonialzeit waren die Azande im nordöstlichen Zaire und südlichen Sudan in lose verbundenen Königreichen organisiert, an deren Spitze meist ein Mitglied des Avongara-Klans stand. In einigen der Hauptzentren beschäftigten die Häuptlinge offenbar Künstler, die Figuren schnitzten, die zum Teil anderen afrikanischen und europäischen Herrschern als Geschenk überreicht wurden. Der Brauch, mit Kunstgegenständen Hochachtung auszudrücken, förderte die Entstehung von Werkstätten, in denen Künstler in Diensten eines Herrschers Arbeiten in einem jeweils charakteristischen Stil schnitzten. Diese Arbeiten waren meist für säkulare und nicht für religiöse Zwecke gedacht.

Obgleich die Azande gelegentlich Figuren schnitzten, die für Gräber bestimmt waren, deutet nichts darauf hin, daß dieses Stück eine Grabfigur war oder irgendeine religiöse Funktion hatte. Vielmehr haben wir es hier offenbar mit dem seltenen und signifikanten Fall einer Skulptur zu tun, die von vornherein als Kunstwerk gedacht war. Von den Azande sind, mit Ausnahme einer zweiten Arbeit von der Hand des gleichen Künstlers, keine anderen Mutter-mit-Kind-Figuren in diesem besonderen Stil bekannt. Bei diesem Stück zeigt der Künstler, wie eine Mutter tatsächlich ihr Kind zu halten pflegte, nämlich an ihrer Seite mit einem Bein vor und einem hinter ihrem Körper. Auf die Darstellung des Tragegurts verzichtend, mit dem die Mutter in der Regel das Kind dicht an ihrer Seite hielt, läßt der Künstler die Körper von Mutter und Kind miteinander verschmelzen. Außerdem wandelt er auf geschickte Weise die herkömmliche frontale Haltung der weiblichen Figur dergestalt ab, daß sich ihr Körper, der mit dem des Kindes eine Einheit bildet, leicht dem Kind zuzuwenden scheint. Wie praktisch in der gesamten afrikanischen Plastik üblich, wenden gleichwohl beide Figuren dem Betrachter direkt ihr Gesicht zu.

Die Haartracht der Mutter bietet ein Beispiel für die Verwendung falscher Haarteile, die bei den Völkern Nordost-Zaires weit verbreitet waren. Photographien aus der Zeit zeigen Azande- und Mangbetu-Frauen mit gewebten Haarteilen, die an ihrem geflochtenen Haar befestigt sind, die aus Haar, Raphia und Kaurischnecken bestanden. Manchmal wurde das Haar ohne Verwendung eines zusätzlichen Haarteils in dieser Form angeordnet.
ES

Provenienz: Gesammelt um 1914 von Herbert Lang (Kongo-Expedition des American Museum of Natural History, 1909–1915)

Literatur: Mack, in: Schildkrout und Keim 1990, S. 217–231

4.82
Maske
Ngbaka
Zaire
19. Jahrhundert
Holz
33 x 25 cm
The Brooklyn Museum
Museumsexpedition 1922, 22.1585
Robert B. Woodward Memorial Fund

Die meisten Masken aus dem Nordwesten Zaires werden den Ngbaka (Bwaka, Ngbwaka) zugeschrieben. Sie tauchten in Europa erstmals Anfang des 20. Jahrhunderts auf, und die typischen Merkmale des bekanntesten Stils sind eine konkave, anthropomorphe Gesichtsfläche sowie Schmucknarben, wie sie das hier gezeigte Beispiel aufweist. Die meisten dokumentierten Exemplare wurden bei den Feiern getragen, mit denen die langfristigen männlichen Initiationsriten abgeschlossen wurden.

Die Ngbaka-Masken stellen uns vor zahlreiche kunsthistorische Probleme. Sie fanden nicht auf breiter Ebene Verwendung und waren nicht für Initiationszeremonien, sondern für andere Zwecke gedacht. Hinzu kommt, daß es bei den Ngbaka und benachbarten Gruppen verschiedene Maskenstile gab. Diese Verschiedenartigkeit rührte daher, daß der Norden Zaires ein Gebiet extremer kultureller Vielfalt war. Jahrhunderte der Wanderung, der Kriege, des Handels, der Mischehen und des kulturellen Austauschs ergaben ein Mosaik von Gemeinschaften, die von eher bescheidenem Umfang und häufig Neuerungen und Entlehnungen geprägt waren.

Es herrschten offenbar große Unterschiede im Brauchtum zwischen den Ngbaka aus verschiedenen Regionen, und viele lokale Gruppen lassen Einflüsse und Anleihen von benachbarten Kulturen erkennen. Initiationsmasken wie die hier gezeigte scheinen von den Mbanja (Banda) übernommen und adaptiert worden zu sein, die überwiegend weiter nördlich in der Zentralafrikanischen Republik leben, aber auch inmitten und in unmittelbarer Umgebung der Ngbaka und um sie herum. Dafür sprechen die Gesänge in der Mbanja-Sprache, die die Masken begleiteten, sowie die Mbanja-Bezeichnungen, mit denen bei den Initiationen verwendete Gegenstände belegt wurden. Es ist sogar denkbar, daß für den Großteil der Maskenherstellung Mbanja-Schnitzer verantwortlich waren. Ende der siebziger Jahre wurden in der Nähe des Kwadasees immer noch Masken des hier gezeigten Typs gefertigt, doch das wenige, was seither an Berichten zu uns drang, deutet auf ein Verschwinden der Masken oder, in manchen Fällen, auf die Herausbildung neuer Stile hin.

Das Wissen um die Herkunft der Masken erhellt freilich kaum deren Bedeutung und Funktion. In keinem der in Zusammenhang mit den Ngbaka überlieferten Fälle spielen die Masken die dramatische Rolle, die sie in manchen Varianten des Initiationsrituals der Mbanja erfüllen. Dort werden die versammelten Initianden zunächst von einem maskierten älteren Mann mit der Peitsche angegriffen und dann vom Leiter des Initiationsrituals aufgefordert, die Attacken des maskierten Angreifers abzuwehren, ihn zu ergreifen, zu entkleiden und ihm die Maske vom Gesicht zu reißen. Die erfolgreiche Demaskierung des maskierten Vertreters der älteren Generation ist eine Voraussetzung dafür, das Initiationslager verlassen zu dürfen.

In der Adaption durch die Ngbaka werden die Masken anders und variabel eingesetzt. Nach manchen Darstellungen setzt der Initiationsleiter die Maske auf, um das Ende der Abgeschiedenheit der Initianden in ihrem Buschlager zu signalisieren; sein Erscheinen im Dorf dient zugleich dazu, die Kinder zu erschrecken und den Beginn der sich an die Initiation anschließenden Feiern anzukündigen. Nach anderen Darstellungen tragen die Initianden selbst die Masken und führen mit ihnen zur wechselseitigen Belustigung Gelächter hervorrufende Verrenkungen und Possen vor. Wieder anderen Darstellungen zufolge werden die Masken von Mädchen im Rahmen weiblicher Initiationsriten getragen, im Zuge derer sie auf der Suche nach Geschenken im eigenen wie auch in benachbarten Dörfern von Haus zu Haus ziehen.

Bedeutung und Funktion der Ngbaka-Masken wechseln also offenbar je nach Gruppe und Initiationsmodi. Es hat zwar Versuche gegeben, diese Verschiedenheit chronologisch zu erklären und das ›ernsthafte‹ Maskenspiel als älter und sakral, das ›frivole‹ dagegen als jünger und profan darzustellen, doch das häufige Zusammentreffen von ernsthafter und possenhafter Darbietung im reich dokumentierten afrikanischen rituellen Brauchtum läßt diese Einteilung zweifelhaft erscheinen. Glaubwürdige Allgemeinaussagen über Sinn und Bedeutung dieser Masken werden nur in der Folge eingehenderer Untersuchungen vor Ort möglich sein. *CK, AA*

Literatur: Vergiat 1936; Wolfe 1955; Burssens 1958[1]; 1958[2]; Katumba 1983; Burssens 1993

4.83
Tierkopf
Yangere
Tschad
Höhe 55 cm
Laboratoire d'Ethnologie, Musée de l'Homme, Paris, 04. 17. 19

Die Kwele leben im nördlichen Teil Gabuns an der Grenze zur Volksrepublik Kongo. Über die Kultur der Kwele herrscht immer noch viel Unklarheit, obgleich Leon Siroto sich um ein besseres Verständnis verdient gemacht hat. So ist zum Beispiel unklar, warum viele ihrer Masken kaum Spuren des Gebrauchs aufweisen. Kwele-Kunst hat einen hohen Wiedererkennungswert aufgrund ihrer typischen Darstellung des menschlichen Gesichts: die herzförmige Gesichtsfläche ist konkav, mit leicht hervortretenden Augen, die von den beiden eleganten Wölbungen der Augenbrauen bekrönt werden. Das Gesicht ist immer weiß gehalten vor einem schwarzen Fond (Stirn, Wangen).

Als Gegenstück zu ihren anthropomorphen Masken kennen die Kwele auch Tiermasken (Antilopen, Gorillas). Zu den spektakulärsten zählt dabei die Gorillamaske, *gou* genannt. Diese Masken waren dazu gedacht, die Dorfbewohner in Schrecken zu versetzen; getragen wurden sie im Rahmen der Aktivitäten der Initiationsgesellschaft *beete*, bei rituellen Tänzen zur Abwehr von bösem Zauber, zur Feier der Beschneidung von Jünglingen, bei Zusammenkünften in Zusammenhang mit Todesfällen, die sich unter verdächtigen Umständen ereignet hatten etc. Dieser Maskentyp hat praktisch die gleiche rituelle Funktion wie die *emboli*-Maske der benachbarten Ma-Hongwe im Gebiet südlich von Mekambo: Beiden liegt die gleiche Kopfform des erwachsenen Gorillas mit seinem enormen Kopfwulst zugrunde. Die *gou*-Maske der Kwele ist mit der Verdickung unterhalb der Augen, dem vorragenden Kiefer und den großen Eckzähnen naturalistischer gestaltet. Die mit dem Gorilla verbundenen Symbole, die in der Gegend um Djah besonders häufig anzutreffen sind, beschwören den Gegensatz zwischen dem Geist des Busches und den Menschen des Dorfes, ein Gedanke, der das soziale und politische Leben durchzieht.

Um 1920 wurde den *beete*-Ritualen, bei denen Masken Verwendung fanden, nach ›konzertierten Aktionen‹ der französischen Kolonialverwaltung und der katholischen Missionen, der Todesstoß versetzt. *LP*

Literatur: Siroto, in: Fraser und Cole 1972

4.84

Maske

Kwele
Republik Kongo
Frühes 20. Jahrhundert
Holz, Farbpigmente
45 x 11 x 19 cm
Musée National des Arts d'Afrique et d'Océanie, Paris, MNAN 1963.189

4.85

Tür

Punu
Gabun
19. Jahrhundert
Holz
108 x 67 cm
Laboratoire d'Ethnologie, Musée de l'Homme, Paris

Dieses Beispiel des ›Motivs der zur Schau gestellten Weiblichkeit‹ (vgl. Kat. 4.25) zeigt eine Frau, die mit einer kunstvollen dreiteiligen Frisur, einer Halskette und Schmucknarben geschmückt ist. Punu-Masken mit analogen Gesichtsdarstellungen wurden von kostümierten Stelzentänzern getragen und verkörperten angeblich den Geist schöner junger Frauen, der von den Toten wiederkehrte, um am Dorfleben teilzuhaben. Ähnliche, vollplastische Statuetten junger Frauen wurden an Beuteln mit menschlichen Reliquien befestigt. Die weiß gefaßte Figur verweist in beiden Fällen nicht nur auf die Toten, sondern auch auf Methoden der Zauberabwehr. Hexen, so glaubte man, waren am aktivsten und am wirkungsvollsten in der Nacht, und die Farbe Weiß suggeriert Licht und Klarheit, die der Nacht und dem Geheimnis entgegenstehen. In Gabun und dem Großteil Zentralafrikas umranden Hellseher ihre Augen mit weißem Ton (Kaolin), was ihnen helfen soll, Hexerei aufzudecken.
APB

Literatur: Griaule 1947, Abb. 51; Paris 1972, Abb. 80; Perrois 1979, Abb. 276; Vogel und N'Diaye 1985, Abb. 61

4.86 a

Reliquiarfigur

Tsogo
Gabun
Frühes 20. Jahrhundert
Holz, Farbpigmente, Metall
Höhe 33 cm
Privatsammlung

4.86 b

Reliquiarfigur

Tsogo
Gabun
Frühes 20. Jahrhundert
Holz, Farbpigmente, Metall, Glas
Höhe 42,5 cm
Privatsammlung

Die Plastik der Tsogo steht ausnahmslos in Zusammenhang mit Initiationsbünden, unter denen die *bwiti*-Gesellschaft an erster Stelle steht. Die Tsogo lebten bis zu den dreißiger Jahren dieses Jahrhunderts im abgelegenen Gebiet am Oberlauf des N'Gounié in Gabun. Sie waren in matrilinealen Klans organisiert. Der *bwiti*-Kult griff auf das gesamte Zentral-Gabun über und verbreitete sich anschließend über die mittlere Ogowe-Region bis hin zur Ogowe-Mündung; seinen Höhepunkt fand er bei den Fang in einer Form, die alle anderen Ausprägungen in sich vereinte. Wer Mitglied der *bwiti*-Gesellschaft werden wollte, mußte sich einer Initiation unterwerfen, die zahlreiche lange und qualvolle Stufen umfaßte und auf die bestimmte Rituale folgten, bei denen das *iboga*, eine von den Tsogo ständig verwendete, aber nicht süchtig machende halluzinogene Pflanze, eingenommen wurde. Schnitzer, Musiker und andere Künstler der Tsogo waren keine Spezialisten, sondern lediglich Mitglieder der Gesellschaft, die sich in ihrer Jugend an den betreffenden Tätigkeiten versucht hatten, geleitet von dem Bestreben, sich um die Gruppe verdient zu machen. Dies erklärt, warum die Objekte der Tsogo – architektonische Elemente, rituelle Objekte, Masken und Statuetten – in der Regel eine eher dürftige Verarbeitung erkennen lassen und vergleichsweise umbearbeitet wirken.

Unter den Objekten, die kultischen Zwecken dienten, kam den *mumba bwiti* genannten Reliquiarbüsten kein besonderer Stellenwert zu. Diese Figuren, die Reliquien bewachen sollten sowie therapeutischen Zwecken dienten, steckten in Körben, die ›magische‹ Substanzen und Splitter menschlicher Knochen enthielten. Der Ahnenkult, *mombe*, war eines der vielen Rituale der Initiationsgesellschaften.

Stilistisch betrachtet sind die Schnitzereien der Tsogo auffallend homogen mit ihrem großen Kopf, dem wie eine griechische Urne gestalteten Körper, den hochgezogenen Schultern und den an die Brust gepreßten Armen. Das Gesicht ist um den Doppelbogen der Augenbrauen und das pfeilförmige Metallstück auf der Stirn herum aufgebaut. *LP*

Provenienz: Kat. 4.86 a: Ehemals Sammlung Jacob Epstein

4.87

Maske

Aduma
Gabun (Ober-Ogowe)
19. Jahrhundert
Holz, Farbpigmente
Höhe 54 cm
Laboratoire d'Ethnologie, Musée de l'Homme, Paris, 84.37.4

Dies ist eine der ältesten bekannten Masken Äquatorialafrikas und Gabuns und, noch genauer, des Ogowe-Beckens. Ihre Zuordnung zum Volk der Aduma gilt als gesichert, denn die Aduma waren sehr gute Bootsführer und wurden häufig von Europäern bei den frühen Forschungsreisen in der Region angeheuert – dennoch bleibt ihre genaue Herkunft unklar. Tatsächlich ist dieser Maskentyp, der im ganzen Osten Gabuns *mvudi*, aber auch *mbudi*, *bodi*, *mvuri* und *yoyo* genannt wird, bei den meisten ethnischen Gruppen dieser Region bezeugt, in der es vielfältige Kontakte und einen regen Austausch gibt: so bei den Nzabi, den Obamba (Ambama) und den Ndassa, den Wumbu, den Kanigui und den Teke.

Pierre Sallée (1975) hat eine andere Ethnie der Region wie folgt beschrieben: »Die (heute fast verschwundenen) Okande sind, neben den Aduma, die großen Bootsführer des Ogowe; sie gelten stromauf- wie stromabwärts als diejenigen, die für die Verbreitung der typischen plastischen Formensprache der Völker vom Oberlauf des Ogowe (der Aduma, der Bawandji, der Obamba) gesorgt haben. Diese Formensprache ist gekennzeichnet durch die Gegenüberstellung von fester Masse und Oberfläche, durch geometrische Farbfelder und durch die vorstehende Stirn, durch die sich sehr tiefe, durch die Vertikale des Nasenrückens getrennte Augenhöhlen ergeben.«

Im letzten halben Jahrhundert fanden diese Masken Verwendung bei feierlichen Tänzen, die mit den wichtigsten sozialen Ritualen in Zusammenhang standen. Ihre Rolle in der Zeit davor ist leider weniger genau bezeugt. Die geometrischen Elemente des Gesichts finden sich bei einigen der *mbulu-ngulu* genannten Reliquiarfiguren wieder. *LP*

Provenienz: Gesammelt um 1883 zwischen Lastoursville und Franceville; 1884, Musée du Trocadéro, Paris

Literatur: Sallée 1975

4.88
Helmmaske
Kota
Gabun
19. Jahrhundert (?)
Holz
Höhe 62 cm
Privatsammlung

Die meisten Helmmasken, die im Kota-Gebiet gesammelt wurden, stammen aus der Provinz Ogowe-Ivindo, nahe Makokou und Mekambo, im östlichen Teil Gabuns. Diese Masken, verschiedentlich *emboli* oder *mbuto* genannt, weisen eine Höhe zwischen 40 und 80 cm auf. In Kota-Dörfern werden sie bei Tänzen zur Feier der Initiation von Jünglingen getragen; Höhepunkt des Rituals ist die Beschneidung *(satsi)*. Der Kreis der Kandidaten für die Beschneidung reicht von Acht- bis Zehnjährigen bis hin zu Knaben, die bereits auf die Zwanzig zugehen, da die Feierlichkeiten nicht in regelmäßigen Abständen veranstaltet werden. Während des ›pädagogischen‹ Teils des Rituals zeigen die Älteren den Jungen, daß die Masken keine Schreckensgestalten sind, sondern menschliche Wesen wie sie selbst. Die Masken werden auch bei Ritualen zur Abwehr von bösem Zauber oder zu psychotherapeutischen Zwecken getragen.

Vom Stil und von der Formensprache her lassen sich zwei Untertypen unterscheiden, der eine voll und rund, der andere kantig. Das Darstellungsobjekt ist jedoch in beiden Fällen das gleiche: die Maske zeigt einen Menschenkopf mit einem Medianbogen, der an den sagittalen Kopfwulst des Gorillas erinnert.

Die Maske verdeckt das Gesicht des Tänzers völlig und wird von einem Korbgestell mit breitem Zierrand getragen. Die hölzerne Gesichtsfläche hat eine konvexe (wie im hier gezeigten Fall) oder eine konkave Stirn; stark gewölbte Augenhöhlen formen den unteren Stirnrand. Wie die Kwele aus der Republik Kongo und die Fang im nördlichen Gabun versehen die Kota ihre Masken mit Augenbrauen in Form eines Doppelbogens. An ihrem Schnittpunkt gehen diese Bogen über in die Nase, die vorsteht und eine flache Unterseite aufweist. Im Unterschied zu den kantigen Masken, bei denen die Flächen (Stirn, Wangen, Medianbogen) alle etwas überakzentuiert sind, besitzen diese runden Masken einen seltsamen mondsichelförmigen Mund; das Halbmondmotiv wiederholt sich bei den Ohren. Das Gesicht ist mit Tupfen und Linien verziert, die Schmucknarben darstellen. Einige Masken sind weiß gefaßt mit ockerfarbigen und schwarzen Tupfen zur symbolischen Darstellung des Leoparden (*ngoy*), der männliche Vitalität und die kriegerischen Tugenden der Kota und der MaHongwe verkörpert. In eben diesen Dörfern am Oberlauf des Ivindo hielten sich am längsten (bis zu den dreißiger Jahren dieses Jahrhunderts) Geheimbünde, deren Mitglieder als ›Leoparden‹ gefürchtet waren. *LP*

4.89
Reliquiarfigur
MaHongwe
Gabun
19. Jahrhundert
Holz, Metall
54,5 x 19 x 11 cm
Sammlung Loed und Mia van Bussel, Amsterdam

Mit den Reliquiarfiguren der MaHongwe wurden Körbe bekrönt, die Reliquien illustrer verstorbener Mitglieder des Klans enthielten. Der Ahnenkult wurde *bwete* genannt. Die Körbe wurden in der Regel in Tempeln innerhalb des Dorfes aufbewahrt und trugen häufig zwei Figuren: eine größere Figur mit einer Höhe von etwa 50 cm, die andere deutlich kleiner (ca. 20 cm). Erstere sollte den Klanbegründer darstellen und die zweite einen der Nachkommen. Die beiden Figuren waren sehr unterschiedlich dekoriert.

Die großen *bwete*-Figuren der jeweiligen Untergruppen der MaHongwe waren stets in gleicher Manier geschnitzt. Obgleich aufgrund der Augen und der Nase unverkennbar menschlich, ist das Gesicht des Ahnen streng formalistisch gefaßt: das Gesicht wird durch eine sanfte Höhlung von der Augenbraue bis zum Mund akzentuiert, die Stirn wird durchschnitten von einem breiten Metallstreifen und die Wangen sind geschmückt mit einem langen geschwungenen Schnurrbart aus schmalen Lamellen, die mit großer Sorgfalt angebracht worden sind. Das Geschick, mit dem diese Lamellen und Metallstücke angebracht sind, ist eines der Kriterien zur Beurteilung der Echtheit dieser Objekte. Seit nahezu einem Jahrhundert ist diese spezifische Kunstfertigkeit jedoch verlorengegangen.

Das am Hinterkopf zusammengebundene Haar ist mit stilisierten herabhängenden Flechten versehen; diese sind mit Messingplatten verziert, die häufig ein punziertes Lochmuster aufweisen.

Das Gesicht dieser *bwete*-Figuren ist zweifellos sonderbar und in hohem Maße konzeptualisiert, und ein Zusammenhang mit dem Kopf der Brillenschlange ›Naja‹, der oft vermutet wird, besteht nicht. *LP*

Literatur: Perrois 1969

4.90 a

Reliquiarkopf

Kota
Gabun
Frühes 20. Jahrhundert
Holz, Metall
23 x 18 x 6 cm
Sammlung Herman

4.90 b

Reliquiarfigur auf einem Hocker

Kota
Gabun (Ober-Ogowe)
19. Jahrhundert
Holz, Metall
Höhe 56 cm
Etnografisch Museum, Antwerpen,
AE 60.51.3

Die Kota des östlichen Gabun, insbesondere die aus Ober-Ogowe, haben für rituelle Zwecke vorgesehene Ahnenfiguren in großer Zahl hervorgebracht: Diese sind aus Holz und mit einer dünnen Kupfer- oder Messingschicht verziert. Dank der Verschiedenheit der Kota-Gruppen, die über ein riesiges Gebiet verstreut leben, hat sich eine breite Kunstform herauskristallisiert, die endogene Stile ebenso einschließt wie solche, die von benachbarten Stilen beeinflußt wurden. So dürfte zum Beispiel die Kunst der Ambete mit ihren Reliquiarfiguren aus bemaltem Holz (aber ohne Messingüberzug) die Schnitzer der Obamba und der Ndassa inspiriert haben.

So erinnert der von einem Hocker *(kwanga)* getragene Körper von Kat. 4.90 b an Ambete-Figuren. Selbst die Beine des Hockers weisen eine formale Ähnlichkeit mit den stilisierten Sockelformen anderer Objekte auf, wie sie etwa von den Fang gefertigt wurden. Die Figur scheint maskiert zu sein und trägt eine helmartige Frisur gleichen Typs wie die Frisuren klassischer Reliquiarfiguren. Das Gesicht ist reduziert auf einige wenige Linien und Winkel, wobei der Augenbrauenwulst rechtwinklig zur Nase vorsteht. Dies stellt eine exakte Parallele zu den *mvudi*-Masken aus der gleichen Region (vgl. Kat. 4.87) dar. Die durch die Haltung der Arme vorgegebene Form mit den sich auf beiden Seiten des Torsos gegenüberliegenden Schnittpunkten ist vergleichbar mit dem rautenförmigen Torso der *mbulungulu*-Figurinen. Auf Hocker gestellte Reliquiarfiguren gehören zu einem plastischen Stil, der zwischen den flachen Schnitzereien der Obamba und den vollrunden Figuren der anderen Völker aus der Gegend angesiedelt ist. Sie sind ebenso bei den Kwele anzutreffen.

Reliquiarfiguren en miniature wie Kat. 4.90 a sind äußerst selten und ihr Verwendungszweck ist unbekannt. *LP*

4.91 a

Reliquiarkopf

Fang
Gabun
19. Jahrhundert
Patiniertes Holz
34,9 x 19 cm
Privatsammlung

Reliquiarbehälter der Fang aus dem Gebiet vom südlichen Kamerun bis zum Ogowe-Tal wurden in der Regel von Statuetten bekrönt, manchmal aber auch nur von Köpfen, insbesondere bei den Ntumu (nordöstlich von Rio Muni und dem oberen Woleu-Tal) und den Betsi (Okano-Tal und Mittel-Ogowe). Die Frage, ob der Stil der Köpfe früher anzusetzen ist als der der Büsten und stehenden Figuren, wurde erstmals von Tessmann (1913) aufgeworfen; tatsächlich sind die Köpfe, die zwischen 1880 und 1920 gesammelt wurden, nicht eindeutig älter als die Figuren.

Es ist jedoch erwähnenswert, daß, bezogen auf die mit dem *byeri*-Ahnenkult in Verbindung stehenden Darstellungen, die erhaltenen Reliquien (hauptsächlich Schädelfragmente, gelegentlich aber auch ganze Köpfe mitsamt Unterkiefer) darauf hindeuten, daß der einzelne Kopf am weitesten verbreitet war. Erwähnenswert ist jedoch auch, daß während des theatralischen *melan*-Rituals (eines der Initiationsrituale des *byeri*-Kultes, bei dem die Fang die Verstorbenen ›reanimierten‹, um sie anschließend einzeln mit Namen aufzurufen und den jungen Initianden vorzustellen) die Figuren und nicht die einzelnen Köpfe als Puppen Verwendung fanden.

Die *byeri*-Köpfe sind stilistisch sehr gleichförmig, im Unterschied zur relativ großen Variationsbreite bei den Ganzfiguren. Das einzig variierende Merkmal ist die Haartracht. Es lassen sich drei verschiedene Stile unterscheiden: die Helmperücke mit mehreren Zöpfen *(ekuma)*, der Helm mit Medianbogen *(nlo-o-ngo)* und der quer verlaufende Chignon. Die Fang-Frisuren bestanden immer aus künstlichen Zierteilen aus Haar, Fasern und pflanzlichen Einlagen, geschmückt mit Glasperlen, Kaurischnecken und Metallketten. Man geht davon aus, daß die Köpfe mit einem Chignon, bei dem das eigentliche Haar geflochten war und eng am Schädel anlag, auf eine weibliche Figur hinweisen. Die reicher verzierten, ebenfalls geflochtenen Frisuren verweisen vermutlich auf männliche Figuren; sie sind, wie bei einer patrilinealen Gesellschaft nicht anders zu erwarten, wesentlich häufiger anzutreffen.

Die Köpfe mit Querchignons sind wahrscheinlich den Betsi zuzuordnen. Die Kunst der Chignongestaltung und der Helmfrisuren ist bei den Frauen Gabuns nach wie vor lebendig: Die Frauen der Fang und der Myene versetzten Mitte des 19. Jahrhunderts Reisende mit der Originalität dieser Kreationen in Staunen. Die von den Ktumi und den Betsi geschnitzten Köpfe zählen zu den bedeutendsten künstlerischen Hervorbringungen der Fang.

Die beiden hier gezeigten Köpfe zählen zu den berühmtesten Beispielen der klassischen Fang-Plastik. Sie haben breite, schön herausgearbeitete Brauen, und die Köpfe sind in einer weichen Herzform geschnitzt, mit halb geschlossenen, mandelförmigen Augen, einer länglichen, eher flachen Nase und einem Mund mit aufgeworfenen Lippen. Es lassen sich winzige Unterschiede in der Ausgestaltung des Kopfes ausmachen: der eine Künstler hat Gesichtsfläche und Stirn zu einer ovoiden Form zusammengefaßt, während sein Kollege die flache Schädeldecke akzentuiert und das Gesicht in die Länge gezogen hat.

Die Zierlichkeit dieser Schnitzereien überrascht immer wieder; sie wurden in einer dörflichen Umgebung von Menschen gefertigt, die seit Anfang des 19. Jahrhunderts ständig in Bewegung gewesen waren. So fragt man sich, ob die Fang-Figuren, die erstmals Ende des 19. Jahrhunderts entdeckt wurden, nicht vielleicht die Kulmination einer langen Tradition darstellen, die in die Zeit vor der letzten Wanderung von Gruppen aus den östlichen Savannen Kameruns und Zentralafrikas zurückreicht. *LP*

Literatur: Tessmann 1913

4.91 b

Reliquiarkopf

Fang
Gabun
19. Jahrhundert
Patiniertes Holz
28,2 x 13,9 x 15,2 cm
Privatsammlung

4.92

Reliquiarkopf

Fang
Gabun (Ober-Ogowe)
19. Jahrhundert
Patiniertes Holz
Höhe 42,5 cm
Philadelphia Museum of Art, 1950, 134-202

Die Überbetonung des vorstehenden Unterkiefers bei diesem Fang-Kopf sowie die sehr detaillierte Darstellung der Zähne steht in unmittelbarem Zusammenhang mit seiner Funktion als Reliquienwächter vor rund hundert Jahren bei den Betsi-Familien in Nord-Gabun. Im Rahmen des *byeri*-Kultes werden prominente verstorbene Angehörige des Klans *(ayon)* verehrt. Der hier gezeigte, verhältnismäßig große und massive Kopf ist typisch für die Schnitzereien der Fang-Gruppen, die bis Ende des 19. Jahrhunderts im unteren Ogowe-Tal (und an ihren Nebenflüssen zur Rechten, dem Okano und dem Abanga) lebten. Der Kopf besteht aus einem praktisch kugelförmigen Schädel, der auf einem zylindrischen Hals ruht. Das Gesicht wölbt sich in Stirnhöhe weit vor und ist ausgesprochen konkav zwischen den elegant geschwungenen Brauen und dem Kiefer, der fast wie vom übrigen Kopf losgelöst erscheint.

Der rückseitige Teil des Kinns ist hinter beiden Wangen zwischen Hals und Ohren ebenfalls seltsam ausgehöhlt, obgleich dies von vorne nicht zu erkennen ist. Der Kopf ist bedeckt mit einer schlichten Kappe, die Stirn und Schädel von einem Ohr zum anderen und bis zum Nacken umhüllt. Die Augen treten leicht hervor und die Pupillen sind mit eingelegten Messingplättchen verziert, die mit Harz aufgeklebt wurden. Der sanft geschwungene Doppelbogen über den Augenhöhlen wird von einer kurzen, flachen Nase getragen.

In diesem beeindruckenden Stück vereinen sich in einzigartiger Weise Originalität und Tradition, ist es doch einem Stil zuzuordnen, der eine große Homogenität bewahrt hat. Obgleich der Ahnenkopf die gewünschte Botschaft vermittelt, verwandelt die leicht morbide Darstellung des bei Fang-Figuren üblichen Schmollmundes das Gesicht in eine Fratze des Todes. *LP*

4.93

Huckepackfigur

Fang (Ngumba)
Kamerun
19. Jahrhundert
Holz
Höhe 55,8 cm
Privatsammlung

Diese außergewöhnliche Statuette einer Frau (einer Mutter?) mit Kind weist alle Merkmale des nördlichen Unterstils der Fang-Ngumba auf, der erstmals Ende des 19. Jahrhunderts nördlich von Ntumu in dem Gebiet entdeckt wurde, das sich von Kribi bis Bipindi und Lolodorf im Süden Kameruns erstreckt.

Wie viele der Gruppen, die heute den ›pahouin‹, also der Fang-Gruppe, zugerechnet werden, gingen die Ngumba – die ursprünglich Maka waren und aus Ost-Kamerun stammten – Mischehen mit den Bulu, Betsi und den Ntumu ein, bis sie schließlich eine Einzelgruppe mit einer eigenen Identität, besonders hinsichtlich ihres Kunsthandwerks, bildeten. Dieser kulturelle Durchbruch muß sich im Verlauf eines Jahrhunderts zur Zeit der großen Fang-Wanderung vollzogen haben, die durch die Auslösung einer Welle kleinerer Wanderungen von Dorf zu Dorf auch eine Reihe anderer Gruppen dazu veranlaßte, vom Nordwesten in den Südwesten des atlantischen Äquatorialafrika umzusiedeln. Obgleich ungeklärt ist, ob die Fang (wie manche Überlieferung besagt) ursprünglich aus Bahr el-Ghazal kamen, steht fest, daß sie aus den Savannengebieten (im Norden Sanagas) in den Regenwald übersiedelten. Die Ngumba bilden einen eigenen Zweig der Wanderungsbewegung, unabhängig von den Nzaman- und Betsi-Gruppen, die sich direkt zum Ogowe in Gabun aufmachten.

Das Erkennungsmerkmal des Ngumba-Stils ist vor allem der längliche Charakter des (stets nackt dargestellten) Körpers, der erzielt wird durch den Kontrast zwischen kurzen, massiven, leicht abgebogenen Beinen (wobei die Oberschenkel und die Waden besonders groß sind) und einem großen Kopf. Zwischen beiden dehnt sich der zylindrische Körper, gestützt von einem sehr geraden Rücken, vom Hals zum Bauch. Die Schultern und Arme wirken wie am Torso befestigt. Das Kind ist aus einem eigenen Stück geschnitzt (Kinder werden in diesen Regionen meist in einem Gurt oder Tuch gehalten, auf dem Rücken getragen oder in einer Art kleinem Babyträger aus Leder über die Schultern gehängt). *LP*

Provenienz: Ehemals Sammlung de Miré
Literatur: Alexandre und Binet 1958

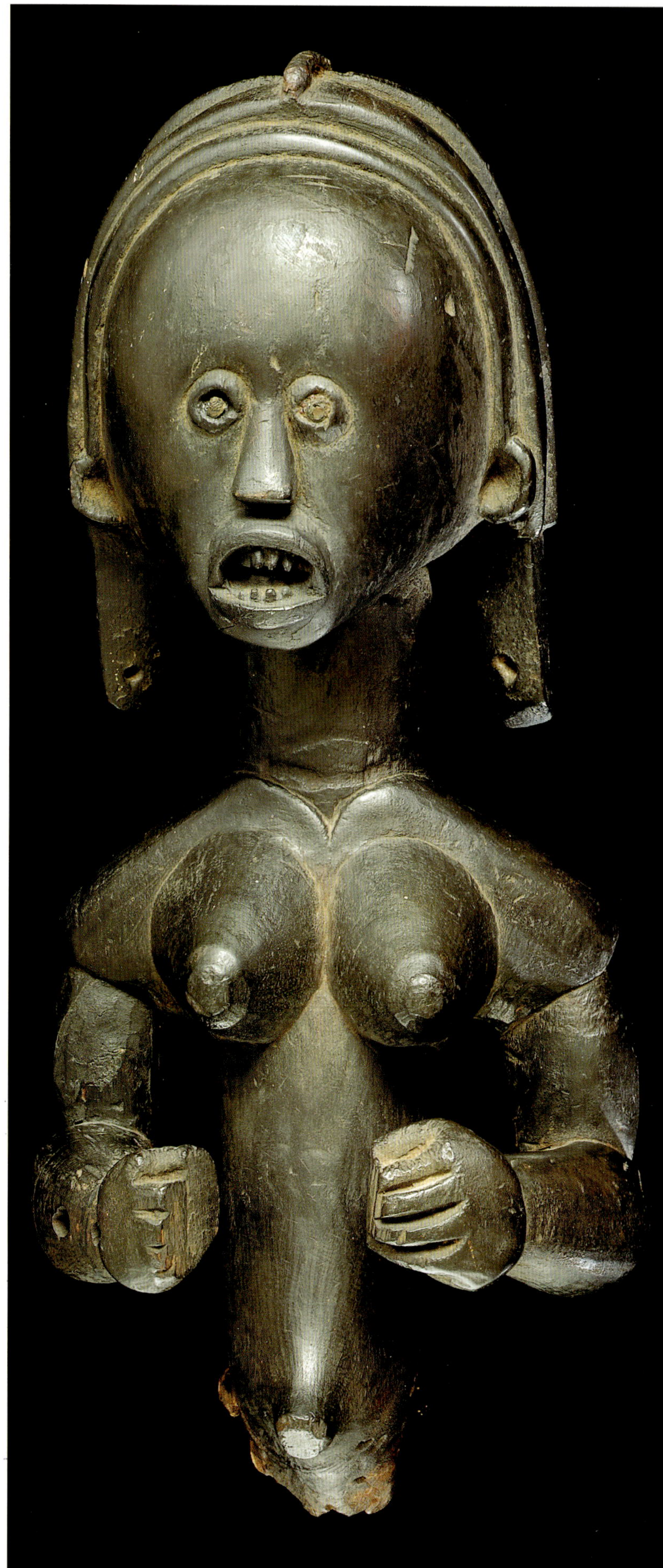

4.94 a

Männliche Figur mit Kind

Fang (Ngumba)
Kamerun
19. Jahrhundert
Holz, inkrustiert
57,2 x 22,9 x 17,8 cm
Peabody Museum of Archaeology and Ethnology, Harvard University, Cambridge (Mass.), 30.2.50/B4974

4.94 b

Weibliche Figur

Fang (Ngumba)
Kamerun
19. Jahrhundert
Holz, Metall
48,3 x 24,1 x 17,8 cm
Peabody Museum of Archaeology and Ethnology, Harvard University, Cambridge (Mass.), 30.2.50/B4973

Dieses Figurenpaar der Fang-Ngumba aus dem südlichen Kamerun, das einen Mann und eine Frau (heute ohne Beine) darstellt, ist insofern einzigartig, als es die einzige erhaltene Darstellung eines Mannes ist, der ein Kind in Händen hält. Der Zwischenraum zwischen ihren Händen läßt vermuten, daß auch die Frau ursprünglich ein Kind, vielleicht aber auch eine Opferschale in Händen hielt. Es ist durchaus üblich, daß bei Objekten, die gesammelt werden, Teile mit religiöser Bedeutung bewußt weggebrochen werden, wie dies bei den *byeri*-Figuren der Fang geschehen ist. Die typischen Stilmerkmale der Ngumba-Kunst sind hier unverkennbar: die Struktur des Gesichts mit der sich vorwölbenden Stirn, den fest in die Gesichtsfläche eingeprägten Zügen und dem wie eine umgedrehte Birne geformten Kopf.

Im Unterschied zu den ebenfalls aus dem Süden stammenden Betsi-Figuren mit ihrem konkaven, herzförmigen Gesicht sind die Ngumba-Gesichter voll und rund. Besonders der Mund mit den wulstigen, vorgeschobenen Lippen, die, leicht geöffnet, den Blick auf spitze Zähne freigeben, bildet fast ein für sich stehendes, mehr oder weniger rechteckig geformtes Element. Der Mann trägt einen stilisierten Bart. Wie bei Kat. 4.93 sind die Köpfe dieser beiden Figuren ziemlich groß und auf einen schlanken Torso aufgesetzt; dadurch wird die längliche Wirkung des Körpers noch betont. Die Schultern, die vereinfacht, dabei aber (wie die Ober- und Unterarme) von bewundernswerter Plastizität sind, sowie die festen, runden Brüste der jungen Frau sind äußerst kunstfertig geschnitzt. Die Augen sind bei beiden Figuren besonders markant gestaltet: beim Mann sind kleine Glasscherben und bei der Frau Metallnägel in die Pupillen eingelegt. Interessant sind auch die Löcher zum Anbringen von Federschmuck oder Glasperlenketten, insbesondere in den herabhängenden Haarflechten. *LP*

4.95

Reliquiarfigur

Fang
Gabun
19. Jahrhundert
Holz, Kupfer
Privatsammlung, London

Diese hypnotisierende Reliquiarfigur läßt sich einer benennbaren Schule zuordnen, als deren Meisterwerk die große, ehemals in der Sammlung Epstein befindliche Figur gilt, die von der hier gezeigten Figur an Anmut, wenn auch nicht an Eindruckskraft noch übertroffen wird. Die großen, mit einer Kupferniete befestigten Kupferaugen senden einen bösen Blick aus, der ursprünglich im Halbdunkel der Hütte, in der die Reliquiare aufbewahrt wurden, zur Wächterfunktion der Figuren gehörte. Spuren von Schmucknarben im Nabelbereich und der Ring von Einkerbungen, der sich über Stirn und Kinn zieht, verbinden diese Figur ebenfalls mit dem Stück aus der Sammlung Epstein, obgleich die Frisur hier ganz eigen ist. Die harmonisch aufeinander abgestimmten Brüste und Schultern, die eine doppelte formale Assonanz bilden, gehen über in eine einer kannelierten Säule gleichenden Stütze für den Kopf, der andernfalls disproportioniert wirken würde. *TP*

4.96 a

Maske

Fang (Ntumu)
Rio Muni, Äquatorialguinea
19. Jahrhundert
Holz, Farbpigmente
Höhe 78 cm
Staatliche Museen zu Berlin, Preußischer Kulturbesitz, Museum für Völkerkunde, III C 6000

4.96b

Maske

Fang
Gabun
19. Jahrhundert
Holz, Farbpigmente
Höhe 65 cm
Laboratoire d'Ethnologie, Musée de l'Homme, Paris, 65.104.1

Die Fang-Masken, die mit der sogenannten *ngil*-Gesellschaft in Zusammenhang standen, ziehen bis heute ein ungeheures Interesse auf sich, weil so wenige authentische, gut dokumentierte Exemplare erhalten sind. Zu den einschlägigen Arbeiten zählt die Maske in Berlin (Kat. 4.96 a), die vor 1895 vermutlich bei den Ntumu von Rio Muni gesammelt wurde und stilistisch der gleichen Familie zuzuordnen ist wie die Maske im Art Museum in Denver. Das 1890 gesammelte Exemplar aus Denver wurde nicht weit von Libreville, in der Region der Monts de Cristal im Betsi-Gebiet gefunden, das sich damals bis zur Mündung des Gabun-Flusses erstreckte.

Die subtile Schönheit dieser Masken mit ihrer schlichten Form fasziniert seit langem die Sammler: die Berliner Maske war ein Glanzstück der Ausstellung 1935 im New Yorker Museum of Modern Art. Es ist bedauerlich, daß die Forschungsreisenden und Anthropologen, die die Masken im Gebrauch erlebten, sich nicht bemüht haben, mehr über sie in Erfahrung zu bringen. In den Beschreibungen, die frühe Ethnographen hinterlassen haben, wird ihnen lediglich eine ›dekorative‹ oder spielerische Rolle zugewiesen; die genaue Schilderung des gemeinschaftlichen Ritualbrauchtums in all seinen komplexen Ausformungen nahm mehr als genug von ihrer Zeit in Anspruch. Ende des 19. Jahrhunderts war die *ngil*-Gesellschaft eine Organisation, die dem einzelnen Klan übergeordnet war und politische und richterliche Gewalt innehatte. Bezeugt ist ihr Wirken in allen südlichen Teilen des Fang-Territoriums, im Mündungsgebiet des Gabun-Flusses und im Gebiet der Monts de Cristal, im Süden und Nordosten Äquatorialguineas (Rio Muni), im oberen Woleu-Tal, sowie bei dem Volk der Ntumu im Osten, den Okak im Westen und den Betsi im Süden.

Die *ngil*-Meister konnten ungefährdet von Dorf zu Dorf wandern, weil ihre Rolle als Wahrer des Friedens anerkannt war; sie galten als besonders hilfreich bei der Bekämpfung von bösem Zauber und anderen dunklen Machenschaften sowie als Schlichter in Streitfragen zwischen einzelnen Klans und rivalisierenden Dörfern. Die Maske rief keine ästhetischen Empfindungen hervor, sondern war vielmehr ein Symbol des Schreckens und der Rache. Hexerei wurde in der Regel mit der Todesstrafe geahndet. Wenn der *ngil*-Meister in ein Dorf gerufen wurde, pflegte er nachts mit einer Truppe von Gefolgsleuten einzutreffen, einer Art Miliz im Sold des *ngengang*: dieses Eintreffen des Meisters und Richters in unruhig flackerndem Binsenlicht muß die dramatische Wirkung der Masken ungemein gesteigert haben. Wem mehr daran lag, sich der *ngil*-Gesellschaft anzuschließen anstatt ihr ausgesetzt zu sein, der mußte sich einer anstrengenden Initiation unterziehen. Ihre therapeutischen Rituale ergänzten die des *byeri*-Kultes (vgl. Kat. 4.91).

Die Masken als solche vermitteln ohne ihre Krause aus Fasern und ohne das aus Raphiastreifen zuammengesetzte Kostüm des Tänzers einen falschen Eindruck der Ruhe und Gelassenheit. Die bewußte anatomische Verzerrung entspricht dem Bedürfnis, ein furchterregendes, halbmenschliches Wesen zu verkörpern. Aufgabe der Maske war es, den Zauberer zu verwirren, den Menschen, der sich den Normen der Gruppe widersetzt hatte, dingfest zu machen, den Verbrecher zu bestrafen.

Die für die Fang typischen Stilmerkmale sind hier alle vereint: die sehr breite, wie eine Viertelkugel geformte Stirn, der Doppelbogen über den Augenhöhlen, das herzförmige Gesicht, der vorstehende Mund, der Kopfschmuck mit Medianbogen (typisch für die südlichen Fang), halbkreisförmige Schmucknarben auf der Stirn und überzeichnete Wangen, um Angst einzuflößen.

Weiß (laviertes Kaolin) ist die Farbe der Toten beziehungsweise der Geister. Als Waffen des Schreckens geschaffen, beschwören die Masken nach wie vor die auf Heiler, Menschen und jenseitige Geister verteilte Macht. *LP*

Provenienz: Kat. 4.96 a: vor 1895 gesammelt; Kat. 4.96 b: ehemals Sammlung A. Lefèvre; 1965 vom Museum erworben

Ausstellung: Kat. 4.96 a: New York 1935

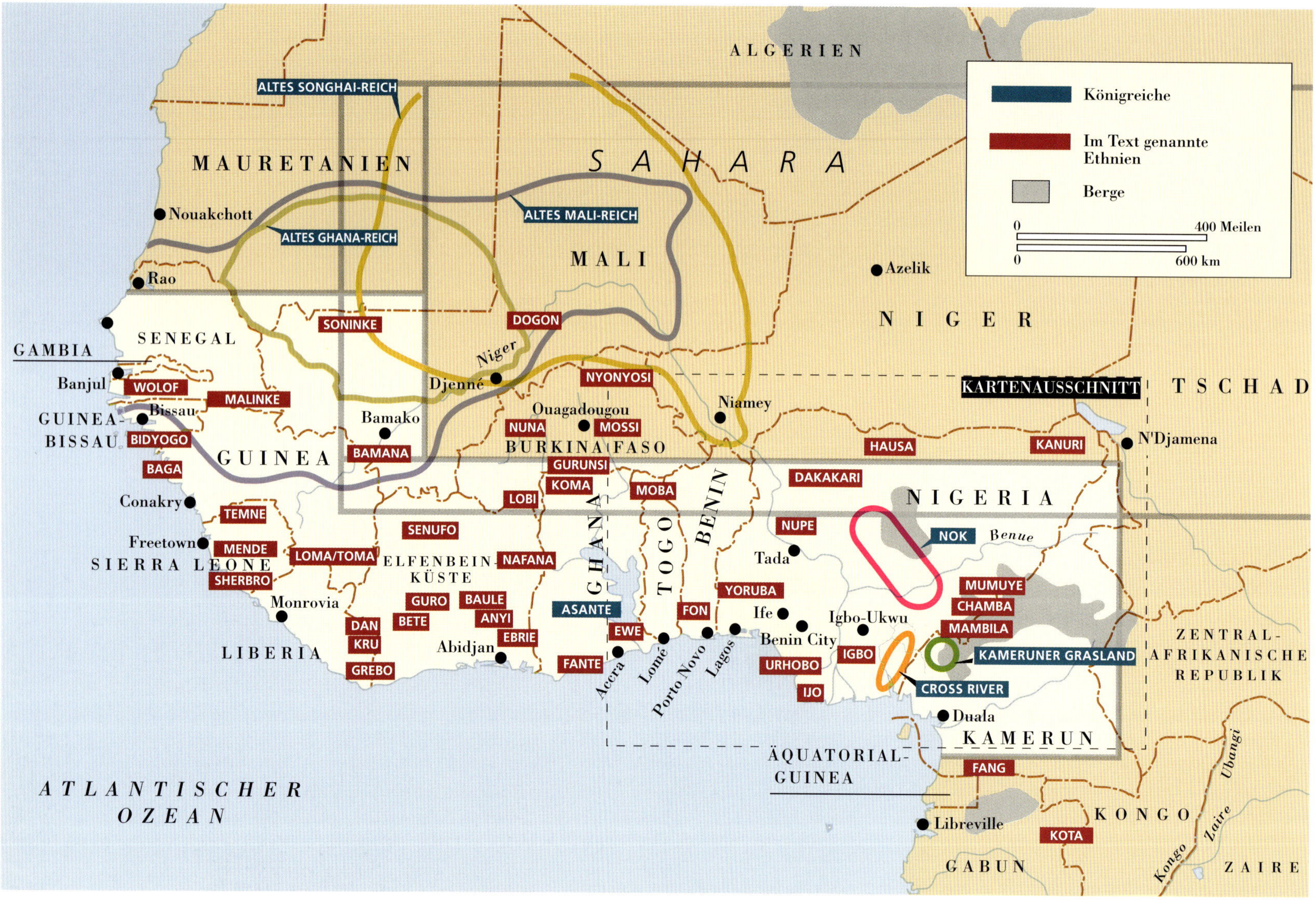
Königreiche
Im Text genannte Ethnien
Berge
0 400 Meilen
0 600 km
ALGERIEN
SAHARA
MAURETANIEN
MALI
NIGER
TSCHAD
KARTENAUSSCHNITT
ALTES SONGHAI-REICH
ALTES MALI-REICH
ALTES GHANA-REICH
Nouakchott
Rao
Azelik
SENEGAL
GAMBIA
Banjul
GUINEA-BISSAU
Bissau
GUINEA
Bamako
Djenné
Niger
Ouagadougou
BURKINA FASO
Niamey
N'Djamena
NIGERIA
Conakry
Freetown
SIERRA LEONE
Monrovia
LIBERIA
ELFENBEIN-KÜSTE
Abidjan
GHANA
TOGO
BENIN
Accra
Lomé
Porto Novo
Lagos
Tada
Ife
Benin City
Igbo-Ukwu
Benue
Duala
KAMERUN
ÄQUATORIAL-GUINEA
Libreville
GABUN
KONGO
ZAIRE
Kongo
Zaire
Ubangi
ZENTRAL-AFRIKANISCHE REPUBLIK
ATLANTISCHER OZEAN
SONINKE
DOGON
WOLOF
MALINKE
BIDYOGO
BAGA
BAMANA
NYONYOSI
NUNA
MOSSI
GURUNSI
KOMA
LOBI
MOBA
HAUSA
KANURI
DAKAKARI
NUPE
NOK
TEMNE
MENDE
SHERBRO
LOMA/TOMA
SENUFO
NAFANA
GURO
BAULE
BETE
ANYI
EBRIE
DAN
KRU
GREBO
ASANTE
EWE
FANTE
FON
YORUBA
URHOBO
IJO
IGBO
MUMUYE
CHAMBA
MAMBILA
KAMERUNER GRASLAND
CROSS RIVER
FANG
KOTA

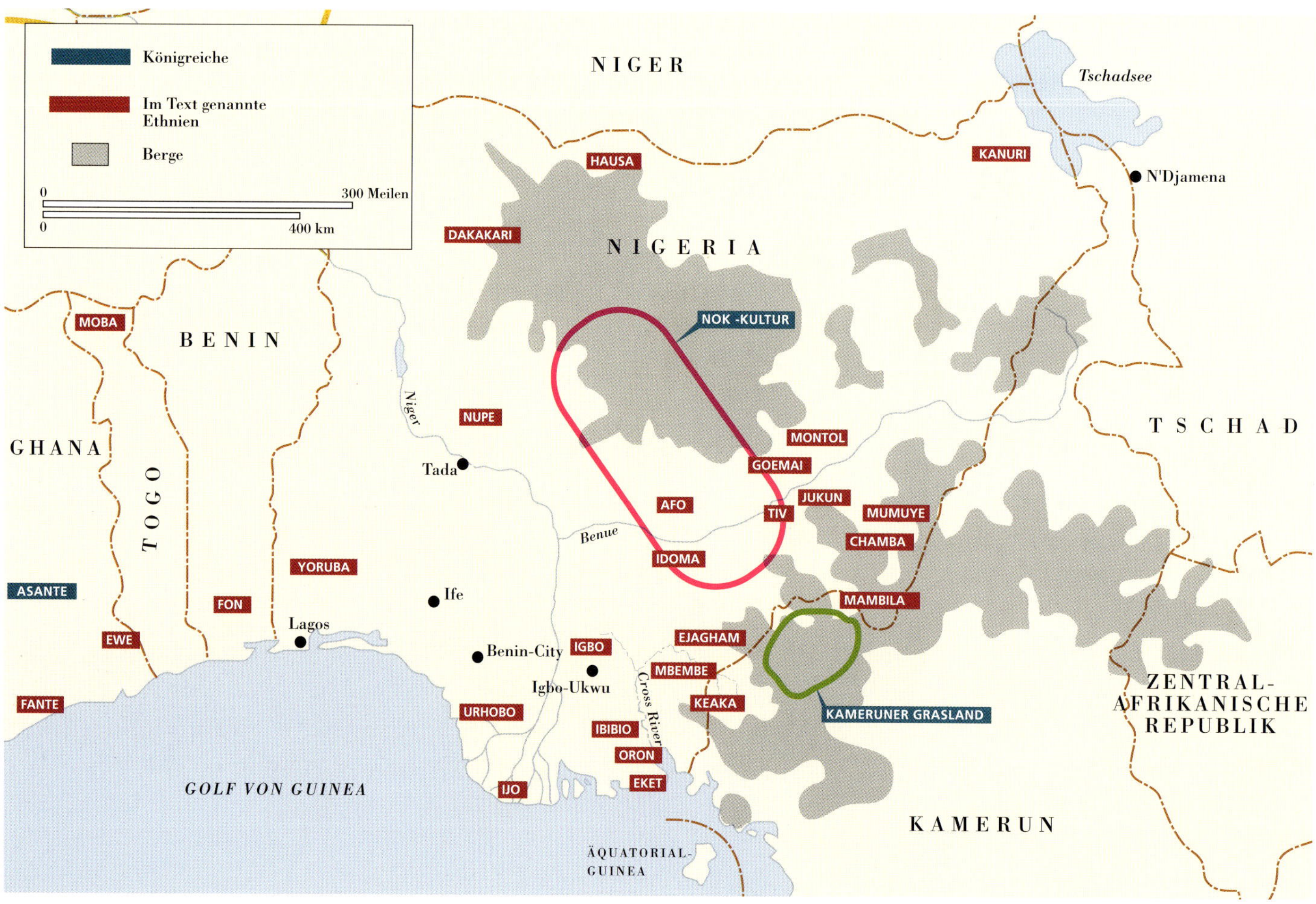
Königreiche
Im Text genannte Ethnien
Berge
0 300 Meilen
0 400 km
NIGER
Tschadsee
N'Djamena
HAUSA
KANURI
DAKAKARI
NIGERIA
BENIN
MOBA
GHANA
TOGO
TSCHAD
NOK -KULTUR
Niger
NUPE
Tada
MONTOL
GOEMAI
JUKUN
AFO
TIV
MUMUYE
CHAMBA
Benue
IDOMA
YORUBA
ASANTE
FON
Ife
Lagos
EWE
MAMBILA
EJAGHAM
Benin-City
IGBO
Igbo-Ukwu
MBEMBE
FANTE
URHOBO
KEAKA
Cross River
KAMERUNER GRASLAND
IBIBIO
ORON
EKET
IJO
GOLF VON GUINEA
ÄQUATORIAL-GUINEA
KAMERUN
ZENTRAL-AFRIKANISCHE REPUBLIK

5 WESTAFRIKA UND DIE GUINEAKÜSTE

John Picton

Voraussetzungen für eine Geschichte der afrikanischen Kunst

Jede Einführung in die Geschichte der westafrikanischen Kunst muß bestimmte Faktoren berücksichtigen. Zum einen ist Afrika südlich der Sahara bei der Entwicklung vorindustrieller Technologie und damit auch der bildenden Kunst autark und innovativ gewesen. Zweitens ist Westafrika geographisch durch zwei Episoden seiner Frühgeschichte geprägt: durch die Entstehung der Sahara mit ihren weitreichenden Konsequenzen sowie durch die Verbreitung der Bantusprachen und der Eisenbearbeitung von einem Gebiet ausgehend, das der heutigen Grenzregion Nigeria/Kamerun entspricht. Drittens entwickelten sich lokale Technologien und Traditionen in dieser Region häufig als Reaktion auf die mediterrane Welt oder, ab dem 7. Jahrhundert n. Chr., auf den Islam (über die Handelsrouten durch die Sahara, seitdem diese eine Wüste ist) bzw. auf Europa (über den Küstenhandel seit der zweiten Hälfte des 15. Jahrhunderts), wobei die Form dieser Reaktionen lokalen Bedingungen folgte. Viertens kann wegen des Mangels an gesicherten Daten, insbesondere im Vergleich zur europäischen Kunstgeschichte, jede Darstellung der Kunstgeschichte Afrikas südlich der Sahara nur rudimentär sein. Oft ist das Kunstwerk selbst die einzige Information, die wir über einen bestimmten Ort oder eine bestimmte Bevölkerung besitzen.

Die Gründe hierfür liegen auf der Hand: die dürftige archäologische Aufarbeitung des Kontinents, Raub und illegale Grabungen, das Fehlen schriftlicher Aufzeichnungen sowie unvollständige Sammlungen und unangemessene Bewertungen der mündlichen Überlieferung. Zudem stammen die meisten

Abb. 1 Oba Akenzua II., König von Benin, Nigeria (1933–78), mit Regalien aus Korallen und Elfenbein bei einem der großen zeremoniellen Ereignisse

›klassischen‹ afrikanischen Kunstwerke südlich der Sahara, soweit es sich nicht um Ausgrabungsstücke handelt, aus dem späten 19. oder frühen 20. Jahrhundert, also aus der Kolonialzeit. Welche Konsequenzen sich daraus für unsere Beurteilung der bildenden Kunst ergeben, ist noch nicht ausreichend zu Bewußtsein gekommen. Gleichwohl gibt es bescheidene Fortschritte. Hier und da finden sich Informationen zu einzelnen Künstlern, und allein die Tatsache, daß sich auf diese Weise über Westafrika schreiben läßt, ist ein Indiz für eine Weiterentwicklung, insbesondere hinsichtlich unseres Verständnisses der Frühgeschichte. Aber nur für die afrikanische Kunst des 20. Jahrhunderts lassen sich Daten in einem Umfang zusammentragen, der anderswo als selbstverständlich gilt.

Frühgeschichte und Technologie

Vor einigen Jahren sprach der Archäologe John Sutton von einer »aquatischen Zivilisation des mittleren Afrika«. Diese habe aus Gruppen von Fischern bestanden und sich entlang der einst fruchtbaren Wasserläufe der heutigen Region südlich der Sahara bzw. des südlichen Sahel, die sich praktisch über die gesamte Breite des Kontinents hinzieht, erstreckt. Während die Vorstellung einer einzigen Zivilisation nicht zutrifft – spätere Untersuchungen brachten beträchtliche regionale Unterschiede zum Vorschein –, erwies sich Suttons Grundthese als richtig. Es gab hier Gemeinschaften, die vom Fischfang und von der Ernte wilden Getreides, wahrscheinlich einer wildwachsenden Sorghum-Art, lebten und bestimmte Fischerei- und Töpfertechniken ausgebildet hatten. Ihre Keramik ist durch die dekorative, vermutlich mittels Skelettwirbeln von Fischen erzeugte Musterung mit einer getüpfelten Wellenlinie leicht identifizierbar. In dem mitten in der Sahara gelegenen Ort Amekni (um 6100 v. Chr.) finden sich Hinweise auf früheste Anfänge der Töpferei, unabhängig von Westasien und Altägypten – wo sich die Töpferei später entwickelte als in Westasien und in der Sahara-Region – und getragen von einer Bevölkerung, die genetisch derjenigen, die heute südlich der Sahara lebt, ähnelt.

Wie aus den frühesten Felsbildern ersichtlich, bildete die Zentralsahara zu dieser Zeit noch die Lebensgrundlage für eine Vielzahl wild lebender Säugetierarten. Ab ca. 4000 v. Chr. ging man, vielleicht als Reaktion auf die allmählich einsetzende Austrocknung der Sahara, zu nomadischer Viehwirtschaft über. Die Gemälde und Felsbilder aus dieser Zeit zeigen jedenfalls vor allem Viehherden. Archäologisch zu belegen ist überdies eine allmähliche Migration der Nomaden durch die Sahara von Nordosten in Richtung Südwesten. Dies hatte wohl Auswirkungen auf die Fisch- und Getreideressourcen der Angehörigen der »aquatischen Zivilisation«. Diese klimatischen und demographischen Veränderungen, die in der Nil-Region mit den Anfängen des vordynastischen Ägypten einhergehen, bildeten die Grundlage dafür, daß die Menschen im Gebiet der heutigen Sahelzone mit der Kultivierung von Nutzpflanzen begannen – unabhängig von ähnlichen Entwicklungen an anderen Orten, einschließlich Alt-Ägyptens. Und schließlich ist es wahrscheinlich, daß die Verbreitung der Bantusprachen und der Eisenbearbeitung nach Süden und Westen von dem Grenzgebiet zwischen dem heutigen Nigeria und Kamerun ihren Ausgang nahm.

Die Anfänge der Metallbearbeitung in dieser Region dürften in die Zeit fallen, in der auf den Felszeichnungen und -ritzungen der Sahara oft von Pferden gezogene Streitwagen dargestellt wurden. Markiert man auf einer Karte die Orte, wo sich diese Bilder finden, so zeigt sich, daß sie entlang bestimmter Routen durch die Sahara liegen, die auf fast unheimliche Weise den seit dem 9. Jahrhundert bestehenden westlichen und zentralen Handelsrouten des mittelalterlichen Islam entsprechen.

Die Vertrautheit mit der Töpferei und die Befunde aus den alten Kupferwerkstätten von Akjouit (im heutigen Mauretanien) und von Azelik (im heutigen Niger) bestätigen, daß sich die Eisenverarbeitung auf lokaler Basis entwickelt hat und nicht wie behauptet über die Phönizier (via Karthago), Ägypter (via Meroë) oder über die Araber (via Aksum) eingeführt wurde. Südlich der Sahara wurden bis zu Beginn der Eisenverarbeitung Steinwerkzeuge benutzt, ohne die Zwischenstufe des Kupferzeitalters. Das Kupferschmelzverfahren war aufgrund des niedrigeren Schmelzpunktes von Kupfer andernorts eine wesentliche Vorbedingung für die Eisenverhüttung. Daher ging man stets von einem Import dieser Technik nach Afrika aus. Lediglich die Frage, über welchen der drei genannten Orte er stattfand, war noch strittig, wobei Karthago und die Transsahararoute als wahrscheinlichste Lösungen galten. Doch da die Beherrschung des Feuers – die Grundlage der Töpferei und der Schmelzverfahren – bereits für das späte 7. Jahrtausend v. Chr. verbürgt ist, und da es Belege für eine frühe Kupferverarbeitung in Akjouit, Mauretanien und Azelik nahe Agadez in Niger ab dem Jahr 2000 v. Chr. gibt, wird diese ganze Diskussion hinfällig, und sie wird es solange bleiben, bis wir Kenntnisse von den Gegenständen des Transsaharahandels in seiner Anfangszeit besitzen. Bislang wissen wir weder, ob Metalle und/oder die Kenntnis der Metallbearbeitung im Handel eine Rolle gespielt haben, noch, in welcher Richtung der Austausch stattfand.

Diese Überlegungen sind von entscheidender Bedeutung für eine Beurteilung der auf einen Zeitraum zwischen 500 v. Chr. und 200 n. Chr. datierten und über ein weites Gebiet des heutigen Nigeria verteilten Fundstätten, die einzigartige Belege für die Existenz von Skulpturen südlich der Sahara liefern. Das Material dieser Skulpturen ist Ton, aber obwohl dieser häufig als Terrakotta bezeichnet wird, hat der Lehm dieselbe rauhe Beschaffenheit wie die meisten anderen Tonarbeiten südlich der Sahara, ob sie im Haushalt verwendet wurden oder Skulpturen waren. Man sollte daraus freilich nicht folgern, daß es sich hier um eine ›primitive‹ Technologie handelt, auch wenn sie ohne Töpferscheibe und Ofen auskommt. Grobstrukturierter Lehm wurde handgeformt und im offenen Feldbrand zu Keramik verarbeitet, die derart fein strukturiert und den vorindustriellen afrikanischen Lebensbedingungen angemessen ist, daß sie sich dem, was mit Töpferscheibe und Ofen hergestellt wurde, zur Seite stellen läßt. Überdies sind diese Skulpturen nicht die rudimentären Anfänge einer Kunst, sondern Teil einer entwickelten skulpturalen Tradition. Daß es sich bei ihnen um deren früheste Belege handelt, legt eine erst noch zu entdeckende, noch frühere Geschichte nahe.

Man bezeichnet diese Kultur, deren Identifizierung auf ihre Keramikskulpturen zurückgeht, allgemein als Nok, nach dem gleichnamigen Dorf am südlichen Steilabbruch des Jos-Plateaus, in dessen Nähe diese Skulpturen gefunden und erstmals beschrieben wurden. Ob diese Fundstätten einer einzelnen Bevölkerungsgruppe zuzuordnen sind, ist ungewiß. Neben diesen Skulpturen bieten sie auch die ersten eindeutigen Belege für die Eisenverhüttung in der westafrikanischen Savanne. Die zeitweilig vertretene Auffassung, die Nok-Kultur stehe für die Anfänge der Eisenbearbeitung überhaupt, ist mittlerweile widerlegt, da die Nok-Fundstätten nur Teil einer ganzen Reihe von südlich der Sahara in Ost- und Westafrika über die Savanne verteilten ähnlichen Fundstätten aus dem letzten Jahrtausend v. Chr. sind. Gleichwohl liefert Nok die frühesten Belege für eine entwickelte Bildhauerei in Afrika südlich der Sahara. Und wenn die noch heute in vielen Gebieten südlich der Sahara lebendige Tradition, derzufolge die Töpferin die Ehefrau eines Schmieds ist, althergebracht sein sollte (wie es das enge Verhältnis dieser beiden Technologien zueinander nahelegt), dann, so ließe sich spekulieren, wären diese ersten Belege für eine Bildhauerei zugleich Hinweis darauf, daß Frauen als Plastiker gearbeitet haben. Abgesehen davon, daß Keramik und Eisenbearbeitung gleichzeitig auftauchen, sind nämlich einige der Nokskulpturen im Ringverfahren gearbeitet, einer Technik, die die Töpferinnen noch heute anwenden – bei den heutigen Töpfer-Bildhauern in der mittleren Region Nigerias handelt es sich um Frauen.

Anderenorts, in Mali, das teilweise mit Ife vergleichbar ist, finden sich gleich mehrere Traditionen von Keramikskulptur, insbesondere an der Fundstätte von Alt-Djenné, einer urbanen Gründung von 800 n. Chr. Der Ort liegt im Binnendelta des Niger und stellt möglicherweise auch den frühesten Beleg städtischen Lebens südlich der Sahara dar. Diese Skulpturen lassen sich denen von Nok und Ife an die Seite stellen als Zeugnisse für den Variantenreichtum und die große Verbreitung der Töpferei als bildhauerisches Medium, ohne daß damit irgendeine unmittelbare Ähnlichkeit, eine stilistische Kontinuität oder ein stilistischer Einfluß geltend gemacht werden soll. Die später entstandene Keramik, ob nun aus archäologischen Fundstätten wie etwa Koma im heutigen Nordghana oder Bankoni im südlichen Mali oder aus den für die Akan-Gemeinschaften charakteristischen Friedhöfen aus jüngerer Zeit, legt nahe, daß die Töpferei weit verbreitet war und eine lange Tradition aufweist. Es sind jedoch bisher weder ethnographische noch archäologische Daten bekannt, mittels derer sich eine Kunstgeschichte dieses Mediums skizzieren ließe. Die Tatsache, daß in dem vorliegenden Band eine größere Auswahl dieses Materials versammelt ist, als es bisher möglich war, ist zu einem gewissen Teil das Ergebnis illegaler, nicht dokumentierter Ausgrabungen. Sie sind das Werk örtlicher Unternehmer, die sich emsig bemühten, den Hunger der kunstbegierigen Wilden der westlichen Welt zu stillen. Aus kunsthistorischer Sicht besteht die Tragödie darin, daß wir wenig oder gar nichts über den ursprünglichen Kontext dieses Materials wissen. Daher bleibt eine afrikanische Kunstgeschichte weiterhin auch eine Geschichte ihrer europäischen Verstrickungen, und alle weiteren Folgerungen sind mehr oder minder willkürlich oder phantasiebedingt. Wir wissen über Alt-Djenné einfach viel weniger als über das Alte Ägypten. Mit dem Verlust ihres kulturellen Eigentums und des gesicherten Wissens über dessen ursprünglichen Kontext sind die Nationalstaaten Afrikas gleich doppelt gestraft.

Die Tonbildhauerei ist also in Westafrika sehr alten Ursprungs und weit verbreitet, und sie wird zumindest gelegentlich auch heute noch praktiziert. Ihr allmähliches Verschwinden hat weniger mit Veränderungen der rituellen Praxis zu tun als mit der technischen Entwicklung. Mit wenigen Ausnahmen ist die Keramikproduktion eine Arbeit der Töpfer, bei denen es sich wiederum fast ausnahmslos um Frauen handelt. Da Tonwaren in jüngerer Zeit von industriellen Produkten abgelöst wurden – am offenkundigsten durch Kerosinkocher und Aluminiumutensilien bei vergleichsweise höheren Kosten für Holz als für Brennstoff in städtischen Haushalten – sind die erforderlichen Fertigkeiten verlorengegangen. Und selbst wenn das Töpfern als Teil der Kunsterziehung in die Lehrpläne von Schulen oder Universitäten aufgenommen wurde, bleiben die technischen Mittel doch die einer Industriegesellschaft. In engem Zusammenhang zur Terrakotta als Medium der Plastik steht ungebrannter Ton. Dafür gibt es zahlreiche Belege, die sich aber nur schwer erfassen lassen. Im Rahmen dieser Tradition wird als Material für Skulpturen häufig Zement verwendet. Das Schmelzen und Schmieden von Eisen wurde im letzten Jahrtausend v. Chr. und dem ersten Jahrtausend n. Chr. in ganz Westafrika und auch im größten Teil Afrikas südlich der Sahara praktiziert. Während desselben Zeitabschnitts kam es auch zu der heutigen Verteilung der Sprachen in Afrika, bzw. wohl auch der sozialen und ästhetischen Traditionen, wie wir sie heute kennen. Die letzte Stufe dieses Prozesses ist die Verbreitung der Eisenbearbeitung und der Bantusprachen von der heutigen Grenzregion von Nigeria und Kamerun nach Ost-, Zentral- und Südafrika. Am Ende des ersten Jahrtausends waren Städte und Staaten bereits etabliert: Um 800 sollen in Alt-Djenné etwa 10000 Menschen gelebt haben, und der mittelalterliche Staat Ghana im mauretanischen Sahel war der islamischen Welt bekannt. In Igbo-Ukwu (9. Jahrhundert) hatte sich eine örtliche Bronzetradition entwickelt. Um das Jahr 1000 beginnt der Aufstieg von Ife in den Wäldern westlich des unteren Niger, und im 11. Jahrhundert wurde Alt-Ghana zum Islam bekehrt.

Die Felskunst der Sahara liefert Belege für Veränderungen der menschlichen und tierischen Populationen infolge von Klimaveränderungen, durch die das Gebiet zur Wüste wurde. Sie belegt ferner, daß die Sahara, seitdem sie eine Wüste ist, immer wieder in unterschiedlichen Richtungen von Menschen durchquert wurde. Darauf läßt ein dichtes Netz alter Handelsrouten schließen, die mit Sicherheit bereits vor der Zeit existierten, als sich der Islam über den mediterranen Zugang zu Westafrika und Indien und damit zu deren Produkten (insbesondere westafrikanisches Gold und indischer Pfeffer) die Kontrolle verschaffte. Dies war die Triebfeder der portugiesischen Erkundungsreisen entlang der westafrikanischen Küste und über diese hinaus. Wohl hat der arabische Handel am Sahel nicht haltgemacht, vielmehr verhalf er vermutlich lokalen afrikanischen Erfindungen zu größerer Verbreitung und trug mit der Zeit dazu bei, daß die Religion und Kultur des Islam nach Westafrika gelangte. Dies gilt ungeachtet des von jenseits der Sahara übernommenen Messinggusses von Ife und der einheimischen Tradition von Igbo-Uwku. Viele Asante-Gefäße stammen aus Nordafrika, während die ersten Gewichte zum Abwiegen von Goldstaub mit großer Wahrscheinlichkeit einem System islamischen Ursprungs entsprachen. Ursprünglich war dieses Gebiet autark, aber später übernahm man das eine oder andere Verfahren von jenseits der Sahara und manch andere Anregung aus dem Küstenhandel. Die Rolle lokaler Traditionen im Prozeß der Begegnung mit diesen fremden Welten und bei der Prägung einheimischer Produkte gilt es richtig einzuschätzen. Die voreuropäischen/vorislamischen Traditionen sind ein grundlegender Faktor für das Verständnis der gesellschaftlichen und kunsthistorischen Bedeutung des Handels. Zwei Beispiele mögen dies verdeutlichen: das Einschmelzen von europäischem Messing im Benin des 16. Jahrhunderts zur Herstellung der Reliefplatten, mit denen der Königspalast geschmückt wurde; und im 18. Jahrhundert das Auftrennen holländischer Seidenstoffe durch die Asante, die den neuen Stoff für ihre eigenen Textilien verwenden wollten.

Sprachen

Heute werden in Westafrika Sprachen von Gruppen mit ein paar hundert und einige von Gruppen mit mehreren Millionen Mitgliedern gesprochen. Sie stellen drei der vier großen Sprachfamilien Afrikas dar: Nilo-Saharisch, Afro-Asiatisch und Niger-Kongo. Khoisan-Sprachen finden sich nur in der südlichen Hälfte des Kontinents. Auch indoeuropäische Sprachen, die die Bildungseinrichtungen in kolonialer und nachkolonialer Zeit propagiert haben, gehören nicht hierher. Zu bedenken ist, daß nicht nur die Sprachen selbst unterschiedlich sind (die Rede ist von grundsätzlichen Unterschieden, vergleichbar denjenigen zwischen Englisch und Chinesisch), sondern daß auch die ihnen zugrundeliegenden Begriffsstrukturen völlig verschieden sind.

Das ›mittlere Afrika‹ von Suttons bereits erwähnter »aquatischer Zivilisation«, deren technisches Niveau für alle nachfolgenden Entwicklungen in Westafrika und im Niltal von entscheidender Bedeutung war, soll von Vertretern der nilo-saharanischen Sprachen dominiert gewesen sein. Wenn dem aber so ist, dann läßt deren gegenwärtiges Verbreitungsgebiet auf den Einbruch afro-asiatisch sprechender Gruppen schließen. Heute trifft man in Westafrika auf nilo-saharische Sprachen unter den Flußanrainern des mittleren Niger und in der Region des Tschadsees. Zur afro-asiatischen Sprachgruppe, von der man heute annimmt, daß sie im Gebiet Äthiopiens entstand, gehören Arabisch und die Berbersprachen der Wüstennomaden (etwa Tifinagh, die Sprache der Tuareg) sowie Hausa und verwandte nordnigerianische Sprachen (ebenso Koptisch und Altägyptisch, Hebräisch, Somali und die Sprachen Äthiopiens). Der größte Teil Westafrikas wird von den Niger-Kongo-Sprachen dominiert, und diese sind in sechs Zweige unterteilt: Westatlantisch, Mandu, Voltaisch, Kwa, Adamaua und Benue-Kongo (sie sind mit Bantu verwandte Sprachen bzw. Bantu selbst – wie bereits erwähnt, mittlerweile im größten Teil von Ost-, Zentral- und Südafrika verbreitet und dominierend). Neuere Forschungen haben jedoch ergeben, daß Dogon von Voltaisch und Ijo von Kwa so verschieden sind, daß sie vermutlich als selbständige Sprachzweige gelten dürfen, während man Kwa doch dem Benue-Kongo-Zweig, also den mit Bantu verwandten Sprachen zuordnen kann.

Wie schon der Name sagt, leben die zur westatlantischen Sprachgruppe gehörigen Gemeinschaften häufig am Rande des Kontinents, an den sie durch die Expansion ihrer mande-sprechenden Nachbarn gedrängt wurden. Zu den westatlantischen Sprachgemeinschaften und Sprachen gehören die Wolof in Senegal, Baga in Guinea, Bidyogo in Guinea-Bissau und Sherbro in der Küstenregion Sierra Leones, deren Vorfahren mit großer Wahrscheinlichkeit die Bildhauer der *nomoli* und im 16. Jahrhundert der für den Verkauf an Europäer bestimmten Elfenbeinskulpturen waren. Auch die Fulbesprache gehört zu dieser Gruppe, die von nomadisierenden Viehzüchtern, Webergruppen im Binnendelta des oberen Niger und in städtischen Haushalten gesprochen wird. Letztere unterstützten häufig die Führer islamischer Reformbewegungen, den *jihad* (›Heiliger Krieg‹) der Fulbe im frühen 19. Jahrhundert, der über das Gebiet des heutigen Nordnigeria hinwegfegte und zur Etablierung neuer Aristokratien in den Hausa-Staaten führte. Fulbe-sprechende Gemeinschaften finden sich von Senegal bis Sudan, verstreut nahezu auf die gesamte Palette westafrikanischer Sprachen als eine Folge der jahreszeitlichen Herdenwanderungen von Norden nach Süden, was durch die Migration über mehrere Jahrhunderte noch verstärkt wurde; jedesmal, wenn die Nomaden weiterzogen, blieben einige Gruppen in den Städten ansässiger Fulbe zurück.

Landeinwärts von diesen Küstengemeinschaften herrschen die Mandesprachen vor, insbesondere in den westlichen Waldregionen und Savannen. Hierzu rechnen die Mende in Sierra Leone, die Dan entlang der Grenze Liberia-Guinea-Elfenbeinküste und die Bamana in Mali. Weiter östlich von ihnen finden sich Völker, die voltaische Sprachen sprechen wie die Dogon in Mali, die Senufo an der Elfenbeinküste, des weiteren die Mossi, Bwa und Bobo in Burkina Faso. Diese haben sich als außerordentlich begabte und produktive Bildhauer, Weber und Baumeister erwiesen. Die große Kwa-Gruppe dominiert die Savannen und Wälder der östlichen Elfenbeinküste bis hin zum Cross River im südöstlichen Nigeria. Diese umfaßt unter anderem die akan/twi-sprechenden Gemeinschaften der südlichen Elfenbeinküste (etwa die Baule) und des modernen Ghana (etwa die Asante), über die Ewe und Fon bis hin zu den Yoruba, Edo, Nupe, Igbo usw. in Nigeria. Der Adamaua-Zweig (etwa Chamba) erstreckt sich vom oberen Benuegebiet aus ostwärts. Und schließlich treffen wir auf die Bantu und Bantu-verwandten Sprachen des Cross-River-Gebiets, der Wälder und des Graslands des südlichen Kamerun sowie einiger der Gemeinschaften der Benue (Tiv, Jukun) und der mittleren Niger-Regionen (Dakakari) Nigerias.

Die Entstehung der Staaten und der Metallverarbeitung

Ein anschauliches Bild von der Stellung Westafrikas in der mittelalterlichen Welt bietet die Geschichte von Mansa Musa, dem Herrscher von Mali. Im Jahr 1324, während seiner Pilgerfahrt nach Kairo, hielt er sich in Kairo auf und gab dort soviel Gold aus, daß zwar offenbar jedermann von dieser Großzügigkeit profitierte, dafür aber auch der Goldpreis zeitweilig völlig zusammenbrach. Bis zur Entdeckung Amerikas war Westafrika die wichtigste Goldquelle für Europa, und die Erforschung Westafrikas durch die Portugiesen diente vor allem dem Zweck, die marokkanische Kontrolle über das Gold aus Afrika und Pfeffer aus Indien zu unterlaufen.

Sowohl das Reich von Alt-Ghana, der älteste bekannte afrikanische Staat südlich der Sahara, als auch das von Mali, das am Ende des 12. Jahrhunderts von dem mythischen Helden Sundiata gegründet wurde, war den islamischen Reiseschriftstellern der damaligen Zeit relativ vertraut. Das Salz der Sahara, westafrikanisches Gold, der Transsaharahandel sowie der Zugang zu einem dichten Netz von Handelsrouten durch Westafrika bildeten die Faktoren, die für die Existenz dieser und späterer präkolonialer Staaten sowie ihren Aufstieg und Niedergang, insbesondere in der westlichen Hälfte Westafrikas, eine Rolle spielten. Die großen Goldfelder von Bambuk und Bure lagen im heutigen Senegal und Guinea, während sich die Goldvorkommen der Akan, die um 1800 eine entscheidende Rolle beim Zustandekommen der Asante-Konföderation spielten, im modernen Ghana befinden. (1957 benannte Kwame Nkrumah die erste nachkoloniale unabhängige Nation nach dem alten Reich: Ghana.) Weiter östlich aber, im Gebiet des heutigen Nigeria, lassen sich die Existenz der Hausa-Staaten sowie Aufstieg und Niedergang der Yoruba-Städte von Ife (11.–15. Jahrhundert) und Oyo (17.–19. Jahrhundert) nur schwer mit der Kontrolle über die Goldfelder erklären, und zwar aus dem einfachen Grund, weil es dort keine gab. Aber über den mittleren Niger waren diese Städte mit der westlichen Transsahararoute verbunden.

Nach einer landläufigen Theorie über die Entstehung von Staaten konzentrieren sich Autorität und Reichtum an Knotenpunkten von Handelsrouten und -netzen, wo der Vermögenstransfer von einer aufstrebenden, elitären Schicht kontrolliert wird. Aber das erklärt nicht alles: Zum einen war die menschliche Geschichte noch stets wesentlich komplexer, und zum anderen lagen einige der produktivsten künstlerischen Zentren, wie etwa Igbo-Ukwu oder die Opin-Dörfer der im Nordosten lebenden Yoruba, von allen bekannten Routen weit entfernt. Im übrigen sollte man sich nicht an der Fortschreibung der Mär beteiligen, daß die Geschichte allein die Geschichte von Staaten und Königreichen sei, als gäbe es keine anderen Formen gesellschaftlicher oder politischer Ordnung. Dennoch verrät diese Theorie einiges über den Aufstieg und Niedergang von Ghana, Mali und ihren Nachfolgestaaten sowie über das Schicksal von Ife und Oyo. Die Ankunft der Europäer an der Küste wirkte als Katalysator. Robin Horton hat auf die im 18. und 19. Jahrhundert zu beobachtende beschleunigte Zentralisierung bei den Gemeinschaften im Niger-Delta aufmerksam gemacht, die mit den Europäern Handel zu treiben begannen. Einige Staaten, Asante und Oyo etwa, waren sowohl am Küsten- als auch am Transsaharahandel beteiligt.

Als das Reich von Ghana im 11. Jahrhundert durch Sanhaja-Berber zerstört wurde, war es bereits ein islamischer Staat. Die Fernhandelsrouten durch die Sahara und über Westafrika wurden von Moslems kontrolliert, und die weitverbreiteten Übertritte zum Islam überall in Westafrika waren langfristig die bedeutsamste Folge dieser Entwicklung. Die Präsenz des Islam hatte weitreichende Folgen für die Architektur (Abb. 2), Skulptur, das Maskenwesen, für Textilkunst und Webtechnik (Webverfahren mit zwei Litzenstäben). Das gesamte Kunstgewerbe in der Region sowie die vielfältigen Beziehungen zwischen islamischen und lokalen Riten gilt es zu berücksichtigen.

Die in vieler Hinsicht bedeutendste Konsequenz aus dem Transsaharahandel für die Kunstgeschichte ist der Import von Kupfer und Messing gewesen (Kupfer mit einer Zinklegierung und einem kleinen Bleizusatz zur Verbesserung der Fließeigenschaft der geschmolzenen Legierung), möglicherweise aber auch die Einführung des Wachsausschmelzverfahrens in dieser Region. Kupfer und Messing in Barren oder als Gefäße gehörten zu den wichtigsten Importartikeln nach Westafrika (Skulpturen aus Schmiedeeisen sind eher selten; die bemerkenswertesten Beispiele finden sich in den Igbo-, Edo-, Yoruba- und Fon-Gemeinschaften im südlichen Nigeria und im benachbarten Benin sowie bei den Bamana und den Dogon in Mali; der lineare, schematische Charakter dieser Stücke zeugt von der Widerspenstigkeit dieses Materials).

Abb. 2 Die Freitagsmoschee in Zaria, Nigeria (Innenansicht), erbaut um 1836 von Baban Gwani Mikhaila (Michael das Genie), dem berühmtesten Architekten der Hausa

Insbesondere die Kunst von Ife, wo nach dem Mythos die Götter vom Himmel herabstiegen, um die Yoruba-Welt zu erschaffen, entfaltete sich zunächst in der Keramik und wurde dann während ihrer klassischen Periode vom 11. bis zum 15. Jahrhundert unter Verwendung des Wachsausschmelzverfahrens auf Messing (Gelbguß) übertragen. Die Formen der Ifekunst entfalteten sich völlig unabhängig von äußeren Einflüssen. Während man nicht genau weiß, ob die Gußverfahren einheimischen Ursprungs sind, stammt das Messing mit Sicherheit von jenseits der Sahara.

Im Gegensatz zu Arbeiten aus Ife sind die früher entstandenen, aus einer Kupfer-Zinn-Legierung mit Bleizusatz gefertigten Gußstücke von Igbo-Ukwu aus dem 9. Jahrhundert mit größter Wahrscheinlichkeit eine lokale Leistung. Die dafür verwendeten Metalle kommen alle in dieser Region vor, was bislang übersehen wurde, und die spezielle Verwendung des Wachsausschmelzverfahrens läßt darauf schließen, daß es sich um eine unabhängige lokale Erfindung handelt. Bronze wurde zu dieser Zeit kaum verwendet. Überall sonst benutzte man normalerweise Messing als Legierung, während sich der Bronze nur Spezialisten bedienten. Es bleibt ein Rätsel, daß die Gußstücke von Igbo-Ukwu genau an dieser Stelle aufgetaucht sind. Eines der charakteristischen Kennzeichen der Region unmittelbar westlich des unteren Niger sind Siedlungen mit Mauern und Schutzwällen zur Abwehr von Angriffen. Ife war eine entwickelte städtische Siedlung mit gepflasterten Höfen, Schreinen in der Stadt und im Wald, einer Glasindustrie und einem

Abb. 3 Die sitzende Figur von Tada in Betrachtung des Niger; der hohe Realismus dieser Kupferplastik umfaßt auch die füllige Hüfte, wie sie für einen Mann mittleren Alters kennzeichnend ist; vgl. Kat. 5.64

Königspalast. Im Gegensatz hierzu sind für das Gebiet östlich des unteren Niger weder Siedlungen noch Verteidigungsstrukturen charakteristisch. Die dortigen Siedlungen waren also offenbar bereits durch ihre isolierte Lage hinreichend geschützt. Die Existenz der Igbo-Ukwu-Bronzen wird dadurch jedoch keineswegs verständlicher, zumal sie südlich der Sahara die frühesten Belege für die Verwendung von Kupferlegierungen in der Kunst darstellen.

Der im 11. Jahrhundert beginnende Aufstieg Ifes hingegen erklärt sich leicht. Dank seiner Lage besaß es die Kontrolle über den Handel mit Waldprodukten in Westafrika, der zunehmend von den Wangara, den muslimischen, mande-sprechenden Händlern aus dem Reich Mali, dominiert und in den Transsaharahandel einbezogen wurde. Die berühmte sitzende Figur von Tada ist in diesem Zusammenhang von besonderem Interesse (Abb. 3). Dieses Gußstück im Ife-Stil befand sich bis zu seiner Überführung in das Nationalmuseum in Lagos in dem ansonsten unbedeutenden, am Fluß gelegenen Nupedorf Tada. Die Plastik steht für Tsoede, die Gründerfigur der Dynastie der Nupekönige aus der Zeit vor dem *jihad* und besitzt stilistische Ähnlichkeiten mit Arbeiten, die in Ife entdeckt wurden. Allerdings finden sich in der Nähe, nigeraufwärts, einige vereinzelte mande-sprechende Gemeinschaften. Daß es sich bei diesen um Nachfahren der Händler von Mali handeln könnte, die zur Einbindung Ifes in das größere Handelsnetz beitrugen, könnte der Grund für Ifes Beherrschung des Zugangs zu den Wäldern der Region des unteren Niger sein – soweit ein Kunstwerk als Beleg hierfür dienen kann. Falls diese Annahme zutrifft, könnte das nördlich von Ife am mittleren Niger gelegene Tada der Ort gewesen sein, an dem die Mittelsmänner Ifes mit den Wangara von Mali zusammentrafen, wobei die Plastik die Autorität der Mittelsmänner von Ife symbolisiert hätte.

Abb. 4 Bronzefigur eines Jägers mit Antilope; aus einer unbekannten Fundstätte am unteren Niger, vermutlich vor 1500; The British Museum, London

Auch wenn dies die bislang plausibelste Hypothese ist, erklärt sie doch nicht die anderen ebenfalls ursprünglich in Tada beheimateten und abermals mit Tsoede assoziierten Figuren (Nationalmuseum Lagos), wobei diese offensichtlich einem anderen Stil folgen als die sitzende Gestalt und daher vermutlich keine Ife-Arbeiten darstellen. Auch das großartige, ebenfalls Tsoede symbolisierende Figurenpaar, das sich früher in Jebba, der Nupegemeinschaft auf einer Insel stromaufwärts von Tada, befand, wird durch diese Hypothese nicht erklärt. Die eine Figur stellt einen Bogenschützen dar (Nationalmuseum Lagos), die andere, die vor etwa 25 Jahren in Jebba gestohlen wurde, eine stehende Frau. Von diesen unterschiedlichen Plastiken läßt sich nur sagen, daß sie auf weitere, bislang nicht lokalisierte Gießereien für Kupferlegierungen in der mittleren und unteren Nigerregion hindeuten.

Viele andere Güsse stützen diese Annahme. Hierzu gehören figürliche Skulpturen sowie figurale Glocken und Gefäße, die von William Fagg den Bronzeindustrien des unteren Niger zugerechnet werden. Fagg betont allerdings, daß es sich dabei wegen unserer Unkenntnis ihrer Entstehungsorte nur um eine vorläufige, stilistische Gesichtspunkte außer acht lassende Zuordnung handeln kann. Das vielleicht bemerkenswerteste, mit Sicherheit aber das bekannteste dieser Gußstücke ist die außergewöhnliche Gestalt des eine Antilope tragenden Jägers (Abb. 4). Es besteht im Gegensatz zu allen anderen Skulpturen dieser Gruppe aus Bronze und nicht aus Messing. Das legt die Vermutung nahe, daß indigene Gußverfahren in der ersten historischen Periode im Gebiet des unteren Niger weiter verbreitet waren als angenommen. Wir kennen mehrere Zentren für Messingguß in der Region westlich des unteren Niger aus dem späten 19. und dem frühen 20. Jahrhundert. Neben der Stadt Benin gab es die yoruba-sprachigen Städte

Ijebu-Ode, von wo aus das Gußverfahren nach Abeokuta kam, und Owo; sowie im Nordosten die Yoruba-Dörfer Obo-Ile und Obo-Ayegunle, die aber in diesem Zusammenhang noch nicht untersucht worden sind. Bislang gibt es außer den Kunstwerken selbst keine Belege dafür, daß in Ife oder Igbo-Ukwu Güsse hergestellt wurden, wobei einige der Skulpturen eigenständige Kunstwerke zu sein scheinen und andere zu rituellen Ensembles gehörten. Bislang wurde aber bei Grabungen noch kein Stück im Kontext einer Gußwerkstatt entdeckt. Die heutige Gießerei in Ife stammt aus unserem Jahrhundert und steht daher in keiner älteren Tradition. Es stimmt natürlich, daß es in der Stadt Benin keine Funde gibt, die eine Gußtradition vor dem 20. Jahrhundert belegen. Aber der Kontext ist hier ein völlig anderer. Es läßt sich kaum bestreiten, daß zwischen den Stücken aus dem 16. Jahrhundert und dem rituellen und zeremoniellen Umfeld der Gegenwart eine beträchtliche visuelle Kontinuität besteht. Im Hinblick auf die Ursprünge und Quellen der Güsse aus Kupferlegierung in Benin sollte darauf hingewiesen werden, daß zwar mindestens eine Überlieferung in Benin selbst Ife als die Quelle des Wachsausschmelzverfahrens benennt – was zu dem mythischen Gesamtkomplex gehört, mit dem die gegenwärtige Königsdynastie legitimiert werden soll –, die Werke selbst jedoch eine andere Sprache sprechen. In Anbetracht des hohen Ranges, den die Werke aus Benin einnehmen, wird dies weiter unten noch näher erläutert werden.

Die Technik des Messinggusses wird bis in unsere Tage an zahlreichen Orten in Westafrika praktiziert. In Kamerun ist Fumban eines dieser Zentren. Früher wurden hier Tabakspfeifenköpfe, Armreife und andere Schmuckgegenstände hergestellt, während man sich heute der Produktion vergrößerter Repliken älterer Arbeiten aus Ife und Benin widmet. Im südöstlichen Nigeria und am Zusammenfluß von Niger und Benue finden sich Anhaltspunkte für bislang nicht untersuchte Gußpraktiken, die nicht notwendig auf die von Igbo-Ukwu zurückgehen. In Abomey, der Hauptstadt des Fon-Königreichs von Danhome, wurden seit der Einführung des Wachsausschmelzverfahrens durch Akan-Gießer im 19. Jahrhundert ornamentale und figurale Gußstücke in kleinem Format gefertigt. Twi-sprechende Gießer sind für ihre Messinggewichte zum Wiegen von Gold bekannt sowie für ihre häufig mit Menschen- und Tierszenen geschmückten Deckelgefäße. Dasselbe Wachsausschmelzverfahren wurde auch für den Goldguß verwendet: für Herrscherjuwelen, als figürliche Ornamente zur Verbildlichung von Sprichwörtern oder als Staatsschwerter der Asante-Konföderation. (Auf Holzschnitzereien appliziertes Blattgold wurde in der gesamten Akanregion für Regalien, insbesondere Schirmspitzen, die Aufsätze der Stäbe von Sprechern und für Sitzhocker verwendet.) Im Norden des modernen Ghana und in den angrenzenden Regionen der Elfenbeinküste und von Burkina Faso findet sich ein ganzer Strang figürlicher und dekorativer Gußtraditionen, zu denen diejenigen der frafra-, mossi-, dyula- und senufo-sprachigen Völker zählen. Besonders interessant dabei ist die oft komplexe Symbolik scheinbar alltäglicher Kunstwerke. Weiter westlich finden sich figürliche Messinggußtraditionen unter den Dan, Bamana und Dogon. Mittlerweile kennt man auch Gußstücke, die mit den Tonskulpturen von Alt-Djenné in zeitlichem Zusammenhang stehen dürften. Die Tatsache, daß solche Entdeckungen Ergebnis von Raubgrabungen sind, ist für das historische Verständnis der Werke natürlich eine Tragödie. Dennoch bleiben diese Kunstwerke die einzigen Belege für ein Volk sowie einen sozialen und ästhetischen Kontext, über den wir im übrigen noch wenig wissen.

Die Tatsache, daß bei allen neueren Arbeiten eine Kupfer-Zink-Legierung (Messing) verwendet wird, mag mit der offensichtlichen Ausnahme von Igbo-Ukwu darauf verweisen, daß diese Technik auf einen jenseits der Sahara gelegenen Ursprung zurückgeht. Beträchtliche Mengen von Messing wurden über die Sahara als Rohmaterial (Stangen) oder Fertigware (Gefäße) exportiert. Andererseits ist die erwähnte Jägerfigur vom unteren Niger ein Bronzeguß. Die plausibelste Hypothese hierfür lautet, daß er aus einem bislang nicht identifizierten, aber nicht mit Ife identischen frühen Gußzentrum stammt, in dem Yoruba gesprochen wurde. Soweit bekannt, wurde für alle späteren Gußstücke aus Yoruba Messing verwendet. Das Gußverfahren könnte also eine lokale Erfindung gewesen sein, dank dessen die gängigen Förder-, Schmelz- und Legierungstechniken obsolet wurden. Auf ähnliche Weise läßt sich erklären, daß die Förderung und Verhüttung von lokalen Eisenerzvorkommen in unserem Jahrhundert aufgegeben wurde. Bei der Analyse der frühen Metallobjekte aus Benin muß also auch die Zusammensetzung ihrer Legierungen berücksichtigt werden. Auf jeden Fall war Messing jedoch in dem von den Portugiesen seit dem späten 15. Jahrhundert betriebenen Küstenhandel ein wichtiges Exportgut nach Westafrika. Bei dem bis in unsere Tage verwendeten Messing handelt es sich größtenteils um europäischen Ausschuß oder aber um alte Gußstücke.

Gold dagegen erfreute sich in der Kunst offenbar einer weit geringeren Wertschätzung als Kupfer und Kupferlegierungen. Die Portugiesen jedenfalls führten aufgrund dieser Erkenntnis, zu der sie bei ihrer Eroberung Marokkos im 15. Jahrhundert gelangt waren, bei ihren Erkundungen der afrikanischen Küste *manillas* (Armreifen) aus Kupfer und Messing als Handelswaren mit sich. Dieses Metall trug wesentlich zu den innovativen Entwicklungen, insbesondere der Schmuckplatten (Kat. 5.60 b–e) im Benin des 16. Jahrhunderts bei. In der Asante-Konföderation dagegen spielte Gold eine große gesellschaftliche und politische Rolle, bei der Einfassung von Herrscherjuwelen und Regalien (Kat. 5.103), als Imitat aus gelber Seide (Kat. 5.93) sowie als Zahlungsmittel (Goldpulver), in Verbindung mit den bereits erwähnten Messinggewichten (Kat. 5.103–5.107). In mythologischer Hinsicht ist das bedeutendste Kunstwerk der Goldene Hocker, der an einem Freitag etwa im Jahr 1700 von dem Priester Anokye vom Himmel herabbeschworen worden sein soll, wodurch die Asante-Konföderation ins Leben gerufen und Osei Tutu als deren mächtigster Herrscher bestätigt worden sein soll.

Die Geschichte der Kunst in der Stadt Benin

Aus der mündlichen Tradition und den bruchstückhaften Berichten europäischer Reisender ab 1485–86 wissen wir, daß Benin als Stadt, Königtum und Reich zwei längere Perioden wirtschaftlichen und politischen Wachstums erlebte. Im Mittelpunkt der ersten Periode steht im späten 15. Jahrhundert König Ewuare, der mit einer Meeresgottheit gerungen haben soll, um in den Besitz der für die Herrscherinsignien unerläßlichen Korallenperlen zu gelangen. Außerdem machte er das rote Barathea (einen Filzstoff) zum festen Bestandteil der Zeremonialkleidung und führte die noch heute gültige Ordnung von Herrschertiteln ein. Auf Ewuare folgte eine Reihe von Kriegerkönigen, deren letzter in der zweiten Hälfte des 16. Jahrhunderts regierte. Das 17. Jahrhundert war eine Zeit allmählichen Verfalls, bis das Schicksal Benins im frühen 18. Jahrhundert durch Akenzua nochmals eine Wende zum Besseren nahm. Es folgte eine weitere Phase allmählichen Niedergangs, die mit der Zerstörung eines großen Teils der Stadt Benin und der Exilierung des Königs durch die Briten 1897 endete. Eine weiterer Aufschwung setzte 1914 mit der Wiedereinführung der Monarchie ein (Abb. 1). (Wahrscheinlich erfreut sich der Metallguß in der Stadt Benin heutzutage so großer Beliebtheit wie ehedem, ein Phänomen, das eine Untersuchung verdient.)

Ein großer Teil der Geschichte Benins ist in Messingarbeiten verewigt, auch wenn keine Identität zwischen der Kunst und der Politik besteht. William Fagg teilt die Kunst Benins in drei Perioden ein. Der Wiederaufstieg im frühen 18. Jahrhundert etwa ging nach mündlicher Überlieferung mit neuen Gußformen und einem Stilwandel einher, der laut Fagg die späte Periode einleitete. Auch Faggs mittlere Periode ist durch formale Innovation gekennzeichnet. Dies gilt insbesondere für die rechteckigen Reliefplatten, die auf Holzpfählen auf den Veranden des Königspalastes montiert waren, bis dieser um 1700 oder unmittelbar danach umgebaut wurde. Die ersten Reliefplatten datieren in die Zeit der Ankunft der Europäer. Dafür sprechen mindestens zwei Gründe. Zum einen sind auf ihnen auch Portugiesen dargestellt, wie sie 1485–86 in Benin in Erscheinung traten. (Gewissermaßen erlaubten diese Reliefplatten den Künstlern von Benin eine indigene Darstellung ihrer eigenen Kunstformen und Zeremonien in der Kunst.) Zum andern setzen die Platten einen solchen Aufschwung der Messingindustrie voraus, wie es nur durch die Verfügbarkeit großer Mengen von Kupferlegierung erklärbar ist.

1505–07 setzte der letzte portugiesische Mittelsmann in Ughoton innerhalb von zwanzig Monaten 12 750 *manillas* im Handel mit Benin um. Zu dieser Zeit bevorzugte die Bevölkerung Benins bereits Messing- gegenüber Kupferreifen. Die Nachfrage nach den *manillas* wuchs derartig, daß 1516–17 mit einer einzigen Schiffsladung 13 000 von ihnen nach Benin transportiert worden sein sollen. Die Annahme liegt nahe, daß diese gewaltigen Mengen von lokalen Gießern eingeschmolzen wurden und die materielle Grundlage der neuen Metallkunst bildeten. Es bleibt eine unbewiesene Möglichkeit, ob die zweidimensionale Grundform der Reliefplatte auf portugiesische Anregungen, etwa Abbildungen in Büchern, zurückgeht, was sich für einen Großteil der Elfenbeinschnitzereien, die in Benin im frühen 16. Jahrhundert für die Portugiesen produziert wurden, nachweisen ließ.

Nach einer experimentellen Phase, für welche die Platte mit den portugiesischen Leopardenjägern (Berlin) ein Beispiel ist, scheinen die Platten in kompositorischer Hinsicht zunehmend hieratischer zu werden – ein Grundzug der Kunst Benins, von dem sie sich nicht mehr befreien sollte. Der beste Beleg hierfür ist die Gestalt eines portugiesischen Musketiers aus der späten Periode (British Museum, London). Das portugiesische Handelsmonopol gegenüber Benin ging in den 1530er Jahren zu Ende, und diese Figur trägt Kleidung aus dem frühen 16. Jahrhundert. Ihr Gewehr aber stammt aus dem späten 17. oder frühen 18. Jahrhundert, und die Legierung, aus der das Gußstück besteht, läßt sich aufgrund des hohen Zinkanteils auf das späte 18. oder frühe 19. Jahrhundert datieren (Abb. 5).

Die frühesten Güsse stammen wahrscheinlich noch aus einer Zeit vor der Ankunft der Europäer. Eine Gruppe gegossener Köpfe weist einen Grad von Naturalismus auf, der untypisch für jene Arbeiten ist, die mit hoher Wahrscheinlichkeit in die Zeit nach der Ankunft der Europäer datiert werden können. Die Datierung dieser Werke ist allerdings nicht leicht. Die berühmten Kostümmasken aus Elfenbein im British Museum, London, und im Metropolitan Museum of Art, New York, zeugen vom Naturalismus der frühen Periode. Am oberen Rand befindet sich eine Reihe bärtiger, langhaariger Köpfe von Portugiesen. In Benin geht man heute davon aus, daß diese Elfenbeinmasken Idia repräsentieren, die Mutter von Esigie, jenem König aus dem frühen 16. Jahrhundert, der Amt, Titel und Kult der ›Königinmutter‹ einführte. Die Metallköpfe aus der frühen Periode werden als Trophäen aufgefaßt, die die abgetrennten Köpfe von Kriegsgegnern darstellen. Aus kunstgeschichtlicher Sicht handelt es sich vermutlich um die Grundform jener seit der mittleren Periode nachweisbaren Gedenkköpfe, die auf den verstorbenen Königen gewidmeten Altären plaziert wurden. Die untersuchten Köpfe aus der frühen Periode bestehen vermutlich aus einer ›Geschützlegierung‹, also aus Kupfer, Zinn und Zink mit einem kleinen Bleizusatz. Daß aber sowohl lokale Legierungen als auch solche von jenseits der Sahara zur Verfügung gestanden haben dürften, läßt auf eine größere Komplexität schließen, als die Mythen vom Ursprung Ifes und seiner Dynastien einzuräumen bereit sind.

Abb. 5 Portugiesischer Soldat in Kleidung des 16. Jahrhunderts, mit Muskete aus dem frühen 18. Jahrhundert, Messing, nicht vor 1800; The British Museum, London

Skulpturen, Textilien, Architektur, Masken

Holz ist das mit Abstand bekannteste Material skulpturaler Kunst in Westafrika und südlich der Sahara. Nichts deutet aber darauf hin, daß es sich dabei um etwas anderes als um eine europäische Vorliebe handelt. In Afrika nämlich findet sich eine Vielzahl weiterer zwei- und dreidimensionaler Kunstformen, die in anderen Materialien und ganz unterschiedlichen Formen und Stilen ausgeführt sind. Zu berücksichtigen ist auch die traditionelle Vorliebe europäischer und amerikanischer Kenner für das einzelne Sammlerstück und ihre Tendenz, dieses Material einer der beiden Kategorien ›Kunst‹ oder ›Handwerk‹ mechanisch zuzuordnen. ›Kunstgewerbe‹ gilt dabei in der Regel als ästhetisch minderwertig, was in diametralem Gegensatz zu dem steht, was wir über die Bewertung dieser Werke in Afrika selbst wissen. Gleichwohl ist der Formenreichtum, der bei der Bearbeitung eines Holzblockes mit dem Querbeil, einem der wichtigsten Schnitzwerkzeuge Afrikas, erzielt wurde, immer wieder erstaunlich. Es genügt, die ausladenden Werke des Graslands von Kamerun mit den schematischen, quaderförmigen Kalabariformen des Nigerdeltas zu vergleichen.

Im Vergleich zu Ton und Metall ist Holz ein vergleichsweise kurzlebiges Material, das ständig von der Zerstörung durch Krieg, Feuer, Regenwasser und Insekten bedroht ist. Häufig wurden Objekte nur dadurch gerettet, daß sie aus ihrem ursprünglichen Kontext in eine Kunstsammlung überführt wurden – zumindest insoweit hatten die Aktivitäten der »kunstbegierigen Wilden des Westens« direkt oder indirekt auch ihr Gutes. Im 19. Jahrhundert wurde die yoruba-sprachige Region – das im Hinblick auf Skulpturen vielleicht produktivste Einzelgebiet – immer wieder von Kriegen heimgesucht. Daher gibt es nur sehr wenige erhaltene Holzskulpturen, die älter als 150 Jahre sind, und nur die vereinzelt in die mythischen Preislieder der Götter und Helden eingeflossenen Namen erinnern and die Bildhauer. Gelegentlich war und ist die Kurzlebigkeit der Holzskulptur auch institutionalisiert. Dies geschieht etwa in den Akodo-Edo-Gemeinschaften im Norden des Königreichs Benin, die alle sieben Jahre eine Gruppe monumentaler, verschiedene Altersstufen repräsentierender Masken herstellen, die dann nach Abschluß bestimmter Initiationsriten in einem Hain zurückgelassen werden.

Die frühesten Holzskulpturen, die bis um die Jahrhundertwende in ihrem ursprünglichen Umfeld erhalten geblieben sind und die sich jetzt größtenteils im Museum befinden, scheinen jene Objekte zu sein, mit denen man der Ahnen gedachte und die nach genealogischen Indizien ins späte 18. Jahrhundert datieren. Es sind dies die Ahnenskulpturen von Oron an der Mündung des Cross River in Südostnigeria (Kat. 5.43) sowie die Gedächtnisschreine von Familienvorständen der Kalabari im östlichen Nigerdelta. Noch älter soll Material sein, bei dem es sich mutmaßlich um Werke der Tellem, Vorläufern der Dogon, von den Bandiagaraklippen von Mali (Kat. 6.17–18) handelt, aber die Richtigkeit und der Stellenwert derartiger Behauptungen ist ungewiß.

Man erkennt folglich kaum eine Geschichte, im Sinne einer Abfolge von Formen, die sich in der Auseinandersetzung mit wechselnden Vorstellungen und Praktiken entwickelt hätte. Andererseits erlaubt uns aber unsere relativ genaue Kenntnis gegenwärtiger Kontexte Rückschlüsse auf die jüngere Vergangenheit. Das Gedenken an die Ahnen, ob diese nun aus relativ junger Vergangenheit (Oron, Kalabari) oder aus einer mythischen (Dogon) stammen, wurde bereits erwähnt. Manchmal dienen figurale Skulpturen aber auch Ausstellungs- oder Werbezwecken, wie etwa die in Prozessionen verwendeten *tye kpa*-Skulpturen, die von den Senufo-Frauen der Elfenbeinküste in Auftrag gegeben werden. Im Gegensatz zu diesen stehen die von den *sandogo*-Weissagerinnen der Senufo in Auftrag gegebenen Figuren, Darstellungen der Schutzgeister, die ihnen ihre divinatorischen Kräfte verleihen. Diese Tradition besitzt eine geistige Nähe zu jener der Bildwerke von Geisterverlobten, die von Akanvölkern an der Elfenbeinküste und in Ghana – Weissagungen folgend – in Auftrag gegeben werden. Und dann gibt es die *vodun* der Fon (Kat. 5.91 c) oder die *boli* der Bamana (Kat. 6.7), Traditionen, bei denen Objekte aus Materialien zusammengesetzt werden, die als Sinnbilder für im Ritual vergegenwärtigte Kräfte dienen. Königsstatuen der Bangwa, die von Berufsbildhauern geschnitzt wurden, stehen Bildwerken gegenüber, die von ›Amateuren‹ stammen und mit magischer Medizin imprägniert wurden, um Dieben Schaden zuzufügen. So wird – etwa bei den scheinbar schwangeren männlichen Figuren aus dem Kameruner Grasland (Kat. 5.6) – der angeschwollene Unterleib zur Schau gestellt, unter dem der Dieb leiden wird, der etwas aus dem Haus stiehlt, in dem solche Figuren aufbewahrt werden. Die figürlichen Verandapfosten der östlichen Yoruba (Ekiti)-Könige (Abb. 6) und anderer wohlhabender Männer sind im wesentlichen dekorativ, während die Schreinbilder der Zentral-Yoruba zwischen den Gottheiten und den Gläubigen vermitteln, die ihnen Opferspeisen auf die Lippen legen. Im größten Teil der yoruba-sprachigen Region werden außerdem kleine Figuren geschnitzt, die als Ersatz für Zwillinge dienen, die im Säuglingsalter sterben. Es gibt also Bilder von wirklichen Vorfahren, mythischen Helden, Zwillingen, Schutzgeistern und Verlobten, Kraftträgern und Vermittlungsinstanzen sowie Produkte mit dekorativer oder propagandistischer Funktion. Unabhängig von den institutionellen Grundlagen dieser Traditionen ist es jedoch durchaus möglich, daß diese Bildwerke auch andere soziale Anliegen zur Sprache bringen konnten.

Obwohl auch Bildhauerinnen nachgewiesen sind, die mit Holz arbeiten (etwa die Frauen, die in Liberia Dan-Masken schnitzen), sind die meisten Holzbildhauer Männer – teils gelernte Bildhauer, teils Autodidakten. Das unterscheidet diese Disziplin zum einen von der Metallverarbeitung, deren Komplexität professionelle Spezialisierung erforderlich macht, und von der Töpferei auf der anderen, deren Fertigkeiten innerhalb des häuslichen Bereichs von Frauen untereinander weitergegeben werden. In einigen wenigen Fällen ist der Nachweis einer Verbindung zwischen einem bestimmten Stil und individueller Kunstfertigkeit gelungen, etwa bei bestimmten Bildhauermeistern der Opin- und Ekitiregionen des yoruba-sprachigen Gebiets sowie Bildhauern der Dan in Liberia.

Elfenbein steht häufig in einem engen Zusammenhang mit der Holzschnitzerei, da dieselben Kunsthandwerker mit beiden Materialien arbeiten, wobei Elfenbein das ungleich anspruchsvollere Material ist. Seine feinkörnige Härte ermöglicht die Ausführung feinster Details, wie schon die ersten nach Europa gelangten afrikanischen Kunstobjekte belegen. Bei diesen handelt es sich um Erzeugnisse aus der Küstenregion Sierra Leones, der Stadt Benin und aus dem Königreich Kongo, die im frühen 16. Jahrhundert an portugiesische Händler verkauft wurden (Kat. 5.132). Bildschnitzer der Mende, Yoruba und Edo haben die Arbeit in diesem Medium in jüngerer Zeit fortgesetzt. Aber auch Stein wurde bearbeitet – weicher Stein, wie der Speckstein, der vor allem in Sierra Leone vor dem 16. Jahrhundert (Kat. 5.133) und für die nahe dem Yoruba-Dorf Esie entdeckten Skulpturen (Kat. 5.71–72) verwendet wurde, oder harter Stein, wie der der Skulpturen von Ife oder des größten Steinskulpturenensembles, der Ahnen- und vornehmlich Gedächtnisskulpturen in den Wäldern des mittleren Cross River im Südosten Nigerias.

Abb. 6 Verandapfosten, geschnitzt um 1915 von Olowe aus Ise-Ekiti für den Palast des Ogoga von Ikere; die Pfosten befinden sich heute in den U.S.A.

Die frühesten Belege für die Textilherstellung stammen aus dem 9. Jahrhundert. Bei Igbo-Ukwu wurden kleine Stücke eines nicht gemusterten Bast-Faser-Stoffes entdeckt, der dadurch erhalten geblieben ist, daß er sich in der archäologischen Fundstätte neben Kupfer befand. Man nimmt an, daß diese Stücke auf einem vertikalen Webgerät mit einem Litzenstab gefertigt wurden, wie er noch heute von Frauen in Nigeria verwendet wird. Außerdem wurden in den Tellemhöhlen von Mali, Begräbnisstätten des 11./12. Jahrhunderts, Textilfragmente aus Baumwolle und indigoblau gefärbter Wolle gefunden. Die relativ dichte Webtechnik legt die Vermutung nahe, daß sie auf einem horizontalen Webstuhl mit zwei Litzenstäben hergestellt wurden, wie er größtenteils, wenn auch nicht mehr ausschließlich, von männlichen Webern überall in Westafrika verwendet wird.

Baumwolle, Wolle, wilde Seide, Raphia und Bast kommen alle in bestimmten Regionen Westafrikas vor, wobei Baumwolle das meistbenutzte Material ist. Lokale Farbstoffe ließen sich aus Gemüse und mitunter aus Mineralien gewinnen, wobei Indigo, das aus mehreren Pflanzen gewonnen wird, eine Vorrangstellung einnahm. Spätestens ab dem frühen 18. Jahrhundert kam es jedoch hinsichtlich der Muster und der Gestaltung zu einer beträchtlichen Weiterentwicklung, da die Verfügbarkeit vorgefärbter Seiden- und Baumwollgarne sowie später der Kunstseide, Viskose und Lurex, Farb- und Gewebestrukturen ermöglichte, die mit den lokalen Färbemitteln nicht zu erzielen gewesen wären. In einigen Gebieten werden auch weiterhin vor Ort eingefärbte Gewebe produziert, alternativ zu den maschinell gesponnenen oder gefärbten Garnen. Gleichwohl sind die wunderschönen Asante- (Kat. 5.93) und Ewe- (Kat. 5.92) Textilien aus dem Ghana des 19. und 20. Jahrhunderts ohne die neuen Garne und Farben nicht denkbar. Deren Gebrauch wurde durch den innovativen Einsatz von zwei Litzenstabpaaren erweitert. Entlang des Küstengebiets von Guinea-Bissau bis Senegal, im und um das Binnendelta des Niger und im yoruba-sprachigen Teil von Nigeria kam es zwar zu völlig anderen Entwicklungen, aber auch dort ist die unterschiedliche Verwendung von importierten Garnen und Farben innerhalb lokaler Traditionen kennzeichnend.

Architektur, die gleichfalls unser Bild Westafrikas so stark prägt, läßt sich bekanntlich nicht in eine Galerie verpflanzen. Gebäude aus Lehm sind für das westafrikanische Klima besonders gut geeignet – im Gegensatz zu Zement, dem üblichen ›modernen‹ Ersatzstoff, der aber aufgrund seiner Hitzeanfälligkeit das denkbar ungeeignetste Baumaterial für die Tropen ist. Die Formen waren im allgemeinen modulartig, aus kleinen Einheiten zusammengesetzt und errichtet, rechteckig in den Wäldern, kreisförmig in der Savanne. Mit dem Auftreten des Islam beginnen monumentale, als Paläste oder Moscheen konzipierte Rechtecksbauten die urbane Savanne zu überragen. Gebäude bieten Raum für Wandschmuck, der als Hoch- oder Flachrelief modelliert, eingeprägt oder herausgeschnitten wird, aber auch gemalt sein kann. Früher wurden hierfür Erdfarben auf Wasserbasis verwendet, heute industriell gefertigte Farben. Diese Kunst findet kaum Erwähnung, weil sie sich nicht sammeln läßt, aber die Wandmalerei der Yoruba-Frauen in Schreinen und Palästen ist von einer Vielfalt, die derjenigen anderer visueller Kunstformen der Yoruba in nichts nachsteht, auch wenn sie wegen des Gebrauchs von Farben auf Wasserbasis kurzlebiger ist. In vielen Gebieten, etwa in Nordostghana, sind die Häuser, Wandmalereien und Textilkunst diejenigen Faktoren, die die visuelle Umgebung bestimmen.

Das Maskenwesen ist eine Verbindung aus ›Performance‹, Textilien und anderen Geweben, Holzskulpturen und Aufbauten. Während man Gebäude zumindest photographieren und zeichnen kann, läßt sich das Maskenwesen nur schwer oder gar nicht in einem europäischen Museum präsentieren. Man kann zwar die in ihre Einzelteile zerlegten Stücke bewundern – und manche Masken sind als Skulpturen und als mutmaßliche Träger bestimmter Kräfte vollständig –, aber ein leeres Kostüm bleibt ein leeres Kostüm. Beim Maskenwesen steht das Ereignis, die ›Performance‹ im Vordergrund. Holzmasken kennt man – sie sind beliebte Sammelstücke. Aber es gibt eine Vielzahl von Masken aus weniger haltbaren Materialien, die sich nur bedingt zur Aufstellung in Glasvitrinen empfehlen (Abb. 7). Außerdem ist die Maskierung keinesfalls ein einheitliches Phänomen, und der Status der Maske in ihrem lokalen Kontext muß ebenfalls berücksichtigt werden.

Innerhalb aller Vorführungstraditionen werden Masken aufgrund ihres strategischen Werts bei der Schaffung sozialer Distanz eingesetzt, wodurch die dramatische Wirkung innerhalb kleiner Gruppen, bei denen jeder jeden kennt, erhöht wird. Manchmal kann die Maske aber auch die Verkörperung einer metaphysischen Präsenz und Kraft sein; der sie Tragende übermittelt diese dann auf die Gruppe. Natürlich spielt die Geheimhaltung der Identität des Maskenträgers in diesem Fall keine Rolle. Aber selbst wenn von der Notwendigkeit der Geheimhaltung die Rede ist, kann dies Teil einer Distanzierungsstrategie sein, deren Bruch zu keiner gravierenden rituellen Strafe führt. Im Gegensatz hierzu steht die Geheimhaltung bei denjenigen Maskenbräuchen im Vordergrund, bei denen die Masken tatsächlich ein eigenständiges menschliches Handeln verleugnen und bei denen es ›offiziell‹ heißt, die Maske beherberge eine Präsenz, einen Geist der Wildnis oder einen Ahnen, die zu gefährlich sei, als daß man sie ansehen könne. Die Maske schützt hier also diejenigen, die sich außen befinden, vor dem, was in ihr ist. Aber auch der umgekehrte Fall existiert, etwa bei den *efe-gelede*-Masken der südwestlichen Yoruba, die keineswegs den Vorführenden als Handelnden leugnen oder eine metaphysische Präsenz verkörpern, sondern die ihre Träger vor den Blicken der Hexen schützen, zu deren Unterhaltung sie auftreten.

Hinsichtlich der sozialen Funktionen, denen die Masken dienen, gilt es sich trotz des Vorherrschens gewisser Bereiche – Unterhaltung, Heilen, Urteilen, Legitimieren, Vollstrecken, Säubern einer Gemeinschaft von Dieben, Initiation in die Erwachsenenwelt, Versöhnung mit dem Verlust eines Ältesten – vor Augen zu halten, daß es im Maskenwesen noch um eine Vielzahl weiterer sozialer, in der ›Performance‹ angesprochener Anliegen geht. Die Lokalisierung von Autorität ist ein solches Beispiel oder die Betonung der Geschlechterrollen, denn Frauen nehmen – anders als in der mythischen Vergangenheit vieler Traditionen und bei der Initiation der Sande-Frauen der Mende (Kat. 5.136), Gola und anderen Völkern Sierra Leones und Liberias – an Maskenauftritten nicht teil. Das Maskenwesen findet sich in der einen oder

Abb. 7 Masken aus Rinde, Palmwedeln und Stoff, die beim Fest Oguns, des Eisengottes, getragen werden; Distrikt Ijero, Ekiti-Yoruba, Nigeria

anderen Form fast überall in Westafrika – mit der Asante-Konföderation als auffälligster Ausnahme. Sogar in den vom Islam dominierten Gebieten sorgen maskierte Darsteller auf den nächtlichen Festen während des Ramadan für Unterhaltung.

Dieser Überblick, bei dem es im wesentlichen um den Status eines Kunstwerks als Kontext geht – das Geflecht von Vorstellungen und Praktiken –, sagt wenig bis nichts aus über das Verhältnis zwischen ästhetischen und sozialen Kategorien, ganz zu schweigen von ihrer Entwicklung innerhalb der jeweiligen Lebensgeschichte einer Gemeinschaft. Das bleibt vielleicht das dringlichste Problem für die westafrikanische Kunstgeschichte – hiervon soll im folgenden die Rede sein.

Kategorien und Identitäten

Innerhalb der eurozentrischen Dokumentation der Kunst Westafrikas herrscht die Konvention, diese Region in den ›Westsudan‹ und die ›Guineaküste‹ aufzuteilen, was in etwa den Klima- und Vegetationszonen entspricht, und dann der einen oder anderen Zone bestimmte Stile zuzuordnen, die nach ›Stämmen‹ unterteilt werden. Diese Klassifikation nach eher willkürlichen, mit Sicherheit jedoch äußerlichen Kriterien hat manche nützliche Funktion erfüllt. Jetzt aber ist es an der Zeit, sich der lokalen Geschichte und ihrer jeweiligen Besonderheiten zu vergewissern.

Formen und Stile sind von Ort zu Ort verschieden, und es ist daher von Belang, ihre Ursprünge genau lokalisieren zu können. Andererseits ist aber eine Kategorisierung dieser Verschiedenheit nach ›Stämmen‹ im günstigsten Fall eine ungebührliche Vereinfachung: Das Konzept des ›Stammes‹ ist zum einen eine koloniale Fiktion, zum anderen wird die Zuschreibung über ›Stämme‹ der Vielzahl und Komplexität formaler und stilistischer Unterschiede keinesfalls gerecht. Selbstverständlich manifestiert sich in Gruppen, die aus wenigen hundert Mitgliedern bestehen können, wie in der Akoko-Edo-Region nördlich des Königreichs Benin, oder aus fünfzehn bis zwanzig Millionen, wie im Falle der yoruba-sprachigen Völker, gleichermaßen ein Gefühl der Zusammengehörigkeit. Gefühle der Identität und der Differenz lassen sich an verschiedenen Indizien festmachen, etwa an der Sprache, an Traditionen mythischen Ursprungs, politischer Verbrüderung, Verwandtschaft, Handelsbeziehungen, am Beruf oder am gemeinsamen Grundbesitz. Und die Grenzen dieser Identität und Differenz können, müssen aber nicht für jeden dieser Faktoren dieselben sein, wodurch das Problem vielschichtig wird, zumal ja auch noch eine nationale Identität zu berücksichtigen ist. Moderne Vorstellungen von ethnischer Identität gehen vielfach auf ein Infragestellen der Kolonialherrschaft zurück, und es ist eher die Ausnahme als die Regel, daß man auf sozial oder geographisch isolierte Gemeinschaften trifft, die der Idee des ›Stammes‹ entsprechen. Die eigentliche Aufgabe besteht also darin, ein Verständnis dafür zu entwickeln, wie Identität innerhalb von Gemeinschaften erlebt wird und welche Rolle Kunstwerke dabei spielen. Unterschiede der Form und des Stils können soziale Kategorien zum Ausdruck bringen: Abstammung, alt/jung, männlich/weiblich, Kult einer Gottheit, Maskenbund, Region (innerhalb desselben Sprachgebiets), Nicht-Schmied/Schmied, hoch- oder niedrigrangige Medien, Künstler, Stadt/Land, nomadisch/seßhaft usw. Vielleicht markieren sie sogar die Unterschiede zwischen Sprechern verschiedener Sprachen. Die Beschäftigung mit Fragen dieser Art steht erst am Anfang.

Was für die Form gilt, gilt in gewissem Sinne auch für die Vegetation, die sich, wenn man sich von der Atlantikküste aus nordwärts bewegt, vom Mangrovensumpf in den Wald, dann in offene Waldungen kommt, schließlich ins Grasland, in die Savanne, die sich in Wüste verwandelt (mit Ausnahme der Küstenregion von Accra bis Porto Novo, wo der Wald unterbrochen wird und die Savanne an den Atlantik stößt). Aber eine Unterteilung in die Kategorien ›Guineaküste/Westsudan‹ ist, um es nochmals zu sagen, eine unzulässige Vereinfachung, teils wegen der verschiedenen Typen von Savanne, teils weil durch Vordringen der Landwirtschaft bzw. Raubabholzung der Wald kontinuierlich in Savanne verwandelt wurde und teils weil Westafrika im Verlauf mehrerer tausend Jahre von Umweltveränderungen geprägt wurde, die aufeinanderfolgende Feucht- und Trockenphasen zurückgehen.

Die Einteilung westafrikanischer Kunst nach Klima- und Vegetationszonen hat, wie bequem sie auch sein mag, nichts mit ästhetischen Kategorien zu tun, die sich im Material selbst manifestieren, und es wäre absurd, die Kunst durch Umweltdeterminismus erklären zu wollen. Die verlockende Annahme, daß Schematisierung für die Savanne und den Sahel typisch sei und Naturalismus für die Wälder, läßt sich schwer aufrechterhalten, wenn man sie mit dem Material selbst konfrontiert. Ganz abgesehen von unserer vollständigen Unkenntnis lokaler Wahrnehmungsweisen und von der Tatsache, daß unser Gegensatzpaar ›naturalistisch/schematisch‹ ausschließlich für Skulpturen gilt, finden sich Naturalismus und Schematismus überall in Westafrika, wie die in diesem Buch abgebildeten Objekte veranschaulichen. Weder gibt es die ›Guineaküste‹ und den ›Westsudan‹ als unterschiedliche Vegetationszonen, noch handelt es sich bei ihnen um in historischer, soziologischer oder ästhetischer Hinsicht zusammenhängende Einheiten.

Der Schlüssel für ein kunstgeschichtliches oder sonstiges Verständnis Westafrikas findet sich in der Interaktion zwischen Menschen, Gemeinschaften und Formen über Vegetationszonen, Sprachgruppen, prä- und postkoloniale Staaten, Masken- und Kultbünde usw. hinweg. Vom Nutzen einer Klassifikation westafrikanischer Kunst nach Vegetations- oder Klimakriterien bleibt so gut wie gar nichts übrig, zieht man das Bestehen von Handelsnetzen, neben anderen Formen von Beziehungen, in Betracht, wobei es gleichgültig ist, ob von lokalen Verbindungen oder Fernhandelsrouten, von Ost-West- oder Nord-Süd-Routen, solchen entlang des Niger und des Benue oder anderer Flüsse die Rede ist. Alle diese Netze knüpften letzten Endes Verbindungen zwischen den verschiedenen Regionen Westafrikas, selbst Verbindungen zwischen verschiedenen Waldgebieten kamen vor dem Einsetzen des europäischen Küstenhandels unweigerlich über die Savanne zustande. Hinzu kommen die im Hinblick auf Nok, Ife, die Yoruba, Nupe, Igbo usw. besprochenen Kontinuitäten und Unterbrechungen. Fernhandelsrouten, Sprachen und technische Verfahren haben Westafrika eine Art von Struktur und System verliehen und verbinden so letztlich die Sahara und das jenseits von ihr liegende Gebiet mit der Küste. Aber das Aufzeichnen dieser Strukturen und Systeme wird nicht dazu führen, daß sie sich als miteinander oder mit den Klima- und Vegetationszonen identisch erweisen.

Tradition und das 20. Jahrhundert

Die Kunst in Westafrika ist mit dem Anbruch des 20. Jahrhunderts nicht plötzlich zu Ende gegangen, und was auch immer die Form oder das Medium heutiger Kunst ist, der Sinn für die Tradition ist in ihr genauso wichtig wie früher und ermöglicht es den Künstlern, auch in der Zeit nach der Unabhängigwerdung produktiv zu sein, ohne deswegen die nationale Identität verleugnen zu müssen. Ohnehin war Westafrika trotz der weitverbreiteten Annahme des Gegenteils nie Ort einer statischen Tradition, wo sich bis auf lokale Kriege und die Kolonisation durch Europa sowie die sie begleitenden Entwicklungen im 19. und 20. Jahrhundert nichts verändert hätte. Auch wenn diese Entwicklungen nicht Gegenstand unseres Projekts sind, verdienen sie Beachtung, und sei es nur, um einer weiteren absurden Aufteilung, nämlich die der westafrikanischen Kunst in ›traditionelle‹ und ›moderne‹ bzw., schlimmer noch, ›zeitgenössische‹, entgegenzutreten. Der materielle und soziale Wandel soll natürlich nicht geleugnet werden, aber auch das Fortbestehen vieler aus der Vergangenheit überkommener Traditionen neben neuen, mittlerweile innerhalb der modernen Nationalstaaten Westafrikas institutionalisierten Entwicklungen ist bekannt.

Nicht die Idee der Tradition als solche ist also das Problem, denn ohne daß etwas überliefert wird, gibt es weder Kunst noch Gesellschaft. Problematisch wird es aber, wenn die Kategorie ›traditionell‹ von außen aufoktroyiert wird. Wir sprechen zwar nicht mehr von ›primitiver Kunst‹, aber wie angedeutet ist ›Stammeskunst‹, der Behelfsbegriff der Auktionshäuser, aus anderen Gründen kaum weniger problematisch. So wurde dieser nun durch den ›bereinigten‹ Ausdruck ›traditionelle Kunst‹ ersetzt. Aber wenn Maskentänzer und Akademiemaler gleichzeitig am selben Ort leben – und dies ist der Fall –, worin besteht dann der Wert einer Kategorisierung, die das ›Traditionelle‹ vom ›Zeitgenössischen‹ unterscheiden möchte? In Wirklichkeit wird dadurch ein wirkliches Verständnis für die lokale Auffassung von Kultur verhindert, während mit ›traditionell‹ ein falsches, im wesentlichen in der Vergangenheit lokalisiertes Gefühl von Authentizität geweckt wird, als ob Afrika kein eigener Platz in dem Jahrhundert zustünde, in dem der Rest der Welt lebt.

Auf jeden Fall ist mit wenigen offenkundigen Ausnahmen ein Großteil der Werke in den meisten Museumssammlungen und auch bei diesem Projekt, soweit es sich nicht um Grabungsfunde handelt, frühestens Mitte des 19. Jahrhunderts und häufig später, während der Kolonialherrschaft, entstanden. In der gegenwärtigen Konfrontation ererbter Formen mit neueren Entwicklungen erkennen wir die Bildung ethnischer Identität im 20. Jahrhundert. Der Ausbau der Schul- und Universitätsausbildung, die Alphabetisierung, die christliche Missionierung, der Aufstieg eines purifizierten Islam, neue Technologien und neue politische Institutionen sind nicht folgenlos geblieben. Manche Tradition wurde aufgegeben, manch andere fortgesetzt, manch neue begründet. Außerdem ging die Herausforderung der Kolonialherrschaft zum Großteil auf eine muslimische und christliche Oberschicht zurück, die ihre eigenen Kunstformen besaß. Die Kolonialherrschaft wurde in den von dieser lokalen Oberschicht verfaßten Grammatiken und Geschichtsbüchern in Frage gestellt, in Gemälden, deren Kunstcharakter selbst der philisterhafteste Kolonialgouverneur nicht leugnen konnte, aber auch durch den Fortbestand der Tradition spöttischer und subversiver Bilder. Im ersten Jahrzehnt dieses Jahrhunderts brachte sich der nigerianische Maler Aina Onabolu (1882–1963) autodidaktisch den europäischen Malstil bei und begann seine Kampagne zur Integration der Kunsterziehung in das koloniale Schulsystem. Aber erst im Jahr 1927 wurde ein Lehrer für diese Aufgabe eingesetzt, und dieser war ein Europäer (Kenneth Murray, der später die heutige National Commission for Museums and Monuments in Nigeria gründete). In den 60er Jahren, als die Länder Westafrikas unabhängig wurden, gehörten zur Kunstszene Kunst- und Designfakultäten an den Universitäten ebenso wie Autodidakten für Schildermalerei, Maskendarsteller, Töpfer, Weber, Färber und Bildhauer in verschiedenen Medien.

Nigeria erlebte damals als Reaktion auf die Malerei an den Kunsthochschulen eine Rückkehr zur Tradition als ein Vermächtnis von Formen, mit denen sich nigerianische Identität darstellen ließ. Nach und nach führte diese Entwicklung zur Bildung von auf lokalen Gestaltungsformen basierenden Künstlerschulen, wobei diese Vielfalt der Feier nigerianischer Identität nicht im Wege stand. Die speziellen rituellen und dekorativen Bedürfnisse von Christentum und Islam haben sich sowohl hinsichtlich der Inhalte wie auch der Auftragssituation der Kunst als bedeutsam erwiesen. In den 60er Jahren wurden überdies ›Sommerschulen‹ eingerichtet, in denen jedermann, ob formal ausgebildet oder nicht, künstlerisch tätig sein konnte. Die bekannteste unter ihnen existiert noch heute in Oshogbo in Nigeria. Im allgemeinen bestehen die verschiedenen Entwicklungsstränge, die sich im Kampf gegen die Kolonialherrschaft herausgebildet haben, auch in der nachkolonialen Zeit fort und entwickeln sich weiter. Vermehrte staatliche Förderung und die Gründung staatlicher und privater Sammlungen und Galerien tragen das Ihre hierzu bei.

Den Schluß dieses Aufsatzes soll daher also nicht ein weiteres Mal die unangemessene Klage über das Ende ›authentischer‹ afrikanischer Kunst bilden, sondern die Kraft und Vielfalt der zeitgenössischen Kunstszene soll betont werden. Halten wir uns vor Augen, daß wir Kunst und Künstler Westafrikas immer wieder mit fremden Kategorien messen: dieser Stamm/jener Stamm, Wald/Savanne, Kunst/Handwerk, traditionell/zeitgenössisch usw. Stattdessen sollten wir unser Augenmerk der Art und Weise zuwenden, wie Individuen und Gemeinschaften sich dort in ein Verhältnis zu Kunstwerken ihrer Wahl setzen. Wir sollten lokalen Künstlern, Kritikern und Kunstförderern zuhören, solange noch Zeit dazu ist (auch deren Geduld wird einmal ein Ende haben). Dann gelangen wir vielleicht zu einem etwas tieferen Verständnis lokaler Formen der Wahrnehmung, Tradition und Geschichte, und das dürfte die Mühe allemal wert sein.

Literatur

Willet 1967; Ryder 1969; Williams 1974; Cole und Ross 1977; Garlake 1978; Shaw 1978; Barley 1984; Herbert 1984; Vansina 1984; Craddock und Picton 1986; Picton und Mack 1989; Picton 1992; Dmochowski 1990; Shaw u. a. 1993; Picton 1994[1]; Picton, 1994[2], 1994[3]; Willett 1994

5.1

Pfeifenkopf

Westkamerun
19.-20. Jahrhundert
Bronze
38 x 19 x 21 cm
Afrika Museum, Berg-en-Dal, Niederlande, 564.1

Dieses Objekt entspricht insgesamt dem Typus eines zeremoniellen Tabakspfeifenkopfes aus dem Kameruner Grasland, aber stilistisch paßt das Gesicht nicht in diese Region. Objekte aus Bronze bzw. Messing dienten als Amtsinsignien. Die Technik des Wachsausschmelzverfahrens soll ursprünglich von den Tikar des oberen Mbam-Tals, östlich des Graslands, stammen. In der Tat halten sich die Tikar, die dieses Handwerk heute nur noch selten ausüben, für die Vorfahren der Bamum und einiger anderer Gruppen der Bamenda-Hochebene, die für ihre Kunstfertigkeit in der Metallbearbeitung berühmt sind.

In vielen der kleinen Königreiche des Kameruner Graslands, darunter dem der Bamum, sind aus Holz geschnitzte oder in Messing gegossene Masken sowie Zeremonialpfeifen aus Messing oder Ton in Gebrauch. Oft sind diese mit großen runden oder halbkugelförmigen Aufsätzen versehen, die die Krone des Fon darstellen. Eine solche Helmmaske, wie sie während des Nia-Festes auftritt, ist auf einer Photographie zu sehen, die 1912/13 von Oldenbourg in Fumban, der Hauptstadt von Bamum, aufgenommen wurde. Eine Aufnahme, die einen frühen Herrscher von Bamum in Fumban mit einer großen runden Kopfbedeckung zeigt, wurde gleichfalls publiziert. Solche Masken, die den mit Perlen, Kaurischnecken, Messingblech und Glocken verzierten Kopfschmuck des Königs zeigen, wurden bei Hoffeierlichkeiten oft von Gefolgsleuten getragen.

Das hier gezeigte Objekt ist von unbestimmter Herkunft. Es hat nicht die breite Nase, die aufgeblasenen Backen, den geöffneten Mund und den scheinbar lächelnden oder lachenden Gesichtsausdruck, der für viele Masken und Pfeifenskulpturen der Bamum charakteristisch ist. Auch das Gesicht zeigt nur wenig stilistische Ähnlichkeit mit anderen Werken der Bamum: Die Linie des heruntergezogenen Mundes wird von der Wölbung der Augenbrauen und den Schmucknarben auf den Wangen wieder aufgenommen; die kantige Nase gleicht einem auf den Kopf gestellten T; auf der Stirn ist ein Keloid zu sehen, und die Ohren stehen seitlich nicht ab. Dennoch handelt es sich um ein bemerkenswertes Objekt – nicht zuletzt wegen des großen filigranen Aufbaus. Das feine Muster, das den Aufbau oben und unten abschließt, erinnert an das Motiv der abstrahierten Spinne, das in der Ikonographie des Graslands häufig anzutreffen ist. *KN*

Literatur: Schädler 1973, S. 293; Joseph 1974, S. 46–52; Lamb und Lamb 1981; Northern 1984

5.2

Tasse

Duala
Kamerun
Elfenbein, Horn
105 x 69 x 54 cm
Mit freundlicher Unterstützung des Board of Trustees of the Science Museum, London, A 641447

Der Stil dieses Objekts ist für afrikanische Elfenbeinschnitzereien höchst ungewöhnlich. Die Tasse mit ihrer leichten Schwingung ruht in einer Reihe schlanker, in einem stoppelartigen Henkel zusammenlaufender Streben, der wie abgeschnitten wirkt. Ihre Grundform erinnert an die Kunstwerke, für die die Duala berühmt sind, meisterhaft ausgeführte Kanupaddel (*tange*), die sie bis heute herstellen.

Die Tasse soll dem ›König der Dualla‹ gehört haben und zur Verabreichung von ›Medizin‹ verwendet worden sein. Die Übernahme dieser behelfsmäßigen Formulierung soll die Unklarheit über den tatsächlichen Verwendungszweck zum Ausdruck bringen. Das Königtum der Duala war lange zwischen miteinander verfeindeten Fraktionen aufgeteilt, so daß wenig Hoffnung besteht, die tatsächliche Herkunft der Tasse ermitteln zu können.

Im heutigen Kamerun leben die Duala zumeist in oder bei Douala, der wichtigsten Hafenstadt. Bis vor kurzem wurden ihre Werke von Kunsthistorikern nur wenig beachtet, da man sie wegen der Kontakte zu Europa für nicht ›authentisch‹ hielt. Obgleich Douala nachweislich seit dem 18. Jahrhundert eine Quelle für Rohelfenbein ist, weiß man über die dortige Elfenbeinkunst wenig. *NB*

Literatur: Wilcox 1992, S. 263, Nr. 9

5.3

Anthropomorphe Maske

Wum
Nordwestprovinz, Kamerun
Holz
24 x 21 x 33 cm
Charles und Kent Davis

Die Gesellschaften der Bamum und der Bamileke, die das zentrale Grasland bewohnen, sind gut erforscht. Auch die dicht besiedelte Region des nordwestlichen Kamerun, mit ihren Hochebenen und den üppig bewaldeten, heute nicht mehr aktiven Vulkanen, blickt auf ein reiches künstlerisches Erbe zurück; von Fachleuten wird es in fünf Stilgruppen unterteilt. Die abgebildete Maske stellt ein schönes Beispiel für die Stilregion zwischen Wum und Fungom im Westen dar.

In den Wum-Dörfern gibt es eine große Anzahl von als *juju* bekannten Masken, die bei den aufeinanderfolgenden Festen zum Einsatz kommen: anläßlich der Sorghumernte in der Trockenzeit, während des großen *ibinilumé*-Fests im Dezember oder bei der Bestattung wichtiger Persönlichkeiten. Die aus sehr hartem Holz geschnitzte Helmmaske ist mit ihrer geometrischen Strenge, dem weit geöffneten Mund, den geblähten Nasenflügeln und den hervortretenden, keinerlei Emotion verratenden Augen typisch für den Wum-Stil.
EF

5.4

Stehende männliche Figur

Kundu
Westkamerun
Spätes 19.–frühes 20. Jahrhundert
Holz, Pigment
Höhe 190 cm
Staatliche Museen zu Berlin, Preußischer Kulturbesitz, Museum für Völkerkunde, III C 10026

Das Objekt stammt wahrscheinlich von den Kundu in Südwestkamerun, deren Kunst kaum bekannt ist. Ein recht naturalistisch gearbeitetes Gesicht ist in einen rautenförmigen Rahmen eingebettet; an der Rückseite des Kopfes befindet sich eine rechteckige Form mit abgerundeten Ecken. Die rechte Hand ist hochgereckt, als ziele sie mit einem Speer oder einem Stock auf etwas. Die Figur ist unbekleidet; helle und dunkle Farbflächen lenken den Blick in vertikaler Richtung.

Das plane Gebilde an der Rückseite des Kopfes erinnert an europäische Kapitänsmützen, wie man sie zu Zeiten der Segelschiffahrt an der Guinea-Küste trug und wie sie heute bei Maskenauftritten des *ekpe*-Leopardengeistbundes am Cross River verwendet werden. Dieser Kult ist sowohl im östlichen Nigeria als auch in Westkamerun weit verbreitet. Kultplätze finden sich überall in der Wald- und Savannenzone. Normalerweise würde eine solche Kopfbedeckung mit einem Gewand aus Raphia oder Stoff, das den ganzen Körper oder das Gesicht bedeckt, getragen werden.

Obwohl sich heute in beinahe allen Ansiedelungen in den Rumpi-Bergen des südwestlichen Kameruner Waldlandes Zentren des *ngbe*-Bundes (Leopardengeistbund, vgl. Kat. 5.35) befinden, gibt es noch Überreste anderer Männerbünde, die schon zuvor existierten. Einer davon ist der *musongo*-Bund der Kundu, der kleine Schnitzereien verwendete, um über Schuld oder Unschuld einer Person zu urteilen. Größere Skulpturen, für die das abgebildete Objekt ein Beispiel zu sein scheint, dienten dazu, Streitigkeiten innerhalb der Gemeinschaft zu schlichten. Bei bestimmten Zeremonien wurden sie zu Tänzen und Umzügen auf dem Rücken getragen. *KN*

Literatur: Northern 1984, S. 186 f.; Nicklin 1991[2], S. 3–18; Beumers und Koloß 1992, Nr. 46

5.5

Maske

Keaka
Kamerun
Holz
Höhe 125,7 cm
Privatsammlung

Wie ihre Nachbarn, die Anyang und Banyangi, die im Grenzland von Nigeria und Kamerun leben, rechnet man auch die Keaka zu den Ejagham (auch Ekoi genannt). Diese Gruppen sind für ihre mit Antilopenhaut überzogenen Holzmasken bekannt. Die Keaka haben eine grob wirkende Form der Skulptur entwickelt, die stilistisch einen Übergang von den Igbo-Skulpturen zu den Kunstwerken des Graslandes darstellt. Masken wie diese werden für Initiationsriten und Bestattungsfeiern angefertigt. Sie sind zu wenig erforscht, als daß man sie datieren könnte; auch in Sammlungen sind sie kaum vertreten. Die Maske besteht aus einem Helm, der ein menschliches Gesicht mit offenem Mund und mandelförmigen Augen darstellt und auf dem eine weibliche Statuette mit zahlreichen Ringen um den Hals steht (ihre Arme sind bei diesem Exemplar abgebrochen). *EF*

5.6

Männliche Figur

Bamileke
Kamerun
Holz
Höhe 125 cm
Staatliche Museen zu Berlin, Preußischer Kulturbesitz, Museum für Völkerkunde, III C 21121

Das auffälligste Merkmal dieser großen sitzenden Holzfigur ist der aufgeblähte Bauch, der mit den schlauchartigen Armen und den rudimentären, ehemals möglicherweise im Boden verankerten Füßen kontrastiert. Bei einer kleineren Figur aus dem Kameruner Grasland würden diese Merkmale darauf hindeuten, daß die Figur etwas mit der (Verursachung und) Heilung von Magenkrankheiten zu tun hatte.

Figuren dieses Stils und dieser Größe werden normalerweise den Memorialfiguren zugerechnet, die einen lokalen Herrscher darstellen und anläßlich seiner Inthronisation in Auftrag gegeben wurden (vgl. Kat. 5.14). Diese Arbeit stammt vermutlich aus einem der südlichen Königreiche. Später konnten die Figuren Bestandteil verschiedener Bräuche werden, die sich von Königreich zu Königreich sehr unterscheiden. Es gibt ähnlich große weibliche Figuren; die männlichen und weiblichen Figuren wurden offenbar als Paare konzipiert, wobei die Zuschreibung der weiblichen Figuren variabler ist. Häufig sind sie als Schwangere dargestellt.

Die männlichen Memorialfiguren haben zwar normalerweise einen aufgeblähten Bauch, doch selten erreicht er diesen Umfang. Es dürfte sich dabei jedoch weniger um den Ausdruck von Doppelgeschlechtlichkeit handeln als um königliche Wohlbeleibtheit mit einer metaphysischen Dimension.
NB

Literatur: Harter 1986, S. 54

5.7

Königsthron (*kuofo*)

Bamileke, Häuptlingstum von Banka
Region Bafang, Kamerun
Holz
Höhe 51 cm
Staatliche Museen zu Berlin, Preußischer Kulturbesitz, Museum für Völkerkunde, III C 22793

Dieser Thron wurde zu Beginn des 20. Jahrhunderts von einem deutschen Offizier in Banka erworben, einem kleinen, im 17. Jahrhundert südlich des Bamileke-Plateaus in der Region Bafang gegründeten Königtum. Der aus einem einzigen Stück geschnitzte Thron zeigt zuoberst einen sitzenden König. Die Hände auf den Knien, ein reich besticktes oder mit Perlen verziertes Königsdiadem auf dem Kopf, stellt er sein Geschlecht zur Schau. Die Sitzplatte ist mit dem ›Hühnerdarm‹-Motiv geschmückt, das in der Kunst des Graslandes häufig vorkommt. Die Platte ruht auf einer ›Karyatide‹, die entweder einen Leoparden darstellt, das Symbol der Königswürde (hier mit einem menschlichen Antlitz), oder einen unterlegenen Herrscher mit massiven Armreifen um die Handgelenke bzw. beides zusammen. Ein rautenförmiges Reliefmuster erinnert an die Zeichnung eines Leopardenfells. Solche Throne finden sich überall bei den Bamileke. Sie sind zentraler Bestandteil des königlichen Mobiliars und in zeremonieller Hinsicht meist wichtiger als in funktioneller. Die ›Karyatide‹ repräsentiert vermittels unterschiedlicher Symbole (Leopard, Schlange, Elefant) die Macht, während die Figur auf der Sitzfläche in der Regel dem Gedenken an einen verstorbenen Prinzen vorbehalten ist. Einige der bemalten oder mit Glasperlen geschmückten Throne sind bis zu zwei Meter hoch (wie etwa der in Bandjoun). Die Gestaltung dieses beeindruckenden Werks erinnert an den Stil von Batié, einem etwas weiter nördlich gelegenen bedeutenden Zentrum der Bamileke-Skulptur.
EF

Provenienz: 1909 erworben von Gnügge in Banka

Literatur: Beumers und Koloß 1992, Nr. 28

5.8

Königsmaske (Elefantenkopf)

Bamileke, Häuptlingstum von Bafu-Fondong
Westprovinz, Kamerun
Letztes Viertel des 19. Jahrhunderts
Holz
46,5 x 38 x 90 cm
Musée National des Arts d'Afrique et d'Océanie, Paris, AP 92-50

Der Elefant (der bei den Bamileke *so* heißt) ist neben dem Leoparden das Symbol königlicher Macht und ein wichtiges Motiv der Kunst des Graslandes, insbesondere im Norden und Westen des Bamileke-Plateaus. Es findet sich auf Masken, Trommeln, Hockern, Pfeifen und Stäben. Die entweder aus Holz oder aus perlengeschmücktem Stoff gefertigten Masken kommen bei wichtigen Königszeremonien zum Einsatz, bei der Beerdigung von Königen, Königinnen und Würdenträgern und bei den Ernte- und Frühlingsfesten. Sie sind Teil des dramatischen Elefantentanzes (*nso* oder *nzen*), der innerhalb des königlichen Anwesens (der *tsa*) von den Prinzen und Edelleuten des Häuptlingstums aufgeführt wird, die Mitglieder mächtiger Geheimbünde wie der *kwosi*, der *kemjyeh* oder der *manjong* sind.

Dieser massive Kopf gibt einen Elefanten mit breiten, runden Ohren, schrägen Augen, einem kurzen Rüssel und elegant geschwungenen Stoßzähnen in stilisierter Weise wieder. Er stammt aus dem Häuptlingstum von Bafu-Fondong, nahe Dschang im Westen des Bamileke-Plateaus. Nach jahrelanger Unterdrückung durch das benachbarte Häuptlingstum von Baleveng wurde Bafu-Fondong im 18. Jahrhundert durch einen von Prinz Ndaptchu angeführten Aufstand unabhängig. Laut Überlieferung entstand die Maske im letzten Viertel des 19. Jahrhunderts, während der Herrschaft des Fon Kana I. *EF*

5.9

Siegreich zurückkehrender Bafumkönig

Region Bafum (Königreich Bafum-Katse, Ide/Esu)
Kamerun
Frühes 19. Jahrhundert (?)
Holz, Haar, Elfenbein, Knochen, Stoff
113 x 31,7 x 45,7 cm
The Walt Disney-Tishman African Art Collection, Los Angeles, 1984.AF.051.110 a,b

Wenige narrative Skulpturen in der Kunst Westafrikas erschließen sich so leicht wie die Figur dieses triumphierenden Königs. Aus der Schlacht zurückgekehrt, hält er als Zeichen des Sieges sein erhobenes Schwert und den abgetrennten Kopf eines (der Größe des Kopfes nach zu schließen) bedeutenden Feindes in die Höhe. In seinem Gesicht spiegeln sich Stolz und Freude. Er sitzt auf einem Tier, vielleicht einem Leoparden (das Fragment läßt nur Vermutungen zu), um seinen Hals eine große Knochenperle.

An seinem Kinn klebt Menschenhaar, und sein gesamtes Erscheinungsbild wird durch die implantierten Elfenbeinzähne noch gesteigert. Solche Spuren von Hyperrealismus sowie die unbestreitbare Qualität der Schnitzerei haben dazu geführt, daß die Arbeit mit einem fast legendären Künstler vom Anfang des 19. Jahrhunderts in Verbindung gebracht wurde, einem jener anonymen Meister, die die Erforschung der afrikanischen Kunstgeschichte so faszinierend, aber auch so beschwerlich machen. *TP*

Provenienz: Ehemals Tishman Collection
Literatur: Hasterin 1981

5.10

Korbschale

Oku
Kameruner Grasland
20. Jahrhundert
Pflanzenfaser, Farbpigment
Höhe ca. 12 cm
Staatliche Museen zu Berlin, Preußischer Kulturbesitz, Museum für Völkerkunde, III C 24980

In Westkamerun, besonders im Grasland, werden unterschiedliche Korbprodukte sowohl für den alltäglichen Gebrauch wie für zeremonielle Anlässe hergestellt. In erster Linie dienen solche Körbe als Behältnisse. Der obere Teil des hier abgebildeten Exemplars ist aus umwickelten Lagen, der untere Teil aus gedrehten Zöpfen aufgebaut. In einigen Regionen Kameruns wird das Flechtwerk so dicht gezogen, daß der Korb sogar Flüssigkeiten, insbesondere Palmwein, aufnehmen kann. Bei dem hier vorliegenden Objekt ist die Schichtung mit Stickereien verziert; alternierend helle und dunkle Bänder schmücken den breiten Fuß des Gefäßes.

Dieser Korb stammt von den Oku aus dem nordwestlichen Grasland, deren Nachbarn im Südwesten die Babungo und im Südosten die Banso sind. Wahrscheinlich bewahrte man in dem Korb Lebensmittel auf. Die Gesellschaftsstruktur im Kameruner Grasland ist hierarchisch. Für eine höfische Verwendung hätte man den Korb mit Kaurischnecken oder Perlen geschmückt. Körbe mit einem Sockel waren oft mit einem Deckel versehen, der mit einem Strick befestigt werden konnte. *KN*

Literatur: Gebauer 1979; Northern 1984

5.11 a–b

Figurenpaar

Koko
Kamerun
Holz (mit Glasperlen)
Höhe 161 cm, 130,5 cm
Staatliches Museum für Völkerkunde, München, 95.6/7

Dieses bemerkenswerte Figurenpaar befindet sich seit über einem Jahrhundert in Europa. Spätere Skulpturen der Koko besitzen nicht seine Würde und Strenge. Die Feststellung, daß es sich hierbei um Pfostenfiguren handelt, scheint sie implizit ihrer Dynamik zu berauben, und doch gehören sie damit zu einem in Afrika weitverbreiteten Typus. Die den Armen beider Skulpturen zugefügten Beschädigungen sind offenbar nicht zufällig. Ob sie von den Koko selbst abgehackt wurden, um die Figuren ihrer Macht zu berauben, ist nicht bekannt. Stehende Igbo-Figuren wurden in diesem Jahrhundert durch einander bekriegende Gruppen auf ähnliche Weise beschädigt. Auch wenn die rituelle Macht der Objekte dadurch geschmälert wurde, blieb ihre ästhetische Qualität doch unversehrt. Ihre formale Bestimmtheit – die akzentuierten Schultern und die suggestiven, an Figuren vom Cross River erinnernden Gesichter – wird ausgeglichen durch verhaltenen Narbenschmuck sowie ein Muster von Punkten auf dem Rücken der Frau, das mit einem Leopardenkult in Zusammenhang stehen könnte. Diese beiden Figuren, mit Resten der Säulenschäfte an den Füßen und ihren das Gewicht tragenden Kopfaufsätzen, dienten vermutlich als seitliche Stützen am Inneneingang eines Sanktuariums.

Die Augen sind, für die Kunst Kameruns ungewöhnlich, durch Glasperlen dargestellt, aber das entspricht dem eklektizistischen Stil der Arbeiten, über deren Vorgeschichte man gerne mehr wüßte. *TP*

Provenienz: 1895 von E. Zimmerer durch das Museum erworben

Ausstellung: New York 1987

Literatur: Darminik 1902; Bernatzik 1947; Kecskési 1987

5.12

Königsmaske

Bamum, Königreich von Fumban
Westprovinz, Kamerun
Holz, Kupfer, Pflanzenfasern, Glasperlen, Kaurischnecken
Höhe 93 cm
Laboratoire d'Ethnologie, Musée de l'Homme, Paris, Schenkung Charles Ratton, 35-6-1

Diese monumentale, aus einem einzigen Holzstück geschnitzte Helmmaske stellt einen menschlichen Kopf dar, der ein durchbrochenes, mit Eidechsen und Krokodilen verziertes Diadem trägt, das ein wenig an die große *tukah*-Maske erinnert, die Pierre Harter im Bamileke-Häuptlingstum von Bamendou erworben hat (Kat. 5.16). Das Gesicht ist vollständig von dünnem, mit Stiften befestigtem Kupferblech bedeckt. Die Eidechsen in dem Diadem sind mit Perlen und Kaurischnecken verziert, die auf einen Grund aus Raphiagewebe gestickt sind. Solche spektakulären Masken traten während der jährlichen Feiern beim ersten Regen (*ndja*) oder beim Einbringen der zweiten Ernte im November/Dezember in Erscheinung. Diese Maske aber wurde wegen ihres großen Gewichts nicht vom König selbst getragen, sondern von einem seiner Diener mitgeführt. Zusammen mit anderen Masken und Objekten für politische, administrative oder juristische Zeremonien wurde sie in einem speziellen Bereich innerhalb des königlichen Anwesens aufbewahrt.
EF

5.13

Büffelmaske

Bamum
Westprovinz, Kamerun
Holz, Raphia, Glasperlen
63,5 x 28 x 15,2 cm
Maureen und Harold Zarember

Im Grasland wurden bei bestimmten Zeremonien häufig große Tiermasken getragen. Am beliebtesten waren Elefanten-, Affen-, Ziegen- und Rindermasken, aber auch Leoparden-, Krokodil-, Hunde- oder Vogelmasken kamen vor. Nicht immer lassen sich die dargestellten Tiere leicht identifizieren, insbesondere wenn es sich um (beabsichtigte) Mischungen handelt. Die Masken sind erst vor dem Hintergrund der mythologischen und symbolischen

Bedeutung der Tiere verständlich. Masken mit Hörnern finden sich zwar bei den Bamum, seltener aber bei den Bamileke. Die verbreitetste Maske, die des Büffels, steht für Stärke, Mut und Macht. Jäger waren dazu verpflichtet, die Schädel aller getöteten Büffel dem Herrscher zu übergeben; bei den Bamum konnte ein Verstoß gegen dieses Gebot sogar mit dem Tode bestraft werden. Traditionellerweise brachte man einen Büffelschädel über Eingängen an oder hängte ihn – wie die Schädel im Kampf getöteter Feinde – an einen der Pfosten, mit denen die Überdachung abgestützt wurde. Die Tierschädel dienten aber auch als Sitzgelegenheit. Die Hörner verwendete man als Trinkgefäße und verzierte sie mit Schnitzmustern.

Diese wunderbare Maske wurde aus einem Stück Holz geschnitzt und dann mit einem Raphiagewebe überzogen, das mit einer den Perlenkünstlern des Graslandes eigenen Technik mit kleinen Glasperlen bestickt wurde. Es handelt sich um handelsübliche Perlen, bei denen die altmodischen röhrenförmigen in Blau und Rot überwiegen. *EF*

5.14
Königsthron
Bamum
Kamerun
Holz, Glasperlen, Kaurischnecken
175 x 50 cm
Museum für Völkerkunde, Wien, 171.471

Die Verbindung zwischen Hocker und Macht ist bei figuralen Hockern nochmals um eine Stufe gesteigert. Der Ausdruck ›enstoolment‹ wird von den Akan und anderen westafrikanischen Gruppen als Bezeichnung für die Inthronisation eines Herrschers gebraucht. Hinsichtlich der künstlerischen Prachtentfaltung dürfte die Bekanntgabe dieses Rituals bei den Königreichen in Kamerun einen Höhepunkt erreichen. Jeder Hof hat seine eigene Schatzkammer, in der rituell bedeutsame Gegenstände aufbewahrt werden. Einige dieser mit Regalien, Waffen und Skulpturen angefüllten Räume sind so groß wie Lagerhäuser. Die Dinge, die dem Fon – der eher ein König als ein Häuptling ist – zu besonderem Ansehen gereichen, sind die oft meisterhaft gearbeiteten perlenbestickten Figuren und Hocker. Diese werden während der

Feste öffentlich zur Schau gestellt; und selbst ein weniger bedeutender Besucher mag an normalen Tagen vor dem Palast zahlreiche eindrucksvolle Perlenskulpturen erblicken, deren Alter zum Teil bis in die Mitte des letzten Jahrhunderts zurückreicht. Die kräftigen Farben der importierten Perlen (der Beitrag Böhmens und Italiens zur afrikanischen Kunstgeschichte ist hierbei nicht unbeträchtlich) sind zu schönsten Farbeffekten kombiniert. Bei der Helligkeit des afrikanischen Lichts ist dies überwältigend, doch in der nüchternen Atmosphäre eines europäischen Museums wirkt es eher schrill – wie leuchtende Bermudashorts an einem britischen Strand.

Der Künstler – er verdient seinen Namen –, der einer hochspezialisierten, nicht vererbbaren Tätigkeit nachgeht und großes Ansehen genießt, hat in dem vorliegenden Objekt der Bamum in der nordöstlichen Savanne Hunderte oder gar Tausende von Perlen und Kaurischnecken mit ungewöhnlicher Geschicklichkeit und Virtuosität verarbeitet. Die Verwendung von kleinen, auch heute gebräuchlichen Perlen legt nahe, daß der Hocker erst im 20. Jahrhundert geschaffen wurde. In älteren Perlenarbeiten wurden längere Perlen (vgl. Kat. 5.13) verwendet.

Dieser Typus des figürlichen Hockers findet sich in allen Königtümern des Graslandes. Ihm kommt eher symbolische als praktische Bedeutung zu. Kostbare und meisterlich ausgeführte Perlenarbeiten sind dem Fon vorbehalten, und das Vorhandensein von Perlen auch in einfacheren Werken ist in Kamerun wie auch bei den Yoruba (vgl. Kat. 5.85) Hinweis auf königliche Verbindungen. So zollte der Fon Njoya zu Beginn dieses Jahrhunderts Kaiser Wilhelm II. in Form von perlenbesetzten Hockern Tribut. Auch stilistisch läßt sich der vorliegende Thron dieser Zeit zuordnen. *TP*

5.15

König Tita Gwenjang (Fonyonga II)

Ein Werk des Bildhauers Njinerat
Königreich Bali-Nyonga
Nordwestprovinz, Kamerun
Um 1904–05
Holz, Farbpigment
143,5 x 36 x 22 cm
Musée National des Arts d'Afrique et d'Océanie, Paris, Nachlaß Pierre Harter, AP 92-32

Diese Figur ist eine der geschnitzten Pfosten des Peristyls, auf denen das Dach des früheren Königspalastes von Bali-Nyonga ruhte, der in den 50er Jahren während der Herrschaft Garegas II. einem neuen Steinpalast weichen mußte. Glücklicherweise existieren einige Photographien des alten Palastes aus dem Jahr 1943. Die Pfosten bestanden aus drei übereinander angeordneten Figuren, die sich jeweils vom Durchgang abwandten. Sie wurden demontiert, in drei Teile zersägt und in alle Winde verstreut. Einige von ihnen befinden sich heute im Museum in Bamenda; auch Pierre Harter erwarb drei schöne Fragmente. Die hier gezeigte Figur befand sich unmittelbar links neben dem Eingang zum Palast. Sie stellt einen Fon der Bali namens Tita Gwenjang (Fonyonga II) dar, der um 1870 regierte. Er trägt ein Halsband aus Leopardenzähnen und hält ein Schwert (von dem nur noch der Griff existiert). Zu seinen Füßen liegt der Leichnam eines Feindes und auf der Kopfbedeckung ein Schädel, der sich ursprünglich zwischen den Füßen der über ihm stehenden Person befand – sein älterer Bruder und Vorgänger, Tita Nji. Auch die ganz oben stehende Figur, ein Krieger oder Diener mit in die Hüften gestemmten Armen, wurde von Pierre Harter vor der Zerstörung bewahrt. Die Herrscher von Bali sind Abkömmlinge der Chamba-Eroberer, einem Reiterstamm aus Nordkamerun und Nigeria. Sie unterwarfen eine große Anzahl von Dörfern in der Ebene von Ndop an den Grenzen von Bamenda. Die Bali-Säulenreihe illustriert diese militärischen Errungenschaften. Sie ist von der traditionellen Architektur und Plastik dieser Region inspiriert, kommt aber gleichzeitig dem Wunsch der örtlichen Bevölkerung entgegen, ihren Herrschern aus anderen Landesteilen größere Geltung zu verschaffen. Der vorliegende Pfosten wurde offenbar mit anderen zusammen um 1904–05 von einem Bildhauer namens Njinerat geschnitzt. Die Figur weist die charakteristischen Züge der Grasland-Plastik auf, insbesondere der Bamileke. Die Darstellungsweise ist expressiv, fast grotesk: Kopf, Schultern, Körper und Gliedmaßen ragen in alle Richtungen, ohne jegliches Bemühen um Symmetrie. *EF*

Literatur: Gebauer 1943

5.16

Königliche Maske des *kah*-Bundes

Bamileke, Häuptlingstum von Bamendou
Westprovinz, Kamerun
Holz
85,7 x 69,5 x 53,5 cm
Musée National des Arts d'Afrique et d'Océanie, Paris, Nachlaß Pierre Harter, AP 92-13

Diese außergewöhnliche monoxyle Holzmaske ist das Juwel der Sammlung Pierre Harter. Harter schrieb in *Arts anciens du Cameroun:* »Der Königsschatz von Bamendou war eine der beeindruckendsten Sammlungen des Graslands. Dies ist ein Monumentalwerk mit durchbrochener Haartracht (*tukah*) aus dem Besitz des *kah*-Bundes, so etwas wie der Ministerrat des Häuptlingstums. Es war von beträchtlichem symbolischen Wert und verband verschiedene Attribute miteinander. Die sechs Eidechsen im Kopfschmuck symbolisieren Vergänglichkeit. Sie sind von Schleifen oval gerahmt, die mit den Eidechsenschwänzen zusammenlaufen. Die andauernde Erneuerung des Häuptlingstums versinnbildlichen verschiedene Fruchtbarkeitssymbole. Die hervortretende Stirn wölbt sich wie der Bauch einer Schwangeren, die aufgeblähten Wangen erinnern an milchpralle Brüste. Diese Attribute verweisen auf das mächtige Paar ›Bund und Ergebenheit‹. Der heilige Akt der Fortpflanzung wird durch die Nase evoziert, die gleich einem erigierten männlichen Geschlecht die wie Frauenbeine gespreizten Wangen zu durchdringen scheint. Die vollkommene Ausgewogenheit des Ganzen mit seiner Kombination kugelförmiger und ovoider Massen vermittelt ein Gefühl des Universellen und Ewigen ... Nach Aussage des zehnten Fon, Dongmo (1955–1976), repräsentierte *tukah* Macht, Adel und Beständigkeit von Bamendou über mehrere Generationen hinweg. Die Maske soll aus einem Baum des heiligen Waldes geschnitzt worden sein, den Jeugman, der Gründer, ein Emigrant aus Fodjomo, in der Region Bamenda gepflanzt hat. Die Maske wurde während eines langsamen, alle fünf Jahre stattfindenden Umzugs, der im Zusammenhang mit den Klassen des *majong* stand, gezeigt. Aufgrund ihres Gewichts und ihrer Macht wurde sie nie auf dem Kopf, sondern mit gestreckten Armen von den *wala* getragen, die sich paarweise bei der Führung der Parade abwechselten, langsam gingen und häufig anhielten. Für die wenigen hundert Meter zwischen der Tanzfläche und der Hütte, wo die Maske 1957 rund um die Uhr bewacht wurde, benötigte man mehrere Stunden. Als wir 1957 auf die Maske stießen, hatte sie seit Jahren unter dem Schutt einer verlassenen Hütte gelegen, der sich niemand zu nähern wagte.«

Die Maske erinnert an die massiven und noch stärker stilisierten unter dem Namen *tsesah* bekannten Masken, welche die Bamileke von Batcham und Bandjoum benutzten. *EF*

Provenienz: 1957 erworben von Pierre Harter im Häuptlingstum von Bamendou, zwischen Dschang und Bafoussam

Literatur: Harter 1986

5.17

Kalebassenständer

Geschnitzt von Kamteu (gest. 1915)
Bamileke, Häuptlingstum von Foto
Dschang-Region, Kamerun
Um 1910
Holz
127 x 50,7 x 66,5 cm
Musée National des Arts d'Afrique et d'Océanie, Paris, AP 92.39

Diese große Plastik einer sitzenden Königin stand früher neben dem Thron in den königlichen Gemächern. In ihren Armen hielt die Figur eine abnehmbare Kalebasse mit rituellen Objekten (einer Pfeife und anderen persönlichen Gegenständen), die dem Bamilekeherrscher von Foto gehörten. Die Arme der Figur ruhen auf einem stilisierten Elefantenkopf. Von der Seite betrachtet, bilden die Beine des Stuhls und die der Königin die Silhouette eines Elefanten, was der Plastik ihre Kompaktheit und Intensität verleiht. Wie andere Teile des königlichen Mobiliars sollte sie ursprünglich mit kleinen, auf einen gewebten Raphiagrund gestickten Glasperlen überzogen werden, was das Fehlen der Gesichtszüge erklärt – der Bildhauer wußte, daß diese mit Perlen gestaltet werden würden.

Der Leib der Figur ist hohl – vielleicht zur Verringerung des Gewichts oder um ihn als Gehäuse für Relikte oder Amulette zu verwenden. Auch als ›Klangkörper‹ könnte er gedient haben, indem ein hinter dem Ständer verborgener Diener die Skulptur während einer rituellen Vorführung zum ›Sprechen‹ brachte. Sie wurde von Kamteu (gest. 1915) geschnitzt, einem in Banjout sehr geschätzten Künstler. *EF*

Provenienz: 1975 Geschenk von Soffack, Fon von Foto, an Pierre Harter

5.19

Statuette (*mu po*)

Bamileke, Häuptlingstum von Bangangté
Westprovinz, Kamerun
Holz
15 x 5,5 x 5,5 cm
Privatsammlung

Heiler und Weissager der Bamileke verwendeten Holzstatuetten als Abbilder ihrer Patienten für ihre magisch-medizinische Behandlung. Manche Statuetten sind hinten ausgehöhlt: Sie werden mit magischen Substanzen gefüllt und dann mit einem Leder- oder Stoffstreifen verschlossen. Einige Figuren – aus Holz, Elfenbein oder einem weichen Stein – wurden von maskentragenden Mitgliedern des *kun'gan*-Geheimbundes getragen.

Die Statuetten sind zwischen 10 und 40 cm hoch. Auf Bandjoun heißen sie *mu po,* auf Bafan *pu pueh* und auf Bangangté *meu bon.* Im allgemeinen zeigen sie eine schwangere Frau, deren Hände sich auf dem Bauch oder unter dem Kinn befinden. Dieses Mutterschaftssymbol ist in der Kunst des Graslandes häufig anzutreffen. Es bezieht sich auf die Fruchtbarkeit der Gruppe und des zum Häuptlingstum gehörenden Landes. *EF*

5.18

Maske des *troh*-Bundes

Bangwa, Häuptlingstum der Region Foretia Fontem
Westprovinz, Kamerun
Holz mit schwärzlicher, krustiger Patina
27 x 19,7 x 27,5 cm
Musée National des Arts d'Afrique et d'Océanie, Paris, AP 92-52

Bei den Bangwa der Region Fontem gibt es den als ›Nachtbund‹ bekannten Geheimbund *troh,* ein Rat von neun Noblen. Derartige politisch-religiöse Institutionen finden sich überall im Grasland; die Gesellschaft der benachbarten Bamileke heißt *kamvuu.* Der Großmeister der Gesellschaft ist der Herrscher selbst (der *fwa*), die anderen Mitglieder sind die Erben der neun Begleiter des Gründers der Dynastie. Diese neun Noblen sind die Hüter der Tradition und überwachen die Wahl des Herrschers, seine Inthronisation und seine Bestattung. Diese Art Helmmaske wird nur von Mitgliedern des *troh* getragen und vom Vater an den Sohn weitergereicht. Theoretisch existieren also pro Herrscher nur neun Masken. Diese stammt aus Foretia, nördlich von Fontem. Harter studierte mehr als 50 dieser Masken, von denen manche zwei oder mehr Gesichter aufweisen. Er unterschied einen formalistischen von einem eher naturalistischen Bangwastil, der unter dem Einfluß der Bamileke steht. Dieses Bangwa-Beispiel zeigt ein leicht grimassierendes Gesicht, mit einem offenen, eine Reihe spitzer Zähne präsentierenden Mund. Die Maske besteht aus Rundformen für Stirn, Augen, Wangen usw. und wird von einem nach hinten spitz zulaufenden Kopfschmuck abgeschlossen. Die dicke Patina ist das Ergebnis jahrelanger ritueller Einräucherung und Ölung und zeugt vom hohen Alter der Maske. Ein Mitglied der *troh* hat dieses Symbol seiner Macht sorgfältig aufbewahrt. *EF*

Literatur: Harter 1986

5.20

Stehende männliche Figur

Mambila
Grenzland Nigeria/Kamerun
Spätes 19. Jahrhundert (?)
Holz
45 x 18 x 18 cm
Privatsammlung

Mehrere stilistische Merkmale dieser Figur deuten auf eine der kleinen Gemeinschaften nördlich des Tikar-Graslandes an der Grenze von Nigeria und Kamerun hin: die schüsselartigen Vertiefungen des Gesichts; die Gesten in Richtung Kinn oder Bart; die Formulierung der unteren Gliedmaßen – betonter Oberschenkel, stark verkürzter Unterschenkel, große, schenkelähnliche Füße, konische Form des Bauchs. Mehrere Völker in dieser Gegend stellen derartige Skulpturen her, darunter die Mfunte, Mbum, Kaka und nicht zuletzt die Mambila, die das gleichnamige Plateau bewohnen.

Ihre Deutung als Ahnenfiguren ist umstritten. Die Geste der linken Hand oder beider Hände zum Kinn bei Skulpturen der Mambila ist typisch für *tadep*-Figuren, die mit einem Heilbund namens *suaga* in Verbindung stehen. Die rituellen Paraphernalien wurden in mit bemalten Tafeln (*baltu*) geschmückten kornkammerartigen Lagerhäusern aufbewahrt. Zwei anthropomorphe Figurentypen wurden vor dem Lagerhaus aufgestellt: *kike* (aus Raphia) und *tadep* (aus Holz). Gewöhnlich handelt es sich um ein männlich-weibliches, mit schwarzer, roter und weißer Farbe bemaltes Paar. Stilistisch sind die *kike* in der Regel abstrakter als die *tadep*. Größere *tadep* wurden auch innerhalb von Lagerhäusern aufbewahrt. Der *suaga*-Komplex ist zwar für das religiöse System der Mambila von zentraler Bedeutung, aber die meisten dieser begehrten Figuren und Masken befinden sich heute im Besitz westlicher Sammler.

Stilistisch verweist diese Figur auf die Mambila, doch der Realismus des vorgestreckten Bauches und das runde Objekt auf dem Kopf (das an den Kopfschmuck der Elefantenmaskenträger im Süden des Graslands erinnert) sind untypisch für sie. *KN*

Literatur: Schneider 1955; Fagg 1968; Gebauer 1979; Zeitlyn 1994, S. 38–47; Schwartz o. J.

5.21

Doppelstatuette

Mambila
Nigeria
Stein
30 x 9,5 x 7,5 cm
Galerie Michael Werner, Köln und New York

Die Mambila, die in der Grenzregion von Nigeria und Kamerun leben, sind berühmt für die Originalität ihrer Skulpturen. Dabei handelt es sich meist um schwere Holzstatuen in Vorderansicht. Die Figuren haben allesamt große, expressive Köpfe, deren Haar mit kleinen Holzpflöcken gestaltet ist, und tragen zoomorphe Helmmasken aus vielfarbigem Holz. Die vorstehenden Augen der Masken erinnern an die Skulpturen des Graslandes. Weniger bekannt sind Skulpturen aus gebrannter Tonerde oder weichem Stein oft vulkanischen Ursprungs. Diese eigentümliche Figur gehört zu letzterem Typ. Sie stellt zwei Menschen dar, deren Füße miteinander verschränkt sind – Mann und Frau beim Geschlechtsakt. Die Köpfe mit den markanten Zügen sind typisch für den Mambilastil. *EF*

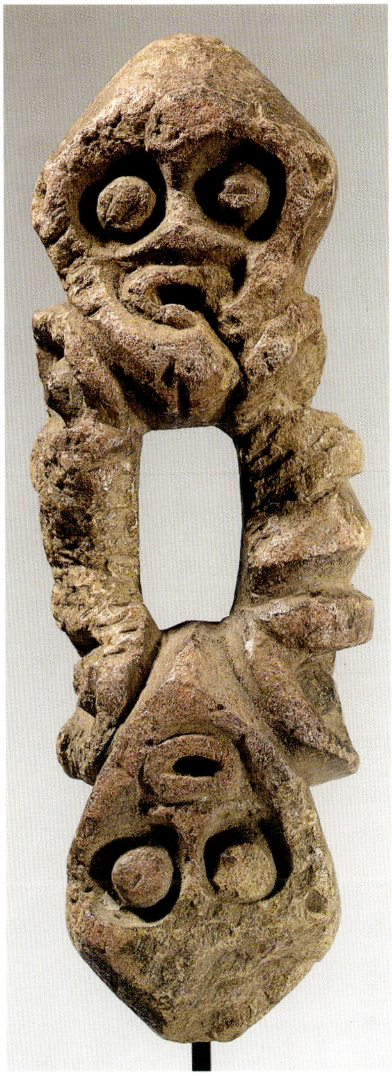

5.22

Stehende weibliche Figur

Chamba
Nigeria
Holz
51 x 16,5 x 13 cm
Sammlung Fritz Koenig

Figürliche Darstellungen der Chamba sind weniger bekannt als die häufig plumpen Büffelhelmmasken, die sich auch bei ihren Nachbarn, den Dakka in Ostnigeria südlich des Benue, finden. Hierher zogen sie im 17. Jahrhundert von den Bergen an der Grenze zu Kamerun und ließen sich angesichts der Fulbe-Invasionen im 19. Jahrhundert dort nieder. Die kleineren Holzfiguren gelten als Mittel gegen Schlangengift und werden mit einem Eisenstift in der Erde verankert.

Größere Figuren sind relativ selten. Dieses schöne Beispiel mit charakteristischer Kammfrisur ist eine der größten bekannten Figuren. Andere haben meist die Gestalt eines miteinander vereinten, sich sozusagen zwei Beine teilenden Paares. Diese spezielle Skulptur führt den Stil der Chamba in äußerster Reduktion vor Augen. Ihre Meisterschaft verdankt sie dem sparsamen Umgang mit Details und der völligen Konzentration auf die Proportion. *TP*

5.24
Maske
Loma (oder Toma)
Liberia
20. Jahrhundert
Holz
Höhe 79 cm
Sammlung Rosemary und George Lois

5.23
Maske
Loma (oder Toma)
Liberia
Hartholz, Bündel mit magischen Substanzen, krustige Opferpatina
Höhe 75 cm
Musée Barbier-Mueller, Genf, 1003-16

Nahezu alle Loma-Masken werden von dem *poro*-Initiationsbund verwendet. Während einige öffentlich getragen werden, dürfen andere – darunter die hier gezeigte – ausschließlich innerhalb dieses Männerbundes benutzt und nur von den Initiierten gesehen werden. Loma-Masken sind oft fesselnd in ihrer starren formalen Einfachheit, der maßvollen Linienführung und der dicken Opferpatina. Dieses Exemplar ist stark überkrustet durch die gekauten und dann als Opfer daraufgespuckten Kolanüsse sowie durch Blut und Rauch. Die Maske verkörpert einen mächtigen Buschgeist, der an eines der stärksten und gefährlichsten Tiere, den westafrikanischen Waldbüffel, erinnert. Zwischen den Hörnern befindet sich ein mit einem Stoff gewickeltes ›Medizin-Bündel‹, das die Kraft der Maske steigern soll. Ungewöhnlich ist die Darstellung der Augen, denn bei diesem Maskentyp sind die Augen oft überhaupt nicht angedeutet. Obwohl möglicherweise helmartig auf dem Kopf getragen, wird diese Maske wie viele ihrer Art eher auf dem Rücken an einem Raphiakostüm befestigt gewesen sein. *WS*

Die Loma sind eine der großen mande-sprachigen Volksgruppen, die es während der Unruhen am Ende des Reiches von Mali (1230–1670) von der nördlichen Savanne in die Waldzone Westafrikas verschlug. In jüngerer Zeit lebte die Mehrzahl der Loma, etwa 150 000 Menschen, in der hügeligen Waldregion im Norden Liberias. In der Vergangenheit waren ihre bemerkenswertesten skulpturalen Schöpfungen lange Holzmasken, die menschliche und tierische Züge miteinander verbanden. Diese nur von Männern getragenen Masken wurden horizontal auf dem Kopf des Trägers befestigt. Sie alle gehören dem unter dem Namen *poro* bekannten Männerbund an. Dieser Bund regelt normalerweise die Nutzung des Landes, organisiert Arbeitsgruppen und sorgt für den ordnungsgemäßen Ablauf von Initiation, Heirat, Handel etc.

Die größte Maske der Loma war 1,82 m hoch. Sie hatte ein ausladendes, bewegliches Maul mit Krokodilszähnen, ein menschenähnliches Gesicht mit übertriebener Nase und Stirn und ein riesiges Büschel nach hinten ragender Raubvogelfedern. Für die Loma und ihre Nachbarn, die Bandi, repräsentierte dieses furchterregende Bildwerk den wichtigsten Waldgeist (Dandai oder Landa, Landai), in dem sich die Macht des *poro* manifestierte. Eine seiner Pflichten bestand darin, Knaben während der Initiation symbolisch zu verschlingen, damit sie als Männer wiedergeboren würden.

Während diese riesigen Masken in Sammlungen selten zu finden sind, stößt man häufig auf einen Maskentyp, der in frühen Berichten als *nyangbai*, die Frau des großen Waldgeistes, identifiziert wird. Wie das vorliegende Exemplar sind diese Masken kleiner und wirken durch das Fehlen des langen Mauls weniger bedrohlich. Sie wird direkt über dem Gesicht ihres männlichen Trägers getragen. Der obere Teil ist gewöhnlich durch vereinfachte (Vieh- oder Antilopen-)Hörner, eine gewölbte Stirn, die über eine kurze, abstrakt geformte Nase ragt, sowie große, flache Gesichtspartien gekennzeichnet. Normalerweise kommen solche weiblichen Pendants zu männlichen Masken nur aushilfsweise während der Initiationen zum Einsatz und treten sonst nur bei Beerdigungen wichtiger Personen oder in Krisenzeiten in Erscheinung. *MA*

Literatur: Germann 1933, S. 118, 121; Eberl-Elber 1937, S. 42–45; Van Damme 1987, S. 9–12

Mumuye

Die Mumuye sind vermutlich eine Mischung aus sieben ursprünglich verschiedenen Völkern, die sich unter äußerem Druck in die felsigen Hügel südlich des Benue zurückgezogen haben.

Die drei hier gezeigten Werke spiegeln die Stilvielfalt innerhalb der Figurentradition der Mumuye wider. Nur wenige waren vor den 60er Jahren bekannt, und diese wurden meist irrtümlich den Chamba zugeschrieben (wie etwa Kat. 5.25 a). Die Chamba sind südliche Nachbarn der Mumuye und waren eine der Gruppen von Invasoren, die die Vorfahren der heutigen Mumuye an ihren jetzigen Ort vertrieben. Kat. 5.25 a ist eines der frühesten bekannten Beispiele; das Stück ist ungwöhnlich wegen seines offenen, hockerartigen Mittelteils.

Trotz der großen Vielfalt von Substilen sind alle Figuren ungewöhnlich gelängt; ihre Höhe liegt zwischen 20 und 160 cm. Ihre Beine sind meist winkelförmig; bänderartige Arme, deren Ellbogen deutlich zum Vorschein kommen, umfangen den Torso.

Die Köpfe tragen mitunter eine Kammfrisur. Die Narbenmuster von Gesicht und Körper sind dezent angedeutet, und das Nasenseptum ist als Halterung für das kurze Stück eines Getreidehalms perforiert. Skarifizierung und Nasenschmuck entsprechen einem lokalen Brauch.

Eine Reihe solcher Skulpturen hat große Ohren mit durchlöcherten und geweiteten Ohrläppchen zur Einführung von Pflöcken, ein Brauch, der auch bei einigen Figuren der benachbarten Jukun zu beobachten ist. Die Mumuye unterscheiden das Geschlecht der Figuren nach der Gestalt der Ohren; nur Mumuye-Frauen dehnen ihre Ohrläppchen. Bei Skulpturen, bei denen sekundäre Geschlechtsmerkmale fehlen oder schwer erkennbar sind, ist dies oftmals der einzige Hinweis.

Die Mumuye benutzten ihre Figuren gelegentlich zur Wahrsagerei oder bei der Heilung, wie dies auch ihre nordwestlichen Nachbarn, die Montol und Goemai, taten. Andere Figuren, hinsichtlich Form und Stil nicht zu unterscheiden, waren Statussymbole wichtiger Älterer, dienten als Hauswächter und/oder wurden zur Begrüßung der Kunden eines Regenmachers verwendet. *BH, RS*

Provenienz: Kat. 5.25 a: 1922 durch das Museum erworben; Kat. 5.25 b: Ehemals Sammlung Jack Naiman

Literatur: Fagg 1963, Tafel 138 b; Rubin 1969, Abb. 174–180; Fry 1970, S. 14, 89; Rubin, in: Fry 1978, S. 106–108; Rubin, in: Vogel 1981, S. 155–158; Sieber und Walker 1987, Tafel 35, S. 78; Robbins und Nooter 1989, Tafel 152

5.25 a

Stehende Figur

Mumuye
Nigeria
Holz
Höhe 30,4 cm
The Trustees of the British Museum, London, 1922, 6.10.3

5.25 b

Stehende Figur

Mumuye
Nigeria
Holz
Höhe 99 cm
Sammlung Beyeler, Basel

5.25 c

Stehende Figur

Mumuye
Nigeria
Holz
Höhe 110 cm
Privatsammlung, Paris

5.26

Figur

Region zwischen Benue und Cross River
Nigeria
Holz
100 x 11,5 cm
The National Commission for Museums and Monuments, Lagos, 721.1246 H

Alles, was wir von dieser Skulptur wissen, ist, daß sie aus der Region zwischen dem mittleren Benue und dem Cross River stammen muß, in der sehr unterschiedliche soziale Verhältnisse herrschen und in der es für Figuren unterschiedliche Verwendungsmöglichkeiten gab. Es handelt sich überdies um ein Gebiet, in dem Orte, die stilistisch sehr weit entwickelt sind (immer aufgrund von Ausbildungsinstitutionen), mit solchen wechseln, wo es weder einen bestimmten Stil noch die Mittel zu seiner Realisierung gibt. Aber unabhängig davon, ob im rituellen Auftrag oder aus Verspieltheit (aus den Skulpturen selbst läßt sich das nicht ersehen) – jemand, der menschliche Figuren zu schnitzen beginnt, hat häufig keine Übung im Gebrauch von Messer und Querbeil. Die einzige Möglichkeit, die Wirkung einer scharfen Klinge auf ein Stück Holz kennenzulernen, bestand vielleicht darin, einem Schmied dabei zuzusehen, wie dieser einen Griff für ein frischgeschmiedetes Werkzeug herstellt. Eine der Folgen dieser Tatsache sind Mischformen, deren geographische Zuordnung in Ermangelung genauer Angaben nicht möglich ist. *JWP*

5.27

Kopfstütze

Jukun
Nigeria
Bronze
63 x 90 x 50,5 cm
The National Commission for Museums and Monuments, Jos, Nigeria

Von dieser ungewöhnlichen Kopfstütze existieren zwei Exemplare, eines davon ist beschädigt. Beide befinden sich im Museum in Jos und können relativ zuverlässig den Jukun zugeschrieben werden. Obwohl deren großartige Holzfiguren zurecht berühmt sind (auch wenn es nur noch etwa ein Dutzend davon gibt – deren schönste Kat. 5.28), waren die Jukun überdies meisterhafte Schmiede und Gießer, wenn auch nicht so produktiv wie die benachbarten Tiv. Dafür scheinen diese aber kein Objekt hergestellt zu haben, das in technischer Hinsicht so anspruchsvoll war wie dieser Hohlguß, eine Kopfstütze, deren Bronzewandung so dünn ist wie die frühen Benin-Köpfe.

Von besonderem Interesse ist, daß für die Jukun ihre Ursprünge im Sudan liegen und die ihrer Gußtechniken im Gebiet der Sao-Kultur (Kat. 6.60), in der Nähe des Tschadsees. Am stärksten war der Einfluß der Jukun im 16. Jahrhundert, zur Blütezeit ihrer längst verschwundenen Hauptstadt Kwororafa, was auf Verbindungen zu anderen nigerianischen Bronzegußtraditionen schließen läßt. Die metallurgische Analyse wird hierüber vielleicht weitere Aufschlüsse liefern. Die außergewöhnliche sattelähnliche Form dieser eindrucksvollen Kopfstütze, die wohl aus der Blütezeit der Jukun-Kultur stammt (die herabhängenden Klappern lassen auf das 17. Jahrhundert als Entstehungszeit schließen) hat nördliche Anklänge – es sei daran erinnert, daß die Jukun schon früh zum Islam übertraten.

Objekte wie dieses, die in einer zeitlichen und geographischen Übergangsphase entstanden, werden im Hinblick auf künftige Metallanalysen sowie Stiluntersuchungen den Schlüssel zu dem komplexen Netz von Einflüssen und Fertigkeiten bilden, aus denen die spannende Geschichte der nigerianischen bzw. afrikanischen Kunst besteht. *TP*

Literatur: Williams 1974

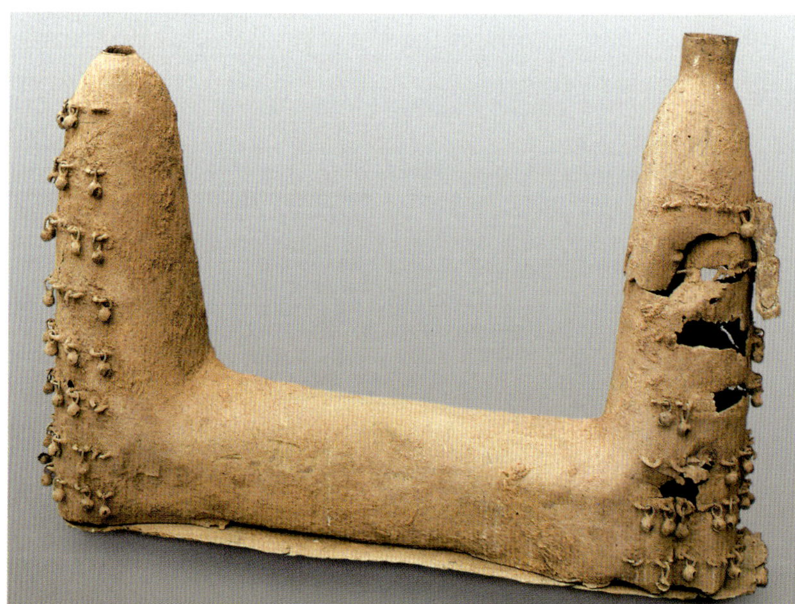

5.28

Weibliche Figur

Jukun
Nigeria
Spätes 19.–frühes 20. Jahrhundert
Holz
59,7 x 20 x 22 cm
The Menil Collection, Houston, 71-05 DJ

Die Jukun leben nördlich und südlich des Benue, über einen breiten Landstreifen verstreut. Charakteristisch für die Jukun-Kultur ist die Institution der göttlichen Königsherrschaft und die Pflege von Kulten, die dem Kontakt zwischen den Lebenden und ihren Ahnen dienen. Figürliche Skulpturen kennen vor allem die nordöstlichen Jukun, besonders jene Gruppen zwischen den Städten Pindiga und Kona. Figuren treten meist paarweise auf und sind als Eheleute konzipiert. Oft stellen sie einen verstorbenen Herrscher und seine Frau dar. Diese Skulpturen standen häufig mit den Ahnen in Zusammenhang und erleichterten so den Kontakt zwischen lebenden Herrschern und ihren Vorgängern, die man um die Bewahrung des Gemeinwohls und die Abwendung von Katastrophen bat.

Diese weibliche Figur gehört zu den Skulpturen, die Rubin bei der Jukun-Untergruppe der Wurbo sah, die verstreut an den Ufern des Flusses Taraba lebt. Es muß sich nicht um Ahnenfiguren handeln; sie wurden in einem *mom* genannten Kult verwendet, welcher der Krankenheilung oder der Bewältigung von Krisen wie Epidemien oder Mißernten diente. Die Figuren verkörperten üblicherweise Geister, die beopfert wurden. Wie andere Figuren der Wurbo, insbesondere die, welche Rubin in dem Dorf Wurbo Daudu sah, ist dieses Stück aus schwerem Hartholz geschnitzt und zeichnet sich aus durch ein weit herabhängendes Gesicht, gedehnte Ohrläppchen mit zylindrischen Ohrpflöcken, spitze konische Brüste, lange nach vorne gebogene Arme, die in großen Händen mit tiefen Fingerfurchen enden, sowie durch rudimentäre Beine und Füße. Verschiedener Körperschmuck hat Statuscharakter: um den Ober- und Unterarm sowie die Hüfte Messingschmuck der Jukun; eine kunstvolle Frisur; schließlich Narbenschmuck im Gesicht und über der Brust. Charakteristisch für den Typus sind auch – hier allerdings fehlende – kleine in die Augen eingelassene Metallzapfen. *MCB*

Literatur: Meek 1931; Rubin 1969, S. 78–93; 1973, S. 221–231; Gillon 1984; Rubin und Berns, in Vorbereitung

5.29

Männliche Figur

Montol
Nigeria
20. Jahrhundert
Holz
44,5 x 12,5 x 9,5 cm
Mit freundlicher Unterstützung der Trustees of the National Museums of Scotland, Edinburgh, A.1953.99

Die Montol leben in der vom Jos-Plateau beherrschten Region Zentralnigerias. Sie gehören zu einer Reihe kleiner tschad-sprechender Gruppen in diesem zerklüfteten Gebiet. Sie und ihre Nachbarn – die Goemai, Tarok, Ngas und andere – stellen kleine figürliche Plastiken für Männerbünde her, die sich der Heilung widmen. Die Montol nennen diesen bei den Goemai und Tarok unter dem Namen *kwompten* bekannten Bund *komtin*. Seine Mitglieder verwenden Holzfiguren bei Heilritualen oder um die Ursache von Krankheiten zu bestimmen. Wie dieses Beispiel zeigt, wirken Figuren der Montol mit ihren auf geometrische Grundformen reduzierten Körperteilen eher gedrungen. Die Torsi mit ihren großen Brustkästen und breiten Hüften erinnern an Pfeiler. Die ungestalteten Arme hängen am Körper herab, und die kurzen Beine treten aus den Hüften hervor wie ein auf den Kopf gestelltes U. Der schematische, dreieckige Kopf weist abstrahierte Gesichtszüge auf. Bei den tiefen Furchen im oberen Teil des Torso und im Gesicht handelt es sich um rudimentäre Verweise auf Narbenschmuck, wie er bei den Montol und anderen Gruppen in diesem Gebiet üblich war.

Bislang liegen nur wenige Publikationen zu diesen Heilfiguren vor.
MCB

Ausstellung: Purdue University 1974

Literatur: Isichei 1982, S. 1–57; Rubin und Berns, in Vorbereitung

5.30
Stehende Figur
Goemai
Nigeria
Holz
62 x 13 x 43 cm
Sammlung Fritz Koenig

Die Goemai leben nördlich des Benue und sind Nachbarn der Jukun. Ihr Land wird durch den Shemanker, einen Nebenfluß des Benue, in zwei Hälften geteilt. Ein Masken-Typus der Goemai ist im Hinblick auf die vorliegende Figur insofern interessant, als er auf eine ältere indigene Form zurückgehen könnte, die sich auch bei den Montol, den nördlichen Nachbarn der Goemai, findet. Die sowohl von den Goemai wie von den Montol *gugwom* genannte horizontale Maske hat längliche krokodilartige Kiefer. Sie tritt bei der Inthronisation und Beerdigung von Herrschern auf und steht in engem Zusammenhang mit dem Ahnenkult. Sie wird auch in der Trockenzeit benutzt und mit dem Ernteertrag in Verbindung gebracht.

Gugwom-Masken ähneln dem Kopf dieser Figur und denen mehrerer anderer, die Robin Jagoe, ein britischer Kolonialoffizier, 1957 photographierte (von Sieber veröffentlicht). Letztere unterscheiden sich stark von anderen Goemai-Werken ohne zoomorphen Kopf, die von Hellsehern bei Heilzeremonien verwendet werden und auch einmal bei einer Erntezeremonie nahe Shendam, der Hauptstadt von Goemai, gesichtet wurden. Wahrscheinlich handelte es sich dabei ebenfalls um einen Ahnenritus, denn die Zeremonie fand in der Nähe der Grablegen der verstorbenen Long Goemais – der Großfürsten der Goemai – statt.

Dies könnte die einzige Figur ihrer Art außerhalb Nigerias sein, die den Figuren auf Jagoes Photographien ähnelt. In Ermangelung anderer Daten darf man davon ausgehen, daß sie für den Ahnenkult der Goemai und die Landwirtschaft bedeutsam waren und mit der Feier verstorbener Herrscher in Zusammenhang standen.
BH, RS

Literatur: Sieber 1961, Abb. 7, 29, 31; Klever 1975, S. 225, Abb. 101; Schaedler 1992, S. 157, Abb. 124

5.31
Figur
Tiv (?)
Nigeria
Kupferlegierung
Höhe 44,7 cm
Privatsammlung

Bronze- bzw. Messingfiguren aus Nordnigeria sind extrem selten, obwohl es unter den wesentlich häufigeren Schmuck- oder Gebrauchsgegenständen immer wieder anthropomorphe Elemente, normalerweise Köpfe, gibt. Viele dieser fast überall im Tal des Benue entdeckten Figuren fanden sich bei den Egbira, Idoma, Tiv, Jukun, Abakwariga, Verre und mehreren kleinen Gruppen in Nordostnigeria und dem angrenzenden Hochland von Kamerun. Eine Vielzahl von Armreifen, Lippenpflöcken, Glocken, Anhängern, Perlen, Tabakspfeifen, Schnupftabaksflaschen und anderen Objekten ist Statussymbol, Zeichen für Volljährigkeit oder Führerschaft. Bedauerlicherweise gibt es fast keine gesicherten Angaben über ihre genaue Provenienz, Verwendung oder Bedeutung.

Es wurde vorgeschlagen, daß diese Figur von den Verre im äußersten Osten von Nigeria oder von den ungefähr in der Mitte des Benuetals lebenden Tiv stammt. Innerhalb des Korpus uns bekannter Werke beider Gruppen gibt es kein verwandtes Beispiel. Einige Elemente deuten jedoch auf die Tiv, etwa die Pose der Figur und die Klappern, die von den mutmaßlichen Armbändern herabhängen. Der Ursprung der Metallfiguren im Benuetal dürfte kaum noch rekonstruierbar sein, fehlen doch sämtliche Feldangaben zu den Arbeiten. Ausgangspunkt der Gußtradition könnte ein Ort außerhalb des Benuetales gewesen sein, entweder in Richtung des Tschadsees oder gen Südosten gelegen. Oder aber die Gießer könnten reisende Kunsthandwerker gewesen sein. *BH, RS*

Literatur: Abraham 2/1940, Taf. 6, 7 B, 12 A; Bohannan 1957, Tafel XII a–c; Rubin 1973, Taf. X, XI; 1982, Taf. H 5

5.32 a

Mutterschaftsfigur

Afo (?)
Nigeria
19. Jahrhundert
Holz
70 x 30 x 31 cm
Horniman Public Museum
and Public Park Trust, London, 31.42

Diese und die Skulptur der gegenüberliegenden Seite werden jetzt allgemein den Afo zugeschrieben (Kat. 5.32 a galt eine Zeitlang als Werk der Yoruba und Kat. 5.32 b als Werk der Jukun). Die Mutterschaftsfigur ist nicht nur wegen der drei Kinder (statt des üblichen einen) ungewöhnlich, sondern auch, weil sie nicht aus einem Stück geschnitzt, sondern aus mehreren zusammengesetzt ist. William Fagg nahm an, daß die Afo-Mutterschaftsfiguren eine Ahnenmutter darstellen. Tschudi schreibt, daß »Gemeinschaften jeder Größenordnung... eine geschnitzte Statuette besitzen, die eine schwangere Frau mit einem Kind auf dem Rücken darstellt. Dieser wird bei Zeremonien von den Männern des Dorfes gehuldigt, die dafür beten, daß ihre Frauen fruchtbar bleiben.« Generell gesagt haben sie mit den Ahnen zu tun und wachen über das Wohlbefinden und die Gesundheit der Dorfbewohner.

In den frühen 60er Jahren photographierte Rubin einen Karyatidenhocker in dem Jukun-Dorf Gidan Yaka am Südufer des Benue, etwa 20 Meilen von Wukari entfernt. Und von 1958 existiert eine Photographie Siebers von einem dieser Hocker bei den Goemai auf der den Jukun gegenüberliegenden Seite des Benue. Obwohl eine Reihe stilistisch verwandter Beispiele den Afo zugeschrieben wurden, ist bei keinem von ihnen die Provenienz durch Feldforschung gesichert.
Bei einigen handelt es sich um Figuren, bei anderen um Karyatiden, die eine Platte oder eine Schüssel auf dem Kopf tragen. Alle bekannten Fälle stehen in einem formalen Bezug zueinander und stellen eine weibliche Figur dar, häufig mit einem Kind auf dem Rücken. Viele von ihnen weisen Darstellungen von Narbenschmuck auf Gesicht und Körper auf sowie einen großen bruchleidenden Nabel (vgl. Kat. 5.32 b). Gesichtsnarben wie die der beiden Figuren finden sich allerdings auch auf Jukun- und Igala-Masken.

Offenbar waren die Hocker keine Kultgegenstände. Rubin beschreibt den von ihm dokumentierten Hocker als »ein Schwurbildnis, das bei Diebstählen verwendet wurde und zu dem man in bestimmten Krisensituationen, etwa Dürrezeiten, betete«. Des weiteren merkt er an, daß früher ein enger Zusammenhang mit einem mächtigen und verehrten Ahnen« bestanden habe. Gleichwohl »scheint die Figur aber nicht zu den üblichen Medien gehört zu haben, über die man mit den Ahnen in Verbindung trat, wie etwa Masken oder Figuren«. Der von Sieber photographierte Hocker diente einem Maskentänzer als Sitz. Weitere Angaben fehlen.

Trotz der formalen Verwandtschaften dieser Objekte wäre es zu einfach, alle Beispiele den Afo zuzuschreiben. Kasfir schreibt, daß der *jihad* der Fulbe im 19. Jahrhundert »viele am Nordufer des Benue lebende Gruppen in alle Winde zerstreute und mit ihnen ihre Kulte und Kultplastiken«. Das Ergebnis ist ihrer Meinung nach »ein von vielen Stämmen geteiltes Genre unterschiedlicher Provenienz statt ein bestimmter Ausgangspunkt für dessen Verbreitung«. Das Ergebnis mag durchaus ein Stil sein, der sich entlang beider Ufer des Benue entwickelte, von seinem Zusammenfluß mit dem Niger etwa 40 km flußaufwärts. *BH, RS*

Provenienz: Kat. 5.32 a: frühes 20. Jahrhundert, gesammelt von Major FitzHerbert Ruxton; 1931 vom Museum angekauft; Kat. 5.32 b: 1904 gesammelt von Capt. Glaunig in Wukari, Hauptstadt der Jukun

Literatur: Underwood 1947, Abb. 21; B. Fagg 1948, S. 125 und Taf. K; 1958; Sieber 1958; Fagg 1963, Abb. 143 b; Krieger 1969, Nr. 231, Tafel 230; Rubin 1960, I, S. 91–93, II, Abb. 161–164; Tschudi 1969/70, S. 84, 95; Kasfir, in: Vogel 1981, S. 163; Sieber und Walker 1987, Umschlag, S. 39

5.32 b

Doppelkaryatidenhocker

Afo (?)
Nigeria
19. Jahrhundert
Holz
57 cm
Staatliche Museen zu Berlin, Preußischer Kulturbesitz, Museum für Völkerkunde, III C 18455

5.33

Weibliche Figur mit Kind

(*ekwotame*)

Idoma oder Tiv
Nigeria
19. Jahrhundert
Holz
Höhe 68,5 cm
Dr. Laurence R. Goldman, Brisbane

Kaum mehr als ein halbes Dutzend Figuren in diesem Stil sind bekannt, die alle mindestens von zwei Schnitzern stammen. Eine dieser Figuren wurde 1958 in dem Idomadorf Oturkpo-Icho von Sieber photographiert, was dazu führte, daß sie vorläufig den Idoma, den östlichen Nachbarn der Tiv, zugeschrieben wurde; sie stammt offenbar von derselben Hand wie dieses Werk, das sich früher in der Sammlung Epstein befand. Der Name *ekwotame* (›Bild mit Brüsten‹) ist wahrscheinlich lokaler Herkunft. Für keines der anderen Werke existieren nähere Angaben zu Herkunft, Bezeichnung oder Verwendungszweck. Laut Kasfir haben Mitglieder der Familie, der die Figur aus Oturkpo-Icho gehörte, angegeben, daß sie um 1870 von einem Großonkel des jetzigen Besitzers in einem Tiv-Dorf erworben wurde; Siebers Gesprächspartner (aus derselben Familie) berichtete, daß sein Großvater die Figur schon mindestens 50 Jahre zuvor besessen habe, erwähnte jedoch keinen Tiv-Ursprung. Möglicherweise wurde sie bei den Tiv geschnitzt. Die Schmucknarben um den bruchleidenden Nabel und im Gesicht sind typisch für die Tiv; die Figur könnte auch von einem in einer Grenzregion der Tiv arbeitenden Idoma-Künstler stammen.

Die Angaben zur Funktion der Figur sind sehr widersprüchlich. Sieber wurde versichert, daß die von ihm aufgenommene Figur kein *juju* sei, sondern bei Beerdigungen alter Männer nahe ihrem Leichnam plaziert wurde. Kasfir dagegen berichtet, man habe ihr gesagt, es sei »ein sehr mächtiger *juju*, der erst Reichtum, dann Fruchtbarkeit und schließlich auch noch Glück und Schutz verkörpert habe«. *BH, RS*

Provenienz: Ehemals Sammlung Jacob Epstein

Literatur: Sieber 1961, Abb. 5, S. 8 f.; Kasfir 1979, S. 337 ff., Abb. 94–100; Bassani und Mc Leod 1989, Abb. 230, S. 106

Große monoxyle Objekte, häufig aus einem beachtlichen Baumstück gearbeitet, waren in der Region des mittleren Cross River Südostnigerias weitverbreitet, vor allem bei Gruppen wie den Bahumuno, Yakur und den Mbembe des Gebietes um Obubra. Freistehende beschnitzte Pfeiler finden sich noch heute bei den Yakur. Meist dienen sie dazu, einen bestimmten Bezirk innerhalb der dichten Dorfanlagen zu markieren – die Plätze für die Zeremonien im landwirtschaftlichen Jahreskreis. In den 70er Jahren besaßen einige der Gemeinschaften bei Obubra Trommeln mit geschnitzten Aufsätzen in Tier- (etwa Affen-) oder Menschengestalt. Sie stellten entweder den Kopf oder den Körper dar, letzteren häufig sitzend. Da diese Skulpturen aus demselben Holz geschnitzt sind wie die Schlitztrommel, verläuft die Maserung – für afrikanische Bildhauerei ungewöhnlich – horizontal.

Große Schlitztrommeln waren im allgemeinen Eigentum der Gemeinschaft oder eines bestimmten Männerbundes, wie etwa des Leopardengeistbundes (vgl. Kat. 5.35), oder einer bestimmten Altersgruppe. Mit ihr wurden kräftige Männer in Notfällen, etwa bei Feuer oder (früher) bei drohenden Sklavenbeutezügen, zusammengerufen oder Gemeinschaften über wichtige Ereignisse informiert (die Trommelsprache funktioniert über viele Kilometer hinweg), insbesondere über den Tod einer prominenten Person.

Während des nigerianischen Bürgerkriegs von 1967–70 sollen die Soldaten aus Biafra ihre Feinde eingeschüchtert und verwirrt haben, indem sie mit ihren riesigen Schlitztrommeln Artilleriefeuer imitierten. Bedauerlicherweise wurden während des Krieges und danach von vielen Pfosten und Trommeln in diesem Gebiet Teile abgehackt, um die Nachfrage des internationalen Kunstmarktes zu befriedigen, so daß 1970 nur noch wenige unversehrte Werke existierten.

Die beiden hier gezeigten Mbembe-Stücke sind verwittert, da sie ehemals tropischem Regen ausgesetzt waren. Sie dürften im späten 19. Jahrhundert entstanden sein. *KN*

Provenienz: Kat. 5.34 a: Ehemals Sammlung Kamer

Literatur: Forde 1964; Harris 1965; Eyo 1977, S. 220–222; Nicklin 1981, S. 259 f.

5.34 a

Trommelaufsatz: Sitzende Figur

Mbembe
Südostnigeria
Spätes 19. Jahrhundert
Holz
Höhe 80 cm
Privatsammlung

5.34 b

Stehende Figur

Mbembe
Südostnigeria
Holz
Höhe 85 cm
Privatsammlung

5.35

Emblem des Leopardengeistbundes

Ejagham
Südostnigeria/Südwestkamerun
20. Jahrhundert
Rohr, Holz, Tierschädel, Fasern
127 x 132 x 16 cm
Charles und Kent Davis

Dies ist ein schönes Beispiel für ein Emblem des Leopardengeistbundes (*ngbe*) vom Cross River im Grenzgebiet von Südostnigeria/Südwestkamerun. Talbot (1912) verzeichnet solche Gegenstände für die Ejagham, und Ruel beschrieb diejenigen der Banyang.

Der *ngbe*, einer der wichtigsten, mit Ordnungsaufgaben betrauten Bünde der Cross-River-Region und angrenzender Gebiete, läßt sich entweder als ein Zusammenschluß verschiedener Untergruppen auffassen oder als eine einheitliche Hierarchie. Nach der häufig schon in der Kindheit oder Adoleszenz erfolgenden Initiierung in den jüngsten Rang des *ngbe*, wird ein Mann nach und nach Teil einer Sektion oder aller Sektionen dieses reinen Männerbundes, der verschiedene Rangstufen und einen Kanon unterschiedlicher Überlieferungen besitzt. Die Mitgliedschaft wird durch Ältere des Kults gegen Zahlung von Gebühren in Geld oder Naturalien gewährt; im Gegenzug erhält das Mitglied esoterisches Wissen und, mitunter, Regalien.

Die Untergruppen des *ngbe* verfügen nicht nur über ihre eigenen Maskenkostüme, Lieder und Tänze, sondern sie besitzen manchmal sogar ihr eigenes Emblem, das mit den Schädeln und Hörnern der beim Gründungsfest verzehrten Tiere geschmückt ist. Die von Ruel beschriebene Banyang-Tafel (*nkpa*) war Eigentum des *bekundi*-Unterbundes von *ngbe*. Die Grundlage der *nkpa* bildet eine normalerweise aus Palmblättern oder der Mittelrippenrinde von Palmblättern geflochtene Matte, die an den Rändern durch mit Raphiaquasten verzierte Mittelrippen verstärkt sind. Das vorliegende Exemplar hat eine Schlaufe, mit der es an der zentralen Säule des *ngbe*-Gehöfts oder an der Wand befestigt wurde, hinter der sich das innere Heiligtum befand.

In der Mitte der meisten *ngbe*-Embleme befinden sich eine oder mehrere Trommeln. Diese Trommel ist nicht nur für alle Aufführungen des *ngbe* wichtig, sondern sie wird auch vom Ausrufer des Bundes bei Bekanntgaben verwendet, und ist so Symbol seiner gesetzgeberischen Autorität. Bei der Trommel in der Mitte dieses Exemplars fehlt die Bespannung. Auffälliger noch sind allerdings die mit Rohr befestigten Schädelreihen in diagonaler Formation, vielleicht als Ausdruck des ›Vier Viertel‹-Motivs, das auf manchen der *ngbe*-

Trommelköpfe erscheint. Innerhalb der vier Sektoren finden sich mehrere Schädel von Pavianen, Rindern und hundeartigen Tieren sowie Ziegen- bzw. Antilopenschädel und -hörner. Die Gesamtkonfiguration der Schädelreihen erinnert an bestimmte Motive der in der Cross-River-Region *nsibidi* genannten piktographischen Schrift sowie einer unter den kubanischen Angehörigen der *abakua* (eine Form des *ngbe* bei den Abkömmlingen von Sklaven aus dem Cross River Gebiet) als heilig geltenden Kalligraphie (*anaforuana*).

Weitere in die Tafel integrierte Gegenstände sind eine Art Amtsstab, ein Palmenfaserbesen und zwei Seilschlaufen. Bei den Cross-River-Völkern können die Zeremonialbesen verschiedene Bedeutungen haben: Sie können der Erweiterung der Zeichensprache dienen oder in einem Umzug mitgeführt werden, um feindliche ›Medizin‹ wegzufegen. Unter den Banyang in Kamerun werden Tauschlingen von *bekundi*-Initiierten als Zeichen verwendet, mit denen Zutritt verwehrt oder vom Diebstahl abgehalten wird. *KN*

Literatur: Talbot 1912, S. 264; 1926, S. 346 bis 783; Ruel 1969, S. 220 f.; Cabrera 1970; 1975; Thompson 1983, S. 241; Rubin 1984, S. 68; Nicklin 1991[1], S. 3–5

5.36

Sitzende männliche Figur

Bangwa (?)
Westkamerun
Spätes 19. Jahrhundert (?)
Holz
35 x 14 x 16 cm
The Trustees of the British Museum, London, 1920.11-6.5

William Fagg schreibt dieses schöne Stück zwar den Ekoi (Ejagham) zu, doch liefert der Schnitzstil hierfür kaum Belege. Die Art, wie die Frisur/Kappe, die Stirn sowie der offene Mund mit den vorkragenden Zähnen und dem segmentartig geflochtenen Bart dargestellt sind, erinnert vielmehr an den Stil des westlichen Graslandes, insbesondere an die Masken und Figuren der Bangwa, ein Bamileke-Volk, das an der westlichen Grenze des Graslands in Nachbarschaft zu den im Wald lebenden Banyang und Ejagham siedelt. Die sitzende Haltung der Figur erinnert an noch weiter westlich beheimatete Schnitzstile, etwa bei den Ibibio, Annang und Ogoni von Südostnigeria. Laut Museumsunterlagen stammt sie aus »Nikim … Gebiet Befun«.

Es ist möglich, daß es sich hier um eine Bangwa-Ahnenfigur handelt, die von einem stilistisch weiter westlich orientierten Künstler geschnitzt wurde – die wichtigste Handelsroute führt zum Hafen von Calabar am Unterlauf des Cross River. Man weiß, daß einige Bangwa-Künstler lange Strecken zurücklegten, um für entfernt lebende Auftraggeber zu arbeiten. *KN*

Literatur: Fagg und Plass 1964, S. 51; Brain und Pollock 1971; Brain 1980

5.37 a

Steinfigur (*atal*)

Bakor, Ekoi (Ejagham)
Cross River, Nigeria
16. Jahrhundert (?)
Basalt
Höhe 114 cm
Musée Barbier-Mueller, Genf, 1015.9

Die geriefelten Gesichtszüge von Kat. 5.37 a stellen jemanden dar, der eine Strumpfkappe trägt, wie sie noch heute bei Dorfoberhäuptern und anderen Würdenträgern in vielen Teilen Ostnigerias üblich sind. Die Figur könnte also einen Herrscher oder anderen Amtsträger darstellen. Sie zeigt eine längliche Nase und segmentierte Augenlider, die die mandelförmigen Augen umgeben. Neben beiden Augen befinden sich horizontale Schmucknarben, wie sie noch heute auf den Gesichtern älterer Männer und Frauen aus dieser Gegend zu sehen sind. Der Mund ist ein einfacher Kreis, und auch der Nabel besteht aus ähnlich einfachen konzentrischen Kreisen. Spiralen auf beiden Seiten des Körpers stellen gewundene, in der Vergangenheit als Zahlungsmittel verwendete *manillas* dar. Die weiche Linearität bei der Darstellung menschlicher Züge ist eine Besonderheit der Monolithen der Abanyom-, Agba- und Nnam-Dörfer, insbesondere der Nnam.

Dieser Stil unterscheidet sich von der skulpturaleren Auffassung (etwa von Kat. 5.37 b), wie sie für die Nta-, Nde- und Nselledörfer typisch ist. Die Darstellung der menschlichen Gestalt in diesem Beispiel nähert sich insoweit der Plastik, als in ihr mittels einer tiefen, breiten Furche versucht wurde, den Kopf vom Torso abzusetzen. Die runden Augen unter dichten Augenbrauen, der offene Mund mit der herausgestreckten Zunge und das strenge, bärtige Gesicht verweisen auf die Rolle des porträtierten Individuums. Diese Figur wird *ebiabu* genannt und repräsentiert den gleichnamigen Bund, der für die Vollstreckung von Todesurteilen zuständig war. Der Monolith wurde in situ in Etingnta, dem Hauptdorf der Nta, gefunden. Ein ähnlicher, ebenfalls *ebiabu* genannter Monolith wurde in Nna Orokpa, einem anderen Nta-Dorf entdeckt.

Diese Basaltpflöcke, in die menschliche Züge gemeißelt wurden, stammen aus dem Becken des Cross River oder seiner Nebenflüsse. Sie finden sich fast ausschließlich in den fünf Dörfergruppen der Nnam, Nselle, Abanyom, Nde und Akaju, die in einem Gebiet von ca. 900 Quadratkilometern in der Mitte des Cross-River-Gebiets leben. Diese Gruppen von Dörfern gehören zu einer homogenen als ›Bakor‹ bekannten Sprachgruppe, ein Subdialekt der größeren als Ekoi (Ejagham) bekannten Sprachgruppe. Die Ekoi (Ejagham) leben ganz im Osten von Südnigeria und im angrenzenden Gebiet von Westkamerun. Sie treiben Hackfeldbau und bauen vor allem Yams, Kokosyams und Mais an. Die Männer sind Jäger, aber sie helfen den Frauen bei der Rodung des Busches. Trotz ihrer früheren Vernichtungskriege gegeneinander drückt sich die Einigkeit der Bakor-Sprachgruppe mittlerweile politisch in der gemeinsamen Feier des jährlichen Festes zur neuen Yamsernte aus, in das die gemeißelten Monolithen einbezogen werden. Da diese sich fast ausschließlich im Bakor-Sprachgebiet finden, werden sie hier mit diesem Ausdruck bezeichnet (statt mit Ekoi oder Cross River, Begriffen, die zu ungenau sind, weil sie sich auf ein viel größeres und diffuseres geographisches Gebiet als das für diese Steine relevante beziehen).

Die Monolithen wurden erstmals 1905 von dem britischen Bezirksoffizier Charles Partridge beschrieben, der feststellte, daß in dem der Nnam-Gruppe zugehörigen Dorf Alok die Monolithen während des Yams-Festes bemalt und beopfert wurden. 1968 erstellte Philip Allison eine umfangreiche Dokumentation der Monolithen, von denen es über 300 gibt und deren Höhe zwischen 90 und 180 cm beträgt. Sie finden sich vor allem in verlassenen Dörfern in kreisförmiger Anordnung. Die noch heute in Dörfern anzutreffenden Monolithen sind entweder zu Gruppen angeordnet oder stehen vereinzelt neben einem großen Baum in der Dorfmitte. Offenbar wurden die meisten der in den heutigen Dörfern entdeckten Monolithen aus den alten, aufgegebenen Dörfern in die neuen Siedlungen der Gemeinschaft mitgenommen. Ursprünglich standen die Monolithen in Kreisform um Plätze herum, die tagsüber als Markt- und Spielplatz dienten und manchmal – nachts – zum Schauplatz heimlicher Riten wurden. Allison datierte die Monolithe von Nta auf das 16. Jahrhundert, als der Handel mit den Europäern in Calabar an der Mündung des Cross River den im Binnenland lebenden Volksgruppen zu Wohlstand verhalf. Diese Datierung scheint von einer jüngeren Radiokarbonuntersuchung aus Alok bestätigt zu werden, aber eine andere Analyse mit demselben Verfahren aus Emangabe kommt zu einem anderen Ergebnis: 200 n. Chr.

Allison nannte die gemeißelten Monolithe *akwanshi*, und dieser Name hat sich seither eingebürgert. Neuere Untersuchungen haben jedoch gezeigt, daß dieser Begriff unzutreffend ist. Der Ausdruck *akwanshi* wird nur von den Nta- und Nselle-Gruppen gebraucht, die damit kleine unbearbeitete Steine bezeichnen, die tote Ahnen der Familie darstellen und zwischen 7,5 und 15 cm groß sind. Sie werden normalerweise auf dem Grundstück des Oberhaupts der Familie oder der Lineage aufgehäuft, manchmal aber auch innerhalb des aus den größeren Monolithen des Dorfes geformten Kreises. Die Nnam, Abanyom und Akaju nennen diese kleinen unbearbeiteten Steine *akuku*. Andererseits benutzt die Nta-Gruppe das Wort *netal* für die großen, gemeißelten Monolithen, für die der Nselle-Ausdruck *alapatal* lautet und derjenige der Nnam und Akaju atal. Obwohl diese großen gemeißelten Steine auch tote Ahnen darstellen, bezeichnen sie im engeren Sinne mythische Gestalten, die mit denkwürdigen Ereignissen in Verbindung stehen. Sie können etwa berühmte Jäger oder Krieger darstellen oder das besonders Schöne oder das besonders Häßliche verkörpern. Auch besondere Funktionsträger in der Gesellschaft wurden so dargestellt, etwa die bereits erwähnte Figur des Ebiabu. Daher bedienen wir uns nicht des Begriffs *akwanshi*, sondern der kürzesten aller Namen, *atal* (der bei den Nnam, Abanyom und Akaju gebraucht wird), zumal sie mit dem Nta-Begriff *netal* und dem der Nselle, *alapatal*, linguistisch verwandt ist. *EE*

Literatur: Partridge 1905; Allison 1962; 1968; Eyo 1984

5.37 b

Steinfigur (*atal*)

Bakor, Ekoi (Ejagham)
Cross River, Nigeria
16. Jahrhundert (?)
Basalt
Höhe 174 cm
Privatsammlung, Brüssel

5.37 c

Steinfigur (*atal*)

Bakor, Ekoi (Ejagham)
Cross River, Nigeria
16. Jahrhundert (?)
Basalt
Höhe 84 cm
Privatsammlung, London

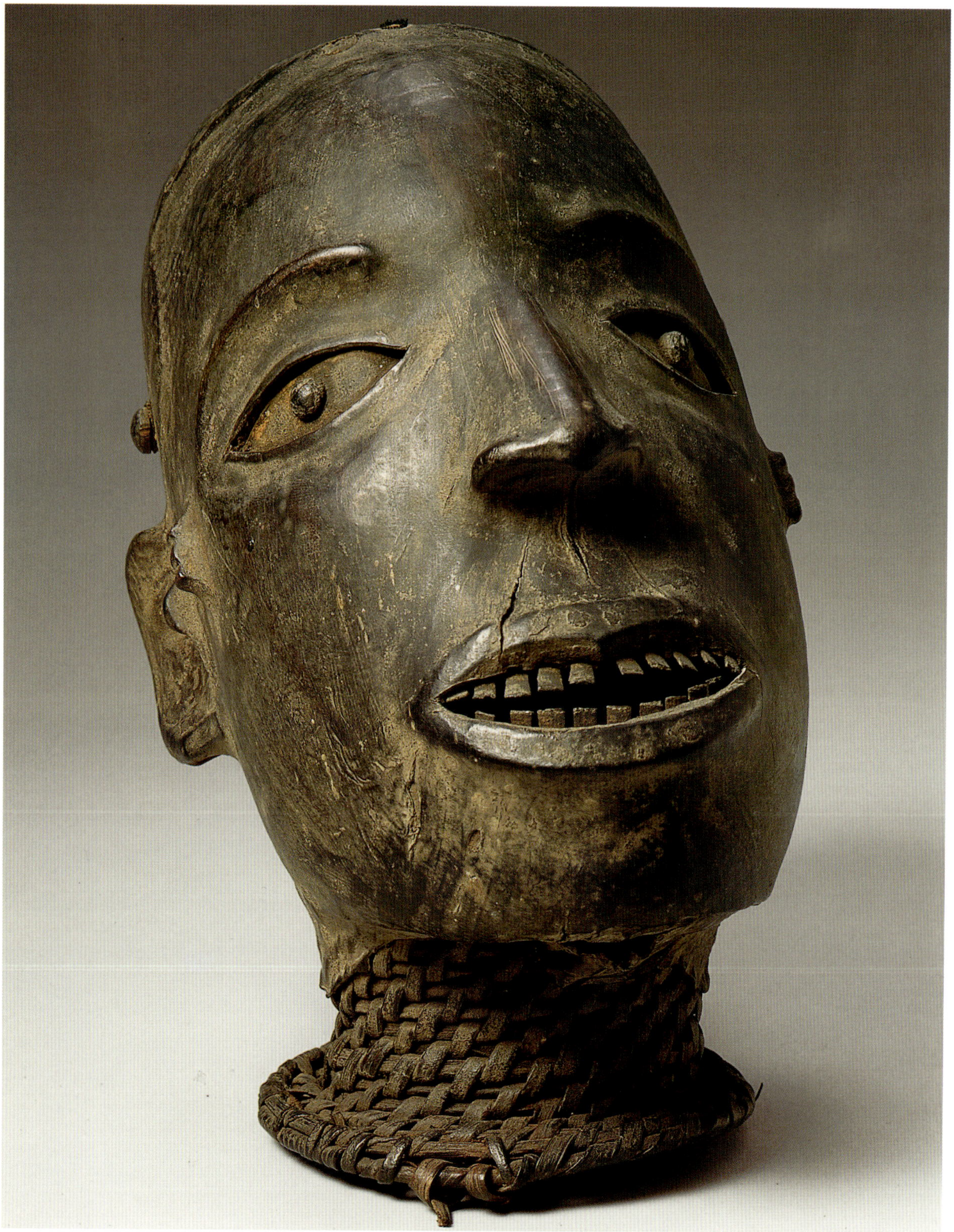

5.38

Hautüberzogene Aufsatzmaske

Ejagham
Kamerun
19. Jahrhundert
Holz, Tier(?)-haut, Rohr
Höhe 21,5 cm
Museum für Völkerkunde, Leipzig, MAF 8705

Diese Aufsatzmaske besteht aus einem mit Haut überzogenen Holzkern und einem aus Rohr geflochtenen Fuß, mit dem die Maske auf dem Kopf des Trägers befestigt wurde. Obwohl es nachweislich Fälle gibt, in denen Menschenhaut als Überzug für solche Masken, die für die Cross-River-Regenwälder des Grenzlandes von Südnigeria und Kamerun typisch sind, verwendet wurde, ist die Anbringung von sorgfältig enthaarter und geglätteter Antilopenhaut wesentlich häufiger.

Runzeln und Falten auf der Haut dieses Stücks, insbesondere um die Mundpartie, deuten entweder auf unzureichendes technisches Können oder die Absicht des Künstlers hin, keine glatte Oberfläche herstellen zu wollen. Letzteres ließe sich mit dem Verwendungszweck erklären, denn Hautmasken treten häufig in Paaren auf. Dabei trifft ein ziemlich häßlicher und häufig aggressiver männlicher Charakter – das ›Biest‹ (wie es wahrscheinlich das vorliegende Stück repräsentiert) – auf eine sich anmutig bewegende weibliche Akteurin – die ›Schönheit‹. Die Neigung des Kopfes nach hinten ist charakteristisch für ersteren Maskentyp, wobei häufig die Masken, die einem menschlichen Kopf am meisten ähneln, auf dem Kopf der Auftretenden erscheinen. Die Körper beider Tänzer waren normalerweise ganz in einen langen, früher aus Raphiafasern, in neuerer Zeit aus Baumwollstoff bestehenden Umhang gehüllt.

Die Patina dieser Aufsatzmaske deutet darauf hin, daß sie über einen längeren Zeitraum verwendet wurde; zwischen den Aufführungen wurde sie vermutlich sorgfältig in Bast oder gewebten Matten des Schraubenbaumes gehüllt und nahe einem ständig glimmenden Herd aufbewahrt. Gewohnheitsgemäß wurde die Maske vor der Verwendung mit Palmöl eingerieben und mildem Sonnenlicht ausgesetzt, so daß die Haut ihre Geschmeidigkeit behielt und oft zu glänzen begann, wie in diesem Fall an den Lippen und der Nasenspitze.

Maskenauftritte fanden im allgemeinen anläßlich der Initiation oder Beerdigung von Mitgliedern des Bundes statt, dem sie gehörten, sowie während der periodischen, mit der Landwirtschaft verbundenen Riten. Thompson nimmt an, daß der Hautüberzug der Maske als magisches Mittel diente, um Ahnengeister zu beschwören; mittels ihrer hob man die Schranke zwischen lebenden und toten Teilnehmern an Gemeinschaftsritualen auf.

Der naturalistische Stil dieses Kopfschmucks, insbesondere die sorgfältige Zeichnung der Lippen und Augen, ist eher für den mittleren als den oberen Cross River charakteristisch; wahrscheinlich stammt er von einer der kleineren ejagham-sprechenden Gruppen auf der Kameruner Seite, wie etwa den Keaka. *KN*

Literatur: Mansfeld 1908; Nicklin 1974, S. 8–15, 67 f.; 1979, S. 54–59; Thompson 1981, S. 175 f.; Nicklin 1983, S. 123–127

5.39

Aufsatzmaske

Ejagham/Anyang
Kamerun
19. Jahrhundert (?)
Holz, Farbpigmente, Faser
Höhe 29 cm
Privatsammlung, Paris

Die Maskenkünstler des Cross-River-Gebiets steigern den Realismus ihrer Arbeiten gewöhnlich dadurch, daß sie diese mit Tierhaut überziehen und danach mit Pflanzenfarbe bemalen, um einzelne Gesichtszüge hervorzuheben. Im Gesicht und auf dem Kopf dieser Skulptur finden sich entsprechende Spuren schwarzer bzw. dunkelbrauner Farbe, die hier allerdings direkt auf das Holz aufgetragen wurde. Auch andere für diese Kunstwerke typische Verzierungen sind erkennbar: Löcher zum Einsetzen der Haare sowie ein von einem Metallstück gebildetes Auge, das von einem Holzzapfen, der die Pupille darstellt, durchbohrt wird. Eine vertikale Reihe von Kupfernieten an den Schläfen stellt Schmucknarben dar. Diesem Stück fehlt jedoch der für hautüberzogene Aufsatzmasken typische Flechtsockel (vgl. Kat. 5.38).

William Fagg hat sich zu einer in stilistischer Hinsicht ähnlichen Maske geäußert, die möglicherweise von demselben Schnitzer stammt (Museum für Völkerkunde, Frankfurt am Main). Im Hinblick auf den bemerkenswerten Naturalismus dieser Arbeit schrieb Fagg, daß »das technische Vermögen des Künstlers so groß war, daß die Hinzufügung von Haut die Wirkung der Maske nur hätte beeinträchtigen können«.

Farbe und Ausführung des Kopfes legen nahe, daß er wiederholte Male mit Palmöl eingerieben wurde. Im Gegensatz zu anderen afrikanischen Maskenarten wurden Aufsatzmasken in den Zeiten zwischen den Maskentänzen sorgfältig verwahrt und gepflegt. Den verschiedenen Altersgruppen sowie Krieger- und Jagdbünden, deren Eigentum sie waren, galten sie als wertvoller Besitz. Dennoch weist das Stück Beschädigungen durch Termiten auf. Es stammt wahrscheinlich von einem Meisterschnitzer der Anyang, einer kleinen ejagham-sprechenden Gruppe in Südwestkamerun. *KN*

Literatur: Fagg 1965; de Rachewiltz 1966; Nicklin 1974, S. 8–15, 67 f.; 1979, S. 54–59

5.41

Zoomorpher Kopf

Cross River, Nigeria
16.–17. Jahrhundert
Kupferlegierung
Höhe 17 cm
Privatsammlung, London

Dieses Fragment einer Skulptur aus Gelbguß stellt einen zoomorphen Kopf, vielleicht den eines Schafes, dar. Sein offener Mund wird von einem Flechtwerkmuster gesäumt, aus dem auch die konzentrischen Bänder um die unverhältnismäßig großen offenen Augen gebildet sind. Das Flechtwerkmuster wiederholt sich in der Horizontalen auf der Stirn sowie als diagonales Doppelkreuz zwischen Nase und Auge. Dieses Muster findet sich häufig auf Kunstgegenständen aus Bronze bzw. Messing aus dem Cross-River-Gebiet (vgl. Kat. 5.40). Auch auf einigen der berühmten, mit einem Bleizusatz legierten Bronzen aus Igbo-Ukwu (9. bis 10. Jahrhundert) ist es zu sehen.

Am Cross River gibt es kein Gußzentrum, das mit Ife, Benin oder Igbo-Ukwu vergleichbar wäre. Doch wurden viele aus diesem Material gefertigte Kunstwerke in dieser Gegend, vornehmlich in Schreinen, gefunden. Man hat die Vermutung geäußert, daß die Glocken und andere Gegenstände auf dem Handelsweg über wandernde Igbo-Schmiede hierher gelangten, doch auch die Möglichkeit einer kleinen lokalen Gußindustrie am Cross River sollte nicht ausgeschlossen werden. So hat etwa Keith Nicklin eine Stelle am Westufer des Cross River ausfindig gemacht, bei der es sich womöglich um »eine größere archäologische Stätte handelt, an der Eisenschmelzerei und Messingguß betrieben wurden«. Die nach Ostnigeria importierten *manillas*, Kupferstangen und gewundener Kupferdraht (einschließlich der *chittem*, ab dem 16. Jahrhundert von europäischen Händlern als Währung verwendet) könnten für den Guß solcher Objekte eingeschmolzen worden sein. *EE*

Literatur: Shaw 1970; Neaher 1976; Nicklin 1980; 1982

5.40

Kopf

Cross River
Südostnigeria
18. Jahrhundert (?)
Kupferlegierung, Tonkern
15 x 12 x 10 cm
Privatsammlung

Dieser fast eiförmige Kopf weist sowohl menschliche Züge auf als auch die eines Fischs oder einer Schlange (eventuell einer Python). An der Stelle der Augen finden sich zwei auf der Innenseite gefurchte Augenhöhlen. Der Ober- und der Unterkiefer weist eine Reihe von spitzen und runden Vorsprüngen auf, die eher an Bartfäden als an Zähne denken lassen. Auf beiden Seiten des Mundes, in der Mitte der Lippen sowie auf den Schläfen befinden sich spiralförmige Motive, die zum Schmuckrepertoire der Metall- und Steinplastik des Cross-River-Gebiets gehören. Solche Motive wurden bis zum Ende des 19. Jahrhunderts auch als Körper- und Gesichtsschmuck verwendet. Schmucknarben verlaufen zwischen Auge und Schläfe, quer über die Stirn und von der Stirn bis zur Nase. Die Verdickungen und länglichen Vorsprünge an der Rückseite des Kopfes erinnern an die Darstellung von Zopffrisuren bei einigen Maskenskulpturen vom Cross River.

Feldphotographien des Autors des vorliegenden Texts vom April 1977 belegen, daß der Herkunftsort dieses Objekts der Schrein der Schutzgöttin Ojokobi in der (früher unter dem Namen Umor bekannten) Yakur-Stadt Ugep im Obubragebiet am mittleren Cross River ist. Der Kopf gehörte zu einer Gruppe von Bronzen, zu der eine stehende männliche Figur, ein Vierfüßer mit spitzer Nase und spitzem Schwanz sowie einige *manillas* zählten. Wer die Schutzherrschaft über den Ojokobi-Schrein hatte, besaß die Regierungsgewalt über die gesamte Gemeinschaft und führte den Titel *Obol Lopon*. Die früheste Thermolumineszenzdatierung, die bisher für eine als echt identifizierte Bronze vom Cross River, ein stilisierter Leopardenschädel aus Oron, vorliegt, deutet auf eine Entstehung um die Mitte des 17. Jahrhunderts.

Bronzen dieser Region wurden von reisenden Schmieden aus den von den Igbo besiedelten Cross-River-Gebieten Arochukwu und Abiriba gegossen; diese gaben offenbar ihre Fähigkeiten in manchen Fällen an einheimische (Nicht-Igbo-) Gruppen wie die Yakur und die Enyong Ibibio weiter. Die Gießkunst war am Ende des 19. bzw. am Anfang des 20. Jahrhunderts ausgestorben. Bei Bronzen vom Cross River aus dem Niger-Delta im Westen und dem Benue-Tal im Norden finden sich technisch und von den Schmuckmotiven her gewisse Ähnlichkeiten, vielleicht auch deshalb, weil wandernde Kunsthandwerker durch diese Regionen Ostnigerias reisten. *KN*

Literatur: Forde 1964; Nicklin und Fleming 1980, S. 104 f.; Fleming und Nicklin 1982, S. 53–57; Nicklin 1982

5.42

Gesichtsmaske

Mittlerer Cross River
Südostnigeria
20. Jahrhundert (?)
Holz
Höhe 32,5 cm
Privatsammlung

Diese Gesichtsmaske weist eine Reihe bemerkenswerter Züge auf: betonte, vorstehende Lippen; einen taucherbrillenähnlichen Augenhöhlenbereich sowie eine Reihe markanter vertikaler Leisten auf der Stirn. Die Zähne sind grobförmig wiedergegeben. Insgesamt erinnert die Maske an einen Mann oder einen Menschenaffen, insbesondere einen Mandrill (*Papio Mandrillus sphinx*), eine westafrikanische Pavianart, die im Regenwald am Cross River zu Nahrungszwecken gejagt wird.

Bei den verschiedenen Volksgruppen der mittleren Cross-River-Region von Ikom und Ogoja führen bestimmte Altersgruppen und Bünde Maskentänze auf, in denen eine weibliche ›Schöne‹ und ein männliches ›Biest‹ (vgl. Kat. 5.38) auftreten. Während die Frau unter einer hölzernen Kappe oder einer (manchmal hautüberzogenen) Helmmaske und einem langen Stoffumhang verborgen ist, trägt der Mann ein zottiges Faserkostüm mit oder ohne geschnitzter Gesichtsmaske. Letzerer verhält sich normalerweise auf eine aggressiv-lüsterne Weise, wie Affen dies gelegentlich zu tun pflegen. Solche Auftritte finden bei Beerdigungszeremonien und im Rahmen des ›Erste-Früchte‹- oder ›Neuer-Yams-Festes‹ statt, die mit dem Beginn des landwirtschaftlichen Jahreszyklus zusammenhängen.

Die Gestaltung des Mundes dieser Gesichtsmaske und der tief eingekerbten Stirn ist mit janusgesichtigen Helmmasken vom mittleren Cross River vergleichbar. *KN*

Literatur: Nicklin 1981, S. 170 f.; Neyt 1985, S. 110 f.

5.43 a

Ahnenfigur (*ekpu*)

Oron
Südostnigeria
19. Jahrhundert
Holz
104,5 x 30 x 26,5 cm
The National Commission for Museums and Monuments, Lagos

Jede dieser drei Oron-Ahnenfiguren von der Cross-River-Mündung in der Palmen-Gürtelzone Südostnigerias weist die charakteristischen Kennzeichen dieses Genres auf: der einem Älteren vorbehaltene Kopfschmuck, der ein etwas prekäres Gleichgewicht wahrt; der geflochtene Bart; der Bauch in Gestalt einer länglichen Zwiebel mit einem Narbenmuster; die stilisierte Darstellung eines kurzen, unmittelbar unter dem Nabel getragenen Rocks; schließlich ein relativ kleines Geschlecht und kurze Beine. Die Arme liegen eng am Körper an, die Ellbogen bilden einen rechten Winkel, und die Hände halten geschnitzte hornartige Gegenstände, bei denen es sich wohl um Trinkhörner für Palmwein oder Symbole älterer Amtsträger der Lineage handelt. Im Bereich der Schläfen sind Narbenmuster zu erkennen.

Früher schnitzte man beim Tod eines Älteren aus einem Stück Hartholz, z. B. Rotholz (*Pterocarpus*), ein Abbild des Toten und brachte es ins Versammlungshaus der Männer (*obio*) des Dorfes, wo sich bereits andere derartige Skulpturen befanden. Hier wurden ihnen u. a. Trankopfer dargebracht, und hier richtete man im Gebet an sie die Bitte, die Gemeinschaft zu beschützen und Unheil, insbesondere den Verlust von Fischern und Fischerkanus, von ihr abzuwenden. Im Lauf der Zeit kamen neue Schnitzereien hinzu, welche zu Symbolen der Lineage, des Rechts ihrer Besitzer bzw. ›Aufzeichnungen in Holz‹ wurden, wie Nsugbe es ausdrückte. Sie dienten damit der Beglaubigung der Autorität der lebenden Dorfältesten.

Nigerias erster staatlicher Beauftragter für Altertümer, Kenneth Murray, war entsetzt über den traurigen Zustand vieler dieser *ekpu*-Schnitzwerke, der auf das Nachlassen alter religiöser Überzeugungen infolge christlicher Missionierung zu Beginn des 20. Jahrhunderts zurückgeht. 1947 veröffentlichte er die erste detaillierte Beschreibung dieses Skulpturentypus, auf der die obige Darstellung basiert. Da die Oron-Ältesten die Erlaubnis, Schnitzwerke aus dem Territorium des Clans zu entfernen, verweigerten, setzte er sich für die Einrichtung eines Museums in Oron ein, wo die *ekpu*-Figuren aufbewahrt werden sollten. Ursprünglich stellten die Kolonialbehörden hierfür ein kleines Lehmgebäude zur Verfügung, aber aufgrund der Feuergefahr und einer Reihe von Diebstählen in den späten 50er Jahren, durch die eine Reihe von Ahnenfiguren den Weg in europäische und nordamerikanische Sammlungen fand, wurde schließlich ein richtiges Museum gebaut und ungefähr zeitgleich mit der Ausrufung der Unabhängigkeit Nigerias der Öffentlichkeit übergeben.

Bei Ausbruch des Bürgerkriegs in Nigeria im Jahr 1967 sollen im Museum von Oron über 600 *ekpu*-Skulpturen offen ausgestellt und aufbewahrt worden sein, aber nach dem Ende der Feindseligkeiten im Jahr 1970 existierten nur noch etwa 100 von ihnen; viele der besten Arbeiten waren gestohlen oder in einem Flüchtlingslager in Umuahia als Brennholz verwendet worden. Der Rest der Oron-Sammlung bildet den Kern der Dauerausstellung, die im wiederhergestellten Nationalmuseum von Oron im April 1977 eröffnet wurde.

Ursprünglich wurden die *ekpu*-Figuren von Oron vom Nigerian Department of Antiquities treuhänderisch verwaltet; den Besitzern händigte man eine Empfangsbestätigung aus, wenn eine Figur von ihrem ursprünglichen Platz entfernt wurde. Die normalerweise vom Oberhaupt einer Lineage oder einem anderen Ältesten repräsentierten Eigentümer behielten das Recht, im Museum traditionelle Riten zu Ehren verstorbener, von den *ekpu*-Schnitzereien symbolisierter Personen durchzuführen. In der Praxis fand dies jedoch so gut wie nie statt. Indem die *ekpu*-Figuren in ein Museum verbracht wurden, verloren sie ihren traditionellen spirituellen Wert.

Gleichwohl spielten die *ekpu*-Figuren als größte Schätze des wiederhergestellten Museums in Oron eine wichtige Rolle bei der Entwicklung eines nationalen Selbstverständnisses, wie es die nigerianische Bundesregierung nach dem Biafrakrieg zu fördern versuchte, und erlangten so einen neuen, unerwarteten Wert. Heute sind viele Angehörige der Gemeinschaft von Oron stolz auf die *ekpu*-Figuren, die in dem am Wasser gelegenen Museum ausgestellt sind, und schätzen sie als einzigartigen Ausdruck der eigenen kulturellen Identität. (Die Geschichte der Oron ist gekennzeichnet von der Furcht vor Ausbeutung und Unterdrückung durch benachbarte Gruppen wie die Eket im Westen und die Ibibio im Norden.)

Auch wenn die *ekpu*-Figuren insgesamt eine relativ homogene Gruppe darstellen, findet sich innerhalb dieses Genres ein beträchlicher Variantenreichtum, wie die vorliegende Auswahl verdeutlicht. Man vergleiche etwa das ungewöhnlich breite, grob wirkende Erscheinungsbild von Kat. 5.43 a mit seiner kunstvollen Relief-Verzierung mit dem reduzierten Charakter von Kat. 5.43 c, wo die formalen Züge der Skulptur trotz fehlender Glieder und Bartteile nicht verlorengehen. Kat. 5.43 b ist besonders gut erhalten und macht deutlich, wie prägnant jede einzelne Form gearbeitet ist und wie wirkungsvoll der Pfahlcharakter zur Geltung kommt. Bei ihnen allen handelt es sich um Belege für das, was Fagg als »einen der besten und ältesten noch heute [in Nigeria] zu findenden Holzschnitzstile« beschrieben hat.

Kat. 5.43 c stammt von Eke Ebung im *afaha* von Enwang und soll zu Ehren von Anwana Odung Anko geschnitzt worden sein. *KN*

Literatur: Murray 1946, S. 112–114; 1947, S. 310–314; Fagg und Plass 1964; Nsuge 1961, S. 354–365; Eyo 1977; Nicklin 1977; 1990; Nicklin, in Vorbereitung

5.43 b

Ahnenfigur (*ekpu*)

Oron
Südostnigeria
19. Jahrhundert
Holz
135 x 19 x 18 cm
The National Commission for Museums and Monuments, Lagos

5.43 c

Ahnenfigur (*ekpu*)

Oron
Südostnigeria
19. Jahrhundert
Holz
136 x 19,5 cm
The National Commission for Museums and Monuments, Lagos, PD/69.U5

5.44

Auf einem Faß sitzende männliche Figur

Ibibio, Südostnigeria
19. Jahrhundert
Holz, Farbpigmente
87 x 57 x 44 cm
Horniman Public Museum and Public Park Trust, London, Crowther-Benyon Collection, 37–48

Diese Figur eines bärtigen, auf einem Faß sitzenden Mannes mit Federkopfschmuck stammt aus der Eket-Gegend der Küstenregion von Ibibioland. Sie gehörte wahrscheinlich zu einem jener Gedächtnisschreine (*ngwomo*) für das verstorbene Oberhaupt eines Dorfes (oder einer Gruppe von Dörfern), wie er etwa auf einer Photographie des ehemaligen Kolonialoffiziers P. Amaury Talbot zu sehen ist. Das Horniman Museum besitzt auch den beschnitzten Pfosten eines Schreins, der dem auf Talbots Photographie ähnelt.

Daß die Figur einen Älteren darstellt, ist an dem Bärtchen aus Widderhaar zu erkennen. Über dem bemalten diademartigen Kopfschmuck trägt sie eine französische Seemannsmütze des 19. Jahrhunderts, was auf Kontakte zwischen den Bewohnern der Ibibio-Küstenregion und den Besatzungen europäischer Segelschiffe in dieser Zeit hindeutet. Die hier dargestellten – aus Holz geschnitzten – Federn sind die des Fischadlers; dieser Kopfschmuck ist den Trägern eines der exklusivsten aller Titel der Ibibo – des *Inam* – vorbehalten. Der Würdenträger mußte mindestens 70 Jahre alt, wohlhabend und von untadeligem moralischen Verhalten sein. Man glaubte, daß er nach seinem Tod das Recht hätte, im Rat der Unterwelt bzw. des ›Lebens nach dem Tod‹ neben dem Schöpfergott zu sitzen.

In der Mitte der Stirn trägt er zwei runde Markierungen – eine Art Narbenmuster, das sich früher bei den südlichen Ibibio fand. Drei weitere Markierungen an den Schläfen zeigen eine ähnliche Anordnung. Die blüten- bzw. blattartige Verzierung auf dem Bauch stellt wahrscheinlich eine jener Körperbemalungen dar, wie sie etwa bei Initiationen oder Beerdigungen üblich waren.

Am linken Arm der Figur hängt die Darstellung eines langen Messers mit zwei Spitzen, ein wichtiger Bestandteil der Insignien des Titelträgers. Arme und Beine wurden separat geschnitzt; die Art und Weise, wie insbesondere die Arme an den Rumpf angefügt sind, spiegelt den Einfluß des europäischen Zimmerhandwerks wider. Ähnliche Einflüsse finden sich bei Ahnentafeln (*duein fubara*; Kat. 5.57), die in derselben Zeit von den in der Nähe lebenden Kalabari des Niger-Deltas gefertigt wurden. *KN*

Literatur: Talbot 1923; Fagg 1963, S. 124 f.; Nicklin und Salmons 1978, S. 30–34; Neyt 1979, S. 15–22; Salmons 1980, S. 119–141; Barley 1988; Nicklin 1993

5.45 a

Kopfanhänger

Igbo (?)
Nigeria
10. Jahrhundert
Bronze
Höhe 7,6 cm; Durchmesser 4,8 cm
The National Commission for Museums and Monuments, Lagos, 39.1.19

5.45 b

Kopfanhänger

Igbo (?)
Nigeria
10. Jahrhundert
Bronze
8 x 4,5 x 5,5 cm
The Trustees of the British Museum, London, 1956. AF. 15.p

Diese Maskenanhänger gehören zu einer großen Zahl bemerkenswerter Bronzen, die in Igbo-Ukwu in Südostnigeria, 40 km südöstlich von Onitsha, am Niger gefunden wurden. Mehrere Bronzen waren dort zufällig entdeckt worden, als man kurz vor Ausbruch des Zweiten Weltkriegs eine Zisterne anlegen wollte. Nachfolgende Grabungen an der Fundstätte in den Jahren 1959–60 förderten weitere Bronzen zutage und vermittelten eine Vorstellung von der Art und Weise ihrer Anordnung. Die Stücke waren in nicht sehr großer Tiefe auf einer rechteckigen Fläche ausgebreitet und scheinen von einem leichten Schutzdach beschirmt gewesen zu sein. Aus irgendeinem Grund wurde der Ort vernachlässigt oder verlassen, das Schutzdach stürzte ein, wurde allmählich von Dickicht überwuchert, und geriet in Vergessenheit.

Neben Gefäßen und Schmuck aus Bronze fanden sich hier auch Kupfergegenstände, Keramikgefäße und über 63 000 Glas- und Karneolperlen. Daneben stieß man auf Kalebassen mit Kupfergriffen und Bronzescheiden und reich verzierte Bronzeapplikationen für Zeremonialstäbe. Die Objekte für den rituellen Gebrauch waren wahrscheinlich Insignien eines Würdenträgers, der sowohl die Funktion eines Königs als auch die eines Priesters ausübte. Noch heute gibt es in diesem Teil von Igboland ein solches als *Eze-Nri* bekanntes Amt. Sein Vertreter ist das Oberhaupt eines nach Titeln abgestuften Systems, in welchem es an Stelle von vererbbaren Häuptlingstümern und Unterhäuptlingstümern eine Hierarchie von Männern gibt, die ihre Stellung durch harte Arbeit und ihre Verdienste um die Gemeinschaft erworben haben und die finanziell in der Lage sind, die für die einzelnen Rangstufen erforderlichen Gebühren zu bezahlen. Einige dieser Titelträger sind durch Narbenmuster im Gesicht, ähnlich denen auf diesen kleinen Gesichtern, hervorgehoben.

Die Masken wurden wahrscheinlich zusammen mit den Insignien des Würdenträgers getragen: An ihrer Rückseite befindet sich eine große Schlaufe zur Befestigung eines Riemens. Ferner finden sich dort zahlreiche kleinere Schlaufen, zweifelsohne zur Anbringung von Kupferketten, die mit Perlen und Klappern behängt waren (vgl. Kat. 5.47), sowie eine relativ große Öffnung zur Entnahme des Tonkerns, der bei der Herstellung im Wachsausschmelzverfahren die Grundform gebildet hatte. Alle Objekte aus Igbo-Ukwu, bei denen es sich, wie die Analyse ergab, um Legierungen aus Kupfer und Zinn (gewöhnlich unter Hinzufügung von etwas Blei) handelt, wurden nach dieser Methode gegossen, während die Gegenstände aus reinem Kupfer in Treibarbeit entstanden. Objekte aus Messing liegen nicht vor.

Während der Untersuchungen der Jahre 1959–60 wurde in der Nähe dieses Insigniendepots auch eine königliche Bestattungskammer entdeckt, deren Boden fast 3,5 Meter unter der Erdoberfläche lag. In diesem holzgesäumten Gewölbe war ein hochrangiger Mann bestattet worden; man hatte ihn auf einen kupferbeschlagenen Thron gesetzt und ihm all seine Insignien angelegt. Es fanden sich auch mehrere wertvolle Objekte, wie etwa drei Elefantenstoßzähne; sie befanden sich jedoch in einem zu schlechten Zustand, als daß man hätte beurteilen können, ob sie geschnitzt oder zu Hörnern verarbeitet worden waren. Überdies enthielt der Raum über 102 000 Glas- und Karneolperlen. Eine dritte Fundstätte bei Igbo-Ukwu wurde 1965 freigelegt. Dort war offenbar eine Reihe von Zeremonialgegenständen in einer eigens hierfür angelegten Grube eingelagert worden. Aufgrund von Radiokarbonuntersuchungen lassen sich diese Fundstätten auf das 9. bzw. 10. Jahrhundert datieren, was durch die Metallanalyse der Bronzen bestätigt wird. Die Igbo-Ukwu-Funde liefern also den Beleg für eine lokale technische und künstlerische Blütezeit, bereits fünf Jahrhunderte bevor diese Gegend zum ersten Mal mit Europa in Berührung kam. *TS*

Provenienz: Kat. 5.45 a: 1939 von John Field erworben und dem Museum in Lagos geschenkt; Kat. 5.45 b: 1939 ausgegraben von Isaia Anozie; 1956 dem British Museum von F.W. Carpenter geschenkt

Literatur: Shaw 1970, S. 142, Tafeln III, 270 f.; 1975

5.46

Schüssel mit Ständer

Igbo (?)
Nigeria
10. Jahrhundert
Bronze
Höhe 20,3 cm
The National Commission for Museums and Monuments, Lagos, 1939.1.1

Bei einigen Bronzen aus Igbo-Ukwu finden sich Hinweise darauf, daß sie in einem skeuomorphen Bezug zu Objekten stehen, die zunächst aus anderen Materialien hergestellt wurden. So verhält es sich etwa mit dieser Schüssel, die auf einem eigenen Ständer ruht und damit fast sicher einem Original aus Ton nachempfunden ist. Mehrere solcher mit einem Tonständer verbundenen Tonschüsseln wurden bei der Ausgrabung entdeckt. Für die zwei Bänder mit den schraffierten Dreiecken (oben und unten) finden sich Entsprechungen bei Tongefäßen. Man hat auch separate Kupfergriffe für Kalebassen entdeckt, die Prototypen von Griffen waren, welche dann in Bronzeschüsseln integriert wurden, die der Form von Kalebassen nachempfunden waren. Unter den Arbeiten aus Igbo-Ukwu finden sich zahlreiche weitere Beispiele für skeuomorphe Objekte.

Dieses Exemplar dürfte aus zwei oder mehr Stücken gegossen worden sein, die anschließend miteinander verbunden wurden. Daß beim Guß eines anderen großen Gefäßes aus Igbo-Ukwu so verfahren wurde, hat man nachgewiesen, indem man das Gefäß an der Gußnaht teilte. Aber bei der vorliegenden Arbeit wurde eine derartige Untersuchung nicht durchgeführt.

In stilistischer Hinsicht sind die Arbeiten aus Igbo-Ukwu »dank ihrer rokokohaften, ja fast fabergéartigen Virtuosität zurecht berühmt für ihre fragile, juwelenartige Schönheit, die nur noch mit derjenigen römischer Arbeiten vergleichbar ist, die von der nabatäischen Hauptstadt Faras importiert wurden« (Williams 1974, S. 118). Neben den Arbeiten aus Igbo-Ukwu wirken die berühmten Messingköpfe von Ife weniger einzigartig, und auch die spätere Messingkunst aus Benin büßt etwas an Glanz ein. Die Arbeiten aus Benin sind vor allem deswegen wesentlich bekannter, weil es ihrer so viele gibt und weil sich Europäer und Amerikaner seit über hundert Jahren mit ihnen beschäftigen.

Doch die Einzigartigkeit der Kunst von Igbo-Ukwu gibt auch Rätsel auf: Was ging ihr voraus, und was folgte ihr? Aus welcher Tradition entwickelte sie sich? Was wurde aus dem Stil und den Standards, für die sie stand? Die Kunst von Igbo-Ukwu sollte nicht mehr so isoliert betrachtet, sondern in einen größeren geographischen und chronologischen Kontext gestellt werden. *TS*

Provenienz: 1939 von Isaiah Anozie ausgegraben; 1939 von John Field erworben und dem Museum in Lagos geschenkt

Literatur: Shaw 1970, S. 112 f., Tafel 5; Williams 1974; Shaw 1977

5.47

Doppel-Ei-Gehänge mit perlenbesetzten Ketten

Igbo (?)
Nigeria
10. Jahrhundert
Bronze, Kupfer, Glas
Höhe 21,6 cm; Länge 30 cm
The National Commission for Museums and Monuments, Lagos, 79.R.5 (IS 367)

Dieses Objekt wurde 1959–60 bei Ausgrabungen in Igbo-Ukwu entdeckt. Das bronzene Doppel-Ei-Gehänge ist das Pendant zu einem ähnlichen Fund, der 20 Jahre zuvor bei Grabungen in einer Zisterne gelang (dieses Exemplar allerdings ohne Ketten, Glasperlen und Klappern). Das Doppel-Ei, das auf der Rückseite eine Riemenschlaufe hat, ist ähnlich gestaltet wie die Masken mit den Narbenmustern (Kat. 5.45). Zu weiteren Gehängen dieser Art zählen vier Elefantenköpfe, zwei (sehr unterschiedliche) Widderköpfe und ein Leopardenkopf. Sie alle haben kleine Schlaufen zur Befestigung von Kupferketten mit Glasperlen (Ketten und Glasperlen sind nicht mehr vorhanden; nur dank des ausgegrabenen Beispiels wissen wir, wozu die kleinen Schlaufen der Gußarbeiten dienten).

Auf der glatten Oberfläche der Eier sind jeweils drei Fliegen dargestellt und auf dem Bogen, der die beiden Eier miteinander verbindet, sind es vier. Das Fliegenmotiv, das, neben der Darstellung weiterer Insekten, auch auf einigen anderen Bronzegüssen erscheint, ist schwer zu deuten. Zwischen den beiden Eiern ruht ein großer Vogel mit hervortretenden gewölbten Augen und unter den Schwanz nach hinten gebogenen Flügeln. Die Federn werden durch erhabene, konzentrisch zu Bögen gruppierte Linien dargestellt. Die ›Klappern‹ am Ende der Ketten sind kleine Klingelschmuckstücke aus Bronze. *TS*

Provenienz: 1960 von Thurstan Shaw im Auftrag des Nigerian Federal Department of Antiquities ausgegraben

Literatur: Shaw 1970, S. 143 f., Tafeln 276 f.

5.48

Reliefiertes Tongefäß

Igbo
Nigeria
10. Jahrhundert
Gebrannter Ton
Höhe 40,6 cm
Department of Archaeology and Anthropology, University of Ibadan, IJ 650

Unter einem weit nach außen kragenden, dünnen Rand wölbt sich der Körper des Gefäßes fast zur Kugelform. Die Öffnung ist weit, der Hals nur geringfügig verengt. Fünf kräftige, gleichweit voneinander entfernte, gurtartige Henkel verbinden Rand und Gefäßkörper miteinander (einer der Griffe fehlt). Die Außenfläche der Griffe ist mit sechs oder sieben schrägen Wellenkamm-Mustern verziert, die ein Korbgeflecht zu imitieren scheinen. Eine tiefe, breite Furche gräbt sich in den Gefäßrand und eine schmalere, unaufdringlichere verläuft unmittelbar hinter dem Saum. Der Hals des Gefäßes ist mit einer mächtigen Kordel verziert, auf der die leicht schrägen Spuren kräftiger Fingereindrücke zu sehen sind. Die obere Hälfte des Gefäßkörpers ist reich geschmückt. Die Grundlage dieser Dekoration bildet ein System konzentrischer Rillen, mit einem Knauf unter jedem Griff. Ein Teil der Flächen zwischen den konzentrischen Kreisen bzw. Halbkreisen besteht aus Parallelschraffuren. Der untere Rand der verzierten Zone wird von extrem langen Längsovalen mit Mittellinie gebildet. In einem zwischen den beiden Griffen befindlichen Feld darüber erkennt man einen Vierfüßer. Wohl handelt es sich bei diesem Tier, das einen Rückenkamm, einen spiralförmigen Schwanz und einen von dreieckigen Flächen mit feiner Kreuzschraffur überzogenen Körper hat, um ein Chamäleon. Tierkörper und Vase sind über den Kopf, die Füße und den Schwanz des Tiers miteinander verbunden. Auf den vier anderen Flächen zwischen den Griffen findet sich jeweils eine auf ähnliche Weise applizierte Figur: rechts neben dem Chamäleon ein Widderkopf mit langen, sich nach unten windenden Hörnern; rechts davon eine zur Spirale gewundene Schlange, deren Rücken mit einem segmentierten Muster geschmückt ist; weiter rechts ein eigentümliches, unbelebt wirkendes Rechteck, das sich in der Mitte von der Wandung der Vase wegwölbt. Das Muster des Grundes darunter enthält einen sechsten von Rillen umgebenen Knauf, der etwas kleiner ist als die unter den anderen Griffen. Der fünfte Zwischenraum schließlich wird von einer spiralförmigen Schlange besetzt, die der anderen sehr ähnlich ist, außer daß das Rückenmuster über den Kopf bis zum Maul fortgeführt ist, statt am Hals zu enden.

Dieser Zierstil mit tiefen konzentrischen Rillen und gerillten Knäufen ist typisch für alte Töpferwaren aus Igbo-Ukwu. Derartige Keramik fand sich an allen drei Igbo-Ukwu-Fundstätten in großer Zahl. Lochlinien, wie sie aus Ife und Benin bekannt sind, und auch im heutigen Nigeria Verwendung finden, kommen auf alter Keramik aus Igbo-Ukwu nicht vor.

Dieses Objekt wurde nahezu auf dem Kopf stehend in einer Grube gefunden. Wahrscheinlich wurde es von einem hochrangigen Mann für zeremonielle Zwecke verwendet. Bei seinem Tod wurde es zusammen mit seinen ganzen anderen rituellen Schmuckgegenständen in der Grube bestattet, da kein anderer das Recht hatte, sie zu benutzen. *TS*

Provenienz: 1964 von Thurstan Shaw im Auftrag der University of Ibadan ausgegraben

Literatur: Shaw 1970, S. 215 f., Tafeln 468–472

5.49

Kopfschmuck

Igbo
Ogbom, Nigeria
Holz
82 x 31 x 21,9 cm
The National Commission for Museums and Monuments, Lagos, L.G.33

Es existieren nur noch wenige Informationen über die *ogbom* genannten Kopfaufsätze und die mit ihnen verbundenen Tänze, die offenbar letztmalig vor 1940 aufgeführt wurden. Diese schönen Schnitzarbeiten waren an geflochtenen Kappen befestigt und wurden auf Festen zu Ehren von *ala*, der Erdgottheit Igbos, von tanzenden Männern getragen. Die meisten *ogbom*-Kopfaufsätze, wie etwa dieses Exemplar, stellen fruchtbare junge Frauen mit prallen Brüsten dar, und bei den Tänzen ging es offenbar vor allem um die Bedeutung *alas* für die menschliche und landwirtschaftliche Fruchtbarkeit und Vermehrung.
G. I. Jones berichtet, daß in einem bestimmten Moment Frauen den Tanzplatz betraten und um den *ogbom*-Träger herumzutanzen begannen, wobei der Tanz (laut Murray) dazu dienen sollte, Frauen fruchtbar zu machen und Männer zur Heirat zu veranlassen, falls die Zahl der örtlichen Bevölkerung seit dem letzten Auftritt des *ogbom* abgenommen hatte.

Diese Plastik zeigt die Darstellung eines unterhalb des Halses abgetrennten Kopfes, der von einer jungen Frau auf einer Platte oder runden Fläche getragen wird. Offenbar handelt es sich um eine Kopftrophäe aus einem der ehemals für Kopfjägerei bekannten Igbo-Gebiete. Die Ikonographie verweist so zumindest indirekt auf die Rolle, die den Köpfen erschlagener Feinde zukam: Sie sollten den siegreichen Gemeinschaften zu Machtgewinn und Wachstum verhelfen.
In dieser Hinsicht interessant ist ein von Jeffries bei den Nri Igbo entdeckter Ursprungsmythos, demzufolge sich angepflanzte Köpfe in Yamwurzeln, die Lieblingsspeise vieler Igbo, verwandelt haben sollen. *HMC*

Literatur: Murray 1941; Cole und Aniakor 1984, S. 15, 174–176; Jones 1984

5.50 a

Figur einer Gottheit

Igbo
Nigeria
Holz
130 x 24,5 cm
The National Commission for Museums and Monuments, Lagos, 80.5.328

5.50 b

Figur einer Gottheit

Igbo
Nigeria
Holz, Farbpigmente, Metall
Höhe 180 cm
Privatsammlung

In den religiösen Überzeugungen und Praktiken der igbo-sprechenden Völker kommt eine Konstellation von Schutzgottheiten unter dem Namen *alusi* oder *agbara* vor. Als Kinder bzw. Gesandte des ›Großen Gottes‹, Chukwu (*chi* bedeutet ›Gott‹ oder ›Geist‹, *ukwu* ›groß‹), sind sie menschlichen Anliegen und Opfern gegenüber aufgeschlossen. Zu diesen unsichtbaren und unmittelbaren Gottheiten – die Orte, Grundsätze und Menschen umfassen – gehören die Erde, Flüsse und andere typische Landschaftsmerkmale, Märkte (einschließlich der Tage, an denen sie abgehalten werden), Krieg, entfernte Gründerahnen und mythische Helden. Den Gottheiten und ihren Kulten obliegt die Verantwortung für Gesundheit, Wohlstand und allgemeines Wohlbefinden der Menschen und die Fruchtbarkeit der Felder und Flüsse; sie erhalten die moralische, soziale und ökologische Ordnung aufrecht. Zu jedem der Hauptkulte gehört ein Priester sowie weitere Gefolgsleute, die wöchentliche Trankopfer und periodisch wiederkehrende Blutopfer vollziehen und ein jährliches Fest zu Ehren der Götter ausrichten.

Derartige ›übernatürliche Mächte‹ werden oft durch Figuren aus Hartholz dargestellt, deren Höhe zwischen etwa 45 cm und Lebensgröße schwankt. Sie werden in standardisierten, symmetrischen, statischen Posen dargestellt und mit den Attributen einzelner Titelträger versehen. Regional weisen sie stilistische Unterschiede auf. In jedem Gebiet werden bis zu zwölf von ihnen als ›Familien‹ gleichen Typs in mehr oder weniger kunstvoll gearbeiteten Schreinen in der Mitte der jeweiligen Dörfergruppe aufbewahrt; oft grenzen diese Schreine an Märkte oder Tanzflächen. Manchmal sind die Gebäude oder Anwesen für diese Schreine groß und reich geschmückt, vor allem in der nördlichen bzw. zentralen Onitsha-/Akwa-Region, aber kleinere Götter finden sich allerorts auch in häuslichen Anwesen. Ohne nähere Angaben über ihre Provenienz ist es unmöglich festzustellen, welche Gottheit eine bestimmte Figur darstellt, da die vielen hundert bekannten Figuren zu bestimmten Gattungen gehören, ohne aber spezifische Attribute von Gottheiten zu tragen. Die Figuren wurden durchweg von männlichen Bildhauern hergestellt, und in jeder Stilregion lassen sich unterschiedliche künstlerische Handschriften ausmachen. Frauen verzieren die Statuen traditionell mit Farben, die jeweiligen Festen entsprechen.

Die Figur Kat. 5.50 b stammt vermutlich aus der Region Onitsha. Sie ist typisch für Figuren aus dem mittleren Norden. Ihre Größe läßt darauf schließen, daß es sich um eine der Hauptgottheiten handelt, da ›Familienmitglieder‹ in der Regel kleiner waren. Die Narbenmuster auf dem Körper ähneln denen, die auch als Zeichen von Schönheit und als Statussymbol getragen wurden. Die Figuren des Schreins wurden vor dem jährlichen Festival von Bittstellerinnen des Kultes neu dekoriert. Kosmetische Zierfarben aus Rotholz (*Pterocarpus*) und/oder weißer Kreide wurden auch von Anhängern neu aufgebracht. In der gleichen Region wurden ›Familien‹ von Gottheiten während solcher Festlichkeiten häufig öffentlich ausgestellt. Am Rand der Tanzfläche aufgereiht, brachten ihnen die Dorfbewohner Geschenke wie Kolanüsse, Geld und Kreide dar. Auch größere Opfergaben in Verbindung mit Dankgebeten und Bitten um eine reiche Ernte und Wohlstand wurden von den offiziellen Repräsentanten des Kultes dieser Versammlung dargebracht. Man bereitete aufwendige Mahlzeiten zu und verzehrte sie, und die Gläubigen tanzten zu Ehren der Götter.

Die Figur Kat. 5.50 a läßt in stilistischer Hinsicht auf die Region von Owerri/Mbaise mit ihrer Betonung

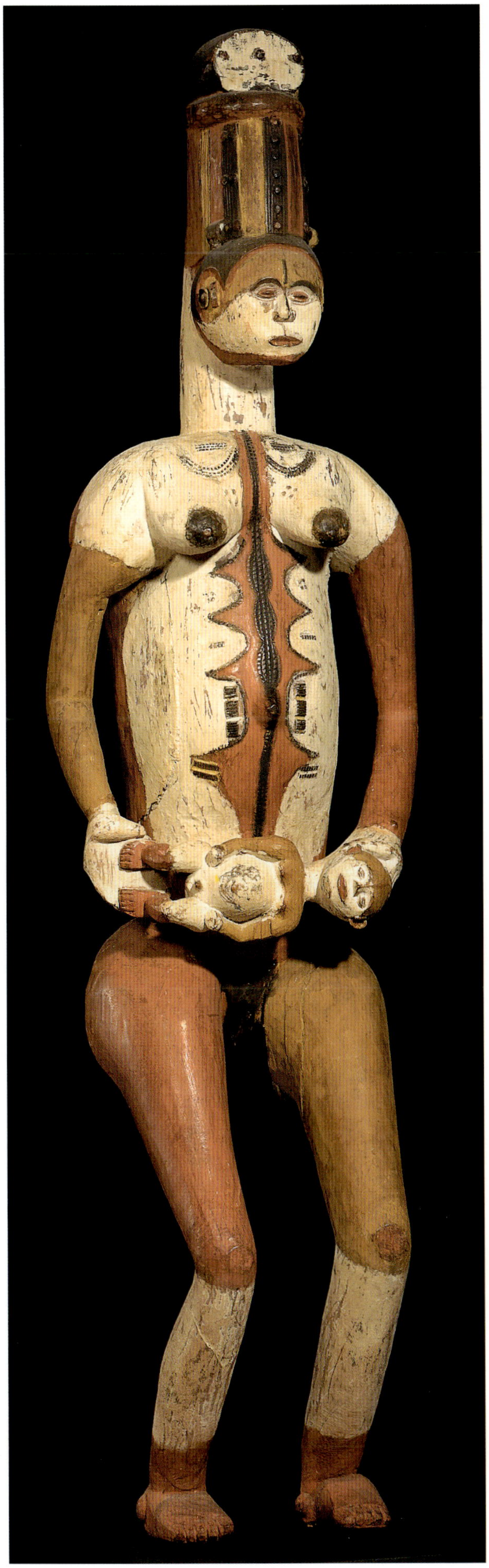

rechteckiger, kubischer Formen schließen, im Gegensatz zu dem runderen Stil von Onitsha/Awka im Norden. Die Haltung der Arme mit den geöffneten, empfangsbereiten Händen wird als Bereitwilligkeit der Gottheit, Opfergaben entgegenzunehmen, und als Zeichen ihrer Großzügigkeit und Aufrichtigkeit gedeutet. Die Ritzungen auf dem Körper und die Narbenmuster des Gesichts deuten darauf hin, daß es sich um einen Titelträger handelt. *HMC*

Literatur: Cole 1969; Cole und Aniakor 1984, S. 89–100

5.51

Auf einem Stuhl sitzende Frau

Nördliche Igbo/südliche Idoma (?)
Östliches Zentralnigeria
19. Jahrhundert (?)
Holz, Farbpigmente
74 x 26 x 24 cm
Kathy van der Pas und Steven van de Raadt

Diese Sitzfigur ist reich geschmückt mit Darstellungen von Elfenbeinringen an den Handgelenken und Knöcheln (an welchen sie die Ringe über Beinringen aus Messing trägt) sowie mit einer Halskette aus großen Perlen. Auf der Hüfte trägt sie eine Glocke mit einem Klöppel, über einem Gürtel, der von einer Schulterschlaufe aus Perlen gehalten wird. Auch die aus eng geflochtenen Doppelspiralen bestehende Frisur ist außerordentlich kunstvoll; sie wird von einer bogenförmigen Struktur überwölbt. Die Hände umschließen eine Pfeife oder ein Blasinstrument. Im Gesicht und auf dem Körper sind komplexe Narbenmuster zu erkennen, insbesondere eine vertikale Reihe runder Keloide mit Kreuzschraffur auf beiden Schläfen sowie auf dem Oberarm.

Die Gestaltung des Gesichts erinnert an die einiger Masken aus dem Gebiet der nördlichen Igbo und des Benuetals im östlichen Zentralnigeria. Die Gesichtszüge sind typisch für die gewölbten Gesichtsmasken beim Mädchen-Geister-Maskentanz (*mmuo*) der nördlichen Igbo. Die Reste eines Hockers erinnern an die Tradition der Titelvergabe unter den zur Elite zählenden Männern und Frauen im nördlich-zentralen Igboland. Diese erscheinen in Darstellungen, die jenen Teilen der Lineage gehören, die den *ikenga*-Kult pflegen, häufig als sitzende Figuren.

Das betonte Gesäß und der auffällig gerade Rücken sind typisch für jene sitzenden weiblichen Figuren, die bei mehreren Gruppen des Benuetals, darunter den Igala, Afo, Idoma, Tiv und Igedde mit bestimmten Fruchtbarkeits- und Lineagevorstellungen verbunden sind. Häufig (wenn auch nicht in diesem Fall) handelt es sich dabei um Mutterschaftsfiguren.

Dieses Stück stellt vermutlich eine Ahnin dar und wurde im Rahmen matrilinearer Beerdigungszeremonien eingesetzt, einer Einrichtung, die bei den Idoma *ekwotame* genannt wird. *KN*

Literatur: Boston 1977, S. 62 f.; Wittmer 1978, S. 17–25; Cole und Aniakor 1984, S. 120–125; Jones 1984, S. 61–64; Neyt 1985, S. 101–108, 141–151

5.52

Torso

Igbo
Afikpo/Ohafia (?), Nigeria
Holz
Höhe 66 cm
Privatsammlung

Diese fragmentarische, aus einem maskierten Kopf auf einem Torso bestehende Skulptur war mit großer Wahrscheinlichkeit Teil eines Ensembles lebensgroßer bemalter Holzfiguren, die ein Versammlungshaus von Männern in Ohafia schmückten. Eine ähnliche Plastik, die als Nationaldenkmal unter dem Schutz des ›Nigerian Department of Antiquities‹ steht, befindet sich noch heute im Obu Nkwu (›Haus der Bilder‹) in Asaga Ohafia. Auf dem Kopf scheint sie eine Kalebassenmaske jenes Typs zu tragen, den Ottenberg für Afikpo-Dörfer dokumentiert hat, aber vergleichbare Masken wurden wahrscheinlich im Zusammenhang mit dem *ekpe*-Kult auch in Ohafia, Abiribia und anderen östlichen Igbo-Gemeinschaften getragen. Bei diesem Beispiel ragt der Hals der Kalebasse ein wenig über die Stirn der Figur, und das Gesicht der Maske ist von geschwungenen, für Farbe bestimmten Mustern überzogen. Die Farbpigmente wurden ein Opfer der Witterung.

Schreine und Versammlungshäuser enthielten früher zahlreiche Statuen (allein in Saga Ohafia sind es 22 Figuren – legendäre Vorfahren, örtliche Götter, deren Diener, Krieger, Maskentänzer und bestimmte Genrefiguren). Die Gruppe ist mehr als eine Familie – sie verweist auf eine ideale Gemeinschaft, ein wenig wie das skulpturale Programm der kunstvoll ausgeführten *mbari*-Häuser in der Region von Owerri. Um die Jahrhundertwende gab es noch viele derartige Versammlungshäuser mit Schreinen unter den östlichen Igbo-Gruppen. Die meisten von ihnen existieren längst nicht mehr, und die Skulpturen sind in alle Winde verstreut. Einige dieser Häuser aber, wie das in Asaga, sind als Zementbauten neu errichtet worden und an den Wänden mit modernen Schnitzarbeiten oder Zementfiguren verziert. *HMC*

Literatur: Jones 1937; Cole und Aniakor 1984, S. 95–97, Tafel 18

5.53

Tür

Igbo
Nigeria
Holz
112 x 43 x 4 cm
The Trustees of the British Museum, London, 1950.AF.45.545

Igbo-Türen werden normalerweise aus Hartholz geschnitzt, das als ›männlich‹ gilt; dazu zählt afrikanische Eiche (*chlorophora excelsia*), welche die Igbo *oji* oder *iroko* nennen. Die meisten verzierten Türen wurden als Portale bzw. Haupteingänge häuslicher Anwesen verwendet, insbesondere solcher, in denen männliche und weibliche Titelträger wohnten. Sie konnten aber, vor allem im mittleren Norden der Igbo-Region, auch die Bezirke von Schutzgottheiten zieren. Solche kunstvollen Portale werden als ›Ehrentüren‹ (*mgbo ezi*) bezeichnet.

Relieftüren werden in der Regel mit dem Gebiet von Akwa in Verbindung gebracht, das für seinen geometrischen, gemeinhin als ›chip carving‹ bekannten Stil berühmt ist. Da man aber von zahlreichen Untergruppen der Igbo Türen kennt, die auf ähnliche Weise gestaltet sind, läßt sich eine Provenienz aus Awka selten belegen, wenn ein bestimmter Herkunftsort nicht dokumentarisch nachgewiesen ist. Der geschwungene Linienstil dieser Tür läßt darauf schließen, daß sie eher aus der Gegend zwischen Okigwi und Owerri stammt als aus Awka. Derartige von Männern geschnitzte Muster stehen in engem Zusammenhang mit von Frauen verwendeten Stilen in der Wand- und Körpermalerei. Die nichtfigürlichen Motive werden häufig nach ähnlichen in der Natur oder anderen Kunstwerken vorkommenden Mustern benannt. Obwohl es zutrifft, daß die Namen der Motive etwas über die Weltsicht der Igbo verraten, folgt die individuelle Gestaltung der Türen nur selten einer bestimmten Symbolik.

Wie in den meisten anderen Kulturen signalisiert auch bei den Igbo ein kunstvoll gearbeitetes Portal einen gehobenen Status, relativen Wohlstand und guten Geschmack. Gleichzeitig trennt es die eher profane Außenwelt des Dorfes vom Familiensanktuarium, den Wohnbereichen und Schreinen im Inneren. Viele dieser Igbo-Türen waren überdies mit vor Ort gewonnenen weißen, orange-roten und schwarzen Farben verziert und verliehen den Eingängen der Anwesen auf diese Weise zusätzlich Glanz und Prominenz. *HMC*

Provenienz: 1950 Schenkung an das Museum von P.A. Talbot

Literatur: Cole 1969; Neaher 1981; Cole und Aniakor 1984, S. 68–71

5.54
Yams-Altar

Igbo
Nigeria
Terrakotta
Höhe 40 cm
Trustees of the National Museums of Scotland, Edinburgh, 1905.8

Altäre oder Schreine aus gebranntem Ton mit kunstvollen figürlichen Tableaus wurden im 19. und frühen 20. Jahrhundert in der Region von Ukwani Igbo westlich des Niger hergestellt. Man kennt nur eine Handvoll dieser Keramiken. Frühe Berichte deuten darauf hin, daß sie im Yams-Kult verwendet wurden (Yamswurzeln waren die prestigeträchtigste Feldfrucht bei den meisten Gruppen der Igbo). Diese Plastik stellt offenbar einen männlichen Herrscher – ein Familienoberhaupt – dar, der in der einen Hand ein verziertes Trinkhorn und in der anderen einen Fächer hält. Beides waren wahrscheinlich in diesem Gebiet Titelattribute. Flankiert wird er von zwei schwangeren Frauen (wahrscheinlich seine Ehefrauen), die einen aufwendigen Narbenschmuck und kunstvollen Kopfputz aufweisen und ebenfalls Fächer halten. Vor ihnen sitzt ein Kind (oder Diener) mit einem Doppelgong und einem vermutlich als Opfertier für die Yams-Gottheit Ifejioku gedachten Huhn. Zwischen ihnen befindet sich ein *ikenga* vom westlichen Igbo-Typus. Ein *ikenga*, hier als ›Schrein im Schrein‹ dargestellt, nahm gewöhnlich Feldprodukte und Gebete an die körperliche Kraft entgegen – die Kraft der rechten Hand und des rechten Arms. Insgesamt scheint die Gruppe die zentrale Rolle der Familie in der Igbo-Kultur widerzuspiegeln und darüber hinaus die große Bedeutung reicher Yams-Ernten für Erfolg und Status. Wie auch im größten Teil des tropischen Afrika waren die Tonbildhauer in dieser Gegend Frauen. *HMC*

Literatur: Cole und Aniakor 1984, S. 80; Washington 1987, S. 96

5.55
Aufsatzmaske

Ogoni oder Abua (?)
Niger-Delta
20. Jahrhundert
Holz
54 x 17 x 17 cm
J. W. und M. Mestach

Auf den ersten Blick scheint dieses hervorragende Stück einen Vogel darzustellen, dessen Schwanz nach unten hängt. Zwar mag der Schnitzer bei der Gestaltung durchaus an einen Vogel gedacht haben, doch könnte die Figur genauso gut einen menschlichen Körper darstellen, wobei im mittleren Abschnitt auch eine starke Ähnlichkeit mit dem Kopf eines Widders oder eines Ziegenbocks besteht bzw. der untere Abschnitt an einen Fischschwanz erinnert. Solche faszinierenden Formen sind typisch für einen bestimmten Maskenbund des Niger-Deltas, der gerne für die Thematisierung der wechselseitigen Abhängigkeit von Mensch und übriger Kreatur in diesem besonderen Ökosystem bemüht wird.

Die Ogoni, die am Ostrand des Deltas leben, benutzen im Rahmen eines von Jugendlichen aufgeführten akrobatischen Tanzes (*karikpo*) Gesichtsmasken, die Ziegen, Schafe, Antilopen und andere Tiere darstellen und oft kunstvoll nach oben und unten gewundene Hörner aufweisen. Da sich jedoch bei der vorliegenden Maske keine Löcher für die Augen finden, kann sie schwerlich als Gesichtsmaske benutzt worden sein. Eine Reihe von Löchern auf der Rückseite ihres ›Gesichts‹ bzw. Torsos deutet darauf hin, daß sie horizontal auf dem Kopf getragen wurde, an einem Kostüm befestigt, das den Körper und den Kopf des Auftretenden verhüllte.

Der menschliche Kopf oben und der abstehende Fischschwanz unten sind charakteristisch für die Kopfaufsätze, die die Ijo und ihre Nachbarn bei ihren periodischen Maskenauftritten zu Ehren der Wassergeister (*owu*) benutzten. Da diese dem Glauben nach zwischen der irdischen Welt und der der Geister sowie zwischen Land und Wasser hin- und herwechseln können, werden in den Maskenauftritten menschliche, zoomorphe und Fisch-Attribute so wie in dieser Maske miteinander verbunden. Obwohl der Kopf in abstrahierter Form dargestellt ist, weist er doch nicht den für die Ijo typischen geometrischen Stil auf. Er bzw. die Maske stammt daher wahrscheinlich von einer der benachbarten Gruppen des Deltas, etwa den Ogoni oder den Abua. *KN*

Literatur: Horton 1965, S. 68–71; Jones 1984, S. 159 ff.; Nicklin und Salmons, in Vorbereitung

5.56

Zeremonialstab

Ijo
Niger-Delta
17.–18. Jahrhundert (?)
Elfenbein, Farbreste
78 x 8 x 8,5 cm
Charles und Kent Davis

Diese Skulptur stellt eine Mutterschaftsfigur dar, die auf einem Hocker oder einer Kiste über einer knienden männlichen Figur sitzt. Die Frau trägt Armreife und große Fußringe, und der Mann hält eine Steinschloßpistole, deren Details deutlich sichtbar sind. Das kürbisartige Behältnis, das an einem Riemen von seiner Schulter hängt, ließe sich als Medizinbüchse deuten, aber im Kontext Südnigerias handelt es sich wohl eher um eine Art Pulverhorn mit Munition für einen Vorderlader.

Das obere Ende des Stabes vermittelt den Eindruck eines aus mehreren Schichten oder Segmenten bestehenden Hutes, der zusammen mit den auffälligen Armbändern und der ›Inthronisationshaltung‹ auf einen hohen gesellschaftlichen Status hindeutet. Dieser extravagante Aufsatz erinnert an den Kopfschmuck, der von älteren Mitgliedern des *kalabari ekine* (Wassergeistbundes) getragen wird und in größerem Maßstab auf Ahnentafeln (*ndnen fubara;* Kat. 5.57) abgebildet ist. Die kniende Haltung des Mannes und sein weniger prunkvoller Körperschmuck deuten an, daß es sich um einen bewaffneten Gefolgsmann handelt. Ein bemerkenswertes Kennzeichen beider Figuren ist eine Art breiter, flacher Halskrause, die am Rand hexagonale, vielleicht Perlenreihen darstellende Schnitzmotive im Hochrelief aufweist.

Die charakteristischen Züge beider Figuren ragen aus dem flachen Grund des Gesichts hervor. Die Augen sind zylindrisch; die Nase hat einen breiten Rücken mit gewölbten Nasenflügeln, deren untere Begrenzung eine gerade, scharfe Linie bildet, die einen großen Teil des Gesichts durchzieht. Die Münder der Figuren stehen offen, der Kiefer der weiblichen Figur ist leicht prognathisch (›vorkieferig‹). Diese Merkmale machen eine eindeutige Zuschreibung an die Ijo möglich. Ihr Stil geht mit der Ikonographie der Masken des Wassergeistes einher (*owu*), der grundsätzlich mit horizontalen Aufbauten auf dem Kopf und himmelwärts gewandten Abbildern des menschlichen Gesichts dargestellt wird. Tatsächlich erinnern die Vorsprünge auf beiden Seiten des Kopfes der männlichen Figur stilistisch an die flache Grundstruktur des *owu*-Kopfschmucks, zu dem nach oben gewandte menschliche Köpfe gehören.

Die stärkste stilistische Parallele zu den Gesichtern des Elfenbeinstabs bilden jedoch jene Kopfaufsätze, die im Rahmen des Wassergeistkultes der Igbile in Ughoton oder Guratto, dem alten Binnenhafen Benins, verwendet wurden. Neben der stilistischen Nähe sind diese auch vertikal ausgerichtet und zeigen Einflüsse des Yoruba-Gebiets von Ilage, aus dem der Igbile-Kult stammt. Fagg vergleicht diese ›Kegel-Kopf‹-Masken der Igbile mit den bronzenen Glocken-Köpfen des westlichen Niger-Deltas; die Art, wie die Körper der Figuren des Elfenbeinstabes dargestellt sind, erinnert an die schönsten Bronzefiguren des unteren Niger, insbesondere die ›flüssige‹ Behandlung der schlanken oberen Gliedmaßen wie der (besonders in kniender Stellung) volleren unteren.

Beschnitzte Elefantenstoßzähne finden sich in Südnigeria in ganz unterschiedlichem Kontext. Am bemerkenswertesten sind wohl diejenigen auf den Gedenkköpfen aus Messing auf den Palastaltären Benins sowie die Querhörner, die Teil der Herrscherinsignien des ibibio-sprachigen Gebiets und einiger Waldgemeinschaften im Landesinneren von Südostnigeria/Südwestkamerun sind. Hochreliefs sind typisch für diese Gattung. Seltener ist die Rundumbearbeitung des ganzen Stoßzahnes oder des größeren Teils davon, wie in diesem Beispiel. Dieser Stoßzahn läßt sich eher mit der Tradition der hölzernen Ahnenfiguren (*ekpu*) der Oron am Westufer der Mündung des Cross River vergleichen. Die vielleicht bekannteste Form des Ahnenstabs ist der *ukhurne* des Oba in Benin, dessen Macht als Oberhaupt der königlichen Linie durch den Stab, der ihn als Inkarnation der göttlichen Ahnen ausweist, zum Ausdruck gebracht wird.

Dieser Zeremonialstab ist innerhalb der bekannten Ijo-Skulpturen einzigartig; bemerkenswert ist die Liebe zum Detail bei der Darstellung der beiden Figuren (v.a. der Darstellung der Pistole des Mannes). Obwohl es sich allem Anschein nach um ein Werk der Ijo handelt, verkörpert es doch eindrucksvoll eine Synthese künstlerischer Einflüsse, in der sich seine wahrscheinliche Herkunft vom Westrand des Deltas spiegelt. Von seinem Alter und seiner Echtheit zeugen der weiche Glanz und die Farbe des Elfenbeins, ein Kastanienbraun, wie es durch das wiederholte Auftragen von Palmöl in der Vergangenheit und Rauchschwärzung zustandekommt. Der noch vorhandene Rest der Basis des Stabes ist brüchig, ein Hinweis darauf, daß er überwiegend aufrecht, vermutlich in einem Schrein, auf dem Boden stand. Der Kopf des Säuglings weist oben keinerlei Spuren einer Fraktur auf, obwohl er unvollständig ist. Seine glatte Oberfläche wirkt so, als sei sie durch das Abhobeln kleinerer Abschnitte über einen längeren Zeitraum zustandegekommen, womöglich in einem rituellen, mit dem Thema Fruchtbarkeit verbundenen Zusammenhang. *KN*

Literatur: Talbot 1926, Abb. 178; Fagg und Plass 1964, S. 147; Horton 1965; Willet 1971, S. 105; Dean 1983, S. 42, Tafel 10; Eicher und Erekosima 1987; Barley 1989, S. 25, 62 ff.; Nicklin 1989, S. 40; Ross 1992, S. 226 f., Tafel E

5.57

Bestattungstafel (*ndnen fubara*)

Kalabari
Nigeria
19. Jahrhundert (?)
Holz, Rohrstock, Raphia, Farbpigmente
127 x 94 x 40,5 cm
The Trustees of the British Museum, London, 1950, AF.45.331

Seit dem 15. Jahrhundert waren die Kalabari im Atlantikhandel bedeutende Mittelsmänner. Durch ihre Hände lief der Export von Sklaven, Elfenbein, Palmöl und Pfeffer sowie der Import von Messing, Schießpulver, Alkohol und anderen europäischen Luxusgütern. Der Handel wurde von miteinander rivalisierenden Gruppen kontrolliert. Von Sklaven abstammende Angehörige der Handelshäuser stiegen in hohe Positionen auf, und im späten 18. Jahrhundert machte der dynamische Amachree I. sich selbst zum König. Er war der erste, dessen man mit einer solchen Tafel gedachte.

Als Ausländer war Amachree der Zugang zu traditionellen Machtobjekten der Kalabari verwehrt. Da die Kultur der Kalabari wiederholt importierte Gegenstände als Identitätszeichen verwendete, mögen diese Schreine auf zweidimensionale europäische Bilder, Drucke und Gemälde zurückgehen – importierte Tafeln für zugereiste Menschen.

Die Tafeln wurden von der Familie hergestellt, aus der die Lotsen für europäische Schiffe kamen. Sie wußte also, auf welche Weise die Europäer ihren religiösen und königlichen Bildern Tribut zollten. Die Tafeln wurden im Versammlungshaus des Hauptsitzes der Handelsgruppe aufbewahrt, und man nahm an, daß die Geister der Verstorbenen mindestens einmal alle acht Tage zurückkehrten, um Gaben entgegenzunehmen und sich über die Belange des Hauses zu informieren.

Jede Tafel stellt einen bestimmten Ahnen in einem Maskentanzkostüm dar; in diesem Fall ist es der Federkopfschmuck des Alagba. Der Maskenträger hält ein Alagba-Messer und einen beschnitzten Stoßzahn. Die neben ihm stehenden Figuren tragen Kopfaufsätze des Otoba-(Nilpferd-) Maskentanzes, Korallenperlen sowie importiertes Satin bzw. ein Tuch mit Blumenmustern. *NB*

Provenienz: 1916 von P.A. Talbot erworben und dem Museum geschenkt

Literatur: Horton 1965; Barley 1988

5.58 a

Geschnitzte Figur (*efri*)

Ijo
Nigeria
19. Jahrhundert (?)
Holz
99 x 36 x 42 cm
The Trustees of the British Museum, London, 1949.AF.46.188

5.58 b

Geschnitzte Figur (*ivwri*)

Urhobo
Nigeria
19. Jahrhundert (?)
Holz, Farbpigmente
70 x 27 x 26 cm
The Trustees of the British Museum, London, 1954.AF.23.428

Die ausdrucksmächtige Urhobo-Skulptur (Kat. 5.58 b) vereint menschliche, tierische und vogelartige Züge zu einer einzigartigen komplexen Figur. Auf vier massiven Beinen ruht ein Geschöpf, das aus wenig mehr als einem riesigen aufgerissenen Mund mit langen, dolchartigen Eckzähnen und zwei Reihen scharfer Schneidezähne zu bestehen scheint. Es stellt sozusagen den Bauch der menschlichen Gestalt dar, die über ihr sichtbar wird; neben ihr zwei kleinere Figuren, auf denen zwei separat geschnitzte Vögel sitzen; außerdem trägt sie auf dem Kopf einen Elefanten, der mit seinen Füßen Köpfe zertrampelt. Gemeinsam sind diesen Figuren die vorstehenden Zähne und die Narbenmuster im Gesicht; die mittlere von ihnen trägt als Zeichen von Wohlstand eine Korallen(?)-Perle um den Hals.

Die *ivwri*-Skulpturen der Urhobo stehen mit menschlicher Aggressivität in Zusammenhang. Ein klaffender Schlund bildet ihren Mittelpunkt. Die Figuren sind damit beschäftigt, sich gegen Angriffe von außen zu verteidigen und persönliche Feindschaften auf äußere Feinde umzulenken. Relativ große Skulpturen wie diese dürften Eigentum einer ganzen Gruppe sein, die auf ihren Schutz hofft. In den mündlichen Überlieferungen wird gewöhnlich davon berichtet, daß ein *ivwri* bei der Gründung einer neuen Siedlung eingesetzt wurde. Normalerweise steht die Plastik mit einem außergewöhnlichen, erfolgreichen und aggressiven Krieger in Zusammenhang, dessen Nachfahren sich um die Figur kümmern. Derartige Werke vereinigen gefährliche Kräfte auf sich und sind nur schwer kontrollierbar. Der Besitz eines solchen Objekts ist eine Statusdemonstration. In früheren Jahrhunderten wurde Erfolg primär daran gemessen, wie viele Menschen man im Sklavenhandel hinzugewann oder verlor – das *ivwri* muß in diesem Kontext gesehen werden.

Als Teil eines größeren Familienschreins, bildet die Figur lediglich das zentrale Element eines wesentlich komplexeren Werks. In der Praxis gehörte zu derartigen Figuren eine separate dreieckige Tafel aus Rohrstock- oder Holzlatten, die hinter der zentralen Figur angebracht wurde. Die Urhobo bezeichnen diese Tafel als ›Flügel‹, der es dem Objekt erlaubt, auch aus der Ferne zu wirken. Man konnte den Flügel mit federartigen Raphiawedeln behängen. Obwohl normalerweise im Halbdunkel auf einem Schrein verwahrt, ist zumindest ein Fall bekannt, bei dem der Maskenträger das *ivwri* auf den Kopf nahm und damit tanzte.

Das Pendant zu dieser Skulptur ist eine konzeptuell ähnliche Arbeit der Ijo (Kat. 5.58 a), die aber in so vielen Details divergiert, daß die Skulpturen wie dieselbe Aussage in zwei Dialekten wirken. Bei dem *ivwri* der Urhobo herrschen abgerundete Formen vor, während das *efri* der Ijo den Eindruck erweckt, als solle es möglichst kantig wirken. Dieses Werk erfüllt dieselbe Funktion wie das der Urhobo und stellt dieselbe Aggressivität zur Schau.

Obwohl es bei Arbeiten dieser Art um den Umgang mit überpersönlichen Mächten geht, finden sich auf rituellen Objekten in Südnigeria häufig Darstellungen von Teilen des menschlichen Körpers – so daß die Bewegungen des Kopfes, der Hand usw. von großer moralischer Bedeutung sein können und sich die Körperteile kontrollieren lassen. Der Bauch läßt sich als Symbol persönlicher Gier und Habsucht interpretieren, dessen Exzesse diese Skulptur lenkt und zügelt. *NB*

Literatur: Foss 1975

5.59

Mutter mit Kind (*edjo re akare*)

Urhobo
Nigeria
19. Jahrhundert (?)
Hartholz mit Resten weißer Bemalung
Höhe 142 cm
Musée Barbier-Mueller, Genf

Die Urhobo Südnigerias unterscheiden zwischen Figuren spiritueller Wesen und solchen namentlich bekannter Ahnen und gestalten beide stilistisch unterschiedlich. Mit ihrem relativen Naturalismus und den runden, nicht-geometrischen Formen ist diese Mutterschaftsfigur deutlich dem ersteren Stil (*edjo*) zuzurechnen. Sie nimmt eine typische halbsitzende Haltung ein und dürfte mit dem Rücken gegen die Lehmwand eines Schreines gelehnt haben, während sie mit Pflöcken an den Füßen im Boden verankert war. Mittlerweile stark in Mitleidenschaft gezogen, war sie früher mit einer dicken Kreidekruste, dem Merkmal ihrer spirituellen Reinheit und Macht, bedeckt. Die unteren Gliedmaßen waren in weißes Tuch gehüllt und daher der Erosion weniger ausgesetzt. Auf dem Kopf sind noch die Spuren von Gesichtsnarben sowie eine komplizierte, nach oben schnabelförmig zulaufende Frisur (*igbeton*) zu erkennen, die von Frauen hohen Rangs getragen wurden. Um ihre Schultern liegt ein Halsband, und um die Beine trägt sie innen hohle Messing-*manillas*, die möglicherweise mit wohlriechenden Blättern gefüllt waren.

Figuren wie diese wurden vornehmlich mit Wassergeistern oder den Gründern von Siedlungen in Zusammenhang gebracht; weibliche Figuren wurden offenbar am Rand der Dörfer in Wassernähe aufbewahrt, während männliche Statuen an zentralen Orten plaziert wurden. Das Bild der ihr Kind stillenden Mutter bedeutet nicht notwendigerweise, daß die Kräfte eines Geistes ausschließlich mit dem Gebären von Kindern zu tun hatten. In der afrikanischen Plastik gilt Mutterschaft als Vervollkommnung weiblicher Identität, und das Nähren läßt sich auch allgemein-metaphorisch auf das Verhältnis zwischen den spirituellen Mächten und dem Leben auf der Erde beziehen. *NB*

Literatur: Foss 1975; 1976; Schmalenbach 1988, Nr. 84

5.60 a

Kopf einer Königinmutter

Benin
Nigeria
16. Jahrhundert
Messing
Höhe 35 cm
The Board of Trustees of the National Museums and Galleries on Merseyside (Liverpool Museum), 27.11.99.08

5.60 b–e
Reliefplatten
Benin
Nigeria
16. Jahrhundert
Messing
50 x 37,5 cm; 44 x 32 cm; 45 x 39 cm;
50 x 40 cm
The Trustees of the British Museum, London, 1988. 1-15.173; 1-15.111; 1-15.121; 1-15.40

Als britische Truppen 1897 in Benin City eindrangen, stießen sie zu ihrer Überraschung auf eine schier unübersehbare Zahl von Objekten aus Messing. Die technische Kunstfertigkeit und der beeindruckende Naturalismus der Stücke widersprachen vielen europäischen Klischees über Afrika im allgemeinen und Benin, das als Heimat des ›Fetischs‹ und der Menschenopfer galt, im besonderen. Um diese epistemologische Peinlichkeit zu verbergen, war man mit Erklärungen rasch bei der Hand; es hieß, diese Objekte gingen vermutlich auf die Portugiesen, Altägypten, ja die verlorenen Stämme Israels zurück. Die spätere Forschung hat die lokalen Ursprünge westafrikanischer Metallurgie zu erkennen versucht, doch als entscheidendes Kriterium sollte sich der Naturalismus erweisen. Nach einigem Schwanken zwischen den Kategorien ›Kuriosität‹ und ›Antike‹ wurden diese Werke einmütig als Kunst klassifiziert. Ihr Renommee verdanken sie auch der imposanten Bezeichnung ›Benin-Bronzen‹, obwohl die Werke größtenteils aus Messing bestehen; das Edelmetall beförderte ihre Aufnahme in die westliche Kunstgeschichtsschreibung und deren Traditionen.

Seitdem wurden viele archäologische, historische, naturwissenschaftliche bzw. anthropologische Untersuchungen durchgeführt. Die Werke wurden, gängigen kunsthistorischen Mustern folgend, in Frühe, Mittlere und Späte Periode unterteilt, wobei letztere implizit als qualitativ minderwertig galt. Die beschränkte Produktion, exklusiv für den Hof und im Rahmen von Zünften, schien relativ einfache Entwicklungsmodelle zu begünstigen. Doch eine exakte Chronologie der Kunstwerke Benins und ihrer Beziehung zu anderen afrikanischen Gußtraditionen existiert nach wie vor nicht. Heutige Datierungen hängen weitgehend davon ab, ob man die Annahme akzeptiert, daß die Gußtraditionen Benins auf den Naturalismus des benachbarten Ife und auf dessen direkte Verbindung zu – oder zumindest auf dessen mehr oder weniger unmittelbare Ableitung aus – den ›stilisierten‹ Formen des späten 19. Jahrhunderts zurückgehen. Dies wird hier und da durch Berichte Außenstehender über den Hof von Benin, mündliche Überlieferungen, Datierungen von Tonkernen nach der Thermolumineszenzmethode und Metallanalysen ›untermauert‹. Es bleibt jedoch problematisch, Stilunterschiede ausschließlich mit dem Entstehungsdatum, ohne Berücksichtigung der Funktion oder des Ursprungs des jeweiligen Objekts erklären zu wollen. Als Hauptstadt eines zentralisierten Reiches mit fließenden Grenzen waren von Benin aus schon lange Regalien in die Vasallenreiche gelangt, und die Stadt war ein Anziehungspunkt sowohl für Kunsthandwerker wie für Machtobjekte. Wissenschaftler haben auf der Grundlage eher bescheidener Belege schon oft die in Benin City gefundenen Werke neu zu bewerten versucht, um eine klassische Genealogie in Einklang mit westlichen Ansichten zu extrahieren und alles übrige auszugrenzen.

Der Kopf der Königinmutter (Kat. 5.60 a) wird aus stilistischen Gründen normalerweise auf das 16. Jahrhundert, also das Ende der Frühen Periode (Fagg 1963) datiert. Der Titel ›Königinmutter‹ wurde offenbar von Oba Esigie zu Ehren seiner Mutter Idia etwa zu Beginn des

16. Jahrhunderts in Benin eingeführt; die ersten Memorialköpfe aus Messing dieser Art werden dieser Periode zugerechnet. Der schnabelförmige Kopfschmuck aus Korallenperlen ist der Königin vorbehalten und wurde nach einer Version als ›der Hühnerschnabel‹ bezeichnet. Während der Oba mit kräftigen, aggressiven Tieren wie dem Leoparden assoziiert wurde, bestand eine besondere Beziehung zwischen Königinmüttern und dem Hahn, dessen Bild auf Altären erschien. Dieser Kopf wurde vermutlich auf einem dieser Altäre im Palast der Königinmutter in Uselu, außerhalb der Hauptstadt Benin City, aufbewahrt. Im allgemeinen scheinen Messingköpfe als Verbindungsglieder zwischen der Welt der Geister und der gewöhnlichen Welt gedient zu haben; eine Porträttradition aber gab es nicht.

Die positiven Schilderungen der ersten europäischen Besucher von Benin betonen die Ordnung und imposante Architektur der Stadt. Unter den Dingen, die die Europäer besonders beeindruckten, waren die Palasttürme, auf denen riesige Vögel thronten und die mit gewaltigen Messingpythons verziert waren, die sich in Zickzacklinien die Dächer herabschlängelten und in großen Köpfen mit aufgerissenen Mäulern endeten.

Der Pythonkopf (Kat. 5.60 g) ist eines der schönsten Beispiele seiner Art. Eine Kiste in Gestalt eines Palastes im Berliner Museum für Völkerkunde zeigt, daß die Schlange nicht auf dem Dachfirst aufhört, sondern jenseits des Firstes in einem Schwanz endet. Während viele Schlangenköpfe ganz von schuppenartigen Markierungen bedeckt sind, sind es bei diesem Stück nur vier die Kiefer umsäumende und ihnen beträchtliche Eleganz verleihende Reihen. Die Python, die sich sowohl auf Bäumen als auch auf dem Boden bewegt, war eines der vielen Tiere, die den Menschen von Benin als Botschafter des Gottes Olokun galten, mit dem sich der Oba identifizierte.

Am Ende des 17. Jahrhunderts hingen Messingplatten an den Holzpfosten, die den Palast trugen. Wie Korallen und Elfenbein war Messing ein ›königliches‹ Material, dessen Verwendung ein Privileg darstellte. Am Ende des 19. Jahrhunderts, vielleicht aber auch schon vorher, hatte man sich der Platten zugunsten eines ganz aus Metall gefertigten Palastes entledigt und die meisten von ihnen in ein verfallenes Lagerhaus geschafft. Eine große Zahl von ihnen hat offenbar von Nägeln stammende Löcher, und viele scheinen zerbrochen worden zu sein, als man sie von den Pfeilern riß. Sie werden meist in die zweite Hälfte des 16. Jahrhunderts datiert. Fagg nennt sie sogar den wichtigsten Bezugspunkt für das gesamte chronologische System Benins. Das hat sie aber nicht davor bewahrt, in Zweifel gezogen zu werden.

Obwohl die Platten in Benin City heutzutage den dokumentarischen Wert von Photographien genießen, zeigen die meisten von ihnen offenbar keine einmaligen Ereignisse, sondern wiederkehrende Rituale, die sich vielfach nicht mehr genau identifizieren lassen.

Die erste Platte (Kat. 5.60 b) verweist auf die Rolle des Leoparden am Hof von Benin. Einer der Ehrentitel des Oba war ›Leopard der Stadt‹, und ihm allein war es erlaubt, Leoparden als Teil seiner rituellen Pflichten zu töten. Leoparden wurden als Jungtiere gefangen und im Palast großgezogen, also zur Vorbereitung auf ihre Opferung gezähmt. Der hier dargestellte Leopard ist zahm, wie man an seinem Halsband sieht. Er befindet sich im Schatten eines Schildes – ein weiteres Vorrecht des Oba innerhalb des Palastgeländes, das das Band zwischen dem Herrscher der Stadt und dem des Waldes stärkte. Die größere der beiden menschlichen Figuren trägt einen Harnisch, wahrscheinlich aus Filz und Leder. Dieser endet in einem Leopardenkopf und einem Halsband aus

5.60 f

Kopf eines Zwerges

Benin
Nigeria
14. Jahrhundert
Messing
Höhe 14,5 cm
Staatliche Museen zu Berlin, Preußischer Kulturbesitz, Museum für Völkerkunde, III C 12514

5.60 g

Kopf einer Python

Benin
Nigeria
18. Jahrhundert
Messing
Höhe 42 cm
Staatliche Museen zu Berlin, Preußischer Kulturbesitz, Museum für Völkerkunde, III C 8514

Leopardenzähnen und unterstreicht so die blutige Rolle des Kriegers. An dessen linker Hüfte ist der Stoff zu einer ungewöhnlich hohen ›Schleife‹ aufgeschürzt. Besonders beeindruckend ist der Leopard, der mit übereinandergeschlagenen Hinterläufen dargestellt ist; das Tier ist ohne perspektivische Verkürzung, in Aufsicht, wiedergegeben.

Die zweite Platte (Kat. 5.60 c) zeigt eine männliche Gestalt mit kunstvoller Haartracht. Daß ihr Zopf im Wind zu wehen scheint, ist ungewöhnlich für die eher statische Bildsprache der Kunst Benins und mag unbeabsichtigt sein. Ein mit Quasten geschmückter Gürtel, an dem ein Schwert hängt, läuft quer über die Brust. Auf der Höhe der Hüfte baumeln eine ungewöhnliche Tasche (?) und eine Glocke. Die Beine sind bis zu den Knien bemalt bzw. mit Narbenschmuck verziert, wie man es sonst von nackten Pagen kennt. Daß das Geschlecht dieser Figur trotz ihrer Bekleidung sichtbar ist, legt den Gedanken nahe, daß es sich auch hier um einen Pagen handelt. Explizit liefen in Benin Pagen, wie alle unverheirateten Jugendlichen, nackt herum, bis der Oba ›sie zu Männern machte‹, indem er ihnen Land, teure Kleidung und Ehefrauen schenkte. An den Ecken der Platten sind die Köpfe bärtiger Europäer mit Hüten zu sehen; sie führen die Hände an die Lippen – ein auch auf anderen Platten häufig auftauchendes Motiv, bei dem es sich um eine Geste des Respekts handeln könnte.

Die dritte Platte (Kat. 5.60 d) zeigt eine weitere höfische Gestalt mit einer ungewöhnlich hohen ›Schleife‹ an der Stelle, wo der Stoff über der linken Hüfte zusammengebunden ist. In ihren Händen trägt sie einen rätselhaften Gegenstand, bei dem es sich um ein Musikinstrument handeln könnte. Eine ähnliche Gestalt erscheint auf dem Elfenbeinsistrum (Kat. 5.60 n); sie gehört also vielleicht demselben zeremoniellen Kontext an – der *emobo*-Zeremonie, bei der die Stadt von bösen Mächten befreit wird. In den oberen Ecken der Platten sieht man Leopardenköpfe, die Symbole des Oba, während sich unten als weitere Boten des Gottes Olokun Krokodile befinden.

Die letzte Platte (Kat. 5.60 e) zeigt, stark stilisiert, eine Palme, möglicherweise eine in Blüte stehende Borassuspalme. Zwei abgefallene Blätter sind links und rechts symmetrisch angeordnet. Eine Quelle aus Benin äußerte die Vermutung, daß einige der Platten möglicherweise Sprichwörter darstellen.

Dappers berühmte Beschreibung von Benin City aus dem 17. Jahrhundert enthält einen Stich des Oba-Umzugs mit Leoparden und Zwergen. Beide wurden auf den Altären offensichtlich als zum Palast zugehörig dargestellt. (Die Sammlungen in Wien und Berlin enthalten Darstellungen von Zwergen.) Man hat den hier abgebildeten Kopf eines Zwergs (Kat. 5.60 f) sowohl als männlichen wie als weiblichen Kopf gedeutet, aber das Geschlecht der Figur bleibt wohl letztlich unbestimmbar. Der obere und hintere Teil des Kopfes fehlen, und die Risse am Kinn sowie die Rauheit der Oberfläche lassen darauf schließen, daß der Guß nicht reibungslos verlief. Das Gesicht ist stark prognathisch, das Haar nur leicht angedeutet. Ungewöhnlicherweise sind die Nasenöffnungen nicht durchbohrt und die Gesichtszüge nur schwach modelliert. Der Hals endet in einem Halsband und weist Löcher auf, die offenbar Befestigungszwecken dienten.

Man kennt aus Benin eine Anzahl großer stehender Figuren, die den Oba, die Dienerschaft und europäische Soldaten darstellen. Weibliche Figuren sind vergleichsweise selten. Diejenige aus Berlin (Kat. 5.60 h) ist eine Herausforderung für die Vertreter der Auffassung, es gäbe einen klassischen Korpus von Werken aus Benin. Eine Figur, die dieser sehr ähnlich ist (Nationalmuseum, Lagos), steht auf einem Sockel, der den in Benin im späten 17. Jahrhundert üblichen entspricht. So wie viele der Platten sind die Arme massiv, ohne Tonkern gegossen. Das Halsband, das kreuzweise Gehänge sowie Narbenmuster auf Gesicht und Körper sind von den klassischen Werken Benins her vertraute Züge – doch der Stil weicht deutlich von diesen ab. Die vorquellenden Augen und die röhrenförmigen Beine, die außergewöhnliche Frisur und die rechteckigen Füße erinnern an das heterogene Spektrum südnigerianischer Bronzen, die keinem bestimmten Gußzentrum zugeschrieben werden können, sondern in eine nur vorgespiegelte Ordnung gebracht worden sind, indem man sie als Bronzeindustrie des unteren Niger bezeichnet. Versuche, diese Skulptur mit Gestalten aus dem

5.60 h

Frau mit erhobenen Armen

Benin
Nigeria
17.–18. Jahrhundert (?)
Messing
Höhe 48 cm
Staatliche Museen zu Berlin, Preußischer Kulturbesitz, Museum für Völkerkunde, III C 10864

Mythos und der Geschichte Benins zu deuten, bleiben spekulativ. Derweil fährt ›Benin‹ damit fort, eine immer zahlreichere und zweifelhaftere Nachkommenschaft hervorzubringen – Owo, Ijebu usw., die sich von den Vasallenstädten des Reiches von Benin herleiten –, um unter anderem auf diese Weise seine Stilvarianten mit äußeren Einflüssen zu erklären.

Ein weiteres schwer einzuordnendes Werk ist die Berliner Figur mit dem Kopf eines Welses (Kat. 5.60 i). Sie ruht auf massiven, unförmigen, vorne durchbohrten Füßen. Der Rock bauscht sich in der vertrauten Manier Benins nach links, zwei Bänder hängen an ihm herab. Große Glasperlen bilden ein Halsband und ein Bandelier. Die Figur hält Reste einer Schlange in den Händen. Die ›Fühler‹ des Schlammfischs sind so gestaltet, daß sie an Haare erinnern – europäische Frisuren wurden von den Künstlern Benins ähnlich dargestellt.

Wie die Europäer so galten auch Schlammfische als Boten des Gottes Olokun, der Reichtum und Wohlstand von jenseits des Meeres gesandt hatte. Es ist das Merkmal dieser Fische, daß sie sich in den Schlamm zurückziehen, wenn ein Wasserlauf austrocknet. Beim ersten Regen erscheinen sie dann wieder, vor Leben sprühend. Sie sind daher ein passendes Sinnbild für Mittler zwischen dem Reich der Lebenden und dem der Toten. Die Darstellung des Oba als Halb-Wels ist in Benin verbreitet, auch wenn es normalerweise seine Beine sind, die zu ›Fühlern‹ gemacht werden. Nach einer Überlieferung hat der Oba Ohen im 14. Jahrhundert einen ihn lähmenden Schlaganfall mit dieser Verwandlung erklärt.

Kurz vor 1907 entdeckte ein Mann, der in Apapa (Lagos) ein Wasserloch grub, in einer Tiefe von drei Metern zufällig eine Brustplatte mit einem Widderkopf sowie einen Schatz weiterer Messingobjekte. Es handelt sich um ein elegantes, kraftvoll gestaltetes und dezent verziertes Werk. Die zentrale, halbrunde Scheibe ist von Flechtwerk umsäumt; auf ihre Oberfläche ist ein einfaches geometrisches Muster gepunzt. Große, mit Draht befestigte Klappern hängen von ihr herab. Die Hörner des Widders sind in die Fläche gebogen und umrahmen den inwendig hohlen Kopf, der von einem ebenfalls gegossenen Aufhänger mit Flechtwerkmuster bekrönt wird. Stilistisch erinnert er an die Aquamanilen Benins – der Guß ist ähnlich dünnwandig und von vollendeter Leichtigkeit.

Es konnte nicht ausbleiben, daß die Entdeckung der Platte in Lagos zu Spekulationen über eine exotischere Provenienz führte. Widderbildnisse sind zwar in vielen Teilen Südnigerias sehr verbreitet, aber sie wurden auf den Einfluß Alt-Ägyptens oder des Yoruba-Königreichs Owo zurückgeführt. Doch gemäß der Überlieferung war Lagos im 16. Jahrhundert ein Vasall des Reichs von Benin, und die Brustplatte könnte durchaus aus dieser Zeit stammen. Widder wurden in Benin als streitsüchtige, herrische Tiere mit männlichen Noblen in Verbindung gebracht und waren ein beliebtes Opfertier.

Auch die kleine Kostümmaske in Gestalt eines menschlichen Gesichts (Kat. 5.60 k) ist eine für Benin eher untypische Arbeit und wird daher manchmal den Arbeiten vom unteren Niger zugerechnet. Ihr Kopfschmuck erinnert an Ife-Messingwerke, während die Narbenmusterung an Benin denken läßt. Die Verwendung von Eisen für die Pupillen ist typisch für Benin, doch die Form der Augen sowie die Schlitze darunter sind ungewöhnlich, während man sie von Ife-Messing- und Benin-Elfenbeinarbeiten kennt. Die Schlaufen auf der linken und rechten Seite der Maske deuten darauf hin, daß sie eher um den Hals als auf der linken Hüfte getragen wurde, wie es in Benin üblicher war.

Der *manilla*-Armreif (Kat. 5.60 l) war vermutlich viel zu groß, als daß er jemals hätte getragen werden können. *Manillas* dienten nicht nur als Körperschmuck, sondern auch als finanzielle Rücklage, rituelle Währung und religiöse Paraphernalien. Der Reif stellt einen gefurchten Querriß mit glockenförmig gebauschten Enden und eingeritzten geometrischen Markierungen dar. Er veranschaulicht viele der Pro-

5.60 i

Figur mit dem Kopf eines Welses

Benin
Nigeria
Messing
Höhe 38 cm
Staatliche Museen zu Berlin, Preußischer Kulturbesitz, Museum für Völkerkunde, III C 10873

5.60 j

Widderkopf-Brustplatte

Apapa, Lagos
Nigeria
16. Jahrhundert
Messing
Höhe 43 cm
The Trustees of the British Museum, London, 1930. 4-23.1

bleme, die die Zuschreibung südnigerianischer Metallarbeiten mit sich bringt. Zusammen mit vielen anderen *manillas* unterschiedlicher Gestalt gehörte er zum Inhalt eines Schreins in den Andoni Creeks (im Ibibioland in Südnigeria), der 1904 von der britischen Administration nach Hinweisen auf einen Totschlag zerstört wurde. Die dortige Ansammlung von Metallarbeiten enthielt Armreifen aus Ijow-Herstellung, figurale Skulpturen vom unteren Niger, (sonst nirgends nachgewiesene) jugendstilartige Schwerter, eine holländische Schiffsglocke, bronzene Leopardenschädel sowie das Stück eines Abflußrohrs. Die Analyse des Metalls ergab, daß der Armreif nicht aus Messing, sondern aus echter Bronze, wenn nicht gar aus reinem Kupfer besteht. Alle Gegenstände in diesem Schrein waren offenbar mit Streifen weißen Kaolins bemalt, der üblichen Markierung für Sakralgegenstände. Die Vielfalt des Schatzes dürfte ein Teil seiner Macht gewesen sein.

Der große Eisenstab (*osun ematon;* Kat. 5.60 p) gehört zur Ausrüstung eines Osunpriesters in Benin, der Experte für die Wirkmacht von Blättern und Waldpflanzen ist. Der sich verzweigende, baumähnliche Stab endet in einer Flammendarstellung bzw. in scharfen, spitzen Gegenständen wie Tierhörnern und Waffen. Im vollständigen Zustand wurde er noch von einem Reiher, dem Herrn der Hexen, bekrönt. In die Erde gerammt, stellt er ein wichtiges Ritualobjekt im Kampf gegen das Hexenwesen dar und verfügt über gewaltige Macht. Als besonders wirkungsvoll gilt das auf dem Stab dargestellte Chamäleon, dessen sich ändernde Hautfarbe der Osun-Experte sich nachts zunutze macht, um die Hexen zu photographieren.

Die Kunst Benins umfaßt viele skeuomorphe Werke, also Objekte, die in der Regel in einem bestimmten Material, gelegentlich jedoch auch in einem anderen ausgeführt werden. Der Leopard aus Elfenbein und Kupfer (Kat. 5.60 q) ist solch ein Werk. Es handelt sich um eines von zwei Exemplaren, das Admiral Rawson, der Kommandeur der britischen Strafexpedition von 1897, an Königin Victoria sandte. Die Form des Leoparden erinnert an Aquamanilen aus Messing – Krüge, die das Wasser für königliche Trankopfer enthielten. Das aus fünf Hauptstücken zusammengefügte Werk konnte nicht als Wasserbehältnis dienen, und der ›Deckel‹ unmittelbar vor dem Schwanz läßt sich nicht öffnen. Man hat die durchaus überzeugende Ansicht vertreten, daß ältere Messingleoparden von mittelalterlichen europäischen Vorbildern inspiriert waren, weil sie gut in die politische

5.60 k

Maske mit menschlichem Gesicht

Benin
Nigeria
Messing
15,5 x 9,5 x 6 cm
The Trustees of the British Museum, London, 1962. AF.13.1

5.60 l

Manilla-Armreif

Unterer Niger
Nigeria
Bronze, Kaolin
15 x 20 cm
The Trustees of the British Museum, London, 1905. 4-13.2

5.60 m

Geschnitzte Tür

Benin (?)
Nigeria
Holz
121 x 38,5 x 184 cm
The National Commission for Museums and Monuments, Lagos, 74.I.422

5.60 n

Sistrum

Benin
Nigeria
16. Jahrhundert (?)
Elfenbein
Höhe 36 cm
The Trustees of the British Museum, London, 1963. AF. 4.1

5.60 o

Klöppel

Benin
Nigeria
16. Jahrhundert (?)
Höhe 28 cm
The Trustees of the British Museum, London, 1930. AF.7.1.

5.60 p

Stab (*osun ematon*)

Benin
Nigeria
Eisen
Höhe 180 cm
Staatliche Museen zu Berlin, Preußischer Kulturbesitz, Museum für Völkerkunde, III C 8506

5.60 q

Leopard

Benin
Nigeria
19. Jahrhundert
Elfenbein und Kupfer
47 x 88 cm
Leihgabe Her Majesty The Queen

Ikonographie Benins paßten. Die Flecken des Fells bestehen aus Kupfer; sie sollen im 19. Jahrhundert aus beim Abfeuern von Gewehren anfallenden Zündhütchen gefertigt worden sein. Die Augen enthielten Fragmente importierter Spiegel. Damit stellt die Kunst von Benin nicht nur die überkommenen Vorstellungen vom Naturalismus in der afrikanischen Kunst auf den Kopf, sondern auch die von der Richtung des Handels. Im Widerspruch zu dem ›Empire-Modell‹, wonach das Rohmaterial aus Afrika in den Metropolen des ›Mutterlandes‹ in fertige Erzeugnisse verwandelt wurde, schmolz Benin importierte, europäische Produkte meist ein, um daraus solche zu fertigen, die für den Oba und den Hof von Interesse waren: Die meisten ›Bronzen‹ Benins wurden aus europäischem Metall gefertigt.

Das Elfenbeinsistrum (Kat. 5.60 n) ist eine Tour de force in Sachen Elfenbeinschnitzkunst. Es handelt sich um ein Musikinstrument mit zwei Klangkörpern unterschiedlicher Größe, das einen ›trockenen‹, pochenden Klang erzeugt, wenn man es anschlägt. Auf der einen Seite ist der von zwei Gefolgsleuten gestützte Oba in menschlicher Gestalt abgebildet, auf der anderen als Inkarnation des Gottes Olokun mit Schlammfischbeinen und einem hin- und herschwingenden Krokodil in jeder Hand. Beide Gehäuse zeigen rechts und links Figuren von Musikern sowie am Rand Zylinderfriese. Mit Ausnahme des Griffschaftes ist die gesamte Oberfläche mit zierlichen, aber abgegriffenen Schnitzereien bedeckt. Das Guillochemuster am Ende des Griffs wiederholt sich im Fond der Darstellungen, sämtlich an Olokun und seine animalischen Boten erinnernde Wiedergaben von menschlichen Gesichtern, Schlammfischen, Schlangen und, ungewöhnlicherweise, Schildkröten. Es zeigt die vertraute ›Verkettungstechnik‹, bei der die dargestellten Objekte ineinander übergehen. So wird etwa der Penis des Oba zu einer Hand, die einen Schläger umfaßt; der Oba ergreift seinerseits ein Krokodil, dessen Maul sich in eine Hand verwandelt.

Der Klöppel (Kat. 5.50 o) weist Spuren eines mittlerweile größtenteils abgegriffenen Zickzackmusters auf und endet einmal mehr in zwei Schlammfischköpfen. Ein solches Instrument wird heutzutage vom Oba in einer Zeremonie zur Vertreibung der bösen Mächte aus Benin City verwendet.

Es hat geheißen, die Tradition der Elfenbeinschnitzerei in Benin unterscheide sich von der der königlichen Messinggießerei dadurch, daß für sie eine eigene Zunft zuständig war, die auch die Holzschnitzerei betrieb. Die Holz- und Elfenbeinschnitzerei war vom Niedergang in der Späten Periode weniger betroffen als die Metallkunst, so daß auch Werke des 19. Jahrhunderts wie der Leopard (Kat. 5.60 q) und die geschnitzte Tür (Kat. 5.60 m) von relativ hoher Qualität sind. In Ermangelung klarer Angaben über ihre Provenienz läßt sich allerdings wenig über sie sagen. Kunstvolle Türen waren in Benin City zwar durchaus üblich und haben dort wie im übrigen Afrika viel mit Status und der symbolischen Bedeutung von Schwellen zu tun, doch weist diese Tür keines der für Benin typischen Motive auf. *NB*

Provenienz: Kat. 5.60 b–e, Schenkung des Außenministeriums an das Museum; Kat. 5.60 l: 1905, Schenkung der britischen Administration für Südnigeria an das Museum; Kat. 5.60 n: 1963, Schenkung von Mrs. Webster Plass an das Museum; Kat. 5.60 o: 1964, Schenkung von Lady Epstein an das Museum; Kat. 5.60 q: 1897, Schenkung von Admiral Rawson an Königin Victoria

Literatur: Fagg 1960, S. 33, 38; 1963; Babatunde Lawal 1975, S. 238; Dark 1975, S. 40; Poyner 1978, S. 193; Tunis 1978; Ben-Amos 1980, S. 53; Tunis 1983; Duchâteau 1995

5.61

Kopf eines Oni

Yoruba
Ife, Nigeria
12.–15. Jahrhundert
Messing
31 x 9,5 cm
The National Commission for Museums and Monuments, Ife, Nigeria, 11

1938 wurden im Wunmonije Compound die Fundamente für ein Haus ausgehoben. Der Platz liegt heute direkt hinter dem Palast von Ife, früher aber befand er sich innerhalb der Palastmauer. Man fand dort zweierlei Gußplastiken: Die meisten waren lebensgroße Köpfe (so auch das vorliegende Stück), zwei waren kleiner und trugen Kronen. Außerdem fand man den oberen Teil einer Figur, die der 1957 in Ita Yemoo gefundenen Oni-Figur sehr ähnelte. Der Porträtnaturalismus dieser Objekte setzte die westliche Kunstwelt in Erstaunen, obgleich der deutsche Forscher und Ethnologe Leo Frobenius bereits 1910 auf diese Kunst aufmerksam gemacht hatte, nachdem ihm der Fund eines gekrönten Kopfes und einer Reihe von Terrakottaskulpturen geglückt war. Weder 1910 noch 1938 wollte man sich eingestehen, daß diese Werke ohne europäische Anleitung von afrikanischen Künstlern geschaffen wurden. Erst nach dem 2. Weltkrieg suchte William Fagg nachzuweisen, daß Afrikaner die Köpfe schufen, noch bevor die ersten Europäer in Guinea landeten.

Als Gußvorlage diente ein Wachsmodell mit einem Lehmkern. Vor dem Guß wurde der obere Teil des Wachsmodells angeschnitten, um später eine bereits vorhandene Krone aufsetzen zu können. Am Hals wurden Löcher angebracht, um den Kopf entweder auf eine Säule oder – wahrscheinlicher noch – auf einen hölzernen Körper aufzusetzen. Man weiß nicht genau, wie diese Köpfe verwendet wurden. Vielleicht trugen sie Krone und Amtsinsignien eines toten Führers bei nachträglichen Bestattungsritualen, um anzuzeigen, daß das Amt den Amtsinhaber überlebt hat; oder sie wurden bei den jährlichen Reinigungs- und Erneuerungsritualen des Herrschers und seines Volkes verwendet. *FW*

Ausstellung: Detroit u.a. 1980–83, Nr. 39

Literatur: Fagg 1963; Willett 1967, Taf. II; Shaw 1978; Eyo und Willett 1982, Nr. 39

5.62

Maskenkopf

Yoruba
Ife, Nigeria
12.–15. Jahrhundert
Kupfer
33 x 19 cm
The National Commission for Museums and Monuments, Lagos, IFE.17

Diese lebensgroße Maske soll seit ihrer Herstellung auf einem Altar im Palast von Ife aufbewahrt worden sein und den frühen Oni von Ife, Obalufon II., darstellen, dem nachgesagt wird, er habe den Bronzeguß eingeführt. Sie ist ein Meisterwerk des Kupfergusses, da sie keinerlei Risse zeigt, obwohl sie aus reinem Kupfer gefertigt wurde, ohne Zusatz von Zink, Zinn oder Blei, was den Metallfluß erleichtert hätte. Geschmolzenes Kupfer oxidiert an der Luft und bildet eine dicke Haut, die es daran hindert, auch die feinen Details der Gußform auszufüllen. Die Schmiede im Igbo-Ukwu des 9. Jahrhunderts wußten um dieses Problem. Daher schlossen sie die Luft aus, indem sie die Form direkt auf den Schmelztiegel montierten und zum Guß beides umdrehten. An den rauhen Stellen über dem Haaransatz waren die Kanäle angebracht, durch die das Metall eingeleitet und die entstehenden Gase abgelassen wurden.

Die Löcher über dem Haaransatz dienten vermutlich zur Befestigung einer Krone. Wie auch bei dem lebensgroßen Kopf (Kat. 5.61) wurde die obere Kopfhälfte im Wachsmodell angeschnitten, um Platz für eine Krone zu schaffen. An den Löchern um Mund und Kinn wurde ein Perlengehänge befestigt, wie eine sehr ähnliche Terrakotta aus dem Obalufon-Heiligtum zeigt (die aber leider aus der archäologischen Abteilung der Obafemi Awolowo University of Ife gestohlen wurde). Die Löcher am Kragenansatz erlaubten die Befestigung eines Kostüms. Zweifellos diente diese Maske zur Darstellung eines Königs, aber in welchem Zusammenhang, bleibt ein Geheimnis. *FW*

Literatur: Willett 1967, Taf. 1; Shaw 1978, Taf. 83; Eyo und Willett 1982, Nr. 41

5.63

Statue eines Oni

Yoruba
Nigeria
Ita Yemoo, Ife
12.–15. Jahrhundert
Messing
47,1 x 17,3 x 16,3 cm
The National Commission for Museums and Monuments, Lagos, 79.R.12

Diese Figur stammt aus einer Gruppe von Statuen, die Arbeiter 1957 fanden, als sie das Gelände zum Bau der Hauptverwaltung der Ife Cooperative Produce Marketing Union einebneten. Glaubt man dem damaligen Oni (König) von Ife, so stellt die Figur einen Oni im Krönungsschmuck dar. Seine Linke hält ein mit mächtiger Medizin gefülltes Tierhorn, die Rechte einen mit perlenbesticktem Stoff umkleideten Stab. Letzterer wird nach der Krönung durch den *irukere* (wörtlich: Bocksbart), den perlenbesetzten Kuhschwanz-Fliegenwedel, ersetzt (ein in Afrika weitverbreitetes Herrschaftssymbol).

Die Figur leistete unschätzbare Dienste bei der Bestimmung der zahllosen Terrakotta-Fragmente im Museum von Ife. Es sind die verschiedensten Formen von Kronen bekannt, aber allen gemeinsam ist dasselbe konisch geformte Rundelement über der Stirn und ein darüber aufwärtsgerichtetes Motiv. Das hier gezeigte ist die gebräuchlichste Form: ein als spitzer Zipfel auslaufender Stoffknoten. Ebenfalls typisch ist der schwere Kragen mit runden Perlen an der Innenseite, desgleichen die beiden schleifenförmigen, mit Perlen besetzten Rangabzeichen über der Brust. Auch die vielen Perlenschnüre, die den größten Teil der Brust bedecken, die längere Schnur aus schwereren Perlen mit einer Perlenschlinge an ihrem tiefsten Punkt, die Perlenmanschetten an Unterarmen und Waden sowie die schmalen Arm- und Knöchelreifen finden sich bei bei den meisten Terrakottafiguren. *FW*

Literatur: Willett 1967, Taf. 6; Eyo und Willett 1982, Nr. 44

5.64

Sitzende Figur

Yoruba
Tada, Nigeria
13.–14. Jahrhundert
Kupfer
53,7 x 34,3 x 36 cm
The National Commission for Museums and Monuments, Lagos, 79.R.18

Diese Figur ist ohne Zweifel das Meisterstück der Schmiede von Ife. Ihre Proportionen sind naturalistisch, während sonst der Kopf meist ein Viertel der Gesamthöhe einer Figur ausmacht. Glieder und Torso sind normalerweise nur durch zylindrische Formen dargestellt, hier aber sind die Beine und (fragmentierten) Arme sehr lebensecht. Die Figur trägt ein Hüfttuch und darüber ein Perlennetz. Über der linken Hüfte wurde eine Schärpe um ein gefaltetes Tuch, vielleicht um die Enden des Hüfttuchs, gewunden. Ursprünglich scheint der rechte Fuß unterhalb der Basis gelegen zu haben, was William Fagg annehmen ließ, die Figur habe auf einem runden Steinthron gesessen (vgl. Kat. 5.66).

Auch für diese Plastik wurde reines Kupfer verwendet. Die Figur wiegt bereits in ihrem heutigen Zustand (und ohne die umschließende Gußform) 18 kg und konnte daher nicht noch zusätzlich mit dem Schmelztiegel verbunden werden. Deshalb wurde offenbar die Form teilweise im Boden eingegraben und das Metall in mehreren versiegelten Tiegeln geschmolzen. Diese wurden dann zur Form gebracht, ihre Abdeckungen entfernt – das Kupfer floß in die Form. Auf dem Rücken der Figur kann man die verschiedenen Gußphasen unterscheiden, da das Metall stockte, bevor es sich völlig miteinander verband. Bis vor kurzem wurde die Figur in einem Heiligtum in dem Nupe-Dorf Tada am Niger, 192 km nördlich von Ife, aufbewahrt. Die Dorfbewohner (ansonsten gute Muslime) trugen sie jeden Freitag zum Fluß hinunter und rieben sie mit Flußkies ab, um die Fruchtbarkeit ihrer Frauen zu sichern und die der Fische, von denen sie lebten. Von dieser Prozedur rührt die glatte Oberfläche. Bernhard Fagg überzeugte die Dorfbewohner, daß sie so die Figur zerstören würden und mit ihr die Fruchtbarkeit, die sie zu fördern hofften. Er gab ihnen Poliertücher, um den Glanz der Figur zu bewahren. 1956 waren die Tücher abgenutzt, und der Brauch ging verloren. So entwickelte die Figur ihre schützende schwarze Patina. Es ist unklar, warum dieses und einige andere Stücke so weit im Norden gefunden wurden. Möglicherweise bezeichnet ihr Fundort die nördliche Grenze des Köngigreichs Ife. *FW*

Literatur: Willett 1967, Taf. 8

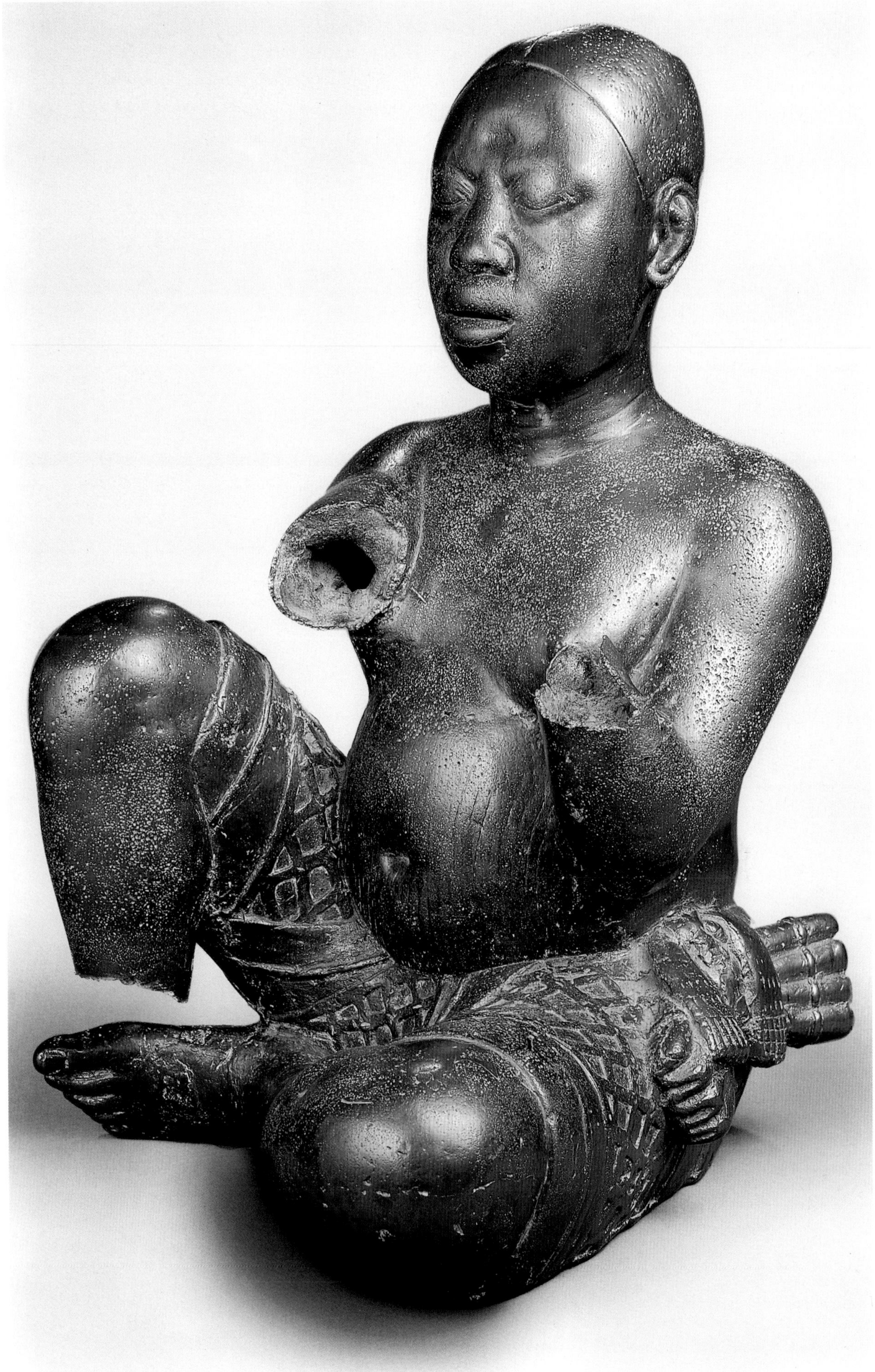

5.65

Zeremonialgefäß

Yoruba
Nigeria
Ita Yemoo, Ife
12.–15. Jahrhundert
Messing
12,4 x 10,5 cm
The National Commission for Museums and Monuments, Lagos, L.192.58

Auch den Fund dieses Objekts, das sein Entdecker als ›Aschenbecher‹ bezeichnete, verdanken wir dem Zufall, ebenso wie den der Messingfigur des Oni (Kat. 5.63). Es handelt sich um einen soliden, rißfreien Guß, der offenbar kopfüber vorgenommen wurde. Dargestellt ist eine Königin mit der üblichen Flechtkrone, dem schweren Perlenkragen, zahllosen Halsketten über der Brust und einer schweren Perlenkette, dazu trägt sie die perlenbesetzen Amtsabzeichen und die üblichen Perlenmanschetten mit Arm- und Fußreifen. Ihr Leib windet sich um eine offene Schale, die auf einem typischen Ife-Thron steht. Dieser Thron besteht aus zwei Scheiben und einer Säule dazwischen, von der eine schlaufenförmige Strebe abgeht, die sich zur Unterseite der oberen Scheibe zurückbiegt (vgl. Kat. 5.66). Die Oberfläche ist mit einem Fischgrätenmuster verziert. Die Figur stützt sich mit ihrem rechten Arm auf der Schlaufe ab. In der linken Hand hält sie einen Stab mit einem Menschenkopf. Zwei solche Stäbe wurden zusammen mit diesem Stück gefunden. Bei dem einen war der Kopf geknebelt; außerdem gab es Stäbe mit je zwei geknebelten Menschenköpfen. Offenbar wurden diese Requisiten bei einem wichtigen Kult verwendet, bei dem das höchste aller Opfer dargebracht wurde. Die Schale hatte vielleicht eine Flüssigkeit, etwa Schneckensaft, aufzunehmen, der bei der Tatauierung von Kindern als Antiseptikum verwendet wurde und sich in einigen Heiligtümern des heutigen Yorubalandes fand. *FW*

Literatur: Willett 1967, Taf. 9; Eyo und Willett 1982, Nr. 46

5.66

Thron

Yoruba
Nigeria
Ile Oluorogbo, Ife
12.–15. Jahrhundert
Quarz
Höhe 53 cm
The Trustees of the British Museum, London 1896. 11.22.1

Dies ist einer von drei Sitzen aus geädertem Quarz, die der Oni von Ife, Adelekan Olubushe, 1896 Captain Bower übergab (der zweite glich dem vorliegenden, hatte aber eine gebrochene Schlaufe; der dritte war ein zugehöriger vierbeiniger Hocker).

Ursprünglich stammten die Sitze aus dem Heiligtum des Oluorogbo, der als Mittler zwischen Himmel und Erde gilt und der Schreibkunst mächtig gewesen sein soll.

In der Gegend um Ife treten Quarzvorkommen zutage. Es handelt sich um eine sehr harte kristalline Substanz, die leicht bricht und sich daher nicht mit Hammer und Meißel bearbeiten läßt. Deshalb muß diese komplexe Form durch einen höchst aufwendigen Schleifprozeß entstanden sein, etwa indem man mittels Holzklötzen feuchten Sand als Schleifmittel aufbrachte. Die Einfassungen an den Enden der Säule und der Schlaufe sind im Querschnitt fast rund (und nicht rechteckig, wie man bei einer Arbeit in Stein erwarten sollte). Das ließ den Bildhauer Leon Underwood vermuten, die Form sei von einem Bronzeschmied geschaffen worden, in dessen Handwerk es selbstverständlich scheint, solche Einfassungen mit einer Wachsrolle vorzumodellieren. Später wurde nachgewiesen, daß der Prototyp dieser Sitze aus Holz und Rinde gefertigt war und dann für Terrakotten übernommen wurde, einem Material, in dem solche Formen ähnlich leicht zu modellieren sind wie in Wachs.
FW

Provenienz: 1896 vom Oni von Ife Captain Bower übergeben, der es an Sir Gilbert Carter weitergab; 1896 von Sir Gilbert Carter dem Museum geschenkt

Literatur: Willet 1967, Taf. 77

5.68

Hocker

Yoruba
Nigeria
Igbo Apere Oro, Ife
12.–15. Jahrhundert
Granit-Gneis
34,5 x 14 x 29 cm
The National Commission for Museums and Monuments, Ife, Nigeria, 58.1.3

Dies ist einer der beiden Hocker aus Igbo Apere Oro (›Wald der Hocker für den Bullenschrei‹). Er ist unbeschädigt und stellt die eleganteste bekannte Stilisierung des vierbeinigen Hockers dar. An den Beinen sind Auskehlungen angebracht, um sie länger erscheinen zu lassen. Außerdem wirkt der Hocker dadurch weniger massiv.

Die Oro-Gesellschaft war sehr mächtig. Ihr wurde für gewöhnlich die Hinrichtung von Kriminellen übertragen. Dieses Amt übt sie zwar heute nicht mehr aus, aber sie verwendet noch immer den ›Bullenschrei‹, ein ovales Holzstück an einer langen geflochtenen Schnur, die herumgewirbelt wird, so daß das Holzstück in der Luft rotiert und einen unheimlichen Ton erzeugt, der Uneingeweihte von den geheimen nächtlichen Zeremonien fernhalten soll. *FW*

Literatur: Willett 1967, Taf. 78

5.67

Throngruppe

Yoruba
Nigeria
Hain von Iwinrin, Ife
12.–15. Jahrhundert
Terrakotta
60 x 55,5 x 83 cm
The National Commission for Museums and Monuments, Ife, Nigeria, 49.1.25

Der Hain von Iwinrin am Rande Ifes barg eine Reihe leider nur bruchstückhaft erhaltener, lebensgroßer Terrakottafiguren. Einige davon waren augenscheinlich dazu bestimmt, zu beiden Seiten dieses Stückes aufgestellt, die Gewänder der sitzenden Figur zu tragen. Zum Thron gehört ein rechteckiger, vierbeiniger Hocker, der die Schlaufe des spektakulären Sitzes trägt, wie er sich nur in Ife findet (vgl. Kat. 5.65 f.). Ein Tuch wurde über den Thron gebreitet und der/die AmtsinhaberIn saß rittlings über der Schlaufe, die Füße auf dem vierbeinigen Schemel ruhend. Die Schlaufenform des Throns scheint von einem großen zylindrischen Behältnis aus Rinde mit hölzernen Enden abgeleitet zu sein, das im heutigen Ife zur Aufbewahrung ritueller Gegenstände und als Sitz für den Priester während der Zeremonie dient. Beide Teile sind oft mit einer Schlaufe aus Rinde verbunden, und das ganze Objekt ist meist bemalt. Man kennt steinerne Kopien dieser Form, die die Dekorationen als Reliefs wiedergeben. Mehrere Ausgrabungen, die Bernhard Fagg und Frank Willett im Hain von Iwinrin leiteten, erbrachten nicht nur viele Scherben, die in dieses Stück eingefügt werden konnten (so der Unterleib der sitzenden Figur), sondern auch Glasknöpfe in einem Kupferband, das offenbar zum Vorbild für Zierbänder dieses Stückes diente. Die Figur dürfte etwa zwei Drittel der normalen Lebensgröße gemessen haben. Der Kopf trug eine perlenbesetzte Kappe, die mit einem Stoff umhüllt war, der das Fischgrätenmuster des Throns wieder aufnahm. (Leider wurde der Kopf im April 1993 aus dem Museum in Ife gestohlen.) Das Fischgrätenrelief ähnelt dem des Messingthrons aus Ita Yemoo und findet sich auch auf einigen der Terrakottakopien dieses Throns. Das erfolgreiche Brennen einer so großen Skulptur im sog. Feldbrand (Brennöfen gab es nicht) zeugt von der hohen technischen Gewandheit der Bildhauer bzw. Bildhauerinnen von Ife. *FW*

Literatur: Willett 1967, Taf. 76

5.69

Kopf einer Königin

Yoruba
Nigeria
Ita Yemoo, Ife
12.–13. Jahrhundert
Terrakotta, Farbreste
Höhe 25 cm
The National Commission for Museums and Monuments, Ife, Nigeria, 79.R.7

Die zufällige Entdeckung der Figurengruppe von Ita Yemoo führte zu weiteren Ausgrabungen in dieser Gegend. Während der ersten Ausgrabungskampagne fand man die Überreste eines Heiligtums: vor allem alte Wetzsteine und Terrakottaskulpturen. Vier Köpfe wurden ausgegraben, aber da sich sieben linke Füße fanden, muß es ursprünglich mindestens ebensoviele Figuren gegeben haben. Die meisten Köpfe waren in zwei benachbarte Hauswände eingearbeitet worden, einer war zerschlagen, erlaubte aber wesentliche Ergänzungen bei den restlichen vier. Zwei der Köpfe sind ohne Kopfschmuck und scheinen Dienerinnen dargestellt zu haben. Sie messen etwa zwei Drittel der normalen Lebensgröße. Die anderen beiden tragen Kronen und sind von mehr als drei Vierteln der normalen Lebensgröße. Die gezahnten Kronen kennzeichnen sie als Königinnen. Aus den gefundenen Fragmenten ließ sich die Vorderseite eines weiblichen Körpers rekonstruieren, der aber nicht zu diesem Kopf paßt. Offenbar wurden mindestens zwei Königinnen in dem Heiligtum dargestellt. Ursprünglich befand sich auch bei dieser Krone ein Schmuckelement über der Stirn, ganz wie bei der Messingfigur des Oni aus derselben Gegend (Kat. 5.63). *FW*

Literatur: Willett 1967, Taf. IX; Eyo und Willett 1982, Nr. 50

5.70

Frauenfigur mit zwei Büffelhörnern

Yoruba
Nigeria
Ife
12.–15. Jahrhundert
Terrakotta
24,9 x 10,5 cm
The National Commission for Museums and Monuments, Lagos

Aus Ife stammen auch einige kleine Figuren, die ursprünglich wohl Teil eines Tableaus waren. Keine Gruppe blieb als Ganzes erhalten. Dieses (offensichtlich unvollendete) Stück mit zur Seite gewandtem Kopf und flachem Rücken gehörte vermutlich zu solch einer Gruppe. Das Gesicht ist sorgfältig gefurcht und zeigt eine Narbenmusterung, die in der Ife-Kunst stets wiederkehrt (allerdings heute so nicht mehr existiert). Das Wickeltuch reicht von den Achselhöhlen bis zu den Knöcheln und weist die Figur als eine Frau aus. In der klassischen Kunst von Ife tragen Männer die Tücher auf der Hüfte, während Frauen ihre Brüste bedeckt halten. Erst in späterer Zeit werden Frauen mit unbedeckten Brüsten dargestellt. Die Frau trägt ein Paar Büffelhörner in Händen. Ähnliche Hörner erscheinen in Ife auf rituellen Gefäßen, und aus Owo kennen wir ein Terrakottafragment mit zwei Hörnern, die offensichtlich aneinandergerieben werden. (Im Ekitigebiet des Yorubalands werden sie noch heute als zeremonielle Musikinstrumente benutzt.) Heutzutage gehören Büffelhörner zum Kult der Oya, der Göttin des Niger und des machtvollen Windes, der den Gewitterstürmen vorausgeht. Oyas Temperament gleicht dem des Büffels, der wegen seiner Unberechenbarkeit eines der meistgefürchteten Tiere Westafrikas ist. Außerdem mag das Aneinanderreiben von Büffelhörnern auch als Imitation des Donnergrollens gedacht sein.

Dieses Stück wurde von den nigerianischen Behörden beschlagnahmt, als es exportiert werden sollte. Es scheint illegal in der Gegend von Obalaras Land ausgegraben worden zu sein, wo Peter Garlake gerade Grabungen eingeleitet hatte. *FW*

Literatur: Eyo und Willett 1982, Nr. 59

5.71

Sitzende männliche Figur

Esie
Nigeria
12.–15. Jahrhundert
Speckstein
67 x 30 cm
The National Commission for Museums and Monuments, Lagos, HT.260

Die steinernen Bildwerke von Esie bleiben eines der ungelösten Rätsel in der Geschichte der Yorubakunst. Jahrhundertelang lagen Tausende von Fragmenten und einige Skulpturen in einem Wäldchen nahe der heutigen Igbomina-Yoruba-Stadt Esie. Die Szenerie erweckte den Eindruck entfesselter Zerstörung, wenn nicht Entweihung. 1912 machte Frobenius auf ähnliche Steinskulpturen in der Nachbarschaft aufmerksam, verwarf sie aber als »armselig und degeneriert«. Die Bilder von Esie blieben relativ ungestört, bis Ramshaw und später Murray in den dreißiger Jahren für ihre Erhaltung und Restauration eintraten. Aber erst 1973–74 unternahm Phillips Stevens Jr. das Katalogisieren und Photographieren der ganzen Sammlung. Die mündliche Überlieferung von Esie besagt, daß Siedler aus Alt-Oyo die Steine vorfanden, als sie im 15. (oder 16.) Jahrhundert ankamen. Andere mündliche und rituelle Überlieferungen bestätigen, daß die Skulpturen und ihre Verstümmelung weit hinter das Ahnengedächtnis der jetzigen Einwohner von Esie zurückreichen. Die Unordnung am Fundort, jahrhundertelanger Vandalismus und die Beschaffenheit des Materials erschweren archäologische Forschungen. In einer anderen Gegend, bekannt als Iwoto-Hain, wurden bei Thermolumiszenz-Tests an Keramik, die in der Nähe von (offenbar unvollendeten) Specksteinskulpturen gefunden wurden, Daten ermittelt, die auf einen Entstehungszeitraum zwischen dem 10. und 18. Jahrhundert schließen lassen.

Die künstlerische Qualität und der entschiedene Stil weisen darauf hin, daß die Esie-Skulpturen einst mit einer blühenden Kultur in Zusammenhang standen, die nach der Zelebrierung sozialer Rollen durch die darstellende Kunst verlangte. Archäologische Spuren von Eisenschmelze und gepflasterten Straßen in der weiteren Umgebung von Esie zeugen deutlich von einer frühen Hochkultur in dieser Gegend. Mündliche Überlieferungen (*itan*) in Esie und benachbarten Egbomina-Städten nehmen des öfteren Bezug auf »das Volk von Oba«, das es nicht mehr gebe. Inwieweit die Esie-Skulpturen mit der Oba-Kultur in Verbindung gebracht werden dürfen, ist noch ungeklärt, scheint aber die vielversprechendste Forschungsrichtung zu sein.

Diese sitzende männliche Figur ist offenkundig das Porträt eines Mächtigen. Sein Kopfschmuck (derselbe Typ wiederholt sich bei einigen anderen Esie-Figuren) besteht aus zwölf Schneckenhäusern. Er trägt ein Halsband aus drei dicken Perlenschnüren und unterschiedlich gestaltete Armbänder. In seine Stirn ist ein V-Muster aus zehn oder elf Linien eingeritzt. Wie bei allen sitzenden Esie-Figuren besteht der Sitz auch hier aus zwei durch einen Zylinder verbundenen Scheiben. Dieser Typ von Steinhockern war im alten Ife-Reich den Königen vorbehalten. Allerdings läßt sonst wenig auf eine Nähe zu Ife schließen.

Der Künstler stellt nicht nur sozialen Rang dar, sondern auch Würde, Gelassenheit, Alter und Autorität. Man fühlt den einst kräftigen Leib und bemerkt am leichten Hervortreten des Bauchs und der Hüften, wie das Fleisch schwer geworden ist. Trotz der Beschädigungen begegnet der Betrachter in diesem Werk dem hohen Rang der Bildhauer von Esie. *JP III*

Provenienz: 1930 zuerst durch die britische Kolonialverwaltung wissenschaftlicher Aufmerksamkeit empfohlen; Dauerleihgabe an das Nationalmuseum in Lagos

Literatur: Daniel 1937; Clark 1938, S. 196; Frobenius 1968, I., S. 318; Obayemi 1974, S. 14; Stevens 1978, S. 1–87; Afolayan 1989, S. 3 f., 8; Hambolu 1989; Onabayo 1989, S. 5, 7; Pemberton, in: Drewal, Pemberton u. Abiodun 1989, S. 77–89

5.72

Sitzende männliche Figur

Esie
Nigeria
12.–15. Jahrhundert
Speckstein
88 x 30 cm
The National Commission for Museums and Monuments, Lagos, HT.68

Die Steinskulpturen von Esie weisen auf einen stabilen kulturellen Kontext und einen Grad sozialer und politischer Organisation hin, in dem sich eine derartige Kunstfertigkeit und ein so entschiedener Stil entwickeln konnten (vgl. Kat. 5.71). Dargestellt sind sowohl Frauen als auch Männer, meist Personen von Rang, aber auch Sklaven. Diese sitzende männliche Figur trägt eine geschlossene runde Kopfbedeckung, die aber das Haar nicht vollkommen verdeckt. Wie noch einige andere Esie-Skulpturen trägt die Figur einen kurzen Spitzbart, der das Gesicht leicht verlängert und ein Gegengewicht zur Form der Kopfbedeckung bildet. Die Perlenketten um den Hals nehmen die Bartform wieder auf. Hier zeigt sich ein feines Gefühl für das Spiel der Formen.

Wie auch in der alten Ife-Kunst (aus etwa derselben Zeit) nimmt der Kopf ein Drittel der Gesamthöhe ein. Obgleich kein archäologischer oder stilistischer Hinweis auf einen Zusammenhang zwischen Ife und den Esie-Skulpturen schließen läßt, findet sich doch diese Akzentuierung von Kopf und Gesicht in Yorubafiguren verschiedenster Jahrhunderte und unterschiedlichster Yoruba-Untergruppen.

Sozialer Status und Autorität werden durch den Stab in der Linken der Figur angezeigt, durch die Armbänder an beiden Handgelenken, den vorn geknoteten Lendenschurz, die Geste der rechten Hand zum Bauch hin und durch die sitzende Haltung. Die Esie-Skulpturen zelebrieren soziale Ränge und Rollen. Männliche Figuren tragen verschiedene Kopfbedeckungen, und die weiblichen haben komplizierte Frisuren. Sowohl Männer als auch Frauen tragen Dolche auf dem Schoß oder gegen die rechte Schulter erhoben. An der linken Hüfte dieser Figur ist ein Fragment der Scheide zu sehen. Andere Bildhauer zeigen Männer mit Köchern oder langen Messern an der Seite. Insgesamt gewinnt man den Eindruck, es handle sich hier um ein Kriegervolk, das die Führungsrollen gleichberechtigt unter Männern und Frauen aufteilt. *JP III*

Provenienz: 1930 zuerst durch die britische Kolonialverwaltung wissenschaftlicher Aufmerksamkeit empfohlen; Dauerleihgabe an das Nationalmuseum in Lagos

Literatur: Stevens 1978, S. 1–87; Pemberton, in: Drewal, Pemberton und Abiodun 1989, S. 77–89

5.73 a

Männliche Figur

Tada, Kwara State, Nigeria
Frühes 14. Jahrhundert (?)
Bronze
115 x 26 cm
The National Commission for Museums and Monuments, Lagos, 79.R.3

5.73 b

Vogelfigur

Tada, Kwara State, Nigeria
Frühes 14. Jahrhundert (?)
Bronze
137 x 24,3 x 82,5 cm
The National Commission for Museums and Monuments, Lagos, 90.R.17

Dies sind zwei von neun Gußplastiken aus Kupfer bzw. einer Kupferlegierung, die sich einst in dem Nupe-Dorf Tada am Südufer des mittleren Niger befanden. Als 1969 eine von zwei Bronzefiguren aus Jabba, einem Inseldorf im oberen Nigerlauf von Tada, gestohlen wurde, überführte man die Tada-Figuren ins Nationalmuseum nach Lagos. Neben den abgebildeten sind dies die Figur eines Sitzenden im Ife-Stil (Kat. 5.64), zwei kleinere, stehende Figuren, ein weiterer langhälsiger Vogel und ein Elefant. Die Jebba-Plastiken bestanden aus zwei stehenden Figuren, einem Bogenschützen und einer Frau (sie wurde gestohlen). Alle diese Bildwerke sollen von Tsoede, dem Gründerhelden des Nupe-Königtums, nach Tada bzw. Jebba verbracht worden sein. Die stehende Figur (Kat. 5.73 a) zeigt einen Mann in einer reich bestickten oder besetzten Tunika, um die ein mit Glocken und Kaurischnecken besetztes Tuch (?) gelegt ist. Um den Hals trägt er einen Anhänger mit einem Widderkopf und eine Halskette aus Leopardenzähnen. Sein Kopfschmuck zeigt zwei Scheiben mit einem gehörnten Gesicht, dem Schlangen aus den Nasenlöchern kriechen, und ganz oben eine Reihe mit Vögeln. Die Bedeutung von all dem ist unbekannt, obgleich jedes Motiv in der Kunst von Ife, Owo und Benin des öfteren auftaucht.

Selbst wenn die Figuren aus der Nupe-Region im heutigen Nigeria stammen, gehören sie doch in den Bereich des unteren Niger und seiner Tradition der Metallverarbeitung, zu der auch Igbo-Ukwu, Ife und Benin zu zählen sind. Anderen Lehrmeinungen zufolge stammen die Figuren aus Alt-Oyo und Owo. Obgleich sie Zeugnis eines wichtigen Guß-Zentrums (vermutlich in der Yoruba-Region) sind, haben wir doch keinerlei Kenntnis von ihrer genauen Herkunft. Daß die stehende Figur aus einer Kupfer-Zinn-Legierung gegossen wurde (vermutlich lokalen Ursprungs und nicht von jenseits der Sahara importiert), erlaubt die Annahme, daß die Figuren bereits vor dem Kontakt mit Europäern geschaffen wurden, die Messing ins Land brachten, eine Kupfer-Zink-Legierung, die sonst nur von jenseits der Sahara zu bekommen war. Diese Datierung wurde durch Thermolumineszenz bestätigt. Gußtechnisch sind diese Plastiken nicht immer von höchster Qualität, und man findet noch einige nachträgliche Schweißspuren. *JWP*

Literatur: Shaw 1973, S. 233–238; Williams 1974; Willett und Flemming 1976, S. 135–146; Eyo und Willett, in: Detroit u. a. 1980

5.74
Gesichtsglocken (*omo*)
Ijebu-Yoruba
Nigeria
18.–19. Jahrhundert
Bronze
Höhe 25 cm
Sammlung W. und U. Horstmann

Solche Gesichtsglocken (*omo*) waren im Besitz des Olisa und anderer bekannter Häuptlinge im Yorubaland, vor allem bei den Ijebu-Yoruba. Bestimmte Klänge verkündeten die Gegenwart mächtiger Personen. Diese Häuptlinge, deren Titel wohl aus dem Edo-Königtum von Benin stammen, wurden mit einem Krönungsritual inthronisiert. Auch der höchste Führer der Ijebu-Yoruba, der Awujale, hatte vermutlich eine solche Glocke.

Man trug sie an einem Gurt über der rechten Schulter oder ließ sie von der linken Hüfte herabhängen. Die Glocken gehören zum Bereich der Übergangsriten und der Machtübertragung. Jeder Machthaber ließ eine Glocke für seinen Nachfolger gießen. Fast alle Gesichter trugen drei lange Einritzungen (mit oder ohne füllenden Mustern), die von den Mundwinkeln über das ganze Gesicht bis zu den Ohren reichen. Diese Einritzungen kehren bei Reliefgesichtern an einem Ijebu-Bronzehocker wieder, der bei Krönungsriten Verwendung fand. Die doppelten Halbmondzeichen auf der Stirn finden sich sehr häufig in der Kunst des *osugbo*-Bundes (vgl. Kat. 5.77), deren Mitglieder die Auswahl und Einsetzung der Führer überwachte. Dieselben Halbmondzeichen kehren auch auf dem Bronzeschemel wieder. Die umwickelten Stengel an der linken Kopfseite und die lange, geflochtene Schlaufe an der rechten erinnern an *itagbe*, Webstoffe mit umwickelten Quasten, die während der Zeremonien auf Kopf oder Schultern befestigt wurden. Diese Stoffe gehörten edlen *osugbo*-Ältesten und hohen Häuptlingen der Ijebu-Yoruba. Der geflochtene Anhänger am Halsband könnte die Komplexität und Unendlichkeit des Lebenskreises von Geburt, Leben, Jenseits und Wiedergeburt symbolisieren. *HJD*

Literatur: Thompson 1970; 1971, Kap.6; Fagg 1981, S. 104; Fagg und Pemberton 1982, S. 38 f., Taf. 9, 39; Drewal, Pemberton und Abiodun 1989, S. 120–126

Die Auswahl für dieses Projekt afrikanischer Kunst will keine Versammlung anerkannter Meisterwerke sein, sondern stellt genauso auch Fragen bzw. weist auf Rätsel hin (vgl. etwa Kat. 7.16). Auch eine Gruppe von drei Steinfiguren, deren Ursprung bei den Yoruba liegt und angeblich in einem verlassenen Heiligtum aus der Gegend um Ife gefunden wurde, paßt auf den ersten Blick nicht in die bekannten Muster. Da man die Figuren nicht genau datieren kann, wurden sie mit dem sehr vagen Terminus ›Vor-Yoruba‹ belegt. Ihr Alter beträgt etwa drei- bis vierhundert Jahre.

Die Massigkeit der Figur und ihre Meisterschaft der Ausführung fordern unser Interesse. Die hervortretenden seitlich angebrachten Augen erinnern an einige andere nigerianische Werke, darunter die Doppelfiguren (*ibeji*), an die dieses Werk auch in seiner Körperhaltung gemahnt. Frühe afrikanische Stein- und Terrakottaplastiken – von den Nomoli der Kissi (Kat. 5.134) bis zu den Statuetten aus Komaland (Kat. 6.32) – könnten helfen, dieses bisher sehr problematische Werk wenigstens stilistisch einzuordnen. *TP*

5.75
Weibliche Figur
(Proto-) Yoruba (?)
Nigeria
Stein
53 x 16 x 22 cm
Sammlung W. und U. Horstmann

5.76

Kürbisgefäß

Yoruba (?)
Nigeria
19. Jahrhundert (?)
Kürbis
Höhe 35 cm, Durchmesser 61 cm
The Trustees of the British Museum, London, 1979. AF.1.446

Kalebassenkürbisse aus der Familie der *Cucurbitaceae* gibt es überall südlich der Sahara. Man findet sie in allen Größen und Formen. Die von Natur aus sphärischen, röhren- bzw. flaschenförmigen Früchte können durch Abbinden während des Wachstums noch weiter ausdifferenziert werden.

Dieser Kürbis ist von unterschiedlicher Dicke. Die Differenzen betragen bis zu vier Zentimetern, und der Künstler nutzte sie zu dekorativen Zwecken. Abgesehen von der Öffnung, um die herum eine Schlange und mehrere Zickzacklinien in die ursprüngliche Außenhaut geschnitten wurden, ist die glatte Oberfläche völlig entfernt worden. Ein Schachbrettmuster aus diamantförmigen Rauten und erhabenen Quadraten überzieht die Außenseite des Gefäßes. Um die formale Einheit zu erhalten, mußte der Künstler die Größe jedes einzelnen Motivs neu bemessen. Auch die Schnittiefe mußte er variieren, um die Unregelmäßigkeiten der Frucht auszugleichen.

Reliefs auf Kürbissen sind bei den Yoruba sehr beliebt. Manchmal wird Kalk in die Ornamentik gerieben, um den Eindruck von Tiefe zu unterstreichen, aber im vorliegenden Falle gibt es dafür keine Anzeichen.

Der Gebrauch von Kürbissen ist höchst unterschiedlich. Große Kürbisse fanden vor allem auf den Altären von Sango, dem Donner-Gott der Yoruba, Verwendung. Vielleicht diente auch das vorliegende, künstlerisch so ausgereifte Werk diesem Zweck.
NB

Literatur: Trowell 1960, S. 47–51

5.77 a

***Ogboni/Osugbo*-Zepter** (*Edan Osugbo*)

Ijebu-Yoruba
Nigeria
Spätes 19. Jahrhundert
Messing, Eisen, Bronze
Höhe 60 cm
Durch freundliche Unterstützung des Board of Trustees of the Science Museum, London, A 10465

Der *ogboni*-Bund (oder *osugbo*, wie er bei den Ijebu-Yoruba heißt) ist eine der wichtigsten Institutionen der yoruba-sprechenden Völker. Er beansprucht aus den ältesten und weisesten Männern und Frauen einer Gemeinschaft zu bestehen, entscheidet über die schwierigsten Gerichtsfälle und kann die Todesstrafe verhängen. Er überwacht die Auswahl und Einsetzung ebenso wie die Abdankung und Beerdigung der Führer. Auf diese Weise fällt ihm eine Vielzahl politischer, juristischer und religiöser Aufgaben zu.

Die Doppel-Plastiken des *ogboni* steckten auf geraden oder gebogenen Schäften aus Eisen und waren am Scheitel mit einer Kette verbunden. Diese *edane* bestanden aus einer männlichen und einer weiblichen Figur, die das Gründerpaar der Gemeinschaft symbolisierten, aber auch die bezeugende Gegenwart der Hüter des alten Gesetzes (weibliche und männliche Vorfahren), die weiblichen und männlichen Mitglieder der *ogboni*-Häuser und, im weiteren Sinne, alle Männer und Frauen des Volkes. Das Thema der Gemeinschaft und Zusammenarbeit von Mann und Frau ist zentral in Weltbild und Praxis des *ogboni*. Spiegelbildlich angeordnete Mondsicheln auf der Stirn der Ogbonifiguren sind Ideogramme für die Themen der Dualität und Komplementarität.

Ein *edan* wird zur Initiation eines *ogboni*-Mitglieds gegossen und erfüllt eine Vielzahl wichtiger Funktionen. Es ist ein öffentliches Emblem für die Allmacht und Allgegenwart der *ogboni*-Gesellschaft in Fragen der Gemeinschaft, das von einem *ogboni*-Mitglied als Amtszeichen, als Botschaft und als schützendes Amulett um den Hals getragen wurde. *Edane* mit gebogenen Schäften (wie Kat. 5.77a) könnten als Tragevorrichtung gedient haben oder als ritueller Schürhaken.

Die Betonung der sexuellen Identität beim *edan* und die Paarigkeit vermitteln die mystische Macht der Zeugung. Die Genitalien beider *edan*-Figuren sind oft deutlich herausgestellt. Das verweist auf gewichtige Schwüre und Verwünschungen. Manchen Yoruba zufolge muß der mächtigste Bannfluch, den eine Frau (oder ein Mann) ausstoßen kann, nackt vorgebracht werden. Selbst wenn *edane* lediglich aus Köpfen auf Stangen bestehen (so wie die männliche Figur in Kat. 5.77 a sie in Händen hält), können noch manchmal männliche bzw. weibliche Genitalien als optische Erinnerung an die Bedeutung der Zweiheit auftauchen. Bei Initiationsriten wird der nackte Novize von einem vornehmen Ältesten in Gegenwart anderer Mitglieder, die ebenfalls nackt sind, gewaschen. Ähnliche Praktiken gibt es noch heute, wobei alle *ogboni*-Mitglieder und ihre Gäste die Füße und die Brust oder die Schultern entblößen, bevor sie das Gemeinschaftshaus betreten. Derartige Handlungen bekunden Ehrlichkeit, Offenheit, Demut und Ehrfurcht vor dem Heiligen. Sie bedeuten, daß unter den Mitgliedern keine Geheimnisse bestehen sollen und zugleich, daß keine Geheimnisse an Außenstehende verraten werden dürfen.

Haltung und Gesten der *edan*-Figuren erinnern an die Feierlichkeit der *ogboni*-Rituale. Die *ogboni*-Ikonographie zeigt Mitglieder bei der Ausübung ritueller Amtshandlungen. Große Augen sind ein markantes Merkmal der Ijebu-Bronzen (vgl. Kat. 5.74). Der Künstler wollte damit

5.77 b

***Ogboni/Osugbo*-Kopf**

Ijebu-Yoruba
Nigeria
18.–19. Jahrhundert (?)
Terrakotta
Höhe 38 cm
Privatsammlung, Brüssel

möglicherweise das ›innere Sehen‹ oder die Einsicht (*oyu-inu*) von weisen *ogboni*-Ältesten ausdrücken, die alles in der Gemeinschaft sehen und wissen.

Die vier Sichelformen, die die Figur Kat. 5.77 a einrahmen, könnten abstrakte Darstellungen von Vogel-Profilen sein, da diese oft Figuren auf Ijebu-*edane* flankieren. Die Sicheln nehmen die Form der Mondsicheln und des realistisch gestalteten Vogels am Penisansatz wieder auf.

Der Terrakottakopf (Kat. 5.77 b) ist möglicherweise das Fragment einer kompletten weiblichen Figur. Mit solchen seltenen figuralen Keramiken war der Innenhof (*iledi*) in den Häusern der *ogboni*-Gesellschaft geschmückt. Beispiel für eine vollständige Figur ist eine kniende Frau (ehemals Teil eines Paares) aus dem Afrika-Museum in Berg-en-Dal. Die kunstvolle Frisur findet sich häufig auch bei anderen *ogboni*-Kunstwerken und stellt eine weitverbreitete und wichtige Haartracht der Ijebu-Yoruba dar. Dort ist sie Priestern und Priesterinnen der Götter, Königinnen und anderen hochrangigen Frauen vorbehalten. Wie die Zusammenstellung von weiblichen und männlichen Figuren beim *edan*, scheint auch die Kombination verschiedener Materialien (Eisen und Messing) sowie die Verwendung von Lehm in der *ogboni*-Kunst das zentrale Motiv der Vereinigung geschlechtsspezifischer Gegensätze auszudrücken – Eisen steht für Männlichkeit, Messing für Weiblichkeit, die Erde aber ist der gemeinsame Wohnsitz der Vorfahren beiderlei Geschlechts. *HJD*

Literatur: Morton-Williams 1960; Ogunba 1964; Williams 1964; Atanda 1973; Williams 1974; Drewal 1981, S. 90 f; Fagg 1981, S. 104; Witte 1988; Drewal 1989 a; Drewal, Pemberton und Abiodun 1989, S. 136–143

5.78 a

***Ogboni*-Paar**

Yoruba
Nigeria
19. Jahrhundert
Bronze
Höhe 78,5 cm
Privatsammlung

5.78 b

Weibliche *Ogboni*-Altarfigur (*onile*)

Yoruba
Nigeria
18.–19. Jahrhundert
Messing
106 x 20 x 16 cm
The National Commission for Museums and Monuments, Lagos, 65.4.53

Der *ogboni*-Bund (auch *osugbo* genannt) genoß bei den Yoruba beachtliche religiöse und politische Macht, da er die lebende Verbindung zwischen der Gemeinschaft und der alles erhaltenden Erde darstellte. Die Yoruba personifizieren die Erde (*ile*) als eine ambivalente Mutter, da dieselbe Erdgöttin die Menschheit wie ein Kind nährt und zugleich bei der Bestattung die Leiber der Toten aufnimmt. Ohne das Wohlwollen der Göttin gibt es weder Friede noch Glück auf Erden. Alle *ogboni*-Mitglieder sehen sich als *omo iya,* als Kinder derselben Mutter. In vorkolonialer Zeit wirkte die Einrichtung des *ogboni* als Stadtverwaltung, Gerichtshof und Wahlgremium. Das bekannteste *ogboni*-Symbol ist *edan* – je eine männliche und eine weibliche Messingfigur, die am Scheitel mit einer Kette verbunden sind (vgl. Kat. 5.78 a). Größere, freistehende Ausführungen des *edan*-Paares, *onile* (Besitzer des Hauses) genannt, nahmen spezielle Altäre in den Gesellschaftshäusern ein und vermittelten zwischen *ogboni* und der Göttin. Unzweifelhaft repräsentiert das Paar die polare Natur der Göttin, da männliche und weibliche Figuren als *ein* Gegenstand wahrgenommen und als *iya* (Mutter) bezeichnet wurden. Abgesehen von der wechselseitigen Abhängigkeit der Geschlechter während des Zeugungsaktes erinnert die männliche Figur an den ›harten‹, negativen Aspekt der Göttin und die weibliche an den ›weichen‹, positiven. Diese Dualität findet sich auch in der Ikonographie anderer Yoruba-Gottheiten, wie etwa bei Esu (dem göttlichen Boten) und Oro (der vereinten Macht der Vorfahren). Dieses Phänomen lebt in bekannten Sprichwörtern weiter: so in *Tako, tobo, ejiwapo* (Mann und Frau ergänzen einander) oder in *Tibi, tire, ejiwapo* (Gut und Böse gehen in eins). Einige Gelehrte haben die geschlechtliche Eindeutigkeit der Erde bezweifelt, da sie im *Odu Ifa,* einer Sammlung heiliger Mythen über Geschichte, Kultur und Religion der Yoruba, keinerlei Hinweise auf eine Erdgöttin finden konnten. – Das weibliche *onile* (Kat. 5.78 b) gehörte zu einem Paar, das ursprünglich in einem *ogboni*-Haus in Owu stand. Die Stadt wurde während der Yoruba-Bürgerkriege im 19. Jahrhundert zerstört. Das Paar wurde kurz vor dem Fall von Owu aus dem Gemeinschaftshaus entfernt. Eine Figur brachte man nach Ede und die andere – das uns vorliegende Stück – nach Apomu, wo das Nationalmuseum Lagos sie erwarb. Hier offenbart sich das Geheimnis des maternalen Prinzips im Yoruba-Universum. Die vertikale Ausrichtung der Figur entspricht einem Lobgesang (*oriki*) auf die Erdgöttin, der sie als »ebenso saftig und aufrecht wie die *odundun*-Staude (eine Heilpflanze)« preist. Außerdem erinnert sie an die Aufrichtigkeit und Festigkeit, die von einem *ogboni*-Anhänger erwartet wird. Die vollen Brüste und der längliche Hals mit dem engen Kragen stehen für mütterliche Hilfe, Schönheit und Güte. Die linke Faust über der rechten (deren Daumen umfassend) gibt einen rituellen Gruß des *ogboni* wieder und heißt die Mitglieder im Gemeinschaftshaus willkommen, wo die Göttin in Gestalt des *onile* beiden, Lebenden und Toten, Unterkunft gewährt. Die betont wiedergegebenen Genitalien verweisen auf die zeugende Kraft, mit der sie das Leben auf physischer und metaphysischer Ebene erneuert. Ihre hieratische Haltung, der vergrößerte Kopf und die stark betonten Gesichtsmerkmale spielen auf ihre Transzendenz an: Sie ist die unsichtbare Dritte bei den Beratungen des *ogboni* und stärkt Vertraulichkeit, Loyalität, Gleichheit, Gerechtigkeit und Selbstdisziplin. Die hornartig aufgerichtete Frisur weist sie als eine willensstarke Göttin aus, die ihren ganzen Zorn über allen ausgießen wird, die sie verraten oder die soziale Ordnung gefährden. Daher das verbreitete Yoruba-Sprichwort: *Eni da Ile, a ba Ile lo* (Wer die Erde betrügt, den wird sie unter sich begraben). *BL*

Literatur: Biobaku 1952, S. 38; Beier 1959, S. 2; Morton-Williams 1960, S. 362–374; Williams 1964, S. 139–165; Daramola und Jeje 1967, S. 132 f.; Ojo 1973, Taf. 51; Eyo 1977, S. 180; Adeoye 1989, S. 340–344 u. 356 ff.; Drewal 1989 a, S. 151–174; 1989 b, S. 117–145; Lawal 1974, S. 243; Lawal 1995, S. 36–49

5.79

Türsturz

Geschaffen von Olowe aus Ise-Ekiti
(Datiert 1938)
Yoruba
Ikere-Ekiti, Nigeria
Holz
Höhe 127 cm
The Trustees of the British Museum,
London, 1925. N/N

Auch wenn die afrikanischen Künstler selten mit Namen genannt werden, so ist die traditionelle afrikanische Kunst doch nicht unbedingt anonym. Auftraggeber und Mitbürger kannten die Namen der Künstler, und wenn ihre Kunst hohes Ansehen genoß, waren sie weit über ihre Wirkungsstätte hinaus bekannt. Uns sind ihre Namen unbekannt, weil die ersten Sammler es unterließen, danach zu fragen.

Der Schöpfer dieser Schnitzerei ist Olowe aus Ise-Ekiti. Er wurde vermutlich um 1873 in Efon-Alaiye geboren, einem der sechzehn vorkolonialen Königtümer der Ekiti-Yoruba im Gebiet des heutigen Ondo, Nigeria. Schon als Kind wurde Olowe zum Palast des Arinjale (König) geschickt, um dort als Bote zu dienen. Irgendwann zeigte Olowe dann seine Begabung für Holzschnitzereien und sein *oju-ona* (sein Auge für Formgebung). Daraufhin wurde er einem bekannten Schnitzkünstler überstellt. Später verließ Olowe seinen Meister, um eine eigene Werkstatt zu eröffnen. Er wurde Hofkünstler des Arinjale von Ise. Als sein Ruf wuchs, bekam er auch Aufträge von einigen anderen Yoruba-Königen und reichen Familien aus der weiteren Umgebung von Ise. Er erhöhte die Pracht ihrer Paläste durch schöne Tore und aufwendig geschnitzte Verandapfosten rund um die Innenhöfe, aber auch durch Truhen, Trommeln und andere Gebrauchsgegenstände.

So schnitzte Olowe auch einige Türen und einen Türstock für den Ogaga von Ikere. 1924 wurden diese am Eingang des nigerianischen Pavillons auf der British Empire Exhibition in Wembley angebracht. Olowes Stil beeindruckte das British Museum so stark, daß es dem afrikanischen König die Türen abzukaufen suchte. Der Ogoga weigerte sich, schlug aber vor, sie gegen einen in England hergestellten Thron zu tauschen. (Olowe, der damals noch lebte, schnitzte Ogaga ein anderes Tor als Ersatz.)

Olowes Stil ist einzigartig unter den Yoruba und anderen afrikanischen Schnitzmeistern aller Epochen. Andere Künstler schnitten Türfiguren in Hoch- und Flachrelief. Olowes Figuren sind darüber hinaus weder frontal noch statisch, sondern erscheinen bewegt. Zudem schnitt Olowe reiche Muster und verwendete lebendige Farben.

Dieser Türstock zeigt fünf Gesichter zwischen je einem Vogelpaar, daß nach ihren Augen hackt. Es handelt sich um ein Menschenopfer. Die Vögel sind keine Aasgeier, sondern geheiligte Götterboten. Bei Yoruba-Ritualen ist die Opferung eine Art Kommunikation der Menschen mit den Göttern. Vor dem 19. Jahrhundert fanden solche Rituale nur zu den wichtigsten öffentlichen Anlässen statt; so etwa zu Ehren des Eisengottes Ogun oder bei der Einsetzung eines neuen Königs. Menschen waren das seltenste und wertvollste Opfer. Die Darstellung von Geiern beim Fraß ist ein ›positives‹ Bild, da es die Annahme des Opfers durch die Götter ausdrückt. *RAW*

Literatur: Lawrence 1924, S. 12 ff.; Allison 1944, S. 49 f.; 1952, S. 100–115; Idowu 1963, S. 118 ff.; Fagg 1969, S. XX; Awolalu 1979, S. 138–142; Walker 1994, S. 91–106

5.80

Helmmaske

Ekiti (Yoruba)
Nigeria
Spätes 19. Jahrhundert (?)
Holz
103 x 35 x 42 cm
The Trustees of the British Museum, London, 1924. 12-20.2

Die yoruba-sprechenden Königreiche und Stämme im Nordosten weisen eine bemerkenswerte institutionelle Vielfalt auf, bei der die ›klassischen‹ Formen der Yoruba-Kultur immer seltener werden, je weiter man nach Osten vordringt. Das Ifa-Orakel, die Abstammung der Könige – wenn vorhanden – von Oduduwa von Ife und die kultische Verehrung des Eisens sind gleichwohl überregional verbindlich.

Helmmasken, die aus einem einzigen Holzblock geschnitten wurden, sind unter der Bezeichnung *epa* bekannt. Regional unterschiedlich finden sich aber auch Bezeichnungen wie *elefon* oder *aguru*. Manchmal werden zudem innerhalb derselben Gemeinschaft *elefon* und *epa* für verschiedene Maskenformen verwendet. Mitunter ist die Gattungsbezeichnung für alle Maskentypen *egigun*, dann wieder *imale*. Weit verbreitet ist der Glaube, daß eine metaphysische Präsenz geschaffen wird, indem man Masken oder Bilder schnitzt und ihnen opfert.

Die Verwendung von Masken ist sehr unterschiedlich, und die verschiedenen Bräuche schließen einander nicht immer aus. Manche Masken sind Ausdrucksmittel junger Männer bei den Übergangsriten in einen höheren Rang, manche werden bei den nachträglichen Bestattungsriten eines Würdenträgers verwendet, manche sind Opfergaben, da sie die Kraft *imales* in sich tragen, andere ziehen einen Kult nach sich, da sie Heilkräfte bewiesen haben, und wieder andere sind öffentlicher Ausdruck der Riten eines ansonsten geheimen Zusammenschlusses. Einige Masken feiern Ogun, den mythischen, eisenschwingenden Helden, dessen Kultzentrum im Ekiti-Dorf Ire liegt. (Das Ogun-Fest ist in vielen Gemeinschaften Zentral-Ekitis höchstes Fest des Jahres, oftmals zur Mitte der Regenzeit. Die ersten Yams-Wurzeln werden Ogun geopfert, bevor sie zum allgemeinen Verzehr freigegeben werden.) Die vorliegende Maske wurde in einem Stil geschnitzt, der typisch für das Dorf Oye-Ekiti in der Nähe von Ire ist. Daraus läßt sich schließen, daß sie während des Ogun-Festes getragen wurde. Als sie 1924 ins Museum kam, wurden ähnliche Masken noch immer in derselben Gegend hergestellt. Der erodierte Zustand des Gesichts rührt vom wiederholten Kontakt mit geheiligtem Blut und Palmwein her (allein deshalb läßt sich die Maske auch ins späte 19. Jahrhundert datieren).

Die Figur stellt einen berittenen Krieger dar. In der Linken hält er Schild und Speere, in der Rechten einen Schrumpfkopf. Er trägt die lange Mütze, in der Jäger ihr Pulver trockenhielten. So etwa wurde vermutlich Ogun dargestellt, wiewohl diese Ikonographie für solche Masken unabhängig von ihrem Kultstatus gängig war (andere bilden zusätzlich Mütter, Kinder, Leoparden, Hunde und Widder ab). Die Identifikation dieser Maske mit Ogun hängt daher von ihrem Ursprungsgebiet ab. Das Reiterbild stammt nicht aus der lokalen Kriegskunst, sondern von den Reitertruppen des Oyo-Königreichs (dem ›klassischen‹ Modell der Yoruba-Kultur, die bis Mitte des 20. Jahrhunderts sich als einzige mit ›Yoruba‹ bezeichnete, das vom 17. bis zum 19. Jahrhundert die ganze Region vom Mittelniger bis zur Küste beherrschte. Außerdem wurden Reitertruppen vom Ilorin-Emirat verwendet, das im hl. Krieg (*jihad*) von den Fulbe im frühen 19. Jahrhundert in Nord- und Mittel-Yoruba gegründet wurde. Im gebirgigen Gelände von Ekiti war eine Reiterei nahezu nutzlos, aber die Bilder hielten sich offenbar als Erinnerung an die Yoruba-Kriege des 19. Jahrhunderts, bei denen Ekiti von der einen wie der anderen Seite in wechselnden Allianzen vereinnahmt wurde. Vor diesem Hintergrund ist die Figur eine passende Verkörperung von Kraft und Autorität. *JWP*

Literatur: Carroll 1967; Ojo 1978; Picton 1994[1]; 1994[2]; Picton, in Vorbereitung

5.81

Helmmaske

Möglicherweise von Bamgbose
aus Osi-Ilorin geschnitzt
Opin (Yoruba)
Nigeria
Spätes 19. Jahrhundert (?)
Holz
117 x 40 x 43 cm
The Trustees of the British Museum, London, 1964. AF.2.1

Opin bestand ursprünglich aus zwölf Dörfern im Norden Ekitis, die sich in einem Radius von fünf Meilen um Osi-Ilorin gruppierten (das diesen Namen erhielt, weil es im Gegensatz zum südlich gelegenen Osi-Ekiti 1850 zusammen mit allen anderen Opin-Gemeinden zum Ilorin-Emirat kam). In Opin wurden *aguru*-Masken wie die vorliegende bei den Post-Bestattungsriten verdienter Würdenträger verwendet, deren Status sich mehr auf persönliche Leistung als auf Abstammung gründete. Die Masken wurden von jungen Männern einer bestimmten Altersgruppe getragen, von denen erwartet wurde, daß sie im Verlauf der Zeremonie mit der Maske auf dem Kopf auf den bis zu zweieinhalb Meter hohen Grabhügel sprangen.

Opin ist in der Kunstgeschichte Afrikas und der Yoruba als einer der wenigen Orte bekannt, wo man das Gesamtwerk berühmter Künstler und ihre Position innerhalb der aus vorkolonialer Zeit überkommenen Traditionen studieren kann. Manchmal läßt sich sogar die individuelle Entwicklung eines Werkes nachzeichnen (zumindest seit der Eingliederung des Gebietes in das Ilorin-Reich um das Jahr 1850). Das vorliegende Werk wurde vor 1910 erworben und ist höchstwahrscheinlich die Arbeit von Bamgbose aus Osi-Ilorin. In seiner Zeit war Bamgbose das Oberhaupt der Bildhauergilde, in dessen Haus sich alle Bildhauer trafen, um ihre Werke zu diskutieren. Er war auch der Lehrer des bekannteren Areogun (um 1880 bis 1954), der in der ersten Hälfte des 20. Jahrhunderts als führender Künstler von Opin und Nord-Ekiti galt.

Der Lederhelm des berittenen Kriegers kennzeichnet diesen eher als Einheimischen denn als einen Soldaten Ilorins, der einen Turban mit einer Korbhaube darüber getragen hätte. Aber dieses Detail beeinflußt kaum die Bedeutung der Maske. Sie trägt den Namen ›Krieger, kämpfe nicht (d. h. gegen uns)‹ bzw. ›Krieger, hilf uns kämpfen (d. h. gegen sie)‹. Die Allgemeingültigkeit der Darstellung eines Kriegers läßt die Frage, wessen Krieger gegen wen kämpft, zweitrangig erscheinen. *JWP*

Provenienz: Vor 1910 von Churchill Bryant in Osi-Ilorin erworben

Literatur: Caroll 1967; Ojo 1978, S. 455 bis 470; Picton 1994[1], S. 46–59, 101 f.; Picton, in Vorbereitung

5.82

Gefäß in Form einer knienden Frau mit jungem Hahn

Yoruba
Nigeria
Frühes 20. Jahrhundert
Holz, Kaolin
53 x 25 x 37 cm
Robert B. Richardson

Eine Frau, die sich einem Priester oder Wahrsager demütig nähert, gehört zu den drei meistverbreiteten Motiven in der skulpturalen Kunst der Ost-Yoruba während des Ekiti-Königtums. Bei diesem Beispiel trägt die Frau die Haartracht einer jungen Braut. Der Leib des Hahns ist ausgehöhlt und bildet so ein Gefäß, das seinerseits dazu diente, einem Ehrengast oder einer Gottheit Gaben darzubringen. Der Rücken des Hahns mit Kopf und Schwanz ging verloren. Den Holzschnitzer konnte man bisher nicht identifizieren, aber er gehört zweifellos zur selben Schule wie Ayantola aus Odo-Ehin im Ijero-Ekiti-Königreich, der noch in den 60er Jahren dieses Jahrhunderts wirkte. Unsicher ist, ob es sich hier um ein Stück aus Ayantolas Frühzeit handelt, in der er größeren handwerklichen Aufwand betrieb als in seinem Spätwerk, oder um ein Werk seines Vaters. *JWP*

Literatur: Caroll 1967; Ojo 1978, S. 455 bis 470; Picton 1994[1], S. 1–34; 1994[2], S. 46–59, 101 f.; Picton, in Vorbereitung

5.83 a

Figur mit Musikern aus einem Shango-Heiligtum

Yoruba
Nigeria
Frühes 20. Jahrhundert
Holz
Höhe 73,5 cm
Sammlung Ian Auld

Die Anhänger von Shango, der Yoruba-Gottheit (*orisha*) des Donners und der Blitze, stellten diese Schnitzwerke (*ere*) auf ihre Altäre. Die mündliche Tradition der Yoruba identifiziert Shango des öfteren mit einem der ersten Könige (Alaafin) von Oyo-Ile. Er wird als ein sonderbarer und unberechenbarer Charakter beschrieben: gewalttätig, aufbrausend und rachsüchtig, dann wieder umgänglich, liebevoll, fürsorglich und großzügig. Er war ein großer Krieger und Zauberer, der die Macht besaß, den Blitzen zu gebieten, mit denen er seine Feinde vom Schlachtfeld fegte. Die Umstände von Shangos Tod und Vergöttlichung sind unklar. Einige Geschichten besagen, daß er nach einer langen Regierungszeit im 15. oder 16. Jahrhundert freiwillig abdankte und als Zeichen seiner Verwandlung in einen *orisha* durch ein Loch im Boden verschwand. Andere behaupten, seine Untertanen hätten ihn zur Abdankung gezwungen, nachdem sie seiner politischen Intrigen und militärischen Eskapaden müde geworden waren. Schließlich habe er Selbstmord begangen. Aber gleich darauf, so will es eine weitere Legende, wurde Oyo-Ile von einer Reihe unvorhergesehener und verheerender Gewitterstürme heimgesucht, die des Königs ehemalige Untertanen für seine postume Vergeltung hielten. Daher weihten sie ihm Heiligtümer, nicht nur, um seinen Zorn zu besänftigen, sondern auch um seine Macht zum allgemeinen Wohl zu nutzen. Da seine militärischen Erfolge den Grundstein für den politischen Aufstieg und den wirtschaftlichen Erfolg Oyo-Iles gelegt haben sollen, wurde die Shango-Verehrung zur Staatsreligion erhoben und blieb es vom 17. bis ins frühe 19. Jahrhundert, als das Königreich den Höhepunkt seiner Macht erreichte.

Als Herr über den Regen repräsentiert Shango das dynamische, fruchtbare Prinzip der Natur. Daraus erklärt sich das Übergewicht des Weiblichen in Shango-Ritualen und in der dazugehörigen Kunst. Bei der Initiation in die Priesterschaft wird der Gläubige ungeachtet seines Geschlechts in ein weibliches Medium verwandelt, das bereit ist, sich von Shango in Besitz nehmen zu lassen, um so der männlichen und zeugenden Kraft des Gottes einen angemessenen Empfang zu bereiten. Während der Inbesitznahme wird der Novize/die Novizin dann zur

Inkarnation des Gottes, führt akrobatische Tänze und magische Handlungen aus, spricht mit der Stimme des Gottes und betet für das Wohlergehen der Gemeinschaft.

Die stehende weibliche Figur (Kat. 5.83 a) stellt eine Priesterin dar, die, von Musikern begleitet, zum Lobe Shangos Kalebassenrasseln (*sere*) schüttelt. Die von Männern wie Frauen getragene Kammfrisur macht sie als ein Medium kenntlich, das die Herabkunft des Gottes erwartet. Die durch Waschblau erzeugte Färbung an Frisur und Scham der Figur sowie an Frisur bzw. Kopfbedeckung der Musiker soll die Schönheit der Schnitzerei unterstützen und ist ein modernes Substitut für Indigo, den bei den Yoruba dank seiner Assoziation mit Kühle hoch angesehenen Farbstoff. Die Komposition der Figur und ihre bemerkenswerte handwerkliche Ausführung korrespondiert mit dem Bild Shangos als Liebhaber von Kunst, Musik und schönen Frauen, so wie es in seinen Lobliedern (*oriki*) gezeichnet wird. Ulli Beier photographierte dieses Bildwerk in den fünfziger Jahren in Ilobu (nahe Osogbo) während des jährlichen Bilderfestes (*odun ere*), bei dem Figuren aus verschiedenen Heiligtümern in der Öffentlichkeit gezeigt und in einer Tanzprozession zu Ehren aller *orisha* durch die Stadt getragen werden. Auf Beiers Photos ist die große Frauenfigur mit Kopfschleifen und Perlenhalsbändern geschmückt, und der Kopfputz der Musiker wurde statt blau weiß gefärbt. Die Farbveränderung zeigt die ständige, ehrfürchtige Erneuerung, der die Skulpturen innerhalb der Yoruba-Religion unterzogen werden. In Stil, Haltung und Komposition gleicht diese Figurengruppe einer anderen von Beier in den 50er Jahren photographierten Shango-Altarfigur aus Ilobu. Die Ähnlichkeit ist so groß (nur daß der Trommler hier einen Spitzhelm anstelle einer hundeohrigen Mütze trägt), daß die beiden Stücke aus derselben Werkstatt zu stammen scheinen, wenn nicht vom selben Künstler. Als Schöpfer des Ilobu-Stückes konnte Beier Maku aus Erin ermitteln, der um 1955 starb.

Die kniende Figur mit Gefäß (Kat. 5.83 b) hat viele stilistische Gemeinsamkeiten mit Schnitzereien aus dem Ilobu-Erin-Osogbo-Dreieck. Das Doppelaxt-Motiv in der Frisur ist eine Metapher für den Donnerkeil (in Form einer polierten Steinaxt), die Shango nach dem Volksglauben während des Gewittersturms vom Himmel schleudert. Es spiegelt aber auch die Mann-Frau Interaktion in der Shango-Symbolik und erinnert an jene Phase der Initiationsriten, in welcher der Novize eine polierte Steinaxt an seinen/ihren Kopf gebunden bekommt, um die Vereinigung von Menschlichem und Übermenschlichem zu demonstrieren. Die kniende Haltung vermittelt Demut, Respekt und Verehrung. Das Gefäß ist ein Symbol des Gebens und Nehmens und soll Shango dazu verpflichten, im Gegenzug für das dargebotene Opfer den Gläubigen mit allen erstrebenswerten Dingen des Lebens zu überschütten.

Die stilisierte Doppelaxt, welche die kniende Frau mit dem Kind auf dem Rücken (Kat. 5.83 c) in Händen hält, macht sie als Anhängerin Shangos kenntlich. Das Kind auf ihrem Rücken steht für den Schutz und die Zuwendung, die von der Gottheit erwartet werden. In manchen Fällen haben Frauen, die nach Opferungen ein Kind zur Welt brachten, solche Figuren in Shango-Heiligtümern aufgestellt, um dem Gott zu danken und gleichzeitig seinen Schutz für sich und das Kind zu erbitten. Da es stilistisch den Schnitzereien von Abogunde aus Ede ähnelt, hat John Pemberton vermutet, daß auch dieses Stück vom selben Meister stammt. *BL*

Literatur: Beier 1954, S. 14–20; 1957, Taf. 20; 1960, Taf. 3,7; Lawal 1971; Pemberton 1982, Taf. 35; Pemberton 1989, Taf. 161

5.83 b

Figur mit Schale aus einem Shango-Heiligtum

Yoruba
Nigeria
Frühes 20. Jahrhundert
Holz
Höhe 52 cm
Sammlung Ian Auld

5.83c

Figur mit Kind aus einem Shango-Heiligtum

Yoruba
Nigeria
Spätes 19. Jahrhundert
Holz
Höhe 56 cm
Sammlung Ian Auld

5.84

Figur mit Kind aus einem Heiligtum

Yoruba
Nigeria
Spätes 19. Jahrhundert
Holz
Höhe 60 cm
Sammlung Ian Auld

Auch wenn der ursprüngliche Kontext dieser Figur ungeklärt bleibt, ist doch die hoch aufgesteckte Frisur der Frau für Bildwerke charakteristisch, die man in Oya-Heiligtümern fand. Oya ist Shangos Lieblingsfrau und die Göttin der Wirbelstürme und des Niger. In der Tat ähnelt die Figur stilistisch und ikonographisch so sehr zwei Schnitzereien aus einem Oya-Heiligtum in Ilobu (in den 50er Jahren von Ulli Beier photographiert), daß sie vielleicht auch vom selben Künstler in Ilobu geschnitzt wurde. Nach volkstümlicher Vorstellung ist Oya der Wind, der den Gewittersturm begleitet, Bäume fällt, Häuser beschädigt, Dächer von einem Ende der Stadt zum anderen schleudert und die blitzende Majestät Shangos ankündigt. Wegen der engen Zusammenarbeit des Paares kann man Oyas geheiligtes Symbol (ein Paar Büffelhörner) in vielen Shango-Heiligtümern finden, während Shangos Donnerkeil oder seine geschnitzte Doppelaxt umgekehrt auch Oya-Heiligtümer schmückt. Wie ihr Gatte ist Oya sehr temperamentvoll und muß daher mit derselben emotionalen Intensität verehrt werden. Mutter-und-Kind-Figuren in Oya-Heiligtümern haben dieselbe Bedeutung wie in Shango-Heiligtümern. *BL*

Literatur: Beier 1959, Taf. 26; Pemberton 1982, Taf. 34

Dieses außergewöhnliche Yoruba-Schaustück soll von Ogogo, dem Oba von Ikere, in Auftrag gegeben und dann einem britischen Gesandten überreicht worden sein. Da perlenbesetzte Kunst als Ausdruck königlicher Macht galt, war dieses Stück das angemessene Geschenk eines Oba an den Abgesandten eines anderen Königreichs. Die große weibliche Figur mit einem Kind auf dem Rücken hält eine Opferschale mit einem Vogel darüber. Vier kleinere Dienerinnen umgeben sie und nehmen in ihrer Hahnenkammfrisur die Haartracht der größeren Figur wieder auf. Drei von ihnen tragen Bündel, eine kniet vorn und stützt die Opferschale mit ihrem Kopf. Der säulenartige Leib der Zentralfigur wird unten von einer konischen Form gestützt, die einer Oba-Krone ähnelt; die Basis wird von vier Männern mit Gewehren umstanden.

Bei den Yoruba waren Perlen Privileg der Herrscher und angesehener Würdenträger, wie etwa der Ifa-Wahrsager und -Priester. Die konische Perlenkrone mit dem Perlenschleier (*adenla*) ist höchstes Symbol königlicher Macht. An jeder Krone erscheint ein menschliches Gesicht über der Stirn, bei manchen auch an vier Seiten oder als Muster von sechzehn Gesichtern, das die ganze Krone bedeckt. Wenn ein Yorubakönig die Krone trägt, ist sein Kopf (*ori ode*) bedeckt und sein Gesicht hinter dem Perlenschleier verborgen. Sein ›innerer Kopf‹, bzw. sein persönliches Schicksal (*oti inu*) ist unzertrennlich mit der geheiligten Macht (*ase*) der Krone und all ihrer bisherigen Träger verbunden. Die Spitze zeigt meistens einen Vogel, das Symbol für die weibliche Macht, oft ›unsere Mütter‹ genannt, welche für die geheime zeugende Kraft der Frau steht.

Das Schaustück ist Ausdruck der Wechselbeziehung zwischen männlicher und weiblicher Macht, die der königlichen Autorität zugrundeliegt. Die Macht der Männer ist offenkundig, denn sie tragen Gewehre. Die Macht der Frauen ist verdeckt, denn Frauen gebären, was bedeutet, sie opfern – Geben und Nehmen gleichzeitig. Ohne die Macht der ›Mütter‹ könnten Könige nicht herrschen. Im vorliegenden Stück wird der Frau der Vorrang gegeben. Ihr innerstes Wesen (*iwa*) und ihre physische Schönheit (*ewa*) werden durch das Kind auf ihrem Rücken, ihre kunstvolle Haartracht und ihre vollen Brüste zum Ausdruck gebracht. Aber erst die Kunstfertigkeit des Perlenbesatzes und der reiche und gleichberechtigte Einsatz von Farben und Mustern vermitteln die eigentliche Energie der Figur. Vom unteren Teil der Figurengruppe wechselt die Farbe von dunkleren Blau- und Grüntönen mit einigen weißen, goldenen und silbernen Akzenten, über hellere Schattierungen von Grün, Rot, Blau und Gelb hin zu einem ausgiebigeren Gebrauch von Gold und Silber. In der hierarchischen Struktur der Figur und dem kontrollierten Einsatz von Farben und Mustern beweist der Künstler, was die Yoruba *oju-ona* (Auge für Form) nennen würden, aber auch *oju-ina* (Einsicht), also ein verständiges Erfassen seines Gegenstandes. *JP III*

Provenienz: 1924 vom Ogogo von Ikere-Ekiti für die British Empire Exhibition erworben

Literatur: Fagg 1980; Cole 1989, S. 50 f; Drewal u. a. 1989, S. 166–169; Abiodun u. a. 1991, S. 20, 25

5.85

Schaufigur

Yoruba
Ekiti, Nigeria
Frühes 20. Jahrhundert
Stoff, Korb, Perlen, Gewebe
106 x 26 x 28 cm
The Trustees of the British Museum, London, 1924. 136

5.86

Kopfschmuck (*ere gelede*)

Anago-Yoruba
Republik Benin
Spätes 19./frühes 20. Jahrhundert
Holz mit Pigmentspuren
35 x 18,5 x 21 cm
Privatsammlung, Brüssel

Dieser Kopfschmuck des *gelede*-Männerbundes stammt von den Anago-Yoruba, die im heutigen Grenzgebiet zwischen Nigeria und Benin siedeln. Er ist das Werk eines unbekannten Meisters, der möglicherweise in der Nähe von Ifonyin arbeitete. Ein Charakteristikum seines ausgeprägten Stils sind die nahezu rechtwinkligen Ohren. Die Maske stellt einen Yoruba-Muslim aus dem Norden (vielleicht Oyo) dar. Deutlich kennzeichnen ihn die eingeritzten Zeichen seiner Ethnie, sein Bart und seine kunstvoll gefaltete Stoffmütze. Geschickt gibt der Künstler die weiche Stoffqualität wieder und spielt so überlegen mit der Yoruba-Redewendung für einen unordentlich gekleideten Menschen »er trägt die Kleider, als wären sie aus Holz« (*o nro aso l'igi*), indem er umgekehrt mit Holz überzeugend den Eindruck von Stoff imitiert.

Gelede verehrt die spirituelle Kraft der Frauen, besonders der älteren und nennt sie liebevoll ›unsere Mütter‹ (*awon iya wa*). Die Macht dieser Frauen ist vergleichbar mit der Macht der Götter (*orisha*), der Geister (*oro*) oder der Vorfahren (*osi*). Sie kann zum Nutzen oder zum Verderben der Gesellschaft eingesetzt werden. Zeigen sie ihre verderbliche Seite, werden solche Frauen *aje* genannt. Sind sie erzürnt, können sie Einzelne und ganze Gemeinschaften zugrunderichten. Vorführungen mit *gelede*-Masken sind eine beliebte Unterhaltung für die Gemeinschaft, aber vor allem für ›unsere Mütter‹: Sie schmeicheln ihnen, stimmen sie versöhnlich und bitten sie, ihre ungewöhnlichen Kräfte zum Wohle der Gesellschaft einzusetzen. Daher sind diese Vorführungen eigentlich Opferriten, die weltliche Kräfte beschwören, indem sie sich der ästhetischen Kraft von Skulptur, Tanz und Gesang bedienen. Sie kommentieren soziale und geistliche Fragen und suchen der Gesellschaft eine positive Richtung zu geben.

Die Themen der *gelede*-Ikonographie lassen sich drei Bereichen zuordnen: Anerkennung von Personen und Positionierung, Satire sowie Beeinflussung kosmischer Mächte. Diese Kategorien schließen einander nicht immer aus. In der ersten werden Individuen und/oder Gruppen für ihren Beitrag zum Gemeinwohl geehrt. Die zweite leistet das genaue Gegenteil und verurteilt unsoziales Verhalten. Die dritte versucht, der Gemeinschaft durch explizite Darstellung oder metaphorische Anspielungen das Wohlwollen kosmischer Mächte zu sichern.

Diese Maske bezieht sich auf Anwesenheit und Wirken der Muslime in der Yoruba-Kultur. Sie könnte deren Rolle als Händler und Führer gepriesen haben, oder sie verspottete deren Versuch, alteingesessene religiöse Praktiken (wie etwa *gelede* selbst) zu verdrängen. Da die ›Biographie‹ dieser Maske nicht hinreichend dokumentiert ist, kann man über ihre frühere Funktion nur spekulieren. *HJD*

Literatur: Thompson 1971, Kap. 14; Drewal 1981, S. 114 ff.; Fagg u. Pemberton 1982, Taf. 2, 5, 29, 49; Drewal u. Drewal 1983; Drewal, Pemberton u. Abiodun 1989, Kap. 8, Abb. 251; Abiodun, Drewal u. Pemberton 1991, S. 29–33

5.87

Stab

Yoruba
Nigeria
20. Jahrhundert (?)
Schmiedeeisen
73,5 x 33 x 19 cm
Sammlung Ian Auld

Die bekanntetsten schmiedeeisernen Formen in der Yoruba-Kunst stehen mit Osanyin und Ifa, den Göttern der Heilkunde bzw. Wahrsagerei, in Verbindung. Typisch für Osanyin ist ein massiver Eisenstab mit einem Vogel als Aufsatz und weiteren sechzehn konzentrisch angeordneten Vögeln um diesen herum. Die Zahl Sechzehn verweist auf das Ifa-Orakel, einer umfangreichen Sammlung mündlich überlieferter Geschichten mythologischen, juristischen, ethischen und lyrischen Inhalts, die in 256 (= 16 x 16) Verse unterteilt ist. Der Wahrsager wählt denjenigen Vers aus, der am besten auf das Problem des Ratsuchenden zutrifft. Mit der Unterteilung des durch ungeheure Gedächtnisleistung des Wahrsagers memorierten Geschichtenkorpus in 256 Versen geht eine entsprechende Klassifikation von Heilpflanzen und magischen Substanzen einher. Im Gegensatz zu dem Stab von Osanyin hat Ifa einen Stab mit einem einzigen Vogel, wie ihn die Wahrsager bei Prozessionen tragen. In beiden Fällen beziehen sich die Vögel auf den metaphysischen Bereich, aus dem Linderung und Heilung entspringen. Einige Eisenstäbe bedienen sich der Form des Osanyin-Stabes, umgeben aber den zentralen Vogel nicht mit Miniaturvögeln, sondern mit kleinen Schmiedewerkzeugen. Es ist ungeklärt, ob diese Stäbe einem anderen Kult dienten oder auf eine sonderbare Überlagerung von Osanyin und Ogun zurückgehen. Das vorliegende Stück ist ungewöhlich, da die menschliche Figur keine Ähnlichkeit mit den weiterverbreiteten Werken dieser Gattung aufweist, sondern eher den Kultobjekten von Danhome ähnelt. Außerdem verweist die Miniaturdarstellung von Pfeil und Bogen auf die Jagd-Gottheit Oshoosi, deren Kult vor allem bei den südwestlichen Yoruba beheimatet ist. *JWP*

Literatur: Williams 1974; Drewal, Pemberton u. Abiodun 1989

5.88

Wahrsageschale (*aqere ifa*)

Yoruba
Nigeria
Holz
28,5 x 21,5 cm
Privatsammlung

Diese meisterlich geschnitzte und bemalte Schale wird von einem Reiter getragen und von Soldaten begleitet. Sie vermittelt den Eindruck großer Leichtigkeit und Kraft. Die Größen von Soldaten, Pferd und Reiter sind genau aufeinander abgestimmt, Details an Kleidung und Ausstattung erinnern in ihrer sorgfältigen Ausarbeitung an den Abeokuta-Stil. Die Öffnung der Schale ist von einem sternförmigen Muster gerahmt, das die Aufmerksamkeit auf den zentralen Kraftquell richtet. Die Schale wurde im Ifa-Kult zur würdevollen Aufbewahrung der sechzehn Palmkerne und anderer Gegenstände benutzt, die während des Ritus Verwendung fanden, und hatte ihren Platz auf dem Altar. *NB*

5.89

Reif

Yoruba
Nigeria
Kupferlegierung
Durchmesser 19 cm
National Museum of African Art, Smithsonian Institution, Washington, 89.17.1

Dieses Stück gehört zu einer Gruppe von Reifen, die Mitte der 70er Jahre auf dem Markt auftauchten und bei einer illegalen Ausgrabung in Ife gefunden worden sein sollen. Ihr Zustand macht glaubhaft, daß sie wirklich längere Zeit vergraben waren. Der vorliegende Reif zeigt einen Yorubaführer, wobei die hervortretende Brust eher an eine Königin als an einen König denken läßt. Die Figur trägt eine kleine Krone in Form eines gestutzten Kegels mit Schmuckelementen über beiden Ohren. Das entspricht nicht dem sonst in der Ife-Kunst geläufigen Kronen-Typus mit einem Kranz großer, runder Perlen; auch fehlen die schleifenförmigen Rangabzeichen. Auf der Stirn sieht man die spiegelbildlichen Mondsicheln, die im Ijebu-Gebiet die Mitgliedschaft in der Oshugbo- (oder auch Ogboni-) Gesellschaft anzeigen. Dieses Zeichen findet sich bei Männern wie bei Frauen. In der Rechten hält die Figur einen Stab mit einem scheibenförmigen Kopf.

Zu Füßen der großen Figur liegt ein geknebelter Menschenkopf und daneben, bäuchlings, die Arme an den Ellenbogen auf den Rücken gebunden, der enthauptete Körper des Opfers; lange Schmucknarben laufen über beide Schulterblätter und dessen Arme. Zu seinen Füßen liegt ein weiterer geknebelter Kopf. Ein Geier hackt in den Hals eines zweiten Opfers und ein weiterer Kopf sowie ein dritter, ebenfalls enthaupteter Körper bringen uns zurück zur stehenden Figur, neben der wir an der Außenseite des Reifs eine Schildkröte und ein Paar zeremonieller Stäbe der Oshugbo/Ogboni-Gesellschaft erkennen. Rituelle Opfer wurden für gewöhnlich geknebelt, damit sie ihre Opferer nicht verfluchen konnten, da ein solcher Fluch das Schicksal herausgefordert hätte. Derartige Reife wurden vermutlich anläßlich der Inthronisation von Yorubakönigen angefertigt und dann als Tribut nach Ife gesandt. Dementsprechend wären sie späteren Datums als die übrigen Ife-Gelbgüsse, da auf keinem von ihnen die typische Krone der klassischen Ife-Kunst auftaucht. Das vorliegende Stück wurde wohl in Ijebu gegossen. *FW*

Literatur: Vogel 1983

5.90

Reif

Yoruba
Nigeria
17.–18. Jahrhundert (?)
Bronze
Durchmesser 40 cm
Privatsammlung

In den letzten Jahren sind etliche dieser eleganten Reife aufgetaucht. Sie sind Meisterwerke des Massivgusses, und ihre Ausführung ist bewundernswert. Ihre Idealform sollte dem perfekten Kreis so nahe wie möglich kommen, wobei sich die beiden fein auslaufenden Enden ›wie in einem Kuß‹ berühren sollten. Viele Reife verfehlen dieses Ideal allerdings weitgehend. Eine erste Analyse der Messinglegierung erbrachte Daten, die auf das 18. Jahrhundert verweisen (allerdings wurden nur zwei Stücke analysiert). Möglicherweise lag es am Gebrauchswert dieser Reife, daß sie über einen so langen Zeitraum hinweg hergestellt wurden. Zur Zeit von Ibn Battutas berühmter Fahrt (1354) gab es bereits Steinformen für den Guß von Metallbarren, und wir besitzen noch heute viele aufwendig gebogene Barren. Allerdings wurde der vorliegende Reif bereits in seiner jetzigen Gestalt gegossen und nicht erst nachträglich gebogen. Die währungsähnliche Manilla kann als Vorbild solcher Stücke gelten; nur Begüterte konnten sich derart gewichtige Objekte leisten (manche wiegen über vier Kilo). Allerdings scheinen sie neben der finanziellen Bedeutung auch noch andere Funktionen gehabt zu haben: So wurden sie von Frauen bei einem rituellen Tanz mit langen Messern getragen. Das scheint zunächst unwahrscheinlich, hält man den Reif in der Hand, aber es läßt sich leicht zeigen, daß er bequem um den Nacken gelegt und bei Tanzriten auch von jungen Frauen getragen werden kann. Solche schweren Gußreife wurden in einfacher oder doppelter Ausführung gefunden, aber die vorliegende Form scheint sich durchgesetzt zu haben, da man viele Stücke dieser Art in unterirdischen Verstecken fand.

Die figurative Gußplastik der Yoruba wurde vielleicht bisher zu sehr bevorzugt, bedenkt man die Vielfalt ihrer ›abstrakten‹ Bronzen und meisterlichen Messingobjekte, für die uns dieses einmalig geformte und ausgeführte Stück ein Beispiel gibt. *TP*

Literatur: Williams 1974

5.91 a

Karyatide mit Opferschale

Fon
Republik Benin
Holz
Höhe 18 cm
The Trustees of the British Museum, London, 1886. 7.17.5

Die Holzschnitzkunst im südlichen Benin scheint sich vor allem mit menschlichen Figuren verschiedenster Größe und Form zu befassen. All diese Bildwerke bezeichnet man als *bocio,* was schwer zu übersetzen ist, auch wenn weitgehende Übereinstimmung herrscht, daß es sich bei diesem Ausdruck um eine Zusammenziehung von *bo* (Zauber) und *cio* (Körper) handelt. Eine andere Bezeichnung ist *atin vle gbeto* (menschenähnliches Holz). Ein *bocio* soll das Sichtbare mit dem Unsichtbaren verbinden. Das Ende der meist pfahlartig zugespitzten Figuren wird in den Boden gesteckt: Sie scheint der vom Menschen (*gbeto,* d.h. Herr des Kosmos) beherrschten Erde zu entsteigen. Ein *bocio* soll das Wesen (*yè*) des Dargestellten ausdrücken. Es erhebt daher keinerlei Anspruch auf Ähnlichkeit oder Porträtrealismus.

In der Fon-Kultur sind *bocios* allgegenwärtig. Man findet sie vor oder hinter dem Haus, neben Heiligtümern, in Innenhöfen und in allen bewohnten Gegenden, ja sogar im Busch. Sie sind in alte Fetzen und Lumpen gehüllt oder in stolz zur Schau gestellte, brandneue Kleider, je nach Eigenart des Dargestellten. Hauptsächlich soll eine *bocio*-Figur das Böse ablenken, indem es die Anwesenheit einer realen Person vortäuscht. Die Figur blickt in die Richtung, aus der das Böse erwartet wird. *Bocios* markieren die Grenzlinien zwischen den gezähmten Kräften der Zivilisation innerhalb menschlicher Niederlassungen und den unmittelbar benachbarten, ungebändigten Kräften der Wildnis. Auch wenn die meisten *bocio*-Figuren auf dem Territorium der Fon gefunden wurden und als deren kulturelle und ethnische Kennzeichen gelten dürfen, wurden doch auch einige von Yoruba-Künstlern oder deren Schülern geschnitzt, was kaum überrascht, da sich der Yoruba-Einfluß überall in der Fon-Kunst zeigt. Zahlreiche Kriege zwischen Yoruba und Fon vertieften diese Einflüsse noch, da auf diese Weise Yoruba-Künstler und -Priester in das Fon-Königreich Abomey gelangten. Einige Bildwerke spiegeln diesen Einfluß auch ikonographisch: Karyatiden mit Opfergefäß (Kat. 5.91 a) nahmen traditionell Opfergaben für Orunmila auf, jene Gottheit, die das Ifa-Orakel beseelt (vgl. Kat. 5.87) und der sich alle Menschen ungeachtet ihres Aussehens und Vermögens zu unterwerfen haben. Die unter dem Namen Ifa-Orakel bekannte Geomantie der Yoruba soll aus Ife stammen. Yoruba wie Fon betrachten diese Stadt als ihr religiöses Zentrum.

Bocio-Figuren sind nur wenig bekannt und historisch schlecht dokumentiert. Eines der hier gezeigten Stücke (Kat. 5.91 d) gelangte 1893 als Kriegsbeute nach Frankreich. Es wurde zusammen mit zwei weiteren monumentalen Figuren im Königspalast von Abomey gefunden. Alle drei sollen Könige porträtiert haben, die vorliegende ist angeblich ein Abbild von Ghezo (1818–1858). Der rotgestrichene Körper mit seinem scharfen Eisenbesatz und den Rückständen verschiedener Opfergaben legt aber eher nahe, daß es sich um Gu, den Gott des Eisens, handelt, der Erfolg in der Schlacht verspricht. Den Zusammenhang mit dem Krieg stützt auch das verlorengegangene Messer, das die Figur einst in ihrer erhobenen Rechten trug, sowie die Schutzreife um Arm und Hüften.

Bocios sind mitunter auch Verkörperungen jener sonderbaren *aziza*, Zwitterwesen zwischen Mensch und Tier. Sie wurden mit doppelten oder gar dreifachen Gesichtern auf einem einzigen Rumpf dargestellt. Hauptsächlich wurden sie von Jägern aufgesucht, denen sie etwa ihr geheimes Wissen über Heilpflanzen vermittelten. Da *aziza* angeblich zu den Zwergen zählen, sind auch ihre Abbilder klein, aber ehrfurchtgebietend.

Bocios sind oft nur geringfügig bearbeitete Hölzer, und allen Unregelmäßigkeiten des Wuchses vermag der Schnitzer Leben einzuhauchen, da ihm so die Natur selbst schon alles Notwendige für seine Darstellung vorgibt. Der ständige Einfluß der Elemente führt dann den künstlerischen Prozeß weiter und verleiht den Figuren ihre unwirkliche Aura.

Provenienz: Kat. 5.91 a: 1886 von Mrs. A. Turnbull dem Museum geschenkt; Kat. 5.91 d: Königspalast von Abomey; 1893 von Kapitän Founsagrives als Kriegsbeute nach Frankreich gebracht

Literatur: Merlo 1966; Adanda 1994; Blier 1995

5.91 b

Bocio

Fon
Republik Benin
Holz
Höhe 132 cm
Privatsammlung, Paris

5.91 c

Bocio

Fon
Republik Benin
Holz
Höhe 44 cm
Privatsammlung, Paris

5.91 d

Bocio

Fon
Republik Benin
19. Jahrhundert
Holz, Eisen
Höhe 168 cm
Laboratoire d'Ethnologie,
Musée de l'Homme, Paris

5.92

Gewebtes Tuch

Ewe
Ghana
Frühes 20. Jahrhundert (?)
Baumwolle
370 x 212 cm
Sammlung Peter Adler

Die Weber der Ewe benutzten die gleichen Webrahmen wie die Asante-Weber mit je zwei Paar Helfen, die es ermöglichten, innerhalb der vorgegebenen Breite von zehn Zentimetern Schuß- und Kettfäden abwechselnd aufliegen zu lassen. Wie auch bei den Asante-Webarbeiten ist das Muster vorausgeplant, so daß nach dem Zusammennähen der Webstreifen ein regelmäßiges Muster entsteht. Das vorliegende Tuch (ein *odanudo*, wörtlich: ›ein geschickt gemachter Stoff‹) stammt aller Wahrscheinlichkeit nach aus Kpetoe, einem der Weberei-Zentren der Ewe (die alle über jeweils eigene Stile verfügen). Hier sind die von Kett- und Schußfäden gebildeten Muster nahezu gleich stark vertreten und erlauben so das regelmäßige Alternieren der Farbflächen. Angesichts eines solchen Musters versteht man den Sinn des schmalen Streifenformats. Eine vergleichbare Einheitlichkeit von Farbe und Design könnte kaum erzielt werden, ohne eine sehr viel kompliziertere Doppel-Webstruktur zu entwickeln. In der Mitte des Stoffes scheinen die Einzelfelder eher aneinandergereiht als abgewechselt, was nahelegt, daß hier ein ganzer Streifen verlorenging.

Ein Vergleich mit dem *adwinasa*-Tuch der Asante (Kat. 5.93) läßt die charakteristischen Unterschiede der beiden Traditionen deutlich werden. Ewe-Weber verwenden figürliche Motive in den Schmuckstreifen und benutzen zwei verschiedenfarbige Baumwollfäden für die Partien der Schußfäden. Asante-Weber tun weder das eine noch das andere. Ewe-Weber verwenden auch in höherem Maße importierte, maschinengesponnene Fäden mit weit größeren Farbpaletten. Dagegen verwendeten die Asante-Weber früher Seidenfäden (und deren moderne Substitute: Um die Jahrhundertwende wurde in Asante Reyon eingeführt). Oft imitierten Ewe-Weber auch Asante-Muster, um auf dem *kente*-Markt für die ghanaische Elite weiterhin führend zu bleiben. *Kente* (das Wort ist etymologisch unklar) wurde nach der Unabhängig-

keit Ghanas von Präsident Nkrumah als eine Art Nationaltracht eingeführt. Es gibt noch weitere Unterschiede: Im Gegensatz zu Asante blieben in Ewe aufwendige Stoffe nicht nur der Elite vorbehalten. Tatsächlich arbeiteten die Ewe-Weber mehr für den freien Markt als für Aufträge, und sie bedienten sich einer Vielzahl von Stilen verschiedener anderer Webzentren, um auch auswärtige Nachfrage befriedigen zu können. So wurde das ›Popo‹-Tuch für den Verkauf im Niger-Delta gewebt und das ›Kongo‹-Tuch für noch weiter entfernte Käufer.
JWP

Literatur: Menzel 1972; Lamb 1975; Picton u. Mack 1989; 1992[2].

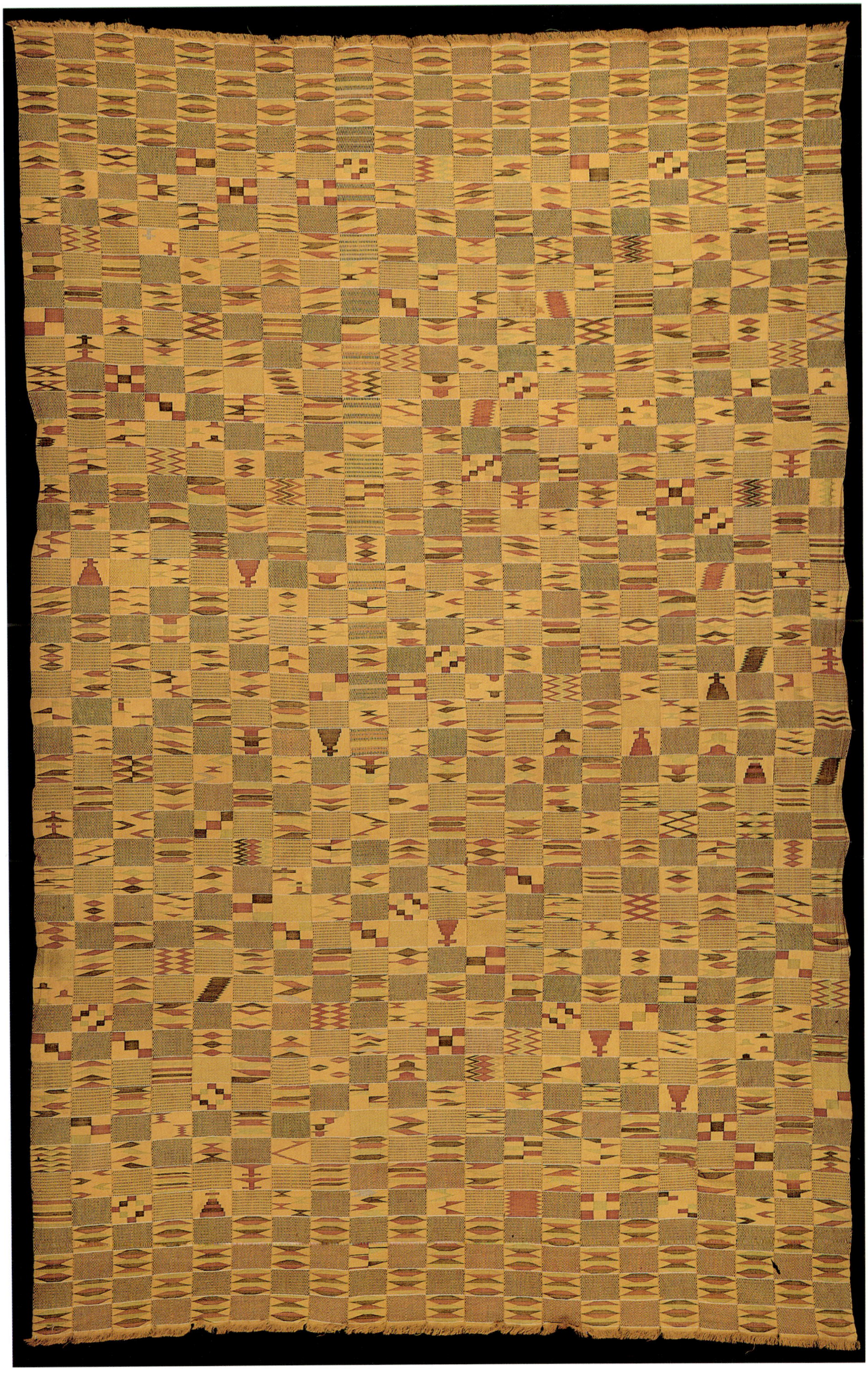

5.93
Seidentuch (*adwinasa*)
Asante
Ghana
19. Jahrhundert (?)
Seide
200 x 110 cm
Privatsammlung, London

Die Asante-Konföderation war ein Zusammenschluß von Akan-Königtümern, die alle die Autorität Kumasis anerkannten; diese erwachte Ende des 17. Jahrhunderts, als Okomfo Anokye eines Freitags für Osei Tutu, den ersten Asantehene, den ›Goldenen Sitz‹ vom Himmel herabholte. Asante beherrschte in diesem Teil Westafrikas den Handel zwischen Savanne und Küste. Im 18. und 19. Jahrhundert wuchsen sein Ansehen, Einfluß und Reichtum beständig. Seide war ausschließlich hohen Führern und ihrem Hofstaat vorbehalten und muß die Weber von Asante – im Rahmen ihrer technischen Möglichkeiten – zu formalen Experimenten angespornt haben. Die als *adwinasa* bekannten Stoffe bezeugen die hohe Meisterschaft der Weber von Bonwire, dem damaligen (wie auch heutigen) Zentrum der Asante-Seidenweberei.

Früher bestanden viele Asante-Stoffe aus einem heimischen handgesponnenen Baumwollfaden von unvergleichlich feiner Qualität, der mit Indigo gefärbt und zu einer scheinbar endlosen Vielzahl von

Mustern verwebt wurde. Im 19. Jahrhundert haben Asante-Weber angeblich zuerst europäische Seidenkleider aufgezogen, um aus dem Faden eigene Werke zu arbeiten. Die Verwendung von Seide gehört ebenso zu den Charakteristika der Asante-Weberei wie das alternierende Auflegen von Schuß- und Kettfäden innerhalb desselben Webstreifens (was ermöglicht wird, indem man den Webrahmen mit einem zweiten Paar Litzenstäben ausstattet). Zunächst wurde Seide vermutlich nur sparsam in den links- und glattgewebten Mustern verwendet, aber nach einiger Zeit begann man, den gesamten Stoff aus Seide zu weben. Gelbe Seide entsprach dem Geschmack des Hofes von Asante, der Goldzierat liebte und Goldstaub oder Nuggets als Währung verwendete (sonst in Westafrika eher ungewöhnlich). Aber auch andere Farben kamen zum Einsatz. Seidenstoffe wurden nur als Auftragsarbeiten für die höfische Elite hergestellt, und einzig wenn ein Stück abgelehnt wurde, verkaufte es der Weber auf dem freien Markt. (Das Weben langer, schmaler Streifen, die Kante an Kante zum Gesamtwerk zusammengenäht werden, ist nicht nur für Asante, sondern für Westafrika allgemein charakteristisch.)

Adwinasa bedeutet ›Reichtum an Ornamenten‹ (*adwini*). Bei diesen Stoffen ist das linksseitige Gewebe auf ein Minimum reduziert zugunsten einer formalen Struktur, in der das ganze Stück durch glattgewebte Muster bestimmt wird. Jedes Dekorelement variiert in Farbe, Größe und Anordnung, um sicherzustellen, daß von all den herrlichen *adwinasa* des späten 19. Jahrhunderts kein Stück dem anderen gleicht. Die Motive haben wechselnde Bedeutungen und stellen Webinstrumente und Herrschaftsinsignien dar, oder sie spielen auf Sprichwörter und historische Ereignisse an. Im vorliegenden Fall liegt der Akzent auf dem optischen Vergnügen und der formalen Vollkommenheit als Metaphern für herrscherliche Autorität. *JWP*

Literatur: Menzel 1972; Lamb 1975; Picton u. Mack 1989; 1992[2]

5.94

Zeremonialschwert

Asante
Ghana
19. Jahrhundert
Metall
150 x 26 cm
The Trustees of the British Museum, London, 1896, 5-19.4

Das Zeremonialschwert *afanatene* war vor allem ein Schauobjekt. Der Holzgriff trug wohl ursprünglich eine Auflage aus Blattgold (jetziger Griff wohl ein Ersatz). Darüber findet sich eine Schildkröte, die in den Kopf einer Schlange übergeht, deren gewundener Körper dann am Schwanzende die eigentliche Klinge trägt. Solche Klingen zeigen in durchbrochener Arbeit meist Tierfiguren, die mit Sprichwörtern in Zusammenhang stehen, oder, wie im vorliegenden Fall, geometrische Ornamente.

Im Asante-Reich fanden sich Schwerter verschiedenster Art, die das Ansehen ihrer Besitzer zum Ausdruck brachten ebenso wie die zentralisierte Macht. Hielt der Asantehene selbst Hof, so stand ein Dreizack dieser Art an seiner Seite. *NB*

Literatur: McLeod 1981, S. 91

5.95 a

Kuduo

Asante/Akan
Ghana
19. Jahrhundert
Kupferlegierung
Höhe 12 cm, Durchmesser 18 cm
Privatsammlung

5.95 b

Kuduo

Asante/Akan
Ghana
18. oder 19. Jahrhundert (?)
Kupferlegierung
Höhe 18,5 cm, Durchmesser 15 cm
Privatsammlung

Diese beiden runden Gefäße mit figurativ verzierten Deckeln zeigen die große Variationsbreite der *kuduo*-Behälter, die bei den Asante und anderen Akan-Völkern aus Gelbguß gefertigt wurden. Beide Gefäße stehen auf separat gegossenen, durchbrochen gearbeiteten Gitterreifen, die durch ihre feine Ausführung auffallen und sorgfältig an den *kuduo* selbst angesetzt sind. Auf dem Deckel des einen Behälters (Kat. 5.95 b) sieht man rechts und links neben einer größeren Figur zwei Musikanten, die Querhörner blasen. Fußeisen und eine Hacke vervollständigen diese rätselhafte Komposition – vielleicht eine Anspielung auf die strenge soziale und politische Hierarchie in Asante und anderen Akan-Kulturen. Der Deckel von Kat. 5.95 a zeigt in Flachrelief ein Krokodil, dessen Körper sich über den ganzen Deckel spannt. Der Griff ist herrlich ornamentiert und ähnelt den Verzierungen am Deckelrand und auf dem Gefäß selbst.

Kuduos wurden von Asante und Akan auf die verschiedenste Weise verwendet. Sie bargen Goldstaub und andere Kostbarkeiten, konnten aber auch bei wichtigen politischen und rituellen Handlungen eingesetzt werden. Einige *Kuduos* wurden mit ihren Eigentümern begraben, während andere in jenen geheiligten Räumen des Palastes standen, in denen auch die überkommenen Throne verstorbener Führer aufbewahrt wurden. Diese eleganten Prestige-Gefäße schenkten dem diesseitigen und dem jenseitigen Leben, der Gegenwart und der Vergangenheit mehr Würde und Sinn. *RAB*

Literatur: Mcleod 1981; Brincard 1983; Silverman 1983; Garrard 1983; Schaedler 1993, Taf. 66

5.96

Kuduo

Asante
Ghana
18. oder 19. Jahrhundert
Kupferlegierung, vergoldet
Höhe 17,8 cm
Sammlung George Ortiz

Die Asante-Kultur stand lange im Brennpunkt der Geschichte, war sie doch zum einen mit der europäischen Anwesenheit an der ghanaischen Küste und zum anderen mit dem uralten Handelsnetz verbunden, das vom islamischen Nordafrika bis in den tiefsten Regenwald Ghanas reichte. Dabei gestalteten die Asante die Geschichte auch selbst aktiv mit, und ihre Künstler nahmen dankbar Anregungen aus aller Welt auf, um ihre eigene Kultur zu bereichern.

So ließen sich Asante-Metallgießer von arabischen Schmuck-Schalen des 14. und 15. Jahrhunderts aus dem mamlukischen Ägypten inspirieren (sechs solcher Stücke fanden sich in unterschiedlichen Erhaltungszuständen im größeren Umkreis von Asante). Aber auch andere wichtige islamische Schalen- und Kelchformen fanden Beachtung. Die Asante-Künstler griffen sogar auf europäische Handelsware zurück, um Luxus-Gefäße für die einheimische, so überaus klassenbewußte Gesellschaft zu entwickeln. Über Generationen hinweg schufen sie immer neue Formen und kreierten so schließlich jene bemerkenswerten Gefäße aus unterschiedlichen Kupferlegierungen, die unter dem Namen *kuduo* bekannt wurden.

Eines der elegantesten ist dieses schöne, offene Gefäß, in der Mitte konkav eingezogen und mit einem fein ausgezackten Rand, das die Reinheit mittelalterlichen islamischen Designs mit dem Einfallsreichtum der Asante verbindet. Die Form entspringt alter muslimischer Handwerkstradition, und noch heute sind Gefäße dieser Art unter dem Namen *tisht* in den nordafrikanischen *souks* erhältlich. Die wohlproportionierten, fein gearbeiteten Schmuckbänder und die Medaillons mit den Rosettenmustern, die diesen *kuduo* umspannen, lassen das islamische Vorbild deutlich erkennen. Allerdings haben die Asante-Künstler dieses Gefäß noch bereichert, indem sie drei Krokodil-Figuren hinzufügten und die Oberfläche mit Blattgold belegten. *RAB*

Literatur: Mcleod 1981; Brincard 1983, Taf. G6, S. 114, Silverman 1983; Garrard 1983

vollständigt die Szene. Die Gruppe erinnert in ihrem lebendigen, naiven und direkten Stil an die Fahnen der Asafo, halbmilitärischen Kompagnien der Fante, die ebenfalls in klaren Farben narrative Botschaften übermitteln. *TP*

5.97

Sprecherstab mit figürlichem Aufsatz

Fante
Ghana
20. Jahrhundert
Holz, Farbpigmente, Glas
Höhe 220 cm
Sammlung Dr. E. Wachendorff

In den meisten Akan-Gesellschaften spielt der Linguist (Sprecher) eine wichtige Rolle. Auch heute noch wäre es selbst im kleinsten Dorf unhöflich, ein Oberhaupt direkt in der ersten Person anzusprechen. Es muß über seinen Sprecher angeredet werden, der die Nachricht nicht unbedingt weiterzugeben braucht, sondern einfach als ›Mikrophon‹ fungiert, durch das man seine Ehrerbietung zum Ausdruck bringen und sein Anliegen unterbreiten kann. Der Amtsstab des Sprechers macht seinen Träger in jeder Versammlung leicht kenntlich und ist oftmals wie auch hier mit verschiedenen Motiven verziert, zu denen auch Hände oder Schlangen gehören. Dieser Aufsatz besteht aus einer recht komplexen Figurengruppe (wenngleich sie nicht überdurchschnittlich prunkvoll ist). Ohne Zweifel wird hier eine der vielen Redewendungen dargestellt, über die der Sprecher zu verfügen hat. In früheren Zeiten wäre ein solches Stück gewiß mit Blattgold (oder Blattgoldimitat) belegt gewesen, wie es teils auch heute noch bei den Asante, den Baule u. a. (vgl. Kat. 5.117) üblich ist. Aber dieser Aufsatz ist neueren Datums und wurde mit leuchtenden Ölfarben bemalt.

Zwei Figuren befinden sich in einem Boot (die Fante siedeln in der mittleren Küstenregion Ghanas), das seinerseits auf einem Clan-Sessel steht. Zwei weitere Figuren sehen zu, eine von ihnen sitzt. Ein rätselhafter Korb auf dem Bug des Schiffes ver-

5.98

Trommel

Fante
Ghana
Um 1940
Holz
Höhe 87 cm
Privatsammlung, Paris

Diese anthropomorphe, ›weibliche‹ Trommel sitzt auf dem Rücken eines Löwen. Als Fußschemel dient ihr ein sehr viel kleinerer Elefant. Das Instrument war einst die führende Trommel in einer volkstümlichen Akan-Musikgruppe, die zu verschiedensten Anlässen wie Pubertätsfeiern, Hochzeiten oder Begräbnissen spielte. Von wenigen Sonderfällen abgesehen, dienten diese Musikgruppen seit jeher der Unterhaltung und sorgten für fröhliche Stimmung. Bei Festen bildeten sie den Mittelpunkt des Abends. Ganz wie ihre euro-amerikanischen Gegenstücke sind ghanaische Gruppen das Ergebnis ständig wechselnder Musik- und Tanzmoden. Sie bestehen hauptsächlich aus Rhythmus-Instrumenten. Visueller und musikalischer Mittelpunkt der Gruppe ist die erste Trommel. Hinzu kommen Klappern, Metall- und Kalebassenrasseln, Gongs, weitere Trommeln und die menschliche Stimme. Jeder Musik- oder Tanzstil hat seinen eigenen Namen. Diese Trommel stammt vermutlich von einer Fante-Gruppe, die sich *ompe* nannte, was so viel bedeutet wie ›wem gefällt das nicht‹.

Die aufwendig geschnitzten Haupttrommeln dieser Gruppen sind ausschließlich weiblich und werden oft als die ›Königin-Mutter‹ des Ensembles bezeichnet. Trotz dieser Anspielung auf Hierarchie und fürstliche Emblematik (Löwe/Elefant) sind die Musikgruppen völlig unabhängige Initiativen. Allerdings machten die Schnitzer derartiger Trommeln Anleihen bei der höfischen Kunst des standesgemäßen Sitzens. Von allen Völkern Afrikas hat Akan das ausgefeilteste Vokabular für Hocker, Sitze, Sessel und Throne mit unzähligen Sonderbedeutungen und kontextabhängigen Unterscheidungen. Die Relation der Trommel-Figur zu den beiden königlichen Tieren erhöht offensichtlich die Bedeutung der Trommel selbst. Bei den Asante waren Löwenthrone einst das ausschließliche Privileg des Asantehene, und Fußschemel jeder Art waren hochrangigen Führern vorbehalten. Der Staatsschatz von Adanse Fomena verwahrt noch heute zwei Messingelefanten europäischer Provenienz, die dem Paramount Chief als Fußschemel dienen. Dieses Konzept der Throne und Ehrensitze wurde von den Trommelgruppen übernommen, um ihr theatralisches Auftreten zu vervollkommnen.

Außerdem wird die Bedeutung der Trommel – und mit ihr die der Gruppe, der sie einst gehörte – auch durch die Schnitzereien rund um den Trommelkörper erhöht. Jedes einzelne Motiv schöpft aus dem Fundus von Akans mündlicher Überlieferung – von Lobreden, Sprichwörtern und populären Geschichten bis zu Rätseln, Prahlereien und Beschimpfungen. Einige dieser Motive feiern das Können der Gruppe, die meisten aber kommentieren aphoristisch das Alltagsleben der Fante. So stößt etwa ein Leopard auf eine Schildkröte, was auf den Spruch anspielt: »Wenn der Leopard eine Schildkröte fängt, dann mag er sie umdrehen, solange er will.« Diese verbreitete Redewendung richtet sich gegen ungehöriges Benehmen und den Versuch, die natürliche Ordnung der Dinge ändern zu wollen. Auf gleicher Höhe befinden sich auf der Rückseite eine Katze mit einer kleinen Tasche um den Hals und davor eine Maus. Dieses Motiv warnt: »Nur eine dumme Maus versucht, die Katze zu bestehlen.« *DHR*

Literatur: Nketia 1963; Cole u. Ross 1977; Ross 1988; 1989

5.99 a

Gedenkkopf

Akan
Ghana
17.–19. Jahrhundert
Terrakotta
31 x 14 x 15 cm
Privatsammlung

5.99 b

Gedenkkopf

Akan
Ghana
17.–19. Jahrhundert
Terrakotta, grau
25 x 17 x 19 cm
Privatsammlung, München

5.99 c

Gedenkkopf

Akan
Ghana
17.–19. Jahrhundert
Terrakotta, rot
27 x 16 x 11 cm
Privatsammlung, München

Auch wenn diese Terrakottaskulpturen normalerweise den Asante zugeschrieben werden, stammt doch ihr größter Teil von den südlichen Akan; die nördlichste Skulpturenansammlung fand sich in Adanse Fomena. Die Größe der Terrakotta-Köpfe variiert von kleinen, kompakten, kaum fünf bis sieben Zentimeter großen Stücken bis zu fast lebensgroßen Skulpturen. Neben einzelnen Köpfen fanden sich ganze Figuren; ihr Stil reicht von hoher Abstraktion bis zu weitgehendem Naturalismus. Während die Gesichtszüge oft nur angedeutet wurden, sind Narbenschmuck und Haartracht detailliert ausgeführt.

Begräbnisskulpturen aus Terrakotta haben in Akan, dem heutigen Süd-Ghana, eine mehr als vierhundertjährige Geschichte. Pieter de Marees (1602) berichtet vom Begräbnis eines Häuptlings: »All seine Besitztümer wie Waffen und Kleider werden mit ihm begraben, und alle Würdenträger, die ihm gedient hatten, wurden in Erde nachgebildet, angemalt und in einer Reihe, Seite an Seite, um das Grab herum aufgestellt.« Thermolumineszenz-Tests erbrachten den Nachweis, daß einige der Skulpturen mindestens so alt sind wie dieser Bericht; die Mehrzahl der Stücke dürfte zwischen dem 17. und dem 19. Jahrhundert entstanden sein. In manchen Gebieten war diese Tradition noch bis in die 70er Jahre lebendig. Die vielleicht detaillierteste Beschreibung einer Gruppe von Begräbnis-Figuren aus Akan gab Brodie Cruickshank, ein Missionar des 19. Jahrhunderts: »Sie formen auch Bilder aus Lehm und backen sie. Wir fanden in manchen Gegenden recht sonderbare Gruppen solcher Bilder. Stirbt ein großer Mann, stellen sie ihn inmitten seines Hofstaates dar, umgeben von seinen Frauen und Dienern. In Adjumacon sahen wir unter einem großen Baum eine besonders naturalistische Gruppe dieser Figuren. Einige waren pechschwarz, andere braun-rot, und wieder andere zeigten alle Farbschattierungen zwischen schwarz und rot, entsprechend den Vorbildern, die sie darstellen sollten. Sie waren fast lebensgroß, und die Proportionen zwischen Männern und Frauen, zwischen Jungen und Mädchen waren genauestens eingehalten. Auch der weiche, feminine Ausdruck der Frauen war klar wiedergegeben. Der Caboceer und sein Hauptmann wurden gezeigt, wie sie ihre langen Pfeifen rauchten, und einige Jungen hüteten das Feuer in den Feuerlampen, um ihnen angenehmes Licht zu spenden.«

Künstlerinnen fertigten diese Gedenk-Terrakotten zu Ehren verstorbener Führer und anderer wichtiger Würdenträger beiderlei Geschlechts. Wie aus den zitierten Quellen hervorgeht, wurden auch Mitglieder des Hofstaates und der Familie des Verstorbenen wiedergegeben. Die ganze Figurengruppe wurde aber normalerweise nicht um das Grab herum aufgestellt, sondern in einem heiligen Wald nahe dem Friedhof, wo auch rituelle Trank- und Speiseopfer abgehalten und Gebete gesprochen wurden. Daher stellte man neben den Figuren eine Vielzahl verschiedener Keramikgefäße auf, die zur Aufnahme der Opfer bestimmt waren. In manchen Gegenden wurden sehr auserlesene Gefäße mit figuralen und anderen Motiven geschmückt; einige der kleineren Terrakotta-Köpfe könnten von solchen Gefäßen abgebrochen sein.

Natürlich dienten Akan-Terrakotten nicht nur dem Ahnen-Gedenken innerhalb der Grabkultur. Auch bei Prozessionen, in Heiligtümern und in Thronsälen tauchten gebrannte Lehmfiguren auf. *DHR*

Literatur: De Marees 1602, S. 185; Cruickshank 1853, II. Band, S. 270 f.; Field 1948; Sieber 1972, S. 173–183; Cole u. Ross 1977; Coronel 1979, S. 28–35

5.99 d

Gedenkkopf

Akan
Ghana
17.–19. Jahrhundert
Terrakotta
Höhe 33 cm
Privatsammlung

5.100

Brustscheibe

Akan (vielleicht Asante)
Ghana
19. Jahrhundert
Gold
Durchmesser 8,5 cm
The Detroit Institute of Arts, 81.701

Dieses Objekt zählt zu der vielseitigen Kategorie scheibenförmigen Goldschmucks, in der wir einige der beeindruckendsten Beispiele für Akan-Goldschmiedekunst aus Ghana finden. Gewöhnlich wurden diese Scheiben an einer weißen Schnur auf der Brust getragen. Es gab aber auch andere Möglichkeiten: etwa an einer Kappe oder als Mittelstück einer Halskette, in einigen Fällen konnten sie ins Haar gebunden oder sogar um den Knöchel getragen werden. Diese Scheiben werden in der Literatur allgemein ›Seelenwäscher-Abzeichen‹ genannt (*akrafokonmu*). Die Brustscheiben dienten häufig als Abzeichen für den *okra* des Stammesoberhaupts, einen jungen Höfling, der die Seele des Häuptlings reinigt oder ›wäscht‹. Tatsächlich waren diese Scheiben multifunktionale Objekte, die in einer Vielzahl von Zusammenhängen auftauchen: als Abzeichen für den königlichen Gesandten oder auch für einen Herold, Linguisten (Sprecher), Kriegshäuptling, Unterhäuptling oder sogar für einen niedrigrangigen Höfling. Gelegentlich wurden sie sogar vom Häuptling selbst getragen. Früher schmückten sich die Mädchen bei den Pubertätszeremonien mit solchen Scheiben, in Asante können sie heute den Haupttrauernden bei einem Begräbnis kennzeichnen (in diesem Fall werden sie eher als *awisiado* bezeichnet denn als *akrafokonmu*).

Im vorliegenden Beispiel wird durch den Verzicht auf Beiwerk die Aufmerksamkeit auf das zentrale Motiv gelenkt: vier gleichlange Arme, die von einem Mittelpunkt ausgehen. Vermutlich handelt es sich hier um das Akan-Symbol für eine Wegkreuzung (*nkwantanan*). Sprichwörtlich steht die Kreuzung für Macht und Autorität des Häuptlings: »Der Häuptling ist wie eine Weggabelung – alle Pfade führen zu ihm.«

Es deutet einiges darauf hin, daß diese Scheibe ins 19. Jahrhundert datiert werden muß. Im 20. Jahrhundert fielen solche Scheiben zunehmend größer aus, wobei die handwerkliche Qualität abnahm. Das vorliegende Beispiel hat einen relativ geringen Durchmesser, gleichzeitig ist die Gestaltung herausragend. Insbesondere sind Spuren einer alten, bemerkenswerten Technik zu erkennen, die im 20. Jahrhundert aufgegeben wurde: Im ursprünglichen Wachsmodell wurden die flachen Partien nicht aus einem einzigen Stück herausgeschnitten, sondern aus dünnen Wachsfäden aufgebaut und die Oberfläche zuletzt geglättet.

Ein weiteres Detail ist bedeutsam: Die vier Löcher im äußeren Reif und das mittlere Loch wurden nicht einfach nur aus dem Wachsmodell herausgestanzt; jedes Loch ist sorgfältig mit Hilfe eines dünnen Wachsstreifens verstärkt. Diese auffällige Akkuratesse im Detail findet sich bei einer Reihe anderer früher Güsse, so etwa bei einer Serie wundervoller silberner Krokodilköpfe, die in der königlichen Werkstatt in Asante noch vor dem Fall von Kumasi 1874 ausgeführt worden sein dürfte. Die Brustscheibe stammt daher wohl nicht nur aus dem 19. Jahrhundert, sondern sie ist wahrscheinlich Teil der damaligen umfangreichen britischen Kriegsbeute aus Kumasi. *TFG*

Literatur: Garrard 1989, S. 66–69, 225

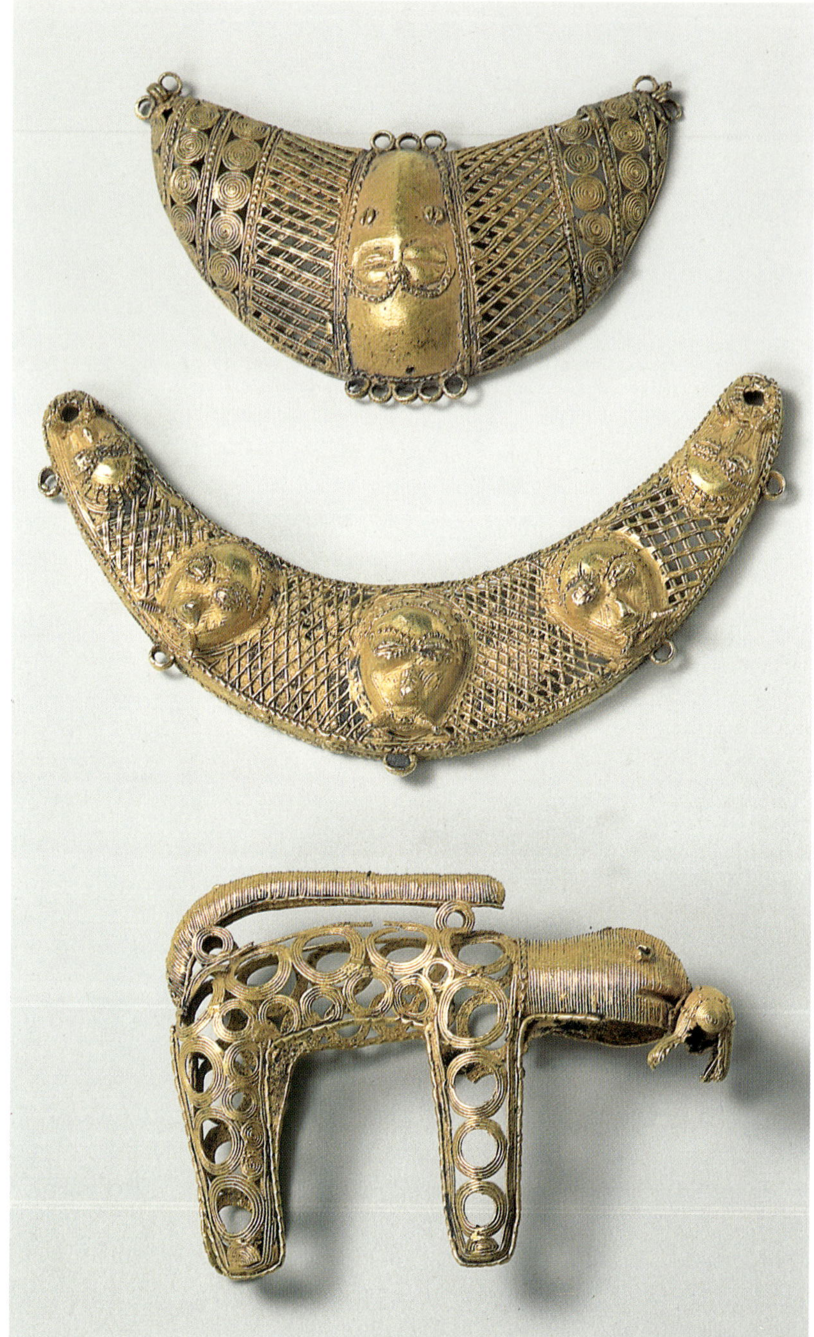

5.102 a–c

5.101 a–b

5.101 a–b

Zwei Brustscheiben

Akan
Ghana
Gold
a: Durchmesser 6 cm
b: Durchmesser 10,8 cm
The Trustees of the British Museum, London, 1818.11-14.6/1900.4-27.23

5.102 d–i

5.102 d–i

Goldschmuck

Lagunenregion und Baule
Elfenbeinküste
19. und 20. Jahrhundert
Gold
Höhe ca. 6–13 cm
Privatsammlung

Über Jahrhunderte wurde solcher Goldschmuck an der Elfenbeinküste zu öffentlichen Festen getragen. Bei den Akan und mit den Akan verwandten Stämmen in der Lagunengegend und bei den Baule weiter im Binnenland waren sie sehr verbreitet. Gewöhnlich wurden solche Schmuckstücke mit Hilfe von Fäden durch eine kleine Öse im Haar befestigt. Manche konnten auch an einer Kette um den Hals getragen werden, wie etwa der abgebildete Halbmond mit fünf Köpfen (Kat. 5.102 b). Stammesfürsten und Würdenträger trugen solchen Zierat auch auf dem Samt ihrer Kronen und Mäntel, scheibenförmige Stücke dienten bisweilen zur Verzierung von hölzernen Hockern.

Die Kunst der Schmuckverarbeitung brachten die Akan-Goldschmiede vor Jahrhunderten aus Ghana (früher Goldküste) an die Elfenbeinküste. Jedes Stück wurde ursprünglich mit feinen Wachsfäden über einem Kernstück aus Kohle modelliert, dann mit Ton umkleidet und im Wachsausschmelzverfahren ausgegossen. Diese Technik findet bis heute Anwendung, wenn auch die heutigen Produkte dem Vergleich mit Erzeugnissen früherer Generationen nicht standhalten können. Menschliche Köpfe waren ein beliebtes Motiv wie auch Halbmond-Ornamente, Schlangen, Schildkröten, Krabben, Leoparden, Widderköpfe und eine Vielzahl anderer Darstellungen. In der Lagunenregion wurde dieser Schmuck von den Wohlhabenden bei aufwendigen Zeremonien öffentlich zur Schau gestellt. Noch heute finden von Zeit zu Zeit solche Zeremonien statt, bei denen bis zu hundert Schmuckstücke pro Tisch entlang der Straße ausgestellt werden.
TFG

Literatur: Garrard 1989, S. 100–108

I–VI

VII–XVI

Akan-Goldgewichte

Die Akan-Gewichte, die es in unendlicher Vielfalt gibt, dienten etwa fünf Jahrhunderte lang (von 1400 bis 1900) zum Abwiegen des Goldstaubs. Sie waren bei allen Akan und bei den mit den Akan verwandten Stämmen in Südghana und den angrenzenden Gebieten an der Elfenbeinküste in Gebrauch.

Ab dem späten 14. Jahrhundert wurde das im Regenwald geschürfte Gold von den Akan nach Norden gehandelt. Zuerst erreichte es die Städte des nordwestafrikanischen Sahel, von dort gelangte es durch die Sahara bis nach Nordafrika. Für den Tauschhandel glichen die Akan ihre Gewichte an die ihrer Handelspartner aus dem Sahel allmählich an. Diese Gewichte gab es in zwei Systemen: Das eine beruhte auf der Islamischen Unze, die im Transsahara-Handel gebräuchlich war, die andere auf der *mithqal* von Goldstaub (etwa 4,3 Gramm bzw. ein Sechstel der Islamischen Unze).

Ab 1470 begannen die Portugiesen mit der afrikanischen Westküste Handel zu treiben, und die Akan fertigten Gewichte an, die der Portugiesischen Unze (*onça*) entsprachen. Nach 1600, als die Holländer das schwerere Troygewicht einführten, wurde auch diese Einheit assimiliert. So verfügten die Akan schließlich über vier verschiedene Serien von Gewichten für den Handel mit ihren externen Partnern. Im Laufe der Jahrhunderte wurde daraus eine einzige lange Serie mit etwa sechzig verschiedenen Gewichten, deren ursprüngliche Herkunft in Vergessenheit geriet. Bis 1900 wurden für alle diese Gewichtseinheiten entsprechende Goldgewichte hergestellt.

Als sei diese große Vielfalt von gegossenen Bronzegewichten nicht genug, benutzten die Akan auch Samen, Tonscheiben, europäische Gewichtssätze und viele Reststücke europäischer Metalle als Wägehilfe. Daneben gab es ein Arsenal weiterer Instrumente, wie Waagen, Löffel, Schäufelchen, Goldstaub-Behälter, Bürsten, Prüfsteine und kleine Stoffpakete. In der Welt der Akan war das Abwiegen des Goldes eine aufwendige und zeitraubende Kunst. *TFG*

5.103/I–XVI

Geometrische Goldgewichte

Akan
Ghana
15.–19. Jahrhundert
Messing, z.T. mit Kupferplomben
Höhe jeweils ca. 2–4 cm
Privatsammlung, London

Die ersten Goldgewichte der Akan waren geometrische Formen, die im Laufe der Jahrhunderte zunehmend vielfältiger und komplexer wurden. Sie sind bei weitem die häufigste Spielart. Von den hier versammelten Stücken werden die Nr. I bis VIII allgemein der frühen Periode (15.–17. Jahrhundert) zugerechnet. Nr. VIII war ein weitverbreiteter Typus in der römischen und arabischen Welt, so auch in der westafrikanischen Sahel-Region unmittelbar südlich der Sahara. Ursprünglich verkauften die Akan ihr Gold in diese Region, und diese Form war vermutlich einer der ersten, wenn nicht überhaupt der erste Gewichtstypus, den sie mit dem einsetzenden Goldhandel übernahmen.

Andere frühe geometrische Formen aus den Werkstätten der Akan haben charakteristisch gekerbte oder gezackte Kanten und sehr oft ein geritztes oder graviertes Oberflächendekor aus feinen Linien, Punkten und Präge-Stanzungen (Nr. II–VI). Manche sind darüber hinaus mit Kupferplomben verziert (Nr. VI). Diese Technik zur Verzierung von Messingguß war in der mittleren Niger-Region bekannt, etwa im alten Djenné, und das Wiederauftauchen bei den Akan legt nahe, daß diese möglicherweise schon sehr früh über Kontakte zu dortigen Goldschmieden verfügten.

Ab etwa dem 16. Jahrhundert weisen geometrische Gewichte erhabene Ziermotive auf, oft sind es Streifen oder Swastika-Zeichen (Nr. III). Einige sind besonders kunstvoll: Nr. I ist ein großes, ungewöhnliches Gewicht aus dem Schatz eines Häuptlings, vermutlich aus dem 17. Jahrhundert. Es stammt aus der Küstenregion Ghanas und zeigt einen europäischen Schlüssel, vielleicht ist hiermit ein Sprichwort gemeint wie etwa: »Der Tod hat den Schlüssel zum Herzen des Geizhalses.« Das Gewicht steht für fünf *pereguan* (etwa 352 Gramm) Gold der Akan.

In späterer Zeit (18. und 19. Jahrhundert) wurden Gewichte in unzähligen Formvarianten gestaltet. Einige variieren das Motiv des Widderhorns (Nr. IV), das für Kraft und Mut steht. Besonders bemerkenswert sind die dreidimensionalen ›Puzzle-Gewichte‹ (Nr. VII–IX, XIII–XIV), in deren phantastischer Formgebung sich der geniale Schöpfergeist der Akan-Goldschmiede spiegelt.

Die verschiedenen geometrischen Gewichte waren bis etwa 1900 in Gebrauch; danach brachten die Europäer die Goldgewinnung unter ihre Kontrolle und die Goldstaub-Währung wurde durch koloniale Münzprägungen ersetzt. *TFG*

Literatur: Garrard 1980, S. 274–287

I–II

III–V

5.104/I–X

Goldgewichte in Menschengestalt

Akan
Ghana
17.–19. Jahrhundert
Messing
Höhe jeweils ca. 2–4 cm
Privatsammlung, London

Im Laufe des 16. Jahrhunderts, wenn nicht schon früher, erweiterten die Akan-Goldschmiede das Repertoire ihrer Goldgewichte um menschliche Figuren, Tiere, Pflanzen, Samen und sonstige Objekte. Diese Gewichte waren weiterhin für den praktischen Gebrauch gedacht, und sie entsprachen korrekt den Gewichtsstandards. Darüber hinaus stellten sie Sprichworte der Akan dar und dienten so als Gedächtnisstütze für ein bestimmtes Sprichwort oder einen Merkspruch. Sie sollen gelegentlich als ›Nachrichten‹ verwendet worden sein. Außerdem spielten sie eine wichtige Rolle als Parade- und Schauobjekte: Viele besonders schöne Stücke wurden für den Schatz von Stammesoberhäuptern angefertigt, aber bis Anfang des 19. Jahrhunderts scheinen sie generell auch in Gebrauch gewesen zu sein. Die gezeigten Beispiele stellen im einzelnen folgendes dar.

Nr. I: Ein Mann zapft Palmwein; Gewichte dieser Art datieren in das 17. und 18. Jahrhundert.

Nr. II: Kopulierendes Paar; obwohl es eine Unzahl moderner Kopien dieses Themas gibt, sind alte Originalbeispiele selten; die Goldschmiede haben diesen persönlichen und intimen Akt wohl nur ungern dargestellt (vermutlich 18. Jahrhundert).

Nr. III: Zwei Personen sitzen zusammen auf einem Stuhl, der eine hält die Hand am Mund; dies ist wohl die Darstellung der sprichwörtlichen Freunde Amoaku und Adu, die sich nach vielen Jahren wiedersehen.

Nr. IV: Eine Frau auf einem Hocker betrachtet sich im Spiegel.

Nr. V: Ein Mann auf einem Hocker sitzend und mit einem Sonnenschirm in der Hand (vermutlich 17. Jahrhundert).

Nr. VI: Ein Mann spielt *fontomfrom*-Trommeln; dies gilt als Darstellung eines Sprichwortes: »Firampon sagt, er will mit den Trommeln nichts zu schaffen haben; wenn sie aber die sprechenden Trommeln schlagen, sagen sie ›Unser Beileid, Firampon‹.«

Nr. VII: Ein Mann bläst ein Querhorn aus Elfenbein.

Nr. VIII: Ein Mann trägt Palmwein-Gefäße auf dem Kopf; dieses Gewicht stammt von einem der talentiertesten Goldschmiede im Kumasi des 19. Jahrhunderts; zwei weitere Beispiele seiner Kunst befinden sich im Museum of Mankind, London.

Nr. IX: Mann mit Speer auf einem Pferd; hier könnte es sich um die Darstellung eines Kriegers aus der nördlichen Savanne handeln (Asante-Stil 19. Jahrhundert).

Nr. X: Frau, die eine Schale auf dem Kopf und ein Kind auf dem Rücken trägt; dieses Gewicht im Asante-Stil des 19. Jahrhunderts ist die Darstellung des Sprichwortes: »Die hart arbeitende Frau trägt ihr Kind auf dem Rücken und eine Last dazu« (Jedermann bewundert den fleißigen Arbeiter, der gerne zusätzliche Lasten auf sich nimmt). *TFG*

Literatur: Garrard 1980, S. 297 ff.; 1982, S. 60 ff.

VI–VII

VIII–X

5.105/I–XII

Goldgewichte in Tiergestalt

Akan
Ghana, Elfenbeinküste
17.–19. Jahrhundert
Messing
Höhe jeweils ca. 2–4 cm
Privatsammlung, London

Die Tierwelt Westafrikas kehrt sehr häufig in den Sprichwort-Gewichten der Akan wieder; alle Arten von Vögeln, Säugetieren, Reptilien, Fischen und Gliederfüßern kommen vor. Oft passen mehrere Sprichwörter zu einem Gewicht. Die Beispiele zeigen:

Nr. I: Krokodil; ein bekanntes Sprichwort heißt: »Das alte Krokodil schluckt am Ende des Jahres einen Stein« (Mißgeschicke sind unvermeidlich und müssen als Teil des Lebens akzeptiert werden).

Nr. II: Antilopenkopf (vielleicht ein Baule-Guß von der Elfenbeinküste).

Nr. III: Krokodil; dieses Stück aus der Küstenregion Ghanas wurde ohne Schwanz gegossen (wohl 17. Jahrhundert/frühe Periode).

Nr. IV: Skorpion; hier passen mehrere Sprichworte, eines davon wäre: »Sticht der Skorpion das Kind einer guten Mutter, schmerzt es, bis der Herd kalt wird« (Ist ein Unruhestifter im Haus, gibt es keinen Frieden, bevor er nicht weiterzieht).

Nr. V: Flacher Fisch mit langen Flossen.

Nr. VI: Schuppentier; vielleicht die Darstellung des Asante-Sprichwortes: »Verkaufe mir kein Fleisch vom Schuppentier, denn ich habe keine Zwiebeln« (Mach mir keine überflüssigen Scherereien).

Nr. VII: Buschrind, Hohlguß (18. Jh.).

Nr. VIII: Elefantenkopf; oft Symbol für ein Stammesoberhaupt oder einen Mächtigen wie in folgendem Sprichwort: »Folgst du dem Elefanten, wirst du dich nicht verirren« (Folgst du einem Mächtigen, wird er dich schützen).

Nr. IX: Vogelembrio, Naturabguß.

Nr. X: Vogel mit geschwungenem Hals.

Nr. XI: Vogel mit Swastika auf dem Rücken; dieser Guß ist zur gleichen Zeit entstanden wie die frühen geometrischen Goldgewichte (vermutlich 17. Jahrhundert).

Nr. XII: Leopard, auf einem anderen stehend. *TFG*

Literatur: Garrard 1980, S. 292–296, 302–313

I–VI

VII–VIII

IX–XI

XII

5.106, I–XIV

Goldgewichte, die Gegenstände darstellen

Akan
Ghana, Elfenbeinküste
17.–19. Jahrhundert
Messing
Höhe jeweils ca. 2–4 cm
Privatsammlung, London

Diese Gruppe von Gewichten ist ein einzigartiges Zeugnis für Art und Beschaffenheit der von den Akan in den vergangenen Jahrhunderten benutzten Gegenstände. Darunter finden sich Möbel, Küchengerät, Waffen und Werkzeuge (einige nach europäischen Vorbildern), Gerätschaften für Ackerbau und Jagd und schließlich eine Vielzahl von Paraphernalia des Häuptlingskults.

Nr. I: Holzfälleraxt.

Nr. II: Europäisches Schloß, das oft mit magischen Praktiken und Hexerei in Verbindung gebracht wurde.

Nr. III: Stilisiertes dreieckiges Schloß.

Nr. IV: Wedel aus einem Elefantenschwanz; diese galten als hohes Statussymbol und waren Häuptlingen und wichtigen Fetisch-Priestern vorbehalten. Ein passendes Sprichwort heißt: »Der Schwanz des Elefanten ist kurz, aber er vertreibt die Fliegen« (Nutze was du hast).

Nr. V: Schild mit Eisenglocken; solche Schilde waren einmal zu Kriegszwecken gebräuchlich. Dieses besonders schöne Gewicht stellt folgendes Sprichwort dar: »Obwohl sich die Bespannung des Schildes abnutzt, bleibt sein Rahmen doch ganz« (Auch wenn das Familienoberhaupt stirbt, wird die Familie doch fortbestehen).

Nr. VI: Fächer aus Pferdeschweif; solche Fächer wurden von bestimmten Dienern des Häuptlings bei Prozessionen vorangetragen, um böse Geister abzuhalten.

Nr. VII: Leiter; allgemein steht sie für das Sprichwort: »Die Leiter des Todes besteigt nicht nur einer« (Wir sind alle sterblich).

Nr. VIII: Kola-Nüsse auf einem Tragegestell; Kola-Nüsse, die auf diese Weise transportiert wurden, waren ein besonders wichtiges Handelsgut zwischen dem Regenwaldgebiet der Akan und der Savanne im Norden.

Nr. IX: Akan-Hocker.

Nr. X: Akan-Hocker.

Nr. XI: Geschnitztes Holzbrett für das *oware*-Spiel; eines von mehreren passenden Sprichwörtern lautet: »Ein

I–VIII

IX–XIV

Fremder spielt nicht *oware*« (Mische dich nicht in fremde Angelegenheiten).

Nr. XII: Kochtopf auf einem anderen Topf, der auf den drei Steinen einer Feuerstelle steht; ein passendes Sprichwort könnte sich darauf beziehen, daß der obere Topf nicht vor dem unteren heiß wird (um herauszustellen, daß wir alle voneinander abhängig sind).

Nr. XIII: Truhe oder Schachtel für Goldstaub (*adaka*), auf dem Deckel zwölf Vögel. Große Truhen aus Holz gehörten zum Schatz eines Stammesoberhauptes, viele Akan besaßen aber kleine Messingdosen für Goldstaub. Manchmal entsprach das Fassungsvermögen einer solchen Dose einer bestimmten Gewichtseinheit und konnte ihrerseits wieder zum Abwiegen benutzt werden.

Nr. XIV Stuhl; Stühle dieser Art waren bei den Akan sehr geschätzt und gehen auf ein europäisches Vorbild aus dem 17. Jahrhundert zurück.

Literatur: Garrard 1980, S. 292–296, 302–313

5.107/I–XVIII

Goldgewichte in Form von Naturabgüssen

Akan
Ghana, Elfenbeinküste
17. bis 19. Jahrhundert
Bronze
Höhe jeweils ca. 2–4 cm
Privatsammlung, London

Im 16. Jahrhundert entwickelten Goldschmiede in Padua und Nürnberg eine Technik, Abgüsse direkt nach der Natur herzustellen, bei denen anstatt des üblichen Wachsmodells das echte Tier – ein Salamander oder eine Schlange vielleicht – verwendet wurde. Diese Technik war im Westen Afrikas schon lange bekannt – mit Sicherheit handelt es sich hier um eine eigenständige Parallel-Erfindung. Die Akan-Goldschmiede schufen mit ihrer erstaunlichen Beherrschung dieser Technik bemerkenswerte Objekte.

Diese Direktabgüsse wurden wie gewöhnliche Goldgewichte genutzt und mit traditionellen Sprichwörtern in Verbindung gebracht.

Nr. I: Heuschrecke.

Nr. II: Kleine Eidechse, die Vorderbeine sind am Schwanz festgebunden; die Bedeutung dieser Grausamkeit ist nicht geklärt, die gebundenen Extremitäten deuten auf einen Gefangenen.

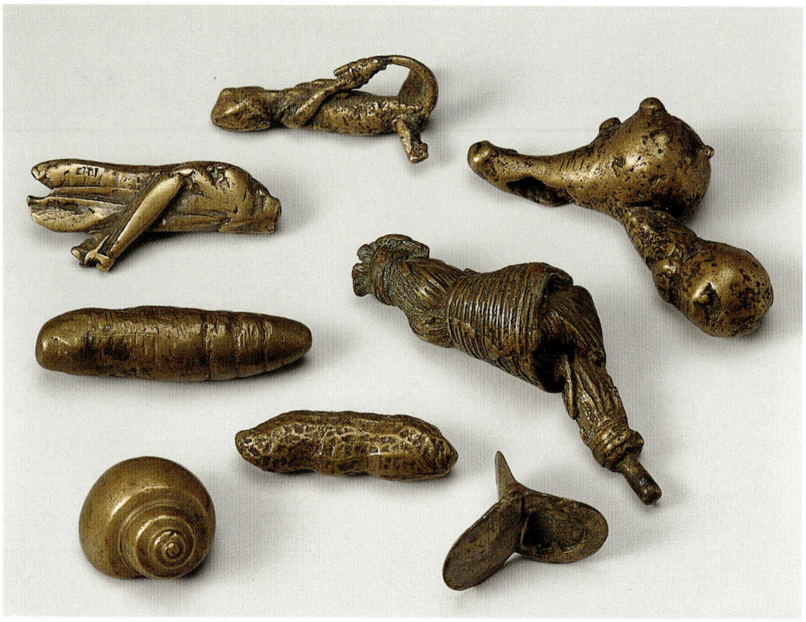

I–VIII

IX–XVII

XVIII

Nr. III: Zwei verschlungene Wurzeln.

Nr. IV: Kokon.

Nr. V: Verknotetes Maisblatt; das Sprichwort sagt: »Gibt es Ärger im Haus eines weisen Mannes, so macht er einen Knoten daraus«.

Nr. VI: Wasserschnecke.

Nr. VII: Erdnuß.

Nr. VIII: Flugsamen der Kolanuß.

Nr. IX: Hühnerfuß.

Nr. X: Kolanuß.

Nr. XI: Sieben unreife Kochbananen; ein bekanntes Sprichwort für dieses Gewicht heißt: »Die Nachkommen der Banane sind ohne Ende« (von einer fruchtbaren Person).

Nr. XII: Vogelschädel mit Schnabel.

Nr. XIII: Krebsschere.

Nr. XIV: Kleine, sehr süße Beerenfrucht (für Saucen).

Nr. XV: Drei kleine Wasserschnecken.

Nr. XVI: Okra-Frucht.

Nr. XVII: Käfer.

Nr. XVIII: Maiskolben; dieser alte und massive Guß wiegt 469 Gramm; evtl. Akan-Gewichtseinheit, die 16 Portugiesischen Unzen entsprach (459 Gramm). *TFG*

Literatur: Garrard 1980, S 122, 290 f.

5.108

Weibliche Figur

Bete
Elfenbeinküste
20. Jahrhundert
Holz, weißes Pigment
Höhe 46,5 cm
Privatsammlung

Bis vor wenigen Jahren wurde Skulpturen der Bete in der Kunstwelt wenig Beachtung geschenkt (bis 1964 ist in keiner Publikation etwas von den Bete aufgeführt). Einige Dutzend männliche und vor allem weibliche Figuren (zwischen 80 bis 100 cm hoch) waren in den dreißiger Jahren gesammelt worden, aber Umwälzungen in der Bete-Gesellschaft nach 1920 schränkten die Herstellung und den Gebrauch von Objekten ein, die mit früheren Riten in Zusammenhang standen.

Dieser Niedergang geht zum Teil auf die Popularität eines synkretistischen Kultes zurück, der die Zerstörung solcher Bildwerke forderte, eine andere Ursache liegt in der zunehmenden Kommerzialisierung der Landwirtschaft.

Diese geographische Differenzierung findet sich auch im frühen Stil der Masken und Figuren: Die Schnitzereien aus dem Osten weisen Ähnlichkeiten mit den Stilarten der benachbarten Guro auf, die wenigen bekannten Skulpturen aus dem westlichen Teil ähneln den Arbeiten der Wé (Guéré) im Westen. Figuren der Bete zeigen eine Vielzahl einfacher Handstellungen, die schwierig zu interpretieren sind.

Aus den knappen Felddaten geht hervor, daß an einem geschützten Ort ein Paar großer Figuren aufbewahrt wurde, welches die Gründer der Siedlung und der Gemeinschaft darstellen sollte. Dieser Brauch, die Gründervorfahren, die als erste Urwald oder Busch rodeten, zu ehren, ist auch von einigen anderen Ackerbau treibenden Stämmen Westafrikas bekannt. *MA*

Literatur: Herold 1985, S. 124 ff.; Fischer 1989, S. 46 f.

5.109

Weiblicher Torso

Atie
Elfenbeinküste
Elfenbein
Höhe 14,5 cm
Privatsammlung

Dieser elegante Frauentorso aus schön patiniertem Elfenbein ist hohl und am Fußende offen, vermutlich handelt es sich daher um den Aufsatz eines Häuptlingsstabes oder den Griff für einen Fliegenwedel.

Das Haar ist in einen straffen Knoten hochgebunden, der Kopf selbst kugelförmig und leicht geneigt. Arme und Brüste sind auf kleine Knospen reduziert. So entsteht eine einfache zylindrische Form mit fließenden Linien, die sich in die Hand schmiegt. An Gesicht, Hals und Brust sind erhabene Schmucknarben erkennbar. Das Muster um die Hüften könnte einen perlenbesetzten Keuschheitsgürtel darstellen.

Diese Arbeit wird den Atie (Ankye) zugeschrieben, einem der Lagunenvölker der Elfenbeinküste, die ähnliche Ritzmuster als Verzierungen kennen. Die Figur unterscheidet sich sehr von bekannten sorgfältig und detailreich gearbeiteten männlichen Darstellungen mit westlicher Kleidung aus diesem Gebiet, aber es ist denkbar, daß auch das vorliegende Stück als Schmuck- und Tauschobjekt gedacht war. *NB*

Literatur: Visona 1983

5.110

Weibliche Statuette (*nkpasopi*)

Lagunengebiet
Elfenbeinküste
20. Jahrhundert
Holz, Metall, Glas
Höhe 24,5 cm
Musée Barbier-Mueller, Genf, 1007.12

Diese qualitätvolle Statuette ist mit ihrer starren Pose, den rund-schwellenden Gliedmaßen und schalenförmigen Händen typisch für den Stil der Lagunenregion der südöstlichen Elfenbeinküste. Charakteristisch auch die zusätzliche Verzierung mit einem Gürtel aus Glasperlen und einer Halskette aus kleinen Metallscheiben der Baule-Region. Die Figur könnte den verschiedensten Zwecken gedient haben. Vielleicht gehörte sie einem Wahrsager und diente ihm als Mittler für Botschaften an die Geisterwelt, vielleicht hat er sie auch einem Kunden verordnet. Oder sie sollte den ›geistigen Liebhaber‹ des Besitzers aus der anderen Welt verkörpern (und beherbergen). Vielleicht wurde sie auch bei traditionellen Tänzen zur Schau gestellt. Aus all diesen Zusammenhängen sind ähnliche Statuetten bekannt.

Die Arbeit kann keiner bestimmten ethnischen Gruppe zugeschrieben werden, denn obwohl die Lagunenregion ein relativ kleines Gebiet ist, finden wir hier ein regelrechtes Völkermosaik. Rund fünfzehn verschiedene Sprachen werden hier gesprochen. Durch die große räumliche Nähe von Ethnien, die hier teils schon seit alters siedeln, wurden die jeweiligen Kunstformen wechselseitig genutzt, kopiert und beeinflußt, auch die der nördlich benachbarten Baule und Anyi. Statuetten dieser Art wurden den Ebrie (Kyaman) und den Atie (Akye) zugeschrieben, aber auch bei den Gwa und Abe finden sich ähnliche Arbeiten. Solange die ethnische Herkunft der Schnitzer nicht feststeht, ist es ratsam, diese Arbeiten nicht genau zu bestimmen. *TFG*

Provenienz: vor 1939, Sammlung Josef Mueller

Literatur: Visona, in: Schmalenbach 1988, S. 133; Visona, in: Barbier 1993, I, S. 371, II, S. 170

5.111

Sitzende Frauenfigur

Akye
Elfenbeinküste
Frühes 20. Jahrhundert
Holz
Höhe 64 cm
Musée National de la Côte d'Ivoire, Abidjan, 42.3.317(A 11)

Der unverkennbare Stil dieser Skulptur weist sie als eine Arbeit der Akye (Atie) aus, ein Volk der Lagunenregion. Sie stellt eine Frau dar, deren Haar zu vier Hörnern aufgedreht ist; sie sitzt auf einem Akan-Schemel. Die Skulptur ist aus geschwärztem Holz, die Arme wurden einzeln geschnitzt und danach am Rumpf befestigt.

Figuren dieser Art gelten als Darstellungen von Geistern oder Ahnen und fanden wahrscheinlich in einem Kult namens *logbu* Verwendung. Wir wissen allerdings nur wenig darüber, denn in der kurzen Zeitspanne zwischen etwa 1910 und 1930 kamen sie rasch außer Gebrauch. 1914 erreichte der berühmte liberianische Prophet William Harris die Elfenbeinküste, und seine glühenden Predigten bewegten besonders im Lagunengebiet ganze Stämme dazu, ihre Statuen und alten Kulte aufzugeben. In der Folge wurde eine große Zahl von Statuen aus der Lagunenregion zerstört, relativ wenige Beispiele haben in Museen und privaten Sammlungen überdauert.

Diese Statue ist eines von mehreren jetzt im Museum von Abidjan befindlichen Beispielen aus den Sammlungen, die Bédiat und Modeste in den dreißiger und vierziger Jahren anlegten. *TFG*

Ausstellungen: Vevey 1969; Paris 1989

Literatur: Vevey 1969, S. 206 f.; Paris 1989, S. 52 f.

5.112

Weibliche Figur mit Fußschmuck

Bondoukou-Region
Elfenbeinküste
Spätes 19.–frühes 20. Jahrhundert
Holz
Höhe 46 cm
National Museum of African Art, Smithsonian Institution, Washington, 85.8.5

Diese besonders schöne Figur ist als Abfolge von vollen, ineinandergreifenden Kurven gestaltet. Das Haar ist akkurat in eine Helmform frisiert, mit einer Scheitelwelle von der Stirn bis in den Nacken; erhabene Schmucknarben sind seitlich und vorne auf dem Leib zu sehen, weitere seitlich der Augen in Form dreier senkrechter Linien. Die winzigen Arme sind unter der Brust angewinkelt, Hände und Füße nur angedeutet. Die Figur trägt ein Paar großer ovaler Fußringe. 1968 publizierte William Fagg eine andere Frauenstatue, die fraglos demselben Stil zuzurechnen ist, aber von einem anderen Künstler ausgeführt wurde. Obwohl im vorliegenden Beispiel der Kanon der Baule und Anyi durchbrochen wird, zeigt die Figur doch ähnliche Züge, insbesondere in der Ausführung von Gesicht und Unterleib. Fagg folgerte für seine Figur, daß sie wahrscheinlich den Anyi zugesprochen werden kann, mit Sicherheit jedenfalls einem der kleineren Akan-Völker, von denen die Anyi das bedeutendste sind. In einer Fußnote erwähnt er, daß zwei größere Figuren gleichen Stils gerade in die Sammlung aufgenommen worden seien; sie stammten angeblich aus der Nähe von Wenchi, einer Stadt der Akan in der Brong-Ahafo Region Ghanas.

Skulpturen aus dem Grenzgebiet zwischen Ghana und der Elfenbeinküste wiesen seit jeher eine ganze Bandbreite seltener und bemerkenswerter Stile auf. Diese Statuen, mit ihren Anyi- oder Baule-Reminiszenzen, können wohl der Bondoukou-Region zugeordnet werden, seit jeher ein künstlerischer Schmelztiegel. In einem Radius von 60 Kilometern um Bondoukou findet sich eine Vielzahl ethnischer Gruppen, die in engster Nachbarschaft nebeneinander leben, einige davon Akan (Abron, Anyi, Domaa), andere Senufo- oder voltaischen Ursprungs (Nafana, Fantera, Kulango). Die vorliegende Statue hätte von jeder dieser Gruppen (bzw. für sie) angefertigt werden können. Es sei daran erinnert, daß Wenchi, wo den Angaben zufolge die beiden größten Plastiken dieses Stils erworben wurden, nur 75 Kilometer östlich von Bondoukou liegt. *TFG*

Literatur: Fagg 1968, Abb. 91

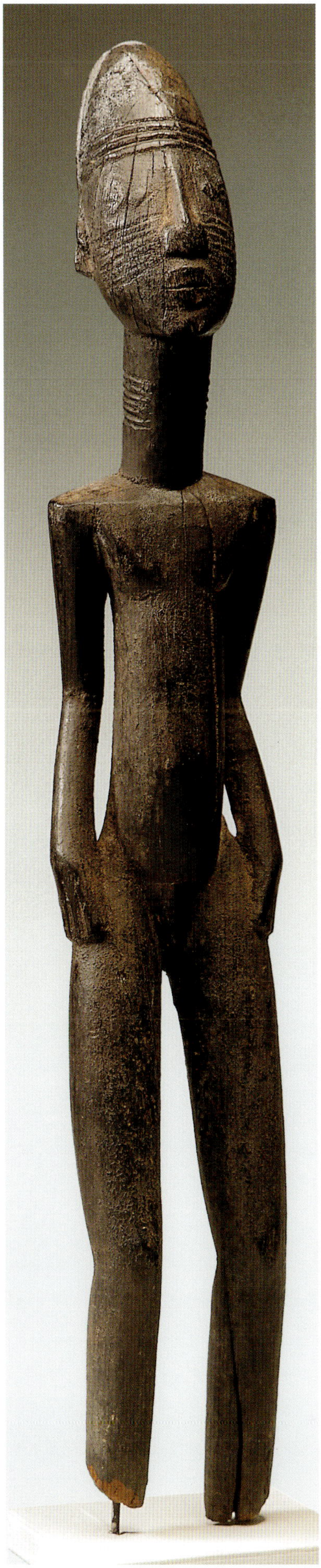

5.113

Männliche Figur

Gurunsi oder Dagara (?)
Burkina Faso
19.–20. Jahrhundert
Holz
65 x 10,8 x 7 cm
Musée National des Arts d'Afrique et d'Océanie, Paris, MNAN 79.2.2

Diese männliche Figur von seltener Eleganz zeigt eine schmale, langgezogene Form, wobei Kopf, Hals und Schenkel bewußt überlängt sind. Auf Wangen und Hals sind Muster von jeweils sieben waagrechten Schmucknarben angebracht (vier über die Breite der Stirn). Die Schultern sind schmal und gerade, die Arme werden locker beidseits des Körpers gehalten, an den spatelförmigen Händen sind Finger angedeutet.

Zu dieser Plastik gibt es keine vergleichbaren Stücke. Die Zuschreibung zu den Kulango sagt wenig aus. Die unteren zwei Drittel der Statue wurden als ›beinahe Lobi‹ apostrophiert. Unter der Vielfalt von Stilvarianten der Lobi findet sich eine vergleichbare Gestaltung der eckigen Schultern, der schmalen Arme, des Unterleibs und der langgezogenen Beine. Besonders in der Ausführung des langen, vorwärts geneigten Halses und des ähnlich langen, nach hinten gezogenen Kopfes werden die Unterschiede zum Stil der Lobi sichtbar.

Offenbar stammt dieses Werk von einem brillanten Schnitzer, der entweder zu den Lobi selbst zählte oder zu einem der direkt benachbarten Stämme, etwa zu den Dagara/Dagari/Dagaaba, die in nordöstlicher Richtung leben, deren Territorien sich mit denen der Lobi aber zum Teil überschneiden. Weiter im Nordosten leben die ›Gurunsi‹, ein Sammelbegriff für verschiedene ethnische Gruppen: die Pwa (Pugula), Sisaala, Kasena, Nuna, Nunuma, Ko und andere. Im Musée Barbier-Mueller, Genf, befindet sich eine Figur aus einem Heiligtum der Nuna, die an diese Statue erinnert, wenngleich der Stil ganz anders ist. Die vorliegende rätselhafte Figur gehört unzweifelhaft zu den reichen, weitgehend unerforschten Skulpturen, einstmals für Heiligtümer im südlichen Burkina-Faso geschaffen. *TFG*

Ausstellungen: Paris 1989, den Kulango zugeschrieben

Literatur: Roy 1987, S. 252 f.; Roy, in: Schmalenbach 1988, S. 76; Féau, in: Paris 1989, S. 94

5.114

Begräbniskopf

Sanwi
Elfenbeinküste
19.–20. Jahrhundert
Terrakotta
Höhe 18 cm
Privatsammlung

Dieser Terrakottakopf stellt eine Frau von hohem sozialen Status dar. Ihr Haar ist aufwendig in drei übereinanderliegende Ringe frisiert. Der Kopf könnte ursprünglich zu einem kurzen, einfachen Rumpf gehört haben. Der Stil verweist auf die Gegend von Krinjabo, der Hauptstadt der Sanwi (eine Untergruppe der Akan) in der südöstlichen Elfenbeinküste. Statuetten im Krinjabo-Stil behalten häufig ihre ursprüngliche glatte Oberfläche, manchmal finden sich noch Farbspuren. Schon vor 1904 fingen die französischen Besatzer an, sie zu sammeln; wahrscheinlich sind diese Plastiken erst kurz vor diesem Zeitpunkt entstanden.

Solche Köpfe und Statuetten waren im Totenkult der Akan-Stämme in der südöstlichen Elfenbeinküste und in Südghana weit verbreitet. Sie wurden als ›Porträt‹ des Verstorbenen gesehen. Die Sanwi und manche Gruppen in Ghana bezeichnen diese Statuetten mit dem Sammelbegriff *mma*, was soviel heißt wie Kinder oder kleine Leute.

Die Akan kennen solche Grabplastik seit mindestens vier Jahrhunderten. Ursprünglich wurde hiermit ein verstorbener König oder eine Königinmutter geehrt, die inmitten ihres Hofstaates von Ältesten und Höflingen dargestellt wurden. Bis ins 19. Jahrhundert hatte sich der Brauch weiter

ausgebreitet, und solche Statuetten wurden für jede männliche oder weibliche Person von Rang ungeachtet einer königlichen Abstammung angefertigt. Die gesamte Versammlung von Figuren, die den Verstorbenen und seinen Hofstaat darstellten (bisweilen mehrere Dutzend Personen), wurde dann nicht im Friedhof selbst, sondern in einem nahegelegenen Hain aufgestellt. Diese Stätte wurde *mmaso* genannt. Hier gedachte man des Toten; Gebete begleiteten Speise- und Trankopfer für dessen Geist (vgl. Text zu Kat. 5.99 a–d).
TFG

Literatur: Duchemin 1946, S. 13 f.; Amon d'Aby 1960, S. 67, 70 ff.; Garrard 1984, S. 167–190; Féau, in: Paris 1989, S. 55–59

5.115
Weibliche Figur
(*blolo bla* oder *asie usu*)
Baule
Elfenbeinküste
20. Jahrhundert
Holz
Höhe 30 cm
Privatsammlung, New York

Die Baule der Zentralregion von Côte d'Ivoire sind berühmt für ihre Bildhauertraditionen, besonders für die Figuren und Masken. Baule-Plastiken sind irrtümlich als ›Ahnen-Figuren‹ bezeichnet worden, in Wirklichkeit stellen sie zwei Arten von Geistern dar: geistige Partner aus der anderen Welt oder Buschgeister, die die Natur hinter den menschlichen Siedlungen bewohnen. Die beiden Figurentypen gleichen sich formal und werden von den Baule als ›Holzleute‹ bezeichnet (*waka sran*). Solange ihr Kontext in situ nicht bekannt ist, kann die Funktion einer Figur nicht eindeutig bestimmt werden.

Die Baule glauben, daß jeder Mensch einen Partner des anderen Geschlechts hat, der in der ›anderen Welt‹ (*blolo*) wohnt: Ein Mann hat eine ›Andere-Welt-Frau‹ (*blolo bla*), eine Frau einen ›Andere-Welt-Mann‹ (*blolo bian*). Die Existenz dieses Gegenübers aus der anderen Welt zeigt sich gewöhnlich in einem hellseherischen Akt nach einer Krise des frühen Erwachsenenlebens, etwa bei Unfruchtbarkeit oder einer Ehekrise. Um das Problem zu lösen, wird eine geschnitzte Figur als Vertreter des Partners aus der anderen Welt in Auftrag gegeben. Gewöhnlich verbringt der oder die Betroffene eine Nacht in der Woche allein, um das Gegenüber in Traumbesuchen zu empfangen; am folgenden Tag werden Gaben in einer kleinen Schale zu Füßen der Statue dargebracht.

Manche Figuren werden auch als Sendboten an die Buschgeister geschnitzt, die sich in das Leben eines Menschen einmischen und so Wahnsinn bewirken, aber auch hellseherische Fähigkeiten vermitteln können, die sich dann bei Trance-Tänzen manifestieren.

Wenn sie dazu dienen, einen störenden Geist aufzuspüren, können diese Figuren durch Trankopfer eine verkrustete Oberfläche bekommen. Die von Wahrsagern verwendeten Figuren werden gewöhnlich mit besonderer Sorgfalt behandelt, und während einer öffentlichen Zeremonie findet sich oft die Statue in unmittelbarer Nähe des Magiers.

Diese ungewöhnlich eindrucksvolle weibliche Figur weist viele stilistische Charakteristika der Baule auf: Der Kopf zeigt die fein ausgearbeitete Frisur und den gefaßten Gesichtsausdruck mit niedergeschlagenen Augen und ist durch einen kräftigen Hals vom restlichen Körper abgesetzt. Der ausladende Schwung des Beckens trennt den Oberkörper mit den hohen, kleinen Brüsten und einem gewölbten Bauch von den Beinen. Diese Teilung wird durch den Hüftgürtel aus Perlen auch ästhetisch unterstrichen. Dennoch richtet sich das Augenmerk des Betrachters vor allem auf die Gestaltung der Gliedmaßen: Von vorne gesehen bilden die ungewöhnlich langen Arme mit den knapp über den Knien ruhenden Händen einen Rahmen für den Oberkörper und geben der Figur eine starke Vertikalität. Aus seitlicher Perspektive vermitteln die Spannungsbögen der langen Arme und Beine den Eindruck von innerer Sammlung, aber auch von kraftvoller Energie – wir treffen hier auf eine Persönlichkeit, mit der Kommunikation möglich scheint. *PR*

Literatur: Vogel 1977; 1980; Ravenhill 1980; 1994

5.116

Doppelgesichtige Maske

Yaure, Baule oder Guro
Elfenbeinküste
19. Jahrhundert
Holz, Metall
27,3 x 10,2 x 11 cm
Trustees of the National Museums of Scotland, Edinburgh, 1907.272

Anders als die großen Helmmasken von oft aggressiven Formen, die von den Baule-Frauen nicht gesehen werden dürfen, sind die kleinen anthropomorphen oder zoomorphen Gesichtsmasken, die die Baule *ngblo* nennen, im weitesten Sinne zu Unterhaltungszwecken gedacht. Sie werden von männlichen Tänzern bei Auftritten in öffentlichen Theatern oder bei Bestattungszeremonien getragen. Zuerst erscheinen dabei die Tiermasken – sowohl zahme Tiere (z. B. Schafe und Ziegen) als auch wilde (z. B. Elefanten); danach folgen die menschlichen Masken. Diese Masken stellen soziale Rollen dar, können aber auch von der Schönheit einzelner Personen inspiriert sein und dann als Porträt gelten. Gesichtsmasken wie die hier gezeigte haben oft ein zusätzliches Dekorelement in Tiergestalt, in dem sich Phantasie und handwerkliches Können des Schnitzers manifestiert.

In der Zentralregion von Côte d'Ivoire gibt es nicht unerhebliche stilistische Überschneidungen zwischen Baule-, Yaure- und Guro-Masken, was exakte Zuschreibungen erschwert. Die drei etablierten ethnischen ›Stile‹ sind im Grunde reine Konvention; bestimmte Merkmale (so etwa der Zickzackbart einiger Masken, der den Yaure zugeschrieben wird) werden zu Klassifikationen abstrahiert, die wohl eher theoretischer denn praktischer Natur sind. Allen dreien dieser angeblich unterscheidbaren Stilvarianten gemeinsam ist die regelmäßige, ›klassische‹ Schönheit des Gesichts, das meist von einer anspruchsvollen Frisur gerahmt wird. Außerdem zeugen alle Beispiele von ungewöhnlicher künstlerischer Kreativität in den Dekorelementen. *PR*

Literatur: Vogel 1977, 1980; Ravenhill 1980, 1994

5.117

Vergoldete männliche Figur

Baule
Elfenbeinküste
20. Jahrhundert
Holz, Blattgold
Höhe 26 cm
Privatsammlung, Paris

Vergoldete Holzskulpturen (*sika blawa*) werden von den Baule als Prestigeobjekte hergestellt und öffentlich zur Schau gestellt. Meistens ist die Oberfläche des Holzes mit Kreuzschraffuren, Riefeln und geometrischen Mustern verziert, die nach der Vergoldung interessante Lichteffekte erzeugen. Figuren, Fliegenwedel und Stäbe dienen als Regalia, um in der Öffentlichkeit oder zu zeremoniellen Anlässen auf die Macht des Stammeshäuptlings oder den sozialen Status einer Familie aufmerksam zu machen.

Von den Oberflächenverzierungen abgesehen folgt diese vergoldete Figur mit ihrer Idealisierung der menschlichen Gestalt deutlich den Konventionen der Baule. Der Stellenwert eines schönen Gesichts für das Schönheitsideal führt zu einer Betonung des Kopfes, der im Verhältnis überproportional groß gestaltet ist. Die Gefaßtheit der Körperhaltung drückt ein Bewußtsein aus, das der Künstler auch in der Gestaltung des Blickes vermittelt: des Blickes eines fühlenden Wesens, eines ›Holzmenschen‹ (*waka sran*). *PR*

Literatur: Vogel 1977, 1980; Ravenhill, 1994

5.118

Tür

Baule
Elfenbeinküste
19.–20. Jahrhundert
Holz
Höhe 146 cm
Musée Barbier-Mueller, Genf, 1007.3

Viele der berühmtesten Stücke der Baule, etwa Masken und Statuen, wurden in ihrem ursprünglichen Kontext nur selten gesehen: Statuen wurden meist in privaten Wohnstätten und in Schreinen aufbewahrt, Masken nur bei relativ seltenen Gelegenheiten gezeigt und dann nur für kurze Augenblicke. Dennoch gab es in der traditionellen Gemeinschaft der Baule auch eine Reihe von Kunstformen, bei denen ein intensives Betrachten möglich war, so bei den Webrollenhaltern, den öffentlich zur Schau gestellten Kunstwerken par excellence. Türen mit figurativen oder abstrakten Motiven in Hochrelief waren eine weitere Sparte öffentlicher Kunst, heute allerdings werden sie nicht mehr hergestellt.

Nach dem Krokodil und der Panzerechse ist der Fisch das am häufigsten abgebildete Tier auf den Baule-Türen. Ungewöhnlich allerdings ist die Darstellung von zwei großen Fischen auf einer Einzeltür. Die Fische auf den Türen der Baule sind in der Regel vertikal ausgerichtet, mit dem Kopf nach oben, meist hält ein einzelner großer Fisch ein kleines Beutetier im Maul. Der Schnitzer dieser Tür schuf eine dynamische Komposition aus zwei dickleibigen Fischen, die den Eindruck einer ähnlichen, aber gegenläufigen Bewegung vermitteln. Die Tiere, in unterschiedlichem Neigungswinkel, sind in relativ hohem Relief ausgeführt, der plane Hintergrund in Flachrelief ist von Halbkreisen gerahmt; der dreidimensionale Effekt dieser Arbeit dürfte in situ durch den Türrahmen und das Spiel von Licht und Schatten noch verstärkt worden sein. *PR*

Provenienz: vor 1939, für die Sammlung Josef Mueller erworben

Literatur: Holas 1953; Vogel 1993, S. 16

5.119

Maske (*sakrobundi*)

Nafana
Bondoukou-Distrikt, Elfenbeinküste
19. Jahrhundert
Holz, Pigmente
Höhe 146 cm
The Trustees of the British Museum, London, 1934.2

Diese beeindruckend gestaltete und bemalte Maske gehört zu den Glanzstücken afrikanischer Kunst im British Museum. Sie wurde in den letzten Jahren des 19. Jahrhunderts von Captain Sir Cecil Armitage zu einem kritischen Zeitpunkt in den britisch-französischen Beziehungen an der westafrikanischen Küste erworben. Beide Mächte suchten ihren Einfluß ins Landesinnere auszudehnen. Zwischen 1879 und 1889 sandten beide Parteien zahlreiche offizielle Gesandte ins Inland. Sie hofften auf diplomatische und wirtschaftliche Beziehungen mit Ardjoumani, dem mächtigen Abron-Herrscher von Jaman. Beider besonderes Interesse galt der Reichshauptstadt Bondoukou (Bontuku), einem alten Mande-Handelszentrum. Dabei ging es nicht nur um den wirtschaftlichen Status der Stadt: Sie wurde auch als Brückenkopf zum Norden und den islamischen Ländern angesehen, von denen man annahm, daß sie sich bis ans Mittelmeer erstreckten. Nach fast zehn Jahren akzeptierte Ardjoumani die Tricolore, unterzeichnete ein Abkommen und öffnete die Handelswege zwischen seinem Reich und der französischen Niederlassung in der Küstenstadt Krinjabo.

Aus dieser Zeit stammen die frühesten Berichte von *sakrobundi*. Der Militärarzt R. A. Freeman, Mitglied der britischen Delegation von Cape Coast nach Bondoukou (1888/89), stieß auf *sakrobundi* in zwei Dorfgemeinschaften im Landesinneren der Goldküste: in Odumase, einer Stadt der Bron, und im Nafana-Dorf Duadaso, nur zehn Meilen östlich der französischen Grenze bei Bondoukou. Er notierte seine Eindrücke und überlieferte in einer Zeichnung der Nachwelt den ›Großen Binnenland-Fetisch‹, ein maskiertes Wesen in einem bodenlangen Kostüm aus Raphiabast. Dreizehn Jahre später dokumentierte Delafosse das bedeutende *sakrobundi*-Heiligtum in der Nafana-Siedlung Oulike (nordöstlich von Bondoukou) mit den Lehmreliefs einer *sakrobundi*-Maske mit einer eingerollten Schlange und einem Stab an den Wänden des Schreins. Zu dieser Zeit hatte *sakrobundi* eine starke spirituelle Präsenz in Jaman und den angrenzenden Gebieten der Goldküste, besonders in den Dörfern der Nafana im Schatten von Bondoukou (das unter der geistigen Führung von Imam Malik Timitay stand, dem muslimischen Oberhaupt der Stadt).

Trotz der wachsenden Präsenz der Kolonialmächte behielt *sakrobundi* bis weit in die dreißiger Jahre hinein großen Einfluß. Danach wurde der Kult von den französischen und britischen Missionaren unterdrückt, deren Einschreiten die Maskenvorführungen selbst zum Verschwinden brachte, aber ein Bewußtsein der schützenden Macht blieb bis nach 1960 erhalten. Als öffentlicher Ausdruck eines Kultes, der den Kolonialmächten nicht genehm war, wurde *sakrobundi* nicht mehr praktiziert oder, wie es die Nafana-Ältesten von Oulike formulierten, es wurde ›schlafen gelegt‹. Diese *sakrobundi*-Maske von Jaman aus dem Besitz des British Museum macht den Verlust einer hochrangigen Maskentradition unter der Fremdherrschaft bewußt. Zu ihrer Zeit hatte diese große, flache Maske mit dem ovalen Gesicht zweifellos eine große spirituelle Macht. *RAB*

Provenienz: Erworben von Sir Cecil Armitage

Literatur: Underwood 1953, Abb. 20; Fagg 1969, Nr. 128; Bravmann 1974, S. 102–106, 1979, S 46 f.

5.120

Schreinfigur (*tchicherik sakwa*)

Moba
Togo
19. Jahrhundert
Holz
Höhe 125 cm
Museum für Völkerkunde, Leipzig

Bei den Moba im Norden Togos werden die *tchitcheri* (singular: *tchicherik*) von den Wahrsagern verordnet, um die Wirksamkeit von Schreinen einer Einzelperson, eines Haushalts oder eines Dorfes zu verbessern. *Tchitcheri* werden aus einem einzigen Stück Holz geschnitzt und stellen eine Abstraktion des menschlichen Körpers dar. Die hier vorgestellte Figur entspricht den allgemeinen stilistischen Konventionen der Moba-Statuetten: Der ovale Kopf, der Halsring, eine breite Brust und ausladende Hüften stehen in starkem Kontrast zum langgezogenen, schmalen Rumpf und der vertikalen Achse der Figur. Wie häufig bei Figuren der Moba werden keine Gesichtszüge dargestellt und Hände und Füße nur angedeutet. Bei einigen Stücken wird das Geschlecht durch einen Penis markiert, einen vertikalen Einschnitt als Andeutung einer Vagina oder durch kleine, vorstehende Brüste.

Die Größe der vorliegenden Schreinfigur legt nahe, daß sie der Kategorie *tchitcheri sakab* (singular: *tchitcherik sakwa*; *sakab* heißt soviel wie ›Alte Männer‹) zuzurechnen ist. Ursprünglich waren diese eindrucksvollen Figuren bis zum Knie, wenn nicht bis an die Hüfte in die Erde eingegraben. Manche sind mit einem Baumwollgewand oder einem Strohhut geschmückt oder tragen eine Hacke. Sie repräsentieren die Clangründer oder deren Kinder und sind auch nach ihnen benannt. Sie gehören zu Erdheiligtümern (*tingban*), die von bestimmten Familien als Hütern instandgehalten werden.

Diese Skulpturen werden mit den Gründervorfahren in Verbindung gebracht; die Moba sind daher allgemein der Überzeugung, daß die Figuren zweihundert oder mehr Jahre alt seien. Aus diesem Grund gibt es auch keine zeitgenössische Tradition für die Herstellung von neuen oder Ersatz-*tchitcheri sakab*. *CMK*

Provenienz: 1900–01, gesammelt von Dr. H. Gruner

Literatur: Zech 1904; Frobenius 1913, S. 430; Zwernemann 1967, S. 118; Kreamer, 1987, S. 52–55., 82 f.

5.121

Zwei Aufsätze von Helmmasken

Senufo
Elfenbeinküste
Frühes 20. Jahrhundert
Holz, Fasern
Höhe 76 cm, 73 cm
Musée National de la Côte d'Ivoire, Abidjan, A 1535/6

Diese beiden Figuren sind die Überbleibsel zweier Helmmasken, die ursprünglich wohl eine Gesamthöhe von etwa einem Meter aufwiesen. Von solchen Helmmasken sind nur sehr wenige bekannt. Die Schmuckfiguren wurden ohne Arme geschnitzt (in manchen Fällen auch ohne Beine); die Körper sind auf eine Säule aus facettierten Ringen reduziert.

Obwohl die vorliegenden Helmmasken aus einem Gebiet stammen, das von den Tyebara, einer Senufo-Sprachgruppe, bewohnt wird, sind sie weder von ihnen hergestellt noch benutzt worden. Meine im Jahr 1990 durchgeführten Untersuchungen bestätigen, daß diese Stücke ausschließlich bei den Fodonon Verwendung fanden, einer anderen Untergruppe der Senufo, und zwar in den Dörfern Lataha und Seridjakaha.

Die Fodonon hatten jedoch keine eigenen Schnitzer und gaben daher diese Masken bei einer dritten Untergruppe der Senufo, den Kulebele, in Auftrag, die über Berufsbildhauer verfügten. Die Kulebele schnitzten diese Masken für die Fodonon von Koko, einem Viertel von Korhogo (etwa 15 km außerhalb von Lataha), in dem der belgische Ethnologe Maesen 1939 das erste bekannte Paar erwarb.

Paare solcher Helmmasken gehörten den *ponno*, geheimen Männerbünden der Fodonon (das Äquivalent zum *poro* der Tyebara). Jeder Bund bewahrte ein Paar (Mann und Frau) in einem heiligen Hain. Ursprünglich gab es sieben *ponno*-Männerbünde in Lataha, heute sind daraus aufgrund von Zusammenschlüssen drei geworden. Die Masken wurden nach Einbruch der Dunkelheit für die Bestattungszeremonien eines *ponno*-Mitglieds hervorgeholt, die einige Zeit nach dem eigentlichen Begräbnis abgehalten wurden. Auch bei den großen Totengedenkfeiern, die im Abstand von einigen Jahren stattfanden, sind die Masken gezeigt worden. Sie wurden von initiierten Mitgliedern in einer Prozession um das Dorf getragen, gefolgt von anderen, die sich gegenseitig mit Peitschen oder den bloßen Händen schlugen und sich manchmal sogar mit brennendem Stroh bewarfen.

Um 1950 erreichten die Anhänger eines neuen Kultes, bekannt als Massa, Lataha und forderten die *ponno*-Bünde auf, ihre geheimen Statuen aufzugeben. In einer panischen Reaktion wurden die heiligen Haine von den wichtigsten Statuen gesäubert. Durch glückliche Umstände wurden sie von französischen Missionaren gerettet, darunter auch die vorliegenden Maskenaufsätze.

Im Jahre 1990 boten *ponno*-Initiierte von Lataha eine überzeugende Erklärung für die ringförmigen Körper dieser Schmuckfiguren und für das Fehlen der Arme. Bei der Gedächtniszeremonie, die lange nach der eigentlichen Bestattung stattfinden kann, wird der Leichnam durch ein weißes Tuch symbolisiert, das zu einem Tau gedreht und an den Enden verknotet ist. Ein Initiierter führt damit einen Tanz auf; danach wird es auf den Friedhof getragen und auf das Grab geworfen. Daraufhin laufen alle Anwesenden, ohne sich umzusehen, ins Dorf zurück. Die ringförmige Unterteilung der Skulpturen bildet demnach dieses gedrehte weiße Tuch nach, welches den Leichnam darstellte. *TFG*

Ausstellung: Paris 1989

Literatur: Clamens 1953, S. 78 f.; Goldwater 1964, S. 21 f., Abb. 80–84; Förster 1988, S. 60 f.; Diarrassouba, in: Paris 1989, S. 90 f.; Koloß und Förster, 1990, S. 14 ff., 40; Convers 1991, S. 24–34; Glaze, in: Barbier 1993, II, S. 14

5.122 a

Maske mit siebenteiligem Kammaufsatz (*gu*)

Guro
Elfenbeinküste
Holz, Reste von Farbpigmenten
Höhe 34,5 cm
Museum Rietberg, Zürich, RAF 508; vormals Slg. Baron Eduard von der Heydt

5.122 b

Männliche Maske (*zauli*)

Südliche Guro
Elfenbeinküste
Holz, Fasern
26 x 16 x 10 cm
Musée National des Arts d'Afrique et d'Océanie, Paris, MNAN 1963.184

5.122 c

Tanzmaske

Guro
Elfenbeinküste
Holz
Höhe 35 cm
Museum Rietberg, Zürich
Sammlung Baron E. Von der Heydt, RAF 510

Die Guro, ein Volk der zentralen Elfenbeinküste, sind nicht nur hervorragende Schnitzer, sondern auch ausgezeichnete Tänzer und Musiker. Für die meisten Guro sind Maskengestalten Erscheinungen von vorzeitlichen Wesen, die einst – häufig in Tierform – im Wald oder in den Bergen gelebt haben. Sie bilden eine eigene Kategorie von Erscheinungen, sind anders als Mensch und Tier. Viele Legenden berichten, wie diese Waldwesen in früherer Zeit von berühmten Jägern gefangen und in die Dörfer gebracht wurden. Im Laufe der Zeit haben sich die Maskenwesen dann zu ihrer heutigen Form von Holzmaske, Maskenkostüm und Maskenträger gewandelt.

Es gilt heute als belegt, daß die Guro als Lehrmeister der Schnitzkunst ihrer von Osten eingedrungenen Nachbarn zu betrachten sind. Anders als die flächig gearbeiteten Gesichter der Baule bevorzugen die Guro-Bildhauer sanfte Übergänge von konvexen Wölbungen zu konkaven Senken und schätzen besonders die wirkungsvolle Profilansicht.

Zwei der hier gezeigten Masken stellen das Idealbild einer schönen, vornehmen Frau dar. *Gu* heißt diese mit feiner Nase, gebuckelter Stirn und kunstvoll geflochtenem Haar gestaltete Maske. Sie erscheint stets in Begleitung von *zamble*, ihrem männlich-jugendlichen, aber tiergestaltigen Begleiter, und häufig vervollständigt eine weitere Tiermaske, der männlich-groteske *zauli*, die Masken-Trilogie, die wir auch im *goli*-Fest bei den Baule antreffen. Die dritte Maske ist ein männliches Wesen, das wohl der südlichen Guro-Region zuzuordnen ist. Sie ist formal mit den Bete-Masken verwandt, aber über deren Herkunft, Bedeutung und Funktion wissen wir bis heute wenig. *LH*

Ausstellungen: Kat. 5.122 b: Le Havre 1963; Paris 1972, Nr. 75; Zürich 1985

Literatur: Damman 1966; Neauzè, 1967, S. 170; Fischer-Homberger 1985, S. 87 ff., 182

5.123

Figur eines Wahrsagers

Senufo
Elfenbeinküste
20. Jahrhundert
Holz
Höhe 29 cm
Jean und Noble Endicott

Diese weibliche Statuette, auf einem vierbeinigen Senufo-Schemel sitzend und mit einer Schale auf dem Kopf, ist die Darstellung eines Buschgeistes. Ursprünglich hatte sie noch eine weibliche Partnerfigur, die entweder freistehend oder auf einem Pferd dargestellt war. Solche Paare waren Teil der Ausstattung eines Sehers oder Wahrsagers (*sandoo*); die Statuetten waren Abbild und Wohnsitz des Buschgeister-Paares, die dem Glauben nach mit dem Wahrsager in Kontakt standen.

Die Hellseherei ist bei den Senufo allgemein verbreitet und Ausübende dieser Kunst sind in jedem Dorf anzutreffen. Sie konsultieren den Geist, um einem Kunden zu helfen, Probleme zu lösen oder seinen Wohlstand zu mehren. Die meisten Hellseher sind Frauen, obwohl auch Männer den Ruf empfangen können. Die Statuetten werden inmitten von anderen Paraphernalia in einem winzigen ›Sprechzimmer‹ aufgestellt, und die Wahrsagerin stellt ihnen im Laufe einer Seance ununterbrochen Fragen. Im Jahre 1934 berichtet der Missionar Pater Knops von einem Fall, daß eine solche weibliche Figur mit Schale auf dem Kopf ins Freie gebracht wurde und alle Mitglieder des Wahrsagerbundes *sandogo* um sie herum tanzten.

Ein Buschgeist, genannt *mandeo*, *ndeo* oder *tugu* (plural: *mandebele*, *ndebele*, *tugubele*), ist sehr häufig Thema in der skulpturalen Kunst der Senufo. Zusätzlich zu den oben erwähnten persönlichen Statuetten der Wahrsager ist es allgemein üblich, daß ein Wahrsager dem Kunden empfiehlt, sich ein eigenes Paar solcher Statuetten zu beschaffen und sie bei sich zu Hause aufzustellen. Dies gilt besonders dann, wenn ein Kunde angibt, einen solchen Geist im Busch oder im Traum gesehen zu haben, oder auch wenn der Hellseher herausfindet, daß ein Buschgeist den Kunden verfolgt, um ihm entweder Freundschaft anzubieten oder ihm zu schaden. Die Statuetten, die ein Kunde daraufhin erwirbt, sind meistenteils ein einfaches Paar freistehender Figuren.

Die komplizierter gearbeiteten Statuen – auf dem Rücken eines Pferdes oder mit einer Schale – sind so gut wie ausschließlich den Wahrsagern vorbehalten. *TFG*

Literatur: Goldwater 1964, S. 24 f.; Glaze 1981, S. 54–69; Förster 1988, S. 87 f.; Glaze, in: Schmalenbach 1988, S. 81

5.124

Stehender Vogel

Senufo
Elfenbeinküste
19.–20. Jahrhundert
Holz
Höhe 149 cm
The Berggruen Collection, London

Früher besaßen viele der geheimen Männerbünde im Senufo-Gebiet (*poro*) eine solche große Statue eines stehenden Vogels. Sie wurde im heiligen Hain aufbewahrt und bei Ritualen eingesetzt, mit denen die Novizen in die letzte Phase ihrer Ausbildung eintraten. Der Vogel hatte meist eine hohle Basis und konnte so vom Novizen auf dem Kopf getragen werden. Manche Vogelfiguren haben auch Löcher in den Flügeln, durch welche Schnüre gezogen wurden, um dem Vogel beim Tragen Halt zu geben.

Die ornithologische Identifikation des Vogels ist ungewiß. Der lange gebogene Schnabel weist auf einen Hornbill, aber die Senufo-Informanten bieten unterschiedliche Deutungen an: als Hornbill oder als Krähe, Geier, Adler und Bussard. Ältere Senufo dagegen bezeichnen ihn je nach Dialekt mit *sejen* oder *fijen*, was einfach soviel heißt wie ›der Vogel‹.

Die große Bedeutung dieses Vogels wird in zwei weiteren Bezeichnungen noch deutlicher: Manchmal wird er als *kasingele* bezeichnet, ›der erste Ahne‹, wobei sich der Terminus entweder auf den mythologischen Gründer der Menschheit oder auch den Gründervorfahr des heiligen Hains beziehen kann.

Ein anderer Name lautet *poropia nong*, was wörtlich soviel heißt wie ›Mutter des *poro*-Kindes‹. Die Statue ist also ein Grundsymbol der *poro*-Führerschaft und verweist auf die Autorität der Ältesten. In der Sprache des *poro* werden diese Ältesten mit dem Sammelbegriff *katyleeo*, ›die alte Frau‹, belegt. Sie sind für die jungen Novizen wie eine ›Mutter‹. Die Jungen dagegen heißen *poro piibele*, ›Kinder des *poro*‹. *TFG*

Literatur: Goldwater 1964, S. 28, Abb. 148, 149; Förster 1988, S. 75; Bochet und Garrard, in: Barbier 1993, II, S. 31

5.125

Weibliche Figur

Senufo
Elfenbeinküste
Frühes 20. Jahrhundert
Holz
Höhe 78,5 cm
Tropenmuseum, Amsterdam, 4133.29

Die Schmiede und Berufsschnitzer der Senufo schufen zahllose kleine Figuren meist unter 30 cm Höhe. Größere Plastiken dagegen sind relativ selten. Dieses außergewöhnliche Beispiel für die größere Kategorie könnte auf verschiedene Weise genutzt worden sein; es gibt allerdings keine besonderen Hinweise auf den genauen Kontext. Dennoch sind die stark verrotteten Füße ein Indiz, daß die Figur einen festen Standort hatte, wohl auf dem Erdboden – allerdings eher in einem Innenraum als unter freiem Himmel, da der Rest der Statue relativ gut erhalten ist.

Eine solche große Skulptur wurde früher manchmal von den *poro*-Männerbünden oder von deren weiblichem Gegenstück, den *tyekpa*, in Auftrag gegeben. Im Falle des *poro* wurde bisweilen ein Paar großer Statuen im Versammlungsraum, einem Holzbau, wo die Novizen Begräbniszeremonien abhielten, öffentlich präsentiert; heute ist dieser Brauch wegen häufiger Diebstähle allerdings aufgegeben worden. Die Bünde gaben auch manchmal Statuen in Auftrag, die bei Prozessionen von Novizen auf dem Kopf getragen wurden oder die als Mittelpunkt für die Tänze auf der Erde standen.

Die vorliegende Statue jedoch ist wohl für den Besitzer eines *yasungo* geschnitzt worden, eines großen ›Fetisch‹-Altars oder Macht-Objektes, auf dem Opfer dargebracht werden. Solche Schreine standen oft im Inneren eines Hauses und waren der Öffentlichkeit nicht zugänglich.
Der Charakter der *yasungo*-Schreine war unterschiedlich, und bei der schlechten Quellenlage ist schwer zu sagen, welche Rolle diese Statue wohl gespielt haben mag.

An dieser Stelle darf daran erinnert werden, daß zwar einige Statuen den ›ersten Ahnen‹ (*kasingele*) darstellen, daß aber das Konzept, einen wirklichen, namentlich bekannten Vorfahren bildhauerisch zu porträtieren, offensichtlich nicht existierte. Gleichermaßen löst der Gedanke an das figurale Porträt eines Lebenden bei den Senufo Schaudern aus. Dies galt als ein gefährlicher und aggressiver Akt, der einen Fluch auf den Dargestellten herbeiwünscht oder – handelt es sich um eine Frau – zur Sterilität führt. Die Bildschnitzer sagen, daß ein solches Porträt nur gemacht würde, um der Person zu schaden. Und weiter, daß sie, wollte ein Mädchen ihren Heiratsantrag ablehnen, sie dieses mit der – scherzhaften – Drohung umstimmen würden, eine Porträtstatue von ihr zu schnitzen. *TFG*

Literatur: Goldwater 1964, S. 23 ff.; Glaze, in: Barbier 1993, S. 24

5.126

Ritueller Stößel

Senufo
Elfenbeinküste
Frühes 20. Jahrhundert
Holz
Höhe 95 cm
Museum Rietberg, Zürich, RAF 301

Zu den eindrucksvollsten Beispielen der Senufo-Schnitzerei gehören die großen rituellen Mörserkeulen oder Schlegel, die als männliche oder weibliche Figur geschnitzt werden. Früher besaßen die meisten *poro*-Bünde sowohl an der Elfenbeinküste als auch in Mali solche Figuren. Ursprünglich wurden sie als Paar geschnitzt, aber es kam vor, daß eine der beiden zerbrach oder morsch und unbrauchbar wurde; in solchen Fällen wurde ein Ersatz in Auftrag gegeben, allerdings oft bei einem anderen Schnitzer. Es konnte also durchaus vorkommen, daß ein funktionales ›Paar‹ im heiligen Hain von zwei unterschiedlichen Schnitzern stammte.

Der nebenstehende ist einer von acht Stößeln, die um 1950 aus den verschiedenen heiligen Hainen um Lataha auf Betreiben des Massa-Kultes entfernt wurden. Das Fußstück fehlte, und daher war der Stößel nicht länger in Gebrauch. Zwei weitere männliche Mörserschlegel waren schwer beschädigt, aber die anderen fünf sind intakt. Ein Mann aus Lataha, damals noch Novize, wies kürzlich den vorliegenden Stößel Kofile zu (›Weißer Wald‹), einer der drei heiligen Haine des Dorfes, die noch heute existieren.

Diese Skulpturen wurden vor allem – allerdings nicht ausschließlich – bei Ritualen vor und nach dem Begräbnis eines *poro*-Ältesten eingesetzt. Sie werden von Novizen getragen, die das Haus des Verstorbenen besuchen. Manchmal wird einer der Stößel während der anschließenden öffentlichen Zeremonie neben dem in das Leichentuch gehüllten Toten aufgestellt. Danach begleiten die Statuen den Leichnam zur Grabstätte, wobei sie zur Trauermusik des *poro*-Orchesters im Takt geschwungen und auf die Erde geschlagen werden. Nach dem Begräbnis, wenn das Erdreich rasch auf dem Grab aufgehäuft worden ist (dies findet kurz vor Einbruch der Dunkelheit statt), kann ein männlicher Novize in einer abschließenden und entscheidenen Geste mit einem der Stößel auf den Grabhügel springen und das Erdreich siebenmal feststampfen. Dieses Feststampfen soll gewährleisten, daß der Geist des Verstorbenen nicht in der Nähe bleibt, sondern die Reise zum ›Dorf der Toten‹ antritt. Die Stößel können auch bei weiteren Ritualen der darauffolgenden Tage zum Einsatz kommen.

Im Fodonon-Dialekt, der in Lataha gesprochen wird, heißt der Stößel *ponno shon* (*poro*-Mensch) oder *pon pia* (Kind des *poro*). Er wird auch *denge* oder *madengo* (›Buschgeist‹) genannt. Analoge Namen finden sich im Tyebara-Dialekt von Korhogo. In der Literatur wird der Stößel beinahe durchgegend als *déblé* bezeichnet; dies ist eine schlechte Wiedergabe des Tyebara-Wortes für den Buschgeist *ndeo*, (Plural: *ndebele*). In anderen Dialekten der Gebiete westlich von Korhogo heißt der geschnitzte Stößel einfach *dol* (Plural: *dogele*), ›Mörserkeule‹. *TFG*

Provenienz: Ehemals Sammlung Emil Storrer

Ausstellungen: New York 1964, Zürich 1988, Berlin 1990

Literatur: Clamens 1953, S. 78 f.; Goldwater 1964, S. 22–25, Abb. 94; Förster 1988, S. 68 ff.; Diarrassouba, in: Paris 1989, S. 87; Koloß und Förster 1990, S. 14–20; Convers 1991, S. 31 f.; Glaze, in: Barbier 1993, II, S. 22

5.127

Ritueller Kopfschmuck

Senufo
Elfenbeinküste
20. Jahrhundert
Holz
Höhe 98 cm
Musée National des Arts d'Afrique et d'Océanie, Paris, MNAN 65.1.4

Bei den Senufo ist der geheime Männerbund *poro* keine monolithische Organisation, sondern setzt sich zusammen aus einer Vielzahl unabhängiger Dorf-Bünde, deren Bräuche und künstlerische Traditionen beträchtliche Unterschiede aufweisen – nicht nur von einer Region zur nächsten, sondern auch innerhalb derselben Dialektgruppe. Der vorliegende Kopfputz ist hierfür ein gutes Beispiel. In ein rechteckiges Brett ist eine stilisierte menschliche Figur geschnitzt und auf einer aus Ruten geflochtenen Kopfhalterung angebracht. Rituelle Kopfbedeckungen wie diese waren bei den *poro*-Bünden der Tyebara und Fodonon unbekannt, sie scheinen nur bei den Nafara im Gebiet von Sinematiali etwa 30 km östlich von Korhogo vorzukommen.

Solcher Kopfschmuck wurde von den Novizen zu großen öffentlichen Festen getragen, während derer der mittlere Abschnitt des Novizentums in der *poro*-Ausbildung (*kwonro*) gefeiert wurde. Nach dem Fest betraten die Novizen den heiligen Hain, um sich einem Ritual des Todes und der Wiedergeburt zu unterwerfen; dadurch traten sie in die letzte, siebenjährige Ausbildungsphase des Initiationszyklus (*tyologo*) ein.

Für die Zurschaustellung in der Öffentlichkeit wurde der Aufsatz mit einem vielfarbigen Muster aus Vierecken oder Punkten in Naturfarben bemalt. Der Brauch, ihn zu tragen, wurde vor einigen Jahrzehnten aufgegeben. In der Literatur wird der Aufsatz als *kwonro* oder auch als *dagu* bezeichnet. *TFG*

Literatur: Goldwater 1964, S. 20 f., Abb. 75–79; Knops 1980, S. 144, 199; Förster 1988, S. 17 ff.; Féau, in: Paris 1990, S. 162; Koloß und Förster 1990, S. 43; Glaze, in: Barbier 1993, II, S. 18

Miniaturmasken

Miniaturmasken sind Repliken der bekannten und vielbewunderten Gesichtsmasken aus Liberia und der Elfenbeinküste. Für die Stämme dieser Waldregion, die Dan, Mano und Wenion, sind solche kleinen Masken – die nicht getragen werden können – mächtige Amulette. Sie werden nicht vorgezeigt, sondern sollen dem persönlichen Schutz oder Fortkommen dienen, ganz im Gegensatz zu den Gesichtsmasken, welche zu öffentlichen Anlässen von Schauspielern zur Förderung des Allgemeinwohls getragen werden. Alle Masken, seien sie noch so zart, komisch oder roh in Formgebung und Verhalten, sind mit der mächtigen Lebensenergie des Waldes ausgestattet, einer Energie, die das Wohlergehen fördert und gegen Unheil schützt. Dieser Zusammenhang mit dem Wald verleiht den Masken eine derartige Kraft, daß diese sogar von kleineren Versionen ausgestrahlt wird.

Bis weit in die sechziger Jahre hinein waren Auftritte mit Holzmasken und Kostümen weit verbreitet, und daher finden sich Zehntausende dieser Masken im Regenwaldgebiet. Die Variationsbreite dieser regionalen Masken ist enorm, obwohl das Gesicht immer von vorne dargestellt wird. Die Einheimischen selbst teilen die großen Gesichtsmasken in allgemeine gesellschaftliche Kategorien wie männliche, weibliche und ungewöhnliche oder abweichende Typen ein. Kleine Dan-Masken dieser drei Kategorien (männliche, weibliche und Zerrbilder) werden hier vorgestellt.

Die Menschen dieser Region ordneten Masken außerdem nach sozialen Funktionen, wie Schiedsrichter, Büttel, Krieger, Tänzer, Sänger, Schauspieler, Jäger und Verbrecher. Vor 1960 gab es praktisch keine soziale Tätigkeit, die nicht durch einen Maskentänzer begleitet wurde: beispielsweise das Rekrutieren von Arbeitern für Wegsäuberungsarbeiten, das Zurückholen einer weggelaufenen Ehefrau, Feldarbeit, das Stibitzen von Festspeisen, die dann an die Kinder verteilt wurden, das Ausspionieren von Heimlichkeiten. Die für Auftritte bestimmten Masken wurden von den Buschgeistern, da sie in der menschlichen Gemeinschaft präsent sein und geehrt werden wollten, durch Träume inspiriert.

Jede Gesichtsmaske hatte einen eigenen Namen, der sich auf ihre besondere Natur, ihre spirituellen Kräfte und auf den zugehörigen männlichen Träger, der mit ihr auftrat, bezog. Bei seinem Tod wurde die Maske an ein anderes Mitglied seiner Familie weitergegeben, der von den Geistern durch ein Zeichen erwählt wurde. Trotz der Verbindung zwischen der Maske und ihrem Tänzer galten die Masken eines Familienclans als Besitz dieses Clans, und jeder Auftritt wurde von den Familienältesten überwacht.

Einer der Hauptgründe für die Herstellung von Maskenminiaturen geht wohl auf eine strikte Regel zurück, die die öffentliche Person in der Rolle des Maskengeistes schützt, dem Träger aber jeglichen Beifall versagt. Der menschliche Träger darf sich nie als der Tänzer einer bestimmten Maske offenbaren oder sich in der Öffentlichkeit über seinen Bezug zu der Maske äußern. Er oder ein Familienältester sind aber berechtigt, ein handgroßes Modell (13–15 cm) in Auftrag zu geben, damit Privatandacht zu pflegen und ihm zu opfern, um ihre privaten Interessen bei einer Unternehmung zu fördern oder um Hexerei zu begegnen. Häufige Opfergaben für diesen Maskenaltar mit Speisen, Saucen, Blut und Öl lassen eine verkrustete Oberfläche wie im hier gezeigten Beispiel einer Mano-Maske entstehen (Kat. 5.128 h). Die Bedeutung des Maskenträgers kann auch unterstrichen werden, indem er eine Miniatur bei den Ratssitzungen der Männer schweigend präsentiert, insbesondere bei Besuchen in anderen Dörfern. Dadurch gibt man sich als der Träger der Maske oder das Mitglied einer mächtigen Erblinie zu erkennen.

Im Regenwaldgebiet sind die Verwendungsarten der Miniaturmasken beinahe so unterschiedlich wie die der großen Stücke. Als heilige Objekte fungieren sie bei den Riten der geheimen Männerbünde. So werden etwa bei einem Geheimbund der Dan während der Initiation Miniaturmasken auf dem Pfad zum Versammlungsplatz ausgelegt, und die Anwärter müssen für das Entfernen bezahlen;

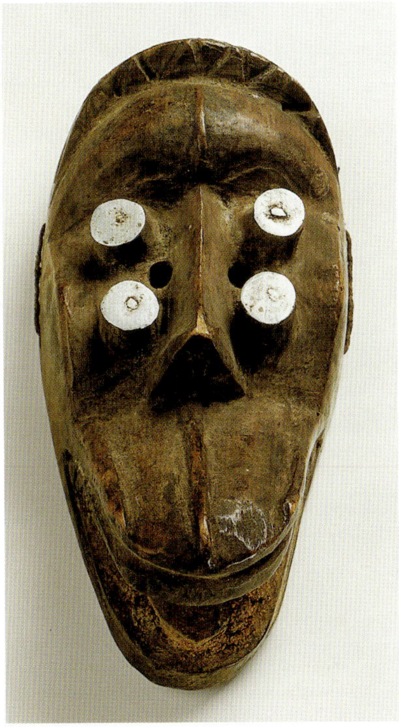

5.128 a
Dan (Yacuba, Gio, Geh)
Liberia, Elfenbeinküste
20. Jahrhundert
Holz
Höhe 15,5 cm
Museum für Völkerkunde, Wien,
155.162

5.128 b
Dan
Liberia, Elfenbeinküste
20. Jahrhundert
Holz
Höhe 13,7 cm
Jean und Noble Endicott

5.128 c
Wenion (Wè, Guéré)
Liberia, Elfenbeinküste
20. Jahrhundert
Holz
Höhe 10,7 cm
Privatsammlung

5.128 d
Dan (Yacuba, Gio, Geh)
Liberia, Elfenbeinküste
20. Jahrhundert
Holz
Höhe 13,5 cm
Museum für Völkerkunde, Wien,
126.166

5.128 e
Dan (Yacuba, Gio, Geh)
Liberia, Elfenbeinküste
20. Jahrhundert
Holz
Höhe 12 cm
Museum für Völkerkunde, Wien,
126.168

5.128 f
Dan (Yacuba, Gio, Geh)
Liberia, Elfenbeinküste
20. Jahrhundert
Holz, Pflanzenfaser, Kupfer
Höhe 17 cm
Musée National des Arts d'Afrique
et d'Océanie, Paris, A 83.1.2

5.128 g
Dan (Yacuba, Gio, Geh)
Liberia, Elfenbeinküste
20. Jahrhundert
Holz, Stoff
Höhe 12 cm
Sammlung Herman

5.128 h
Mano
Liberia, Elfenbeinküste
20. Jahrhundert
Holz, Krustenpatina
Höhe 13,1 cm
Jean und Noble Endicott

mit weiteren Talismanen werden sie den Mitgliedern auf einem Tablett als Vertreter der wohlmeinenden Maskengeister der Gegend präsentiert. Ein Beschneider kann mit seinem Messer über eine Miniaturmaske fahren, um die Klinge von bösen Mächten zu reinigen. Die Jungen der Dan versuchen sich im Lager der Beschnittenen im Schnitzen kleiner, handtellergroßer Masken; dies kann zu dem – von den Geistern inspirierten – Traum führen, ein Maskentänzer oder -Sänger zu werden.

Bei den Mano-Masken, die in Stil und Funktion denen der Dan am ähnlichsten sind, werden Miniaturmasken von Tänzern des weiblichen Stils verwendet, die Aufgaben wahrnehmen wie etwa im Dorf für die Jungen und Mädchen in den Initiations-Lagern Essen zu sammeln oder bei Festen für Unterhaltung zu sorgen. Andere Mano-Miniaturen, wie etwa die Maske Kat. 5.128 o, die vielleicht im Andenken an mächtige Mitglieder der Familie oder Erblinie geschnitzt wurde, hat man bei persönlichen Altären verwahrt. Eine stilistische Variante findet sich bei den nördlichen Mano, deren Gesichtsmasken menschliche Züge mit schnabelähnlichen Elementen kombinieren. Diese Masken werden mit den Zeremonien der geheimen Männerbünde in Verbindung gebracht (*ge bon*). Die hier gezeigte vereinfachte Ausführung (Kat. 5.128 w) wurde nicht getragen, sondern im Initiations-Lager oder einer ensprechenden Hütte als Wächter gegen böse Geister oder Diebstahl aufgestellt.

Wahrsager regen die Anfertigung von Miniaturmasken zu den verschiedensten Zwecken an. Männern, die bei der Waldarbeit, auf Reisen oder während anderer riskanter Unternehmungen Schutz brauchen, wird ein Wahrsager eine handtellergroße weibliche Maske verschreiben, die unter der Kleidung getragen werden soll. Auf Anweisung des Wahrsagers wird eine winzige Maskenform (5–6 cm) einem Kind in einem Beutel umgehängt, um Krankheiten fernzuhalten. Durch Behandlung mit Opferöl erhalten diese Masken eine schimmernde Patina. Frauen dürfen zwar keine großen Masken besitzen, aber eine Frau aus einer Dan-Familie, die über eine solche Maske verfügt, kann eine Miniatur in Auftrag geben; diese Maske führt sie mit sich, wenn sie in den Haushalt ihres Ehemannes überwechselt. Nach der Weihe und Opferungen wird die Miniatur im Korb mit ihren persönlichen Besitztümern verborgen und bürgt so für die Aufrechterhaltung der Verbindung zu den Mächten.

In zeitgenössischen Sammlungen sind Miniaturmasken, die übertrieben männliche Züge zeigen, relativ selten; die meisten kleinen Masken zeigen ein zugespitztes Oval mit weiblichen Gesichtszügen. Je ein solches Beispiel von den Dan (Kat. 5.128 d, 5.128 e) wurde in Liberia im Jahre 1936 erworben. Zwei der frühesten hier vorgeführten Dan-Beispiele (erworben 1868) sind von der Größe einer Hand, die mit Bärten aus geflochtenen Fasern oder Affenhaar, Röhrenknochen, Perlen und Tierhäuten dekoriert waren (Kat. 5.128 u/5.128 v); in der rückwärtigen Höhlung findet sich eine schwarze gummiähnliche Masse, wahrscheinlich Überreste einer magischen Medizin. Diese Zusätze sind vielleicht aufgrund der besonderen Vorliebe der Sammler für plastische Formgebungen bei Stücken in Privatsammlungen recht selten. Bei Kat. 5.128 f, die eine elegante Schlichtheit ähnlich dem Stil der Guro – den östlichen Nachbarn der Dan – aufweist, finden sich Spuren eines Kopfputzes aus Baumwolle und anderen Fasern. Verschiedentlich rührt die Patina von Opfergaben aus zerkauten Kola-Nüssen (einem Stimulans) und Palmöl, die in die Holzoberfläche gerieben werden, um den Kontakt aufrechtzuerhalten und für die Vorhaben des Besitzers Unterstützung zu erbitten. Ein über das Gesicht gezogener rötlicher Stoff wie bei Kat. 5.128 g kommt auch bei den größeren Masken vor; die rote Farbe weist auf die Energie hin, die den Besitzer schützt und Feinde abschreckt.

Die Wenion-Miniaturen sind typische Varianten, wie sie bis heute bekannt und in Gebrauch sind. Kat. 5.128 r mit den geschlitzten Augen, den zylindrischen Wangenelementen (›Backenknochen‹) und dem Bart aus Palmfasern ist leicht identifizierbar als Modell der Maske des jungen Kriegers, der sich nicht an offen vorgetragenen Drohgebärden der ›kämpfenden Krieger‹ beteiligt, sondern energiegeladene Tänze vorführt. Die anderen beiden Wenion-Beispiele, (Kat. 5.128 c, m) zeigen Gesichter mit kräftigen, aber weiblichen Zügen und

5.128 i
Dan (?)
Liberia, Elfenbeinküste
20. Jahrhundert
Holz
Höhe 14,6 cm
Privatsammlung

5.128 j
Dan
Liberia, Elfenbeinküste
20 Jahrhundert
Holz
Höhe 13,7 cm
Jean und Noble Endicott

5.128 k
Dan (Yacuba, Gio, Geh)
Liberia, Elfenbeinküste
20. Jahrhundert
Holz
Höhe 10,1 cm
Privatsammlung

5.128 l
Dan
Liberia, Elfenbeinküste
20. Jahrhundert
Holz
Höhe 10,1 cm
Privatsammlung

5.128 m
Wenion (Wè, Guéré)
Liberia, Elfenbeinküste
20. Jahrhundert
Holz, Knochen
Höhe 13,7 cm
Musée National des Arts d'Afrique et d'Océanie, Paris, A 83.1.2

5.128 n
Dan
Liberia, Elfenbeinküste
20. Jahrhundert
Holz
Höhe 14 cm
Privatsammlung, Paris

5.128 o
Mano
Liberia, Elfenbeinküste
Holz
Höhe 23 cm
Jean und Noble Endicott

5.128 p
Dan (Yacuba, Gio, Geh)
Liberia, Elfenbeinküste
20. Jahrhundert
Holz
Höhe 12,7 cm
Privatsammlung

5.128 q
Mano
Liberia, Elfenbeinküste
20. Jahrhundert
Holz
Höhe 10,7 cm
Privatsammlung

5.128 r
Wenion (Wè, Guéré)
Liberia, Elfenbeinküste
20. Jahrhundert
Holz
Höhe 17 cm
Sammlung Herman

5.128 s
Dan
Liberia, Elfenbeinküste
20. Jahrhundert
Holz
Höhe 18 cm
Sammlung Herman

5.128 t
Dan
Liberia, Elfenbeinküste
20. Jahrhundert
Holz, Baumwolle, Eisen, Höhe 15 cm
Musée National des Arts d'Afrique et d'Océanie, Paris, A 67.1.8

5.128 u
Dan
Liberia, Elfenbeinküste
1868 erworben
Holz, Faser, Tierhaut, Knochen, Perlen, Gummirückstände
37 x 9 x 5 cm
The Trustees of the British Museum, London, 4572

5.128 v
Dan
Liberia, Elfenbeinküste
1868 erworben
Holz, Faser, Tierhaut, Knochen, Perlen, Gummirückstände
63 x 46 x 6 cm
The Trustees of the British Museum, London, 4572

5.128 w
Mano
Liberia, Elfenbeinküste
20. Jahrhundert
Holz, Metall
Höhe 23 cm
Museum für Völkerkunde, Wien, 126.169

einem Bart, eine bei Tänzern und Unterhaltungskünstlern beliebte Variante. Die von den Nasenlöchern aufwärts gerichteten Wülste bei Kat. 5.128 c stellen eine Schmucknarbe dar, die im südlichen Regenwaldgebiet für Männer wie Frauen üblich war. Andere Typen von Wenion-Masken mit weiblichen Zügen ähneln feinlinigen Dan-Masken.

Die hier versammelten Miniaturmasken demonstrieren die Vielfalt individueller Stile bei den Schnitzern der Dan, Mano und Wenion und entsprechend wohl auch anderer Stämme des Regenwaldgebietes, wie etwa der Konor, Mau oder Tura im Norden der Dan oder der Bete im Osten. *MA*

Literatur: Becker-Donner 1940, S. 94, 97; Schwab 1947, S. 277 f., 364 f.; Holas 1952, S. 125 ff.; Fagg 1955, S. 160 ff.; Himmelheber 1960, S. 161 f.; Girard 1967, S. 155, Tafel VII; Verger-Fèvre 1980, Taf. 22, J 6, J 11; Gnonsoa 1983; Fischer und Himmelheber 1984, S. 107; Herold 1985, S. 142–146, Adams 1988; Verger-Fèvre 1989, S. 123 f.

5.128 x
Dan
Liberia, Elfenbeinküste
20. Jahrhundert
Holz
Höhe 16,5 cm
Sammlung Rosemary und George Lois

5.129

Vieläugige Maske

Kru
Elfenbeinküste
20. Jahrhundert
Holz, Pflanzenfasern
42 x 16 x 21 cm
Musée Ethnographique de Dakar,
Cl. 55-1-52; Leihgabe an das Musée
National des Arts d'Afrique et d'Océanie,
Paris, 67.1.7

Diese spektakuläre Maske mit zwei Reihen von Augenzylindern ist ein seltenes Objekt; Informationen darüber sind entsprechend karg. Einzigartig ist die hohe Zahl vorstehender Augen, die das Gesicht in die Länge ziehen. Bei einigen westafrikanischen Stämmen bezieht sich der Ausdruck ›Vierauge‹ auf einen Seher oder eine Hexe. Das zusätzliche Paar Augen ist eine Metapher für ihre seherischen Fähigkeiten in Bereiche und Kräfte, die normalen Sterblichen verschlossen bleiben. Diese Metapher könnte die Vervielfältigung der Augen-Formen bei Masken inspiriert haben, noch dazu wenn man in Betracht zieht, daß bei vielen anderen Stämmen den Maskenträgern seherische Fähigkeiten nachgesagt werden. (Die Sehschlitze befinden sich neben den Nasenlöchern.)

Experten schreiben diese Maske heute den Kru zu, ein kleiner Stamm in der westlichen Küstenregion der Elfenbeinküste. Die Kru haben nachweislich ähnliche Masken gefertigt.

In der Küstenregion wurden Masken mit unregelmäßigen dreieckigen oder runden Formen bemalt. Der Bart ist an einer Faserschnur beidseitig mit Haken befestigt. Es finden sich aber keine seitlichen Löcher für die Aufhängung eines Kostüms, das den Maskenträger verdeckte.

Das Tragen von Masken unterlag bei den Kru keinen festen Regeln. Es gibt keine Berichte über den Auftritt einer solch langen, flachen Maske. Neben dieser seltenen Form gibt es zwei weitere Varianten abstrakter Kru-Masken, eine mit einer hölzernen Scheibe bzw. geschnitzten Hörnern, die weit über das Gesicht hinausragen, und eine andere mit einer überdimensionierten Stirn, die sich über das Gesicht stülpt. Zu dieser letzteren Art gehören die beiden Kru-Masken aus der Sammlung Picasso, die mit Sicherheit von der Elfenbeinküste stammen und als ›Grebo‹ bezeichnet wurden, ein Sammelname für die Kru und ihre Nachbarstämme im Osten Liberias.

Berichten zufolge wurden die Kru-Masken vertikal getanzt. Mit ihnen wurde die Tapferkeit der Krieger gefeiert oder eine örtliche Begebenheit nachgestellt. In einem Fall wird von einer Maskenform berichtet, die nicht für den Tanz bestimmt war, sondern auf der Rückseite Vertiefungen für schützende Medizin aufwies und als Amtszeichen vor dem Haus des Stammesführers aufgestellt war. Nach Feldphotos von Masken, die in den neunziger Jahren des vergangenen Jahrhunderts in der Küstenregion erworben wurden, und Photos zugehöriger Tänze läßt sich schließen, daß die Kru-Maske unter einem spektakulären Kopfputz getragen wurde. Dieser bestand aus einem bogenförmigen Rahmen aus Pflanzenfasern, der mit einer Stoffbahn bezogen war und am Rand mit steifen Palmblatt-Streifen und langen, wehenden Federn abschloß. In anderen Fällen wurde die Maske auch verdeckt, weil sie in einem Paneel aus bemalten, geflochtenen Palmfasern befestigt war, das vom Tänzer auf dem Kopf getragen wurde. Es konnte auch an einem konischen Helm befestigt sein – das Gesicht blieb zu sehen (diese Art der Befestigung könnte das Fehlen von Löchern bei einigen Kru-Masken erklären). Denkbar ist auch, daß einige der Stücke ohne Löcher im frühen 20. Jahrhundert für den Verkauf an französische Matrosen angefertigt wurden, die sie dann in Paris losschlugen.

Die Kru-Masken mit ihrer flachen Basis und den stark abstrakten Zügen mögen unter den hochformatigen Masken einzigartig erscheinen, aber eine nähere Betrachtung der Geschichte der Kru macht plausibel, daß die Ursprünge dieser ungewöhnlichen Form in den Kontakten der Kru mit den Ijo-Stämmen Südnigerias zu suchen sind. Die Kru-Stämme des Küstenstreifens waren durch Jahrhunderte hindurch beliebte Handelspartner der Europäer entlang der Küste. Bekannt unter dem Namen *krumen* (die Parallele zu engl. ›kru-men‹, Kru-Männer, ist eine linguistische Koinzidenz), waren sie begehrte Ladearbeiter und Matrosen. In der zweiten Hälfte des 19. Jahrhunderts arbeiteten sie für die englische Palmöl-Handelsflotte und kamen so bis in das Gebiet des Niger-Delta und darüber hinaus. Hierbei traten sie mit den Ijo in Kontakt. Durch die Verwaltung von Transport und Handel zwischen dem Niger-Delta und den Märkten des Inlandes waren die Ijo, wie die Kru, das Leben auf Schiffen gewohnt, und auch sie beteiligten sich rege am englischen Palmöl-Handel. Für den Kult des Wassergeistes, ihrem wichtigsten Tanz-Ritus, schufen die Ijo sehr abstrakte Masken, die eine Struktur ähnlich derjenigen der Kru-Masken aufweisen. Diese Masken wurden auf dem Kopf des Tänzers getragen und unter verschiedenen Arten von Krausen oder Drapierungen aus Palmblattfasern verdeckt; allerdings wurden die Masken hier quer – nicht hochkant – getragen. Doch wegen der großen Zahl der Ijo-Masken, ihrer Einbindung in einen wichtigen Kult und aufgrund der ausgeprägten gestalterischen Verfeinerung ist es gerechtfertigt, sie als Vorbilder für die abstrakten Kru-Masken zu betrachten. *MA*

Literatur: Frobenius, 1898, Taf. XI, Abb. 110–114; Vandenhoute 1948, Taf. XVI, S. 48; Krieger 1960, Abb. 16; Horton 1965, Taf. 46, 68, 70; Brooks 1972, S. 35; Holas 1976, S. 70; 1980, Buchumschlag, Taf. nach S. 256; Verger-Fèvre 1980, Taf. H-4; Jones 1984, S. 160–163; Rubin 1984, I, S. 20 f., 260, 305; Herter 1991, S. 58–71; Verger-Fèvre 1995, S. 1 f.

5.130

Menschliche Figur

Kru (?)
Liberia
19. Jahrhundert
Holz, Pigment
Höhe 107 cm
Staatliche Museen zu Berlin, Preußischer Kulturbesitz, Museum für Völkerkunde, III C 28582

Diese Statue ist eine der ältesten Bildwerke der Küstenregion Liberias. Das Berliner Museum erwarb sie im Jahre 1913 von einem renommierten englischen Kunsthändler, dazu folgende Information: »Kru. Liberia. Sehr altes Stück. Vor 1865 nach England importiert.« Keine andere bekannte Statue ist mit eingeschnittenen Mustern bedeckt und mit rotem und schwarzem Pigment bemalt.

Die Skulpturen der Kru aus Liberia sind wenig erforscht, und Informationen zur Verwendung dieser Statue fehlen. Angesichts der Tatsache, daß die Männer der Kru in der ersten Hälfte des 19. Jahrhunders als Wanderarbeiter für die europäischen Schiffahrtsgesellschaften bis Gabun und regelmäßig zu den Westindischen Inseln reisten, liegt die Vermutung nahe, daß diese Statue aus einer anderen Region als Westafrika stammen könnte. Dagegen spricht, daß menschliche Darstellungen, wenngleich selten, bei anderen Stämmen der Küstenregionen und im Binnenland Westliberias in Gebrauch waren. So trafen Reisende am Dorfeingang häufig auf geschnitzte Pfosten etwa dieser Größe mit einem menschlichen Kopf. Weniger exponiert war eine solche Statue, wenn sie an einem Pfahl zur Kennzeichnung des Hausaltars des Dorfvorstandes befestigt war. Ein zweites Argument liefern formale Charakteristika, die auch bei anderen Statuen der Gegend auftreten, wie etwa die vortretenden Brauen, der schmale Nasenrücken und das ovale, spitz zulaufende Gesicht. Auch der rhythmische Verlauf des geritzten Streifenmusters ist typisch westafrikanisch. Die Symmetrie wird zugunsten von Abwechslung und Individualität aufgegeben. *MA*

Provenienz: Vor 1865 in England; 1913 vom Museum angekauft

Literatur: Krieger 1965, 1, Taf. 18, S. 24; Adams 1989, S. 35–43; Siegmann 1995

5.131

Figur einer Stehenden

Bete
Elfenbeinküste
20. Jahrhundert
Holz
Höhe 74,9 cm
Maureen und Harold Zarember

Die Zuordnung dieses qualitätvollen Stücks ist schwierig, es eignet sich aber gerade deshalb als ein interessantes Studienobjekt. Eines der typischen Merkmale der bekannten Bete-Figuren fehlt hier: der eckige Übergang von Beinen und Hüften. Dennoch könnte die Figur durchaus von einem Bete-Schnitzer stammen, denn die einzelnen Stilregionen haben keine festen Grenzen, im Regelfall kommt es in Grenzgebieten zu einer Beeinflussung durch benachbarte Stile. Außerdem wissen wir aufgrund der unzureichenden Forschungslage nicht, wie groß die Stilvariationen innerhalb des Bete-Gebietes selbst waren.

Erschwerend kommt hinzu, daß die Kolonialverwaltung in der ersten Hälfte dieses Jahrhunderts das Leben in Westafrika in vielerlei Hinsicht stark verändert hat – die Schnitzerei inbegriffen. Besonders nach den 20er Jahren nahmen die Möglichkeiten für Reisen, Besuche und den Austausch von Ideen zu. Das Resultat war, daß Schnitzer problemloser Aufträge von weiter entfernten Stammesführern annehmen konnten. Die Dan-Stämme westlich der Bete waren als geschickte Schnitzer bekannt. Man lud ihre Künstler besonders gerne ein, so daß deren Arbeiten bei ihren Nachbarn noch bekannter wurden als zuvor.

Dieser vielfältige Austausch könnte die vielen Dan-Stilelemente bei dieser Bete-Figur erklären, so die betont aufrechte Haltung mit den symmetrisch angewinkelten Armen. Die Grundproportionen des Körpers sind auch wieder eher Dan als Bete. Trotz der für die Dan typischen Gesichtszüge folgen die Konturen des Kopfes und die Gesichtsform selbst nicht den Dan-Vorbildern.

Die Arme dieser Figur sind ungewöhnlich lang. Bei Skulpturen der Dan reichen die Arme im allgemeinen bis zur Hüfte oder kurz darunter. Dies an sich ist schon ungewöhnlich, denn ein durchgehendes Formprinzip für die Gebiete südlich der Sahara fordert die Trennung der einzelnen Körperpartien; dem wird vor allem durch ein Verkürzen der Arme entsprochen, so

daß sie keinen Übergang zwischen Torso und Hüften bilden können.

Interessant ist diese Statue vor allem durch ihren erstaunlichen formalen Rhythmus; der Künstler spielt mit den einzelnen Körperformen. So wird die strenge Horizontale der Augenhöhlen noch einmal von der Kinnlinie und dann von den geraden Schultern aufgegriffen. Diese horizontalen Elemente sind durch Oberflächendetails unterstrichen, wie etwa die einfache Form der Augen und des Mundes, die Hals-Riefelung, die Querstreifen um die Schultern und die Hüftringe. *MA*

Literatur: Fischer und Himmelheber 1984, Abb. 110–111, 133–137; Herold 1985, Abb. 21–26

5.132

Salzpokal

Meister der symbolischen Hinrichtung
Sapi-Portugiesisch
Sierra Leone
16. Jahrhundert
Elfenbein
Höhe 42 cm
Museo Preistorico Etnografico
›L. Pigorini‹, Rom, 1975, 104.079

Der von William Fagg geprägte Neologismus ›Afro-Portugiesische Elfenbeinschnitzereien‹ bezeichnet eine Kategorie feiner Elfenbeinarbeiten (Salzfässer, Pyxiden, Löffel, Gabeln, Dolchgriffe und Olifanten), die zwischen Ende des 15. und Mitte des 16. Jahrhunderts von Künstlern der Sapi von Sierra Leone und Yoruba- oder Edo-Künstlern aus Benin für den Export nach Europa geschaffen wurden. Diese Elfenbeinarbeiten demonstrieren in Formgebung und Dekor eine perfekte Verschmelzung von afrikanischen und europäischen Formelementen, wobei letztere zweifellos von den portugiesischen Auftraggebern vorgegeben wurden und nützliche Hinweise für die Datierung liefern. Die Stücke aus Sierra Leone wurden durch überzeugende Analogien zwischen den Elfenbeinschnitzereien und frühen Arbeiten in Speckstein aus derselben Region identifiziert.

Die erstmalige Erwähnung derartiger Salzfässer geht auf die Listen des Schatzmeisters der Casa de Guiné zurück (1504/05, das einzige Buch, das aus dem Erdbeben von Lissabon 1755 gerettet wurde), in denen eine 25prozentige Steuer erwähnt wurde auf *saleiros* und *colhares* aus Elfenbein, die von Afrika nach Portugal importiert worden waren. Das Wort *salyros* taucht auch in einem Bericht (1506 bis 1510) von Valentim Fernandes auf, der schreibt: »Die Einwohner von Sierra Leone sind schwarz und sehr begabt in handwerklicher Kunstfertigkeit, denn [sie machen] Salzfässer und Löffel aus Elfenbein. Sie schnitzen aus Elfenbein jedes Stück, das wir ihnen aufzeichnen.« Dies ist ein Hinweis darauf, daß die europäischen Auftraggeber den afrikanischen Schnitzern Entwürfe vorlegten.

Die sapi-portugiesischen Salzfässer können in zwei Gruppen unterteilt werden: eine Art mit konischer, die andere mit durchbrochener, zylindrischer Grundform. Die gezeigte Arbeit entspricht dem zweiten Typus, der in Formgebung und Dekor generell weniger europäische Elemente erkennen läßt als der erste Typus.

Die Form der Schatulle mit dem Deckel auf einer Sockelplatte könnte inspiriert worden sein durch ein Gefäß (einen Flaschenkürbis oder eine Töpferarbeit) mit einem dazugehörigen Karyatidenhocker. Die Szene auf dem Deckel stellt eine mehrfache Exekution dar und scheint auf landesübliche Praktiken Bezug zu nehmen, von denen frühe Chroniken berichten. Allerdings tragen der Scharfrichter und die beiden sitzenden Männer auf dem Sockel Schamkapseln (daneben zwei Frauen mit Narbenschmuck). Verzierungen bestehen hauptsächlich in Reihen von Perlenmustern, die mit schlichten Linien alternieren, einem typischen Dekor der manuelinischen Architektur (nach Emanuel I., König von Portugal von 1495 bis 1521). Der Kopf des Opfers, die Hand des Scharfrichters und die wenig plausible Axt sind neuere Restaurationen.

Die gigantische Größe des Scharfrichters im Verhältnis zu seinen Opfern legt nahe, hierin die symbolische Darstellung eines mächtigen Führers zu sehen, der über Leben und Tod gebietet – daher auch die Bezeichnung des Schnitzers als ›Meister der symbolischen Hinrichtung‹. Er war ein großer Künstler, voller Raffinement und Phantasie, der Eleganz mit einem ungewöhnlichen Maß an kompositorischer Intuition zu verbinden wußte. Zwei ähnlich perfekte Salzpokale stammen wahrscheinlich auch von seiner Hand. *EB*

Ausstellung: Washington 1991, Nr. 67

Literatur: Fyfe 1964; Ryder 1964; Mota 1975; Bassani und Fagg 1988; Bassani 1994

5.133 a
Steinrelief
Sierra Leone
Speckstein
43 x 31 cm
The Trustees of the British Museum, London, 1924, 10.24.1

Ein kleines Gebiet Westafrikas, im Bereich des heutigen Guinea, von Sierra Leone und Liberia, ist eine der wenigen Stellen Afrikas südlich der Sahara, wo Bildhauerarbeiten in Stein ausgeführt wurden. Im allgemeinen wurde Steatit (Speckstein) verwandt, der recht weich ist und daher mit ähnlichen Werkzeugen und Techniken bearbeitet werden kann wie Holz. Die daraus gefertigten Skulpturen waren vor allem Statuetten zwischen 7,5 und 15 cm Höhe, es gab aber auch eine nicht unbedeutende Zahl von beinahe lebensgroßen Kopfplastiken auf sockelähnlichen Hälsen, einige Beispiele von Tierplastiken sowie zumindest ein rätselhaftes Steinrelief. Funde aus dem Südosten Sierra Leones nahe der Atlantikküste werden heute allgemein mit dem Mende-Wort *nomoli* (Plural: *nomolisia*) bezeichnet. Charakteristisch für sie sind große runde Köpfe auf vorgestrecktem Hals, vorstehende Augen, eine fleischige Nase und volle Lippen. Eine stilistisch weniger einheitliche Gruppe wird unter dem Kissi-Ausdruck *pomdo* (Plural: *pomda, pomta*) zusammengefaßt, selbst wenn die Bildhauer nachweislich nicht aus dem heutigen Kissi-Gebiet stammten. Sie reicht von einfachen Säulchen, in welche die ungefähre Andeutung eines menschlichen Gesichtes geritzt wurde, bis hin zu aufwendigen Skulpturen mit mehreren Figuren und/oder mannigfaltigen Details.

Es scheint erwiesen, daß der Großteil dieser Skulpturen mehrere Jahrhunderte alt ist. Die heutigen Siedler finden die Figuren im Erdreich oder in Flußbetten beim Bestellen ihrer Felder, beim Fischen oder Diamantenschürfen. Die Mende glauben, daß sie von früheren Bewohnern oder von Geistern gefertigt wurden, sie betrachten sie als ›Reisgötter‹ und opfern ihnen für eine gute Ernte. Die Kissi dagegen sehen sie als Manifestationen ihrer verstorbenen Vorfahren und stellen sie auf ihre Ahnenaltäre. (Es gibt einige Beispiele neuerer Arbeiten in Stein, aber die Menschen dort scheinen sie grundsätzlich einer anderen Kategorie zuzurechnen als die alten Werke.)

Die Forschung kam zu dem Schluß, daß diese Skulpturen wahrscheinlich das Werk der Vorfahren der heutigen Kissi sind, Stämme der Krim und Bullom, die das Gebiet der Fundorte ursprünglich besiedelten. Da diese Gebiete heute größtenteils von Kono- und Mende-Stämmen bewohnt sind, müßten die Figuren entstanden sein, bevor letztere sich hier niedergelassen haben; wann dies geschah, ist allerdings noch strittig.

Es gibt keine Hinweise, daß Steinplastiken an der Guineaküste noch angefertigt wurden, als die Portugiesen hier um 1460 erstmals landeten. Zeitgenössische portugiesische Beschreibungen dieses Teils von Westafrika geben keinen Hinweis auf Steinplastiken, und entgegen recht phantastischer Thesen in der Vergangenheit zeigt keines der erhaltenen Beispiele Einflüsse europäischer Vorbilder oder eindeutige Darstellungen europäischer Kleidungsstücke oder Gebrauchsgegenstände. Daher ist anzunehmen, daß die Steinskulpturen vor Mitte des 15. Jahrhunderts entstanden sind, manche mögen weitaus älter sein.

Sie können mit keiner anderen Steinmetz-Tradition in oder außerhalb Afrikas sinnvoll in Zusammenhang gebracht werden. Die einzigen engeren Bezüge ergeben sich zu Skulpturen aus anderem Material, die in angrenzenden Gebieten gefunden wurden. Einige seltene Beispiele für Bildwerke aus Holz, die die stilistische Unterscheidung zwischen *nomoli-* und *pomdo-* Figuren spiegeln, sind in den vergangenen zwanzig Jahren aufgetaucht. Desgleichen einige Terrakottaköpfe und -statuen. Diejenige Gattung jedenfalls, die am ehesten mit den Steinskulpturen in Zusammenhang gebracht werden kann, wird von den rund hundert hybriden Elfenbeinschnitzereien gebildet, die im späten 15. und frühen 16. Jahrhundert von afrikanischen Künstlern aus Sierra Leone für die Portugiesen angefertigt wurden: den sogenannten sapi-portugiesischen Elfenbeinschnitzereien (Sapi war die Bezeichnung der Portugiesen für eine Reihe von Stämmen mit verwandten Sprachen an der nördlichen Guineaküste, darunter die Baga, die Temne und die Bullom; vgl. Kat. 5.137, 5.138).

Die Funktion dieser Steinskulpturen ist ungewiß. Manche Figuren (und die Köpfe auf Sockeln) sind wohl die Darstellung von Personen; sie tragen Schmuck (Ringe, Armreifen) und Waffen und reiten auf Tieren, all dies sind wahrscheinlich Hinweise auf Rang und Status. Eine glaubhafte Erklärung lautet, daß die dargestellten Personen wahrscheinlich verstorbene Führer oder Würdenträger waren. Solange es jedoch keine Funde von fachmännisch durchgeführten Ausgrabungen gibt, ist diese Hypothese nicht zu belegen. Die Unterschiede zwischen einigen der Steinskulpturen sind auf jeden Fall so auffallend, daß es wenig wahrscheinlich ist, daß sie alle demselben Zweck gedient haben sollten. *WH*

Provenienz: Kat. 5.133b: 1909, Schenkung von Major G. Anderson

Literatur: Thompson 1852; Rutimeyer 1901; 1908; Person 1961; Dittmer 1967; Tagliaferri und Hammacher 1974; Lamp 1983; Tagliaferri 1989; Hart und Fyfe 1993

5.133 b

Figur

Sapi
Sierra Leone
Speckstein
Höhe 30 cm
The Trustees of the British Museum, London, 1909, 2-20.1

5.133 c

Liegende Figur

Sapi
Sierra Leone
Speckstein
Höhe 36 cm
The Trustees of the British Museum, London, 1904, 4-15.1

5.133 d

Figur

Guinea
Speckstein
Höhe 26 cm
Laboratoire d'Ethnologie, Musée de l'Homme, Paris, 52.13.1

5.133 e

Kopf

Sherbro
Sierra Leone
Stein
Höhe 24 cm
Musée Barbier-Mueller, Genf, 1002-1

5.133 f

Figur

Sapi
Sierra Leone
Speckstein
Höhe 14 cm
The Trustees of the British Museum,
London, 1906, A. 5-25.2

5.133 g

Figur

Sapi
Sierra Leone
Speckstein
Höhe 18 cm
Pitt Rivers Museum, Oxford,
1934.24.2

Vor wenigen Jahren kamen einige extrem verwitterte Holzfiguren ans Tageslicht, die stilistisch den alten Steinskulpturen ähneln, die in Sierra Leone, Guinea und Liberia gefunden wurden. Es ist anzunehmen, daß sie etwa gleich alt sind. Eine dieser Figuren wurde mit der C-14-Methode auf die Zeit zwischen 1190 und 1394 datiert, die früheste Datierung eines Kunstwerkes in dieser Region. Dennoch müssen diese Ergebnisse ohne jeglichen archäologisch überprüften Kontext mit Zurückhaltung behandelt werden. Die beiden hier gezeigten Figuren illustrieren die stilistische Übereinstimmung. Die Steinfigur (Kat. 5.134 a) ist ein ungewöhnlich gut erhaltenes Beispiel für den Stil, der sich bei den Kono im Osten von Sierra Leone und den Kissi in Guinea findet. Unter der Hakennase sind die Mundwinkel zurückgezogen und zeigen angespitzte Zähne. Auf der Brust und um den vortretenden Nabel herum findet sich reicher Narbenschmuck. Das Spitzfeilen der Zähne und Schmucknarben sind für die Temne und Bullom im 16. Jahrhundert belegt und zusätzliche Hinweise, diese Skulpturen mit den Sapi-Völkern in Verbindung zu bringen. Die hockende oder kniende Stellung der Steinstatue spiegelt die Körperhaltung der Holzfigur (Kat. 5.134 b), deren Oberflächenerosion allerdings von feinen Details – so es welche gegeben hat – wenig erkennen läßt. Die beiden Figuren zeigen vergleichbare Stilvorgaben in der Darstellung von Kopf und Gesicht. Die knappen Details lassen offen, ob die beiden Figuren eine Kappe mit einem hohen Mittelstück trugen oder ob eine Frisur dargestellt ist. *WH*

5.134 a

Figur

Kissi, Guinea
Vermutlich 15.–16. Jahrhundert
Speckstein
16,2 x 4,5 x 6 cm
Sammlung L. Lanfranchi, Mailand

5.134 b

Figur

Kissi, Guinea
Vermutlich 15.–16. Jahrhundert
Holz
24,5 x 7 x 8,5 cm
Vittorio Mangiò

5.135

Stehende weibliche Figur

Mende
Sierra Leone
20. Jahrhundert
Holz
43,5 x 12 x 12 cm
Sammlung Herman

Das große Volk der Mende ist in einer Vielzahl sozialer Strukturen organisiert, wie etwa genau markierten Familienclans, politischen Hierarchien und Bünden für unterschiedlichste Zwecke: Ausbildung von Knaben und Mädchen in richtigem Verhalten, Schutz vor Feinden oder das Heilen von Krankheiten. Krankheiten werden als Folge von Verletzungen der Verhaltensregeln angesehen, wie sie von den verschiedenen Zusammenschlüssen aufgestellt werden. Der *njaye*-Bund im Gebiet der Kpa-Mende, dem sowohl Männer als auch Frauen angehören, ist ein typisches Beispiel. Er befaßt sich vor allem mit der Heilung von Geisteskrankheiten und Möglichkeiten, Persönlichkeit und Fruchtbarkeit zu steigern. Der Bund besitzt geheime ›Medizin‹ und hat daher die Macht, der Gemeinschaft Regeln aufzuerlegen. Solche Medizin besteht in natürlichen Substanzen aus Pflanzen oder Steinen, die derart behandelt werden, daß sie von unsichtbaren Mächten durchdrungen sind.

Die verschiedenen Bünde benutzen geschnitzte Figuren als Wächter und als Heilmittel. Meistens ist eine weibliche Figur, stehend oder auch sitzend, dargestellt; die Hände liegen am Körper an, die Arme sind leicht abgespreizt. Die Statuen sind in der Regel mit einem Schurz aus Perlen oder Stoff und Perlenhalsketten verziert. Solche Figuren treten bei Prozessionen der Bünde in Erscheinung, wenn deren Führer öffentlich auftreten.

Diese Statue könnte einer rituellen Funktion oder Prestigezwecken gedient haben. Lebensgroße Figuren mit den Händen an oder neben den Brüsten waren Teil des Heilrituals des *sando*-Bundes. Im ganzen Siedlungsgebiet der Mende, ausgenommen im Bonthe-Distrikt, konnten hölzerne Figuren als Hausschmuck dienen. Der Besitz von geschnitzten Figuren oder Tieren, um ›das Haus zu kleiden‹, mehrte das Prestige. Zwischen 1930 und 1961 regten die britischen Distriktsverwalter regelmäßige Ausstellungen der Schnitzereien bei den Gebietstreffen der obersten Stammesfürsten an. Der Sieger dieser Schauen erhielt eine Geldprämie, die an den Schnitzkünstler weitergeleitet wurde. In der Gesellschaft der Mende kann jeder junge Mann eine Lehre als Schnitzer beginnen oder eine eigene Werkstatt aufmachen. Solange er sich keinen Namen als Künstler gemacht hat, arbeitet er unregelmäßig oder unternimmt Reisen, um Kunden zu gewinnen. Heute fertigen die Schnitzer ihre Stücke zu Hause, und fahrende Händler verbreiten sie in der näheren Umgebung und auf den internationalen Märkten. *MA*

Literatur: Hommel 1974; Phillips 1979, S. 104–109

3.136

Helmmaske

Mende
Sierra Leone
20. Jahrhundert
Holz
45 x 23 x 23 cm
Privatsammlung

Südlich der Sahara ist es gewöhnlich nur Männern gestattet, bei Zeremonien Masken anzulegen. Diese schwarze Helmmaske wird aber ausschließlich von Frauen getragen. Der Brauch, daß Frauen Masken tragen, scheint von den mende- und mandesprechenden Völkern der nördlichen Savanne zu einigen Völkern Sierra Leones und Liberias gelangt zu sein, wie den Temne, Gola und Vai. Aufgrund der Ähnlichkeit in den Stilen der Masken und der ausgedehnten Wandertätigkeit umherziehender Schnitzer ist es schwierig, einzelne Stücke einer bestimmten ethnischen Gruppe zuzuordnen.

Im 19. Jahrhundert waren die Mende in unabhängige Dorfgemeinschaften organisiert: Status von Familien und Einzelpersonen orientierte sich an ihren Landnutzungsrechten. Die Mende sind ein Volk erfolgreicher Reisbauern von insgesamt etwa zwei Millionen Menschen. Die Rituale des *sande*-Frauenbundes verlangen das Auftreten maskierter Figuren. Innerhalb eines so großen Volkes gibt es viele Variationen der lokalen Bräuche und Schnitzstile, gleichwohl gilt allgemein, daß die Maske das Idealbild der Mende von weiblicher Schönheit wiedergibt: aufwendige Frisur, eine hohe Stirn und ein kleines Gesicht. Die glänzende Oberfläche steht für gesunde, strahlende Haut. Diese Maske ist ungewöhnlich, da ihr die fleischigen Wülste mit den dazwischenliegenden Einschnitten an Hals oder Nacken fehlen, die als Zeichen für Schönheit und Fruchtbarkeit gelten. Der Hals ist dick, damit die Maske über den Kopf der Trägerin paßt. Die *sande*-Vorsteherinnen geben männlichen Schnitzern den Auftrag, die Maske im Geheimen zu schnitzen. Die Oberfläche wird mit rauhen Feigenblättern geglättet, und dann mit einem Pflanzensud geschwärzt. Vor Gebrauch wird die Maske mit Palmöl eingerieben, um ihr Glanz zu verleihen (moderne Schnitzer benutzen schwarze Schuhcreme).

Zu dieser Maske trägt die Trägerin (die eine gute Tänzerin und eine Obere des *sande*-Bundes sein muß) ein dickes Baumwollkostüm mit schweren schwarzgefärbten Pflanzenbüscheln. Der Tanz kann bis zu zwei Stunden dauern. Die Heiligkeit der Maske liegt in ihrer tieferen Bedeutung als Darstellung der lang verstorbenen Gründerin des *sande*-Bundes. In vorkolonialer Zeit konnten Frauen Führerin eines Dorfverbundes sein; bis in die siebziger Jahre hinein nutzten Politikerinnen den *sande*-Bund für ihre Karriere innerhalb des modernen Staatsgebildes. Durch die zunehmend rigorose Islamisierung erfährt der *sande*-Bund wesentliche Einschränkungen bis hin zu seiner Auflösung.
MA

Literatur: Phillips 1979; 1985

5.137

Sitzende weibliche Figur

Temne
Sierra Leone
Frühes 20. Jahrhundert
Holz, Stoff, Perlen, Kaurischnecken, Knopf, Fasern
Höhe 43,5 cm
Museum voor Volkenkunde, Rotterdam, 58629

Die Skulptur einer Frau auf einem Schemel ist selten in Sierra Leone, dort finden sich solche Figuren nur bei den Temne und werden von den Würdenträgerinnen (*an-Digba*) des *bondo*-Bundes der Frauen benutzt. Die Vorsitzende einer lokalen Zelle dürfte eine solche Figur zu ihren wertvollen rituellen Besitztümern rechnen, die sie in einem persönlichen Raum verbirgt. Nur bei einer einzigen Gelegenheit, bei der Initiation der Mädchen ins Erwachsenenalter, wird eine solche Figur der Öffentlichkeit gezeigt.

Bondo ist eine allgemeine Organisation der Frauen bei den Temne, analog zum *sande*-Bund der Mende-Stämme weiter im Süden. Sie wird von einer in fünf Rangstufen unterteilten Hierarchie geleitet: Den höchsten Rang führt die Soko, die ein rotes Tuch trägt, danach folgt eine Gruppe von Digbas mit besonderen Titeln, dann die Sampa, die Tänzerin mit einer roten, mitraähnlichen Kopfbedeckung, schließlich einige Gehilfinnen in der Ausbildung und zuletzt die ›Schimpansinnen‹ (ta-Wotho), die die unterste Stufe der Ausbildung zur Digba bilden. Der Initiationsritus findet im allgemeinen alle drei bis vier Jahre statt, im Wechsel mit der Initiation der Jungen (*poro*). Manche Mädchen sind erst sechs Jahre alt, andere sind wesentlich älter, im allgemeinen haben sie jedoch ein Alter von dreizehn Jahren, denn das sich über ein Jahr erstreckende Initiationsritual dient zugleich als wichtigste Hochzeitsvorbereitung.

Bei den einleitenden Zeremonien, während derer die Mädchen zu einem Hain am Fluß geführt werden, führt häufig die Soko mit der Statue die Prozession an. Sie trägt dabei das Kostüm des bekannten *bondo*-Geistes Nöwo (oder Sowo). Während dieser ruhigen Zeremonie, die Außenstehenden nicht zugänglich ist, gehen die Mädchen in einer Reihe zu einem rituellen Bad zum Fluß hinunter, anschließend begeben sie sich zu einem Wäldchen, wo die Beschneidung der Klitoris vorgenommen wird; danach ziehen sie sich für zwei Wochen bis zum offiziellen Beginn des Initiationszeremoniells zurück. Das Vorantragen der Figur bezieht sich auf deren Modellcharakter für weibliche Vollkommenheit, die nur eine *bondo*-Erziehung ermöglicht, zugleich stellt sie ein Leitbild für die Mädchen dar, die dem Unbekannten natürlich voller Angst entgegensehen.

Die Statue wird *so-nyande* genannt, die ›Schöne So(ko)‹, eine Verbindung von Temne- und Mende-Ausdrücken. Sie ist sowohl Abbild einer Frau von hohem *bondo*-Rang als auch ihrer ererbten Ahnenreihe; sie sitzt wie die Novizin beim abschließenden Zeremoniell. Bei ihrem Volljährigkeitszeremoniell sitzt das *bondo*-Mädchen auf einem Stuhl oder Hocker, der reich mit Stoffen bedeckt ist. Sie ist aufwendig frisiert, mit Perlen und einem Hüfttuch geschmückt, von Kopf bis Fuß mit Öl eingerieben und wie die Statue ein Objekt der Verehrung.

Diese Figur hat starke Ähnlichkeit mit einer anderen Schnitzarbeit, die um 1930 entstand. Während jene Figur schwarz bemalt und poliert ist, ist diese Statue vollkommen mit Verkrustungen überzogen – ein Hinweis auf die verschiedenen Formen ritueller Behandlung für ganz ähnliche Kultgegenstände. *FI*

5.138

Kopfaufsatz/Schreinfigur

Baga oder Bulunits
19. Jahrhundert
Holz, Widderhörner, Inkrustationen
Höhe 40 cm
Laboratoire d'Ethnologie, Musée de l'Homme, Paris, 33.40.86

Ein solches Objekt wurde vor allem als Altar-Skulptur benutzt, daneben als Kopfputz für den Tanz. Die nördlichen Baga der Sitemu-Untergruppe kennen es als *a-Tshol*, was soviel heißt wie ›Medizin‹. Eine weitere von vielen Bezeichnungen lautet *elek*.

Die Figur hat die Form eine Kopfes mit einem stark verlängerten Schnabel und einem langen Hals, der auf einer Basis angebracht ist. Der Kopf zeigt zum Teil menschenähnliche Züge wie Haartracht, Ohren, Stirn und Nase.

A-Tshol-Figuren wurden im heiligen Hain der jungen Männer als Wächter während der Initiation aufgestellt. Sie gehörten auch zu Ritualen der Heilung, der Wahrsagerei und der Rechtsfindung. ›Medizin‹ bezieht sich in dieser Region Afrikas auf eine Substanz, der heilende oder schützende Kräfte zugeschrieben werden, dazu zählen Hörner, Muscheln, Rinde und Blätter. Der *a-Tshol*-Altar beinhaltet diese Dinge und/oder die vogelartige Figur aus Holz.

Der *a-Tshol* stand unter der Aufsicht des ältesten männlichen Vertreters einer Familie als symbolische Inkarnation der Linie. Er fungierte als Werkzeug spiritueller Kraft, um die Ursache für ein Unglück in der Familie oder der Gemeinschaft zu ergründen, das im allgemeinen einem Zusammentreffen unsozialer Einzelner mit übelwollenden spirituellen Mächten zugeschrieben wurde. Durch ein Ritual vor dem Schrein war der Älteste in der Lage, den Übeltäter zu identifizieren, ihm eine Buße für seine Taten aufzuerlegen und so dem Unglück ein Ende zu setzen. Ein Tänzer mit dem *a-Tshol* auf dem Kopf trug während des Tanzes seine gewöhnliche Kleidung; ein Palmwedel wurde an der Basis der Figur befestigt. Der Kopfputz wurde am Kopf des Tänzers nicht fest angebracht, sondern frei balanciert. Ihm wurde nachgesagt, er würde die Bewegungen des Tänzers steuern und führen. Die meisten größeren Stücke wie das vorliegende bestehen aus zwei Teilen, wobei der lange Hals auf die kugelförmige oder zylindrische Grundform gesteckt wird. Es ist daher denkbar, daß sich der Aufsatz während des Tanzes gedreht hat. Der Tänzer hielt in jeder Hand ein Messer und wurde umringt von tanzenden Gläubigen, die nicht selten in Trance fielen.

Dieser *a-Tshol* wurde in Monchon, einem Dorf der Bulunits, gesammelt. Sprachlich sind die Bulunits nicht mit den Baga verwandt, aber die rituelle Kultur verbindet sie eng mit den benachbarten Baga-Stämmen der Sitemu und Pukur; diese drei Gruppen verstehen sich als kulturelle Einheit. *FL*

Provenienz: 1932 von Prof. Henri Labouret in Monchon gesammelt

5.139

Kopfaufsatz in Form einer stilisierten Schlange (*bansonyi*)
Baga
Guinea
Holz, Pigment
Länge 210 cm
Privatsammlung, Paris

In westlichen Museen werden die geschnitzten Schlangen der Baga normalerweise als statische Skulpturen ausgestellt, dabei geht die Wirkung, die sie als Kopfschmuck während des Tanzes entfalten, weitgehend verloren. Sie bilden den krönenden Abschluß eines leichten Rahmens, der über die Schultern und den ganzen Körper des Tänzers reicht; der Tänzer selbst wird verdeckt von einem Bast-Überwurf und springt zu Schreien und Gewehrsalven hin und her, wobei er den Aufbau schüttelt und dreht, um die Glocken, Federn und Stoffstücke, die daran befestigt sind, zur Geltung zu bringen. Durcheinander, Erregung und Bewegung sind die Hauptthemen der ›Performance‹, welche die Skulptur gleichsam stumm in ihren Kurven, dem farbigen Zickzackmuster und dem Balancieren des dreieckigen Kopfes widerspiegelt.

Die Fachliteratur äußert sich zu diesen Schlangen kontrovers, vermutlich in dem Versuch, die unterschiedliche Verwendung der zerstreut lebenden und nur entfernt verwandten Stämme auf ein einziges Grundmuster festzulegen, obwohl afrikanische Maskentraditionen oft sehr unterschiedliche Spielarten ausbilden. Das Auftreten eines Schlangen-Kopfputzes wurde bezeugt bei Beschneidungen zum Schutz der Knaben, bei Zeremonien gegen Dürre und bei Begräbnissen. Manchmal tauchen mehrere dieser Schlangen zugleich auf, sie können auch männlich oder weiblich sein. Kosmologische Interpretationen sehen in ihnen die Versöhnung der Wasser- mit den Buschgeistern versinnbildlicht. *NB*

Literatur: Delange 1962, S. 3–23; Lamp 1986, S. 64–67

5.140

Altarfigur
Bidyogo
Bissagosinseln, Guinea Bissau
Holz
Höhe 40 cm
Museum für Völkerkunde, Wien, 136.066

Die Bidyogo schreiben einer großen Gruppe von Objekten, genannt *iran*, das Vermögen zu, Göttlichkeit eine Heimstatt zu bieten. Diese Dinge können die unterschiedlichsten Materialien und Formen haben, etwa Gefäße oder hölzerne Figuren beiderlei Geschlechtes oder Zwitter. Diese Altarfigur, *iran otibango* (gezähmter Geist), mit den vorstehenden Brauen und den düsteren, geometrischen Gesichtszügen ist im Stil typisch für die Caracheinsel. Ein Charakteristikum dieser Bildwerke ist ein Hocker, der die untere Hälfte der Figur ersetzt. In diesem Fall ist der Narbenschmuck, das Zeichen abgeschlossener Initiation, auf den Hocker übertragen, während die Figur ein Medaillon um den Hals trägt. Diese Figuren werden gewöhnlich mit Fruchtbarkeit und hohen Ernteerträgen assoziiert und auf den Dorf-Altären aufbewahrt. *NB*

5.141

Tanzpuppe
Bidyogo
Östliche Bissagosinseln, Guinea Bissau
Holz, Menschenhaar
54 x 21 x 50 cm
Mit freundlicher Unterstützung des Board of Trustees of the Science Museum, London, A 655925

Die Bissagos-›Puppen‹ können als erzieherische Spielzeuge verstanden werden, in denen die Mutterschaft vorweggenommen wird, als Fruchtbarkeitsstatuetten, die die natürliche Fruchtbarkeit fördern, oder auch als Totenfigürchen, Stellvertreter verstorbener Kinder. Puppen dieses Typs, immer weiblich und mit gespreizten Beinen, rudimentären Brüsten und verkürzten Armen, werden hauptsächlich als Spielzeug und Tanzrequisit gesehen. Mädchen tragen sie wie ein Kleinkind auf der Hüfte. Fettringe um den Hals sind ein verbreitetes Schönheitsmerkmal, und das echte Menschenhaar ist wie bei einem Mädchen vor der Initiation frisiert.

Diese Skulpturen treten offensichtlich bei Tänzen zur weiblichen Initiation auf, eine Periode, in der viele Rollen aufeinandertreffen. Während das Ereignis an sich dem fragwürdigen

Konzept widerspricht, Maskentanz und Trommeln seien ausschließlich Männerdomänen, muß doch daran erinnert werden, daß Mädchen die Initiation nur anstelle von Knaben antreten, die vor der Pubertät gestorben sind. Sie werden zugleich mit diesen Jungen identifiziert und als ihre jungfräulichen Bräute angesehen. Nur über die Inbesitznahme eines weiblichen Körpers und das Verwischen solcher Grenzen können diese Jungen alle nötigen Daseinsstufen in dieser Welt durchlaufen und wieder in den Lebenszyklus eintreten. Es scheint daher unwahrscheinlich, daß die Puppen eine einzelne namentlich bekannte Person oder eine einzige Idee darstellen, eher sind sie multifunktionale Objekte. *NB*

Literatur: Gallois Duquette 1976, S. 26–43; 1983, S. 132 ff.

5.142

Schwertfisch-Maske

Bidyogo
Bissagosinseln, Guinea Bissau
Holz, Pigment
Höhe 127 cm
Privatsammlung

Die Bidyogo sind nach den Berichten früher Chronisten bekannt für ihre wagemutigen Überfälle auf Frachter entlang der afrikanischen Küste, für die sie riesige Kanus verwendeten. Kriegerische Tugenden wurden durch ein Altersklassensystem gefördert, bei dem die jungen Männer mit mächtigen Tieren zu Lande und zu Wasser assoziiert wurden. Maskentänze spielten dabei eine wichtige Rolle. Während die jüngeren Knaben Masken mit Kälbern oder Fischen trugen, benutzten die älteren, nicht initiierten Jungen Maskendarstellungen von wilden Stieren, Haien, Flußpferden und Schwertfischen. Ihre Tänze waren unberechenbar und wild, sie sollten den Charakter des dargestellten Tiers und ihrer eigenen ungezähmten Natur entsprechen.

Befestigt wurde die Maske mit grünem Bast. Sie wurde so getragen, daß das Schwert nach vorne zeigte, die hintere Öffnung lag auf dem Kopf auf – im Gegensatz etwa zu einer Stiermaske bedeckte sie nicht das Gesicht. Üblicherweise befestigte der Tänzer zusätzlich eine große Rückenflosse auf dem Rücken, außerdem trug er einen Schild und einen Schellenstab, während er sich im Tanz duckte und hoch-

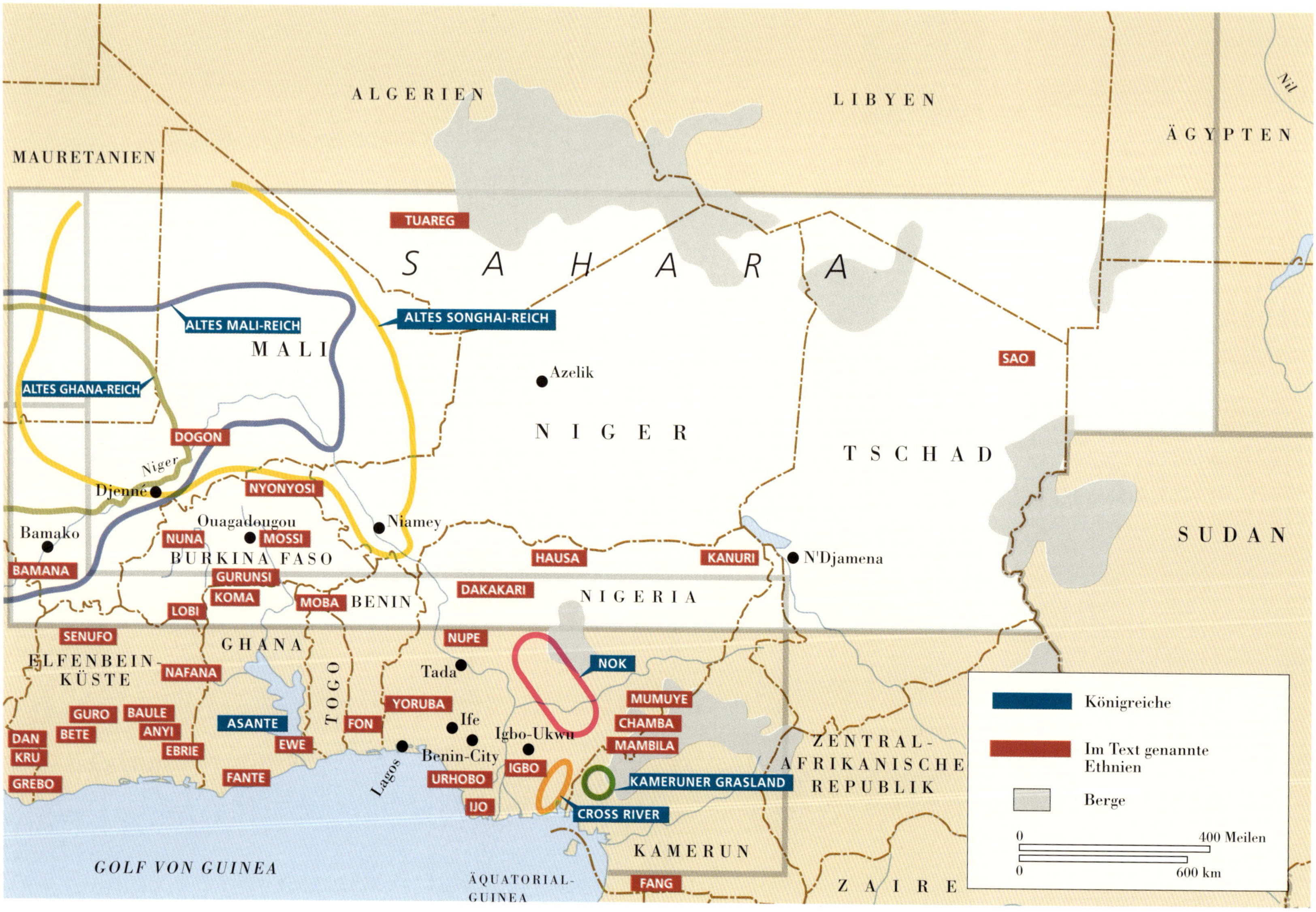

ALGERIEN
LIBYEN
ÄGYPTEN
MAURETANIEN
Nil
TUAREG
S A H A R A
ALTES MALI-REICH
ALTES SONGHAI-REICH
MALI
ALTES GHANA-REICH
SAO
Azelik
NIGER
TSCHAD
DOGON
Niger
Djenné
NYONYOSI
Ouagadougou
Niamey
SUDAN
Bamako
NUNA
MOSSI
BURKINA FASO
HAUSA
KANURI
N'Djamena
BAMANA
GURUNSI
DAKAKARI
KOMA
MOBA
BENIN
NIGERIA
LOBI
SENUFO
GHANA
NUPE
ELFENBEIN-KÜSTE
NAFANA
Tada
NOK
TOGO
YORUBA
MUMUYE
GURO
BAULE
ASANTE
FON
Ife
CHAMBA
DAN
BETE
ANYI
EWE
Igbo-Ukwu
MAMBILA
KRU
EBRIE
Benin-City
ZENTRALAFRIKANISCHE REPUBLIK
FANTE
Lagos
URHOBO
IGBO
KAMERUNER GRASLAND
GREBO
IJO
CROSS RIVER
KAMERUN
GOLF VON GUINEA
ÄQUATORIAL-GUINEA
FANG
ZAIRE
Königreiche
Im Text genannte Ethnien
Berge
0 400 Meilen
0 600 km

6 SAHEL UND SAVANNE

René A. Bravmann

Quer über den afrikanischen Kontinent erstreckt sich vom Atlantik zum Golf von Aden die als Sahel (oder Savanne) bekannte geographische Zone. Auf Landkarten erscheint sie als breites, undifferenziertes Band zwischen Sahara und tropischem Regenwald, ein ausgedehntes Gebiet mit niederem Graswuchs und baumbestandenen Ebenen. Doch besteht diese Einheitlichkeit nur scheinbar, denn Sahel und Savanne setzen sich aus einem vielschichtigen Mosaik von Ökosystemen zusammen, in denen zu Teilen oder zur Gänze einige der großen Flüsse des Kontinents verlaufen – Senegal, Niger, Volta und die Quellflüsse des Nil. Wenn man sich vom Rand der Wüste aus in südlicher Richtung bewegt, tritt man eine abwechslungsreiche Reise durch eine Vielzahl ökologischer Zonen an, von der öden Dürre und Spärlichkeit der Halbwüsten an den Randgebieten der Sahara zu vergleichsweise feuchten Savannen und Waldgebieten. Entlang dem Südrand der Sahara gelingt es nur den zähesten Hirtenvölkern, wie den Rinderzucht treibenden Fulbe oder den Tuareg mit ihren Kamelherden, den Unbilden dieses schwierigen Landstrichs zu trotzen. Savannen und Waldgebiete verfügen dagegen über eine vielfältige Pflanzen- und Tierwelt, die Ackerbau mit Anbau von Getreide und Feldfrüchten sowie Viehzucht gestattet und darüber hinaus durch Jagd und Fischfang wichtige naturgegebene Reichtümer erschließt. Alle paar hundert Kilometer künden bestellte Felder, die Sorghum und andere Hirsearten im Norden und Yams in der südlichen Feuchtsavanne wachsen lassen, von ökologischen Verschiebungen. Archäologische Funde deuten darauf hin, daß es sich um das Gebiet handelt, in dem afrikanischer Reis, Mohrenhirse und Sorghum zuerst kultiviert wurden und daß sich hier einige der frühesten afrikanischen Städte befanden.

Sahel und Savanne von Senegal und Mauretanien bis zum Tschadsee haben ihren festen Platz im historischen Bewußtsein Europas und der muslimischen Welt. Die in arabischer Sprache verfaßten Berichte von Reisenden, Geographen und Literaten geben vom 10. bis 17. Jahrhundert Einblicke in dieses Gebiet; von besonderer Bedeutung sind diese Schriften für die Geschichte der Region. Die frühesten erhaltenen Schriften sind die von al Masudi und Ibn Haukal; darüber hinaus gibt es die im frühen 16. Jahrhundert

Abb. 1 Haus des Bürgermeisters von Walata, Mauretanien, mit gemaltem Wandschmuck

Abb. 2 Die Moschee von Dougouba, Mali (Teilansicht)

entstandene berühmte Geschichte Afrikas von Leo Africanus, die, ursprünglich in lateinischer Sprache verfaßt, innerhalb einer Generation ins Französische und Englische übersetzt wurde. Zusammen mit späteren europäischen Berichten und mündlicher Überlieferung ermöglichten es diese Quellen den Historikern, in groben Umrissen die Geschichte des Sahel und der Savanne für die letzten 1100 Jahre zu rekonstruieren, von den Imperien des alten Ghana und mittelalterlichen Mali im Westen zu den Staaten der Haussa und von Borno im Osten. Es entstand das Panorama einer bewegten Vergangenheit, gezeichnet vom Aufstieg und Fall mächtiger politischer Gruppierungen, von Königreichen und Städten, verbunden durch Handelsstraßen, die bis nach Nordafrika, in den Mittelmeerraum und den Nahen Osten reichten. Nichts führt den Charakter dieses Gebiets besser vor Augen als die Etymologie des Begriffs ›Sahel‹: Levtzion berichtet, er leite sich von dem arabischen Wort *sahil* ab, das Küste bedeutet, »sehr einleuchtend, wenn man die Wüste mit einem Meer aus Sand und das Kamel mit einem Schiff vergleicht«. Daher kann man die Städte, die im Sahel entstanden, »als Häfen betrachten; diese Städte entwickelten sich sowohl zu wirtschaftlichen Umschlagplätzen wie auch zu politischen Zentren«. Diese ›Häfen‹ des Sahel, Orte wie Koumbi Saleh, Timbuktu, Gao und Kano, wurden überschwemmt mit den Luxusgütern der islamischen Welt – Messinggerät, Kupfer, Textilien, Keramik und kostbares Saharasalz im Austausch gegen Gold, Elfenbein und andere Produkte aus Sahel und Savanne. Im Arabischen heißt dieses Gebiet *bilad al sudan*, das Land der Schwarzen – und hier sollten Islam und afrikanische Kulturkreise zusammentreffen. Man kann zwar die Präsenz der Europäer als Kolonialmächte oder den weitreichenden Einfluß des Westens auf dieses Gebiet nicht außer acht lassen (ein letztlich nur ein Jahrhundert währender Zeitabschnitt), aber er verblaßt verglichen mit dem viel nachhaltigeren Einfluß, den der Islam im letzten Jahrtausend ausübte.

Die Bekehrung zum Islam begann in dieser Region am Ende des 10. Jahrhunderts, als die Sarakole, ein auch als Soninke bekanntes Mandevolk, die im heutigen Mauretanien lebten, unter den Einfluß von muslimischen Sanhaja-Berbern gerieten. Innerhalb einer Generation trugen die Sarakole-Konvertiten die Botschaft des Islam in das Tal des Senegal, und bald darauf war ihr religiöser Eifer selbst am entfernten Niger in den Regionen um Takur und Massina spürbar. Vom 11. bis zum 17. Jahrhundert führten muslimische Händler und Geistliche als die wahren Verbreiter und Förderer des Islam die Religion in jedem bedeutenden Königreich und Staat zwischen Atlantik und Tschadsee ein. In einigen Fällen reichte ihre Mission bis in die weiter südlich, am westafrikanischen Regenwald gelegenen stark lokal geprägten Kulturen. Die islamische Präsenz war dramatisch. Nicht nur politische und ökonomische Institutionen zeigten eine islamische Prägung, sondern viele Aspekte des Lebens selbst – Alltag sowie Kunst und Architektur – nahmen die Züge der neuen Religion an. Auch das Geistesleben war stark betroffen, und bedeutende Städte wie Djenné, Timbuktu, Gao und Kano wurden zu wichtigen Zentren islamischer Forschung und Lehre. Berühmte muslimische Führer wie Mansa Musa aus Mali, Askia Muhammad aus Songhai und Idris Alooma aus Borno – deren Verdienste und Taten von zeitgenössischen Sängern und Schriftstellern vor dem Vergessen bewahrt werden – herrschten über ausgedehnte, komplexe Staaten, die in ganz Nordafrika und dem Nahen Osten bekannt waren.

Der Islam ist in der gesamten Region sichtbar und spürbar – aber die afrikanischen Kulturen waren nicht nur passive Empfänger des Glaubens: Sie nahmen aktiven Anteil daran, die Religion zu formen und zu gestalten, um sie den lokalen Gegebenheiten anzupassen. Überall in Sahel und Savanne entwickelte sich ein Synkretismus aus der Lehre des Islam und traditionellen Überzeugungen, Werten und Gefühlen. Es gibt keinen besseren Weg, diese afrikanisch-islamische Realität zu begreifen, als Kunst und Architektur dieser Region zu betrachten: Die Moschee etwa, dieser höchste architektonische Ausdruck einer muslimischen Gemeinschaft, meist aus den edelsten Materialien erbaut, erfuhr eine augenfällige neue Ausprägung. Entlang dem Niger wurden in Orten wie Djenné, Mopti, Goundam und Timbuktu Moscheen aus einfachsten Materialien wie in der Sonne getrocknetem Lehm errichtet, den die Franzosen *pisé*, die Spanier *adobe* nennen. Unter den Händen geschickter Maurer gerieten diese Moscheen jedoch zu den bemerkenswertesten skulpturalen und architektonischen Ausdrucksformen des Glaubens (Abb. 2). Erbaut wie Festungen mit zinnenbewehrten Mauern, stachelverzierten Türmen und sanft abfallenden Minaretten, verfügen diese Moscheen über von Balken gespickte Mauern, die als Dauergerüst dienen und die beherrschende Wucht und Horizontalität mildern.

Selbst in den von den Metropolen des Islam weit entfernten Gegenden und bei den traditionsbewußtesten Völkern ist die Präsenz des Islam sowohl äußerlich wie auch insgeheim spürbar. Kunst und Kultur der Dogon etwa, die lange als Muster traditioneller sudanesischer Zivilisation gepriesen wurden, sind nicht restlos zu begreifen oder zu würdigen, ohne daß wir den Einfluß muslimischer mystischer Texte wie der Kabbe anerkennen, die, im frühen 20. Jahrhundert von dem Ful-Kleriker und Gelehrten Cerno Bokar aus Bandiagara verfaßt, heute bei zahlreichen Ritualen der Dogon gebraucht werden. Der als Ghimbala bekannte und im gesamten Binnendelta des Niger (Ostmali) verbreitete Besessenheitskult der Songhai ergibt letztendlich nur Sinn, wenn wir begreifen, wie er während des 19. Jahrhunderts von dem muslimischen Reformer Sheikh Hamadu aus Massina umgeformt wurde. Ghimbala selbst ist heute das Ergebnis einer großartigen Anpassung, einer Mischung aus Beschwörungsformeln des Koran und der Songhai, von Opferhandlungen, die vom Koran vorgeschrieben und von jenen traditionellen Geistern sanktioniert sind, die seit alters diesen von den Songhai beherrschten Teil des Niger bevölkern. Besessenheitszeremonien, die *batous*, folgen einem uralten Kalenderzyklus, aber aus Achtung vor dem Islam, im besonderen vor dem in jüngster Zeit in Mali aufgetretenen fundamentalistischen Zweig, werden sie nicht mehr während des Fastenmonats Ramadan abgehalten. In gleicher Weise können wir die historische Vielschichtigkeit der Textilkunst und Kleidungssitten von Sahel und Savanne nicht wirklich verstehen, wenn wir die starken muslimischen Einflüsse aus Nordafrika auf verschiedene Techniken und eine ganze Grammatik islamischer Schmuckformen außer acht lassen.

Ein weiteres Merkmal des künstlerischen und kulturellen Lebens dieser Region ist die beherrschende Stellung von ›Kasten‹, endogamen Handwerkergruppen, die seit alters ihre Fertigkeiten ausüben. Sie finden sich in zahlreichen der im vorliegenden Buch vertretenen kunstschaffenden Gesellschaften: bei Mandevölkern wie den Bamana und Malinke, bei den Dogon, Senufo, Minianka und unter nahezu allen Bevölkerungsgruppen der Tuareg, Fulbe und Mauren. Auch spielen diese Handwerker in Gemeinwesen der Bobo, Bwa und Kulango eine große Rolle; selbst so weit südlich wie in den Waldgebieten von Liberia und der Elfenbeinküste, wo sie unter den Dan, Nafana und Abron anzutreffen sind, ist ihr Einfluß feststellbar. Als Minderheit, die selten mehr als zehn Prozent ihrer Gastvölker ausmacht, haben sich diese Eisen- und Lederbearbeiter, Bildhauer, Weber, Töpfer usw. eine ihre Rolle in der Bevölkerungsstatistik weit in den Schatten stellende Position gesichert. Ihrer sozialen Stellung nach angesiedelt zwischen Personen adliger oder freigeborener Herkunft und den Nachfahren ehemaliger Sklaven und dienender Völker, werden sie faktisch als gefürchtete und verachtete Parias beschrieben, was jedoch nicht ihre besondere Rolle erklärt. Obwohl wir immer noch sehr wenig über ihre Geschichte wissen, wie sie entstanden und welche politischen und kulturellen Kräfte für ihre soziale Absonderung verantwortlich sind, läßt sich doch sagen, daß sie seit Jahrhunderten für die Kreativität der Sahel-Savannenzone große Bedeutung haben. Eine auf mittelalterlichen arabischen Quellen fußende neuere Studie über die Entwicklung dieser ›Kasten‹, die aus Timbuktu stammenden, als Ta'rihk al-Fattash und Ta'rikh al-Sudan bekannten Chroniken des 17. Jahrhunderts sowie vereinzelte europäische Berichte bestätigen, daß zumindest einige dieser Handwerkergruppen im 14. Jahrhundert einen beträchtlichen Anteil der Malinke stellten. Um 1500 hatten sie sich auf die benachbarten Wolof und Soninke ausgebreitet und waren in östlicher Richtung bis zu den Songhai und mehreren Fulbegruppen vorgedrungen. Neue archäologische Funde an verschiedenen Stätten im Binnendelta des Niger und in Mauretanien machen solch spezialisierte Handwerker zu einem noch früheren Zeitpunkt wahrscheinlich. Das alte Jene-Jeno – in der Mitte des ersten Jahrtausends n. Chr. ein blühendes urbanes Zentrum – war höchstwahrscheinlich die Heimat zahlreicher mit Eisen, Gold und Gelbguß arbeitenden Handwerker. In Tegdaoust in der mauretanischen Wüste, das wohl als das historische Handelszentrum Awdaghust identifiziert werden kann, wurden eindrucksvoller filigraner Goldschmuck und ein Schatz von Gold und Silber aus dem 11. Jahrhundert entdeckt, Bestätigung der künstlerischen Höhe dieses frühen Wirtschaftszentrums.

Abb. 3 Haus eines Marabout, Ségou, Mali

Zwar fehlen uns die historischen Daten dieser Handwerkerfamilien, wenn es jedoch um das Verständnis ihrer Stellung innerhalb der Völker in Sahel und Savanne in der jüngeren Vergangenheit und heute geht, bewegen wir uns auf festerem Boden. Diese Gruppen wurden von ihren jeweiligen Gastvölkern als so wichtig erachtet, daß sie fast nie zum Dienst in der Armee verpflichtet wurden und nicht versklavt werden konnten, ein Schicksal, dem zu entgehen nicht einmal die mächtigsten des Adels gänzlich sicher sein konnten. Diese Leute waren nie Mitglieder einer Kaste im herkömmlichen Sinn dieses Wortes, denn weder ihre Gastländer noch sie selbst ordneten sie je einer bestimmten sozialen Schicht als Mitglieder zu. Was sie am deutlichsten von anderen unterschied, war die Freiheit, ihren kreativen Fertigkeiten nachzugehen. Sie heirateten offenbar stets innerhalb ihrer Gruppe, waren aber darüber hinaus selten den in echten Kastenordnungen häufig anzutreffenden Formen sozialer Ausgrenzung und Diskriminierung unterworfen. Es ist deshalb vielleicht zutreffender, diese Handwerker als Angehörige historischer Zünfte zu bezeichnen, die spezifische kreative Tätigkeiten ausübten; dabei waren sie innerhalb bestimmter institutionalisierter Strukturen nur lose organisiert, was ihnen sowohl die Kontrolle der künstlerischen Produktion ermöglichte als auch hohe ästhetische Maßstäbe förderte.

Es ist von besonderem Interesse, wie es diesen Zünften gelang, sich und ihre Autonomie über die Zeiten hinweg zu erhalten. Auf viele der Zünfte und ihre Mitglieder übten die Höfe von Häuptlingen und Königen besondere Anziehungskraft aus. Sie selbst strebten niemals nach Macht und konnten von daher keine Führungsämter bekleiden. Es ist davon auszugehen, daß sie für die Machtinhaber arbeiteten, sie unterstützten und häufig als vertrauteste politische und geistliche Ratgeber dienten, aber sie hielten sich nicht nur von politischen Machtkämpfen fern, sondern gaben unter solchen Umständen in der Regel ihre Dienste auf. Mitglieder der Zünfte legten darüber hinaus einen Grad von Mobilität an den Tag, der zu einem starken Gefühl der Unabhängigkeit beitrug; sie nahmen ihre Fertigkeiten und ihr Wissen von Hauptstädten in Wirtschaftszentren und Dörfer mit, von einem Stammesgebiet zum anderen und gelegentlich von einer Gastkultur zur anderen. Obgleich sie als ›anders‹ angesehen wurden und man ihnen in der Tat häufig mit gemischten Gefühlen begegnete, durfte man sie nicht respektlos oder schlecht behandeln, drohten sie doch auch ihre Arbeit angesichts anmaßender Auftraggeber und Gemeinwesen zu verweigern. Schließlich konnten sie ihre Autonomie bewahren, weil sie ausübende Künstler blieben und ihre Fertigkeiten an nachfolgende Generationen weitergaben. Solange sie ihren Beruf ausübten, konnte man ihnen weder ihr Wissen noch ihre Fachkenntnis wegnehmen.

Was beim Betrachten der hier versammelten Objekte aus Sahel und Savanne visuell und intellektuell insgesamt so beeindruckt, ist die bemerkenswerte Vielfalt der angewandten Techniken und die darin offenbarte Phantasie. Keramische Skulptur, deren Geschichte in den letzten 25 Jahren vollständig überarbeitet wurde, ist gut vertreten durch eine Reihe anthropomorpher Terrakotten aus der Gegend von Djenné (11.–15. Jahrhundert datiert), aus dem ebenfalls in Mali gelegenen Bankoni (14.–16. Jahrhundert) und aus Komaland in Nordghana (13.–16. Jahrhundert). Die bildhauerische Reife dieser Stücke ist bemerkenswert; sie können uns viel über Stilvarianten und Geschmacksverschiebungen lehren. Da die meisten von ihnen jedoch unter höchst dubiosen Umständen und von daher ohne Provenienz gesammelt wurden, ist ihr Wert als historische Quelle stark beeinträchtigt.

Metallarbeiten wie eine anspruchsvolle filigrane goldene Brustplatte aus einer der zahlreichen Tumuli in der Gegend von Rao im nordwestlichen Senegal (13.–14. Jahrhundert), die in lebhafter Pose gegossenen Bronzestatuetten aus dem mittelalterlichen Djenné (Kat. 6.2), ein ungewöhnlicher Bronzehelm aus Komaland (16.–17. Jahrhundert; Kat. 6.33) oder die in Koro-Toro im Tschad gefundene kleine Reiterfigur (18.–19. Jahrhundert; Kat. 6.60 a) erweitern unser Bild von der Metallurgie des Sahel und der Savanne. Archäologische Untersuchungen in Mauretanien und Niger haben zu zahlreichen Erkenntnissen über den lebhaften Handel mit Metallen, insbesondere Kupfer und Kupferlegierungen, geführt; zusammen mit der Neubewertung arabischer Quellen läßt dies darauf schließen, daß bereits zu Ende des ersten Jahrtausends n. Chr. unterschiedlichste Techniken, vom Hämmern bis zum Guß im Wachsausschmelzverfahren, beherrscht wurden. Die ins 14. Jahrhundert datierte außerordentliche Bronze- und Eisenfigur aus Djenné (Kat. 6.2 e) oder der von einer Figur bekrönte Stab der Dogon, dessen Entstehungszeit unbekannt ist (Kat. 6.13), legen Zeugnis ab von der Vitalität einer uralten Tradition der Eisenbearbeitung, für die man in nahezu der ganzen Region weitere Beispiele fand.

Von den Steinplastiken beeindruckt besonders der ins 12. Jahrhundert datierte, fein bearbeitete Monolith aus Tondidarou in Mali (Kat. 6.1 a), eine der zahlreichen Skulpturen, die mit präislamischen Grabhügeln in Zusammenhang stehen. Zwei Steinplastiken aus Burkina Faso belegen die lange Geschichte der Besiedlung durch die Kurumba in der Gegend von Lurum (Kat. 6.31 a, b).

Schließlich gibt es vielfältigste Holzplastiken aus der Region – Masken, Phantasiefiguren, Verbundplastiken aus Lehm, Blut und Holz, die als Altäre dienten, sowie eine Vielzahl häuslicher Gegenstände wie Hocker oder Kopfstützen. Viele stammen von den heute produktivsten Völkern, darunter den Bamana, Dogon, Mossi und Lobi.

Bibliographische Hinweise

McIntosh und McIntosh, o. J., S. 215–18; Mauny 1961; Levtzion 1973; Meillassoux 1975; Camara 1976; Picton und Mack 1989²; Richter 1980; Diop 1981; Glaze 1981; Hopkins und Levtzion 1981; Schweeger-Hefel 1981; Sutton 1982, S. 291–313; Herbert 1984; Vansina 1984; Prussin 1986; McNaughton 1988; Tamari 1991, S. 221–250; Fibbal 1994

6.1 a

Monolith

Region Tondidarou
Mali
Ca. 7. Jahrhundert
Sandstein
Höhe 80 cm
Laboratoire de Préhistoire,
Musée de l'Homme, Paris, 32.40.61

Der Norden von Mali ist reich an megalithischen Fundstätten, die häufig die Form von großen Gruppen stehender Steine haben; die Mehrzahl von ihnen ist allerdings inzwischen entweder von selbst umgefallen, oder sie wurden umgestürzt. Viele der Steine haben einfache, phallische Formen und sind grob behauen, während manche mit kunstvollen Musterungen und Zeichen versehen sind. Die Sprache der eingemeißelten Linien auf den komplexeren Beispielen weist zahlreiche Gemeinsamkeiten mit anderen Steinskulpturen der Sahara, wie den Stelen aus Marokko (Kat. 7.14, 7.15), auf.

Vom ersten bekannten megalithischen Fundort in Tondidarou stammt eine Gruppe von Steinen, die vermutlich als das schönste derartige Ensemble in Afrika neben der Ekoi-Region in Nigeria anzusehen ist, wo sich eine Fülle der früher *akwanshi* genannten Steine befindet (Kat. 5.37). Die Ähnlichkeit dieser Monolithen zu den hier besprochenen ist bemerkenswert, wenn auch vermutlich zufällig; zahlreiche der eingemeißelten Motive finden sich auf beiden Objektgruppen. Ob es eine Verbindung zwischen diesen Mustern und den von Lewis-Williams in seiner Untersuchung der Felsmalereien der San (Kat. 3.4 f.) im südlichen Afrika besprochenen entoptischen Phänomenen gibt, bleibt offen. Die naheliegendere Erklärung für die Ursache dieser künstlerischen Übereinstimmung wäre gewiß eine gemeinsame Erfahrung und nicht eine stilistische Beeinflussung.

Der große Nabel in Zusammenhang mit der phallischen Form von Kat. 6.1 b erinnert an die von dem Rundstein aus dem Tschad (Kat. 6.58) so perfekt veranschaulichte Ökonomie neolithischer Skulptur.

Der Name Tondidarou selbst reflektiert die Bedeutung der lokalen Megalithkultur in dieser Landschaft, da er sich aus den Songhaiworten *tondi* (Stein) und *dari* (stehen) zusammensetzt. Ein interessantes Beispiel kultureller Besitznahme (und ein wunderliches Streiflicht auf das Verständnis von Kontext) ist der Umstand, daß die Steine heute gelegentlich als von Gott wegen ihres Widerstands gegen den Islam versteinerte Menschen gedeutet werden.

Der zur Herstellung dieser Objekte bearbeitete harte Sandstein läßt auf die Verwendung metallener Werkzeuge schließen, für die man Beispiele in der Region gefunden hat. *TP*

6.1 b

Monolith

Region Tondidarou
Mali
Ca. 7. Jahrhundert
Sandstein
Höhe 132 cm
Laboratoire de Préhistoire,
Musée de l'Homme, Paris, 32.40.67

6.2 a
Figürlicher Anhänger
Djenné
Mali
Bronze
Höhe 9,6 cm
Musée Barbier-Mueller, Genf, 1004.125

6.2 b
Kniende Figur
Djenné
Mali
Bronze
Höhe 6 cm
Privatsammlung

6.2 c
Figürlicher Anhänger
Djenné
Mali
Bronze
7,5 x 4 cm
Privatsammlung

Metallarbeiten aus Djenné

Die vielen Hunderte von Fundstätten in der Region des Niger-Binnendeltas haben eine außergewöhnliche Ausbeute an Metallobjekten erbracht. Die ersten von ihnen fand man zu Anfang dieses Jahrhunderts bei einer kleinen, von Lieutenant Desplagnes in Kili geleiteten Grabung. Im Laufe der letzten dreißig Jahre wurden bei offiziellen archäologischen Grabungen weitere Stücke gefunden; die mit Abstand größte Zahl tauchte jedoch bei großangelegten illegalen Plünderungen von Fundstätten auf. Diese Vorgehensweise ist doppelt schädlich: Nicht nur werden dabei die Objekte entfernt, sondern auch Hinweise auf ihre genaue Provenienz, Alter, Kontext, Urheberschaft und historische Zusammenhänge verschleiert oder zerstört.

Unter den bei offiziellen Ausgrabungen entdeckten Objekten finden sich Armreifen, Ohrringe, kleine Anhänger, Glocken, Teile von Pferdegeschirr sowie aus einer Kupferlegierung gefertigte kleine Figürchen eines Vogels und eines Reptils. Aus geheimen Grabungen stammen weit eindrucksvollere Stücke, darunter eine erstaunliche Anzahl von Ketten, Halsketten, Pferdeschmuck und Fingerringen, darüber hinaus eine Reihe von Amuletten und Anhängern in Form menschlicher Figuren, Reiterfiguren, kleinen Tieren und Reptilien, komplexer Brustschmuck und sogar kleine Anhänger in Gestalt von Masken oder Köpfen. Viele dieser Stücke bestehen aus Kupferlegierungen (Messing und Bronze), andere aus Eisen; in seltenen Fällen wurden für dasselbe Stück zwei oder mehr Metalle verwendet.

Die Metallarbeiten bilden keineswegs eine homogene Gruppe, sondern weisen disparate Stilformen und Techniken auf: einerseits winzige Menschen- und Reiterfiguren in der Art von Strichmännchen, die nach Angaben der Plünderer aus der Gegend von Guimbala stammen (diese anscheinend in Töpfen vergrabenen Figürchen tauchen seit einigen Jahren in großer Zahl auf); andererseits wunderbar modellierte kleine Amulette in Form kauernder oder kniender menschlicher Figuren in dem als ›Djenné‹ oder ›Dogon‹ bezeichneten klassischen Stil. Zwischen diesen Extremen liegen zahlreiche Armreifen und anderer Körperzierat, Pferdeschmuck und ähnliches in einer Vielzahl von Stilformen und deren Abwandlungen. Die Plünderer geben für einige dieser Stücke die Gegend um Niafounké als Fundort an. Da keine Vergleichsmöglichkeiten mit kontrollierten archäologischen Daten bestehen bzw. nicht einmal wissenschaftlich gesammelt wurde, können wir noch nicht einmal im Ansatz die Provenienz der Stilformen abgrenzen oder gesicherte Datierungen vornehmen. Einige ›Djenné‹-Anhänger ähneln Terrakottafigürchen dieses Stils so stark, daß sie demselben Zeitraum zwischen dem 12. und 16. Jahrhundert zugewiesen werden können. Zahlreiche geplünderte Metallarbeiten könnten von Orten stammen, an denen man keine Tabakpfeifen gefunden hat und die deshalb auf die Zeit vor dem 17. Jahrhundert datiert werden können. Aber diese Argumente sind nicht besonders stichhaltig. Selbst wenn in Djenné zu einem bestimmten Zeitpunkt die Produktion von Terrakottafiguren eingestellt worden wäre, hätte dies die Messinggießer nicht notwendigerweise daran gehindert, weiterhin Anhängerfigürchen in ähnlichem Stil herzustellen. Wenn darüber hinaus viele Metallarbeiten vermutlich aus Gräbern geplündert wurden, kommt dem Fehlen von Tabakpfeifen keine besondere Bedeutung zu.

Während also einige Objekte – besonders die feineren Arbeiten im Djenné-Stil – zwischen dem 12. und 16. Jahrhundert entstanden sind, scheint es keinen Grund zu geben, weshalb die große Masse nicht neueren Datums sein kann: aus dem 17., 18. oder sogar 19. Jahrhundert. Dafür spricht, daß kupferhaltige Metalle in späterer Zeit leichter verfügbar waren.

Gerne wird im Hinblick auf Holzplastiken und kleine Bronzen vom ›Dogon‹-Stil und von ›Djenné‹-Stil in bezug auf bestimmte Terrakotten gesprochen. Da inzwischen neben einigen auf wundersame Weise erhaltenen Holzplastiken ein wachsender Korpus kleiner Bronzen aus der Djennéregion bekannt ist, erweist sich diese Unterscheidung als nicht mehr adäquat. Wenn wir etwa Dutzende der kleinen menschlichen Bronzefigürchen betrachten, entsprechen einige unserer Vorstellung von Djenné- und einige der von Dogonkunst, manche aber auch einem ganzen Spektrum anderer stilistischer Zwischenformen. Diese Figuren lassen sich nicht über-

6.2 d

Stehende Figur

Djenné
Mali
Bronze
Höhe 24 cm
Privatsammlung

6.2 e

Männliche Figur

Djenné
Mali
Eisen/Bronze
Höhe 49,5 cm
Privatsammlung

zeugend in zwei Gruppen einteilen. Statt dessen scheinen wir mit Werken aus einem großen Stilgebiet konfrontiert zu sein, die eine Vielfalt von Werkstattstilen und persönlichen Stilvarianten umfassen und sich zweifellos über mehrere Generationen oder sogar Jahrhunderte entwickelt haben. Das gleiche Phänomen können wir bei Amuletten von Geisterfiguren aus dem weiträumigen Gebiet der Senufo (Südmali, nördliche Elfenbeinküste und westliches Burkina Faso) beobachten.

Es kann nicht überraschen, daß die Metallkunst von Djenné und die der Dogon untrennbar miteinander verbunden, wenn nicht gar identisch sind. Buchstäblich handelte es sich bei dem Land der Dogon um das Hinterland von Djenné. Die beiden Gebiete liegen geographisch nahe beieinander, und selbst heute kommen Bauern und Händler der Dogon regelmäßig zum Markt in Djenné.

Beim Studium afrikanischer Kunst kommt es schnell zu Mißverständnissen. Wir sind beeindruckt von den Unterschieden zwischen den urbanisierten, islamisierten, merkantilen Menschen von Djenné mit ihrer dramatischen Architektur und andererseits den animistischen Dogonbauern mit ihren unterschiedlichen Sprachen und ihrer Welt kleiner Hütten und Getreidespeicher. Angesichts dieser Gegensätze sind wir geneigt zu glauben, die Metallkunst der Region müsse unterschiedliche Quellen haben. Es ist indes wahrscheinlicher, daß es eine auf Metallarbeiten spezialisierte Gruppe unbekannter ethnischer Identität gab, die Werkstätten in der ganzen Region unterhielt und sowohl die Bewohner von Djenné als auch die Dogon belieferte. Wieder können wir auf eine Parallele zu den Messinggießern der Lorhon von Burkina Faso und der Elfenbeinküste hinweisen. Zu ihren Abnehmern zählten nicht nur die animistischen Lobi, Kulango und Senufo, sondern auch die muslimischen Diula von Kong. Viele der diesen vier ethnischen Gruppen zugeschriebenen Messinggüsse wurden vielleicht nicht von ihnen, sondern von dieser separaten Handwerkergruppe, den Lorhon und ihren Abkömmlingen, hergestellt, die über ein großes Gebiet verstreut Werkstätten unterhielten. Es scheint sogar möglich, daß die für die Bewohner des alten Djenné hergestellten Messingarbeiten sich letztendlich als Vorläufer derjenigen erweisen, die in jüngerer Zeit für die Dogon, Senufo, Lobi, Kulango und andere Völker am Volta, wie die Toussian, entstanden. Eine von Blandin publizierte bemerkenswerte Statuette etwa zeigt sowohl Ähnlichkeit mit Amuletten der Dogon als auch mit Geisterfiguren der Kulango und Senufo. Es ist vorstellbar, daß verschiedenen Zweigen der weitverbreiteten Handwerkersippe der Lorhon die Einführung des Messinggusses bei all diesen unterschiedlichen Völkern zu verdanken ist. Zeit und Entfernung haben die Bindeglieder zwischen den stilistischen Ausprägungen dieser Völker und der Kultur des alten Djenné vielleicht nicht gänzlich auslöschen können. *TFG*

Literatur: Blandin 1988, S. 33, Abb. 1

6.2 f

Königsschmuck

Djenné
Mali
Kupfer/Messing
Höhe 11,4 cm
Musée Barbier Mueller, Genf, 1004–185

6.3
Halsring
Djenné
Mali
Kupferlegierung
43 x 23 cm
Sammlung W. und U. Horstmann

Es sind zwei Halsringe dieser Art bekannt. Nach Angaben des Verkäufers soll der vorliegende Ring aus Djenné kommen, wo er bislang ohne Parallele ist. Leider stammen so gut wie alle Kunstwerke von dort aus Plünderungen, so daß man sehr wenig über ihre Herkunft weiß. Der andere bekannte (nahezu identische) Halsring wurde zusammen mit dem Granitkopf eines Widders um 1936 in Ife auf dem Friedhof der St. Philip's Missionary Society Church bei der Ausgrabung der Grabstätte von Samuel Oki in Aiyetoro gefunden. Bei den Artefakten aus Ife gibt es keinen vergleichbaren Halsring; es erscheint also gut möglich, daß er aus Djenné importiert war, da beide Städte ihre Blütezeit gleichzeitig erlebten. Auch metallurgisch ist das Stück aus Ife für die dortige Region singulär. Typische Stücke aus Ife bestehen entweder aus Kupfer mit geringfügigen Spuren anderer Elemente oder aus Messing, dem gewöhnlich eine beträchtliche Menge von Blei beigemengt wurde. Dagegen handelt es sich bei dem Halsring aus Ife um Bronze (mit 9,4 Prozent Zinn, wogegen der höchste Anteil von Zinn in anderen Stücken aus Ife 4,8 Prozent ausmacht), ohne jegliche Spuren von Zink. Nur wenige Kupferlegierungen aus Djenné wurden bisher analysiert. Sie zeigen eine große Bandbreite von Zusammensetzungen, von denen keine der Analyse von Ife entspricht. *FW*

Ausstellung: New York 1992

Terrakotten aus Djenné

In der Kolonialzeit kamen in den im Niger-Binnendelta verstreut liegenden, längst aufgelassenen Dörfern gelegentlich Fragmente von Terrakottafiguren zutage. Anfangs schenkte man ihnen kaum Beachtung. Man wußte nichts Genaues über ihre Funktion und ihren Gebrauch, und ihr Alter konnte man nur schätzen. Während der letzten zwanzig Jahre fand man jedoch bei sorgfältig überwachten wissenschaftlichen Ausgrabungen, im besonderen in Djenné-Jeno (der Stätte des alten Djenné), mehr Figuren in situ. Datierungen mittels Thermoluminiszenz zeigen, daß sie bis etwa in das 16. Jahrhundert hinein mehrere Jahrhunderte lang gefertigt wurden.

Leider führte der Erfolg der offiziellen Grabungen zu einer wahren Epidemie des Plünderns bei der örtlichen Bevölkerung. Hunderte, vermutlich Tausende alter Stätten wurden ausgeraubt und beschädigt oder zerstört. Diese Aktivität förderte eine erstaunliche Menge von intakten oder doch nahezu intakten Terrakottaskulpturen von häufig großartiger Qualität zutage. Dieses Material fügt der Terrakottakunst Afrikas, die man bislang hauptsächlich durch die Werke von Nok und Ife in Nigeria kannte, eine völlig neue Dimension hinzu.

Terrakotten aus Mali entstanden in einem riesigen Gebiet in einer Reihe ausgeprägter Regionalstile. In manchen Fällen überwiegen großformatige menschliche Figuren, die entweder einzeln oder gelegentlich als Paare auftreten. Darüber hinaus gibt es eine Reihe herrlicher Reiterfiguren, die Krieger oder Jäger verkörpern. Auch Tiere, insbesondere Schlangen, wurden dargestellt; kleine Terrakotten zusammengerollter Schlangen sind recht häufig. In der Gegend von Djenné selbst sind diese Terrakotten in einem höchst prägnanten Stil bis ins kleinste Detail ausgearbeitet. Die menschlichen Figuren tragen reichen Schmuck, Körperornamente sowie Kleidungsstücke. Die Körperoberflächen sind manchmal mittels aufgedrückter Stempel oder durch Ritzungen ornamentiert; Reliefs von Beulen deuten auf eine schreckliche Krankheit. Weiter westlich, Richtung Bamako, entstanden Terrakotten in einem schlichteren Stil, bei denen sich die Körperornamentierung auf ein Minimum beschränkt oder gänzlich fehlt. Nach der Region, in der viele derartige Werke gefunden worden sein sollen, wurde hierfür der Begriff ›Bankoni-Stil‹ geprägt.

Die Funktion dieser außergewöhnlichen Statuen ist nicht klar, aber sie scheint in erster Linie religiöser Natur gewesen zu sein. Mittelalterliche arabische Quellen sprechen mißbilligend von damals in der Region verbreiteten Geisterkulten und Götzenanbetung.

6.4 a
Reiterfigur
Djenné
Mali
Holz
Höhe 71,7 cm
The Minneapolis Institute of Art, 83.168

6.4 b
Sitzende Figur
Region von Ségou
Mali
Terrakotta
Höhe 44,3 cm
Musée Barbier-Mueller, Genf, 1004–13

6.4 c

Sich umarmendes Paar

Djenné
Mali
Terrakotta
Höhe ca. 40 cm
Privatsammlung

6.4 d

Kniende Figur

Djenné
Mali
Terrakotta
55,2 x 30,4 x 28,5 cm
Maureen und Harold Zarember

Vielleicht führte die Verbreitung des Islam, insbesondere nach der Invasion der Marokkaner im Jahre 1591, zur Abkehr von diesen Statuen und den damit assoziierten Kulten und Bräuchen. Eine Reihe von Deutungen sind denkbar, als Wächterfiguren, Geisterbilder und Gedenkfiguren der Toten oder als Darstellungen traditioneller Legenden. Einige der Figuren scheinen Anbetungshaltungen einzunehmen. Die Fülle von Schlangendarstellungen deutet auf die weite Verbreitung von Schlangenriten hin und auf den hervorragenden Platz, den diese Tiere in Mythen und Folklore der Region einnahmen.

Auch die einfache Kunst des Töpferns wurde in Mali mit einem andernorts in Westafrika selten erreichten Grad der Perfektion betrieben. Aus der Gegend von Djenné kommen zahllose kleine Töpfe, Krüge und Flaschen von außerordentlicher Schönheit. Darüber hinaus gibt es größere Gefäße für die Aufbewahrung von Getreide und Wasser sowie für medizinische Zwecke; einige der größten wurden für Begräbnisse benutzt. Sie stammen alle aus denselben Orten wie die Terrakottafiguren. Weiter westlich brachte die Region von Bankoni eine Reihe einzigartiger langhalsiger, zoomorpher Gefäße hervor.

Bis vor kurzem war die Holzskulptur des alten Djenné völlig unbekannt, obgleich mittelalterliche arabische Quellen ihre Existenz dokumentieren. Inzwischen sind allerdings einige alte Stücke aufgetaucht. Es handelt sich um Meisterwerke, geschnitzt mit akribischer Detailfreude und unverkennbar im gleichen Stil wie die Terrakotten aus Djenné. Die Umstände ihrer Erhaltung und Auffindung sind mir nicht bekannt, aber da sie nahezu unversehrt erscheinen, können sie kaum aus ungeschützten Fundstätten im Delta selbst stammen. Ich habe gehört, sie seien in Dogon-Höhlen versteckt gewesen, und das scheint mir die wahrscheinlichste Erklärung, da man auch Statuen der Dogon und Tellem in solchen Höhlen entdeckt hat, wo sie jahrhundertelang vor Zerstörung geschützt überdauerten. Die Skulpturen von Djenné scheinen aus dem 15. oder 16. Jahrhundert zu stammen und könnten von Bewohnern Djennés auf der Flucht vor der marokkanischen Invasion des Jahres 1591 im Dogonland versteckt worden sein.
Die Holzplastiken des alten Djenné ähneln denen der Dogon selbst, was vielleicht nicht überraschend ist. In dem am Rande der Wüste gelegenen Djenné ist vermutlich wenig Holz angefallen, das sich zur Herstellung von Skulpturen geeignet hätte; die naheliegendste Quelle zur Lieferung des Materials war wahrscheinlich die Dogon-Region. Unter dieser Voraussetzung erscheint es völlig plausibel, daß die Statuen tatsächlich von Künstlern aus dem Land der Dogon geschnitzt wurden. Das Auftauchen dieser bemerkenswerten Holzplastiken läßt eine neue Bewertung der Beziehung zwischen den Völkern von Djenné und der Dogon notwendig erscheinen. *TFG*

6.4e
Weibliche Figur
Djenné
Mali
Terrakotta
45 x 16,5 x 18 cm
Privatsammlung

6.4 f
Bärtige Figur
Djenné
Mali
Terrakotta
Höhe 38,1 cm
The Detroit Institute of Arts,
Founders Society Eleanor Clay Ford Fund
for African Art, 78.32

6.4 g
Schreinskulptur
Djenné
Mali
Terrakotta
22,7 x 22,2 x 22,7 cm
New Orleans Museum of Art,
Museumsankauf, Robert P. Gordy
Fund, 90.196

6.4 h

Pferd und Reiter

Djenné
Mali
Terrakotta
44 x 17 x 30 cm
Privatsammlung

6.4 i

Kniende Figur mit Schlange

Djenné
Mali
Terrakotta
Höhe 57 cm
Privatsammlung

6.4 j

Figur

Djenné
Mali
Terrakotta
Höhe 29,5 cm
Privatsammlung

6.4 k

Figurenpaar

Bankoni
Mali
Terrakotta
Höhe 33,8 cm
Privatsammlung

6.41

Drei zoomorphe Gefäße

Bankoni
Mali
Terrakotta
Ca. 54 x 22 x 22 cm
Privatsammlung

6.5 a

Stab (*sono*)

Beafada, Badyaranke, Malinke oder Fulbe
Guinea und Guinea-Bissau
19.–20. Jahrhundert
Kupferlegierung
69,9 x 4,1 x 3,8 cm
Leihgabe des Metropolitan Museum of Art, New York, The Michael C. Rockefeller Memorial Collection, Bequest of Nelson A. Rockefeller, 1979.206.212

6.5 b

Stab (*sono*)

Beafada, Badyaranke, Malinke oder Fulbe
Guinea und Guinea-Bissau
19.–20. Jahrhundert
Kupferlegierung
Höhe 135 cm
Musée Barbier-Mueller, Genf, 1001–32

Als *sono* bezeichnete Stäbe aus Messing und Eisen sind Teil der vielleicht ältesten ununterbrochenen Kunsttradition in Westafrika. Am unteren Ende befindet sich häufig eine Speerspitze; der typischerweise aus Schmiedeeisen bestehende mittlere Teil ist in regelmäßigen Abständen von Messingringen verziert, die im Wachsausschmelzverfahren hergestellt wurden und mit geometrischen Mustern verziert sind. Zu den Messingringen gehören häufig abgewinkelte Zusätze, die eine käfigartige Form ergeben, oder ein Paar Winkelformen mit Darstellungen von menschlichen Köpfen. Das obere Ende des Stabs bekrönt ein Messingaufsatz, der gewöhnlich aus einem reich verzierten Kegel oder einer Kugel besteht, auf denen Figuren oder Tiere angebracht sind. Dazu können Reiterfiguren mit Gefolge zählen, von denen die weiblichen Figuren Gefäße auf den Köpfen tragen, während die männlichen Figuren mit übergroßen Genitalien ausgestattet sind. Da viele dieser Männer Stäbe oder Waffen tragen, könnte es sich um Krieger handeln. Der Messingguß ist fein genug, um Pferdezügel und die Haartracht der Figuren deutlich erkennen zu lassen.

Diese Stäbe, die man irrtümlich den Soninke zugeschrieben hat, scheinen über eine komplexe und verwirrende Genealogie zu verfügen. Am direktesten sind sie den Beafada (oder Biafada), Badyaranke (oder Pajadinca), Malinke und Fulbe zuzuschreiben, die in der Region der heutigen Republik Guinea oder Guinea-Bissau lebten. Im nördlicheren Senegal verwendete man im alten Mande-Königreich Kabu ähnliche Stäbe, ebenso

vermutlich in den von den Kolonisten der Mande zwischen den Flüssen Gambia und Corubal gegründeten Staaten, von denen in portugiesischen Berichten des 16. Jahrhunderts die Rede ist. Noch weiter nördlich in Gambia wurden verwandte Stäbe gefunden (*chono*), die abstraktere Kompositionen zeigen und aus Eisen, häufig auch Messing und Silber bestehen. Noch Mitte des 20. Jahrhunderts wurden sie entlang dem Gambia von Malinke-Gruppen verwendet, Abkömmlingen der Mande-Imperialisten des 13. Jahrhunderts, die sich mit der lokalen Bevölkerung mischten und viele neue Mandestaaten gründeten.

Südöstlich der Beafada und Badyaranke, entlang der Küste von Sierra Leone, scheinen im späten 17. Jahrhundert portugiesische Händler eine Anzahl von Messing- und Eisenstäben, sehr ähnlich den hier gezeigten, als Geschenke zu Häuptlingen der Bulom in der als Ro-Ponka bekannten Gegend gebracht zu haben. Weiter östlich an der Elfenbeinküste scheinen einige Senufo ebenfalls Stäbe aus Messing und Eisen verwendet zu haben.

Im Landesinneren werden bis heute ähnliche, gewöhnlich ganz aus Eisen gefertigte Stäbe von Mande-Gruppen wie den Bamana, Bozo und Malinke benutzt. Für viele Forscher stammen die Stäbe ursprünglich aus dieser Gegend. Die Tradition könnte so alt wie das Reich Mali sein.

Der plausibelsten Hypothese zufolge wurden derartige Stäbe bereits im 13. Jahrhundert von Militärführern, die die Expansionspolitik des Malireiches fortsetzten, nach Westen und Süden gebracht. Die Stäbe vom Gambia wurden als Insignien der Führerschaft und Macht eingesetzt. Wohl gerieten sie im Laufe der Jahrhunderte zu Symbolen, die ihre Besitzer mit dem historischen Glanz des Malireiches und seiner Häuptlinge umgab, sogar als die Königreiche des Hinterlandes nach Unabhängigkeit strebten. Sowohl Völker des Kernlands der Mande wie die Bamana als auch mande-sprechende Völker im Umland stellen seit alters Metallobjekte her. Die Mande haben spätestens seit der Zeit des alten Reiches von Ghana (das seine Blütezeit im 8. Jahrhundert erlebte), darum gerungen, am Abbau von Gold und am Handel mit dem Edelmetall beteiligt zu sein. Arabische Besucher am Hof des ghanaischen Reiches und des folgenden Malireiches (frühes 13.– spätes 16. Jahrhundert) berichten von einer ungeheuren Fülle von Skulpturen und Schmuck aller Art; die mündliche Überlieferung hält viele der größten Heroen dieses riesigen Gebietes für Mitglieder berühmter Schmiedefamilien.

Die Stäbe symbolisieren und verkörpern darüber hinaus die übernatürlichen Mächte im Geisterglauben der Region. Metall ist ein ideales Medium zur Bewahrung von ›Kräften‹, welche die Schmiede während der langwierigen Herstellung auf die Stäbe übertragen können. In nicht-islamischen Kulten wurden sie zu zentralen religiösen Objekten. In Guinea und Guinea-Bissau steckte man sie etwa in heilige Bäume, wo sie die Stärke ihrer Besitzer vergrößerten, indem sie die in Natur und Gesellschaft beständig tätigen unsichtbaren Kräfte beeinflußten. Ferner wurden sie als Mittel zum Wahrsagen verwendet und vor jedem gefahrvollen Vorhaben, wie etwa Krieg, befragt. *Chono*-Stäbe entlang dem Gambia sollten das Königreich und seine Hauptstadt beschützen, und noch heute werden Heilmittel und Amulette an die Haken gehängt, um die Inhaber politischer Ämter zu schützen.

Die Symbolik der Stabaufsätze ist größtenteils ungeklärt, wobei sie sehr variabel gewesen sein mag. Reiterdarstellungen mögen Reichtum und Macht beschworen und sich auf Führerschaft oder sogar bestimmte Herrscher bezogen haben – ein Pferd zu besitzen war unübersehbar ein Zeichen von Macht und Reichtum. Die Speerspitzen am Ende deuten überdies auf Macht im allgemeinen und insbesondere militärische Tapferkeit hin. In dem komplexeren Beispiel (Kat. 6.5 b) bilden die stehenden Figuren offenbar ein Gefolge, Zeichen von Status und Prestige der Figuren zu Pferde.

Menschliche Köpfe am Ende von Haken finden sich nahezu an allen Schäften dieser Messing- und Eisenstäbe. Der einfacher gestaltete Aufsatz (Kat. 6.5 a) zeigt eine männliche Figur, die einen Stab oder eine Waffe trägt und auf zwei menschlichen Köpfen steht, die wiederum über einem Kopf zuunterst angeordnet sind. Diese Komposition könnte auf die Herrschaft über eine Bevölkerungsgruppe oder einen besiegten Feind deuten. Andererseits könnten die Köpfe auch auf die Unterstützung durch eine Bevölkerungsgruppe verweisen, von der die Macht eines Herrschers abhängt. *PMcN*

Literatur: Pereira 1506–08 (1956); Koroma 1939, S. 25–28; Mota 1960, S. 625–662; 1965, S. 149–154; Lampreia 1962, Nr. 412–417; Weil 1973; 1981; Bassani 1979, S. 44–47

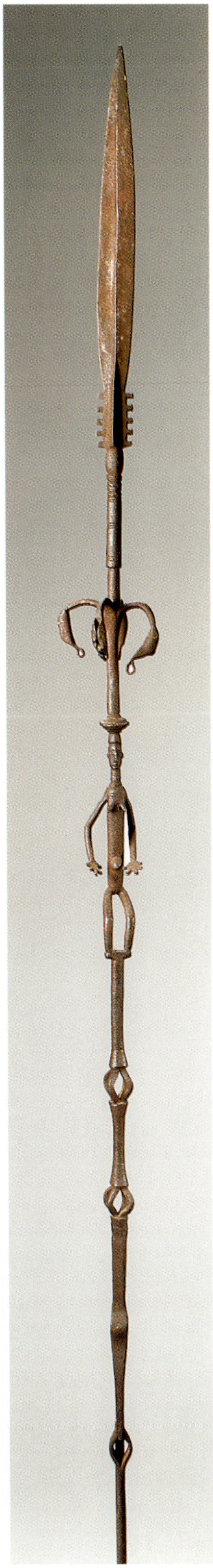

6.6

Stab mit weiblicher Figur

(*nege muso*)

Bamana (Bambara)
Mali
Eisen
Höhe 161 cm
Privatsammlung

Stäbe dieses Typs sind das in technischer Hinsicht schwierigste, was die Bamana und andere Mandehandwerker an Kunstwerken herstellen. Diese Handwerker sind nahezu immer Mitglieder des Clans der Schmiede. Der Schaft ist aus mehreren Teilen geschmiedet, die dadurch verbunden werden, daß man die Spitze eines Teils in eine aus dem oberen Ende des nächsten Teilstücks geformte Fassung steckt, die Verbindungsstellen dann erhitzt und durch Hämmern verschweißt. Häufig wird der Schaft zu käfigartigen Ausbuchtungen erweitert; an den Verbindungsstellen finden sich auch meist geschwungene Haken, die in abgerundeten Knäufen enden. Sie erinnern an die kleinen Messingköpfe an den *sono* genannten Stäben (Kat. 6.5). Seltener sind die Haken umgekehrt – wie bei diesem Stück – und enden ähnlich wie bei vielen Stäben der Dogon in kleinen eisernen Rasseln oder Glöckchen. Viele dieser Stäbe tragen an ihrem unteren Ende eine Speerspitze, aber der Urheber des vorliegenden Stabes hat die Spitze an das obere Ende verlegt (wiederum wie bei zahlreichen Stücken der Dogon) und sie beidseitig mit fünf ›Zähnen‹ geschmückt. ›Käfige‹, umgekehrte Haken und geschmückte Speerspitze ergeben zusammen eine machtvolle Komposition, welche die weibliche Figur in der Mitte rahmt und hervorhebt.

Bei den Figuren handelt es sich meist um Frauen oder reitende Männer, und sie befinden sich in der Regel – anders als bei diesem Stück – am oberen Ende. Hier trägt die Figur ein Gefäß auf ihrem Kopf. Die überlangen Gliedmaßen und gebeugten Knie entsprechen der Norm, wobei Gesamtgliederung und Schmuckformen dieses Stücks besonders gelungen sind.

Die Schmiede der Mande besitzen jene Ausstrahlung und spirituelle Energie (*nyama*), von der es heißt, sie belebe auch das Universum und steuere jede Regung des Lebens. Es ist die Energie, die Amulette wirksam werden läßt, und diese Stäbe selbst sind Amulette, wurden sie doch beim Schmieden von den Schöpfern mit ihrem *nyama* geladen. Obendrein können sie weitere Kräfte hinzufügen mittels geheimer Rezepte (Kat. 6.8), die Wissenschaft und Ritual vereinen.

Diese Stäbe wurden bei vielen Gelegenheiten benutzt: Man konnte sie auf die Gräber von Häuptlingen und Städtegründern pflanzen oder vor die Wohnsitze von Familien zur Ehre der Ahnen. Einigen Stammesführern dienten sie offenbar als Familieninsignien, darüber hinaus nutzten sie ihre Kraft als Amulette. Einige Stäbe galten als so machtvoll, daß man sie zur Abwehr angreifender Armeen einsetzen konnte.

Die geheimen Initiationsbünde der Bamana stellten die Stäbe auch um ihre Altäre und steckten sie in die Nähe von heiligen Bäumen oder sogar in diese hinein. Die Schönheit der Stäbe verlieh in ihren Augen den Altären mehr Macht, so wie die Macht im Eisen eingeschlossen war. Diese Macht stärkte die Bünde. Die Schönheit der Stäbe bereicherte auch Begräbnisse, wenn man sie in Prozessionen trug, oder Versammlungen, wenn Teilnehmer mit ihnen tanzten.

Wie bei der Kunst der Bamana überwiegend der Fall, ist die Symbolik der geschmiedeten Figuren mehrdeutig und nicht einheitlich. Sie könnten Ahnen oder Figuren aus Legenden der Mande darstellen, wie Muso Koroni, die erste Frau der Erde, halbgöttlich und Überbringerin von gewaltigem Chaos; oder im Falle einer männlichen Figur, Ndomajiri, der Welt erster Schmied und Bringer von Stabilität und Heilmitteln. Der Hut, den diese Figur trägt, ähnelt den Kopfbedeckungen der Jäger und Magier; wenn eine Frau ihn trägt, kündet er von ehrfurchtgebietender übernatürlicher Macht – der Speer als solcher symbolisiert Macht in der greifbaren Welt aggressiver militärischer Taten. *PMcN*

Literatur: Imperato 1983; Mc Naughton 1988

6.7

Altarfigur (*boli*)

Bamana (Bambara)
Mali
Holz, Krustenpatina
Laboratoire d'Ethnologie, Musée de l'Homme, Paris, 31.74.1091

Boliw (Singular: *boli*) sind im Westen sehr bekannt, obwohl die Mande sie als geheime Objekte betrachten. Sie werden von den geheimen Initiationsbünden der Bamana verwendet und bergen für sie große Mengen von Energien (*nyama*), die von den Priestern und Angehörigen des Bundes aktiviert werden können, um sie in ihren Vorhaben – etwa die Bekämpfung von Hexerei – zu unterstützen. Sie dienen darüber hinaus als Symbole ihres Universums. Die Mitglieder des Bundes helfen bei der Herstellung, indem sie alle möglichen, häufig esoterischen Bestandteile – darunter Tierknochen, pflanzliche Substanzen, Honig und Metallteile – beisteuern. Einige Autoren der Kolonialzeit behaupteten, die *boliw* enthielten Teile menschlicher Körper. Die Oberflächen sind hart und von dicken Lehmschichten überzogen, die von Opfersubstanzen wie dem Blut von Hühnern oder Ziegen, gekauten und ausgespuckten Kolanüssen, alkoholischen Getränken und Hirse durchsetzt sind. Oberflächen und Inneres werden unter Anwendung eines komplexen Aufgebots von als *daliluw* (Kat. 6.8) bezeichneten Machtrezepten geschaffen, was dazu führt, daß diese Objekte zu den machtvollsten unter den Mandeskulpturen gezählt werden.

Viele *boliw* scheinen Tiere wie Flußpferde oder Kühe darzustellen, und einige haben Menschengestalt. Oft ist eine Identifikation unmöglich, was mit dem Prinzip der Mande in Einklang steht, sehr machtvolle Dinge dem allgemeinen menschlichen Verständnis zu entziehen. Nicht-Eingeweihte erleben das Unbekannte als bedrohlich, düstere Vieldeutigkeit dient als Warnung, fernzubleiben oder sich in persönliche Gefahr zu begeben. Es bleibt ihren kundigen Spezialisten vorbehalten, die in diesen Stücken enthaltenen Kräfte einzusetzen.

Einige Mande halten die Objekte für Instrumente, die zum Besten der Angehörigen des Bundes und der Gemeinschaft genutzt werden, andere für furchterregend und in den Händen der Bünde für zu mächtig. Für wieder andere gehören sie zum sozialen, geistigen Umfeld und sind mit Bedacht zu nutzen.

Die Plazierung dieser Objekte ist nicht geklärt. Wenn die *tyi wara*-Bünde (Kat. 6.10) sie gebrauchten, lagen sie in Körben; die Amtsträger des Bundes trugen sie beim Tanzen auf dem Kopf. *PMcN*

Literatur: Dieterlen 1951, S. 92 f.; Imperato 1970; McNaughton 1979; 1988; Brett-Smith 1983

6.8

Maske in Form eines Tierkopfes

Bamana (Bambara)
Mali
Holz, Krustenpatina
47 x 25 x 22 cm
Museum Rietberg, Zürich, RAF 206,
Sammlung Baron E. von der Heydt

Die Maske hat die für Jugendbünde der Mande bzw. für Initiationsbünde, die auf den Umgang mit übernatürlichen Mächten spezialisiert sind, typische Helmform mit horizontaler Ausrichtung. Masken der Jugendbünde weisen jedoch keine Opferpatina auf, so daß dieses Stück sicherlich einem der Initiationsbünde gehörte, wie den *komo, kono* oder *nama*. Der *kono* scheidet vermutlich aus, weil unseres Wissens nach dessen Masken sehr lang waren und die Entfernung von Ohr bis Schnauze einen Meter und mehr betrug. *Komo*-Masken können bis zu einem Meter lang sein, aber sind gewöhnlich nur etwa halb so groß, während die Masken des *nama* häufig noch kleiner sind. Der Größe nach könnte diese Maske also von dem *komo* oder *nama* stammen.

Komo-Masken sind für ihre riesigen, bedrohlichen Mäuler berühmt; dagegen wirkt der Mund dieser Maske nicht ganz so grimmig. Masken des *nama* sind andererseits häufig als Vogelköpfe gestaltet. Bei diesem Stück erinnert die Gesamtform an die in Mali heimischen Wildschweine, fiele für *komo* und *nama* daher aus dem Rahmen. Wie jedoch auch andere Kunstformen der Bamana belegen (z. B. Kat. 6.6), können persönliche Erfahrungen, Sachkenntnis und Phantasie auch außerhalb der Norm liegende Werke hervorbringen.

Es gibt andere, Fremden unbekannte Machtbünde der Bamana, die entweder sehr stark lokal geprägt oder nur vereinzelt anzutreffen sind. Sie entstehen durch das Wirken einer überzeugenden und häufig charismatischen geistigen Persönlichkeit. Ihre Grundlage sind Machtrezepte, von den Mande als *jiri don* bezeichnet – der Wissenschaft von den Bäumen, ein sich ständig erweiterndes und veränderndes Wissen von den Pflanzen. Während einige Eingeweihte das Überlieferte ohne Bedürfnis nach Änderung akzeptieren, gibt es andere, die sehr experimentierfreudig sind. Dies läßt immer wieder charakteristische, von der Norm abweichende Plastiken entstehen.

Im allgemeinen vollbringen die Machtbünde gute Werke für ihre Mitglieder und ihre Gemeinschaften. Viel hängt dabei von der Leistung der jeweiligen Amtsträger ab, wozu auch der Führer und sein Gehilfe zählen, die bei den Versammlungen der Bünde mit den Masken tanzen.
PMcN

Literatur: Zürich 1963, Nr. 7; McNaughton 1979; 1988; 1991; 1992

6.9 a

Weibliche Figur (*nyeleni*)

Bamana (Bambara)
Mali
Holz, Eisen, Öl
Höhe 71 cm
Privatsammlung

6.9 b

Weibliche Figur mit Gefäß
(*jomogoniw* oder *gwanden*)

Bamana (Bambara)
Mali
Holz, Öl
Höhe 130 cm
Privatsammlung

Diese beiden Skulpturen stehen in Zusammenhang mit den *jo* und *gwan* genannten Initiationsbünden im südlichen Mali. Sie dienen dem Gedenken an verstorbene Zwillinge und sind Initiationsinsignien von Unterabteilungen des *jo*-Bundes. Zwillingsplastiken sind gewöhnlich kleiner (Höhe bis 50 cm); es handelt sich dabei – abhängig vom Geschlecht des Verstorbenen – entweder um männliche oder weibliche Figuren. Figuren des *jo*-Bundes sind eher etwas größer; sie stellen immer Frauen dar, die gewöhnlich auf einem runden Sockel stehen. In vielen Fällen läßt sich eine Figur allerdings nicht sicher zuordnen. Die hier gezeigte kleinere Figur (Kat. 6.9 a) ist vermutlich eine Skulptur des *jo*-Bundes.

Die als *jow* (singular: *jo*) bekannten Mandebünde bieten allgemeine soziale Unterweisung. Die Bünde waren hierarchisch gegliedert; Angehörigen höherer Grade wurde ein komplexes esoterisches Wissen vermittelt. Diese Hierarchie wurde im späten 19. Jahrhundert zuerst von den Tukulor und dann von den Franzosen gesprengt. Aber selbst vor der Herrschaft der Tukulor waren diese Bünde wohl bereits von beträchtlicher Vielfalt und Flexibilität geprägt.

Im südlichen Gebiet der Bamana, innerhalb des Städtedreiecks von Bougouni, Dioila und Sikasso, ist die Zahl der geheimen Initiationsbünde auf zwei beschränkt, den *jo* und *gwan*, zu deren Besonderheiten die gemeinsame Mitgliedschaft von Männern und Frauen gehört.

Der *jo*-Bund ist kompliziert strukturiert, mit inneren Unterabteilungen, kunstvollen Ritualen und Zeremonien und einer sechsjährigen Wartezeit vor der Initiation, die für das *jo-kalan* (›Lernen über *jo*‹) gedacht ist. Wenn neue Mitglieder des *jo* von ihren Initiationsaufenthalten zurückkehren, führen sie die gelernten Gesänge und Tänze auf, zuerst vor der eigenen Gemeinschaft und dann auf mehrmonatigen Reisen durch die Region.

Schmiede bilden innerhalb der *jo* gewöhnlich eigene Gruppen und benutzen Figuren wie Kat. 6.9 a, wenn sie nach ihrer Initiation auf Reisen gehen und auftreten. Sie tragen sie oder stellen sie auf den Platz, an dem sie singen und tanzen. Die Skulpturen heißen *jonyeleni* oder *nyeleni*, (kleine Nyele), ein Name, der häufig erstgeborenen Töchtern gegeben wird und soviel wie ›hübsche Kleine‹ bedeutet. Die Figuren werden geölt und häufig mit Kleidung und Schmuck behängt; ihre Gestaltung unterstreicht Attribute weiblicher Schönheit. Sie können dazu dienen, Interesse und Besorgnis hinsichtlich der Institution der Ehe zum Ausdruck zu bringen, mit der frisch initiierte ledige Männer bald zu tun haben werden. Auch tragen sie dazu bei, die Auftritte der Schmiede zu den erfolgreichsten und unterhaltsamsten aller *jo*-Gruppen zu machen.

Auch größere Skulpturen (Kat. 6.9 b) wurden benutzt und als *jomogoniw*, ›kleine Leute des *jo*‹ bezeichnet. Sie wurden auch vom *gwan*-Bund gebraucht, einer besonderen, mit Fragen von Fruchtbarkeit und Geburt befaßten Gruppe, die sie *gwandenw* (Kinder der *gwan*) nannten.

Um diese größeren Figuren kümmern sich die älteren Mitglieder der Bünde, die sie bei ihren jährlichen Festlichkeiten aufstellen. Sie werden gewaschen, frisch geölt und mit Kleidung geschmückt; dann werden vor dem Eingang des Hauses, in dem sie aufbewahrt werden, Opfer dargebracht. Laut Ezra sprechen die Leute von den Skulpturen als ›wunderbaren Dingen‹ (*kaba ko*) und ›Dingen, die man endlos betrachten kann‹.

Bei den alljährlichen Festlichkeiten der *jo* sind im allgemeinen nur zwei, einen Mann und eine Frau darstellende Skulpturen beteiligt. An den Festen des *gwan* nehmen komplexere Gruppen von bis zu sieben Figuren teil. Die wichtigsten dieser Figuren sind eine sitzende Frau mit Kind (*gwandusu*) und ein häufig ebenfalls sitzender Mann (*gwantigi*). Die anderen Figuren werden als Gefährten bezeichnet und verfügen sämtlich über eigene Namen. Zu ihnen gehören eine Frau, die ein Gefäß auf dem Kopf trägt (wie Kat. 6.9 b), sowie eine Frau, die in einer Geste des Stillens ihre Brüste anhebt. Häufig sind die Bäuche der Frauen leicht gewölbt, ein Hinweis auf Schwangerschaft oder Fruchtbarkeit. Die ausgestellte Gruppe diente der Unterweisung in Wesen und Tätigkeit des Bundes.
PMcN

Literatur: Pâques 1954; Zahan 1960; Imperato 1974, Nr. 66, 97; 1975; 1983; Ezra 1983; 1986

6.10 a, b

Antilopen-Aufsatzmasken

Bamana (Bambara) oder Wasulunka
Mali
20. Jahrhundert
Holz
a: Höhe 55 cm, b: Höhe 80 cm
Privatsammlung, London

Antilopen-Aufsätze gehören im Westen zu den bekanntesten und begehrtesten Kunstobjekten der Mande. Tatsächlich hat dort keine andere Kunstform Afrikas soviel Aufmerksamkeit erregt. Sie werden von den landwirtschaftlichen Bünden der Bamana genutzt, von denen der bekannteste *tyi wara*, der weniger bekannte *gonyon* heißt. Beide Bünde nennen den Kopfschmuck *tyi wara* (›Tier des Feldbaus‹). Ähnliche Plastiken werden *sogoni kun* genannt und von dem Jugendbund der Wasulunka (*jon*) bei Erntefesten verwendet. Goldwater führte für diese Art des Kopfschmucks ein regionales System der Zuschreibung ein. Geschnitzte Stücke, die in einem weiten Bogen nach oben führen, mit durchbrochener Schnitzerei zur Darstellung von Hals und Mähne der Antilope, gehören zum ›vertikalen Stil‹ der östlichen Bamana. Kleinere Stücke mit ausgeprägten horizontalen Teilen, die manchmal naturalistischer geschnitzt sind, zählen zum ›horizontalen Stil‹ der im Norden lebenden Bamana. Objekte wie diese, für die eine große formale Variation, Erfindungsreichtum und häufig extreme Abstraktion charakteristisch sind, gehören zum ›abstrakten Stil‹ der südlichen Bamana und Wasulunka. Hier können die Kompositionen auch Ameisenbären und Erdferkel umfassen, wobei die Stilisierung so weit gehen kann, daß eine Deutung problematisch wird. Wie bei vielen anderen Gattungen spielen Kreativität und Sachkenntnis der Mande-Künstler eine bedeutende Rolle.

Tyi wara begann als geheimer männlicher Initiationsbund, der landwirtschaftliche Fertigkeiten lehrte und den Segen des ebenfalls *tyi wara* genannten übernatürlichen Wesens zu erhalten suchte, das die Menschen den Feldbau gelehrt hatte. Auf den Feldern wurden Tänze veranstaltet, und anstelle von Masken legten die Tänzer ihre *boli* (Kat. 6.7) in Körbe bzw. trugen sie auf ihren Köpfen. Später erfand man den geschnitzten Antilopen-Kopfschmuck und tanzte in gemischten Paaren. Allmählich wurden die Darbietungen weniger geheim, so daß die ganze Gemeinschaft teilnehmen konnte und der Bund für seine alljährlichen landwirtschaftlichen Wettbewerbe und die begleitenden Darbietungen berühmt wurde.

Die Mande bedienen sich häufig der Tiersymbolik, um Sozialverhalten und Lebensbedingungen zu kommentieren. Antilopen hält man für anmutig, Erdferkel für entschlossen und gewissenhaft. Diese Werte assoziiert man mit dem Ackerbau, bei dem es auf Stärke, Ausdauer, Geduld und Weitblick ankommt. In dieser Hinsicht kommt einem weiteren Gebrauch des Ausdrucks *tyi wara* (›Tier des Feldbaus‹) als Lob für erfolgreiche Bauern Bedeutung zu, da er die Tapferkeit eines Menschen mit dem Mut von Tieren vergleicht, die in der schwierigsten aller Umgebungen, der Wildnis, überleben. *PMcN, DA*

Literatur: Ganay 1947; 1949; Goldwater 1960; Imperato 1970; 1974, S. 19–21; Zahan 1980; 1981, S. 22–24; Brink 1981, S. 24 f.; McNaughton 1994, S. 35

6.11

Maskenpaar

Bamana (Bambara)
Mali
Holz, Baumwollfaser, Krustenpatina
25 x 17 x 12 cm (Mann)
37 x 16 x 11 cm (Frau)
Charles und Kent Davis

Der Stil dieser Masken läßt eindeutig auf die Bamana schließen. Nase, Mund und die Flächen der Gesichter deuten darauf hin, daß sie aus einer Gegend stammen, in der die Initiationsbünde *jo* und *gwan* tätig sind. Die beiden Masken zeigen auffallende Ähnlichkeit mit den großen Figuren, die von beiden Bünden gebraucht werden. Obgleich wir wenig über diese Masken wissen, können wir vorläufig davon ausgehen, daß sie den genannten Bünden gehörten.

Der *jo*-Bund ist in Altersklassen unterteilt; wenn ein Bewerber sich das Wissen erfolgreich angeeignet und den Prozeß formaler Initiation durchlaufen hat, kann er frühestens im Alter von 36 Jahren der ältesten Gruppe beitreten. Die Führer des Bundes werden aus dieser Gruppe der Ältesten gewählt; einer der wichtigsten Führer ist Nanfiri, was gleichzeitig auch der Name eines unter seiner Obhut stehenden magischen Ritualobjektes ist. Dem Ritualobjekt, obwohl klein genug, um in einem Flaschenkürbis aufbewahrt zu werden, werden enorme übernatürliche Kräfte zugeschrieben. Es wird beim Leisten von Schwüren hinzugezogen. Der Nanfiri übernimmt rituelle Rollen bei Begräbnissen, vor allem beim Begräbnis des Anführers des *jo*, und betreut die Novizen bei den Beitrittsfeierlichkeiten.

Der *jo* ist einer der Initiationsbünde der Bamana, der öffentliche Auftritte durchführt, bei denen der Nanfiri als markanter Tänzer in Erscheinung tritt und deshalb als ›Schmuck‹ des Bundes bezeichnet wird. Beim Tanzen trug der Nanfiri eine Tracht aus rotgefärbtem Baumwollstoff mit aufgemalter schwarzer Musterung. Seinen Kopf bedeckte eine Haube mit Augenlöchern, geschmückt mit Stacheln des Stachelschweins und Federn. Ähnliche Baumwolltrachten und Hauben sind in ganz Westafrika, im Süden bis zur Elfenbeinküste und im Norden bis in die Beledougouebene nördlich des Niger, verbreitet.

In den 80er Jahren berichtete Charlie Davis, ein Händler aus New Orleans, Ezra von Holzmasken aus Südmali, die Nanfiri heißen und Bestandteil der *jo*- und *gwan*-Bünde sein sollten. Es ist möglich, daß bestimmte Zweige der Bünde beschlossen, für ihre Amtsträger Masken zu schaffen. Eine derartige Entscheidung würde zu der Kreativität der Bamana passen.

Bei den Krusten auf diesen Masken könnte es sich um Opferpatina handeln. Eine als weiblich bezeichnete Maske weist eine Reihe von Hörnern auf, die bei *ntomo*-Masken (einer der anderen bekannten Bamana-Bünde) üblich sind. Wenn die Annahme, daß diese Masken zu den Bünden der *jo* und *gwan* gehören, zutrifft und wenn sie ein Paar darstellen, kann es fast nur der Nanfiri gewesen sein, der sie trug. *PMcN*

Literatur: Ezra 1983, S. 68–75; 1995

Dogon

Die Bildhauerkunst der Dogon gehört, obwohl vieldiskutiert, zu den am wenigsten verstandenen künstlerischen Ausdrucksformen Afrikas. Ein Grund hierfür ist, daß man die ›Dogon‹ zur Vereinfachung der Kolonialadministration ›geschaffen‹ hat. Ferner herrschen Unterschiede zwischen anglophoner und frankophoner Feldforschung, wobei erstere traditionell funktionalistisch, letztere intellektualisierend und systematisierend ausgerichtet ist: Vielleicht sagt die Methode jeweils mehr über den Ethnologen als über die Dogon aus. Dann ist da die Frage der spezialisierten gegenüber der generalisierenden Exegese in einer Kultur, bei der man nicht davon ausgehen kann, daß Wissen Allgemeingut ist, so daß abweichende Deutungen nicht zwingend als Widersprüche gelten müssen. Die Forschung wird erschwert durch das häufig auf die Konversion zum Islam folgende hartnäckige Leugnen von älterem Wissen. Hinter all dem lauert die Realität oder Fiktion der angeblich für einen uralten Substil verantwortlichen Tellem, deren Name aber einfach ›wir fanden sie‹ zu bedeuten scheint. Werke der Kunst wurden tragischerweise einseitig als Träger kosmischer Botschaften gedeutet; es entwickelte sich also ein Stil der Exegese, der die Skulptur der Dogon überwiegend als Ausdruck von Mythen und als eine Art materialisierter Kosmologie ansieht. Hinsichtlich ihrer Größe, Form und Patinierung unterscheiden sich die Statuen stark voneinander. Dies soll nicht heißen, die Kunstgeschichte hätte nicht feste Stile und historische Zäsuren festzulegen versucht, aber der Wert solcher Versuche besteht bestenfalls darin, einer Masse halbverdauter Daten eine eher willkürliche Ordnung aufzupfropfen, was zu einer Inflation von ›Übergangsformen‹ führt. Die Tatsache bleibt bestehen, daß wir sehr wenig Informationen darüber haben, wofür und von wem Statuen der Dogon gebraucht wurden. Dieses Defizit hatte gewiß Einfluß auf die Art und Weise, wie man sie zur Stärkung von Argumenten für die Universalität der Kunst benutzt hat. Deutungen als ›Ahnenfiguren‹ und Regenmacher sind die häufigsten. *NB*

Literatur: Griaule 1965; Laude 1973; De Mott 1979; Bedaux und Lange 1983, S. 5–59; Van Beek 1991; S. 139–167, Leloup 1995

6.12

Reiterfigur

Dogon
Mali
18. Jahrhundert (?)
Holz
Höhe 50 cm
Privatsammlung

Die Chroniken muslimischer Reisender durch Sahara und Sahel bestätigen die Existenz von Pferden in den alten Reichen Malis. Mit Hilfe von Reitereien haben von der Mitte des 11. Jahrhunderts an Könige ihre Autorität und militärische Macht demonstriert. Diese Reiterfigur bringt Züge des Königtums zum Ausdruck. Größer noch als sein mächtiges Pferd sitzt der Reiter stolz aufrecht, seine Füße in Steigbügeln verankert, mit der Linken die Zügel haltend. Sein Bart läßt auf eine geachtete Stellung unter den Ältesten schließen, der Narbenschmuck auf seinen Schläfen deutet auf eine Verbindung mit einer bestimmten sozialen Gruppe hin. Der Schmuck an Hals, Armen und Fußgelenken – ein Motiv, das sich an den Unterbeinen des Pferdes wiederholt – zeigt persönliche Taten und Reichtum an.

Zu den heutigen Nachfahren von Malis historischer Bevölkerung zählen die Dogon: eine Gesellschaft ohne Königshaus und ohne das Militär der früheren Reiche, deren Reiterfiguren aber als Zeichen von Ehre und Macht fortleben und ständig weiter angepaßt wurden. Reiter können Krieger, Invasoren oder von weit her kommende Gesandte darstellen, geachtete, verstorbene Führer der örtlichen Gemeinschaft, Buschgeister, die Vorübergehenden erscheinen, oder die geistige Überlegenheit des Dorfpriesters oder *hogon* symbolisieren. Letztere verfügen über eine besondere Verbindung zur Sphäre der Ahnen und nennen die Mittel ihr eigen, ein Pferd zu besitzen, und die Kraft, es ihrem Willen zu unterwerfen. *RH*

Literatur: Law 1980, S. 13; Ezra, in: New York 1988, S. 40; Van Beek 1988, S. 63; Cole, in: Washington 1989, S. 121

6.13

Stab

Dogon
Mali
Kupferlegierung
Höhe 75 cm
Leihgabe des Metropolitan Museum of Art, New York, Edith Perry Chapman Fund, 1975.306

6.14

Figur

Dogon
Mali
Holz
14 x 5 x 3 cm
Sammlung Herman

6.15

Kniende weibliche Figur

Dogon
Mali
Holz
Privatsammlung

Die kniende Figur – ob männlich oder weiblich – ist ein in der figürlichen Skulptur der Dogon häufig anzutreffendes Motiv, das vielleicht eine lange Geschichte des Austauschs von Ideen und Themen zwischen den verschiedenen Bewohnern der Region dokumentiert, die von Mopti und Djenné bis zu den Felsabhängen von Bandiagara reicht. Dieses Stück zeigt Merkmale solch historischer Skulptur, wie auch für eine Dogon-Frau als höchst begehrenswert erachtete Attribute. Sie kniet andächtig mit respektvoll niedergeschlagenen Augen; sie trägt den Kopf hoch, aber sittsam gesenkt auf schlankem Hals. Ihre jugendlichen Brüste und der gerundete Bauch deuten die Möglichkeit des Gebärens an. Die Narben lassen auf ihre Fähigkeit schließen, die mit der Zugehörigkeit zur Gesellschaft der Erwachsenen einhergehende Verantwortung zu tragen; ihre Haartracht, deren gemeißelte Struktur optisch die Narben nachahmt, akzentuiert einen äußerlich wohlgepflegten und innerlich gebildeten Kopf. Die kraftvollen Schenkel tragen einen starken Körper, die Finger deuten auf die als weiblich verstandene Erde.

Obgleich ihre Haltung mit Terrakottafiguren in Verbindung gebracht wurde, die man frühen Zivilisationen im Binnendelta des Niger zuschreibt, verstehen wir weder die Bedeutung dieser Haltung noch den Zusammenhang zwischen historischen und zeitgenössischen Figuren dieser Art. Die kniende Haltung, die man bei einer Reihe historischer und zeitgenössischer Figuren findet, läßt lediglich auf eine rituelle Bedeutung schließen.
RH

Literatur: de Grunne 1988, S. 50–55, 92

6.16

Maske

Dogon
Mali
Holz
Höhe 58 cm
Privatsammlung

Die Maske weist Elemente auf, die bei Skulpturen der Dogon zwar häufig, aber gewöhnlich nicht in einem Stück kombiniert anzutreffen sind. Diese kniende weibliche Figur kann mit Satimbe in Zusammenhang gebracht werden, jener Ahnfrau, die das Maskieren entdeckte und von der es die Männer für ihren Gebrauch übernahmen. Die Figur könnte auch Yasigine darstellen, die ältere Schwester der Masken, die zu einem Synonym für Frauengruppen wurde, die bei rituellen Darbietungen die Versorgung der maskierten Tänzer mit Speisen, Getränken und anderen notwendigen Dingen übernehmen. Masken wie diese werden bei Tänzen während des *dama* getragen, einem sich an Beerdigungen anschließenden Ritus, der von Dörfern alle paar Jahre veranstaltet wird, sowie bei dem von mehreren Dörfen gemeinsam alle sechzig Jahre abgehaltenen *sigi*. Die Figuren können weiblich sein, aber beim Tanzen werden die Masken von Männern getragen. Die Riten bestätigen die Vitalität des Dorfes und grenzen es gegen die Sphäre der Geister der Verstorbenen ab.

Bei den meisten bekannten Satimbe-Masken steht oder sitzt die weibliche Figur mit erhobenen Armen auf dem Scheitel einer Maske, die in den meisten Fällen eine Antilope darstellt. Bei diesem Stück kniet die Figur mit gespreizten Beinen über einer Maske mit fraglos menschlichem Gesicht. Sie könnte früher mit Perlen geschmückt gewesen sein und einen Raphia-Rock getragen haben. Damit hätte sie an die Wildnis erinnert, in der das Maskieren entdeckt wurde, und zum anderen wäre ihr Unterkörper bedeckt, dessen Anblick Männern verboten war. *RH*

Literatur: Griaule, 1938, S. 266–278

6.17

Figur mit erhobenen Armen

Dogon
Mali
16.–17. Jahrhundert
Holz, Krustenpatina
Höhe 45 cm
Musée Dapper, Paris, Sammlung Lester Wunderman

Diese Skulptur ist als menschliche Figur erkennbar, obwohl sie, um ihre essentielle Bedeutung zu unterstreichen, stark reduziert ist. Der Körper wird als kompaktes Brett aufgefaßt, in dessen Fläche die wichtigen Merkmale in zartem Relief gegeben sind: Die Figur weist auf der Vorderseite einen Kopf und angedeutete Genitalien, auf der Rückseite eine kleinere menschliche Figur auf; die Arme sind über den Kopf erhoben und enden außerhalb der Brettform in Händen. Der Kopf ist Sitz der Weisheit, Genitalien werden mit Fortpflanzung und Kontinuität assoziiert, die Figur auf der Rückseite könnte ein Kind darstellen: was die Brettfigur trotz fehlender Brüste als Frau identifizieren würde. Das Motiv der erhobenen Arme findet sich in der Kunst der Dogon in vielen Zusammenhängen: Wie bei knienden Figuren, deren auf den Schenkeln liegende Hände vielleicht Flehen ausdrücken, könnten die nach oben gestreckten Hände inständiges Bitten – besonders um Regen – bedeuten.

Die Patina läßt auf ein gewisses Alter des Stückes schließen sowie auf seine Verwendung bei Opferungen. Als Schreinfigur könnte das Stück den Ahnen einer Familie geweiht sein, die gerühmt und das ganze Jahr über, besonders jedoch zu Beginn der Feldarbeit, rituell ernährt werden. *RH*

Literatur: Ezra 1988, S. 59; Leloup 1994

Der oberste Gott Amma schickte vier mythologische Wesen auf die Erde, die den Dogon als Ahnen dienen sollten. Um diesen Wesen Gesellschaft zu verschaffen und damit sie sich fortpflanzen konnten, schickte Amma jedem der vier männlichen Wesen ein weibliches Gegenstück und schuf so acht Ahnen für die Dogon. Unsere Stücke stellen diese Ahnen (*nommo*) dar. Bei Kat. 6.18 c handelt es sich um eine einzelne weibliche Figur, bei Kat. 6.18 b stehen zwei Figuren nebeneinander als sich ergänzende männliche und weibliche Körper, Symbole für Abstammung, Fortpflanzung und beständiges Wachstum. Die meisten der in das Holz geschnitzten Details werden von einer dicken Opferpatina bedeckt. Die nach oben gereckten Arme deuten entweder auf die Beteiligung an einer rituellen Reinigung hin oder symbolisieren die Verknüpfung von Himmel und Erde.

Die weibliche Figur (Kat. 6.18 c) reckt ihre Arme nach oben, wo sich die Hände über dem Kopf berühren. Die Fortsetzung eines seitlichen Saums bildet die Beine. Sie steht auf einer Scheibe und bildete vielleicht ehedem einen Stabaufsatz, den man an die Wand lehnte oder bei einem Schrein in den Boden pflanzte.

Das *nommo*-Paar weist ähnliche Charakteristika auf: zylindrische Körper, erhobene Arme, stilisierte und reduzierte Merkmale. Der Mann hat einen Bart, was ihn mit Alter und Weisheit in Verbindung bringt. Als Imitation eines Bartes trägt die Frau einen Lippenpflock. Die Torsi sind sehr dünn, die Beine unverhältnismäßig kurz und auf eine für *nommo* typische Weise gebeugt. *RH*

Provenienz: Kat. 6.18 c: 1956 erhalten von Mrs. Webster Plass

Literatur: Leiris 1933, Nr. 26–30; Griaule und Dieterlen 1986, S. 381; Zahan 1988, S. 56 f.

6.18 a

Figur

Tellem
Mali
Holz, Krustenpatina
Höhe 84 cm
Privatsammlung

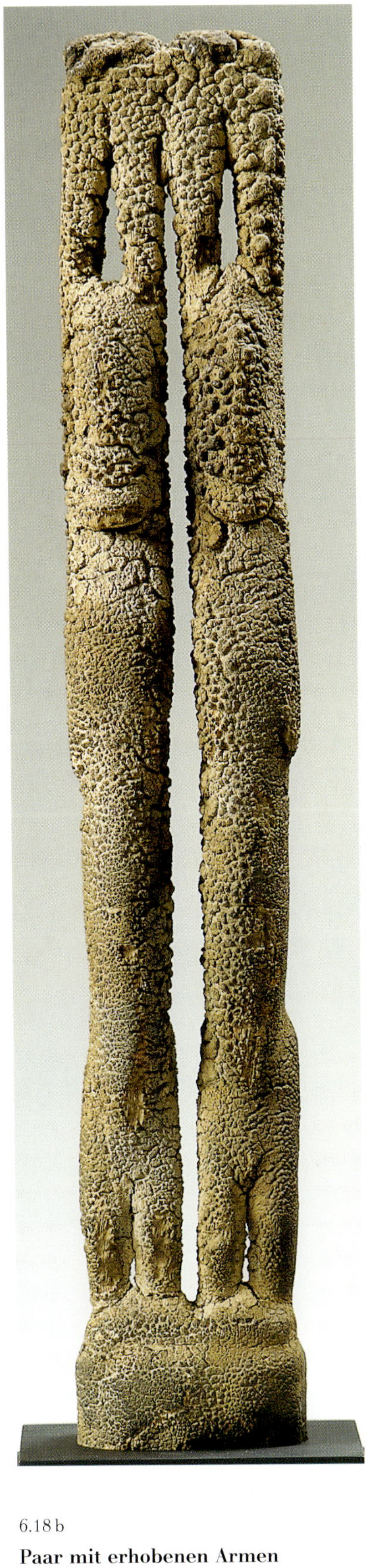

6.18 b

Paar mit erhobenen Armen

(*nommo*)

Dogon
Mali
Holz, Krustenpatina
Höhe 42 cm
Privatsammlung, Paris

6.18 c

Figur mit erhobenen Armen

(*nommo*)

Dogon
Mali
Holz, Krustenpatina
50 x 9 x 6 cm
The Trustees of the British Museum, London, 1956.AF.27.1

6.18 d

Figur

Tellem
Mali
Holz, Krustenpatina
Höhe 62 cm
Privatsammlung

6.19

Bucklige Figur

Dogon
Mali
Holz
Höhe 43 cm
Privatsammlung, Paris

Diese Figur ist rätselhaft. Geschnitzt in einem Stil, der an zahlreiche bekannte *nommo*-Figuren erinnert, stellt sie jemanden mit einer körperlichen Mißbildung dar. Aus einem Stück Holz geschnitzt, wurden die bei Ästen gelegentlich auftretenden Unregelmäßigkeiten in die Gestaltung der Skulptur einbezogen. Hier wird die Auffälligkeit im Wachstum des Baumes in eine menschliche Mißbildung umgesetzt.

Die Figur, mit stark vergrößerten Ellbogen, sitzt mit angehobenen Knien. Das Gesicht schaut nach rechts. Die Extremitäten sind rudimentär; Füße und Gesäß bilden drei Punkte, die eine trommelförmige Basis berühren. Der Buckel auf dem Rücken der Figur übt auf sämtliche Teile der Form Zug aus und lenkt das Auge des Betrachters vom Gesicht der Figur ab.

Die gesamte Oberfläche ist schadhaft. Vielleicht durch Witterungseinflüsse oder das natürliche Trocknen des Holzes haben sich Risse gebildet. An selbst nur leicht vorspringenden Stellen glänzt die Oberfläche ölig – Folge der Berührung der Figur oder der Beopferung. Auch in Rillen und Vertiefungen zeigt sich eine schwache Ansammlung von Ölen und anderen Substanzen. *RH*

6.20

Männliche Figur

Dogon
Mali
Holz
Höhe 67 cm
Marc und Denyse Ginzberg

6.21

Sitzende männliche Figur

Dogon
Mali
Holz, Eisen
73 x 29 x 32 cm
Leihgabe des Metropolitan Museum of Art, New York, The Michael C. Rockefeller Memorial Collection, Geschenk von Nelson A. Rockefeller im Jahre 1965, 1978.412.455

Einer Deutung der Kosmologie der Dogon zufolge besteht das Universum aus zwei Scheiben – Erde und Himmel –, die in der Mitte durch einen Baum verbunden sind. Wenn wir dieses Bild mit Reliefs der Ahnen erweiterten und einen *hogon*, einen Dorfpriester von hohem Ansehen, auf die obere Scheibe setzten, entspräche die Anordnung dieser Plastik und ließe sich als *imago mundi* interpretieren, als anschauliches Modell für die Weltvorstellung der Dogon.

Das Objekt ist aus einem Stück Holz gearbeitet. Auf die Außenränder der Scheiben sind Motive geritzt, die an den Pfad des Lèbè Serou denken lassen, des als Schlange inkarnierten und mit der Macht des *hogon* verbundenen Ahnen. Im Zentrum sind die Scheiben durch einen geraden, schmucklosen Zylinder verbunden – den Baum – und an den Rändern durch vier gebogene Pfosten, deren Außenseiten Reliefs mit menschlichen Figuren tragen. Diese sitzenden und knienden Figuren stellen vielleicht die vier ursprünglichen *nommo* dar, die zwischen beiden Sphären vermitteln. Die sitzende Figur ist der *hogon*, der Älteste, dessen Wissen um geistige wie weltliche Dinge ihm großes Ansehen einbringt. *RH*

6.23

Weibliche Figur

Dogon
Mali
Holz, Krustenpatina
29,8 x 8,5 x 7,6 cm
The Menil Collection, Houston, X 053

»Man kann ... am Altar nicht ständig beten, aber eine Statue kann das« (Van Beek 1988, S. 60). Bei dieser weiblichen Figur mit starker Opferkruste handelt es sich möglicherweise um eine *dege*, eine Schutzstatue, die einer Person in religiösen Zusammenhängen als Stellvertreter dient. So gesehen ist eine *dege* keine Ahnenfigur, sondern vertritt die Lebenden.

Die Figur ist stämmig; die breiten Schultern, vorstehenden Brüste, Hüften und gebeugten Knie entsprechen sämtlich Traditionen menschlicher Anatomie aus der Sicht der Dogon-Bildhauer. Ebenso erscheinen die Hände rudimentär, die Füße gehen in der Basis auf, auf der die Figur steht. Die Anordnung der beiden Scheiben des ›Kopfes‹ und der Gruppe stehender Figuren zwischen ihnen – kaum erkennbar durch die Opferschicht – könnten Verweis auf die kosmologischen Ebenen von Himmel und Erde sein (vgl. Kat. 6.21). *RH*

6.22

Balafonspieler

Dogon
Mali
Holz
Höhe 44 cm
Privatsammlung

Pfeilförmige Nasen, am Kinn gestutzte Bärte, lange, leicht anschwellende Hälse über starken Schultern sowie Hüften, die seltsam zusammenhanglos erscheinen – all dies sind Charakteristika der Dogon-Figuren. Die Holzplastik scheint die Art von Patina angesetzt zu haben, die gewöhnlich durch Beopferung entsteht. In diesem Fall mögen jedoch Alter und Lagerungsbedingungen verantwortlich sein.

Ein *balafon* – das afrikanische Xylophon – besteht aus Holzklötzen unterschiedlicher Länge und Stärke, die auf einen rechteckigen Rahmen gebunden sind; unter den Klötzen sind ebenfalls der Größe nach sortierte getrocknete Flaschenkürbisse befestigt. Wenn der Balafonspieler auf die Holzklötze schlägt, wird die Schwingung in den darunterhängenden Kürbissen durch Resonanz verstärkt.

Balafonspieler treten bei Hochzeiten oder Festen, auf Märkten oder in Schulen auf. Die Instrumentalmusik wird häufig von historischen oder zeitgenössischen Gesängen begleitet, die belehren oder einfach unterhalten sollen. *RH*

Literatur: Leloup, in: Paris 1995

6.24

Doppelfigur

Dogon
Mali
Holz
Höhe 87 cm
Privatsammlung, Paris

Einem Schöpfungsmythos der Dogon zufolge waren die ersten Menschen, die auf die Erde kamen, Zwillinge (vgl. Kat. 6.18); heute geborenen Zwillingen schreiben die Dogon viel *nyama* (Kraft und Energie) zu, das alles Leben ermöglicht (vgl. Kat. 6.18). Zwillinge stellen für eine Familie eine besondere Gnade dar und prophezeien eine Zukunft voll Reichtum und Fruchtbarkeit.

Diese monoxyle Plastik könnte das Thema der Zwillinge sowohl in geistiger wie irdischer Sphäre darstellen,

wobei mehrere Deutungen denkbar sind. Als *nommo*, die Ur-Zwillinge, scheint die Doppelfigur dem Mythos zu entsprechen; wie auch diese Zwillinge waren die ursprünglichen vier *nommo* männlich. Jeder Zwillingspartner wird im Laufe seines Lebens den anderen zeitweise ›tragen‹ – eine Lektion und Metapher nicht nur für Zwillinge, sondern für die Großfamilie und das Dorf. *RH*

Literatur: New York 1988, S. 48

6.25

Pfahl (*togu na*)

Dogon
Mali
Holz
160 x 68 x 12 cm
Sammlung Fritz Koenig

In jedem Dorf der Dogon findet sich zumindest ein *togu na*, die große Schutzhütte. Zu den meisten Familiensiedlungen gehört ein *togu* oder überdachter Versammlungsplatz. Das *togu na* wird als Versammlungsort für die männlichen Ältesten des Dorfes errichtet. Es handelt sich um eine offene Konstruktion mit vertikalen Elementen, die ein Strohdach tragen: geschnitzte Pfähle, die im Idealfall in Gruppen von acht auftreten, je drei entlang der Ost- und Westseite und zwei im Inneren. Die Pfähle sind als Abfolge gedacht und bilden im Grundriß eine Schlangenlinie. Das Dach ist niedrig, so daß die Männer bei Versammlungen sitzen müssen. Das idealerweise aus acht (jeweils um 90 Grad gedrehten) Lagen bestehende Strohdach hält das Innere kühl; die Lagen verweisen ebenso wie die Pfähle auf die acht *nommo*-Ahnen.

In seiner offiziellen Funktion als Versammlungshaus ist das *togu na* Schauplatz von Regierung, Rechtsprechung, Dorfgeschäften und freundlichem Geplänkel. Es ist die Domäne von Männern, aber auf den vertikalen Pfählen finden sich häufig weibliche oder androgyne Figuren bzw. auch Beischlafszenen dargestellt. Dieses Stück zeigt das stark stilisierte Relief eines koitierenden Paares. Die auf dem Kopf stehende Frau hat ihre Arme nach Art der *nommo* erhoben. Der dominierende Mann steht über den Füßen der Frau, und ihre großen Genitalien berühren sich in symbolischer Vereinigung. Die obere linke Gabel des Pfostens zeigt das Flachrelief einer Schlange. Sie verweist auf Lebe, einen der *nommo*, dessen Sphäre die Sprache ist – der erklärte Zweck der *togu na*. *RH*

Literatur: Griaule 1965, S. 98; Huet 1988, S. 34–36, 91

6.28

Stab

Dogon
Mali
Eisen
81 x 10 x 13 cm
Sammlung Fritz Koenig

Die als *nommo* bezeichneten Ahnenfiguren (vgl. Kat. 6.18) stehen im Zentrum der Dogon-Mythologie. Der siebte *nommo*, der Schmied, stahl glühendheißes Eisen und ein Stück der Sonne und rutschte dann auf einem Regenbogen zur Erde herunter. Während seines Abstiegs schleuderten andere *nommo* Blitze nach ihm, die dieser mit seinem Blasebalg abwehrte. Die Landung des Schmieds auf der Erde war derart heftig, daß der Aufprall seinen Körper zerschmetterte; aus den Bruchstellen wurden die menschlichen Gelenke, die es dem Mensch erlauben zu arbeiten und zu tanzen.

Der Eisenstab schildert vermutlich den ersten Teil des Mythos: Der siebte *nommo* hält den Blasebalg (der ein Schild ist) in seiner linken Hand und in der Rechten entweder einen Blitz oder den gekrümmten Stab des rituellen Diebes. Der Fortsatz am Kinn der Figur läßt auf einen Bart und damit den Status eines Ältesten schließen.

Historisch war das Schmelzen von Eisen in den meisten Siedlungen der Dogon einer besonderen Klasse von Schmieden, den *jemo*, vorbehalten. Heute schmelzen nur noch wenige Schmiede selbst Eisen. Eisen ist auf dem Markt erhältlich, und obgleich *jemo*, weiterhin in der Schmiede tätig sind, erwerben nahezu alle ihr Eisen auf den Märkten von Bandiagara oder Mopti. *RH*

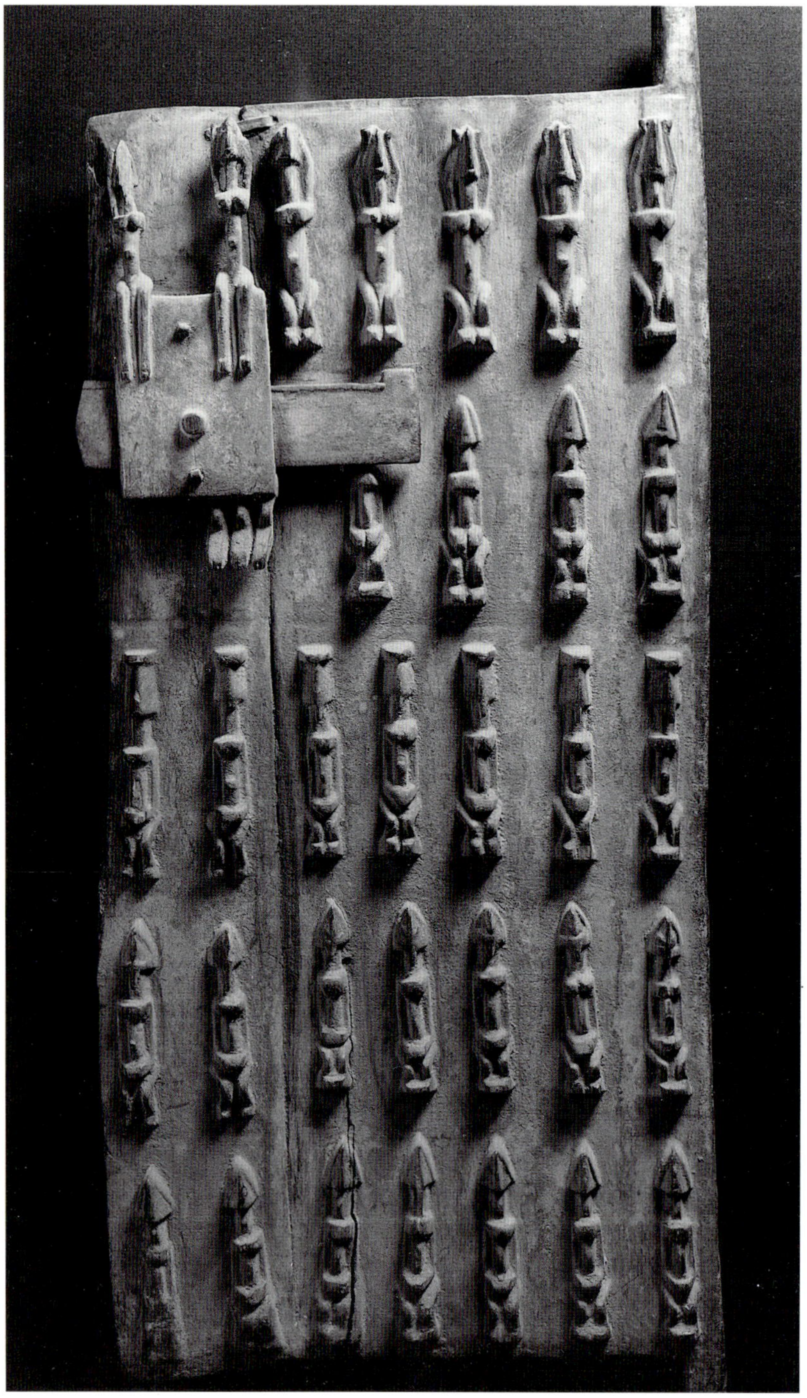

6.26

Tür mit Schloß

Dogon
Mali
Holz
Höhe 98,5 cm
Privatsammlung

6.27

Felsmalerei

Dogon
Mali
Bemalter Stein
Höhe 30 cm
Laboratoire d'Ethnologie,
Musée de l'Homme, Paris

Kleine Objekte aus Bronze oder Kupfer sind in erster Linie von den *hogon* eines Dorfes als Anhänger getragen worden. Verbindendes Thema der ganz unterschiedlichen Objekte sind Unterwerfung und Macht.

Um ein Pferd zu reiten, muß der Reiter mächtiger sein als das Pferd. Beide zusammen, Reiter und Pferd, vereinen menschliche Intelligenz mit tierischer Kraft und schaffen so eine Potenz, die größer ist als die Summe ihrer Teile. Kat. 6.29 b zeigt die Darstellung zweier Figuren in Reliefmanier, die offenbar im Damensattel auf einem überlasteten Pferd sitzen.

Will einer Gefangene machen, muß er mächtiger sein als die Kämpfer. Während der letzten 1000 Jahre war die Region des Niger-Binnendeltas Schauplatz des gewalttätigen Auf- und Abstiegs von Reichen, von Gefangennahme und von Handel mit Sklaven. Kat. 6.29 a, c zeigen beide einen Mann mit Fußfesseln und rücklings gefesselten Händen. Beide Darstellungen sind relativ naturalistisch und anders als die Reiterszene auf Allansichtigkeit angelegt. *RH*

Literatur: New York 1988, S. 110; Washington 1989, S. 116

6.29 a

Anhänger mit sitzendem Gefangenen

Dogon
Mali
Bronze
4,5 x 3 cm
Privatsammlung

6.29 b

Anhänger mit zwei Reitern

Dogon
Mali
Bronze
Höhe 11 cm
Privatsammlung

6.29 c

Stehende Figur

Dogon
Mali
Bronze
Höhe 21,8 cm
Musée Barbier-Mueller, Genf, 1004–129

6.30
Hauspfahl
Mossi
Burkina Faso
20. Jahrhundert (?)
Holz
262 x 23 x 16 cm
Privatsammlung

Die Gabelung am oberen Ende dieses Objekts weist darauf hin, daß es sich um einen Stützpfosten von einem der großen Sonnendächer handelt, unter denen sich Mossi-Oberhäupter mit Amtsträgern ihres Hofes und den Mitgliedern ihrer Gemeinschaften treffen, um Gesuche anzuhören und Entscheidungen über die Angelegenheiten der Gemeinschaft zu treffen. Die Figur stellt eine junge Frau dar, die der Häuptling einem verdienten Mann seiner Gemeinschaft für dessen Loyalität und Dienste zur Frau anbietet. Die erstgeborene Tochter aus solchen Verbindungen wird wiederum dem Häuptling zur Vergabe angeboten, was zur Stärkung der innenpolitischen Bande beiträgt.

Von den Pfosten werden jeweils drei in drei bis fünf Reihen und dabei zwei Meter voneinander entfernt im Hof (*samande*) des offiziellen Wohnhauses des Häuptlings aufgestellt. Die zentralen, als Mann und Frau gestalteten Pfosten gehören paarweise zusammen und stellen den Häuptling als idealen Herrscher aller seiner Untergebenen ohne Ansehen des Geschlechts dar. Die Gabelungen am oberen Ende stützen horizontale Balken, die wiederum große Bündel von Stroh, Hirsehalmen und anderem Tierfutter tragen. Vor einigen Jahrzehnten fand man noch häufig verzierte Pfosten, und obwohl Sonnendächer auch heute allgemein üblich sind, haben Händler nahezu alle figurativen Pfosten eingesammelt und weiterverkauft. Sogar in Städten ohne Häuptlinge sind Sonnendächer aufgestellt, damit die Dorfbewohner in ihrem Schatten arbeiten bzw. Neuigkeiten austauschen können. Vergleichbare Sonnendächer sind bei allen voltaisch-sprachigen Völkern, darunter die Kurumba im nördlichen Burkina Faso und die Dogon in Mali und Burkina Faso (Kat. 6.25), üblich, die sie *togu na* nennen. *CDR*

Literatur: Roy 1987, S. 170–174

6.31 a
Doppelfigur
Mossi (*nyonyose*)
Burkina Faso
Stein
15,2 x 9,2 cm
Museum für Völkerkunde, Wien, 156.281

Das Volk der Mossi entstand, als im frühen 15. Jahrhundert eine Gruppe von Reitern aus dem nördlichen Ghana in das Tal des Weißen Volta eindrang und mehrere Bauernvölker zu erobern suchte, darunter die Nuna und Lela im Westen, die Dogon im Nordwesten und die Kurumba im Norden. Einige dieser Bauernvölker flohen vor den Mossi-Reitern, besonders die Dogon, die nach Bandiagara auswichen, während andere zurückblieben und in eine neue Mossi genannte Gesellschaft integriert wurden (*mogho* – Welt; *moaga* – Mensch; *mosse* – Volk). Die erobernde Elite stellte die Herrscher und gehörte der *nakomse* genannten sozialen Gruppe an, während die eroberten Bauern zu Untertanen wurden, die man *nyonyose* oder hinsichtlich ihrer Stellung als erste Besitzer des Landes ›die Alten‹ nannte. Die *nyonyose* halten sich ein hohes Maß übernatürlicher Kräfte zugute, die sie einsetzen, um die Mächte der Natur gegen ihre Feinde zu steuern. Dabei sind alle *nyonyose* Mossi, aber nicht alle Mossi sind *nyonyose*. Weit im Norden stammen die *nyonyose* in Lurum, Ouré, Bourzanga, Kongoussi, Tikare und Seguénega von den alten Kurumba ab, die die Region schon vor 1500 Jahren bewohnten. Diese beiden Steinskulpturen sollen vor der Eroberung durch die Mossi der führenden Sawadogo-Familie von Naturgeistern (*kinkirsi*) geschenkt worden sein.

Die große anthropomorphe Figur stammt aus der Stadt Ouré und wurde von den Frauen im Ort zur Förderung der Empfängnis benutzt. Eine Frau konnte der Figur Gebete und Opfer darbringen und sie dann auf ihrem Rücken tragen. Wäre sie dieser Aufgabe nicht gewachsen gewesen, hätte sie keine Kinder gebären können. Wenn sie ein gesundes Kind zur Welt brachte, mußte die Mutter der Figur Dank und Opfer darbringen.

Bei der kleineren Steinfigur handelt es sich um einen Schleifstein in Form zweier Phalli, in die wiederum Züge einer Mutter und eines Kindes eingeritzt sind. Die Figur weist tiefe Rillen und ein Loch auf, das es ermöglicht haben mag, sie um den Hals hängend zu tragen. Zeichen intensiver Abnutzung lassen auf ein sehr hohes Alter des Stückes schließen. Darüber hinaus findet man eingeritzte Muster, darunter das ›X‹, das auf Masken der am Volta lebenden Völker vorkommt. *CDR*

Provenienz: Von Annemarie Schweeger-Hefel gesammelt

Literatur: Schweeger-Hefel 1981; S. 8, 54

6.32

Figur

Komaland
Ghana
13.–16. Jahrhundert
Terrakotta
28 x 8,5 x 10 cm
Privatsammlung

In Nekropolen des Komalandes im nördlichen Ghana wurden Tausende zumeist kleiner Terrakottaskulpturen gefunden. Einige der kleineren Arbeiten wurden in grober Manier in ungeheurer Zahl scheinbar fließbandartig hergestellt. Es gibt jedoch wie im Falle des vorliegenden Stückes auch Anzeichen für eine kultiviertere, hieratischere und strengere Tradition. Die Gesichtszüge der vorliegenden Figur wären ohne Vergleichsbeispiel schwer als afrikanisch erkennbar (ähnliche Schwierigkeiten bereitet die als Prä-Yoruba identifizierte Steinfigur, Kat. 5.75), das Gesicht alleine ließe vielleicht sogar eine südamerikanische Provenienz zu; die Pose jedoch erinnert an bestimmte Figuren aus Djenné (z. B. Kat. 6.4) und scheint diese Figuren mit den alten Kulturen des Nigertales zu verbinden – man betrachte vor allem die vorstehenden Wangenknochen und den Schmuck an den Handgelenken. Die ruhige Würde dieser sitzenden Figur, deren fehlende Beine sich dank einer Terrakottabasis erahnen lassen, steht in deutlichem Gegensatz zur Masse der Koma-Statuetten mit ihren großen Augen und offenen Mündern. Die lange Dauer, die der Komakultur bis zu ihrem rätselhaften Ende beschert war, läßt auf die Existenz verschiedener Stilphasen schließen. Wie auch immer, diese Figur muß einen ›Hochstil‹ vertreten, der auch durch einige der erhaltenen Bronzefiguren bezeugt wird, wenn diese auch wohl im allgemeinen später entstanden sein dürften (Kat. 6.33).
TP

6.31 b

Anthropomorphe Figur

Mossi (*nyonyose*)
Dorf Ouré
Burkina Faso
15. Jahrhundert (?)
Stein
45 x 24 x 13 cm
Privatsammlung

6.33

Helm mit figürlichem Aufsatz

Koma-Builsa
Ghana
Bronze
Höhe 23 cm
Sammlung W. und U. Horstmann

Objekte dieser Art stammen aus Grabstätten der Eisenzeit, die den Vorfahren der heutigen Koma-Builsa zugeschrieben werden, einer Untergruppe der mole-dagbani-sprechenden Völker des nördlichen Ghana. Die Koma-Builsa leben in bäuerlichen Ansiedlungen in den Flußniederungen von Kulpawn und Sisili, Nebenflüssen des Weißen Volta. Auf einem Gebiet von etwa 90 auf 100 km sind über 40 Nekropolen der Eisenzeit verteilt. In jeder der Stätten befinden sich zahlreiche Gräber. Die eisenzeitlichen Koma-Builsa bestatteten ihre Toten in Gräbern, die von einem Erdaufbau überragt wurden und jeweils von einem Kreis von Steinen umgeben waren. Die Grabhügel unterscheiden sich hinsichtlich ihrer Größe, wobei der Durchmesser zwischen 4 m und 30 m betragen kann, und sie entsprechen wohl einer hierarchischen Ordnung.

In den Gräbern finden sich Knochen von Haustieren und Überreste der vor der Bestattung veranstalteten Abschiedsfeste, die zu Ehren der Verstorbenen abgehalten wurden. Darüber hinaus wurden Mahlsteine, Geschirr, Eisen- und Kupfergerätschaften, Waffen und Schmuck, ›Geld‹ in Form von Kaurischnecken sowie Skulpturen aus Keramik oder Metall gefunden.

Die eindrucksvollsten Stücke zeigen menschliche Tätigkeiten, domestizierte und wilde Tiere, Hocker und Amulette sowie anthropomorphe Motive, u. a. Darstellungen beschnittener männlicher Genitalien. Mündlicher Überlieferung der Koma-Builsa zufolge bezogen sich solche Gegenstände auf totemistische Bräuche der Ahnenverehrung (das Builsa-Wort *koma* oder *kwoba* bedeutet ›Vater‹ oder ›Ahne‹).

Die Koma-Builsa stellen noch heute Objekte her, die typologisch oder ikonographisch in den Kunstgegenständen der Nekropolen ihre Vorläufer haben. So besitzen und gebrauchen Hausfrauen etwa einen aus einer Kalebasse gefertigten Brauthelm (*zuk-chin*), der über und über mit Kaurischnecken verziert ist und auch von männlichen Jägern getragen wird.

Bei diesem gegossenen Bronzehelm handelt es sich vermutlich um eine Spielart des *zuk-chin* in Form einer stilisierten Kaurischnecke. Daneben gibt es menschliche Porträtköpfe, Janusköpfe, Mehrfachköpfe und geflügelte Ganzfiguren als Helme. Thermolumineszenz-Untersuchungen deuten darauf hin, daß die Blütezeit der eisenzeitlichen Kultur der Koma-Builsa zwischen dem 13. und 19. Jahrhundert lag. Diese Datierung wird von dem Vorhandensein von Kaurischnekken aus dem Indischen Ozean und Terrakotta-Reiterfiguren mit Motiven, die Reitutensilien darstellen (Sattel, Steigbügel, Doppelzügel, Gebiß und Hufeisen), in den Gräbern untermauert; diese Dinge gelangten nach dem 8. Jahrhundert über die Handelsstraßen durch die Sahara hierher. *JA*

Literatur: Anquandah und Van Ham 1985; Anquandah o. J.; 1987[1]; 1987[2].

6.34

Maske

Nuna
Burkina Faso
19. Jahrhundert
Holz, Farbpigment
123 x 48 x 23 cm
Musée des Arts Africains, Océaniques et Amérindiens Vieille Charité, Marseilles

Unmittelbar westlich des Mossi-Plateaus leben die Nuna, eine der vielen kleinen Voltakulturen, die in der Literatur gemeinhin als ›Gurunsi‹ bezeichnet werden. Historisch aufgerieben zwischen dem Königreich der Mossi, das sie auf der Suche nach Sklaven überfiel und dem sie Tribut zahlen mußten, und der aufkommenden Macht des Islam im Heiligen Krieg des frühen 19. Jahrhunderts und der Gründung des Staates von Ouahabou durch den Mande-Dafing-Kleriker und Reformator Al-Hajji Mahmud, schienen die Nuna aus diesen Ereignissen unversehrt hervorgegangen zu sein. Während der Islam in Gemeinwesen der Dafing wie Douroula, Safane, Boromo und Ouhabou erfolgreich durchgesetzt wurde, behielten die nach segmentären Abstammungsprinzipien organisierten Dörfer der Nuna ihre kulturelle und künstlerische Identität. Dies bestätigt Roys Untersuchung der Künste in Tissé und anderen Dörfern der Nuna, obgleich sie nicht erklärt, weshalb die Nuna weder vom Islam noch der Präsenz der Mossi wesentlich beeinflußt wurden. Seit alters bestimmten Grundwerte die Existenz der Nuna, der nach Innen gerichtete Charakter ihrer Dörfer, entschlossen ausgerichtet auf ihre Vorstellung von Familie, Ahnen, Ackerbau und Maskenfeste. Für Gruppen wie die Nuna werden häufig die Begriffe ›dezentralisiert‹ und ›staatenlos‹ verwendet; Führerschaft basiert hier auf der steuernden Weisheit von Lineage-Priestern und Ritualspezialisten. Der Anbau von Hirse ist von entscheidender Bedeutung, denn er ernährt und bestimmt nicht nur diese dörfliche Welt, sondern läßt durch den Jahreszyklus den Nuna Zeit für andere Aktivitäten – Schnitzen, Malen, Bauen und Töpfern – und gestattet ihnen, sich der Herstellung kunstvoller Masken zu widmen.

Die Gegenwart einer solch prächtigen Nuna-Maske bot einer Gemeinschaft Gewähr für ihre Gesundheit und schützte sie vor zerstörerischen Kräften. Wenn man mit einer solchen Maske zu den Klängen von Flöten und Trommeln tanzte, erfüllte sie die Anwesenden mit ihrer ganz besonderen Stärke. Dieses alte und häufig reparierte Stück erinnert seiner Form nach zwar an eine *budu* genannte Maske, aber es handelt sich um eine klassische Maske aus dem Volta-Gebiet. Die Ausgewogenheit zwischen Gesicht und Aufbau, die hervortretenden gebogenen Schnäbel sowie die feinsinnig aufgebrachten Musterungen, die man häufig bei Masken der Gurunsi findet, ergeben im Zusammenspiel dieses Meisterstück. *RAB*

Literatur: Kamer 1973; New York 1978; Roy 1987, S. 204–249, Abb. 195

6.35 a

Armreif

Lorhon
Burkina Faso, Elfenbeinküste
18. Jahrhundert (?)
Kupferlegierung
8 x 6,5 cm
Privatsammlung

6.35 b

Armreif mit zehn Krokodilköpfen

Lorhon
Burkina Faso, Elfenbeinküste
18. Jahrhundert (?)
Kupferlegierung
15,5 x 6 cm
Privatsammlung

6.35 c

Armreif (?)

Lorhon
Burkina Faso, Elfenbeinküste
18. Jahrhundert (?)
Kupferlegierung
Durchmesser 23 cm
Privatsammlung

6.35 d

Zepter

Lorhon
Burkina Faso, Elfenbeinküste
18. Jahrhundert (?)
Kupferlegierung
42 x 22,5 cm
Privatsammlung

6.35 e

Armreif

Lorhon
Burkina Faso, Elfenbeinküste
18. Jahrhundert (?)
Kupferlegierung
Höhe 23 cm, Durchmesser 8,5 cm
Privatsammlung

6.35 f

Armreif mit Krokodilkopf

Lorhon
Burkina Faso, Elfenbeinküste
18. Jahrhundert (?)
Kupferlegierung
Höhe 17 cm, Durchmesser 9,5 cm
Privatsammlung

Unmittelbar westlich des Schwarzen Volta, zwischen Gaoua und Bouna, liegen die Ruinen zahlreicher Steingebäude und dazugehöriger Gruben oder Schächte, die tief und mit großer Präzision in den Lateritboden eingeschnitten wurden; Delafosse entdeckte sie im Jahre 1902. Während kurzer Oberflächengrabungen bei Oyono fand Labouret eine Reihe ausgezeichneter Kupferobjekte und andere Gegenstände, sah sich aber zu keiner Zuschreibung imstande. Seiner Ansicht nach handelte es sich hier um ein Gebiet mit einem früh einsetzenden Goldabbau. Aufgrund dieser Angaben und der Hinweise in Leo Africanus' Bericht über den blühenden Goldhandel im Gao des 16. Jahrhunderts wurden diese Gebiete später von Mauny als die Goldfelder von Lobi identifiziert. Zwar können ohne weitere archäologische Forschung keine fundierten Aussagen über die Goldfelder von Lobi gemacht werden, doch scheinen meines Erachtens in diesem Gebiet Goldabbau und eine hochentwickelte Kupferverarbeitung nebeneinander bestanden zu haben. Labouret beschreibt darüber hinaus die Lorhon oder Nabe, eine imponierende Gruppe von Handwerkern und berühmten Metallarbeitern, die zwischen Gaoua und dem Kulangostaat Bouna im Nordwesten der Elfenbeinküste lebte. Sie taten sich als Metallgießer hervor, eine Stellung, die sie heute noch innehaben; dazu wurden sie von Dyula-Händlern mit Kupferstangen beliefert und erfreuten sich der Kundschaft der Lobi und Kulango. Die Qualität dieser beiden Armreife und eines dritten Stücks (6.35 c) deutet auf die Kunstfertigkeit der Lorhon hin. *RAB*

Literatur: Delafosse 1912; Labouret 1920; 1931; Mauny 1961; Meyer 1981; Scanzi und Delcourt 1987

6.36

Figur eines Wahrsagers (*dimbien*)

Nuna
Burkina Faso
20. Jahrhundert (?)
Holz
Höhe 83 cm
Musée Barbier-Mueller, Genf, 1005.4

Diese große, eindrucksvolle Figur wurde von einem Ritenspezialisten oder Wahrsager (*vuru*) beim Volk der Nuna im mittleren Süden Burkina Fasos benutzt, um einen Geist aus der Wildnis zu verkörpern und dessen übernatürliche Kräfte zugunsten seiner Klientel zu nutzen. Derartige Figuren werden zusammen mit Gefäßen, Flaschen oder Steinen auf Altären in dunklen Ecken im Haus des Wahrsagers aufbewahrt, wo sie mit einer dicken Opferschicht – hauptsächlich Hirsebrei, Bier und Hühnerblut – bedeckt werden. All diese Substanzen hat man schon seit langem von dieser Figur entfernt. Sie wurde zu Anfang der siebziger Jahre vom damaligen Direktor des Nationalmuseums nahe der Nunastadt Leo im südlichen Burkina Faso gesammelt.

Die Nuna sind eines von mehreren Völkern in Burkina Faso, deren Gemeinschaften die Anbetung von Naturgeistern verbindet, die mit der Einhaltung religiöser Regeln einhergeht. Es gibt traditionell in diesen Gemeinschaften keine Häuptlinge oder andere Vertreter weltlicher Macht, obgleich die Franzosen in der Kolonialzeit eine solche zentralisierte Macht durchzusetzen suchten.

Diese Figuren dienen dem gleichen Zweck wie die spektakulären Masken desselben Volkes; sie verleihen den unsichtbaren Naturgeistern Gestalt und ermöglichen es der Gemeinde, ihre Gebete und Opfergaben darzubringen. Die auf Brust und Rücken in die Haut geritzten geometrischen Muster sind Teil einer Vielzahl graphischer Muster, mit denen die Nuna und ihre Nachbarn religiöse Regeln und ethische Werte zum Ausdruck bringen. Derartige Muster finden sich als reale Hautritzung ebenso wie auf Keramik und den Wänden der Lehmhäuser. *CDR*

Provenienz: ehemals Sammlung Henri Kamer

Literatur: Kamer 1973, S. 136 f.; Roy 1987, S. 246–249, 252 f.; Schmalenbach 1988, S. 76

6.37

Stehende weibliche Figur

Lobi
Burkina Faso, Nordöstliche Elfenbeinküste
20. Jahrhundert
Holz
78 x 15,8 x 12,5 cm
Musée National des Arts d'Afrique et d'Océanie, Paris, MNAN 66.17.1

In jedem Haus der Lobi gibt es einen kleinen Schreinraum (*thil du*) zur Anbetung der Ahnengeister. Hier bewahrt man eine Vielzahl teilweise recht großer hölzerner Statuen auf, zusammen mit Tonskulpturen, Eisenstäben, Flaschen, Gefäßen etc. An diesen Schreinen werden häufig Opfer dargebracht, um das Wohlwollen der Ahnen zu gewährleisten und Krankeit und Unglück zu entgehen.

Diese große, stilistisch ungewöhnliche weibliche Figur stammt zweifellos aus einem solchen Schrein. Sie könnte aus der Grenzregion von Burkina Faso und der Elfenbeinküste kommen und zeigt Spuren von Opferblut und Hühnerfedern. Die drei Schmucknarben an den Schläfen sind rätselhaft: Derartige Zeichen sind normalerweise auf Statuen der Lobi nicht zu finden und könnten daher auf eine fremde Herkunft des Künstlers oder der dargestellten Frau deuten. *TFG*

Ausstellung: Zürich 1981

Literatur: Meyer 1981, S. 76

6.38

Männliche Figur (*bateba*)

Lobi
Burkina Faso, Nordöstliche Elfenbeinküste
20. Jahrhundert
Holz
Höhe 59 cm
Privatsammlung, Paris

Im Korpus der Lobi-Statuen gibt es eine charakteristische Gruppe, die Gemütszustände wie Schock, Verzweiflung oder Trauer darstellt, indem beispielsweise eine oder beide Hände an Kinn oder Mund greifen, ein oder beide Arme über der Brust gekreuzt, hoch erhoben oder hinter dem Rücken gehalten werden. Piet Meyer nennt diese Gruppe *bateba yadawora*, ›unglückliche *bateba*‹. Man erklärte ihm, ein aus einem bestimmten Grund, zum Beispiel nach einem Todesfall, tief betrübter Mann, könne die Statue an seiner Stelle trauern oder sein Unglück wegholen lassen. Diese Figur gehört offenbar zu dieser Gruppe, denn sie hält die Hände hinter dem Rücken und zeigt einen besonders kummervollen Gesichtsausdruck. *TFG*

Literatur: Meyer 1981, S. 104–106

6.39

Kopf von einem Pfosten

Lobi
Burkina Faso, Nordöstliche Elfenbeinküste
20. Jahrhundert
Holz
Höhe 31 cm
Privatsammlung, Paris

Innerhalb des plastischen Schaffens der Lobi bilden große Köpfe auf Stäben oder Pfosten eine einzigartige Gruppe. Sie finden sich zu beiden Seiten der durch das Gebiet der Lobi verlaufenden Staatsgrenze. Viele Köpfe sind mit großer Sorgfalt und Detailfreude gestaltet und weisen – anders als die Statuen – an der Schläfe häufig dreifache Schmucknarben auf. Dieser Kopf trägt darüber hinaus einen Lippenpflock. Bis vor einer Generation trugen die Frauen dieser Region üblicherweise Lippenpflöcke aus Holz oder Quarz, und selbst heute sind sie noch gelegentlich zu sehen.

Diese Köpfe wurden bei Altären sowohl im Schreinraum als auch im Freien im Boden befestigt. Es kommt auch vor, daß ihre Pfosten als Wächter des Hauses auf eine Außenmauer gesteckt sind. Aus diesem Grund ist die Spitze des Pfostens häufig verrottet; bei diesem Stück scheint man sie abgeschnitten zu haben. *TFG*

Literatur: Meyer 1981, S. 27 f., 35, 100–102

6.40

Stuhl

Nuna
Burkina Faso
20. Jahrhundert (?)
Holz
81 x 67 x 28,5 cm
Musée de l'IFAN, Dakar, D.67.1.16, als Leihgabe im Musée des Arts d'Afrique et d'Océanie, Paris

In abgelegenen Dörfern in Burkina Faso kann man immer noch ältere Männer antreffen, die pfeiferauchend zurückgelehnt auf Stühlen wie diesem ruhen. Auch Frauen verfügen über persönliche Hocker, die allerdings immer mit vier Beinen ausgestattet sind; die Schemel der Männer haben nur drei Beine: In weiten Teilen Afrikas sind die Zahlen vier und drei mit dem weiblichen bzw. männlichen Geschlecht assoziiert.

Bei den Nuna werden große Sitze von Generation zu Generation weitervererbt, bis die Beine abgenutzt sind. Bei den Lobi, den westlichen Nachbarn der Nuna, gehen solch große Hocker wie auch andere persönliche Gegenstände – Kopfstützen, Pfeifen und Löffel – nach Jahrzehnten der Benutzung eine derart enge seelische Verbindung mit dem Besitzer ein, daß man nach dem Tod dieses geachteten Ältesten seinen (oder ihren) Sitz als Kommunikationsträger von einer Generation zur nächsten auf den Ahnenschrein der Familie stellt. Derartige Erbstücke nehmen bei Nuna und Lobi, die beide keine Ahnenfiguren schnitzen, den Platz figürlicher ›Porträts‹ ein. Dieser Schemel ist mit einem nach hinten ragenden Griff ausgestattet, dessen Oberfläche von jahrzehntelanger Benutzung zeugt.
CDR

Literatur: Roy 1987, S. 62

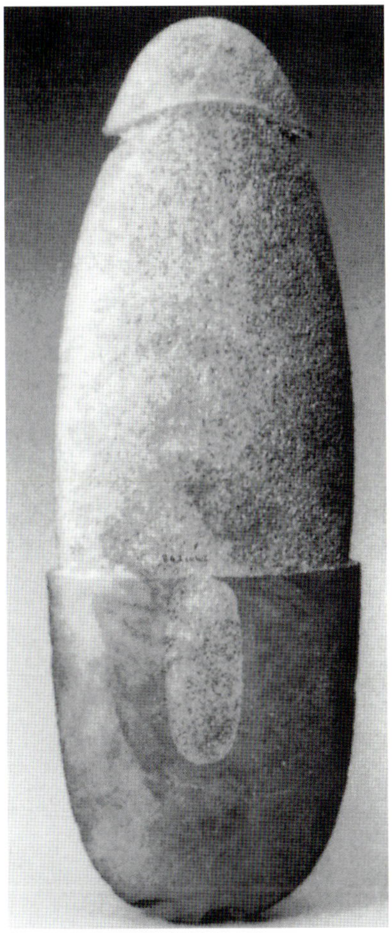

6.41

Polierte Steinaxt

River Kilenge
Wuro Daudu, Adamawa
Nigeria
Schiefer
Höhe 32 cm
The National Commission for Museums and Monuments, Jos, Nigeria, 64.J.161.2

Diese polierte Steinaxt wurde mit ähnlichen Exemplaren unter fast zwei Meter dicken Ablagerungen in der Nähe des Flusses Kilenge bei Wuro Daudu im Song-Distrikt von Adamawa gefunden. Das untere Ende, das als Schneide diente, ist stark poliert, während der übrige Stein mit einer feinen Punktierung verziert ist. Das offenbar nie benutzte Werkzeug ist auffallend gut gearbeitet und kann kaum für einen profanen Gebrauch gedacht gewesen sein; vermutlich handelt es sich um ein rituelles Objekt.

Polierte Steinäxte kommen in ganz Nigeria vor; häufig werden sie in Sekundärzusammenhängen gefunden, manche sogar als Teil von Schreinen in Benin. Neolithischen Ursprungs scheinen sie bis weit in die afrikanische Eisenzeit überdauert zu haben. Die beiden Exemplare von Wuro Daudu mit den sich verjüngenden Profilen nehmen jedoch durch ihre handwerkliche Qualität eine Sonderstellung ein. Größere, weniger sorgfältig gearbeitete Exemplare wurden auf dem Jos-Plateau in der Savannenzone von Nigeria und in der Waldregion um Benin gefunden. *AF*

Provenienz: in der Nähe des Flusses Kilenge bei Wuro Daudu im Song-Distrikt von Adamawa gefunden, Nord-Nigeria; vom Lamido des Adamawa dem Museum übergeben

Ausstellung: Paris 1993 u. a.

Literatur: B. Fagg 1946, S. 48–55; Shaw 1978, S. 44; Devisse, in: Paris u. a. 1993 f., S. 572

6.42

Kürbisförmiges Gefäß

Nupe
Zentralnigeria
Spätes 19.–frühes 20. Jahrhundert
Terrakotta, Messingbeschläge
38 x 32 cm
Privatsammlung, München

Die Nupe leben nördlich und südlich des mittleren Niger in Nigeria. Im 19. Jahrhundert wurden sie von den muslimischen Fulbe unterworfen, die die Führungsrolle der Nupe-Elite übernahmen und die Nupe in das Kalifat von Sokoto eingliederten.
Die Handwerker der Nupe bearbeiten vielfältige Materialien, darunter Holz, Tuch, Metall und Keramik. Dieses Tongefäß stellt die Gemeinschaftsarbeit einer Töpferin und eines Messingschmiedes dar. Überall im Gebiet der Nupe befinden sich Zentren der Töpferei, besonders aber in der Nähe von Flüssen, wo die beste Tonerde gewonnen wird. Große kürbisförmige Gefäße wie dieses werden in Töpferzentren wie Muregi, nahe dem Zusammenfluß von Kaduna und Niger gelegen, hergestellt. Mit dem kugeligen Körper und engen, trichterartigen Hals, der in einer kleinen Schale endet, gehören diese Gefäße zu den typischsten Erzeugnissen des Töpfergewerbes der Nupe. Ähnliche Gefäße werden auch von Töpferinnen der Nupe und Gwari in den Regionen von Kakanda, Bassa Nkwomo und Bassange nahe dem Zusammenfluß von Niger und Benue gefertigt. Die Gefäße stellten eine wichtige Ware im Handel dar, den die Nupe mit dem Kanu zwischen der Insel Jebba und dem Zusammenfluß von Niger und Benue betrieben. Die weite Verbreitung dieser charakteristischen Gefäßform deutet darauf hin, daß es sich bei ihr um ein typisches Beispiel für die Keramik des mittleren Niger handelt.

Derartige Gefäße finden Verwendung als Vorratsbehälter für Palmwein und Wasser. Die Töpferin beginnt mit dem Boden des Gefäßes; dann baut sie die Wände mittels spiralig aufeinandergelegter und dann miteinander verstrichener Tonwülste auf. Die kleine Schale oben auf dem Gefäß wird in der gleichen Weise begonnen; sodann wird ein Loch in den Boden des lederharten kleineren Gefäßes geschnitten, das man mittels Tonwülsten, aus denen der Hals geformt wird, mit der Öffnung des größeren Gefäßes verbindet. Die gesamte Oberfläche des Gefäßes wurde dann zunächst mittels Holzwalzen mit einem getüpfelten Muster überzogen; anschließend werden mit einem Stöckchen horizontale Bänder eingeritzt. Hinzu kommen polierte bzw. geriefelte Abschnitte.

Bedingt durch die Sauerstoffzufuhr während des Brennens nimmt die Mehrzahl dieser kürbisförmigen Gefäße einen rostbraunen Farbton an. In einigen Regionen bestreicht man das Gefäß unmittelbar nach dem Brand mit einem Schlicker, der eine glänzend braune Oberfläche entstehen läßt. Wenn in früheren Zeiten ein wohlhabender Kunde auf dem Markt einen tönernen Vorratsbehälter erworben hatte, den er zu einem Prunkgefäß veredeln wollte, ging er zu einem Messingschmied der Bida, der das Gefäß mit gehämmerten Messingbeschlägen versah, die mit getriebenen und gepunzten Mustern verziert waren. Dieses Gefäß, dessen Tülle, Hals und Körper mit einer Reihe von Messingbossen sowie fächer- und kanuförmigen Beschlägen verziert sind, ähnelt den prächtigsten Messingbehältnissen der Bida – den kürbisförmigen *mange*-Gefäßen. *Mange*-Wasserbehälter aus Messing wurden einst vom Fulbekönig von Bida, dem Etsu Nupe, für die Mitgift seiner Tochter und als Geschenke für Mitglieder der Führungselite erworben. *JP*

Literatur: Perani 1973; Stößel 1981

6.43
Figur
Borgu Division, Ilorin, Nigeria
Um 100–700
Gebrannter Ton, rote Engobe
20,5 x 10,5 x 8 cm
The National Commission for Museums and Monuments, Kaduna, Nigeria, KD 89 R.240

Bei diesem Stück handelt es sich um eine ungewöhnliche Terrakottafigur mit einem Oberflächenüberzug aus rotem Tonschlicker. Der hohle Körper wölbt sich an den Schultern, in Höhe der Taille, die von einem hervortretenden Nabel bezeichnet wird, und an den Hüften. Die massiven Gliedmaßen sind jeweils von einem kleinen Loch durchbohrt. Der Kopf weist ein großes, kreisförmiges Loch beziehungsweise einen Mund auf, über und unter dem sich jeweils ein Loch von der Größe der übrigen befindet. Der Kopf ist größtenteils mit Abdrücken eines Schnurgeflechts bedeckt, die vermutlich Haare andeuten sollen. Dies ist der einzige nicht von dem roten Tonschlicker bedeckte Teil der Figur.

Dieses Stück ist eines von nur zwei Exemplaren stilisierter rotglasierter Figuren (die andere ist unvollständig). Sie wurden am Westufer des Niger, etwa 400 Meter flußaufwärts von der Südspitze von Rofia Island entfernt, ausgegraben. Diese nur als RS 63/32 bekannte Stätte erbrachte zahlreiche Fragmente anderer Statuetten, von denen aber keine im gleichen ›abstrakten‹ Stil ausgeführt ist.

Der Radiokarbondatierung zufolge war diese Stätte von etwa 100 bis 700 n. Chr. besiedelt; auch stratigraphisch deutet alles darauf hin, daß der Ort während dieser Zeit ununterbrochen besiedelt war. Häusliche Töpferwaren, Steinperlen, Ohr- oder Lippenpflöcke und Armreifen im Verbund mit zahlreichen Objekten aus Eisen (Ringe, Armreifen, Pfeil- und Speerspitzen, Äxte, Messer) sowie das Fehlen jeglicher Verteidigungsanlagen lassen darauf schließen, daß es sich hier um eine kleine, friedliche Flußsiedlung mit einer durch Jagd und Fischfang ergänzten agrarischen Wirtschaftsform handelte.

Die Rolle der Figuren in dieser Ansiedlung wurde nie geklärt, aber ihre Stellung in der Kunstgeschichte Nigerias – später als der Großteil des Nok-Materials, aber früher als Ife entstanden – wurde ausführlich von Willett erörtert. *AF*

Literatur: Priddy 1970, S. 24; Eyo 1977, S. 35; Willett 1984, S. 87–100

6.44
Grabskulptur
Dakakari
Nordwest-Nigeria
Spätes 19.–frühes 20. Jahrhundert
Terrakotta
77 x 23,5 cm
The National Commission for Museums and Monuments, Lagos, 2.19

Die Dakakari leben im Hügelland nördlich von Kontagora im Nordwesten Nigerias. Die Grabkeramik der Dakakari gehört zu einem in Westafrika weitverbreiteten Kult. Zu den besser dokumentierten Traditionen zählt die Keramikskulptur der Region des Niger-Binnendeltas in Mali und der Akan-Völker in Ghana. Diese und die Dakakari verwenden den Ton aus der Erde, in der die Verstorbenen bestattet werden, zur Herstellung von Grabskulpturen.

Die Frauen der Dakakari stellen Gebrauchskeramik zum Kochen und für die Vorratshaltung her. Diese Gefäße werden aber auch zur Kennzeichnung der Gräber normaler Sterblicher verwendet. Im Falle berühmter Männer wie Clanältesten, Priestern, berühmten Jägern, Kämpfern oder erfahrenen Kriegern, die sich durch ihre außergewöhnlichen Leistungen innerhalb der Gemeinschaft ausgezeichnet hatten, wurden jedoch bei den Dakakarifrauen eigens Keramikskulpturen in Auftrag gegeben. Auf den Gräbern dieser Persönlichkeiten können verschiedene Stile von Grabskulpturen und Gefäßen vereint sein. Die Dakakari bestatten ihre Toten in Schachtgräbern in der Nähe des Familienbezirks. Die Familiengräber bedeutender Männer sind durch eine etwa 60 cm hohe Steinmauer gekennzeichnet. Das Zentrum des Grabes ist mit Erde aufgefüllt, wodurch eine Plattform für Keramikgefäße und Grabskulptur entsteht. Alljährlich zeigen Familienmitglieder ihre Verehrung für die Ahnen, indem sie Trankopfer aus Maismehl über die Gefäße und Skulpturen gießen.

Nur wenige Töpferfamilien der Dakakari haben sich auf die Anfertigung von figurativen und nicht-figurativen Grabterrakotten spezialisiert; in diesen Familien übernehmen vermutlich nicht mehr gebärfähige Frauen diese Arbeit. Die hohlen Skulpturen stehen auf in die Erde eingelassenen, kreisförmigen Keramiksockeln und umfassen stilisierte Darstellungen stehender Menschen, Reiterfiguren und Tiere, besonders häufig Antilopen und Elefanten. Bei den Elefantenplastiken handelt es sich um kugelige Formen mit vier Beinen, die auf dem Rücken mit einer breiten Kammform besetzt sind; dieser Aufsatz könnte sich von den silbernen Kämmen herleiten, die von verheirateten Dakakari-Frauen getragen werden. Elefantenskulpturen gehören zu den teuersten und prestigeträchtigsten Grabzeichen und sind wohl den Gräbern von Familienoberhäuptern und Jägern vorbehalten.

Dieses Stück gehört zur Gruppe der nicht-figurativen, pagodenförmigen Grabplastiken der Dakakari, die sich durch ihre architektonische Gestaltung auszeichnen. Grabskulpturen in Pagodenform waren im 19. und frühen 20. Jahrhundert gebräuchlicher; Besucher der Region vermerkten in den vierziger Jahren, daß dieser Typ der Grabskulptur am verschwinden sei. Pagodenförmige Grabplastiken bestehen aus gestapelten Vorratsbehältern mit Sockel, die kunstvoll bearbeitet wurden und deren Nutzwert durch das Versiegeln des obersten Topfdeckels verlorenging. Im häuslichen Bereich wurde dieser Typ von Sockeltopf zur Aufbewahrung von Honig oder Bier verwendet. Jede Gefäßform im Stapel ist mit Reihen eines Kordelmotivs verziert, das den Schmuckbändern der Elefantengrabplastiken der Dakakari gleicht. Bei dieser Gruppe nicht-figurativer Grabskulptur verwischen sich die Grenzen zwischen tönernen Gebrauchsgefäßen und rituellen Tonfiguren. Im allgemeinen sind Gräber der Dakakari durch eine Gruppe keramischer Formen gekennzeichnet, die neben figurativen und nicht-figurativen Plastiken auch Gebrauchsgefäße umfassen können. Bei jeder Bestattung eines Familienmitgliedes wird ein Gefäß oder eine Plastik hinzugefügt. *JP*

Literatur: Harris 1938; Fitzgerald 1944; Bassing 1973; Berns 1993

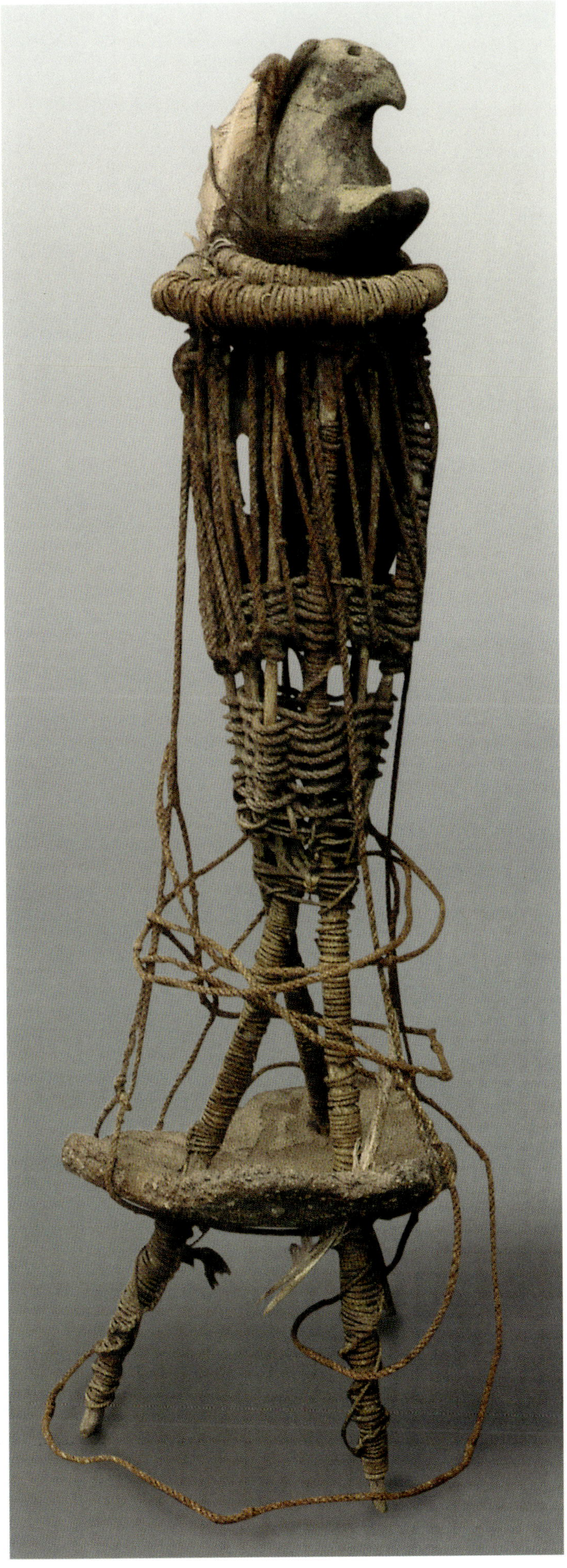

6.45

Dreibeiniger Kraftgegenstand für Heilzwecke

Nok-Distrikt
Nigeria
20. Jahrhundert
Rohr, Schnur, Federn, Tierteile, Terrakotta
67 x 27 cm
The National Commission for Museums and Monuments, Jos, Nigeria

Aus dem Nok-Gebiet (wobei wir nicht wissen, ob es eine Verbindung zu der alten Kultur gibt, die ihren Namen vom Dorf Nok herleitet) stammt dieser außergewöhnlich kunstvolle Aufbau, dessen sinnreiche Konstruktion auf den ersten Blick von seinem planlosen Aussehen verschleiert wird. Vom Kurator des Museums in Jos als Fetisch bezeichnet – ein heute sehr allgemeiner und daher wenig aussagekräftiger Begriff –, erweckt er mehr den Anschein eines Orakelgerätes, bei dem das oben sichtbare Holztier eine Rolle spielt. Als Fuß dient offenbar die Scherbe eines Gefäßes, durch die einige der Stöcke hindurchgehen. Die Auswahl eines solchen Objektes für ein an Ästhetik interessiertes Projekt ist nicht nur kennzeichnend für die expansive Tendenz der Kunst und ihre Reichweite, sondern demonstriert Collams vor 50 Jahren so provokativ formulierte These, derzufolge »die afrikanische Vergangenheit der europäischen Gegenwart immer einen Schritt voraus ist«. *TP*

Nok

Einige der rätselhaftesten Terrakotten der Nok-Kultur hat es auf dramatische und tragische Weise in Privatsammlungen außerhalb Nigerias verschlagen. Einige davon werden hier zum ersten Mal gezeigt. Diese Objekte sind stumme Zeugen einer archäologischen Katastrophe ähnlich der Plünderung kykladischer Idole und der Gräber ägyptischer Pharaonen, denn ohne detaillierte archäologische Untersuchung ist es unmöglich, Rolle und Funktion dieser faszinierenden Kunstwerke zu verstehen. Eine ähnliche Tragödie widerfuhr den Terrakotten des Niger-Binnendeltas. Die mit dem Sammelbegriff Nok-Kultur bezeichneten Kunstwerke aus Terrakotta kommen aus dem Inneren Nigerias, einem Land, das seit 1939 den Export von Antiquitäten über seine Grenzen beschränkt. In Zusammenhang mit diesen außergewöhnlichen Figuren stehen Fragmente von Steinmühlen und Schmuck, Werkzeuge aus Eisen und große Mengen zerbrochener Gefäße. Die Bodenverhältnisse sind der Konservierung von organischem Material nicht förderlich, und angesichts des Fehlens von Knochenfunden leitet sich viel von dem, was wir über die Menschen der Nok-Kultur wissen, von der Aussagekraft der Figuren selbst her. Sie bevorzugten kunstvolle Haartrachten, schmückten sich mit Halsketten, Armreifen und Fußringen und scheinen aufgrund einiger Fragmente eine Art von Tuch getragen zu haben.

Ausgrabungen bei Taruga haben bestätigt, daß die Schöpfer der Nok-Terrakotten Eisen nicht nur nutzten, sondern auch selbst verhütteten. Ihr Geschick bei der Herstellung von Metallgerät entspricht ihrer Meisterschaft als Keramiker; mit gleicher Mühelosigkeit scheinen sie Stein zu Schmuckformen verarbeitet zu haben. Es sind vollendete Darstellungen von Tieren, menschlicher Emotion und mythischen Wesen erhalten. Sie sind bemerkenswert wegen ihrer Komik, ihres Sinns für Karikatur und ihrer anspruchsvollen plastischen Qualität, die sich in der Kunst späterer Zeiten – von Tada, Ife, Benin und bei den Yoruba – wiederfinden.

Datierungen mittels Radiokarbonmethode und Thermolumineszenz haben die frühen, auf geologischer und stratigraphischer Grundlage beruhenden Schätzungen weitgehend bestätigt, die Nok in die zweite Hälfte des ersten Jahrtausends vor Christus und die ersten Jahrhunderte nach Christus einordnen. Weitergehende Genauigkeit bei der Datierung der Nok-Kunst hängt jetzt von künftiger archäologischer Forschung ab. *AF*

Literatur: B. Fagg 1977; Bitiyoung, in: Paris u. a. 1993–94, S. 395–414; A. Fagg 1994

6.46

Jemaa Kopf

Jemaa, Kaduna State, Nigeria
Um 500 v. Chr.
Terrakotta
25 x 17,5 cm
The National Commission for Museums and Monuments, Lagos, 79.R.2

Dieser erstmals 1944 erwähnte fast lebensgroße Terrakottakopf wurde beim Zinnabbau in der Gegend von Jemaa entdeckt und über ein Jahr lang als Vogelscheuche auf der Farm eines Grubenarbeiters verwendet. Man fand den Kopf in zinnhaltigen Ablagerungen unter einer 7,5 Meter dicken Schicht aus sedimentärem Sand und Kies. Die ästhetische Vollendung des Stückes war augenfällig. Die stilisierte Behandlung des Gesichts und die im Jemaa-Kopf offenkundige technische Perfektion findet sich auch beim Terrakotta-Affenkopf aus Nok (Fagg 1956). Eine Nok-Expedition zur Untersuchung des Fundortes des Affenkopfes förderte einen weiteren Menschenkopf aus Terrakotta sowie beigeordnete Fragmente von Statuetten derselben künstlerischen Tradition zutage. Diese Gruppe bruchstückhafter Terrakottafiguren bildet das Kernstück des als Nok-Kultur bekannten Materials. Geologische Gegebenheiten legten für die gefundenen Figuren ein Alter von etwa 2000 Jahren nahe; erst 1970 konnte man den Jemaa-Kopf mit Hilfe der Thermolumineszenz auf etwa 500 v. Chr. datieren. *AF*

Ausstellung: Detroit u. a. 1980–83

Literatur: B. Fagg 1945; 1956; 1977, S. 1; B. Fagg und Flemming 1970, S. 53–55,

6.47

Dinya Kopf

Nok Valley, Kaduna State, Nigeria
Um 500 v. Chr.–200 n. Chr.
Terrakotta
36 x 22,5 cm
The National Commission for Museums and Monuments, Lagos, 79.R.1

Dieser imposante, lebensgroße Terrakottakopf wurde 1954 im Nok-Tal mit dem Gesicht nach unten in einer schmalen Rinne unter 3,8 Metern sedimentärer Ablagerungen entdeckt. Er ist typisch für den Nok-Stil. Der am Hals abgebrochene Kopf scheint Teil einer Figur gewesen zu sein, die mindestens eine Höhe von 1,5 Metern gehabt haben müßte. Im Inneren des Stückes sind Fingerspuren der Hersteller zu sehen, aber die Außenseite weist eine feine Oberflächenbeschaffenheit auf. Wenn sein Ausdruck uns heute schon beeindruckt, muß er ursprünglich als Teil einer ganzen Figur ehrfurchtgebietend gewesen sein. Die in Abschnitten geflochtenen Haarrollen sind aus nach wie vor rätselhaften Gründen durchbohrt. Bei diesem Stück handelt es sich um den größten je gefundenen vollständigen und in den Museen Nigerias aufbewahrten Nok-Kopf, obgleich es Teile größerer Köpfe gibt, die häufig zu fragmentarisch sind, um ausgestellt zu werden.

Der Dinya-Kopf wurde beinahe zerstört, als ihn der Pickel eines Zinngrubenarbeiters aus dem Erdreich holte, wurde dann aber durch das schnelle Eingreifen eines Arbeiters, der zeitweise im Nigerian Antiquities Service beschäftigt war, gerettet. Die Zerstörungslust der Grubenarbeiter ist u. a. so zu erklären, daß diese Terrakotten häufig dann in Einschlüssen der zinnhaltigen Ablagerungen auftauchen, wenn der Zinn zur Neige geht. *AF*

Ausstellung: Detroit u. a. 1980–83

Literatur: B. Fagg 1956, S. 95; 1977, S. 13; Eyo und Willett 1982, S. 50

6.48

Figur

Bwari, bei Suleja (früher Abuja)
Zentralnigeria
Um 500 v. Chr.–200 n. Chr.
Terrakotta
10,6 x 6,2 cm
The National Commission for Museums and Monuments, Lagos, 60.J.2

Diese prächtige, vom Scheitel des Kopfes bis zu den Fußsohlen detailliert ausgearbeitete Figur, wurde am Ufer des Makobolo gefunden. Sie verfügt bei nur 10,6 cm Höhe, ähnlich wie japanische Netsuke aus Elfenbein, über eine taktile Beschaffenheit und ist vollständig erhalten. Die mit Ketten, Armreifen und Fußspangen geschmückte Terrakottafigur ist bezüglich ihrer Komplexität einzigartig, obwohl man fragmentarische Stücke von vergleichbarer Größe im Nok Valley und andernorts gefunden hat.

Im Gegensatz zu größeren Stücken aus der künstlerischen Tradition Noks besteht diese Bwari-Figur aus massivem Ton. Mit ihrem fein modellierten Bart und den Haarbüscheln an den Ecken des Mundes (ein auch bei einigen anderen Figuren vorhandenes Merkmal) nimmt diese männliche Figur eine unterwürfige Haltung ein und steht damit in auffälligem Gegensatz zu einigen der größeren, eindeutig weiblichen Nok-Plastiken. Die kunstvolle Gestaltung des Haares in sechs Knoten und über den Nacken herabhängenden Flechten ist – unabhängig vom Geschlecht der Figur – typisch für viele der Nok-Terrakotten.

Die Fundumstände dieses Stückes lassen auf ein Alter schließen, das mit dem des Jemaa- und Dinya-Kopfes vergleichbar ist (Kat. 6.46 f.). *AF*

Provenienz: 1960 bei Grubenarbeiten am Ufer des Makobolo geborgen

Ausstellung: Detroit u. a. 1982–83

Literatur: B. Fagg 1960; 1977, S. 15; Eyo und Willett 1982, S. 59

6.49

Figur

Nok
Nigeria
Terrakotta
16,5 x 6 x 8 cm
Sammlung Ian Auld

6.50

Figur eines Kriegers

Nok
Nigeria
Terrakotta
88 x 23 x 20 cm
Sammlung De Meulder

6.51

Fragment mit zwei Köpfen

Nok
Nigeria
Terrakotta
Höhe 66 cm
Privatsammlung, London

6.52

Figur eines Menschen/Vogels

Nok
Nigeria
Terrakotta
47 x 20 x 22 cm
Privatsammlung

6.53

Kniende männliche Figur

Nok
Nigeria
Terrakotta
65,5 x 19 x 23 cm
Privatsammlung

6.54

Sitzende weibliche Figur

Nok
Nigeria
Terrakotta
58 x 25 x 19 cm
Privatsammlung

6.55
Kopf
Sokoto
Nigeria
Um 200 v. Chr.–200 n. Chr.
Terrakotta
Privatsammlung

Im Nordwesten Nigerias, nördlich von Yelwa und den Dakakari (Kat. 6.44), liegt die Sokoto-Region, ein weiterer Teil des großen Nigertals. Sokoto selbst liegt am Knotenpunkt alter Handelsrouten. Unter den Zufallsfunden in dem Gebiet finden sich Terrakotten, deren Thermolumineszenzdatierung auf eine Zeit hindeutet, die ein bis zwei Jahrhunderte vor den durchschnittlichen Schätzungen der Nok-Figuren liegt. Die Funde umfassen gröbere Statuetten – einige von Kriegern (die ähnlich wie die Nok-Figuren auf umgedrehten Gefäßen stehen) – ebenso wie nahezu lebensgroße Büsten in einem charakteristischen strengen Stil, für den das hier gezeigte Stück typisch ist. Den ›Sokoto‹-Terrakotten scheint das schmückende Beiwerk zu fehlen, das man mit größeren Figuren der Nok verbindet; einige Figuren weisen keinerlei Schmuck auf. Die lastenden Brauen und vornehmen Gesichtszüge ergeben zusammen mit dem feinen Bart eine strenge Miene, dergegenüber die Nok-Köpfe von ähnlicher Größe nahezu sinnlich erscheinen. Die Dünnwandigkeit dieses Kopfes zeugt von einer hochentwickelten Technik. Es ist zu hoffen, daß uns eines Tages wissenschaftliche Ausgrabungen zu Erkenntnissen verhelfen, um die Verbindung zwischen diesen beiden scheinbar isolierten Kulturen zu bewerten. *TP*

6.56
Köcher
Fulbe
Nigeria
Frühes 20. Jahrhundert
Leder, Holz, Eisen
Höhe 75 cm
Tropenmuseum, Amsterdam, 2404-10 a/i

Ob die Fulbe nun als Hirten lebten oder eine Mischwirtschaft aus Viehzucht und Ackerbau betrieben, in jedem Fall waren sie abhängig von spezialisierten Handwerkergruppen, die sie mit vielen notwendigen Dingen versorgten. Schmiede (*waylube*) lieferten ihnen Hacken, Äxte, Messer und Pfeile, während die *lawbe*, die Holzhandwerker, die von allen Fulbefamilien verwendeten Mörser, Stößel, Schüsseln und Milchkrüge schufen. Als Herdenbesitzer stellten die Fulbe zwar ihre eigenen Sandalen aus Rinderhaut her, aber sämtliche anderen Lederwaren, die ausnahmslos prächtig verziert sind, wurden von den *gargasaabe* angefertigt, Spezialisten für Lederarbeiten, die seit je für die Fulbe tätig waren. Selbst einfachste Objekte wie dieser Köcher zeichnen sich aufgrund der Verwendung von Lederschnüren, Bändern aus unterschiedlichen Stücken getrockneter Haut sowie Messingstiften durch unauffällige Eleganz, Ausgewogenheit der Form und Nützlichkeit aus. *RAB*

Literatur: Urvoy 1955; Dupire 1962; Beckwith und Van Offelen 1981

6.57
Kissenstütze (*ehel*)
Tuareg
Niger
Frühes 20. Jahrhundert
Holz
129 x 25 cm
Dr. Nicole und Dr. John Dintenfass

Bei den Tuareg in Niger gehören geschmackvoll geschnitzte Kissenstützen zu den wichtigen Gegenständen in jedem gut ausgestatteten Haushalt. Sie wurden von Angehörigen der als *enaden*, wörtlich ›die anderen‹, bekannten Zunft geschnitzt, Schmieden, die genau jene Dinge herstellten, mit denen sich seit jeher die oberen Schichten dieser Gesellschaft (die *imochar* oder Krieger und die *insilimen* oder religiösen Lehrer) von den vielen Vasallenvölkern der Tuareg abhoben. Die Wortwahl der Tuareg erfaßt gut den Zwischenstatus dieser

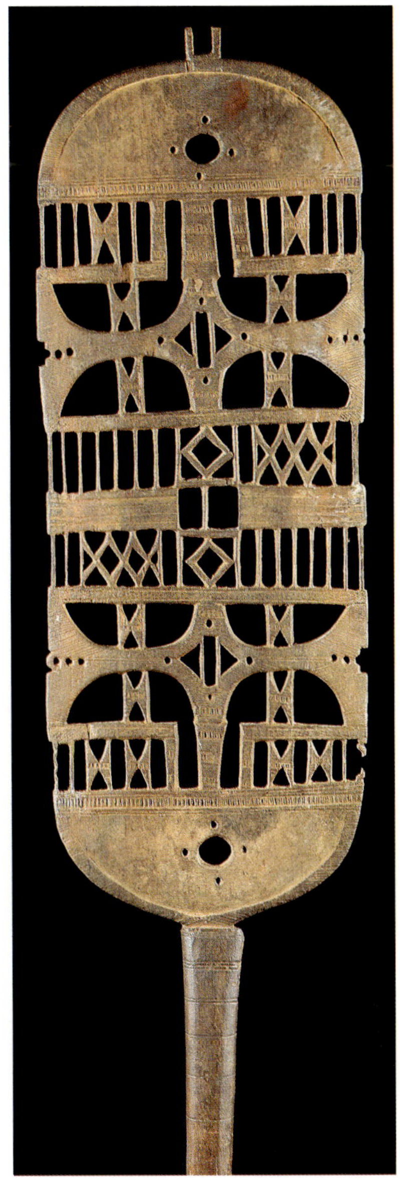

Künstlergilde, einer schwarzen Bevölkerung, die man zwar kulturell für bedeutend hielt, aber gesellschaftlich immer als Randgruppe behandelte. Die *enaden* sind zwar in erster Linie Schmiede, betätigen sich aber auch als Schnitzer und, wenn auch selten, als Weber. Aus welchem Material auch immer, die Erzeugnisse der *enaden* gehören zu den sprechendsten hegemonialen Symbolen – denn beim Sitzen und Zurücklehnen auf Kissen und *ehel* stützen sich die Adligen der Tuareg im Wortsinn auf diese Künstler und rekonstruieren so auf dramatische Weise die historische Beziehung zwischen sich selbst und den Angehörigen dieser Zunft. Einen würdevollen mit Turban bekleideten Tuareg zu beobachten, wie er in seinem Zelt sitzt, heißt Zeuge seiner unbeschränkten Autorität zu sein und zu erkennen, daß er von einem ihm nicht zu nehmenden Gefühl persönlicher Überlegenheit erfüllt ist.

Ehel wie dieses Exemplar sind Teil der Zeltausstattung eines jeden Tuareg der Oberschicht; das Zelt selbst hat die Form einer aus gewebten und bestickten Matten (*asaber* oder *shitek*) gebildeten Halbkugel, auf der geometrische Bänder in subtilen Farbabstufungen vorherrschen, aufgelockert von sorgfältig gestickten Mustern aus gefärbtem Garn und Leder. Die Schönheit der Wohnräume der Tuareg kontrastiert auffällig gegen die Ödheit des Sahel; sie stellen einen mit der Aura von Anmut und Kultiviertheit erfüllten Privatbereich zur Schau, der seiner natürlichen Umgebung trotzt. Im Inneren dieser prächtigen Kuppeln dienen die *ehel* dazu, die mattenartig gewirkten Wände gegen die äußeren Zeltstangen zu drücken. Wie die inneren Dachstützen (Kalebassenpfähle) und das Bett sind die *ehel* sorgfältig geschnitzt und häufig mit zierlichen Silber- und Kupferornamenten eingelegt oder beschlagen. Bei diesem Stück ist die Fläche in durchbrochener Arbeit in dekorative Muster aufgelöst. *RAB*

Literatur: de Gironcourt 1914; Killian 1934; Lothe 1947; Gabus 1958, I, S. 89–95, II, S. 255–260; Bernus 1981; Etienne-Nugue und Saley 1987

6.58

Gravierter Rundstein

Tschad
Stein
Höhe 19 cm
Laboratoire d'Ethnologie
Musée de l'Homme, Paris, 60.134,3

Diese kleine, aber nichtsdestoweniger eindrucksvolle Steinplastik wurde im mittleren Norden der Sahara des Tschad in der Region Bourkon gefunden; ihrer nabelartigen Form wegen erhielt sie den klangvollen Namen ›Omphalos von Edrichinga‹. Bei vielen erhaltenen Steinskulpturen und Monolithen der Sahara ist der Nabel hervorgehoben (vgl. Kat. 6.1). Hier handelt es sich jedoch um die Verschmelzung der generativen und nährenden Komponenten, da der warzenförmige obere Abschluß das ganze Stück zu einer stilisierten Brust werden läßt, während die umlaufende Rille einen phallischen Bezug herstellt. Die übrigen Muster sind rätselhafter, obgleich es Parallelen zu in fernen Gebieten Nordafrikas gefundenen Stelen gibt (Kat. 1.14, 7.8 a), die aus dem Neolithikum bzw. der Bronzezeit stammen. Da alle übrigen Markierungen der Skulptur eindeutig sexuelle Bedeutung haben, ist man versucht, die paarigen vertikalen Rillen als Vaginalsymbol zu deuten. Es gelingt diesem Meisterstück an metaphorischer Verdichtung vieles anzudeuten; angesichts von kaum 500 Kubikzentimetern bearbeiteten Steins eine überproportionale inhaltliche Schwere. *TP*

6.59

Becher

Tschad
Keramik
14,8 x 13,2 cm
Laboratoire d'Ethnologie, Musée de l'Homme, Paris, 979.37.1

Dieser im nördlichen Saharagebiet des Tschad bei Koro-Toro entdeckte bemalte Becher aus der frühen Eisenzeit bezeugt die Tatsache, daß Afrika nicht – wie auf schematischen Landkarten suggeriert und notgedrungen bei der Disposition von Ausstellungen – in Ost und West aufgeteilt ist. Ständige Einwirkung und gelegentlicher Strom von Handel und Einfluß von einer Seite des Kontinents zur anderen schlägt sich weniger in der Geschichte als in Beziehungen zwischen Nord- und Zentralafrika oder Ost- und Westafrika nieder.

Bezüglich seiner Dekoration und noch stärker seiner Form weist dieses Behältnis direkte Verwandtschaft zu Stücken vom Nil, besonders zu solchen des alten Nubien auf. Die Technik ähnelt stark der Keramik von Kerma (Kat. 1.77), die zwar eine Weiterentwicklung darstellt, sich aber gleichfalls durch Dünnwandigkeit und einen nach oben leicht ausgestellten Rand auszeichnet. Die Dekorelemente scheinen auf noch frühere nubische Gefäße der A-Gruppe (Kat. 1.76) zurückzugreifen, obgleich sie im Sudan auch sehr viel später wieder auftreten. *TP*

Provenienz: Dem Museum von Françoise Treinan-Claustre geschenkt

6.60 a

Pferd und Reiter

Sao
Tschad
Bronze
11 x 11 x 3 cm
Privatsammlung

6.60 b

Figur

Sao
Tschad
Terrakotta
43 x 14,5 cm
Laboratoire d'Ethnologie, Musée de l'Homme, Paris, 49.3.30

6.60 c

Maskenartige Figur

Sao
Tschad
Terrakotta
13,7 x 8,9 x 6,4 cm
The Menil Collection, Houston, X 065

Schon das Wort ›Sao‹, der von Muslimen abwertend gebrauchte Begriff für ›Heiden‹, verrät die Verschwommenheit unserer Kenntnisse über eine komplexe Kultur, die einst am südwestlichen Ufer des Tschadsees existierte. Ab dem 5. Jahrhundert siedelten hier Menschen aus dem Norden; die von ummauerten Städten und kunstvollen Bestattungsriten gekennzeichnete große Epoche der Sao-Kultur dauerte vom 10. bis zum 16. Jahrhundert. Aus dieser Zeit stammen Tausende keramischer Objekte, die noch auf eine kohärente Deutung warten.

Abgesehen von einer Reihe kleiner Tonköpfe mit unbestreitbar menschlichen Zügen macht sich die Mehrzahl der Artefakte Merkmale von Tieren oder Fischen zu eigen. Die Bandbreite solcher Objekte wird hier durch zwei Terrakotten anschaulich. Bei dem flachen Kopf (Kat. 6.60 c) in einem Stil, der typisch ist für die in der Skulptur der Sao verbreitete Variation eines Themas, handelt es sich rätselhafterweise um einen Menschenkopf, dessen Einschnitte nicht auf Hautritzungen, sondern auf andere Wesen hindeuten; vielleicht werden sogar die Kiemen eines Fisches angedeutet. Wegen ihrer Ähnlichkeit mit flachen Steinen taufte man diese Stücke ›Kieselköpfe‹. Für ihren Gebrauch gibt es zu viele Erklärungen (Maske, Schutzamulett, rituelles Gewicht für Fischnetze etc.), als daß es nützlich wäre, die Frage der Funktion weiterzuverfolgen.

Auch bei anderen Kulturen des Nigertales gibt es flache Keramikköpfe, aber sie sind hinsichtlich ihres deskriptiven Stils konstanter; bei den Masken der Sao scheint es sich um eine Art Zeichensprache, ja geradezu eine Stenographie zoomorpher Verweise zu handeln.

Typisch für den großformatigeren, späteren Stil einer Gruppe von Skulpturen, die sich mit dem vagen Begriff ›Kultfiguren‹ umschreiben ließe, ist die aus Tago stammende Statue eines Mischwesens aus Mensch und Tier (Kat. 6.60 b). Die Skulptur stellt vielleicht eine maskentragende Figur dar, vielleicht ist sie absichtlich mehrdeutig. Die aus eingedrückten Tonkügelchen bestehenden Augen sind typisch für Mensch- und Tierdarstellungen der Sao, und vielleicht weiß man zu wenig über diese Kultur, um sich auf allzu bedeutungsschwere Interpretationen einzulassen. Das Stück wurde zusammen mit eindeutiger identifizierbaren menschlichen Figuren im zentralen Schrein von Tago gefunden.

Aus der mutmaßlichen Endzeit der Sao-Kultur stammt eine in der Gegend gefundene Gruppe von bronzenen Reiterfiguren unterschiedlicher Größe. Bei Kat. 6.60 a handelt es sich um ein zwar ungewöhnlich kleines, aber charakteristisches und schönes Beispiel. *TP*

Provenienz: Ausgegraben von Lebeuf

Literatur: Sinoto, o. J.; Lebeuf 1971; Jansen und Gauthier 1973

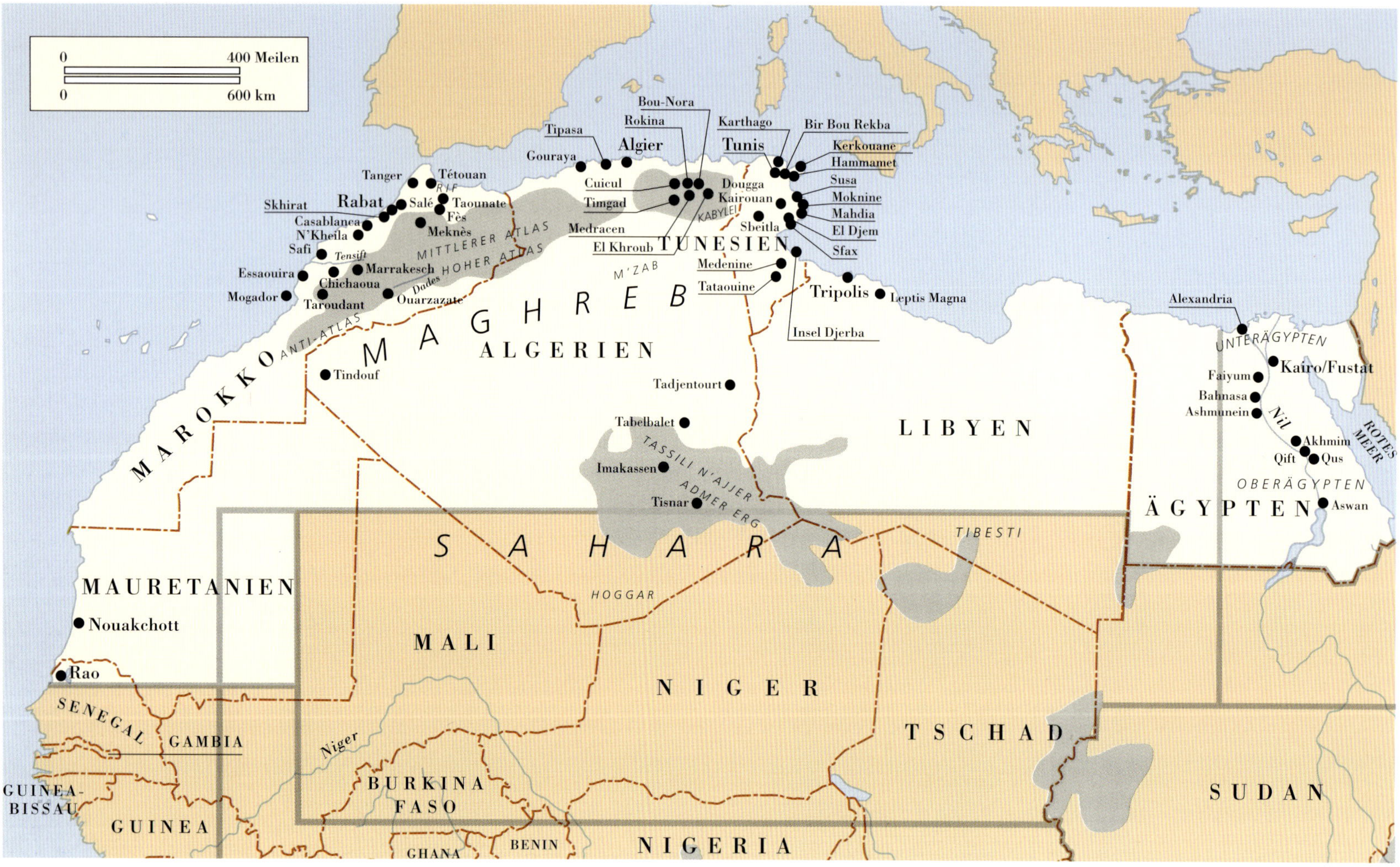

0 400 Meilen
0 600 km
Bou-Nora
Rokina
Tipasa
Algier
Gouraya
Karthago
Tunis
Bir Bou Rekba
Kerkouane
Hammamet
Tanger
Tétouan
RIF
Skhirat
Rabat
Salé
Taounate
Fès
Casablanca
Meknès
N'Kheila
Safi
Tensift
Essaouira
Marrakesch
Chichaoua
Mogador
Taroudant
Ouarzazate
Dades
MITTLERER ATLAS
HOHER ATLAS
ANTI-ATLAS
Cuicul
Timgad
Dougga
Kairouan
Susa
Moknine
Mahdia
El Djem
Sfax
Sbeitla
KABYLEI
Medracen
El Khroub
TUNESIEN
M'ZAB
Medenine
Tataouine
Tripolis
Leptis Magna
Insel Djerba
MAGHREB
ALGERIEN
MAROKKO
Tindouf
Tadjentourt
Tabelbalet
Imakassen
TASSILI N'AJJER
ADMER ERG
Tisnar
LIBYEN
Alexandria
UNTERÄGYPTEN
Kairo/Fustat
Faiyum
Bahnasa
Ashmunein
Nil
Akhmim
Qift
Qus
ROTES MEER
OBERÄGYPTEN
ÄGYPTEN
Aswan
TIBESTI
SAHARA
HOGGAR
MAURETANIEN
Nouakchott
Rao
SENEGAL
GAMBIA
MALI
NIGER
TSCHAD
SUDAN
Niger
GUINEA-BISSAU
GUINEA
BURKINA FASO
GHANA
BENIN
NIGERIA

7 NORDAFRIKA

PRÄHISTORISCHES NORDWESTAFRIKA

Timothy A. Insoll und M. Rachel MacLean

Geographisch gesehen hat Nordwestafrika drei unterschiedliche Klimazonen: das im Westen vom Atlantik und im Norden vom Mittelmeer begrenzte Küstengebiet, die Gebirgsregion des Maghreb und die Sahara. Diese drei Zonen weisen eine sehr unterschiedliche Flora und Fauna auf wie auch Zeugnisse kultureller Verbindungen mit anderen Gebieten: dem mediterranen Raum im Norden, der Sub-Sahara-Region im Süden und dem Sudan des Niltales im Osten. Alle diese Faktoren mündeten in einen Prozeß einzigartiger Kulturaneignung und -weiterentwicklung, der sich in archäologischen Funden dieser Region aus der prähistorischen, insbesondere der neolithischen Zeit widerspiegelt. Während dieses Zeitabschnittes erlebte die Kunst eine Blüte und hinterließ eine Fülle nicht nur dauerhafter Felskunst, sondern auch kleiner, tragbarer Gegenstände.

Im Neolithikum, das sich aus dem Paläolithikum oder der Altsteinzeit (50 000–7000 v. Chr.) entwickelte, wandelten sich die Lebensumstände mit den Anfängen der Viehhaltung und des Ackerbaus grundlegend; damit einher gingen eine zunehmende Seßhaftigkeit sowie eine Weiterentwicklung der technischen Verfahren. In Nordwestafrika verlief die ›Neolithisierung‹ sehr langsam: Erst allmählich wurden ab dem 7. Jahrtausend v. Chr. neolithische Züge in die bestehende epipaläolithische Lebensweise übernommen. Im letzten Jahrtausend v. Chr. kündigt das Erscheinen von Kupfer- und Bronze-Metallurgie den Beginn der Bronzezeit an.

Bedingt durch den langen Zeitraum und die unterschiedlichen Erhaltungsbedingungen in diesem Gebiet sind die uns überlieferten Objekte, insbesondere die Kunstgegenstände, überwiegend aus Stein; doch auch Keramik- und Knochenerzeugnisse überdauerten die Zeit. Weit verbreitet war das Polieren und Schleifen von Steinen. Die Bohrtechniken mittels Schleifmitteln, Nadeln und Bohrern waren bereits hochentwickelt – sie werden noch heute praktiziert. Man stellte Äxte, Hacken, Querbeile und Perlen her; letztere wurden in der Sahara aus Mineralien wie Amazonit, Chalzedon und Karneol gefertigt (eine außergewöhnliche Steinart aus der Sahara ist Kat. 7.5). Gemeißelte und polierte Schüsseln aus Hartstein wurden ebenfalls produziert (siehe Kat. 7.6 a von der marokkanischen Küste und Kat. 7.6 b aus Tassili-n'Ajjer) und

Abb. 1 Männer mit Unterstand und Viehherde: Zustand der Sahara, bevor sie zur Wüste wurde; Felsmalerei in rot-brauner und weißer Farbe; die Länge der Tiere beträgt jeweils ca. 30 cm; Rinder-Periode, Sefar, Tassili-n'Ajjer

dienten als Mörser zum Zerkleinern von Getreide, Beeren sowie zur Herstellung von Naturfarben und zum Pulverisieren von Ocker für Fels- und Körperbemalung.

Es ist sehr wahrscheinlich, daß auch organische Materialien in den künstlerischen Schaffensprozeß einbezogen waren. Und auch der menschliche Körper selbst war wohl Träger künstlerischen Ausdrucks, wie dies durch Felsmalereien in Ouan Bender, Azzer und Ouan Derbaouen im Grenzgebiet von Algerien und Niger deutlich wird, in denen mit Tatauierung und Körperbemalung versehene Figuren dargestellt sind. Die zahlreichen Belege für das Zerkleinern von Pigmenten und Ockerfarben könnten ein Ergebnis dieses Brauches sein.

Stämme aus der Gebirgsregion des Maghreb entwickelten eine bemerkenswerte figurative Kunsttradition und gravierten in Steintafeln und Straußeneierschalen Tierdarstellungen. Im Atlasgebirge stieß man auf geritzte Felsbilder mit oft sehr großen Menschen- und Tierdarstellungen derselben Machart, und aufgrund der stilistischen Übereinstimmung nimmt man an, daß auch sie aus dem Neolithikum stammen.

In der Sahara erlebte die Kunst der Felsgravierung und -malerei (Abb. 1), die zu den meistuntersuchten künstlerischen Erscheinungen dieses Gebiets gehörten, während der neolithischen Periode einen Höhepunkt. In Verbindung mit dieser Felskunst entwickelte sich eine großartige Tradition der Bildhauerei: 38 Tierskulpturen und anthropomorphe Kultfigurinen, gefertigt aus Hartstein wie Basalt, Dolerit und Gneis, kamen bisher bei Ausgrabungen ans Tageslicht (die zwei Kultfiguren aus Tabelbalet, Kat. 7.3, und der Widderkopf aus Tadjentourt, Kat. 7.4, sind bekannte Beispiele). Dieser künstlerische Stil, der auf einem symmetrischen Grundprinzip und dem Verzicht auf Details im Hochrelief gründete, ist auch charakteristisch für andere, für den Alltagsgebrauch bestimmte Gegenstände aus Stein.

In der Bronzezeit führte die fortschreitende Ausdehnung der Sahara zu einer Abwanderung aus den südlichen Gebieten und zu einer Orientierung auf die Mittelmeerregion. Vermehrt wurden archäologische Funde in den Küstengebieten und im Hohen Atlas geborgen; dies geht einher mit einem charakteristischen Stilwandel der Steinkunst. Stilisierte Darstellungen des Menschen und seiner materiellen Güter bilden nun den Schwerpunkt der Felszeichnungen und ersetzen die realistische Wiedergabe der Flora und Fauna, die typisch für das Neolithikum war; dies spiegelt vermutlich sowohl die veränderte Einstellung des Menschen zu seinem Lebensraum als auch sein Verhältnis zu einer größer gewordenen Welt wider.

DAS AFRIKA KARTHAGOS, NUMIDIENS UND ROMS

R. J. A. Wilson

Im 8. Jahrhundert v. Chr., möglicherweise auch schon früher, begannen Gruppen phönizischer Händler aus dem Gebiet des heutigen Libanon entlang der nordafrikanischen Küste Häfen anzulegen. Einer dieser Stützpunkte war das nahe dem heutigen Tunis gelegene Karthago. Es sollte sich zur führenden phönizischen Kolonie in Nordafrika entwickeln und später eine der größten Städte des römischen Imperiums werden. Antiken Quellen zufolge wurde Karthago 814 v. Chr. gegründet, doch selbst die ältesten archäologischen Funde, sei es von Begräbnisstätten oder Wohnvierteln Karthagos, sind nicht vor 725 v. Chr. zu datieren. Es ist möglich, daß die ältesten Siedlungsschichten und die frühesten Gräber noch nicht entdeckt worden sind. Karthago breitete sich rasch aus und gründete bald eigene Niederlassungen; bereits nach kurzem beherrschte es nicht nur die gesamte nordafrikanische Küste vom heutigen Marokko bis Libyen, sondern kontrollierte zudem auch Teile Spaniens, Sardiniens und Siziliens. Doch trotz des gewaltigen wirtschaftlichen und militärischen Erfolges, der bis zum schicksalhaften Aufeinandertreffen mit Rom im 3. und 2. Jahrhundert v. Chr. andauerte, entwickelte Karthago nie eine Kunst eigener Ausprägung. Auf das 7. und 8. vorchristliche Jahrhundert datierte Erzeugnisse unterscheiden sich in keiner Hinsicht von jenen des phönizischen Mutterlandes, so daß es oft schwerfällt, importierte Objekte von einheimischen zu unterscheiden (Kat. 7.13). Ab dem 6. Jahrhundert v. Chr. läßt sich dann ein stärkerer griechischer Einfluß auf die Kunst Karthagos feststellen, zumeist vom griechischen Sizilien ausgehend; dieser Einfluß erreichte seinen

Höhepunkt in der hellenistischen Periode, bevor Karthago im Jahre 146 v. Chr. durch die Römer zerstört wurde. Ebenso stark war die Ikonographie Karthagos von der ägyptischen Kunst beeinflußt. Das Ergebnis war eher ein Amalgam denn ein wirklich schöpferischer und eigenständiger Stil. Gleichwohl kennen wir einige Stücke, die man als charakteristisch für die Kunst Karthagos bezeichnen kann, auch wenn diese anderswo ebenfalls zu finden sind, wie z. B. die grotesken Tonmasken, die besonders in Gräbern (siehe Kat. 7.9) als apotropäische Symbole dienten, oder die eleganten, oft schön gravierten Rasiermesser in Kupferlegierung, die in Karthago zwischen dem 6. und dem 3. vorchristlichen Jahrhundert ein alltäglicher Gebrauchsgegenstand waren: Da die Karthager im allgemeinen Bärte trugen und diese Klingen gleichermaßen in Gräbern von Männern und Frauen gefunden wurden, könnte ihre Funktion darin bestanden haben, den bösen Blick abzuwehren. Für Karthago und dessen Einflußgebiet ebenfalls typisch waren die Votivtafeln (*stelae*) aus Kalkstein, die üblicherweise mit einfachen, aber eindrucksvollen Flachreliefs versehen sind. Viele zeigen auch das Symbol der obersten Gottheit Karthagos, Tanit, die durch ein Dreieck symbolisiert wird, über dem sich ein horizontal verlaufender Balken und eine kreisrunde Scheibe, die für die Sonne steht, befinden (Kat. 7.14, 7.15).

Die Kultur Karthagos hatte weitreichenden Einfluß auf die indigenen Völker des inneren Maghreb, die unter der Bezeichnung Numider zusammengefaßt werden. Könige wie Masinissa, der von 203 bis 146 v. Chr. regierte und zudem Sprachforscher von Rang, Philosoph und Vater von 44 Kindern war, förderten Seßhaftigkeit und Ackerbau im Gegensatz zum Nomadismus und gaben als Sprache am Hof dem Punischen (der Sprache Karthagos) gegenüber dem Libyschen den Vorzug. Wenig ist von den Siedlungen der Numider bekannt, aber ihre Grabmalarchitektur, wie z. B. das große, kreisförmig angelegte Stein-Mausoleum bei Le Medracen in der Nähe von Tipasa (Algerien) oder die quadratisch angelegten Mausoleen bei El Khroub (Algerien), Dougga (Tunesien) und andernorts, verrät mit einer Mischung griechischer, karthagischer und ägyptischer Elemente die Neigung zum Eklektizismus.

Unter der römischen Herrschaft blühten die nordafrikanischen Provinzen auf, und dies war größtenteils Ergebnis einer effizienten Landwirtschaft. Immer mehr Land wurde kultiviert, manchmal unterstützt durch ausgedehnte Bewässerungspläne, und die daraus resultierende Möglichkeit, große Überschüsse an Weizen und Olivenöl bzw. im geringeren Umfang auch für andere Produkte wie Wein und Feigen für den Export zu erwirtschaften, bildete die Grundlage für den römisch-afrikanischen Wohlstand. Die exotische Fauna Nordafrikas, wie Elefanten oder Löwen, die ihren Lebensraum nördlich der Sahara hatten, wurde zusammengetrieben, um in den Amphitheatern in Italien und anderswo als Schlachtvieh zu dienen. Der hochgepriesene gelbe Marmor aus Simitthus (Chemtou) wurde für Prestigebauten exportiert, und sogar die Töpferindustrie, die seit dem zweiten nachchristlichen Jahrhundert große Mengen an eher durchschnittlichem roten Tafelgeschirr herstellte, eroberte sich schließlich Märkte entlang der ganzen Mittelmeerküste. Zu weiteren afrikanischen Exportartikeln von Rang gehörten Fischsaucen (*garum*), Holz aus dem Maghreb, das besonders zur Möbelherstellung benutzt wurde, und Färbemittel, für die die Insel Mogodor westlich der marokkanischen Küste berühmt war.

Der Reichtum der grundbesitzenden Elite drückte sich im Bau sowohl öffentlicher Gebäude als auch von Privathäusern und Villen aus. Nicht nur wurden die alten Siedlungen der Karthager nach bestimmter Zeit vollständig durch Gebäude im neuen römischen Stil ersetzt – Foren, Theater, Badeanlagen, Aquädukte und Amphitheater, die sich in den meisten Städten, die etwas auf sich hielten, im ganzen Römischen Reich finden –, sondern es wurden auch Städte im Landesinneren angelegt, wo sich in vorrömischer Zeit nur sehr geringe Anzeichen einer städtischen Entwicklung gezeigt hatten. Einige waren über strengem Raster angelegte Gründungen römischer Legionäre im Ruhestand (*coloniae*), wie etwa die fast vollständig ausgegrabenen Städte Cuicul (Djemila) und Timgad in Algerien; andere waren spontane Gründungen der neuen Gesellschaftsordnung. Die hervorragend bewahrten Überreste dieser Siedlungen und die Tempel auf dem Forum von Sufetula (Sbeitla), das Amphitheater in Thysdrus (El Djem) oder die Gebäudekomplexe, die im libyschen Leptis Magna vom berühmtesten Sohn der Stadt, Kaiser Septimius Severus, der von 193 bis 211 regierte, errichtet wurden, sind ein deutliches Zeugnis für die hochentwickelte architektonische Kultur der römisch-afrikanischen Zivilisation.

Es überrascht nicht, daß in diesem Klima reichen Mäzenatentums die Künste ebenfalls eine Blüte erfuhren (Abb. 2). Rege ortsansässige Bildhauerschulen wurden ins Leben gerufen. Sie bearbeiteten Kalkstein und Marmor und stellten anspruchsvolle Reliefs und Vollplastik her; aber ein eigenständiger römisch-afrikanischer Stil, der sich durch eine etwas flache, stilisierte Reliefbearbeitung ausweist, ist am besten in Votivgaben in Altarräumen zu sehen. Gute Beispiele sind die zahllosen *stelae*, die zur Anbetung Saturns errichtet wurden; Saturn wurde im römischen Afrika als leicht abgewandelte Version der phönizischen Gottheit Baal verehrt: In Afrika hatte religiöser Konservativismus ein langes Leben. Das Erbe Karthagos zeigt sich beim anhaltenden Gebrauch des Punischen als Verkehrssprache in vielen Regionen; es wurde noch bis zu Lebzeiten des hl. Augustinus im späten 4. Jahrhundert gesprochen. Den bedeutendsten und eigenständigsten Beitrag Afrikas zur Kunst leisteten die vielen Mosaikwerkstätten (*officinae*), besonders ab dem späten 2. Jahrhundert, als der Wohlstand in Afrika einen neuen Höchststand erreichte. Sie lehnten den Schwarz-Weiß-Stil, der damals bei italienischen Mosaikkünstlern in Mode war, ab und schufen in mannigfacher Vielfarbigkeit eine ganz eigene und phantasiereiche Art der Mosaikgestaltung, die die gesamte Bodenfläche in Anspruch nahm, um ein dekoratives Ensemble zu bilden. Manchmal fanden rein ornamentale Muster Verwendung, aber oft wurden Figuren in die Fläche eingefügt. Zu diesen Entwürfen gesellten sich bald reine Figurenkompositionen mit ehrgeizigen Szenen, die die Freizeitvergnügungen und Triumphe der Auftraggeber aus Amphitheater und Zirkus, Jagd oder das Landleben schilderten (siehe Kat. 7.10). Beliebt waren auch Umzüge von oft wunderlichen und phantastischen Meerestieren, aber mythologische Szenen als solche findet man selten. Bis zum 4. Jahrhundert war dieser Mosaikstil von Mosaizisten in Italien und in anderen Provinzen übernommen worden; in einigen Fällen scheint es tatsächlich gesichert zu sein, daß afrikanische Mosaikmeister ins Ausland reisten, um Spezialaufträge auszuführen. Nach der Christianisierung, die im Laufe des 3. Jahrhunderts allmählich weite Bereiche Nordafrikas erfaßte, kamen die reichen Talente der Mosaikkünstler christlichen Mäzenen zugute, und ihre Arbeiten schmückten mosaikgepflasterte Kirchen ebenso wie Taufkapellen.

Abb. 2 Büste eines Jünglings, vermutlich ein Porträt Jubas II. (25 v. Chr. – 19 n. Chr.), Bronze; Musée d'Archéologie, Rabat

DIE ISLAMISCHE EPOCHE

Nadia Erzini

Seit dem 7. Jahrhundert n. Chr. (1. Jahrhundert der muslimischen Zeitrechnung), als es den muslimischen Armeen Arabiens trotz geringerer Truppenstärke gelang, das Oströmische Reich in Nordafrika abzulösen, beeinflußten der Islam und die arabische Sprache Kunst und Kultur. Allerdings schritt die Islamisierung nur langsam voran und war niemals vollständig; die einheimischen Völker sprechen bis zum heutigen Tag die regionalen Berbersprachen (hamitischen, nicht semitischen Ursprungs), auch wenn sie Anhänger des Islam sind. Diese Vermischung der Kulturen der Araber, Berber und – in gewissem Maße – der Afrikaner der Sub-Sahara, verleiht dem islamischen Nordafrika seinen spezifischen Charakter.

Obwohl Nordwest-Afrika, das im Arabischen als Maghreb bezeichnet wird und die heutigen Staaten Tunesien, Algerien, Marokko und Mauretanien umfaßt, anfangs der Zentralregierung in Damaskus und Bagdad unterstellt war, entwickelten sich doch bald unabhängige Herrscherdynastien, wie jene der Idrisiden (789–926) mit ihrer neuen Hauptstadt Fès und der Aghlabiden (800–909) in Kairouan. Die Fatimiden (909–1171) eroberten den größten Teil Nordafrikas, wurden aber von regionalen Berberdynastien, wie z. B. den Ziriden, abgelöst. Im 11. Jahrhundert gelangten der Islam und arabische Einflüsse durch von Arabien ausgehende Invasionszüge verschiedener Beduinenstämme ins Hinterland, und die Berber zogen sich in die abgelegenen Regionen des Atlas, den Rif und die Kabylei sowie in die Sahara zurück.

In dem Zeitraum vom 11. bis zum 13. Jahrhundert vereinigten zwei große religiöse Bewegungen, die Almoraviden (1056–1147) und die Almohaden (1130–1269), unter der Führung von Berberstämmen aus der westlichen Sahara und dem Atlasgebirge den Maghreb unter einer Herrschaft mit Marrakesch als Hauptstadt. Diese Dynastien weiteten ihren Herrschaftsbereich bis auf die Iberische Halbinsel aus, und von dieser Zeit an gedieh die hochentwickelte hispano-muslimische oder andalusische Kunst und Architektur in Nordafrika.

Die Mariniden- und Saadianer-Dynastien Marokkos profitierten besonders von der Zuwanderung andalusischer Handwerker und Architekten während und nach der katholischen Reconquista Spaniens. Der eigentümlich bewahrende Charakter nordafrikanischen Kunstschaffens ist besonders in der Kunst Marokkos spürbar, wo mittelalterliche und andalusische Formen noch bis in die Gegenwart detailgetreu kopiert werden. Während Marokko unter der Alawi-Dynastie, die 1631 gegründet wurde, politisch und kulturell relativ isoliert blieb, wurden Algerien und Tunesien im 16. Jahrhundert Teil des Osmanischen Reiches; ihre Kunst vereinigt Elemente türkischer Provinzen mit regionalen Eigenheiten Nordafrikas. In den letzten Jahrhunderten wurde Nordafrika dann durch die Kolonialherrschaft Frankreichs und Spaniens geprägt.

Eine der Hauptquellen des Wohlstands in der vorkolonialen Zeit war für die islamischen Dynastien das westafrikanische Gold, das entlang der Handelsroute Timbuktu, Gao und Djenné gegen nordafrikanische Manufakturwaren – Leder, Textilien, Waffen und Metalle – und gegen Salz aus der Sahara getauscht wurde. Der westliche Sudan wurde von den marokkanischen Dynastien der Almoraviden und Saadianer im 11. bzw. 16. Jahrhundert erobert, und die islamischen Künste der Kalligraphie und Architektur breiteten sich durch den Handel und die Gründung religiöser Bruderschaften nach Westafrika aus.

Die muslimischen Königreiche des westlichen Sudan expandierten ebenfalls nach Norden in die westliche Sahara. Noch bis vor kurzem wurde in Nordafrika mit Sklaven aus den westlichen Gebieten des Sudan gehandelt, und im Schaffen bestimmter Völker, wie etwa der Gnawa in Marokko mit ihren traditionellen Kaurischneckenornamenten, zeigt sich deutlich die Kontinuität der Kunst der Sub-Sahara in Nordafrika. Letztlich jedoch ist es schwierig, Beispiele für den Einfluß der Region südlich der Sahara auf die nordafrikanische Kunst genau zu benennen.

Während die mittelalterlichen Umschlagplätze in Nordafrika und im Westsudan durch den Handelsweg durch die Sahara zu Wohlstand gelangten, führten Nomadenstämme, die arabisch-sprechenden ›Mauren‹ aus der westlichen Sahara und der Berberstamm der Tuareg aus der südlichen und Zentralsahara, den Großteil des Transports durch. Die gegen Ende der römischen Besetzungszeit erfolgte Einführung des Kamels als Reit- und Tragetier machte dies möglich.

Das vorliegende Projekt umfaßt die drei Haupttraditionen der nordafrikanischen Kultur: die vielfältige urbane Kunst arabischen, andalusischen und Berber-Ursprunges mit ihrem Schwerpunkt auf Architektur und Kalligraphie wie auch auf dem Kunstgewerbe; die einfacheren ländlichen Erzeugnisse der Ackerbau und Weidewirtschaft treibenden Berberstämme aus den Berg- und Wüstenregionen, von denen nur Funde aus dem späten 19. und dem 20. Jahrhundert vorliegen (obwohl die Kunst der Berber bekanntermaßen viel älter ist); schließlich die tragbaren Gegenstände der Nomaden aus der West- und Zentralsahara, die deren Abhängigkeit von Vieh und Kamelen widerspiegeln.

DAS ISLAMISCHE ÄGYPTEN

Rachel Ward

Es ist sicherlich bemerkenswert, daß es größerer Phantasie bedarf, um sich die Kultur vorzustellen, die vor 500 Jahren in Ägypten entstand, als die etwa 3000 Jahre ältere der Pharaonen. Die spektakulären Grabfunde aus pharaonischer Zeit bestimmen jede Betrachtung ägyptischer Kunst. Im Islam dagegen war es nicht üblich, den Toten beim Begräbnis Wertgegenstände beizulegen, und so wurden Gold- und Silberarbeiten des Mittelalters eingeschmolzen, Tonwaren und Glas gingen zu Bruch, Gemmen wurden neu gefaßt und Seidenerzeugnisse zerfielen. Dennoch stellte das Mittelalter, besonders der Zeitabschnitt zwischen dem 10. und dem 15. Jahrhundert, in dem Ägypten unabhängig und Kairo eine der größten Städte der Welt war, ein weiteres ruhmreiches Kapitel in der Geschichte der ägyptischen Kunst dar.

Die Gebäude des mittelalterlichen Kairo vermögen noch immer den Glanz dieser Jahrhunderte wachzurufen, obwohl sie dringend der Restauration und des Schutzes vor den Auswirkungen von Erdbeben und moderner Umweltverschmutzung bedürften. Zu Gegenständen, die in religiösen Einrichtungen und Sammlungen außerhalb Ägyptens aufbewahrt werden, kamen Zufallsfunde und Objekte aus Ausgrabungen hinzu, insbesondere aus Fustat, der ersten islamischen Hauptstadt Ägyptens, die später zum Müllabladeplatz der Bewohner Kairos verkam. Gefäße und Bruchstücke von Einlegearbeiten aus Messing, schimmerndes, vergoldetes oder emailliertes Glas, auf Hochglanz polierte, blau-weiße Keramik, bearbeiteter Bergkristall und bemaltes Elfenbein, Geschmeide aus zartem Filigrangold mit Intarsien aus Email, Schals aus bunter Seide oder besticktem Musselin sowie Steinmetzarbeiten und geschnitzte oder eingelegte Holzarbeiten sind Zeugnisse eines luxuriösen Lebensstils der Begüterten in der ägyptischen Hauptstadt. Und doch sind sie nur blasse Abbilder der Schätze, die in zeitgenössischen ägyptischen Berichten oder in den lebhaften Geschichten aus Tausendundeiner Nacht beschrieben sind, die zwar im Bagdad der Abbasidenzeit handeln, aber im Kairo des 14. Jahrhunderts geschrieben wurden und das Leben aller Schichten dieser Stadt schildern.

Nach der Invasion der Araber im Jahr 642 wurde Ägypten Teil des sich ausbreitenden islamischen Reiches. Für mehr als 300 Jahre sollte es eine Provinz unter der Herrschaft eines Gouverneurs bleiben und gezwungen sein, jährliche Tributzahlungen an den Kalifen zu leisten. Ein schneller Wechsel der Gouverneure verhinderte, daß sie ernstzunehmende Mäzene der Kunst und Architektur werden konnten, und die Höhe der vom Kalifat eingeforderten Tribute minderte beträchtlich die für größere Projekte zur Verfügung stehenden Geldsummen. Während dieser Jahrhunderte ging die Islamisierung Ägyptens nur langsam voran. Gegenstände mit arabischen Inschriften wurden vermutlich für die herrschende Schicht angefertigt; Aufträge durch die einzelnen koptischen und jüdischen Gemeinden sicherten gleichwohl auch den Bestand älterer Formen und Stile. Viele den Kopten zugeordnete Objekte sollten wahrscheinlich auf einen Zeitpunkt weit nach der arabischen Eroberung datiert werden.

Eine kurze Periode ägyptischer Unabhängigkeit unter Ahmad ibn Tulun und seinen Nachfolgern auf dem Thron (868–905) war geprägt durch eine gewaltige Zunahme der Bauaktivität einschließlich der Errichtung der großen Moschee, einem Wahrzeichen Kairos (Abb. 3). Paläste aus dieser Zeit sind nicht erhalten geblieben, doch weiß man aus Beschreibungen, daß sie üppig ausgestattet waren. Sie verfügten über große Gärten, in denen man exotische Tiere hielt, und Empfangshallen, die ganz nach persönlichen Vorlieben gestaltet und etwa mit kleinen Quecksilberseeen ausgestattet waren.

Die triumphale Ankunft der Fatimiden im Jahr 969 und deren Gründung einer neuen Hauptstadt, Kairo (arabisch: al-Qahira, ›die Siegreiche‹), markieren den Beginn von rund 550 Jahren Unabhängigkeit, Reichtum und großzügiger Förderung der Künste in Ägypten. Die Fatimiden waren eine schiitische Dynastie aus Nordafrika, die ihre Familie auf Ali, den vierten Kalifen und Schwiegersohn des Propheten Mohammed, zurückführte. Sie erklärten sich selbst zu den wahren Kalifen und schwangen sich zu Opponenten des sunnitischen Kalifates in Bagdad auf. Sie nutzten Ägyptens geographische Lage als Kreuzungspunkt zwischen Afrika und Asien, der Welt des Mittelmeers und – über das Rote Meer – dem Osten und errichteten ein höchst profitables Handelsnetz, in dem u. a. mit Bergkristall und Elfenbein von der afrikanischen Ostküste, Gold aus Nubien, Gewürzen und Exotischem aus Indien und chinesischem Porzellan gehandelt wurde.

Noch heute stehen in Kairo und in den Städten entlang der ägyptischen Haupthandelsrouten einige Moscheen aus der Zeit der Fatimidenherrschaft. Die schönsten von ihnen haben Fassaden, die mit Muschelnischen, Laubwerkinschriften in kufischer Schrift und Reliefs mit Flechtornamenten verziert waren. Die Fatimiden führten auch die Sitte ein, Bauwerke zu Ehren von Heiligen zu errichten. Diese ›Städte der Toten‹, die auf riesigen Flächen, welche zugleich Ausflugs- und Wallfahrtsstätten waren (und dies auch heute noch sind), große Ansammlungen von Mausoleen beherbergten, sollten ein Kennzeichen der ägyptischen Sakralarchitektur werden.

Der Luxus am Kairoer Hof der Fatimiden ist legendär. Die Kalifen bauten beeindruckende Paläste mit Gärten, in denen Pavillons aus poliertem Marmor standen und deren Wände mit Fresken geschmückt waren, die Jagdszenen, Tänzerinnen, Prozessionen und andere Vorgänge und Ereignisse am Kalifenhof zeigten. Eine gewisse Vorstellung, wie diese ausgesehen haben mögen, vermittelt der Zyklus höfischer Szenen auf dem Deckengemälde der Cappella Palatina in Palermo, wahrscheinlich das Werk eines Künstlers der Fatimiden aus der Mitte des 12. Jahrhunderts.

Abb. 3 Hof (sahn) *der von Ibn Tulun errichteten Moschee (868–884 n. Chr.); der mit einer Kuppel bekrönte Brunnen im Zentrum wurde 1296 von dem Mamlukensultan Ladjin ergänzt*

Beschreibungen der Innenräume der Fatimidenpaläste berichten von Goldbäumen mit mechanischen Singvögeln und anderen Automaten, von goldenen Thronen mit eingravierten Jagddarstellungen, von durchbrochenen Wandschirmen aus Gold, emailliertem Goldgeschmeide, geschnitzten Haarspangen aus Elfenbein, von mit Gemmen eingefaßten Spiegeln und Tausenden Gefäßen aus Gold, Silber, Bergkristall, Porzellan sowie Räumen, die mit schönsten Webwaren angefüllt waren. Einige Beispiele der Schätze dieser Dynastie sind erhalten geblieben. Geschnitzte Bergkristalle (Kat. 7.50), Elfenbein (Kat. 7.49) und bestickte Kleidung (Kat. 7.51) bezeugen die hohe Kultur, die das Ägypten der Fatimiden hervorbrachte. Andere Objekte verraten auch Interesse für die Details des Alltagslebens. Unter den Darstellungen der Holz- und Elfenbeinschnitzereien auf Lüsterkeramik oder Papier finden sich ein Hahnenkampf, ein Mädchen, das einen Schleiertanz aufführt, eine Musikerin mit ihren Begleitern, Erntearbeiter und eine am ganzen Körper tatauierte Frau. Einige Bilder sind in ihrer Bildsprache unübersehbar christlich geprägt (Kat. 7.46), was vermuten läßt, daß die koptische Gemeinde weiterhin bei der Kunstförderung eine wichtige Rolle spielte.

Der Herrscher Saladin aus dem Geschlecht der Ayyubiden, in Europa als Sieger über die Kreuzritter bekannt, war auch für die Vertreibung der Fatimiden aus Ägypten im Jahr 1171 und die Wiederaufnahme des sunnitischen Islam als Staatsreligion verantwortlich. Später wurde die Herrschaft der Ayyubiden durch verlustreiche Machtstreitigkeiten geschwächt und so der Weg für die militärische Machtübernahme Ägyptens durch die Mamlukentruppen und die Gründung der Mamlukendynastie (1250–1517) bereitet. Die Eroberung Bagdads durch die Mongolen 1258 und die darauf folgende Errichtung des Kalifates in Kairo sicherten Kairo eine neue Bedeutung als geistliches, intellektuelles und politisches Zentrum der islamischen Welt.

Von den Palästen der Mamluken blieb nichts erhalten, doch gibt eine große Zahl sakraler Bauten, fast alle in Kairo, einen Eindruck von ihrer Pracht und der Höhe der Architektur dieser Zeit (Abb. 4). Die Mamluken profanierten die Fatimiden-Tradition, Mausoleen für heilige Männer zu errichten, indem sie diese für sich selbst erbauten. Religiöse Bauten wurden daneben unter der Voraussetzung errichtet, die Nachkommen des Stifters nach der unausweichlichen Konfiszierung seines Reichtums und seiner Besitztümer im Todesfall oder bei Machtverlust zu beschäftigen und zu unterstützen. Da die Mamlukensultane und -offiziere ihre Frömmigkeit und Macht öffentlich demonstrieren wollten, ließen sie diese Gebäude in Kairos Stadtmitte errichten. Die Enge der Altstadt forderten dem Architekten einiges an Erfindungsreichtum ab, denn einen Bau mit imposanter Fassade und majestätischen Innenräumen auf einem ungleichmäßigen und üblicherweise kleinen Grundstück an dunklen und engen Straßen zu schaffen, war kein leichtes Unterfangen.

Diese Gebäude waren im Stil der Zeit reich verziert: mit verschiedenfarbigem Marmor, Granit und Perlmutt verkleidete Wände, gewaltige Türen aus durchbrochenem oder eingelegtem Messing oder aus geschnitztem Holz mit Elfenbeinintarsien, Decken aus bemaltem Holz, Fenstergitter aus Stein, die das

Abb. 4 Die reliefgeschmückte Steinkuppel der Moschee innerhalb des Mausoleumkomplexes von Sultan Qaitbay, Kairo, 1472–1474

Licht durch feingliedrige geometrische Muster einfallen ließen. Sie waren ausgestattet mit Möbeln und Objekten, oft aus Händen exquisiter Handwerker, beispielsweise mit einem geschnitzten oder mit Intarsien verzierten *minbar* aus Holz (Kat. 7.67), emaillierten Lampen aus Glas (Kat. 7.62), Messingkronleuchtern (Kat. 7.59) und Kandelabern aus Gold, Silber oder Messing. Koranschriften gehörten ebenso zur Ausstattung wie Holz- oder mit Messingintarsien versehene Truhen, um sie aufzubewahren bzw. Koranständer, auf denen sie ruhten.

Von allen religiösen Objekten des Islam stehen die Koranschriften, das sichtbar gewordene Wort Allahs, in ihrem geistlichen Rang und Ansehen den illuminierten Handschriften des europäischen Mittelalters am nächsten, und sie zogen dieselbe zeitgenössische kritische Aufmerksamkeit auf sich. Die Koranbücher der Mamluken sind besonders schön. Der berühmte siebenbändige Koran, den der Mamluken-Befehlshaber Baibars al-Djashnankir in Auftrag gab, wurde von Ibn Iyas, einem Historiker des 16. Jahrhunderts, als eines der Weltwunder bezeichnet (Kat. 7.55). Das Buch wurde von Kairos führendem Kalligraphen, Sheikh Scharaf ad-Din ibn al-Wahid, mit Gold geschrieben und von den besten Buchmalern illustriert; man benötigte mehr als ein Jahr, um es fertigzustellen; der Preis betrug 1700 Dinare.

Die Militärelite der Mamluken war als reichste Gesellschaftsschicht führend in der Förderung der Künste, obwohl Händler und Beamte des Hofes (Kopten, Muslime und Juden) oft reich genug waren, um schöne Objekte zu erwerben. Die vom Sultan oder seinen Emiren in Auftrag gegebenen Bauten und materiellen Güter sind durch Titelaufschriften und persönliche Wappen, die zur Kennzeichnung der Besitztümer verwendet wurden, leicht zu unterscheiden. Messingintarsien und emaillierte Glasbehälter mit entsprechenden Titeln und Wappen sind in gewissem Umfang erhalten geblieben, aber aus den Inventaren ist ersichtlich, daß Gold- und Silbergefäße beliebter waren und daß Begüterte manchmal einige tausend wertvolle Metallbehältnisse besaßen, von denen nicht eines gefunden wurde.

Die Hauptquelle des Reichtums der Mamluken war ähnlich wie bei den Fatimiden der Handel, insbesondere der mit Gewürzen aus Indien, die mit beträchtlichem Profit nach Europa verschifft wurden. Ihr lukratives Monopol des Ost-West-Handels über das Rote Meer wurde im späten 15. Jahrhundert durch die Umsegelung des Kaps der Guten Hoffnung durch die Portugiesen, die dadurch eine alternative Route von

Europa nach Osten aufbauten, zerstört. Die vordringenden Heere der Osmanen fanden 1517 ein geschwächtes Reich vor, das ihrer überlegenen Feuerkraft nichts entgegenzusetzen hatte. Ägypten wurde dem Osmanischen Reich einverleibt und besaß bis zum 19. Jahrhundert den Status einer Provinz. Ägyptische Kunst und Architektur verkamen zum blassen Abbild der Moden am Hof in Istanbul, obwohl traditionelle Handwerksarbeiten, wie z. B. Steinmetzarbeit und Holzschnitzerei, ihnen eine eigene ägyptische Identität verlieh.

Kairo war – wie vordem Fustat – während der gesamten islamisch geprägten Zeitspanne das ägyptische Zentrum der Förderung und Produktion von Kunst und Architektur. Das überrascht nicht, denn Kairo war nicht nur die Hauptstadt aufeinanderfolgender reicher Dynastien, sondern zugleich Heimatstadt eines prozentual gesehen großen Anteils der ägyptischen Bevölkerung einschließlich fast aller Träger von Privilegien. Die Geographie Ägyptens begünstigte zudem noch die Zentralisation. Der Nil schafft einen Korridor der Besiedlung und des Transports, so daß buchstäblich alle Straßen nach Kairo führen. Kaufleute bereisten diesen Korridor regelmäßig in beiden Richtungen und versorgten auf ihrem Weg zu fernen Zielen die Anrainer mit Waren aus der Hauptstadt.

Kairos Hauptrivalin als Zentrum der Kunstproduktion war Damaskus, die zweite Stadt des Reiches und Hauptstadt Syriens, die über alte eingesessene Werkstätten von Metallbearbeitern, Töpfern, Glasbläsern und anderen Handwerkern verfügte. Von den Mamluken weiß man, daß sie besondere Gegenstände aus Damaskus bestellten: Messingkandelaber mit Intarsien, verzierte Wachskerzen, emaillierte Glasgefäße. Dies erschwert die Zuschreibung tragbarer Objekte, sogar jener, die mit Namen von Personen versehen waren, die nachweislich in Kairo wohnten. Zeitgenössische Berichte und die Gegenstände selbst zeugen allerdings von einer stetigen Abwanderung von Kunsthandwerkern von Syrien nach Kairo – Reaktion auf den dortigen großen Markt für Luxuswaren; es ist deshalb wahrscheinlich, daß die meisten für den Hof bestimmten Objekte vor Ort in Kairo entstanden, besonders jene aus zerbrechlichen Materialien wie Glas, die während der langen Reise beschädigt werden konnten.

Der kosmopolitische Charakter Kairos hatte einen starken Einfluß auf die Kunst, die dort entstand. Die Reihe der Herrscher Ägyptens, der wichtigsten Kunst- und Architekturmäzene, umfaßte Schwarzafrikaner, Nordafrikaner, Araber, Türken, Mongolen, ja sogar eine Frau (obwohl letztere gezwungen war, einen zweitrangigen General zu heiraten, um ihre Position zu behaupten). Bei den Hofbeamten verhielt es sich ähnlich. Sie brachten oft künstlerische Ideen aus ihrer Heimat mit: Ibn Tuluns Moschee etwa (Abb. 3) ist fast ein Abbild der großen Moschee in Samarra. Die Fatimiden führten aus Nordafrika einen entwickelten architektonischen Stil ein. Kairos Reichtum zog Handwerker und Künstler aus der ganzen islamischen Welt und sogar noch darüber hinaus an. Die Namen der Handwerker und Architekten sind meist nicht bekannt, gelegentlich aber erfahren wir von Fliesenkünstlern aus Persien oder von armenischen Architekten; manchmal tragen signierte Objekte den Namen der Heimatstadt des Künstlers, wie Mosul, Basra oder Tabriz. In China, Persien, Europa oder andernorts hergestellte Gegenstände zirkulierten auf den Märkten Kairos. Über ausländische Auftraggeber, Handwerker und Techniken wurden neue Stile und Objekte eingeführt und garantierten, daß Kairo stets auf der Höhe der Zeit war. Umgekehrt strahlten in Kairo ersonnene Innovationen auf die zahlreichen Länder aus, mit denen Ägypten durch den Handel verbunden war.

Obwohl das Bild unvollständig sein mag, so ergeben doch Gebäude, Objekte und schriftliche Hinweise die Gesamtansicht einer hochstehenden, urbanen Kultur, die innerhalb wie außerhalb der gesamten islamischen Welt höchstes Ansehen genoß. Wie der tunesische Historiker Ibn Khaldun, der im 14. Jahrhundert lebte, in der *Muqaddima*, seinem Monumentalwerk über Geschichte und Zivilisation, schrieb: »Heute verfügt keine andere Stadt über eine so reiche städtische Kultur wie Kairo. Sie ist die Mutter der Welt, der große Mittelpunkt des Islam und Quelle der Wissenschaften und des Handwerks.«

7.1 a

Zwei Ständer zum Aufhängen von Ledertaschen

Tuareg oder ›Mauren‹
Mauretanien oder westliche Sahara
20. Jahrhundert
Holz
Höhe 134 und 136 cm
Linden-Museum, Stuttgart, A 39150/I

Holz ist nach Leder vielleicht das wichtigste Material im Alltagsleben der Saharabewohner. Es wird für die Stangen und Balken der Nomadenzelte benutzt, an die Taschen, Sättel, Bogen und Peitschen wie auch Bettrahmen, Geschirr, Tassen, Melkeimer, Löffel, Mörser und Stößel gehängt werden. Trotz fortschreitender Austrocknung der Oasen sind verschiedene Holzarten zu finden. Die am kunstreichsten verzierten Holzgegenstände der Nomadenstämme sind neben Zeltstangen die Bettgestelle. Zum Schlafen wurden diese Betten mit zwei oder drei Matten aus Gras und Lederstreifen bedeckt. Sie sind leicht und lassen sich gut von Kamelen transportieren. Das Bettgestell der Tuareg (Kat. 7.1 d) ist mit Silber, Kupferblattstreifen und Bronzenägeln verziert. Metall wird nur selten von den Tuareg verwendet, in der Hauptsache für ihre Waffen aus Eisen mit Intarsien aus Kupfer. Es gibt bei den Tuareg eine kleine Gruppe von Handwerkern (oft schwarzafrikanischer Herkunft aus Gebieten südlich der Sahara), die als Schmiede und Waffenmacher arbeiten und ein Nomadenleben führen. Berberische Juden dagegen ließen sich vornehmlich in den Oasen der nördlichen Sahara nieder, etwa in M'zab in Algerien und in Marokkos Dades-Tal, und befriedigten dort die Nachfrage nach Silberschmuck und Kupferschmiedearbeiten. Die feingearbeiteten Holzgegenstände werden von Eisen- und Kupferschmieden geschnitzt und gedrechselt.

Der Bettrahmen besteht aus sechs, jeweils zwei Meter langen Stangen, die auf zwei Querbalken ruhen. Sowohl Querbalken als auch Füße des Gestells münden in große Scheiben. Diese Ausführung, insbesondere die Gestaltung der Enden in Form von Lotosblumen, soll an die Bettgestelle der ägyptischen Pharaonen erinnern. Dieselben Lotosblüten und die Verzierung mit Kupferblattstreifen finden sich übrigens auch an Stangen der Tuareg, die für vielfältige andere Zwecke benutzt werden.

Zwei Arten von Zelten sind in der Sahara üblich: Der häufigere Typus ist jener mit einer oder zwei zentralen Stützstangen; die Tuareg der südlichen Sahara dagegen haben ein faßförmiges Zelt über einem halbrunden Rahmen. Die gesamte Einrichtung dieser Zelte wurde verziert, wie z. B. die zwei Stäbe zum Aufhängen von Ledertaschen (Kat. 7.1 a) und der Stab mit drei Zinken, an dem eine Kürbisflasche oder ein Lederbehälter befestigt wurde (Kat. 7.1 b). Jeder Stab wurde zugespitzt, um im Lager aufrecht stehen zu können, die obere Hälfte mit höchst kunstvoller Schnitzerei ist mit Halbkreisen, Dreiecks- und Kreuzformen durchbrochen. Diese Stücke stammen von den nomadischen ›Mauren‹ aus Mauretanien, könnten aber ebensogut von den Tuareg sein. Die skulpturale, beinahe totemistische Qualität der Schnitzarbeit erinnert an Skulpturen aus Gebieten südlich der Sahara.

Keramikobjekte sind in der Sahara wenig gebräuchlich; die Nahrungsbehälter bestehen meist aus Holz. Die hier gezeigte Holzschüssel (Kat. 7.1 c) für Speise oder Milch stammt ebenfalls von den mauretanischen ›Mauren‹, aber identische Formen und Ornamente findet man auch bei den Tuareg. Die größeren Schüsseln haben meist Henkel aus Eisen.

Zum Erhitzen von Milch werden die Holzschüsseln nicht über dem Feuer plaziert, statt dessen legt man heiße Steine aus dem Ofen in die Milch. Es heißt, daß die Tuareg das Angebrannte bei dieser Milch schätzen und daran glauben, daß es böse Geister abhalte. *NE*

Literatur: Kilian 1934, S. 148 f., 152 f. und Abbildungen; Meunié 1961; Nicolaisen 1963, S. 268, Abb. 195 a–b; Du Puigardeau 1967–1970

7.1 b

Ständer zum Aufhängen einer Kürbisflasche oder eines Lederbehälters

Tuareg oder ›Mauren‹
Oualata, Mauretanien
20. Jahrhundert
Holz
Gesamthöhe 181 cm
Linden-Museum, Stuttgart, A 32629La/b

7.1 c

Schüssel

Tuareg oder ›Mauren‹
Mauretanien oder westliche Sahara
20. Jahrhundert (?)
Holz
Höhe 20 cm; Durchmesser 25 cm
Linden-Museum, Stuttgart, A 39152

7.1 d

Bettrahmen (*tedabut*)

Tuareg
Sahara
20. Jahrhundert
Holz, Bronze, Silber, Kupfer
50 x 176 x 153 cm
Privatsammlung

7.2 a
Tasche
Tuareg
Sahara
Mitte 20. Jahrhundert
Leder
115 x 100 cm
Bert Flint

Die heutigen Bewohner der Sahara lassen sich in zwei Gruppen einteilen: in die berberisch-sprechenden Tuareg, die im Inneren und Süden der Sahara (heute Algerien, Libyen, Tschad, Mali, Niger, Burkina Faso und Nigeria) leben, und in die arabisch-sprechenden ›Mauren‹ aus der westlichen Sahara, Mauretanien, Mali und dem westlichen Algerien. Sie leben als Nomaden, hüten Kamele, Ziegen und Schafe und führen Handel zwischen Nordafrika und den Regionen südlich der Sahara, wenngleich im 20. Jahrhundert die Seßhaftigkeit zunahm. In Mauretanien wurden alte Oasenstädte aus dem Mittelalter, wie z. B. Oulata, Chengiti und Tindouf, von den Mauren besiedelt, während in einigen Oasen Algeriens, Libyens und im Tschad Bauern und Handwerker leben, die zumeist der schwarzen Minderheit der Tuareg angehören. Das Tibesti-Gebirge und seine Ausläufer im südlichen Libyen und nördlichen Tschad kennt Orte, die ausschließlich von schwarzen, als Tedda bekannten Siedlern bewohnt werden, die wohl ursprünglich aus dem westlichen Sudan stammen. Noch heute wird von den Tuareg und den Mauren ein Vasallensystem bzw. die Versklavung von Angehörigen schwarzer Völker praktiziert.

Mit Ausnahme eines kleinen Bevölkerungsanteils von Metallarbeitern sind die Tuareg Selbstversorger und stellen ihre eigenen Gerätschaften her, wobei sie vor allem Leder verwenden. Sie weben selbst keine Kleider, son-

7.2 b

Behälter (*botta*)

Tedda
Tibesti-Region, südliches Libyen und nördlicher Tschad
20. Jahrhundert
Leder
Höhe 23 cm; Durchmesser 11 cm
Tropenmuseum, Amsterdam, 2760-140

7.2 c

Buttergefäß

Tuareg oder ›Mauren‹
Mauretanien oder westliche Sahara
20. Jahrhundert
Leder, Schnur
Höhe 40 cm
Linden-Museum, Stuttgart, A 37289A/b

dern beziehen Leinenkleidung und Wolle aus dem Sahel oder Nordafrika. Aus Ziegenhaar werden Seile hergestellt; Leder von Ziegen und Schafen, manchmal auch von Kamelen, wird von den Frauen der herrschenden Tuareg und Handwerkerschicht bearbeitet. Für die Zeltwände, einige Kleidungsstücke, Pferdegeschirre und alle Arten von Behältern ist Leder von größter Bedeutung.

Viele verschiedene Gegenstände wurden zur Aufbewahrung von Kleidern und Nahrung angefertigt. Die Formen der Ledertaschen variieren, aber die am häufigsten verwendeten sind sehr lang, mit einer oberen Hälfte zum Umschlagen, so daß ein Verschluß entsteht, eine Taschenart, die bis hin zum Mittelmeer gebräuchlich ist. Die Form der Tasche, bei der der Korpus größer ist als Hals und Öffnung (Kat. 7.2 a), ist typisch für die Reisetaschen der Tuaregfrauen.

Blau ist die bevorzugte Farbe sowohl für Leder als auch für Umhänge und Schleier der Tuareg, die wegen des Indigo, der sich auf ihre Haut abfärbt, auch ›blaue Menschen‹ genannt werden. Das blaugefärbte Leder wird oft bei Applikationen mit durchbrochenen Mustern auf einem Hintergrund von braunem oder schwarzem Leder verwendet und bemalt oder mit weißen, roten oder schwarzen Fäden oder Lederriemen bestickt. Ebenso gibt es Vorlieben für lange Klappen und Fransen. Das Leder kann matt oder glänzend sein. Die verzierenden Motive, wie bei Kat. 7.2 a, sind alle geometrisch: Schachbrett, Rautennetz, gleichschenkliges Dreieck, Kreis, sechseckiger Stern, Zickzacklinie, Spirale und das ›Tuaregkreuz‹. Diese Ornamentik ähnelt jener auf Textilien der marokkanischen Berber und der Haussa aus dem Sahel und steht im Gegensatz zu den komplexeren Formen der Städte Nordafrikas.

Bei den Tuareg wird Ziegen- und Schafsleder auch geformt, um kleine Schachteln für Schmuck, Make-up, Parfum, Butterbehälter u. ä. herzustellen. Der Lederbehälter in Flaschenform mit fünf Hälsen und Deckeln (Kat. 7.2 b) stammt von den Tedda aus dem Tibesti-Gebirge bzw. dem östlichsten Teil der Tuaregregion. Die gleiche Form und Verzierung findet man bei den Air-Tuareg der südlichen Sahara. Die Ornamentik besteht aus einfacher Kreuzschraffur und Zickzacklinien.

Kat. 7.2 c, ein Butterbehälter der ›Mauren‹, ist ein Beispiel für einen zum Alltagsgebrauch hergestellten Gegenstand aus Leder. Solche Behältnisse werden bei den Tuareg aus mit Ziegenleder überzogener Kamelhaut hergestellt und sind mit Lederstöpseln und einer Schnur aus Ziegenhaar versehen. Abgesehen von der wichtigen Rolle der Milch in der nomadischen Kost wird Butter auch als Kosmetikartikel für Haut und Haar verwendet, um den harten klimatischen Bedingungen der Wüste zu trotzen. *NE*

Literatur: Kilian 1934, S. 148 und Abbildungen; Nicolaisen 1963, S. 93, Abb. 161 a–d; Prussin 1986, S. 139, Abb. 5.23 a–b; Sijelmassi 1986, S. 76, 78–79

7.3

Anthropomorpher Monolith

Tabelbalet (Tassili-n'Ajjer)
Algerien
Neolithikum
Sandstein
Le Bardo, Musée National de Préhistoire et d'Anthropologie Culturelle, Algiers

Diese Skulptur wurde in Algeriens Tabelbalet-Region zusammen mit neun ähnlichen Sandsteinobjekten gefunden. Mit einem Minimum an Detailausführung wurde eine stilisierte Darstellung menschlicher Figuren geschaffen: Eine ovale Reliefline verleiht dem Gesicht Kontur. Auffällig sind die an der Nasenwurzel ansetzenden gebogenen Augenbrauen. Münder fehlen bei allen diesen Figuren. Wegen der Betonung der Augenbrauen und der Nase deuteten einige Wissenschaftler diese Skulpturen als stilisierte Eulen. Innerhalb des Tabelbalet-Gebiets wurden auch noch andere Gegenstände entdeckt: Pfeilspitzen aus Chalzedon und einem gelbroten Feuerstein, polierte Steinäxte, mit Gravuren versehene Fragmente von Straußeneiern sowie Keramiken, die entweder Flecht- oder Punktmuster aufweisen. Die Figuren sind repräsentativ für die Blütezeit stilisierter Steinskulpturen während des Neolithikums in der Sahara. Die meisten der aufgefundenen 38 Tier- und Menschstatuetten stammen aus Tassili-n'Ajjer. Unter den Tierdarstellungen befinden sich auch Nachbildungen von Schafen, Antilopen oder Nagetieren. Alle diese Skulpturen entsprechen strengen stilistischen Gesetzen: Symmetrie, Gestaltung im Flachrelief und die Betonung nur der wesentlichen anatomischen Details. Die Charakteristika und Techniken dieser Tradition wiederholen sich bei Objekten für den Alltagsgebrauch, z. B. bei Beilen, Mahlsteinen und Stößeln.

Von der Gruppe der bei Tabelbalet gefundenen Statuetten waren zwei deutlich größer als die anderen, eine Statuette mit konischer Basis und das hier gezeigte Beispiel mit an der flachen Basis abgerundeten Kanten. Dieser Sockelabschluß wurde dahingehend gedeutet, daß die Skulpturen in den Boden eingelassen werden sollten oder – unterlegt von Steinen – der Kennzeichnung von Gräbern dienten. Die anderen Figuren einschließlich des hier gezeigten, kleineren Beispiels wurden zerschnitten oder absichtlich zerschlagen. Es wird angenommen, daß diese Skulpturen anthropomorphe Kultfiguren waren und vielleicht mit totemistischen und animistischen Glaubensvorstellungen zusammenhängen. Für die Zeit vor Christianisierung und Islamisierung im ersten Jahrtausend n. Chr. sind solche Vorstellungen für die regionalen Berberstämme belegt. Interessanterweise wurde vor kurzem von Tuareg-(Berber)-Frauen berichtet, die diese Monolithe heimlich mit Gesichtszügen versahen und Farbe auf die eingravierten Relieflinien auftrugen; es ist also zu vermuten, daß sie noch heute eine symbolische Bedeutung besitzen.
TAI, MRM

Literatur: Bouyssonie 1956, Tafel CVII; Balout 1958, S. 157; Forde-Johnston 1959, S. 47; Camps-Fabrer 1966, S. 282–285; Camps 1982, S. 581f.

7.4

Widderkopf

Tadjentourt (Hoggar)
Algerien
Neolithikum
Basalt
Höhe 26,5 cm
Laboratoire d'Ethnologie, Musée de l'Homme, Paris, E 74.1382.493

Dieser ovale, an einem Ende unvollständige stilisierte Widderkopf ist aus sehr dunklem Basalt und in Flachrelief gestaltet. Alle als überflüssig erachteten Einzelheiten wurden weggelassen, und so entsteht mit nur minimalen gestalterischen Elementen der Eindruck eines Widders oder einer Antilope. Dieser Kopf ist ein außergewöhnliches Beispiel der neolithischen Bildhauertradition der Sahara, die stilisierte Tier- und Menschenskulpturen in diesem eigenwilligen reduktionistischem und symmetriebetonten Stil hervorbrachte. Er gehört zu den 38 in der Sahara gefundenen Exemplaren und wurde unterschiedlich interpretiert: als Widder, Antilope, Fisch oder auch als eine den Funden von Tabelbalet (siehe Kat. 7.3) verwandte Kultfigur; doch legt die Hörnerkrümmung an der Stirnpartie der Skulptur nahe, daß es sich vermutlich um einen Schaf- oder Ziegenbock handelt. Ähnliche Beispiele wurden gefunden, einschließlich eines Antilopenkopfes von Imakassen im Tassili-n'Ajjer und eines Stierkopfes aus Diorit in Tisnar im Admer Erg.
Ein weiterer Widderkopf wurde in Tamentit in der Nähe von Touat geborgen. Wahrscheinlich dienten die Tierköpfe ebenso wie die anthropomorphen Skulpturen als totemistische Objekte. *TAI, MRM*

Literatur: Bouyssonie 1956, Tafel CX; Camps-Fabrer 1966, S. 271f.; Camps 1982, S. 574–582

7.5
Polierte Steinaxt
Sahara
Neolithikum
Grüner Stein
20 x 7,5 x 5 cm
Dr. Klaus-Jochen Krüger

Diese Axt aus dem Neolithikum, deren genaue Herkunft unbekannt ist, ist ein besonders beeindruckendes Exemplar einer polierten Steinaxt, ein Objekt, das man nicht nur in dieser Region, sondern auch in ganz Europa und in vielen Teilen Afrikas findet. Trotz der offenkundigen handwerklichen Fertigkeit ist es vor allem die Materialwahl, die dieser Axt ihre herausragende Schönheit verleiht.
Die in Nordwestafrika hergestellten Äxte zeigen eine große Bandbreite bezüglich ihrer Form und Größe: Am häufigsten trifft man auf zylinderförmige, während flache und rechteckige Äxte seltener sind. Das verwendete Material ist ebenfalls von großer Vielfalt, sowohl Hartstein, z. B. Granit, als auch ausgefallenere Halbedelsteine wurden gewählt. Ein ganzer Werkzeugkasten aus grünem Jaspis mit zersplitterten und teilweise polierten Steinäxten wurde in Ténéré in Niger gefunden. Es ist höchst unwahrscheinlich, daß solche seltenen Beispiele aus exotischen Materialien als Werkzeuge verwendet wurden, wie dies vermutlich bei den Äxten aus weniger wertvollen alltäglicheren Materialien der Fall war. Man glaubt, daß diese Gegenstände von erheblichem Wert waren und vielleicht als Prestige-Gegenstände getauscht wurden. In Europa zeichnete man die weitreichenden Handelsrouten für polierte Steinäxte aus seltenen Materialien nach und konnte so feststellen, daß bestimmte Einzelstücke beträchtliche Entfernungen zurückgelegt hatten. Wahrscheinlich besaß dieses Exemplar einen hohen ästhetischen, gesellschaftlichen und symbolischen Wert. *TAI, MRM*

Literatur: Forde-Johnston 1959; Hugot 1981, S. 599; Whittle 1985

7.6 a
Steinschale
Skhirat
Marokko
Neolithikum
Stein
Höhe 12,4 cm
Musée d'Archéologie, Rabat, 89.5.3.2

7.6 b
Steinschale
Tassili-n'Ajjer
Algerien
Neolithikum
Stein
Höhe 10 cm
Laboratoire d'Ethnologie, Musée de l'Homme, Paris, C 64.365.493

Steinschalen aus dem Neolithikum finden sich in ganz Nordwestafrika, wie dies die zwei Beispiele von der marokkanischen Küste beziehungsweise aus der Zentralsahara belegen. Der Fundort Skhirat, der an der Verbindungsstraße zwischen Rabat und Casablanca liegt, ist eigentlich eher für seine paläolithischen Funde bekannt, aber auch neolithische Objekte, wie zwei bruchstückhafte polierte Steinäxte, wurden dort entdeckt. Die Schalen, über die wenig bekannt ist, stehen stellvertretend für die hohe Qualität der Steinmetztechniken zu Anfang dieser Periode. Besondere Werkzeuge wie Stichel, Nadeln und Bohrer sowie Scheuerpulver aus feinkörnigem Sand und Harz wurden in Kombination mit den Techniken des Glättens und Meißelns eingesetzt, um ein sehr hohes handwerkliches Niveau zu erreichen. Steinschalen wurden häufig poliert; daß die glattere Fläche sich oft an der Innenseite befindet, kann auf den häufigen Gebrauch zurückgeführt werden. Abgesehen von Schüsseln aus Stein wurde eine Vielzahl geschliffener Steinwerkzeuge hergestellt, einschließlich wunderschöner und zugleich funktionaler Objekte wie Äxte (Kat. 7.5), Kratzer, Hämmer, Mahlsteine, Stößel und Mörser, Dechsel und Schleif- oder Poliersteine.

Spuren von Ocker am Boden einiger Gefäße sind ein Hinweis darauf, daß sie wohl auch für die Herstellung der Ockerfarben zur Körper- und Felsbemalung oder für andere ornamentale Zwecke verwendet wurden. Neolithische Felsmalereien aus Tassili-n'Ajjer zeigen deutlich tätowierte oder bemalte männliche wie weibliche Figuren. Ockerreste sowie Spuren anderer mineralischer Pigmente – an vielen Grabungsorten stieß man auf Zinksulfit und Galenit – gelten als Beweis für einen weitverbreiteten Brauch der Körperbemalung. Die Schüsseln scheinen auch zum Zermahlen von wilden Beeren, Getreide, Heu, pflanzlichen Farbstoffen und von Heilmitteln verwendet worden zu sein. Es wurde vermutet, daß diese Behälter auch zu Lagerzwecken dienten, uneinig ist man sich allerdings in der Frage, welche Produkte in ihnen aufbewahrt wurden. *TAI, MRM*

Literatur: Forde-Johnston 1959; Souville 1973, S. 118; Hugot 1981, S. 597; Camps 1982

Diese Objekte sind Beispiele für die große neolithische Tradition der Gravierung, die sich sowohl in der Sahara als auch im Atlasgebirge findet. Solche Gravierungen wurden in einem bemerkenswert naturalistischen Stil ausgeführt. Auf kleinen Steintafeln und Straußeneiern sowie (in sehr viel größeren Ausmaßen) auf Felswänden werden Menschen und Tiere dargestellt. Die bei den meisten angewandte Technik ist ein glattes Einschneiden in U- oder V-Form. Kat. 7.7 b zeigt auf der linken Seite in Umrissen einen schreitenden Strauß, auf der rechten sechs vierbeinige Tiere, von denen vier Hörner tragen. Wissenschaftler erkannten bei diesen Tieren Merkmale von Oryx- und anderen Antilopenarten sowie von Schafen, Ziegen und Hyänen. Teile der geometrischen Entwürfe auf der Tafel, wie die V-förmigen Markierungen zwischen den Beinen des Straußes und das rechteckige Muster in der Steinmitte, könnten später hinzugefügt worden sein, da sie einen anderen Patinazustand aufweisen.

Diese Steinbilder waren durch ihre realistischen Darstellungen sehr nützlich für das Studium der Wildfauna in der Sahara und den Tellgebieten im Neolithikum und dienten als Informationsquelle zur Domestizierung der Tiere in diesem Gebiet. Zu Beginn des Neolithikums war die Sahara noch nicht die Wüste, wie wir sie heute kennen.

Große Seen, die damals dort existierten, schufen den Lebensraum für eine reiche Tierwelt, darunter Tierarten, die heute nur noch weit südlich der Sahara zu finden sind. Eine vielfältige Flora einschließlich Haselnußbäumen, Weiden und Eschen ernährte sowohl Tiere als auch Menschen. Im Laufe des ersten vorchristlichen Jahrtausends sollten die Tierarten, die so häufig auf Felsen und Straußeneischalen abgebildet wurden, aus der Sahara verschwinden.
TAI, MRM

Ausstellung: Basel 1977

Literatur: Haas, in Basel 1977, S. 8 f.; Hugot 1981, S. 601; Camps 1982, S. 608 f.

7.7 a

Steinritzung

Lemcaiteb (Saguia al Hamra)
Westliche Sahara/Marokko
Neolithikum
Stein
Höhe ca. 84 cm
Museum für Völkerkunde, Basel, III.21.319

7.7 b

Steinritzung

Lemcaiteb (Saguia al Hamra)
Westliche Sahara/Marokko
Neolithikum
Stein
Höhe 84 cm
Museum für Vökerkunde, Basel, III.21.320

7.8 a

Steinstele

N'Kheila
Region Casablanca, Marokko
Bronzezeit
Stein
84 x 54 x 11 cm
Musée d'Archéologie, Rabat, 89.5.2.3

Darstellungen aus der Tierwelt und der Beziehung des Menschen zu wilden Tieren und Haustieren, die für das Neolithikum von zentraler Bedeutung waren, verschwinden in der Bronzezeit. Menschen und ihre produzierten Waren werden zum Gegenstand der Felsgravuren und Steinmetzarbeiten; dieser Wechsel der Sujets ist verbunden mit dem Erscheinen geometrischer Gestaltungsmuster und schematischer Symbole und läßt so den Abstand zu den naturalistischen Szenerien der vorhergehenden Periode um so größer werden. Die vorliegenden drei Objekte spiegeln diese Entwicklung durch ihre Verwendung kreisförmiger und geometrischer Dekorationselemente und dem Hauptaugenmerk auf stilisierten menschlichen Figuren wider und stehen in deutlichem Gegensatz zu der neolitischen Felsgravierung aus Lemcaiteb (Kat. 7.7 b). Auf der ersten Stele (Kat. 7.8 a) ist ein im Zentrum stehender geschlechtsloser nackter Körper durch zwei gewundene Schlangenlinien von Kreismotiven abgegrenzt, welche für die Steinzeit typisch sind. Kreisförmige und geometrische Motive wie im vorliegenden Fall wurden in anderen Kontexten, z. B. der Steinkunst australischer Aborigines und jener der südafrikanischen San, oft als Bilder gedeutet, die in einem tranceähnlichen, möglicherweise durch Drogen hervorgerufenen Zustand angefertigt wurden (siehe Kat. 3.8). Ähnliche Rundformen enthält die Felsgravur Kat. 7.8 c sowie die möglicherweise sehr stilisierte Figur eines (schamanischen?) Tänzers.

Das Ende der Feuchtperiode Mitte des 3. Jahrtausends v. Chr. und die daraus resultierende Austrocknung der Sahara führte zur Siedlungskonzentration der Bronzezeitmenschen auf die Oasen der Sahara und auf die Küste des Maghreb. Die Einheit Afrikas, die während des Neolithikums bestand, zerfiel; die entlang der Küste ansässigen Völker der Bronzezeit wurden von den anderen getrennt. Zwischen diesen Gruppen und der Iberischen Halbinsel im Westen sowie Sizilien,

Malta, Sardinien und Süditalien im Osten entstanden engere Beziehungen – ein grundlegender Wandel, der auch die Kunst beeinflußt haben mag.
TAI, MRM

Literatur: Sonville 1973, S. 294; Desanges 1981, S. 425 f.; Camps 1982, S. 612–661

7.8 b

Verzierte Reibschale

Nordwestliche Sahara
Neolithikum (?)
Sandstein
59 x 30 x 2,4 cm
Sammlung Dr. K. J. Krüger

Diese flach-ovale Reibschale ist in mehrfacher Hinsicht bemerkenswert. Sie weist zwei Nutzungsflächen auf, deren Gebrauchsspuren belegen, daß sie als Unterlage für reibende Bewegungen dem Zerkleinern vegetabilischer oder mineralischer Materialien diente. Die Randzone der gewölbten Unterseite ist umlaufend mit einem erhabenen Relief verziert. Dieses entstand durch sekundäre Abtragung und Glättung der umliegenden Oberflächen. Die Ornamente sind rein geometrisch, doch erscheint es nicht ausgeschlossen, daß den Mustern und ihrer Beziehung zueinander komplexere Bedeutung zukommt, wie dies bei Kat. 7.7 bzw. 3.8 vermutet wird.

Es lassen sich drei Gruppen von Linien unterscheiden, allesamt laterale Schlangenlinien ungleicher Zahl (acht bzw. zehn innere Wendepunkte). Am schlankeren Pol trennt eine Doppellinie das sternartig-zirkulare Linienmuster mit separater zentraler Zone von der Nutzungsfläche und den seitlichen Verzierungen. Der breitere Pol ist größerflächig als symmetrisch angeordneter dreigliedriger Ornament-Komplex angelegt.

In den letzten dreißig Jahren sind einige verzierte Reibschalen, hauptsächlich aus der Zentralsahara, bekannt geworden. Manche tragen einfache Einkerbungen am Rand (auch auf der konkaven Oberseite), andere weisen nur in einer Zone Muster auf – meistens schnurartig wellenförmig, spiralig oder parallel angeordnet. Auch Läufersteine mit lateralen und dorsalen Mustern (vgl. Kat. 6.58) sind neben den explizit figürlichen Plastiken (vgl. Kat. 7.4) und einigen Übergangsformen in der Literatur beschrieben.

Es ist wiederholt argumentiert worden, die eher geometrischen Verzierungen seinen Abstraktionen gegenständlicher Darstellungsweisen und reflektierten somit das Denken und Empfinden einer fortgeschritteneren Kulturstufe (Bronzezeit). Diese Reibschale wäre folglich in postneolithische Zeit zu datieren. Ein Vergleich mit eindeutig neolithischen Objekten aus der Sahara erlaubt jedoch nicht diesen Schluß. So ist sie eher als außergewöhnlicher Beleg einer materiellen und spirituellen Kultur anzusehen, in der ihr wahrscheinlich eine Bedeutung für rituelle Nutzung zukam. *FK*

7.8 c

Steinritzung

Marokko
Bronzezeit
Stein
Höhe 52 cm
Musée d'Archéologie, Rabat, 89.5.1.5

7.9 a

Maske mit negroiden Gesichtszügen

Tunesien
Spätes 7. oder frühes 6. Jahrhundert v. Chr.
Terrakotta
21 x 15,5 x 11 cm
Musée National du Bardo, Le Bardo, Tunesien

7.9 b

Grimassierende Maske

Tunesien
Spätes 6. oder frühes 5. Jahrhundert v. Chr.
Terrakotta
16 x 13 x 10 cm
Musée National du Bardo, Le Bardo, Tunesien

7.9 c

Maske eines bärtigen Mannes

Tunesien
Um 500 v. Chr.
Terrakotta
20 x 14,5 x 8,5 cm
Musée National du Bardo, Le Bardo, Tunesien

Diese Masken sind schöne Beispiele eines Typus, der in den phönizischen Ansiedlungen Nordafrikas weitverbreitet war. Die ältesten stammen aus dem phönizischen Mutterland im östlichen Mittelmeer (Libanon, Syrien) und wurden auf das 10. und 11. Jahrhundert v. Chr. datiert. Die meisten Beispiele aus westlichen Regionen stammen aus Grabstellen und hatten apotropäische Funktion. Auch in Heiligtümern wurden solche Masken gefunden. Möglicherweise stellt das groteske Bild eine bestimmte Gottheit dar, beispielsweise den auf mesopotamische Ursprünge zurückgehenden Dämon Humbaba. Die lebensgroßen Masken könnten bei religiösen Umzügen von Betenden getragen worden sein, die Augenhöhlen erlaubten eine ungehinderte Sicht. Auf der zu Sizilien gehörenden Insel Mozia, der phönizischen Kolonie Motya, scheinen sie dazu verwendet worden zu sein, innerhalb eines in einem Heiligtum (*tophet*) durchgeführten Ritus die Gesichter der Menschen zu bedecken, die den Göttern geopfert wurden. Die meisten Masken sind allerdings kleiner als das menschliche Gesicht und könnten zum Bedecken von Statuetten und anderer Bildnisse benutzt worden sein. Die meisten dieser Masken sind wohl speziell als Grabbeigaben angefertigt worden, denn die überwiegende Mehrheit stammt aus Gräbern. Kat. 7.9 a gehört zum ältesten Typus, der von den Friedhöfen Karthagos her bekannt ist. Er trägt deutlich negroide Gesichtszüge: eine große flache Nase, abstehende Ohren und schräggestellte, hervorstehende Augenhöhlen in Halbmondform. Der nur auf einer Seite hochgezogene Mund verleiht der Gesichtsmaske ein bizarres Grinsen. Ein scharfer Knick in der Fläche (Karination) teilt das Gesicht in eine Ober- und Unterhälfte. Dieses Merkmal findet man bei solchen Masken häufig. Drei hervorstehende knopfähnliche Erhebungen (Warzen?) im Stirnbereich bilden konzentrische Kreise (der mittlere mit einem Halbmond).

Kat. 7.9 b ist eine wohl spätere Version des Maskentypus mit negroiden Merkmalen. Im Gegensatz zu Kat. 7.9 a hat diese Maske halbrunde Augenhöhlen und eine abstehende, mehr spitzzulaufende denn abgeflachte Nase; auch sind die Zähne zu sehen. Die Wangen sind mit horizontal eingekerbten Linien verziert. Wie Kat. 7.9 a hatte die Maske apotropäische Funktion. Buchstäblich identische Masken mit derselben eingekerbten Ornamentik fand man sowohl an anderen Stellen Karthagos als auch im sardischen San Sperate.

Die Terrakottamaske des bärtigen Mannes (Kat. 7.9 c) mit starren Augen, einer hervorstehenden Nase, abstehenden Ohren, einem dreieckigen Kinn und einem flüchtig geformten Mund ist etwas ungewöhnlich. Haar und Bart werden durch eine Reihe aufgedrückter offener Kreise symbolisiert, die sich im Vollbart manchmal gegenseitig überlagern. Eine Vorrichtung zum Aufhängen ragt aus der Kopfmitte hervor. Diese bemerkenswerte Terrakottamaske ist ein weiteres Beispiel für den apotropäischen Typus; dieses Exemplar unterscheidet sich allerdings von der Mehrzahl dieser Masken durch das Fehlen der Grimasse und das Vorhandensein von Augen statt Augenhöhlen.
RJAW

Provenienz: Kat. 7.9 a: In den 1890ern in einem Grab in Karthagos Dermech-Distrikt gefunden; Kat. 7.9 b: Aus einer Grabstelle in Karthago; Kat. 7.9 c: Karthago, Südhang des Byrsahügels

Austellungen: Kat. 7.9 a: Venedig 1988, Nr. 231; Paris 1995, S. 45; Kat. 7.9 b: Paris 1995, S. 45; Kat. 7.9 c: Paris 1995, S. 37

Literatur: Kat. 7.9 a: Gauckler 1915, Tafel CXCVIII; Picard 1965–1966, S. 11 f., Tafel I.1; Yacoub 1970, Abb. 10; Ciasca in Venedig 1988, S. 356–359; Lancel 1995, S. 61, Abb. 37; Kat. 7.9 b: Picard 1965–1966, sehr ähnlich ist Paris 1982 bis 1983, Nr. 45; Kat. 7.9 c: Picard 1964, S. 67, Tafel 24; Picard 1965–1966, S. 19 f., Nr. 23 mit Tafel V.19; Moscati 1973, Tafel 24; Lancel 1995, S. 62, Abb. 38

7.10

Mosaik mit Tänzerin

Tunesien
Um 400 n. Chr.
Kalkstein, Marmor
201 x 154 cm
Musée de Carthage

Dieses Mosaik zeigt eine ab der Hüfte nackte, junge Frau, die mit dem linken Arm ein Tuch hält; sie trägt eine Halskette, zwei Armbänder und ein Paar Armreifen. Die Frau ist tanzend oder in einer leichten Bewegung nach links dargestellt. Sowohl die Blickrichtung (über ihre linke Schulter) als auch die Geste ihrer linken Hand lassen vermuten, daß sie nicht allein ist. Auf ihrem Kopf trägt sie einen Korb, aus dem Rosen fallen; ein weiterer Henkelkorb mit Rosen befindet sich in der linken unteren Ecke des Mosaiks. Den Hintergrund bilden ein gebogener hoher Zaun und ein dahinterliegender Rosenbusch. Der Rand des Bildes ist durch ein einfaches Bandmuster gestaltet.

Dieses Bild ist eines von vier Mosaiken in den Ecken eines kalten Bädern dienenden Raumes (*frigidarium*) in einem reich geschmückten ländlichen Badehaus, etwa 30 km südlich von Karthago gelegen. Von den anderen drei Bildern ist eines fast identisch mit dem hier gezeigten; auf den anderen beiden sind zwei halbnackte Mädchen zu sehen, die aus einem hochgehobenen Krug Wasser gießen. Die Bedeutung ist umstritten. Es wurde vermutet, daß die vier Darstellungen die Jahreszeiten symbolisieren, aber dann müßten in jedem der vier Wandbilder verschiedene Attribute vorhanden sein, und es dürfte eben nicht zwei Paare zweier fast vollständig übereinstimmender Szenen geben. Ein weiteres großes Mosaik befand sich in der Mitte des Fußbodens im *frigidarium*, stand aber in keinem Zusammenhang mit den vier Eckbildern. Es stellte einen Meereszug mit Neptun und Amphitriten, Meeresnymphen und Tritonen dar, die sich auf den Rücken einer Vielzahl oft phantastischer Meerestiere ergötzen. Es scheint sicher zu sein, daß das Badehaus sich auf dem Anwesen einer Privatvilla befand und einem reichen Landbesitzer gehörte, doch der Standort des Hauptgebäudes harrt noch der Entdeckung. Figurenmosaike sind in Nordafrika häufig; das Mosaikgewerbe erlebte aufgrund der Nachfrage begüterter Landbesitzer einen großen Aufschwung. Dieses Mosaik datiert ziemlich genau aus der Zeit vor dem Ende des Römischen Reichs, einer Phase, in der sich Nordafrika eines besonderen Reichtums erfreute und eine rege Nachfrage nach solchen Bodenmosaiken herrschte, welche allerdings jäh versiegte, als die Vandalen um 425 n. Chr. die Kontrolle über den mittleren Teil Nordafrikas (Tunesien und das östliche Algerien) erlangten.
RJAW

Provenienz: In den 1980ern in dem *frigidarium* eines Badehauses in Sidi Ghrib gefunden

Ausstellung: Paris 1995, S. 309

Literatur: Ennabli 1986, S. 42, Tafel XIII

7.11

Kopf eines Priesters

Ägypten
2. Jahrhundert v. Chr.
Schwarzer Basalt
19,5 x 14,5 x 17,5 cm
Württembergisches Landesmuseum, Stuttgart, 1.26

Dieser Kopf eines bärtigen Mannes mit breiter Stirn, schweren Augenlidern und einer abstehenden Nase ist typisch für die Kopfskulpturen im ptolemäischen Ägypten; insbesondere die sorgfältige Frisur, die sich wie eine Mütze an den Kopf schmiegt (statt natürlich von der Kopfhaut abzustehen) findet sich bei zahlreichen Köpfen dieser Zeit wieder und entspricht einer Mode in der ägyptischen Bildhauerei, die bis ins Alte Reich zurückverfolgt werden kann. Der Mann kann durch das Diadem mit nachlässig modellierten Rosetten, das er auf dem Kopf trägt, und durch die gemeißelte Tafel an der Rückseite des Kopfes als Priester identifiziert werden. Diese rückseitige Tafeldarstellung zeigt zwei Gottheiten, eine mit einem Löwenkopf und von einer Sonnenscheibe bekrönt, die andere mit dem Kopf eines Falken und zwei Kronen; sie blicken auf einen Priester, der beim Beten beide Hände erhoben hat. Die Götter, denen spezifische Attribute fehlen, müssen Horus und Uto sein, die im Tempel von Buto, der Fundstelle dieses Kopfes, verehrt wurden. Der Priester erscheint auf dem Bild entsprechend dem Priesterhabitus kahlköpfig. Im Gegensatz dazu zeigt der Kopf selber ihn im Säkularstil mit kurzgeschnittenem lockigem Bart. Das Tragen von Bärten kam in Ägypten erst im 2. Jahrhundert v. Chr. Geburt in Mode. *RJAW*

Provenienz: Kom el Far'în-Buto (Delta)

Ausstellung: Stuttgart 1984, Nr. 110

Literatur: Brunner-Traut und Brunner in: Stuttgart, 1984, S. 139

7.12

Statue einer löwenköpfigen Göttin

Tunesien
1. Jahrhundert n. Chr.
Terrakotta
150 x 46 x 36,5 cm
Musée National du Bardo, Le Bardo, Tunesien

Diese bemerkenswerte Terrakottastatue zeigt eine stehende weibliche Figur in einer körperlangen Robe, deren unterer Teil von einem Paar Vogelflügeln umschlungen ist. Der menschliche Kopf wurde durch den eines Löwen (nicht einer Löwin) mit starrem, finsterem Ausdruck ersetzt. Die Göttin hielt ursprünglich in ihrer linken Hand einen Gegenstand, der heute zerstört ist und nicht rekonstruiert werden kann. Die Statue ist eine von vielen eigenwilligen großformatigen Terrakottastatuen aus einem Heiligtum in Bir Bou Rekba, das den Hauptgöttern des karthagischen Pantheons, Baal und Tanit, und ihren römischen Nachfolgern und Entsprechungen, Saturn und Caelestis, geweiht war. Das ungewöhnliche Freiluftheiligtum besteht aus drei terrassenförmigen Höfen mit Altären, Votivtafeln und kleinen Kapellen, die die Kultbilder beherbergten, hatte aber keine großen Tempel. Die Erscheinungsweise der Göttin ist letztlich von der der löwenköpfigen ägyptischen Göttin Sekhmet, einem Symbol der Sonnenkraft, abgeleitet, doch die Identität der hier gezeigten Figur als ungewöhnliches Symbol für Afrika bestätigt eine römische Silbermünze (ein *denarius*) aus den Jahren 47–46 v. Chr. Auf dieser Münze wird eine sehr ähnliche Figur mit Löwenkopf als *genius terrae Africae*, also als ›Schutzgeist der afrikanischen Erde‹, bezeichnet. Die Figur auf der Münze hält das Symbol Tanits, ein Dreieck mit einer horizontalen Linie und einem Kreis darüber. Diese löwenköpfige Version des *genius terrae Africae* ist nur von zwei weiteren Abbildungen her bekannt, die man in Tiddis und Bir-Dirlal, beide in Algerien, fand. Die Personifikation Afrikas erschien in der Antike häufiger als Frau, deren Kopf ein Elefantenrüssel und Stoßzähne schmücken. *RJAW*

Provenienz: 1908 in Bir Bou Rekba bei Hammamet gefunden

Ausstellungen: Venedig 1988, Nr. 215; Paris 1995, S. 103

Literatur: Merlin 1910, S. 44–47; LeGlay 1961, S. 97–100; Yacoub 1970, Abb. 26; Brisi in Venedig 1988, S. 332 f.

7.13

Statuette einer sitzenden Göttin

Tunesien
Um 700 v. Chr.
Terrakotta
25 x 9,5 x 10 cm
Musée National du Bardo, Le Bardo, Tunesien

Diese Statuette zeigt eine Muttergottheit, die auf einem Thron mit hoher Lehne sitzt. Sie hält ihre rechte Hand über ihren angeschwollenen Bauch, ihre Brüste stehen ab; deutlich ist sie als schwanger charakterisiert. Sie trägt einen bis zu ihren Füßen reichenden Mantel, der auch ihren Kopf umgibt und nur ihre Ohren und Unterarme unbedeckt läßt. Ihr Haar ist in großen Locken arrangiert, die zu beiden Seiten ihres Kopfes herabfallen, eine ursprünglich ägyptische Mode. Wahrscheinlich war die ganze Oberfläche bemalt gewesen. Heute sind nur noch die schwarzen Linien, die den Umhang verzieren, die rote Bemalung der Ohren sowie Spuren blauer und roter Farbe erhalten. Die Terrakottastatue aus einem der ältesten Gräber Karthagos ist identisch mit Exemplaren aus dem Mutterland der phönizischen

Gründer Karthagos (dem heutigen Libanon). Dieses Beispiel ist fast sicher entweder von einem frühen phönizischen Siedler eingeführt oder in Karthago von einem Künstler gemacht worden, der eine phönizische Form besaß, um solche Terrakotten zu fertigen. Die schwangere Muttergöttin symbolisiert wahrscheinlich Astarte, die Göttin der Liebe und Fruchtbarkeit. *RJAW*

Provenienz: 1902, Grab 310 der Nekropole im Dermech-Distrikt Karthagos

Ausstellungen: Paris 1982–1983, Nr. 30; Paris 1995, S. 102

Literatur: Gauckler 1915; Cintas 1970, Tafel XIII, Abb. 51; Lancel 1995, S. 65, Abb. 41 (identisch mit Venedig 1988, Nr. 38, aus Phönizien, Louvre, Paris)

7.14

Stele zu Ehren von Tanit und Baal

Tunesien
4. Jahrhundert v. Chr.
Kalkstein
79 x 19 x 15,5 cm
Musée du Carthago

Diese Steinplatte stammt aus dem *tophet* Salammbôs bei Karthago (siehe Kat. 7.15). In einer rechteckigen Vertiefung der Platte erscheint als Relief in sehr einfachen, klaren Formen das Tanit-Symbol, ein stabiles Dreieck mit einem darüber verlaufenden horizontalen Balken, einem Kreis und einem Halbmond. Die Inschrift in neupunischer Sprache lautet: »Der Gebieterin, Tanit, Gesicht des Baal, und dem Gebieter, Baal Hammon; errichtet von Bodmilqart, Sohn des Hanno, Sohn des Milkyaton, Sohn des Bery, Sohn des Ty.« Über 6000 Stelen – und über 20 000 Aschenurnen – wurden auf dem *tophet* gefunden. Diese Zahlen vermitteln eine Vorstellung davon, wie beliebt die Anbetung der höchsten Gottheiten Karthagos war. Vom späten 8. Jahrhundert bis zur Zerstörung Karthagos im Jahr 146 v. Chr. änderte sich an dieser Wertschätzung nichts. Die eingeäscherten Überreste stammen nicht immer von Menschen: Tiere ersetzten sie manchmal als Opfer und machen bis zu 30% der Gräber aus dem 7. und 6. Jahrhundert aus; danach nahm diese Praxis allerdings ab, und 88% der kremierten Opfergaben waren menschlichen Ursprungs. Die Römer untersagten Menschenopfer; aber in einigen Teilen Nordafrikas blieb dieser Ritus bis zum 3. Jahrhundert n. Chr. lebendig: Tanit und Baal wurden weiter angebetet, nun aber in neuer, nur leicht verhüllter Form als römische Gottheiten Caelestis und Saturn. *RJAW*

Provenienz: Karthago, in dem als *tophet* bekannten Heiligtum

Ausstellung: Paris 1995, S. 109

Literatur: CIS i.3, Nr. 5507 (Text); Lapeyre und Pellegrin 1942, Tafel II (Photographie der Stele in situ); Hours-Miedan 1950, Tafel VIe (Skizze); über das *tophet*, Stager 1980 (einschl. älterer Bibliographie); Aubet 1993, S. 212–217

7.15

Stele zu Ehren von Tanit und Baal

Tunesien
3.–2. Jahrhundert v. Chr.
Kalkstein
59 x 33,5 x 16 cm
Musée du Carthage

Diese Stele stammt wie Kat. 7.14 aus dem *tophet* Salammbôs bei Karthago. Das *tophet* war ein Freiluftheiligtum von 6000 m^2 Fläche, in dem Aschenurnen mit den sterblichen Überresten Neugeborener und kleiner Kinder bestattet wurden, die man Tanit, der allmächtigen Göttin Karthagos, und ihrem Gemahl Baal-Hammon geopfert hatte. Die Urne wurde an der Oberseite mit einer Steinsäule, ab dem 6. vorchristlichen Jahrhundert dann mit einer Steintafel versiegelt. Dieses Exemplar datiert aus der Endphase Karthagos vor der Zerstörung durch die Römer im Jahr 146 v. Chr., zu einer Zeit, als die hellenistisch-griechische Kultur einen starken Einfluß auf die Kunst Karthagos ausübte.

Unter einem Hauptgiebel mit flankierenden Auskragungen befindet sich ein Relief mit stilisiertem ionischen Kapitell und den üblichen beidseitigen Voluten und einem Eierstab (*ovolo*) dazwischen. Darunter sieht man das Symbol Tanits, bestehend aus einem Dreieck, einer horizontalen Linie (hier an den Enden mit Haken versehen, die wohl Hände andeuten), einem kleinen Kreis und einem sich darüber befindlichen Halbmond, der daran erinnert, daß Tanit sowohl die Königin des Himmels wie der Erde ist. Das Tanit-Symbol wird flankiert von zwei Stäben, um die sich Schlangen winden und um deren Mitte ein Band geknotet ist. Dieser *caduceus* ist das Symbol des griechischen Gottes Hermes (Merkur bei den Römern), dem Boten der Götter und Führer der Seelen in die Unterwelt. Die in neupunischer Sprache verfaßte Inschrift lautet: »Der Gebieterin Tanit, Gesicht des Baal, und dem Gebieter, Baal Hammon; errichtet von Himiho, Sohn des Abmelquart, Sohn des Baalhannon, Sohn des Baalamasos.« So wie christliche Namen manchmal der Bibel entnommen werden, sind in den Namen der Karthager oft die Namen ihrer Götter enthalten; die letzten zwei beziehen sich auf Baal, und Abmelquart ist eine Anspielung auf einen anderen Gott Karthagos, Melquart, das Pendant zu Herakles (dem römischen Herkules). *RJAW*

Provenienz: Karthago, in dem als *tophet* bekannten Heiligtum

Ausstellung: Paris 1995, S. 109

Literatur: CIS I.3, Nr. 5589 mit Taf. XXVI, 14

7.16

Figur aus Blech

Volubilis, Marokko
Metall
Musée d'Archéologie, Rabat

Die Funde des Grabungsortes Volubilis vermitteln ein gutes Bild des Lebens in Afrika unter den Römern. Ungewöhnlich sind einige aus Metall geschnittene und kunstfertig hergestellte Votivbilder in einem direkten, ausdrucksstarken Stil, die einem lokalen, nichtkolonialen Geschmack entsprechen. Sie bedienen sich nicht eines entwurzelten römischen Provinzialstils, sondern verfügen über eine ganz eigene Lebendigkeit. Dieses besondere Exemplar stellt trotz seines fehlenden Unterarms eine Essenz dieser ungewöhnlichen Objekte dar, die mehr mit den Silhouetten der Felsmalereien dieser Region gemein zu haben scheinen denn mit Einflüssen von außen. Unter der Politur und Künstlichkeit der durch die Kolonialmächte oktroyierten Stile (von ortsansässigen Handwerkern in damals bereits antiquiertem Geschmack ausgeführt) schlummert der genius loci. Dies ist natürlich alles Spekulation, da wir weder etwas über den Schöpfer dieses Stückes noch über dessen Funktion wissen; alles, was wir wissen und was uns diese Mutmaßung erlaubt, ist, daß diese Figur mit bestimmten Absichten von einer erfahrenen Hand angefertigt wurde und daß sie zum künstlerischen Reichtum Afrikas beiträgt. *TP*

7.17

Relief mit acht Gottheiten

Tunesien
Ca. 2. oder 1. Jahrhundert v. Chr.
Kalkstein
65 x 159 x 28 cm
Musée National du Bardo, Le Bardo, Tunesien

Dieser ungewöhnliche Stein besitzt in der oberen Hälfte eine rechteckige Nische, in der man sieben Männer und eine Frau im Flachrelief sieht. Die männlichen Figuren mit stilisierten perückenartigen Frisuren sind alle gleich gestaltet; sie haben Bärte und tragen langärmelige Umhänge, die von einer Brosche auf Schulterhöhe fixiert werden. Die Frauenfigur (vierte von rechts) hat ganz ähnliches, an eine Perücke erinnerndes Haar, aber sie trägt zudem noch Ohrringe und Armreifen sowie ein Band oder Diadem im Haar. Das Relief stellt mit großer Wahrscheinlichkeit die lokalen Gottheiten der numidischen Völker im Inneren Nordafrikas dar, und das Fehlen jeglicher Spuren eines römischen Einflusses auf Ikonographie oder Stil der Tafel läßt vermuten, daß sie noch vor der Kontrolle Nordafrikas durch die Römer entstanden ist; sie gehört so in die Zeit des 2. und 1. Jahrhunderts v. Chr., in der die Königreiche der Numider ihren Höhepunkt erreichten. Wenn diese Schätzung richtig ist, dann handelt es sich hier um ein seltenes Beispiel numidischer Reliefkunst. Chemtou (Simitthu), in dessen Nähe dieses Stück gefunden wurde, war eine wichtige numidische Siedlung; die dortigen Steinbrüche – berühmt für ihren gelben Marmor (*giallo antico*) – wurden damals zum ersten Mal ausgebeutet. Daß die Verehrung dieser vielköpfigen Götterwelt bis in die römische Zeit anhielt, zeigt ein roh gearbeitetes Relief mit ebenfalls acht Göttern, das man noch heute in den römischen Steinbrüchen bei Chemtou sehen kann. Weder Kat. 7.17 noch die Arbeit aus dem Steinbruch ist mit einer Inschrift versehen, aber in lateinischen Inschriften auf Stücken aus anderen Regionen Nordafrikas werden diese indigenen Götter üblicherweise als *dei mauri* (›die Maurengötter‹) bezeichnet. Die Inschrift auf einem Relief aus dem 3. Jahrhundert n. Chr. im nordtunesischen Béja, ungefähr 70 km entfernt von Chemtou, nennt die abgebildeten Götter mit Namen: Macurtam, Macurgum, Vihina, Bonchor, Varsissima, Matilam und Lunam; diese Namen stammen mit Sicherheit ursprünglich aus dem Libyschen (nur Bonchor könnte teilweise karthagischen Ursprungs sein). Da diese Namen ansonsten unbekannt sind, bleibt es offen, ob einer dieser Götter auf diesem Relief abgebildet ist; tatsächlich ist in der Nähe von Tébessa im östlichen Algerien ein Pantheon mit fünf Göttern bezeugt, die zusammen als *dei Magifae* bekannt sind und ziemlich abweichende Namen – Masiden, Thiliva, Suggan, Lesdan und Masiddica – tragen; eine dritte Gruppe von Gottheiten, die ebenfalls in Algerien gefunden wurde, erfreut sich wiederum der Bezeichnung *dei Ingitozoglezim*. Wir wissen wenig über diese Kulte im vorrömischen und römischen Nordafrika; die Tafel von Chemtou ermöglicht einen seltenen Blick auf ein solches Pantheon. *RJAW*

Provenienz: 1965 in Borj Helal bei Chemtou in Nordwest-Tunesien gefunden

Ausstellung: Paris 1995, S. 193

Literatur: Bénabou 1976, S. 187–330; Fentress 1978; Horn und Rüger 1979, Tafel 24; Fantar 1986, S. 137, Nr. II.123

7.18

Grabstein

Kairouan, Tunesien
1052 n. Chr. (444. Jahr der muslimischen Zeitrechnung)
Marmor
Höhe 114 cm
Musée des Arts d'Afrique et d'Océanie, Paris, A.94.3.2

Obwohl der Koran vorschreibt, daß die Verstorbenen sofort nach Eintritt des Todes unter einem unmarkierten Stein in der Wüste begraben werden sollen, entwickelte sich in Tunesien – wie in der gesamten islamischen Welt – eine Begräbniskunst. Dieser Grabstein stammt vom Friedhof Ganah al Ahdar, Suqran, in Kairouan. Er ist als phallusförmige monolithische Säule mit einem Turban am oberen Ende gestaltet und erinnert an bestimmte Grabsteine, die man südlich der Sahara fand, z. B. in Tandidarou. In späteren Jahrhunderten war die Form von Grabsteinen rein geometrisch.

Das Epitaph ist mit einer kufischen Schrift in blumigen Formen versehen; die Inschrift besteht aus zwölf Zeilen, die als Relief in eine Nische gemeißelt wurden. Zwei mit Blattwerk verzierte Rahmen schmücken den oberen Teil der Nische, eine dreiblättrige Blume den unteren Teil.

Die Inschrift beginnt mit der *bismillah*: »Im Namen Allahs, des Gnädigen«, und der *tasliya*: »daß Allahs Segen auf Mohammed und seinen Nachkommen ruhe«; dann wird mit Vers 182 aus der Dritten Sure, Vers 182 fortgefahren: »Jede Seele schmekke den Tod. Ein Mensch wird des Jüngsten Gerichtes nur durch seine Taten würdig… er, der aus der Unterwelt aufsteigt und in das Paradies eintritt, mag glauben, er habe das Leben und die ganze Welt gewonnen… Leben ist nur ein…« Die Inschrift endet mit dem Namen des Verstorbenen: »Dieses Grab gehört Abu Bakr Ali al-Lawati-al-Ku-sa'i, ruhe Allahs Segen auf ihm und seinen Nachkommen … er starb am Freitag, 11. Radjab 444 (6. November 1052).« *MFV*

Provenienz: Privatbesitz, Paris

7.19

Grabstein (*mashhada*) des Mariniden-Sultans Abu Ya^c^qub Yusuf

Chellah bei Rabat
Marokko
1307 n. Chr.
Marmor
81 x 51 x 14 cm
Musée Archéologie, Rabat, 89.5.2.4

Dieser Grabstein wurde 1881 in Chellah, der Nekropole der marokkanischen Mariniden-Dynastie, vor den Toren Rabats gefunden. Es handelt sich um die Wiederverwendung einer römischen Stele mit einer lateinischen Widmung an einen Gouverneur von Betica im Süd-Spanien des 3. oder 4. Jahrhunderts. Die arabische Inschrift kennzeichnet ihn als Grabstein des Mariniden-Sultans Abu Ya^c^qub Yusuf (er herrschte von 1286 bis 1307); die kursive Schrift der Haupttafel bezieht sich auf ihn als einen gerechten Herrscher, Vorkämpfer der Religion, Märtyrer, Prinzen der Gläubigen und Verteidiger des Glaubens. Ein dem Koran entnommenes, in eckiger kufischer Schrift verfaßtes Zitat verläuft entlang des Rahmens.

Dieser Grabstein ist eines der schönsten Objekte, die aus dem spätmittelalterlichen Nordafrika erhalten sind. Seine Gestaltung mit einem spitzen Blendbogen auf Säulen, feingliedrigen Arabeskenschnörkeln und Muscheln in den Zwickeln ist typisch für einen Grabstein (*mashhada*), der im 11. Jahrhundert in Nordafrika und Spanien häufig anzutreffen war. Diese Stelen sollten aufrecht an Kopf und Fuß eines Grabes aufgestellt werden oder waren in Mauern eingefügt; oft wurden sie in Verbindung mit einem langen prismenförmigen Grabstein verwendet, der das Grab (*mqabriyya*) bedeckte. *NE*

Provenienz: Im Jahr 1881 in der Nekropole Chellah bei Rabat gefunden

Literatur: Paris 1990, S. 2

7.20

Mosaiktafel (*zallij*)

Fès
Marokko
Keramik, glasiert
Höhe 150 cm
Musée Dar al-Batha, Fès

Glasierte Keramikfliesen und Tongefäße kamen im Zuge der Islamisierung nach Nordafrika: Die ältesten bekannten Fliesen stammen aus dem 9. Jahrhundert. Die Technik, einfarbige Fliesen zu zerschneiden und die Teile zu verschiedenfarbigen Mosaiken zusammenzustellen, scheint ihren Ursprung im 12. Jahrhundert zu haben, als sie in Nordafrika und im islamischen Teil Spaniens in Mode kam. Sie wurde wohl als Alternative zu teurem Glas und zu Steinmosaiken (siehe Kat. 7.63) entwickelt, hatte aber auch Vorteile gegenüber mehrfarbigen Fliesen, deren Bleiglasur leicht verlief. Zudem war die Anzahl mehrerer Farben auf einer Fliese beschränkt, nur im islamischen Osten hatte man diese Technik perfektioniert. Aus Fliesenstücken zusammengesetzte Mosaike kennt man in Marokko unter dem Namen *zallij*, was glasiert oder geschmolzen bedeutet, und dieses arabische Wort ist vermutlich die Wortquelle für *azulejo*, das spanische Wort für Fliese. Fès war mit Unterbrechungen vom 8. bis zum 20. Jahrhundert die Hauptstadt Marokkos, und nur wenige andere nordafrikanische Städte verfügen über eine so lange, seit dem Mittelalter lebendige Kultur- und Handwerkstradition. Viele der *zallij*-Tafeln aus dem Musée Dar al-Batha entstammen abgerissenen mittelalterlichen Bauten; andere Exemplare können in situ als Bodenmosaiken oder Wandpaneele in Häusern in Fès und anderen Städten bewundert werden. Die berühmtesten Mosaiken sind vielleicht jene in der Alhambra in Granada. Die komplexe, in mittelalterlichen *zallij*-Paneelen verwendete Geometrie fußte normalerweise auf Sternmustern, wobei sich die Anzahl der Sternenzacken aus Multiplikationen mit der Zahl Acht ergab, und erforderte eine große Virtuosität beim Fliesenzuschneiden und -verlegen. Bei diesem zurückhaltenden Beispiel wurden nur rechteckige Teile verwendet, um ein Schachbrettmuster zu bilden.
NE

Literatur: Marçais 1954; Paccard 1980, I, S. 349–493; Damluji 1992

7.21

Zwei Seiten aus dem Koran

Tunesien
Spätes 10. Jahrhundert
Pergament, verschiedene Tinten, Blattgold
13,5 x 20 cm
Sammlung al-Sabah, Dar al-Athar al-Islamiyyah, Kuwait, LNS 65 MS (a,g)

Diese Pergamentseiten gehören zu einem fragmentarischen Korankodex mit 93 Blättern; auf jeder Seite sieht man sieben Zeilen. Wie bei den in Kairouan hergestellten Koranmanuskripten üblich, wurde der Text in gebrochener kursiver oder bogenliniger kufischer Schrift mit roten und grünen diakritischen Zeichen geschrieben. Die Versenden werden durch Goldrosetten angezeigt, und das Zeichen für den fünften Vers ist der arabische Buchstabe für ›h‹.

Das ganz oben abgebildete Blatt, dessen Kapitelüberschrift in Gold geschrieben wurde, enthält Verse aus dem Koran (VI: 1–2). Eine kleine Goldpalme, verziert mit weißen, blauen und grünen Strichen, erstreckt sich vom Titel bis zum Rand. Auf dem zweiten Blatt, das entweder die linke Hälfte eines Doppelfrontispizes oder einer Schlußseite ist, wird ein quaderförmiges Rechteck durch eine Palme erweitert. Die geometrische Gestaltung innerhalb des Rechtecks besteht aus ineinander verketteten Kreisen und Flächen, die mit Gold aufgemalt und durch Grün, Blau, Braun und Schwarz akzentuiert wurden. Die floralen Elemente des Rahmens verbinden die geometrische Komposition mit der Randerweiterung.

Literatur: New York u.a. 1995

7.22

Illuminierte Seiten aus dem *Dala'il al-Khairat* (*Führer zu den Segnungen*)

(eine abgebildet)

Algier
1655 n. Chr. (1066. Jahr der muslimischen Zeitrechnung)
Papier, Vergoldung, verschiedene Tinten, Wasserfarben
Jede Seite 17 x 12 cm
Musée National des Arts Afriques et d'Océanie, Paris, M.1962.1488.1/2

Während der Herrschaft der Abbasiden, Timuriden und Safaviden (13.–16. Jh.) standen zahlreiche Künstlerzentren zwischen Merat und Tabriz in hoher Blüte und schufen Gedichtsammlungen und Chroniken.

Dieses Exemplar der *Dala'il al-Khairat* war Abu Abdallah Muhammad Ben Rahmuni, dem Husaini-Scharifen, und jenen, die Gott später erwählen würde, gewidmet. Es entstand in der Stadt Algier, Allahs Protektorat, im Jahre 1655 n. Chr. Die Gebetsammlung wurde in nordafrikanischer Kursivschrift, dem *maghribi*, geschrieben.

Diese zwei Blätter sind auf beiden Seiten bemalt. Die Vorderseite zeigt ein Bild der Moschee in Mekka mit der Kaaba als Zentrum, einer stilisierten Version des *minbar* (einer Kanzel) und des Zamzam-Brunnens. Die Rückseite trägt einen Text über die erste Moschee in Medina.

Auf der Vorderseite des zweiten Blattes (siehe Abb.) sieht man Zeichnungen der Gräber des Propheten und seiner zwei Begleiter, Umar und Abu Bakr. Die Ausmaße der Kammern sind angegeben wie auch der Ort, an dem der Erzengel Gabriel erschien. Auf der Rückseite befindet sich ein Labyrinth mit einem Stammbaum des Propheten seit Adam und Eva, und in der Mitte ein goldener Leuchter, überwölbt von einem Bogen mit kleinen Ausbuchtungen und flankiert von zwei Rosettenfenstern; darunter sind die Namen von Adam und Eva geschrieben. *MFV*

Provenienz: Schenkung Mme. Denans an das Museum 1946

Ausstellung: Vernissieux 1982

Literatur: Berque 1959

7.23

Teile eines Halsbands (*qannuta*)
(zwei abgebildet)

Moknine
Tunesien
17. Jahrhundert (?)
Gold, Filigran und Zellenschmelz
Jedes Teil 4 x 2 cm
Musée National des Arts d'Afrique et d'Océanie, Paris, MNAM 1968.5.27.1/4

Tunesische Juweliere arbeiteten bereits lange in christlicher Zeit mit wertvollen Metallen. Die Qualität ihrer Techniken (Filigran, Schließen, *cloisonné*, Gravur, Ätzung, *repoussé*) war in der ganzen Mittelmeerregion berühmt. Die Zuwanderung der aus Andalusien vertriebenen Juden und Muslime zwischen dem 14. und dem 17. Jahrhundert ermöglichte das Überleben der Kunst des Hofes von Granada, insbesondere der Juwelierkunst.

Diese spulenartigen Elemente, die kleinen röhrenförmigen Behältern ähneln, waren dafür gedacht, die Rollen der Thora zu halten; dies verlieh ihnen religiöse Bedeutung, und tatsächlich wurden sie als kleine Talismane behandelt. Besonders die Glieder von Halsbändern aus der Zeit der Nasriden-Dynastie, die auch *qannuta* genannt werden, erinnern an Geschmeide aus dem Granada des 14. und 15. Jahrhunderts. Einige Wissenschaftler nehmen an, daß sie aus älteren griechischen, römischen oder byzantinischen Formen fortentwickelt wurden, die von Generation zu Generation vom Kalifat in Cordoba in die Region des Maghrebs weitergegeben wurden. *MFV*

Provenienz: ehemals Sammlung Paul Eudel, Paris

Austellungen: Lons-le-Saumier 1970; Paris 1971; Paris 1977; Paris 1995

Literatur: Sugier 1968, S. 151; Gargouri-Sethom 1983; González 1994, S. 189

7.24

Damengürtel (*hzam*)

Fès
Marokko
19. Jahrhundert
Seide
323 x 41 cm
Musée National des Arts d'Afrique et d'Océanie, Paris, M.70.4.14

Die Kunst der Seidenweberei existierte in Marokko seit dem 14. Jahrhundert. Ibn Khaldun erwähnt sie in seiner *Muqaddima*. Aus Seide und Gold gewebte Kleider und Gürtel wurden in Fès nach einer traditionellen, aus Spanien stammenden Methode hergestellt, die ursprünglich in Byzanz entstanden war und von Webern in Bagdad übernommen wurde; von dort breitete sie sich in die westlichen Provinzen der islamischen Welt aus. Die Handwerker von Fès benutzten traditionelle ›Ziehwebstühle‹, aus denen die modernen Webstühle entstanden.

Diese mit Gold besetzten Seidengürtel wurden bei besonderen Gelegenheiten von Frauen zu passenden Kaftanen getragen; sie wurden in zwei Teile gefaltet, nur Frauen aus Familien, die direkt vom Propheten abstammten, trugen sie ungefaltet. Der Adel verwendete sie auch als Geschenke, denn in Form und Stil folgten sie den alten *tiraz* (siehe Kat. 7.51).

Die älteste Gürtelart aus dem 16. und 17. Jahrhundert verläuft gerade, ist relativ kurz und sehr weich; ab dem 18. Jahrhundert allerdings und besonders im 19. Jahrhundert wurden die Gürtel breiter und länger und wurden mit Leim überzogen, der sie härtete. Ihre Verzierung variierte sehr und war eine Kombination byzantinischer, hispanomoresker und osmanischer Grundelemente mit Karo- oder europäischen Mustern des 19. Jahrhunderts, wie sie die Lyoner Seidenfabriken oder die Samtmanufakturen Genuas benutzten. Schützende Ornamente – die Hand, das Siegel Salomons oder der *mihrab* – sind ebenfalls häufig zu finden, weniger allerdings epigraphische Gestaltungen. Diese Motive wurden mit den Wappenmustern Granadas verglichen. Florale Muster entwickelten sich während des 19. Jahrhunderts.

Solche Schaugürtel waren bei Hofe bis zum Ende des 19. Jahrhunderts in Mode. *MFV*

Provenienz: vormals Sammlung Colonel und Mme Bernard, Paris; Schenkung Mme Bernards an das Museum 1970

Ausstellung: Paris 1977

Literatur: Vogel 1920; Golvin 1950; Ricard 1950, S. 41–48; Bernès 1974

7.25 a

Weißblauer Teller

Vermutlich Fès
Marokko
19. oder frühes 20. Jahrhundert
Keramik, glasiert
Durchmesser 46 cm
The Brooklyn Museum, 74.2
Anonyme Schenkung in Erinnerung an Charles K. Wilkinson

7.25 b

Grünweiße Schale

Tamgrout
Südliches Marokko
Frühes 20. Jahrhundert
Keramik, glasiert
Durchmesser 30 cm
Musée Majorelle d'Art Islamique, Marrakesch

Glasierte Keramikgefäße und Fliesen waren seit der Zeit der Islamisierung ein Kennzeichen städtischen Lebens in Afrika. Das eigenwillige Aussehen marokkanischer Beispiele aus dem 17. und 18. Jahrhundert ist zum Teil auf die politische und kulturelle Isolation der sa'distischen und 'alawitischen Dynastien zurückzuführen, die zu jener Zeit herrschten. Marokkanische Keramik läßt sich in Technik, Dekor und Form leicht von zeitgenössischer Keramik aus der übrigen islamischen Welt unterscheiden, insbesondere von jenen Waren aus dem restlichen Nordafrika (Algerien und Tunesien), das damals zum Osmanischen Reich gehörte. Marokkanische Behältnisse, wie etwa dieses Geschirr, waren Küchengegenstände, von denen man aß oder auf denen man Essen lagerte, wurden aber in gleichem Maße wegen ihres ornamentalen Wertes geschätzt. Glasiertes Keramikgeschirr dieser Tradition wird noch heute hergestellt und in vielen Küchen Marokkos zum Kochen wie zum Anrichten benutzt. Der Scherben hat oft eine beträchtliche Stärke. Der Dekor wird freihändig aufgemalt, da diese marokkanischen Keramiken schnell und in großer Zahl hergestellt werden.

Die Keramikindustrie war auf die Städte Fès, Meknès und Tétouan konzentriert, weitete sich im 19. und im frühen 20. Jahrhundert auf Safi und Rabat und auf die kleinen Zentren Tamgrout und Ouarazate in Süd-Marokko aus. In den ländlichen Gegenden wurde dagegen nur unglasierte Keramik hergestellt. Die gebräuchlichsten glasierten Keramikgefäße lassen sich in vier Gruppen unterteilen: blau-weiß, mehrfarbig (blau, grün, schwarz, purpur, gelb und weiß), monochrom (normalerweise grün glasiert) und zweifarbig (grün-weiß oder grün-gelb).

Obwohl die Verflechtung von eingefaßten blauen Linien und Feldern mit feinen Blumenmustern bekannt ist, besitzt das blau-weiße Geschirr (Kat. 7.25 a) ein ungewöhnlich dynamisches Kompositionsmuster. Es gehört zu einer Gruppe marokkanischer Keramiken, die mit Paisleymustern dekoriert sind, die, wie bereits der Name andeutet, importierten Textilien entlehnt wurden.

Die grün-weiße Schale (Kat. 7.25 b) ist mit ihrer äußerst kühnen und einfachen Komposition ebenfalls ungewöhnlich – die Hälfte der Schale wurde einfach in die Grünglasur getaucht. Diese Gestaltung kann als relativ jung eingestuft werden und war in Tamgrout üblich, einer kleinen Oasenstadt im Süden Marokkos mit einer wichtigen *zawiya*, einer religiösen Bruderschaft, und einer Bibliothek. *NE*

Literatur: Sijelmassi 1986, S. 96–98, 206, 218 f.; Vossen und Ebert 1986, S. 494; Hakenjos 1988, Abb. 92, 96-98, 141

7.26

Truhe (*sunduq*)

Marokko, vermutlich Fès
14.–16. Jahrhundert
Holz mit Eisenbeschlägen, Spuren roter und gelber Farbe
87 x 45,5 x 61 cm
Musée National des Arts d'Afrique et d'Océanie, Paris, m. 87.8.1

Diese Holztruhe ist über und über mit arabischen Inschriften und Architekturmotiven verziert, in einem Stil, der ansonsten nur von hölzernen Architekturelementen aus Fès bekannt ist. Die viereckigen Enden und Ranken der kufischen Inschriften auf der Kiste bieten für die Datierung des Stückes keine Anhaltspunkte. Die pyramidale Form des Deckels ähnelt jenen von Elfenbeinschatullen aus dem islamischen Spanien und dem Sizilien des Mittelalters. Die Größe dieser Holzkiste legt allerdings eine von den Elfenbeinschatullen abweichende Verwendung nahe, vielleicht wurden in ihr Bücher oder Dokumente in einer Moschee aufbewahrt oder Kleidung und Mobiliar im Haus.

Literatur: Cambazard-Amahan 1989; Paris 1990, Nr. 418

7.27 a

Couscous-Geschirr

Ait Smail, Halouane oder Dorf Ijebarren
Große Kabylei, Algerien
Frühes 20. Jahrhundert
Terrakotta, Farbe
Durchmesser 39 cm
Musée National des Arts d'Afrique et d'Océanie, Paris, M.1972.3.2

7.27 b

Couscous-Geschirr

Maatka (?)
Große Kabylei, Algerien
Frühes 20. Jahrhundert
Terrakotta, Farbe
Durchmesser 44 cm
Musée National des Arts d'Afrique et d'Océanie, Paris, M.1972.3.3

Ländliche Tonwaren werden im gesamten Maghreb hergestellt. Seit prähistorischer Zeit haben sie sich kaum verändert. Diese Keramik ist verwandt mit antiken Töpferwaren, die in Nekropolen auf Sizilien und in Griechenland gefunden wurden; stilistische Einflüsse, die durch die Phönizier nach Nordafrika gelangt waren, fanden sich auf Fragmenten aus Gouraya, Tiddis, Rokina oder Bou-Nora. Obschon die Formen einem allmählichen Prozeß der Verfeinerung unterlagen und die Verzierung zunehmend reicher wurde, haben sich die Techniken jener Frauen, die heute in der Kabylei oder Aurès töpfern, seit dem Neolithikum nur wenig verändert.

Von einigen isolierten Zentren in der Sahara abgesehen, entstehen algerische Tonwaren an den Orten entlang der west-östlichen Landesachse, die dem Gebirgsverlauf folgt. Die interessantesten Töpferwaren mit den raffiniertesten Kurven, dem reinsten Linienverlauf, den harmonischsten und originellsten Formen (mannigfaltige Krüge, Öllampen) stammen aus der Kabylei. Die Dorffrauen, die sie anfertigen, übernahmen einfache, funktionale und berückend schöne Formen. Die Dekorationsmotive entnahmen sie ihrer Umwelt – Symbole und magische Zeichen, die sie vor Unglück schützen sollten.

Töpfern war stets eine den Frauen vorbehaltene Tätigkeit: Sie stellen jährlich Tonwaren her und verkaufen alle für den Alltagsgebrauch nicht benötigten Gegenstände auf dem Markt vor Ort, um das Familieneinkommen zu steigern. Jede Herstellungsstufe hat ihr eigenes Ritual, von der Wahl eines günstigen Tages für jeden Vorgang (den Ton auswählen, magern und kneten, ihn formen, trocknenlassen, polieren und bemalen) bis zum abschließenden Brennen.
Die meist erst nach dem Brennen ausgeführte Bemalung wird mit einem einfachen Pinsel und natürlichen Farbpigmenten vorgenommen: Kaolin, Eisenoxide sowie Farbstoffe aus Blättern von Mastix (*Pistacia lentiscus*) der *lentiscus*-Pflanze, Jahrhundertkraut und Wacholder. In bestimmten Dörfern wird die Keramik mit einer Harzglasur gleich nach dem Brennen bemalt; dies ergibt eine gelbliche Tönung und macht den Gegenstand wasserdicht. Mit einem Stück Leder wird die glasierte Oberfläche dann poliert. Das Brennen erfolgt im offenen Feldbrand; als Brennmaterial verwendet man Feigenbaumäste und mit Stroh vermischten Kuhdung, der zu Kuchen geformt und an der Sonne getrocknet wurde. Diese Kuchen (*tichichines*) verbrennen langsam und produzieren eine hervorragende Glut.
MFV

Provenienz: ehemals Sammlung Sorensen, Algier, und Sammlung Olagnier-Riottot, Paris; Schenkung von Mme Olagnier-Riottot an das Museum

Ausstellungen: Kat. 7.27 a: Bourges 1977; Venissieux 1982; Kat. 7.27 b: Evreux 1974

Literatur: Van Gennep 1911; Bel 1939; Camps in Libyca, 1955; Balfet 1956; Moreau 1976; Sned 1982

7.28

Milchkrug

Bani Ouarain, Rifgebirge
Nordöstliches Marokko
20. Jahrhundert
Terrakotta, Farbe
52 x 50 x 32 cm
Yvette Wiener

Die Berbergegenden Marokkos teilen sich in drei große Kultur- und Sprachgruppen auf: das Rifgebirge im Norden, den Mittleren und Hohen Atlas sowie im tiefen Süden den Antiatlas und das Sus-Tal. Viele der Stammessprachen oder -dialekte sind untereinander unverständlich, und die Stämme unterscheiden sich weiters durch Kleidung, Schmuck und andere materielle Güter.

Obwohl in Städten ganz Marokkos glasierte und unglasierte Keramikgefäße hergestellt wurden, produzierte man in den ländlichen, berberischsprechenden Regionen nur unglasierte Keramik. Bis heute ist im Rif das Töpfern den Frauen vorbehalten, während Männer die städtischen Industriezweige von Fès, Asfi usw. beherrschen. Historisch betrachtet, stammten die einzigen ländlichen Tonwaren aus dem Norden Marokkos. Die Keramiken der marokkanischen Berber sind manchmal mit einfachen, in rechten Winkeln verlaufenden Mustern bemalt, aber das Hauptaugenmerk liegt auf ihren skulpturalen Formen. Einige dieser Formen scheinen auf klassische Vorläufer zurückzugehen, und tatsächlich deckt sich die Reichweite der Keramikproduktion bei den Berberstämmen ungefähr mit dem Einflußgebiet der Phönizier, Griechen und Römer in Nordafrika.

Dieser Behälter hat einen knolligen, eiförmigen Körper mit einem schmalen, sich verjüngenden Hals und zwei Henkeln. Seine Verzierungen wurden mit brauner Farbe oder Mangan zwischen dem ersten und dem zweiten Brenngang aufgetragen. Das einfache, aufgemalte Linienmuster ist verwandt mit dem Liniendekor mancher Berberteppiche wie auch mit den Tätowierungen vornehmlich auf Kinn, Stirn, Händen und Füßen der Frauen im Rif und in anderen Berbergegenden.

Einige der Rifberber leben von der Landwirtschaft, andere sind Halbnomaden mit Schaf- und Ziegenherden. Wenn dieses Gefäß tatsächlich als Milch- oder Butterkrug diente, dann war seine eigenwillige Form vermutlich für einen Transport auf Eseln gut geeignet. Die Henkel und der waagerechte Körper hätten es gleichermaßen erlaubt, den Behälter an den Sattel zu hängen, und durch Hin- und Herschwenken wäre Butter entstanden. Diese Form ist eine der charakteristischsten der Gegenstände des Bani Quarain-Stammes aus der Provinz Taounate in der Taza-Region. *NE*

Literatur: Hakenjos 1988, Abb. 234

7.29

Couscous-Schale

Südliches Marokko
Frühes 20. Jahrhundert
Holz, Ton
25 x 65 cm
Linden-Museum, Stuttgart, A36337

Nordwestafrikanisches Geschirr zur täglichen Essenszubereitung und zum Servieren besteht im allgemeinen aus robuster Keramik und ist häufig mit Rot und Braun lasiert. Dieses Holzgefäß ist ein gutes Beispiel für solch ein gewöhnliches Eßgeschirr, das, wenn es auch vom Anfang dieses Jahrhunderts datiert, gleichermaßen repräsentativ für heutige traditionelle Holz- und Keramikformen ist. Die hier gezeigte Schale dient zum Servieren von Couscous, dem marokkanischen Nationalgericht. Ihre einfache Gestaltung und schlichte Farbgebung stehen im Gegensatz zur exotischen Natur vieler Couscous-Gerichte. Couscous, das aus granuliertem Weizen gekocht wird, kann mit Kurkuma oder Safran hellgelb gefärbt werden und wird hochgetürmt mit farbenfrohen gedämpften Gemüsesorten und gewürztem Fleisch serviert. Essen ist in ganz Afrika ein wichtiger gemeinschaftlicher Vorgang, und die Größe dieser Schale spiegelt diese gemeinsame kulturelle Haltung des Essenteilens wieder. Tatsächlich steht das Servieren von Couscous als Abschluß des Mahles für die durch die Großzügigkeit des Gastgebers erzielte Zufriedenheit des Gastes. Kulinarische Einflüsse – und damit verbunden auch Einflüsse auf die Formen der Nahrungsbehälter – bewegten sich sowohl (aus dem Maghreb kommend) in die südliche als auch (durch die Sahara) in die nördliche Richtung. Der wechselseitige Austausch trug zur Vielfalt der Küche innerhalb all dieser Regionen bei. *TAI, MRM*

Literatur: Ministère de l'Economie Nationale 1958; Carrier 1987; Wolfert 1989, S. 107

7.30

Gefäß mit Deckel

Algerien
Frühes 20. Jahrhundert
Holz
25 x 29 cm
Bert Flint

Auch wenn bestimmte Gestaltungselemente typisch marokkanisch zu sein scheinen, weist dieses Gefäß doch eine Verwandtschaft mit der materiellen Kultur von Nomadenstämmen, wie den südlicheren Tuareg, auf. Entferntere Beziehungen bestehen zur Kultur seßhafter Gruppen südlich der Sahara. Behälter aus Holz und dazu Lederzubehör, Körbe und Metall wurde bei jenen bevorzugt, deren nomadischer Lebensstil den Gebrauch zerbrechlicher Materialien, wie z. B. Keramik, ausschließt. Die Flachreliefschnitzerei, die zur Dekoration der Oberfläche dieses Behälters verwendet wurde, ist allerdings ein immer wiederkehrendes Thema in der islamischen Welt, in der eine ununterbrochene Abneigung gegen darstellende Kunstformen zur Entwicklung oft komplexer geometrischer Muster führte. Die subtile Verzierung des abstehenden Griffs ist ein Indiz dafür, daß dieser Behälter von einem erfahrenen Handwerker stammt, der imstande war, in einem dreidimensionalen Entwurf einfache Oberflächenmuster mit schwierigeren Strukturelementen zu verbinden. Interessanterweise finden sich ähnliche Strukturen bei Holzgefäßen, die die Tuareg benutzen und welche Einflüsse seßhafter Gruppen südlich der Sahara erkennen lassen; man bezeichnet sie als ›de style nègre‹. Die Kombination von Elementen aus diesen drei voneinander getrennten Regionen und Kulturen in diesem einen Behälter ist besonders interessant. *TAI, MRM*

Literatur: Gabus 1958, S. 152; Ettinghausen 1976, S. 62 f.; Cribb 1991

7.32

Hocker

Marokko
Holz
Höhe 26 cm
Museum für Völkerkunde, Leipzig

Dieser aus einem Stück geschnitzte Holzhocker gibt durch seine Gestaltung den Durchmesser des Baumstammes wieder, aus dem er gefertigt wurde. Die in mittlerer Höhe um die Taille des Stuhls angeordneten Buckel sind ebenso vom maximalen Durchmesser des Stammes bestimmt wie Oberteil und Basis, was dem Stück Ausgewogenheit verleiht. Die Herstellung dieses Gegenstands in einem marokkanischen Kontext ist besonders interessant, da Hocker in dieser Region nur selten benutzt wurden – als Sitzgegenstände dienten traditionell Matten, Kissen oder niedrige Diwane. Der Gebrauch von Hockern dagegen ist in der südlich der Sahara gelegenen Region sehr verbreitet und findet sich auch im ganzen restlichen Afrika. Auch die Tradition der Vollplastik ist eigentlich eher typisch für die Sub-Sahara. Zwar ist die Technik auch in Marokko bekannt, doch ist die Reliefkunst, oft verschönert mit Intarsien aus verschiedenen Materialien wie Knochen oder Elfenbein, gebräuchlicher. Die Form des Hockers erinnert an Trommeln aus ausgehöhlten Baumstämmen, die in ganz Afrika hergestellt werden, die Buckel in der Mitte ähneln den Holzpflöcken, an denen das straff über die obere Öffnung gezogene Trommelfell befestigt wird, und spiegeln vermutlich eine entfernte Verwandtschaft wider.
TAI, MRM

Literatur: Ministère de l'Economie Nationale 1958; Willett 1971

7.31

Schale für Trockenobst

Tamgrout
Marokko
Frühes 20. Jahrhundert
Keramik, glasiert
Durchmesser 50 cm
Musée Majorelle d'Art Islamique, Marrakesch

Diese Obstplatte aus einem robusten Scherben ist mit einer olivgrünen Glasur überzogen. Sehr ähnliche grüne Glasuren wurden in der gesamten okzidentalen islamischen Welt bereits im Mittelalter verwendet; der Gebrauch von Braun und Grün bei Keramikverzierungen bei gleichzeitigem Verzicht auf andere Farben ist für die Arbeit dieser muslimischen Handwerker charakteristisch. Die olivgrüne Glasur entsteht dadurch, daß verschiedene Anteile von Eisenoxid mit Kupfer (üblicherweise mit einer Bleiglasur) vermischt werden, was ein viel größeres Farbspektrum als Alkaliglasur, der andere Glasurtypus, ermöglicht. Fuß und Rand des hier gezeigten Exemplars sind mit einfachen horizontal verlaufenden Rillen verziert. Ebenso wie bei den Couscousschalen (siehe Kat. 7.29) kontrastiert die grundlegende Einfachheit der Gestaltung und des Dekors dieser Schale mit der Farben- und Formenvielfalt des darin dargebotenen Obstes. Der große Durchmesser weist auf ihre Gemeinschaftsfunktion hin. Traditionell werden marokkanische Mahlzeiten mit dem Auftragen einer großen Platte beschlossen, auf der – sorgfältig arrangiert – Früchte aufgeschichtet sind. Die Schale mit Fuß ist ein allgemein gebräuchlicher Behältnistypus, den man in der gesamten islamischen Welt findet.
TAI, MRM

Literatur: Robert-Chaleix 1983, S. 280; Wolfert 1989, S. 236; al-Hassan und Hill 1992, S. 166–168

7.33 a

Tür eines Kornspeichers

Berber
Hoher Atlas, Marokko
Frühes 20. Jahrhundert
Holz
160 x 58 x 9 cm
Bert Flint

7.33 b

Tür

Berber
Mittlerer Atlas, Marokko
Spätes 19. Jahrhundert
Holz
187 x 66 x 4 cm
Bert Flint

Diese Türen stammen aus Berberhäusern im südlichen Marokko, das eine bemerkenswerte Architekturtradition aufweist. Dies zeigt sich besonders an den *kasbas* oder Festungen des Anti-Atlas und der Oasen der Sahara. Diese Lehmbauten, in *Pisé*-Technik oder aus Adobeziegeln errichtet, erreichen trotz der technischen Einschränkungen, die dieses Material mit sich bringt, eine eindrucksvolle Größe und Höhe. Trotz einer verblüffenden optischen Ähnlichkeit mit der Architektur im Jemen und in Afghanistan gibt es keine Hinweise auf eine andere als die örtliche Quelle für diese Tradition. Die Kurzlebigkeit der Lehmziegel ist Grund dafür, daß keines der existierenden Gebäude vor das 19. Jahrhundert datiert werden kann, obwohl diese Bautradition viel älter ist. Die militärischen Erweiterungen einer Vielzahl von Gebäuden – nicht nur Festungen, sondern ganze befestigte Dörfer, befestigte Kornspeicher, einzelne Häuser oder Burgen – fanden zu einer Zeit statt, in der die Kontrolle der Zentralregierung über diese

Gebiete schwach war und Plünderungen und Überfälle der Stämme untereinander gang und gäbe waren. Außer den Eingängen und den Türen ist nur wenig Dekor vorhanden. Ein städtischer Einfluß aus dem nahen Marrakesch läßt sich an spitz zulaufenden Hufeisenbögen mit Rahmen und Ziegelwandfriesen an den Haupteingängen der *kuasbas* erkennen.

Diese zwei Türen stammen aus einem Kornspeicher (Kat. 7.33 a) bzw. aus dem Inneren eines Hauses (Kat. 7.33 b ist das Blatt einer Doppeltür). Sie drehen sich auf hölzernen Angeln (in Stein- oder Metallfassung), doch die Riegel und Schlösser sind aus Holz, und ihre Konstruktion und Verzierung ist vergleichsweise einfach. Dem Anschein nach ähneln sie anderen Holzgegenständen der Berber, wie z. B. den berühmten kabylischen Truhen aus Algerien. Doch gibt es keine Hinweise auf eine einzelne homogene Kultur, da die einzige Gemeinsamkeit der verschiedenen Berberregionen in der Einfachheit der verwendeten geometrischen Entwürfe liegt.

Die Kornspeichertür mit der Darstellung eines Frosches und einer Schlange diente der Absicht, die Ernte vor natürlichen und übernatürlichen Feinden zu schützen. Der Frosch galt traditionell als Verkörperung eines *djinn* oder außerweltlichen Geistes und sollte daher gemieden oder gut gestimmt werden. Die Schlange besitzt eine lange Geschichte als Beschützerin der Häuser, als solche wird ihr oft Essen dargebracht, und man ließ sie gerne in den Hausfundamenten leben. Tiere mit apotropäischer Funktion wie Schlangen, Echsen, Hundertfüßler und Skorpione finden sich auch auf dem Silberschmuck südmarokkanischer Berber. Darstellungen von Tieren – ebenso wie von Menschen – sind in der nordafrikanischen Kunst sehr selten, da die strenge Auslegung des islamischen Gesetzes dies verbietet; die vorliegende Tierdarstellung spiegelt die präislamischen Praktiken wider, die sich bei den muslimischen Berbern erhielten. *NE*

Literatur: Paris 1925 S. 27–30, Nr. 33–51; Meunié 1962, Tafel 11; Paccard 1980, I, S. 28–39; Curtis 1983; Sijelmassi 1986, S. 253

7.34

Zimmertür

Fès (?)
18. oder 19. Jahrhundert
Geschnitztes und bemaltes Holz mit Eisenbeschlägen
239 x 130 x 7 cm
Egee Art, London

Die mittelalterlichen Architekturtraditionen des islamischen Spaniens und Nordafrikas bewahrten sich mit außergewöhnlicher Detailtreue in marokkanischen Städten wie Fès, Meknès, Marrakesch, Rabat-Salé und Tétuan. Von den drei Zweigen der Dekorationsindustrie – Fliesenherstellung, Holzbearbeitung und Stuckmalerei – ist die mittlere wohl die, die am stärksten am Überlieferten festhält; daher ist sie auch am schwierigsten zu datieren. So kann diese Tür zu jedem Zeitpunkt der letzten zwei Jahrhunderte gefertigt worden sein. Form und Dekor haben sich seit dem Mittelalter wenig geändert; es gibt zwei Haupt- und zwei kleinere Gattertüren, die in die Haupttüren eingelassen werden, letztere fehlen allerdings bei dem hier gezeigten Beispiel. Die Haupttüren sind mit ihren hölzernen Angeln eingehängt und können von innen und außen mit einem Eisenriegel geschlossen werden; dieser fehlt hier ebenfalls. Beide Seiten sind üblicherweise dekoriert, und bei diesem Beispiel herrscht der 16zackige Stern vor. Das Blumenmotiv an den äußeren Rändern bestätigt die Datierung auf das 18. oder 19. Jahrhundert.

Diese Tür gehört zu einem Raum in einem wichtigen Haus, angeblich aus Fes, doch kann sie gleichermaßen aus jeder anderen Stadt stammen. Der Türtypus ist unausweichlich mit Grundriß und Etagenanordnung dieser Stadthäuser verbunden: Räume wurden um einen Innenhof gruppiert, und oft war Lichteinlaß und die Lüftung der Zimmer nur durch die großen Türen möglich. Die extreme Höhe der Türen entspricht der Höhe der Räume. In verschiedenen Jahres- und Tageszeiten konnten entweder die Haupttüren oder die eingelassenen Gattertürchen geöffnet werden. Wie auch sonst in der islamischen Gesellschaft lebten in Marokko die Frauen von den Männern getrennt, die nicht zur unmittelbaren Familie gehörten. Da die marokkanischen Häuser nicht mit Haremsflügeln oder verschiedenen Sektionen für Männer und Frauen ausgestattet waren, dienten diese Türen auch dazu, die Frauen vor den Blicken männlicher Besucher zu schützen.

Literatur: Barrucand 1978; Paccard 1980, I, S. 231, II, S. 224, 274, 280 f., 426–451; Revault u. a. 1985, 1989, 1992

7.35 a

Brust- oder Kopfschmuck

Berbergruppen aus dem Anti-Atlas
Tarudant-Region, Süd-Marokko
20. Jahrhundert
Silber, Niello, Glas
19 x 45 cm
Bert Flint

7.35 b

Fibeln (*bzayim*) mit Verbindungskette und Perle (*taghmut*)

Berbergruppen aus dem Anti-Atlas, Ait Ouaouzguite
20. Jahrhundert
Silber, Zellenschmelz, Glas
Höhe 147 cm
Musée Barbier-Mueller, Genf, 1000-35

›Berber‹ ist die allgemeine Bezeichnung für die indigenen Völker Nordafrikas, deren Kulturen in entfernten Berg- und Wüstenregionen trotz der Islamisierung, die der islamischen Eroberung der Ebenen folgte, überlebt haben. Die Berbersprachen unterscheiden sich grundlegend von denen der semitischen Sprachfamilie, obwohl viele Berber heutzutage sowohl Berberisch als auch Arabisch sprechen. Die meisten Berber sind Muslime, aber es gibt auch eine kleine jüdische Gemeinde. Ihre traditionelle materielle Kultur ist leicht von der arabischen und andalusischen Stadtkultur zu unterscheiden. In Marokko ist die Kultur der Berber besonders reich und vielfältig, und das Unvermögen der in Fes, Meknes, Marrakesch oder Rabat sitzenden Zentralregierung, die Bergbewohner unter ihre Kontrolle zu bringen, ermöglichte deren Aufblühen in relativer Abgeschiedenheit bis zur Machtübernahme durch die Kolonialmächte Frankreich und Spanien im 20. Jahrhundert.

Während Schmuck in den Städten oft aus Gold mit Edelsteinintarsien gefertigt wurde, ist der Schmuck der Berber charakteristischerweise aus Silber, verziert mit Niello und Email *cloisonné* und kombiniert mit Glas oder Halbedelsteinen. Sowohl in den Städten wie auch in den Berberregionen waren als Juweliere oft Juden tätig. Schmuck wurde ausschließlich von Frauen getragen (einschränkende Vorschriften des Islams hinsichtlich des Tragens wertvoller Metalle scheint ihre Verwendung nicht beeinträchtigt zu haben) und üblicherweise als Teil des Brautpreises übergeben.

Der Brust- oder Kopfschmuck (Kat. 7.35 a) stammt wahrscheinlich vom Stamm der Ida oder Ndif in der Nähe von Taroudant im Süden Marokkos. Er besteht aus verschiedenen Täfelchen aus dünnem Blattsilber, verziert mit Niello, Granulierungen sowie kleinen Gemmen aus rotem Glas.

Zwei Fibeln mit einer Verbindungskette und einer zentralen ovalförmigen Perle (Kat. 7.35 b) werden von Berberfrauen als Schulterschließe für Mäntel oder lose Umhänge benutzt. Diese Fibeln haben alte klassische und frühmittelalterliche Vorläufer, aber ihre auffallende Dreiecksform ist charakteristisch für den Berberschmuck aus dem Anti-Atlas. Die dreieckige Form und die ovale Gestalt der Perle werden als Symbol für weibliche Fruchtbarkeit interpretiert. Die sorgfältige Ausarbeitung der Silbergravur und des Emails machen dieses Stück zu einem besonderen Exemplar.
NE

Ausstellung: Paris 1977, Nr. 559

Literatur: Besancenot 1953, Nr. 124–128; Jacques-Meunié 1960–61; Sijelmassi 1986, S. 151 ff.; Rouach 1989, S. 174, Abb. 290

7.36
Fibel (*hlal*)
Medenin, Tataounine
Tunesien
Spätes 19. Jahrhundert
Silber
Durchmesser 17,4 cm
Musée National des Arts d'Afrique et d'Océanie, Paris, MNAM 66.7.13

Schmuck ländlichen Ursprungs, der oft aus massivem Silber bestand, gedreht, geformt oder graviert und mit Karneol, Korallen, Lapislazuli oder Glas dekoriert war, besticht durch ungewöhnliche Kurvenformen, den Rhythmus konzentrischer geometrischer Gestaltung und durch die Vielfalt des Dekors. Im südlichen Tunesien ist der Schmuck oft von beeindruckender Größe und Schwere, was an jenen aus Libyen denken läßt.

Diese Fibel wurde entworfen, um ein drapiertes Kleidungsstück zu befestigen; sie ist halbmondförmig und weist eine Silberkugel auf, die aus einem Kubus mit geglätteten Kanten gefertigt wurde. Das glänzende Muster auf mattem Untergrund besteht aus floralen und Tiermotiven. Auf jeder Seite einer Blume, die sich aus einem Halbkreis und einem Stern zusammensetzt, sind lebhaft gestaltete Vögel zu sehen sowie in der Mitte drei ineinander verschmolzene Fische, von einem Kreis umgeben. Dasselbe Motiv findet sich auf bemalten Hochzeitstruhen aus Holz aus dem 18. Jahrhundert und in etwas abgeänderter Form auf einer ägyptischen Tasse der 18. Dynastie.

Das Halbmondmotiv beruht wahrscheinlich auf alten orientalischen Astronomiezeichnungen, die zu punischer Zeit in Karthago verwendet wurden. Wegen der gestalterischen Qualitäten und weil man von beiden Motiven annahm, daß sie wohltätig wirkten, behielt der Islam sie in seinem Formenrepertoire. Die Osmanen wählten Halbmond und Stern zu ihrem Emblem, und Husain Bey, der 1824 Bey von Tunis wurde, übernahm diese Kombination als Zeichen des gesamten Islam. Das Fischmotiv ist in diesem Land der Seefahrer sehr populär; es ist ein Zeichen der Fruchtbarkeit und soll zudem Schutz vor dem bösen Blick gewähren, weshalb es auch auf allen Hochzeitsgewändern erscheint. Der Vogel taucht in unzähligen Geschichten auf und verkörpert die Idee der Wiedergeburt. *MFV*

Provenienz: Ehemals Sammlung Renié, Paris

Ausstellungen: Lons-le-Saumier 1970; Paris 1977; Paris 1995

Literatur: Eudel 1906, S. 181; Sugier 1967; Gargouri-Sethom 1983

Die Berberteppiche aus den Ebenen und Bergregionen Nordafrikas bilden eine reiche und mannigfaltige Gruppe von Flor- und Flachgeweben. Jeder Berberstamm besitzt eigene Kompositionen, Motive, Techniken und Farben für seine Teppiche. Berberwaren werden von Frauen auf Vertikalwebstühlen gewebt. Die Teppiche sind Teil der traditionellen Ausstattung eines Hauses oder Zeltes, wo sie den feuchten Boden bedecken oder als Matratzen oder Decken, als Wandgobelins oder Gebetsteppiche dienen. Das Rohmaterial ist üblicherweise schwarze oder weiße Schafwolle; manchmal wird Ziegenhaar verwendet. Die Wolle behält ihre natürliche Farbe oder wird mit Pflanzensäften oder Mineralien gefärbt. Im Atlasgebirge sind aus Metalloxid hergestellte Ockerfarben gebräuchlich; in der Ebene von Marrakesch bringt das Rot der Krappwurzel (*Rubia tinctorum*), die entlang den Ufern des Tensift wächst, einige erstaunliche Rottöne hervor. Die Wolle wird vor dem Knüpfen gewaschen, sortiert, gekämmt und gefärbt. Das Bespannen des Webstuhls mit dem Kettfaden ist ein komplizierter Vorgang, der die Erfahrung einer älteren Frau benötigt, aber jüngeren Frauen wird diese Fron nicht erspart.

Die interessantesten marokkanischen Teppiche werden in drei Regionen hergestellt: im Mittleren Atlas von nomadisierenden Berbern, im Hohen Atlas im Süden von Ackerbau treibenden Berbern sowie in der Ebene um Marrakesch und der mittleren atlantischen Hochebene von arabischsprechenden Bauern. Die Teppiche aus dem Mittleren Atlas sind durch Beispiele zweier Stämme, der Zemmour und der Bani M'Guild, vertreten.

Die Zemmour sind Nomaden und leben auf den Hochebenen nördlich und westlich des Mittleren Atlas; das Land ist für Landwirtschaft und Viehhaltung günstig. Die Zemmour knüpfen Teppiche, deren glatte, samtartige Oberflächenstruktur viel der Gleichmäßigkeit des Knotens verdankt; ihr Flor ist kürzer als jener der Teppiche, die von den Stämmen in höhergelegenen Gegenden geknüpft werden.

Der Zemmour-Teppich (Kat. 7.37 a) besitzt einen roten Hintergrund und weist zwei Arten von Knoten auf: den Ghiordesknoten über drei und den Berberknoten über vier Fäden. Das Muster mit Rhomben, Dreiecken, Winkeln und Karos in Gelb, blassem Grün und Blau ist an vertikal verlaufenden Linien ausgerichtet. Das X-Motiv, das Berberstämme zur Identifikation ihres Besitzes verwenden, wird ausgiebig und in höchst raffinierten Formvariationen verwendet. Die gemusterte Teppichfläche besitzt keinen abgesetzten Rand und vermittelt so den Eindruck unendlicher Fortsetzbarkeit.

Ein anderer Teppich aus dem Mittleren Atlas (Kat. 7.37 b) stammt vom Stamm der Bani M'Guild aus der Gegend südlich der Stadt Meknes. Der Teppich ist flachgewebt; auf dem vorherrschenden Dunkelrot erscheinen weiße, gelbe, orange- und rosafarbene Motive. Die Komposition schafft eine interessante Gegenüberstellung horizontaler und vertikaler Flächen, in welche wiederum Rhomben und Dreiecke eingefügt sind.

Von den Teppichen der seßhaften, Landwirtschaft treibenden Berber aus dem Hohen und dem Anti-Atlas ist ein Beispiel von den Ait Ouazouzguite oder Glawa zu sehen (Kat. 7.37 c). Seine formale Gestaltung legt eine Anregung durch Teppiche aus den großen Städten, vielleicht aus Rabat, nahe. Es ist ein farbenprächtiger Florteppich.

Teppiche aus den Ebenen rund um Marrakesch und von den Küstenstrichen entlang des Atlantiks, an denen sich seßhafte arabisch-sprechende Stämme niederließen, sind durch zwei Exemplare vertreten (Kat. 7.37 d–e). Die Gegend zwischen Marrakesch und Essaioura, in der Nomaden leben, deren Vorfahren wohl im 16. Jahrhundert aus Ägypten eingewandert waren, um am Ufer des Tensift ihre Lager aufzuschlagen, ist stark von der benachbarten Kultur der Berber beeinflußt. Die Teppiche aus dieser Region sind in Anlehnung eines alten Marktortes als ›Chichaoua-Teppiche‹ bekannt.

Die freien, asymmetrischen Muster auf einigen Teppichen dieses Landstrichs unterscheiden sich erheblich von den strengen geometrischen Mustern anderer Gegenden. Die Motive umfassen Wellenlinien, Dreiecke, Rhomben und Zickzacklinien, die fließendes Wasser symbolisieren; in seltenen Fällen können sie auch für Menschen und Tiere – stilisierte Fische, Schlangen, Hundertfüßler und Skorpione – stehen oder für Häuser, Zelte, Teekannen und Flüsse. Die Muster sind manchmal um ein zentrales rautenförmiges Medaillon ange-

7.37 a

Teppich (*zerbiya*)

Berber, Zemmour
Mittlerer Atlas, Marokko
Frühes 20. Jahrhundert
Wolle
290 x 160 cm
Musée National des Arts d'Afrique et d'Océanie, Paris, M.77.4.7

7.37 b

Teppich (*zerbiya*)

Berber, Bani M'Guild
Mittlerer Atlas, Marokko
20. Jahrhundert
Wolle, Baumwolle
150 x 480 cm
Bert Flint

7.37 c

Teppich (*zerbiya*)

Berber, Bani Ouaouzguite
Hoher Atlas, Marokko
20. Jahrhundert
Wolle
Musée Dar si Said, Marrakesch

7.37 d

Teppich (*zerbiya*)

Chiadma
Ebene von Marrakesch, Marokko
Frühes 20. Jahrhundert
Wolle
344 x 204 cm
Musée National des Arts d'Afrique et d'Océanie, Paris, M.88.1.1

ordnet. Ihre Symbolsprache ist nicht immer zu entschlüsseln, doch wurde vermutet, daß die Teppiche den Übergang von nomadischer zu seßhafter Lebensweise dokumentieren.

Andere Deutungen schrieben die verwendeten Muster und die hellen Farben Einflüssen aus dem westlichen Sudan zu.

Auf rotem Untergrund stehen Muster in Weiß, Gelb, Grün, Blau und Schwarz, doch die Farben variieren in Ton und Intensität stärker als bei Beispielen aus anderen Regionen. Die Teppiche Kat. 7.37 c und 7.37 d aus der Ebene von Marrakesch sind wie die meisten anderen aus dieser Gegend mit einem Flor geknüpft. Die Teppichknüpfer der Chiadma haben schon immer pflanzliche Farbstoffe verwendet: Krapp für das Rot, Granatapfelschalen für das Gelb, Henna für das Orange und Indigo für die blaue Farbe. Diese Teppiche sind groß und haben mächtige, eng geknüpfte Ghiordesknoten; die spitzenartigen schwarzen Fransenränder wurden aus einer Mischung von Schafwolle und Ziegenhaar hergestellt, die sie sehr strapazierfähig macht. Diese Teppichart wird nicht mehr hergestellt; moderne Chiadmateppiche wie auch die von benachbarten Rehamnastämmen produzierten Teppiche bevorzugen abstrakte Gestaltungen mit bunten Karomustern.

Diese Web- und Knüpfweise, die noch heute in sehr traditionellen Verbänden im Atlasgebirge angewandt wird, beginnt sich aufgrund von Zuwanderung und wirtschaftlicher Entwicklung zu verändern. Der gewebte Gegenstand wird nicht mehr nur für den innerfamiliären Gebrauch hergestellt, sondern besitzt einen wirtschaftlichen Wert. Die Knüpfer schließen sich mittlerweile zu privaten Werkstätten oder zu Arbeitskooperativen zusammen, und ihr Einfallsreichtum wird durch die Anforderung, spezifische Auftragsarbeiten zu erfüllen, und durch Produktivitätsvorgaben begrenzt. Nichtsdestoweniger wurde die technische Qualität der Teppiche aufrechterhalten; trotz des Einsatzes chemischer Färbemittel werden weiterhin traditionelle Farben und Dekore angewandt. *MFV, NE*

Provenienz: Kat. 7.37 a: ehemals Sammlung Dr. Lelong, Marrakesch; Kat. 7.37 d: ehemals Privatbesitz

Ausstellung: Washington 1980

Literatur: Ricard 1923, 1932, 1934; Baldoni 1942; Chantreaux 1945; Ricard 1950, 1952; Flint 1974; Sijelmassi 1986; Flint 1987

7.37 e

Teppich (*zerbiya*)

Ouled Bousebaa, Chichaoua-Gegend
Ebene von Marrakesch, Marokko
20. Jahrhundert
Wolle
350 x 186 cm
Privatbesitz, London

7.38 a
Kapitell
Koptisch
Ägypten
6. Jahrhundert
Kalkstein
33 x 40 x 40 cm; Durchmesser 21 cm
Museum für Koptische Kunst, Kairo, 8260

7.38 b
Kapitell
Koptisch
Ägypten
Stein, Farbreste
43 x 42 cm
Museum für Koptische Kunst, Kairo, 7978

Das korbförmige Kapitell (Kat. 7.38 b) wurde von einem Steinmetz mit einem Weinlaub- und Traubenmotiv versehen; auf den ineinander verflochtenen Stielen sind Spuren von rotem und auf den Blättern Reste von braunem Pigment festzustellen, ein Umstand, der bestätigt, daß die koptische Skulptur und Architektur bemalt war. Dieses qualitätvoll gemeißelte Architekturelement kann mit den schönsten Beispielen byzantinischer Bildhauerei mithalten; das Ineinanderverflechten der Stiele, Blätter und Trauben wurde in Stein souverän umgesetzt; durch die Gestaltung wird der Kontrast von Licht und Schatten betont. Stiele und Blätter sind sehr detailliert wiedergegeben, und die Trauben scheinen aus dem Hintergrundblattwerk herauszuragen. Um die Basis des Kapitells verläuft eine Perlenschnur, durchsetzt mit geometrischen Motiven. Die Mehrzahl der Kapitelle aus der Klosteranlage von Apa Jeremias bei Saqqara zeichnet sich durch diese Licht- und Farbwirkungen aus, während Kapitelle aus anderen ägyptischen Fundorten einen ausgeprägten Sinn für Strenge und Tektonik vermitteln. Die frühen Klöster und Kirchen in Ägypten hatten weder hohe Decken noch viele Fenster; auch wenn die Innenräume nicht taghell beleuchtet waren, so konnten die fein ausgeführten Kapitelle und Friese etwas Farbigkeit hinein bringen. *CM*

Provenienz: Kat. 7.38 b: Saqqara, Kloster von Apa Jeremias

Ausstellung: Kat. 7.38 b: Paris und Mailand 1989-1990

Literatur: Kat. 7.38 b: Duthuit 1931; Gabra 1993

7.39
Steinrelief
Koptisch
Ägypten
7.–8. Jahrhundert (?)
Kalkstein
Ca. 100 x 50 cm
Museum für koptische Kunst, Kairo, 8015

Diese Tafel ist mit einer *crux ansata*, einem geschweiften Kreuz, versehen, einer Form, die auf der Hieroglyphe *ankh* (›Leben‹) basiert. Der runde Kopf besteht aus einer stilisierten Blume. Die zwei Arme enden im oberen Teil in schneckenförmigen Rundungen; der Körper des Kreuzes ist ein Dreieck mit einer dreifach gemeißelten Begrenzung. Da eine Inschrift fehlt, läßt sich nicht mit Sicherheit sagen, ob diese Tafel als Mauerschmuck oder als Grabstein benutzt wurde. Während des späten koptischen Zeitabschnittes im Anschluß an die Eroberung durch die Araber entwickelt sich das Kreuz zum typischen Grabsteinschmuck. Die ältesten bekannten Kreuze stammen aus dem 4. Jahrhundert. Die *crux ansata* tauchte im 5. Jahrhundert auf. Das lateinische Kreuz scheint während der byzantinischen Herrschaft aus der Mittelmeerregion eingeführt worden zu sein. *CM*

Literatur: Beckwith 1963; Atiya 1991

7.40 a–b

Zwei *kohl*-Töpfe

Koptisch
Ägypten
4.–5. Jahrhundert
Elfenbein
Höhe jeweils ca. 7 cm
Museum für Koptische Kunst, Kairo, 1076, 7600

Diese zwei Fläschchen dienten als Behälter für *kohl*, ein schwarzes Eisenerz, das als Make-up für die Augen verwendet wurde. Sie könnten aber auch als Parfum- oder Ölbehälter verwendet worden sein. Kat. 7.40 a hat eine zylindrische Form und besitzt einen Deckel sowie kurze Henkel an beiden Seiten des Korpus. Die Oberfläche des Gefäßes ist mit parallel verlaufenden Linien verziert. Der konische Deckel hat an der Spitze einen kleinen Griff und ist im oberen Teil mit einer umlaufenden, eingravierten Linie dekoriert. Kat. 7.40 b besitzt einen knollenförmigen Korpus mit einem langen Hals; der untere Teil des Halses wurde mit drei eingeritzten Parallelstrichen versehen. Die Oberfläche des Korpus ist mit drei Bändern eingeschnitzter Verzierung dekoriert, die durch zwei eingeritzte Linien voneinander getrennt sind. *CM*

Literatur: Badawy 1978; Atiya 1991

7.41

Becher mit Tiergriff

Koptisch
Ägypten
Bronze
Höhe ca. 12 cm; Durchmesser 10 cm
Museum für Koptische Kunst, Kairo, 5086

Dieser zylinderförmige Behälter, der als Trinktasse verwendet wurde, hat vier kleine flache Füße und einen Griff in Gestalt eines stilisierten katzenartigen Tieres; auf dem Becherkorpus fehlt jedes schmückende Element. Das Tier auf dem Griff ist in vertikaler Position mit am Becher befestigten Beinen dargestellt. Der Kopf ist dem Rand zugeneigt, das Maul steht offen, die Augen wurden herausgearbeitet, und die Ohren sieht man im Relief. Die Form des Bechers ist nüchtern gehalten, doch verleiht ihm der Tiergriff eine für die koptischen Metallerzeugnisse typische Eleganz. Im koptischen Ägypten ließen sich Metallwerker von Rom, Byzanz und später dann von der islamischen Welt inspirieren. Ob dieses Objekt christlichen Ursprungs ist oder nicht, ist schwer zu bestimmen: Nicht alle Handwerker waren Christen. Die koptische Zeit umfaßt das Ende des ›Heidentums‹, die Konvertierung zum Christentum und den Beginn der islamischen Periode. *CM*

Literatur: Gayet 1902; Strzygowski 1904; Atiya 1991, v; Benazeth und Gabra 1992

7.42

Zwei Ostraka

Koptisch
Ägypten
7.–8. Jahrhundert
Kalkstein
Jeweils 10 x 10 cm
Museum für Koptische Kunst, Kairo, 4661, 4748

Die beiden flachen Steine dienten vermutlich dazu, verschiedene geometrische Muster und Buchstaben auszuprobieren. Der kleinere Stein, der mit blauer Tinte beschrieben und mit einem feinen Pinsel bemalt wurde, trägt den Davidstern, eine stilisierte Blume und eine Rosette; die übrige Fläche ist mit Buchstaben ausgefüllt, vielleicht den Namen der Mönche oder der verantwortlichen Handwerker. Das größere Stück weist ein komplexeres Dekorationsmuster auf: Die drei miteinander verflochtenen Bänder aus schwarzer Tinte sind vermutlich ein Muster für ein Manuskript oder ein Gemälde, und die Zahlen können Unterschriften sein oder Schriftübungen.

In ganz Ägypten findet man Ostrakonsteine aus der Periode zwischen dem Neuen Reich und der koptischen Zeit. Das Wort *ostrakon* ist dem Griechischen entnommen und bedeutet Keramikfragment: In der griechischen Antike waren bei Abstimmungen über die Verbannung bestimmter Bürger kleine Tonstücke als Stimmzettel abzugeben (daher ›Scherbengericht‹), aber die Bedeutung wurde dahingehend erweitert, daß auch Scherben mit Markierungen, Zeichnungen und verschiedensten Inschriften bezeichnet wurden. Die Verwendung von Ostraka für solche Inschriften war ein Ergebnis des hohen Preises, den man für Papyrus und Pergament zu bezahlen hatte, und der Notwendigkeit, alles schriftlich festzuhalten.

Nach und nach begann man Ostrakonsteine selbst für wichtige Dokumente wie beispielsweise offizielle Verträge zu verwenden. In einigen ägyptischen Klöstern waren die Bibliotheken mit Ostraka offizieller Schreiben und literarischer Texte angefüllt. *CM*

Literatur: Atiya 1991, VI

7.43

Dekorfragment

Koptisch
Ägypten
5. Jahrhundert
Kalkstein
Ca. 60 x 100 x 60 cm
Museum für Koptische Kunst, Kairo, 7061

Dies ist das Bruchstück einer größeren Dekorplatte, vermutlich eines Giebeldreiecks oder der oberen Hälfte einer Nische. Es stellt Daphne in dem Moment dar, in dem sie sich in einen Baum verwandelt. Sie ist nackt, ihr Haar ist nach griechischer Mode frisiert, mit gehobenen Armen hält sie zwei symmetrische und stilisierte Laubwerkstiele. Figuren aus der heidnischen Mythologie, wie z. B. Venus, Dionysos, die Nereiden oder Leda und der Schwan, die dem hellenistischen Mythenfundus entlehnt wurden, finden sich auf koptischen Bildhauerarbeiten in ganz Ägypten. Dem Synkretismus des koptischen christlichen Glaubens entsprechend konnten koptische Künstler ohne Bedenken, Anstoß zu erregen, nackte heidnische Figuren darstellen; diese waren in einem Land, das über ein solch heterogenes Kulturerbe verfügt, eine wichtige Inspirationsquelle. Die Skulptur ist im ›Ahnas-Stil‹ gearbeitet, der nicht nur auf das bedeutende Zentrum auf dem Weg zur Fayum-Oase beschränkt war, sondern Bildhauer in ganz Ägypten beeinflußte. Die Art der Darstellung Daphnes kann man ›weich‹ nennen – im Gegensatz zum ›harten‹ Stil, der wesentlich statischer ist. *CM*

Provenienz: Ahnas

Literatur: Gayet 1902; Beckwith 1963; Badawy 1978

7.44

Gobelin

Koptisch
Ägypten
4.–5. Jahrhundert
Leinen
147,3 x 183 cm
The Trustees of the British Museum, London, EA.43049

Dieser große Gobelin aus gefärbter Wolle und naturbelassenem Leinen ist mit drei vertikalen Bändern und zwei großen Menschenfiguren verziert. Die vertikalen Bänder zeigen Tänzer und Tänzerinnen. Auf den Seitenbändern tragen die Frauenfiguren lange Faltenröcke und die Männer wehende Umhänge. Die Tänzer sind auf einem Hintergrund von Weinranken zu sehen; die Ränder beider Bänder sind durch herzförmige Motive gestaltet. Das Band in der Mitte besitzt einen Rand mit stilisierten Blumen; innerhalb eines Schnörkelmusters befinden sich Tänzer, von denen jeder einen Umhang trägt. Die linke Seite des Gobelins zeigt einen stehenden Mann mit aufgestütztem Speer; er trägt einen kurzen grünen Rock, der von einem an der linken Schulter fixierten Umhang teilweise verdeckt wird, sowie ein Halsband und eine phrygische Mütze. Der Speer und die Kopfbedeckung zeigen wohl an, daß er ein Gott oder ein Held ist. Die Frau auf der rechten Seite hält einen gespannten Bogen. Ein Köcher mit drei Pfeilen hängt über ihren Rücken. Beide Figuren sind in einen Rahmen aus stilisierten roten Blumen gestellt. Kleidung und Pose der Figuren lassen vermuten, daß es sich hier um Diana und um einen ihrer Jäger – Aktäon, Orion oder Meleager – handelt.

Die Behandlung der Figuren und das besonders betonte Weiß der Augen, dicke Augenbrauen und stilisierte Frisuren zeigen die Abweichung koptischer Kunst von klassischen, griechisch-römischen Formen. Die vertikalen Bänder mit eingefügten Rundformen entwickelten sich zu einem charakteristischen Merkmal koptischer Textilprodukte späterer Zeiten, und die mythischen Figuren wurden zu den Heiligen und Engeln der nachfolgenden Jahrhunderte. *CM*

Provenienz: Akhmim (?)

Literatur: Badawy 1978; Quirke und Spencer 1992

7.45

Steinrelief

Koptisch
Ägypten
Kalkstein
5.–7. Jahrhundert
31,2 x 62,4 cm
The Trustees of the British Museum, London, EA.1531

In diese Kalksteinplatte sind drei Kreise eingemeißelt, die jeweils aus sechs Hakenkreuzen bestehen; das rechte und das linke des mittleren Kreises sind zugleich Teil der zwei Seitenkreise. Jeder Kreis hat in seiner Mitte ein anderes Motiv: der linke Kreis eine Blütenrosette und Lanzettbätter, der mittlere ein Hexagon mit einer in Relief gestalteten Noppe im Mittelpunkt, der rechte eine Taube mit einem rückwärts gewandten Kopf. Die Platte ist an beiden Seiten unvollendet. Sie gehörte zu einem größeren Dekorfries, dessen horizontale Ausrichtung durch die Stellung des Vogels als gesichert angenommen werden kann; angesichts seiner Schwere und seiner Maße stammte das Bildrelief wahrscheinlich aus einer Wandtäfelung. Die komplizierten Motive, die sorgfältig in einer hochausgebildeten Technik ausgeführt wurden, bestätigen den Horror vacui koptischer Bildhauer. Während des siebten und achten Jahrhunderts nach Christi Geburt errang koptische Kunst, und insbesondere die Skulptur, eine stilistische Eigenständigkeit. Auch wenn immer noch Motivelemente und die Bildsprache des griechisch-römischen Raumes vorhanden sind, so wurden diese von den ansässigen Künstlern modifiziert aufgenommen. Die Herkunft dieses Stücks ist zwar unsicher, doch findet sich in Saqqâra ein überzeugendes Gegenstück. *CM*

Provenienz: Saqqâra, Kloster von Apa Jeremias (?)

Literatur: Quibell 1912; Duthuit 1931; Badawy 1978

7.46

Relief

Koptisch
Ägypten
4.–5. Jahrhundert
Kalkstein
Höhe 40 cm
Staatliche Sammlung Ägyptischer Kunst, München, AS 5528

Diese Wandtafel zeigt unter einer Bogenform einen knienden nackten Knaben mit kurzem, lockigem Haar, Hände und Beine der Figur sind stark beschädigt. Hier kann die biblische Geschichte aus dem Neuen Testament von der Heilung des Gelähmten dargestellt sein, ein Thema, das in der frühchristlichen Kunst die Gnadenrettung symbolisiert und auch bei anderen koptischen Skulpturen zu finden ist. Die Stellung – die Figur hat beide Arme erhoben und trägt vermutlich ein Bett – erinnert entfernt an die Figur des Pharaonengottes Shu, der den Himmel trägt.

Eine genaue Datierung vorzunehmen, ist schwer, aber der Zeitraum zwischen dem vierten und dem fünften Jahrhundert ist wahrscheinlich. In ihren frühesten Versuchen, christliche Themen darzustellen, stützten sich die Ägypter auf die späthellenistische, römische und altägyptische Ikonographie. Die Künstler der Kopten nahmen entweder von neuem Motive auf, die ihnen in ganz Ägypten begegnet waren und die Hinterlassenschaft früherer Künstlergenerationen waren, oder luden Motive, die sie bei ihren Mittelmeeranrainern gesehen hatten, mit neuen Bedeutungen auf. Wenn sie nicht allzu stark mit heidnischen Praktiken verbunden waren, wurden Motive – einschließlich mythologischen Darstellungen, ägyptischen Gottheiten beiderlei Geschlechts und Tieren – aufgenommen, um dem Christentum zu dienen. Das deutlichste Beispiel für eine solche Anverwandlung ist das Motiv der Isis, die Horus die Brust gibt: Es wurde als Vorläufer aller späteren Statuen und Gemälden von Maria mit dem Kinde ausgelegt. *CM*

Literatur: Beckwith 1963; Badawy 1978

7.47

Ornamentrelief

Ägypten
Zweite Hälfte 9. Jahrhundert
Holz
58 x 45 cm
Museum für Islamische Kunst, Kairo,
VII 13173

Diese Bogentafel, die aus einem dicken Block einer lokalen Holzart namens *aziza* entstand, ist mit einem Muster verziert, das auf Kopf und Hals zweier Gänse basiert und in stilisierten Blattwerkmotiven endet. Das Schnitzwerk ist im ›abgeschrägten‹ Stil ausgeführt, in dem die geschnitzten Ränder eines Musters in das des benachbarten verlaufen und keinen leeren Raum zwischen den verschiedenen Elementen lassen. Die Horror vacui-Ästhetik dieses Stils sollte eines der Hauptkennzeichen islamischer Kunst werden. Er entstand während des 9. Jahrhundert in Samarra, der am Tigris gelegenen Hauptstadt des Abbasiden-Kalifats im Irak, und wurde für Wanddekorationen aus Stuck und aus Holz verwendet. Der abgeschrägte Stil wurde in Ägypten während der Regentschaft Ahmad ibn Tuluns (868–884), einem großen Förderer von Kunst und Architektur, beliebt; dieser Kalif beschäftigte Baumeister, Stukkateure, Zimmerleute und sogar Musiker, um seine Hauptstadt Kairo Samarra ebenbürtig werden zu lassen. *AY*

Ausstellung: London 1976, Nr. 437, S. 282 f.

7.48

Platte eines Kenotaphs

Für das Grabmal Muhammad b. Fatik Ashmulis (?)
Kairo
967 n. Chr. (356. Jahr der islamischen Zeitrechnung)
Marmor
39 x 75 cm
The Trustees of the British Museum, London, OA.1975.4-15, 1

Diese rechteckige Marmortafel eines Kenotaphs trägt beidseitig arabische Inschriften. Der Wortlaut auf der Außenseite besteht aus den ersten Worten der *basmala*, »im Namen Gottes, des All-Gnädigen«; auf der Innenseite stehen noch einmal die ersten Worte der *basmala*, darauf folgen der Name des Verstorbenen, Muhammad b. Fatik Ashmuli (?), und dessen Todesdatum im Monat Jumada II im Jahr 967 n. Chr. Beide Inschriften wurden in rechteckiger kufischer Schrift ausgeführt; dennoch sind sie ausgesprochen verschieden. Das ornamentale Kufisch der Außenseite schafft eine Monumentalwirkung. Es ist innerhalb eines erhöhten Rahmens als Hochrelief mit gerundeten Buchstaben angelegt; einige der Buchstaben laufen in blattähnliche Formen aus. Das einfachere, aber elegante Kufisch auf der Innenseite ist in den Marmor geritzt, und die einzige Verzierung bilden die mit Widerhaken versehenen Spitzen der Buchstaben.

Die abgeschrägten Seiten und die unvollständige äußere Beschriftung weisen darauf hin, daß diese Platte am oberen Teil eines um das Grab herum errichteten niedrigen Wandschirms oder eines offenen Ehrenmals stehen sollte. Drei weitere Platten, von denen zwei die angrenzenden Langseiten eines ähnlichen Kenotaphs bildeten, sowie eine weitere Kurzseite befinden sich im Islamischen Museum in Kairo.

Abweichungen der Sinnsprüche lassen vermuten, daß diese Marmortafeln zwar von drei verschiedenen Ehrenmälern stammen, aber in derselben Werkstatt innerhalb eines kurzen Zeitraumes gegen Mitte des 10. Jahrhunderts hergestellt wurden. Eine weitere lange Tafel im Gayer Anderson Museum in Kairo ist stilistisch eng mit ihnen verwandt und kann Bestandteil desselben Sarkophages gewesen sein. *RW*

Ausstellung: London 1976, S. 302, Nr. 477

7.49

Vier Schachfiguren

Ägypten (?)
10.–11. Jahrhundert
Elfenbein
The Trustees of the British Museum, London
(a) König oder Dame, 1856.6-12.4
Höhe 3,8 cm
(b) König oder Dame, 1862.8-9.2
Höhe 5,6 cm, Durchmesser 5,1 cm
(c) König oder Dame, 1877.8-2.8
Höhe 3,8 cm
(d) Springer, 1881.7-19-47
Höhe 5,4 cm, Durchmesser 3 cm

Das Schachspiel, wie wir es heute kennen, ist indischen Ursprungs. Von dort erreichte es während der Herrschaft der Sassiniden Persien (ca. 6. Jahrhundert), wo es in islamischer Zeit sehr beliebt wurde. Verweise auf das Schachspiel finden sich in der arabischen Literatur bereits im 8. Jahrhundert (Umayyadenzeit); ab Mitte des 9. Jahrhunderts tauchen Abhandlungen über das Schach sowie Namen bedeutender Meister wie etwa von al-ᶜAdli auf – ein Zeugnis der Popularität dieses Brettspiels. Von der arabischen Welt wanderte es in den Westen: Zu den Beispielen abstrakter, auf islamischen Modellen basierender Schachfiguren gehören auch die vermutlich aus einer italienischen Werkstatt stammenden Venafro-Exemplare aus dem 10./11. Jahrhundert.

Contadini (1995) teilte elfenbeinerne Schachfiguren der islamischen Zeit in zwei Kategorien ein. Die erste umfaßt Figuren mit Menschen- oder Tierformen. Die zweite besteht aus abstrakten Stücken. In dieser Kategorie lassen sich wiederum zwei Stile unterscheiden: Stiltypus A, der besonders zwischen dem 10. und dem 12. Jahrhundert beliebt war, und Stiltypus B, der im 13. Jahrhundert vorherrschte.

Die hier gezeigten Schachfiguren sind wunderbare Beispiele für den Typus A. Bei diesem Stil sind die Formen von König und Dame identisch. Sie werden gelegentlich als eine stilisierte menschliche Figur auf einem Thron gedeutet oder als auf einem Elefanten thronender Herrscher interpretiert. Die Dame ist stets kleiner als der König, da aber die fraglichen Stücke aus verschiedenen Figurensätzen stammen (geht man von ihren jeweiligen Größen und der Art des Elfenbeins und der Verzierung aus), ist es unmöglich, sie voneinander zu unterscheiden. Der Springer verfügt über einen Höcker, der an einen Pferdekopf erinnert (im Gegensatz zum Läufer, dessen zwei Auswüchse den Stoßzähnen eines Elefanten ähneln).

Die Figuren sind mit eingravierten konzentrischen Kreisen, Punkten und Linien geschmückt. Solche Verzierung findet sich nicht nur häufig auf abstrakten Schachfiguren, Würfeln und Damesteinen des islamischen Kulturkreises, sondern auch auf römischen Damesteinen und Würfeln. *AC*

Provenienz: (a): 1856 dem Museum von J. Webb verkauft; (b) 1862 dem Museum von Baron von Estorf verkauft; (c) 1877 dem Museum von Rev. Greville J. Chester, der die Figur in Catania erworben hatte, verkauft; (d) 1881 dem Museum von Rev. Greville J. Chester verkauft

Literatur: Dalton 1909, Tafel XLVIII, Nr. 225-228; Contadini 1995, Abb. 47

7.50

Wasserkrug

Ägypten
Fatimiden
Letztes Viertel 10. Jahrhundert
Bergkristall
Höhe 18 cm; Durchmesser ca. 12,5 cm (Boden); Stärke des Kristalls ca. 2,5 mm, des Reliefs ca. 0,5 mm
Tesoro della Basilica di San Marco, Venedig, 80

Wegen seiner Reinheit, Schönheit und Härte wurden schon in ältesten Zeiten aus Bergkristall Objekte von besonderer Kostbarkeit geschaffen. Die Kunst der Kristallschnitts erreichte in den islamischen Kernlanden zwischen dem 8. und dem 11. Jahrhundert ihren Höhepunkt.

Dieser Fatimidenkrug ist ein schönes Beispiel aus einer Gruppe von sechs wertvollen Bergkristallkrügen mit eingeschnittenem Reliefdekor, die in Ägypten im 10. und frühen 11. Jahrhundert hergestellt wurden. Der Gegenstand wurde aus einem einzigen Stück Bergkristall geschnitten und mittels eines Bogenbohrers verziert. Das verfeinerte Dekor besteht aus einem Löwenpaar in heraldischer Anordnung – je einem Löwen auf jeder Seite des Krugs, getrennt durch Schnörkel ineinander verschlungener Äste und Palmetten. Die Daumenstütze ist als Widder gestaltet. Der Gegenstand ist besonders bedeutend, da er unterhalb des Halsansatzes eine kufische Inschrift mit dem Namen des Kalifen al-^{c}Aziz aus dem Geschlecht der Fatimiden, der zwischen 975 und 996 herrschte, besitzt. Er ist deshalb mit großer Sicherheit auf das letzte Viertel des 10. Jahrhunderts zu datieren, und auf diese Weise kann der Krug als Bezugspunkt zur Altersbestimmung anderer Objekte aus Bergkristall dienen. Die Inschrift lautet *baraka min Allah lil-Imam al-^{c}Aziz bi-llah* (»Mag Gottes Segen auf dem Imam al-cAziz bi-llah ruhen«). Der Krug steht auf einem europäischen Untersatz aus Gold und Emaille, der im 16. Jahrhundert oder später hergestellt wurde.

Es existieren etwa 180 solcher islamischen Bergkristalle. Viele von ihnen befinden sich heute in kirchlichen Schatzkammern Westeuropas; einige kamen bereits im 10. Jahrhundert dorthin, während man auf andere bei archäologischen Ausgrabungen, besonders bei Fustat, stieß. *AC*

Ausstellungen: London 1984, S. 224–229, Nr. 31; Berlin 1989, S. 194, Abb. 215; Venedig 1993–1994, S. 153, Nr. 61

Literatur: Lanci 1845–1846, II, S. 133 f., III, Tafel XLIV, Abb. 3; Lamm 1929-1930, I, S. 192 f., II, Tafel 67, Nr. 1; Erdmann in Hahnloser, 1971, S. 112 f., Nr. 124, Tafel XCVII–XCIX

7.51

***Tiraz* mit kalligraphischer Stickerei**

Ägypten
Fatimiden
10. bis frühes 11. Jahrhundert
Leinen und Seide
17,8 x 49,7 cm
The Trustees of the British Museum, London, 1901.3-14,20

Tiraz ist eine allgemeine Bezeichnung für Stickerei, im engeren Sinne sind damit kalligraphische oder dekorative Bänder gemeint, die man auf Männer- und Frauenkleidung findet. Obwohl *tiraz* sich auf Stickereiverzierung bezieht, gilt der Begriff auch für bandartige Inschriften, die in Stein, Metall, Mosaik, Glas, Fayence oder Holz gearbeitet sind.

Während der Regentschaft der Fatimiden war die Herstellung von *tiraz* ein Monopol des Staates und setzte frühere Strömungen fort. Laut Ibn Khaldun, der im 14. Jahrhundert lebte, befanden sich bei den Omayyaden- und Abbasiden-Dynastien die Kleidermanufakturen, die die königliche Garderobe fertigten, im Palast und wurden *dar al-tiraz* genannt. Die meisten erhaltenen Exemplare stammen aus der Zeit der Fatimiden. Die Mehrzahl von ihnen wurde in ägyptischen Grabstätten gefunden.

Der gezeigte Stoff ist ein prächtiger, mit Kalligraphien bestickter *tiraz* aus der frühen Fatimidenzeit. Das gelbliche Leinenmaterial wurde mit einem aufgestickten epigraphischen Band aus blauer Seide verziert. Die Inschrift in eckiger, kufischer Schrift lautet *al-mulk lillah* (»Die Herrschaft ist Gottes«). *AC*

Provenienz: 1901 als Teil der Sammlung Major W. J. Myers ins Museum gekommen

7.52

Zierleiste

Ägypten
11. Jahrhundert
Holz 28 x 255 cm
Museum für Islamische Kunst, Kairo, VII 4063

Diese Holztafel ist mit geschnitzten Jagd-, Tanz- und Musikszenen verziert und war rot, türkis, schwarz und weiß bemalt. Es ist eines von mehreren Stükken, die die Empfangshalle der herrschaftlichen Wohnräume Sayyida al-Mulks, der Schwester des Fatimiden-Kalifen al-Hakim (966–1021), schmückten, welche sich im westlichen, von Kalif al-^{c}Aziz (975–996) errichteten Palast der Fatimiden befanden.

Die Holztafeln wurden später im Hospital (*maristan*), das der Sultan Qala'un im 13. Jahrhundert bauen ließ, ein zweites Mal verwendet. Es gibt weitere Objekte aus Holz, die in anderen Kontexten in Kairo von neuem benutzt wurden, da Ägypten über sehr geringe Waldbestände verfügt und importiertes Holz teuer war. Im Hospital wurden die Tafeln verkehrt herum aufgehängt, vermutlich, weil zu jener Zeit das figurative Dekor als anstößig galt. Die auf dieser und den anderen Tafeln dargestellten höfischen Szenen lassen das Leben des Adels während der Regentschaft der Fatimiden wieder aufleben. Genreszenen dieses Typus haben in Ägypten eine lange Tradition. *AY*

Ausstellung: Kairo 1969, Nr. 220, S. 232

Literatur: Herz 1913, S. 169–174, Tafeln XXVIII-XXIX; Wiet, 1930, Nr. 21; Pauty 1931, S. 48–50, Tafel XLVI; Marçais 1935–1940, S. 240–257; Lamm 1935 bis 1936, S. 69–80; Hasan 1956, Nr. 343, S. 442

7.53

Schale

Ägypten
Fatimiden
Erste Hälfte 12. Jahrhundert
Weißer Ton mit Lüstermalerei auf weißer Glasur
Höhe 9,6 cm, Durchmesser 22,3 cm
The Board of Trustees of the Victoria and Albert Museum, London, C49-1952

Diese Schale besitzt einen hohen zylindrischen Fuß, konvexe Seiten und einen leicht ausladenden Rand. Auf die Innenseite ist eine von zwei breiten Streifen eingerahmte Figur dargestellt, die gerne als ›koptischer Priester‹ gedeutet wird und mit der rechten Hand ein an Ketten befestigtes Weihrauchgefäß schwingt. Rechts von der Figur befindet sich eine Zypresse. Die ganze Innenfläche der Schale ist mit Spiralmustern versehen, die in den Lüster eingekratzt sind.

Die Technik der Lüstermalerei scheint eine islamische Erfindung zu sein. Bereits im 8. Jahrhundert erschien sie auf Glasgegenständen; spätestens im 9. Jahrhundert findet man sie auf Tonwaren. Die Wirkung wird dadurch erzielt, daß eine Silber-Kupferoxid-Mischung über die Glasur aufgetragen und der Gegenstand anschließend in einem Schmelzofen noch einmal dem Feuer ausgesetzt wird; dieser Ofen entzieht dem Oxid Sauerstoff und verwandelt es in einen metallischen Zustand.

Um den Außenrand der Schale ist ein Lüsterstreifen aufgetragen, der zweimal die Inschrift *sa^{c}d* in kufischen Zeichen als Spiegelschrift trägt. Über den Wortlaut haben Wissenschaftler lange gerätselt. Butler glaubte, daß diese Inschrift »den Versuch eines Kopten in der Frühzeit der islamischen Herrschaft darstellt, das griechische Wort für Prior oder Abt ins Arabische zu übertragen«. Aber mittlerweile wird von der Schale allgemein angenommen, daß sie zu einer Gruppe von Gefäßen gehörte, die alle auf diese Art und Weise beschriftet waren, obwohl der Gebrauch der Spiegelschrift weiterhin der Erklärung bedarf. Es gab viele Diskussionen darüber, ob sa^{c}d der Name des betreffenden Töpfers oder Malers war, ob es wörtlich als ›Viel Glück‹ gelesen werden soll (eine sehr einleuchtende Möglichkeit, obwohl Glückwunschwendungen auf anderen Objekten dieser Zeit gewöhnlich sa^{c}ada lauten, ›Glück, Wohlstand‹) oder ob sa^{c}d der Name der Werkstatt war, in der die Schale entstand. Diese letzte Hypothese ist die wahrscheinlichste . Die relativ große Anzahl der mit sa^{c}d-Inschriften versehenen Stücke ist so vielfältig hinsichtlich Typus, Stil und Bildsprache, daß es unwahrscheinlich sein dürfte, daß diese Arbeiten von einer einzigen Person stammen.

Sogar in islamischer Zeit waren die Kopten für ihre Metall-, Textil- und Tonarbeiten berühmt, und in Fustat, dem alten Kairo, wo die Schmelzöfen standen, gab es eine große koptische Gemeinde. So überrascht es kaum, auf Luxusgegenständen aus Steingut, die von oder für Kopten angefertigt wurden, eine christliche Bildersprache zu finden. *AC*

Provenienz: Bei Luxor gefunden (?); ehemals Slg. Dikram Garabed Kelekian

Literatur: Kelekian 1910, Tafel 6; Butler 1926, S. 54, Tafel XI; Lane 1947, S. 22 f., Tafel 26A; Caiger-Smith 1973, S. 37, Tafel B; Féhérvari 1985, S. 105

7.54

Wasserkrug mit Ständer (*kilga*)

Kairo
12. Jahrhundert und später
Alabaster (Krug), Marmor (Ständer)
Höhe 97 cm (Krug und Ständer)
47 x 27,5 x 65 cm (Ständer)
Manchester City Art Galleries, 1934.235

Der aus einem einzigen Marmorblock gehauene Krugständer (*kilga*) besteht aus einem rechteckigen, oben offenen Postament, ruht auf vier Füßen und weist ein vorkragendes Becken auf. Das Äußere des *kilga* ist mit zahlreichen Rillen- und Arkadenschnitzereien schön verziert.

Ursprünglich trug der *kilga* einen unglasierten Tonkrug (*zir*), der das Wasser in seinem Inneren durch Kondensation kühl hielt und es zugleich filterte, während es langsam durch den porösen Körper ablief. Die Einwohner des mittelalterlichen Kairo benutzten Wasser, das durch Abfall und Ausscheidungen verunreinigt war. Ibn Ridwan, der Leibarzt der Fatimiden und Verfasser einer medizinischen Topographie Kairos aus dem 11. Jahrhundert, beschreibt die Reinigung verschmutzten Wassers: »Am besten benutzt man dieses Wasser nicht, bevor es nicht mehrere Male gesäubert wurde [durch Erhitzen und Filtern] ... der gereinigte Teil wird in einen Krug geschüttet; nur der Teil, der durch die durchlässigen Krüge gesickert ist, soll benutzt werden.«

Viele *kilgas* wurden später mit Steinkrügen versehen. Das Gefäß, das zu dieser *kilga* gehört, hat einen spitz zulaufenden Fuß und wurde deshalb stets auf einen Ständer gestellt. Am Rand konnten Tassen oder Kellen plaziert werden, um das Wasser herauszuschöpfen; der Stein hielt das Wasser kühl, ließ es allerdings nicht ins Becken fließen.

Kilgas weisen oft eine ungewöhnliche Kombination muslimischer und koptischer Ikonographie auf. Bei diesem Beispiel sind sitzende Frauenfiguren mit erhobenen Händen – traditionelle Haltung betender Christen – kombiniert mit einer arabischen Segensinschrift in kufischen Buchstaben aus dem 12. Jahrhundert. *RW*

Provenienz: Schenkung von John Yates an das Museum 1934

Literatur: Ibrahim 1978; Knauer 1979, S. 71

7.55

Band eines siebenteiligen Korans

Kairo
Ägypten
1305 n.Chr. (705. Jahr der islamischen Zeitrechnung)
47 x 32 cm
The British Library, London, Add. 22408

Dieser dritte Band eines großen Korans in *asba*^{c} (sieben Teile), ausgeführt in der *thuluth-ash*^{c}-Schrift besitzt ein doppelseitiges Frontispiz und ist durchgehend schön illuminiert. Er wurde von Scheikh Scharaf ad-Din Muhammad ibn al-Wahid kopiert und von Abu Bakr, auch unter dem Namen Sandal bekannt, für den Mamluken-Amir Rukn ad-Din Baibars al-Djaschankir, dem späteren, von 1309 bis 1310 regierenden Sultan al-Muzaffar Baibars, illustriert.

Dies ist der früheste Mamluken-Koran. Die umfassendste Beschreibung der Anfertigung einer Koranhandschrift liefert Ibn Iyas: »In jenem Jahr [1305–1306 n.Chr., d.i. das Jahr 705 im islamischen Kalender] begann der *atabeg* Baibars al-Djaschankir seinen *khanqah* errichten zu lassen, der auf dem Platz von Bab al-^{c}Id gegenüber Dabr al-Asfar steht. Es heißt, daß, als das Gebäude vollendet war, Scheikh Scharaf ad-Din ibn al-Wahid eine Kopie des siebenteiligen Korans für den *atabeg* Baibars ausführte. Diese wurde mit *ash*^{c}*ar*-Buchstaben auf Papier in Bagdad-Größe geschrieben. Baibars soll für diese Bände 1600 Dinare bezahlt haben, so daß sie in Gold geschrieben werden konnten. Der Koran wurde im *khanqah* aufbewahrt und ist eines der schönsten Objekte dieser Zeit.« (James, 1988). Der Kalligraph Ibn al-Wahid († 1311) war einer der besten Kalligraphen des 14. Jahrhunderts. Die hier gezeigte Handschrift ist mit Goldbuchstaben geschrieben, die von einer dünnen schwarzen Linie eingefaßt sind, eine Technik, die normalerweise Suren-Überschriften vorbehalten war. Die Buchmalerei dieses sowie zwei anderer Bände war die Arbeit Sandals. Sandal wurde von seinen Zeitgenossen ebenfalls hochgeschätzt. Das Doppelfrontispiz dieses Bandes zeigt ein zentrales, von ineinander verschränkten geometrischen Formen umgebenes Sternenvieleck, das für seinen Stil typisch ist. *RW*

Ausstellungen: London 1976 (*The Arts...*), Nr. 66–69; London 1976 (*The Qur'an...*), Nr. 527

Literatur: Lane-Poole 1886, S. 225 f.; Lings und Safadi, in: London 1976 (*The Arts...*), Nr. 62; Atil 1981, S. 3; James 1984, S. 147–157; James 1988, Nr. 1, S. 34–75, 220

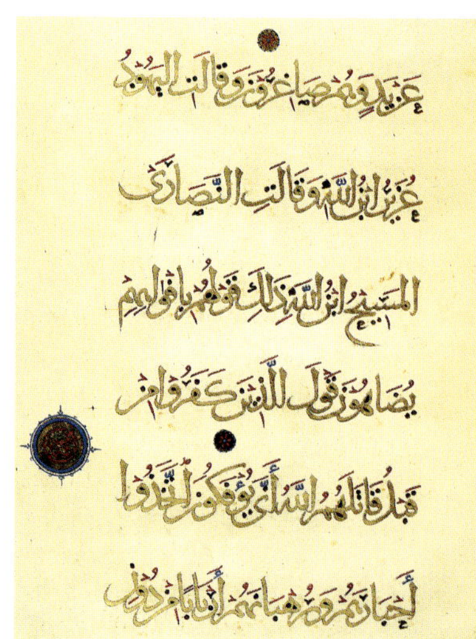

7.56

Becken

Angefertigt für Sultan al-Nasir Muhammad ibn Qala'un
Kairo oder Damaskus
Um 1320-1341
Messing, Gold, Silber
Höhe 22,7 cm, Durchmesser 54 cm
The Trustees of the British Museum, London, OA.1851. 1-4, 1

Majestätische, ursprünglich mit Goldintarsien versehene Inschriften in der *thuluth*-Schrift der Mamluken schmücken das Innere und Äußere dieses großen Beckens. Sie geben Name und Titel des Mamluken-Sultans al-Nasir Muhammad ibn Qala'un, der von 1293 bis 1341 herrschte, wieder: »Ehre sei unserem Herrn, Sultan al-Malik al-Nasir, dem Weisen, Wirkenden, dem Krieger, dem Haupt des Glaubens, dem Verteidiger Nasir al-Dunya wal-Din Muhammad ibn Qala'un, mag sein Sieg glorreich sein.«

In der Mitte der Blumenmedaillons, die die Inschriften unterbrechen, befinden sich kleine Medaillons, die das epigraphische Wappen des Sultans (»Ehre unserem Herrn, dem Sultan«) enthalten und sich in den engen laubwerkartigen Rändern an der Außenseite des Beckens wiederholen. Der Grund ist mit einem großen, mit Fischen gefüllten Medaillon verziert.

Große Becken wie diese gehörten zu den prestigeträchtigsten Produkten der Mamlukenhandwerker. Die Fische auf dem Boden bestätigen, daß diese Gefäße in erster Linie Waschungen dienten. Der Historiker al-Jazari (1260–1338) beschreibt eine Beschneidungszeremonie, die Sultan Khalil für seinen Bruder Muhammad (vor dessen Thronbesteigung) durchführen ließ und bei der jeder Emir so viele Goldstücke in das Bassin werfen mußte wie er Mamluken besaß. Der italienische Pilger Sigoli berichtet im 14. Jahrhundert von Kairoer Hochzeitsfesten, bei denen die eingeladenen Frauen in ein großes Becken, das neben der Braut stand, Geschenke legten.

Die lange Herrschaft Sultans al-Nasir Muhammad fiel mit einer Zeit des Wohlstands innerhalb des Mamlukenreiches zusammen. Nach einem beinahe 100 Jahre andauernden Krieg gelang dem Sultan der Friedensschluß mit den mongolischen Nachbarn im Iran; dieser Frieden förderte den Handel und brachte chinesische und persische Luxusgegenstände an den Hof der Mamluken. Deren Einfluß ist bei dem hier abgebildeten Objekt im lebhaften Lotosblumenmuster in den Hauptmedaillons festzustellen, die wahrscheinlich von chinesischen Stoffen übernommen wurden. Der Sultan war ein eifriger Kunst- und Architekturförderer. Er und seine Offiziere gaben viele Gefäße mit Messingintarsien in Auftrag; ihnen ist das Aufblühen des Kunstschmiedehandwerks während des 14. Jahrhunderts mit zu verdanken. *RW*

Provenienz: 1851 vom Museum erworben

Ausstellung: Washington 1981, Nr. 26, S. 88–91

Literatur: Lane-Poole 1886, S. 227 f., 190; Migeon 1907, II, S. 206, Abb. 164; 1927, II, S. 76 f., Abb. 253; Ross 1931, S. 318; Wiet 1932, ca. Nr. 183; Sigoli 1948, S. 167 f.; al-Jazari 1949, S. 28 f.; Barrett 1949, S. XVIII, Tafel 28; Zaki 1956, Nr. 508 f., Abb. 508 f.; Aslanapa 1977, S. 76, Abb. 9; Ward 1993, S. 111, Abb. 88

7.57
Weihrauchgefäß
Ägypten
14. Jahrhundert
Messing mit Silber- und Goldintarsien
Höhe 20,5 cm, Durchmesser 14 cm
Museum für Islamische Kunst, Kairo,
VII 15129

Dieses Messinggefäß besitzt einen zylinderförmigen Korpus auf drei Beinen und einen abnehmbaren, gewölbten Deckel; verziert ist es mit eingearbeiteten Silber- und Goldbändern, die zumeist ein Blumenmuster bilden. Der Verschluß des kuppelförmigen Deckels mit seinem winzigen Blumendekor scheint später hinzugekommen zu sein, vielleicht zum gleichen Zeitpunkt, als die zweite, kleinere Kuppel ergänzt wurde. Das darin befindliche Kreuz läßt vermuten, daß diese späteren Ergänzungen ein Versuch waren, dieses Gefäß für christliche Zwecke umzufunktionieren. *AY*

Provenienz: Ehemals Sammlung Ralph Harari

7.58
Parfumflakon (*qumqum*)
Ägypten
Mitte 14. Jahrhundert
Messing mit Silber- und Goldintarsien
Höhe 22,5 cm, Durchmesser 7,6 cm
Museum für Islamische Kunst, Kairo,
VII 15111

Diese Parfumflasche (*qumqum*) aus Messing besitzt einen birnenförmigen Korpus mit ausgestellten Fuß und einem langen, sich verjüngenden Hals (letzterer ist ein später hinzugefügter Ersatz). In die Oberfläche des Gefäßes sind Inschriften und Ornamente – Rautenmuster, *chinoiserie*-Blumenschnörkel, Vögel im Flug, geometrische Motive und Arabesken – in Silber und Gold eingelegt. Die Unterseite des Fußes ist mit dem Relief einer neunblättrigen Rosette verziert. Der Fries mit der Hauptinschrift enthält den Namen und die Titel Sultans Hasan: »Ehre unserem Gebieter, Sultan al-Malik al-Nasir Nasir al-Dunya wal-Din al-Malik al-Nasir Hasan.« Die umlaufenden Schriftbänder in den drei großen Medaillons enthalten kürzere Versionen dieser Inschrift. Kleine Rundungen im Fries unter- und oberhalb der Hauptinschrift enthalten das epigraphische Wappen des Sultans ›al-Malik al-Nasir‹. *AY*

Ausstellungen: Kairo 1969, Nr. 79; London 1976, Nr. 255

Literatur: Wiet 1932, ca. Nr. 255, S. 217; Mostafa 1958, Nr. 70, Abb. 29; 1961, S. 48 f., Abb. 42; Atil 1981, Nr. 31, S. 98

7.59

Kronleuchter

Ägypten
ca. 1360
Messing
Höhe 220 cm; Durchmesser 65 cm
Museum für Islamische Kunst, Kairo, VII MIA 92

Dieser achteckige, mit durchbrochenen und eingravierten Ornamenten geschmückte Messingkronleuchter ist in drei Ebenen angelegt und hat einen kuppelförmigen oberen Abschluß sowie acht Beine. Vier an den Kanten mit Zinnen verzierte Gesimse verlaufen rund um den Lüster; sie sind mit Löchern versehen, in die man gläserne Öllampen stellte. Sechs weitere Lampen konnten in die kreuzförmigen Halterungen oberhalb der Kuppel eingefügt werden. Der Kronleuchter hing von der Decke, aber die vorhandenen Beine ermöglichten es, ihn sicher auf den Boden zu stellen, wenn Öl nachgefüllt wurde.

Die schöne *thuluth*-Beschriftung im zentralen Teil des Kronleuchters wurde auf einer separaten Messingplatte eingraviert, bevor sie in den Lüster eingesetzt wurde. Sie enthält Namen und Titel des Sultan al-Nasir Hasan (1347–1351 und 1354–1361): »Ehre sei unserem Herrn, Sultan al-Malik al-Nasir, dem Gelehrten, dem Erneuerer, dem Gerechten, dem Eroberer, dem Verteidiger des Glaubens, dem Verteidiger der Burgen und Grenzen, dem Helfenden, dem Siegreichen, dem Sultan des Islam und aller Muslime, dem Richter der Ungläubigen und jener, die Vielgötterei betreiben, dem Wiederhersteller der Gerechtigkeit zwischen den Völkern, dem Verteidiger der Welt und des Glaubens, Hasan Sohn des Sultans al-Malik al-Nasir, dem Verteidiger der Welt und des Glaubens Mohammeds, Sohn des al-Malik al-Mansur Qala'un, mag sein Sieg glorreich sein.«
AY

Provenienz: In der Medrese Sultans Hasan in Kairo gefunden

Literatur: Wiet 1930, Nr. 54; 1932, S. 1–7, Tafel XII

7.60

Glasbecher

Kairo
1300–1320
Glas, Vergoldung, Emaille
Höhe 11 cm, Durchmesser (Rand) 7,1 cm
The Trustees of the British Museum, London, OA.79.5-22, 68

Dieser zylindrische Glasbecher mit einem nach außen gewölbten Rand ist mit Fischen und Aalen in Gold und roter Emaille verziert. Glasgefäße mit Dekor gehörten zu den gesuchtesten Produkten der Mamlukenkunst. Viele tragen die offiziellen Titel und das Wappen des Sultans oder eines seiner Offiziere. Andere waren in einem weniger ausgeprägten Stil verziert und wurden an reiche Ägypter verkauft oder nach China, Europa, in den Mittleren Osten, nach Arabien und in andere Regionen Afrikas exportiert.

Feine Glasbecher wie der hier gezeigte stellten eine luxuriöse Alternative zu den schweren, dickwandigen Trinkgefäßen aus Steingut dar. Auf Gemälden aus jener Zeit findet man solche Becher, mit Rotwein gefüllt, in den Händen von Sultanen und Höflingen, manchmal mit einer dazugehörigen gläsernen Karaffe. Diese Becher besitzen oft ein Fischdekor, das damit spielerisch den Verwendungszweck kommentiert. Aale sieht man seltener; sie sollten wohl eine lokale Note beisteuern, da sie im Nil sehr zahlreich vorkamen. Der Anblick von Fischen und Aalen, die sich im Rotwein vergnügten, mag den Trinkenden an das Leben im Wasser erinnert haben, das man im trüben Nil beobachten konnte.

Der Becher wurde in Quft (Koptos) erworben, das 10 km nördlich von Qus in Oberägypten lag. Während der Mamlukenherrschaft war Qus das Verwaltungszentrum der Region und nach Kairo und Alexandria die drittgrößte Stadt in Ägypten. Ihre strategisch günstige Lage am Nil, der dort nahe am Roten Meer entlang fließt, machte sie zu einem wichtigen Handelsstützpunkt für die reisenden Kaufleute auf der Route von Kairo nach Ostafrika, Arabien oder zum Indischen Ozean, und Qus' Märkte waren weithin bekannt. Ansässige Kopten besetzten viele der Verwaltungsposten der Region und arbeiteten unter Mamlukengouverneuren und vom Kairoer Sultan ernannten Beamten. Daß beim Dekor dieses Bechers Mamlukentitel fehlen, legt die Vermutung nahe, daß er zwar einem reichen Mitglied der koptischen Gemeinde Qufts gehörte, aber wahrscheinlich in Kairo hergestellt worden war. *RW*

Provenienz: 1879 dem Museum von Rev. Greville Chester verkauft, der ihn in Quft (Koptos) in Oberägypten erworben hatte

Literatur: Schmoranz 1899, Abb. 29; Read 1902, S. 222, Abb. 2 f.; Dillon 1907, S. 163; Honey 1927, S. 290; Lamm 1930, S. 343, Tafel 138.1; Tait 1979, S. 19, Abb. E

7.61

Mosaiktafel

Ägypten
14. oder frühes 15. Jahrhundert
Marmor, Perlmutt
26 x 101 cm
Museum für Islamische Kunst, Kairo, VII 3075

Diese Tafel besteht aus verschiedenfarbigen Marmor- und Perlmuttarten, die – auf einen Gipsgrund gesetzt – eine Reihe von vier Spitzbögen bilden, welche von geometrischen Mustern umgeben sind. Ursprünglich sollte das Mosaik in den Sockel einer Wand eingefügt werden. Möglicherweise stammt es aus dem Mausoleum von Barsbay (1422–1438). Steinmosaikbilder wurden in Ägypten während der Mamlukenzeit oft als Raumdekoration benutzt. Die Zusammensetzung des hier gezeigten Mosaiks, insbesondere die Bögen aus Bändern verschiedenfarbiger Steine, spiegelt die Verwendung von *ablaq* (polychromer Stein) in der damaligen Baukunst wider. Der Gebrauch verschiedener Farben in einer Wandvertäfelung wie dieser zeigt die Vorliebe der mamlukischen Kunsthandwerker für vielfarbige Ornamentik, die sich auch bei emailliertem Glas, bemaltem Ton und Metallintarsien aus dieser Zeit findet. *AY*

Literatur: Herz 1906, S. 57, Nr. 23; 1907, S. 54, Nr. 23; Wiet 1930, Nr. 5; Mostafa 1961, S. 34, Abb. 7; Atil 1981, Nr. 107, S. 212 f., Nr. 1

7.62 a

Moschee-Ampel

Für den Mamluken-Amir Saif al-Din Schaikhu al-Nasiri angefertigt
Kairo
Um 1350–1355
Glas, Vergoldung, Emaille
Höhe 35 cm
The Trustees of the British Museum, London, OA.G.1983.497

7.62 b

Moschee-Ampel

Für den Mamluken-Amir Saif al-Din Schaikhu al-Nasiri angefertigt
Kairo
Um 1350–1355
Glas, Vergoldung, Emaille
Höhe 35 cm
The Trustees of the British Museum, London, OA.S.333 (OA +521)

Emaillierte und vergoldete Glaslampen wurden in großer Zahl für die vielen in Kairo von den Mamlukensultanen und ihren Amiren errichteten Moscheen in Auftrag gegeben. Diese Lampen, die die Form einer Vase mit Fuß, breitem Körper, ausladendem Hals und Henkel zur Aufhängung besaßen, folgen einem Typus, der sowohl in Metall- als auch in Glasausführung seit dem 6. Jahrhundert bekannt ist. In Byzanz wurden manchmal Hängelampen dieser Art als Symbol eines heiligen Ortes benutzt, und diese Praxis erhielt sich auch in der islamischen Zeit. Der Symbolismus der Lampe wird noch durch einen Vers aus dem Koran (XXIV, 35) verstärkt, in dem das Licht einer Lampe mit dem Licht Gottes verglichen wird. Wie viele Lampen aus den Moscheen der Mamluken, so tragen auch die hier gezeigten Exemplare eine Inschrift mit dem Vers oder einen Teil davon: »Gott ist das Licht von Himmel und Erde. Sein Licht ist einer Nische (oder: einem Fenster?) zu vergleichen, mit einer Lampe darin. Die Lampe ist in einem Glas, das (so blank) ist, wie wenn es ein funkelnder Stern wäre. Sie brennt mit Öl von einem gesegneten Baum, einem Ölbaum, der weder östlich noch westlich ist und dessen Öl fast schon hell gibt, ohne daß (überhaupt) Feuer darangekommen ist.«

Zwei Lampen (Kat. 7.62 a, b) sind außerdem mit einem kühnen Schriftfries versehen, der den Namen und die Titel von Saif al-Din Schaikhu al-Nasiri enthält: »Auf Befehl seiner edlen und hohen Exzellenz, dem Gebieter, dem wohlverdienten Saif al-Din Schaikhu al-Nasiri, mag Gott ihn glorreich zum Sieg führen.« Schaikhus Wappen – ein roter Kelch auf Goldgrund mit einem roten Feld darüber und einem dunkelblauen darunter – erscheint in der Mitte der Medaillons, die sich am Hals und auf der Unterseite jeder Lampe befinden.

Schaikhu war ein Mamluke des Sultans al-Nasir Muhammad ibn Quala'un, erlangte aber in den 40er Jahren des 14. Jahrhunderts Berühmtheit. Nachdem er Sultan al-Nasir Hasan geholfen hatte, 1354 den Thron zum zweiten Mal zu besteigen, war er bis zu seiner Ermordung im Palast 1357 faktischer Herrscher des Mamlukenreiches. Schaikhus Reichtum und Einfluß machten ihn in Kairo zu einem wichtigen Kunst- und Architekturmäzen; mehr als elf Moschee-Ampeln, die seinen Namen, Titel und Wappen tragen, sind erhalten. Von einem Fragment einer dieser elf Lampen ist bekannt, daß sie aus Schaikhus Moschee zu Füßen der Zitadelle stammt, die im Jahr 1349 fertiggestellt wurde; wahrscheinlich war dies auch der ursprüngliche Standort der hier gezeigten Exemplare. Die Moschee wurde als eine der schönsten ihrer Zeit angesehen. Die dritte Lampe (Kat. 7.61 c) trägt die Titel von Sultan al-Zahir Barquq (1382-1399). Er war der erste einer langen Reihe von Sultanen aus dem Geschlecht der Zirkassier nach mehr als 100 Jahren Herrschaft von Sultan Qala'un und seiner Nachkommen. 1386 wurde seine Medrese vollendet, die neben dem Komplex Sultans Qala'un und der Moschee seines Sohnes Sultan al-Nasir Muhammad errichtet wurde und beide in den Schatten stellen sollte. Er stattete dieses Gebäude mit zahlreichen emaillierten Glaslampen aus, von denen sich heute viele im Bestand des Museums für Islamische Kunst in Kairo befinden. Diese Lampe ist typisch für diese Gruppe und stammt wahrscheinlich aus demselben Gebäude. *RW*

Provenienz: Kat. 7.62 a: 1983 dem Museum von den Nachkommen F. Ducane Godmans geschenkt; Kat. 7.62 b: 1868 dem Museum von Felix Slades Nachlaßverwaltern geschenkt

Literatur: Kat. 7.62 a: Godman 1901, S. 72, Tafel 72; Lamm 1930, Tafel 192.10; Kat. 7.62 b: Franks 1862, Nr. 4966, S. 388; Nesbitt 1878[2], Tafel. LXV, S. 57; Garnier 1884, I, S. 295; Lane-Poole 1886, S. 216 f.; Schmoranz 1899, S. 48; Migeon 1907, S. 355; 1927, II, S. 135; Wiet 1929, ca. Nr. 60, S. 165; Tait 1979, S. 135, Abb. 168

7.62 c

Moschee-Ampel

Für den Mamluken-Sultan al-Malik al-Zahir Barquq angefertigt
Kairo
Um 1386
Glas, Vergoldung, Emaille
Höhe 30 cm
Museum für Angewandte Kunst (MAK), Wien, GL 3034

7.63

Mosaikplatte

Ägypten
14. oder 15. Jahrhundert
Stein, Marmor, Gips
28 x 28 x 1,6 cm
University of Pennsylvania Museum of Archaeology and Anthropology, Philadelphia, NEP 58

Dieses Wandmosaik besteht aus verschiedenfarbigem, geschnittenem Stein und bildet innerhalb eines geometrischen Rahmens eine Inschrift in ›eckigem Kufisch‹ mit folgendem Wortlaut: »Es gibt keinen Gott außer Allah, Mohammed ist Allahs Botschafter, mag Allah ihn segnen.«

Mosaiken aus geschnittenem Stein mit kontrastierenden Farben waren im Ägypten der Mamluken beliebt. Sie wurden besonders als Brunneneinfassungen verwendet und, wie hier, als Wandbilder. Das älteste Beispiel eines in eckiger kufischer Schrift gestalteten Mosaikbildes in Kairo befindet sich im Mausoleum des Sultans Qala'un von 1285, aber während des 4. und 15. Jahrhunderts gewannen sie an Beliebtheit und können noch heute an den Wänden der Mamlukengebäude, wie z. B. dem großen Portal der Moschee von Sultan Hasan (1356), betrachtet werden.

Die Terminus ›eckiges Kufisch‹ wird zur Bezeichnung von Inschriften herangezogen, die sich innerhalb eines quadratischen Feldes oder eines Rechtecks befinden, nach deren Außenrand sich die Vertikalen und Horizontalen der einzelnen Buchstaben ausrichten. Eckiges Kufisch wurde mit chinesischen Siegeln verglichen, bei denen das einzelne Schriftzeichen ebenfalls von einem Feld umgeben ist, doch mag sich das Format auf islamischen Münzen davon unabhängig entwickelt haben. Seit frühester Zeit weisen islamische Münzen Inschriften innerhalb eines Feldes auf, manchmal sind diese Inschriften sogar eingerahmt, und es war ein logischer Schritt von dieser Stufe zum eckigen Kufisch, in dem die Inschrift im Uhrzeigersinn um das Feld herum gelesen werden kann, wenn die Münze in der Hand gedreht wird.

Dieselbe, auch in derselben Größe gestaltete Inschrift erscheint auf einer Reihe von Münzen, die der Il-Khanid-Herrscher Abu Sa^{c}id (1317–1335) in Tabriz prägen ließ. Dieses genaue Zitat von einer Il-Khanid-Münze ist eines von vielen Beispielen für den mongolischen Einfluß auf die Kunst der Mamluken, nach dem Friedensschluß Abu Sa^{c}ids und des Mamluken-Sultans al-Nasir Muhammad in den 20er Jahren des 14. Jahrhunderts, nachdem nahezu ein Jahrhundert des Krieges zwischen den zwei Reichen geherrscht hatte. *RW*

7.64
Inschrifttafel
Ägypten
Osmanisch, 18. Jahrhundert
Holz
30 x 77 cm
Museum für Islamische Kunst, Kairo, VII 11758

In diese Holztafel sind in kufischer Schrift drei Textzeilen eingeschnitzt. Die Inschrift ist eine Lobpreisung Gottes und erinnert den Leser daran, auf ihn zu bauen, doch ist sie an gewissen Stellen etwas ambivalent; möglicherweise fehlt eine vierte Zeile. Diese Schriftart wurde während des 13. Jahrhunderts in Ägypten populär und wurde bis weit ins 18. Jahrhundert hinein verwendet. Ihre eckigen Formen fügen sich besonders gut in die architektonische Umgebung ein, und folgerichtig fand sie als schmückendes Element für Gebäude in der ganzen islamischen Welt reiche Verwendung. Auf einer anderen Wandtafel aus derselben Schenkung an das Kairoer Museum (Nr. 11742) finden sich ebenfalls in eckiger kufischer Schrift Teile eines Verses aus dem Koran (LXI,13): »Gott hilft zu einem schnellen Sieg.« *AY*

Provenienz: 1933 durch die Stiftung des ehemaligen Prinzen Kamal al-Din Hussein ins Museum gelangt

7.65
Tafel für Sultan Qa'itbay
Ägypten
1468–1496
Holz, Elfenbein
9,2 x 33,8 x 1,5 cm
Museum für Islamische Kunst, Kairo, VII 2334

Die geschnitzte Elfenbeintafel trägt eine elegante *thuluth*-Inschrift mit folgendem Wortlaut: »[Ehre] unserem Gebieter, Sultan al-Malik al-Ashraf Qa'itbay, mag sein Sieg glorreich sein.« Sultan Qa'itbay, der von 1468 bis 1496 herrschte, war ein Kunst- und Architekturförderer von Rang. Er ließ mehrere Bauten in Kairo errichten und stattete alle mit der erforderlichen Einrichtung aus. Diese Tafel soll aus der Medrese Qa'itbays stammen, die zwischen 1472 und 1474 vollendet wurde. Dort könnte sie an einem hölzernen *minbar* (Kat. 7.67) oder an einer Tür befestigt gewesen sein. *AY*

Austellungen: Kairo 1969, Nr. 41; London 1976, Nr. 155

Literatur: Wiet 1930, Nr. 39; Atil 1981, Nr. 105, S. 210 f.

7.66
Teppich
Mamluken
Ägypten
15.–16. Jahrhundert
Wolle
265 x 240 cm
Museum für Angewandte Kunst (MAK), Wien, T 8346

Der Teppich ist ein typisches Beispiel einer großen Gruppe von Luxusteppichen, von der man annimmt, daß sie im Ägypten des späten 15. oder frühen 16. Jahrhunderts entstanden ist. Mit Ausnahme eines vollständig aus Seide gewebten Teppichs bestehen alle Mamlukenteppiche aus glänzender Wolle, was ihnen in Verbindung mit der Knotendichte und der Kompliziertheit der Gestaltungen den charakteristischen Schimmer verleiht. Die Farbpalette ist stets begrenzt: vorherrschend sind Zinnoberrot, Hellblau und Grün. In den meisten Fällen sind kaleidoskopartige Muster um drei oktogonale Medaillons oder, wie hier, um ein zentrales Medaillon herum angeordnet. Die Bordüren weisen alternierende Kartuschen und Rosetten auf, während das Feld zwischen Bordüre und dem zentralen Achteck mit komplizierten Mustern, die auf achteckigen Sternen und achtblättrigen Rosetten basieren und mit für Ägypten charakteristischen Papyrus- und Lanzettenmotiven ausgefüllt ist.

Mamlukenteppiche gehören zu den umstrittensten Objekten der islamischen Kunstgeschichte. Diese exquisiten Textilien scheinen keine wirklichen Vorläufer im mittelalterlichen Ägypten gehabt zu haben, und es gibt kaum einen entsprechenden Textbeweis. Es besteht weder Übereinstimmung darüber, wo oder warum die Teppiche gewebt wurden, noch über ihren Entstehungszeitpunkt. Obwohl viele Wissenschaftler glauben, daß sie im Auftrag von Mamluken-Sultanen in Kairo hergestellt wurden, meinen andere, daß sie ebensogut in Nordafrika, Syrien oder in Anatolien produziert worden sein könnten. Während viele annehmen, daß das Weben von Teppichen während des 15. Jahrhunderts unter der Förderung des Mamluken-Sultan s Qa'itbay begann – und sein Familienwappen ist auf einem der erhaltenen Fragmente dargestellt –, wenden andere ein, daß solche Teppiche erst nach der Eroberung Ägyptens durch die Osmanen im Jahr 1517 entstanden. Es ist möglich, daß solche Luxusobjekte für das herrschende Zirkassiergeschlecht und die türkische Offiziersschicht in Ägypten hergestellt wurden; genauso möglich ist aber auch, daß die Teppiche vornehmlich für den Export in den Westen angefertigt wurden. Die nahezu quadratische Form dieses Exemplars wie auch anderer Teppiche könnte darauf hinweisen, daß sie zum Bedecken europäischer Tische gefertigt wurden. Das geometrische Muster allerdings ist für den Mamlukenstil typisch und findet sich auch in der Buchmalerei sowie auf Holz- und anderen Gegenständen, aber über ihre Bedeutung, sofern überhaupt vorhanden, gibt es eine große Debatte. Das achteckige Medaillon in der Mitte wurde gedeutet als stilisierte Darstellung eines königlichen Sonnenrades, eines zentralasiatischen Mandalas, des Felsendomes in Jerusalem, eines Brunnens am Königshof oder auch als spiegelbildliche Entsprechung zu einer kassettengetäfelten Decke, unter der der Teppich ausgebreitet gewesen wäre. *RI*

Provenienz: Ehemals Sammlung der Habsburger

Ausstellung: London 1983, S. 62, Nr. 22

Literatur: Sarre und Trenkwald 1926–1927, I, Tafel 47; Erdmann 1962, S. 14 f.

7.67

***Minbar* für Sultan Qa'itbay**

Ägypten
Mamluken
Ende des 15. Jahrhunderts
Holz mit Elfenbeinintarsien
612 x 304 x 113 cm
The Board of Trustees of the Victoria and Albert Museum, London, 1050–1869

Der *minbar* (Kanzel) gehört zu den wichtigsten Ausstattungen einer Freitags- oder Versammlungsmoschee. Er steht zur Rechten der *mihrab* (der Nische, die die Richtung nach Mekka anzeigt) und wird vom vorbetenden oder predigenden Imam benutzt.

Der hier gezeigte *minbar* aus Holz trägt den Namen und die Titel des Mamluken-Sultans Qa'itbay, der von 1468 bis 1496 herrschte, aber es ist nicht bekannt, aus welcher Moschee er stammt. Gelegentlich wird in der Literatur erwähnt, daß er zu Qa'itbays Medrese in Qal^cat al-Kabsh in Kairo gehört habe, doch gibt es dort noch heute einen *minbar*. Lane-Poole schrieb dazu: »So wie ein Sultan manchmal eine Kanzel in der Moschee eines anderen aufstellen ließ – und Kait Bey war bei dieser Art der Erneuerung besonders großzügig –, ist es genauso möglich, daß die Kanzel nicht aus einer seiner eigenen Moscheen stammt.« Dieser *minbar* besteht aus sieben Stufen, die zu einer kleinen Plattform führen, über der sich eine zwiebelförmige Kuppel mit einer um ihre Basis herumgeführten *muqarnas* (Stalaktiten)-Dekoration befindet. Auf der Spitze der Kuppel befindet sich ein Ziertürmchen mit drei kleinen Kugeln und einem darüber plazierten Halbmond, wie man dies in der Architektur der Mamluken findet. Der *minbar* hat eine Tür mit zwei Flügeln und einen Sims mit *muqarnas*-Verzierung darüber, die Spuren von Blumen- und Blattbemalungen in Rot und Grün aufweist. Die dreieckigen Seiten des *minbar* zeigen ein Muster gefurchter Stege, das von 16zackigen Sternen ausgeht, deren verschiedene Teile gefüllt sind mit kleineren Kacheln aus fein geschnitztem Elfenbein. Die Balustraden bestehen aus rechteckigen Tafeln, die in sehr ähnlichem Muster gestaltet sind; in ihrer geometrischen Anordnung erinnern sie an ganzseitige Buchmalereien von Mamluken-Koranen. Ein *minbar* aus Holz, der offenkundig auf dem hier abgebildeten *minbar* basiert, wurde 1480 für die Moschee von Qadjmas al-Ishaqi, einem der Amire Qa'itbays, angefertigt; er verblieb in situ und ist hinsichtlich Form und Dekor fast identisch. Qa'itbays *minbar* ist möglicherweise eines der letzten Exemplare von mit Elfenbeinintarsien versehenen Holzgegenständen der Mamluken; der Predigtstuhl Qadjmas al-Ishaqis besitzt Intarsien aus Knochen, was die damals herrschende Notwendigkeit widerspiegelt, billige Materialien zu verwenden.

Der *minbar* des Propheten soll aus zwei Stufen und einem Sitz bestanden haben. Er konnte getragen werden und war für öffentliche Auftritte späterer Herrscher unverzichtbar. Entsprechend der zusätzlichen Funktion der Omayyaden-Moscheen als politische Versammlungsorte wurde der *minbar* von frühen islamischen Regenten oder ihren Gouverneuren als Sitz verwendet, von dem aus Ansprachen an die zum Freitagsgebet in der Moschee Versammelten gerichtet werden konnten. Seine Funktion als ausschließlich religiös genutzte Kanzel scheint sich erst gegen Ende der Omayyaden-Dynastie eingebürgert zu haben, und bis zum 8. Jahrhundert hatte er sich zu einem Teil der Standardausstattung von Moscheen in der ganzen islamischen Welt entwickelt.

Als Autoritätssymbol war der *minbar* ein wichtiges Objekt nicht nur der Moschee, sondern auch der Gemeinde. Muslimische Städte konnten in zwei Gruppen unterschieden werden: in die, die einen *minbar* hatten, und die, die keinen besaßen. Städte mit mehr als einem *minbar* galten als wohlhabend.

Die Form des *minbar* mit einem Baldachin und darüber befindlicher Kuppel, einer Türöffnung und Dekorelementen aus Sternen und Vielecken in Holzschnitzerei wurde in Ägypten, Syrien und der Türkei vom Zeitpunkt der Fatimiden-Herrschaft an zum gängigen Modell. Unter den Mamluken fing man an, auch kunstvoll ausgearbeitete Elfenbein-, Perlmutt- und diverse Holzintarsien zu verwenden. Der hier gezeigte *minbar* ist ein großartiges Beispiel für diesen späten Typus der Mamlukenkanzel. *AC*

Provenienz: 1869 vom Museum aus der Sammlung Meymar erworben

Ausstellung: Paris 1867

Literatur: Lane-Poole 1886, S. 113–115, Abb. 34; Sourdel-Thomine und Spuler 1973, Nr. 309; Blair und Bloom, 1994, S. 109 f., Abb. 141

BIBLIOGRAPHIE

ABBINK, 1994 J. Abbink, 'Review of Sleeping Beauties', *Museum Anthropology*, 18 (3), 1994, pp. 81–2

ABIODUN, DREWAL and PEMBERTON, 1991 R. Abiodun, H. J. Drewal and J. Pemberton, *Yoruba Art and Aesthetics*, Zurich, 1991

ABRAHAM, 1940 R. C. Abraham, *The Tiv People*, London, 1934, 2nd edn 1940

ABRAHAMS, 1967 R. G. Abrahams, *Peoples of Greater Unyamwezi, Tanzania*, London, 1967

ABRAHAMS, 1981 R. G. Abrahams, *The Nyamwezi Today: A Tanzanian People in the 1970s*, Cambridge, 1981

ADAMS, 1974 B. Adams, *Ancient Hierakonpolis*, Warminster, 1974

ADAMS, 1977 W. Y. Adams, *Nubia, Corridor to Africa*, London, 1977

ADAMS, 1978 M. Adams, 'Kuba Embroidered Cloth', *African Arts*, 12 (1), 1978, pp. 24–39, 106–7

ADAMS, 1988[1] V. Adams, *Predynastic Egypt*, Aylesbury, 1988

ADAMS, 1988[2] M. Adams, 'Double Perspectives: Masking Among the Wè/Guéré, Ivory Coast', *College Art Journal*, 47 (2), 1988, pp. 95–102

ADAMS, 1989 M. Adams, 'Beyond Symmetry in Middle African Design', *African Arts*, 23 (1), 1989, pp. 35–43, 102–3

ADANDE, 1994 C. Adande, 'Le Bochio: Une sculpture de rien qui cache tout', in *Mélanges Jean Pliya*, Cotonou, 1994, pp. 111–34

ADEOYE, 1989 C. L. Adeoye, *Igbagbo ati Esin Yoruba*, Ibadan, 1989

ADIE, 1952 J. J. Adie, 'Zanzibar Doors', *Guide to Zanzibar*, Zanzibar, 1952, pp. 114–16

AFOLAYAN, 1989 F. S. Afolayan, 'The Esie Lithic Culture: Perspectives from the Igbomina Tradition', paper presented at the Seminar on Material Culture, Monuments and Festivals in Kwara State, National Museum, Esie, Nigeria, 1989

AGIRI, 1972 B. A. Agiri, 'The Ogboni among the Oyo-Yoruba', *Lagos Notes and Records*, 3 (2), 1972, pp. 50–9

AL-HASSAN and HILL, 1992 A. Y. Al-Hassan and D. R. Hill, *Islamic Technology: An Illustrated History*, Cambridge, 1992

AL-JAZARI, 1949 Al-Jazari, *La chronique de Damas d'al-Jazari*, trans. J. Sauvaget, Paris, 1949

ALDRED, 1971 C. Aldred, *Jewels of the Pharaohs*, London, 1971

ALDRED, 1975 C. Aldred, *Akhenaton and Nefertiti*, Brooklyn Museum, New York, 1975

ALDRED, 1979 C. Aldred, in *Le temps de pyramides*, ed. J. Leclant, Paris, 1979

ALDRED, 1980[1] C. Aldred, *Egyptian Art*, New York and Toronto, 1980

ALDRED, 1980[2] C. Aldred, *Egyptian Art in the Days of the Pharaohs, 3100–320 B.C.*, London, 1980

ALDRED, 1988 C. Aldred, *Akhenaten, King of Egypt*, London, 1988

ALDRICH, 1990 J. Aldrich, 'The Nineteenth-century Carved Wooden Doors of the East African Coast', *Azania*, 25, 1990, pp. 1–18, pls 1–16

ALEXANDRE and BINET, 1958 P. Alexandre and J. Binet, *Le groupe dit Pahouin*, Paris, 1958

ALEXIS, 1888 M. Alexis, *Le Congo belge illustré*, Liège, 2/1888

ALLDRIDGE, 1901 T. J. Alldridge, *The Sherbro and its Hinterland*, London, 1901, pp. 144–9

ALLEN, 1976 J. Allen, 'A Somali Headrest', *MILA Institute of African Studies, University of Nairobi*, 5 (2), 1976, pp. 42–58

ALLEN, 1989 J. de Vere Allen, 'The *Kiti Cha Enzi* and other Swahili Chairs', *African Arts*, 22 (3), 1989, 54–64

ALLISON, 1944 P. A. Allison, 'A Yoruba Carver', *Nigerian Magazine*, 22, 1944, pp. 49–50

ALLISON, 1952 P. A. Allison, 'Travelling Commissioners of the Ekiti Country', *Nigerian Field*, 17, 1952, pp. 100–15

ALLISON, 1962 P. Allison, 'Carved Stone Figures in the Ekoi County of the Middle Cross River', *Man*, 15, 1962

ALLISON, 1968 P. Allison, *Cross River Monoliths*, Lagos, 1968

ALMAGRO, 1965[1] M. Almagro, *La Necrópolis Meroitica de Nelluah*, Madrid, 1965

ALMAGRO, 1965[2] M. Almagro, *La Necrópolis Meroitica de Nag Gamus*, Madrid, 1965

ALMAGRO et al., 1965 M. Almagro et al., 'Excavations by the Spanish Archaeological Mission in the Sudan, 1962–3 and 1963–4', *Kush*, 13, 1965, pp. 78–95

ALPERS, 1966 E. A. Alpers, 'The Role of the Yao in the Development of Trade in East Central Africa, 1698-ca. 1850', diss., University of London, 1966

ALPERS, 1969 E. Alpers, 'Trade, State and Society Among the Yao in the Nineteenth Century', *Journal of African History*, 10, 1969, pp. 405–20

AMON D'ABY, 1960 F. J. Amon D'Aby, *Croyances religieuses et coutumes juridiques des Agni de la Côte d'Ivoire*, Paris, 1960

ANDREWS, 1984 C. Andrews, *Egyptian Mummies*, London, 1984

ANDREWS, 1990[1] C. Andrews, *Ancient Egyptian Jewellery*, London, 1990

ANDREWS, 1990[2] C. Andrews, *Egyptian Mummies*, London, 1990

ANDREWS, 1994 C. Andrews, *Amulets of Ancient Egypt*, London, 1994

ANGAS, 1849 G. F. Angas, *The Kafirs Illustrated*, London, 1849

ANQUANDAH, 1987[1] J. Anquandah, 'L'art du Komaland. Une découverte récente au Ghana septentrional', *Arts d'Afrique Noire*, 62, 1987, pp. 11–18

ANQUANDAH, 1987[2] J. Anquandah, 'The Stone Circle Sites of Komaland: Northern Ghana in West African Archaeology', *African Archaeological Review*, 5, 1987

ANQUANDAH, n. d. J. Anquandah, 'Koma-Builsa – its Art and Archaeology' [unpublished MS]

ANQUANDAH and VAN HAM, 1985 J. Anquandah and L. van Ham, *Discovering the forgotten 'civilisation' of Komaland, Northern Ghana*, Rotterdam, 1985

ANTWERP 1975 *Afrikaanse beeldhouwkunst nieuw zicht op een erfgoed/Sculptures africaines nouveau regard sur un héritage*, exh. cat. ed. P. Guimot, Antwerp, 1975

ARBERRY, 1955 A. J. Arberry, *The Koran Interpreted*, London, 1955

ARMITAGE and CLUTTON-BROCK, 1980 P. L. Armitage and J. Clutton-Brock, 'An Investigation of the Mummified Cats held by the British Museum (Natural History)', *Museum of Applied Science Centre for Archaeology Journal*, Mummification Supplement, 1 (6), 1980, pp. 185–8

ARNOLDI, 1986 M. J. Arnoldi, 'The Artistic Heritage of Somalia', in *Somalia in Word and Image*, ed. K. S. Loughran et al., Washington, 1986

ARNOLDI and KRAEMER, 1995 M. J. Arnoldi and C. M. Kraemer, *Crowning Achievements: African Arts of Dressing the Head*, Los Angeles, 1995

ARUNDALE, BONOMI and BIRCH, 1840 *Gallery of Antiquities Selected from the British Museum*, 1840

ASLANAPA, 1977 O. Aslanapa, *Yüzyillar Boyunca Türk Sanati*, Ankara, 1977

ASSELBERGHS, 1961 H. Asselberghs, *Chaos en Beheersing: Documenten uit Aeneolithisch Egypte*, Leiden, 1961

ASTUTI, 1994 R. Astuti, 'Invisible Objects: Mortuary Rituals among the Vezo of Western Madagascar', *RES*, 25, 1994, pp. 111–22

ATANDA, 1973 J. A. Atanda, 'The Yoruba Ogboni Cult: Did it exist in Old Oyo?', *Journal of the Historical Society of Nigeria*, 6 (4), 1973, pp. 365–72

ATIL, 1981 E. Atil, *Renaissance of Islam: Art of the Mamluks*, exh. cat., Washington, 1981

ATIYA, 1991 A. S. Atiya, *The Coptic Encyclopedia*, New York, 1991

AUBET, 1993 M. E. Aubet, *The Phoenicians and the West*, trans. M. Turton, Cambridge, 1993 [*Tiro y las colonias fenicias de Occidente*, 1987]

AWOLALU, 1979 O. J. Awolalu, *Yoruba Beliefs and Sacrificial Rites*, London, 1979

AYRTON et al., 1904 E. R. Ayrton et al., *Abydos*, iii, London, 1904

BADAWY, 1978 A. Badawy, *Coptic Art and Archaeology: The Art of the Christian Egyptians from the Late Antique to the Middle Ages*, London, 1978

BAGINSKI and TIDHAR, 1980 A. Baginski and A. Tidhar, *Textiles from Egypt 4th–13th Centuries*, 1980

BAINES, 1975 J. Baines, 'Ankh-sign, Belt and Penis Sheath', *Studien zu altägyptischer Kultur*, 3, 1975, pp. 1–24

BAINES and MALEK, 1980 J. Baines and J. Malek, *Atlas of Ancient Egypt*, Oxford, 1980

BAKRY, 1969 H. S. K. Bakry, *Zeitschrift der deutschen morgenländischen Gesellschaft*, suppl. 1, 1969, p. 21

BAKRY, 1971 H. S. K. Bakry, *Mitteilungen des deutschen archäologischen Instituts, Abteilung Kairo*, 27, 1971, pp. 138–9, pls 30–1

BALDAOUI, 1942 J. Baldaoui, *Les tapis*, 1942

BALFET, 1956 H. Balfet, 'Les poteries modelées d'Algérie', in *Libyca*, Algiers, 1956

BALOUT, 1958 L. Balout, *L'Algérie préhistorique*, Paris, 1958

BALTIMORE et al. 1993–6 *African Zion: The Sacred Art of Ethiopia*, exh. cat. by M. Heldman with R. Grierson and S. C. Munro-Hay, Walters Art Gallery, Baltimore et al., 1993–6

BALTY et al., 1988 J. C. Balty, H. de Meulenaere, D. Homes-Frédéricq, L. Limme, J. Strybol and L. Vandenberghe, *Musées royaux d'art et d'histoire. Bruxelles. Antiquité*, Musea Nostra 11, Brussels, 1988

BARBIER, 1993 J. P. Barbier, ed., *Art of Côte d'Ivoire from the Collections of the Barbier-Mueller Museum*, 2 vols, Geneva, 1993

BARLEY, 1984 N. Barley, 'Placing the West Africa Potter', in *Earthenware in Asia and Africa*, ed. J. Picton, London, 1984

BARLEY, 1988 N. Barley, *Foreheads of the Dead: An Anthropological View of Kalabari Ijaw Ancestral Screens*, Washington, 1988

BARLEY, 1989 N. Barley, *Native Land*, London, 1989

BARLEY, 1994 N. Barley, *Smashing Pots: Feats of Clay from Africa*, London, 1994

BARRETT, 1911 W. E. H. Barrett, 'Notes on the Customs of the Wa-Giriama', *Journal of the Royal Anthropological Institute*, 41, 1911, pp. 20–8

BARRETT, 1949 D. Barrett, *Islamic Metalwork in the British Museum*, London, 1949

BARRUCAND, 1978 M. Barrucand, 'Structures et décors des charpentes alaouides à partir d'exemples de Meknès', *Bulletin d'archéologie marocaine*, 11, 1978, pp. 115–56

BASLE 1977 *Als die Sahara grün... Würfelsbilder aus der Saguia el-Hamra*, exh. cat. by S. Haas, Museum für Völkerkunde, Basle, 1977

BASSANI, 1976 E. Bassani, 'I Mintadi del Museo Pigorini', *Critica d'Arte*, 1976, pp. 49–64

BASSANI, 1977 E. Bassani, 'Oggetti africani in antiche collezioni italiane', *Critica d'arte*, 42 (151), 1977, pp. 151–82

BASSANI, 1979 E. Bassani, 'Sono from Guinea Bissau', *African Arts*, 12 (4), 1979, pp. 44–7, 91

BASSANI, 1989 E. Bassani, *La grande scultura dell'Africa Nera*, Florence, 1989

BASSANI, 1994 E. Bassani, 'Additional Notes on the Afro-Portuguese Ivories', *African Arts*, 27 (3), 1994, pp. 34–45

BASSANI, E. Bassani, 'Les sculptures Vallisnieri', *Africa-Tervuren*, 14 (1), pp. 15–22

BASSANI and FAGG, 1988 E. Bassani and W. Fagg, *Africa and the Renaissance*, New York, 1988

BASSANI and McLEOD, 1989 E. Bassani and M. M. McLeod, *Jacob Epstein Collector*, Milan, 1989

BASSING, 1973 A. Bassing, 'Grave Monuments of the Dakakari', *African Arts*, 6 (4), 1973, pp. 36–9

BASTIN, 1961[1] M.-L. Bastin, *Art décoratif Tshokwe*, Lisbon, 1961

BASTIN, 1961[2] M.-L. Bastin, 'Quelques oeuvres Tshokwe de musées et collections d'Allemagne et de Scandinavie', *Africa-Tervuren*, 7 (4), 1961, pp. 101–5

BASTIN, 1965 M.-L. Bastin, 'Tshibinda Ilunga: à propos d'une statuette de chasseur ramenée par Otto H. Schütt en 1880', *Baessler-Archiv*, new series, xiii, 1965, pp. 501–37

BASTIN, 1968 M.-L. Bastin, 'L'art d'un peuple d'Angola: i, Tshokwe', *African Arts*, 2 (1), 1968, pp. 40–6, 60–4

BASTIN, 1969 M.-L. Bastin, 'Quatre statuettes anciennes de chef Tshokwe', *Africa-Tervuren*, 15 (1), 1969, pp. 1–8

BASTIN, 1976 M.-L. Bastin, 'Les styles de la sculpture Tshokwe', *Arts d'Afrique Noire*, 19 (3), 1976, pp. 16–35

BASTIN, 1978 M.-L. Bastin, *Statuettes Tshokwe du héros civilisateur 'Tshibinda Ilunga'*, Arnouville, 1978

BASTIN, 1981 M.-L. Bastin, 'Quelques oeuvres Tshokwe: une perspective historique', *Antologia di Belle Arti*, 17–18, 1981, pp. 83–104

BASTIN, 1982 M.-L. Bastin, *La sculpture Tshokwe*, Meudon, 1982

BASTIN, 1984 M.-L. Bastin, *Introduction aux arts d'Afrique noire*, Arnouville, 1984

BASTIN, 1988 M.-L. Bastin, 'Les Tshokwe du pays d'origine', in *Art et Mythologie, Figurines tshokwe*, Paris, 1988, pp. 49–68

BASTIN, 1992 M.-L. Bastin, 'The Mwanangana Chokwe Chief and Art (Angola)', in *Kings of Africa: Art and Authority in Central Africa*, Maastricht, 1992, pp. 64–70

BASTIN, 1994 M.-L. Bastin, *Sculpture angolaise. Mémorial de cultures*, exh. cat., Lisbon, 1994

BATES and DUNHAM, 1927 O. Bates and D. Dunham, 'Excavations at Gemai', *Harvard African Studies*, 7, 1927, pp. 1–122

BAUMANN, 1935 H. Baumann, *Lunda. Bei Bauern und Jägern in Inner-Angola*, Berlin, 1935

BAUMGARTEL, 1955 E. Baumgartel, *The Cultures of Prehistoric Egypt*, i, London, 1955

BAUMGARTEL, 1960 E. Baumgartel, *The Cultures of Predynastic Egypt*, ii, Oxford, 1960

BAUMGARTEL, 1970[1] E. J. Baumgartel, *Petrie's Naqada Excavation: A Supplement*, London, 1970

BAUMGARTEL, 1970[2] E. J. Baumgartel, 'Some Additional Remarks on the Hierakonpolis Ivories', *Journal of the American Research Centre in Egypt*, 7, 1970, pp. 7–14

BAXTER and ALMAGOR, 1978 P. J. W. Baxter and U. Almagor, eds, *Age, Generation and Time*, London, 1978

BEAUMONT, 1990[1] P. B. Beaumont,'Kathu Pan', in P. Beaumont and D. Morris, *Guide to archaeological sites in the Northern Cape*, Kimberley, 1990

BEAUMONT, 1990[2] P. B. Beaumont, 'Wonderwerk Cave', in P. Beaumont and D. Morris, *Guide to archaeological sites in the Northern Cape*, Kimberley, 1990

BEAUMONT and VOGEL, 1984 P. B. Beaumont and J. C. Vogel, 'Spatial Patterning of the Ceramic Later Stone Age in the Northern Cape Province, South Africa', in *Frontiers: Southern African Archaeology Today*, ed. M. Hall et al., BAR International Series 207, Oxford, 1984, pp. 80–95

BEAUMONT and VOGEL, 1989 P. B. Beaumont and J. C. Vogel, 'Patterns in the Age and Context of Rock Art in the Northern Cape', *South African Archaeological Bulletin*, 44, 1989, pp. 73–81

BECKER 1991 R. L. Becker, 'Headrests: Tsonga Types and Variations', in *Art and Ambiguity: Perspectives on the Brenthurst Collection of Southern African Art*, exh. cat., Johannesburg, 1991, pp. 58–76

BECKER and NETTLETON, 1989 R. Becker and A. Nettleton, 'Tsonga-Shangana Beadwork and Figures', in *Ten Years of Collecting: The Standard Bank Foundation Collection of African Art*, exh. cat., Johannesburg, 1989, pp. 9–15

BECKER-DONNER, 1940 E. Becker-Donner, 'Kunst und Handwerk in No-Liberia', *Baessler Archiv*, 23 (2/3), 1940

BECKWITH, 1963 J. Beckwith, *Coptic Sculpture*, London, 1963

BECKWITH and VAN OFFELEN, 1983 C. Beckwith and Van Offelen, *Nomads of Niger*, New York, 1983

BEDAUX, 1977 R. Bedaux, *Tellem*, Berg en Dal, 1977

BEDAUX and LANGE, 1983 R. Bedaux and A. Lange, 'Tellem, reconnaissance archéologique d'une culture de l'Ouest africain au Moyen Âge: La poterie', *Journal de la Société des Africanistes*, 53, 1983, pp. 5–59

BEIDELMAN, 1967 T. O. Beidelman, *The Matrilineal Peoples of Eastern Tanzania*, London, 1967

BEIDELMAN, 1971 T. O. Beidelman, *The Kaguru: A Matrilineal People of East Africa*, New York, 1971

BEIER, 1954 U. Beier, 'Festival of the Images', *Nigeria*, 45, 1954, pp. 14–20

BEIER, 1957 U. Beier, *The Story of Sacred Wood Carvings from One Small Yoruba Town*, Lagos, 1957

BEIER, 1959 U. Beier, *A Year of Sacred Festivals in One Yoruba Town*, Lagos, 1959

BEIER, 1960 U. Beier, *Art in Nigeria*, Cambridge, 1960

BEL, 1939 M. Bel, *Les arts indigènes féminins en Algérie*, Algiers, 1939

BELEPE BOPE MABINTSH, 1978 'Les oeuvres plastiques africaines comme documents historiques', Likundoli, 1978 [unpublished MS]

BELEPE BOPE MABINTSCH, 1988 *La triade des masques Bwoom Mosh'ambooy et Ngady a mwaash*, 1988

BELZONI, 1820 G. Belzoni, *Narrative of the Operations and Recent Discoveries within the Pyramids, Temples, Tombs and Excavations in Egypt and Nubia*, London, 1820

BEN-AMOS, 1980 P. Ben-Amos, *The Art of Benin*, London, 1980

BÉNABOU, 1976 M. Bénabou, *La résistance africaine à la romanisation*, Paris, 1976

BENAZETH and GABRA, 1992 D. Benazeth and G. Gabra, *L'art du métal au début de l'ère chrétienne*, Paris, 1992

BENT, 1896 J. T. Bent, *The Ruined Cities of Mashonaland*, London, 1896

BERGLUND, 1976 A.-I. Berglund, *Zulu Thought-Patterns and Symbolism*, Cape Town, 1976

BERLIN 1974 *Frühe Stufen der Kunst: Propyläen Kunstgeschichte*, 13, ed. M. Mellink and J. Filip, Berlin, 1974, p. 244, pl. XXXI

BERLIN 1976 *Ägyptische Kunst aus dem Brooklyn Museum*, exh. cat. ed. J. S. Karig and K.-T. Zauzich, Ägyptisches Museum der Staatlichen Museen, Preussischer Kulturbesitz, Berlin, 1976

BERLIN 1989 *Europa und der Orient, 800–1900*, exh. cat. ed. G. Sievernich and H. Budde, Martin-Gropius-Bau, Berlin, 1989

BERLIN and MUNICH 1994 *Tanzania: Meisterwerke Afrikanischer Skulptur*, exh. cat. with introductory text by M. Felix and M. Kecskési and contributions by G. Blesse et al., Haus der Kulturen der Welt, Berlin, 1994; Städtische Galerie im Lenbachhaus, Munich, 1994

BERLYN, 1968 P. Berlyn, 'Some Aspects of the Material Culture of the Shona People', *Native Affairs Department Annual*, 9 (5), 1968, pp. 68–73

BERNATZIK et al., 1947 H. A. Bernatzik et al., *Afrika: Handbuch der angewandten Völkerkunde*, Innsbruck, 1947

BERNES, 1974 J. P. Bernes, *Brocarts et soieries de Fès en Maroc: Costumes, broderies, brocarts*, Paris, 1974, pp. 26–50

BERNS, 1993 M. C. Berns, 'Art, History and Gender: Women and Clay in West Africa', *African Archaeological Review*, 11, 1993, pp. 129–48

BERNUS, 1981 E. Bernus, *Touaregs Nigériens*, Paris, 1981

BERQUE, 1959 J. Berque, *Les Arabes*, Paris, 1959, cover illus.

BERTRAND, 1898 Bertrand, *Au pays des Ba-Rotsi*, 1898

BESANCENOT, 1953 J. Besancenot, *Bijoux arabes et berbères du Maroc*, Casablanca, 1953

BEUMERS and KOLOSS, 1992 E. Beumers and H. J. Koloss, eds, *Kings of Africa*, exh. cat., Maastricht, 1992

BIEBUYCK, 1973 D. P. Biebuyck, *Lega Culture: Art, Initiation and Moral Philosophy among a Central African People*, Berkeley, 1973

BIEBUYCK, 1976 D. P. Biebuyck, 'Sculpture from the Eastern Zaire Forest Regions: Mbole, Yela and Pere', *African Arts*, 10 (1), 1976, pp. 54–61

BIEBUYCK, 1981[1] D. P. Biebuyck, 'Plurifrontal Figurines in Lega Art (Zaire)', in *The Shape of the Past: Studies in Honour of Franklin D. Murphy*, ed. G. Buccellati and C. Speroni, Berkeley, 1981, pp. 115–27

BIEBUYCK, 1981[2] D. P. Biebuyck, *Statuary of the pre-Bemebe Hunters*, Tervuren, 1981

BIEBUYCK, 1985 D. Biebuyck, *The Arts of Zaire: Southwestern Zaire*, Berkeley, 1985

BIEBUYCK, 1986 D. P. Biebuyck, *The Arts of Zaire: Eastern Zaire, The Ritual and Artistic Context of Voluntary Associations*, Berkeley, 1986

BIEBUYCK, 1987 D. P. Biebuyck, *The Arts of Central Africa: An Annotated Bibliography*, Boston, 1987

BIEBUYCK, 1992[1] D. Biebuyck, *Kings of Africa*, Maastricht, 1992, p. 315

BIEBUYCK, 1992[2] D. P. Biebuyck, 'Religie in Central-Afrika', in Maastricht 1992, pp. 29–31

BIOBAKU, 1952 S. O. Biobaku, 'An Historical Sketch of Egba Traditional Authorities', *Africa*, 22 (1), 1952, pp. 35–49

BIOBAKU, 1956 S. O. Biobaku, 'Ogboni, the Egba Senate', in *Proceedings of the Third International West African Conference, Ibadan, December 12–21, 1949*, Lagos, 1956, pp. 257–63

BITIYONG, 1993–4 Y. Bitiyong, 'Culture Nok, Nigeria', in *Vallées du Niger*, exh. cat. ed. J. Devisse, Paris, 1993–4

BLACKING, 1969 J. Blacking, 'Songs, Dances, Mimes and Symbolism of Venda Girls' Initiation School, Part 4: The Great Domba Song', *African Studies*, 28, 1969, pp. 215–66

BLACKING, 1985 J. Blacking, 'The Great Enclosure and Domba', *Man*, 20, 1985

BLAIR and BLOOM, 1994 S. Blair and J. Bloom, *The Art and Architecture of Islam 1250–1800*, New Haven, 1994

BLANDIN, 1988 A. Blandin, *Afrique de l'Ouest: Bronzes et autres alliages*, Louvain, 1988

BLANDIN, 1992 A. Blandin, *'Fer Noir' d'Afrique de l'Ouest*, Salon-de-Provence, 1992

BLEEK and LLOYD, 1911 W. H. I. Bleek and L. C. Lloyd, *Specimens of Bushman Folklore*, London, 1911

BLIER, 1995 P. S. Blier, *Vodun: Art, Psychology and Power*, Chicago, 1995

BLOCH, 1971 M. Bloch, *Placing the Dead: Tombs, Ancestral Villages and Kinship Organizations in Madagascar*, London, 1971

BLOCH, 1982 M. Bloch, *Death and the Regeneration of Life*, Cambridge, 1982

BLOHM, 1933 W. Blohm, *Die Nyamwezi: Gesellschaft und Weltbild*, Hamburg, 1933

BLOOD, 1935 A. Blood, *The Dawn of a Diocese*, London, 1935

BOGAERTS, 1950 H. Bogaerts, 'Bij de Basala Mpasu, de Koppensnellers van Kasai', *Zaire*, 4 (4), 1950, pp. 379–419

BOHANNAN, 1957 P. Bohannan, 'Artist and Critic in an African Society', in *The Artist and Critic in Tribal Society*, ed. M. H. Smith, New York, 1957, pp. 85–94

BONNENFANT, BONNENFANT and AL-HARTHI, 1977 P. and G. Bonnenfant and S. H. S. al-Harthi, 'Architecture and Social History at Mudayrib', *Journal of Oman Studies*, 3 (2), 1977, pp. 107–35, pls XXVII, XLa–b, XLIa–c, XLIIa

BONNET, 1990 C. Bonnet, ed., *Kerma, royaume de Nubie*, Geneva, 1990

BONTINCK, F. Bontinck, 'La provenance des sculptures Vallisnierie', *Africa-Tervuren*, 25 (4), pp. 88–91

BOONE, 1986 S. Boone, *Radiance from the Waters*, New Haven, 1986

BOSCH, 1930 Rev. P. Fr. Bosch, *Les Banyamwezi: Peuple de l'Afrique Orientale*, Munster, 1930

BOSTON, 1977 J. S. Boston, *Ikenga Figures among the Northwest Igbo and the Igala*, London, 1977

BOSTON 1982 *Egypt's Golden Age: The Art of Living in the New Kingdom 1558–1085 BC*, exh. cat. ed. E. Brovarski, S. Dolland, R. Freed, Museum of Fine Arts, Boston, 1982

BOSTON and DALLAS, 1992 *Mummies and Magic: The Funerary Arts of Ancient Egypt*, exh. cat. by S. d'Auria, P. Lacovara, C. M. Roehrig, Museum of Fine Arts, Boston, Dallas Museum of Art, 1992

BOTHMER, 1948 B. V. Bothmer, 'A Predynastic Egyptian Hippopotamus', *Bulletin of the Museum of Fine Arts*, Boston, 265, 1948, p. 69

BOTHMER, 1949 B. V. Bothmer, 'The Dwarf as Bearer', *Bulletin of the Museum of Fine Arts*, Boston, 47, 1949, p. 9 ff

BOTHMER, 1979 B. V. Bothmer, 'Ancient Nubia and the Northern Sudan: A New Field of Art History', *Meroitica*, 5, 1979, pp. 177–80

BOTHMER, 1982 B. V. Bothmer, 'On Realism in Egyptian Funerary Sculpture of the Old Kingdom', *Expedition*, 24 (1), Winter 1982, pp. 27–39

BOUDRY, 1933 R. Boudry, 'L'art décoratif malgache', *Revue de Madagascar*, pp. 12–71

BOUKOBZA, 1974 A. Boukobza, *La poterie marocaine*, Casablanca, 1974

BOULORÉ, 1992 V. Bouloré, 'Review Cuillers-Sculptures', *African Arts*, 25 (1), 1992, pp. 85–6

BOURGEOIS, 1984 A. Bourgeois, *Art of the Yaka and Suku*, Meudon, 1984

BOURGUET, 1968 P. du Bourguet, *L'art copte*, Paris, 1968

BOURRIAU, 1981 J. D. Bourriau, ed., *Umm el-Ga'ab : Pottery from the Nile Valley before the Arab Conquest*, exh. cat., Fitzwilliam Museum, Cambridge, 1981

BOURRIAU, 1985 J. Bourriau, 'Technology and Typology of Egyptian Ceramics', in *Ancient Technology and Modern Science*, ed. W. D. Kingery, *Ceramics and Civilization*, i, Columbus, OH, 1985, pp. 27–42

BOURRIAU, 1987 J. Bourriau, 'Pottery Figure Vases of the New Kingdom', *Cahiers de la céramique égyptienne*, i, 1987, pp. 81-96

BOUYSSONIE, 1956 J. Bouyssonie, *Collections préhistoriques: Musée d'Ethnographie et de Préhistoire du Bardo (Alger)*, Album 1, Paris, 1956

BRAIN, 1962 J. Brain, 'The Kwere of the Eastern Province', *Tanganyika Notes and Records*, 58–9, 1962, pp. 231–41

BRAIN, 1972 R. Brain, *Bangwa Kinship and Marriage*, Cambridge, 1972

BRAIN and POLLACK, 1971 R. Brain and A. Pollack, *Bangwa Funerary Art*, London, 1971

BRAVMANN, 1974 R. A. Bravmann, *Islam and Tribal Art in West Africa*, Cambridge, 1974

BRAVMANN, 1979 R. A. Bravmann, 'Gur and Manding Masquerades in Ghana', *African Arts*, 13 (1), 1979, pp. 44–51

BRAVMANN, 1983 R. Bravmann, *African Islam*, Washington, 1983

BRAZZA, 1887–8 S. de Brazza, '3 explorateurs dans l'Ouest Africain', *Le Tour du Monde*, 1887–8

BRETT-SMITH, 1983 S. C. Brett-Smith, 'The Poisonous Child', *Res*, 6, Autumn 1983, pp. 47–64

BRINCARD, 1982 M. T. Brincard, ed., *The Art of Metal in Africa*, New York, 1982

BRINK, 1981 J. T. Brink, 'The Antelope Headdress (Chi Wara)', in *For Spirits and Kings: African Art from the Tishman Collection*, ed. S. Vogel, New York, 1981

BRITISH MUSEUM guide, 1909 British Museum, *A Guide to the Egyptian Galleries (Sculpture)*, London, 1909

BROOKLYN 1978 *Africa in Antiquity: The Arts of Ancient Nubia and the Sudan*, exh. cat. by S. Wenig, Brooklyn Museum, Brooklyn, 1978

BROOKS, 1972 G. Brooks, *The Kru Mariner in the Nineteenth Century*, Newark, DE, 1972

BROVARSKI et al., 1982 E. Brovarski et al., eds, *Egypt's Golden Age: The Art of Living in the New Kingdom 1558–1085 BC*, exh. cat., Boston, 1982

BROWN, 1944 H. D. Brown, 'The Nkumu of the Tumba: Ritual Chieftainship on the Middle Congo', *Africa*, 14, 1944, pp. 431–47

BROWN, 1971 J. Brown, 'Borana Kalacha Cire Perdue Casting', *Kenya Past and Present*, 1 (1), 1971

BRUCE, 1976 H. J. Bruce, 'The arts and crafts of the Transvaal Ndebele', in *Africana Byways*, ed. A. H. Smith, 1976, pp. 133–50

BRUNNER-TRAUT, 1956 E. Brunner-Traut, *Die altägyptischen Scherbenbilder (Bildostraka) der deutschen Museen und Sammlungen*, Wiesbaden, 1956

BRUNTON, 1927 G. Brunton, *The Badarian Civilization*, British School of Archaeology in Egypt, xlvi, Cairo, 1927

BRUNTON and CATON-THOMPSON, 1928 G. Brunton and G. Caton-Thompson, *The Badarian Civilization and the Predynastic Remains near Badari*, London, 1928

BRUSSELS 1976–7 *Égypte éternelle: Chefs d'oeuvre du Brooklyn Museum/Egypte's Glorie: Meesterwerken van het Brooklyn Museum*, exh. cat. ed. H. De Meulenaere and L. Limme, Palais des Beaux-Arts, Brussels, 1975–6

BRUSSELS 1977 *Arts premiers d'Afrique noire*, exh. cat. by P. Guimot, Studio 44, Brussels, 1977

BRUSSELS 1988 *Des animaux et des hommes: Témoignages de la Préhistoire et de l'Antiquité*, exh. cat., Crédit Communal, Brussels, 1988

BRUSSELS 1992 *Beauté fatale. Armes d'Afrique centrale*, exh. cat. by J. Cornet et al., Crédit Communal, Brussels, 1992

BRUYÈRE, 1937 B. Bruyère, *Rapport sur les fouilles de Deir-el-Medineh (1934–35)*, Fouilles de l'Institut Français Archéologique de l'Orient du Caire, XV, 2: *La nécropole de l'Est*, Cairo, 1937

BRYANT, 1949 P. T. Bryant, *The Zulu People, as they were before the White Man Came*, Pietermaritzburg, 1949

BUDGE, 1904 E. A. W. Budge, *British Museum: A Guide to the Third and Fourth Egyptian Rooms*, London, 1904

BULTÉ, 1991 J. Bulté, *Talismans Égyptiens d'heureuse maternité*, Paris, 1991

BURSSENS, 1958[1] H. Burssens, 'La fonction de la sculpture traditionnelle chez les Ngbaka', *Brouse*, Leopoldville, 1958, pp. 10–28

BURSSENS, 1958[2] H. Burssens, *Les peuplades de l'entre Congo-Ubangi (Ngbandi, Ngbaka, Mbandja, Ngombe et Gens d'Eau)*, Tervuren, 1958

BURSSENS, 1962 H. Burssens, *Yanda-beelden en Mani-sekte bij de Zande*, Tervuren, 1962

BURSSENS, 1993 H. Burssens, 'Mask Styles and Mask Use in the North of Zaire', in F. Herreman and C. Petridis, eds, *Face of the Spirits. Masks from the Zaire Basin*, Ghent, 1993

BURSSENS and GUISSON, 1992 H. Burssens and A. Guisson, *Mangbetu. Art de cour africain de collections privées belges*, Brussels, 1992

BURSTEIN, 1993 S. M. Burstein, 'The Hellenistic Fringe: The Case of Meroe', in *Hellenistic History and Culture*, ed. P. Green, Berkeley, Los Angeles and Oxford, 1993, pp. 38–54

BURTON, 1860 R. F. Burton, *The Lake Regions of Central Africa*, 2 vols, London, 1860

BUTLER, 1926 A. J. Butler, *Islamic Pottery: A Study Mainly Historical*, London, 1926

CABRERA, 1970 L. Cabrera, *La Sociedad secreta Abakua narrada por viejos adeptos*, Miami, 1970

CABRERA, 1975 L. Cabrera, *Anaforuana ritual y simbolor de la iniciacior en la sociedad secreta Abakua*, Madrid, 1975

CAIGER-SMITH, 1973 A. Caiger-Smith, *Tin-Glaze Pottery in Europe and the Islamic World*, London, 1973

CAIRO 1969 *Exhibition of Islamic Art in Egypt 969–1517 AD*, exh. cat., The United Arab Republic, Ministry of Culture, Cairo, 1969

CAMARA, 1976 S. Camara, *Gens de la parole*, Paris, 1976

CAMBAZARD-AMAHAN, 1989 C. Cambazard-Amahan, *Le décor sur bois dans l'architecture de Fès*, Paris, 1989

CAMBRIDGE 1981 *Umm el-Ga'ab: Pottery from the Nile Valley before the Arab Conquest*, exh. cat. by J. Bourriau, Fitzwilliam Museum, Cambridge, 1981

CAMBRIDGE and LIVERPOOL 1988 *Pharaohs and Mortals: Egyptian Art in the Middle Kingdom*, exh. cat. by J. Bourriau, Fitzwilliam Museum, Cambridge and Liverpool, 1988

CAMERON, 1988 E. L. Cameron, 'Sala Mpasu Masks', *African Arts*, 22 (1), 1988, pp. 34–43

CAMPS, 1955 G. Camps, 'Recherches sur l'antiquité de la céramique modeleé et peinte en Afrique du Nord,' in *Libyca*, III, Algiers, 1955

CAMPS, 1982 G. Camps, 'Beginnings of Pastoralism and Cultivation in North-West Africa and the Sahara: Origins of the Berbers', in *The Cambridge History of Africa*, ed. J. D. Clark, i, Cambridge, 1982, pp. 548–623

CAMPS-FABRER, 1966 H. Camps-Fabrer, 'Matière et art mobilier dans la préhistoire Nord-Africaine', *Mémoire centre de recherches anthropologiques, préhistoriques et ethnographiques*, Algiers, 1966

CANBERRA and MELBOURNE 1990 *Civilisation: Treasures of the British Museum*, exh. cat., Australian National Gallery, Canberra, 1990; Museum of Victoria, Melbourne, 1990

CAPART, 1905 J. Capart, *Primitive Art in Egypt*, trans. A. S. Griffith, London, 1905

CAPART, 1909 J. Capart, 'Vase préhistorique à décor incisé', *Bulletin des Musées royaux d'art et d'histoire*, 2 (2), 1909, p. 8

CAPE TOWN 1993 *Ezakwantu. Beadwork from the Eastern Cape*, exh. cat. ed. E. Bedford, South African National Gallery, Cape Town, 1993

CAREY, 1986 M. Carey, *Beads and Beadwork of East and South Africa*, London, 1986

CARRIER, 1987 R. Carrier, *Taste of Morocco*, London, 1987

CARROLL, 1967 K. Carroll, *Yoruba Religious Carving*, London, 1967

CELIS, 1970 G. Celis, 'The Decorative Arts in Rwanda and Burundi', *African Arts*, 4 (1), 1970, pp. 40–2

CERULLI, 1959 E. Cerulli, *Scritti vari editi ed inediti*, Rome, 1959

CEYSSENS, 1984 J. H. Ceyssens, *Pouvoir et parenté chez les Kongo-Dinga du Zaire*, Nijmegen, 1984

CHAFFIN, 1980 A. Chaffin, 'Complément d'information sur "L'Art Kota"', French/English, *Arts Afrique Noire*, 33, 1980, pp. 42–3

CHAFFIN and CHAFFIN, 1979 A. and F. Chaffin, *L'Art Kota; les figures de relinquaire*, Meudon, 1979

CHAMPION, 1967 A. Champion, *The Agiryama of Kenya*, London, 1967

CHANTREAUX, 1945 G. Chantreaux, 'Les tissages décorés chez les Beni-Guild', *Hespéris*, 32, 1945, pp. 19–33

CHAPLIN, 1967 J. H. Chaplin, *The Prehistoric Art of the Lake Victoria Region*, diss., Makerere University College, Kampala, 1967

CHIKWENDU et al., 1989 V. E. Chikwendu et al., 'Nigerian Sources of Copper, Lead and Tin for the Igbo-Ukwu Bronzes', *Archaeometry*, 31 (1), 1989, pp. 27–36

CHILDS et al., 1989 S. T. Childs et al., 'Iron and Stone Age Research in Shaba Province, Zaire: An Interdisciplinary and International Effort', *Nyame Akuma*, 32, 1989, pp. 54–9

CHRISTOPHE, 1959 L. Christophe, 'La statue de Ramsès Ier', *La Revue du Caire*, 22e année, xlii (226), June 1959

CHRISTOPHER, 1994 A. J. Christopher, *The Atlas of Apartheid*, Johannesburg, 1994

CHUBB, 1936 E. C. Chubb, 'The Zulu Brass Armlet "Ingzota": A Badge of Distinction', *Man: a Monthly Record of Anthropological Science*, 36, 1936, pp. 251–69

CINTAS, 1970 P. Cintas, *P. Manuel d'archéologie punique*, Paris, 1970

CLAERHOUT, 1988 A. Claerhout, *The Ethnographic Museum Antwerpen*, Tielt, 1988

CLAERHOUT, A. Claerhout, 'Two Kuba Wrought-Iron Statues', *African Arts*, 9 (4), pp. 60–4

CLAMENS, 1953 C. Clamens, 'Notes d'Ethnologie Sénoufo', *Notes africaines*, 59, 1953, pp. 76–80

CLARK, 1938 J. D. Clark, 'The Stone Figures of Esie', *Nigerian Magazine*, 14, 1938, pp. 106–8

CLAYTON, 1993 A. Clayton, *Christianity and Islam: A Study of Religious Appropriation among Makonde*, diss., Manchester University, 1993

CLÉ, 1937 C. Clé, 'Faits divers chez les Basala Mpasu', *Missions de Scheut*, 8, 1937, pp. 247–9

CLÉ, 1948 C. Clé, 'Les Basala Mpasu: Quelques aspects de leur vie', *Missions de Scheut*, 1948, 5, pp. 120–2; 6, pp. 143–7; 10, pp. 246–9; 11, pp. 269–71

COLE, 1969 H. M. Cole, 'Art as a Verb in Igboland', *African Arts*, 3 (1), 1969, pp. 34–41

COLE, 1989 H. M. Cole, *Icons: Ideals and Power in the Art of Africa*, Washington, 1989

COLE and ANIAKOR, 1984 H. M. Cole and C. C. Aniakor, *Igbo Arts: Community and Cosmos*, Los Angeles, 1984

COLE and ROSS, 1977 H. M. Cole and D. H. Ross, *The Arts of Ghana*, Los Angeles, 1977

COLENSO, 1855 J. W. Colenso, *Ten Weeks in Natal*, Cambridge, 1855

COLLECTIF, 1982 *À la rencontre de la poterie modelée en Algérie*, Algiers, 1982

COLLETT et al., 1992 D. P. Collett, A. E. Vines and G. E. Hughes, 'Dating and chronologies of the Valley Enclosures: Implications for the interpretation of Great Zimbabwe', *African Archaeological Review*, 10, 1992

CONNER, 1991 M. W. Conner, *The art of the Jere and Maseko Ngoni of Malawi, 1818–1964*, diss., Indiana University, 1991

CONNER and PELRINE, 1983 M. W. Conner and D. Pelrine, *The Geometric Vision: Arts of the Zulu*, West Lafayette, 1983

CONTADINI, 1993 A. Contadini, 'Gli scacchi di Venafro', in *Eredità dell' Islam – Arte Islamica in Italia*, exh. cat., Milan, 1993, no. 6, pp. 71–2

CONTADINI, 1994 A. Contadini, 'A figurative Islamic ivory chess piece', *Scacchi e scienze applicate*, 12, 1994, pp. 3–4

CONTADINI, 1995 A. Contadini, 'Islamic Ivory Chess Pieces, Draughtsmen and Dice in the Ashmolean Museum', *Islamic Art in the Ashmolean Museum: Oxford Studies in Islamic Art*, Oxford, 1995

CONVERS, 1991 M. Convers, 'L'aventure de Massa en Pays Sénoufo', *Primitifs*, 6, 1991, pp. 24–4

COONEY, 1949 J. D. Cooney, 'Royal Sculptures of Dynasty VI', *Actes du XXIe Congrès International des Orientalistes (Paris – 23–31 Juillet 1948)*, Paris, 1949

COOTE, 1995 J. Coote, 'A Table-Cloath of Grasse Very curiously Waved', *Pitt Rivers Museum News*, no. 5 (Summer 1995)

CORNET, 1972 J. Cornet, *Art de l'Afrique noire au pays du fleuve Zaire*, Brussels, 1972

CORNET, 1978[1] J. Cornet, *Pierres Sculptées du Bas-Zaire*, exh. cat., Institut des Musées Nationaux, Kinshasa, 1978

CORNET, 1978[2] J. Cornet, *A Survey of Zairian Art, The Bronson Collection*, Raleigh, NC, 1978

CORNET, 1980 J. Cornet, *Pictographies Woyo*, Milan, 1980

CORNET, 1982 J. Cornet, *Art Royal Kuba*, Milan, 1982

CORNET, 1993 J. Cornet, 'Masks among the Kuba Peoples', in *Face of the Spirits: Masks from the Zaire Basin*, Antwerp, 1993, pp. 128–43

CORONEL, 1979 P. C. Coronel, 'Aowin terracotta sculpture', *African Arts*, 13 (1), 1979, pp. 28–35

CORY, 1956 H. Cory, *African Figurines*, New York

COSTA, 1988 B. Costa, 'Preparazione per un *Corpus* dei Poggiatesta nell'Antico Egitto: classificazione tipologica', *Egitto e Vicino Oriente*, xi, 1988, pp. 39–50

CRADDOCK and PICTON, 1986 P. Craddock and J. Picton, 'Mediaeval copper alloy production and West African bronze analysis: part II', *Archaeometry*, XXVIII (1), 1986

CRIBB, 1991 R. Cribb, *Nomads in Archaeology*, Cambridge, 1991

CRUICKSHANK, 1853 B. Cruickshank, *Eighteen Years on the Gold Coast of Africa*, London, 1853

CUNARD, 1970 N. Cunard, ed., *Negro*, abridged with introduction by H. Ford, New York, 1970, p. 431 [1st edn 1934]

CURTIS, 1983 W. Curtis, 'Berber Collective Dwellings of the Northwest Sahara', *Muqarnas*, 1, 1983, pp. 181–209

DALTON, 1909 O. M. Dalton, *Catalogue of the Ivory Carvings of the Christian Era, with Examples of Mohammedan Art and Carvings in Bone in the Department of British and Medieval Antiquities and Ethnography of the British Museum*, London, 1909

DAMLUJI, 1992 S. Damluji, ed., *Zillij: The Art of Moroccan Ceramic*, Reading, 1982

DAMMANN, 1966 E. Dammann, 'Albert Schweitzer', *Tribus*, 15, 1966, pp. 7–10

DANIEL, 1937 F. de F. Daniel, 'The Stone Figures of Esie, Ilorin Province, Nigeria', *Journal of the Royal Anthropological Institute*, 67, 1937, pp. 43–9

DARAMOLA and JEJE, 1967 O. Daramola and A. Jeje, *Awon Asa ati Orisa Ile Yoruba*, Ibadan, 1967

DARISH, 1989 P. Darish, 'Dressing for the next Life: Raffia Textile Fabrication and Display among the Kuba of south-central Zaire', in *Cloth and Human Experience*, ed. A. Weiner and J. Schneider, Washington, 1989, pp. 117–40

DARK, 1975 P. Dark, 'Benin Bronze Heads: Styles and Chronology', in *African Images: Essays in African Iconology*, ed. D. McCall and E. Bay, New York and London, 1975

DASEN, 1993 V. Dasen, *Dwarfs in Ancient Egypt and Greece*, Oxford, 1993

DAVIES, 1991 W. V. Davies, ed., *Egypt and Africa: Nubia from Prehistory to Islam*, London, 1991

DAVIS, 1989 W. Davis, *The Canonical Tradition in Ancient Egyptian Art*, Cambridge, 1989

DAVISON, 1976 P. Davison, 'Some Nguni Crafts: The Use of Horn, Bone and Ivory', *Annals of the South African Museum*, 70 (2), 1976, pp. 79–155

DAVISON, 1989 P. Davison, 'The Art of the Lobedu', in *African Art in Southern Africa: from Tradition to Township*, ed. A. Nettleton and D. Hammond Tooke, Pretoria, 1989

DE HAULLEVILLE and COART, 1907 A. de Haulleville and M. Coart, 'La céramique', in *Notes Analytiques sur les Collections Ethnographiques*, 2 (1), 1907

DE MAREES, 1987 P. de Marees, *Description and Historical Account of the Gold Kingdom of Guinea*, 1602, trans. A. Van Danzig and A. Jones, Oxford, 1987

DE MARET, 1971–92 P. de Maret, Jean Hiernoux et al., *Fouilles archéologiques dans la vallée du Haut-Lualaba, Zaire*, Musée Royale de l'Afrique Centrale, Tervuren, 1971–92

DE MARET, 1974 P. de Maret, *Fouilles archéologiques dans la vallée du Haut-Lualaba, Zaire: Sanga et Katongo*, Tervuren, 1974

DE MARET, 1985[1] P. de Maret, *Fouilles archéologiques dans la vallée du Haut-Lualaba, Zaire: II. Sanga et Katongo, 1974*, Tervuren, 1985

DE MARET, 1985[2] P. de Maret, *Fouilles archéologiques dans la vallée du Haut-Lualaba, Zaïre: III. Kamilamba, Kikulu et Malemba-Nkulu, 1975*, Tervuren, 1985

DE MORGAN, 1895 J. De Morgan, *Fouilles à Dahchour, Mars-Juin 1894*, Vienna, 1895

DE MORGAN, 1903 J. De Morgan, *Fouilles à Dahchour, en 1894–5*, Vienna, 1903

DE MOTT, 1979 B. de Mott, *Dogon Masks: A Structural Study of Form and Meaning*, Ann Arbor, 1979

DE RACHEWILTZ, 1966 B. de Rachewiltz, *Introduction to African Art*, London, 1966

DE VOOGT, 1994 A. J. de Voogt, 'Review of Bao (Mankala): The Swahili Ethic in African Idiom', *The Capteyn*, May 1994

DEACON, 1984 J. Deacon, 'Later Stone Age People and their Descendants in Southern Africa' in *Southern African Prehistory and Paleoenvironments*, ed. R. G. Klein, Rotterdam, 1984, pp. 221–328

DEACON, 1988 J. Deacon, 'The Power of Place in Understanding Southern San Rock Engravings', *World Archaeology*, 20, 1988, pp. 129–40

DELAFOSSE, 1912 M. Delafosse, *Haut-Sénégal-Niger*, Paris, 1912

DELEGORGUE, 1990 A. Delegorgue, *Travels in Southern Africa*, i, Pietermaritzburg, 1990

DELIUS, 1989 P. Delius, 'The Ndzundza Ndebele: Indenture and the Making of Ethnic Identity', in *Holding Their Ground: Class, Locality and Culture in Nineteenth and Twentieth Century South Africa*, ed. T. Lodge et al., Johannesburg, 1989

DEMEL, 1932 H. Demel, 'Ein ägyptisches Salbengefäss aus dem Alten Reich', *Jahrbuch der Kunsthistorischen Sammlungen in Wien*, new series, 1932, pp. 3–8, figs 1–4

DEMEL, 1947 H. Demel, *Ägyptische Kunst*, Vienna, 1947

DENBOW, 1986 J. R. Denbow, 'Patterns and Processes: A new look at the later prehistory of the Kalahari', *Journal of African History*, 27 (1), 1986

DENIS, 1974 W. Denis, *Icon and Image*, London, 1974

DER MANUELIAN, 1994 P. der Manuelian, *Living in the Past: Studies in Archaism of the Egyptian Twenty-sixth Dynasty*, London, 1994

DERRICOURT, 1974 R. M. Derricourt, 'A Soap Stone Sculpture from Rhodesia', *South African Archaeological Bulletin*, 29, 1974, pp. 38–40

DESANGES, 1981 J. Desanges, 'The Proto-Berbers', in *General History of Africa*, ii: *Ancient Civilisations of Africa*, ed. G. Mokhtar, London, 1981, pp. 423–40

DETROIT et al. 1980–3 *Treasures of Ancient Nigeria*, exh. cat. by E. Eyo and F. Willett, Detroit Institute of Arts et al., 1980–3

DEVISCH, 1993 R. Devisch, *Weaving the Threads of Life*, Chicago, 1993

DEWEY, 1986 W. J. Dewey, 'Shona Male and Female Artistry', *African Arts*, 19 (3), 1986, pp. 64–7, 84

DEWEY, 1993 W. J. Dewey, 'Declarations of Status and Conduits to the Spirits: A Case Study of Shona Headrests', in *Sleeping Beauties: The Jerome L. Joss Collection of African Headrests at UCLA*, exh. cat., Fowler Museum of Cultural History, Los Angeles, 1993, pp. 98–133

DIAS, 1961 J. Dias, *Portuguese Contributions to Cultural Anthropology*, Johannesburg, 1961

DIAS and DIAS, 1964–70 A. J. Dias and M. Dias, *Os Macondes de Moçambique*, 3 vols, Lisbon, 1964–70

DIAS DE CARVALHO, 1890 H. Dias de Carvalho, *Expedição portuguêsa ao Muatiânvua (1884–1888). Ethnographia e história tradicional dos povos da Lunda*, Lisbon, 1890

DICK-READ, 1964 R. Dick-Read, *Sanamu: Adventures in Search of African Art*, London, 1964

DIETERLEN, 1951 G. Dieterlen, *Essai sur la religion Bambara*, Paris, 1951

DILLON, 1907 E. Dillon, *Glass: The Connoisseur's Library*, London, 1907

DINKLER, 1970 E. Dinkler, ed., *Kunst und Geschichte Nubiens in christlicher Zeit*, Recklinghausen, 1970

DIOP, 1981 A. B. Diop, *La société Wolof: Tradition et changement*, Paris, 1981

DITTMER, 1967 K. Dittmer, 'Bedeutung, Datierung und kulturhistorische Zusammenhänge der "prähistorischen" Steinfiguren aus Sierra Leone und Guinée', *Baessler Archiv*, 40, 1967, pp. 183–238

DMOCHOWSKI, 1990 Z. R. Dmochowski, *The Traditional Architecture of Nigeria*, i–iii, London, 1990

DORF, in preparation S. Dorf, 'The Hierakonpolis Door-socket: A New Study', in preparation

DOWSON, 1992 T. A. Dowson, *Rock Engravings of Southern Africa*, Johannesburg, 1992

DRENKHAHN, 1986 R. Drenkhahn, *Elfenbein im Alten Ägypten*, Erbach, 1986

DREWAL, 1981 H. J. Drewal, 'Staff (Edan Oshugbo)' and 'Mask (Gelede)', in *For Spirits and Kings: African Art from the Tishman Collection*, ed. S. Vogel, New York, 1981, pp. 90–1, 114–16

DREWAL, 1989[1] H. J. Drewal, 'Artists of the Western Kingdoms', in H. J. Drewal, J. Pemberton and R. Abiodun, *Yoruba: Nine Centuries of African Art and Thought*, New York, 1989, pp. 212–31

DREWAL, 1989[2] H. J. Drewal, 'Meaning in Osugbo Art: A Reappraisal', in *Man Does Not Go Naked: Textilien und Handwerk aus afrikanischen und anderen Ländern*, ed. B. Engelbrecht and B. Gardi, Basle, 1989, pp. 151–74

DREWAL, 1989[3] H. J. Drewal, 'Art and Ethos of the Ijebu', in H. J. Drewal, J. Pemberton and R. Abiodun, *Yoruba: Nine Centuries of African Art and Thought*, New York, 1989, pp. 117–145

DREWAL and DREWAL, 1983 H. J. and M. T. Drewal, *Gelede: Art and Female Power among the Yoruba*, Bloomington, 1983

DREWAL, PEMBERTON and ABIODUN, 1989 H. J. Drewal, J. Pemberton and R. Abiodun, *Yoruba: Nine Centuries of African Art and Thought*, New York, 1989

DU PUIGARDEAU, 1967–70 O. Du Puigardeau, 'Arts et coutumes de Maures', *Hespéris-Tamuda*, 8, 1967, pp. 111–230; 9, 1968, pp. 329–458; 11, 1970, pp. 5–82

DUCHEMIN, 1946 G. J. Duchemin, 'Tête en terre cuite de Krinjabo (Côte d'Ivoire)', *Notes africaines*, 29, 1946, pp. 13–14

DUNHAM, 1955 D. Dunham, *The Royal Cemeteries of Kush II: Nuri*, Boston, 1955

DUNN, 1931 E. J. Dunn, *The Bushman*, London, 1931

DUPIRE, 1962 M. Dupire, *Peuls Nomades: Étude descriptive des WoDaabe du Sahel Nigérien*, Paris, 1962

DÜSSELDORF et al. 1988–9 *Afrikanische Kunst aus der Sammlung Barbier Mueller, Genf*, exh. cat. ed. W. Schmalenbach, Düsseldorf, Kunstsammlung Nordrhein-Westfalen et al., 1988–9 [also published in French and English edn]

DUTHUIT, 1931 G. Duthuit, *La sculpture copte*, Paris, 1931

EARTHY, 1968 E. D. Earthy, *Valenge Women: The Social and Economic Life of the Valenge Women of Portuguese East Africa*, London, 1968 [1st edn 1933]

EAST LANSING 1994 *Ethiopia: Traditions of Creativity*, exh. cat. by R. Silverman, Michigan State University Museum, East Lansing, 1994

EBERL-ELBER, 1939 R. Eberl-Elber, 'Die Masken der Männerbünde in Sierra Leone', *Ethnos*, 2 (2), 1939, pp. 38–46

EDWARDS, 1978 I. E. S. Edwards, *The Pyramids of Egypt*, London, 1978

EGGEBRECHT, 1993 A. Eggebrecht, ed., *Pelizaeus-Museum Hildesheim: Die Ägyptische Sammlung*, Mainz, 1993

EICHER and EREKOSIMA, 1987 J. B. Eicher and T. V. Erekosima, 'Kalabari funerals: celebration and display', *African Arts*, 21 (1), 1987

ELKAN, 1958 W. Elkan, 'The East African Trade in Wood Carvings', *Africa*, 57 (2), 1958, pp. 314–23

EMERY and KIRWAN, 1938 W. B. Emery and L. P. Kirwan, *The Royal Tombs of Ballana and Oustul*, Cairo, 1938

ENGEL, 1864 C. Engel, *Music of the Most Ancient Nations*, London, 1864

ENNABLI, 1986 A. Ennabli, 'Les thermes du thiase marin de Sidi Ghrib (Tunisie)', *Fondation Eugène Piot: Monuments et Mémoires*, 68, 1986, pp. 1–59

ERDMANN, 1962 K. Erdmann, *Europa und der Orientteppich*, Berlin, 1962

ESSEN, 1961 *see* Vienna 1961

ETIENNE-NUGUE and SALEY, 1987 J. Etienne-Nugue and M. Saley, *Artisanats Traditionnels Niger*, Dakar, 1987

ETTINGHAUSEN, 1992 R. Ettinghausen, 'The Man-made Setting', in *The World of Islam*, ed. B. Louis, London, 1992, pp. 57–72

EUDEL, 1902 P. Eudel, *L'orfèvrerie algérienne et tunisienne*, Algiers, 1902

EUDEL, 1906 P. Eudel, *Dictionnaire des bijoux de l'Afrique du Nord*, Paris, 1906

EVANS-PRITCHARD, 1929 E. E. Evans-Pritchard, 'The Bongo', *Sudan Notes and Records*, 12 (1), 1929, pp. 1–61

EVERS, 1982 T. M. Evers, 'Excavations at the Lydenburg Heads Site, Eastern Transvaal, South Africa', *South African Archaeological Bulletin*, 37, 1982, pp. 16–30

EYO, 1977 E. Eyo, *Two Thousand Years of Nigerian Art*, Lagos, 1977

EYO, 1984 E. Eyo, 'Alok and Emangabe Stone Monoliths, Ikom', in *Arte in Africa*, Florence, 1984

EYO and WILLETT, 1982 *see* Detroit et al. 1980–3

EZRA, 1983 K. Ezra, 'Figure Sculptures of the Bamana of Mali', diss., Northwestern University, 1983

EZRA, 1986 K. Ezra, *A Human Ideal in African Art: Bamana Figurative Sculpture*, Washington, 1986

FAGG, A., 1994 A. Fagg, 'Thoughts of Nok', *African Arts*, 27 (3), 1994, pp. 79–83

FAGG, B., 1945 B. Fagg, 'A Preliminary Note on a New Series of Pottery Figures from Northern Nigeria', *Africa*, 15 (1), 1945, pp. 21–2

FAGG, B., 1946 B. Fagg, 'Archaeological Notes from Northern Nigeria', *Man*, 1946, pp. 48–55

FAGG, B., 1948 B. Fagg, in *Man*, November 1948, p. 140

FAGG, B., 1956[1] B. Fagg, 'A Life-size Terracotta Head from Nok', *Man*, 1956, p. 95

FAGG, B., 1956[2] B. Fagg, 'The Nok Culture', *West African Review*, 1956

FAGG, B., 1958 B. Fagg, personal communication, 1958

FAGG, B., 1977 B. Fagg, *Nok Terracottas*, Lagos, 1977, 2/1990

FAGG, B. and FLEMING, 1970 B. Fagg and S. J. Fleming, 'Thermoluminescent dating of a terracotta of the Nok Culture', *Archaeometry*, 12 (1), 1970, pp. 53–5

FAGG, 1949 W. B. Fagg, *Traditional Art of the British Colonies*, London, 1949

FAGG, 1955 W. Fagg, 'Two Early Masks from the Dan Tribes in the British Museum', *Man*, 55, 1955, pp. 160–2

FAGG, 1960[1] W. B. Fagg, *The Epstein Collection*, London, 1960

FAGG, 1960[2] W. Fagg, *Nigerian Tribal Art*, London, 1960

FAGG, 1963 W. Fagg, *Nigerian Images: the Splendor of African Sculpture*, London and New York, 1963

FAGG, 1964 W. Fagg, *Afrique. 100 tribus – 100 chefs-d'oeuvre*, Paris, 1964

FAGG, 1964 W. B. Fagg, *African Sculpture: an anthology*, London, 1964

FAGG, 1965 W. Fagg, *Tribes and Forms in African Art*, New York and London, 1965

FAGG, 1968 W. B. Fagg, *African Tribal Images*, Cleveland, 1968

FAGG, 1969 W. B. Fagg, *African Sculpture*, Washington, 1969

FAGG, 1969 W. B. Fagg, 'The African Artist', in *Traditions and Creativity in Tribal Art*, ed. D. Biebuyck, Berkeley, 1969, pp. 42–57

FAGG, 1980 W. B. Fagg, introduction to *Yoruba Beadwork, Art of Nigeria*, by John Pemberton III, exh. cat., New York, 1980

FAGG, 1981 W. Fagg, 'Figure of an Ogboni or Oshugbo Chief', in *For Spirits and Kings: African Art in the Tishman Collection*, ed. S. Vogel, New York, 1981, p. 104

FAGG, and PEMBERTON, 1982 W. Fagg and J. Pemberton, *Yoruba Sculpture of West Africa*, New York, 1982

FAGG, and PLASS, 1964 W. B. Fagg and M. Plass, *African Sculpture*, London, 1964

FAIK-NZUJI, 1986 'Lecture d'un taampha, planchette à proverbe des Woyo', *Arts d'Afrique Noire*, 1986

FALGAYRETTES et al., n. d. C. Falgayrettes et al., *Cuillers-Sculptures*, Musée Dapper, Paris, n. d.

FANTAR, 1986 M. Fantar, ed., *30 ans au service du patrimoine*, Tunis, 1986

FANTAR, 1995 M. H. Fantar, *Carthage: la cité punique*, Paris, 1995

FARIS, 1972 J. C. Faris, *Nuba Personal Art*, London, 1972

FAZZINI, 1972 R. A. Fazzini, 'Some Egyptian Reliefs in The Brooklyn Museum', in *Miscellanea Wilbouriana*, i, Brooklyn, 1972, pp. 33–70

FAZZINI et al., 1989 R. A. Fazzini et al., *Ancient Egyptian Art in The Brooklyn Museum*, Brooklyn, 1989

FEDDERS and SALVADORI, 1977 A. Fedders and C. Salvadori, *Turkana, Pastoral Craftsmen*, Nairobi, 1977

FÉHÉRVARI, 1985 G. Féhérvari, *La ceramica islamica*, Milan, 1985

FELIX, 1987 M. L. Felix, *100 Peoples of Zaire and their Sculpture*, Brussels, 1987

FELIX, 1989 M. Felix, *Maniema: An Essay on the Distribution of the Symbols and Myths Depicted on the Masks of Greater Maniema*, Munich, 1989

FELIX, 1990 M. L. Felix, *Mwana Hiti: Life and Art of the Matrilineal Bantu of Tanzania*, Munich, 1990

FELIX, KECSKÉSI et al., 1994 M. Felix, M. Kecskési et al., *Tanzania: Meisterwerke Afrikanischer Skulptur*, ed. J. Jahn, Munich, 1994

FENTRESS, 1978 E. Fentress, 'Dii Mauri and Dii Patrii', *Latomus*, 37, 1978, pp. 507–16

FERBER et al., 1988 L. S. Ferber et al., *Masterpieces in The Brooklyn Museum*, Brooklyn, 1988

FERNANDEZ, 1974 J. W. Fernandez, 'La Statuaire Fan-Gabon', *African Arts*, 8 (1), 1974, pp. 76–7

FERNANDEZ, 1992 J. W. Fernandez, 'Met andere ogen: een beschouwing bij een collectie draagbare kunst van de Fang (en Kota) (Gabon)', in Maastricht 1992, pp. 32–6

FIELD, 1948 M. J. Field, *Akim Kotoku: An Oman of the Gold Coast*, London, 1948

FILER, in preparation J. M. Filer, 'Attitudes to Death with Reference to Cats in Ancient Egypt', *Proceedings of The Archaeology of Death in the Ancient Near East*, in preparation

FINKENSTAEDT, 1980 E. Finkenstaedt, 'Regional Painting Style in Prehistoric Egypt', *Zeitschrift für Ägyptische Sprache und Altertumskunde*, 107, 1980, pp. 118–19, fig. 5

FISCHER, 1989 E. Fischer, 'Bété', in *Corps sculptés, corps parés, corps masqués*, ed. E. Féau and Y. Savané, Paris, 1989, pp. 46–7

FISCHER and HIMMELHEBER, 1984 E. Fischer and H. Himmelheber, *The Arts of the Dan in West Africa*, trans. A. Biddle, Zurich, 1984 [*Die Kunst der Dan*, 1976]

FISHER, 1987 A. Fisher, *Africa Adorned*, London, 1987

FITZGERALD, 1944 R. T. D. Fitzgerald, 'Dakarari Grave Pottery', *Journal of the Royal Anthropological Institute*, 1944, pp. 43–57

FLEMING and NICKLIN, 1982 S. J. Fleming and K. W. Nicklin, 'Analysis of two bronzes from a Nigerian Asunaja Shrine', *Museum of Applied Science Centre for Archaeology Journal*, 2 (2), 1982, pp. 53–7

FLINT, 1974 B. Flint, *Formes et symboles dans les arts maghrébins*, ii: *Tapis et tissages*, Tangier, 1974

FLINT, 1987 B. Flint, *Tapices marroquies*, exh. cat., Seville, 1987

FOCK and FOCK, 1979–89 G. J. Fock and D. M. L. Fock, *Felsbilder in Südafrika*, 3 vols, Cologne, 1979–89

FORDE, 1964 D. Forde, *Yako Studies*, London, 1964

FORDE-JOHNSTON, 1959 J. Forde-Johnston, *Neolithic Cultures of North Africa*, Liverpool, 1959

FÖRSTER, 1988 T. Förster, *Die Kunst der Senufo*, Zurich, 1988

FOSS, 1975 W. Foss, 'Images of Aggression: *Ivwri* Sculpture of the Urhobo', in *African Images: Essays in African Iconology*, ed. D. McCall and E. Bay, New York and London, 1975

FOSS, 1976 W. Foss, 'Urhobo Statuary for Spirits and Ancestors', *African Arts*, 9 (4), 1976, pp. 12–23

FRANKFURT AM MAIN 1983 *Luba Hemba*, exh. cat., Museum für Völkerkunde, Afrika-Sammlung 1, Frankfurt am Main, 1983

FRANKS, 1862 A. W. Franks, 'Glass', *Catalogue of the Special Exhibition of Works of Art on Loan at the South Kensington Museum, June 1862*, exh. cat. ed. J. C. Robinson, London, 1862, pp. 381 ff.

FRANZ, 1969 M. Franz, 'Traditional Masks and Figures of the Makonde', *African Arts*, 3 (1), 1969, pp. 42–5

FRASER, 1962 D. Fraser, 'The Legendary Ancestor Tradition in West Africa', in *African Art as Philosophy*, ed. D. Fraser, New York, 1962, pp. 38–53

FRASER and COLE, 1972 D. Fraser and H. M. Cole, *African Art and Leadership*, Madison, 1972

FREEMAN-GRENVILLE, 1962 G. S. P. Freeman-Grenville, *The East African Coast*, Oxford, 1962

FRISHMAN and HASAN-UDDIN, 1994 M. Frishman and K. Hasan-Uddin, eds, *The Mosque: History, Architectural Development and Regional Diversity*, London, 1994

FROBENIUS, 1898 L. Frobenius, *Die Masken und Geheimbünde Afrikas*, Halle, 1898

FROBENIUS, 1907 L. Frobenius, *Im Schatten des Kongostaates*, Berlin, 1907

FROBENIUS, 1913 L. Frobenius, *Und Afrika sprach*, 3 vols, Berlin, 1913

FROBENIUS, 1968 L. Frobenius, *The Voice of Africa*, 2 vols, New York, repr. 1968

FROBENIUS, 1985 L. Frobenius, *Ethnographische Notizen aus den Jahren 1905 und 1906*, ed. H. Klein, Stuttgart, 1985

FRY, 1970 P. Fry, 'Essay sur la statuaire mumuye', in *Objets et Mondes: La revue du Musée de l'Homme*, X (1), 1970, pp. 3–28

FRY, 1978 J. Fry, ed., *Twenty-five African Sculptures*, Ottawa, 1978

FYFE, 1964 C. S. Fyfe, *Sierra Leone Inheritance*, London, 1964

GABRA, 1993 G. Gabra, *Cairo: the Coptic Museum and Old Churches*, Cairo, 1993

GABUS, 1958 J. Gabus, *Au Sahara: Arts et Symboles*, Neuchâtel, 1958

GALAVARIS, 1979 G. Galavaris, *The Illustrations of the Prefaces in Byzantine Gospels*, Vienna, 1979

GALLOIS DUQUETTE, 1976 D. Gallois Duquette, 'Informations sur les arts plastiques des Bidyogo', *Arts d'Afrique Noire*, 18, 1976, pp. 26–43

GALLOIS DUQUETTE, 1983 D. Gallois Duquette, *Dynamique de l'art bidjogo*, Lisbon, 1983

GANAY, 1947 S. de Ganay, 'Un jardin d'essay et son autel chez les Bamana', *Journal de la Société des Africanistes*, 17, 1947, pp. 57–63

GANAY, 1949 S. de Ganay, 'Aspects de mythologie et de symbolique Bambara', *Journal de psychologie normale et pathologique*, 41 (2), 1949, pp. 181–201

GÄNSICKE, 1994 S. Gänsicke, 'King Aspelta's Vessel Hoard from Nuri in the Sudan', *Journal of the Museum of Fine Arts, Boston*, 6, 1994, pp. 14–40

GARGOURI-SETHOM, 1986 S. Gargouri-Sethom, *Le bijou traditionnel en Tunisie*, Aix-en-Provence, 1986

GARLAKE, 1973 P. S. Garlake, *Great Zimbabwe*, London, 1973

GARLAKE, 1974 P. S. Garlake, 'Excavations at Obalar's Land, Ife: An interim report', *West African Journal of Archaeology*, 4, 1974

GARLAKE, 1977 P. S. Garlake, 'Excavations on the Woye Asiri family land in Ife, Western Nigeria', *West African Journal of Archaeology*, 7, 1977

GARLAKE, 1978[1] P. Garlake, *Kingdoms of Africa*, London, 1978

GARLAKE, 1978[2] P. S. Garlake, 'Pastoralism and zimbabwe', *Journal of African History*, 19 (4), 1978

GARLAKE, 1982 P. S. Garlake, 'Prehistory and ideology in Zimbabwe', *Africa*, 52 (3), 1982

GARLAKE, 1995 P. S. Garlake, *The Hunter's Vision*, London, 1995

GARNIER, 1884 E. Garnier, 'Collections de M. Spitzer. La Verrerie', *Gazette des Beaux-Arts*, 1884, pp. 293 ff

GARRARD, 1980 T. F. Garrard, *Akan Weights and the Gold Trade*, London, 1980

GARRARD, 1982 T. F. Garrard, 'Erotic Akan Goldweights', *African Arts*, 15 (2), 1982, pp. 60–2, 88

GARRARD, 1983 T. Garrard, 'A Corpus of 15th to 17th Century Akan Brass Castings', in *Akan Transformations: Problems in Ghanaian Art History*, Los Angeles, 1983, pp. 30–53

GARRARD, 1984 T. F. Garrard, 'Figurine Cults of the Southern Akan', *Iowa Studies in African Art*, Iowa City, 1984, pp. 167–90

GARRARD, 1989 T. F. Garrard, *Gold of Africa*, Munich, 1989

GARSTANG, 1907 J. Garstang, 'Excavations at Hierakonpolis, at Esna, and in Nubia', *Annales du Service des Antiquités de l'Égypte*, 8, 1907, pp. 132–48

GARSTANG, 1928 J. Garstang, 'An Ivory Sphinx from Abydos', *Journal of Egyptian Archaeology*, 14, 1928

GAUCKLER, 1915 P. Gauckler, *Nécropoles puniques de Carthage*, Paris, 1915

GAYET, 1902 A. Gayet, *L'art copte*, Paris, 1902

GEBAUER, 1979 P. Gebauer, *Art of Cameroon*, New York, 1979

GERMANN, 1933 P. Germann, *Die Völkerstämme im Norden von Liberia*, Leipzig, 1933

GEUS, 1980 F. Geus, *Rapport annuel d'activité, 1978–79*, Lille, 1980

GEUS, 1984 F. Geus, 'Excavations at el Kadada and the Neolithic of the Central Sudan', in *Origin and Early Development of Food-Producing Cultures in North-eastern Africa*, ed. L. Krzyzaniak and M. Kobusiewicz, Poznan, 1984, pp. 361–72

GIBBAL, 1994 J. M. Gibbal, *Genii of the River Niger*, trans. B. F. Raps, Chicago, 1994

GIESSEKE, 1930 E. D. Giesseke, 'Wahrsagerei bei den BaVenda', *Zeitschrift für Eingeborenensprache*, 21 (1) 1930, pp. 257–310

GILBERT, 1989 M. Gilbert, 'Akan terracotta heads: gods or ancestors?' *African Arts*, 22 (4), 1989, 34–43

GILLON, 1984 W. Gillon, *A Short History of African Art*, London and New York, 1984

GIRARD, 1967 J. Girard, *Dynamique de la société ouobé: loi des masques et coutume*, Paris, 1967

GLAZE, 1981 A. J. Glaze, *Art and Death in a Senufo Village*, Bloomington, 1981

GNONSOA, 1983 A. Gnonsoa, *Masques de l'Ouest Ivoirien*, Abidjan, 1983

GODMAN, 1901 F. D. Godman, *The Godman Collection of Oriental and Spanish Pottery and Glass*, London, 1901

GOLDWATER, 1960 R. Goldwater, *Bambara Sculpture from the Western Sudan*, New York, 1960

GOLDWATER, 1964 R. Goldwater, *Senufo Sculpture from West Africa*, New York, 1964

GOLLNHOFER et al., 1975 O. Gollenhofer, *Art et artisanat tsogho*, Paris, 1975

GOLVIN, 1950 L. Golvin, 'Le "Métier à la Tire" des fabricants de brocarts de Fès', *Hespéris*, XXXVII, 1950, pp. 21–52

GONZÁLEZ, 1994 V. González, *Émaux d'Al Andalus et du Maghreb*, Aix-en-Provence, 1994

GRANT, 1864 J. A. Grant, *A Walk across Africa*, Edinburgh, 1864

GREENBERG, 1966 J. Greenberg, *The Languages of Africa*, Bloomington, 1966

GRIAULE, 1938 M. Griaule, *Masques Dogons*, Paris, 1938

GRIAULE, 1947 M. Griaule, *Descente du troisième verbe chez les Dogons du Soudan*, Paris, 1947 [repr. from *Psyché*, 2, pp. 13–14]

GRIAULE, 1965 M. Griaule, *Conversations With Ogotemmêli: An Introduction to Dogon Religious Ideas*, 1965

GRIAULE and DIETERLEN, 1986 M. Griaule and G. Dieterlen, *The Pale Fox*, 1986

GRIFFITH, 1911 F. L. Griffith, *Karanog: the Meroitic Inscriptions of Shablul and Karanog*, University Museum, Philadelphia, 1911

GRIFFITH, 1925 F. L. Griffith, 'Oxford Excavations in Nubia', *Liverpool Annals of Archaeology and Anthropology*, 12 (3–4), 1925, pp. 57–172

GROBLER and VAN SCHALKWYK, 1989 E. Grobler and J. A. van Schalkwyk, *Reflection of a Collection*, Pretoria, 1989

GRUNNE, 1988 B. de Grunne, 'Ancient Sculpture of the Inland Niger Delta and Its Influence on Dogon Art', *African Arts*, 21 (4), 1988, pp. 50–5, 92

GULLIVER, 1959 P. H. Gulliver, 'A Tribal Map of Tanganyika', *Tanganyika Notes and Records*, 52, 1959

GUTHRIE, 1967–71 M. Guthrie, *Comparative Bantu: An Introduction to the Comparative Linguistics and Prehistory of the Bantu Languages*, 4 vols, London, 1967–71

HABERLAND, 1963 E. Haberland, *Galla Süd-Äthiopiens. Völker Süd-Äthiopiens. Ergebnisse der Frobenius Expedition 1950–52, und 1954–56*, 1963

HÄGG, 1987 T. Hägg, ed., *Nubian Culture: Past and Present*, Stockholm, 1987

HAHNLOSER, 1971 H. R. Hahnloser, ed., *Il Tesoro di San Marco: Il Tesoro e il Museo*, ii, Florence, 1971

HAKENJOS, 1988 B. Hakenjos, *Marokkanische Keramik*, Stuttgart and London, 1988

HALL, 1905 M. Hall, *Great Zimbabwe*, London, 1905

HALL, 1938 R. de Z. Hall, 'A Tribal Museum at Bweranyange, Bukoba District', *Tanganyika Notes and Records*, 5, 1938, pp. 1–4

HALL, 1987 M. Hall, *The Changing Past: Farmers, Kings and Traders in Southern Africa, 200–1860*, Cape Town, 1987

HALLPIKE, 1972 C. R. Hallpike, *The Konso of Ethiopia: A Study of the Values of a Cushitic People*, Oxford, 1972

HAMBOLU, 1989 H. M. Hambolu, 'An Archaeological Up-date on the Mystery of the Esie Stone Figures', paper presented at the Seminar on Material Culture, Monuments and Festivals in Kwara State, National Museum, Esie, Nigeria, 1989

HANISCH, 1980 E. O. M. Hanisch, 'An Archaeological Interpretation of Certain Iron Age Sites in the Limpopo/Shashi Valley', diss., University of Pretoria, 1980

HARLEY, 1941 G. Harley, 'Notes on the Poro in Liberia', *Papers of the Peabody Museum*, Cambridge, MA, 19 (2), 1941

HARLEY, 1950 G. Harley, 'Masks as Agents of Social Control', *Papers of the Peabody Museum*, Cambridge, MA, 32 (2), 1950

HARRIES, 1944 L. Harries, *The Initiation Rites of the Makonde Tribe*, iii, Livingstone, 1944

HARRIES, 1988 P. Harries, 'The Roots of Ethnicity: Discourse and the Politics of Language Construction in South-East Africa', *African Affairs*, 346, 1988, pp. 25–52

HARRIES, 1989 P. Harries, 'Exclusion, Classification and Internal Colonialism: The Emergence of Ethnicity among the Tsonga-speakers of South Africa', in *The Creation of Tribalism in Southern Africa*, ed. L. Vail, London, 1989

HARRIS, 1938 P. G. Harris, 'Notes on the Dakarari People', *Journal of the Royal Anthropological Institute*, 1938, pp. 114–53

HARRIS, 1965 R. Harris, *The Political Organisation of the Mbembe, Nigeria*, London, 1965

HART, 1984 W. A. Hart, 'So-called Minsereh Figures from Sierra Leone', *African Arts*, 18 (1), 1984, pp. 84–6

HART, 1990 G. Hart, *Eyewitness Guides: Ancient Egypt*, London, 1990

HART, 1993 W. A. Hart, 'Sculptures of the Njayei Society among the Mende', *African Arts*, 26 (1), 1993, p. 46

HART and FYFE, 1993 W. A. Hart and C. Fyfe, 'The Stone Sculptures of the Upper Guinea Coast', *History in Africa*, 20, 1993, pp. 71–87

HARTER, 1986 P. Harter, *Arts Anciens du Cameroun*, supplement to *Arts d'Afrique Noire*, XL, Arnouville, 1986

HARTLE, 1970 D. Hartle, 'Preliminary Report of the University of Ibadan's Kainji Rescue Archaeology Project 1968', *West African Archaeological Newsletter*, 12, 1970, pp. 7–19

HARTWIG, 1969[1] G. Hartwig, 'A Historical Perspective of Kerebe Sculpturing – Tanzania', *Tribus*, 18, 1969, pp. 85–102

HARTWIG, 1969[2] G. Hartwig, 'The Role of Plastic Art Traditions in Tanzania', *Baessler-Archiv*, 17, 1969

HARTWIG, 1976 G. Hartwig, *The Art of Survival in East Africa: The Kerebe and Long-Distance Trade, 1800–1895*, New York, 1976

HARTWIG, 1978 G. Hartwig, 'Sculpture in East Africa', *African Arts*, 11 (4), 1978

HASAN, 1956 Z. M. Hasan, *Atlas al-funun al-zukhrufiyya wa'l tasawir al-islamiyya*, Cairo, 1956

HAWKESWORTH, 1932 G. Hawkesworth, 'A Note on the Making of Kadaru Pottery', letter to Sir Harold MacMichael, 1932, archives of the Horniman Museum and Public Park Trust, London

HAYES, 1953 W. C. Hayes, *The Scepter of Egypt*, i, 1953

HECHT et al., 1990 D. Hecht, B. Benzing and G. Kidane, *The Handcrosses of the IES Collection*, Addis Ababa, 1990

HECKEL, 1935 B. Heckel, *The Yao Tribe: Their Culture and Education*, iv, London, 1935

HELCK, 1977 W. Helck, 'Fremdvölkerdarstellung', *Lexikon der Ägyptologie*, ed. W. Helck and W. Westendorf, ii, Wiesbaden, 1977, cols 315–21

HENDRICKX, 1992 S. Hendrickx, 'Une scène de chasse dans le désert sur le vase prédynastique Bruxelles, M. R. A. H. E. 2631', *Chronique d'Égypte*, 67, 1992, pp. 5–27

HENDRICKX, 1994 S. Hendrickx, *Antiquités préhistoriques et protodynastiques d'Égypte*, Guides du département égyptien, 8, Musées Royaux d'Art et d'Histoire, Brussels, 1994

HERBERT, 1984 E. Herbert, *The Red Gold of Africa*, Madison, 1984

HEROLD, 1985 E. Herold, 'Traditional Sculpture of the Bete Tribe, Ivory Coast', *Annals of the Näprstek Museum*, 13, 1985, pp. 81–165

HERREMAN, 1985 F. Herreman, *De Wenteling om de Aslija: Mumuye-beeldhouwwerken uit Nigeria*, Ga-maart, 1985

HERREMAN and PETRIDIS, 1993 F. Herreman and C. Petridis, eds, *Face of the Spirits: Masks from the Zaire Basin*, Antwerp, 1993

HERSAK, 1986 D. Hersak, *Songye Masks and Figure Sculpture*, London, 1986

HERSAK, 1995 D. Hersak, 'Colours, Stripes and Projection: Revelations on Fieldwork Findings and Museum Enigmas', in *Object Signs of Africa*, ed. L. de Heusch, Ghent, 1995

HERTER, 1991 P. Herter, 'Les peuples Krou de la Frontière Eburneo-Libérienne', *Primitifs*, 6, 1991, pp. 58–71

HERTER, 1993 P. Herter, 'Wè Masks', *Art of Côte d'Ivoire*, ed. J.-P. Barbier-Muller, i, Geneva, 1993, pp. 184–219

HERZ, 1906 M. Herz, *Catalogue raisonné des monuments exposés dans le Musée National de l'Art Arabe*, Cairo, 1906

HERZ, 1907 M. Herz, *Descriptive Catalogue of the Objects Exhibited in the National Museum of Arab Art*, Cairo, 1907

HERZ, 1913 M. Herz, 'Boiseries fatimides aux sculptures figurales', *Orientalisches Archiv*, 3 (4), Leipzig, 1913, pp. 169–74

HEUSCH, 1995 L. de Heusch, 'Beauty is Elsewhere: Returning a Verdict on Tetela Masks', in *Object Signs of Africa*, ed. L. de Heusch, Ghent, 1995

HILDESHEIM 1985 *Nofret – Die Schöne: Die Frau im Alten Ägypten*, exh. cat. ed. B. Schmitz, Roemer- und Pelizaeus-Museum, Hildesheim, 1985

HILDESHEIM and MAINZ 1990 *Suche nach Unsterblichkeit: Totenkult und Jenseitsglaube im alten Ägypten*, exh. cat., Hildesheim and Mainz, 1990

HILTON-SIMPSON, 1911 W. H. Hilton-Simpson, *Land and Peoples of the Kasai*, London, 1911

HIMMELHEBER, 1960 H. Himmelheber, *Negerkunst und Negerkünstler*, Brunswick, 1960

HIMMELHEBER, 1966 H. Himmelheber, 'Masken der Guéré II', *Zeitschrift für Ethnologie*, 91 (1), 1966, pp. 100–8

HINTZE et al., 1971 F. Hintze, K. H. Priese, S. Wenig and C. Onasch, *Musawwarat es Sufra*, i, 1–2, *Der Löwentempel*, Berlin, 1971, 1993

HOFFER, 1973 C. Hoffer, 'Mende and Sherbro Women in High Office', *Canadian Journal of African Studies*, 6 (2), 1973, pp. 151–64

HOFMANN, 1991 I. Hofmann, *Steine für die Ewigkeit: meroitische Opfertafeln und Totenstelen*, Vienna, 1991

HOLAS, 1952 B. Holas, *Les masques Kono*, Paris, 1952

HOLAS, 1953 B. Holas, *Portes sculptées du Musée d'Abidjan*, Dakar, 1953

HOLAS, 1976 B. Holas, *Civilisations et arts de l'Ouest Africain*, Paris, 1976

HOLAS, 1980 B. Holas, *Traditions Krou*, Paris, 1980

HOLDEN, 1866 W. C. Holden, *Past and Future of the Kaffir Races*, London, 1866

HOLLIS, 1909 A. C. Hollis, 'A Note on the Graves of the Wa-Nyika', *Man*, 9, 1909, p. 145

HOLM, 1963 E. Holm, 'Sfinks', *Tydskrif vir geesteswetenskappe*, March 1963, pp. 47–54

HOLMES, 1992 D. Holmes, 'Chipped Stone-working Craftsmen, Hierakonpolis and the Rise of Civilization in Egypt', in *The Followers of Horus*, ed. R. Friedman and B. Adams, Oxford, 1992, pp. 37–44

HOLY, 1967 L. Holy, *The Art of Africa: Masks and Figures from Eastern and Southern Africa*, London, 1967

HOLY, 1971 L. Holy, *Zambian Traditional Art*, NECZAM, 1971

HOMBERGER, 1991 L. Homberger, ed., *Spoons in African Art*, Zurich, 1991

HONEY, 1927 W. B. Honey, 'A Syrian glass goblet', *Burlington Magazine*, June 1927, p. 289

HOOPER, 1983 L. Hooper, 'Some Nguni Crafts. Part 3: Woodcarving', *Annals of the South African Museum*, 70 (3), 1983

HOOPER, DAVISON and KLINGHARDT, 1989 L. Hooper, P. Davison and G. Klinghardt, 'Some Nguni crafts: skin-working technology', *Annals of the South African Museum*, 70 (4), 1989, pp. 313–404

HOPE, 1987 C. A. Hope, *Egyptian Pottery*, London, 1987

HOPKINS and LEVTZION, 1981 J. F. P. Hopkins and N. Levtzion, *Corpus of Early Arabic Sources for West African History*, New York, 1981

HORN and RÜGER, 1979 H. G. Horn and C. B. Rüger, eds, *Die Numider. Reiter und Könige nördlich der Sahara*, Bonn, 1979

HORTON, 1965 R. Horton, *Kalabari Sculpture*, Lagos, 1965

HORTON, 1987 M. Horton, 'The Swahili corridor', *Scientific American*, 257, 1987

HOULIHAN and GOODMAN, 1986 P. Houlihan and S. Goodman, *The Birds of Ancient Egypt*, Cairo, 1986

HOURS-MIEDAN, 1951 M. Hours-Miedan, 'Types de décor des stèles de Carthage. Les représentations figurées sur les stèles de Carthage', *Cahiers de Byrsa*, 1, 1951, pp. 15–76

HUET, 1988 J. C. Huet, 'The Togu Na of Tenyu Ireli', *African Arts*, 21 (4), 1988, pp. 34–6, 91

HUFFMAN, 1984 T. N. Huffman, 'Expressive Space in the Zimbabwe Culture', *Man*, 19, 1984, pp. 593–612

HUFFMAN, 1985 T. N. Huffman, 'The Soapstone Birds from Great Zimbabwe', *African Arts*, 18 (3), 1985, pp. 68–73

HUFFMAN, 1986 T. N. Huffman, 'Iron Age Settlement Patterns and the Origins of Class Distinction in Southern Africa', in *Advances in World Archaeology* 5, ed. F. Wendorf and E. Close, New York, 1986, pp. 291–338

HUGOT, 1981 H. J. Hugot, 'The Prehistory of the Sahara', in *General History of Africa*, i: *Methodology and African Prehistory*, ed. J. Ki-Zerbo, London, 1981, pp. 585–610

HULTGREN and ZEIDLER, 1993 M. L. Hultgren and J. Zeidler, *A Taste for the Beautiful: Zairian Art from the Hampton University Museum*, Hampton, VA, 199

HUNTINGDON and METCALF, 1979 W. R. Huntingdon and P. Metcalf, *Celebration of Death: The Anthropology of Mortuary Ritual*, Cambridge, 1979

HUNTINGFORD, 1955 G. W. B. Huntingford, *The Galla of Ethiopia. The Kingdoms of Kafa and Janjero*, London, 1955

IBRAHIM, 1978 L. A. Ibrahim, 'Clear fresh water in Cairene houses', *Islamic Archaeological Studies*, i, Cairo, 1978, pp. 1–26

IDOWU, 1963 E. B. Idowu, *Olodomare, God in Yoruba Belief*, New York, 1963

IMPERATO, 1970 P. J. Imperato, 'The Dance of the Tyi Wara', *African Arts*, 4 (1), 1970, pp. 8–13, 71–80

IMPERATO, 1974 P. J. Imperato, *The Cultural Heritage of Africa*, Chanute, 1974

IMPERATO, 1975 P. J. Imperato, 'Bamana and Mininka Twoin Figures', *African Arts*, 8, 1975, pp. 53–60

IMPERATO, 1983 P. J. Imperato, *Buffoons, Queens and Wooden Horsemen: The Dyo and Gouan Societies of the Bambara of Mali*, New York, 1983

INDIANAPOLIS 1980–1 *African Furniture and Household Objects*, exh. cat. by R. Sieber, Indianapolis Museum of Art, Indianapolis, 1980–1

INGRAM, 1931 W. Ingram, *Zanzibar: Its History and its People*, London, 1931

INSKEEP, 1971 R. R. Inskeep, 'Terracotta Heads', *South African Journal of Science*, 67, 1971, pp. 492–3

INSKEEP and MAGGS, 1975 R. R. Inskeep and T. M. Maggs, 'Unique Art Objects in the Iron Age of the Transvaal South Africa', *South African Archaeological Bulletin*, 30, 1975, pp. 114–38

ISICHEI, 1982 E. Isichei, *Studies in the History of Plateau State, Nigeria*, London, 1982

JACQUES-MEUNIÉ, 1951 D. Jacques-Meunié, *Greniers citadelles au Maroc*, Paris, 1951

JACQUES-MEUNIÉ, 1960–1 D. Jacques-Meunié, 'Bijoux et bijouteries du Sud Marocain', *Cahiers des arts et techniques d'Afrique du Nord*, 6, 1960–1, pp. 57–72

JACQUES-MEUNIÉ, 1961 D. Jacques-Meunié, *Cités anciennes de Mauritanie, provinces de Tagannt et du Hodh*, Paris, 1961

JACQUES-MEUNIÉ, 1962 D. Jacques-Meunié, *Architecture et habitats du Dadès*, Paris, 1962

JAHN, 1994 J. Jahn, ed., *Tanzania: Meisterwerke Afrikanischer Skulptur*, Munich, 1994

JAMES, 1974 T. G. H. James, *Corpus of Hieroglyphic Inscriptions in The Brooklyn Museum*, i: *From Dynasty I to the End of Dynasty XVIII*, Wilbour Monographs, vi, Brooklyn, 1974

JAMES, 1984[1] D. James, 'Some observations on the calligrapher and illuminators of the koran of Rukn al-Din Baybar al-Jashnagir', *Muqarnas*, ii, 1984, pp. 147–57

JAMES, 1984[2] T. G. H. James, *Egyptian Painting*, London, 1984

JAMES, 1988 D. James, *Qur'ans of the Mamluks*, London, 1988

JAMES and DAVIES, 1983 T. G. H. James and W. V. Davies, *Egyptian Sculpture*, London, 1983

JANSEN and GAUTHIER, 1973 G. Jansen and J. G. Gauthier, *Ancient Art of the Northern Cameroons: Sao and Fali*, Oosterhout, 1973

JAQUES, 1940 A. A. Jaques, 'Carved Head-rests of the Shangaans', *Sunday Times*, 9 April 1940

JAQUES, *c.* 1941 A. A. Jaques, 'Shangaan Head-rests', lecture delivered to the Fine Arts Society of Johannesburg, *c.* 1941

JAQUES, 1949 L. Jacques, 'Art indigène et appuis-tête', *Bulletin de la Mission suisse dans l'Afrique du Sud*, 49 (633), 1949, pp. 333–40

JAROŠ-DECKERT, 1987 B. Jaroš-Deckert, *Statuen des Mittleren Reichs und der 18. Dynastie*, Vienna, 1987

JENKINS, 1970 J. Jenkins, *Music of Eritrea*, iii, 1970, record no. TGM103

JENSEN, 1936 A. E. Jensen, *Im Lande des Gada*, Stuttgart, 1936

JENSEN, 1942 A. E. Jensen, 'Das Gada-System der Konso und die Altersklassensysteme der Niloten', *Ethnos*, 19, 1942, pp. 1–22

JENSEN, 1954 A. E. Jensen, 'Elementi della cultura dei Conso', *Rassegna di studi etiopici*, 2, 1954, pp. 217–59

JOBART, 1925 A. Jobart, 'Chez les Bassalam Pasu du Haut kasai', *Bulletin de la Societé Belge d'Études Coloniales*, 82, 1925, pp. 280–92

JOHANNESBURG 1989 *Ten Years of Collecting: The Standard Bank Foundation Collection of African Art*, exh. cat., ed. D. Hammond-Tooke and A. Nettleton, University of the Witwatersrand Art Galleries, Johannesburg, 1989

JOHANNESBURG 1991 *Art and Ambiguity: Perspectives on the Brenthurst Collection of Southern African Art*, exh. cat. by P. Davison et al., Johannesburg Art Gallery, Johannesburg, 1991

JOHNSTON, 1904 H. Johnston, *The Uganda Protectorate*, London, 1904

JOLLES, 1994 F. Jolles, 'Messages in Fixed Colour Sequences? Another Look at Msinga Beadwork', in *Oral Tradition and its Transmission, the Many Forms of Message*, ed. E. Sienaert, M. Cowper-Lewis and N. Bell, Durban, 1994, pp. 47–62

JONES, 1937 G. I. Jones, 'Ohafia Obu Houses', *Nigerian Field*, 6 (4), 1937, pp. 169–71

JONES, 1979 P. R. Jones, 'Effects of raw materials on biface manufacture', *Science*, 204, 1979, pp. 835–6

JONES, 1984 G. I. Jones, *The Art of Eastern Nigeria*, Cambridge, 1984

JONES, 1994 A. Jones, 'A Collection of African Art in Seventeenth-century Germany: Christopher Weickmann's *Kunst- und Naturkammer*', *African Arts*, 27 (2), 1994, pp. 28–3, 92

JOSEPH, 1974 M. B. Joseph, 'Dance Masks of the Tikar', *African Arts*, 7 (3), 1974, pp. 46–52

JUNOD, 1962 H. A. Junod, *The Life of a South African Tribe*, 2 vols, New York, 1962 [1st edn 1912]

KAMER, 1973 H. Kamer, *Haute-Volta*, Brussels and Paris, 1973

KAMER, 1974 H. Kamer, *Ancêtres M'bembé*, Paris, 1974

KANTOR, 1944 H. J. Kantor, 'The Final Phase of Predynastic Culture: Gerzean or Semainean?', *Journal of Near Eastern Studies*, 3, 1944, pp. 110–36

KANTOR, 1948 H. J. Kantor, 'A Predynastic Ostrich Egg with Incised Decoration', *Journal of Near Eastern Studies*, 7, 1948, pp. 46–51

KASFIR, 1979 S. L. Kasfir, *The Visual Arts of the Idioma of Central Nigeria*, diss., School of Oriental and African Studies, London, 1979

KASFIR, 1984 S. L. Kasfir, 'One Tribe, One Style? Paradigms in the Historiography of African Art', *History in Africa*, 11 (1), 1984, pp. 163–93

KATUMBA, 1983 N. B. M. Katumba, 'La circoncision chez les Ngbaka', *Africa: Revista do Centro de Estudos Africanos da USP (São Paulo)*, 6, 1983, pp. 3–33

KAYSER, 1973 H. Kayser, 'Die ägyptischen Altertümer im Roemer-Pelizaeus-Museum in Hildesheim', *Wissenschaftliche Veröffentlichung Pelizaeus-Museum*, 8, Hildesheim, 1973

KECSKÉSI, 1982[1] M. Kecskési, 'The Pickaback Motif in the Art and Initiation of the Rovuma Area', *African Arts*, 16 (1), 1982, pp. 52–5

KECSKÉSI, 1982[2] M. Kecskési, *Kunst aus dem Alten Afrika*, Munich, 1982

KEIMER, 1949 L. Keimer, *Bibliotheca Orientalis*, 6, 1949, p. 139, n. 10

KELEKIAN, 1910 *Kelekian Collection of Persian and Analogous Potteries*, Paris, 1910

KELLY, 1977 J. N. D. Kelly, *Early Christian Doctrines*, London, 5/1977

KELTERBORN, 1984 P. Kelterborn, 'Toward Replicating Egyptian Predynastic Flint Knives', *Journal of Archaeological Science*, 11, 1984, pp. 433–53

KEMP, 1989 B. J. Kemp, *Ancient Egypt: Anatomy of a Civilization*, London and New York, 1989

KENDALL, 1982 T. Kendall, *Kush: Lost Kingdom of the Nile*, Brockton, MA, 1982

KENDALL, 1994 T. Kendall, 'Le Djebel Barkal: Le Karnak de Koush', *La Nubie* (*Les Dossiers d'Archéologie*, 196), 1994, pp. 46–53

KENT, 1970 R. Kent, *Early Kingdoms in Madagascar, 1500–1700*, New York, 1970

KERCHACHE, 1993 J. Kerchache, *Art of Africa*, New York, 1993

KIDANE and WILDING, 1976 G. Kidane and R. Wilding, *The Ethiopian Cultural Heritage/L'Héritage Culturel Ethiopien*, Addis Ababa, 1976

KILLIAN, 1934 C. Killian, 'L'art des Touareg', *La Renaissance*, 1 (7–9), 1934, pp. 147–55

KILLEN, 1980 G. Killen, *Ancient Egyptian Furniture*, i, *4000–1300 BC*, Warminster, 1980

KINAHAN, 1990 J. Kinahan, 'Four thousand years at the Spitzkoppe: changes in settlement and land use on the edge of the Namib Desert', *Cimbebasia*, 12, 1990, pp. 1–14

KINAHAN, 1991 J. Kinahan, *Pastoral nomads of the Central Namib Desert: The people history forgot*, Windhoek, 1991

KINGDON, 1994 Z. Kingdon, *A Host of Devils: The History and Context of the Modern Makonde Carving Movement*, diss., University of East Anglia, 1994

KINSHASA 1978 *Pierres sculptées du Bas-Zaire*, exh. cat. by J. Cornet, Institut des Musées Nationaux, Kinshasa, 1978

KLEVER, 1975 U. Klever, *Bruckmann's Handbuch der afrikanischen Kunst*, Munich, 1975

KLOPPER, 1989 S. Klopper, 'Carvers, Kings and Thrones in Nineteenth-century Zululand', in *African Art in Southern Africa: From Tradition to Modernism*, ed. A. Nettleton and D. Hammond-Tooke, Johannesburg, 1989

KLOPPER, 1991 S. Klopper, '"Zulu" Headrests and Figurative Carvings', in *Art and Ambiguity: Perspectives on the Brenthurst Collection of Southern African Art*, exh. cat., Johannesburg, 1991, pp. 80–103

KLOPPER, 1992 S. Klopper, *The Art of Zulu-speakers in Northern Natal-Zululand: An Investigation of the History of Beadwork, Carving and Dress from Shaka to Inkatha*, diss., University of the Witwatersrand, Johannesburg, 1992

KNAUER, 1979 E. R. Knauer, 'Marble Jar-Stands from Egypt', *Metropolitan Museum Journal*, 14, 1979, pp. 67–102

KNOPS, 1980 P. Knops, *Les anciens Senufo 1923–35*, Berg en Dal, 1980

KOLOSS and FÖRSTER, 1990 H. J. Koloss and T. Förster, *Die Kunst der Senufo, Elfenbeinküste*, Berlin, 1990

KOROMA, 1939 V. H. Koroma, 'The Bronze Statuettes of Ro-Ponka, Kafu Bolom', *Sierra Leone Studies*, 22, 1939, pp. 25–28

KOTZE, 1950 D. J. Kotze, ed., *Letters of the American Missionaries, 1835–1838*, Cape Town, 1950

KOZLOFF, 1983 A. P. Kozloff, 'Symbols of Egypt's Might', *Bulletin of the Egyptological Seminar*, 5, 1983, pp. 61–6

KOZLOFF and BRYAN, 1992 A. P. Kozloff and B. M. Bryan, *Egypt's Dazzling Sun: Amenhotep III and his World*, Cleveland, OH, 1992

KREAMER, 1987 C. M. Kreamer, 'Moba Shrine Figures', *African Arts*, 20 (2), 1987, pp. 52–5, 82–3

KRIEGER, 1960 K. Krieger and G. Kutscher, *Westafrikanische Masken*, Berlin, 1960

KRIEGER, 1965–9 K. Krieger, *Westafrikanische Plastik*, i-iii, Berlin, 1965–9

KRIEGER, 1978, 1990 K. Krieger, *Ostafrikanische Plastik*, Museum für Völkerkunde, Berlin, 1978, 2nd edn 1990

KRIGE, 1988 E. K. Krige, *The Social System of the Zulus*, Pietermaritzburg, 1988 [1st edn 1936]

KRIGE and KRIGE, 1943 E. J. Krige and J. D. Krige, *The Realm of a Rain-Queen: A Study of the Pattern of Lovedu Society*, London, 1943

KRONENBERG and KRONENBERG, 1960 A. and W. Kronenberg, 'Wooden Carvings in the South Western Sudan', *Kush*, viii, 1960, pp. 274–81, pls XL–LII

KRONENBERG and KRONENBERG, 1981 W. and A. Kronenberg, *Die Bongo Bauern und Jäger im Südsudan*, Wiesbaden, 1981

KUBIK, 1978[1] G. Kubik, 'Boys' Circumcision School of the Yao: A Cinematographic Documentation at Chief Makanjila's Village in Malawi, 1967,' *Review of Ethnology*, 6 (1–7), 1978, pp. 1–37

KUBIK, 1978[2] G. Kubik, 'Nzondo – Girls' Initiation Ceremony among the Yao at Makanjia's Village in Malawi, 1967', *Review of Ethnology*, 6 (1–7) 1978[2], pp. 37–51

KÜHNEL, 1971 E. Kühnel, *Die islamischen Elfenbeinskulpturen: VIII. –XIII. Jahrhundert*, 2 vols, Berlin, 1971

KUNSTHISTORISCHES MUSEUM, 1988 Kunsthistorisches Museum, *Führer durch die Sammlungen*, museum guidebook, Egyptian and Near Eastern section by E. Haslauer and H. Satzinger, Vienna, 1988

LABOURET, 1920 H. Labouret, 'Le mystère des ruines du Lobi', *Revue d'ethnographie et des traditions populaires*, i, 1920, pp. 178–96

LABOURET, 1931 H. Labouret, *Les tribus du Rameau Lobi*, Paris, 1931

LABURTHE-TOLRA and FALGAYRETTES-LEVEAU, 1991 P. Laburthe-Tolra and C. Falgayrettes-Leveau, *Fang*, Paris, 1991

LAMB, 1975 V. Lamb, *West African Weaving*, London, 1975

LAMB and LAMB, 1981 V. and A. Lamb, *Au Cameroun: weaving-tissage*, Douala, 1981

LAMM, 1929–30 C. J. Lamm, *Mittelalterliche Gläser und Steinschnittarbeiten aus dem Nahen Osten*, 2 vols, Berlin, 1929–30

LAMM, 1935–6 C. J. Lamm, 'Fatimid Woodwork, its Style, and Chronology', *Bulletin de l'Institut d'Égypte*, 18, 1935–6, pp. 69–80

LAMP, 1983 F. Lamp, 'House of Stones: Memorial Art of Fifteenth Century Sierra Leone', *Art Bulletin*, 65, 1983, pp. 219–37

LAMPREIA, 1962 J. D. Lampreia, *Catálogo-inventário da Secção de Etnografia do Museu da Guiné Portuguesa*, Lisbon, 1962

LANCEL, 1995 S. Lancel, *Carthage, A History*, trans. A. Nevill, Oxford, 1995 [1st edn, *Carthage*, 1992]

LANCI, 1845–6 M. Lanci, *Trattato delle simboliche rappresentanze arabiche e della varia generazione de' musulmani caratteri sopra differenti materie operati*, 2 vols, Paris, 1845–6

LANDSTROM, 1970 B. Landstrom, *Ships of the Pharaohs*, London, 1970

LANE, 1947 A. Lane, *Early Islamic Pottery*, London, 1947

LANE-POOLE, 1886 S. Lane-Poole, *The Art of the Saracens in Egypt*, London, 1886

LANGLOIS, 1954 P. Langlois, *Arts soudanais: Tribus dogons*, Brussels, 1954

LANSING, 1934 A. Lansing, 'The Burial of Hepy', *Bulletin of The Metropolitan Museum of Art*, xxix, 1934, pp. 27–41

LAPEYRE and PELLEGRIN, 1942 G-C. Lapeyre and A. Pellegrin, *Carthage punique (814–146 avant J-C)*, Paris, 1942

LAUDE, 1973 J. Laude, *African Art of the Dogon: The Myths of the Cliff Dwellers*, New York, 1973

LAURENTY, 1962 J-S. Laurenty, *Les Sanza du Congo*, Tervuren, 1962

LAW, 1980 R. Law, *The Horse in West Africa*, London, 1980

LAWAL, 1970 B. Lawal, *Yoruba Sango Sculpture in Historical Retrospect*, diss., Indiana University, 1970

LAWAL, 1974 B. Lawal, 'Some Aspects of Yoruba Aesthetics', *The British Journal of Aesthetics*, 14 (3), 1974, pp. 239–49

LAWAL, 1975 B. Lawal, 'Yoruba-Shango Ram Symbolism: From Ancient Sahara or Dynastic Egypt?', in *African Images: Essays in African Iconology*, ed. D. McCall and E. Bay, New York and London, 1975

LAWAL, 1995 B. Lawal, 'À YÀ GBÓ, À YÀ TÓ: New Perspectives on Edan Ogboni', *African Arts*, 28 (1), 1995, pp. 36–49, 98–100

LAWRENCE, 1924 C. T. Lawrence, 'Report on the Nigerian Section, British Empire Exhibition', *West Africa*, 1212, 1924, pp. 12–16

LEAKEY, 1977 L. S. B. Leakey, *The Southern Kikuyu before 1903*, 3 vols, London, 1977

LEBEUF, 1953 J. P. Lebeuf, 'Lebrets et greniers des Falis', *Bulletin de l'Institut Français de S. Afrique*, 15, 1953, pp. 1321–8

LECLANT, 1976 J. Leclant, 'Kushites and Meroites: Iconography of the African Rulers on the Ancient Upper Nile', in *The Image of the Black in Western Art*, i, New York, 1976, pp. 89–132

LEE, 1979 R. B. Lee, *The !Kung San: Men, Women and Work in a Foraging Society*, Cambridge, 1979

LEE, 1984 R. B. Lee, *The Dobe !Kung*, New York, 1984

LEFEBVRE and VAN RINSVELD, 1990 F. Lefebvre and B. van Rinsveld, *L'Égypte: Des Pharaons aux Coptes*, Brussels, 1990

LEGESSE, 1973 A. Legesse, *Gada: Three Approaches to the Study of African Society*, 1973

LEGLAY, 1961 M. LeGlay, *M. Saturne africain: Monuments* i, Paris, 1961

LEHUARD, 1974 R. Lehuard, *Statuaire du Stanley-Pool*, Arnouville, 1974

LEHUARD, 1976 R. Lehuard, *Les Phemba du Mayombe*, Arnouville, 1976

LEHUARD, 1982 R. Lehuard, 'Omakipa', *Arts d'Afrique Noire*, 42, 1982, pp. 20–5,

LEHUARD, 1989 R. Lehuard, *Art Bakongo, les Centres de Style*, 2 vols, Arnouville, 1989

LEHUARD, 1993 R. Lehuard, *Art Bakongo: les masques*, Arnouville, 1993

LEIBOVITCH, 1959 J. Leibovitch, 'Étuis à fard zoomorphes de l'Ancien Empire égyptien', *Atiqot*, 2, 1959, pp. 118–20

LEIRIS, 1993 M. Leiris, 'Objets rituels dogon', *Minotaure*, 2, 1933, pp. 26–30

LEIRIS and DELANGE, 1967 M. Leiris and J. Delange, *Afrique noire. La création plastique*, Paris, 1967

LEMA GWETE, 1980 Lema Gwete, *Kunst aus Zaire. Masken und Plastiken aus der Nationalsammlung*, Bremen, 1980

LESLAU, 1957 W. Leslau, *Coutumes et croyances des Falaches (Juifs d'Abyssinie)*, Paris, 1957

LEURQUIN and MEURANT, 1990 A. Leurquin and G. Meurant, 'Tanzanie méconnue', *Arts d'Afrique Noire*, 73 and 75, 1990

LEUZINGER, 1960 E. Leuzinger, *The Art of the Negro Peoples*, London, 1960

LEUZINGER, 1972 E. Leuzinger, *The Art of Black Africa*, London, 1972

LEUZINGER, 1978 E. Leuzinger, ed., *Afrikanische Skulpturen*, Zurich, 1978

LEVINSOHN, 1983 R. Levinsohn, 'Amacunu Beverage Containers', *African Arts*, 16 (3), 1983, pp. 53–6

LEVINSOHN, 1984 R. Levinson, *Art and Craft of Southern Africa: Treasures in Transition*, Johannesburg, 1984

LEVTZION, 1973 N. Levtzion, *Ancient Ghana and Mali*, London, 1973

LEVY, 1990 D. Levy, 'Continuities and Change in Ndebele Beadwork: *c.* 1883 to the Present', diss., University of the Witwatersrand, Johannesburg, 1990

LEWIS-WILLIAMS, 1974 J. D. Lewis-Williams, 'The syntax and function of the Giant's castle rock paintings', *South African Archaeological Bulletin*, 27, 1974, pp. 49–65

LEWIS-WILLIAMS, 1981 J. D. Lewis-Williams, *Believing and Seeing: Symbolic Meanings in Southern San Rock Paintings*, London, 1981

LEWIS-WILLIAMS, 1983 J. D. Lewis-Williams, *The Rock Art of Southern Africa*, Cambridge, 1983

LEWIS-WILLIAMS, 1984 J. D. Lewis-Williams, 'Ideological Continuities in Prehistoric Southern Africa: The Evidence of Rock Art', in *Interfaces: The Relationship of Past and Present in Hunter-gatherer Studies*, ed. C. Schrire, New York, 1984, pp. 225–52

LEWIS-WILLIAMS, 1988 J. D. Lewis-Williams, 'The World of Man and the World of Spirit: An Interpretation of the Linton Rock Paintings', *Margaret Shaw Lecture*, 2, 1988, pp. 1–16

LEWIS-WILLIAMS, 1990 J. D. Lewis-Williams, *Discovering Southern African Rock Art*, Cape Town, 1990

LEWIS-WILLIAMS and DOWSON, 1989 J. D. Lewis-Williams and T. A. Dowson, *Images of Power: Understanding Bushman Rock Art*, Johannesburg, 1989

LEWIS-WILLIAMS and DOWSON, 1994 J. D. Lewis-Williams and T. A. Dowson, eds, *Contested Images: Diversity in Southern African Rock Art Research*, Johannesburg, 1994

LILLE 1994 *Nubie. Les cultures antiques du Soudan*, ed. B. Gratien and F. le Saout, Lille, 1994

LINDBLOM, 1920 G. Lindblom, *The Akamba in British East Africa*, Uppsala, 1920

LINGS, 1976 M. Lings, *Qur'anic art of illumination and calligraphy*, London, 1976

LINGS and SAFADI, 1976 M. Lings and Y. Safadi, eds, *The Qur'an: A British Library Exhibition*, exh. cat., London, 1976

LINZ 1989 *Ägypten: Götter, Gräber und die Kunst: 4000 Jahre Jenseitsglaube*, exh. cat., Linz, 1989

LISBON 1994 *Sculpture angolaise. Mémorial de cultures*, exh. cat. by M.-L. Bastin, Museo Nacional de Etnologia, Lisbon, 1994

LOIR, 1935 H. Loir, *Le tissage du raphia au Congo Belge*, Brussels, 1935

LOMBARD, 1973 J. Lombard, 'Les Sakalava-menabe de la côte Ouest: La société et l'art funéraire', in *Malgache, qui es-tu?*, Neuchâtel, 1973

LONDON 1862 *Catalogue of the Special Exhibition of Works of Art on Loan at the South Kensington Museum*, exh. cat. ed. J. C. Robinson, London, 1862

LONDON 1976 *The Arts of Islam*, exh. cat., Hayward Gallery, London, 1976

LONDON 1976 *The Qur'an: A British Library Exhibition*, World of Islam Festival, London, 1976

LONDON 1981 *Asante: Kingdom of Gold: The Power and Splendour of a Great Nineteenth-Century West African Kingdom*, exh. cat. by M. McLeod, Museum of Mankind, London, 1981

LONDON 1982 see Detroit et al. 1980–3

LONDON 1983 *The Eastern Carpet in the Western World from the 15th to the 17th century*, exh. cat. ed. D. King and D. Sylvester, Arts Council of Great Britain, Hayward Gallery, London, 1983

LONDON 1984 *The Treasury of San Marco Venice*, exh. cat., British Museum, London, 1984

LONDON AND NEW YORK 1979–83 *African Textiles: Looms, Weaving and Design*, exh. cat. by J. Picton and J. Mack, Museum of Mankind/British Museum, London, 1979–82; American Museum of Natural History, New York, 1983; London, 1979, rev. edn 1989

LORQUIN, 1992 A. Lorquin, *Les tissus coptes*, Paris, 1992

LOS ANGELES 1993 *Sleeping Beauties: The Jerome L. Joss Collection of Headrests at UCLA*, exh. cat. by W. Dewey, Fowler Museum of Cultural History, University of California, Los Angeles, 1993

LOUGHRAN, 1986 K. S. Loughran et al., eds, *Somalia in Word and Image*, Washington, 1986

LOVICONI, 1991 A. Loviconi, *Regards sur la faience de Fès*, Paris 1991

LUXOR MUSEUM 1979 *Catalogue*, Luxor Museum of Ancient Egyptian Art, Cairo, 1979

MAASTRICHT 1992 *Kings of Africa: Art and Authority in Central Africa*, exh. cat. ed. by E. Beumers and H.-J. Koloss, Foundation Kings of Africa, Maastricht, 1992

MacCALMAN, 1964 H. R. MacCalman, 'Grosse Domschlucht Brandberg: A new discovery of prehistoric rock art in South West Africa', *IPEK*, 21, 1964, pp. 91–3

MacGAFFEY, 1986 W. MacGaffey, *Religion and Society in Central Africa: The Ba-Kongo of Lower Zaire*, Chicago and London, 1986

MacGAFFEY, 1991 W. MacGaffey, *Art and Healing of the BaKongo: Commented by Themselves*, Stockholm, 1991

MacGAFFEY and HARRIS, 1993 W. MacGaffey and M. D. Harris, *Astonishment and Power*, Washington, 1993

MACK, 1982 J. Mack, 'Material Culture and Ethnic Identity in Southeastern Sudan', in *Culture History in the Southern Sudan*, ed. J. Mack and P. Robertshaw, Nairobi, 1982, no. 8, pp. 111–30

MACK, 1986 J. Mack, *Madagascar: Island of the Ancestors*, London, 1986

MACK, 1990 J. Mack, *Emil Torday and the Art of the Congo, 1900–1909*, London, 1990

MACK and COOTE, in preparation J. Mack and J. Coote, 'East Africa: Domestic and other arts', in *The Dictionary of Art*, London, in preparation

MACK, SCHILDKROUT and KEIM, 1990 J. Mack, E. Schildkrout and C. A. Keim, *African Reflections: Art from Northeastern Zaire*, New York and Washington, 1990

McINTOSH and McINTOSH S. K. McIntosh and R. J. McIntosh, 'Current Directions in West African Prehistory', *Annual Review of Anthropology*, 12, pp. 215–58

McLEOD, 1981 M. McLeod, *The Asante*, London, 1981

McNAUGHTON, 1979 P. R. McNaughton, *Secret Sculptures of Komo: Art and Power in Bamana (Bambara) Initiation Associations*, Philadelphia, 1979

McNAUGHTON, 1982 P. R. McNaughton, 'Language, Art, Secrecy and Power: The Semantics of Dalilu', *Anthropological Linguisitics*, 24 (4), 1982, pp. 487–505

McNAUGHTON, 1988 P. R. McNaughton, *The Mande Blacksmiths: Knowledge, Power and Art in West Africa*, Bloomington, 1988

McNAUGHTON, 1991 P. McNaughton, 'Is there History in Horizontal Masks?: A Preliminary Response to the Dilemma of Form', *African Arts*, 24 (2), 1991, pp. 40–53, 88–9

McNAUGHTON, 1992 P. R. McNaughton, 'From Mande *Komo* to Jukun *Akuma*: Approaching the Difficult Question of History', *African Arts*, 25 (2), 1992, pp. 76–85, 99–100

McNAUGHTON, 1994 P. R. McNaughton, 'Antelope Headdress', in *Vision of Africa: The Jerome L. Joss Collection of African Art at UCLA*, ed. D. Ross, Los Angeles, 1994

MAES, 1929 J. Maes, *Les appuis-tête du Congo Belge*, Annales du Musée Royal du Congo Belge, ser. VI (i) 1, Tervuren, 1929

MAESEN, 1954 A. Maesen, 'Statuaire et culte de fécondité chez les Luluwa du Kasaï (Zaïre)', *Quaderni Poro*, 1954, 3, pp. 49–58

MAESEN, 1959 A. Maesen, *Arte del Congo*, Rome, 1959

MAESEN, 1960 A. Maesen, *Umbangu. Art du Congo au Musée de Tervuren*, Brussels, 1960

MAGGS, 1984 T. Maggs, 'The Iron Age South of the Zambezi', in *Southern African Prehistory and Palaeoenvironments*, ed. R G. Klein, Rotterdam, 1984, pp. 329–60

MAGGS, 1991 T. Maggs, 'Metalwork from Iron Age Hoards as a Record of Metal Production in the Natal Region', *South African Archaeological Bulletin*, 46, 1991, pp. 131–6

MAGGS and DAVISON, 1981 T. Maggs and P. Davison, 'The Lydenburg Heads and the Earliest African Sculpture South of the Equator', *African Arts*, 14 (2), 1981, pp. 28–33

MALEK, 1986 J. Malek, *In the Shadow of the Pyramids*, London, 1986

MALEK, 1993 J. Malek, *The Cat in Ancient Egypt*, London, 1993

MANSFELD, 1908 A. Mansfeld, *Urwald-Dokumente*, Berlin, 1908

MARCAIS, 1935–40 G. Marcais, 'Les figures d'hommes et de bêtes dans les bois sculptés d'époque Fatimite', *Mélanges Maspéro III (Orient Islamique)*, Cairo, 1935–40, pp. 240–57

MARCAIS, 1954 G. Marcais, *L'architecture musulmane d'occident*, Paris, 1954

MARCQ-EN-BAROEUL, 1977 *L'Égypte des pharaons*, Marcq-en-Baroeul, 1977

MARSEILLES, 1990 *L'Égypte des millénaires obscurs*, exh. cat., Musées de Marseille, Marseilles, 1990

MARSHALL, 1976 L. Marshall, *The !Kung of Nyae Nyae*, Cambridge, MA, 1976

MAUNY, 1961 R. Mauny, *Tableau géographique de l'ouest Africain au Moyen Âge*, Dakar, 1961

MAURER, n. d. E. M. Maurer, *The Intelligence of Forms: An Artist Collects African Art*, Minneapolis, n. d.

MAURER and ROBERTS, 1985 E. Maurer and A. F. Roberts, eds, *Tabwa. The Rising of a New Moon: A Century of Tabwa Art*, Ann Arbor, 1985

MAYES, 1959 S. Mayes, *The Great Belzoni*, London, 1959

MEAUZÉ, 1968 P. Meauzé, *African Art*, London, 1968

MEDHIN, 1980–2 T. W. Medhin, 'La préparation traditionelle des couleurs en Éthiopie', *Abbay*, 11, 1980–2, pp. 219–24

MEEK, 1931 C. K. Meek, *A Sudanese Kingdom: An Ethnographical Study of the Jukun-speaking Peoples of Nigeria*, London, 1931

MEILLASSOUX, 1975 C. Meillassoux, ed., *L'esclavage en Afrique précoloniale*, Paris, 1975

MENZEL, 1972 B. Menzel, *Textilien aus Westafrika*, Berlin, 1972

MERCIER, 1979 J. Mercier, *Ethiopian Magic Scrolls*, New York, 1979

MERLIN, 1910 A. Merlin, *Le sanctuaire de Baal et de Tanit près de Siagu*, Notes et Documents, iv, Paris, 1910

MERLO, 1966 C. Merlo, *Un chef-d'oeuvre d'art Nègre: Le buste de la Prêtresse*, Anvers-sur-Oise, 1966

METROPOLITAN MUSEUM OF ART, 1902 *Handbook no. 13, Musical Instruments of all Nations*, iii, New York, 1902

MEURANT, 1986 G. Meurant, *Shoowa motieven. Afrikaans textiel van het Kuba-rijk*, Brussels, 1986

MEYER, 1981 P. Meyer, *Kunst und Religion der Lobi*, Zurich, 1981

MICHALOWSKI, 1974 K. Michalowski, *Faras: Die Wandbilder in den Sammlungen des Nationalmuseums zu Warschau*, Warsaw and Dresden, 1974

MIDANT-REYNES, 1987 B. Midant-Reynes, 'Contribution à l'étude de la société prédynastique: Le cas du couteau "Ripple-Flake"', *Studien zur altägyptischen Kultur*, 14, 1987, pp. 185–224

MIDDLETON and KERSHAW, 1972 J. Middleton and G. Kershaw, *The Central Tribes of the North-Eastern Bantu*, London, 1972

MIGEON, 1907 G. Migeon, *Manuel d'art musulman*, Paris, 1907

MIGEON, 1927 G. Migeon, *Manuel d'art musulman*, Paris, 1927

MILLER and VAN DER MERWE, 1994 D. E. Miller and N. J. Van der Merwe, 'Early Metal Working in Sub-Saharan Africa: A Review of Recent Research', *Journal of African History*, 35, 1994, pp. 1–36

MILLS, 1982 A. J. Mills, *The Cemeteries of Qasr Ibrim*, London, 1982

MINISTÈRE DE L'ÉCONOMIE NATIONALE, 1958 Ministère de l'Économie Nationale, *L'Artisanat au Maroc*, Casablanca, 1958

MITCHELL, 1956 J. C. Mitchell, *The Yao Village: A Study in the Social Structure of a Nyasaland Tribe*, Manchester, 1956

MONNERET DE VILLARD, 1923 U. Monneret de Villard, *La scultura ad Ahnas: Note sull'origine dell'arte copta*, Milan, 1923

MONTET, 1960 P. Montet, *La nécropole royale de Tanis*, iii: *Les constructions et le tombeau de Chechanq II*, Paris, 1960

MOREAU, 1976 J. B. Moreau, *Les grands symboles méditerranéens de la poterie algérienne*, Algiers, 1976

MORRIS, 1988 D. Morris, 'Engraved in Place and Time: A Review of Variability in the Rock Art of the Northern Cape and Karoo', *South African Archaeological Bulletin*, 43, 1988, pp. 109–21

MORRIS, 1990 D. Morris, 'Sculptured Stone Heads from the Kimberley Area and the Western Orange Free State', in P. B. Beaumont and D. Morris, *Guide to Archaeological Sites in the Northern Cape*, Kimberley, 1990

MORRIS, 1994 D. Morris, 'An Ostrich Eggshell Cache from the Vaalbos National Park, Northern Cape', *Southern African Field Archaeology*, 3 (1), 1994, pp. 55–8

MORRIS and PRESTON-WHYTE, 1994 J. Morris and E. Preston-Whyte, *Speaking with Beads. Zulu Arts from Southern Africa*, London, 1994

MORTON-WILLIAMS, 1960 P. Morton-Williams, 'The Yoruba Ogboni Cult in Oyo', *Africa*, 30 (4), 1960, pp. 362–74

MOSCATI, 1973 S. Moscati, *The World of the Phoenicians*, trans. A. Hamilton, London, 1973 [*Il mondo dei Fenici*, 1966]

MOSTAFA, 1958 M. Mostafa, *Unity in Islamic Art*, Cairo, 1958

MOSTAFA, 1961 M. Mostafa, *The Museum of Islamic Art: A Short Guide*, Cairo, 1961

MOTA, 1960 T. da Mota, 'Descoberta de bronzes antigos na Guiné Portuguesa', *Boletim Cultural da Guiné Portuguesa*, 15, 1960, pp. 625–32

MOTA, 1965 T. da Mota, 'Bronzes antigos da Guiné', *Actas do Congresso Internasional de Etnografia*, 4, 1965, pp. 149–54

MOTA, 1975 A. T. Mota, 'Gli avori africani nella documentazione dei secoli XV–XVII', *Africa*, 30 (4), 1975, pp. 580–9

MURDOCK, 1959 G. P. Murdock, *Africa: Its Peoples and their Culture History*, New York, 1959

MURPHY, 1967[1] R. T. A. Murphy, 'Luke, Evangelist, St.', *New Catholic Encyclopedia*, viii, New York, 1967, pp. 1066–7

MURPHY, 1967[2] R. T. A. Murphy, 'Luke, Gospel according to St.', *New Catholic Encyclopedia*, viii, New York, 1967, pp. 1067–72

MURRAY, 1911 M. A. Murray, 'Figure Vases', in *Historical Studies, 1910*, British School of Archaeology in Egypt Studies, ii, London, 1911, pp. 40–6

MURRAY, 1941 K. C. Murray, 'Ogbom', *Nigerian Field*, 12 (2), 1941, pp. 127–31

MURRAY, 1946 K. C. Murray, 'The Wood Carvings of Oron. The Need for a Museum', *Nigeria Magazine*, 23, 1946, pp. 112–4

MURRAY, 1947 K. C. Murray, 'Ekpu: the ancestor figures of Oron, Southern Nigeria', *Burlington Magazine*, 89, 1947, pp. 310–4

MUSCARELLA, 1974 O. W. Muscarella, *Ancient Art: The Norbert Schimmel Collection*, Mainz, 1974

MUSÉE ROYAL DU CONGO BELGE, 1899 Musée royale du Congo Belge, *Annales*, i, 1899

MUSEUM RIETBERG, 1978 Museum Rietberg, *Afrikanische Skulpturen*, Zurich, 1978

NALDER, 1937 L. F. Nalder, *A Tribal Survey of Mongala Province*, London, 1937

NEAHER, 1976 N. C. Neaher, *Bronzes of Southern Nigeria and Igbo Metalsmithing Traditions*, diss., Stanford University, Stanford, 1976

NEAHER, 1981 N. Neaher, 'An Interpretation of Igbo Carved Doors', *African Arts*, 15 (1), 1981, pp. 49–55, 88

NEEDLER, 1984 W. Needler, *Predynastic and Archaic Egypt in the Brooklyn Museum*, New York, 1984

NESBITT, 1871 A. Nesbitt, *Catalogue of the Collection of Glass Formed by Felix Slade*, London, 1871

NESBITT, 1878[1] A. Nesbitt, *A Descriptive Catalogue of the Glass Vessels in the South Kensington Museum*, London, 1878

NESBITT, 1878[2] A. Nesbitt, *Glass*, London, 1878

NETTLETON, 1984 A. Nettleton, *The Traditional Figurative Woodcarving of the Shona and Venda*, diss., University of the Witwatersrand, Johannesburg, 1984

NETTLETON, 1985 A. Nettleton, *The Figurative Woodcarving of the Shona and Venda*, diss., University of the Witwatersrand, Johannesburg, 1985

NETTLETON, 1988 A. Nettleton, 'History and the Myth of Zulu Sculpture', *African Arts*, 21 (3) 1988, pp. 48–51

NETTLETON, 1989 A. Nettleton, 'The Not-so-new: "Transitional Art" in Historical Perspective', in *Diversity and Interaction: Proceedings of the Fifth Annual Conference of the South African Association of Art Historians*, Durban, 1989

NETTLETON, 1989[1] A. Nettleton, 'The Crocodile Does not Leave the Pool: Venda Court Arts', in *Art of Southern Africa: From Tradition to Township*, ed. A. Nettleton and D. W. Hammond-Tooke, Johannesburg, 1989, pp. 67–83

NETTLETON, 1989[2] A. Nettleton, 'Venda Art', in *Ten Years of Collecting: The Standard Bank Foundation Collection of African Art*, exh. cat., University of the Witwatersrand Art Galleries, Johannesburg, 1989, pp. 3–8

NETTLETON, 1990 A. Nettleton, '"Dream Machines": Southern African Headrests', *South African Journal of Art and Architectural History*, 1 (4), 1990, pp. 147–54

NETTLETON, 1991 A. Nettleton, 'Tradition, Authenticity, and Tourist Sculpture in 19th and 20th Century South Africa', in *Art and Ambiguity: Perspectives on the Brenthurst Collection of Southern African Art*, exh. cat., Johannesburg, 1991, pp. 32–7

NETTLETON, 1992 A. Nettleton, *Headrests of Southern, East and Central Africa*, report submitted to the CSD, Pretoria, 1992

NETTLETON and HAMMOND-TOOKE, 1989 A. Nettleton and D. Hammond-Tooke, eds, *Art of Southern Africa: From Tradition to Township*, Johannesburg, 1989

NEW YORK 1978 *Traditional Sculpture from Upper Volta*, exh. cat. by N. Skougstad, African-American Institute, New York, 1978

NEW YORK 1980 *Yoruba Beadwork. Art of Nigeria*, exh. cat. by John Pemberton III, introduction by W. B. Fagg, Pace Gallery, New York, 1980

NEW YORK 1988[1] *Art of the Dogon: Selections from the Lester Wunderman Collection*, exh. cat. by K. Ezra, The Metropolitan Museum of Art, New York, 1988

NEW YORK 1988[2] *Africa and the Renaissance: Art in Ivory*, exh. cat. by E. Bassani and W. B. Fagg, ed. S. Vogel, Center for African Art, New York, 1988

NEW YORK 1990 *Africa Explores: 20th Century African Art*, exh. cat. by S. Vogel and I. Ebong, Center for African Art, New York, 1990

NEYT, 1977 F. Neyt, *La grande statuaire hemba du Zaïre*, Louvain-la-Neuve, 1977, 2nd edn 1995

NEYT, 1979 F. Neyt, *L'Art Eket: Collection Azar*, Paris, 1979

NEYT, 1981 F. Neyt, *Arts traditionnels et histoire au Zaire. Cultures forestières et royaumes de la savane*, Louvain-le-Neuve, 1981

NEYT, 1985[1] F. Neyt, *The Arts of the Benue: to the Roots of Tradition*, 1985

NEYT, 1985[2] F. Neyt, 'Tabwa Sculpture and the Great Traditions of East-Central Africa', in E. M. Maurer and A. F. Roberts, *Tabwa, the Rising of a New Moon: A Century of Tabwa Art*, Seattle, 1985, pp. 65–89

NEYT, 1992 F. Neyt, 'Les masques tetela existent-ils?', in *Art tribal*, Geneva, 1992

NEYT, 1993 F. Neyt, *Luba. Aux sources du Zaire*, Paris, 1993

NEYT, 1994 F. Neyt, *Luba: To the Sources of the Zaire*, Paris, 1994

NEYT, 1995 F. Neyt, *La grande statuaire Hemba*, Louvain-la-Neuve, 1995

NEYT and STRYCKER, 1974 F. Neyt and L. de Strycker, *Approche des arts Hemba*, Villiers-le-Bel, 1974

NEYT and DE STRYCKER, 1975 F. Neyt and L. de Strycker, 'Approche des arts hemba', *Arts d'Afrique noire*, supp. to vol. 11, Villiers-le-Bel, 1975

NGALA, 1949 R. Ngala, *Nchi na Desturi za Wagiriama*, Nairobi, 1949

NICKLIN, 1974 K. Nicklin, 'Nigerian Skin-covered Masks', *African Arts*, 7 (3), 1974, pp. 8–15; 67–8

NICKLIN, 1977 K. Nicklin, *Guide to the National Museum, Oron*, Lagos, 1977

NICKLIN, 1979 K. Nicklin, 'Skin-covered masks of Cameroon', *African Arts*, 12 (1), 1979

NICKLIN, 1980[1] K. Nicklin, 'Archaeological Sites in the Cross River Region', *Nyame Akuma*, 16, 1980

NICKLIN, 1980[2] K. Nicklin, 'The Cross River Bronzes', in *The Art of Metal in Africa*, ed. M.-T. Brincard, New York, 1980, pp. 47–50

NICKLIN, 1981 K. Nicklin, 'Rape and restitution: the Cross River region considered', *Museum* (Unesco), 33 (4), 1981

NICKLIN, 1982 K. Nicklin, 'An anthropomorphic bronze from the Cross River region', *Tribal Art Bulletin: Musée Barbier-Mueller*, 16, 1982

NICKLIN, 1989 K. Nicklin, 'A Lower Niger Bronze Female Figure', in *Important Tribal Art*, London, 1989

NICKLIN, 1990 K. Nicklin, 'The epic of the Ekpu: ancestor figures of Oron, South East Nigeria', in *Politics of the Past*, ed. P. Gathercole and D. Lowenthal, London, 1990

NICKLIN, 1991[1] K. Nicklin, 'An Ejagham emblem of the Ekpe Society', *Tribal Art Bulletin: Barbier-Mueller Museum*, 1991

NICKLIN, 1992[2] K. Nicklin, 'Ekpe in the Rio del Rey', *Tribal Art Bulletin: Barbier-Mueller Museum*, Geneva, 1991

NICKLIN, 1993 K. Nicklin, 'Celui qui voulait être Dieu', *Arts d'Afrique Noire*, 85, 1993

NICKLIN, in preparation K. Nicklin, *Ekpu: The Oron Ancestor figures. Southeastern Nigeria*, in preparation

NICKLIN and FLEMING, 1980 K. Nicklin and S. J. Fleming, 'A bronze "Carnivore Skull" from Oron, Nigeria', *Museum of Applied Science Center for Archaeology Journal*, 1 (4), 1980

NICKLIN and SALMONS, 1978 K. Nicklin and J. Salmons, 'S. J. Akpan of Nigeria', *African Arts*, 11 (1), 1978

NICKLIN and SALMONS, 1984 K. Nicklin and J. Salmons, 'Cross River art styles', *African Arts*, 18 (1), 1984

NICKLIN and SALMONS, in preparation K. Nicklin and J. Salmons, 'Arts of Southeastern Nigeria', in *Arts of Nigeria*, ed. E. Eyo, in preparation

NICOLAISEN, 1963 J. Nicolaisen, *Ecology and Culture of the Pastoral Tuareg with Particular Reference to the Tuareg of Ahaggar and Ayr*, Copenhagen, 1963

NKETIA, 1963 J. H. K. Nketia, *Drumming in Akan Communities in Ghana*, London, 1963

NOOTER, 1984 N. I. Nooter, 'Zanzibar Doors', *African Arts*, 17 (4), 1984, pp. 34–39, 94

NOOTER, 1991 M. H. Nooter, *Luba Art and Statecraft: Creating Power in a Central African Kingdom*, diss., Columbia University, New York, 1991

NOOTER, 1994 N. I. Nooter, 'Ostafrikanische hochlehnige Hocker: Eine transkulterelle Tradition', in *Tanzania: Meisterwerke Afrikanischer Skulptur*, ed. J. Jahn, Munich, 1994

NORDSTRÖM, 1973 H. A. Nördstrom, *Neolithic and A-Group Sites*, Stockholm, 1973

NORTHERN, 1984 T. Northern, *The Art of Cameroon*, Washington, 1984

NOWACK, 1954 E. Nowack, *Land und Volk der Konso*, Bonn, 1954

NSUGBE, 1961 P. O. Nsugbe, 'Oron Ekpu figures', *Nigeria Magazine*, December 1961, pp. 357–65

OBAYEMI, 1974 A. M. U. Obayemi, 'Soundings in Culture History: The Evolution of the Culture and Institutions of the "Northern Yoruba, the Nupe and the Igala" before A.D. 1800', paper presented at the Niger-Benue Seminar, Ahmadu Bello University, 1974

OBERLE, n. d. P. Oberle, *Provinces Malgaches*, n. d.

O'CONNOR, 1993 D. O'Connor, *Ancient Nubia: Egypt's Rival in Africa*, Philadelphia, 1993

OGUNBA, 1964 O. Ogunba, 'Crowns and "Okute" at Idowa', *Nigeria*, 83, December 1964, pp. 249–61

OJO, 1973 J. R. O. Ojo, 'Ogboni Drums', *African Arts*, 6 (3), 1973, pp. 50–2, 84

OJO, 1978 J. R. O. Ojo, 'The symbolism and significance of Epa type masquerade headpieces', *Man*, 12, pp. 455–70

OLBRECHTS, 1946 F. M. Olbrechts, *Plastiek van Kongo*, Antwerp, 1946 [*Les arts plastiques du Congo belge*, Antwerp]

OLBRECHTS, 1947 F. Olbrechts, *Plastiek van Kongo*, Antwerp, 1974

OLIVER and CROWDER, 1981 R. Oliver and M. Crowder, *The Cambridge Encyclopedia of Africa*, Cambridge, 1981

ONABAJO, 1989 O. Onabajo, 'Esie Stone Sculpture: The State of the Research and Future Direction', paper presented at the Seminar on Material Culture, Monuments and Festivals in Kwara State, National Museum, Esie, Nigeria, 1989

O'NEILL, 1883–4 H. O'Neill, 'Journey from Mozambique to Lakes Shirwa and Amaramba', *Proceedings of the Royal Geographical Society*, 11, 1883–4, pp. 632–47

O'NEILL, 1885 H. O'Neill, 'Journey in the District West of Cape Delgado Bay', *Proceedings of the Royal Geographical Society*, 5, 1885, pp. 393–404

ORBELI, 1936 I. Orbeli, *Shahmatah*, Leningrad, 1936

OXFORD 1994 *Kuba Textiles*, exh. brochure by J. Coote and S. Mee, Pitt Rivers Museum, Oxford, 1994

PACCARD, 1980 A. Paccard, *Le Maroc et l'artisanat traditionnel islamique dans l'architecture*, Paris, 1980

PAGE, 1976 A. Page *Egyptian Sculpture in the Petrie Collection*, Warminster, 1976

PAGER, 1980 H. Pager, 'Felsbildforschung am Brandberg in Namibia', *Beiträge zur allgemeinen und vergleichenden Archaeologie*, 2, pp. 351–7

PANKHURST, 1990 R. Pankhurst, *A Social History of Ethiopia*, Addis Ababa, 1990

PANKHURST and INGRAMS, 1988 R. Pankhurst and L. Ingrams, *Ethiopia Engraved: An Illustrated Catalogue of Engravings by Foreign Travelers from 1681 to 1900*, New York, 1988

PAPSTEIN, 1994 R. Papstein, ed., *The History and Cultural Life of the Mbunda Speaking Peoples*, Lusaka, 1994

PÂQUES, 1954 V. Pâques, 'Bouffons sacrés du cercle de Bougouni (Soudan français)', *Journal de la Société des Africanistes*, 24, 1954, pp. 625–32

PARIS, 1925 A. Paris, *Documents d'architecture berbère sud de Marrakesh*, Paris, 1925

PARIS 1977 *Islam dans les collections nationales*, exh. cat., Grand Palais des Champs Elysées, Paris, 1977

PARIS 1982–3 *De Carthage à Kairouan: 2000 ans d'art et d'histoire en Tunisie*, exh. cat., Musée du Petit Palais, Paris, 1982–3

PARIS 1987 *Tanis: L'or des pharaons*, exh. cat., Galeries Nationales du Grand Palais, Paris, 1987

PARIS 1989[1] *Corps sculptés, corps parés, corps masqués: Chefs-d'oeuvre de Côte-d'Ivoire*, exh. cat., Galeries Nationales du Grand Palais, Paris, 1989

PARIS 1989[2] *Objets interdits*, exh. cat., Fondation Dapper, Musée Dapper, Paris, 1989

PARIS 1990 *De l'Empire romain aux villes impériales: 6000 ans d'art au Maroc*, exh. cat., Musée du Petit Palais, Paris, 1990

PARIS 1992–3 *Le roi Salomon et les maîtres du regard: Art et médecine en Éthiopie*, exh. cat. ed. J. Mercier and H. Marchal, Musées Nationaux/Musée National des Arts d'Afrique et d'Océanie, Paris, 1992

PARIS 1995 *Carthage: L'histoire, sa trace et son écho*, exh. cat., Musée du Petit Palais, Paris, 1995

PARIS and MILAN 1989–90 *L'Égypte copte en Égypte-Égypte: Chefs d'oeuvre de tous les temps*, exh. cat. ed. D. Benazeth and G. Gabra, Paris and Milan, 1989–90

PARIS et al. 1993–4 *Vallées du Niger*, exh. cat. ed. J. Devisse, Paris, 1993–4

PARTRIDGE, 1905 C. Partridge, *Cross River Natives*, London, 1905

PAUTY, 1931 E. Pauty, *Le bois sculpté jusqu'à l'époque Ayyoubide*, general cat., Museum of Islamic Art, Cairo, 1931

PAYNE, 1993 J. C. Payne, *Catalogue of the Predynastic Collection in the Ashmolean Museum*, Oxford, 1993

PEDLEY, 1980 J. G. Pedley, ed., *New Light on Ancient Carthage*, Ann Arbor, 1980

PEMBERTON, 1982 J. Pemberton, 'Shango Shrine Sculpture' and 'Figure with Bowl', in W. Fagg and J. Pemberton, *Yoruba, Sculpture of West Africa*, New York, 1982, pls 34, 53

PEMBERTON, 1989 J. Pemberton, 'The Oyo Empire', in H. J. Drewal, J. Pemberton and R. Abiodun, *Yoruba: Nine Centuries of African Art and Thought*, New York, 1989, pp. 146–87

PENNY, 1993 N. Penny, *The Materials of Sculpture*, New Haven and London, 1993

PERANI, 1977 J. Perani, *Nupe Crafts: The Dynamics of Change in Nineteenth and Twentieth Century Weaving and Brassworking*, diss., Indiana University, Bloomington, IN, 1977

PÈRE, 1988 M. Père, *Les Lobi: Tradition et changement: Burkina Faso*, 2 vols, Paris, 1988

PEREIRA, 1956 D. P. Pereira, *Esmeraldo du Situ Orbis. Côte occidentale d'Afrique du Sud Marocain au Gabon (1506–1508)*, trans. R. Mauny, Bissau, 1956

PERHAM, 1976 M. Perham, *East African Journey: Kenya and Tanganyika 1929–30*, London, 1976

PERICOT-GARCÍA et al., 1967 L. Pericot-García et al., *Prehistoric and Primitive Art*, New York, 1967

PERROIS, 1969[1] L. Perrois, *Gabon: culture et techniques*, general cat., Musée des Arts et Traditions de Libreville, Paris

PERROIS, 1969[2] L. Perrois, *Aspects de la sculpture traditionnelle du Gabon: Anthropos*, St-Augustin, ill., 1969

PERROIS, 1972 L. Perrois, *Statuaire fang*, Paris, 1972

PERROIS, 1977 L. Perrois, *Sculpture traditionelle du Gabon*, Paris, 1977

PERROIS, 1979 L. Perrois, *Arts du Gabon. Les arts plastiques du Bassin de l'Ogoue*, Paris 1979

PERROIS, 1985 L. Perrois, *Art ancestral du Gabon*, Geneva, 1985

PERROIS and DELAGE, 1990 L. Perrois and M. S. Delage, *Art of Equatorial Guinea. The Fang Tribes*, New York, 1990

PERSON, 1961 Y. Person, 'Les Kissi et leurs statuettes de pierre dans le cadre de l'histoire ouest-africaine', *Bulletin de l'Institut Français de l'Afrique Noire*, 23B, 1961, pp. 1–59

PETRIDIS, 1995 C. Petridis, *Trésors d'Afrique. Musée de Tervuren*, 1995, pp. 330–5

PETRIE, 1917 W. M. F. Petrie, *Tools and Weapons*, London, 1917

PETRIE, 1927 W. M. F. Petrie, *British School of Archaeology in Egypt: Objects of Daily Use*, London, 1927

PETRIE, 1939 W. M. F. Petrie, *The Making of Egypt*, London, 1939

PETRIE, 1953 W. M. F. Petrie, *Ceremonial Slate Palettes*, London, 1953

PETRIE, n. d. W. H. F. Petrie, MSS Notebook no. 137, n. d.

PETRIE and QUIBELL, 1896 W. M. F. Petrie and J. E. Quibell, *Naqada and Ballas 1895*, British School of Archaeology in Egypt, i, London, 1896

PHILLIPS, 1978 R. Phillips, 'Masking in Mende Sande Society Initiation Rituals', *Africa* (London), 48 (3), 1978, pp. 265–76

PICARD, 1964 G. C. Picard, *Carthage*, trans. M. and L. Kochan, London, 1964 [*Le Monde de Carthage*, 1956]

PICARD, 1965–6 G.-C. Picard, 'Sacra punica: Étude sur les masques et rasoirs de Carthage', *Karthago*, 13, 1965–6, pp. 1–115

PICARD and PICARD, 1968 G.-C. and C. Picard, *The Life and Death of Carthage*, trans. D. Collon, London, 1968 [*Vie et mort de Carthage*, 1968]

PICTON, 1992[1] J. Picton, 'Desperately seeking Africa, New York 1992', *Oxford Art Journal*, XV(2), 1992

PICTON, 1992[2] J. Picton, 'Technology, tradition and lurex', in *History, Design and Craft in West African Stripwoven Cloth*, Smithsonian Institution, Washington, 1992

PICTON, 1994[1] J. Picton, 'Art, identity and identification: a commentary on Yoruba art historical studies', in *The Yoruba Artist*, ed. H. J. Drewal, J. Pemberton III, Washington, 1994, pp. 1–34

PICTON, 1994[2] J. Picton, 'Sculptors of Opin', *African Arts*, 27 (3), pp. 46–59, pp. 101–2

PICTON, 1994[3] J. Picton, 'A tribute to William Fagg', *African Arts*, XXVII (3), 1994

PICTON, in preparation J. Picton, 'The horse and its rider in Yoruba art: images of conquest and possession', in *Cavalieri dell'Africa: Storia, Iconografia, Simbolismo*, Milan, in preparation

PICTON and MACK, 1979 J. Picton and J. Mack, *African Textiles*, London, 2nd edn, 1989

PINDER-WILSON, 1973 R. Pinder-Wilson with C. Brooke, 'The Reliquary of St. Petroc and the Ivories of Norman Sicily', *Archeologia* (Society of Antiquaries of London), 1973, pp. 168–243

PLASCHKE and ZIRNGIBL, 1992 D. Plaschke and M. Zirngibl, *African Shields: Graphic Art of the Black Continent*, Munich, 1992

POGGE, 1880 P. Pogge, *Im Reiche des Muata Jamvo*, Berlin, 1880

PORADA, 1980 E. Porada, 'A Lapis Lazuli Figurine from Hierakonpolis in Egypt', *Iranica Antiqua*, 15, 1980, pp. 175–81

PORTER and MOSS, 1964–81 B. Porter and R. Moss, eds, *Topographical Bibliography of Ancient Egyptian Hieroglyphic Texts, Reliefs and Paintings*, i (2), iii (1–2), Oxford, 1964–81

POSNANSKY and CHAPLIN, 1968 M. Posnansky and J. H. Chaplin, 'Terracotta Figures from Entebbe, Uganda', *Man*, 3 (4), 1968, pp. 644–50

POSSELT, 1924 W. Posselt, 'The Early Days of Mashonaland and a Visit to the Zimbabwe Ruins', *National Affairs Department Annual*, 2, 1924, pp. 70–6

POWELL-COTTON, 1904 P. H. G. Powell-Cotton, *In Unknown Africa*, London, 1904

POWER, 1951 J. H. Power, 'Two Sculptured Heads in the McGregor Museum, Kimberley', *South African Archaeological Bulletin*, 6, 1951, pp. 54–5

POYNER, 1978 R. Poyner, *The Ancestral Arts of Owo Nigeria*, diss., University of Indiana, Bloomington, IN, 1978

PRIDDY, 1970 A. J. Priddy, 'RS 63/32: An Iron Age Site near Yelwa, Sokoto Province: Preliminary Report', *West African Archaeological Newsletter*, 12, 1970, pp. 20–32

PRIESE, 1977 K.-H. Priese, 'Eine verschollene Bauinschrift des frühmeroitischen Königs Aktisanes (?) vom Gebel Barkal', in *Ägypten und Kusch*, Berlin, 1977, pp. 339 ff.

PRINS, 1965 A. H. J. Prins, 'A Carved Headrest of the Cushitic Boni: An Attempted Interpretation', *Man*, 221, 1965, pp. 189–91

PRUITT, 1973 W. Pruitt, *An Independent People: A History of the Sala Mpasu of Zaire and their Neighbours*, diss., Northwestern University, 1973

PRUSSIN, 1986 L. Prussin, *Hatumere. Islamic Design in West Africa*, Berkeley and London, 1986

PUCCIONI, 1936 N. Puccioni, *Antropologia e ethnografia della genti della Somalia*, Bologna, 1936 [English trans., 1960]

PULLINGER and KITCHIN, 1982 J. S. Pullinger and A. M. Kitchin, *Trees of Malawi: with some Shrubs and Climbers*, Malawi, 1982

QUAEGEBEUR, 1983 J. Quaegebeur, 'Trois statues de femme d'époque ptolémaïque', in *Artibus Aegypti: Studia in honorem Bernardi V. Bothmer a Collegis Amicis Discipulis Conscripta*, ed. H. De Meulenaere and L. Limme, Brussels, 1983, pp. 109–27

QUIBELL, 1900 J. F. Quibell, *Hierakonpolis*, i: *Plates of Discoveries in 1898*, London, 1900

QUIBELL, 1912 J. E. Quibell, 'Excavations at Saqqara', *The Monastery of Apa Jeremias*, Cairo, 1912

QUIBELL and GREEN, 1902 J. E. Quibell and F. W. Green, *Hierakonpolis*, ii, London, 1902

QUIRIN, 1979 J. Quirin, 'The Beta Israel (Falasha) and the Process of Occupational Caste Formation, 1270–1868', *Proceedings of the Fifth International Conference on Ethiopian Studies*, Chicago, 1979, pp. 133–43

QUIRKE and SPENCER, 1992 S. Quirke and J. Spencer, *The British Museum Book of Ancient Egypt*, London, 1992

RANDALL-MacIVER and MACE, 1902 D. Randall-MacIver and A. C. Mace, *El Amrah and Abydos*, London, 1902

RANGELEY, 1963 W. H. J. Rangeley, 'The Ayao', *Nyasaland Journal*, 16 (1), 1963, pp. 7–27

RANKE, 1980 H. Ranke, 'The Egyptian Collections of the University Museum', *University Museum Bulletin*, 15 (2–3), 1980, pp. 26, 30, fig. 14

RAUM, 1973 O. F. Raum, *The Social Functions of Avoidances and Taboos among the Zulu*, Berlin, 1973

RAVENHILL, 1980 P. Ravenhill, *Baule Statuary Art: Meaning and Modernization*, Philadelphia, 1980

RAVENHILL, 1992 P. L. Ravenhill, 'Preview: The Art of the Personal Object', *African Arts*, 25 (1), 1992, pp. 70–5

RAVENHILL, 1994 P. Ravenhill, *The Self and the Other: Personhood and Images among the Baule, Côte d'Ivoire*, Los Angeles, 1994

READ, 1902 C. H. Read, 'On a Saracenic Goblet of Enamelled Glass of Medieval Date', *Archaeologia*, 58 (1), 1902, pp. 217 ff.

REDINHA, 1953–5 J. Redinha, *Campanha Etnográfica ao Tchiboco (Alto-Tchicapa)*, i–ii, Lisbon, 1953–5

REEFE, 1977 T. Reefe, 'Lukasa: A Luba Memory Device', *African Arts*, 10 (4), 1977, pp. 48–50, 88

REEFE, 1981 T. Reefe, *The Rainbow and the Kings*, Berkeley, 1981

REEVES, 1985 C. N. Reeves, 'Tutankamuss and his Papyri', *Göttinger Miszellen*, 88, 1985

REEVES, 1990 C. N. Reeves, *Valley of the Kings: The Decline of a Necropolis*, London, 1990

REINISCH, 1865 S. Reinisch, *Die aegyptischen Denkmaeler in Miramar*, Vienna, 1865

REINOLD, 1987 J. Reinold, 'Rapports préliminaires des campagnes 1984–85 and 1985–6', *Archéologie du Nil Moyen*, 2, 17–67, 1987

REINOLD, 1991 J. Reinold, 'Néolithique soudanais: les coutumes funéraires', *Egypt and Africa*, ed. W. V. Davis, London, 1991, pp. 16–29

REINOLD, 1994 J. Reinold, 'Le Cimetière Néolithique KDK. 1 de Kadruka (Nubie Soudanaise)', in *Études Nubiennes*, ii, ed. C. Bonnet, Geneva, 1994, pp. 93–100

REISNER, 1915 G. A. Reisner, 'Accessions to the Egyptian Department during 1914', *Bulletin of the Museum of Fine Arts*, Boston, 13, 1915, p. 32, figs 10, 34

REISNER, 1923 G. A. Reisner, 'Excavations at Kerma. Parts I–III', *Harvard African Studies*, 5, Cambridge, MA, 1923

REISNER, 1931 G. A. Reisner, *Mycerinus: the Temple of the Third Pyramid at Giza*, Cambridge, MA, 1931

REVAULT et al., 1985–92 J. Revault et al., *Palais et demeures de Fès*, 3 vols, Paris, 1985–92

RICARD, 1927–34 P. Ricard, *Corpus des tapis marocaines*, 4 vols, Paris, 1927–34

RICARD, 1932 P. Ricard, *Les tapis marocains*, 1932

RICARD, 1934 P. Ricard, *Corpus des tapis marocains*, iv, Paris, 1934

RICARD, 1950 P. Ricard, 'Une lignée d'artisans: Les Ben Cherif de Fès', in *Hespèris*, 1950, pp. 41–8

RICHARDS, 1956 A. I. Richards, *Chisungu: A Girls' Initiation Ceremony among the Bemba of Northern Rhodesia*, London, 1956

RICHTER, 1980 D. Richter, *Economics and Change: The Kulebele of Northern Ivory Coast*, La Jolla, CA

RIEFENSTAHL, 1982 L. Riefenstahl, *Vanishing Africa*, New York, 1982 [trans. from German original by K. Talbot]

RIEFSTAHL, 1968 E. Riefstahl, *Ancient Egyptian Glass and Glazes in The Brooklyn Museum*, Wilbour Monographs, i, Brooklyn, 1968

ROBBINS and NOOTER, 1989 W. M. Robbins and N. I. Nooter, *African Art in American Collections*, Washington, 1989

ROBERT-CHALEIX, 1983 D. Robert-Chaleix, 'Céramiques découverts à Tegdaoust', in J. Devisse et al., *Tegdaoust III*, Paris, 1983, pp. 245–94

ROBERTS, 1985 A. F. Roberts, 'Social and Historical Contexts of Tabwa Art', in *The Rising of a New Moon: A Century of Tabwa Art*, ed. A. Roberts and E. M. Maurer, Seattle, 1985, pp. 1–48

ROBERTS, 1993 A. F. Roberts, 'Insight: or Not Seeing is Believing', in *Secrecy: African Art that Conceals and Reveals*, ed. M. H. Nooter, New York, 1993

ROBERTS, 1994[1] A. F. Roberts, 'Formenverwandtschaft: Ästhetische Berührungspunkte zwischen Völkern West-Tanzanias und Südost-Zaires/Usanifu sawa katiya watu wa Tanzania ya Magharibi na watu wa kusini mashariki ya Zaire/A Sharing of Forms: Æsthetic Commonalities among Peoples of Western Tanzania and Southeastern Zaire', in *Tanzania: Meisterwerke Afrikanischer Skulptur/Sanaa za Mabingwa wa Kiafrika*, ed. J. Jahn, Munich, 1994, pp. 350–70

ROBERTS, 1994[2] A. F. Roberts, ed., *Staffs of Life: Rods, Staffs, Scepters and Wands from the Coudron Collection of African Art*, Iowa City, 1994

ROBERTS, forthcoming A. F. Roberts, *Memory: Luba Art and the Making of History*, New York, forthcoming

ROBERTS, M. N., 1994 M. N. Roberts, 'Sculpted Narratives of Luba Staffs of Office', in *Staffs of Life*, ed. A. F. Roberts, Iowa City, 1994

ROBERTS and MAURER, 1985 A. Roberts and E. Maurer, eds, *The Rising of a New Moon: A Century of Tabwa Art*, Seattle and Ann Arbor, 1985

ROBINS, 1986 G. Robins, *Egyptian Painting and Relief*, Aylesbury, 1986

ROBINSON, 1959 K. R. Robinson, *Khami Ruins*, Cambridge, 1959

RODRIGUES de AREIA, 1985 M. L. Rodrigues de Areia, *Les symboles divinatoires. Analyse socio-culturelle d'une technique de divination des Cokwe de l'Angola (ngrombo ya cisuka)*, Coimbra, 1985

ROEDER, 1921 G. Roeder, 'Der Priester als Anubis an der Mumie', in *Alt-Hildesheim*, 3, Hildesheim, 1921, pp. 31–5

ROEDER and IPPEL, 1921 G. Roeder and A. Ippel, *Die Denkmäler des Pelizaeus-Museums zu Hildesheim*, Berlin and Hildesheim, 1921

ROEHRIG, 1992 C. H. Roehrig in *MMAB*, Spring 1992, pp. 32–3

ROLLEFSON, 1992 G. O. Rollefson, 'A Neolithic Game Board from Ain Ghazal, Jordan', *Bulletin of the American Schools of Oriental Research*, 286, 1992, pp. 1–6

ROSCOE, 1911 J. Roscoe, *The Baganda*, London, 1911

ROSCOE, 1923 J. Roscoe, *The Bakitara or Banyoro*, Cambridge, 1923

ROSENWALD, 1974 J. B. Rosenwald, 'Kuba king figures', *African Arts*, 7, pp. 26–31

ROSS, 1931 E. D. Ross, *The Art of Egypt through the Ages*, London, 1931

ROSS, 1988 D. H. Ross, 'Queen Victoria for Twenty-Five Pounds: The Iconography of a Breasted Drum from Southern Ghana', *Art Journal*, 47 (2), 1988, pp. 114–20

ROSS, 1989 D. H. Ross, 'Master Drums from Akan Popular Bands', in *Sounding Forms: African Musical Instruments*, exh. cat. by M.-T. Brincard, American Federation of Arts, Washington, 1989, pp. 78–81

ROSS, 1992 D. H. Ross, ed., *Elephant. The Animal and its Ivory in African Culture*, Los Angeles, 1992

ROUACH, 1989 D. Rouach, *Bijoux berbères au Maroc dans la tradition judéo-arabe*, Paris, 1989

ROUTLEDGE and ROUTLEDGE, 1968 U. S. Routledge and K. Routledge, *Vital and Prehistoric People: The Akikuyu of British East Africa*, London, 1968

ROUTLEDGE S. Routledge, *The Akikuyu*, London, 1910

ROY, 1987 C. Roy, *Art of the Upper Volta Rivers*, Paris, 1987

ROY, 1992 C. Roy, *Art and Life in Africa: Selections from the Stanley Collection, Exhibitions of 1985 and 1992*, Iowa City, 1992

RUBIN, 1969 A. Rubin, *The Arts of the Jukun-speaking Peoples of Northern Nigeria*, diss., Indiana University, Bloomington, 1969

RUBIN, 1973 A. Rubin, 'Bronzes of the Middle Benue', *West African Journal of Archaeology*, 3, 1973, pp. 221–31

RUBIN, 1982 A. Rubin, 'Bronzes of Northeastern Nigeria', in *The Art of Metal in Africa*, ed. M.-T. Brincard, New York, 1982, pp. 43–6

RUBIN, 1984[1] W. Rubin, ed., 'Modernist Primitivism', in *'Primitivism' in 20th Century Art*, i, 1984, pp. 1–79

RUBIN, 1984[2] W. Rubin, ed., *'Primitivism' in 20th Century Art*, New York, 1984

RUBIN and BERNS, in preparation A. Rubin and M. C. Berns, eds, *The Arts of the Benue River Valley*, Los Angeles, in preparation

RUDNER, 1971 J. Rudner, 'Ostrich Eggshell Flasks and Soapstone Objects from the Gordonia District, North-western Cape', *South African Archaeological Bulletin*, 26 (103–4), 1971, pp. 139–42

RUDNER, 1983 I. Rudner, 'Paints of the Khoisan Rock Artists', *South African Archaeological Society, Goodwin Series*, 4, 1983, pp. 14–20

RUEL, 1969 M. Ruel, *Leopards and Leaders: Constitutional Politics among a Cross River People*, London, 1969

RUSILLON, 1912 H. Rusillon, *Une culte dynastique avec évocation des morts chez les Sakalaves de Madagascar, 'le tromba'*, Paris, 1912

RUSSMANN, 1989 E. R. Russmann, *Egyptian Sculpture: Cairo and Luxor*, Austin, TX, 1989

RUSSMANN, 1994 E. R. Russmann, 'Relief Decoration in the Tomb of Mentuemhat (TT 34)', *Journal of the American Research Center in Egypt*, 31, 1994, pp. 1–19

RUSSMANN, 1995 E. R. Russmann, 'A Second Style in Egyptian Art of the Old Kingdom', *Mitteilungen des Deutschen Archäologischen Instituts, Abteilung Kairo*, 51, 1995, pp. 94–5

RÜTIMEYER, 1901 L. Rütimeyer, 'Über westafrikanische Steinidole', *Internationales Archiv für Ethnographie*, 14, 1901, pp. 195–205

RÜTIMEYER, 1908 L. Rütimeyer, 'Weitere Mitteilungen über westafrikanische Steinidole', *Internationales Archiv für Ethnographie*, 18, 1908, pp. 167–78

RYDER, 1964 A. F. C. Ryder, 'A Note on the Afro-Portuguese Ivories', *Journal of African History*, 5, 1964, pp. 363–5

RYDER, 1969 A. F. C. Ryder, *Benin and the Europeans*, London, 1969

SALEH and SOUROUZIAN, 1987 M. Saleh and H. Sourouzian, *Official Catalogue: The Egyptian Museum Cairo*, Mainz, 1987

SALMONS, 1980 J. Salmons, 'Funerary shrine cloths of the Annang Ibibio, South-east Nigeria', in *Textiles of Africa*, ed. K. G. Ponting and D. Idiens, Bath, 1980

SAMAIN, n. d. A. Samain, *La langue Kisonge*, Brussels, n. d.

SAMPSON, 1974 C. G. Sampson, *The Stone Age Archaeology of Southern Africa*, New York, 1974

SAN DIEGO 1992 *Reclusive Rebels: An Approach to the Sala Mpasu and their Masks*, exh. cat. by E. L. Cameron, San Diego Mesa College, San Diego, 1992

SAN FRANCISCO 1975 *Images for Eternity: Egyptian Art from Berkeley and Brooklyn*, exh. cat. by R. A. Fazzini, M. H. de Young Memorial Museum, San Francisco, 1975

SAN JUAN 1979 *Escultura del Antiguo Egipto del Museo de Brooklyn*, exh. cat. by R. S. Bianchi, Museo de la Fundación Arqueológica Anthropógica e Histórica, Puerto Rico, 1979

SARRE and TRENKWALD, 1926–7 F. Sarre and H. Trenkwald, *Old Oriental Carpets*, 2 vols, Leipzig and Vienna, 1926–7

SATZINGER, 1987 H. Satzinger, *Ägyptisch-Orientalische Sammlung: Kunsthistorisches Museum Wien*, Munich, 1987

SATZINGER, 1994 H. Satzinger, *Das Kunsthistorische Museum in Wien: Die Ägyptisch-Orientalische Sammlung*, Zaberns Bildbände zur Archäologie 14, Mainz, 1994

SATZINGER, in preparation H. Satzinger, 'Eine Pavianstatue mit Königsfigur (Wien ÄS Inv. -Nr. 5782)', *Beihefte, Studien zur altägyptischen Kultur/Acts of IVth International Congress of Egyptologists, Munich 1987*, in preparation

SÄVE-SÖDERBERGH, 1967–8 T. Säve-Södenbergh, 'Preliminary Report of the Scandinavian Joint Expedition, Archaeological Investigations between Faras and Gemmai – November 1963–March 1964', *Kush*, XV, 211–50

SCANZI, 1993 G. F. Scanzi, *L'art traditionnel Lobi*, Bergamo, 1993

SCANZI and DELCOURT, 1987 G. F. Scanzi and J.-P. Delcourt, *Potomo Waka*, Milan, 1987

SCHAEDLER, 1973 K. F. Schaedler, *African Art in Private German Collections*, Munich, 1973

SCHAEDLER, 1992 K. F. Schaedler, *Gods, Spirits, Ancestors: African Sculpture from Private German Collections*, Munich, 1992

SCHAEDLER, 1993 K. F. Schaedler, *Gods, Spirits, Ancestors – African Sculpture from Private German Collections*, Munich, 1993

SCHARFF, 1928 A. Scharff, 'Some Prehistoric Vases in the British Museum and Remarks on Egyptian History', *Journal of Egyptian Archaeology*, 14, 1928, pp. 261–76

SCHARFF, 1929 A. Scharff, *Die Altertümer der Vor- und Frühzeit Ägyptens*, ii, Staatliche Museen zu Berlin, Mitteilungen aus der Ägyptischen Sammlung 5, Berlin, 1929

SCHILDKROUT and KEIM, 1990 E. Schildkrout and C. A. Keim, *African Reflections: Art from Northeastern Zaire*, New York, Washington, 1990

SCHMALENBACH, 1953 W. Schmalenbach, *Die Kunst Afrikas*, Basle, 1953

SCHMALENBACH, 1988 W. Schmalenbach, *African Art from the Barbier-Mueller Collection, Geneva*, Munich, 1988

SCHMIDT, 1981 P. R. Schmidt, *The Origins of Iron Smelting in Africa: A Complex Technology in Tanzania*, Providence, RI, 1981

SCHMIDT, 1989 C. E. Schmidt, 'African Mbirea as Musical Icons', in *Sounding Forms: African Musical Instruments*, ed. M.-T. Brincard, New York, 1989, pp. 73–9

SCHMITZ, 1913 R. Schmitz, *Les Baholoholo*, Brussels, 1913

SCHMORANZ, 1899 G. Schmoranz, *Old Oriental Gilt and Enamelled Glass Vessels*, Vienna and London, 1899

SCHNEIDER, 1955 G. Schneider, 'Mambila Album', *Nigerian Field*, 20, 1955, pp. 112–32

SCHNEIDER, 1973 B. Schneider, 'Body Decoration in Mozambique', *African Arts*, 6 (2), 1973, pp. 26–31

SCHOEMAN, 1968[1] H. S. Schoeman, 'A preliminary report of traditional beadwork in the Mkhwanazi area of the Mtunzini district, Zululand', *African Studies*, 27 (2), 1968, pp. 57–82

SCHOEMAN, 1968[2] H. S. Schoeman, 'A preliminary report of traditional beadwork in the Mkhwanazi Area of the Mtunzini District, Zululand', *African Studies*, 27 (3), 1968, pp. 107–34

SCHOLFIELD, 1948 J. F. Scholfield, *Primitive Pottery: an Introduction to South African Ceramics, Prehistoric and Protohistoric*, Handbook Series No. 3, South African Archaeological Society, 1948

.SCHULZ, 1992 R. Schulz, *Die Entwicklung und Bedeutung des kuboiden Statuentypus: Eine Untersuchung zu den sogenannten 'Würfelhockern'*, 2 vols, Hildesheim, 1992

SCHUTT, 1881 O. H. Schutt, *Reisen im Sudwestlichen Becken des Congo*, Berlin, 1881

SCHWAB, 1947 G. Schwab, 'Tribes of the Liberian Hinterland', *Papers of the Peabody Museum*, Cambridge, MA, 31, 1947 [with contributions by G. Harley]

SCHWARTZ, 1971 A. Schwartz, *Tradition et changements dans la société Guéré*, Paris, 1971

SCHWARTZ, n. d. N. Schwartz, 'Mambilla – Art and Material Culture', *Milwaukee Public Museum/Publications in Primitive Art*, 4, n. d.

SCHWEEGER-HEFEL, 1981 A. Schweeger-Hefel, *Steinskulpturen der Nyonyose aus Ober-Volta*, Munich, 1981

SCHWEINFURTH, 1873 G. Schweinfurth, *Im Herzen von Afrika*, Leipzig, 1873 [also published in English]

SCHWEINFURTH, 1875 G. Schweinfurth, *Artes Africanae: Illustrations and Descriptions of Productions of the Industrial Arts of Central African Tribes*, Leipzig and London, 1875

SCHWEITZER, 1948 U. Schweitzer, *Löwe und Sphinx im Alten Ägypten*, Ägyptologische Forschungen, 15, Glückstadt and Hamburg, 1948

SEEBER, 1980 C. Seeber, 'Maske', in *Lexikon der Ägyptologie*, iii, Wiesbaden, 1980, pp. 1196–9

SEIDEL and WILDUNG, 1975 M. Seidel and D. Wildung, in *Das alte Ägypten: Propyläen Kunstgeschichte*, xv, ed. C. Vandersleyen, Berlin, 1975

SEIPEL, 1983 W. Seipel, *Bilder für die Ewigkeit: 3000 Jahre ägyptischer Kunst*, Heidelberg, 1983

SELIGMAN, 1911 C. G. Seligman, 'An Ausumgwa Drum', *Man*, 11, 1911, p. 7

SELIGMAN, 1917 C. G. Seligman, 'A Bongo Funerary Figure', *Man*, XVIII, 67

SELIGMAN, 1980 T. Seligman, 'Animism and Islam: A Mask from North-East Liberia', *Apollo*, 111 (216–7), 1980, pp. 63–5

SELIGMAN and SELIGMAN, 1932 C. G. and B. Seligman, *Pagan Tribes Of The Nilotic Sudan*, London, 1932

SETTGAST and GEHRIG, 1978 J. Settgast and U. Gehrig, *Von Troja bis Amarna: The Norbert Schimmel Collection, New York*, Mainz, 1978

SHACK, 1966 W. A. Shack, *The Gurage: A People of the Ensete Culture*, London, 1966

SHACK, 1972 W. A. Shack, *The Central Ethiopians: Amhara, Tigrina and Related Peoples*, London, 1972

SHAW, 1935 M. Shaw, 'Some native snuff-boxes in the South African Museum', *Annals of the South African Museum*, 24 (3), 1935, pp. 141–62, pls 24–31

SHAW, 1938 M. Shaw, 'Native pipes and smoking in South Africa', *Annals of the South African Museum*, 24, 1938, pp. 277–302, pls 86–99

SHAW, 1970 T. Shaw, *Igbo-Ukwu: An Account of Archaeological Discoveries in Eastern Nigeria*, London, 1970

SHAW, 1973 T. Shaw, 'Note on trade and the Tsoede bronzes', *West African Journal of Archaeology*, 3, pp. 233–8

SHAW, 1975 T. Shaw, 'Those Igbo-Ukwu Radiocarbon Dates: Facts, Fictions and Probabilities', *Journal of African History*, 16 (4), 1975, pp. 503–17

SHAW, 1977 T. Shaw, *Unearthing Igbo-Ukwu*, Ibadan, 1977

SHAW, 1978 T. Shaw, *Nigeria*, London, 1978

SHAW, 1990 R. Shaw, *Early Pastoralists of South-Western Kenya*, Nairobi, 1990

SHAW T. Shaw, 'The Nok Sculptures of Nigeria', *Scientific American*, 244 (2), pp. 154–66

SHAW et al., 1993 T. Shaw, P. Sinclair, B. Andah, A. Okpoko, eds, *The Archaeology of Africa*, London, 1993

SHAW and VAN WARMELO, 1988 E. M. Shaw and N. J. Van Warmelo, 'The Material Culture of the Cape Nguni', *Annals of the South African Museum*, 58 (4), 1988, pp. 447–949

SIEBER, 1958 R. Sieber, unpublished field photographs, K2–4, 5, 1958

SIEBER, 1961 R. Sieber, *Sculpture of Northern Nigeria*, New York, 1961

SIEBER, 1972[1] R. Sieber, 'Kwahu Terracottas: Oral Traditions and Ghanaian History', *African Art and Leadership*, ed. D. Fraser and H. Cole, Madison, 1972, pp. 173–83

SIEBER, 1972[2] R. Sieber, *African Textiles and Decorative Arts*, New York, 1972

SIEBER, 1980 R. Sieber, *African Furniture and Household Objects*, Bloomington, 1980

SIEBER and VERVERS, 1974 R. Sieber and T. Ververs, *Interaction: The Art Styles of the Benue River Valley and East Nigeria*, Indianapolis, 1974

SIEBER and WALKER, 1987 R. Sieber and R. A. Walker, *African Art in the Cycle of Life*, Washington, 1987

SIEBER, NEWTON and COE, 1986 R. Sieber, D. Newton and M. D. Coe, *African Pacific and Pre-Columbian Art in the Indiana University Art Museum*, Indianapolis, 1986

SIEGEL, 1977 R. K. Siegel, 'Hallucinations', *Scientific American*, 237, 1977, pp. 132–40

SIEGMANN, 1995 W. Siegmann, verbal communication to M. J. Adams, 7 April 1995

SIGOLI, 1948 S. Sigoli, 'Pilgrimage of Simone Sigoli to the Holy Land', trans. T. Bellorini and E. Hoade, in *Publication of the Studium Biblicum Franciscanum*, 6, 1948, pp. 157–201

SIJELMASSI, 1986 M. Sijelmassi, *Les arts traditionnels au Maroc*, Paris, 1986

SILVERMAN, 1983 R. A. Silverman, 'Akan Kuduo: Form and Function', in *Akan Transformations: Problem in Ghanaian Art History*, Los Angeles, 1983, pp. 10–29

SIMPSON, 1977 W. K. Simpson, *The Face of Egypt: Permanence and Change in Egyptian Art*, Katonah, 1977

SMITH, 1949 W. S. Smith, *A History of Egyptian Sculpture and Painting in the Old Kingdom*, Boston, 1949

SMITH, 1981 W. S. Smith, *The Art and Architecture of Ancient Egypt*, rev. with additions by W. K. Simpson, Harmondsworth and New York, 1981

SNOEK, 1981 M. A. Snoek, *Les arts décoratifs Mangbetu: Negwe et Roko*, Brussels, 1981

SÖDERBERG, 1975 B. Söderberg, 'Les figures d'ancêtres chez les Babembe', *Arts d'Afrique Noire*, 13–14, 1975, pp. 14–37

SOURDEL-THOMINE and SPULER, 1973 J. Sourdel-Thomine and B. Spuler, *Die Kunst des Islam*, Berlin, 1973

SOUROUZIAN, 1991 H. Sourouzian, 'A Bust of Amenophis II at the Kimbell Art Museum', *Journal of the American Research Centre in Egypt*, 28, 1991, pp. 55–74

SOUVILLE, 1973 G. Souville, *Atlas préhistorique du Maroc*, i: *Maroc Atlantique*, Paris, 1973

SPEKE, 1863 J. H. Speke, *Journal of the Discovery of the Source of the Nile*, Edinburgh, 1863

SPENCER, 1980 A. J. Spencer, *Catalogue of Egyptian Antiquities in the British Museum*, V: *Early Dynastic Objects*, London, 1980

SPENCER, 1993 A. J. Spencer, *Early Egypt: The Rise of Civilization in the Nile Valley*, London, 1993

SPEYER et al. 1993–4 *Götter, Menschen, Pharaonen/Dioses, Hombres, Faraones/ Das Vermächtnis der Pharaonen*, exh. cat. ed. W. Seipel, Kunsthistorisches Museum, Vienna, 1993–4

SPRING, 1993 C. Spring, *African Arms and Armour*, London, 1993

STAGER, 1980 L. E. Stager, 'The rite of child sacrifice at Carthage', in *New Light on Ancient Carthage*, ed. J. G. Pedley, Ann Arbor, 1980, pp. 1–11

STAHL, 1986 A. Stahl, 'Early food production in West Africa: Rethinking the role of the Kintampo culture', *Current Anthropology*, 27, 1986

STANLEY, 1878 H. M. Stanley, *Through the Dark Continent*, 2 vols, London, 1878

STANNUS, 1922 H. S. Stannus, 'The Wayao of Nyasaland', *Varia Africana III, Harvard African Studies, the African Department of the Peabody Museum of Harvard University*, 3, 1922, pp. 229–372

STAYT, 1931 H. A. Stayt, *The Bavenda*, Oxford, 1931

STEVENS, 1978 P. J. Stevens, *The Stone Images of Esie, Nigeria*, Ibadan, 1978

STOCKHOLM 1961 *5000 år egyptisk konst*, exh. cat., National Museum of Ethnology, Stockholm, 1961

STÖRK, 1984 Contribution to *Lexikon der Ägyptologie*, Wiesbaden, 1984, pp. 257–63

STOSSEL, 1981 A. Stossel, *Nupe Kakanda Basa-Nge*, Munich, 1981

STRITZL, 1971 A. Stritzl, *Raffiaplüsche aus dem Königreich Kongo* [with English summary], Vienna, 1971

STRZYGOWSKI, 1904 J. Strzygowski, *Koptische Kunst*, Vienna, 1904

STUART and MALCOLM, 1969 J. Stuart and D. Malcolm, eds, *The Diary of Henry Francis Fynn*, Pietermaritzburg, 1969

STUHLMANN, 1910 F. Stuhlmann, *Handwerk und Industrie in Ostafrika*, Hamburg, 1910

STUTTGART 1973 *Religiöse Kunst Äthiopiens – Religious Art of Ethiopia*, exh. cat., Institut für Auslandsbeziehungen, Stuttgart, 1973

STUTTGART 1984 *Osiris, Kreuz und Halbmond: Die drei Religionen Ägyptens*, exh. cat. ed. E. Brunner-Traut and H. Brunner, Stuttgart Landesmuseum, Mainz-am-Rhein, 1984

SUGIER, 1968 C. L. Sugier, 'Les bijoux de la mariée à Moknine', *Cahiers des A. T. P.*, Tunis, 1968, p. 151

SUGIER, 1977 C. L. Sugier, *Bijoux tunisiens: Formes et symboles*, Tunis, 1977

SUMMERS, 1949 R. Summers, 'An Ancient Ivory Figurine from Khami Ruins', *Man*, 49, 1949, p. 96

SUMMERS, 1961[1] R. Summers, 'Excavations in the Great Enclosure', *Occasional Papers of the National Museums of Southern Rhodesia*, 3 (23A), 1961, pp. 236–88

SUMMERS, 1961[2] R. Summers, 'The Zimbabwe Bird', *Rhodesian Countryman*, 1(3), 1961, pp. 2–4

SUMMERS, 1963 R. Summers, *Zimbabwe: A Rhodesian Mystery*, Cape Town, 1963

SUTTON, 1982 J. E. G. Sutton, 'Archaeology in West Africa: A review of recent work and a further list of radiocarbon dates', *Journal of African History*, 23 (3), 1982, pp. 291–313

SWANN, 1910 A. Swann, *Fighting the Slave Hunters in Central Africa*, London, 1910

SWANTZ, 1970 A. Swantz, *Ritual and Symbol in Transitional Zaramo Society*, Uppsala, 1970

SWEENEY, 1993 D. Sweeney, 'Egyptian Masks in Motion', in *Göttinger Miszellen*, 135, 1993, pp. 101–4

SYDOW, 1926 E. von Sydow, *Kunst und Religion der Naturvölker*, Oldenburg, 1926

SYDOW, 1954 E. von Sydow, *Afrikanische Plastik*, Berlin, 1954

SZABO and BUTZER, 1979 B. J. Szabo and K. W. Butzer, 'Uranium series dating of lacustrine limestones from pan deposits with Final Acheulean assemblage at Rooidam, Kimberley District, South Africa', *Quaternary Research*, 11, 1979, pp. 257–60

TAGLIAFERRI, 1989 A. Tagliaferri, *Stili del potere*, Milan, 1989

TAGLIAFERRI and HAMMACHER, 1974 A. Tagliaferri and A. Hammacher, *Fabulous Ancestors*, New York, 1974

TAIT, 1979 H. Tait, ed., *The Golden Age of Venetian Glass*, London, 1979

TALBOT, 1912 P. A. Talbot, *In the Shadow of the Bush*, London, 1912

TALBOT, 1923 P. A. Talbot, *Life in Southern Nigeria*, 4 vols, London, 1923

TAMARI, 1991 T. Tamari, 'The Development of Caste Systems in West Africa', *Journal of African History*, 32 (2), 1991, pp. 221–50,

TAYLOR, 1978 M. Taylor, *The Lewis Chessmen*, London, 1978

TAYLOR, 1991 J. H. Taylor, *Egypt and Nubia*, London, 1991

TERRACE, 1968 E. Terrace, *Connoisseur*, September 1969, pp. 49–56

TERRASSE, 1938 H. Terrasse, *Kasbas berbères de l'Atlas et des oasis*, Paris, 1938

TERVUREN 1995 *Treasures from the Africa-Museum*, exh. cat., Royal Museum for Central Africa, Tervuren, 1995

TESSMANN, 1913 G. Tessmann, *Die Pangwe*, 2 vols, Berlin, 1913

TEW, 1950 M. Tew, *Peoples of the Lake Nyasa Region*, London, 1950

THACKERAY, 1983 A. I. Thackeray, 'Dating the Rock Art of Southern Africa', *South African Archaeological Society, Goodwin Series*, 4, 1983, pp. 21–6

THIEL and HELF, 1984 J. F. Thiel and H. Helf, *Christliche Kunst in Afrika*, Berlin, 1984

THOMPSON, 1852 G. Thompson, *Thompson in Africa*, New York, 1852

THOMPSON, 1970 R. F. Thompson, 'The Sign of the Divine King: An Essay on Yoruba Bead Embroidered Crowns with Veil and Bird Decoration', *African Arts*, 3 (3), 1970, pp. 8–17, 74–80

THOMPSON, 1971 R. F. Thompson, *Black Gods and Kings: Yoruba Art at UCLA*, Los Angeles, 1971

THOMPSON, 1981 R. F. Thompson, 'Headdress', in *For Spirits and Kings. African Art from the Paul and Ruth Tishman Collection*, ed. S. Vogel, New York, 1981

THOMPSON, 1983 R. F. Thompson, *Flash of the Spirit. African and Afro-American Art and Philosophy*, New York, 1983

THOMPSON and BAHUCHET, 1991 R. F. Thompson and S. Bahuchet, *Pygmées? Peintures sur écorce battue des Mbuti (Haut-Zaire)*, Paris, 1991

THOMPSON and CORNET, 1981 R. F. Thompson and J. Cornet, *The Four Moments of the Sun: Kongo Art in two Worlds*, Washington, 1981

THOMPSON and MEURANT, forthcoming R. F. Thompson and G. Meurant, *Mbuti Design: Painting by Women of the Ituri Forest*, London, forthcoming

THORNTON, 1980 R. J. Thornton, *Space, Time and Culture among the Iraqw of Tanzania*, New York, 1980

TOKYO et al., 1983–4 *Neferut net Kemit: Egyptian Art from The Brooklyn Museum*, exh. cat. by R. A. Fazzini et al., Isetan Museum of Art et al., 1983–4

TORDAY, 1925 E. Torday, *On the Trail of the Bushongo*, Philadelphia, 1925

TORDAY and JOYCE, 1910 E. Torday and T. A. Joyce, *Notes ethnographiques sur les peuples communément appelés Bakuba ainsi que les peuplades apparentées: les Bushongo*, Brussels, 1910

TORDAY and JOYCE, 1922 E. Torday and T. A. Joyce, *Notes ethnographiques sur les peuplades habitant les bassins du Kasaï et du Kwango oriental: peuplades de la forêt, peuplades des prairies*, Tervuren, 1922

TORNAY, 1975 S. Tornay, 'La culture matérielle Nyangatom', *Ethiopie d'aujourd'hui*, Paris, 1975

TÖRÖK, 1970 L. Török, 'On the Chronology of the Ahnas Sculpture', *Acta Archaeologica Academiae Scientiarum Hungaricae*, 22, Budapest, 1970

TÖRÖK, 1988 L. Török, *Late Antique Nubia*, Budapest, 1988

TÖRÖK, 1995 L. Török, *The Birth of An Ancient African Kingdom: Kush and her Myth of the State in the First Millennium BC*, Lille, 1995

TÖRÖK, in preparation L. Török, *Meroe City: an Ancient African Capital. John Garstang's Excavations in the Sudan*, London, in preparation

TOWNSHEND, 1992 P. Townshend, 'Bao (Mankala): The Swahili Ethic in African Idiom', *Paideuma*, 28, 1992, pp. 175–91

TRADESCANT, 1656 J. Tradescant, *Museum Tradescantianum, Or a Collection of Rarities Preserved at South-Lambeth near London by John Tradescant*, London, 1656 [*The Tradescant Collection*, facs. repr., London, 1980]

TRAORE, 1965 D. Traore, *Comment le noir se soigne-t-il? Ou médecine et magie africaines*, Paris, 1965

TRIESTE 1986 *Massimiliano: Da Trieste al Messico*, exh. cat. ed. L. R. Loseri, Trieste, 1986

TRIMINGHAM, 1952 J. S. Trimingham, *Islam in Ethiopia*, Oxford, 1952

TRIST and MIDDLETON, 1887 J. W. Trist and J. H. Middleton, in *Proceedings of the Society of Antiquaries*, 2nd ser., 11, 1887, pp. 333–5

TROUGHEAR, 1987 A. Troughear, 'Kamba Carving: Art or Industry?', *Kenya Past and Present*, 19, 1987, pp. 15–23

TROWELL, 1941 M. Trowell, 'Some Royal Craftsmen of Buganda', *Uganda Journal*, 8 (2), 1941, pp. 47–64

TROWELL, 1960 M. Trowell, *African Design*, London, 1960

TROWELL and WACHSMANN, 1953 M. Trowell and K. P. Wachsmann, *Tribal Crafts of Uganda*, Oxford, 1953

TSCHUDI, 1969–70 J. Tschudi, 'The Social Life of the Afo, Hill Country of Nasarawa, Nigeria', *African Notes*, 6 (1), 1969–70, pp. 87–99

TUNIS, 1978 I. Tunis, 'The Enigmatic Lady', *Baessler-Archiv*, xxvi, 1978, pp. 57–89

TUNIS, 1983 I. Tunis, 'A Note on Benin Plaque Termination Dates', *Tribus*, 32, 1983, pp. 45–53

TURNER, 1955 V. W. Turner, 'A Lunda love story and its consequences: selected texts from traditions collected by H. Dias de Carvalho at the court of Mwatianvwa in 1887', *Rhodes-Livingstone Journal*, 19, 1955, pp. 1–26

TYRRELL, 1968 B. Tyrrell, *Tribal Peoples of Southern Africa*, Cape Town, 1968

UCKO, 1965 P. J. Ucko, 'Anthropomorphic Ivory Figurines from Egypt', *Journal of the Royal Anthropological Institute*, 95, 1965, pp. 214–39

UCKO, 1968 F. J. Ucko, *Anthropomorphic Figurines of Predynastic Egypt and Neolithic Crete with Comparative Material from the Prehistoric Near East and Mainland Greece*, Royal Anthropological Institute Occasional Paper 24, London, 1968

UCKO, 1970 P. J. Ucko, 'Penis Sheaths: A Comparative Study. The Curl Lecture 1969', *Proceedings of the Royal Anthropological Scoiety 1969*, London, 1970, pp. 27–67

UCKO and HODGES, 1963 P. Ucko and H. W. M. Hodges, 'Some Predynastic Egyptian Figures, Problems of Authenticity', *Journal of the Warburg and Courtauld Institutes*, 26, 1963

ULLENDORFF, 1968 E. Ullendorff, *Ethiopia and the Bible: The Schweich Lectures*, Oxford, 1968

UNDERWOOD, 1947 L. Underwood, *Figures in Wood of West Africa*, London, 1947

UNDERWOOD, 1952 L. Underwood, *Masks of West Africa*, London, 1952

UNIVERSITÉ DE MADAGASCAR, 1963 Université de Madagascar, *Art Sakalava*, Antananarivo, 1963

URBAIN-FAUBLÉE, 1963 M. Urbain-Faublée, *L'art malagache*, Paris, 1963

URVOY, 1955 Y. Urvoy, *L'art dans le territoire du Niger. Études nigériennes*, xi, Niamey, 1955

VAJDA, 1955 L. Vajda, 'Human and Animal Plastic Figures from the Kilimanjaro Region', *Neprajzi eretesitc*, 37, 1955, pp. 181–90

VALLOGGIA, 1980 M. Valloggia, 'Deux objets thériomorphes découverts dans le mastaba V de Balat', *Livre du centenaire de l'Institut français d'archéologie orientale*, *Mémoires de l'Institut Français d'Archéologie Orientale du Caire*, 114, 1980, pp. 143–51, pls. xi–xviii

VAN BEEK, 1988 W. E. A. van Beek, 'Functions of Sculpture in Dogon Religion', *African Arts*, 21 (4) 1988, pp. 58–65, 91

VAN BEEK, 1990 W. E. A. van Beek, 'Enter the Bush: A Dogon Mask Festival', in *Africa Explores: 20th Century African Art*, exh. cat. by S. Vogel and I. Ebong, Center for African Art, New York, 1990, pp. 56–73

VAN BEEK, 1991 W. E. A. van Beek, *Dogon Restudied: A Field Evaluation of the Work of Marcel Griaule*, 1991

VAN BRAECKEL, 1993 H. van Braeckel, 'Versieringstechnieken op Kuba-textiel', in *African Majesty*, exh. cat., Antwerp, 1993, pp. 20–39

VAN DAMME, 1987 A. van Damme, *De Maskensculptuur binnen het Poro-Genootschap van de Loma*, Ghent, 1987

VAN GENNEP, 1911 A. van Gennep, *Études d'Éthnographie algérienne*, Paris, 1911

VAN NOTEN, 1972 F. van Noten, 'La plus ancienne sculpture sur bois de l'Afrique centrale?', *Africa-Tervuren*, 18, 1972, pp. 133–6

VAN WARMELO, 1932 N. J. van Warmelo, *Contributions towards Venda History, Religion and Tribal Ritual*, Pretoria, 1932

VAN WARMELO, 1940 N. J. van Warmelo, *The Copper Miners of Musina and the Early History of the Zoutpansberg*, Pretoria, 1940

VAN WARMELO, 1971 N. J. van Warmelo, 'Courts and Court Speech in Venda', *African Studies*, 30 (3), 1971, pp. 355–70

VANDENHOUTE, 1948 P. Vandenhoute, *Classification stylistique du masque Dan et du masque Guéré de la Côte d'Ivoire, A. O. F.*, Medelingen van het Rijksmuseum voor Volkenkunde, Leiden, no. 4, 1948

VANDERSLEYEN, 1975 C. Vandersleyen, ed, *Das alte Ägypten: Propyläen Kunstgeschichte*, xv, Berlin, 1975, p. 223, pl. 1302

VANDIER, 1952 J. Vandier, *Manuel d'archéologie égyptienne*, i: *Les époques de formation: Les trois premières dynasties*, Paris, 1952

VANDIER, 1958 J. Vandier, *Manuel d'archéologie egyptienne*, iii: *Les grandes époques: La statuaire*, Paris, 1958

VANLATHEM, 1983 M.-P. Vanlathem, *Cercueils et momies de l'Égypte Ancienne*, Brussels, 1983

VANSINA, 1955 J. Vansina, 'Initiation Rituals of the Bushong', *Africa*, 25, pp. 138–53

VANSINA, 1964 J. Vansina, 'Les noms personnels et structure sociale chez les Tyo (Téké)', *BSARSOM*, 4, 1964, pp. 794–804

VANSINA, 1966 J. Vansina, *Introduction à l'ethnographie du Congo*, Kinshasa, 1966

VANSINA, 1968 'Kuba Art in its Cultural Contexts', *African Forum*, 3, 4, pp. 12–27

VANSINA, 1973 J. Vansina, *The Tio Kingdom of the Middle Congo, 1880–1892*, London, 1973

VANSINA, 1978 J. Vansina, *The Children of Woot, A History of the Kuba Peoples*, Madison, 1978

VANSINA, 1984 J. Vansina, *Art History in Africa*, Harlow, 1984

VANSINA, 1990 J. Vansina, *Paths in the Rainforest*, Madison, 1990

VASSILIKA, 1995 E. Vassilika, *Egyptian Art*, Cambridge, 1995

VENICE 1988 *The Phoenicians*, exh. cat. ed. S. Moscati, Palazzo Grassi, Venice; Milan, 1988

VENICE 1993–4 *Eredità dell'Islam: Arte Islamica in Italia*, exh. cat. ed. G. Curatola, Doge's Palace, Venice, 1993–4; Milan, 1993

VERGER-FÈVRE, 1980 M. N. Verger-Fèvre, *Masques faciales de l'ouest de la Côte d'Ivoire dans les collections publiques françaises*, ii, Mémoire École du Louvre, Paris, 1980

VERGER-FÈVRE, 1989 M. N. Verger-Fèvre, 'Dan', in *Corps sculptés, corps parés, corps masqués*, ed. E. Féau and Y. Savané, Paris, 1989

VERGER-FÈVRE, 1995 M. N. Verger-Fèvre, letter to M. J. Adams, 25 April 1995

VERGIAT, 1936 A. M. Vergiat, *Les rites secrets des primitifs de l'Oubangui*, Paris, 1936

VEVEY 1969 *Die Kunst der Elfenbeinküste*, exh. cat., Musée des Beaux-Arts, Vevey, 1969

VIAL, 1980 G. Vial, *Ceintures marocaines du 16ème au 19ème siècle*, exh. cat., Bern Riggisberg, 1980

VIENNA et al. 1961 *5000 Jahre Ägyptische Kunst*, exh. cat. ed. Egon Komorzynski et al., Kunsthistorisches Museum, Vienna, 1961

VIENNA 1992 *Gott. Mensch. Pharao: Viertausend Jahre Menschenbild in der Skulptur des alten Ägypten*, exh. cat. by W. Seipel et al., Kunsthistorisches Museum, Vienna, 1992

VIENNA 1994 *Pharaonen und Fremde: Dynastien im Dunkel*, exh. cat. by S. Quirke, Historisches Museum, Vienna, 1994

VIENNA MUSEUM GUIDE, 1988 *see* Kunsthistorisches Museum, 1988

VINNICOMBE, 1976 P. Vinnicombe, *People of the Eland: Rock Paintings of the Drakensberg Bushmen as a Reflection of their Life and Thought*, Pietermaritzburg, 1976

VINSON, 1994 S. Vinson, *Egyptian Boats and Ships*, Princes Risborough, 1994

VISONA, 1983 M. Visona, *Art and Authority among the Ayke of the Ivory Coast*, diss., University of California, Santa Barbara, 1983

VOGEL, 1920 S. Vogel, *Soieries marocaines*, Paris, 1920

VOGEL, 1977 S. Vogel, *Baule Art as the Expression of a World View*, Ann Arbor, 1977

VOGEL, 1980[1] S. Vogel, *Beauty in the Eyes of the Baule*, Philadelphia, 1980

VOGEL, 1980[2] S. Vogel, 'The Buli Master and Other Hands', *Art in America*, 68 (5), 1980, pp. 133–42

VOGEL, 1981 S. Vogel, ed., *For Spirits and Kings: African Art from the Paul and Ruth Tishman Collection*, New York, 1981

VOGEL, 1983 S. Vogel, 'Rapacious Birds and Severed Heads: Early Bronze Rings from Nigeria', *Art Institute of Chicago Centennial Lectures: Museum Studies* 10, Chicago, 1983, pp. 330–57

VOGEL, 1985 S. Vogel, *African Aesthetics: The Carlo Monzino Collection*, Milan, 1985

VOGEL, 1988 S. Vogel, ed., *ART/artifact*, Munich, 1988

VOGEL, 1993 S. Vogel, 'Door', in *Art of Côte d'Ivoire*, ii, Geneva, 1993

VOGEL and N'DIAYE, 1985 S. Vogel and F. N'Diaye, *African Masterpieces from the Musée de l'Homme*, exh. cat., Center for African Art, New York, 1985

VOLMAN, 1984 T. P. Volman, 'Early Prehistory of Southern Africa', in *Southern African Prehistory and Palaeoenvironments*, ed. R. G Klein, Rotterdam, 1984

VON BEZING and INSKEEP, 1966 K. L. von Bezing and R. R. Inskeep, 'Modelled Terracotta Heads from Lydenburg, South Africa', *Man*, 1 (1), 1966, p. 102

VON BISSING, 1900 F. W. von Bissing, *Ein Thebanischer Grabfund aus dem Anfang des Neuen Reichs*, Berlin, 1990

VOSSEN and EBERT, 1986 R. Vossen and W. Ebert, *Marokkanische Töpferei*, Bonn 1986

WADA, 1984 S. Wada, 'Female Initiation Rites of the Iraqw and the Gorowa', *Senri Ethnological Studies*, no. 15 (Africa 3), 1984, pp. 187–96

WALKER, 1994 R. A. Walker, 'Anonymous Has a Name: Olowe of Ise', in *The Yoruba Artist*', ed. R. Abiodun, H. J. Drewal and J. Pemberton III, Washington and London, 1994

WALTON, 1954 J. Walton, 'Carved Wooden Doors of the Bavenda', *Man*, 54, 1954, pp. 43–6

WALTON, 1975 J. Walton, 'Art and Magic in the Southern African Vernacular Architecture', in P. Oliver, *Shelter, Sign and Symbol*, London, 1975, pp. 117–34

WANLESS, 1987 A. Wanless, 'Headrests in the Africana Museum. Part 5', *Africana Notes and News*, 27 (5), 1987, p. 203

WANLESS, 1991 A. Wanless, 'Public Pleasures: Smoking and Snuff-taking in Southern Africa', in *Art and Ambiguity: Perspectives on the Brenthurst Collection*, exh. cat. by P. Davison et al., Johannesburg Art Gallery, Johannesburg, 1991, pp. 125–43

WARD, 1993 R. Ward, *Islamic Metalwork*, London, 1993

WASHINGTON 1980 *From the Far West: Carpets and Textiles of Morocco*, exh. cat., Textile Museum, Washington, 1980

WASHINGTON 1981[1] *The Four Moments of the Sun: Kongo Art in Two Worlds*, exh. cat. by R. F. Thompson and J. Cornet, National Gallery of Art, Washington, 1981

WASHINGTON 1981[2] *Renaissance of Islam: Art of the Mamluks*, exh. cat. by E. Atil, Washington, 1981

WASHINGTON, 1984 *African Mankala*, exh. brochure by R. A. Walker, National Museum of African Art, Smithsonian Institution, Washington, 1984

WASHINGTON 1987 *African Art in the Cycle of Life*, exh. cat. by R. Sieber and R. A. Walker, National Museum of African Art, Smithsonian Institution, Washington, 1987

WASHINGTON 1989 *Icons: Ideals and Power in the Art of Africa*, exh. cat. by H. M. Cole, National Museum of African Art, Washington, 1989

WASHINGTON 1991[1] *Exploring African Art, The Art of the Personal Object*, exh. cat. by P. Ravenhill, National Museum of African Art, Smithsonian Institution, Washington, 1991

WASHINGTON 1991[2] *The Art of the Personal Object*, exh. cat. by P. Ravenhill, National Museum of African Art, Washington, 1991

WASHINGTON 1991[3] *Circa 1492: Art in the Age of Explorations*, exh. cat. ed. J. A. Levenson, National Gallery of Art, Washington, 1991

WASHINGTON 1993 *Astonishment and Power*, exh. cat. by W. MacGaffey and M. D. Harris, National Museum of African Art, Washington, 1993

WASSING, 1968 R. Wassing, *African Art: Its Background and Traditions*, New York, 1968

WAYLAND, 1930 E. J. Wayland, *Annual Report of the Uganda Geological Survey*, Entebbe, 1930

WAYLAND, BURKITT and BRAUNHOLZ, 1933 E. J. Wayland, M. C. Burkitt and H. J. Braunholz, 'Archaeological Discoveries at Luzira', *Man*, 33, 1933, pp. 25–9

WEBB and WRIGHT, 1976 C. de B. Webb and J. Wright, eds, *The James Stuart Archive*, i, Pietermaritzburg, 1976

WEIL, 1973 P. M. Weil, 'The *Chono*: Symbol and Process in Authority Distribution in Mandinka Political Entities of Senegambia', unpublished paper, 1973

WEIL, 1981 P. M. Weil, personal communication, 1981

WEMBAH-RASHID, 1971 J. A. R. Wembah-Rashid, 'Isinyago and Midimu: Masked Dancers of Tanzania and Mozambique', *African Arts*, 4 (2), 1971, pp. 38–44

WEMBAH-RASHID, 1974 J. A. R. Wembah-Rashid, ed., *Introducing Tanzania through the National Museum*, Dar es Salaam, 1974

WEMBAH-RASHID, 1989 J. A. R. Wembah-Rashid, personal communication, Nairobi, 1989

WENDT, 1974 W. E. Wendt, '"Art mobilier" aus der Apollo 11 Grotte in Südwest-Afrika, die ältesten datierten Kunstwerke Afrikas', *Acta Praehistorica et Archaeologica*, 5 (1), 1974, pp. 1–42

WENIG, 1978 S. Wenig, *Africa in Antiquity: The Arts of Ancient Nubia and the Sudan*, Brooklyn, 1978

WERBROUCK, 1932 M. Werbrouck, 'Ostraca à figures', *Bulletin des Musées Royaux d'Art et d'Histoire*, 4, 1932, pp. 106–9

WERBROUCK, 1953 M. Werbrouck, 'Ostraca à figures', *Bulletin des Musées Royaux d'Art et d'Histoire*, 25, 1953, pp. 93–111

WERE and WILSON, 1968 G. Were and D. A. Wilson, *East Africa through a Thousand Years: A History of the Years A.D. 1000 to the Present Day*, London, 1968

WERNER, 1906 A. Werner, *The Natives of British Central Africa*, London, 1906

WEST LAFAYETTE 1974 *Interactions: The Art Styles of the Benue River Valley and East Nigeria*, exh. cat. by R. Sieber and T. Vevers, Creative Arts Department, Purdue University, West Lafayette, 1974

WESTERDIJK, 1988 P. Westerdijk, *The African Throwing Knife*, Utrecht, 1988

WESTERMANN, 1912 D. Westermann, *The Shilluk People and their Language and Folklore*, Philadelphia, 1912

WEULE, 1909 K. Weule, *Native Life in East Africa*, trans. A. Werner, London, 1909

WHITEHOUSE, 1987 H. Whitehouse, 'A Statuette of Ptah the Creator, "Beautiful of Face"', *The Ashmolean*, 12, Summer–Autumn 1987, pp. 6–8

WHITTLE, 1985 A. Whittle, *Neolithic Europe: A Survey*, Cambridge, 1985

WIET, 1929 G. Wiet, *Catalogue général du Musée Arabe du Caire: Lampes et bouteilles en verre émaillé*, Cairo, 1929

WIET, 1930 G. Wiet, *Album du Musée Arabe du Caire*, Cairo, 1930

WIET, 1932 G. Wiet, *Catalogue général du Musée Arabe du Caire: Objets en cuivre*, Cairo, 1932

WILCOX, 1992 R. Wilcox, 'Elephants, Ivory and Art: Duala Objects of Persuasion', in *Elephant: The Animal and its Ivory in African Culture*, ed. D. Ross, Los Angeles, 1992

WILKINSON, 1943 C. K. Wilkinson, 'Chessmen and Chess', *Bulletin of the Metropolitan Museum of Art N. S. I*, 1943, pp. 271–9

WILKINSON, 1971 A. Wilkinson, *Ancient Egyptian Jewellery*, London, 1971

WILLETT, 1967 F. Willett, *Ife in the History of West African Sculpture*, London, 1967

WILLETT, 1971[1] F. Willett, *African Art*, London, 1971

WILLETT, 1971[2] F. Willett, *African Art. An introduction*, Thames & Hudson, London, 1971

WILLETT, 1984 F. Willett, 'A Missing Millennium? From Nok to Ife and beyond', in *Arte in Africa*, ed. E. Bassani, Florence, 1984

WILLETT, 1994 F. Willett, *African Art*, 2nd edn., London, 1994

WILLETT and FLEMING, 1976 F. Willett and S. Fleming, 'Catalogue of some important Nigerian copper-alloy castings dated by thermoluminescence', *Archaeometry*, 18 (2), pp. 135–46

WILLIAMS, 1964 D. Williams, 'The Iconology of the Yoruba Edan Ogboni', *Africa*, 34 (2), 1964, pp. 139–65

WILLIAMS, 1974 D. Williams, *Icon and Image: A Study of Sacred and Secular Forms in African Classical Art*, New York, 1974

WILLIAMS, 1988[1] B. Williams, *Decorated Pottery and the Art of Naqada III*, Münchner Ägyptologische Studien 45, Munich, 1988

WILLIAMS, 1988[2] B. Williams, 'Narmer and the Coptos Colossi', *Journal of the American Research Centre in Egypt*, 25, 1988, pp. 35–59

WILLIAMSON, 1983 L. Williamson, 'Ethnological Specimens in the Pitt Rivers Museum attributed to the Tradescant Collection', in *Tradescant's Rarities: Essays on the Foundation of the Ashmolean Museum 1683 with a Catalogue of the Surviving Early Collections*, ed. A. MacGregor, Oxford, 1983, pp. 338–45

WILLIS, 1966 R. Willis, *The Fipa and Related Peoples of South-West Tanzania and North-East Zambia*, London, 1966

WILLOUGHBY and STANTON, 1988 K. L. Willoughby and E. B. Stanton, eds, *The First Egyptian*, Columbia, SC, 1988

WILMAN, 1933 M. Wilman, *The Rock Engravings of Griqualand West and Bechuanaland, South Africa*, Cambridge, 1933

WILSON, VAN RIJSSEN and GERNEKE, 1990 M. L. Wilson, W. R. R. Van Rijssen and D. A. Gerneke, 'An Investigation of the "Coldstream Stone"', *Annals of the South African Museum*, 99, 1990, pp. 187–213

WITT, 1991 J. Witt, 'Spoons in Southeast Africa', in *Spoons in African Art. Cooking – Sewing – Eating: Emblems of Abundance*, exh. cat., Zurich, 1991, pp. 87–103

WITTE, 1988 H. A. Witte, *Earth and the Ancestors: Ogboni Iconography*, Amsterdam, 1988

WITTMER, 1978 M. K. Wittmer, *Three Rivers of Nigeria: Art of the Lower Niger, Cross and Benue; from the collection of William and Robert Arnott*, Atlanta, 1978

WOLF, 1957 W. Wolf, *Die Kunst Aegyptens: Gestalt und Geschichte*, Stuttgart, 1957

WOLFE, 1955 A. W. Wolfe, 'Art and the Supernatural in the Ubangi district' *Man*, 55 (76) 1955, pp. 65–7

WOLFE, PARKIN and SIEBER, 1981 E. Wolfe, D. Parkin and R. Sieber, *Vigango: The Commemorative Sculpture of the Mijikenda of Kenya*, Bloomington, 1981

WOLFERT, 1989 P. Wolfert, *Good Food from Morocco*, London, 1989

WOODS, 1974 W. Woods, 'A Reconstruction of the Triads of King Mycerinus', *JEA*, 60, 1974, pp. 82–93

WOOLLEY and RANDALL-MacIVER, 1910 C. L. Woolley and D. Randall-MacIver, *Karanog: The Romano-Nubian Cemetry*, iii, iv, Philadelphia, 1910

YACOUB, 1970 M. Yacoub, *Le Musée du Bardo: musée antique*, Tunis, 1970

ZAHAN, 1960 D. Zahan, *Sociétés d'initiation Bambara: le N'domo, le Koré*, Paris, 1960

ZAHAN, 1980 D. Zahan, *Antilopes du soleil: arts et rites agraires d'Afrique noire*, Vienna, 1980

ZAHAN, 1981 D. Zahan, 'Antelope Headdress: Female (Chi Wara)', in *For Spirits and Kings: African Art from the Tishman Collection*, ed. S. Vogel, New York, 1981

ZAHAN, 1988 D. Zahan, 'The Boat of the World as a Pendant', *African Arts*, 21 (4), 1988, pp. 56–7

ZAKI, 1956 M. H. Zaki, *Atlas al-funun al-zukhrufiya wa'l tasawir al-islamiya*, Cairo, 1956

ZANGRIE, 1947–50 Zangrie, 'Les institutions, la religion et l'art des Ba Buye; Groupes Ba Sumba du Ma Nyema (Congo Belge)', *Ethnographie*, 45, 1947–50, pp. 54–80

ZECH, 1904 G. Zech, 'Land und Leute an der Nordwestgrenze von Togo', *Mitteilungen von Forschungsreisenden und Gelehrten aus den deutschen Schutzgebieten*, 17, 1904, pp. 107–35

ZEITLYN, 1994 D. Zeitlyn, 'Mambila Figurines and Masquerades', *African Arts*, 27 (4), 1994, pp. 38–47

ZETTERSTROM, 1976 K. Zetterstrom, *The Yamein Mano of Northern Liberia*, Uppsala University Occasional Papers, vi, Uppsala, 1976

ZETTERSTROM, 1980 K. Zetterstrom, 'Poro of the Yamein Mano, Liberia', in *Ethnologische Zeitschrift Zürich*, i, ed. M. J. Adams, 1980, pp. 41–59

ZIRNGIBL, 1983 M. Zirngibl, *Rare African Short Weapons*, Grafenau, 1983

ZURICH 1961 *see* Vienna 1961

ZURICH 1963 *African Sculpture*, exh. cat. by E. Leuzinger, Museum Rietberg, Zurich, 1963

ZURICH 1991 *Spoons in African Art. Cooking – Serving – Eating: Emblems of Abundance*, exh. cat. ed. L. Homberger, Museum Rietberg, Zurich, 1991

ZUURMOND, 1989 R. Zuurmond, *Novum Testamentum Aethiopice: The Synoptic Gospels*, Stuttgart, 1989

ZWERNEMANN, 1967 J. Zwernemann, 'Remarques sur des statuettes des Gurma au Nord du Togo', *Notes africaines*, 116, 1967, p. 118

ZWERNEMANN and LOHSE, 1985 J. Zwernemann and W. Lohse, *Aus Afrika: Ahnen – Geister – Götter*, Hamburg, 1985

AUSWAHL-BIBLIOGRAPHIE DEUTSCHSPRACHIGER VERÖFFENTLICHUNGEN

ADAMSON, 1954–58 J. Adamson, ›Kaya und Grabfiguren der Küstenbantu in Kenya‹, *Paideuma* 6, 1954–58, S. 251–256

AGTHE, 1983 J. Aghte, *Luba-Hemba - Werke unbekannter Meister*, Museum für Völkerkunde, Frankfurt, 1983

ANKERMANN, 1915 B. Ankermann, ›Figürliche Darstellungen aus dem Sudan‹, *Baessler-Archiv* 5, 1915, S. 63–74

ANKERMANN, 1922 B. Ankermann, ›Gemusterte Raphiagewebe vom unteren Niger‹, *Baessler-Archiv* 6, 1922, S. 204–206

BARBIER-MUELLER MUSEUM, 1989 Barbier-Mueller Museum, *Der Kongress der Löffel*, Genf, 1989

BAUMANN, 1927 H. Baumann, ›Die materielle Kultur der Azande und Mangbetu‹, *Baessler-Archiv* 11, 1927, S. 3–129

BAUMANN, 1969 H. Baumann, *Afrikanische Plastik und sakrales Königtum. Ein sozialer Aspekt traditioneller afrikanischer Kunst*, München, 1969

BAUMANN, 1975 H. Baumann (Hrsg.), *Die Völker Afrikas und ihre traditionellen Kulturen*, Bd. 1–2, Wiesbaden, 1975

BAUMANN und VAJDA, 1959 H. Baumann und L. Vajda, ›Bernhard Ankermanns völkerkundliche Aufzeichnungen im Grasland von Kamerun‹, *Baessler-Archiv* N.F. 7, 1959, S. 217–317

BERNATZIK, 1944 H. A. Bernatzik, *Im Reich der Bidyogo. Geheimnisvolle Inseln in Westafrika*, Innsbruck, 1944

BOCOLA, 1994 S. Bocola (Hrsg.), *Afrikanische Sitze*, München, 1994

BOLZ, 1966 J. Bolz, ›Zur Kunst in Gabon‹, *Ethnologica* NF 3, 1966, S. 85–221

BORN, 1981 K. Born, *Skulpturen aus Kamerun. Sammlung Thorbecke 1911/12*, Bildhefte des Städt. Reiss Museums Mannheim, Völkerkundliche Sammlungen Nr. 2, Mannheim, 1981

BOSER-SARIVAXÉVANIS, 1972–73 R. Boser-Sarivaxévanis, *Textilhandwerk in West-Afrika*, Basel, 1972–73

CORNET, 1973 J. Cornet, *Afrikanische Kunst. Schätze vom Zaire*, Genf, 1973

DARK UND FORMAN, 1960 Ph. Dark und W. Forman, *Die Kunst von Benin*, Prag, 1960

DOBBELMANN, 1976 Th. A.H.M. Dobbelmann, *Der Ogboni-Geheimbund. Bronzen aus Südwest-Nigeria*, Berg-en-Dal, 1976

DONNER, 1940 E. Donner, ›Kunst und Handwerk in N.O. Liberia‹, *Baessler-Archiv* 23, 1940, S. 45–110

DROST, 1953–54 D. Drost, ›Mehrtüllige Tongefäße in Afrika und ihre Beziehungen zum Mittelmeergebiet‹, *Wissenschaftliche Zeitschrift der Universität Jena*, Bd. 3, 1953–54, S. 61–79

DROST, 1975 D. Drost, ›Die Gelbgüsse des Ali Amonikoyo im Museum für Völkerkunde zu Leipzig‹, *Abhandlungen und Berichte des Staatlichen Museums für Völkerkunde Dresden* 34, 1975, S. 41–68

DUCHÂTEAU, 1995 A. Duchâteau, *Benin. Kunst einer afrikanischen Königskultur*, München, 1995

EINSTEIN, 1915 C. Einstein, *Afrikanische Plastik*, Berlin, 1915

EINSTEIN, 1920 C. Einstein, *Negerplastik*, Berlin, 1920

EISENHOFER, 1993 S. Eisenhofer, *Höfische Elfenbeinschnitzerei im Reich Benin*, München, 1993

EYO und WILLET, 1983 E. Eyo und F. Willet (Hrsg.), *Kunstschätze aus Alt-Nigeria.*, Mainz, 1983

FAGG, 1964 W. Fagg, *Afrika. 100 Stämme – 100 Meisterwerke*, Berlin, 1964

FAGG, 1966 W. Fagg, *Stämme und Formen in der Kunst Afrikas*, Wiesbaden, 1966

FAGG und ELISOFON, 1958 W. Fagg und E. Elisofon, *Die afrikanische Plastik*, New York, 1958

FAIK-NZUJI, 1993 C. Faik-Nzuji, *Die Macht des Sakralen: Mensch, Natur und Kunst in Afrika. Eine Reise nach Innen*, Solothurn, 1993

FISCHER, 1984 A. Fischer, *Afrika im Schmuck*, Köln, 1984

FISCHER, 1963 E. Fischer, ›Künstler der Dan‹, *Baessler-Archiv* N.F. 10, 1963, S. 161–263

FISCHER, 1966 E. Fischer, ›Die Gelbgußmaske des Ali Amonikoyo (aus Togo) im Museum für Völkerkunde in Basel‹, *Tribus* 15, 1966, S. 78–95

FISCHER, 1970 E. Fischer, ›Selbstbildnerisches, Porträt und Kopf bei Maskenschnitzern der Dan in Liberia‹, *Baessler-Archiv* N.F. 18, 1970, S. 15–41

FISCHER und HIMMELHEBER, 1981 E. Fischer und H. Himmelheber, ›Kunstwerke der Akan-Völker im Museum Rietberg‹, *Das Gold in der Kunst Westafrikas*, Museum Rietberg, Zürich, 1981

FISCHER und HIMMELHEBER, 1985 E. Fischer und H. Himmelheber, *Die Kunst der Guro. Elfenbeinküste*, Museum Rietberg, Zürich, 1985

FISCHER und HIMMELHEBER, 1993 E. Fischer und H. Himmelheber, *Boti. Ein Maskenschnitzer der Guro, Elfenbeinküste*, Museum Rietberg, Zürich, 1993

FORMAN und BRENTJES, 1967 W. Forman und B. Brentjes, *Alte afrikanische Plastik Nok, Ife, Benin*, Leipzig, 1967

FÖRSTER, 1987 T. Förster, *Glänzend wie Gold*, Berlin, 1987

FROBENIUS 1897 L. Frobenius, ›Der Kameruner Schiffsschnabel und seine Motive‹, *Nova Acta. Abh. d. Kaiserl. Leop. Carol. Deutschen Akademie der Naturforscher*, Bd. 70, 1897, Nr. 1.

FRÖHLICH, 1966 W. Fröhlich, (Hrsg.), ›Die Benin-Sammlung des Rautenstrauch-Joest-Museums in Köln‹, *Ethnologica*, N.F. 3, 1966, S. 231–310

GAGERN, KOLOSS und LOHSE, 1974 A.v. Gagern, H.-J. Koloß und W. Lohse, *Ostafrika-Figur und Ornament*, Hamburg, 1974

GARDI, 1994 B. Gardi, *Kunst in Kamerun*, Basel, 1994

GARRARD, 1995 T. F. Garrard, *Afrikanisches Gold*, München, 1995

GEARY und NJOYA, 1985 C. Geary und A. N. Njoya, *Mandu Yenu. Bilder aus Bamum, einem westafrikanischen Königreich*, München, 1985

GERMAN, 1910 P. German, ›Das plastisch-figürliche Kunstgewerbe im Graslande von Kamerun‹, *Jahrbuch des Museums für Völkerkunde zu Leipzig* 4, 1910, S. 1–35

GERMAN, 1958 P. German, ›Negerplastiken aus dem Museum für Völkerkunde zu Leipzig‹, *Beiträge zur afrikanischen Kunst. Veröffentlichungen des Museums für Völkerkunde zu Leipzig*, Heft 9, 1958, S. 31–51

GÖBEL, 1990 P. Göbel, *Holzplastik aus Afrika*, Berlin, 1990

GOTTSCHALK, 1990 B. Gottschalk, *Bundu. Buschteufel im Land der Mende*, Meerbusch, 1990

HAAF und ZWERNEMANN, 1975 E. Haaf und J. Zwernemann, *Geburt–Krankheit–Tod in der afrikanischen Kunst*, Stuttgart, 1975

HASELBERGER, 1965 H. Haselberger, ›Bemerkungen zum Kunsthandwerk im Podo (Republik Mali)‹, *Baessler-Archiv* N.F. 13, 1965, S. 433–499

HASELBERGER, 1974 H. Haselberger, ›Zur Kunstgeschichte einiger Orte in der Republik Mali‹, *Zeitschrift für Ethnologie* 99, 1974, S. 193–219

HAUSTEIN, 1995 L. Haustein-Müller, ›Der Kunst- und Bildbegriff im Spannungsfeld von Kunstgeschichte und Ethnologie‹, H. Kämpf u. R. Schott (Hrsg.), *Der Mensch als homo pictor?*, Bonn, 1995

HEINTZE, 1995 B. Heintze, *Alfred Schachtzabels Reise nach Angola 1913–1914*, Afrika-Archiv 1, Köln, 1995

HEYDRICH, 1914 M. Heydrich, *Afrikanische Ornamentik. Internationales Archiv für Ethnographie*, Supplement zu Band XXII, Leiden, 1914

HIMMELHEBER, 1966 H. Himmelheber, ›Figuren und Schnitztechnik bei den Lobi, Elfenbeinküste‹, *Tribus* 15, 1966, S. 63–87

HIMMELHEBER, 1972 H. Himmelheber, ›Das Portrait in der Negerkunst‹, *Baessler-Archiv* N.F. 20, 1972, S. 261–311

HIMMELHEBER, 1976 H. Himmelheber, *Die Kunst der Dan*, Zürich, 1976

HIMMELHEBER, 1979 H. Himmelheber, *Masken und Beschneidung*, Zürich, 1979

HOFMANN, 1967 I. Hofmann, *Die Kulturen des Niltals von Aswan bis Senar, vom Mesolithikum bis zum Ende der christlichen Epoche*, Hamburg, 1967

HOLAS, 1969 B. Holas, *Die Kunst der Elfenbeinküste*, Vevey, 1969

HOLY, 1967 L. Holy, *Afrikanische Plastik. Das Kunstschaffen der ost- und südafrikanischen Stämme*, Prag, 1967

HOMBERGER, 1990 L. Homberger, (Hrsg.), *Löffel in der Kunst Afrikas*, Museum Rietberg, Zürich, 1990

HOMBERGER, 1991 L. Homberger (Hrsg.), *Yoruba. Kunst und Ästhetik in Nigeria*, Museum Rietberg, Zürich, 1991

HOMBERGER, 1995 L. Homberger (Hrsg.), *Die Kunst der Dogon*, Museum Rietberg, Zürich, 1995

KECSKÉSI, 1979 M. Kecskési, ›Das Huckepack- und Schulterritt-Motiv in Kunst und Initiationsbrauchtum des Rowuma-Gebiets‹, *Ethnologische Zeitschrift Zürich* 1, 1979, S. 131–141

KECSKÉSI, 1989 M. Kecskési, ›Ikonographie eines Türreliefs der Yoruba‹, *Münchner Beiträge zur Völkerkunde*, 2, 1989, S. 233–248

KERCHACHE, 1989 J. Kerchache, *Die Kunst des schwarzen Afrika*, Freiburg i.Br., 1989

KOLOSS, 1977 H.-J. Koloß, *Kamerun. Könige, Masken, Feste*, Stuttgart, 1977

KOLOSS, 1982 H.-J. Koloß, *›Afrika‹, Ferne Völker – frühe Zeiten. Kunstwerke aus dem Linden-Museum Stuttgart*, Stuttgart, 1982

KOLOSS, 1987 H.-J. Koloß, *Zaire. Meisterwerke afrikanischer Kunst*, Museum für Völkerkunde Berlin, Berlin, 1987

KOLOSS, 1990 H.-J. Koloß, ›Traditionen afrikanischer Kunst. Probleme ihrer wissenschaftlichen Erfassung und ästhetischen Bewertung‹, *Paideuma* 36, 1990, S. 79–104

KRAMER, 1987 F. W. Kramer, *Der rote Fes. Über Besessenheit und Kunst in Afrika*, Frankfurt a. M., 1987

KRIEG und LOHSE, 1981 K. H. Krieg und W. Lohse, *Kunst und Religion bei den Gbato-Senufo, Elfenbeinküste*, Hamburg, 1981

KROLL, 1933 H. Kroll, ›Plastische Menschendarstellungen von der Insel Ukerewe im Victoria-See‹, *Ethnologischer Anzeiger* 3, 1933, S. 142–144

LANG, 1960 W. Lang, ›Makondemasken in der völkerkundlichen Sammlung der Universität Göttingen‹, *Zeitschriften für Ethnologie* 85, 1960, S. 28–36

LEUZINGER, 1950 E. Leuzinger, *Wesen und Form des Schmuckes afrikanischer Völker*, Zürich, 1950

LEUZINGER, 1970 E. Leuzinger, *Die Kunst von Schwarz-Afrika*, Zürich, 1970

LUSCHAN, 1900 F. v. Luschan, ›Afrikanische Lehnstühle‹, *Globus* 77, 1900, S. 259–261

LUSCHAN, 1901 F. v. Luschan, *Die Karl Knorrsche Sammlung von Benin-Altertümern im Museum für Länder- und Völkerkunde in Stuttgart*, Stuttgart, 1901

LUSCHAN, 1919 F. v. Luschan, *Die Altertümer von Benin*, Bd. 1–2, Berlin, 1919

MAES, 1943 J. Maes, ›Die soziale und kulturelle Bedeutung der Kabila-Figuren aus Belgisch-Kongo‹, *Paideuma* 2, 1943, S. 249–267

MCLEOD, 1980 M. McLeod, *Afrika. Kunstschätze aus dem Schwarzen Kontinent*, München, 1980

MEAUZÉ, 1969 P. Meauzé, *Afrikanische Skulptur. Erscheinung, Entstehung, Zusammenhänge*, Herford, 1969

MENZEL, 1968 B. Menzel, *Goldgewichte aus Ghana*, Berlin, 1968

MERCIER, 1979 J. Mercier, *Zauberrollen aus Äthiopien. Kultbilder magischer Riten*, München, 1979

MEURANT, 1989 G. Meurant, *Traumzeichen. Raphiagewebe des Königreichs Bakuba*, München, 1989

MILDNER-SPINDLER, 1992 R. Mildner-Spindler, *Rund um Tabakspfeifen, Afrikanisches Kunsthandwerk aus dem Museum für Völkerkunde Berlin*, Berlin, 1992

Museum für Völkerkunde Frankfurt a. M., 1985 Museum für Völkerkunde, *Waffen aus Zentral-Afrika*, Frankfurt a. M., 1985

Museum für Völkerkunde Leipzig, 1994 Museum für Völkerkunde, *Kunst aus Benin. Afrikanische Meisterwerke aus der Sammlung Hans Meyer*, Leipzig, 1994

Museum Ludwig Köln, 1990 Museum Ludwig, *Afrikanische Skulptur. Die Erfindung der Figur*, Köln, 1990

PALME, 1977 H. Palme, *Spiegelfetische im Kongoraum und ihre Beziehung zu christlichen Reliquiaren*, Wiener Ethnohistorische Blätter, Beiheft 5, Wien, 1977

PAUL, 1970 S. Paul, *Afrikanische Puppen*, Baessler-Archiv N.F., Beiheft 6, Berlin, 1970

PLASCHKE und ZIRNGIBL, 1992 D. Plaschke und M. A. Zirngibl, *Afrikanische Schilde*, München, 1992

RAUNIG, 1985 W. Raunig, *Mensch und Geschichte in Äthiopiens Volksmalerei*, Frankfurt a. M., 1985

REIKAT, 1990 A. Reikat, *Niombo, der Tote in der Puppe – Begräbnisrituale in Zentralafrika*, Köln, 1990

Roemer-und Pelizaeus-Museum Hildesheim, 1973 Roemer-und Pelizaeus-Museum Hildesheim, *Gabun – Gestern und Heute*, Zeitschrift des Museums zu Hildesheim, N.F., Heft 24, Hildesheim, 1973

ROY, 1983 C. Roy, *Die Dogon von Mali und Ober-Volta*, München, 1983

Ruhrlandmuseum Essen / Museum Folkwang, 1985 Ruhrlandmuseum Essen / Museum Folkwang, *Die Afrika-Sammlungen der Essener Museen*, Essen, 1985

SCHAEDLER, 1987 K. F. Schädler, *Die Weberei in Afrika südlich der Sahara*, München, 1987

SCHAEDLER, 1992 K. F. Schädler, *Götter, Geister, Ahnen. Afrikanische Skulpturen in deutschen Privatsammlungen*, München, 1992

SCHAEDLER, 1994 K. F. Schädler, *Lexikon afrikanischer Kunst und Kultur*, München u. Berlin, 1994

SCHLOSSER, 1971 K. Schlosser, *Wandgemälde des Blitzzauberers Laduma Madela. Motive zur Mythologie, Magie und Soziologie der Zulu*, Kiel, 1971

SCHLOSSER, 1993 K. Schlosser, *Der einbeinige Gott. Laduma Madela als Portraitist und Barde des Zulu-Schöpfergottes und der Häuptlinge seines Klans*, Kiel, 1993

SCHMALENBACH, 1988 W. Schmalenbach, (Hrsg.), *Afrikanische Kunst aus der Sammlung Barbier-Mueller Genf*, München, 1988

SCHWEEGER-HEFEL, 1957 A. Schweeger-Hefel, ›Zur Thematik und Ikonographie der geschnitzten Elfenbeinzähne aus Benin im Museum für Völkerkunde in Wien‹, *Archiv für Völkerkunde* 12, 1957, S. 182–229

SCHWEEGER-HEFEL, 1960 A. Schweeger-Hefel, *Holzplastik aus Afrika; Gestaltungsprinzipien*, Wien, 1960

SCHWEEGER-HEFEL, 1962–63 A. Schweeger-Hefel, ›Die Kunst der Kurumba‹, *Archiv für Völkerkunde* 17–18, 1962–63, S. 194–260

SCHWEEGER-HEFEL, 1966 A. Schweeger-Hefel, ›Nioniosi-Kunst‹, *Baessler-Archiv* N.F. 14, 1966, S. 187–267

SCHWEEGER-HEFEL, 1969 A. Schweeger-Hefel, *Plastik aus Afrika*, Wien, 1969

SCHWEEGER-HEFEL, 1972 A. Schweeger-Hefel, ›Eine bisexuelle Ahnenfigur der Kurumba‹, *Ethnologische Zeitschrift Zürich* 1, 1972, S. 297–301

SCHWEEGER-HEFEL, 1980 A. Schweeger-Hefel, *Masken und Mythen. Sozialstrukturen der Nyonyosi und Sikome in Obervolta*, Wien, 1980

STÖSSEL, 1984 A. Stößel, *Afrikanische Keramik. Traditionelle Handwerkskunst südlich der Sahara*, München, 1984

STOLL, 1980 M. u. G. Stoll, *Ibeji-Zwillingsfiguren der Yoruba*, München, 1980

STRAUBE, 1975 H. Straube, ›Die sogenannten Schulterschilde der Kikuyu‹, *Abhandlungen und Berichte des Staatlichen Museums für Völkerkunde Dresden* 34, 1975, S. 279–289

STRIEDTER, 1984 K.-H. Striedter, *Felsbilder der Sahara*, München, 1984

SYDOW, 1930 E. v. Sydow, *Handbuch der westafrikanischen Plastik*, Berlin, 1930

SZALAY, 1990 M. Szalay (Hrsg.), *Der Sinn des Schönen – Ästhetik, Soziologie und Geschichte der afrikanischen Kunst*, München, 1990

SZALAY, 1994 M. Szalay, *Die Kunst Schwarzafrikas*, München, 1994

SZALAY, 1995 M. Szalay, *Afrikanische Kunst aus der Sammlung Han Coray 1916–1928*, München, 1995

TAGLIAFERRI und HAMMACHER, 1974 A. Tagliaferri und A. Hammacher, *Die steinernen Ahnen. Alte Steinplastik aus Sierra Leone und Guinea*, Graz, 1974

TROWELL, 1967 M. Trowell, ›Form und Inhalt der afrikanischen Kunst‹, M. Trowell und H. Nevermann (Hrsg.), *Afrika und Ozeanien*, S. 5–201, Baden-Baden, 1967

VAJDA, 1953 L. Vajda, ›Zum religionsethnologischen Hintergrund des ‚Nungu' im Kilimandscharogebiet‹, *Acta Ethnographica* 3, 1953, S. 185–232

VALENTIN, 1972 P. Valentin, ›Plastiken der Kundu (Kamerun) im Basler Missionsmuseum‹, *Ethnologische Zeitschrift Zürich* 2, 1972, S. 35–51

VALENTIN, 1977 P. Valentin, ›Geschnitzte Türrahmen der Fungom (Kamerun)‹, *Tribus* 26, 1977, S. 63–69

VALENTIN, 1979 P. Valentin, ›Ekongolo, eine Maskengestalt aus dem Kameruner Waldland‹, *Ethnologische Zeitschrift Zürich* 1, 1979, S. 143–148

WEULE, 1911 K. Weule, ›Maskentänze und Tanzmasken in Afrika‹, *Kosmos* 9, 1911, S. 214–218, 240–243

WILLET, 1967 F. Willet, *Ife – Metropole afrikanischer Kunst*, Bergisch Gladbach, 1967

WOLF, 1962 S. Wolf, ›Die Gelbguß-Köpfe der Dresdener Benin-Sammlung, Beschreibung und Vergleich‹, *Abhandlungen und Berichte des Staatlichen Museums für Völkerkunde Dresden* 21, 1962, S. 91–120

WOLF, 1965 S. Wolf, ›Europäer-Darstellungen auf Benin-Rechteckplatten. Bemerkungen zur Ikonographie und Datierung‹, *Abhandlungen und Berichte des Staatlichen Museums für Völkerkunde Dresden* 24, 1965, S. 111–164

WOLF, 1969 S. Wolf, ›Elfenbein und Bronze. Vergleich zwischen Benin-Arbeiten verschiedenen Materials‹, *Abhandlungen und Berichte des Staatlichen Museums für Völkerkunde Dresden* 30, 1969, S. 151–214

WOLF, 1970 S. Wolf, ›Zum Problem der Frauendarstellungen in der Benin-Kunst‹, *Abhandlungen und Berichte des Staatlichen Museums für Völkerkunde Dresden* 31, 1970, S. 197–216

ZANOLLI, 1969 N. Zanolli, ›Figürliche Darstellungen von Mutter und Kind aus Afrika in der Sammlung für Völkerkunde der Universität Zürich‹, *Geographica Helvetica* I, 1969, S. 17–38

ZWERNEMANN, 1961 J. Zwernemann, ›Spiegel- und Nagelplastiken vom unteren Kongo im Linden-Museum‹, *Tribus* 10, 1961, S. 14–32

ZWERNEMANN, 1973 J. Zwernemann, ›Kunst der Dogon im Hamburgischen Museum für Völkerkunde‹, *Mitteilungen aus dem Museum für Völkerkunde in Hamburg* N.F. 3, 1973, S. 107–122

ZWERNEMANN, 1978 J. Zwernemann, ›Masken der Bobo-Ule und der Nuna im Museum für Völkerkunde Hamburg‹, *Mitteilungen aus dem Museum für Völkerkunde in Hamburg* N.F. 8, 1978, S. 45–84

REGISTER DER ETHNISCHEN GRUPPEN

Verzeichnet sind diejenigen Ethnien, denen die im Tafelteil abgebildeten Werke zugeschrieben werden. Kursiv gestellt sind regionale Zuschreibungen (Ziffern sind Seitenverweise)

DIE WERKE IN DER AUSSTELLUNG

1 DAS ALTE ÄGYPTEN UND NUBIEN

1 **Weibliche Figur**
Katalog S. 52 / 1.1

2 **Mutter und Kind**
Katalog S. 53 / 1.2

3 **Schweinegöttin**
Katalog S. 56 / 1.5

4 **Gefäß mit Riefel-Dekoration**
Katalog S.58 / 1.7

5 **Schale mit Nilpferden**
Katalog S.58 / 1.8

6 **Verziertes Straußenei**
Katalog S.60 / 1.11

7 **Anthropomorphe (?) Palette**
Katalog S.62 / 1.13

8 **Walzenförmige Figur**
Katalog S.62 / 1.14

9 **Stierkopf**
Katalog S.63 / 1.17

10 **Dekorierte Palette (›Schlachtfeldpalette‹)**
Katalog S.64 / 1.18

11 **Weibliche Figur**
Katalog S.66 / 1.19

12 **Männlicher Torso**
Katalog S.66 / 1.20 a

13 **Weibliche Statuette**
Katalog S.66 / 1.20 c

14 **Männlicher Kopf**
Katalog S.68 / 1.21

15 **Statuette eines Mannes**
Katalog S.68 / 1.22

16 **Hierakonpolis-Torso**
Katalog S.70 / 1.23

17 **Drehpfanne einer Tür**
Katalog S.71 / 1.24

18 **Ersatzkopf einer Frau**
Katalog S.72 / 1.25

19 **Salbgefäß in Form eines Affe mit Jungem**
Katalog S. 72 / 1.26

20 **Statue der Königin Anchnes-merire II. und des Königs Pepi II.**
Katalog S.73 / 1.27

21 **Gürtel**
Katalog S.76 / 1.31

22 **Miniatursphinx, einen Gefangenen haltend**
Katalog S.78 / 1.35

23 **Figürchen eines Mannes mit Behälter**
Katalog S.78 / 1.36

24 **Pavian in anbetender Haltung mit kleiner Königsfigur**
Katalog S.79 / 1.38

25 **Kniefigur mit Opferbecken**
Katalog S.80 / 1.39

26 **Gefäß in Gestalt einer knienden Frau**
Katalog S.80 / 1.40

27 **Fragment einer Kolossalstatue des Echnaton**
Katalog S.82 / 1.42

28 **Zwerg als Lastenträger**
Katalog S.86 / 1.46

29 **Obst knabbernde Meerkatze**
Katalog S.86 / 1.47

30 **Relief mit Soldatendarstellung**
Katalog S.87 / 1.49

31 **Dose mit konischem Deckel**
Katalog S.90 / 1.52

32 **Kopfstütze in Form eines Hasen**
Katalog S.90 / 1.53

33 **Gerät in Gestalt eines Fingers**
Katalog S.91 / 1.55

34 **Königin von Punt**
Katalog S.93 / 1.57

35 **Figürliches Ostrakon**
Katalog S.93 / 1.58

36 **Grabrelief**
Katalog S.94 / 1.59

37 **Relief**
Katalog S.95 / 1.60

38 **Statuette des Gottes Ptah**
Katalog S.96 / 1.62

39 **Figur eines Schakals**
Katalog S.97 / 1.63

40 **Anubis-Maske**
Katalog S.98 / 1.64

41 **Weiblicher Torso**
Katalog S.99 / 1.65

42 **Mumiennetz**
Katalog S.100 / 1.66

43 **Gipskopf einer Krokodilmumie**
Katalog S.101 / 1.68

44 **Katzenmumie**
Katalog S.102 / 1.69a

45 **Katzenmumie**
Katalog S.102 / 1.69b

46 **Skelettfigur und Schrein**
Katalog S.103 / 1.70

47 **Figur**
Katalog S.104 / 1.72

48 **Weibliche Figur**
Katalog S.104 / 1.73

49 **Weibliche Figur**
Katalog S.105 / 1.74

50 **Becher**
Katalog S.105 / 1.75

51 **Becher**
Katalog S.106 / 1.77

52 **Möbelbein**
Katalog S.107 / 1.78

53 ***Uschebti***
Katalog S.107 / 1.79

54 **Göttertriade**
Katalog S.108 / 1.80

55 **Modell von Gebel Barkal**
Katalog S.109 / 1.81

56 **Gefäß in Gestalt einer gefesselten Oryxantilope**
Katalog S.110 / 1.82

57 **Krug**
Katalog S.111 / 1.83

58 **Kopf eines Mannes**
Katalog S. 112 / 1.84

59 **Kopf einer *ba*-Statue**
Katalog S.112 / 1.85

60 ***ba*-Statue**
Katalog S.113/ 1.86

61 **Schildring**
Katalog S.114 / 1.88

62 **Statuette eines Falken**
Ägypten
Spätvorgeschichtlich, um 3000 v. Chr.
Stein
Breite 17,5 cm
Staatliche Museen zu Berlin, Preußischer Kulturbesitz, Ägyptisches Museum und Papyrussammlung, 1/79

63 **Basis einer königlichen Statue mit Köpfen von Fremden**
Ägypten
2.–3. Dynastie
Kalzit
20 x 36 x 29 cm
Staatliche Sammlung Ägyptischer Kunst, München,
ÄS 6300

64 **Triade des Mycerinos**
Ägyten
4. Dynastie, Herrschaft des Mycerinos, um 2529–2501 v. Chr.
Granit
800 x 63 cm
Museum of Fine Arts, Boston

65 **Pektoral mit Horus und Seth**
Ägypten
12. Dynastie
Elektrum, Goldlegierung
Höhe 5 cm
Mit freundlicher Genehmigung von Provost und Fellows of Eton College, The Myers Museum

66 ***Kohl*-Topf**
Ägypten
18. Dynastie, um1900 v. Chr.
Anhydrit und Gold
Höhe 7,5 cm
The Trustees of the British Museum, London, EA. 32150

67 **Sitzende Figur der Senenmut**
Ägypten, Theben/Karnak (?)
18. Dynastie, um 1475 v. Chr.
Granit
100,5 x 100,5 cm
Staatliche Museen zu Berlin, Preußischer Kulturbesitz, Ägyptisches Museum und Papyrussammlung, 22872

68 **Kopf einer Prinzessin aus Amarna**
Ägypten
18. Dynastie, Amarna Periode, 1352–1336 v. Chr.
Quarz, Sandstein
Höhe 21 cm
Staatliche Museen zu Berlin, Preußischer Kulturbesitz, Ägyptisches Museum und Papyrussammlung, 21223

69 **Sitzfigur der Maya**
Ägypten
18. Dynastie, um 1450 v. Chr.
Kalkstein
Höhe 74 cm
Staatliche Museen zu Berlin, Preußischer Kulturbesitz, Ägyptisches Museum und Papyrussammlung, 19286

70 **Widderköpfige (?) Gottheit**
Ägypten
Wohl aus dem Grab des Königs Horemheb, Theben (Tal der Könige)
18. Dynastie, um 1320 v. Chr.
Holz mit schwarzem Harz
Höhe 40 cm
The Trustees of the British Museum, London, EA. 50703

71 **Schildkrötenköpfige Gottheit**
Ägypten
Wohl aus dem Grab des Königs Horemheb, Theben (Tal der Könige)
18. Dynastie, um 1320 v. Chr.
Holz mit schwarzem Harz
Höhe 40 cm
The Trustees of the British Museum, London, EA. 50704

72 **Amulett von Gebel Barkal**
Napatanische Zeit, um 700–300 v. Chr.
Fayence
Höhe 25 cm
The Trustees of the British Museum, London, EA. 54412

73 **Kopf eines Ibex**
Ägypten
19.–20. Dynastie (?), um 1300 bis 1100 v. Chr.,
Bronze mit Gold
Höhe 32 cm
Staatliche Museen zu Berlin, Preußischer Kulturbesitz, Ägyptisches Museum und Papyrussammlung, 11404

74 **Stabidol**
Ägypten
Um 3500 v. Chr.
Elfenbein
Höhe 24,4 cm
Staatliche Museen zu Berlin, Preußischer Kulturbesitz, Ägyptisches Museum und Papyrussammlung, 14208

75 **Bemaltes Tongefäß**
Ägypten
Um 3400 v. Chr.
Keramik, bemalt
Höhe 27,8 cm
Staatliche Museen zu Berlin, Preußischer Kulturbesitz, Ägyptisches Museum und Papyrussammlung, 23222

76 **Feuersteinmesser**
Ägypten, Theben (?)
Um 3400 v. Chr.
Feuerstein
Länge 22,8 cm
Staatliche Museen zu Berlin, Preußischer Kulturbesitz, Ägyptisches Museum und Papyrussammlung, 10967

77 **Feuersteinmesser**
Ägypten, aus Matmar (Grab 2666)
Um 3400 v. Chr.
Feuerstein
Länge 18,3 cm
Staatliche Museen zu Berlin, Preußischer Kulturbesitz, Ägyptisches Museum und Papyrussammlung, 23410

78 **Stierkopfamulett**
Ägypten, aus Abusir el-Melek (Grab 60d7)
Um 3400 v. Chr.
Kalkstein
Höhe 4,5 cm
Staatliche Museen zu Berlin, Preußischer Kulturbesitz, Ägyptisches Museum und Papyrussammlung, 18663

79 **Stierkopfamulett**
Ägypten
Um 3500 v. Chr.
Elfenbein
Höhe 3,6 cm
Staatliche Museen zu Berlin, Preußischer Kulturbesitz, Agyptisches Museum und Papyrussammlung, 14964

80 **Statue des Pehernofret**
Ägypten, vom Ostrand Fayums
Altes Reich, 5. Dynastie, 2400–2300 v. Chr.

Holz
Höhe 113 cm
Staatliche Museen zu Berlin,
Preußischer Kulturbesitz,
Ägyptisches Museum und
Papyrussammlung, 10858

81 **Kopfstütze**
Ägypten, Theben (?), Scheich Abdel
Qurna (Grab 35, Sarg A, 1)
Mittleres Reich, 11. Dynastie,
um 2050 v. Chr.
19 x 23 cm
Staatliche Museen zu Berlin,
Preußischer Kulturbesitz,
Ägyptisches Museum und
Papyrussammlung, 20200

82 **Kopfstütze**
Ägypten
Neues Reich, 18. Dynastie,
um 1370 v. Chr.
Holz
18,5 x 32,5 cm
Staatliche Museen zu Berlin,
Preußischer Kulturbesitz,
Ägyptisches Museum und
Papyrussammlung, 11625

83 **Ostrakon mit Darstellung einer Gazelle**
Ägypten, aus Elephantine
Neues Reich, 19.–20. Dynastie,
1300–1100 v. Chr.
Kalkstein
Höhe 7,7 cm
Staatliche Museen zu Berlin,
Preußischer Kulturbesitz,
Ägyptisches Museum und
Papyrussammlung, 20401

84 **Mumientuch**
Ägypten, aus Sakkara
2.–3. Jahrhundert n. Chr.
Leinen mit Bemalung und
Vergoldung
182 x 135 cm
Staatliche Museen zu Berlin,
Preußischer Kulturbesitz,
Ägyptisches Museum und
Papyrussammlung, 11652

85 **Dekoriertes Gefäß**
Nubien, A-Gruppe
Um 3100 v. Chr.
Ton
Höhe 13,8 cm, Durchmesser 18,7 cm
Staatliche Sammlung Ägyptischer
Kunst, München, ÄS 2571

86 **Figürlich dekoriertes Gefäß**
Nubien (Dakka), A-Gruppe
Um 3100 v. Chr.
Ton
Höhe 15,5 cm, Durchmesser 20 cm
Staatliche Sammlung Ägyptischer
Kunst, München, ÄS 2728

87 **Pyxis**
Ägypten
2. Zwischenzeit–Neues Reich,
1600–1500 v. Chr.
Fayence
Höhe 6,6 cm, Durchmesser 7,5 cm
Deckel: Höhe 3,5 cm,
Durchmesser 8 cm
Staatliche Sammlung Ägyptischer
Kunst, München, ÄS 1575 u. 5631

88 **Götterfigur**
Ägypten
Frühzeit, 1. Dynastie, um 3000 v. Chr.
Anorthositgneis
Höhe 11,6 cm, Breite 7,6 cm,
Tiefe 4 cm
Staatliche Sammlung Ägyptischer
Kunst, München, ÄS 7149

89 **Ritzzeichnung, Darstellung eines Löwen über einem Krokodil**
Sudan, Musawwarat es Sufra
Um 2. Jahrhundert n. Chr.
Sandstein
22 x 28 x 13 cm
Humboldt-Universität zu Berlin,
Institut für Sudanarchäologie und
Ägyptologie, 29032

90 **Ritzzeichnung, Elefantendarstellung**
Sudan, Musawwarat es Sufra
Um 2. Jahrhundert n. Chr.
Sandstein
25 x 27 x 15 cm
Humboldt-Universität zu Berlin,
Institut für Sudanarchäologie und
Ägyptologie, 29031

91 **Block mit meroïtischer Sekundärinschrift**
Sudan, Musawwarat es Sufra
Um 2. Jahrhundert n. Chr.
Sandstein
30 x 56 x 11 cm
Humboldt-Universität zu Berlin,
Institut für Sudanarchäologie und
Ägyptologie, 29056

2 OSTAFRIKA

92 **Faustkeil aus Oldowan**
Katalog S.123 / 2.1

93 **Vier Evangelien**
Katalog S.124 / 2.2

94 **Handkreuz**
Katalog S.124 / 2.3

95 **Prozessionskreuz**
Katalog S.125 /2.4

96 **Kopf (Beta Israel)**
Katalog S.126 / 2.5

97 **Schild**
Katalog S.126 / 2.6

98 **Lehnsessel**
Katalog S.127 / 2.7 a

99 **Hocker**
Katalog S.127 / 2.7 b

100 **Kopfstütze**
Katalog S.128 / 2.8 a

101 **Kopfstütze**
Katalog S.128 / 2.8 b

102 **Kopfstütze** (*barkin*)
Katalog S.128 / 2.9 a

103 **Kopfstütze** (*barkin*)
Katalog S.128 / 2.9 b

104 **Milchgefäß mit Deckel**
Katalog S.129 / 2.10 a

105 **Milchgefäß mit Deckel**
Katalog S.129 / 2.10 b

106 **Phallischer Schmuck** (*kalaacha*)
Katalog S.130 / 2.11

107 **Grabfigur** (*waaga*)
Katalog S.130 / 2.12 a

108 **Grabfigur** (*waaga*)
Katalog S.130 / 2.12 b

109 **Grabfigur** (*waaga*)
Katalog S.130 / 2.12 c

110 **Schlitztrommel**
Katalog S.133 / 2.14

111 **Wurfklinge**
Katalog S.134 / 2.15 a

112 **Wurfklinge**
Katalog S.134 / 2.15 b

113 **Schale** (*kadaru*)
Katalog S.135 / 2.16 b

114 **Kopfstütze**
Katalog S.136 / 2.17 a

115 **Kopfstütze**
Katalog S.136 / 2.17 b

116 **Grabfiguren**
Katalog S.137 / 2.18 a

117 **Grabfigur**
Katalog S.137 / 2.18 b

118 **Lippenplatte**
Katalog S.138 / 2.19

119 **Kappe**
Katalog S.139 / 2.20

120 **Kopf von Luzira**
Katalog S.140 / 2.21

121 **Kopfstütze**
Katalog S.141 / 2.22 a

122 **Kopfstütze**
Katalog S.141 / 2.22 b

123 **Netz mit Milchtopf**
Katalog S.141 / 2.23

124 **Tanzschild**
Katalog S.142 / 2.24 a

125 **Männliche Figur**
Katalog S.143 / 2.25

126 **Begräbnispfosten** (*kigango*)
Katalog S.144 / 2.26 a

127 **Begräbnispfosten** (*kigango*)
Katalog S.144 / 2.26 b

128 **Begräbnispfosten** (*kigango*)
Katalog S.144 / 2.26 c

129 **Begräbnispfosten** (*kigango*)
Katalog S.144 7 2.26 d

130 **Tür**
Katalog S.146 / 2.27

131 **Spielbrett** (*bao*)
Katalog S.147/ 2.28

132 **Grabskulptur** (*aloalo*)
Katalog S.148 / 2.30 b

133 **Männliche Grabfigur**
Katalog S.149 / 2.31 a

134 **Weibliche Grabfigur**
Katalog S.149 / 2.31 b

135 **Weibliche Figur**
Katalog S.150 / 2.32

136 **Grabpfosten mit Figurenpaar**
Katalog S.150 / 2.33

137 **Löffel mit männlicher Figur**
Katalog S.151 / 2.34

138 **Grabfigur**
Katalog S.151 / 2.35

139 **Grabfigur**
Katalog S.152 / 2.36

140 **Pfosten**
Katalog S.152 / 2.37

141 **Stab**
Katalog S.153 / 2.38

142 **Maske**
Katalog S.155 / 2.39

143 **Stab**
Katalog S.155 / 2.40

144 **Rock**
Katalog S.156 / 2.41

145 **Omusinga-Ständer**
Katalog S.157 / 2.42

146 **Handgelenkschutz** (*igitembe*)
Katalog S.157 / 2.43

147 **Fünf Körbe**
Katalog S.158 / 2.44 a

148 **Zwei Korbtabletts**
Katalog S.159 / 2.44 b

149 **Schild**
Katalog S.159 / 2.45

150 **Geschenkfigur**
Katalog S.160 / 2.46

151 **Geschenk- bzw. magische Figur** (*kigiilya*)
Katalog S.161 / 2.47

152 **Weibliche Figur**
Katalog S.161 / 2.48

153 **Stuhl eines Oberhauptes mit hoher Lehne**
Katalog S.163 / 2.49

154 **Weibliche Figur auf Hocker**
Katalog S.163 / 2.50

155 **Stab**
Katalog S.164 / 2.51

156 **Weibliche Figur**
Katalog S.164 / 2.52

157 **Männliche Figur auf einem Hocker**
Katalog S.165 / 2.53

158 **Maske**
Katalog S.165 / 2.54

159 **Maske** (*samahongo*)
Katalog S. 166 / 2.55

160 **Stuhl mit hoher Lehne**
Katalog S.167 / 2.57

161 **Weibliche Figur**
Katalog S.168 / 2.58 a

162 **Weibliche Figur mit Narbenschmuck**
Katalog S.168 / 2.58 b

163 **Weibliche Figur**
Katalog S.168 / 2.58 c

164 **Männliche Figur**
Katalog S.168 / 2.58 d

165 **Weibliche Figur**
Katalog S.169 / 2.59

166 **Maske**
Katalog S.170 / 2.60

167 **Helmmaske** (*muti wa lipiko*)
Katalog S.170 / 2.61

168 **Tanzzubehör** (*simbo*)
Katalog S.172 / 2.62

169 **Doppelfigur**
Katalog S.162 / 2.63

170 **Wasserpfeife** (*nyungwa*)
Katalog S.173 / 2.64

171 **Trommel** (*likuti*)
Katalog S.174/ 2.65

172 **Körpermaske** (*ndimu*)
Katalog S.175 / 2.66

173 **Gesichtsmaske** (*ndimu*)
Katalog S.177 / 2.67

174 **Kopfbedeckung**
Nuer
Sudan
Pflanzenfaser, röhrenförmige
Glasperlen
Höhe 50 cm
Staatliche Museen zu Berlin,
Preußischer Kulturbesitz, Museum
für Völkerkunde, III A 321

175 **Kopfbedeckung**
Latuko
Sudan
Pflanzenfasern, Lehm, Kupferblech,
Glasperlen, Kaurischnecken, Federn
Höhe 32 cm
Staatliche Museen zu Berlin,
Preußischer Kulturbesitz, Museum
für Völkerkunde, III A 1108 a, b, c

176 **Kopfbedeckung**
Acholi
Uganda
Pflanzenfasern, Kaurischnecken,
Straußenfeder
10 x 20 cm
Staatliche Museen zu Berlin,
Preußischer Kulturbesitz, Museum
für Völkerkunde, III A 1100 a, b

177 **Schnupftabaksbehälter**
Tsonga
Mosambik
Holz
Höhe 27,5 cm
Staatliche Museen zu Berlin,
Preußischer Kulturbesitz, Museum
für Völkerkunde, III D 1701 a, b

178 **Korb**
Rotse
Sambia
Pflanzenfaser
11,5 x 34 cm
Staatliche Museen zu Berlin,
Preußischer Kulturbesitz, Museum
für Völkerkunde, III D 4907

3 SÜDLICHES AFRIKA

179 **Faustkeil**
Katalog S.186 / 3.1

180 **Faustkeil**
Katalog S.186 / 3.2

181 **Holzkohlezeichnung einer Antilope**
Katalog S.187 / 3.3 a

182 **Holzkohlezeichnung einer Tier-Mensch-Figur (zweiteilig)**
Katalog S. 187 / 3.3 b

183 **Tafel von Linton**
Katalog S.188 / 3.4

184 **Felsbild**
Katalog S.189 / 3.5

185 **Coldstream-Stein**
Katalog S.189 / 3.6

186 **Felsritzung einer Giraffe**
Katalog S.190 / 3.7

187 **Steinritzung**
Katalog S.191 / 3.8 a

188 **Steinritzung**
Katalog S.191 / 3.8 b

189 **Verziertes Straußenei als Trinkbehälter**
Katalog S. 192 / 3.9 a

190 **Verziertes Straußenei als Trinkbehälter**
Katalog S.192 / 3.9 a

191 **Verziertes Straußenei als Trinkbehälter**
Katalog S.19.2 / 3.9 c

192 **Verziertes Straußenei als Trinkbehälter**
Katalog S.192 / 3.9 d

193 **Verziertes Straußenei als Trinkbehälter**
Katalog S.193 / 3.9 e

194 **Verziertes Straußenei als Trinkbehälter**
Katalog S.193 / 3.9 f

195 **Verziertes Straußenei als Trinkbehälter**
Katalog S.193 / 3.9 g

196 **Lydenburg-Kopf**
Katalog S.194 / 3.10 a

197 **Lydenburg-Kopf**
Katalog S.195 / 3.10 b

198 **Männliche Figur**
Katalog S.196 / 3.11 a

199 **Vogel**
Katalog S.197 / 3.12

200 **Fragment einer Schüssel**
Katalog S.198 / 3.13

201 **Khami-Figur**
Katalog S.199 / 3.14

202 **Kenilworth-Kopf**
Katalog S.199 / 3.15

203 **Ingot** (*musuku*)
Katalog S.200 / 3.16 a

204 **Ingot** (*musuku*)
Katalog S.200 / 3.16 b

205 **Wahrsageschale** (*ndilo*)
Katalog S.201 / 3.17

206 **Tür** (*vhothi/ngwena*)
Katalog S.202 / 3.18 a

207 **Kopfstütze**
Katalog S.202 / 3.18 b

208 **Stabfigur**
Katalog S.203 / 3.19 a

209 **Stabfigur**
Katalog S.203 / 3.19 b

210 **Kopfstütze** (*mutsag*)
Katalog S.204 / 3.20 a

211 **Kopfstütze** (*mutsago*)
Katalog S.204 / 3.20 b

212 **Kopfstütze** (*mutsago*)
Katalog S.204 / 3.20 c

213 **Kopfstütze** (*mutsago*)
Katalog S.205 / 3.21 a

214 **Kopfstütze** (*mutsago*)
Katalog S.205 / 3.21 b

215 **Kopfstütze** (*mutsago*)
Katalog S.205 / 3.21 c

216 **Kopfstütze**
Katalog S.206 / 3.22 a

217 **Kopfstütze**
Katalog S.206 / 3.22 b

218 **Kopfstütze**
Katalog S.206 / 3.22 c

219 **Kopfstütze**
Katalog S.206 / 3.22 d

220 **Kopfstütze** (*xiqamelo*)
Katalog S.206 / 3.23

221 **Kopfstütze** (*isigqiki*)
Katalog S.207 / 3.24 a

222 **Kopfstütze** (*isigqiki*)
Katalog S.207 / 3.24 b

223 **Kopfstütze** (*isigqiki*)
Katalog S.207 / 3.24 c

224 **Kopfstütze**
Katalog S.207 / 3.24 d

225 **Kopfstütze**
Katalog S.208 / 3.25

226 **Stab**
Katalog S.209 / 3.27 a

227 **Schlangenstab**
Katalog S.209 / 3.27 b

228 **Stab**
Katalog S.209 / 3.27 c

229 **Schlagholz**
Katalog S.210 / 3.27 e

230 **Figurenstab**
Katalog S.210 / 3.27 g

231 **Stab**
Katalog S.210 / 3.28

232 **Tabakspfeife**
Katalog S.211 / 3.29 a

233 **Tabakspfeife**
Katalog S.211 / 3.29 b

234 **Schnupftabaksbehälter**
Katalog S.212 / 3.30 a

235 **Schnupftabaksbehälter**
Katalog S.212 / 3.30 b

236 **Schnupftabaksbehälter**
Katalog S.212 / 3.30 c

237 **Schnupftabaksbehälter**
Katalog S.212 / 3.30 d

238 **Zwei Schnupftabaksbehälter**
Katalog S.213 / 3.30 f

239 **Schnupftabaksbehälter**
Katalog S.213 / 3.30 g

240 **Schnupftabaksbehälter**
Katalog S.214 / 3.31 a

241 **Schnupftabaksbehälter**
Katalog S.214 / 3.31 b

242 **Schnupftabaksbehälter**
Katalog S. 214 / 3.31 c

243 **Schnupftabaksbehälter**
Katalog S.215 / 3.32 a

244 **Schnupftabaksbehälter**
Katalog S.215 / 3 32 b

245 **Perlenbestickter Lederschurz**
Katalog S.216 / 3.33

246 **Umhang**
Katalog S.217 / 3.34

247 **Perlenbestickte Schleppe** (*nyoka*)
Katalog S.218 / 3.35 a

248 **Perlenbestickte Schleppe** (*nyoka*)
Katalog S.218 / 3.35 b

249 **Perlenbestickte Schleppe** (*nyoka*)
Katalog S.218 / 3.35 c

250 **Ohrpflöcke** (*iziqhaza*)
Katalog S.219 / 3.36 a

251 **Ohrpflöcke** (*iziqhaza*)
Katalog S.219 / 3.36 b

252 **Ohrpflöcke** (*iziqhaza*)
Katalog S.219 / 3.36 c

253 **Ohrpflöcke** (*iziqhaza*)
Katalog S.219 / 3.36 d

254 **Löffel oder Schöpfkelle**
Katalog S.220 / 3.37

255 **Biergefäß**
Katalog S.220 / 3.38

256 **Irdenes Gefäß** (*ukhamba*)
Katalog S.221 / 3.39 a

257 **Irdenes Gefäß** (*ukhamba*)
Katalog S.221 / 3.39 b

258 **Gefäß mit Verschluß**
Katalog S.222 / 3.40 a

259 **Gefäß mit Verschluß**
Katalog S.222 / 3.40 b

260 **Fleischplatte** (*ugqoko*)
Katalog S.224 / 3.41 a

261 **Fleischplatte** (*ugqoko*)
Katalog S.224 / 3.41 b

262 **Statuette**
Katalog S.225 / 3.42 a

263 **Statuette**
Katalog S.225 / 3.42 b

264 **Figurine**
Katalog S.225 / 3.42 c

265 **Statuette**
Katalog S.226 / 3.43

266 **Geschnitzter Milcheimer**
Katalog S.226 / 3.44

267 **Figur**
Katalog S.227 / 3.45

268 **Schale**
Katalog S.228 / 3.46

269 **Kleiderschmuck** (*omakipa*)
Katalog S.228 / 3.47

270 **Ritualblasebalg in Büffelform**
Katalog S.229 / 3.48

271 **Löffel für Schnupftabak**
Zulu
Südafrika
Knochen
Länge 18,9 cm
Staatliche Museen zu Berlin,
Preußischer Kulturbesitz,
Museum für Völkerkunde,
III D 3099

272 **Löffel für Schnupftabak**
Zulu
Südafrika
Knochen
Länge 13 cm
Staatliche Museen zu Berlin,
Preußischer Kulturbesitz,
Museum für Völkerkunde, III D 1092

273 **Spazierstock**
Spelonken
Südafrika
Um 1895
Holz
Länge 99 cm
Staatliche Museen zu Berlin,
Preußischer Kulturbesitz,
Museum für Völkerkunde, III D 1697

274 **Keule**
Zulu
Südafrika
Um 1890
Holz
Länge 59 cm
Staatliche Museen zu Berlin,
Preußischer Kulturbesitz,
Museum für Völkerkunde, III D 1616

275 **Keule**
Zulu
Südafrika
Um 1900
Holz
Länge 74,5 cm
Staatliche Museen zu Berlin,
Preußischer Kulturbesitz,
Museum für Völkerkunde, III D 3111

276 **Spazierstock**
Manyika
Südafrika
Um 1900
Holz
Länge 92 cm
Staatliche Museen zu Berlin,
Preußischer Kulturbesitz,
Museum für Völkerkunde, III D 2554

4 ZENTRALAFRIKA

277 **Zoomorpher Kopf**
Katalog S.240 / 4.1

278 **Kruzifix**
Katalog S.240 / 4.2

279 **Stabknauf** (*mvuala*)
Katalog S.242 / 4.3

280 **Stabknauf** (*mvuala*)
Katalog S.242 / 4.4

281 **Stabknauf** (*mvuala*)
Katalog S.243 / 4.5 a

282 **Stabknauf** (*mvuala*)
Katalog S.243 / 4.5 b

283 **Nkisi nkondi** (*kozo*)
Katalog S.244 / 4.6

284 **Nkisi nkondi**
Katalog S.246 / 4.8

285 **Nkisi nkondi** (*Fragment*)
Katalog S.246 / 4.9

286 **Nkisi nkondi** (*Die Gemahlin Mabyaalas*)
Katalog S.247 / 4.10

287 **Nkisi**
Katalog S.248/ 4.11

288 **Weibliche Figur**
Katalog S.249 / 4.12

289 **Grabfigur** (*tumba*)
Katalog S.250 / 4.13 a

290 **Grabfigur** (*tumba*)
Katalog S.250 / 4.13 b

291 **Grabfigur** (*ntadi*)
Katalog S.251 / 4.14

292 **Stele**
Katalog S.252 / 4.15

293 **Deckel mit Sprichwortdarstellungen** (*taampha*)
Katalog S.253 / 4.17 a

294 **Deckel mit Sprichwortdarstellungen** (*taampha*)
Katalog S.253 / 4.17 b

295 **Deckel mit Sprichwortdarstellungen** (*taampha*)
Katalog S.253 / 4.17 c

296 **Androgyne Figur**
Katalog S.254 / 4.18

297 **Ahnenstatuette**
Katalog S.254 / 4.19

298 **Nackenstütze**
Katalog S.255 / 4.21

299 **Trinkgefäß**
Katalog S.256 / 4.22

300 **Tür**
Katalog S.256 / 4.23

301 **Holzrelief**
Katalog S.257 / 4.24

302 **Holzrelief**
Katalog S.258 / 4.25

303 **Holzrelief**
Katalog S.259 / 4.26

304 **Maske** (*kasangu*)
Katalog S.260 / 4.27

305 **Weibliche Statuette**
Katalog S.260 / 4.28

306 **Statuette**
Katalog S.261 / 4.29 a

307 **Statuette**
Katalog S.461 / 4.29 b

308 **Statuette**
Katalog S.461 / 4.29 c

309 **Pfeifen**
Katalog S.262 / 4.31 a – c

310 **Anhänger** (*gikhokho*)
Katalog S.262 / 4.32

311 **Stehende Männliche Figur**
Katalog S.263 / 4.33

312 **Maske** (*mbuya*)
Katalog S.264 / 4.34

313 **Maske** (*panya ngombe*)
Katalog S.264 / 4.35

314 **Figur des ›Kulturheros‹ Chibinda Ilunga**
Katalog S.266 / 4.37

315 **Weibliche Gedenkfigur**
Katalog S.267 / 4.38

316 **Wahrsagefiguren**
Katalog S.268 f. / 4.39 a – p

317 **Sitzbank oder Zeremonialliege**
Katalog S.270 / 4.40

318 **Trinkbecher**
Katalog S.271 / 4.41

319 **Trinkbecher**
Katalog S.271 / 4.42

320 **Männliche Statuette**
Katalog S.272 / 4.43

321 **Figur**
Katalog S.272 / 4.44

322 **Perlengürtel**
Katalog S.273 / 4.45

323 **Rückenstütze**
Katalog S.274 / 4.46

324 **Kissenbezug**
Katalog S.275 / 4.47

325 **Hüftrock** (*ncaka kot*)
Katalog S.276 / 4.48 a

326 **Hüftrock** (*ncaka kot*)
Katalog S.276 / 4.48 b

327 **Maske** (*ngady amwaash*)
Katalog S.278 / 4.49

328 **Trommel**
Katalog S.279 / 4.50

329 **Statuette einer Mutter mit Kind**
Katalog S.280 / 4.51

330 **Aufsatzmaske**
Katalog S.280 / 4.52

331 **Hocker**
Katalog S.282 / 4.54

332 **Messergriff**
Katalog S.284 / 4.46

333 **Schale**
Katalog S.284 / 4.57

334 **Hocker**
Katalog S.286 / 4.49

335 **Nackenstütze**
Katalog S. 287 / 4.60

336 **Wahrsagedoppelschale**
Katalog S.288 / 4.61 a

337 **Schale mit kleiner Figur**
Katalog S. 288 / 4.61 b

338 **Sechsköpfige Figur zu Heilzwecken**
Katalog S.291 / 4.63

339 **Hocker**
Katalog S.292 / 4.64

340 **Gefäß**
Katalog S.292 / 4.65

341 **Reliquiarfigur**
Katalog S.293 / 4.66 a

342 **Ahnenfigur**
Katalog S. 293 / 4.66 b

343 **Ahnenfigur**
Katalog S.294 / 4.66 c

344 **Ahnenfigur**
Katalog S.294 / 4.66 d

345 **Ahnenfigur**
Katalog S.294 / 4.66 e

346 **Huckepackfigur**
Katalog S.296 / 4.66 f

347 **Ahnenfigur**
Katalog S.296 / 4.66 g

348 **Fliegenwedelgriff**
Katalog S.297 / 4.67 a

349 **Figur**
Katalog S.297 / 4.67 b

350 **Büste**
Katalog S.298 / 4.68

351 **Figur**
Katalog S.298 / 4.69

352 **Sitzende weibliche Figur**
Katalog S.299 / 4.70 a

353 **Hocker mit hoher Rückenlehne**
Katalog S.299 / 4.70 b

354 **Löffel**
Katalog S.300 / 4.71 a

355 **Doppelfigur**
Katalog S.300 / 4.71 b

356 **Rituelles Ornament**
Katalog S.300 / 4.71 c

357 **Maske**
Katalog S.301 / 4.71 d

358 **Schmuckmaske** (*lukwakongo*)
Katalog S.310 / 4.71 e

359 **Tafel mit Doppelgesicht**
Katalog S.302 / 4.72

360 **Tierfigur**
Katalog S.302 / 4.73

361 **Rindenstoff** (*pongo*)
Katalog S.303 / 4.74 a

362 **Rindenstoff** (*pongo*)
Katalog S.304 / 4.74 b

363 **›Hängende‹ Figur**
Katalog S.306 / 4.76

364 **Fünfsitziger Hocker**
Katalog S.306 / 4.77

365 **Kopfbedeckung** (*botolo*)
Katalog S.307 / 4.78

366 **Anthropomorphes Gefäß**
Katalog S.308 / 4.79

367 **Maske**
Katalog S.311 / 4.82

368 **Tierkopf**
Katalog S.311 / 4.83

369 **Maske**
Katalog S.312 / 4.84

370 **Tür**
Katalog S.313 / 4.85

371 **Reliquiarfigur**
Katalog S. 314 / 4.86 a

372 **Reliquiarfigur**
Katalog S.314 / 4.86 b

373 **Maske**
AKatalog S.315 / 4.87

374 **Reliquiarfigur**
Katalog S.316 / 4.89

375 **Reliquiarkopf**
Katalog S.317 / 4.90 a

376 **Reliquiarfigur auf einem Hocker**
Katalog S. 317 / 4.19 b

377 **Reliquiarkopf**
Katalog S.318 / 4.91 a

378 **Reliquiarkopf**
Katalog S.318 / 4.91 b

379 **Reliquiarkopf**
Katalog S.320 / 4.92

380 **Huckepackfigur**
Katalog S.321 / 4.93

381 **Männliche Figur mit Kind**
Katalog S.323 / 4.94 a

382 **Weibliche Figur**
Katalog S.323 / 4.94 b

383 **Reliquiarfigur**
Katalog S.323 / 4.95

384 **Maske**
Katalog S.324 / 4.96 a

385 **Maske**
Katalog S.324 / 4.96 b

386 **Maske** (*kifwebe*)
Songye
Zaire
Holz
Höhe 35 cm
Privatsammlung

387 **Tierfigur** (*nduda*)
Yombe
Zaire
Erworben 1893
Holz, Glas, schwarze und weiße Farbpigmente
Höhe 19,5 cm
Staatliches Museum für Völkerkunde München, 93.623

388 **Topf**
Kongo
Zaire
Gebrannter Ton
Höhe 24 cm, Durchmesser 20 cm
The Trustees of the British Museum, London 1910, 10-26.1

5 WESTAFRIKA UND GUINEAKÜSTE

389 **Pfeifenkopf**
Katalog S.346 / 5.1

390 **Tasse**
Katalog S.346 / 5.2

391 **Anthropomorphe Maske**
Katalog S.347 / 5.3

392 **Stehende männliche Figur**
Katalog S.348 / 5.4

393 **Maske**
Katalog S.348 / 5.5

394 **Männliche Figur**
Katalog S.349 / 5.6

395 **Königsthron** (*kuofo*)
Katalog S.350 / 5.7

396 **Königsmaske (Elefantenkopf)**
Katalog S.351 / 5.8

397 **Siegreich zurückkehrender Bafumkönig**
Katalog S.352 / 5.9

398 **Korbschale**
Katalog S.352 / 5.10

399 **Figurenpaar**
Katalog S.353 / 5.11 a – b

400 **Büffelmaske**
Katalog S.354 / 5.13

401 **Königsthron**
Katalog S.355 / 5.14

402 **Königliche Maske des *kah*-Bundes**
Katalog S.357 / 5.16

403 **Kalebassenständer**
Katalog S.358 / 5.17

404 **Maske des *troh*-Bundes**
Katalog S.359 / 5.18

405 **Statuette** (*mu po*)
Katalog S.359/ 5.19

406 **Stehende männliche Figur**
Katalog S.360 / 5.20

407 **Doppelstatuette**
Katalog S.360 / 5.21

408 **Stehende weibliche Figur**
Katalog S.361 / 5.22

409 **Maske**
Katalog S.362 / 5.23

410 **Maske**
Katalog S.362 / 5.24

411 **Stehende Figur**
Katalog S.363 / 5.25 a

412 **Stehende Figur**
Katalog S.363 / 5.25 c

413 **Figur**
Katalog S.364 / 5.26

414 **Kopfstütze**
Katalog S.364 / 5.27

415 **Weibliche Figur**
Katalog S.365 / 5.28

416 **Stehende Figur**
Katalog S.367 / 5.30

417 **Figur**
Katalog S.376 / 5.31

418 **Mutterschaftsfigur**
Katalog S.368 / 5.32 a

419 **Doppelkaryatidenhocker**
Katalog S.369 / 5.32 b

420 **Weibliche Figur mit Kind** (*ekwotame*)
Katalog S.370 / 5.33

421 **Trommelaufsatz: Sitzende Figur**
Katalog S.371 / 5.34 a

422 **Stehende Figur**
Katalog S.371 / 5.34 b

423 **Emblem des Leoparden-geistbundes**
Katalog S.372 / 5.35

424 **Sitzende männliche Figur**
Katalog S.373 / 5.36

425 **Steinfigur** (*atal*)
Katalog S.375 / 5.37 c

426 **Hautüberzogene Aufsatzmaske**
Katalog S.376 / 5.38

427 **Aufsatzmaske**
Katalog S.377 / 5.39

428 **Kopf**
Katalog S.378 / 5.40

429 **Zoomorpher Kopf**
Katalog S.378 / 5.41

430 **Gesichtsmaske**
Katalog S.379 / 5.42

431 **Ahnenfigur** (*ekpu*)
Katalog S.380 / 5.43 a

432 **Ahnenfigur** (*ekpu*)
Katalog S.381 / 5.43 b

433 **Ahnenfigur** (*ekpu*)
Katalog S.381 / 5.43 c

434 **Auf einem Faß sitzende männliche Figur**
Katalog S.382 / 5.44

435 **Kopfanhänger**
Katalog S.383 / 5.45 a

436 **Kopfanhänger**
Katalog S.382 / 5.45 b

437 **Schüssel mit Ständer**
Katalog S.384 / 5.46

438 **Doppel-Ei-Gehänge mit perlenbesetzten Ketten**
Katalog S.384 / 5.47

439 **Kopfschmuck**
Katalog S.386 / 5.49

440 **Figur einer Gottheit**
Katalog S.386 / 5.50 b

441 **Auf einem Stuhl sitzende Frau**
Katalog S.387 / 5.51

442 **Torso**
Katalog S.388 / 5.52

443 **Tür**
Katalog S.389 / 5.53

444 **Aufsatzmaske**
Katalog S.390 / 5.55

445 **Zeremonialstab**
Katalog S.391 / 5.56

446 **Geschnitzte Figur** (*efri*)
Katalog S.393 / 5.58 a

447 **Geschnitzte Figur** (*ivwri*)
Katalog S. 393 / 5.58 b

448 **Kopf einer Königinmutter**
Katalog S.395 / 5.60 a

449 **Reliefplatten**
Katalog S.396 / 5.60 b – e

450 **Kopf eines Zwerges**
Katalog S.398 / 5.60 f

451 **Kopf einer Python**
Katalog S.398 / 5.60 g

452 **Frau mit erhobenen Armen**
Katalog S.399 / 5.60 h

453 **Figur mit dem Kopf eines Welses**
Katalog S.401 / 5.60 i

454 **Widderkopf-Brustplatte**
Katalog S.401 / 5.60 j

455 **Maske mit menschlichem Gesicht**
Katalog S.401 / 5.60 k

456 **Manilla-Armreif**
Katalog S.401 / 5.60 l

457 **Geschnitzte Tür**
Katalog S.402 / 5.60 m

458 **Stab** (*osun ematon*)
Katalog S.402 / 5.60 p

459 **Kopf eines Oni**
Katalog S. 404 / 5.61

460 **Maskenkopf**
Katalog S.405 / 5.62

461 **Statue eines Oni**
Katalog S.406 / 5.63

462 **Sitzende Figur**
Katalog S.406 / 5.64

463 **Zeremonialgefäß**
Katalog S.408 / 5.65

464 **Thron**
Katalog S.408 / 5.66

465 **Throngruppe**
Katalog S.409 / 5.67

466 **Hocker**
Katalog S.409 / 5.68

467 **Kopf einer Königin**
Katalog S.410 / 5.69

468 **Frauenfigur mit zwei Büffelhörnern**
Katalog S.411 / 5.70

469 **Sitzende männliche Figur**
Katalog S.412 / 5.71

470 **Sitzende männliche Figur**
Katalog S.412 / 5.72

471 **Männliche Figur**
Katalog S.413 / 5.73 a

472 **Vogelfigur**
Katalog S.413 / 5.73 b

473 **Gesichtsglocken** (*omo*)
Katalog S.414 / 5.74

474 **Weibliche Figur**
Katalog S.414 / 5.75

475 **Kürbisgefäß**
Katalog S.415 / 5.76

476 ***Ogboni/Osugbo*-Zepter** (*Edan Osugbo*)
Katalog S.416 / 7.77 a

477 ***Ogboni/Osugbo*-Kopf**
Katalog S.416 / 5.77 b

478 ***Ogboni*-Paar**
Katalog S.417 / 5.78 a

479 **Weibliche *Ogboni*-Altarfigur** (*onile*)
Katalog S.418 / 5.78 b

480 **Türsturz**
Katalog S.419 / 5.79

481 **Helmmaske**
Katalog S.420 / 5.80

482 **Helmmaske**
Katalog S.421 / 5.81

483 **Gefäß in Form einer knienden Frau mit jungem Hahn**
Katalog S.421 / 5.82

484 **Figur mit Musikern aus einem Shango-Heiligtum**
Katalog S.422 / 5.83 a

485 **Figur mit Schale aus einem Shango-Heiligtum**
Katalog S.423 / 5.83 b

486 **Figur mit Kind aus einem Shango-Heiligtum**
Katalog S.424 / 5.83 c

487 **Figur mit Kind aus einem Heiligtum**
Katalog S.424 / 5.84

488 **Kopfschmuck** (*ere gelede*)
Katalog S.426 / 5.86

489 **Stab**
Katalog S.427 / 5.87

490 **Wahrsageschale** (*aqere ifa*)
Katalog S.427 / 5.88

491 **Reif**
Katalog S.428 / 5.89

492 **Reif**
Katalog S.428 / 5.90

493 **Karyatide mit Opferschale**
Katalog S.429 / 5.91 a

494 ***Bocio***
Katalog S.431 / 5.91 c

495 **Gewebtes Tuch**
Katalog S.432 / 5.92

496 **Seidentuch** (*adwinasa*)
Katalog S.433 / 5.93

497 **Zeremonialschwert**
Katalog S.434 / 5.94

498 ***Kuduo***
Katalog S.434 / 5.95 a

499 ***Kuduo***
Katalog S.435 / 5.95 b

500 ***Kuduo***
Katalog S.435 / 5.96

501 **Sprecherstab mit figürlichem Aufsatz**
Katalog S.436 / 5.97

502 **Gedenkkopf**
Katalog S.438 / 5.99 a

503 **Gedenkkopf**
Katalog S.438 / 5.99 b

504 **Gedenkkopf**
Katalog S.438 / 5.99 c

505 **Gedenkkopf**
Katalog S.439 / 5.99 d

506 **Brustscheibe**
Katalog S.440 / 5.100

507 **Goldschmuck**
Katalog S.441/ 5102 d – i

508 **Geometrische Goldgewichte**
Katalog S.442 / 5.103/XVI

509 **Goldgewichte in Menschengestalt**
Katalog S.443 / 5.104/I–X

510 **Goldgewichte in Tiergestalt**
Katalog S.444 / 5.105/I–XII

511 **Goldgewichte, die Gegenstände darstellen**
Katalog S.445 / 5.106/I–XIV

512 **Goldgewichte in Form von Naturabgüssen**
Katalog S.446 / 5.107/XVIII

513 **Weibliche Figur**
Katalog S.446 / 5.108

514 **Weiblicher Torso**
Katalog S.447 / 5.109

515 **Weibliche Statuette** (*nkpasopi*)
Katalog S.447 / 5.110

516 **Sitzende Frauenfigur**
Katalog S.448 / 5.111

517 **Weibliche Figur mit Fußschmuck**
Katalog S.448 / 5.112

518 **Männliche Figur**
Katalog S.448 / 5.133

519 **Begräbniskopf**
Katalog S.449 / 5.114

520 **Weibliche Figur** (*blolo bla* oder *asie usu*)
Katalog S.450 / 5.115

521 **Tür**
Katalog S.452 / 5.118

522 **Maske** (*sakrobundi*)
Katalog S.452 / 5.119

523 **Schreinfigur** (*tchicherik sakwa*)
Katalog S.454 / 5.120

524 **Zwei Aufsätze von Helmmasken**
Katalog S.454 / 5.121

525 **Maske mit siebenteiligem Kammaufsatz** (*gu*)
Katalog S.455 / 5.122 a

526 **Männliche Maske** (*zaouli*)
Katalog S.455 / 5.122 b

527 **Figur eines Wahrsagers**
Katalog S.456 / 5.123

528 **Stehender Vogel**
Katalog S.457 / 5.124

529 **Weibliche Figur**
Katalog S.459 / 5.125

530 **Ritueller Kopfschmuck**
Katalog S.460 / 5.127

531 **Miniaturmaske**
Katalog S.461 / 5.128 a

532 **Miniaturmaske**
Katalog S.461 / 5.128 b

533 **Miniaturmaske**
Katalog S.462 / 5.128 c

534 **Miniaturmaske**
Katalog S.461 7 5.128 d

535 **Miniaturmaske**
Katalog S. 461 / 5.128 e

536 **Miniaturmaske**
Katalog S.461 / 5.128 f

537 **Miniaturmaske**
Katalog S.461 / 5.128 g

538 **Miniaturmaske**
Katalog S.461 / 5.1298 h

539 **Miniaturmaske**
Katalog S.462 / 5.128 i

540 **Miniaturmaske**
Katalog S.462 / 5.128 j

541 **Miniaturmaske**
Katalog S.462 / 5.128 k

542 **Miniaturmaske**
Katalog S.462 / 5.128 l

543 **Miniaturmaske**
Katalog S.463 / 5.128 m

544 **Miniaturmaske**
Katalog S.463 / 5.128 o

545 **Miniaturmaske**
Katalog S.463 / 5.128 p

546 **Miniaturmaske**
Katalog S.463 / 5.128 q

547 **Miniaturmaske**
Katalog S.463 / 5.128 r

548 **Miniaturmaske**
Katalog S.463 / 5.128 s

549 **Miniaturmaske**
Katalog S.463 / 5.128 t

545 **Miniaturmaske**
Katalog S.464 / 5.128 u

551 **Miniaturmaske**
Katalog S.464 / 5.128 v

552 **Miniaturmaske**
Katalog S.464 / 5.128 w

553 **Miniaturmaske**
Katalog S.464 / 5.128 x

554 **Vieläugige Maske**
Katalog S.465 / 5.129

555 **Menschliche Figur**
Katalog S.466 / 5.130

556 **Figur einer Stehenden**
Katalog S.466 / 5.131

557 **Steinrelief**
Katalog S.468 / 5.133 a

558 **Figur**
Katalog S.469 / 5.133 b

559 **Liegende Figur**
Katalog S.469 / 5.133 c

560 **Figur**
Katalog S.469 / 5.133 d

561 **Kopf**
Katalog S.469 / 5.133 e

562 **Figur**
Katalog S.470 / 5.133 f

563 **Figur**
Katalog S.470 / 5.133 g

564 **Figur**
Katalog S.471 / 5.134 a

565 **Figur**
Katalog S.471 / 5.134 b

566 **Stehende weibliche Figur**
Katalog S.472 / 5.135

567 **Helmmaske**
Katalog S.472 / 5.136

568 **Sitzende weibliche Figur**
Katalog S.474 / 5.137

569 **Kopfaufsatz in Form einer stilisierten Schlange** (*bansonyi*)
Katalog S.476 / 5.139

570 **Altarfigur**
Katalog S.476 / 5.140

571 **Tanzpuppe**
Katalog S.476 / 5.141

572 **Schwertfisch-Maske**
Katalog S.477 / 5.142

573 **Salzbehälter**
Sierra Leone, Sapi-Portugiesisch
Um 1490–1530
Elfenbein
Höhe 34,3 cm
Museum für Völkerkunde, Wien, 63468 a, b

574 **Salzbehälter**
Sierra Leone, Sapi-Portugiesisch
16. Jahrhundert
Elfenbein
Höhe 22,5 cm
Museum für Völkerkunde, Wien, 118.609 a, b

575 **Leopard**
Benin
Nigeria
17.–18. Jahrhundert
Messing
43 x 60 cm
Staatliches Museum für Völkerkunde, München, 52-7-1

576 **Yams-Altar**
Igbo
Nigeria
Gebrannter Ton
47 x 36 x 25 cm
The Trustees of the British Museum, London 1951, AF. 1

577 **Schuhe**
Yoruba
Nigeria, Ekiti
Perlen, Stoff, Pflanzenfasern
Anfang 20. Jahrhundert
Perlen, Stoff, Pflanzenfasern
The Trustees of the British Museum, London 1904, 2-19. 3 a-b.

6 SAHEL UND SAVANNE

578 **Monolith**
Katalog S.484 / 6.1 a

579 **Monolith**
Katalog S.484 / 6.1 b

580 **Kniende Figur**
Katalog S.485/ 6.2 b

581 **Figürlicher Anhänger**
Katalog S.485 / 6.2 c

582 **Stehende Figur**
Katalog S.486 / 6.2 d

583 **Männliche Figur**
Katalog S.486 / 6.2 e

584 **Halsring**
Katalog S.488 / 6.3

585 **Kniende Figur**
Katalog S.490 / 6.4 d

586 **Stab** (*sono*)
Katalog S.496 / 6.5 a

587 **Stab** (*sono*)
Katalog S.496 / 6.5 b

588 **Stab mit weiblicher Figur** (*nege muso*)
Katalog S.497 / 6.6

589 **Weibliche Figur** (*nyeleni*)
Katalog S.500 / 6.9 a

590 **Weibliche Figur mit Gefäß** (*jomogoniw* oder *gwanden*)
Katalog S.500 / 6.9 b

591 **Antilopen-Aufsatzmasken**
Katalog S.501 / 6.10 a,b

592 **Maskenpaar**
Katalog S.502 / 6.11

593 **Reiterfigur**
Katalog S.503 / 6.12

594 **Stab**
Katalog S.504 / 6.13

595 **Figur**
Katalog S.504 / 6.14

596 **Kniende weibliche Figur**
Katalog S.504 / 6.15

597 **Maske**
Katalog S.504 / 6.16

598 **Figur**
Katalog S.507 / 6.18 a

599 **Paar mit erhobenen Armen** (*nommo*)
Katalog S.507 / 6.18 b

600 **Figur mit erhobenen Armen** (*nommo*)
Katalog S.507 / 6.18 c

601 **Figur**
Katalog S.507 / 6.18 d

602 **Bucklige Figur**
Katalog S.508 / 6.19

603 **Männliche Figur**
Katalog S.509 / 6.20

604 **Sitzende männliche Figur**
Katalog S.509 / 6.21

605 **Balafonspieler**
Katalog S.510 / 6.22

606 **Weibliche Figur**
Katalog S.510 / 6.23

607 **Pfahl** (*togu na*)
Katalog S.511 / 6.25

608 **Tür mit Schloß**
Katalog S.512 / 6.26

609 **Stab**
Katalog S.512 / 6.28

610 **Anhänger mit sitzendem Gefangenen**
Katalog S.513 / 6.29 a

611 **Anhänger mit zwei Reitern**
Katalog S.513 / 6.29 b

612 **Stehende Figur**
Katalog S.513 / 6.29 c

613 **Hauspfahl**
Katalog S.514 / 6.30

614 **Doppelfigur**
Katalog S.514 / 6.31 a

615 **Anthropomorphe Figur**
Katalog S.515 / 6.31 b

616 **Figur**
Katalog S.515 / 6.32

617 **Helm mit figürlichem Aufsatz**
Katalog S.516 / 6.33

618 **Maske**
Katalog S.517 / 6.34

619 **Armreif**
Katalog S.518 / 6.35 a

620 **Armreif mit zehn Krokodilköpfen**
Katalog S.518 / 6.35 b

621 **Armreif(?)**
Katalog S.518 / 6.35 c

622 **Zepter**
Katalog S.519 / 6.35 d

623 **Armreif**
Katalog S.519 / 6.35 e

624 **Armreif mit Krokodilkopf**
Katalog S.519 / 6.35 f

625 **Figur eines Wahrsagers** (*dimbien*)
Katalog S.520 / 6.36

626 **Stehende weibliche Figur**
Katalog S.520 / 6.37

627 **Männliche Figur** (*bateba*)
Katalog S.521 / 6.38

628 **Stuhl**
Katalog S.522 / 6.40

629 **Kürbisförmiges Gefäß**
Katalog S.523 / 6.42

630 **Figur**
Katalog S.524 / 6.43

631 **Grabskulptur**
Katalog S.524 / 6.44

632 **Dreibeiniger Kraftgegenstand für Heilzwecke**
Katalog S.525 / 6.45

633 **Jemaa Kopf**
Katalog S.526 / 6.46

634 **Dinya Kopf**
Katalog S.526 / 6.47

635 **Figur**
Katalog S.527 / 6.48

636 **Köcher**
Katalog S.531 / 6.56

637 **Kissenstütze** (*ehel*)
Katalog S.531 / 6.57

638 **Pferd und Reiter**
Katalog S.532 / 6.60 a

639 **Figur**
Katalog S.533 / 6.60 b

640 **Maskenartige Figur**
Katalog S.533 / 6.60 c

641 **Pulverhorn**
Tuareg
Um 1870
Messing
20 x 17,5 cm
Staatliche Museen zu Berlin, Preußischer Kulturbesitz, Museum für Völkerkunde, III B 1104

7 NORDAFRIKA

642 **Zwei Ständer zum Aufhängen von Ledertaschen**
Katalog S.544 / 7.1 a

643 **Ständer zum Aufhängen einer Kürbisflasche oder eines Lederbehälters**
Katalog S.544 / 7.1 b

644 **Schüssel**
Katalog S.545 / 7.1 c

645 **Tasche**
Katalog S.546 / 7.2 a

646 **Behälter** (*botta*)
Katalog S.547 / 7.2 b

647 **Buttergefäß**
Katalog S.547 / 7.2 c

648 **Widderkopf**
Katalog S.5548 / 7.4

649 **Polierte Steinaxt**
Katalog S.549 / 7.5

650 **Steinschale**
Katalog S.549 / 7.6 a

651 **Steinschale**
Katalog S.549 / 7.6 b

652 **Steinritzung**
Katalog S.550 / 7.7 a

653 **Steinritzung**
Katalog S.550 / 7.7b

654 **Steinstele**
Katalog S.551 / 7.8 a

655 **Verzierte Reibschale**
Katalog S.552 / 7.8 b

656 **Steinritzung**
Katalog S.552 / 7.8 c

657 **Maske mit negroiden Gesichtszügen**
Katalog S.553 / 7.9 a

658 **Grimassierende Maske**
Katalog S.553 / 7.9 b

669 **Maske eines bärtigen Mannes**
Katalog S.553 / 7.9 c

660 **Mosaik mit Tänzerin**
Katalog S.554 / 7.10

661 **Kopf eines Priesters**
Katalog S.555 / 7.11

662 **Statuette einer sitzenden Göttin**
Katalog S.556 / 7.13

663 **Stele zu Ehren von Tanit und Baal**
Katalog S.557 / 7.14

664 **Stele zu Ehren von Tanit und Baal**
Katalog S.557 / 7.15

665 **Figur aus Blech**
Katalog S.558 / 7.16

666 **Relief mit acht Gottheiten**
Katalog S.558 / 7.17

667 **Grabstein**
Katalog S.559 / 7.18

668 **Grabstein** (*mashhada*) **des Mariniden-Sultans Abu Ya**^{c}**qub Yusuf**
Katalog S.559 / 7.19

669 **Mosaiktafel** (*zallij*)
Katalog S.560 / 7.20

670 **Zwei Seiten aus dem Koran**
Katalog S.561 / 7.21

671 **Damengürtel** (*hzam*)
Katalog S.562 / 7.24

672 **Weißblauer Teller**
Katalog S.563 / 7.25 a

673 **Grünweiße Schale**
Katalog S.563 / 7.25 b

674 **Truhe** (*sunduq*)
Katalog S.563 / 7.26

675 **Couscous-Geschirr**
Katalog S.564 / 7.27 a

676 **Couscous-Geschirr**
Katalog S.564 / 7.27 b

677 **Milchkrug**
Katalog S.565 / 7.28

678 **Couscous-Schale**
Katalog S.565 / 7.29

679 **Gefäß mit Deckel**
Katalog S.566 / 7.30

680 **Schale für Trockenobst**
Katalog S.567 / 7.31

681 **Hocker**
Katalog S.567 / 7.32

682 **Tür eines Kornspeichers**
Katalog S.568 / 7.33 a

683 **Tür**
Katalog S.568 / 7.33 b

684 **Zimmertür**
Katalog S.569 / 7.34

685 **Brust- oder Kopfschmuck**
Katalog S.570 / 7.35 a

686 **Fibeln** (*bzayim*) **mit Verbindungskette und Perle** (*taghmut*)
Katalog S.570 / 7.35 b

687 **Fibel** (*hlal*)
Katalog S.572 / 7.36

688 **Teppich** (*zerbiya*)
Katalog S.573 / 7.37 a

689 **Teppich** (*zerbiya*)
Katalog S.573 / 7.37 b

690 **Teppich** (*zerbiya*)
Katalog S.574 / 7.37 c

691 **Teppich** (*zerbiya*)
Katalog S.574 / 7.37 d

692 **Teppich** (*zerbiya*)
Katalog S.575 / 7.37 e

693 **Steinrelief**
Katalog S.580 / 7.45

694 **Relief**
Katalog S.581 / 7.46

695 **Platte eines Kenotaphs**
Katalog S.582 / 7.48

696 **Vier Schachfiguren**
Katalog S.582 / 7.49

697 **Wasserkrug**
Katalog S.583 / 7.50

698 ***Tiraz* mit kalligraphischer Stickerei**
Katalog S.584 / 7.51

699 **Wasserkrug mit Ständer** (*kilga*)
Katalog S.585 / S.7.54

700 **Band eines siebenteiligen Korans**
Katalog S.586 / 7.55

701 **Becken**
Katalog S.587 / 7.56

702 **Weihrauchgefäß**
Katalog S.588 / 7.57

703 **Glasbecher**
Katalog S.590 / 7.60

704 **Moschee-Ampel**
Katalog S.591 / 7.62 c

705 **Mosaikplatte**
Katalog S.592 / 7.63

706 **Teppich**
Katalog S.594 / 7.66

707 ***Minbar* für Sultan Qa'itbay**
Katalog S.595 / 7.67

708 **Kapitell mit Weinblättern**
Ägypten
Koptisch
6. Jahrhundert
Kalkstein
37 x 36 cm
Staatliche Museen zu Berlin,
Preußischer Kulturbesitz,
Museum für Spätantike und
Byzantinische Kunst, 6159

709 **Ständer mit Kosmetikbehälter**
Ägypten
Koptisch
Spätes 6. Jahrhundert – frühes
7. Jahrhundert
Holz
33,5 x 6,5 cm
Staatliche Museen zu Berlin,
Preußischer Kulturbesitz,
Museum für Spätantike und
Byzantinische Kunst, 24/83

710 **Ständer für Kosmetikbehälter**
Ägypten
Koptisch
Spätes 6. Jahrhundert – frühes
7. Jahrhundert
Holz
17,5 x 4 cm
Staatliche Museen zu Berlin,
Preußischer Kulturbesitz,
Museum für Spätantike und
Byzantinische Kunst, 25/83

711 **Grabstein des Pathermouthis**
Ägypten
Koptisch
6. – 8. Jahrhundert
Sandstein mit Spuren von roter
Bemalung
86 x 41 x 4,5 cm
The Trustees of the British Museum,
London, EA. 1765

712 **Korbkapitell mit Laubwerk**
Ägypten
Koptisch
6. – 8. Jahrundert
Kalkstein
40,5 x 50 x 50 cm
The Trustees of the British Museum,
London, EA. 1536

713 **Holzrelief**
Ägypten
Fatimiden
11. Jahrhundert
Holz mit Spuren von Stuck
32,9 x 152,7 cm
Sammlung al-Sabah, Kuwait,
LNS 55 W

714 **Topf**
Ägypten
12. – 13. Jahrhundert
Glasierter Ton
42,8 cm x 29,5 cm
Sammlung al-Sabah, Kuwait,
LNS 340 C

715 **Schale mit zentraler Ausmalung**
Ägypten
Mamluken
14. Jahrhundert
Ton mit gelber Glasur
11,3 cm x 22,6 cm
Sammlung al-Sabah, Kuwait,
LNS 7 C

716 **Spiegel**
Ägypten
Kairo, Mamluken
Mitte 14. Jahrhundert
Stahleinsatz mit Silber und Gold
Durchmeser 21 cm
The Trustees of the British Museum,
London, OA. 1960.2-15,1

717 **Stifteschachtel**
Ägypten
Kairo, Mamluken
Mitte 14. Jahrhundert
Messingeinsatz mit Silber und Gold
Länge 30,7 cm
The Trustees of the British Museum,
London, OA. 1881.8-2, 20

718 **Krug**
Kairo oder Damaskus
Mamluken
Mitte 14. Jahrhundert
Messingeinlage mit Silber und Gold
Höhe 28,5 cm
The Trustees of the British Museum,
London, OA. 1887.6-12,1

719 **Runde Kachel mit epigraphischer Verzierung des Sultan Qa'itbay**
Ägypten
Mamluken
Spätes 15. Jahrhundert
Glasierter Ton
Durchmeser 30 cm
Sammlung al-Sabah, Kuwait,
LNS 190 C

720 **Grabstele der Theodora**
Ädikula mit Orans
Ägypten, Fayum
5. Jahrhundert
Kalkstein
75 x 57 cm
Staatliche Museen zu Berlin,
Preußischer Kulturbesitz, Museum
für Spätantike und Byzantinische
Kunst, 4723

721 **Grabstele**
Ägypten, Fayum
4. – 5. Jahrhundert
Kalkstein
26 x 19,5 cm
Staatliche Museen zu Berlin,
Preußischer Kulturbesitz, Museum
für Spätantike und Byzantinische
Kunst, 4721

722 **Schrankenplatte**
Ägypten, Bawit (?)
Kalkstein
61 x 85 cm
Staatliche Museen zu Berlin,
Preußischer Kulturbesitz, Museum
für Spätantike und Byzantinische
Kunst, 4711

723 **Friesplatte mit Mäandergeflecht**
Ägypten, Melawi al-Arisch
oder Bawit (?)
6. Jahrhundert
Kalkstein
36 x 108 cm
Staatliche Museen zu Berlin,
Preußischer Kulturbesitz,
Museum für Spätantike und
Byzantinische Kunst, 6144

724 **Hochkamm**
Ägypten, Mittelägypten
Ende 6. – Anfang 7. Jahrhundert
Holz
24 x 8,2 cm
Staatliche Museen zu Berlin,
Preußischer Kulturbesitz,
Museum für Spätantike und
Byzantinische Kunst, 18/83

725 **Füllbrett einer Kassettendecke**
Ägypten
5. – 6. Jahrhundert
Temperamalerei auf Holz
26,5 x 59,5 cm
Staatliche Museen zu Berlin,
Preußischer Kulturbesitz,
Museum für Spätantike und
Byzantinische Kunst, 6115

726 **Kessel**
Ägypten
Ca. 6. Jahrhundert
Roter Ton
Höhe 26 cm
Staatliche Museen zu Berlin,
Preußischer Kulturbesitz,
Museum für Spätantike und
Byzantinische Kunst, 3500

727 **Konsolbalken**
Ägypten, Bawit, Apollon-Kloster (?)
6. – 7. Jahrhundert
Akazienholz
96 x 41 cm
Staatliche Museen zu Berlin,
Preußischer Kulturbesitz,
Museum für Spätantike und
Byzantinische Kunst, 3019

728 **Vorhang, Behang oder Decke**
Ägypten, Antinoopolis
5. – 6. Jahrhundert
Leinengewebe mit Wirkerei aus
Wolle und Leinen
123,5 x 210 cm
Staatliche Museen zu Berlin,
Preußischer Kulturbesitz,
Museum für Spätantike und
Byzantinische Kunst, 6811

729 **Fragment eines Stoffbehangs**
Ägypten
4. – 5. Jahrhundert
Wolle (auf Leinen)
45 x 17 cm
Staatliche Museen zu Berlin,
Preußischer Kulturbesitz,
Museum für Spätantike und
Byzantinische Kunst, 14/69

730 **Statuetten zweier Löwen**
Ägypten
7. Jahrhundert
Kalkstein
28 x 35,5 bzw. 33 cm
Staatliche Museen zu Berlin,
Preußischer Kulturbesitz,
Museum für Spätantike und
Byzantinische Kunst, 4458, 4459

731 **Friesplatte**
Ägypten (angeblich aus dem weißen
Kloster der Anba Schenuda bei Sohag)
6. – 7. Jahrhundert
Kalkstein
43 x 61 cm
Staatliche Museen zu Berlin,
Preußischer Kulturbesitz,
Museum für Spätantike und
Byzantinische Kunst, 4131

732 **Hängelampe für eine Moschee**
Ägypten
Vor 1517
Messing, graviert, ehemals tauschiert
Höhe 67 cm, Durchmesser 45 cm
Staatliche Museen zu Berlin,
Preußischer Kulturbesitz, Museum
für Islamische Kunst, I. 4502

733 **Wasserbecken**
Ägypten / Syrien
1. Hälfte 14. Jahrhundert, vor 1341
Messing, graviert, ehemals tauschiert
Höhe 9,5 cm, Durchmesser 20,5 cm
Staatliche Museen zu Berlin,
Preußischer Kulturbesitz, Museum
für Islamische Kunst, I. 921

734 **Wasserbecken**
Ägypten / Syrien
1. Hälfte 14. Jahrhundert, vor 1341
Messing, graviert, ehemals tauschiert
Höhe 9,5 cm, Durchmesser 21,5 cm
Staatliche Museen zu Berlin,
Preußischer Kulturbesitz, Museum
für Islamische Kunst, I. 114

735 **Kanne**
Ägypten
Vor 1341
Messing, graviert, ehemals tauschiert
Höhe 20 cm, Durchmesser 17,5 cm
Staatliche Museen zu Berlin,
Preußischer Kulturbesitz, Museum
für Islamische Kunst, I. 3592

736 **Mamluken-Teppich**
Kairo
Anfang 16. Jahrhundert
Wolle, geknüpft
200 x 139 cm
Staatliche Museen zu Berlin,
Preußischer Kulturbesitz, Museum
für Islamische Kunst, I. 22

737 **Türflügel**
Ägypten
14.– 15. Jahrhundert
Kiefernholz, Ebenholz, Elfen-
beineinlagen
210 x 94 cm
Staatliche Museen zu Berlin,
Preußischer Kulturbesitz, Museum
für Islamische Kunst, I. 27 / 69

738 **Trennwand**
Ägypten
16. Jahrhundert
Kiefernholz, Lindenholz, Ulmenholz,
Buchenholz
236 x 210 cm
Staatliche Museen zu Berlin,
Preußischer Kulturbesitz, Museum
für Islamische Kunst, I. 21 / 67

739 **Doppelseite aus einem Sammelwerk religiöser Texte mit Darstellungen der Kanzel des Propheten und der Gräber des Propheten sowie der ersten Kalifen in Medina**
Marokko
16. Jahrhundert
Papier, Tinte, Temperamalerei
13,2 x 27 cm (beide Seiten nebenein-
anderliegend)
Staatliche Museen zu Berlin,
Preußischer Kulturbesitz, Museum
für Islamische Kunst, I. 1990.13

740 **Grabstein des Ishaq b. Ibrahim mit Zierkufi-Inschrift**
Ägypten
9. Jahrhundert
Marmor
50 x 44 cm
Staatliche Museen zu Berlin,
Preußischer Kulturbesitz,
Museum für Islamische Kunst, I. 579

741 **Schriftplatte mit dem Thronvers (Sure 2, Vers 256)**
Ägypten
Marmor
Ende 9.–Anfang 10. Jahrhundert
70 x 44 cm
Staatliche Museen zu Berlin, Preußischer Kulturbesitz, Museum für Islamische Kunst, I.6004

742 **Grabstele mit Koranzitat (Sure 55, 26- 27) im *tult*-Duktus**
Ägypten
17. Jahrhundert
Marmor, bemalt und vergoldet
129 x 11,5 x 14,5 cm
Staatliche Museen zu Berlin, Preußischer Kulturbesitz, Museum für Islamische Kunst, I. 567

743 **Kleine Lampe**
Ägypten
9.–10. Jahrhundert
Glas, frei geblasen
Höhe 20,5 cm, Durchmesser 15,5 cm
Staatliche Museen zu Berlin, Preußischer Kulturbesitz, Museum für Islamische Kunst, I. 2337

744 **Leuchtertisch**
Ägypten
11. Jahrhundert
Bronze
60 x 40 cm
Staatliche Museen zu Berlin, Preußischer Kulturbesitz, Museum für Islamische Kunst, I. 6072

745 **Lampe**
Ägypten
9.–11. Jahrhundert
Glas
Höhe 20,5 cm, Durchmesser 15,5 cm
Staatliche Museen zu Berlin, Preußischer Kulturbesitz, Museum für Islamische Kunst, I. 2337

746 **Kleiner Kessel mit koptisch - arabischem Dekor**
Ägypten
10.–11. Jahrhundert
Bronze, graviert
Höhe 14 cm, Durchmesser 16,5 cm
Staatliche Museen zu Berlin, Preußischer Kulturbesitz, Museum für Islamische Kunst, I. 4387

747 **Becher mit mamlukischen Wappen**
Ägypten
14. Jahrhundert
Glasierter Ton mit Schlickermalerei und Ritzdekor, ergänzt
Höhe 15,5 cm, Durchmesser 11 cm
Staatliche Museen zu Berlin, Preußischer Kulturbesitz, Museum für Islamische Kunst, I. 279

748 **Kännchen**
Ägypten
10.–12. Jahrhundert
Glas, formgeblasen
Höhe 10,5 cm, Durchmesser 5,4 cm
Staatliche Museen zu Berlin, Preußischer Kulturbesitz, Museum für Islamische Kunst, I. 2155

749 **Schriftblatt mit Korantext (Sure 29) im *tult*-Duktus**
Ägypten
14.–15. Jahrhundert
Papier, Tinte, Vergoldung
41,5 x 32 cm
Staatliche Museen zu Berlin, Preußischer Kulturbesitz, Museum für Islamische Kunst, I. 6595

750 **Pulverhorn**
Marokko
Um 1880
Messing
22 x 10 cm
Staatliche Museen zu Berlin, Preußischer Kulturbesitz, Museum für Völkerkunde, III B 276

751 **Pulverflasche**
Marokko
Anfang 20. Jahrhundert
Höhe 18 cm, Durchmesser 11 cm
Messing
Staatliche Museen zu Berlin, Preußischer Kulturbesitz, Museum für Völkerkunde, III B 2067

752 **Tonflasche**
Marokko
Um 19. Jahrhundert
24,5 x 13 cm
Staatliche Museen zu Berlin, Preußischer Kulturbesitz, Museum für Völkerkunde, III B 1225

753 **Tonschale mit Fuß**
Beni Aissi / Algerien
Um 1900
Höhe 31 cm, Durchmesser 40 cm
Staatliche Museen zu Berlin, Preußischer Kulturbesitz, Museum für Völkerkunde, III B 1457

754 **Tonflasche**
Marokko
Anfang 20. Jahrhundert
Höhe 25,5 cm, Durchmesser. 13,5 cm
Staatliche Museen zu Berlin, Preußischer Kulturbesitz, Museum für Völkerkunde, III B 2072

755 **Speiseschale**
Marokko
Anfang 20. Jahrundert
Höhe 13,5 cm, Durchmesser 40 cm
Staatliche Museen zu Berlin, Preußischer Kulturbesitz, Museum für Völkerkunde, III B 3010

756 **Tongefäß**
Ägypten
Mitte 19. Jahrhundert
Höhe 7 cm, Durchmesser 8 cm
Staatliche Museen zu Berlin, Preußischer Kulturbesitz, Museum für Völkerkunde, III A 5508

757 **Metallgefäß**
Ägypten
20. Jahrhundert
Höhe13 cm, Durchmesser 17 cm
Staatliche Museen zu Berlin, Preußischer Kulturbesitz, Museum für Völkerkunde, III A 5649

758 **Deckeldose**
Ägypten
20. Jahrhundert
Höhe 7,7 cm, Durchmesser 14 cm
Staatliche Museen zu Berlin, Preußischer Kulturbesitz, Museum für Völkerkunde, III A 5653 a, b

Photonachweis

Photovorlagen stellten freundlicherweise die in den Bildlegenden genannten Museen und Sammlungen zur Verfügung, ferner folgende Photographen und Institute:

Maurice Aeschimann, Genf Kat. 5.96
Dick Beaulieux, Brüssel Kat. 2.54
Gérard Bonnet, Marseilles Kat. 6.34
Margarete Büsing Kat. 1.5, 1.69
Margret Carey Abb. 2, S. 118
Mario Carrieri, Mailand Kat. 2.33, 2.55
© Dirk Bakker Kat. 5.45 a, 5.46 f., 5.61–5.65, 5.69, 6.46–6.48
© Museum für Völkerkunde, Basel Kat. 7.7 a, 7.7 b, Photos Peter Horner
© 1995 Museum of Fine Arts, Boston. Alle Rechte vorbehalten. Kat. 1.8, 1.25, 1.46 f., 1.67, 1.81 f.
© Illustrative Options, Botswana. Alle Rechte vorbehalten. Kat. 3.48
© Fitzwilliam Museum, University of Cambridge Kat. 1.17, 1.49, 1.58, 1.76, 1.85
© S. A. Cultural History Museum, Kapstadt Kat. 3.12, Photo Cecil Kortjie
Professor M. H. Day Abb. 11, S. 18
© Kathrin Doepner Kat. 7.5, 7.8 b
© The Detroit Institute of Arts, 1995 Kat. 4.35, 5.102
Z. R. Dmochowski Abb. 2, S. 333
© Trustees of the National Museums of Scotland, Edinburgh Kat. 5.29, 5.55, 5.116
William Fagg Abb. 1, S. 327, Abb. 3, S. 334, Abb. 6, S. 340
© P. A. Ferrazzini, Musée Barbier-Mueller, Genf Kat. 5.133 e
© Rheinländer, Hamburg Kat. 2.63, 4.24 f., 4.29 b, 4.33, 4.52
© President & Fellows of Harvard College 1990. Alle Rechte vorbehalten. Photo Hillel Burger Kat. 4.49, 4.94 a, 4.94 b
© Hickey & Robertson, (Houston) Kat. 5.28, (Texas), Kat. 6.23
© Alan Keohane/Impact, London Kat. 7.2 a, 7.35 a, 7.37 b, 7.37 c
© Rijksmuseum voor Volkenkunde, Leiden, Photo Ben Grishaaver Kat. 4.15
© Museum für Völkerkunde, Leipzig Kat. 5.38, 5.120, 7.32, Photos Heini Schneebeli
© The British Museum, London Kat. 5.58 b
© The British Museum, London Kat. 1.1, 1.3, 1.7, 1.12 a, 1.12 b, 1.18, 1.35 f., 1.50 f., 1.53, 1.63, 1.71 a, 1.71 b, 1.77–1.79,1.83, 2.4, 2.13 f., 2.18 c, 2.21, 2.24 b, 2.34, 2.43, 2.44 b, 2.44 c, 2.58 c, 2.62, 3.9 e, 3.17, 3.20 a, 3.20 c, 3.24 a, 3.24 b, 3.40 b, 4.7 a, 4.14, 4.20 f., 4.41, 4.46, 4.48 a, 448 b, 4.53–4.55, 4.60, 4.63 f., 4.70 a, 4.70 b, 4.71 b, 5.25 a, 5.36, 5.45 b, 5.53 f., 5.58 a, 6.60 b–6.60 e, 6.60 j–6.60 l, 6.60 n, 6.60 o, 6.66, 6.76, 6.79–6.81, 6.85, 6.91 a, 6.94, 6.101 a, 6.101 b, 6.119, 6.128 v, 6.128 w, 6.133 a–6.133 c, 6.133 f, 6.18 c, 7.44 f., 7.48 f., 7.51, 7.56, 7.60, 7.62 a, 7.62 b, Abb.13, S. 20, Photos Heini Schneebeli
© Science Museum, London Kat. 5.2, 5.71 a, 5.77 a, 5.141, Photos Heini Schneebeli
© Manchester City Art Galleries Kat. 7.54, Photo Peter Burton
© Manchester Museum Kat. 2.15 a f., 2.23
© Staatliches Museum für Völkerkunde, München Kat. 4.39 a–4.39 g, 4.67 a, 5.11a f., Photos Swantje Autrum-Mulzer
© 1994 Christie's, New York Kat. 4.91 b
© 1995 The Metropolitan Museum of Art, New York Kat. 1.31, 1.48; 4.44, 6.5 a, 6.13, 6.21
© 1992 Dr. Gerald Newlands, Alberta, Canada Abb.1, S. 11
© 1995 Pitt Rivers Museum, Oxford Kat. 3.9 a, 4.47, 5.133 g, Photos Heini Schneebeli
© Musée de l'Homme, Paris Kat. 4.26, 4.85, 5.91 d, 6.1 a, 6.1 b, 6.27, 6.58 f., 6.60 b, 7.3 f., 7.6 b
© Musée de l'Homme, Paris Kat. 6.7, Photo D. Destable & C. Lemzaouda
© Musée de l'Homme, Paris Kat. 5.12, 5.138, Photos B. Hatala
© Musée de l'Homme, Paris Kat. 4.87, Photo C. Lemzaouda
© Musée de l'Homme, Paris Kat. 4.96 b, 5.133 d, Photos D. Ponsard
© R. M. N., Paris Kat. 7.18, 7.24
© R. M. N., Paris Kat. 7.36, Photo A. Chuzeville
© R. M. N., Paris Kat. 7.23, Photo J. Cuenot
© R. M. N., Paris Kat. 7.22, 7.26, 7.37 a, 7.37 d, Photos A. Emont
© R. M. N., Paris Kat. 7.27 a, 7.27 b, Photos Heini Schneebeli
© R. M. N., Paris Kat. 5.8, 5.17, Photos H. Lewandowski
© R. M. N., Paris Kat. 5.15 f., 5.18, Photos N. Mathéus
© Museum voor Volkenkunde, Rotterdam Kat. 5.137
© 1995 John Bigelow Taylor, N.Y.C. Kat. 1.14, 2.64, 3.41 a, 4.59, 4.71 f, 4.91 a, 4.93, 5.5, 5.23, 5.31, 5.34 b, 5.50 b, 5.115, 5.128 i, 5.142, 6.12, 6.16, 6.18 a, 6.57, 6.96
Claudio Elia, Rom Kat. 4.7 b, 5.132
Angela Fisher Abb.1, S. 117
Lynton Gardiner Kat. 2.24, 6.20
Jean-François Gout Kat. 1.72 f., 1.75
Gilbert Graham, Florida Kat. 2.11, 4.39 o, 4.39 p, 5.123, 5.128 b, 5.128 h, 5.128 j, 5.128 o
Karlheinz Grünke, Hamburg Kat. 4.72
George Hart Abb.1, S. 41, Abb.2, S. 42
Mike Harvey Photographie Kat. 3.47
Ferry Herrebrugh Kat. 5.51
Pelizaeus Museum, Hildesheim Kat. 1.64
George Hixson, Houston Kat. 6.60 c
Barry Iverson Kat. 1.28–1.30, 1.32 f., 1.34 a, 1.34 b, 1.41, 1.45, 1.87, 1.89, 7.38 a, 7.38 b, 7.39, 7.40 a, 7.40 b, 7.41–7.43, 7.47, 7.52, 7.57–7.59, 7.61, 7.64 f.
Bernd-Peter Keiser, Braunschweig Kat. 2.12 b, 2.26 a–2.26 d, 2.48, 4.18 f.
Timothy Kendall Abb.6, S. 50
Franko Khoury Kat. 2.9 a, 2.9 b, 3.29 b, 5.89, 5.112
Jürgen Liepe Kat. 1.2, 1.59, 1.80, 1.88
Mit freundlicher Genehmigung von The British Library, London Kat. 2.2, 7.55
Green and Russell, London Kat. 2.46, 3.42 c, 4.95
Mit freundlicher Unterstützung des Board of Trustees of the Victoria and Albert Museum, London Kat. 2.6, 7.53, 7.67, Abb. 10, S. 17
John Mack Abb.4, S. 123
Angelo Mariaizzi, Mailand Kat. 5.134 a
H. O. Mönnig Abb.1, S. 179
George Meister, München Kat. 2.25, 2.38 f., 2.51, 2.53, 2.58, 2.61, 3.39 a–3.39 c, 2.2, 2.57, 2.65, 5.99 b, 5.99 c, 6.42
Mit freundlicher Unterstützung des Dept. of Library Services, American Museum of Natural History, New York Kat. 4.80 f., Photos Lynton Gardiner
Objectif 31, Nyon Kat. 1.39
Bernard O'Kane Abb.3, S. 541, Abb.4, S. 542
University of Pennsylvania Museum, Philadelphia Kat. 1.24, 1.86, 2.30 a, 7.63
John Picton Abb.7, S. 342
Marc Laurent Riviere Kat. 4.30 b
Heini Schneebeli, London Kat. 1.4, 1.9–1.11, 1.13, 1.16 a, 1.16 b, 1.19, 1.20 a–1.20 c, 1.21–1.23, 1.37, 1.40, 1.43 f., 1.52, 1.54 a, 1.54 b, 1.55 f., 1.61 f., 1.66, 2.7 a, 2.7 b, 2.8 a, 2.8 b, 2.10 a, 2.10 b, 2.12 a, 2.12 c, 2.16 a, 2.16 b, 2.17 a, 2.17 b, 2.18 a, 2.18 b, 2.19 f., 2.22 a, 2.22 b, 2.24, 2.27–2.29, 2.31 a, 2.31 b, 2.35–2.37, 2.40 f., 2.44 a, 2.47, 2.49 f., 2.52, 2.56 f., 2.58 d, 2. 59 f., 2.65–2.67, 3.9 f, 3.9 g, 3.16 b, 3.21 a–3.21 c, 3.22 a–3.22 e, 3.24 d, 3.27 b–3.27 g, 3.28, 3.29 a, 3.30 a, 3.30 b, 3.30 f, 3.31 c, 3.32 a, 3.34, 3.36 a–3.36 d, 3.37, 3.41 b, 3.42 a, 3.42 b, 3.43 f., 3.46, 4.1, 4.3–4.6, 4.8–4.11, 4.13 a, 4.17 a–4.17 c, 4.22–4.23, 4.27 f., 4.29 a, 4.29 c, 4.30 a, 4.31 b, 4.32, 4.34, 4.37 f., 4.39 j, 4.40, 4.42 f., 4.50, 4.56, 4.58, 4.61 a, 4.61 b, 4.66 a–4.66 d, 4.66 g, 4.67 b, 4.68 f., 4.71 c–4.71e, 4.73, 4.74 a, 4.75–4.77, 4.79, 4.84, 4.86 a, 4.86 b, 4.88 f., 4.90 a, 4.90 b, 4.96 a, 5.4, 5.6 f., 5.10, 5.19 f., 5.24, 5.32 a, 5.32 b, 5.33, 5.34 a, 5.37 a–5.37 c, 5.39–5.42, 5.44, 5.48, 5.51 f., 5.56, 5.59, 5.60 f–5.60 i, 5.60 m, 5.60 g, 5.74 f., 5.77 b, 5.78 a, 5.83 a–5.83 c, 5.84, 5.86–5.88, 5.91 b, 5.91c, 5.92, 5.98, 5.99 a, 5.99 d, 5.100, 5.103–5.110, 5.113 f., 5.117 f., 5.122 a–5.122 c, 5.125–5.127, 5.128 c, 5.128 f, 5.128 g, 5.128 k–5.128 n, 5.128 r–5.128 t, 5.129 f., 5.133 e, 5.135 f., 5.139, 6.2 a– 6.2 f, 6.3, 6.4 e, 6.4 h–6.4 k, 6.5 b, 6.6, 6.8, 6.9 a, 6.10 a, 6.10 b, 6.14, 6.18 b, 6.18 d, 6.19, 6.24, 6.29 a, 6.29 b, 6.30, 6.31 b, 6.33, 6.35 a–6.33 f, 6.36–6.41, 6.46 l, 6.49, 6.51, 6.53 f., 6.56, 6.60 a, 7.1 d, 7.2 b, 7.28, 7.34, 7.35 b, Abb. 2 f., S.12, Abb.4, S. 13, Abb. 6–8, S. 15
Lothar Schnept, Köln Kat. 5.21
Paolo Vandrasch, Mailand Kat. 4.62
Atelier Frankenstein, Wien Kat. 7.66
Derek Welsby Abb.4, S. 48
Wettstein & Kauf, Museum Rietberg, Zürich Kat. 5.122 a
Kenji Yoshida Abb.3, S. 122
National Archives, Simbabwe, Photo Mrs. Bent, Abb. 1, S. 31